本书为北京师范大学自主科研基金资助项目(项目批准号:SKZZY2014036)

获中央高校基本科研业务费专项资金资助

(supported by "the Fundamental Research Funds for the Central Universities")

中国反贪制度史

〔上卷〕

邱涛 著

图书在版编目（CIP）数据

中国反贪制度史/邱涛著. —— 太原：山西人民出版社，2019.4
ISBN 978-7-203-10001-0

Ⅰ.①中… Ⅱ.①邱… Ⅲ.①廉政建设—制度建设—历史—中国 Ⅳ.①D691.49

中国版本图书馆CIP数据核字（2018）第078521号

中国反贪制度史

著　　者：	邱　涛
责任编辑：	蒙莉莉　李　鑫　贾登红
复　　审：	贾　娟
终　　审：	秦继华
装帧设计：	谢　成
出 版 者：	山西出版传媒集团·山西人民出版社
地　　址：	太原市建设南路21号
邮　　编：	030012
发行营销：	0351-4922220　4955996　4956039　4922127（传真）
天猫官网：	http://sxrmcbs.tmall.com　电话：0351-4922159
E—mail：	sxskcb@163.com　发行部
	sxskcb@126.com　总编室
网　　址：	www.sxskcb.com
经 销 者：	山西出版传媒集团·山西人民出版社
承 印 厂：	山西臣功印业有限公司
开　　本：	787mm×1092mm　1/16
印　　张：	86.25
字　　数：	1260千字
印　　数：	1-3000套
版　　次：	2019年4月　第1版
印　　次：	2019年4月　第1次印刷
书　　号：	ISBN 978-7-203-10001-0
定　　价：	258.00元（全三卷）

如有印装质量问题请与本社联系调换

序　言

ZHONGGUO FANTAN ZHIDUSHI

《中国反贪制度史》一书,是在当前中国进一步深化改革开放、全面推进中国特色社会主义建设进入新阶段的重要关头,也是在党和国家的纪律检查、监察机关正以前所未有的姿态,发挥着保证社会主义现代化建设正确方向、健康秩序的重要作用时刻的勉力奉献。中国历史上贪污腐败问题是贯通于政治、经济和社会发展的历史,对相关问题、制度、文献史料进行发掘整理,澄清史实,探求历史的真相,具有不容忽视的意义。本书通过研究中国几千年来执政与廉政、贪贿与反贪的关系,中国反贪制度传统的承沿变迁,尤其是对近代反贪腐廉政监察制度、历史实践作出系统梳理,对新民主主义革命时期和新中国建立 60 多年来廉政建设的经验、防治贪污腐败的历史进程和成就,做一个阶段性的总结,以期能对我国正在经受严峻的考验、处于关键时期的反贪腐廉政事业提供历史的经验和教训。

一

中国是文明古国,历史悠久,积累了丰厚的文化财富。同时,中国关于贪贿的文字记载,历史同样悠久,难以数计。随着"大道既隐",就开始有了"贪于饮食,冒于货贿"的四凶之一——饕餮的记载。到夏朝末年,贪贿风气已非常严重。据《荀子》记载,商汤灭夏建商后不久,在求雨祷词中,就提

---

* 本文不称自序,是因文中糅合了王春瑜、陈铁健等学者为作者相关论著所作序言的部分内容,特此说明并致谢意。

到对夏王朝贪贿失政的警惕。然而,初始即有的警惕,仍难止中国古代历史上帝王的腐朽、官员的贪贿,从夏桀、商纣、费仲,到严嵩、魏忠贤、和珅,数不胜数,其贪婪、疯狂更是罄竹难书。而见诸史书的清官,也并非屈指可数,我们从历史中可以清晰地看到,清官对中华民族精神的形塑有着重要的激励作用。遥想宋代包拯为代表的历代清官,不仅清廉自守,而且不怕牺牲身家性命,与贪官污吏、权贵豪强抗争,甚至犯颜直谏,指正皇帝祸民误国的政策言行。我们有理由相信,中华民族始终具有清廉、奋进的精神气节。

对于今天的中国而言,中国古代反贪倡廉的历史、中国古代改革的厚重史册,足以向我们提出一个重大的课题——改革与贪腐的关系问题。中国历史上有许多著名的改革家,但他们中的许多人一面因改革而名垂青史,一面又因结局悲惨而令人扼腕痛惜。令人扼腕叹息的,不仅是他们改革的失败,使我们的国家和民族丧失了一次次重大发展机遇,还在于改革的失败正是由于这些改革家们"出淤泥而有染",在进行政治经济改革的同时,或以权谋私、贪赃受贿,或放纵属下贪贿,予反对改革派以口实。因此,改革者焉敢忘"赃乱死多门"。

唐朝中期,以创始"两税法"而著名的改革家杨炎,对唐代乃至后世经济发展卓有贡献。但是他本人竟利用宰相职权,强买属下私宅,并采取"高估价,低买价"的手法,从中牟利。他的儿子杨弘业,在他这一保护伞下,屡犯法禁,收受贿赂,通关节,谋私利。结果,杨炎被唐德宗贬官至崖州,更悲惨的是,他还没到达贬所,就被唐德宗派人处死。

宋代著名改革家王安石,生活十分俭朴,守旧派攻击他是"伪",认为他虚伪、作假,但就是抓不到王安石贪腐的丝毫证据。可惜的是,在改革中王安石的许多属下却借机贪贿,让反对派抓住了把柄,导致改革失败。

明代大改革家张居正,更是给我们提供了一个改革中的反贪和贪贿的"谜思"。作为一名杰出的改革家,张居正看到了明朝中叶以来,像严嵩这样的大贪官导致吏治日趋败坏,政风极其腐败,贪官污吏横行不法,民脂民膏尽堕私囊，腐败已危及了明王朝的统治。他当政后力图扭转"吏治不清，贪官为害"的局面，大力整顿吏治，敢于将"视人命如草菅，通夷、占军、谋财、夺产，贻害地方"的开国功臣之后、云南黔国公沐朝弼绳之以法，敢于与荒淫歹毒、草菅人命的皇亲国戚、辽王朱宪㸅进行斗争。但是，政治的现实又逼使他在廉政肃贪的同时，主动行贿和受贿。张居正得以当政，皇帝身边的亲信大太监冯保是他的政治靠山和盟友。冯保贪财好货，张居正就送给他名琴 7 张、夜明珠 9 颗、珍珠帘 5 副、金 3 万两、银 10 万两，"其他珍玩尤多"。而据史载，张居正做官前，家中有田不过数十亩，家藏余粮甚少，更不必说金银了。他担任内阁首辅后，按照明制，一品官月俸不过 87 石米，他历年的官俸总计不过两万余两银子，根本负担不起他送冯保的珍玩、金银，只能是贪贿而来。冯保垮台的主要罪状之一，就是贪污受贿，也确实从他家中搜出了金银 100 多万两及大量奇珍异宝，这就给反对改革派、张居正政敌以口实。使张居正改革半途而废的，还是他反腐既未能持之以恒，又在反对别人贪污腐败时，自己却在腐败。而万历皇帝在反张居正派的怂恿下，曾怀疑张居正也占有大量财宝，在张居正死后不久，就下旨抄了他的家。查抄张居正家的结果，虽没有冯保那样的百万巨资，但抄出的财富也不少，折合银 19 万余两、良田 8 万余顷。若非贪污受贿，哪能有如此家底！随之政局也就由此迅速逆转，张居正的官秩被追夺，他所任用的主要官员"斥削殆尽"，改革派的力量遭到毁灭性打击，他的改革措施和成果被一笔勾销。这一幕幕政治悲剧的历史教训，值得深思！

二

中国古代，随着上古三代"大道既隐"，贪人出现，提倡清廉勤政，贬斥贪贿暴敛和骄奢淫逸的政治伦理和思想也相应产生。春秋战国时期，面对"政以贿成"的龌龊的政治环境，正直的政治家、思想家大力谴责贪贿淫逸、横征暴敛行径，从理论上说明贪贿的反常理、非礼非法性，指明贪贿祸国殃民、贪贿者国破身亡的必然性、严重性,奠立了提倡清廉勤政的反贪思想传统的基础。这一时期,在《禹刑》、《汤刑》、《九刑》等法律文献中确立的反贪法律制度,以及逐步建立起来的监察反贪官职、机构和机制,建立了中国反贪制度的初基。

秦汉帝国时期,是中国传统政治体制成型并走向成熟的开端。秦汉王朝统治者清醒地认识到吏治腐败的危害,并从制度上予以裁制,形成了从继承战国法治文化成果的《秦律》、《汉律》等通行法律,到《刺史六条》、《三互法》等专项监察法规等组成的反贪法规体系;从秦代开始构建的中央和地方完整的监察体系,到两汉时期基本定型的"御史中丞、御史、刺史、郡守(兼)、督邮、县令长(兼)、廷掾"等共同构成的庞大的监察系统。这种制度传统在三国两晋南北朝时期得到延续,并有这一时代针对门阀制度而建立的校事制度、寒人掌机要等机制,但在冲击门阀世族特权的同时,也带来新的权力贪腐问题。隋唐时期,重视反贪法律制度建设,隋文帝制定《开皇律》,隋炀帝时颁行《大业律》,唐高祖编成《武德律》,唐太宗修制《贞观律》,到唐高宗时修订成《永徽律疏》(元代以后通称《唐律疏议》),唐代形成律、令、格、式的法律体系。为贯彻实施这些反贪法律法规,隋唐时期,形成以刑部、大理寺和御史台为主体的反贪执法机构。两宋时期,推行"严贪墨之罪"措施,在一定时期和地区取得反贪成效。宋代以法律为准绳,来分辨公廉私贪、惩治贪赃,对反贪有较为清醒的认识,其反贪的法律理论和实践是重视法制建设,强调只有以法治国,国家才能大治,强调"王者禁人为非,莫先于法令",是兴邦治国的基本条件。宋代监察制度一度正常发挥了作用,甚至出现监察官员上书规谏、匡正君主"以私害公,以恩挠法"的行为,要求皇帝也应受监察。宋代形成反对"贪利禄而不贪道义",主张重义轻利,提倡"做好人而不做贵人"的政治和社会伦理规范。元代,世祖忽必烈制定了《台宪格例》等一系列系统完备的监察法规,并在前代御史台制度的基础上,创制了行御史台和诸道廉访司,形成了从中央到地方自成体系的、独立的监察机构,以及严密的监察体制,但终不为后继的元朝统治者所贯彻。明清时期,惩贪污贿赂风气之盛行,从朱元璋以肃贪为主要内容的《大诰》三编,到《明律》和《大清律例》等一系列通行法律,都做出惩治贪贿的一系列规定,并在前代御史台制度的基础上,设置都察院,逐步完善科道体制,成为中国古代反贪制度文化的重要组成部分。

中国古代社会,封建君主专制是贪腐现象存在的重要原因。政治腐败、官吏侵贪与反侵贪,实质上就是官僚集团利益与国家利益、百姓利益之间的冲突,其间的权势转移和胜败之势也是历朝历代盛衰转换的一大关键。历代帝王都很重视吏治和官吏侵贪问题,然而"诛殛愈众而贪风愈甚"之根源就在于封建统治者衡量官员好坏的第一标准是"忠君"而非"廉贪",各级官吏只要忠于皇帝、忠于上司,纵有贪贿恶行,仍可逍遥法外。中国历朝历代不乏好的监察制度,更需要好的执行者,若用人不当,甚或被奸佞把持,好制度也会被践踏,甚至变成害人的恶制度。

三

弄权纳贿,枉法贪赃,中国历代官场莫不如此,于近世则愈演愈烈。反对贪污腐败,是一个世界性的难题。

中国近代,晚清监察仍延续明清时期形成的以都察院为核心的科道体制,统治者虽然日益陷入政治腐败的旋涡,但仍会强调和考核官吏廉勤。到民国时期,由于引入西方民主制度,因此反贪监察体制上有着适应所谓西式民主体制的制度设计,又有延续传统监察反贪制度的内容,并在民国北京政府分司弹劾机制,以及平政院、肃政厅等监察惩戒机构的基础上,到南京国民政府时期形成以监察院为核心的监察惩戒机构的机制。这说明近世中外各国政权,以民主、廉洁、勤政、高效相标榜。每一个统治阶级、集团、政党,都希冀本阶级、本集团、本政党的各级统治者和机构,不要做出有损于自身利益和形象的行为。为此,他们在领导思想、价值观念和行为方式上进行自我教育、约束的同时,在制度建设和政治实践中也有专门的措施来监督、防范和惩戒。为求其统治根基稳固持久,求其党固政存,长期役民,他们也曾煞费苦心,惨淡经营,并非全是表面文章。

导致一个政权兴衰的致命因素中,腐败是它的根本因素之一。最大的腐败,则是政治上的腐败:无论是专制皇权时期的晚清统治者,还是民国时期所谓共和体制的北京政府和南京政府,并非不反贪腐。然而,在专制皇权、军阀祸国和国民党一党专政的统治下,法律监督、新闻监督、舆论监督、民众监督、分权制衡机制、监督机制的功能往往迅速由强变弱,或名存实亡,那么,吏治的腐败、官僚体系的贪污腐败,便如溃堤之洪水、下山之猛兽,一发不可收拾。在专制政权下,再好的良法,也会变异为恶法。治民而不治官,治下而不治上,官官相护,上行下效,便只能是"无官不贪,有吏皆污"了。晚清王朝的迅速终结,特别是中华民国以其短命的历史,向人们昭示了一个企图借民主宪政体制挽救其危亡的专制政府,和一个号称民主共和实乃专制独裁政府的反贪失败,终致民心尽失,走向溃亡的结局。正所谓"失民心者失天下"!

四

中华民国初建,无论是湖北军政府还是南京临时政府,新兴政权的领导人都有清明吏治的雄心,都会颁布一系列法律规章,成立监察机构,严厉打击贪渎不法之徒。

武昌起义爆发后,起义军成立湖北军政府,并被独立各省公推代行临时中央政府职能,制定的《鄂州约法》就有限制权力腐败的反贪立法思想,又颁布《严厉之法令八条》,成立总监察处、纠察处等机构,制约、查处违法失职、贪腐勒贿等恶行,标志着中华民国监察反贪机制的肇始。南京临时政府建立时,中华民国临时大总统孙中山就宣誓表达了"中华民国,图谋民生幸福",以"诚挚纯洁之精神"施行廉洁政治的宗旨。他主持制定的《临时约法》,较好地体现了权力制衡、防止权力腐败的精神。临时政府颁布的《暂行新刑律》等在刑事立法、审判制度、保证人民生命财产的行政法规方面，对反贪作出规定。孙中山的反贪理念，建立在他对西方"三权分立"体制的弊端的批判基础之上，他提出"行政、立法、司法、监察、考试"五权分立、制衡的思想，在广州、武汉国民政府乃至南京国民政府进行了政治实践，成立了国家专责监察惩贪的监察院，颁布了《惩治贪污条例》等一系列法规，成立了肃贪机构，建立起监察惩贪机制。

民国北京政府的各级统治者，为了维护自身的统治，一度也重视加强反贪制度建设。北京政府的中央监察反贪机构——平政院和肃政厅的建立，中央和地方审计机构——国务院审计处、审计院等的设置，中央和地方惩戒机构——平政院、文官高等惩戒委员会、文官普通惩戒委员会、司法官惩戒委员会、审计官惩戒委员会等的设立，以及这些监察反贪机构赖以行法的法律依据——《纠弹条例》、《纠弹法》、《行政诉讼条例》、《行政诉讼法》、《诉愿法》等一系列法令法规的颁布，确保监察反贪机构的建设和职权的行使。

然而，引自西方的民主共和制度是否适合中国，必须在与中国传统政治制度文化相结合的过程中检验。正如西式民主政治有利弊之分，中国传统政治体制中也存在良否之别。当初建的民国政权进入政治建设的层面时，民国北京政权不可避免地陷入新的政治制度和政治传统的夹磨之中，其中既有良性互动，更有恶性的循环。很快，从中华民国北京政府的大总统们，到中央和地方各级官吏，都迅速在吏治上回复旧的政治传统。可怕的是，他们更多的是回复到恶的传统中，中国封建社会在清代登峰造极的"陋规"、政治贿赂、军队空饷、利用权力千方百计搜刮百姓等各种弊端，不仅恢复，而且愈演愈烈。封建帝王出于统治的需要，纵容官僚集团的贪腐，毕竟与徐世昌等民国大总统们亲身从"陋规"中获利、甚至装疯卖傻以侵吞内阁大员的"陋规"利益相比，似乎还挂着点"面皮"，不过仍是五十步与百步之别而已。至于军阀曹锟贿选总统，"猪仔"国会议员公然受贿，这种龌龊行径，也就是蒋介石政权在抗战胜利后的"接收"恶行，孔祥熙、宋子文等豪门集团的贪污恶行,才可与之"媲美"。贪贿的极致之后,则是可悲的覆亡。

南京国民政府时期,制度建设尚称完备。国民政府既有各时期的《国民政府组织法》、《国民政府监察院组织法》等组织法规,又有屡加修订的《中华民国刑法》、《惩治贪污条例》等刑事行政法规,对贪腐作出法律上的量度。在机构建设上,既有中央的监察院,地方的监察区和监察使署、监察院战区巡察团等监察机构,又有中央的审计院、监察院审计部,地方的审计处、税务督察专员等监察审计机构,以及国民参政会、国防最高委员会党政考核委员会、中央政务考察团等各级党政监督机构、惩戒机构。政府的监察反贪机制,逐步发展到弹劾权、调查权、纠举权、建议权、纠正权、同意权、监试权等七大职权齐备。

人们常言中国古代"有治人,无治法"之弊,然而,民国"有治法,无治人"同样弊端至重。毕竟,法律制度要靠人去施行,有法不依,有法不行,正是导致南京国民政府,甚至在1927—1936年所谓中国现代化突飞猛进的"黄金十年",贪污腐败猖狂的原因所在。国民政府的反贪机制,正是被民国的统治者们自己破坏了。不仅有关职能部门只敢"抓小鱼虾",只敢"拍苍蝇",而不敢"打老虎",甚至高喊"我们只打大老虎"的"太子"蒋经国,最终也落得个"老虎"、"苍蝇"皆不能打的窘境。南京国民政府以其短暂的存在史,向世人展示了一个政权反贪腐的失控,及由此带来的一系列政治、经济、军事危局,并最终覆亡的结局。

五

回顾新中国反腐倡廉的历程,中华人民共和国的缔造者们,那些抛头颅、洒热血的革命先烈,他们胸怀建立没有剥削、压迫,没有贪官污吏,自由、民主、平等、富强、文明的新中国的崇高理想,不惜做出重大牺牲,不惜献出宝贵的生命。为了不让这些前仆后继的革命先烈抱憾,中国共产党无论在早期创建的苏维埃革命政权,还是在抗日战争时期建立的边区抗日民主政权、解放战争时期建立的解放区民主政权,都很重视清除党和政权内的腐败分子。

1931年11月,中华苏维埃共和国临时中央政府在江西瑞金建立,各苏区及其所属县、乡也相继建立了苏维埃政府。革命政权很重视廉政规章制度的建设。1932年,中华苏维埃临时中央政府颁布《工农检察部的组织条例》、《工农检察部控告局组织纲要》等制度法规,建立了一系列工农群众监察组织,革命根据地的各项审查、审计、惩戒制度也建立起来。1933年12月15日,中央执行委员会发布《关于惩治贪污浪费行为》的第26号训令,规定政府公职人员贪污公款500元以上者,处以死刑;贪污公款在300元以上、500元以下者,处以2年以上、5年以下监禁;贪污公款在100元以下者,处半年以下劳役等,对革命政权内部的贪污腐化行为展开坚决的斗争。中央和地方苏区政府的反贪斗争从未停止。1934年3月,在雩都县挖出重大贪污窝案,共查处贪污案件23起,撤销刘洪清的县委书记及中央委员职务,移交法办,贪污首犯被枪决;在鄂豫皖边区,红三十一师的1名司务长贪污公款20元,被判处死刑。在艰苦的革命战争年代,物资匮乏,在贫困线上挣扎的劳苦大众,用血汗来支撑革命政权,如不重判贪污腐败分子,就会辜负人民的信任,就不可能保持革命队伍的纯洁性,就会失去人民群众的支持,红色政权就有夭折的危险。在艰苦卓绝的抗日战争、解放战争的漫长岁月里,从陕甘宁边区政府到各个解放区政权,中国共产党领导的民主政权,继承了中华苏维埃时期的革命传统,在廉政建设、反贪腐的事业中,无论从思想上还是组织上,都有了进一步发展,《惩治贪污条例》、《审计条例》相继问世,中央和地方党的监察委员会、行政督察机构有效运行,为保证新政权的廉洁奉公发挥了重大作用。人民民主政权很重视人民群众的监督。当时群众直接监督政府的主要方式,不但有个人检举、集体告发,还有游行控告。党的各级组织和边区政府对人民群众检举揭发贪污腐败行为的控告,都严肃认真地对待,公正地调查处理。陕甘宁边区政府主席林伯渠在1937—1949年的13年中,对接到的137件检举控告材料,件件有回复。在刑罚方面,对贪污犯课以重刑,《惩治贪污暂行条例》规定从严、从重。这在对敌斗争环境异常严酷、烽火连天的战时特定时期,是必要的。1937年8月,毛泽东亲自批准依法处决参加过井冈山斗争和长征,立过不少战功,却在延安开枪打死逼婚不从的陕北公学学生刘茜的黄克功,更是影响深远的案例。从瑞金到延安,中国共产党及其领导建立起来的民主政权,开创的"延安道路",在长期革命过程中,廉政肃贪的实践不但是打败国民党,建立新中国的重要保障,也是我们今天廉政建设的宝贵精神财富。

六

从1949年中华人民共和国成立,到1976年粉碎"四人帮",共和国建立初期的倡廉政、反贪腐,走过了一条成就与曲折并存的道路。

新中国的诞生,不仅意味着千百万革命干部从艰苦的农村、动荡的战时生活,进入五光十色的城市,开始稳定的生活,更意味着他们将经受的考验,从战火硝烟,转变为被不法资本家、奸商拉拢腐蚀的危险。新中国的国家机器,不可能全然另起炉灶,有很大一部分是建立在对旧中国的国家机器进行改造、重新运行的基础上。大量旧行政、财经人员被留用,他们因袭"老规矩"办事,不以贪污为非、为耻。因此,新中国建立初期的反贪污腐败形势,必然是严峻的。对此,毛泽东、刘少奇等党和国家领导人是有清醒认识的。毛泽东在1949年从西柏坡出发进京前夕,就说"好比进京赶考",他号令全党学习郭沫若的《甲申三百年祭》,"不当李自成",不要在胜利面前冲昏头脑,不然很快会因腐化败亡。他还告诫全党要特别警惕资本家的"糖衣炮弹"。不出所料,新中国建立后不久,东北局、西北局、华东局、华北局、西南局向中央的报告中,都明确表示"贪污腐败已成为主要危险"。1950年6月至1951年11月,华东地区查处的贪污国家财产案件总金额达1242亿元(旧币)。而不法奸商腐蚀干部的手段,更是花样百出,有的简直骇人听闻。上海大康药房经理王康年专门设立了用于拉拢腐蚀干部的"外勤部"，曾向52个机关的56名干部行贿，金额高达1.9亿多元（旧币），而这些干部利用手中的权力，为这个奸商提供便利，使他顺利地骗取了志愿军购药巨款，却将假药、不合格纱布等卖给志愿军，造成严重后果。

对贪污腐败，中国共产党和新中国政府从不手软。从1949年至1966年的17年间，先后开展过"三反五反"、"四清"、"一打三反"运动，这些全国性的运动都大张旗鼓，声势浩大，揪出了一批贪污腐败分子，清理出数额可观的赃款。但是，这一次次的群众运动，在"左"的思想指导下，越来越偏离法制轨道，造成了许多冤假错案，运动过后又复查、甄别、平反，不仅付出了巨大社会成本，还严重损害了党和政府在人民群众中的声望。在"文化大革命"中，"一打三反"运动成为"四人帮"用以整肃异己、迫害群众的政治运动，反浪费、反贪污运动的真正目标往往得不到认真执行。

新中国建立后，在党内、政府内建立了监察机制，制定了一系列法律、规章。但是，随着"左"的思想的盛行，1959年4月，根据国务院提请，第二届全国人大第一次会议通过了撤销监察部的决定，而在"文化大革命"中，更是"砸烂公、检、法"，造成党和国家司法机关陷于瘫痪。从中央到地方党的监察委员会，在1969年被撤销，国家的根本大法——《中华人民共和国宪法》得不到遵守、执行。沉重的历史教训表明，背离红色中华苏维埃、抗日战争及解放战争时期廉政肃贪的革命传统，背离法治的轨道，将会使反贪污腐败事业偏离正确的轨道，必然对党、国家和人民造成巨大危害。

历史，在时时促人反思。新中国建立初期27年的反贪倡廉，正如本书所言，仅仅是新中国反贪腐、倡廉政历史长卷的开篇，仍足以令人深思！

七

1978年至1989年，是新中国纪检监察、反贪污腐败工作的恢复和发展时期，也是我国实行改革开放的初期。随着国门打开，在世界新浪潮涌入时，不可避免地会出现泥沙俱下的情况。面对这样的新形势，党和国家恢复建立反腐倡廉组织机构,恢复反贪污腐败的法律制度,使反贪腐走上法治轨道。中国共产党是执政党,党风好坏、是否清廉,直接关系到政风好坏、是否清廉。因此,中国共产党的"十一大"提出恢复设立党的纪律检查委员会。恢复党的纪律检查机关,对党和国家的政治生活,都具有特别重大的意义和作用。在随后展开的打击经济领域违法犯罪活动,查办贪污贿赂案件方面,党的纪检机构发挥了重要作用,取得了显著的成果。

1990年至2002年,是中华人民共和国反贪腐廉政制度建设的重要发展阶段。2002年至今,中国的反腐倡廉工作,在新世纪有了新的发展,实行了进一步改革开放的国策,我国的经济体制,也从社会主义计划经济体制转变为社会主义市场经济体制,这个转型期,是中国历史发展的新拐点。每当历史车轮加速和拐弯时,总有人会被甩下车去。改革开放、市场经济给生产力发展、给中国的经济和社会发展带来了无限生机,但也给腐败分子留下可乘之机。对此,从邓小平、陈云到习近平,都清醒地认识到,如果不认真反腐败,不能做到打铁不忘自身硬,就有亡党亡国的危险,就会使中国特色社会主义事业付诸东流。这一时期无论在反贪腐机构建设与改革方面,还是反腐倡廉制度建设方面,都取得了令人瞩目的成就。同时,党和政府重视从源头治理腐败,禁止军队和政法机关从事商业经营活动,对行政审批制度、干部人事制度、财政管理制度都进行了改革。多年来,中央纪委在预防、教育、惩办并重的原则下,查处了不少大案、要案,把曾担任党、国家和人民军队要职的贪污腐败分子陈希同、成克杰、陈良宇、刘志军、薄熙来、谷俊山、徐才厚、周永康、令计划、郭伯雄等揪出来,绳之以法,成克杰更是新中国建立以来被处决的职务最高的贪污腐败分子。这些都是我国新时期以来反贪污腐败斗争取得的重大成就和标志,遏制住了腐败的势头,对维护社会安定,为保证中国特色社会主义建设平稳有序地可持续发展,提供了重要保障。

同时,我们也要清醒地看到,我国反贪污腐败的形势依然严峻,我国的法制建设固然有待进一步完善,但更应重视有法不依的严重问题。如中共中央、国务院在1985年5月就发布了《关于禁止领导干部的子女、配偶经商的决定》,但是,仍有一些领导干部的亲属,利用特权牟取暴利,完全违背了社会主义市场经济公平竞争的原则,背离了中国特色社会主义建设的初衷和目标。领导干部中那些被查处的腐败分子的劣迹表明,其亲属几乎没有一个不在非法经商的。马克思主义理论和历史经验告诉我们,领导干部手中掌握太多的行政权力,如不能有效地将权力关进制度的笼子中,按照"权力寻租"的理论,就会不断产生寻租者,滋生出新的腐败分子。所以,大力深化和推进全面改革,建立有中国特色的强有力的权力制衡机制,进一步强化监察机构,有效地监督各级领导机关的第一把手、各级领导干部,乃至强化对监察干部的监督是非常重要的。只有这样,才能彻底走出腐败而亡的轮回。历史的警钟长鸣!新中国艰难曲折的反贪腐、倡廉政历史,有太多的历史经验值得我们总结,要推动我们的党和国家加快深化改革的步伐,把反贪污腐败的斗争更深入和持续地进行下去。

《中国反贪制度史》全书分为三卷。第一卷共分6章,对先秦时期贪污腐败问题的萌生、反贪思想传统和制度初立的状况,以及从秦汉、三国两晋南北朝、隋唐五代、辽宋夏金元到明清时期,中国古代各王朝贪污腐败状况、反贪制度和实践作出梳理,重点是探讨中国古代反贪的制度传统的历史轨迹和历史影响。第二卷共分8章,对晚清的监察体制与政治腐败、中华民国临时政府的反贪机制与实践、民国北京政府的贪腐状况和反贪机制、广州武汉国民政府的反贪理念和建制、"训政"时期南京国民政府的反贪、抗战时期的贪腐问题和国民政府反贪机制、"崩溃"时期南京国民政府的贪腐与反贪、晚清民国时期的反贪文化和反贪经验教训,作出系统阐述。第三卷共分6章,对新民主主义革命时期中国共产党反贪腐思想与实践、新中国反贪廉政建设的开始阶段、改革开放初期反贪污腐败工作的恢复和发展、新中国反贪制度建设的重要发展阶段和新世纪反贪腐廉政建设,都有系统的探讨。

《中国反贪制度史》一书的主题,是学术研究、政府决策和社会关注的热点问题。本书贯通整个中国古代和近现代数千年,从历史延续和制度变迁的角度,系统阐释中国的反贪制度建设和实践之间的关系。本书以中国历史上的监察反贪制度建设和反贪实践为主线,通过对历史资料,特别是古代、近代、现代监察反贪史实的梳理、解读、分析,注重于各历史时期贪污腐败现象的归纳提炼,梳理各时期的反贪制度建设,在缕清相关监察和反贪制度沿革的基础上,对各时期的反贪制度与运作之间的契合与差距进行探讨,展现了中国从古代到近现代反贪的历史特点,具有历史价值和现实意义,具有时代紧迫性。本书展现了中国古代、近现代历史上反贪的艰巨性,以及新中国反腐倡廉的历史成就,充分体现了今天党和政府反腐倡廉的决心、勇气和巨大成果。尤其是对古今反贪污腐败、廉政建设的基本史实的系统研究,希望能有助于了解几千年来尤其近百年来反贪污腐败的经验与教训,使该研究在注重历史性的基础上,具有强烈的现实观照。

目 录

第一章 先秦反贪思想传统和制度初立
第一节 上古与"三代"的贪贿与反贪思想的萌生 …………… 002
第二节 春秋战国时期的贪贿与反贪腐 …………………… 011
一、春秋时期贪贿状况和反贪典型 …………………… 011
1. 周王室与诸侯国的公贿与私贿 …………………… 011
2. 春秋时期的反贪拒贿 …………………………… 021
二、战国时期的贪贿与反贪 ……………………………… 026
三、春秋战国时期反贪思想传统和监察机制 …………… 028
1. 春秋战国的反贪思想传统 ……………………… 028
2. 先秦时期监察机制的初立 ……………………… 034

第二章 秦汉时期的反贪机制
第一节 秦王朝的贪暴与反贪 ……………………………… 040
一、秦王朝的暴急之政与贪贿 …………………………… 040
二、秦朝的反贪思想和监察机制 ………………………… 043
1. 秦朝的反贪思想 ………………………………… 043
2. 秦王朝的监察机制 ……………………………… 045
第二节 西汉时期的贪污状况与反贪机制 ………………… 050
一、西汉时期的贪腐横行与反贪 ………………………… 050
1. 西汉初期的贪贿状况与反贪措施 ……………… 051

2. 汉武帝时期一度贪贿横行 ………………………………… 058
　　3. 汉武帝时期的强力反贪 …………………………………… 068
　　4. 西汉后期愈演愈烈的贪贿之风与艰巨的反贪任务 ……… 072
　二、西汉的监察反贪机制 ……………………………………… 081
　　1. 汉代监察机构和机制的调整与完善 ……………………… 081
　　2. 西汉时期反贪监察法规渐趋严密 ………………………… 089
　第三节　东汉王朝的贪贿势力与反贪机制 …………………… 095
　一、东汉时期愈演愈烈的贪贿与反贪 ………………………… 095
　二、东汉时期的监察机制及其运作 …………………………… 110
　　1. 东汉时期的监察机制 ……………………………………… 110
　　2. 廉吏与东汉王朝反贪制度的运行 ………………………… 116

第三章　魏晋南北朝的反贪机制
　第一节　三国时期的监察与反贪 ……………………………… 132
　一、魏、蜀、吴的贪贿与反贪实践 …………………………… 132
　　1. 曹魏政权的吏政与反贪 …………………………………… 132
　　2. 蜀国诸葛亮的法治与廉政 ………………………………… 137
　　3. 孙吴的吏政清浊与反贪得失 ……………………………… 141
　二、三国时期反贪法律和监察制度的发展 …………………… 145
　　1. 三国时期的反贪法律法规 ………………………………… 145
　　2. 三国时期监察制度的进一步发展 ………………………… 147
　　3. 谏官机制的系统规范 ……………………………………… 153
　　4. 三国时期监察机制的作用和历史经验 …………………… 154
　第二节　两晋十六国的贪贿与反贪 …………………………… 156
　一、西晋贪腐之风与反贪舆论 ………………………………… 156
　　1. 皇帝"怠于政术"和奢侈之风盛行 ……………………… 156
　　2. 贪贿之风普遍化 …………………………………………… 158

  3. 西晋反贪腐的舆论 …………………………………………… 160
 二、东晋的奢靡贪贿之风与反贪 …………………………………… 161
 三、两晋十六国的反贪法律和监察机制 …………………………… 166
  1. 两晋的反贪机制 …………………………………………… 166
  2. 十六国政权的反贪机制及实践 …………………………… 175

第三节 南北朝的贪贿状况和反贪机制 ……………………………… 178
 一、南朝政权的贪贿与反贪 ………………………………………… 178
  1. 刘宋的吏治与"治吏" ……………………………………… 178
  2. 萧齐统治集团的腐败 ……………………………………… 183
  3. 梁朝贪贿之风 ……………………………………………… 186
  4. 陈朝的吏治与反贪 ………………………………………… 189
 二、北朝的贪贿盛行与反贪活动 …………………………………… 191
  1. 北魏时期的贪贿状况和反贪 ……………………………… 191
  2. 东魏的贪腐与高欢惩贪 …………………………………… 202
  3. 北齐的贪腐与反贪 ………………………………………… 204
  4. 西魏的树廉与反贪 ………………………………………… 205
  5. 北周的反贪 ………………………………………………… 207
 三、南北朝的监察反贪机制 ………………………………………… 209
  1. 南朝的监察机构和监察制度 ……………………………… 209
  2. 北朝的监察机构和制度 …………………………………… 211

第四章 隋唐五代时期的贪与反贪

第一节 隋唐时期的贪与反贪 ……………………………………… 216
 一、隋代的贪贿与反贪 ……………………………………………… 216
  1. 隋代的贪贿状况 …………………………………………… 216
  2. 隋代反贪及其失败 ………………………………………… 219
 二、唐代的贪与反贪 ………………………………………………… 224

1. 唐前期的贪与反贪 ………………………………… 225
　　2. 唐朝后期的贪与反贪 ……………………………… 237
  第二节　隋唐时期的反贪机制 ………………………………… 250
　　一、反贪法律监督机制 ……………………………………… 250
　　二、反贪监察机制 …………………………………………… 258
　　1. 监察制度 …………………………………………… 258
　　2. 官吏管理制度的监督功能 ………………………… 263
  第三节　五代十国时期的贪贿与反贪 ………………………… 266
　　一、五代十国的贪贿问题 …………………………………… 266
　　1. 五代时期的贪贿 …………………………………… 266
　　2. 十国时期的贪腐状况 ……………………………… 271
　　二、五代十国时期的反贪机制 ……………………………… 276
　　1. 反贪监察制度 ……………………………………… 276
　　2. 反贪法律监督 ……………………………………… 278
　　3. 官吏管理制度方面的监督 ………………………… 279
　　三、五代十国时期的反贪实践 ……………………………… 280

第五章　宋辽夏金元时期的贪与反贪
  第一节　宋辽夏金时期的贪与反贪 …………………………… 286
　　一、两宋时期的贪腐 ………………………………………… 287
　　1. 北宋时期的贪腐状况 ……………………………… 287
　　2. 辽代的贪贿状况 …………………………………… 293
　　3. 西夏的贪贿状况 …………………………………… 294
　　4. 金代的贪贿状况 …………………………………… 295
　　5. 南宋时期的贪腐状况 ……………………………… 296
　　二、两宋时期的贪腐成因及其危害 ………………………… 303
　　1. 贪贿成风的原因 …………………………………… 303

  2. 两宋时期贪腐的危害 ……………………………………… 309
 三、宋辽夏金时期的反贪机制 …………………………………… 314
  1. 宋代的反贪机制 …………………………………………… 314
  2. 辽代的反贪机制 …………………………………………… 331
  3. 西夏的反贪机制 …………………………………………… 333
  4. 金朝的反贪机制 …………………………………………… 334
 四、宋辽夏金时期的反贪 ………………………………………… 337
  1. 北宋时期的反贪 …………………………………………… 337
  2. 辽代的反贪 ………………………………………………… 340
  3. 西夏的反贪 ………………………………………………… 341
  4. 金代的反贪 ………………………………………………… 341
  5. 南宋时期的反贪 …………………………………………… 343

第二节 元代的贪贿与反贪 ……………………………………… 347
 一、蒙古汗国的贪贿与反贪 ……………………………………… 347
  1. 窝阔台时期的贪贿与耶律楚材的反贪 …………………… 347
  2. 脱列哥那称制与奥都剌合蛮擅权时期的贪贿之风 ……… 350
  3. 蒙哥汗统治时期的贪贿与反贪 …………………………… 352
 二、元朝的贪贿与反贪斗争 ……………………………………… 353
  1. 元朝前期的贪与反贪 ……………………………………… 353
  2. 元朝中期的贪贿与反贪 …………………………………… 358
  3. 元朝后期的社会腐败 ……………………………………… 363
 三、元朝的反贪机制 ……………………………………………… 367
  1. 监察制度 …………………………………………………… 367
  2. 反贪法制 …………………………………………………… 370

第六章　明清时期的反贪机制

第一节　明代的反贪机制
一、明王朝时期的贪贿与反贪
1. 明朝初期的贪与反贪 …………………………………… 372
2. 明朝中期的贪贿与反贪 ………………………………… 385
3. 明中后期贪贿手法和隐语 ……………………………… 403
4. 明中后期统治集团的反贪 ……………………………… 405
5. 明末农民战争扫荡贪贿 ………………………………… 417

二、明代的反贪机制
1. 明初反贪机制的建立 …………………………………… 419
2. 明中后期反贪机制的隳坏 ……………………………… 431

第二节　清代的贪与反贪
一、清代造成贪贿的若干体制成例
1. "陋规"与清代的侵贪 …………………………………… 444
2. "养廉银"、罚俸罚廉与"养不廉" ……………………… 450
3. 进贡与官吏侵贪 ………………………………………… 455
4. 赔补、捐派与侵贪 ……………………………………… 459
5. 捐纳与侵贪 ……………………………………………… 461
6. "议罪银"与清代官吏的侵贪 …………………………… 463

二、清代的贪贿与反贪
1. 顺治、康熙、雍正三朝的贪墨与反贪 ………………… 464
2. 乾隆时期的"反贪" ……………………………………… 470
3. 嘉庆朝的反贪 …………………………………………… 496
4. 清后期道咸同光宣五朝的贪与反贪 …………………… 513

三、清代的反贪机制
1. 反贪立法 ………………………………………………… 517
2. 监督防范机制 …………………………………………… 523

第一章

先秦反贪思想传统和制度初立

先秦时代,是中国社会发展、制度文明和思想传统开始形成的一个无比璀璨的时期。同时,在中国社会发展中开始出现的财产私有、人的贪欲,导致贪污腐败现象随之出现,针对这样一些问题,中华民族奠定了自身制度反腐的基础,同时留下了无比珍贵的反贪腐的思想传统。

第一节
上古与"三代"的
贪贿与反贪思想的萌生

在夏、商、周"三代"(亦称为"三王家天下"的奴隶制时代)形成之前,我国古史记载中的黄帝、尧、舜、禹时期,就是我们所称的上古时期。上古时代正是从原始社会向阶级社会过渡的时期。

中国古典文献《礼记·礼运篇》曾向我们描绘过这样一幅历史演进的场景:

大道之行也,天下为公,选贤与能,讲信修睦。故人不独亲其亲,不独子其子,使老有所终,壮有所用,幼有所长,矜、寡、孤、独、废疾者皆有所养,男有分,女有归。货恶其弃于地也,不必藏于己;力恶其不出于身也,不必为己。是故谋闭而不兴,盗窃乱贼而不作,故外户而不闭,是谓大同。今大道既隐,天下为家。各亲其亲,各子其子,货力为己。大人世及以为礼,城郭沟池以为固。礼义以为纪,以正君臣,以笃父子,以睦兄弟,以和夫妇,以设制度,以立田里,以贤勇知,以功为己,故谋用是作,而兵由此起。禹、汤、文、武、成王、周公,由此其选也。

这一描述,符合人类社会由原始社会开始进入私有制的阶级社会的历史状况。

在这样一个社会巨变的过渡时期,对私有财产日渐增长的追逐,在有限的社会资源面前,必然导致贪贿的产生。早在黄帝时,就有"庶人之贪者"蚩尤作乱,后来到尧舜时期又出现了著名的"四凶",其中缙云氏的饕餮"贪于饮食,冒于货贿,侵欲崇侈,不可盈厌,聚敛积实,不知纪极"①,与后世贪贿、聚敛者的形象相契合。当然,维护公正的原始道德,并与原初的贪贿行为作斗争,在这一社会变迁过程中,主要还是与争夺统治权的斗争交织在一起。虞舜就是在除去"四凶"后,任用贤能的"八恺"、"八元",从而取代尧的"不才子"丹朱,成为天下的共主。

中华民族早期的政治伦理,既承继了去古未远的原始道德遗风,也汇聚了人们逐渐加深的对贪贿淫逸之危害,小则身败名裂,大则亡国灭族的认识。有贪贿行为的发生,必然就会有反贪贿的行动,必会产生提倡清廉勤政、贬斥贪贿暴敛和骄奢淫逸的思想。舜就说:"夙夜惟寅,直哉惟清",表明自己做人正直清明的心迹。他并告诫臣下:"朕堲谗说殄行!"他这是在明确表示自己厌恶贪残暴行,并以此警示臣下。他还教导夏禹,要"克勤于邦,克俭于家"。② 上行下效,舜提倡并践行勤政清廉,他的下属也有同样的言与行。伯益说,要"儆戒无虞,罔失法度,罔游于逸,罔淫于乐",就是秉遵尧舜的统治思想,提出防患于未然,遵守而不是违反法度,不沉溺于玩乐的思想。皋陶说,要"直而温,简而廉","无教逸欲,有邦兢兢业业",他还总结出九德:"宽而栗,柔而立,愿而恭,乱而敬,扰而毅,直而温,简而廉,刚而塞,强而义。"③可谓一套完满、辩证的道德格言,也反映出当时希求善政、贤人的社会现实。

夏禹勤劳节俭,"卑宫室,而尽力乎沟洫"。到了其子夏启时,变禅让制为王位世袭制,开始贪图享乐,创制乐曲并在旷野演奏。《楚辞·离骚》就说:"启九辩与九歌兮,夏康娱以自纵。不顾难以图后兮,五子用失乎家巷。"这是记述夏启好声色失政,影响到子孙,到了他的儿子太康时,夏王朝

---

① 《左传·文公十八年》。"四凶",是指中华民族从原始社会进入阶级社会的过渡时期,在夏、商、周三代之前氏族首领中出现的与"大道既隐"相适应的、践踏原始社会道德风尚的"不才子"。他们是帝鸿氏(一说黄帝)的浑敦、少昊氏的穷奇、颛顼氏的梼杌和缙云氏(炎帝后裔、黄帝时任职)的饕餮。
② 《尚书·虞夏书·舜典》。
③ 《尚书·虞夏书·大禹谟、皋陶谟》。

仅传到第三代便发生"太康失邦"、"羲和湎淫,废时乱日,胤往征之"等连绵不断的败乱之状。后又有孔甲"好方鬼神,事淫乱,德衰",夏政权开始衰落。①夏初太康失国,"昆弟五人,须于洛汭,作《五子之歌》","训有之:内作色荒,外作禽荒;甘酒嗜音,峻宇雕墙。有一于此,未或不亡"。就是要向世人和后人说明贪图美色饮酒、声色淫逸,追求打猎畋游、宫室享乐必然亡国丧生的教训。到夏桀时,其虐政失德的记载很多。无论是《尚书·商书·汤誓》记载商汤起兵讨伐他时指斥"夏王率遏众力,率割夏邑",还是后来周人在总结历史的经验教训时说:"有夏诞厥逸,不肯感言于民,乃大淫昏,不克终日劝于帝之迪,乃尔攸闻。……罔丕惟进之恭,洪舒于民。亦惟有夏之民叨懫日钦,劓割夏邑。天惟时求民主,乃大降显休命于成汤,刑殄有夏。"②都是说夏桀淫逸与暴敛,甚至达到伤害贵族宗亲的程度,宰割天下,必然是穷尽民力,致使夏朝急剧衰落和灭亡。

商汤鉴于夏桀苛政而亡的教训,实行"仁政"。同时,鉴于夏王朝的贪贿淫逸而亡,以及商王朝建立后贪贿风气的日趋严重,他意识到其危害而能及早警惕。这一年发生大旱灾,成汤向天祷雨的祝词中,就不无忧虑地说:"政不节欤?使民疾欤?何以不雨至斯极也!宫室荣欤?妇谒盛欤?何以不雨至斯极也!苞苴行欤?谗夫兴欤?何以不雨至斯极也!"③商汤在这里所提到的"妇谒",是指行贿者向后宫、贵妇求情,以获得她们的帮助来成事牟利。在商汤向天祷雨的祝词中所提及的"谒"、"苞苴"、"谗夫",均与贪贿有关。"谒",即后世所称的"干谒",就是求见时带着礼物;"苞苴",也同样指行贿的财物礼品;"谗夫",既指进谗言的人,也指贪谗者。商汤的祷词中提问六件失政之事,竟然就有三件事关贪贿问题,足见当时贪贿风气的严重,这与夏王朝败政遗毒也有密切关系,引起了商汤这位统治者的

---

① 《尚书·虞夏书·五子之歌、胤征》。
② 《尚书·周书·多方》。
③ 王先谦:《荀子集解》卷十九,《大略篇第二十七》,中华书局1954年版,第331—332页。

高度重视。

然而,商汤在祷雨祝词中所提出的警惕贪贿奢侈的训条并未能维持多久。到商汤的嫡长孙、商朝的第四位帝王太甲时,即"颠覆汤之典刑"。在商汤时就辅佐商王的名臣伊尹就教导、训诫太甲说:"敢有恒舞于宫,酣歌于室,时谓巫风;敢有殉于货色,恒于游畋,时谓淫风;敢有侮圣言,逆忠直,远耆德,比顽童,时谓乱风。惟兹三风十愆,卿士有一于身家必丧,邦君有一于身国必亡。"①从上述引文可见,伊尹所称的当时已存在的"三风十愆"②等淫乱之政,"好货色"是其中一大项,并指斥这种贪求财物美色、迷恋出游打猎的邪恶之风,是导致家丧国亡的祸端。而我们三千年以来常说的"天作孽,犹可违;自作孽,不可逭"③,就是太甲悟出了"欲败度,纵败礼"的道理,悔恨自己因不明白品德修养的重要性,以至于变得乏善无德,放纵情欲,不仅败坏法度礼仪,还给自己招致罪过。反思后,他提出了戒贪淫的训条。然而,对于各级统治者来说,这种反思、训诫又能维持多久呢?

商朝中后期,盘庚将都城由祖乙时的邢都迁到殷(今河南省安阳市),其原因之一就是旧都风尚"奢侈逾礼",贵族们奢淫成习。奢侈享乐的既得利益者根本不愿听从商王盘庚的迁都命令,以至于盘庚不得不再三告谕,训诫不愿迁都者:"乃败祸奸宄,以自灾于厥身",并断然指明"兹予有乱政同位,具乃贝玉",就是说在朝廷中有几个跟他一起治理政事的大臣,什么也不干,只知道聚敛财物。盘庚用什么来警告他们呢?他说:"乃祖乃父,丕乃告我高后,曰:'作丕刑于朕孙'。迪高后,丕乃崇降弗祥。呜呼!今予告汝不易。永敬大恤,天朁绝远。……乃有不吉不迪,颠越不恭,暂遇奸宄,我乃劓殄灭之,无遗育,无俾易种于兹新邑。"就是说这些大臣只知贪财聚敛,以至于这些大臣的先祖先父向先王禀告:"用大刑惩罚我们的子孙

---

① 《尚书·商书·伊训》。
② 根据《尚书·商书·伊训》,三风,指巫风、淫风、乱风;十愆,即舞、歌、货、色、游、畋、侮、逆、远、比。
③ 《尚书·商书·太甲中》。

吧"。盘庚对这些不愿随迁殷都、只知贪财聚敛享乐的大臣们说:假若你们之中有人不做善事,不走正道,狂放不羁,欺诈奸狡,我就要杀掉你们。盘庚要求在位者"无总于货宝,生生自庸",就是不要总想着聚敛财宝,应该努力为帮助百姓谋生而建功立业。说明当时惰政、奢侈、聚敛、贪冒之风已很严重。因此,盘庚作为最高统治者,为了扭转这种局面,明确提倡勤政戒贪的思想,并通过迁离已奢靡成习的旧都这种方法来实现自己的主张。盘庚迁都后,贪奢之风有所收敛,不久便有武丁"复兴殷道"的成效。盘庚迁殷,训诫贵族在位者"无总于货宝"的同时,自己表示"朕不肩好货,敢恭生生,鞠人、谋人之保居,叙钦"。这就是向天下臣民表示,自己不会任用贪财好货之人,自己和自己所任用的大臣都是要恭敬地为百姓经营生计者,自己只钦佩、叙用那种能养育百姓并使百姓能安居乐业的人。这些均是戒贪淫的训条。①

商朝末年,纣王(帝辛)"好酒淫乐,嬖于妇人。……厚赋税以实鹿台之钱,而盈巨桥之粟。益收狗马奇物,充仞宫室。益广沙丘苑台……以酒为池,悬肉为林"。这样的聚敛,必会出现"乃惟四方之多罪逋逃,是崇是长,是信是使,是以为大夫卿士,俾暴虐于百姓,以奸宄于商邑"的局面。② 他还远贤用佞,所重用的奸佞费仲、恶来,都是善谀好利之徒,财贿当头,罔顾身后。朝廷上充斥着"曾是强御,曾是掊克"即强暴贪残的人,"强御多怼,寇攘式内"即内廷中占据权位的是强暴贪残者,以致朝廷上是这样一幅景象:"女炰烋于中国,敛怨以为德。不明尔德,时无背无侧。尔德不明,以无陪无聊"③,也就是帝王昏聩不明,亲小人、远贤臣的局面。太史公司马迁所著《史记》中就记载了在这样的背景下,"纣囚西伯羑里。西伯之臣闳夭之徒,求美女奇物善马以献纣,纣乃赦西伯"。这是一次足以令商王朝灭亡的贪渎、行贿受贿事件。当年,商纣王将周文王(当时称西伯姬昌)囚禁在羑里,

---

① 《尚书·商书·盘庚上、盘庚中、盘庚下》。
② 《尚书·周书·牧誓》。
③ 《诗经·大雅·荡》。

周人设法求到奇珍异宝、美女、良马,通过商纣王所重用的佞臣费仲进献,纣王大悦,便释放了周文王。当然,这一次重大的"政治"贿赂,商王朝上至最高统治者纣王,下至以费仲为首的各级官吏,都收受贿赂,其结果就是贪贿者利令智昏,自取灭亡。①

周人此时经过从太王到文王的勤政恤民,得以取代商王朝而入主中原。目睹商王朝末年耽于逸乐、贪贿腐化而亡国的景象,以武王、周公为首的西周建政之初的最高统治集团,积极总结经验、汲取教训,在坚持勤政传统的同时,以殷为鉴,反复论述为政要以正、勤、廉、俭为本,反对贪渎聚敛。武王伐纣,灭商后立即"括散鹿台之财,发巨桥之粟,以振贫弱萌隶","大赉于四海,而万民悦服"②,获得了被周人所征服的、却是饱受商纣暴政聚敛之苦的殷民之心。可以说,周武王这次反贪渎聚敛的行动,在收服民心、稳定周朝统治方面,是大获全胜了。武王从箕子手上接过"洪范九畴",也就是治国方略九种大法,其中讲到为政应具有"正直、刚克、柔克"三种德行,而与此相反的则是"臣之有作福、作威、玉食,其害于而家,凶于而国,人用侧颇辟,民用僭忒"③,也就是君主失德,臣下敢僭越而任意赏罚,必然出现百官背离王道,百姓犯上作乱的局面。

武王、周公等对贪渎的危害讲得很清楚,但是,贪贿之风在社会上不可能就此遏止。成王封康叔于卫,这里是殷墟故地,这里的人们不可避免地会延承诸多商末贪贿淫乐的旧习,因此,就要求到这里进行治理的统治者警惕沾染殷之旧习,故掌政的周公便对康叔加以勤政清廉的教导训诫。这一番教诫被记录传承下来,就是《尚书·康诰》篇。在《康诰》中,周公说:"小人难保,往尽乃心,无康好逸豫,乃其乂民。"对于"凡民自得罪,寇攘奸宄,杀越人于货,暋不畏死,罔弗憝",一再要求"用康乂民",即治民使之安康,不要"惟威惟虐,大放王命"。为了让周人和被征服的殷民戒酒,周公特

---

① 《史记》卷三,《殷本纪第三》。
② 《史记》卷四,《周本纪第四》;《尚书·周书·武成》。
③ 《尚书·周书·洪范》。

作《酒诰》篇,阐述戒酒对巩固政权的极端重要性,因为饮酒作乐往往是与"纵淫佚,丧威仪,伤民心"联系在一起的。然而,现实往往是残酷的。武王、周公等反复强调勤政爱民、反对暴政贪贿的重要性,但当周公还政于成王后,鉴于西周社会的现实状况,仍担心成王贪图享乐、荒废政事,故作《无逸》篇以提出告诫,历数"稼穑之艰难"和小民的痛苦,指出末代商王"生则逸",只知耽乐,不仅王朝,连商纣王自己的寿命也缩短了,故要求周王以历代贤君"畏天命"、"知民隐"、"不敢荒宁"为榜样,"继自今嗣王,则其无淫于观、于逸、于游、于田,以万民惟正之供,无皇曰:今日耽乐!乃非民攸训,非天攸若,时人丕则有愆,无若殷王受之迷乱,酗于酒德哉!"①就是要求君王和大臣们不要只知道聚敛百姓,供自己享乐,不要只知道游乐、打猎,切不可像商王那样受到迷惑而昏乱,把酗酒当作美德,那样的话,就是违背天意,就像犯下罪过的人,如何还能去教化百姓呢!

正因为有这样的忧患意识,并因为执政者较长时期秉持这种忧患意识,故西周时期,提倡廉勤、反对贪淫的政治要求,与前代相比,贯彻的时间更长。文献记载,西周统治者反复要求贵族、官员们要"虔恭尔位"、"靖恭尔位"、"夙夜敬止";金文等周代传下来的钟鼎铭文中,多见"虔夙夕"、"奔走夙夕"和"奔走畏天威";《诗经》里也多见"夙夜匪懈"、"夙兴夜寐"、"不懈于位"、"无恒安处",并要求各级统治者做到"敬明乃心"、"如临深渊,如履薄冰",达到明心诚意。

当然,至迟到西周,除了继续为中华廉政文化贡献思想因素外,也开始出现最初的制度建设。周穆王时,制定了我国古代社会第一部较为完备的刑律——《吕刑》,强调明德、敬刑、慎罚、中正的原则,规定"五过之疵:惟官、惟反、惟内、惟货、惟来",就是采用"五过"治罪时,要防止畏惧权势、挟嫌报复或徇情报恩、暗中掣肘、索贿受贿、谒请说情等五种执法徇私受贿的行为。指出这些贪赃枉法者"其罪惟均",即与犯人同罪。最后告诫说:"明

---

① 《尚书·周书·无逸》。

清于单辞,民之乱,罔不中听狱之两辞。无或私家于听狱之两辞,狱货非宝,惟府辜功,报以庶尤。"这就要求统治者要治理好百姓,在审断案件时,一定要公正听取和审断诉讼双方陈述,不要从诉讼双方身上捞取私利!从断案中凭借狱讼的权力而收受的贿赂并不是好宝贝,恰恰是获罪的坏事,这些积累起来的罪行,将会受到上天的惩罚!这反映出西周时期官府贪贿之风在滋生,而《吕刑》把防贪贿明著于刑律,在上古时代是不多见的,是值得注意的反贪举措。①

周厉王"专利"而被国人放逐,"出奔于彘",王位空缺十四年,由周、召二公代行王政,号曰"共和",这是西周历史上著名的事件,也是中国历史上第一次国都人民反贪贿暴敛的胜利行动。厉王专利,或是垄断经营山林川泽、与民争利,或是对经营山林川泽者暴征苛税、搜刮财富。大臣芮良夫说:"夫利,百物之所生也,天地之所载也,而或专之,其害多矣!"又说:"匹夫专利,犹谓之盗;王而行之,其归鲜矣!"②可见当时暴政、专利贪贿的状况已相当严重。《诗经·桑柔》篇,就是大臣芮良夫讽刺周厉王的诗,其中有诗句说"大风有隧,贪人败类",直刺"贪人","听言则对,诵言如醉。匪用其良,覆俾我悖"。③ 此事件也透露了这一时期经济、财政形成了一定的制度,能够在一定程度上界定贪利、专利的制度和政策边界。

周厉王死后,共和十四年(公元前828年)其子即位,"是为宣王"。周宣王时一度"中兴",而其子幽王则是断送"赫赫宗周"的昏淫之君。周幽王身死国灭,除了贪享乐、好声色,宠爱褒姒而废嫡立庶,招致王后之父申侯联合缯、西夷犬戎并力攻周之外,他还重蹈厉王的覆辙,任用好利的权奸,"以虢石父为卿,用事,国人皆怨。石父为人佞巧,善谀好利"。④《诗经·小雅·十月之交》就是周大夫讥刺幽王无道,奸佞祸国,人民苦难深重,招

---

① 《尚书·周书·吕刑》。
② 韦昭注:《国语》卷一,《周语上》,文渊阁四库全书本,乾隆四十七年刊本,第6—7页。
③ 《诗经·大雅·荡之什·桑柔》。
④ 《史记》卷四,《周本纪第四》。

致天降灾异的惩罚。其中说到皇父卿士"岂曰不时？胡为我作，不即我谋？彻我墙屋，田卒污莱。曰予不戕，礼则然矣！"这就将好利权奸在农忙时征调百姓服劳役、拆毁民众房屋，致使农田荒芜的行径，竟然还说成是"照章办事理所应当"的无耻嘴脸，暴露无遗。在诗中还写道："皇父孔圣，作都于向，择三有事，亶侯多藏"。就是说周幽王的宰臣卿士皇父勾结褒姒，去往向地建都邑，所选用的官员都是聚敛丰厚的大富翁，可见周幽王时的暴政、贪贿已发展到了很严重的程度。而各地被聚敛、搜刮一空，《诗经·大雅·荡之什·瞻卬》中云："人有土田，女反有之；人有民人，女覆夺之"，就是揭露、谴责周幽王、贵族高官对人民的巧取豪夺，也是一种反贪贿、暴敛的呼声。西周政权就在这样一种情形下覆亡了。

  上古三代的历史实践和思想成果，为我们的民族和国家留下了珍贵的反贪贿思想传统的最初篇章。

第二节
春秋战国时期
的贪贿与反贪腐

春秋战国时期,中国古代社会发生由奴隶制转变为封建制的剧烈变革。社会结构上,从宗族为主逐步转化为宗族与编户齐民并行;政治结构上,周王室衰微,诸侯崛起、大国争霸,各国由卿大夫执政柄,官吏薪俸制逐步施行;经济领域,私有制有所发展。这一时期,贪贿与反贪都具有过渡时期的特点:一方面各国新旧贵族仍有传统的暴敛淫逸的贪贿方式,各国统治集团以财贿行政治交易为常事;另一方面,因贪贿恶果频现,侵吞公财日渐被视为非法,行贿受贿已为社会所讥刺。这一时期,贪贿更普遍,而反贪也更深入。

一、春秋时期贪贿状况和反贪典型

1. 周王室与诸侯国的公贿与私贿

周王室在衰败过程中,"政以贿成"的状况日趋严重。周灵王九年(公元前563年),周王室因王叔陈生和伯舆争权而发生了一起诉讼。伯舆在争讼中,指责"今自王叔之相也,政以贿成,而刑放于宠,官之师旅,不胜其富。吾能无筚门闺窦乎"①!结果,王叔理亏而投奔晋国避难去了。伯舆一针见血地揭露了王叔辅政后,周王室"政以贿成"的腐败现实,而群吏"不胜

---

① 《左传·襄公十年》。

其富",即在这种腐败风气下,官吏们依靠聚敛贪贿而骤至暴富的情况。

公元前530年(鲁昭公十二年),周王室又发生了一场通过行贿受贿而扭转政局的政变。周室甘简公无子,便立其弟甘过为国君,即为甘悼公。甘过企图除掉先君甘成公、甘景公二族,而成公、景公之族便贿赂周王室卿士刘献公,在刘献公帮助下反过来杀了甘悼公,立了甘成公的孙子鳛有为国君。甘成公一族得立后,又杀了甘过的一批同党。①

"政以贿成"并非只在周室。当时各诸侯国之间强凌弱,众暴寡,争雄长,保独立。而诸侯国内的卿大夫或以强力侵吞,或以贿赂行事的手段,钩心斗角,相互倾轧,争夺政治地位,扩充财富。

当时的诸侯强国晋国之乱,肇端于晋献公嬖妾骊姬。她为了自己的儿子奚齐能继承君位,便"赂外嬖梁五与东关嬖五"这两个晋献公宠信的人为之出谋划策,并替她在晋献公面前进言,"二五卒与骊姬谮群公子而立奚齐",竟然得逞——逼死太子申生,赶走公子重耳、夷吾,而立奚齐。② 这里骊姬究竟"赂"了多少财物,没有具体记载,但后果却很严重。这种"女谒"的贪贿,在中国历史上虽不绝于缕,但在春秋时期见于记载的并不多。春秋中后期,见于记载的只有宋国发生过类似事件,且是高官贪小赂。公元前547年,宋平公一个名为弃的嬖妾,原是宋芮司徒之女,因出生后身体皮肤很红而且长满了毛,被父母弃之堤下,又被宋平公母亲共姬的侍妾收养,取名为"弃",长大后却出落得很漂亮,被宋平公纳为妾并深受平公的宠爱,她的儿子佐被立为太子。不过,由于她是弃婴,贵族们都瞧不起她。一次左师向戌偶遇弃的仆人遛马,问是谁家的马,"对曰:君夫人氏也。左师曰:谁为君夫人?余胡弗知!"这当然是明知故问。马仆回去后,告诉了夫人弃,弃便派人给向戌送上锦帛和马匹,并先送去玉璧,说道:"君之妾弃使某献!"行贿立即就产生了效果,向戌连忙就改口称"君夫人",还再拜稽首受礼。③ 左师在宋国是辅佐大臣,他的改口,会给弃的地位和命运带来一次大转变,而这种转变是在权势基础上的贿赂所带来的。

---

① 《左传·昭公十二年》。
② 《左传·庄公二十八年、僖公四年》。
③ 《左传·襄公二十六年》。

这一时期,诸侯国乌烟瘴气,齐鲁这样的礼仪之邦也不可避免,贪贿事件屡屡发生。

公元前538年,鲁国卿士叔孙豹家族被一个"外妻"所生子竖牛弄得四分五裂,就是缘于贪贿。竖牛趁叔孙豹患病,打算破坏叔孙豹的家室后将其占为己有,他先后进谗言并设计让叔孙豹杀了自己的儿子孟丙,赶走自己的儿子仲壬(逃亡齐国),然后把叔孙豹活活饿死。竖牛又立叔孙昭子为继承人,自己辅佐他。家宰杜洩忠于叔孙豹,竖牛便贿赂叔孙旁族的叔仲昭子(叔仲带)和季孙氏家臣南遗,让他们在季孙面前散布杜洩的坏话以除掉他。于是发生了季孙不许杜氏用"路藏"和"卿礼"的礼仪葬叔孙豹、出殡不让走正门、诬陷杜洩知道叔孙豹生前已主张去中军(以迎合季孙氏计划取消中军建制的意图)而不遵从季孙和叔孙豹之意等一系列怪事。仲壬从齐国回到鲁国,季孙氏准备立他为叔孙氏继承人,南遗进谗言阻止,并派人帮助竖牛杀死仲壬。由于南遗卖力助虐,竖牛又送给他一笔大贿赂,"取东鄙三十邑,以与南遗"。直到叔孙昭子即家族长之位,才把竖牛杀了,平息了这一长达两年的祸乱。①

而权臣贪贿,已到了国君也无法遏制的程度。公元前516年(鲁昭公二十六年),鲁昭公被季氏逐出国,三月,流落到齐国郓地。到了夏天,齐景公打算亲自带兵将鲁昭公送回鲁都,并下令任何人不得收受鲁人尤其是季氏一方的货贿。可是有人为了厚赂就敢不听。季氏家臣申丰、女贾二人就携带两匹织锦,并捆束得像一块玉一样,来到齐军中,对齐君宠臣梁丘据的家臣高齮说:你如能帮忙买通梁丘据阻止齐侯"纳鲁君",就让你成为高氏的继承人,还将送给你五千庾粮食。梁丘据收下织锦后,就把君令搁在一边,向景公进言,说以前宋元公、叔孙诺助鲁君复位,结果都死了,似有鬼神在作祟。他劝齐景公可用占卜测验事情的成败,先不要自己亲自带兵护送,可派臣下带兵护送。景公居然听信了。这样,齐国权臣受贿,为季氏缓解了危局。公元前515年(鲁昭公二十七年)秋,晋国召诸侯国在扈地会盟,决定各国派兵戍守周王室,并商议如何帮助被季氏外逐的鲁昭公回国恢复

---

① 《左传·昭公四年、昭公五年》。

君位之事。宋、卫两国认为送鲁昭公回国复位对自己有利，所以力主出兵讨伐季孙，帮助鲁昭公回国复位。晋卿范献子又趁机向鲁国的季孙氏索贿，在"取货于季孙"后，便马上向与会的各国大夫说季孙氏的好话，还威胁力主帮助鲁昭公回国复位的宋国使臣乐祁犁、卫国使臣北宫喜说："请从二子以围鲁，无成，死之"。两人都胆怯了，不敢坚持自己的意见，"二子惧，皆辞，乃辞小国，而以难复"。这样，原议任务就此作罢。①

这时，统治齐国近六十年的齐景公，日益变得贪享乐、好聚敛、任奸佞，致使齐国上下贪贿、干谒丛生。因有忠贞廉俭、不断谏诤的晏婴等贤臣，才使齐国不至于很快败亡。一次，晏子当着景公的面指出齐国从大夫到宠妾、宠臣，都在四处索贿、豪夺、横行不法，百姓不满足他们的要求就遭到严苛的惩办，"内宠之妾，肆夺于市。外宠之臣，僭令于鄙。私欲养求，不给则应。民人苦病，夫妇皆诅"，希望能使齐侯有所儆戒。② 然而，齐国上下行贿成风，以至于晏婴这样的人也不得不屈从于这种败政。晏子治东阿的故事，就是典型事例。《晏子春秋》记载，"晏子治东阿，三年，景公召而数之曰：吾以子为可。而使子治东阿，今子治而乱，子退而自察也。寡人将加大诛于子。晏子对曰：臣请改道而行，而治东阿三年。不治，臣请死之。景公许之。于是明年上计。"就是说齐景公派晏婴治理东阿，三年后，他召回晏子，责备说：我原以为你很有能力，因此把东阿给你治理。现在，你却搞乱了。你好好自省一下吧，我将要重重地惩处你！晏婴猜到了其中缘由，就对齐景公说：那我就"改道易行"吧！于是第二年就获得"上计"（指年终考核上报财政赋税成绩优等），景公很高兴，"迎而贺之曰：甚善矣！子之治东阿也"。为何晏子治东阿前后一年时间，对他的评价会有这么大的变化呢？晏子道出了其中的缘由："前臣之治东阿也，属托不行，货赂不至。陂池之鱼，以利贫民。当此之时，民无饥者，君反以罪臣。今臣后之治东阿也，属托行，货赂至，并重赋敛。仓库少内，便事左右；陂池之鱼，入于权家。当此之时，饥者过半矣！君乃反迎而贺臣。臣愚，不能复治东阿，愿乞骸骨，避贤者之路！再拜，便辟。"③原来，他前面三年实际上把东阿治理得很好，使

---

① 《左传·昭公二十六、二十七年》。
② 《左传·昭公二十年》。
③ 《晏子春秋》卷七，《外篇重而异者第七》，中华书局1954年版，第197—198页。

民不饥,但不行贿讨好权贵大族、拉拢左右,那些人便向君上谗告他,景公听信谗言,加之以罪;相反,后来他贿赂权家,便事左右,民饥过半,却得到好评,景公也来迎贺他。这是多么大的讽刺!不过从古至今,这类现象并不罕见。而像晏婴这样的廉贤者,无力扭转这种局面,又不愿同流合污,只能祈愿辞官避世。

春秋战国时期,在诸侯国之间一般是大国索贿,小国行贿。这种行贿与诸侯国之间朝聘送礼或缴纳贡赋有别。出现相反的情形,往往是大国、强者为了更大的欲求,而向小国行贿,通常可称为"公贿"。

公元前660年(鲁闵公二年)秋,鲁闵公被庆父(共仲)派鲁国大夫卜齮所杀,成季(季友)带着闵公的弟弟僖公逃到邾国。庆父弑君之后亦惧而投奔莒国,成季回到鲁国,拥立僖公为国君。为了除去庆父这个逆臣,成季向莒国行贿,把庆父要回,即所谓"以赂求共仲于莒,莒人归之",庆父请求赦免不成,在途中自缢而死。第二年,即僖公元年冬,莒国来向鲁国索贿,却被成季拒绝。双方大战于郦地,莒国吃了败仗。① 这是一起"公贿"中的"骗贿",但贿赂仍起了作用。

而大国为了更大的企图"公贿"小国的典型事例,就是假途灭虢。公元前658年,晋献公伐虢国,借道于虞国,就用屈地所出良马、垂棘所产玉璧送往虞国。虞大夫宫之奇谏阻虞君不要贪贿而借路,虞公不听,晋借道而顺利灭了虢国的下阳。三年后,晋国再向虞国借道伐虢,宫之奇用"辅车相依,唇亡齿寒"来比喻虞国与虢国的紧密关系,以及伐虢会给虞国带来的恶果,虞公还是不听,宫之奇就带着全族出走,离开了虞国。果然,晋国这次灭了虢国后,就在回师时顺带把虞国也灭了。其实,这是晋国早就预谋好的。当初,当晋国大臣荀息提出以良马和玉璧为代价,向虞国借道时,晋献公舍不得这些宝贝,荀息说:"若得道于虞,犹外府也。"就是说虞国不过是晋国的外库,先把宝贝放在那里,随时可以取,实际上晋国已经将虞国视为囊中之物,早就起了灭虞国之心。这是以行贿得逞、受贿者自食恶果而告

---

① 《左传·闵公二年、僖公元年》。

终的典型事例。当然,虞国国君认为借道于晋国,不完全是因为贿赂,还因为虞公认为虞与晋都是姬姓之国,"公曰:晋,吾宗也,岂害我哉?"当然,有多少是因为同宗,有多少是因贪图贿赂,就只有他自己知道了!孔子删定《春秋》,在这一年写的是"虞师、晋师灭下阳"。而虞国只是出兵协助晋军,为什么这样写呢?《左传》特地说明,"先书虞,贿故也",就是说《春秋》把虞国写在前面,是因为虞国接受了晋国的贿赂。宫之奇离国之前对他儿子说:"以贿灭亲,身不定矣!"就是指虞与虢同为姬姓兄弟之国,虞国出卖了虢国,即"灭亲",自身也不保。①

公元前 632 年晋楚城濮之战的起因和先声,就是晋国攻打楚国的与国曹、卫,而楚国也进攻晋国的与国宋国。宋人向晋国求援,晋文公想趁机伐楚,却又怕作壁上观的秦、齐二国来个"黄雀在后",对晋不利。因此,晋国用了一个著名的策略——"喜赂怒顽",这一计策是晋国新任元帅先轸提出来的。当宋国大夫门尹向晋文公告急后,晋文公与大臣商议说:"宋国人向我们求救,如果不理,就会断绝两国关系。请求楚国退兵,楚国又不肯。我们想作战,齐国和秦国又不同意,怎么办?"先轸说:"使宋舍我而赂齐、秦,借之告楚。我执曹君而分曹、卫之田以赐宋人。楚爱曹、卫,必不许也。喜赂怒顽,能无战乎?"②这一计策就是让当时被楚国围攻而等待晋援的宋国去贿赂齐、秦两国,让齐、秦出面请求楚国退兵。而晋国则打败曹、卫二国,将两国各割一部分土地分给宋国,作为宋国送出贿赂的补偿。这样做后,齐、秦果然替宋国向楚说情,请楚国解宋国之围。而楚国因晋国损害了自己的与国曹、卫利益,当然拒绝了齐国和秦国的说项。齐、秦丢了面子,便站到晋国一方来共同对付楚国了。这是一次成功地利用贿赂实现外交战略的典型事例。

如果说上述史实所揭露的贿赂行为,还是为了重大的政治、军事目的的话,下述贪贿事例则行贿者出于公共目的,而受贿者全是图利,满足贪欲。这在春秋时期的诸侯国之间屡见不鲜,尤其突出的就是大国盟会上公开进

---

① 《左传·僖公二年、僖公五年》。
② 《左传·僖公二十八年》。

行的贿赂行径。

公元前 612 年(鲁文公十五年)冬,晋国与诸侯在扈地会盟,晋灵公、宋昭公、卫成公、蔡庄侯、陈灵公、郑穆公、许男、曹文公都参加了,主旨一是重温新城之盟,二是在于因齐国侵犯鲁国,而商议伐齐。"齐人赂晋侯,故不克而还",这事便作罢。由于齐国正进犯鲁国西部边境,故鲁国君文公也没有出席扈地会盟。这么一来,齐国有恃无恐,又一次侵入鲁国西部边境,并顺势攻打曹国,进入曹都外城,这是为了讨伐曹国朝见鲁国。鲁国没办法,只得在次年春派季文子去阳谷会见齐懿公,请求结盟。齐君却说鲁君患病不能亲自前来,国君不能同大夫盟,否则就是失礼,便不答应,最后说"请俟君间",就是等贵国君病好了再说的意思。到夏五月,鲁文公又派襄仲"纳赂于齐侯",看在财礼的份上,齐懿公才答应与鲁国在郪丘结盟,两国遂得以和解。①

三年后(609 年),鲁宣公新立,被诸侯认定没有资格参与盟会。鲁宣公元年夏天,派季文子出使齐国,"纳贿以请会",才得以参与在齐国平州举行的盟会,"以定公位"。这次"纳贿"是送给土地——济西之田,"六月,齐人取济西之田,为立公故,以赂齐也"。公元前 602 年(宣公七年),晋成公与鲁宣公、宋文公、卫成公、郑襄公、曹文公等诸侯在黑壤会盟,由于五年前晋成公即位时,鲁宣公没有到晋国去朝见,也没有派大夫前去聘问,晋国人就在盟会上拘留了鲁宣公,"盟于黄父,公不与盟",结果又是"以赂免"。这种索贿完全是赤裸裸的强盗行径,而《春秋》一书没有记载黑壤之盟,就是出于对这一耻辱的避讳。②

公元前 571 年(鲁襄公二年),齐国讨伐莱国,莱国君派大夫正舆子精选了良马和牛各一百匹(头),用以贿赂齐国领兵大将,即齐灵公幸臣夙沙卫,于是齐军便撤退不战。夙沙卫是齐灵公的少傅,备受宠幸,这是他敢作此主张的原因之一,而另一个原因是齐灵公本人有此贪欲,想要"索马牛,

---

① 《左传·文公十五、十六年》。
② 《左传·宣公元年、七年》。

皆百匹"。所以《左传》评论道:"君子是以知齐灵公之为'灵'也。"①"灵"是恶谥,足见这次齐国"纳赂"还师,是受非议的。

甚至有诸侯国的权臣为免祸,以本国宗器贿赂他国的情况。公元前548年(鲁襄公二十五年)夏天,晋国君(晋平公)为报复两年前齐伐朝歌之役,大会诸侯于夷仪,准备讨伐齐国。在这种声势胁迫下,齐国人派权臣左相庆封以杀齐庄公之事讨好晋国,向晋解释过去伐朝歌事是齐庄公干的,自己(即庆封)和崔杼已杀了齐庄公;又派隰鉏出面请求和解。庆封到晋军营中,一面把派出来的男女排成两队,以示降服;一面"赂晋侯以宗器、乐器。自六正、五吏、三十帅、三军之大夫、百官之正长、师旅及处守者,皆有赂"。这是一起用宗器、大批财物的重赂。结果"晋侯许之,使叔向告于诸侯"。也是在这一年六月,郑国为报复此前陈哀公联合楚国攻打郑国、陈军所到之处水井被填平、树木全被砍伐之仇,由子展、子产率七百辆战车伐陈,一举攻进陈国都城。陈哀公只得"使司马桓子赂以宗器",陈哀公自己也身穿丧服怀抱神位,率领百官将佐,男女站成两排,在朝堂上听候郑子展、郑子产的发落。郑子产便赦免了他,郑国人祭祀土地神,即"祝袚社"后,就把陈国的战俘、百姓归还了陈国,收缴的兵符(代表兵权)、一度占取的土地也都归还陈国。②

到了春秋后期,晋、楚等大国成为霸主,而其国中实掌政柄的卿士或令尹在盟会或朝聘时往往公开索贿。

公元前541年(鲁昭公元年),楚公子围与鲁叔孙豹、晋赵武、宋向戌、陈公子招、郑罕虎等在郑国的虢地会盟。此时,鲁国的季武子正攻伐莒国,并夺取了郓地,这就违背了盟约。莒人就控告到盟会上,楚国表示,这是对盟誓的亵渎,一定要惩处鲁国与会者,"请戮其使"。当时晋国的乐王鲋作为赵武的助手参加了盟会,他趁机向与会的鲁国使者叔孙豹索取贿赂,作为他替鲁国使臣向晋使赵武说情的代价。乐王鲋派人假意索要叔孙豹的衣带,实际是索求重贿,叔孙豹不给。叔孙豹的家臣梁其胫问他:"货以藩身,

---

① 《左传·襄公二年》。
② 《左传·襄公二十五年》。

子何爱焉?"叔孙豹说:"诸侯之会,为社稷也。我以货免,鲁必受师,是祸之也,何卫之为。"意思是,我不能为了自己通过贿赂而免祸,却给国家带来受攻击的大祸。事情的结果就颇为曲折。后来,还是晋国使臣赵武听到这个事情,感慨于叔孙豹的忠、信、贞、义,请求楚国人赦免了叔孙豹。①

公元前506年(鲁定公四年)春三月,由周室刘文公出面召集诸侯在召陵会盟,应蔡国的请求,商议伐楚事宜。晋国大夫荀寅又向蔡昭侯"求货",蔡侯不给,荀寅就向范献子讲出许多伐楚的困难:"国家方危,诸侯方贰,将以袭敌,不亦难乎。水潦方降,疾疟方起,中山不服,弃盟取怨,无损于楚,而失中山,不如辞蔡侯。吾自方城以来,楚未可以得志,只取勤焉。"于是,晋国拒绝了蔡国的伐楚动议,会盟无果而散。在这次会盟前,晋人还向郑国"借用"了一种羽旄,装饰旌旗,郑国人给了他们。第二天,晋国就举着这面旌旗去参加盟会,"晋于是乎失诸侯",就是说从此晋国失去了诸侯们的拥护。②

如果说以上皆是为了公共目的而进行的贿赂,那么,以下的贿赂就是为了个人目的,我们可以称之为"私贿"。

城濮之战中,晋国打下了曹、卫两国,抓了曹共公。卫成公被其国人赶出国都,住在襄牛。战后,晋文公为了离间曹国、卫国与楚国的关系,私下同意恢复曹国的土地和卫成公的君位,但并没有释放被扣押的曹共公。鲁僖公二十八年(公元前632年)冬,晋文公患病,曹共公的侍仆侯獳"货筮史",就是用贿赂买通了晋国卜官,让他向晋君说其病因是因为他主持会盟灭了同姓国家。"曹叔振铎,文之昭也。先君唐叔,武之穆也",曹国和晋国都是文王、武王的后代,"合诸侯而灭兄弟,非礼也。与卫偕命,而不与偕复,非信也。同罪异罚,非刑也",就是说晋国灭兄弟国家,不合于礼,同时答应了曹、卫两国,而只放回了卫君,却没有释放曹君,不能使其同时复国,是不讲信用,用刑不当。这样一说,晋文公信服了,就放了曹共公回国,恢复其君位。曹共公立即在许地与晋国等诸侯结盟。③ 这样的小的行贿,手

---

① 《左传·昭公元年》。
② 《左传·定公四年》。
③ 《左传·僖公二十八年》。

段不正当,还算是为了免祸,受贿者也帮人办成了免祸的"好事"。

这一时期,楚国也出了几个贪得无厌的权臣,其索贿无度,这时的楚国国君也一概抛弃先君严惩贪渎的政策,对权臣贪贿听任纵容,结果给楚国带来了巨大的祸患。

公元前521年(鲁昭公二十一年)冬,蔡侯朱"出奔"楚国,楚平王的宠臣费无极"取货于东国"。费无极向蔡侯朱的叔父东国索贿后,就威胁蔡人说:"朱不用命于楚,君王将立东国。若不先从王欲,楚必围蔡。"蔡国人害怕了,就彻底驱逐了蔡主,立东国为君。逃到楚国的朱就向楚王告状,楚平王准备讨伐蔡东国,费无极又用巧言蒙骗楚平王,说:蔡国先君平侯曾与楚有约在先,才得以重新封立蔡国。如今他的儿子(蔡侯朱)有了二心,所以蔡人才废了他。灵王杀了隐太子(蔡平侯和东国之父),隐太子的儿子(指东国)与国君您有共同的仇人,您又杀了灵王,他对您必然是感恩戴德,您又立他为君,不是很好吗?再说"废置在君,蔡无他矣",废立蔡国国君的大权操在您的手上,蔡国人就不敢有其他念头了。楚平王听信了他的话。①

楚令尹子常也是利欲熏心之徒。公元前507年,蔡昭侯朝见楚国君,带了两件玉佩和两件裘衣,献给楚昭王一件玉佩和一件裘衣。楚昭王设宴款待,蔡昭侯也穿着同样的裘衣,佩戴着同样的玉佩。楚令尹子常看见而生贪念,就向蔡昭侯索要,蔡昭侯不给,便被子常扣押了三年。这时,唐成公也到楚国朝聘,乘着两匹肃爽马。子常又向唐成公索马,成公也没有给他,也被拘留起来,要扣押三年。唐国人经过商议,请求派人到楚国替代随唐成公先去的侍从,楚令尹子常同意了,于是唐国派来的人与先来的成公侍从饮酒,设法把他们灌醉了,偷出肃爽马献给子常,唐成公才被释放回国。蔡国人听说此事后,也一再请求蔡昭侯将玉佩交给了子常。蔡昭侯获释后,回国途经汉水,沉下一块玉,"曰:余所有济汉而南者,有若大川",发誓不再朝楚,并立即到晋国,把自己的儿子和蔡国大夫的儿子作为人质,请求晋、蔡联合伐楚,以报其仇。第二年,吴国、蔡国、唐国联合大举伐楚,经过五次激战,攻破楚国郢都。受过楚国权臣子常之辱的蔡、唐二国国君,在战争中积极助吴,方有此大胜。②

---

① 《左传·昭公二十一年》。
② 《左传·定公三、四年》。

春秋晚期,诸侯国之间发生贪贿事件仍常见于记载。吴太宰嚭受贿而亡国是一个著名的事件。

越国被吴王夫差战败于夫椒后,一蹶不振。越王勾践听从大夫文种之计,派人到吴国求和请降。伍子胥竭力劝阻吴王夫差纳降,晓以利害。越国便"饰美女八人,纳之太宰嚭",并许诺"若肯帮助,还有更美于此者"。太宰伯嚭最终说服夫差允许越王求和。最后,越兴吴灭,这次贪贿之祸在其中起了重要作用。①

在鲁国也有类似的行贿受贿活动:公元前471年(鲁哀公二十四年),鲁哀公到越国,和越国太子适郢相处得很好,适郢打算把女儿嫁给鲁哀公,还要送给鲁国很多土地。公孙有山就将此事告诉了季孙肥(康子),季孙氏害怕越国帮助哀公来讨伐,便通过贿赂越国太宰伯嚭(前年吴国被越王勾践所灭后,吴太宰伯嚭在越国继续任太宰),"使因大宰嚭而纳赂焉,乃止",伯嚭从中阻挠,使适郢取消了嫁女、"多与之地"的打算。公元前469年(鲁哀公二十六年)夏,卫出公被几家贵族攻击而出奔越国后,鲁国的叔孙舒会合越国大夫皋如、舌庸,宋国大夫乐筏,率军护送卫出公回国,而卫文子公孙弥牟眼见要吃败仗,主张接纳卫出公,但卫人不肯接纳。最后,卫人采取一面"重赂越人",一面打开各道城门接纳卫出公的办法。越、鲁等国受贿了,就改变原先的态度,而卫国人则大开几重城郭门,佯为接纳卫出公,实则是城头女墙严兵守卫。越国又不派兵跟随,卫出公见状,吓得不敢贸然入城,最终放弃回国,死于越国。越、鲁、宋军撤回去后,卫国立悼公为君,并把城鉏一地送给越国,从而避免了一场战祸。②

2. 春秋时期的反贪拒贿

这个时期,我们看到了举不胜举的"公贿"、"私贿",索贿受贿事件。但也有不少正直的政治家卓有远见,对贪贿行为,或阻止,或婉拒,或竣拒,或惩处索贿受贿行为,对拒贿行动则倍加赞赏。其中,事有大小,行有难易,但意义是一样的。

---

① 韦昭注:《国语》卷二十,《越语上》,文渊阁四库全书本,乾隆四十七年刊本,第1—3页。
② 《左传·哀公二十四、二十六年》。

公元前 630 年,"温之会"后被晋人所执的卫成公几经艰险从晋国获释回国,听说鲁君从中帮忙是由于臧文仲的主意,便打算对臧氏"使纳赂焉",以示感谢,臧文仲坚决拒绝,说:"外臣之言不越境,不敢及君。"表明做臣子的不私涉外交,不仅辞不受贿,而且遵守君臣本分。①

公元前 609 年,因莒纪公宠爱幼子季佗,想废除太子仆,"且多行无礼于国"。莒太子仆借助国人之力杀君父,"以其宝玉来奔"鲁国,并将宝玉献给鲁国君宣公。鲁宣公受贿,要收留并给他城邑,并"曰今日必授"。季文子却派司寇将莒太子仆驱逐出境,并"曰今日必达"。鲁宣公责问季文子这样做的原因,季文子述周公制礼作则,"作《誓命》曰:'毁则为贼,掩贼为藏,窃贿为盗,盗器为奸。主藏之名,赖奸之用,为大凶德,有常无赦,在《九刑》不忘。'行父还观莒仆,莫可则也"。季文子认为,这个莒太子仆没有一条可取之处,在于"则其孝敬,则弑君父矣;则其忠信,则窃宝玉矣",可见这个人就是盗贼,他带的财宝就是赃证。保护这个人并收下他的财宝,就是庇护盗贼,窝藏赃物。以此教育百姓,百姓就会感到迷惑不解,进而无所适从了。这些都不是善行,"而皆在于凶德,是以去之"。他又举上古"四凶"被除,以为鲁君之历史镜鉴。季文子处置正当且态度十分坚决,鲁宣公也不得不听从。鲁拒莒太子仆一事,是义正词严的拒贿。②

公元前 594 年,楚国围攻宋国长达九个月,宋国派乐婴齐向晋国求援。晋派大夫解扬前往宋国,勉励宋国不要降楚,并说"晋师悉起,将至矣"。解扬经过郑国时,郑国人抓住解扬献给楚军。楚庄王"厚赂之",逼他说晋国不会来救宋,解扬拒绝了三次,终于无奈,勉强答应。当他登上楼车,向宋国人喊话时,就坚守君命,向宋国传呼晋国救兵将到,劝宋不要降楚。庄王大怒,要杀他。解扬说:"君之赂臣,不知命也。受命以出,有死无陨,又可赂乎?臣之许君,以成命也。死而成命,臣之禄也。"这番言辞大义凛然,表明死也不改君命的决心。楚庄王是个有为之君,也欣赏这种有为之人,"楚

---

① 韦昭注:《国语》卷四,《鲁语上》,文渊阁四库全书本,乾隆四十七年刊本,第 7—8 页。
② 《左传·文公十八年》。

子舍之以归",就把解扬释放了。① 这是面对纳贿则生、拒贿或死的一次成功拒贿的高尚行为。

公元前583年,晋使士燮聘鲁,谈及要攻打郯国,"以其事吴故"。鲁成公有怜恤郯国被侵伐之心,送给士燮贿礼,请他向晋君请求"缓师",让鲁国暂缓出兵。士燮拒绝贿赂,说:"君命无贰,失信不立。礼无加货,事无二成。"士燮坚守君命,不接受礼外之货(贿),不两面讨好以获利,结果鲁国只得派兵跟从晋国伐郯。②

公元前558年,宋国有个人得到一块玉石,献给司城子罕,子罕不肯接受。献玉人说:"我让玉工看了,玉工认为这是一块宝玉,所以我才献给你。"子罕说:"我以不贪为宝,尔以玉为宝,若以与我,皆丧宝也",不如不给我,两人都有了宝。话说得在理而且睿智巧妙。献玉人听了叩头说:"小人怀璧,不可以越乡",所以献给当官的以免犯罪,原来有其苦衷。子罕就叫献玉人把玉石放在他的住处,派玉工雕琢,卖出去后,使献玉人成了富翁,"富而后使复其所"。③

公元前550年,齐国偷袭莒国,当时齐庄公从晋回,还没进入齐都,便又去袭击莒国,攻打莒国且于城,没攻下,第二天准备再攻。齐国大夫杞殖、华周率战车甲士从小道趁夜进到莒都郊外。莒君便"重赂"大夫杞殖、华周,请他们不要开战,并"请无死"、"请有盟"。杞殖、华周拒"重赂",说:"贪货弃命,亦君所恶也。昏而受命,日未中而弃之,何以事君?"莒国君见此状况,亲自在阵前擂鼓进军,结果杞殖战死,两国讲和。这次战役,齐国虽非正义一方,但齐臣杞殖、华周拒贿,遵君命之举,是为臣的原则。④

公元前529年(鲁昭公十三年)七月,晋国在邾国南部阅兵,调动大军、战车达四千辆,以羊舌鲋代理司马,在平丘会合诸侯,接着晋军驻扎于卫地。羊舌鲋向卫国索贿,并放纵士兵四处砍伐,即所谓"叔鲋求货于卫,淫刍荛者"。卫国人派屠伯送给叔向(叔向为羊舌氏,与羊舌鲋为族兄弟)一

---

① 《左传·宣公十五年》。
② 《左传·成公八年》。
③ 《左传·襄公十五年》。
④ 《左传·襄公二十三年》。

杯羹和一篋锦，贿请他制止晋军的砍伐。叔向受羹，退回那一箱锦缎，并说："晋有羊舌鲋者，渎货无厌，亦将及矣，为此役也。"果然，给羊舌鲋送财礼的人还未从其府中退出，羊舌鲋就下令禁止砍伐。而叔向断言羊舌鲋"渎货无厌，亦将及矣"，其遇灾祸不久就变为现实。次年，楚人奔晋的邢侯、雍子二人为土地界限划分发生诉讼，雍子想侵夺原属于邢侯的鄐邑的田地，诉讼调解久而不决。恰巧负责断案的理官士景伯因事去了楚国，就由叔鱼（羊舌鲋）代理其职务，韩起就命羊舌鲋审理此案，开始是判雍子败诉，雍子就把女儿送给羊舌鲋，结果羊舌鲋便最终判邢侯有罪。邢侯大怒，就把羊舌鲋和雍子一齐杀了！韩起就此命案，如何定邢侯罪征求叔向的意见。叔向大义灭亲，说："三人同罪，施生戮死可也，雍子自知其罪而赂以买直，鲋也鬻狱，邢侯专杀，其罪一也。己恶而掠美为昏，贪以败官为墨，杀人不忌为贼。"三个人都该死。对此，孔子反复赞叹说："叔向，古之遗直也。治国制刑，不隐于亲。三数叔鱼之罪，不为末减，曰义也夫！可谓直矣！"①

春秋时期，开始出现一些以讽谏方式阻止贪贿的典型案例。公元前514年秋，晋国的韩起去世，魏舒执政，实行新政，把旧贵族的世袭封邑改为县治，将祁氏的田地分为七个县，将羊舌氏的田地分为三个县，各设县大夫管理，一共任命十个县大夫。这是由分封制向郡县制过渡的重大改革。他的儿子魏戊受命为梗阳（今山西清徐）县大夫。孔子听说这件事后，赞叹"近不失亲，远不失举，可谓义矣"。这年冬，梗阳发生一起讼案，魏戊无法断清是非曲直，便上呈魏舒决断。诉讼一方的大宗就对魏舒"赂以女乐"，魏舒准备接受。魏戊知道了，就对他的同僚阎没、女宽说：恩主（魏舒）以不受贿赂而闻名于诸侯，"若受梗阳人，贿莫甚焉！吾子必谏"。两人答应了，退朝之后，便到魏舒家院子里等他。魏舒召他们一同进餐。在吃饭时，这二人叹息了三次，魏舒感到奇怪，便说：吃饭是一种享受，"吾闻诸伯叔，谚曰：'唯食忘忧'。吾子置食之间三叹，何也"？二人异口同声地说："我辈贪逸小人，昨晚有人请我们喝酒，没有吃晚饭，刚才感到很饿，见到饭菜上来，担心不够吃，所以一叹。饭菜上了一半时，我们想：哪有将军请吃饭

---

① 《左传·昭公十三、十四年》。

不让吃饱之理？所以再次叹了口气。等饭菜上完之后,但愿把小人之腹变为君子之心,能吃饱就行,有所节制食欲才好,便三叹。"魏舒听后,明白了他二人的用意,便拒绝了梗阳人的贿赂。① 魏戊、阎没、女宽讽谏成功,魏舒也从谏如流,反映出改革的新气象。这可以说是开古代讽谏风气之先。

楚国反贪贿也有特点,多半是重惩杀戮贪人,同时伴有讽谏。公元前571年(鲁襄公二年)冬,楚公子申为右司马,借助其权位,"多受小国之赂",又企图逼夺子重、子辛的权力,楚国人就把公子申杀了。第二年,子辛当上了令尹,又是"侵欲于小国",求索无厌,致使陈成公派袁侨在鸡泽盟会上向晋国请求和好。过了两年,即鲁襄公五年,楚国质问陈国为何背叛楚国而从晋之故,陈国人回答说:"由令尹子辛实侵欲焉!"楚国又把子辛杀了,就是因为他"贪也"。鲁襄公二十二年(公元前551年),楚国的观起得到令尹子南的宠幸。观起的官禄虽然没有加升,"而有马数十乘,楚人患之"。楚康王也打算惩处他。不久,楚康王便在朝堂上杀了令尹子南,车裂了观起,并曝尸示众于楚国四境。这件事,震动很大,同一年,楚康王让薳子冯出任令尹,受到薳子冯宠幸的八个人也都"无禄而多马",申叔豫就用子南和观起的故事提醒薳氏"昔观起有宠于子南,子南得罪,观起车裂。何故不惧"？薳子冯自己驾车回去时,因听了申叔豫之言而心里害怕,车子总是偏离正道。回去后,薳氏便辞退了这八个人,"而后王安之",楚康王这才对他放心了。楚国的反贪方式,与其王权较为强固有关。②

就连享乐贪冒极为严重的齐景公,在晏婴的谏诤下,"使有司宽政、毁关、去禁、薄敛、已债"③。可见,反贪贿、求政治清明,毕竟是人类社会发展的光明前途和共同期望,即便在春秋社会的现实面前,也还未到绝望的时候。

晋平公时期(前557—前532年),就有一个很有名的提倡廉洁、安贫乐道的故事。有一次叔向去访权臣韩起。韩起忧贫,叔向却向他道贺说:做人不在贫富而在有无德行。他以栾氏一家三代的变化说明这个问题:"昔

---

① 《左传·昭公二十八年》。
② 《左传·襄公二、三、五、二十二年》。
③ 《左传·昭公二十年》。

栾武子(栾书)无一卒之田,其宫不备其宗器。宣其德行,顺其宪则,使越于诸侯,诸侯亲之,戎狄怀之。"其子栾黡,"桓子骄泰奢侈,贪欲无艺,略则行志,假贷居贿,宜及于难"。第三代栾盈"怀子改桓(栾黡)之行而修武(栾书)之德,可以免于难"。又以郤至为喻:"夫郤昭子其富半公室,其家半三军,恃其富宠以泰于国。其身尸于朝,其家灭于绛。"叔向所举的例子,都指出"贪欲"、"居贿"、"富宠"、"奢泰"而不知悔改的后果是灭族亡身。①

二、战国时期的贪贿与反贪

战国时期,列国争雄,是诸侯恃力争霸进一步发展的时代,王侯将相横行、残暴空前,争城夺地,贪婪更胜于前,人民生灵涂炭。这个时代,崇尚智诈,在礼义荡然的形势下,推崇"窃钩者诛,窃国者侯,侯之门仁义存"!从诸子百家反贪贿暴敛的言论愈加尖锐可知,战国时期贪贿暴敛是大量存在的,但见之记载者却很少。

赵、韩、魏三分晋国,拉开了战国时代的帷幕。赵、韩、魏之前,晋国还有智氏,智伯瑶刚愎贪残,一度称雄,大有鲸吞三家之势。智伯瑶为了伐灭仇由这个小国,以贿赂为诱饵,诈称送给仇由一个大钟。仇由国君贪图重器,信以为真,修平通车运钟的道路,准备迎接。大夫赤章曼枝怀疑其中有诈,劝谏道:送此大器本该是小国事奉大国的常理,而今相反,必有诈,听说有兵卒随后,不可接纳。仇由之君利令智昏,不听劝谏,赤章氏便逃往齐国。不出所料,智伯瑶把大钟装载在宽大的车上,后面跟着大批兵卒,仇由无备,君臣都出迎大钟。智氏军队长驱直入仇由国都,仇由被灭。后来,智伯瑶贪图韩、魏、赵三家土地,据《史记》记载:"知②伯益骄,请地韩、魏,韩、魏与之。请地赵,赵不与,以其围郑之辱。知伯怒,遂率韩、魏攻赵。赵襄子惧,乃奔保晋阳。……乃夜使相张孟同私于韩、魏。韩、魏与合谋,以三

---

① 韦昭注:《国语》卷十四,《晋语八》,文渊阁四库全书本,乾隆四十七年刊本,第18页。
② "知",古又同"智"。原文如此。

月丙戌,三国反灭知氏,共分其地",最终导致三家联合反攻,也是智氏贪欲无厌而自取灭亡。①

这一时期,王侯贪婪而致国灭身死还有一著名案例,就是楚怀王因贪图秦的商於地,而国力被削弱,怀王也身死异地。当时,秦惠王忧虑齐楚联合,就派张仪入楚离间。张仪向楚怀王说:楚"苟能闭关绝齐",而秦愿"献商於之地方六百里"酬谢。怀王贪而轻信,不听陈轸谏阻,便先与齐绝交,而后派人到秦受地。此时,张仪翻脸不认账,说只约定交割方六里地,未说方六百里。楚使怒,归告怀王,楚兴师伐秦。秦发兵反击,在丹淅大破楚军,斩首八万,俘楚将屈匄,楚尽失汉中。楚怀王不甘心,悉发全国兵力,深入击秦至蓝田。而魏乘间袭楚至邓,齐不再救楚,楚即回师,无功而还,国已大困。此后,楚国连年吃败仗,后来怀王又听信秦国愿与之媾婚,亲自到秦国,即被扣押而强逼割地,乃怒而出走,逃至赵国,赵人不纳,仍返至秦,终死于秦而归葬。②

战国时,各诸侯国上下官吏贪贿也相当普遍。齐威王时,邹忌讽谏说:"四境之内莫不有求于王",这种"求"就是以财贿求情。后期则出现了"天下以市道交"的状况。名将廉颇在秦赵长平之战前被免去统帅之职,"失势之时,宾客尽去"。赵在长平之战大败于秦之后,廉颇"复用为将,客又复至",廉颇便斥退他们。可是宾客们却说他见识落后了:"吁!君何见之晚也?夫天下以市道交,君有势,我则从君,君无势则去,此固其理也,有何怨乎?"③卫嗣公派使者过关市,受到关吏的刁难,使者只得贿以金钱,关吏才予放行。后来,卫嗣公对关吏说:"某时有客过而所,与汝金而汝因遣之。关市乃大恐,而以嗣公为明察。"说明当时诸侯国内部各级官吏贪贿的普遍。④

---

① 王先慎:《韩非子集解》卷七,《说林上第二十二》,中华书局1954年版,第126—127页;《史记》卷四十三,《赵世家第十三》。
② 《战国策》卷四,《秦二》,文渊阁四库全书本,乾隆四十七年刊本,第1—3页。
③ 《史记》卷八十一,《廉颇蔺相如列传第二十一》。
④ 《韩非子集解》卷九,《内储说上·七术第三十》,中华书局1954年版,第161、178页。

西门豹任魏国邺令,十分廉洁,"清克洁悫,秋毫之端,无私利也"。而他对国君左右近臣则颇为简慢,左右近臣便联合起来说他的坏话。过了一年,要"上计"了,魏文侯竟然收去他的印玺。西门豹"自请曰:臣昔者不知所以治邺,今臣得矣,愿请玺复以治邺,不当,请伏斧锧之罪!"魏文侯准了他的请求。于是,西门豹在邺郡加重百姓的赋税,好好地对待魏文侯左右的近臣。"期年,上计",文侯就高兴了,"迎而拜之"。西门豹说:"往年臣为君治邺,而君夺臣玺;今臣为左右治邺,而君拜臣。臣不能治矣!遂纳玺而去。"西门豹说完这段话,就交了印玺要离去。文侯方才醒悟,便挽留他说:"寡人曩不知子,今知矣,愿子勉为寡人治之。遂不受。"也就是说,文侯对西门豹说:以前不了解你,现在了解了,愿你勉力为寡人治邺吧!不再收回官印。① 这事和晏子治东阿一事如出一辙,都是廉能之臣也不得不屈从于贪暴之政的显例。

三、春秋战国时期反贪思想传统和监察机制

1. 春秋战国的反贪思想传统

针对"政以贿成"的状况,不少正直有为的政治家和思想家都不遗余力地谴责贪贿淫逸、横征暴敛的行径。他们的反贪言论构成了春秋战国诸子学说的一个重要组成部分,百家争鸣共同创造了中国早期民本主义思想文化体系:从理论上说明贪贿的反常理、非礼非法性,指出贪贿祸国殃民、贪贿者家破身亡的必然性,揭露、谴责暴敛的丑恶行径,提倡清廉勤政,树立高洁勤苦的人物典型。

孔孟、老庄把贪贿暴敛比作盗贼。春秋前期的鲁国对宫室有"丹楹刻角"之举,受到当时人们的非议,孔子批评臧文仲早年"不仁者三,不智者三",其中有"废六关,妾织蒲","作虚器",就与此有关,尤涉聚敛问题。②"废六关"亦作"置六关",是设置六关以征税;妾织蒲,卿大夫之家与民争

---

① 《韩非子集解》卷九,《外储说左下第三十三》,中华书局1954年版,第225页。
② 《左传·文公二年》。

利,古为一禁;"作虚器",指私蓄大龟并作室以居。故孔子说:"臧文仲居蔡,山节藻棁,何如其知也?"因蔡国出产大乌龟,臧文仲收藏大乌龟壳是为了占卜求福之用。臧文仲私自把大龟藏住在一间屋子里,屋内有雕刻山形花纹的斗拱和画水藻纹的梁上短柱,这与天子为占卜求福、藏大龟的"丹楹刻角"的豪华庙堂一样,自然属奢侈淫逸之类。①

孔孟的"仁政"学说与贪贿不两立,孔子留存的言论虽不多,然言简意赅,一针见血。春秋后期,季氏当政,重聚敛。一次,季康子忧虑盗贼多,问政于孔子。孔子说:"苟子之不欲,虽赏之不窃。"一句话就把好聚敛的季康子和盗贼摆在同一位置上,季氏如能节制自己的贪欲,上行下效,百姓也会知耻而不去干偷窃之事。②季康子在鲁哀公十一年"欲以田赋",即在宣公十五年实行的"初税亩"基础上再次针对农田向百姓征收军赋,增加一倍赋税。季康子派自己的家宰、孔子的学生冉有去征求孔子的意见,孔子以"丘不识也"为由,不回答,但私下对冉有说:"君子之行也,度于礼,施取其厚,事举其中,敛从其薄,如是则以'丘'亦足矣。若不度于礼,而贪冒无厌,则虽以田赋,将又不足。且子季孙若欲行而法,则有周公之典在;若欲苟而行,又何访焉?"让冉有劝季氏不要太过贪婪,否则最后按亩征税也会不满足的。但季康子"弗听",在鲁哀公十二年春还是专横地征"田赋",而冉有不听师言,协助季氏征田赋,很令孔子生气。对此,孔子坚持批判说:"季氏富于周公,而求也为之聚敛而附益之,子曰:非吾徒也,小子鸣鼓而攻之,可也!"③孔子删定的《礼记》中也记载了以前孟献子说过的当官不能聚敛、不能与民争利的规定:"畜马乘,不察于鸡豚;伐冰之家,不畜牛羊;百乘之家,不畜聚敛之臣。与其有聚敛之臣,宁有盗臣。"④孔子认为那些为了自己的私利而聚敛钱财的大臣连盗贼都不如。

---

① 《论语·公冶长第五》。
② 《论语·颜渊第十二》。
③ 《左传·哀公十一年》;《论语·先进第十一》。引文中"如是则以'丘'亦足矣",指成公元年"作丘甲"所定一丘出赋之数,"以丘"就是按丘征税,征田赋按丘征就可以了。
④ 《礼记·大学》。

春秋战国时代,反贪思想进一步发展,持续揭露、谴责暴敛贪利的行径。

老子以简要而切中要害的语言告诫统治者:"以正治国,以奇用兵,以无事取天下。……我无事而民自富,我无欲而民自朴","民之饥,以其上食税之多,是以饥","民之轻死,以其上求生之厚,是以轻死"。又说:"天之道,损有余而补不足;人之道则不然,损不足以奉有余。孰能有余以奉天下?唯有道者。"老子指出聚敛是违反天道的,是无道。老子反对统治者贪欲巧诈,所谓"法令滋彰,盗贼多有",是看透了当时政治的诈伪贪欲的一面。他说:"朝甚除,田甚芜,仓甚虚,服文采,带利剑,厌饮食,财货有余,是谓盗夸,非道也哉!"这是把聚敛财货比作盗首。① 庄子则把国家统治者比作窃国大盗,"彼窃钩者诛,窃国者为诸侯,诸侯之门而仁义存焉,则是非窃仁义圣知邪?"②

孟子的学说,开宗明义就告诫统治者不正当的"利"的危害:如果国君一味地考虑"何以利吾国",大夫们一味地考虑"何以利吾家",士庶人则一味地考虑"何以利吾身",那就是"上下交征利而国危矣"!为什么呢?一方面,"万乘之国,弑其君者,必千乘之国;千乘之国,弑其君者,必百乘之家。万取千焉,千取百焉,不为不多矣。苟为后义而先利,不夺不餍。"另一方面,就如他所尖锐地谴责的王者一样:"庖有肥肉,厩有肥马,民有饥色,野有饿莩,此率兽而食人也。兽相食,且人恶之。为民父母,行政不免于率兽食人,恶在其为民父母也?"③因此,孟子强调"仁政",只有仁者才应该居于统治地位。"不仁而在高位,是播其恶于众也。"在上的没有道德规范,在下的没有法律制度,朝廷不守道义,工匠不守尺度,"君子犯义,小人犯刑,国之所存者,幸也!""故曰:城郭不完,兵甲不多,非国之灾也;田野不辟,货财不聚,非国之害也。上无礼,下无学,贼民兴,丧无日矣!"这是最可怕的状况,无礼无学而"贼民"者,即贪欲无厌、坑害人民的官吏得势猖獗,那么国家的灭亡就快了。④ 孟子不限于揭露、谴责贪贿暴敛,还提出消除这种状

---

① 《老子》,第五十七、七十五、七十七、五十三章。
② 《庄子·胠箧第十》。
③ 《孟子·梁惠王上》。
④ 《孟子·离娄上》。

况的理想方法。他规劝统治者恢复周文王治岐时实行的王政,回到"老吾老,以及人之老;幼吾幼,以及人之幼"的"天下大同";"施仁政于民:省刑罚,薄税敛,深耕易耨",人们都讲道德,即便用棍棒也能打败秦楚的坚甲利兵。他提出的仁政内涵和实行井田制,都包括反聚敛、薄赋税的内容,其实我们往往忽略了孟子所说的这一内容:"八家皆私百亩,同养公田;公事毕,然后敢治私事,所以别野人也。"①先公后私,这是对官员的基本要求,也是孟子恢复井田制主张背后所要强调的一个核心价值。荀子则指斥:"乱世不然,汙漫突盗以先之,权谋倾覆以示之,俳优侏儒妇女之请谒以悖之,使愚诏知,使不肖临贤,生民则致贫隘,使民则綦劳苦。是故百姓贱之如佄,恶之如鬼。"②这是深刻地揭露贪贿盗窃和权谋之害民,必然招致人民深恶痛绝。

韩非子揭露为臣而奸邪者有"八术"、"八奸",其一为"养殃",透露了当时官吏们"为人臣者尽民力以美宫室台池,重赋敛以饰子女狗马",是为了"娱其主而乱其心",这是"上下交征利"的一种,就是迎合君主奢淫享乐,而"尽民力,重赋敛,顺其所欲",以便自己"树私利其间"。韩非子还揭露当时出现的卖官鬻爵之弊:不论贤与不肖、有无功劳,只"用诸侯之重,听左右之谒,父兄大臣上请爵禄于上,而下卖之以收财利,及以树私党。故财利多者,买官以为贵,有左右之交者,请谒以成重","官职之迁失谬,是以吏偷官而外交,弃事而财亲;是以贤者懈怠而不劝,有功者隳而简其业。此亡国之风也"。③ 这就指出卖官这一战国时期新出现的贪贿花招,其恶果会导致亡国。韩非子在《五蠹》篇里,更深刻地论述了行贿、卖官鬻爵会导致政治沦为市道,奸商横行,生业荒废,会使国家陷入十分危险的境地:"行货贿而袭当途者则求得,求得则私安,私安则利之所在,安得勿就?是以公民少而私人众矣";"今世近习之请行,则官爵可买,官爵可买,则商工不卑也矣;奸财货贾得用于市,则商人不少矣;聚敛倍农,而致尊过耕战之士,则耿介之士寡而高价之民多矣"。结果就是"其患御者,积于私门,尽货赂,而用重

---

① 《孟子·公孙丑上》;《孟子·滕文公上》。
② 《荀子集解》卷七,《王霸篇第十一》,中华书局1954年版,第147页。
③ 《韩非子集解》卷二,《八奸第九》,中华书局1954年版,第36—39页。

人之谒,退汗马之劳"。① 有外敌时没有人去打仗,平时没人生产,国家怎能不危险? 这是韩非子要摒除的"五蠹之民"之种种恶相,千载之下,犹可为镜鉴。

韩非子还指出:"上暗无度则官擅为,官擅为故俸重无前,俸重无前则征多,征多故富。官之富重也,乱功之所生也。"解决之道是"任事者毋重,使其宠必在爵;处官者毋私,使其利必在禄。故民尊爵而重禄,爵禄所以赏也,民重所以赏也,则国治"。韩非子又提出政治上的"十过",其"二曰顾小利,则大利之残也"、"五曰贪愎喜利,则灭国杀身之本也"。他认为没有禄外私利,才能消除官吏贪贿腐败,"处官者毋私,使其利必在禄","故下明爱施而务赇纹之政,是以法令隳。尊私行以贰主威,行赇纹以疑法。……故君轻乎位而法乱乎官,此之谓无常之国"。韩非子认为"有道之国","明主之道,臣不得以行义成荣,不得以家利为功"。② 这是从理论上说明臣吏贪贿、求私利对君主权力的危害,是法家学说中的精华。

在揭露、谴责贪贿聚敛的同时,春秋战国时期的人们也注意弘扬正气,从正面倡导清廉勤政的品质,树立廉洁勤政人物典型。这里既有往溯上古大禹、伯夷、叔齐等先贤,也有表彰时贤如鲁国季文子、楚国令尹子文、齐国的晏婴等。孔子把伯夷、叔齐与齐景公作对比,清浊自明:"齐景公有马千驷,死之日,民无德而称焉。伯夷叔齐饿于首阳之下,民到于今称之。"③孔子又称赞伯夷、叔齐为"古之贤人也"。孔子自己也是"饭蔬食饮水,曲肱而枕之,乐亦在其中矣。不义而富且贵,于我如浮云"④。后来,孟子继承了这一思想,说:"伯夷,目不视恶色,耳不视恶声","故闻伯夷之风者,顽夫廉,懦夫有立志"。⑤

楚国令尹子文的廉政勤政就为人所盛赞。后人斗且说:"昔斗子文三

---

① 《韩非子集解》卷十九,《五蠹第四十九》,中华书局1954年版,第350页。
② 《韩非子集解》卷十八,《八经第四十八》,第337—338页;卷三,《十过第十》,第40页。
③ 《论语·季氏第十六》。
④ 《论语·述而第七》。
⑤ 《孟子·尽心下》。

舍令尹,无一日之积,恤民之故也。成王闻子文之朝不及夕也,于是乎每朝设脯一束、糗一筐,以羞子文。至于今令尹秩之。成王每出子文之禄,必逃,王止而后复。人谓子文曰:'人生求富而子逃之,何也?'对曰:'夫从政者,以庇民也。民多旷者,而我取富焉,是勤民以自封也,死无日矣。我逃死,非逃富也'。"①孔子称赞说这就是"忠啊"!

春秋战国时期,构成反贪倡廉思想的并非只有那些著名思想家的学说,也有许多政治家的言行。晏婴竭力批评和劝止齐景公的贪欲暴敛,他本人则是一生节俭、清廉的楷模。晏婴也是较早提出"廉政"命题的人。他说"廉政而长久",好比"其行水也,美哉水乎清清,其浊无不雩途,其清无不洒除,是以长久也"。他又以石喻廉政不得法也不能持久的道理。当时齐景公问"廉政而速亡,其行何也?对曰:其行石也,坚哉石乎落落,视之则坚,循之则坚,内外皆坚,无以为久,是以速亡也"。当时传颂晏子节俭,他对古人极为重视的自家丧祭都极为俭约:"一狐裘而三十年。遣车一乘,及墓而反","祀其先人,豚肩不掩豆,贤大夫也。撙衣濯冠以朝"。孟子说"晏子以其君显",是对晏子廉俭并谏诤制约齐景公的贪欲聚敛,使其政权不至于在当世崩溃而说的。② 春秋后期,楚国令尹、司马热衷聚敛,令尹子常(囊瓦)闻名其间。一次,子常问楚大夫斗且"蓄货聚马"之事,斗且未答,回家后对他弟弟说:"楚其亡乎!不然,令尹其不免乎!"因为"令尹问蓄货积实,如饿豺狼焉!""夫从政者,以庇民也。民多旷也,而我取富焉,是勤民以自封,死无日矣!"他认为"夫古者聚货不妨民衣食之利,聚马不害民之财用",并将令尹子文的廉与子常的贪做对比,指斥子常作为楚王的辅佐之臣,却在诸侯间没有好名声,而且其恶政导致"民之羸馁,日已甚矣。四境盈垒,道殣相望,盗贼司目,民无所放。是之不恤,而速聚不厌,其速怨于民多矣!积货滋多,蓄怨滋厚,不亡何待?"③这是透彻说明贪贿"蓄聚"和"蓄

---

① 韦昭注:《国语》卷十八,《楚语下》,文渊阁四库全书本,乾隆四十七年刊本,第8页。
② 《晏子春秋》卷四,《内篇问下第四》,中华书局1954年版,第102页;《礼记·檀弓下》、《礼器》、《杂记下》;《孟子·公孙丑上》。
③ 韦昭注:《国语》卷十八,《楚语下》,文渊阁四库全书本,乾隆四十七年刊本,第7—8页。

怨"是成正比发展的至理名言。

当然,春秋战国时期流传下来的也并非都是反贪倡廉的思想。战国末年,贪贿腐败风气日趋严重,一些统治者的执政思想也出现扭曲。《吕氏春秋》记载:卫嗣公"欲重税以聚粟,民弗安"。对人民的不安,卫嗣公说:这些老百姓"民甚愚矣"!征敛粮食是为人民的,他们自藏粮食和把粮食藏到国库,"奚择",有什么需要选择的呢?这并非笑话,因为战国时加重征敛是常事。不过卫君所谓的"民愚",倒不如说是他本人"利令智昏"。① 辩士中也出现了同流合污的言论,策士苏代对燕国君说:"廉不与身俱达,义不与生俱立。仁义者自完之道也,非进取之术也。"②这是将"进取"与"廉"、"仁义"对立起来,反映当时颓风严重,连辩士们也为贪贿张目,也可谓是一种千古"妙"论!

战国时期反贪的言论如此尖锐、深刻,充分反映了当时社会的现实,可知当时社会尤其是官府贪贿成风,乃至前代所无的卖官鬻爵事件亦不少,只是失之记载或是有所记载而没有流传下来而已。

2. 先秦时期监察机制的初立

从上古到"三代",脱胎于原始社会,多沿用习惯法。尤其到了"三代",处理或监督各种非法行为常用"刑",所谓"夏有乱政而作禹刑,商有乱政而作汤刑,周有乱政而作九刑"③。《禹刑》、《汤刑》、《九刑》,就是夏、商、周的刑律。今天可见商代甲骨卜辞中记录的用刑很多,就是明证。

夏朝刑罚,《禹刑》规定主要为死刑和赎刑,"昏、墨、贼"构成死刑,其中"贪以败官为墨",就是以贪污腐败而败坏官事,就是犯了不廉洁的"墨"罪。这是古代将贪污腐败称为"贪墨"的源头之一。④

商代刑法,在《汤刑》中规定,对"总于货宝"即贪财之罪,用"大刑",重惩,而且臣下对国君有"三风十愆"的恶习"不匡",要处以"墨刑"。

到西周初年,从《尚书》的《康诰》、《费誓》等篇中,可以看到以"常刑"

---

① 《吕氏春秋》卷十八,《审应览第六》,中华书局1954年版,第218—219页。
② 《战国策》卷二十九,《燕一》,文渊阁四库全书本,乾隆四十七年刊本,第15页。
③ 《左传·昭公六年》。
④ 《左传·昭公十四年》。

处罚盗窃劫掠行为。到周穆王时的《吕刑》才出现一定的诉讼程序,刑罚制度进一步发展和完善,不过当时断案仍有一定的随意性。到春秋中期后,少数诸侯国才正式制定、颁布刑律,仍遇到来自各方面的种种阻力。郑国铸刑书,遭到晋国名臣叔向的批评;晋赵鞅铸刑鼎,遭到孔子的反对。孔子、叔向认为,刑法只能掌握在官府、贵族手中,"议事以制,不为刑辟",而人民掌握刑书,"将弃礼而争于书",会按照刑律与统治者争论,反而难办。所以要坚持礼治,沿用习惯法。不过,随着历史的发展,旧制度的坚冰终被打破,此时终究出现按公布的"刑书"执法的事例,如反对"铸刑书"的叔向还是按刑律原则惩处了叔鱼(即羊舌鲋)等人贪贿不轨的行为。

春秋晚期,一些诸侯国开始颁布成文法。公元前536年,郑子产"铸刑书",将刑法铸于鼎上,公示于众。公元前513年,晋国赵简子"铸刑鼎",把范宣子所制定的刑律铸于鼎上,公之于众。到战国时期,各国推行法制,以法治国。在诸子百家学说中,也以法家最盛,代表人物多被统治者任用以变法图强。法家主张摒弃"不为刑辟"的观念,要求"宪令著于官府,刑罚必于民心",使"天下之吏民,无不知法者"。① 正是在这一背景下,战国初年李悝颁布了中国封建社会中第一部完整的成文法典——《法经》。其中第五篇《杂律》就涉及对"借假不廉,淫侈"等贪贿行为的惩处。②

这一时期,监察官员的机制,正如《尚书·梓材》记载:"自古王若兹,监罔攸辟",说明自古就有监督,并要求监察官员公正不偏颇。

在夏代,就有负责监察之官——"啬夫"。啬夫又有区分,"吏啬夫为检束群吏之官,人啬夫为检束百姓之官"③。到周代,除了监察官员外,还有两类监督贵族、官员贪贿盗掠行径的机构:一是司法系统——司寇,一是财政会计系统——大宰。

《周礼·秋官·司寇第五》记述大司寇的职能:一是"帅其属而掌邦禁,以

---

① 《韩非子集解》卷十七,《定法第四十三》,第304页;《商君书·定分第二十六》,中华书局1954年版,第42页。
② 李悝《法经》早已失传,篇目留存于《晋书》卷三十,《志第二十·刑法》。
③ 《左传·昭公十七年》;尹知章:《管子注》,转见杨伯峻:《春秋左传注》,中华书局1981年版,第1385页。

佐王刑邦国"、"以圜土聚教罢民",即把"坏人"关入监狱进行教化。二是以"五刑纠万民","五罚"分治野、军、乡、官、国,其中"四曰官刑,上能、纠职"。大司寇下属的士师又以"五禁"分治上述区域,"凡卿大夫之狱讼,以邦法断之",都是治理官员包括惩治贪贿行为在内的。《尚书·周官》记载:"司寇掌邦禁、诘奸慝、刑暴乱",与《周礼》的记载相呼应。而在西周金文中多见司寇协同司土(即司徒)、司马(合称"三司")执行政务。春秋时期,几个主要诸侯国设有司寇,少见专门治理讼狱,而承继自夏朝以来的传统,由"理"官治狱。据记载,晋国有司寇,而断狱则为"理"官;齐国的断狱官也称"理"官或"大理"。① 处理朝官的案子,西周和东周都是由当政大臣裁断。

《周礼·地官·司徒第二》记载,大司徒"帅其属而掌邦教",即掌教谕和考察官员,分三年大比和年终考绩两种情形。其中正岁令教官:"各共尔职,修乃事,以听王命。其有不正,则国有常刑",实施对官吏的监督。小司徒根据大司徒职权来管理其属官,"及三年则大比",岁终有考核和赏罚,"令群吏正要会而致事"。正岁率属官学法令,宣告"不用法者,国有常刑",并令群吏"修法、纠职"。

对于哪个部门应该职掌百官的监察,《周礼·春官》中虽载有"御史",但《左传》中并无记载,而《周礼》一书成于战国晚期,可见在战国晚期以前,对于监察部门并无明确记载,这时的监察制度在官制系统中的位置较为模糊,反映出国家机器还在逐步完备的过程中。而这时有刑无法,"国有常刑"是针对被统治阶级,针对贵族、官吏不过是一句套话,当时就有明文规定的对王族及勋贵的减刑办法。《周礼·秋官·小司寇》记载:"凡命夫命妇,不躬坐狱讼";"王之同族有罪,不即市",交给天官甸师职内处理。还定有"八辟"之法,凡亲、故、贤、能、功、贵、勤、宾等八种人可减罪。这样,对官员的纠察便大有自由裁量的伸缩余地了。

根据《周礼·天官冢宰第一·大宰》,西周由专设的财政管理部门负责

---

① 韦昭注:《国语》卷十四,《晋语八》,文渊阁四库全书本,乾隆四十七年刊本,第3—4页;《管子·小匡第二十》,中华书局1954年版,第125、129页。据记载,从夏代开始,治狱官就称为"大理"、"理"。《礼记·月令》注:"理,治狱官也。有虞氏曰士,夏曰大理"。

管理国家的贡赋等常规收入和支出,规定"以九式均节财用",将用财的节度、开支分作九类。大宰之下专设"司会"一职,负责掌管收入来源和调度、节约开支;掌握各官府钱财出纳所登记的副本,作为考察群吏办事成绩的依据;还要负责把下属"司书"税敛的记录、"职内"的赋入和"职岁"的赋出,相互参校,按日、月、年做出统计。另设"外府"一职,掌管"邦布之入出"即货币收入,按制度供给各项"邦用","岁终则会"即年终作一次结算。这样的财政管理,对春秋战国及以前时代而言,颇为严密,如能严格执行,能极大地杜绝贪贿的发生。不过,这种严密制度不可能是一蹴而就的,必然是一个在较长的历史时期逐渐完备的,且多含有理想化的成分。而前述的众多贪贿事例,几乎都是在制度外发生的,统治者公然以财物乃至土地行贿,也不是一般财政制度和财政部门所能制约的。以公家钱财办私事的贪污贿赂,典型的如春秋晚期陈国辕颇"赋封田以嫁公女,有馀以为己大器"一事,倒是能从财务记录中查出来。

战国时期,有主管财务的职官设置。《史记·赵世家》记载,徐越向赵烈侯建议"节财俭用,察度功德",符合统治者的要求,被任命为内史,"所与无不充"。可见,内史在战国时期是负责财务、税收的官员,从上述内容看,负有监督财政出入的责任。①

战国晚期,在前述两大监察系统之外,又出现了负责监察百官的御史,为国君掌握百官万民的行为动向,以保障国家法律、政策的实行。《周礼·春官宗伯第三》中载有"御史",其人员配置为,"中士八人,下士十有六人,其史百有二十人,府四人,胥四人,徒四十人",共计一百九十二人。《周礼》中记载御史"掌邦国都鄙及万民之治令,以赞冢宰。凡治者受法令焉,掌赞书,凡数从政者",随侍国君左右,掌书记、法令。《史记》记载的一段著名史实:公元前227年,赵惠王与秦昭王会于渑池,秦昭王要赵王鼓瑟,"秦御史前书曰:某年月日,秦王与赵王会饮,令赵王鼓瑟"。赵王受辱,其臣蔺相如端一盆缶力逼秦王"击缶"助乐,"相如顾召赵御史书曰:某年月日,秦王为

---

① 《史记》卷四十三,《赵世家第十三》。

赵王击缻"①,就是明证。

战国时期,秦、齐、赵、魏、韩等诸侯国均有御史,御史掌文书、法令,中央各部门、地方各郡县的文书均集于其手,使御史成为最了解全国情况的官员,自然成为国君了解全国情势的耳目而带有监察的职能。为了行使监察职能,御史须随时派属员到全国各地了解情况。荀子就说:"墙之外,目不见也,里之前,耳不闻也,而人主之守司,远者天下,近者境内,不可不略知也。"②这不仅是说国君应通过御史了解各地情况,而且国君还要派可信任的"便嬖左右",到各地去了解"国君耳目"所不能达到之地的民情。战国时期,御史监郡县的制度已经出现。《战国策》中就记载了魏国原国都安邑(魏惠王迁都大梁后,置安邑为县)监郡县御史的递补情况:"安邑之御史死,其次(副手)恐不得也。输人为之谓安令曰:'公孙綦为人请御史于王,王曰:彼固有次乎,吾难败其法',因遽置之。"③就是说当时的体制,御史的任命由副手依次升补。

为了规范御史人员出使、监督各地的行为,防止出现滥用经费或接受地方宴请馈遗的情况,当时还规定了御史部属出差的伙食标准。据《云梦秦简·传食律》记载:"御史卒人使者,食稗④米半斗,酱驷(四)分升一,菜羹,给之韭葱。其有爵者,自官士大夫以上,爵食之。使者之从者,食粝米半斗;仆,少半斗。"除了规范之外,从中也可见御史的属官有在秦国属第五等爵的大夫(秦制,爵大夫以上,主一车,属员三十六人,"令与亢礼",即县令须以对等的礼节来招待)、第六等爵的官大夫,普通属员"卒人"。

综上可见,无论是行政监督还是财政制度的监管,在上古"三代"时期都不完备或有诸多实际不能执行的情况,到春秋以后才出现了某些制度,形成了一定的机制。这些都是由中国古代历史特点、社会发展程度所决定的,为中华制度文明之初基的重要组成部分。

---

① 《史记》卷八十一,《廉颇蔺相如列传第二十一》。
② 《荀子集解》卷八,《君道篇第十二》,中华书局1954年版,第161页。
③ 《战国策》卷二十八,《韩三》,文渊阁四库全书本,乾隆四十七年刊本,第12页。
④ "稗",古同"粺",原文如此。

第二章 秦汉时期的反贪机制

秦王朝和两汉王朝是中国封建王朝的开端,是中国封建专制主义政治体制创建、巩固的时期。中央行政体制、官僚制度、地方的郡县制,均在这一时期定型,并在秦汉以后两千多年时间里,历朝历代虽有所变异,然均未突破这一时期形成的体制格局。而这一政治格局,对于权力制约有其逐步成熟的制度,对于澄清吏治、反贪腐有值得借鉴的制度传统。

第一节
秦王朝的贪暴与反贪

秦的统一历程可谓酣畅淋漓,其王朝灭亡也如摧枯拉朽。秦帝国虽是一个短命的王朝,但作为"平定天下,海内为郡县,法令由一统,自上古以来未尝有,五帝所不及"①的历史先行者,秦王朝在政治体制建构、经济建设、军队管理、吏治整饬等领域的探索,留下了许多重要的经验和教训。这些历史财富对秦王朝之后的历代统治者来说都是弥足珍贵的。在如何防止官僚队伍的腐败,尽力保障官僚机构高效、有序运转这一历代王朝的永恒课题面前,秦王朝确有诸多值得借鉴的成功经验和历史教训。

一、秦王朝的暴急之政与贪贿

秦帝国统治时间短,但从秦国承传下来的贪贿现象仍存在于官僚队伍中。早在统一六国的战争胜利之初,秦统治集团就已沉溺于贪婪残暴、奢侈享乐。

秦始皇本人就集勇于进取、气势磅礴和为所欲为、穷奢极欲于一身,不仅修筑大量豪华富丽的宫殿,"乃令咸阳之旁二百里内宫观二百七十复道甬道相连,帷帐钟鼓美人充之",以供其享乐,而且不惜民力大修骊山陵墓,"始皇初即位,穿治郦山,及并天下,天下徒送诣七十余万人,穿三泉,下铜

---

① 《史记》卷六,《秦始皇本纪第六》。

而致椁,宫观百官奇器珍怪徙臧满之。令匠作机弩矢,有所穿近者辄射之。以水银为百川江河大海,机相灌输,上具天文,下具地理。以人鱼膏为烛,度不灭者久之"。① 最高统治者对富奢、荒淫生活的无度追求,更是直接毒化了政治风气。

皇帝如此,各级官吏也上行下效,追逐安逸享乐的生活,这往往是官僚队伍走向腐败深渊的开端。丞相李斯出行就学秦始皇,仆从如云,"始皇帝幸梁山宫,从山上见丞相车骑众,弗善也"。李斯长子三川守李由回京城咸阳省亲,李斯大摆宴席,"置酒于家,百官长皆前为寿,门廷车骑以千数"。② 秦王朝各级官吏也纷纷借宴请、迎送之机公开索贿、行贿、受贿,"大老虎、小苍蝇"横行于世。沛县县令旧友吕公定居该县,众县吏"皆往贺",而贺仪的标准竟是"进不满千钱,坐之堂下"。众县吏送礼如此大方,当然不是真冲着那个吕公去的,而是借机讨好、行贿县令,而沛县县令也借机收受贿赂。就连小小的泗水亭长刘邦也趁到咸阳公干之机敛财,"高祖以吏繇咸阳,吏皆送奉钱三,何独以五"。③ 别人送刘邦三百钱,萧何独送五百钱,这在当时是一笔不小的数目,可见当时社会风气已然败坏。

各级官吏强行勒索民众财物,在秦王朝更是司空见惯。秦统一后,迁徙六国旧民,官吏们乘机大肆索贿、受贿:"秦破赵,迁卓氏。卓氏见虏略,独夫妻推辇,行诣迁处。诸迁虏少有余财,争与吏,求近处",不行贿的卓氏则被"远迁"发配到临邛。④ 当时,百姓常受官吏、豪强的敲诈勒索,刘邦做泗水亭长时,"廷中吏无所不狎侮,好酒及色"。他还假公济私,常常到私人酒店里白吃白喝,"常从王媪、武负贳酒,时饮醉卧,武负、王媪见其上常有怪。高祖每酤留饮,酒雠数倍,及见怪,岁竟,此两家常折券弃责"。⑤ 当时,贪赃枉法现象屡有发生,连杀人偿命都可贿免。项梁犯了人命官司逃至会稽,

---

① 《史记》卷六,《秦始皇本纪第六》。
② 《史记》卷六,《秦始皇本纪第六》;《史记》卷八十七,《李斯列传第二十七》。
③ 《史记》卷五十三,《萧相国世家第二十三》。所谓"三、五",裴骃《史记集解》引李奇注:"或三百,或五百也。"
④ 《史记》卷一百二十九,《货殖列传第六十九》。
⑤ 《汉书》卷一上,《高帝纪第一上》。

"梁尝杀人,与籍避仇吴中",反而成了郡守的座上客,靠的就是重金贿赂郡守;项伯"尝杀人,从良匿",而张良敢于藏匿杀人犯,其倚仗的也是重金贿赂官府。① 当时社会上流行着"千金不死,百金不刑"之语,反映的正是根据拥有财富多寡而定刑罚轻重,甚或免受刑罚的社会现实。从中不难看出,《秦律》所标榜的"不别亲疏,不殊贵贱,一断于法"在当时实践中的真相。

秦二世、赵高集团通过阴谋上台以后,不仅没有抓住历史契机,改变秦始皇统治时期的暴急之政,反而造成了任人唯亲、滥杀无辜的恐怖政治。秦二世胡亥志在声色犬马,"欲悉耳目之所好,穷心志之所乐",使自己处于赵高等宵小的包围中,官僚队伍的吏治一泻千里,腐败趋势难以遏抑。赵高更是"贪欲无厌,求利不止,列势次主,求欲无穷"。② 而所谓的政治家李斯因贪图禄位,竟与胡亥、赵高同流合污。秦王朝的官场上充斥的是依附权贵、明哲保身的恶劣气氛,"群臣谏者以为诽谤,大吏持禄取容",昔日精干有力的官僚队伍,迅速腐败、蜕变为一群权力寄生虫,灭亡在所难免。

贪腐横行,注定了秦政权必然灭亡的命运,与人民渴望和平安定生活背道而驰的暴急之政更加速了其败亡的进程。本来,通过长期残酷的战争而诞生的秦帝国,在统一全国后,按照社会生产发展的客观要求和人民的愿望,应该将精力放到休养生息、发展社会生产上。但秦始皇和他的大臣李斯、蒙恬等人都没有意识到政策转变的必要性和重要性,反而变本加厉地推行各种暴急之政。从公元前221年到公元前206年,扰民最深、最巨的征发不下十数起:其一,连续发动大规模的战争,公元前222年至公元前214年的征服百越、公元前215年的击匈奴,虽有开疆拓土、抵抗少数民族入侵的积极作用,也给民众带来无穷的苦难,在人心思定、人心厌战的统一之初,继续战争的政策显然是不可取的。司马迁就批评说:"夫秦之初灭诸侯,天下之心未定,痍伤者未瘳,而恬为名将,不以此时强谏,振百姓之急,养老存孤,务修众庶之和,而阿意兴功,此其兄弟遇诛,不亦宜乎?"就是指明了这一点。其二,无休止的兵役徭役征发,筑长城,开灵渠,戍五岭,修驰

---

① 《汉书》卷三十一,《陈胜项籍传第一》;卷四十,《张陈王周传第十》。
② 《史记》卷八十七,《李斯列传第二十七》。

道、直道、五尺道,筑阿房宫、骊山陵等接连不断的大工程,消耗了大量的人力、物力,仅骊山陵工程就动用了七十万民工。当时民间流传的歌谣唱道:"生男慎无举,生女哺用𫗦。不见长城下,尸骸相支柱。其冤痛如此矣!"征收沉重的赋税,就成为支撑秦王朝长期大规模战争和一系列巨大的土木工程的财政来源,统治集团的享乐挥霍,也势必加重对民众的赋税盘剥。为了交税,老百姓不但要贱卖农产品来换得货币,还要忍受税官们上下其手、克剥勒索之苦。再加上秦始皇统一中国后,就一直异想天开地寻求长生不老之法,派方士求神仙的闹剧,不仅徒劳地耗费了巨额钱财,而且给民众带来骨肉离散的痛苦,"又使徐福入海求仙药,多赍珍宝,童男女三千人,五种百工而行。徐福得平原大泽,止王不来。于是百姓悲痛愁思,欲为乱者十室而六",反秦的情绪因此在社会上蔓延。①

显然,秦始皇统治时期就因官吏贪贿和滥行急政、暴政,反秦的离心倾向就已十分严重,秦王朝已风雨飘摇。秦二世继位后,变本加厉,"纵耳目之欲,穷侈靡之变,不顾百姓之饥寒穷匮"②。如此倒行逆施,等待秦王朝的只能是覆灭的下场。

二、秦朝的反贪思想和监察机制

1. 秦朝的反贪思想

秦自孝公任用商鞅变法以来,法家思想就长期居于秦国政治的主导地位。法家思想在战争年代有助于最大限度地调动国家力量去争取胜利,但存在过于刚强而缺乏弹性的理论缺陷,故在和平发展年代,不宜作为国家政策的唯一指导思想。只有文武并用,方能长治久安。秦汉长时段历史的正反两方面经验已经证明了这一个基本的政治常识。不过,法家政治文化在法治反贪领域,仍有儒、墨学说难以比拟的理论建树。

---

① 《史记》卷六,《秦始皇本纪第六》;《史记》卷八十八,《蒙恬列传第二十八》;《汉书》卷四十五,《蒯伍江息夫传第十五·伍被传》。
② 高诱注:《淮南子》卷十五,《兵略训》,中华书局1954年版,第256—257页。

首先,法家较早意识到官吏腐败对国家的严重危害性。《商君书·修权》明确指出:"夫废法度而好私议,则奸臣鬻权以约禄,秩官之吏,隐下而渔民。谚曰:'蠹众而木折,隙大而墙坏。'故大臣争于私而不顾其民,则下离上。下离上者国之'隙'也。秩官之吏隐下以渔百姓,此民之'蠹'也。故有'隙'、'蠹'而不亡者,天下鲜矣。是故明王任法去私,而国无'隙'、'蠹'矣。"①这是把利用职权贪污受贿、谋取私利的大臣、"秩官之吏",比作社会的蠹虫,指出其存在必将危及国家安全,应及时清除。

其次,法家认为不能把各级官吏视为理想的圣君贤相、道德完人,尤其是在那个"今夫轻爵禄,易去亡,以择其主,臣不谓廉"②的时代,故强调借助于法律和刑罚的力量来清除贪官污吏。韩非子就说:"刑过不避大臣,赏善不遗匹夫。故矫上之失,诘下之邪,治乱决缪,绌羡齐非,一民之轨,莫如法;属官威民,退淫殆,止诈伪,莫如刑。"③法家思想认为,好利和私欲是人性之本能,君臣关系本质上不过是利益交换关系,奢望官吏们不去追逐私利、自觉廉洁奉公是很难的,"夫置丞立监者,且以禁人之为利也。而丞、监亦欲为利,则何以相禁?故恃丞、监而治者,仅存之治也",只能以严刑酷律震慑官吏,使他们不敢去贪污受贿,"立君之道莫广于胜法,胜法之务莫急于去奸,去奸之本莫深于严刑"。④为了使刑罚对官吏真正具有威慑力,法家提出了轻罪重罚和加罪两项立法原则,企图起到预防犯罪的作用。《秦律·法律答问》对行贿一钱即处以"黥城旦"重刑的规定,正是这一原则在反贪领域的运用。在秦统治者眼中,重要的不是行贿数量多少,而在于是否属于行贿、受贿的性质,对官吏贪赃枉法、触犯刑律的都要加重处罚,这对于官吏贪贿行为的威慑力是明显的。⑤

第三,法家主张"不分贵贱亲疏,一断于法",强调"刑无等级"。《商君

---

① 《商君书·修权第十四》,中华书局1954年版,第25页。
② 《韩非子集解》卷二,《有度第六》,中华书局1954年版,第24页。
③ 《韩非子集解》卷二,《有度第六》,中华书局1954年版,第26页。
④ 《商君书·禁使第二十四》、《开塞第七》,中华书局1954年版,第39、17页。
⑤ 法家思想代表作品之一的《商君书》中就已表达了这样的思想。参见《商君书·赏刑第十七》,第29页。

书》说:"刑无等级,自卿相将军以至大夫、庶人,有不从王令、犯国禁、乱上制者,罪死不赦。有功于前,有败于后,不为损刑;有善于前,有过于后,不为亏法。忠臣孝子有过,必以其数断。守法守职之吏,有不行王法者,罪死不赦,刑及三族"。①《韩非子》也说:"法不阿贵,绳不挠曲。法之所加,智者弗能辞,勇者弗敢争。刑过不避大臣,赏善不遗匹夫。"②这里涉及两个重要问题:一是在惩治贪贿时不能因贵废法,法外施恩,尤其要防止君主亲近者、女宠说情,干扰反贪贿。韩非子反复强调:"不以功伐决智行,不以参伍审罪过,而听左右近习之言,则无能之士在廷,而愚污之吏处官矣","今士大夫不羞污泥丑辱而宦,女妹私义之门不待次而宦"。③ 如果听任权贵请托之风盛行,想控制住腐败是不可能的。二是功是功,过是过,不因功废法,不以功抵罪。对依仗功绩而滥行贪贿者,依法严惩,不因其以前的功绩贡献而心慈手软。为了避免官吏中出现逾越法律约束的特权阶层,法家强调君主也不能任意越法行事,《商君书》说:"法者,君臣之所共操也。"④虽然封建专制社会的特点是有凌驾于社会制约力量之上的特权者存在,但这种守法意识对于加强反贪是极为宝贵的。

2. 秦王朝的监察机制

秦王朝虽然很快就崩溃了,但它集战国政治改革之大成而创建的政治体制,正如司马迁所说是"法后王",为中国各封建王朝所承继,而不仅仅是汉承秦制而已。在监察体制上,秦已初步构建了从中央到地方由御史大夫、御史中丞、侍御史、监郡御史、郡守(兼)、县令长(兼)、县御史(主吏椽)等构成的较为完备的监察机构,制定了确保各级官吏廉洁奉公、惩处贪污腐败的监察法规。

秦代中央监察机构的最高首脑是御史大夫,"御史大夫官始于秦"。

---

① 《商君书·赏刑第十七》,中华书局1954年版,第29页。
② 《韩非子集解》卷二,《有度第六》,中华书局1954年版,第26页。
③ 《韩非子集解》卷四,《孤愤第十一》,中华书局1954年版,第59页;卷十七,《诡使第四十五》,第317页。
④ 《商君书·修权第十四》,中华书局1954年版,第24页。

《汉书》记载:"御史大夫,秦官,位上卿,银印青绶,掌副丞相"。① 御史大夫的职权比较宽泛,包括代皇帝起草诏令、受皇帝差遣完成重要使命、辅佐丞相处理军国大事等,但其职责并不是一般地协助丞相处理政事,而是负有对丞相的监督和牵制之责,监察、纠劾百官也是其最主要的一项职责。御史大夫的设置,是秦王朝监察机构发展的重要标志。秦御史大夫的属官很多,最重要的有二丞:其一为御史丞,其二为最重要的御史中丞,"殿中兰台秘书图籍在焉,而中丞居之"②。由于御史大夫位尊权重,主要精力往往在帮助和监督丞相总理国政上,因此公署居于宫廷之中,与皇帝关系密切的御史中丞便统领众御史,具体执行对朝廷内外高级官吏的举劾案章,行监察大权。秦汉体制均是如此。

侍御史,史籍中简称御史,为秦代重要的中央监察官员,掌管中央的奏章、文书、档案、图籍和地方的上计簿籍等,具体执行监察百官的任务。其权力还不止于此,郡、县等地方长官"岁雠辟律于御史"③,说明秦代御史有监察朝廷律令在各地方实施状况的权力。侍御史在制度上归御史大夫、御史中丞统辖,但实际上往往以皇帝特使的身份直接承皇帝之命处理重大事项,如秦始皇坑儒,"于是使御史悉案问诸生,诸生传相告引,乃自除"。公元前211年(始皇三十六年),东郡民有于陨石上刻"始皇帝死而地分"者,"始皇闻之,遣御史逐问,莫服,尽取石旁居人诛之"。④ 这都表明了秦御史作为监察官的重要地位。

秦王朝以严格的监郡御史制度来实行对地方的监察。秦王朝在每郡皆设一名监郡御史,其官秩虽仅六百石,但权力颇大,是一郡中最重要的监察官,对郡守等各级官吏都可行使监察权,监郡御史不时向朝廷汇报,使朝廷对该郡情况了如指掌,起到强化统治的作用。《史记》记载:秦"分天下以为

---

① 《汉书》卷十九上,《百官公卿表第七上》。
② 《宋书》卷四十,《志第三十·百官下》。
③ 《睡虎地秦墓竹简》整理小组:《睡虎地秦墓竹简·秦律十八种·尉杂》,文物出版社1978年版,第109页。
④ 《史记》卷六,《秦始皇本纪第六》。

三十六郡,郡置守、尉、监","秦郡守掌治其郡;有丞、尉,掌佐守典武职甲卒;监御史掌监郡"。① 同时,监郡御史还拥有监察权以外的其他职权,如领兵作战,刘邦起事后,率义军据丰,"秦泗川(郡)监平将兵围丰";如开凿渠道,秦始皇命屠睢进攻越族时,奉命修建灵渠以运送军粮的就是监郡御史禄;如举荐人才,秦泗水郡的监御史就曾举荐萧何到朝廷做官。② 显然,监郡御史的设置是战国以来监察制度的发展,是秦始皇加强专制主义中央集权的产物,其作用在于监察和牵制郡守,以防止其权力"太重"及以权谋私。③

郡守作为秦代最重要的地方官,不仅握有本郡行政、司法大权,而且有监督下辖县、乡各级官员的监察职权。两汉郡守以"行县"方式实施对辖区的监察权,就是源于秦制。

县令、长,也是秦代重要的地方官,不仅握有本县行政、司法大权,而且有监督下辖县、乡等各级官员的监察职权。秦代各县还有辅助令、长行使监察权的县御史,如秦简中记载墓主喜在秦王政(始皇)四年任安陆(今湖北安陆北)御史④;主吏掾也是执行一县监察职能的僚佐,萧何"以文无害,为沛主吏掾。……秦御史监郡者与从事,常辨之","文无害,有文无所枉害也,律有无害都吏,如今言公平吏"。⑤ 尤其是主吏掾的职掌:无害都吏,即汉代负责监察的郡督邮的前身,如《后汉书·百官志》记载:"其监属县,有五部督邮,曹掾一人。"秦末,萧何担任的主吏掾一职,就与无害都吏性质较为接近。

从秦代监察机构的组成可以看出,秦王朝已经构建了从中央到地方的监察网,居于中心的是独揽帝国专制权力的皇帝,御史、监郡御史等则是他的主要耳目。但郡、县两级监察机构相对薄弱,是秦代监察系统的问题所

---

① 《史记》卷六,《秦始皇本纪第六》及裴骃《集解》。
② 《汉书》卷三十九,《萧何曹参传第九》。
③ 王鸣盛:《十七史商榷》卷十四,《汉制依秦而变》,上海古籍出版社2013年版,第159—161页。
④ 《睡虎地秦墓竹简》整理小组:《睡虎地秦墓竹简·编年记》,文物出版社1978年版,第6页。
⑤ 《史记》卷五十三,《萧相国世家第二十三》及司马贞《索隐》、裴骃《集解》。

在,直到汉代确立刺史察郡、督邮察县、廷掾察乡制,这一缺陷才得以弥补。

秦代不仅设置了监察机构,配备有数量较多的监察官员,而且有细致、严厉的监察法规,以严酷的律令来慑服各级官吏,避免陷于以权谋私、贪污腐败的泥潭。从出土的《睡虎地秦墓竹简》看,秦代虽没有专门的监察法规,但各种法律文书中均有较丰富的监察内容。

《置吏律》是有关官吏任免的专门法典,秦王朝通过这些法典对担任官吏的年龄、经历、学识等条件,作出了不少限制性规定。《法律答问》中规定,对不执行朝廷政令的"犯令"、"废令"官吏,都要处以流放以上的惩罚,即使已经免职或调任,也要再加追究。此外,还有大量处罚官吏贪贿违法行为的具体规定。①

《睡虎地秦墓竹简·法律答问》规定,不准私占挪用官府资金,见"府中公金钱私貣用之,与盗同法"。《睡虎地秦墓竹简·效律》规定,禁止官吏利用职权谋取私利、侵吞官府财产。秦代法律规定,要对各地官府仓库定期进行例行检查,新旧官吏职务交接时,也要依据簿籍开仓核实,如有不符的,就要处罚。如"计校相谬也,自二百廿钱以下,谇官啬夫;过二百廿钱以到二千二百钱,赀一盾;过二千二百钱以上,赀一甲。人户、马牛一,赀一盾;自二以上,赀一甲",就是希望通过严格的检核措施,防止官吏利用职务之便侵吞国家财物。②

《睡虎地秦墓竹简·法律答问》规定,处罚断案不公正,乘机收受贿赂,即"论狱何谓不直?何谓纵囚?罪当重而端轻之,当轻而端重之,是谓不直"。在官吏上下其手的断狱过程中,往往意味着行贿、受贿行为的泛滥,故秦王朝对断狱不直者要"致以律"。秦始皇三十四年(前213年)时就"适治狱吏不直者,筑长城及南越地"。③ 赎罪,即秦代赎耐、赎黥一类可缴

---

① 《睡虎地秦墓竹简》,文物出版社1978年版,第94—95、165—166、171、175、178、211—213页。

② 《睡虎地秦墓竹简》,文物出版社1978年版,第165、125页。

③ 《睡虎地秦墓竹简》,文物出版社1978年版,第191页;《史记》卷六,《秦始皇本纪第六》。

纳钱财赎免的罪,官吏判这种罪有不公正之处,往往是因为存在贪贿舞弊行为。《法律答问》规定,"赎罪不直,史不与啬夫和,问史何论?当赀一盾",可见秦律对这类舞弊行为处罚之严。

秦律禁止官吏私自调用官府人力、物力牟取私利。《秦律杂抄》上载:"吏自佐、史以上负从马、守书私卒,令市取钱焉,皆迁"。就是对佐、史以上官吏利用驮运行李的马和看守文书的私卒为个人贸易牟利的行径,要处以流放的严惩。《睡虎地秦墓竹简·法律答问》记载:"匿户及敖童弗傅","傅籍不实,匿户匿田",往往涉及隐匿户口和田地,以躲避徭役,不缴纳户赋、田租等问题,多是官吏与豪强勾结、徇私枉法的结果,故按法律规定当禁止并严加惩处。①

秦律对行贿、受贿的处罚极严。行贿者应受罚,秦简《法律答问》中规定,"甲诬乙通一钱黥城旦罪,问甲同居、典、老当论不当?不当"。这一条律文说明行贿一钱应判处黥城旦之刑罚。又规定,"知人通钱而为藏,其主已取钱,人后告藏者,藏者论不论?论",即是规定替行贿者保管财物的也要论罪而受到处罚。受贿者应受的处罚更重,《睡虎地秦墓竹简·为吏之道》明确说:"临财见利,不取苟富;临难见死,不取苟免。欲富太甚,贫不可得;欲贵太甚,贱不可得。毋喜富,毋恶贫,正行修身,祸去福存",就是警示官吏不应贪图不正当的富贵,否则难免杀身之祸,这是对贪官们最有震慑力的警告。②

秦王朝以强有力的专制皇权来保障其监察机制的有效运转,皇帝不仅授权各级监察官厉行监察,还经常亲自巡行帝国各地,检查地方吏治和民情,督促监察系统的高效运行,被视为秦监察机制的有机补充。故秦王朝的监察机制能否正常运行,往往与专制君主的执政能力、政治道德紧密相关。当雄才大略的秦始皇主政时,能够通过高效、有力的监察系统牢固地控制全国,而当胡亥、赵高之流主政后,秦王朝的监察机制迅即瘫痪,很快就陷于天下皆叛的灭顶之灾中。

---

① 《睡虎地秦墓竹简》,文物出版社1978年版,第133、222页。
② 《睡虎地秦墓竹简》,文物出版社1978年版,第230、282页。

第二节
西汉时期的贪污状况与反贪机制

公元前206年,秦王朝在秦末农民战争的浪潮中灭亡。两支最大的农民起义军——以项羽为首的楚军事集团和以刘邦为首的汉军事集团,又经过长达四年的楚汉战争,最终刘邦集团取得胜利,建立了中国历史上第二个统一强大的封建王朝——西汉。西汉王朝(公元前206—公元25年)共经历了高帝、惠帝、吕后、文帝、景帝、武帝、昭帝、宣帝、元帝、成帝、哀帝、平帝十二个君主,历时二百三十年。西汉以武帝朝为界分为前后两个时期。

一、西汉时期的贪腐横行与反贪

汉高祖刘邦创建汉王朝后,统治集团通过亲身经历的残酷战争,以及社会经济衰败的客观现实,汲取秦亡的历史教训,实行了一系列与民休息、恢复发展生产和安定社会秩序的政策。他们承袭秦制又有所损益,以秦的行政体制模式建立中央行政机构,在地方上实行郡国并行制。又以《秦律》为蓝本,萧何主持制定了《汉律》九章,并完善了各项法律制度。在经济上,刘邦一面令从征士兵复员回乡,授予土地,免除徭役,一面招抚流亡,"复故爵田宅",将秦的苑囿分给无地、少地的农民耕种,同时废除秦时的苛捐杂税,改行什伍税一的制度,提高了劳动者的生产积极性。汉朝对周边民族实行以和亲为主的政策,避免了大规模战争的爆发,为社会生产的恢复发展创造了一个相对和平的环境。文、景时期继续推行顺应历史潮流的政策,所以从高祖到文、景、武三代,百余年间,经济和社会都获得了显著的发展。

1.西汉初期的贪贿状况与反贪措施

汉高祖及其文武大臣多来自社会中下层,在汉初形成了布衣将相格局,与世卿世禄的贵族政治相比,他们了解下层民众的疾苦,这对汉初社会经济的恢复发展是有利的。但是,汉高祖及其文武大臣早期的贫贱生活,也使他们成为西汉社会统治阶级以后,对金钱、房产、田地等财富的渴求尤为强烈,为追逐财富往往不择手段,也不太受政治伦理和道德的束缚。刘邦本人就"贪于财货,好美姬",登上帝位后更是把天下视为个人的产业,帝王如此,在汉初王侯将相中这种心态很有代表性。因此,在汉王朝开国之际,吏治就已开始出现问题,贪贿歪风抬头。

西汉基层政权的吏治首先出现问题。刘邦登上帝位的当年五月,就下了一道诏书说:"七大夫、公乘以上,皆高爵也。诸侯子及从军归者,甚多高爵,吾数诏吏先与田宅,及所当求于吏者,亟与。……且法以有功劳行田宅,今小吏未尝从军者多满,而有功者顾不得,背公立私,守尉长吏教训甚不善。其令诸吏善遇高爵,称吾意。且廉问,有不如吾诏者,以重论之。"① 这道诏书说明,在灭秦立汉的战争中流血作战的下级军官和士兵们本应按军功爵获得田宅,却难以得到,而主持授田事务的基层小吏们未立军功,却视帝国诏令如无物,优先分得良田美宅,这是一种变相的贪污行为,引起了西汉中央政府,甚至皇帝的重视,立即下诏制止,这也说明了这种贪贿现象在当时已相当严重。而汉初官吏们上下其手、损公肥私的事情绝不止于授田。

当时,官吏贪赃枉法、行贿受贿现象较为严重。张家山出土的汉简《奏谳书》中就接连记载了两起狱吏受贿枉法的案件。一起是"河东守谳",在此案中士吏贤奉命追捕犯罪潜逃的大夫㺿。未能捕得,便拘捕其母婧作为人质。但在接受了她价值九十钱的猪、酒后,枉法释放了她,理由是"疑罪"。另一起是"北地守谳",在此案中女子甑和奴顺两人俱有逃亡罪,女子

---

① 《汉书》卷一下,《高帝纪第一下》。

甄受奴顺钱财,"甄所受赃过六百六十,不发告书",女子甄诈称上书丞相以自赎,骗取奴顺等钱财,被判定为受贿枉法;奴顺等以赠送钱财的方式求甄上书丞相以自赎,奴顺等为行贿枉法。这就是"廷报,甄顺等受、行赇枉法也"的判决依据。①

汉初,盗卖公家财物、中饱私囊的事件时有发生。张家山汉简《奏谳书》记载:"醴阳令恢盗县官米二百六十三石八斗,恢秩六百石,爵左庶长,从史石盗醴阳已乡县官米二百六十三石八斗,令舍人士伍兴、义与石卖,得金六斤三两,钱万五千五十,罪,它如书"②,就是一起县令与属吏勾结盗卖公家财物的典型案例。这一事件发生在因长期战争而饥荒频仍的西汉初年,故性质极为恶劣。

基层官吏隐匿户口、私使公家人手以求私利的事情也常有发生。张家山汉简《奏谳书》记载:"八年十月己未,安陆丞忠劾狱史平舍匿无名数大男子,种一月。"隐匿户口是官吏们谋取私利的常用手法,官吏违法托庇民人绝非出于善心,目的是借机将部分劳动成果据为己有,受损失的是国家财政,是一种变相盗窃国家财产的贪污行为。而主管官吏无偿役使公家人手的违法事件也时见于记载。《奏谳书》记载:"蜀守谳,佐启、主徒令史冰私使城旦环为家作,告启,启诈簿曰治官府,疑罪。"又记载:"蜀守谳,采铁长山私使城旦田,春女为荟,令内作,解书廷,佐憎等诈簿为徒养,疑罪。"③按照秦汉律文的规定,城旦、城旦春等服刑的刑徒要强制为官府劳作,但并非无偿,官府要保证刑徒起码的生活需要,发放口粮、衣费等,因而官吏私自调用刑徒为私人劳作谋利是非法贪污行为,被法律所禁止。但汉初许多官吏公然违法调用公家人手为自己从事农业、手工业生产和其他劳作,并与负责起草簿书的官吏勾结,弄虚作假,谎报刑徒依然是在为官府服役。

西汉开国之初,基层吏治很快出现严重贪腐问题的根源还在于统治集团的上层。皇帝刘邦本人即迷恋于奢靡的生活享受,高祖朝君臣的奢侈享

---

① 《张家山汉简·奏谳书》,《文物》1993年第8期。
② 《张家山汉简·奏谳书》,《文物》1993年第8期。
③ 《张家山汉简·奏谳书》,《文物》1993年第8期。

受之风也就愈演愈烈,为了维持豪奢的生活,官员们贪赃枉法、收受贿赂在所难免。最典型的就是相国萧何。他不但凭借相国的权势,以贱价强买长安平民价值数千万的田宅,一时民怨沸腾。史载,刘邦在平定黥布谋反后,"上罢布军归,民道遮行上书,言相国贱强买民田宅数千万"。如果这还属于萧何听人劝说,"贱贳贷以自汙,上心安"的话,那么,他公然收取商人们的大量贿赂,替他们出面向刘邦请求开放上林苑皇家禁地——"今相国多受贾竖金而为民请吾苑,以自媚于民",就显然是受贿行为。萧何要借机刁买人心,故高祖刘邦"系治之"。① 他主持修建未央宫,穷极壮丽,以讨好刘邦:"萧丞相营作未央宫,立东阙、北阙、前殿、武库、太仓。高祖还,见宫阙壮甚,怒……萧何曰:'天下方未定,故可因遂就宫室。且夫天子以四海为家,非壮丽无以重威,且无令后世有以加也。'高祖乃说。"②说明他是醉心于豪奢生活的,对行贿、受贿之道很精通。汉初另一个重要大臣陈平则早在楚汉鏖战之际,就利用其担任典护军的机会,公开收受将领们的贿赂,"受诸将金,金多者得善处,金少者得恶处",这种公然索贿的恶行令军中哗然。陈平确有"盗嫂受金"、贪财好色、索贿纳贿的品质问题,难怪刘邦以四万金"与陈平",对楚行反间计,明确说"恣所为,不问其出入"。③ 陈平在吕后当政时期担任丞相,行贿受贿变本加厉,并与政治行为联结,他一次就能以五百金为周勃祝寿,还"以奴婢百人,车马五十乘,钱五百万,遗(陆)贾为食饮费"④,所花费的巨额钱财,当然来路不正。萧何、陈平只是当时高级官吏的一个缩影,其他贪污受贿者更是多有,正如陈平对刘邦集团优缺点的分析:"今大王慢而少礼,士廉节者不来;然大王能饶人以爵邑,士之顽钝嗜利无耻者亦多归汉。"⑤显见由"嗜利无耻"者所构成的汉初统治集团,可以让他们在战争中建功立业,但要求他们在获得全国统治权后变得廉洁奉公,

---

① 《史记》卷五十三,《萧相国世家第二十三》。
② 《史记》卷八,《高祖本纪第八》。
③ 《史记》卷五十六,《陈丞相世家第二十六》。
④ 《汉书》卷四十三,《郦陆朱刘叔孙传第十三》。
⑤ 《史记》卷五十六,《陈丞相世家第二十六》。

是不可想象的。这是西汉吏治的大隐患。

应该说,刘邦在建国后长期忙于清除异姓诸侯王、防范匈奴、恢复社会经济等军国要务,对防止官吏队伍的贪污腐败是有所忽视的。不过,"汉承秦制",《秦律》中大量被反贪实践证明行之有效的措施,如重刑惩贪等,依然在汉初沿用,对贪贿歪风仍然有较强的震慑和遏抑作用。加以当时社会经济十分凋敝,"自天子不能具钧驷,而将相或乘牛车,齐民无藏盖",官吏可捞的油水实在有限。因此,官吏贪贿现象在当时没有演变成严重的社会问题,然隐患已存。

汉惠帝和吕后统治的十四年,实行黄老无为、与民休息的政策,西汉社会平稳发展,社会经济迅速恢复。但是,吕氏专权的宫廷政争对吏治的负面影响很大,凭借裙带关系而上台、轻而易举地猎取富贵利禄的外戚集团,是统治集团中腐败势力的代表,他们不仅自己贪赃枉法、卖官鬻爵,成为贪污腐败行为的主源,还严重败坏行政司法氛围,造成行贿成风、请托横行的巨大社会危害。史载,吕氏外戚吕王嘉"居处骄恣"①。吕后的亲信辟阳侯审食其出百金为辩士朱建治母丧,"列侯贵人以辟阳侯故,往赙凡五百金"。这些人当然是想讨好审食其,目的是求私利。宗室刘泽为获取王位,贿赂吕后身边的宦官张释卿,让他在吕后面前代为美言,并如愿以偿,得封琅邪王。② 这种通过权贵请托而得高位的先例,很容易造成官吏们为升迁而不择手段行贿的连锁效应。而且,由于敏感而残酷的宫廷政治斗争,惠帝、吕后时的执政大臣们往往明哲保身:曹参为相国,"吏之言文刻深,欲务声名者,辄斥去之。日夜饮醇酒";陈平为相,"非治事,日饮醇酒,戏妇女。……吕太后闻之,私独喜"③,这种惰政行为对皇权和依附于皇权的外戚权力难以形成制约,对澄清吏治、加强反贪很不利。

被誉为西汉黄金时代的文、景两朝,官场豪奢,社会风气趋附,民众舍本

---

① 《汉书》卷九十七,《外戚传第六十七》。
② 《汉书》卷四十三,《郦陆朱刘叔孙传第十三》。
③ 《史记》卷五十四,《曹丞相世家第二十四》;卷五十六,《陈丞相世家第二十六》。

逐末,奢靡之风日盛:"今背本而趋末,食者甚众,是天下之大残也;淫侈之俗,日日以长,是天下之大贼也。残贼公行,莫之或止;大命将泛,莫之振救。生之者甚少而靡之者甚多,天下财产何得不蹶!汉之为汉几四十年矣,公私之积犹可哀痛。失时不雨,民且狼顾;岁恶不入,请卖爵子。"①面对这种困境,汉景帝曾屡下诏书痛斥吏治腐败。景帝元年秋七月诏:"吏受所监临,以饮食免,重;受财物,贱买贵卖,论轻。廷尉与丞相更议著令";后元二年(公元前162年)夏四月诏:"今岁或不登,民食颇寡,其咎安在?或诈伪为吏,吏以货赂为市,渔夺百姓,侵牟万民。县丞,长吏也,奸法与盗盗,甚无谓也。其令二千石各修其职;不事官职耗乱者,丞相以闻,请其罪。布告天下,使明知朕意"。②皇帝不得不向天下臣民公开承认官吏的贪污受贿、枉法求利现象,说明当时吏治确已到了非痛加整饬不可的地步。问题如此严重,原因就在于"国已屈矣,盗贼直须时耳,然而献计者曰毋动为大耳"③。可谓直指文、景二帝执政思想的因循苟且、放纵贪腐之大过。

汉文帝以外藩而登大位,是周勃、陈平为首的元老重臣集团与吕氏外戚集团斗争的结果。汉文帝得到了当时手握京师兵权、具有左右政局能力的太尉周勃的支持。周勃是汉文帝登上帝位的关键因素,而他嫁女于周勃子周胜之,也是一桩促成双方合作的关键性政治婚姻。在文帝进京后,周勃在奉上皇帝玺绶前,提出与其私下晤谈的无理要求,使汉文帝的权威大受削损。面临即位初期人心浮动、各怀异志的状况,汉文帝的当务之急是安抚人心,巩固帝位。因此,他一方面不露声色地以各种手段清除了威胁帝位的主要政敌——楚元王、齐哀王、城阳王、济北王,甚至是文帝的同父异母弟淮南王刘长,之后又着手收拾拥戴自己上台但功高震主的周勃。汉文帝坐稳帝位后便将周勃撵到了绛县封邑,后又借口有人告发周勃谋反,将周勃下狱,最后周勃虽保住了性命,但也失去了权势。另一方面,汉文帝为了对付政敌,着意笼络社会各阶层,对诸侯王采取退还削地的怀柔政策,实行

---

① 《汉书》卷二十四上,《食货志第四上》。
② 《汉书》卷五,《景帝纪第五》。
③ 《汉书》卷四十八,《贾谊传第十八》。

减轻农民租赋、对商人驰关梁之禁等惠政,甚至以纵容来拉拢官吏,史载"张武等受赂金钱,觉,更加赏赐,以愧其心"。对张武这样的贪官不加严惩,反以"赏赐"来"愧其心",当然有"以德化民"的用意,但在腐朽的社会环境下,没有严厉反贪的措施相辅而行,却只会起到鼓励官吏肆行贪贿的反作用。当时,宦官赵谈不但可与文帝同车而行,还能以一己毁誉影响士大夫的任用进退,遂出现捐客曹丘生专替他收受官吏们贿赂他的财物,"辩士曹丘生数招权顾金钱、事贵人赵谈等",交换的条件是让赵谈在皇帝面前为他们多进美言,以升官发财。正所谓"言招求贵人威权,因以请托,故得他人顾金钱也"。① 这说明,政治地位尚不稳固,迫使汉文帝不得不以容忍、漠视官吏们的贪贿行为,来换取他们的支持。这种纳贿请官的腐败现象,无疑是澄清吏治的大敌,恶化了官场风气,对反贪的干扰破坏作用绝不能小视。

后世论汉景帝在用人方面,与文帝比较要略胜一筹,但究其实,也不过如此。他重用的爰盎就是一个小人:"爰盎真小人,每事皆借公言而报私怨,初非尽忠一意为君上者也。……素不好晁错,故因吴反事请诛之",他在任吴相时,"多受吴王金钱,专为蔽匿,言不反"。② 这就是一个祸国的贪官。

文、景时期,吏治严重腐败的主要根源还在社会经济和政治领域。战国、秦汉社会是中国古代商品、货币经济比较发达的时期,商品货币关系冲破了以物易物的范畴,从谷物到牲畜、手工业品以至于人都可成为商品,这种风气无处不在,深刻地影响到社会各阶层的生活,指引着人们无限度地追求财富。司马迁的千古名篇《史记·货殖列传》中对此有精辟的阐述:

"富者,人之情性,所不学而俱欲者也。故壮士在军,攻城先登,陷阵却敌,斩将搴旗,前蒙矢石,不避汤火之难者,为重赏使也。其在闾巷少年,攻剽椎埋,劫人作奸,掘冢铸币,任侠并兼,借交报仇,篡逐幽隐,不避法禁,走死地如鹜者,其实皆为财用耳。今夫赵女郑姬,设形容,揳鸣琴,揄长袂,蹑

---

① 《汉书》卷四,《文帝纪第四》及颜师古注。
② 洪迈:《容斋随笔》卷十,文渊阁四库全书本,乾隆四十七年刊本,第2—3页。

利屣,目挑心招,出不远千里,不择老少者,奔富厚也。游闲公子,饰冠剑,连车骑,亦为富贵容也。弋射渔猎,犯晨夜,冒霜雪,驰阬谷,不避猛兽之害,为得味也。博戏驰逐,斗鸡走狗,作色相矜,必争胜者,重失负也。医方诸食技术之人,焦神极能,为重糈也。吏士舞文弄法,刻章伪书,不避刀锯之诛者,没于赂遗也。农工商贾畜长,固求富益货也。此有知尽能索耳,终不余力而让财矣。"①

太史公以细致入微的笔法,将芸芸众生拜倒在金钱面前的百态千姿展现在世人面前。官吏是收入相对固定又掌握政治权力的社会阶层,在财富诱惑面前,难以洁身自好,屡屡"没于赂遗",甚至不惜知法犯法。他们利用自己手握的权力,同持有货币财富的商人阶层进行权钱交易,致使贪贿歪风难以遏抑,历朝历代均常见,汉代也不例外。文、景两朝商品经济繁荣,要在社会奢侈风气蔓延的同时,保证官吏队伍的廉洁奉公,无疑难度很大。

在腐败风气日盛的情况下,文、景两朝也采取了一系列防治措施,"孝文皇帝时,贵廉洁,贱贪汙,贾人赘婿及吏坐赃者皆禁锢不得为吏,赏善罚恶,不阿亲戚,罪白者伏其诛,疑者以与民,亡赎罪之法,故令行禁止,海内大化。"②这里主要有"商人不得为吏、贪污官吏不得再出仕、贪贿获罪不得赎罪"等三方面内容。前两项对于保证官吏的素质、第三项对于反贪贿,意义重大。汉文帝虽对官吏贪贿持放任、苟且的态度,但在贪贿过滥情况下,也会一度严加节制。公元前13年,文帝定律:"吏坐受赇枉法,守县官财物而即盗之,已论命复有笞罪者,皆弃市。"③冯唐却批评说:"臣愚,以为陛下法太明,赏太轻,罚太重。"④这一方面反映了汉文帝反贪用法也有严厉之时,但同时也看出汉代官场已形成纵容贪贿、官官相护的风气,不以贪贿为耻,反以为美。汉景帝时,有"长者"之称的张欧"常为九卿",汉武帝初期更拜为御史大夫,"未尝言案人,专以诚长者处官。官属以为长者,亦不敢

---

① 《史记》卷一百二十九,《货殖列传第六十九》。
② 《汉书》卷七十二,《王贡两龚鲍传第四十二》。
③ 《汉书》卷二十三,《刑法志第三》。
④ 《史记》卷一百二,《张释之冯唐列传第四十二》。

大欺。上具狱事,有可却,却之;不可者,不得已,为涕泣面对而封之,其爱人如此"①。而在当时,勇于反贪的廉吏、执法吏被官场视为异类,中尉郅都"公廉,不发私书,问遗无所受,请寄无所听。……行法不避贵戚"②,反遭杀身大祸。可见,在这种社会大环境下,即使有较好的反贪措施,有敢于犯难的执法猛吏,也难以贯彻执行反贪措施,难以持续有效地发挥作用,许多吏治问题,直至汉武帝加强反贪力度以后,才得到一定程度的解决。

2. 汉武帝时期一度贪贿横行

汉武帝,秦始皇之后又一位雄才大略的英主,他在位54年(公元前140年—前87年),是汉帝国辉煌极盛与危机四伏交织多彩的时代。汉武帝在公元前140年登上皇位以后,改变汉初政坛因循苟且的风气,果断抛弃已不适于强化专制皇权和开疆拓土需要的黄老思想,在意识形态领域实行"罢黜百家、独尊儒术",奉董仲舒改造过的新儒学为统治思想,全面推行削弱相权、解决诸侯王问题、设十三州部刺史监察郡县、任用酷吏打击豪强、进一步加强中央集权的新政策;厉行统一货币、管盐铁、立均输平准制等经济制度改革;改变汉初长期沿用的和亲国策,不仅逐次用兵平定闽越、南越、西南夷、朝鲜等地,而且对北边匈奴实行穷追不舍的战争政策,又派张骞等出使西域,寻找盟友,经过长期激烈的较量,终于取得了对匈奴的战略性胜利。但是,广大民众为此付出了惨重代价,连年出师征伐四夷,"师出三十余年,天下户口减半","多杀士众,竭民财力,奢泰亡度,天下虚耗,百姓流离,物故者半。蝗虫大起,赤地数千里,或人民相食,畜积至今未复",早在汉武帝统治中期的元封年间已经出现了关东流民多达两百万之众的险象。汉武帝自己也说过:"汉家庶事享创,加四夷侵凌中国,朕不变更制度,后世无法;不出师征伐,天下不安;为此者不得不劳民。若后世又如朕所为,是袭亡秦之迹也。"③

---

① 《史记》卷一百三,《万石张叔列传第四十三》。
② 《史记》卷一百二十二,《酷吏列传第六十二》。
③ 《汉书》卷七十五,《眭两夏侯京翼李传第四十五》;《资治通鉴》卷二十二,《汉纪十四》,"武帝后元二年"。

导致汉帝国盛极而危的重要原因,除了汉武帝的战争政策,还有他的穷奢极欲。汲黯在汉武帝即位之初就曾当面指出他"内多欲而外施仁义"的个性特点,司马光批评汉武帝:"孝武穷奢极欲,繁刑重敛,内侈宫室,外事四夷,信惑神怪,巡游无度,使百姓疲敝,起为盗贼,其所以异于秦始皇者无几矣。"①汉宣帝时,大臣夏侯胜也在廷议中直斥汉武帝的荒淫生活,浪费大量社会财富,加剧财政的紧张,不仅没有遏制文、景两朝以来蔓延的奢靡之风,反而推波助澜,终于导致《盐铁论》中贤良文学们所描绘的那种惊人的状况:"宫室奢侈,林木之蠹也。器械雕琢,财用之蠹也。衣服靡丽,布帛之蠹也。狗马食人之食,五谷之蠹也。口腹从恣,鱼肉之蠹也。用费不节,府库之蠹也。漏积不禁,田野之蠹也。丧祭无度,伤生之蠹也。堕成变故伤功,工商上通伤农。故一杯棬用百人之力,一屏风就万人之功,其为害亦多矣。"这种奢靡之风,风行于贵族官僚,汉武帝朝前期的主要执政者武安侯田蚡就是"治宅甲诸第,田园极膏腴,市买郡县器物相属于道。前堂罗钟鼓,立曲旃;后房妇女以百数。诸奏珍物狗马玩好,不可胜数"的代表,同时,这种风气也漫及家境稍殷实的普通民众"生不养,死厚送,葬死殚家,遣女满车,富者欲过,贫者欲及,富者空减,贫者称贷"。②

汉武帝统治时期,奢靡之风已成官场通病,对社会发展、法制秩序造成严重危害,是不言而喻的。对此,董仲舒提出"受禄之家,食禄而已,不与民争业,然后利可均布,而民可家足"的解决方案,并声称"天子之所宜法以为制,大夫之所当循以为行",不过是与虎谋皮的空谈。③ 因为在社会奢靡之风盛行的大环境下,要满足奢侈享乐的生活,需要无止境地追逐财富,官吏们就不会自觉囿于定额的俸禄收入,也不会仅限于合法经营地产、买卖货物的收入,往往求助于最简便、容易的致富捷径——贪污受贿、贪赃枉法,这

---

① 《汉书》卷五十,《张冯汲郑传第二十》;《资治通鉴》卷二十二,《汉纪十四》,"武帝后元二年臣光曰"。
② 《汉书》卷五十二,《窦田灌韩传第二十二》;桓宽:《盐铁论·散不足第二十九、国疾第二十八》,中华书局1954年版,第35、32页。
③ 《汉书》卷五十六,《董仲舒传第二十六》。

种权力与金钱的交易,对官吏们来说无本万利。官场腐败总与贪贿横行紧紧相连,原因就在于此。当时的官吏能够做到洁身自好的,可谓凤毛麟角,以至于丞相公孙弘"常称以为人主病不广大,人臣病不俭节","位在宰相封侯,而为布被脱粟之饭,奉①禄以给故人宾客,无有所余",竟被当时人视为沽名钓誉之徒。②可见武帝一朝的吏治在奢靡风气的侵蚀下,贪污、受贿问题日趋严重。就像盐铁会议时贤良文学所斥责的"今之在位者,见利不虞害,贪得不顾耻,以利易身,以财易死"。而且,汉武帝朝百官们,"今之有司,盗主财而食之于刑法之旁,不知机之是发,又以嚇人,其患恶得若泰山之鸱乎"③,甚至不顾刑罚,不择手段地肆行贪贿,这说明武帝统治时期吏治腐败已到了何等严重的程度。

汉武帝自元狩年间起,改变了汉初长期实行的放任私营工商业发展的不干预政策,以专制权力推行盐铁官营、均输、平准等官府垄断工商业经营的经济改革政策,在最大限度地把财源收归政府的同时,也在吏治方面造成了前代未有的新的贪污腐败问题。表面原因似乎是由于主持官营工商业的多为重财轻义的商贾子弟,"除故盐铁家富者为吏。吏道益杂,不选,而多贾人矣",但实质原因还在于官府直接参与利润最大的工商业经营,正如卜式所说:"县官当食租衣税而已,今弘羊令吏坐市列肆,贩物求利。"④这样,不出现恶性贪腐问题是不可能的。正因如此,汉武帝朝的官吏贪腐既承袭了文、景以来的旧习,又有其时代特点。

(1)官场行贿受贿屡禁不止,呈蔓延之势

汉武帝虽是一代明君,驭臣下极严,但也无法禁绝官吏们为了谋求升迁等私利而行贿受贿的歪风。武帝朝初期曾长期执政的田蚡,就公然索贿、受贿。建元中,丢官闲居的韩安国为重获汉廷高位,时武安侯田蚡"为汉太

---

① "奉",旧同"俸",原文如此,下同。
② 《汉书》卷五十八,《公孙弘卜式倪宽传第二十八》。
③ 《盐铁论·毁学第十八》,中华书局1954年版,第21页。
④ 《史记》卷三十,《平准书第八》。

尉,亲贵用事,安国以五百金物遗蚡",遂如愿重任北地都尉、大司农。由于田蚡"好音乐、狗马、田宅",不断有阿谀逢迎者抓住他的这一弱点,向其行贿以为进身捷径,"诸侯奉(田蚡)金玉狗马玩好,不可胜数",这类公开的权钱交易往往奏效。田蚡为了金钱而把持官员黜陟大权,"荐人或起家至二千石,权移主上",直接触犯了汉武帝的权力禁忌,难怪汉武帝会有"君除吏已尽未?吾亦欲除吏"的质问。但利令智昏的田蚡并未收敛,甚至接受对皇位有非分之想的淮南王刘安的重贿,不惜触犯汉廷禁止大臣交结藩王的大忌。① 武帝时,像田蚡这样大肆索贿受贿的贪官绝非少数。主父偃早年穷苦落魄,以善辩而得大官后,索贿、受贿,肆无忌惮,"大臣皆畏其口,赂遗累千金"。经人提醒,主父偃仍不知收敛,终因"受诸侯金,以故诸侯子弟多以得封者"事发和齐王自杀之事而遭诛杀。② 风气所至,连素称廉洁的大将军卫青也向武帝宠妃王夫人行贿,"大将军既还,赐千金。是时王夫人方幸于上,宁乘说大将军曰:'将军所以功未甚多,身食万户,三子皆为侯者,徒以皇后故也。今王夫人幸而宗族未富贵,愿将军奉所赐千金为王夫人亲寿。'大将军乃以五百金为寿"③,以求自保。

　　武帝时期,行贿受贿在官场已成为相当普遍的风气。那些将国计民生挂在嘴上的"贤良文学"、经明行修的儒臣,正如桑弘羊在盐铁会议中所讽刺的"文学言行,虽有伯夷之廉,不及柳下惠之贞,不过高瞻下视,洁言污行,觞酒豆肉,迁延相让,辞小取大,鸡廉狼吞"。他们言行不一,不能免于行贿、受贿的官场流俗。而桑弘羊为代表的"兴利之臣",就更是"见利不虞害,贪得不顾耻,以利易身,以财易死"。④

(2) 官吏依仗权势侵吞良田美宅的现象愈演愈烈

　　西汉前期,地广人稀,土地兼并问题不像近世那样严重,但官吏们对膏

---

① 《汉书》卷五十二,《窦田灌韩传第二十二》;《史记》卷一百七,《魏其武安侯列传第四十七》。
② 《史记》卷一百一十二,《平津侯主父列传第五十二》。
③ 《史记》卷一百一十一,《卫将军骠骑列传第五十一》。
④ 《盐铁论·褒贤第十九、毁学第十八》,中华书局1954年版,第22、21页。

腴良田的贪婪,却是武帝时期社会矛盾激化的重要因素。如"故丰镐之间号为土膏,其价亩一金"的膏腴之地,始终是权贵豪吏瞩目的兼并对象,以致出现董仲舒"富者田连阡陌,贫者亡立锥之地"的深忧。汉朝廷是百姓田地的最大侵吞者,汉武帝为扩修上林苑,滥毁民众田宅竟至"坏人冢墓,发人室庐,令幼弱怀土而思,耆老泣涕而悲"的程度;后又借告缗的机会收夺民田,"大县数百顷、小县百余顷",把大量土地收归官府直接经营,其实质是依仗专制权力强夺民财以自肥。① 皇帝如此,官吏们当然依样画葫芦,凭借自己手中大大小小的权力侵吞百姓田产,谋取私利。如大贪官、丞相田蚡就"治宅甲诸第,田园极膏腴",众多的肥田沃土多是巧取豪夺而来。他贪贿到丧心病狂,甚至企图侵吞官府的考工宅地,令汉武帝震怒,斥道:"君何不遂取武库。"田蚡固然是贪官,而他的政治对手窦婴、灌夫也非善类。窦婴在长安城郊拥有多处连田蚡都垂涎的大庄园,灌夫一族更是"家累数千万,食客日数十百人。陂池田园,宗族宾客为权利,横于颍川",从百姓咒骂"颍水清,灌氏宁;颍水浊,灌氏族",可以看出灌氏的这些田园多为倚仗权势巧取豪夺来的,在当地已民怨沸腾。②

像田蚡、窦婴、灌夫等高官以权势强占良田美宅的不法行为,在汉武帝统治时期,都不同程度地存在着。官吏侵吞田地的目标也不囿于私人田宅。名将李广从弟李蔡任丞相时,借朝廷赐百官墓田之机,公开贪占并出卖土地谋利:"李蔡以丞相坐诏赐冢地阳陵当得二十亩,蔡盗取三顷,颇卖得四十余万,又盗取神道外壖地一亩葬其中,当下狱,自杀。"③李蔡之事,虽与政治对手的打击等因素有关,但他本人因贪污行为而被迫自杀,确是咎由自取。

(3)官吏管理官有土地时,与豪强内外勾结,大肆贪贿取利

西汉开国后,承袭战国时代国家授田制的余风,以帝国政府的名义控制

---

① 《汉书》卷六十五,《东方朔传第三十五》;《汉书》卷二十四上,《食货志第四上》。
② 《史记》卷一百七,《魏其武安侯列传第四十七》。
③ 《汉书》卷五十四,《李广苏建传第二十四》。

着苑囿园池、山川沼泽、未垦草田等大量的土地。汉武帝时,政府又强行收夺工商业者的大片私田,国有土地的数量急剧膨胀。国有土地主要有两种经营方式:一是由农官直接管理,由官府掌控的刑徒、奴隶耕种,收获也全归官府所有;一是采取民间豪强经营大田产的方法,"假民公田",租给百姓耕种,这是更常见也更主要的土地经营方式,收获由官、民分成共享。因二者皆由官吏直接插手土地经营,因而均出现了主管官吏大肆侵贪的问题。这在官田迅速扩大的武帝朝尤为严重。特别是后一种经营方式,由于官府所征租额与豪强所收取的土地租额间存在着很大差额,所谓"孝景二年,令民半出田租,三十而税一也","汉氏减轻田租,三十而税一……而豪民侵陵,分田劫假,厥名三十,实什税五也"①,这就给主持其事的官吏们提供了上下其手、肆行贪贿的机会。他们的手法是,借官府行惠政"假田于民"之时,将大批土地以极低的租额转让给豪强地主经营,然后由豪强再以很高的租额租给真正的贫民耕作,这样一来,租税的高额差价部分就源源不断地流入官吏、豪强地主手中,归他们分享。史载,被免职居家的前中尉宁成与"孔、暴之属"等"南阳吏民"勾结,又以为官时的贪贿所得及借贷,"乃贳贷买陂田千余顷,假贫民,役使数千家。数年,会赦。致产数千金,为任侠,持吏长短,出从数十骑。其使民,威重于郡守"。② 这种现象不仅使国家的惠政流于空文,更加剧了武帝朝官吏贪污中饱的问题。这一问题,从武帝时开始解决,但直到昭帝时,才较好地接受盐铁会议中来自民间的贤良文学提出的"今县官之多张苑囿、公田、池泽,公家有鄣假之名,而利归权家。三辅迫近于山、河,地狭人众,四方并臻,粟米薪菜,不能相赡。公田转假,桑榆菜果不殖,地力不尽。愚以为非。先帝之开苑囿、池籞,可赋归之于民,县官租税而已"③,即为杜绝官吏们在公田经营中的舞弊行为,把公田直接交由百姓私人经营,官府只间接收税的解决方案。这一意见直中要害,

---

① 《汉书》卷二十四上,《食货志第四上》。
② 《史记》卷一百二十二,《酷吏列传第六十二》。
③ 《盐铁论·园池第十三》,中华书局1954年版,第15页。

为昭帝、霍光等统治者所接受,使公田数量日趋缩减,对发展农业生产、消除官吏贪污舞弊大有益处。

(4)执法官吏舞文弄法、勒索财物,贪赃枉法愈演愈烈,威胁社会稳定

汉武帝时期,复杂的政治斗争,外伐四夷、内兴功作而引发的严重社会矛盾,都促使汉武帝以严刑峻法震慑万民,维护统治。他信任的两个执法大臣张汤和杜周,都是治狱"不循三尺法,专以人主意指为狱"的酷吏。汉武帝纵容执法者行事随心所欲,虽能给他这个最高统治者清除政敌以最大的便利,但法律的公正性一旦被破坏,就会给执法官吏的贪赃枉法大开方便之门,其严重后果亦非最高统治者所能轻易消弭。

杜周长期担任廷尉、御史大夫等执法大吏,很快就从不名一文骤至暴富。《酷吏列传》记载,"杜周初征为廷史,有一马,且不全;及身久任事,至三公列,子孙尊官,家资累数巨万矣"。巨额财富,来路当然不明。武帝时期另一酷吏王温舒在任御史、广平都尉、河内太守时,就滥用贪赃的僚属,"皆把其阴重罪,而纵使督盗贼,快其意所欲得。此人虽有百罪,弗法"。他以"好杀行威"、敢于杀伐而得汉武帝赏识,被升迁为司察京畿吏治的中尉要职后,变本加厉。史载,"温舒多谄,善事有势者;即无势,视之如奴。有势家,虽有奸如山,弗犯;无势,虽贵戚,必侵辱。舞文巧,请下户之猾,以动大豪。"他这样做,除迎合汉武帝以严厉手段打击豪强的国策外,还有就是借机敛财,史载王温舒治中尉"数岁,其吏多以权贵富"。多行不义必自毙,王温舒后因"受员骑钱"及其他"奸利事"被灭族,其死后被籍没的家财竟达千金之多。① 就是这样一个贪官,竟一度被汉武帝树为官员们效仿的楷模,"自温舒等以恶为治,而郡守、都尉、诸侯二千石欲为治者,其治大抵尽仿温舒,而吏民益轻犯法。"②这种情况下,类似王温舒的酷吏横行,贪污腐败严重到何等程度,可想而知。

---

① 《史记》卷一百二十二,《酷吏列传第六十二》;《汉书》卷九十,《酷吏传第六十》。
② 《史记》卷一百二十二,《酷吏列传第六十二》。

执法官吏直接关系到人民的生命财产安全,司法领域出现严重问题,不仅会对整个官场的贪贿歪风的盛行起了推波助澜的恶劣作用,还使官吏们纷纷将治狱视为发财致富的捷径,甚至不惜为此陷害无辜,使黎民百姓完全没有安全感,视政府如寇仇。正如盐铁会议中贤良文学所批判的:"今之所谓良吏者,文察则以祸其民,强力则以厉其下,不本法之所由生,而专己之残心,文诛假法,以陷不辜,累无罪,以子及父,以弟及兄,一人有罪,州里惊骇,十家奔亡。"①执法官吏贪赃枉法,直接威胁到民众生命财产的安全,因而司法领域的贪污腐败也极易激起民众对官府的仇视和激烈反抗。在汉武帝晚年,形成了全国各地民变蜂起、"掠掳乡里者,不可胜数"的严重局面,正是与"上以法制御下,好尊用酷吏,而郡国二千石为治者大抵多酷暴,吏民益轻犯法"②,官吏在执法过程中贪赃枉法、滥刑残贼公行,有直接关系。

(5)军官克扣军饷、侵吞物资等贪腐行为屡现

汉武帝从元光二年(公元前133年)马邑之谋开始,展开了对匈奴、西域、西南夷、南越、朝鲜等长达32年的征战。连绵不断的大规模征战,不但需要大批的士兵、夫役,还需要铠甲、兵器的制造,军队的征召和奖赏、训练和管理,以及军用物资的征集、运送,都需要不可胜数的战争经费,以致出现"海内虚耗"的局面。

正因为战争往往意味着有巨额金钱经手,伴随着战争规模的迅速扩大,在武帝朝军事行动中财政管理的重要性突显出来。由于管理不善和汉武帝用将任人唯亲,在军事行动中经常曝出统军将官的贪污丑闻,尤其是克扣士卒应得粮饷、虚报军功和侵吞军用物资以自肥等违法现象。如果说骠骑将军霍去病为将问题还不算是贪腐,而是不顾士卒死活的问题,那么,贰师将军李广利就品质更为恶劣了,他倚仗其妹为武帝宠妃而居将军高位,不但指挥无方,屡遭大败并投降匈奴,而且贪污横敛,无所不用其极。《史记·大宛列传》记载,伐大宛之役,"贰师后行,军非乏食,战死不能多,而将吏

---

① 《盐铁论·申韩第五十六》,中华书局1954年版,第58页。
② 《资治通鉴》卷二十一,《汉纪十三》,"汉武帝天汉二年"。

贪,多不爱士卒,侵牟之,以此物故众"。原来,随李广利出征的十余万将士只有万余人生还,如此众多的士兵多非死于敌手,而是因李广利为首的军官侵吞粮饷,饥寒致死,无辜地暴骨沙漠。万千将士的鲜血养肥了这批发战争财的无耻蠹虫。问题的关键是,这样一件骇人听闻的贪污大案,竟被汉武帝置而不问,更助长了军中贪污克扣风气的盛行。①

汉武帝时期,为实现开边拓土的雄图,很注意奖励军功。如元朝六年(公元前123年)卫青出征匈奴一役,"捕斩首虏之士受赐黄金二十余万斤,虏数万人皆得厚赏,衣食仰给县官;而汉军之士马死者十余万,兵甲之财、转漕之费不与焉。于是大农陈藏钱经耗,赋税既竭,犹不足以奉战士"。正因如此,将帅虚报军功以滥得赏赐的情况也很普遍,连宜冠侯程不识也坐"击匈奴,战军功增首不以实"。②

军中贪污克扣风气日盛,遍及军队的方方面面。曾经担任过御史的楼船将军杨仆采购兵器时就故意高报价格,以收受差价回扣,"欲请蜀刀,问君贾几何,对曰率数百,武库日出兵而阳不知,挟伪干君。"③至于贪贿普遍的军队后勤部门,更是滥用军中劳力、营房谋取个人私利。武帝朝某监军御史"为奸,穿北军垒垣以为贾区",守军正丞胡建斩该御史,并上奏直陈其罪:"今监御史公穿军垣以求贾利,私买卖以与士市"。④ 形形色色的军队贪贿行为影响之恶劣,不但严重损害军队的战斗力,也加剧毒化官场空气,其危害不容忽视。

(6)汉武帝推行经济改革的官营工商业重点领域,主管官吏借货币铸造、盐铁官营、均输平准等改革而侵夺民财,已成社会重弊

为了筹措战争所需的巨额军费和满足自己享乐,汉武帝先后任用张汤、桑弘羊等"兴利之臣",采取被司马迁称为"最下者与之争"的办法,凭借政治权力强行垄断利润丰厚的工商业经营权,陆续出台了改铸货币、盐铁官

---

① 《史记》卷一百二十三,《大宛列传第六十三》。
② 《史记》卷三十,《平准书第八》;卷二十,《建元以来侯者年表第八》。
③ 《汉书》卷九十,《酷吏传第六十》。
④ 《汉书》卷六十七,《杨胡朱梅云传第三十七》。

营、均输平准等政策。

这些政策中,统一铸造货币已出现铸币官吏中饱私囊的行径,以致"币数易而民益疑,于是废天下诸钱,而专命水衡三官作。吏匠侵利,或不中式,故有薄厚轻重",但货币改革是必要的,也取得了效果。而盐铁官营、均输平准以及公然"抢劫"似的算缗、告缗政策,就弊端多多。虽然负责这些经济改革的桑弘羊自我标榜说"民不益赋而天下用饶",但宋人司马光一语道破其弊害:"天地所生财货百物,不在民,则在官,彼设法夺民,其害乃甚于加赋。此盖桑(弘)羊欺武帝之言,太史公书之以见其不明耳。"①将社会财富过度集中于官府手中,既不利于社会经济的健康发展,也不利于缓和社会矛盾,更不利于澄清吏治。官府涉足工商业经营之初,因人才培养需时,难免要依靠私营业主代办其事,汉武帝盐铁官营就是"除故盐铁家富者为吏。吏道益杂,不选,而多贾人",其中肆行贪污者不在少数,"东郭偃孔仅建盐铁,策诸利富者,买爵贩官,免刑除罪,公用弥多而为者徇私,上下无求,百姓不堪"。② 同时,在官府有权决定原材料加工、成品销售价格的情况下,寻租贪腐问题就难以避免。第一类问题是官吏与商人勾结,出卖国家经济情报换取个人利益。最典型的例子就是深受汉武帝宠信的张汤,在早年为小吏时就与长安富商田甲、鱼翁叔等人"与钱通",居御史大夫高位握有经济决策大权后,更是与田信等长安商人勾结,时常把国家经济情报出卖给他们,"汤且欲奏请,信辄先知之,居物致富,与汤分之"。精明的汉武帝察觉了张汤这种行径,曾当面质问张汤说:"吾所为,贾人辄先知之,益居其物,是类有以吾谋告之者。"张汤因此失宠并在朱买臣、王朝、边通等三长史的攻讦下自杀。不过,"汤死,家产直不过五百金,皆所得奉赐,无他业",故张汤所谋的主要还不是经济利益,而是政治利益,这是汉武帝迫其自杀的主要原因。③ 第二类问题,最为突出的是在盐铁官营中偷工减料、以次充好等问题。官府垄断盐铁经营,故资金、劳力皆由官府调拨,产品也可凭借

---

① 《宋史》卷三百三十六,《列传第九十五·司马光》。
② 《盐铁论·刺复第十》,中华书局1954年版,第12页。
③ 《史记》卷一百二十二,《酷吏列传第六十二》。

权势和垄断迫使民众购买,因此降低成本、偷工减料对主事官吏来说反而是更加有利可图的事。盐铁会议中,贤良文学们就点明了盐铁官营的一大弊端是"县官鼓铸铁器,大抵多为大器,务应员程,不给民用。民用钝弊,割草不痛,是以农夫作剧,得获者少,百姓苦之矣"①。广泛出现这些问题的原因,关键就在于官吏借机贪污索贿,这是与官营体制相伴而生的一大痼疾。第三类问题是随着汉武帝推行均输平准政策,官商勾结故意抬高或压低物价、上下其手以牟取私利的问题也日趋严重。推行均输平准政策本为平抑物价,限制市场投机活动,但当政策成为"县官当食租衣税而已,今弘羊令吏坐市列肆,贩物求利"时,很快就出现了官吏和商人勾结,利用权力囤积居奇、贱买贵卖等腐败现象,当时人称之为"卖平"。《盐铁论·本议》中揭露说:"行奸卖平,农民重苦,女工再税,未见输之均也。县官猥发,阖门擅市,则万物并收。万物并收,则物腾跃,腾跃则商贾牟利,自市则吏容奸豪。而富商积货储物以待其急,轻贾奸吏收贱以取贵,未见准之平也。"②堪称直中要害。

3. 汉武帝时期的强力反贪

严重的贪贿问题,已直接威胁到汉武帝经营边地的雄图和统治的稳定,汉武帝不得不铁腕反贪,强化监察、重法惩贪,甚至不惜重用酷吏,以法外的残暴手段整饬吏治,在付出高昂代价后,收到了一定的成效。但由于国家财政紧张,以汉武帝为首的统治阶级又难以克服奢靡痼疾,许多措施未能完全发挥功效。

(1)推行察举选官制度,力图从源头防贪

在实行察举制以前,西汉选官制度主要有任子和赀选二途。任子是指二千石以上的高级官员任职三年以上可以保举子、侄一人为郎官;赀选则是指家产在四万钱以上的非商贾市籍家庭,得选子弟为郎官。这两项制度虽然不能说一无是处,其中赀选也有防贪的考虑,所谓"古者疾吏之贪,衣

---

① 《盐铁论·水旱第三十六》,中华书局1954年版,第39—40页。
② 《盐铁论·本议第一》,中华书局1954年版,第2页。

食足知荣辱,限赀十算乃得为吏"①。问题在于高官家庭虽也不乏英廉之才,然更多骄奢不法、纨绔子弟,他们为官后贪纵犯法者比比皆是,汉朝开国元勋就多是"子孙骄逸,忘其先祖之艰难,多陷法禁,陨命亡国,或亡子孙。迄于孝武后元之年,靡有孑遗"②。这成为败坏吏治的一大污染源。至于富者为官,汉景帝就有"其唯廉士,寡欲易足。今赀算十以上乃得宦,廉士算不必众。有市籍不得宦,无赀又不得宦,朕甚愍之。赀算四得宦,亡令廉士久失职,贪夫长利"③的感慨。旧的选官制度显然是陷入为贪浊者大开方便之门的两难困境。文、景、武三朝官吏贪贿横行,与官吏出自上述两途、素质低下有密切关系。汉武帝加强反贪从此入手,也确是对症下药。

汉武帝于元光元年(公元前134年)接受董仲舒的建议,推行以是否通晓儒学经典为标准的察举制度,令郡国守相、二千石岁举孝子、廉吏各一人于朝廷;元封五年(公元前106年)又开始察举秀才(东汉时为避刘秀讳,改称"察举茂才")。这不仅是选官制度的重大改革,也是从提高官吏素质入手加强反贪的尝试。其目的之一就是改变官吏的构成,从来源上杜绝贪污腐败的产生:"今之郡守、县令,民之师帅,所使承流而宣化也;故师帅不贤,则主德不宣,恩泽不流。今吏既亡教训于下,或不承用主上之法,暴虐百姓,与奸为市,贫穷孤弱,冤苦失职,甚不称陛下之意","今则不然,累日以取贵,积久以致官,是以廉耻贸乱,贤不肖浑殽,未得其真。臣愚以为使诸列侯、郡守、二千石各择其吏民之贤者,岁贡各二人以给宿卫,且以观大臣之能;所贡贤者有赏,所贡不肖者有罚。夫如是,诸侯、吏二千石皆尽心于求贤"。④ 因为这个时代的儒生,凭借通习儒学经典而开始入仕,从整体上看,"案世间能建蹇蹇之节,成三谏之义,令将检身自敕,不敢邪曲者,率多儒生"⑤,抵制贪污腐败的道德自律水平相对高于其他官吏。在西汉中、后

---

① 《汉书》卷五,《景帝纪第五》应劭注。
② 《汉书》卷十六,《高惠高后文功臣表第四》。
③ 《汉书》卷五,《景帝纪第五》。
④ 《汉书》卷五十六,《董仲舒传第二十六》。
⑤ 王充:《论衡·程材篇》,中华书局1954年版,第119页。

期,虽然有很多儒生入仕后与贪贿者同流合污,但仍有许多出身贫寒的儒士,为官后能不苟且于官场奢侈恶习,自持廉洁奉公本色。大儒董仲舒"为人廉直","凡相两国,辄事骄王,正身以率下,数上疏谏争,教令国中,所居而治。及去位归居,终不问家产业,以修学著书为事"①;武帝朝丞相公孙弘"位在宰相封侯,而为布被脱粟之饭,奉禄以给故人宾客,无有所余,可谓减于制度,而率下笃俗者也";御史大夫倪宽"为人温良,有廉知自将"。② 他们的洁身自好,虽无法根本扭转官场的贪污腐败风气,但随着儒生占官吏总数的比例逐渐提高,对贪腐的抑制、对社会风气的好转,还是发挥了较为明显的作用。

(2)多途径加强监察防贪

在中国古代社会,贪腐问题虽难以完全避免,但建立较完备的监察机制,还是可以做到及早发现问题,防患于未然。为此,汉武帝完善对官僚队伍的监察机制,最主要的措施就是设置十三部州刺史。汉武帝还亲手订了刺史"六条",多为防范二千石官吏的贪污腐败。刺史集中搜集辖地吏治状况,定期向中央汇报存在的问题,对于贪腐有较好的防范和制约作用。

此外,汉武帝还广开言路,积极纳谏。他采取鼓励吏民越级上书、诣阙言事等措施,对其中正确的建议予以采纳,对建言者予以褒奖。汉代始终有严格保障吏民上书权利的"言变事"制度,广大吏民皆有权要求官府提供食宿、车辆,直接送到汉廷,反映官吏的贪污违法行为,或对国家大政方针发表意见。酷吏田云中任淮阳太守时,就因"吏民守阙告之,竟坐弃市"。武帝朝的许多贪腐大案就是依靠吏民上书(往往与政治对手的倾轧相连)而被揭露出来。主父偃接受诸侯王行贿丑闻的败露,就是其政敌赵王指使人诣阙告发③;丞相公孙贺之子公孙敬声为太仆,"以皇后姊子,骄奢不奉法,征和中擅用北军钱千九百万",即贪污北军军饷1900万的大案,"发觉,

---

① 《汉书》卷五十六,《董仲舒传第二十六》。
② 《汉书》卷五十八,《公孙弘卜式倪宽传第二十八》。
③ 《汉书》卷六十四上,《严朱吾丘主父徐严终王贾传第三十四上》。

下狱",再加上"京师大侠"朱安世从狱中上书揭发,导致公孙贺被族诛。①除了这一措施,汉武帝为直接掌握吏治的真实情况,常派遣身边的耳目近臣作为使者不定期巡察各地。元狩六年(公元前117年)六月,武帝派遣博士褚大等六人分道循行天下;元鼎二年(公元前115年)九月,武帝又派博士中等循行江南各地,查问赈贷穷困、举荐贤才、了解吏治、发现贪腐问题,取得了较好的效果。

(3)以严刑重法惩贪

汉武帝治国,既重法制,又好法外铁腕,对于他钦定的贪赃枉法者,无论是皇亲国戚,还是功臣高官,一律严惩不贷。武帝朝的丞相李蔡、严青翟、赵周、石庆、公孙贺、刘屈氂等人,均因贪贿受惩,除石庆"惇谨"而免外,其余均"伏诛"。李蔡以侵吞公田,事情败露后自杀;公孙贺"倚旧故乘高势而为邪,兴美田以利子弟宾客,不顾元元,无益边谷,货赂上流"而被杀并族诛。② 对官官相护、互相包庇的官场恶习,汉武帝令张汤、赵禹等人"作见知故纵、监临部主之法,缓深故之罪,急纵出之诛",也就是"见知人犯法不举告为故纵,而所监临部主有罪并联坐也"。③ 这项政策虽有苛法之议,但它对打破官僚集团保护网的作用是毋庸置疑的。

(4)表彰廉吏,重用酷吏,以法外铁腕手段厉禁贪贿

汉武帝用人本提倡不拘一格、信赏必罚,不在道德方面求全责备,只要有所长皆有施展的机会。但在贪贿盛行的状况下,汉武帝也不得不有意识地表彰廉吏,以引导官场廉洁奉公的正气。他拔擢主张"人主病不广大,人臣病不俭节"的布衣公孙弘至相位。赵禹历任廷尉、少府九卿等高官,"为人廉裾,为吏以来,舍无食客。公卿相造请,禹终不行报谢,务在绝知友宾客之请,孤立行一意而已"而被重用。④ 汉武帝也注意在制度设计上为廉吏的升迁提供便利,察举制度中就有专门面向郡、县众吏的廉吏科,昭、宣时

---

① 《汉书》卷六十六,《公孙刘田王杨蔡陈郑传第三十六》。
② 《汉书》卷六十六,《公孙刘田王杨蔡陈郑传第三十六》。
③ 《汉书》卷二十三,《刑法志第三》及颜师古注。
④ 《汉书》卷九十,《酷吏传第六十》。

期的名相黄霸在武帝朝就是以廉吏而屡获升迁的,"复入谷沈黎郡,补左冯翊二百石卒史。冯翊以霸入财为官,不署右职,使领郡钱谷计。簿书正,以廉称,察补河东均输长。复察廉,为河南太守丞"①。不过,从整体上看,汉武帝对廉吏表率作用的认识有限,他看重的还是用酷吏以法外铁腕手段震慑官吏,使之不敢肆行贪贿。天汉二年(公元前99年),关东民众因不堪战争重负和官吏横征暴敛而发动大规模反抗,汉武帝就直接派遣范昆、张德、暴胜之等绣衣御史(又称绣衣使者、直指使者),一方面加紧扑灭民众暴动,另一方面也肆行诛杀镇压不力和贪污暴敛的地方官,通过武力镇压和澄清吏治的两手,使局势转危为安。

汉武帝的各项反贪措施确实收到了效果,使得官僚队伍没有在腐败日盛和民变蜂起中彻底垮掉,但措施本身也存在问题,如滥用酷吏虽简便有效,却易造成上下离心离德的政治恐怖,最终汉武帝是通过陆续把酷吏们作为平息民愤的替罪羊送上断头台,才在一定程度上消弭了这种恐怖气氛。更重要的是,汉武帝的其他一些政策,如为筹措经费而推行入财补官和纳钱赎罪,也干扰了反贪的顺利进行,不仅"因富者得生,贫者独死,是贫富异刑而法不一也",破坏了法律的权威性和公正性,而且为贪官污吏逍遥法外大开方便之门,为严重败坏官场风气推波助澜,导致贪污腐败愈禁愈烈的恶性循环。对此,汉元帝朝名臣贡禹进行了深刻的揭露与批判:"武帝始临天下,尊贤用士,辟地广境数千里,自见功大威行,遂从耆欲,用度不足,乃行一切之变,使犯法者赎罪,入谷者补吏,是以天下奢侈,官乱民贫,盗贼并起,亡命者众。"②政策的弊端,皇亲国戚、高官显贵等既得利益者的抵制与破坏,严重制约了反贪斗争的深入。

4. 西汉后期愈演愈烈的贪贿之风与艰巨的反贪任务

汉武帝连续对外用兵三十余年,又好大喜功、内兴功作,国家财政必然日趋紧张,只能一面加紧盘剥民众,一面强化刑罚,迫使民众慑服于他的专制淫威,加以汉武帝晚年多疑好杀,屡兴巫蛊之祸等大狱,使统治集团内部

---

① 《汉书》卷八十九,《循吏传第五十九》。
② 《汉书》卷七十二,《王贡两龚鲍传第四十二》。

人人自危,甚至视位居丞相为祸事。这几乎触犯了社会各阶层的切身利益,也严重伤害了民众对西汉政权的向心力,使得臻于极盛的武帝朝实际成为西汉帝国由盛而衰的转折点。

汉武帝晚年,于征和四年(公元前89年)颁布了轮台罪己诏,随即停止了大规模的对外战争和诸多扰民之举,重新恢复轻徭薄赋、与民休息的合理政策。此后,无论是号称中兴的昭、宣两朝,还是政治危机逐渐加重的元、成、哀、平四代,基本上都没有偏离这一方向,迎来社会经济的持续稳定发展,直至西汉政权结束,依然还是"百姓赀富虽不及文、景,然天下户口最盛矣",但各种社会问题,尤其吏治贪腐问题长期无法根治,并呈愈演愈烈之势,加速了西汉政权的崩溃。

(1)汉宣帝时期的贪贿状况与整饬吏治

公元前87年,汉武帝在父子相残的巫蛊之祸和关东民乱等内忧外患中离世,其幼子汉昭帝即位,大司马大将军霍光、车骑将军金日䃅、左将军上官桀等人受遗诏辅政,大权掌握在霍光手中,"政事壹决于光"。霍光在需要全社会共渡难关的时候,采纳幕僚杜延年和盐铁会议中贤良文学的合理建议,"议罢酒榷盐铁","轻徭薄赋,与民休息",赢得了社会各界的广泛支持。不过,霍光的精力主要在巩固权位,安插家族私人于朝廷,以官位、财富来换取官吏们对其专权的效忠,因此对整饬吏治始终用力不够,官场贪腐等历史遗留问题没能及时解决,反而有恶化的趋势。霍光自己虽然没有明显的贪贿行为,但他以拥立宣帝之功而得"以河北、东武阳益封光万七千户。与故所食凡二万户",赏赐"黄金七千斤,钱六千万,杂缯三万匹,奴婢百七十人、马两千匹、甲第一区",数额之大是惊人的,这种化公为私的行为,绝不光彩。霍光宠信冯子都、王子方等贴身家奴,文武百官为讨他欢心,都须向二人行贿,"百官以下但事冯子都、王子方等,视丞相亡如也"。①霍光的亲信田延年更明目张胆地贪污公款,他任大司农时,曾乘征用民车运沙土的机会,贪污运费三千万钱。《汉书》中是这样记载的:"初,大司农

---

① 《汉书》卷六十八,《霍光金日䃅传第三十八》。

取民牛车三万两为僦,载沙便桥下,送致方上,车直千钱,延年上簿诈增僦直车二千,凡六千万,盗取其半。"①霍光的夫人、子侄等更是肆无忌惮地贪赃枉法,敛财以满足其奢靡享乐的生活。汉宣帝是汉武帝曾孙,久已对霍氏专权不满,终于在霍光死后族灭霍氏。当时的另一权臣大司马车骑将军张安世在政治上谨慎,在敛财方面却胜霍光一筹,史载其"夫人自纺绩,家童七百人,皆有手技作事,内治产业,累积纤微,是以能殖其货,富于大将军光"②,表面看似乎主要得益于私营手工业、商业和生活节俭,但执政官员的家庭直接参与工商活动,其间掺杂多少以权谋私的成分,不能不使人怀疑其巨额财富的来路不正。

真正着意整饬吏治的是汉宣帝。汉宣帝是汉武帝曾孙,因巫蛊之祸,父、祖家人俱亡而流落民间,比较了解民间疾苦,知道根源在于官吏的贪酷、吏治的腐败。因此,他在清除霍氏、掌握大权后,就任用魏相、丙吉等名相,励精图治,整饬吏治,并先后下达数道厉禁贪贿的诏书。元康二年(公元前64年),宣帝下诏揭露了官吏在讼狱中贪赃枉法的丑行:"用法或持巧心,析律贰端,深浅不平,增辞饰非,以成其罪。奏不如实,上亦亡繇知。此朕之不明,吏之不称,四方黎民将何仰哉!二千石各察官属,勿用此人。吏务平法。"神爵三年(公元前59年),宣帝又下诏,强调吏治清廉的重要性,提出要在待遇上提高低级官员的俸禄标准,"吏不廉平则治道衰。今小吏皆勤事,而奉③禄薄,欲其毋侵渔百姓,难矣。其益吏百石以下奉十五",等等。这些诏书为宣帝朝加强反贪、整饬吏治定下了基调。④

汉宣帝整饬吏治、反贪,主要办法有三条:

一是慎选官吏,突出廉吏的表率作用。由于汉宣帝重视吏治,朝廷公卿中不乏清廉奉公之士。司隶校尉盖宽饶,"为人刚直高节,志在奉公。家贫,奉钱月数千,半以给吏民为耳目言事者。身为司隶,子常步行自戍北

---

① 《汉书》卷九十,《酷吏传第六十》。
② 《汉书》卷五十九,《张汤传第二十九·附子张安世传》。
③ "奉",旧同"俸",原文如此。下同。
④ 《汉书》卷八,《宣帝纪第八》。

边,公廉如此"①。光禄勋杨恽廉洁奉公,"初,恽受父财五百万,及身封侯,皆以分宗族。后母无子,财亦数百万,死皆予恽,恽尽复分后母昆弟。再受赀千余万,皆以分施。其轻财好义如此。恽居殿中,廉洁无私,郎官称公平。"他在担任中郎将时,断然革除了郎署中的贿赂请托恶习:"郎官故事,令郎出钱市财用,给文书,乃得出,名曰'山郎'。移病尽一日,辄偿一沐,或至岁余不得沐。其豪富郎,日出游戏,或行钱得善部。货赂流行,传相仿效。恽为中郎将,罢山郎,移长度大司农,以给财用。其疾病休谒洗沐,皆以法令从事。郎、谒者有罪过,辄奏免,荐举其高弟有行能者,至郡守九卿。郎官化之,莫不自厉,绝请谒货赂之端,令行禁止",成效十分显著,宣帝擢至自己身边,"亲近用事"。②汉宣帝曾流落民间,知道地方官员的贤恶,直接关系到百姓的生存状况。他曾说:"庶民所以安其田里而亡叹息愁恨之心者,政平讼理也。与我共此者,其唯良二千石乎!"因此,他尤其重视刺史、守相等二千石亲民官的选任,"及拜刺史守相,辄亲见问,观其所繇,退而考察所行以质其言,有名实不相应,必知其所以然"。正因如此,在宣帝朝出现了许多颇有治绩的清廉的地方长官,"汉世良吏,于是为盛"。著名的有黄霸治颍川,"以廉称","外宽内明得吏民心";朱邑为北海太守、大司农,"廉平不苛,以爱利为行","身为列卿,居处俭节"③;邵信臣治南阳,尹翁归治右扶风,"其在公卿之间清洁自守,语不及私,然温良嗛退,不以行能骄人,甚得名誉于朝廷。视事数岁,元康四年病卒,家无余财"。④

二是汉宣帝不仅重用廉吏,而且重视以物质赏赐和精神鼓励两手表彰廉吏,力求在官场中形成趋向廉洁的健康风气。廉吏尹翁归去世后,汉宣帝下诏褒扬:"朕夙兴夜寐,以求贤为右,不异亲疏近远,务在安民而已。扶风翁归廉平乡正,治民异等,早夭不遂,不得终其功业,朕甚怜之。其赐翁

---

① 《汉书》卷七十七,《盖诸葛刘郑孙毋将何传第四十七》。
② 《汉书》卷六十六,《公孙刘田王杨蔡陈郑传第三十六·杨敞杨恽》。
③ 《汉书》卷八十九,《循吏传第五十九》。
④ 《汉书》卷七十六,《赵尹韩张两王传第四十六·尹翁归》。

归子黄金百斤,以奉其祭祠。"①对治颍川"以廉称"的廉吏黄霸,宣帝先后两次下诏褒扬,并"赐爵关内侯,黄金百斤,秩中二千石"。大司农朱邑廉洁奉公,汉宣帝专门下诏称赞:"大司农邑,廉洁守节,退食自公,亡强外之交,束修之馈,可谓淑人君子。遭离凶灾,朕甚闵之。其赐邑子黄金百斤,以奉其祭祀。"②

三是有法必依,信赏必罚。汉宣帝对身犯贪贿的官吏即便是政绩卓著者也决不宽贷,以保证反贪法规的权威性和统一性。京兆尹赵广汉曾是廉能之吏,"京兆政清,吏民称之不容口。长老传以为自汉兴以来治京兆者莫能及",后因"坐贼杀不辜,鞫狱故不以实,擅斥除骑士乏军兴"之罪,被宣帝诛杀。韩延寿也曾是为人称道的能吏,因在东郡时私自"放散官钱千余万"牟取私利,生活奢侈,"又取官铜物,候月蚀铸作刀剑钩镡,仿效尚方事。及取官钱帛,私假繇使吏,及治饰车甲三百万以上"③,为人所举发,贪污事实败露,被判死罪。汉宣帝对于自己亲手提拔的顾命大臣萧望之,因为他有私用官府车马、接受部属贿赂,"又使卖买,私所附益凡十万三千"等贪贿罪行,汉宣帝立即免去其御史大夫的职务。④汉宣帝不惜对他们动真格的,就是贯彻"不以功掩过"的方针。正是因为汉宣帝驭吏极严,注重以严刑整饬吏治,引起许多儒生的不满,攻击他是"方今圣道寖废,儒术不行,以刑余为周、召,以法律为《诗》、《书》"。⑤ 历史实践证明,汉宣帝"霸王道杂之"的治略是成功的。

汉宣帝严格整饬吏治,一度扼制了贪污腐败的蔓延之势,为汉王朝的中兴盛世提供了必要的保障。但在他去世不久,贪贿之风即重新泛滥,且愈演愈烈,终至不可收拾。这固然因后继者元帝、成帝、哀帝等朝君奢臣贪,但宣帝反贪不彻底也为吏治的再度腐败留下了隐患。汉宣帝反贪过度依赖

---

① 《汉书》卷七十六,《赵尹韩张两王传第四十六》。
② 《汉书》卷八十九,《循吏传第五十九》。
③ 《汉书》卷七十六,《赵尹韩张两王传第四十六·赵广汉韩延寿》。
④ 《汉书》卷七十八,《萧望之传第四十八》。
⑤ 《汉书》卷七十七,《盖诸葛刘郑孙毋将何传第四十七》。

人治，对制度改革重视不够。他为防止官吏们在执法过程中贪赃枉法，就设置了廷平四人，在当时就招致批评："今不正其本，而置廷平以理其末也，政衰听怠，则廷平将招权而为乱首矣。"①加之汉宣帝在政局稳定后，有意效仿汉武帝的奢侈享乐，对外戚的约束不力，导致外戚竞相奢侈、干预朝政，所谓"外戚在位多奢淫"，加之初步出现的宦官专权，虽尚未能造成很大危害，然而危机潜伏，当控制力不强的汉元帝即位后，问题立刻恶化，难以遏抑。

（2）元、成、哀、平四朝变本加厉的奢腐之风与沉重的反贪

汉宣帝甘露三年（公元前51年）匈奴呼韩邪单于来朝，汉元帝建昭三年（公元前36年）秋消灭郅支单于，标志着长期威胁西汉王朝安全的匈奴外患被彻底消除。战争的停止、和平环境的降临无疑是大好事，但统治阶级在外患消弭后，很快就滑向奢侈腐化的泥沼。自元帝朝开始，西汉长期的经济繁荣为统治者追求享乐提供了条件，奢侈享受之风像开闸的洪水，一发不可收拾。

汉元帝看似比较节俭，即位之初就接受谏大夫贡禹的建议，"下诏令太仆减食谷马，水衡减食肉兽，省宜春下苑以与贫民，又罢角抵诸戏及齐三服官"，但也有大臣疏谏汉元帝在"关东困极，人民流离"之际，勿"日撞亡秦之钟，听郑卫之乐"。② 可见，他的节俭是有限的，帝王的这种姿态无助于扭转整个社会的奢侈风气。汉成帝为政比较宽仁，但好奢侈享乐，"私蓄田及奴婢财物"，"谏臣多言燕出之害，及女宠专爱，耽于酒色，损德伤年，其言甚切"。汉哀帝即位之初，欲强主威，而西汉政治腐败的积弊已深，又受傅太后和丁、傅外戚的牵制，加上健康状况欠佳，遂自暴自弃，与董贤等贪官污吏同流合污，"诏书罢苑，而以赐贤二千余顷，均田之制从此堕坏。奢僭放纵，变乱阴阳，灾异众多，百姓讹言"。③ 这是汉哀帝个人的悲剧，也是西汉政权腐败而亡的时代悲剧。

---

① 《汉书》卷二十三，《刑法志第三》。
② 《汉书》卷七十一，《隽疏于薛平彭传第四十一》。
③ 《汉书》卷八十六，《何武王嘉师丹传第五十六》。

皇帝如此任意挥霍，凭借裙带关系而暴得富贵的外戚显贵们当然更是肆无忌惮，其奢侈程度令人震惊。元帝朝外戚史高、史丹父子皆贪财好色，"数见襃赏，赏赐累千金，僮奴以百数，后房妻妾数十人，内奢淫，好饮酒，极滋味声色之乐"①。哀帝朝，丁、傅外戚得势，以骄奢著称于世。西汉后期骄奢程度登峰造极的，当属自成帝朝以来长期执掌大权的元城王氏外戚集团。王氏起于小吏，其女王政君为元帝皇后，而遽登显位，至"家凡十侯，五大司马，外戚莫盛焉"。正因为富贵如此轻易降临，王氏家族"五侯群弟，争为奢侈，赂遗珍宝，四面而至；后庭姬妾，各数十人，僮奴以千百数，罗钟磬，舞郑女，作倡优，狗马驰逐；大治第室，起土山渐台，洞门高廊阁道，连属弥望"，"其奢僭如此"。表现出的是暴发户心态的挥霍狂态，难怪会招致对身家向来关照有加的汉成帝的雷霆震怒。②外戚凭借裙带而暴得富贵，就连皇后王政君的外甥淳于长也仗势"封为定陵侯，大见信用，贵倾公卿。外交诸侯牧守，赂遗赏赐亦累巨万。多畜妻妾，淫于声色，不奉法度"③。

皇室、外戚的奢侈风气，必然染及整个官僚队伍。"用事专权"的中书令石显仅席床家具就价值百万，其豪奢程度不难想象；连号称当世儒宗的张禹也"内奢淫，身居大第，后堂理丝竹管弦"。④元帝朝名臣贡禹就上疏揭露说："后世争为奢侈，转转益甚，臣下亦相仿效，衣服履绔刀剑乱于主上，主上时临朝入庙，众人不能别异，甚非其宜。然非自知奢僭也。"⑤西汉朝廷也曾试图加以抑制，汉成帝永始四年（前13年）六月下诏指斥奢侈无度的危害，要求司隶校尉等官员严加督查；汉成帝绥和二年（前7年）六月，采纳师丹的建议，以"制节谨度以防奢淫"，下诏限田、限奴婢，旨在力矫奢侈之弊。但这些措施不是以"且须后"之名而搁置，就是最终流于一纸空文，根本不可能产生实际效果。

---

① 《汉书》卷八十二，《王商史丹傅喜传第五十二》。
② 《汉书》卷九十七下，《外戚传第六十七下》。
③ 《汉书》卷九十三，《佞幸传第六十三》。
④ 《汉书》卷八十一，《匡张孔马传第五十一》。
⑤ 《汉书》卷七十二，《王贡两龚鲍传第四十二》。

奢侈享乐和贪污腐败横行始终相伴而生。西汉后期日益盛行的奢侈歪风，引发了官吏贪贿的狂潮和吏治的彻底腐败。因为官员的俸禄、食费、赏赐、药费等合法收入，虽然能够保障官吏们拥有超过普通民众的小康生活，但要维持超群的社会地位和形象，维持妻妾奴婢成群、声色犬马的奢靡生活，显然是不可能的。正如汉代名臣贡禹所说："臣禹年老贫穷，家赀不满万钱，妻子糠豆不赡，裋褐不完。有田百三十亩，陛下过意征臣，臣卖田百亩以供车马。至，拜为谏大夫，秩八百石，奉钱月九千二百。廪食太官，又蒙赏赐四时杂缯、绵絮、衣服、酒肉、诸果物，德厚甚深。疾病侍医临治，赖陛下神灵，不死而活。又拜为光禄大夫，秩二千石，奉钱月万二千。禄赐愈多，家日以益富，身日以益尊，诚非草茅愚臣所当蒙也。"①至于俸禄微薄的斗食乡部小吏，更是难以依靠合法收入享受上等生活。既然官吏们的合法收入相对固定和有限，而满足欲壑无穷的奢侈享乐又需大量金钱，他们又掌握着能轻易带来财富的权力，贪污、受贿大行其道，也就不可避免。事实上，从宣、元二朝开始，贪贿大案就不断发生，牵涉面之广、金额之大是空前的。

汉宣帝时，御史大夫陈万年是一个阿谀逢迎之人，他为了保住官位，不惜以重金"赂遗外戚许、史，倾家自尽，尤事乐陵侯史高"②。元帝朝，安定郡五官掾张辅"贪污不轨，一郡之钱尽入辅家"，赃款高达百万。元帝朝后期，汉西域副校尉陈汤和将军甘延寿讨伐郅支单于，大获全胜，陈汤乘机大肆贪污战利品，"汤素贪，所卤获财物入塞多不法"，即"私自取之，不依军法"。他在成帝朝得到大将军王凤的信任后，"为从事中郎，莫府事一决于汤"，还"常受人金钱做章奏"。萧咸就因行贿陈汤而获得少府的职位。陈汤还接受张匡的两百万贿赂，替他开脱贪污罪行。③成帝朝，南阳太守李尚与外戚红阳侯王立勾结，把百姓已开垦的田地当作荒田上缴国家，借机侵吞公款一亿以上，"时帝舅红阳侯立使客因南郡太守李尚占垦草田数百顷，

---

① 《汉书》卷七十二，《王贡两龚鲍传第四十二》。
② 《汉书》卷六十六，《公孙刘田王杨蔡陈郑传第三十六·陈万年》。
③ 《汉书》卷七十，《傅常郑甘陈段传第四十·陈汤》。

颇有民所假少府阪泽,略皆开发,上书愿以入县官。有诏郡平田予直,钱有贵一万万以上",此事因丞相司直孙宝的揭发而败露,为成帝朝轰动一时的贪贿大案。①

汉成帝朝轰动一时的贪污大案,还有丞相匡衡"专地盗土"案。匡衡封地所在的僮县乐安乡,本来以闽佰为南界,实有田地三千一百顷。因地图误将南移四百余顷的平陵佰标识为乐安乡南界,匡衡遂勾结当地郡县官吏,将错就错,侵吞了这四百顷田地,并派家吏去收取田租千余石谷物。这桩丑闻因司隶校尉王骏等监察官的揭露而事败。匡衡贪污四百顷田地的地租,数量虽不是特别巨大,但他是"以儒宗居宰相位,服儒衣冠,传先王语"的丞相,却带头贪污,影响是极其恶劣的。这也说明儒生的道德水准日趋下降。②

哀帝朝,颍川郡众官吏在太守严诩的包庇下,贪污不法成风,致使郡政大乱。尤其是,郡掾钟咸依靠官至尚书令的兄长钟元的权势,贪污赃款高达千金之多。

元、成、哀诸朝这些贪污大案十分惊人,其中多是因政治斗争失势而被揭露出来的。汉成帝朝,左冯翊辖下高陵令杨湛是声名狼藉的贪官,"吏民言令治行烦苛,适罚作使千人以上;贼取钱财数十万,给为非法;卖买听任富吏,贾数不可知"。杨湛内外勾结贪污公款不下数十万,在政治斗争中被左冯翊薛宣揭发而东窗事发。但更多的贪官,则有高官的羽翼护佑而无事。左冯翊辖下栎阳令谢游,与杨湛一样,声名狼藉,也有贪污官钱自肥的违法行为,"吏民条言君如牒,或议以为疑于主守盗。冯翊敬重令,又念十金法重,不忍相暴章"③,也就是说他因讨好薛宣而没被公开弹劾。就是这样两个贪官,也不过是离职了事。汉元帝朝,太仆丙显与僚属勾结,贪污公款达数千万之巨,因他是故相丙吉的儿子,仅撤职了事。毫无疑问,那些没有揭露出来的大案、要案还不知有多少。那些真正的大贪,如史氏、王氏外

---

① 《汉书》卷七十七,《盖诸葛刘郑孙母将何传第四十七·孙宝》。
② 《汉书》卷八十一,《匡张孔马传第五十一》。
③ 《汉书》卷八十三,《薛宣朱博传第五十三》。

戚集团,金、张等高官显宦,不仅大肆贪贿敛财,还有众多贪官污吏在他们的卵翼下结成对抗反贪监察的关系网,很多志在反贪的清官廉吏,如盖宽饶、诸葛丰、郑崇等人,却往往壮志难酬,甚至被扣上莫须有之罪名而遭诛杀。这说明,此时西汉政权自身已丧失清除贪污腐败的能力,这个政权在民众中的威望也随之沦丧。虽然社会经济没有出现过大的问题,民众温饱也尚可维持,然而西汉王朝的威信因腐败已荡然无存。当王莽以貌似出淤泥而不染的廉洁形象出现在民众视野时,老百姓之希望都聚焦在他的身上。

其实,要求刘姓王朝让位的呼声在汉武帝死后不久就已出现,此后更是形成了一股"易姓受命"、改朝换代的社会思潮。自汉元帝以后,西汉统治集团的腐败、贪贿风气恶性膨胀,为了维持自己的奢靡享受而使民众陷入了"七死"、"七亡"的困境,王莽正是在这样的历史背景下脱颖而出的。在朝野的共同支持下,公元 8 年,王莽以外戚的身份轻易地就取代了西汉政权,以"和平"方式建立了"新朝",曾经辉煌一时的西汉王朝就这样在贪腐的泥淖中走到了尽头。

二、西汉的监察反贪机制

西汉时期,皇帝把保持官僚队伍的廉洁、高效视为关系王朝安危的大事,重视设立监察机构和制定监察法规,监察机制就成为遏抑贪贿的利器。汉王朝在承秦制的基础上,逐步建立了一整套从中央到地方由御史大夫、御史中丞、丞相司直、司隶校尉、监(侍)御史、部刺史、郡守(兼)、督邮、县令长(兼)、廷掾等组成的较为完整的监察系统。西汉王朝在监察法规领域也多有建树,汉惠帝时的"监御史九条"和武帝时的"刺史六条",都是中国古代历史上最早的专项监察法规。同时,汉代律令中也有大量以反贪为主要内容的法令、法规,值得后世借鉴。

1. 汉代监察机构和机制的调整与完善

相较于秦制,西汉监察机构的完善,体现在御史中丞制的确立和丞相司直、司隶校尉等中央监察官的设置,以及创立刺史制、严密郡守行县和督邮察县制等方面。

(1) 西汉监察机构合理调整御史大夫职能，御史中丞成为御史台长官

汉代，御史大夫是与丞相并称"二府"的高官大吏。御史大夫的职责主要是辅佐丞相处理繁重的军国政务，"内承本朝之风化，外佐丞相统理天下，任重职大"，同时承担监督、牵制丞相的重责。因此，职繁任重的御史大夫继续担任监察系统的最高长官已不能适应吏治反贪的需要。为加强监察机构的运行效率，御史大夫的主要属官御史中丞作为专职监察官，逐渐承担起御史台长官的职责。汉成帝绥和元年(前8年)设三公，改御史大夫为大司空后，御史中丞正式成为御史台长官，侍御史和部刺史皆归其统领、监督，执行对朝廷内外高级官吏的举劾大权。《汉书·百官公卿表》记其职责为："在殿中兰台，掌图籍秘书，外督部刺史，内领侍御史员十五人，受公卿奏事，举劾按章。"御史中丞主要通过发现公卿给皇帝所上言事文书的违失之处进行举劾。①

史载，汉元帝时御史中丞陈咸"总领州郡奏事，课第诸刺史，内执法殿中，公卿以下皆敬惮之"②。薛宣在成帝时为御史中丞，"执法殿中，外总部刺史。宣数言政事便宜，举奏部刺史郡国二千石，所贬退称进，白黑分明，繇是知名"③。御史中丞地位的提高，对完善监察机构和加大监察官吏贪贿的力度都是有利的。

(2) 汉武帝出于监察反贪的需要，新置丞相司直、司隶校尉等强力监察官

丞相司直的设立，是在汉武帝三次大规模征伐匈奴之后。元狩五年(前118年)，汉帝国"用度太空"，丞相、御史二府忙于实施御史大夫张汤奏请的算缗、告缗等敛财政策，无法兼顾对百官日益猖獗的以权谋私行为进行有效督察。为保证文武百官廉洁、高效地执行政策、法令，汉朝廷专门设立"佐丞相，举不法"的丞相司直，负责检举百官的不法行为。丞相司直主

---

① 《汉书》卷十九上，《百官公卿表第七上》。
② 《汉书》卷六十六，《公孙刘田王杨蔡陈郑传第三十六·陈咸》。
③ 《汉书》卷八十三，《薛宣朱博传第五十三》。

要是通过审阅日常经过丞相府的各类文书,发现不法行为,并进行纠举。①因此,丞相司直的秩级虽仅为比二千石,却因掌握监察大权而在反贪腐中发挥着重要作用。汉武帝时翟方进为丞相司直,"是时起昌陵,营作陵邑,贵戚近臣子弟宾客多辜榷为奸利者,方进部掾史覆案,发大奸赃数千万",有力地打击了贵戚近臣的贪贿歪风,翟方进还"旬岁间免两司隶,朝廷由是惮之"。②汉成帝时,孙宝担任丞相司直,揭发了外戚王立与南郡太守李尚勾结舞弊、侵吞公家资财的贪污大案,"时帝舅红阳侯立使客因南郡太守李尚占垦草田数百顷,颇有民所假少府陂泽,略皆开发,上书愿以入县官。有诏郡平田予直,钱有贵一万万以上。宝闻之,遣丞相史按验,发其奸,劾奏立、尚怀奸罔上,狡猾不道,尚下狱死。"③

司隶校尉也是汉武帝时期新设立的重要监察官,检举直接发现的官吏不法行为。征和四年(前89年),汉宫廷内部因权力斗争而爆发父子相残的巫蛊之祸,汉武帝设司隶校尉处置此事,职权本为"持节,从中都官徒千二百人,捕巫蛊,督大奸猾",待政局稳定后,其兵权被取消,逐渐演变为专司三辅、三河、弘农等京畿七郡的高级监察官。由于司隶校尉握有代表皇帝特别授权的"节",因而在辖区内可以司察"封侯、外戚、三公以下,无尊卑","无所不纠"。④哀帝朝,司隶校尉孙宝就曾监察到权势遮天的傅太后头上;成帝朝,司隶校尉王骏揭发丞相匡衡"专地盗土以自益",终使匡衡被撤职查办。正因为司隶校尉具有"无所不纠"的特殊地位和职权,它的设置对打击京师贵戚显宦的贪污腐败甚有成效。元帝朝,诸葛丰任司隶校尉,"刺举无所避",使贪浊公行的长安官场为之一振。汉宣帝时,盖宽饶为司隶校尉,"刺举无所回避,小大辄举,所劾奏众多,廷尉处其法,半用半不用,公卿贵戚及郡国吏繇使至长安,皆恐惧莫敢犯禁,京师为清"。⑤

---

① 《汉书》卷十九上,《百官公卿表第七上》。
② 《汉书》卷八十四,《翟方进传第五十四》。
③ 《汉书》卷七十七,《盖诸葛刘郑孙毋将何传第四十七·孙宝》。
④ 《后汉书》志第二十七,《百官四·司隶校尉》。
⑤ 《汉书》卷七十七,《盖诸葛刘郑孙毋将何传第四十七》。

从总体上看,丞相司直和司隶校尉这两大监察官的设置较为成功,东汉时,司隶校尉还成为与御史中丞、尚书令鼎足而立的要职。

(3)从监察御史、丞相史出刺到刺史制,是西汉加强郡级监察的关键举措

秦汉地方行政的中心枢纽——郡,其长官郡守的地位至关重要,如何防范郡守贪贿不法、不遵中央政令,是秦汉政治体制中的大问题。秦实行监郡御史制度的效果很差,正如论者所说:"泗水为刘邦、萧何、曹参、樊哙、任敖、夏侯婴等一集团群聚作乱之根据地,而刘邦为亭长,萧、曹等皆为县吏。泗水监名平者,亦常年驻节在此。平日刘邦等种种反动行为,竟漠然无所闻知。"①西汉初年,实行黄老政治,清静无为,长期不重视对郡的监察工作,在制度上更是纷杂、混乱,基本经过了监察御史——丞相史出刺——刺史的发展阶段。

惠帝三年(公元前192年)时,"遣御史监三辅(汉武帝太初三年后对同治京师的京兆尹、左冯翊、右扶风的合称)郡,察词讼,所察之事凡九条,监者二岁更之。常以十月奏事,十二月还监"。惠帝三年时担任相国的曹参,笃信黄老,反对苛察之政,"择郡国吏木讷于文辞,重厚长者,即召除为丞相史。吏之言文刻深,欲务声名者,辄斥去之"②。在这时还派遣御史监京畿,与京师连兴大役、诸事繁杂有关。"其后诸州复置监察御史",把京畿取得的监察经验向全国推广。汉初御史监察区域为州而非郡,不能视为监郡御史。州的概念在战国、汉初盛行,不过这时尚未确定为行政区划,仅指较大的地理范围。③

文帝十三年(公元前167年)后,"以御史不奉法,下失其职,乃遣丞相史出刺并督监察御史"④,也就是实行丞相史出刺的机制。根据《汉官旧仪》

---

① 马非百:《秦集史》,中华书局1982年版,第905页。
② 《史记》卷五十四,《曹相国世家第二十四》。
③ 杜佑:《通典》卷二十四,《职官六·御史台》,上海商务印书馆1936年版,第143—144页。
④ 杜佑:《通典》卷二十一,《职官三·宰相并官属》,上海商务印书馆1936年版,第119页。

的记载,"丞相初置吏员十五人,皆六百石,分为东西曹。东曹九人出督州为刺史"①,即监察督州多由丞相府西曹史、东曹史担任,常以秋分行所部,御史为驾四封乘传到所部,郡国各遣吏一人迎界上。正如《汉书·百官公卿表》记载,丞相遣史分刺州,不常置,有事则设,无事则省。《史记·田叔列传》记载,田仁出任刺史前"为丞相长史",他以丞相史身份刺举三河。田仁刺三河时,"河南、河内太守皆御史大夫杜父兄子弟也,河东太守石丞相子孙也"②。杜周担任御史大夫是在天汉三年(前98年)至太始二年(前95年),说明到汉武帝统治晚期仍由丞相史刺三河。直至汉武帝征和四年(前89年)设置司隶校尉察三辅、三河、弘农后,丞相史出刺的制度才废止。但丞相史巡行郡国之制并未取消,只是性质与丞相史出刺已有差别。③

武帝元封元年(公元前110年),"御史止不复监"。就是因监察御史、丞相史出刺这种临时由中央派出监察官以不定期巡行方式监察诸州郡的做法,虽有一定效果,但总体不能令人满意,尤其在汉武帝时竟出现"天下郡太守多为奸利"的危险局面。这既有所任非其人的因素,也有制度缺陷的因素。监察御史与丞相史并行监察权就存在职事重叠,各自为政,矛盾不易协调之特征,而无固定监察区,容易造成疏漏,难以有效监察郡县官吏。因此,汉武帝于元封五年(前106年)正式推行刺史制,下令除三辅、三河、弘农七郡以外,全国分为冀州、兖州、青州、徐州、扬州、荆州、豫州、益州、凉州、幽州、并州、交趾、朔方十三部,每部均设秩六百石、位下大夫的刺史一人,分管数郡,称部刺史或州刺史。刺史是汉朝廷派出的监察官,代表朝廷行使对地方郡国的监察权,直接隶属于御史台长官御史中丞,由中央政府直接任免,并有向皇帝面陈奏事的特权。刺史不受郡守的控制,也不像秦制规定的郡监那样,与郡守共同组成郡级地方政府,而是专作监察官,负责督察郡守、地方豪强和诸侯王的违法行为。据汉代人记述,刺史需按诏书所定的六条行事,第一条是禁止豪强田宅逾制,以强凌弱;第二至第六条是

---

① 卫宏:《汉官旧仪》卷上,文渊阁四库全书本,乾隆四十七年刊本,第8页。
② 《史记》卷一百四,《田叔列传第四十四》。
③ 《汉书》卷十九上,《百官公卿表第七上》。

禁郡守横征暴敛、滥用刑罚、选举舞弊、勾结豪强等贪贿行为。刺史于每年秋冬到所属郡国巡察，称为"行部"，刺史通过行部以了解下情，岁终则赴京师奏事。西汉时，刺史对于有过错的郡国守相，多所奏免，重者诛死。刺史秩仅六百石，而被督察的守、相为二千石，这是起一个以卑临尊的制约作用。清代学者王鸣盛就指出："刺史……其权甚重，而秩则卑。盖所统辖者一州，其中郡国甚多，守相二千石皆其属官，得举劾。而秩仅六百石，治状卓异，始得擢守相。"①也可见秩级二千石的守、相畏惧秩级六百石的刺史到了如此程度！正因为刺史秩卑而权重，加上赏赐优厚，故他们多能兢兢业业，尽责尽力，对加强中央集权、遏制官吏贪贿有重要作用。这个作用，正如顾炎武所指出的："夫秩卑而命之尊，官小而权之重，此小大相制、内外相维之意也。"②同时，刺史作为中央派出的监察官，不仅设有治所，以就地监察和吏民检举告发，而且定期巡行所部郡国，便于实地考察郡国守、相治绩，广泛接触吏民百姓，以有效监察二千石亲民官。刺史开始"行部"的时间一般在八月，适值秋收，也是各郡国编制上计籍簿之时，刺史此时行部，便于对守、相教化、开垦荒田、粮食收成、断狱治安等治绩进行全面考察，防止地方官欺上瞒下，肆行贪贿。刺史制的创立，说明"汉家至德溥大，宇内万里，立置郡县。部刺史奉使典州，督察郡国吏民安宁，故事居部九岁举为守相，其有异材功效著者辄登擢，秩卑而赏厚，咸劝功乐进"③，对于澄清西汉政权的吏治，防止贪贿，保障官僚体制的有序运转，都起到了积极的作用。

(4) 完善郡守行县制和设立督邮、廷掾，是西汉基层监察机构的重大发展

汉代，县令、县长作为亲民之官，"出宰百里，有非其人，则民受其殃"。

---

① 王鸣盛：《十七史商榷》卷十四，《刺史权重秩卑》，上海古籍出版社2013年版，第156—157页。
② 顾炎武：《日知录》卷九，《部刺史》，文渊阁四库全书本，乾隆四十七年刊本，第9—10页。
③ 《汉书》卷八十三，《薛宣朱博传第五十三》。

他们能否遵纪守法、廉洁奉公,事关社会安定。因此,西汉时期不仅由中央政府直接任免县令、县长,而且在西汉中后期,刺史监察郡国守相的同时,兼行部分察县职能。不过,刺史插手县级监察只是起辅助作用,发挥主导作用的还是郡守行县制和督邮的专门督察。

西汉郡守的权力和秦代类似,拥有辖区内的行政、司法全权,下属的县令、县长,不仅要执行郡守的行政指令,还要接受郡守的监察,对县吏的贪赃枉法行为,郡守有权随时处理。西汉时期,一些为民称道的郡守能在澄清吏治方面取得显著成绩,就是较好地运用了对所属县令、县长的监察权。薛宣任左冯翊时,就运用监察权处理了下属县令、县长的贪赃枉法问题,"始高陵令杨湛、栎阳令谢游皆贪猾不逊,持郡短长,前二千石数案不能竟。及宣视事,诣府谒,宣设酒饭与相对,接待甚备。已而阴求其罪臧,具得所受取。……即时解印绶付吏,为记谢宣,终无怨言。而栎阳令游自以大儒有名……游得檄,亦解印绶去。"①两个贪官就这样被罢官驱逐了。郡守行使监察权的方式有秋冬课吏大会和春季行县。史载,韩延寿入守左冯翊,"岁余,不肯出行县。丞掾数白:'宜循行郡中,览观民俗,考长吏治迹'。延寿曰:'县皆有贤令长,督邮分明善恶于外,行县恐无所益,重为烦扰。'丞掾皆以为方春月,可一出劝耕桑。延寿不得已,行县至高陵"②。像韩延寿这种疏于行县的郡守毕竟只是少数,而且最终在属吏的监督下也履行了行县职责,说明勤政履职的属吏也有督促郡守恪尽行县职责的功能。尹翁归治东海郡,不但定期行县,而且"收取人必于秋冬课吏大会中,及出行县,不以无事时。其有所取也,以一警百,吏民皆服,恐惧改行自新"③,监察效果颇著。

郡守是一郡的最高长官,行政事务极为繁重,故不可能将精力都放在监察属县上,而且随着吏治的涣散,郡守行县这种短期行动容易变为蜻蜓点水的表面文章。所以,西汉各郡均分部设有专司监察各县的督邮,到东汉

---

① 《汉书》卷八十三,《薛宣朱博传第五十三》。
② 《汉书》卷七十六,《赵尹韩张两王传第四十六·韩延寿》。
③ 《汉书》卷七十六,《赵尹韩张两王传第四十六·尹翁归》。

有明确记载设五部督邮①,西汉设督邮的部州略少,《汉书·尹翁归传》记载:"延年大重之,自以能不及翁归,徙署督邮。河东二十八县,分为两部,闳孺部汾北,翁归部汾南",即可为明证。督邮的职责主要是揭发县吏们贪赃枉法的犯罪行为,报请郡守处理。汉宣帝时,尹翁归为督邮,"所举应法,得其罪辜,属县长吏虽中伤,莫有怨者。"②西汉成帝时,孙宝于立秋日任命侯文为东部督邮,敕令侯文积极举报贪贿,"今日鹰隼始击,当顺天气取奸恶,以成严霜之诛,掾部渠有其人乎?"③把督邮比作鹰隼,足见其凌下之威势。冯野王治左冯翊,其郡中督邮就逮捕了涉及贪污大案的池阳令。史载:"池阳令并素行贪污,轻野王外戚年少,治行不改。野王部督邮掾赵都案验,得其主守盗十金罪,收捕。并不首吏,都格杀。"④因此,郡守往往视督邮为心腹、耳目,在其僚属中地位甚高。

西汉时期,对乡、里基层行政机构的监察,由县令、县长及其属吏廷掾负责。《后汉书·百官志》记载,县"五官为廷掾,监乡五部,春夏为劝农掾,秋冬为制度掾",两汉时期的制度,都规定由廷掾具体执行对乡、里的监察权。

综上可见,西汉王朝在地方上已经形成刺史察郡县、督邮察县、廷掾察乡里的三级监察体制。其间虽无直接的统辖关系,但皆为专职监察官,实质上互相关联,与御史中丞、丞相司直、司隶校尉等共同构成西汉时期从中央到郡县再到乡里的完整的监察系统,为反贪提供了制度保障。这种分层监察的制度,职权分明,便于检查和督课。监察官又是专司监察,便于他们大胆开展工作。此外,西汉监察体制的一大突出特点,就是把经常性的监察与定期巡视结合,以提高反贪效能。刺史于每年八月"行部"视察所监郡国,郡守春天行县察所辖县邑,督邮又于秋冬巡县,廷掾于秋冬巡查乡里,每次视察都有明确的目的和重点,易于发现问题,收到效果。

---

① 《后汉书》卷二十五,《卓鲁魏刘列传第十五·卓茂》,李贤等注中称:"续汉志曰:'郡监县有五部,部有督邮掾,以察诸县也。'"
② 《汉书》卷七十六,《赵尹韩张两王传第四十六·尹翁归》。
③ 《汉书》卷七十七,《盖诸葛刘郑孙母将何传第四十七·孙宝》。
④ 《汉书》卷七十九,《冯奉世传第四十九》。

2. 西汉时期反贪监察法规渐趋严密

西汉王朝在构建完备的监察系统的同时,也重视监察法规的制定,作为处理贪污腐败案件的主要依据。有一个例子可证:西汉平帝时,尚书令、廷尉钟元替身为颍川郡掾的弟弟钟威犯"臧千金"的罪行求情,颍川郡守何并明言:"罪在弟身与君律,不在于太守。"①这说明西汉时已有独立、专门的监察法规。惠帝时,有"监御史九条":"御史监三辅不法事:词讼、盗贼、铸伪钱、狱不直、徭赋不平、吏不廉、吏苛刻、逾侈及弩力十石以上,作非所当服,凡九条"②,就是古代最早的专项监察法规之一。汉武帝设刺史时,手订六条问事,也是专门的监察法规:"一条,强宗豪右,田宅逾制,以强凌弱,以众暴寡。二条,二千石不奉诏书,遵承典制,倍公向私,旁诏牟利,侵渔百姓,聚敛为奸。三条,二千石不恤疑狱,风厉杀人,怒则任刑,喜则淫赏,烦扰刻暴,剥截黎元,为百姓所疾,山崩石裂,祅祥讹言。四条,二千石选署不平,苟阿所爱,蔽贤宠顽。五条,二千石子弟怙倚荣势,请托所监。六条,二千石违公下比,阿附豪强,通行货赂,割损正令也。"并具体规定了刺史的监察范围,"以六条问事,非条所问,即不省"。③ 这两个监察法规的核心内容,均为防范郡国守相为主的地方官吏贪贿不法,标志着西汉的监察制度达到较高的法制水平。此外,汉简及《史记》、《汉书》中大量记载对各级官员贪污不法行为的处罚,也体现了西汉监察法规丰富的内容。

(1) 对官吏不胜其任、不称职的规定

西汉王朝要求各级监察官对监察区内各级官员、地方官对辖区内各级吏员的综合素质,都要充分了解,若有不胜任、不称职者要及时撤换,不允许他们尸位素餐或以权谋私。这种法规在秦代已有,《睡虎地秦墓竹简·语书》中有"恶吏"打入另册,不许"再度为吏"的规定;《秦律十八种·内史

---

① 《汉书》卷七十七,《盖诸葛刘郑孙母将何传第四十七·何并》。
② 王应麟:《玉海》卷六十五,《汉六条、九条》,文渊阁四库全书本,乾隆四十七年刊本,第30页。
③ 《汉书》卷十九上,《百官公卿表第七上》颜师古注;顾炎武:《日知录》卷九,文渊阁四库全书本,乾隆四十七年刊本,第9—10页。

杂》规定:"除佐必当壮以上,毋除士五新傅"、"下吏能书者,毋敢从史之事"。西汉时期,规定更为严格:"软弱不胜任"者免职,《汉书·尹赏传》记载:"一坐软弱不胜任免,终身废弃无有赦时,其羞辱甚于贪污坐赃";老、弱、病、残,不堪承担行政事务者,也要免官,丞相丙吉就曾撤换边郡"二千石长吏有老病不任兵马者"①;能力不称职者要调任、甚至免官,《汉书·薛宣传》记载,薛宣辖下"其令平陵薛恭本县孝者,功次稍迁,未尝治民,职不办。而粟邑县小,僻在山中,民谨朴易治。令钜鹿尹赏久郡用事吏","宣即以令奏赏与恭换县"。②

(2)对官员失职、渎职的规定

官员失职、渎职,就是为贪贿歪风开方便之门,故从秦到西汉,在监察法规中对这类行为有多方面的详细规定。其一,印信、文书为官员处理政务的凭据,不容轻易有失。《睡虎地秦墓竹简·法律答问》就规定:"亡久书、符券、公玺、衡累,已坐以论,后自得所亡,论当除不当? 不当";西汉的规定也大致如此。其二,官员不许私离职守。西汉成帝时,冯野王为上郡太守,私归杜陵就医,即因"二千石守千里之地,任兵马之重,不宜去郡",而被劾免官。其三,官员不许怠于政事。这在秦律中就有明确规定,《睡虎地秦墓竹简·法律答问》就规定:各级官吏都要尽职尽责,敷衍推诿政务者要受罚,"甲徙居徙数谒吏,吏环,弗为更籍,今甲有耐、赀罪,问吏何论? 耐以上,当赀二甲"。西汉时期也把官员的懒政、怠政视为一种变相的贪贿行为。《汉书·杜延年传》记载:"延年以故九卿外为边吏,治郡不进,上以玺书让延年。"其四,官员不积极举报违法的同僚与部属,须治罪。在秦律中就有明确规定:"吏见知不举者与同罪。"③西汉的法律将这种行为称为"监临部主,见知故纵"。史载,"张汤、赵禹始作监临部主、见知故纵之例,其见知而故不举劾,各与同罪,失不举劾,各以赎论,其不见不知,不坐也"。④ 这

---

① 《汉书》卷七十四,《魏相丙吉传第四十四》。
② 《汉书》卷八十三,《薛宣朱博传第五十三》。
③ 《史记》卷六,《秦始皇本纪第六》。
④ 《晋书》卷三十,《志第二十·刑法》。

是防范官吏上下勾结、共同贪赃枉法的法律利器。

（3）防止官员以权谋私、贪赃枉法的规定

官吏利用国家赋予的政治权力谋取私利、贪赃枉法，为西汉监察法规所不容，凡官员犯赃罪者均严惩不贷。西汉时期，犯赃罪分为盗与赃两大类："盗"，指官员借职务之利侵吞国家公财；"赃"，指接受下属、吏民的贿赂。西汉对赃罪有严厉的处罚规定："吏及诸有秩受其官属所监、所治、所行、所将，其与饮食计偿费，勿论。它物，若买故贱，卖故贵，皆坐臧为盗，没入臧县官。吏迁徙免罢，受其故官属所将监治送财物，夺爵为士伍，免之。无爵，罚金二斤，令没入所受。有能捕告，畀其所受臧。"①就是把官吏私自接受下属的馈赠、饮宴都视为犯罪，违者撤职查办。西汉时期，对盗罪的处罚更严。《张家山汉简》记载，醴阳令恢于高祖七年挪用官米二百六十三石八斗，私卖得金六斤三两、钱五千五十，被判黥城旦，"毋得以爵减免赎"。可见西汉官员盗国家财产，按"律：盗赃直过六百六十钱，黥为城旦"，且不许用爵位减免赎罪。根据西汉法律，黥刑以上的犯赃罪者竟至被收为官奴，处罚可谓极重。对低数额的受贿者则要处以比受贿额高得多的罚金，《张家山汉简》记载，士吏贤"受豚、酒赃九十……廷报：贤当罚金四两"，贤索贿仅九十钱却被罚金四两，值二千五百钱。此后，西汉王朝一直严惩赃吏，赃二百五十或五百以上的要被撤职，十金以上的则要按不道罪处死，这就是薛宣所说的"又念十金法重"，而且赃吏还要被终身禁锢，不得为吏，"贾人、赘婿及吏坐赃者，皆禁锢，不得为吏"。②正因为西汉王朝对贪官污吏重罚严惩，许多官吏在劾人赃罪时都较慎重。

（4）禁止官吏肆行残贼的规定

西汉中后期，为避免激化社会矛盾，加上儒学在政治生活中的影响日益增大，从元、成两朝开始，西汉朝廷经常要求官吏们勿行苛政，"崇宽大，长

---

① 《汉书》卷五，《景帝纪第五》。
② 《江陵张家山汉简奏谳书释文》，《文物》1993年第10期；《汉书》卷七十二，《王贡两龚鲍传第四十二·贡禹》。

和睦,凡事恕己,毋行苛刻",又要求"百僚各修其职,惇任仁人,退远残贼"。① 有许多官员就因行残贼被免官,《汉书·王尊传》记载,王尊为安定太守,"豪强多诛伤伏辜者,坐残贼免"。这是从源头上避免出现官吏贪贿枉法的全局性举措,因为兴大狱、行苛政正是官吏上下其手、肆行贪贿的大好机会。

由此可见,西汉王朝已经初步构建了由专门监察法和辅助法规所构成的监察法规体系,为有效地进行反贪提供了法律保障。从秦汉历史经验总结,能否有效地遏制官僚队伍的贪腐,保证官僚队伍主体的廉洁、公正、高效,是衡量一种监察机制成功与否的标准。首先,从中央到地方设置比较完备的监察机构和机制,为监察反贪提供了必要保障。西汉帝国对行政机构长期实行精简政策,在这个六千余万人口的大帝国,官员总数不过十二万人②,而御史中丞、司隶校尉、刺史等专职监察官和直指使者等兼职监察官,始终占有相当数量,反映出西汉政权对反贪贿的高度重视。同时,西汉监察机构的职能较为广泛,从行政、司法、财政、军事各部门,到王侯将相、百僚群吏,它都有举奏、弹劾之权;西汉对监察官员的选拔比较严格,加上秩卑、权重、赏厚,促使他们大胆工作、恪尽职守。所以,有大批监察官员基本做到了清正廉洁、刚直不阿,在一定程度上确实起到了百官表率的作用,在当时的社会条件下,对抑制贪腐、澄清吏治起到了积极的作用。其次,西汉王朝重视反贪监察法规的建设,以法律为反贪的主要武器是反贪能否成功的关键。西汉君臣已初步认识到只有依靠严格、公正的法制建设,才能最大限度地防止贪腐的出现和清除腐败现象。依法惩贪的效果与清官廉吏自觉表率作用的结合,是一种先进的反贪思想。在这种反贪思想指导下,西汉吸收了秦律的得失经验,发扬了先秦以来法家依法惩贪的思想内核,结合儒学重视个人道德修养和礼治的合理成分,制定了中国古代社会较早的、较成功的监察法规,力图把"执法犯法,罪加一等"的原则贯穿于加强反贪的监察法规中,不但重视在立法过程中对官吏的各种违法贪贿行为规定

---

① 《汉书》卷十,《成帝纪第十》。
② 《汉书》卷十九上,《百官公卿表第七上》。

有非常细致、严格的惩罚措施,而且在执法过程中尽力做到依法办事,保证法令在反贪中的权威。如:汉武帝外甥昭平君"醉杀主傅"而犯法,他虽难过,仍坚持"法令者,先帝所造也,用弟故而诬先帝之法,吾何面目入高庙乎! 又下负万民"[①],依法惩办。这对于反贪的顺利进行是必不可缺的。因为,有法可依固然重要,有法必依、执法必严,更为关键! 如果反贪法规只停留在字面上,成一纸空文,只会使贪官污吏更加蔑视监察法规,更加肆无忌惮地大行贪贿,清官廉吏和广大民众也会严重怀疑政府的反贪诚意和能力,其后果只能是如西汉后期那样反贪失败,贪贿横行,国破身亡。

  西汉时期的监察机制尽管在古代监察反贪史上有较高的地位,但问题也不容忽视。尤其是到西汉后期,从元、成两朝开始,西汉官吏的贪贿风气愈演愈烈,终致不可收拾,制度教训值得深思。其一,面对无所不在的行政权力,初步形成的西汉监察机构的独立性是相对的。它必须听命于集行政、司法、军事、财政等大权于一身的皇帝,在郡、县地方权力机构中,监察权和行政权也紧紧纠缠在一起。郡守既是一郡的最高行政长官,也是一郡的最高监察官,督邮虽是专职监察官,但其顶头上司郡守却不是单纯的监察官,主要是一郡的行政主官;同样,县令、县长既是一县的行政长官,又是一县的监察主官,使郡县以下的监察权与行政权力纠结在一起。同体监察往往不能摆脱行政长官的干预,很难产生理想的效果,甚至会因官官相护而导致严重的贪腐。如郡县按制度都要定期进行上计,上报辖区的基本统计资料,事关行政长官的前程,上报的统计数字往往不实,根据需要,或虚报浮夸,或隐瞒少报,汉宣帝就指出:"上计簿,具文而已,务为欺谩,以避其课。"[②]此类情况,依靠同体监察而举发的可能性微乎其微。还有许多腐败行为也往往因为一荣俱荣、一损俱损的利害关系,在这种体制下很难被完全揭发,反贪作用因此被严重削弱,这是西汉末期贪浊风气日盛一日的重要原因。其二,西汉虽有较严格的监察法规,但其实际功效在不同时期会有很大差异。首先,皇帝凌驾于任何监察法规之上,其次,对皇亲国戚、达

---

① 《资治通鉴》卷二十二,《汉纪十四》,"武帝后元二年"。
② 《汉书》卷八,《宣帝纪第八》。

官显贵贪赃枉法的监察往往也很无力。特别是专制皇权对反贪监察工作滥加干涉，包庇贪官，打击报复敢于以法治贪的监察官，这样的事例在西汉时期屡见不鲜。特别是元、成、哀、平诸帝，不分是非皂白，庇护贪官污吏，迫害正直监察官的依法反贪作为，无疑是对监察官员反贪积极性的沉重打击，结果导致"刺举之吏，莫敢奉宪"。在这种恶劣环境下，尽管仍有少数监察官恪尽职守、纠举贪贿，但绝大多数监察官员对贵戚宠臣的贪赃枉法丑行，或熟视无睹，或同流合污，甚至助纣为虐。而西汉皇帝破坏监察机制的现象频出，就在于独裁专制权力自身就是最大的贪贿者，为满足各级统治者、剥削者的聚敛欲望，反贪力度只能达到有限程度。西汉王朝是如此，其他王朝也莫不如此，这是专制政体的一大痼疾。

第三节
东汉王朝的贪贿势力与反贪机制

东汉是继秦、西汉之后又一个统一的封建王朝。东汉王朝是在西汉新莽末年声势浩大的农民战争的战火硝烟中建立起来的,开国皇帝刘秀得天下不易,故能汲取前代的教训,革除弊政,励精图治。其后继者明帝、章帝也能谨遵祖训,守成有术,勤于政事。所以,东汉前期政治比较清明,社会稳定。但到东汉中后期,各种社会弊病开始暴露,皇帝昏庸无能,外戚、宦官交替擅权,贪污受贿成风,社会越来越黑暗,政府越来越腐朽,百姓越来越贫穷。东汉王朝最后也必然走向灭亡。

一、东汉时期愈演愈烈的贪贿与反贪

东汉前期有较为清明的政治和社会环境,但也不是一点贪污腐败都没有。贪贿之风,在汉光武帝时就已存在,只是程度相对较轻而已。

东汉政权的基础是豪强地主;刘秀及其亲戚、功臣大多出身于豪强、官僚。刘秀的舅父樊宏是经营农业、商业、高利贷的豪强地主,家有良田三百余顷;他的姐夫邓晨,是"世吏二千石"的官僚地主;刘秀的两个皇后郭氏和阴氏,都出身于有名的豪强地主家庭。[①] 东汉王朝的开国功臣中,李通、邓禹、寇恂、祭遵、王丹、刘植、耿纯等,都是家累千金、世为著姓的贵族、官僚豪强。这

---

① 《后汉书》卷十五,《李王邓来列传第五·邓晨》;卷十上,《皇后纪第十上·光武郭皇后·光烈阴皇后》。

些贵族、豪强构成了东汉的统治集团。豪强势力的强大,使刘秀稳定统治秩序、安定民心、发展社会经济的诸多措施(如度田令等)根本无法贯彻执行。东汉王朝从建立之始,就须面对豪强地主、官僚队伍对土地的兼并、占夺和对其他社会财富的侵吞。

农业社会,土地是财富的象征。东汉的贵族、官僚除了拥有祖业及皇帝赐予的土地外,还购买、侵夺土地。他们以皇权为庇护,大肆抢占土地,建立自己的田庄。如马援"以三辅地旷土沃,而所将宾客猥多,乃上书求屯田上林苑中"①。光武帝看到了豪强地主争相占田匿民的现象,他想通过"度田"的方式来抑制这种兼并之状,但"度田"不仅没能达到清查豪强地主、抑制土地兼并的目的,反而出现了"刺史太守多不平均,或优饶豪右,侵刻羸弱,百姓嗟怨,遮道号呼"②的状况。一方面是由于豪强势力太大,地方官员不敢得罪,只能妥协;另一方面担负"度田"责权的地方官吏本来就是豪强地主的代表,自然会抵制违背他们利益的"度田"令,而把"度田"的对象限于中小土地所有者和贫苦农民,并乘机侵刻羸弱,牟取暴利,导致"度田"最后不了了之。豪强地主的势力在东汉初建时便已很强大,足以抗衡王权。此后,豪强势力更是迅速膨胀。明帝、章帝时,也曾抑制豪强。汉明帝时,土地兼并已很严重,他不得不把公田"赋与"贫民,并在永平十三年(70年),诏令"滨渠下田,赋与贫人,无令豪右得固其利"。同时,明帝严惩贪贿,作为打击"豪右"的措施。史载,交趾太守张恢贪赃千金,被召还伏法,收取赃物,分赐群臣。张恢成为明帝统治时期贪官的代表。汉章帝时,贵族、豪强巧取豪夺更甚。功臣之后马防兄弟拥有"奴婢各千人以上,资产巨亿,皆买京师膏腴美田,又大起第观,连阁临道,弥亘街路,多聚声乐,曲度比诸郊庙"。建初元年(76年)春正月,章帝诏令三州郡国"长吏亲躬,无使贫弱遗脱,小吏豪右得容奸妄。诏书既下,勿得稽留,刺史明加督察尤无状者"③。但这些努力无法改变豪强地主坐大的

---

① 《后汉书》卷二十四,《马援列传第十四》。
② 《后汉书》卷二十二,《朱景王杜马刘傅坚马列传第十二·刘隆》。
③ 《后汉书》卷二,《显宗孝明帝纪第二》;卷二十四,《马援列传第十四·子防》;卷三,《肃宗孝章帝纪第三》。

现实,东汉政权建立在豪强地主的基础之上,从一开始便埋下了分裂割据的种子。豪强地主最后便发展成为封建割据势力,他们以庄园为根据地,拥有私人武装,建坞堡,拥兵卫,加速了东汉王朝的覆亡。

豪强地主不仅拥有雄厚的经济实力,还通过控制选举来实现对各级政权的把持、控制。东汉选拔官吏,主要通过察举和征辟两种途径。察举是选官的主要途径,对象多是出身于太学和通经术之人,但东汉察举、征辟权一开始便落入世家大族、豪强地主之手,"贡荐则必阀阅为前"。东汉章帝曾力图改变这种状况,于建初元年三月下诏指责"选举乖实,俗吏伤人","每寻前世举人贡士,或起畎亩,不系阀阅",终因豪强势力盘踞,皇帝也无力改变这种门第选官制度。①

东汉王朝重视经学,选举对象也以明经为主。豪强地主为控制选举,大多崇儒通经。东汉开国功臣邓禹、贾复等人为此都转修儒术。东汉豪强地主不仅大多明经,还世代传经,这就保证了他们世代做官的资格。豪强地主还开设私学,收徒讲学,一些士子为获得进身之阶,往往投身豪强世族门下,充当门生。豪强地主还"推举"一些人做官,被推举的人称为"故吏"。门生和故吏,与世家大族有着君臣般的从属关系,怀有父子般的私恩。通过这些门生故吏,世家大族便形成了自己的官僚关系网,并以此牢牢控制了政权。东汉后期,"门生故吏遍天下"的状况,成为世家豪族垄断选举的真实写照,也是东汉末年政治黑暗的重要原因。这也使得注重发展生产、抑制兼并、加强中央集权的循吏,生存的土壤被极大压缩。即便有一些不畏强权、刚正不阿、励精图治的廉吏也会备受压抑排挤,所以在东汉历史上循吏如凤毛麟角。

汉光武帝和汉明帝,汲取西汉末期外戚专政、窃国篡权的教训,严防外戚势力,不许外戚干政。汉章帝时,外戚窦宪集团企图专擅朝政,与刺史、守令勾结,"赋敛吏民,共为赂遗"。外戚窦宪势力坐大,贪婪益甚,竟连沁水公主的园田也敢侵夺,招致"事从宽厚"、有"长者"之风的章帝的不满和斥责:"昔永平中,常令阴党、阴博、邓叠三人更相纠察,故诸豪戚莫敢犯法者,而诏书切

---

① 《后汉书》卷三,《肃宗孝章帝纪第三》。

切,犹以舅氏田宅为言。今贵主尚见枉夺,何况小人哉! 国家弃宪如孤雏腐鼠耳"①,虽没有严惩他,但也不再重用。其弟窦景更是强取豪夺,贪赃枉法。这种情况发展到和、殇、安三朝时,由于窦太后、邓太后先后临朝,罢盐铁之禁以取悦豪强地主,使豪强的财富积累急剧增长,土地兼并更加严重。汉和帝以后,外戚、宦官交替擅权,东汉政治进入黑暗时期。外戚和宦官,无论哪个集团掌权,都拼命发展自己的势力,大肆掠夺民财,广修宫室美宅,极力控制官僚系统,扶植自己的势力,与豪强地主勾结,打击异己,鱼肉百姓。

汉和帝十岁即位,窦太后临朝听政,其兄窦宪被委以车骑将军的重任,势力迅速膨胀,形成东汉历史上第一次外戚专权的局面。窦宪安插其弟窦笃为虎贲中郎将,窦景、窦环为中常侍,"于是兄弟皆在亲要之地"。窦宪在打败北匈奴后,恃功骄横,权势熏天,威权震朝廷。窦宪以耿夔、任尚为爪牙,邓叠、郭潢为心腹,班固、傅毅等为幕僚,置幕府,以典文章。所以,窦氏集团控制了东汉王朝官僚机构的各个部门,"刺史、守令多出其门"。尚书仆射郅寿、乐恢等不肯趋附的正直官吏,都被逼自杀,自是"朝臣震慑",不得不曲意承旨。窦氏一族权势显赫,倾动京都。不仅窦宪专横暴虐,他的弟弟也都恃权骄纵,以窦景最为嚣张,"奴客缇骑依倚形势,侵凌小人,强夺财货,篡取罪人,妻略妇女",致使"商贾闭塞,如避寇仇。有司畏懦,莫敢举奏"。窦宪不仅父子兄弟封侯拜爵,还大封本家、亲戚及其爪牙,他的所有党羽都得到了厚赏。窦氏集团权势遮天,汉和帝成年后有了大权旁落之感。他早就不满于窦宪的专横跋扈,遂与宦官郑众等密谋,在永元四年(92年)诛杀了窦氏集团。宦官郑众等为汉和帝立下了汗马功劳,以功迁为大长秋,分封土地,参与政事,开了宦官参政的恶劣先例。不过,此时宦官羽翼未丰,还没能掀起大浪,未能达到专权的地步。②

和帝以后,随着外戚宦官的交替擅权,贪贿之风已难以遏制。和帝死后,出生仅百日的殇帝即位,邓太后临朝。不久,殇帝死去,邓太后等迎立十三岁的安帝。汉安帝时,外戚、宦官相互勾结,相互利用,"招来海内贪污之人,受

---

① 《后汉书》卷二十三,《窦融列传第十三·曾孙宪》。
② 《后汉书》卷二十三,《窦融列传第十三·曾孙宪》。

其货赂"。樊丰、谢恽等宦官得到皇权的支持,肆无忌惮,任意妄为,甚至"诈作诏书,调发司农钱谷、大匠见徒材木,各起家舍、园池、庐观,役费无数"。安帝乳母王圣与他们勾结,"兴起津城门内第舍,合两为一,连里竟街,雕修缮饰,穷极巧伎",极尽奢华。① 安帝时,出现了外戚、宦官交互擅权的局面。

安帝即位之初,邓太后临朝,任命其兄邓骘为车骑将军、仪同三司。邓骘四兄弟同时获封万户侯,掌握朝中大权,形成了东汉历史上第二个外戚专政集团。邓太后和邓骘对其子弟管束较严,能执法守法,邓骘就曾不徇私情,对违法的妻子、儿子施以刑罚。邓氏集团还擢用名臣杨震等人,主动争取士大夫阶层的支持,因而获得了很高的声誉。但邓太后为制衡官僚集团、外戚集团,重用宦官,无疑养虎为患。宦官"手握王爵,口含天宪",权力膨胀后,必然会与外戚集团产生权力冲突。邓太后死后,宦官李闰勾结安帝乳母王圣,诬告邓氏兄弟"欲废帝,立平原王",引起安帝的愤恨和惊惧,便将邓氏外戚灭门。

邓氏外戚集团覆灭后,安帝亲政,阎皇后得宠。皇后的兄弟阎显、阎景、阎耀、阎晏均获封卿校,典掌禁军,阎氏外戚集团势力日盛。同时,宦官李闰、江京、樊丰及安帝乳母王圣等灭邓氏有功,逐步控制了禁中机要,形成宦官权势集团。外戚、宦官势力既相互争权,又狼狈为奸,国家政权被两大集团瓜分,并分布爪牙以控制地方。在他们的淫威下,官员都敢怒不敢言,任其摆布。外戚、宦官及其爪牙贪污受贿,竞起美宅,甚至伪造诏书,随意调发钱粮。宦官常被安帝派到甘陵去扫墓,他们"威权翕赫,震动郡县……征役无度,老弱相随,动有万计",如此作威作福,劳民伤财,只会使政治败坏,百姓遭殃。外戚贪贿,也不逊于宦官。阎显被封为长社县侯,食邑竟达一万三千五百户。延光四年(125年),安帝去世,阎皇后为独揽大权,迎立年幼的北乡侯刘懿为帝。阎太后临朝听政,阎显以车骑将军辅政。阎氏外戚势力得到巩固后,不想再与宦官分权,一步步将阻碍自己专权的大将军耿宝、中郎侍樊丰、虎贲中郎将谢恽、侍中谢笃、侍中周广、安帝乳母王圣母女等势力剔除,阎氏兄弟控

---

① 《后汉书》卷五十四,《杨震列传第四十四》。

制了朝中大权。这时,即位才二百多天的小皇帝刘懿病死,中常侍孙程、王康等宦官趁机发动政变,灭了阎氏外戚集团,迎立原太子济阴王刘保即位,即汉顺帝。

也正在此时,外戚的专权贪贿,到梁冀一族专权时达到了顶峰。梁冀从顺帝时开始揽权,历经顺、冲、质、桓四帝。随着权势的增长,他所贪得的财富也不断增多。

顺帝即位后,大肆封赏宦官:孙程为浮阳侯,食邑万户;王康为华容侯,王国为郦侯,各食邑九千户;其他宦官如黄龙、彭恺、孟叔、李建等都被封为侯。共封了十九侯。孙程还被擢拜为骑都尉。这样,一个庞大的宦官集团得以形成。永建四年(129年),顺帝又下诏,规定"宦官养子悉听得为后,袭封爵,定著乎令"①。这样,宦官不仅封侯分土,连其养子也都得到世袭封爵的权利。这大大提高了宦官的地位,直接催化了宦官集团势力的膨胀。黄龙、杨佗、孟叔等宦官与阿母山阳君宋娥勾结,"更相货赂,求高官增邑,又诬罔中常侍曹腾、孟贲等",后被发觉而"遣就国"。顺帝时,宦官势力虽不可轻视,但还能受到一定制约。阳嘉二年(133年),李固指出:"诏书所以禁侍中尚书中臣子弟不得为吏察孝廉者,以其秉威权,容请托故也。而中常侍在日月之侧,声势振天下,子弟禄仕,曾无限极。虽外托谦默,不干州郡,而谄伪之徒,望风进举。……此虽小失,而渐坏旧章。先圣法度,所宜坚守,政教一跌,百年不复。"②李固此论可谓一针见血,指出了宦官专权的危害。这种抑制宦官势力的主张当然会触犯宦官的利益,遭受他们的忌恨,李固最终被诬罢官。顺帝时宦官势力虽盛,但还没达到专权独断的地步。随即,梁氏外戚集团崛起。

汉和帝的生母为梁贵人,被窦皇后谮杀夺子。永元九年(97年),窦太后崩,太尉张酺对和帝告以实情,乃追尊梁氏为"恭怀皇后",并封皇太后父梁竦三子为侯,梁氏自此兴起。顺帝时,立大将军梁商之女为皇后,梁商加位特进,官至执金吾,阳嘉四年(135年)晋大将军,主持朝政。梁商死后,其子梁冀为大将军,梁氏外戚集团势力遂达到登峰造极的地步,也开始了东汉历史

---

① 《后汉书》卷七十八,《宦者列传第六十八·孙程》。
② 《后汉书》卷六十三,《李杜列传第五十三》。

上最黑暗的一页。梁冀是个只知"逸游自恣。性嗜酒"、声色犬马,"好臂鹰走狗,骋马斗鸡",放荡不羁而又凶狠贪婪的"贵戚"。他正是导致东汉政权日益衰颓的元凶之一。顺帝死后,尚在襁褓中的冲帝即位,梁太后临朝,诏梁冀与太傅赵峻、太尉李固参录尚书事。梁冀更加骄纵弄权,"侈暴滋甚"。冲帝不久死去,八岁的质帝即位,梁冀权势日炽,朝政出自他一人之手。年少的质帝曾当着群臣的面说梁冀"此跋扈将军也",竟被梁冀用毒饼害死,并以一己之见,立十五岁的刘志为汉桓帝。桓帝昏庸无能,梁太后称制临朝,政权完全落入梁氏外戚集团之手。这一外戚集团愈发骄横。梁冀妻孙寿一族宗亲也在梁冀的庇护下势大起来,"冒名而为侍中、卿、校尉、郡守、长吏者十余人,皆贪叨凶淫,各遣私客籍属县富人,被以它罪,闭狱掠拷,使出钱自赎,货物少者至于死徙"。梁冀与其党羽甚至公开敲诈勒索。扶风人孙奋富闻京师,梁冀派人赠送他一套车马,"从贷钱五千万"。孙奋吝惜钱财,只给他三千万。梁冀大怒,诬告孙奋的母亲曾为梁家"守臧婢",从梁家盗走大量钱财而逃。孙奋兄弟由此入狱而死,一亿七千余万家产全被梁冀侵吞。梁冀还派人出塞,"交通外国,广求异物",并使人"妻略妇女,殴击吏卒"。百姓深受其苦,怨愤至极。梁冀还大兴土木,广建美宅,极尽奢华之能事,奇珍金宝,充塞其中,堪与帝王比富。梁冀极其残暴,有个西域商人误杀他林苑中的一只兔子,竟至株连十多人而被杀身亡。①

梁冀权势倾国,贪贿无度,"其四方调发,岁时贡献,皆先输上第于冀,乘舆乃其次焉。吏人赍货求官请罪者,道路相望"。在他的淫威下,所有官员顺之者存,逆之者亡。官员们若得到升迁,须先到他府中称谢,然后才能到尚书台去报到,否则即遭其迫害。辽东太守侯猛,上任前没去谒见梁冀,而被"冀托以它事",处以腰斩;宛城县令吴树,没接受梁冀的请托,并在县内依法处死了其宾客"为人害者数十人",被梁冀毒死;汝南人袁著任郎中,对梁冀的专横跋扈实在看不下去,愤而上书弹劾,被梁冀知悉,袁著及其朋友均被诛杀。梁冀密布爪牙于各地,全国都在其监视之下,甚至连皇帝都"恭己而不得有所亲

---

① 《后汉书》卷三十四,《梁统列传第二十四·竦、玄孙冀》。

豫"。梁冀的凶残横暴,倒行逆施,激起了极大的民愤,桓帝对他越来越不满。和平元年(150年)和延熹二年(159年),梁太后和梁皇后相继去世,梁冀失去了政治上的靠山。桓帝遂与宦官单超、具瑗、唐衡、左悺、徐璜等密谋布置,派虎贲、羽林军千余人,与司隶校尉张彪配合,共击梁冀,迫使梁冀及孙寿自杀。此后,诸梁及孙氏宗亲,无论老少,均被弃市。在朝官员被株连致死者数十人,梁氏故吏宾客被免黜者有三百多人。梁氏外戚集团被灭后,"朝廷为空",可见其势力之大;梁冀家财被官府折价拍卖,竟合三十余万万钱,"以充王府,用减天下税租之半",相当于东汉王朝一年赋税收入的一半。①

梁冀外戚集团被铲除后,东汉政权又落入宦官集团之手。桓帝迁升左悺、唐衡为中常侍,封单超为新丰侯、食邑二万户,徐璜为武原侯,具瑗为东武阳侯,各食邑一万五千户、各赐钱一千五百万。单超不久病死,其他四侯专横暴虐,无恶不作,人们痛恨地称他们为"左回天,具独坐,徐卧虎,唐两堕",形象地描绘出他们的凶残跋扈。他们揽权后,贪婪地攫取财富,极尽奢侈浮华,"又养其疏属,或乞嗣异姓,或买苍头为子,并以传国袭封。兄弟姻戚皆宰州临郡,辜较百姓,与盗贼无异"。他们把持各级政权,形成了严密的权力关系网。单超的弟弟单安为河东(今山西)太守,其弟之子单匡为济阴(今山东菏泽)太守,徐璜的弟弟徐盛为河内(今河南焦作、鹤壁)太守,兄子徐宣为下邳(今江苏邳县南)令,左悺的弟弟左敏为陈留(今河南开封)太守,具瑗兄具恭为沛相,侯览兄侯参为益州(今云、贵、川地区)刺史。他们专横跋扈、奸佞贪婪,被称为"蠹害"。宦官侯览贪婪奢侈,强取豪夺,"起立第宅十有六区,皆有高楼池苑,堂阁相望,饰以绮画丹漆之属,制度重深,僭类宫省。又豫作寿冢,石椁双阙,高庑百尺,破人居室,发掘坟墓。虏夺良人,妻略妇子",生活极其腐糜。他的哥哥侯参担任益州刺史,"民有丰富者,辄诬以大逆,皆诛灭之,没入财物,前后累亿计"。② 这时,宦官的干政擅权、黑暗统治是天下动荡的根本原因。

梁氏外戚集团被诛灭,并未能消除东汉的贪贿现象。相反,随着宦官的

---

① 《后汉书》卷三十四,《梁统列传第二十四·玄孙冀》。
② 《后汉书》卷七十八,《宦者列传第六十八·单超、侯览》。

擅权,贪贿之风更趋严重。出身贫寒且人性扭曲的宦官对社会财富具有强烈的占有欲,一旦握有大权,便拼命攫取,贪婪地兼并土地。中常侍苏康、管霸等"遂固天下良田美业,山林湖泽,民庶穷困,州郡累气"。侯览"以佞滑进,倚势贪放,受纳货遗以巨万计","贪侈奢纵,前后请夺人宅三百八十一所,田百一十八顷"。小黄门段珪不甘人后,"家在济阴,与览并立田业,近济北界",而张让则更为嚣张,"一书出门,便获千金。京畿诸郡数百万膏腴美田皆属让等"。宦官们除大量占有土地财产,还大肆收受贿赂,积聚钱粮。因诛梁氏外戚拥立有功,汉桓帝赐予宦官们大量钱财,但他们不满足,又拼命搜刮百姓。左悺与其兄太仆、南乡侯左称在州郡"聚敛为奸,宾客放纵,侵犯吏民",被司隶校尉韩演弹劾,"悺、称皆自杀"。侯览则更甚,"倚势贪放,受纳货遗以巨万计",侯览的哥哥侯参任益州刺史时,拼命搜刮民脂民膏,其家被查抄后,抄没的财产装满了三百多辆车,"皆金银锦帛珍玩,不可胜数"。华容侯朱瑀在灵帝时,"不惟禄重位尊之贵,而苟营私门,多蓄财货,缮修第舍,连里竟巷。盗取御水以作鱼钓,车马服玩拟于天家"。中常侍张让家甚至设有监奴,典任家事,"交通货赂,威形喧赫"。①

宦官们在聚敛钱财后,多大修美宅,穷奢极侈。桓帝时,宦者四侯"皆竞起第宅,楼观壮丽,穷极伎巧。金银罽毦,施于犬马。多取良人美女以为姬妾,皆珍饰华侈,拟则宫人。其仆从皆乘牛车而从列骑"。侯览仅收礼钱就以巨万计,并以此大造亭台楼阁,"起立第宅十有六区,皆有高楼池苑,堂阁相望,饰以绮画丹漆之属,制度重深,僭类宫省";都乡侯朱瑀亦大修府第。灵帝时,继续委宦官以权柄和钱财,使"宦官得志,无所惮畏,并起第宅,拟则宫室",他们甚至敢于僭越王权、欺罔天子。宦官所建府第均仿宫室,豪华壮丽。汉灵帝喜欢登永安侯台游玩远眺,宦官们怕皇帝看到他们的穷极壮丽胜过皇宫的府第而怪罪自己,指使中大夫尚但劝"天子不当登高,登高则百姓虚散"。昏庸的灵帝竟真的就自此不敢再登台榭了。总之,桓、灵时期宦官们"举动回

---

① 《后汉书》卷六十七,《党锢列传第五十七·刘祐》;卷七十八,《宦者列传第六十八·侯览、张让、曹节》。

山海,呼吸变霜露",权势已达到顶峰,贪贿亦达顶峰,占有的珍奇宝物不可胜数。①

东汉后期,外戚、宦官疯狂贪贿敛财,使东汉社会一片黑暗,其根源在于东汉后期的皇帝昏庸无能,被贪贿揽权的外戚、宦官玩弄于股掌之上,不能有效遏制贪贿之风,反与外戚、宦官勾结,共同压榨百姓,聚敛财富。汉桓帝时有"后宫数千,厩马万匹";汉灵帝比他更奢腐,有"后宫彩女数千余人,衣食之费,日数百金"。灵帝出身侯门,曾遭贫困,财富占有欲很强,他"每叹桓帝不能作家居",没有在宫中积聚下巨额财产,所以大肆搜掠,"多畜私臧,收天下之珍,每郡国贡献,先输中署,名为导行费",又在西园建造万金堂,"引司农金钱缯帛,仞积其中"。②

汉灵帝在政治上昏庸无能,聚敛财富却颇为在行。他搜掠钱财,广求珍宝,大兴土木,极尽奢华。灵帝的财富越积越多,仅寄藏在小黄门和常侍两处的钱财就各有数千万。在张让、陈忠等宦官的怂恿下,灵帝"令敛天下田亩税十钱,以修宫室"。为大兴土木,灵帝又"发太原、河东、狄道诸郡材木及文石,每州郡部送至京师",因工程没能按期完成,于是便令刺史、太守复增私调,横征暴敛,又令"刺史、二千石及茂才孝廉迁除,皆责助军修宫钱,大郡至二三千万,余各有差"。榨取各级官吏的钱财,以充修建宫室之用,官吏们当然就会去榨取老百姓。在这种不肖皇帝的带动下,东汉王朝的贪贿之风愈演愈烈。汉安帝时,清河相叔孙光因贪赃枉法而被捕,居延都尉范邠也贪赃枉法而受惩。桓、灵二朝,宛陵大姓羊元群为北海郡守,"臧罪狼藉,郡舍溷轩有奇巧,乃载之以归",河南尹李膺欲依法处置他,但羊元群贿赂宦官而获庇免罪,李膺反被降职。③

桓、灵时期,宦官操纵了选官权,居官者要保全职位或想升官,无官者要求得仕进,都要向宦官重金行贿。桓帝时,太尉张颢、司徒樊陵、大鸿胪郭防、

---

① 《后汉书》卷七十八,《宦者列传第六十八》。
② 《后汉书》卷七十八,《宦者列传第六十八》。
③ 《后汉书》卷七十八,《宦者列传第六十八》;卷六十七,《党锢列传第五十七·李膺》。

太仆曹陵、大司农冯方等,都"与宦竖相姻私,公行货赂"。灵帝时,宦官张让擅权,为管理受自贿赂的金钱珍宝,在府中专门设立了监奴"典任家事,交通货赂,威形煊赫"。扶风人孟佗在行贿方面可谓用尽心机,史载:"扶风人孟佗,资产饶赡,与奴朋结,倾竭馈问,无所遗爱。奴咸德之,问佗曰:'君何所欲?力能办也。'曰:'吾望汝曹为我一拜耳。'时宾客求谒让者,车恒数百千辆,佗时诣让,后至,不得进,监奴乃率诸仓头迎拜于路,遂共舁车入门。宾客咸惊,谓佗善于让,皆争以珍玩赂之。佗分以遗让,让大喜,遂以佗为凉州刺史"。① 孟佗行贿找准了窍门,先在监奴身上下功夫,结果自己反而成了想巴结张让的宾客们行贿的对象。孟佗又用这些贿金得到张让的欢心,轻而易举获得凉州刺史的官职,而且借机获取大笔财富。

揽权者收受贿赂,成为他们聚敛财富的一个重要手段。外戚梁冀所拥有的钱财达三十余万万钱,多来自搜刮与贿赂。桓、灵时期的宦官们通过受贿而骤至暴富,侯览、张让等人更是富比帝王。东汉后期,世风日下,各级官吏在皇帝、外戚、宦官的带动下,疯狂掠夺财物,残酷压榨百姓。宦官吕强在一次上书中说:"天下之财,莫不生之阴阳,归之陛下。归之陛下,岂有公私?而今中尚方敛诸郡之宝,中御府积天下之缯,西园引司农之臧,中厩聚太仆之马,而所输之府,辄有导行之财。调广民困,费多献少,奸吏因其利,百姓受其敝。又阿媚之臣,好献其私,容谄姑息,自此而进。"② 吕强抓住了东汉末期的时代特点,所说入木三分。前述宦官张让等游说灵帝修建宫室时,为增加开支而牟利,令刺史、太守等复增私调,致使百姓嗟怨,都说明了这一问题。汉时,每次朝廷大规模的征调,都给了刺史、太守等地方官吏从中渔利的机会。

东汉后期,由于皇帝、外戚、宦官和官僚士大夫争相贪赃枉法,肆意盘剥,社会财富越来越集中于少数私人手中,致使国库空虚,用度不足。为增加官府用度,满足统治者的贪欲,东汉王朝公然卖官鬻爵。汉安帝永初三年(109年),三公以国用不足为由,"奏令吏人入钱谷,得为关内侯、虎贲、羽林郎、五大夫、官府吏、缇骑营士,各有差",就是将关内侯、虎贲等官职,按其职位高低

---

① 《后汉书》卷七十八,《宦者列传第六十八·张让》。
② 《后汉书》卷七十八,《宦者列传第六十八·吕强》。

和俸禄多少,定出不同的价钱,明码标价,像商品一样出售,所得被皇帝、外戚、三公等统治者瓜分。汉桓帝延熹四年(161年),因财用匮乏,再次"占卖关内侯、虎贲、羽林、缇骑营士、五大夫钱,各有差"。汉灵帝时,卖官鬻爵之风进一步发展。光和元年(178年),"初开西邸卖官,自关内侯、虎贲、羽林,入钱各有差。私令左右卖公卿,公千万,卿五百万"。汉灵帝对各级官职都明码标价,为获取财富不择手段。然迫于舆论压力,灵帝也有所忌惮,为消弭士人的不满,他不得不做出让步性规定:"其以德治成选者半之,或三分之一。"当时,司马直"以德著称",所以得减价赊至三百万。中平四年(187年),汉灵帝又下诏"卖关内侯,假金印紫绶,传世,入钱五百万"。① 汉灵帝时,欲拜政绩突出的羊续为太尉,但当时的"规则"是:"时拜三公者,皆输东园礼钱千万,令中使督之,名为左骀。其所之往,辄迎致礼敬,厚加赠赂。"羊续为官清廉,拿不出千万的"礼钱",所以"帝不悦,以此故不登公位"。汉灵帝还开鸿都门公开标售官爵,"公卿州郡下至黄绶,各有差等","二千石卖二千万,四百石卖四百万"。② 富者直接交钱买官,贫者也可以先任官职,然后以凭借权势搜刮的钱财加倍偿还,也可以通过贿赂宦官而得到官职。灵帝为解决修宫室的经费,明确规定官员迁除都要按品交纳"助军修宫钱",也是变相的卖官鬻爵。花钱上位的官员,往往变本加厉搜刮民财,加剧了东汉后期的贪贿之风。

东汉王朝的社会和阶级基础导致奢华风气自始便严重。东汉后期,贪贿盛行,奢侈浮华、竞比豪富更是成为一种社会风尚。东汉王朝的每个擅权者都大修亭台楼阁,极尽奢华,过着醉生梦死的生活。王符在《潜夫论》中揭露:"今京师贵戚,衣服、饮食、车舆、文饰、庐舍,皆过王制,僭上甚矣。从奴仆妾,皆服葛子升越,筩中女布,细缴绮縠,冰纨锦绣。犀象珠玉,虎魄瑇瑁,石山隐饰,金银错镂,麖麂履舄,文组彩𫄧,骄奢僭主,转相夸诧,箕子所唏,今在仆妾。富贵嫁娶,车軿各十,骑奴侍童,夹毂节引。富者竞欲相过,贫者耻不逮及。是故一飨之所费,破终身之本业。"显然,奢靡浮华的社会风气必然诱发

---

① 《后汉书》卷五,《孝安帝纪第五》;卷七,《孝桓帝纪第七》;卷八,《孝灵帝纪第八》。
② 《后汉书》卷三十一,《郭杜孔张廉王苏羊贾陆列传第二十一·羊续》。

贪贿的盛行,而贪贿盛行又促使奢华之风的迅猛蔓延。二者互相作用,形成恶性循环。

历朝历代,吏治败坏,贿赂公行,不仅毒化社会风气,更会将一个王朝引向灭亡,这是有正常理智的人都能认识到的。所以,尽管贪贿行径代代皆有,反贪也从未停止,只是在不同时期机制有强弱,力度有大小,效果有显微而已。东汉前期,由于光武帝加强监察制度,设御史台、司隶校尉以督察百官,设州刺史以监督郡县地方,监察机制得以有序运转,吏治环境较好,还能有效纠举非法、打击贪贿。光武帝时,大司徒戴涉在察举选官中,收受贿金,事发,下狱死;汉章帝时,陈留(今河南开封)令刘豫和冠军(今河南邓县北)令驷协,"并以刻薄之姿,临人宰邑,专念掠杀,务为严苦,吏民愁怨,莫不疾之"①,被第五伦弹劾,按律惩罚。益州刺史朱酺、扬州刺史倪说、凉州刺史尹业等"每行考事,辄有物故,又选举不实,曾无贬坐,是使臣下得作威福也",这种不循职守、以权谋私之举,被马严刺举而罢官。② 东汉后期,外戚、宦官肆虐天下,反贪陷入困难境地。汉和帝时,窦宪擅权,刺史、守令多为其爪牙,监察系统也被其控制,窦氏集团骄纵奢侈,贪贿成性,但有司不敢举奏,郅寿、乐恢等监察官甚至因违逆其意而遭迫害致死。汉顺帝时,遣杜乔、周举、张纲等八人分行州郡,巡察全国,"其刺史、二千石有臧罪显明者,驿马上之;墨绶以下,便辄收举",周举因"劾奏贪猾,表荐公清",成绩卓著,受到朝廷赞赏。而侍御史张纲上书弹劾大将军梁冀、河南尹不疑"蒙外戚之援,荷国厚恩,以豺狼之资,居阿衡之任,不能敷扬五教,翼赞日月,而专为封豕长蛇,肆其贪叨,甘心好货,纵恣无底,多树谄谀,以害忠良。诚天威所不赦,大辟所宜加也"。③ 汉顺帝虽感于张纲之义举,但慑于梁冀的淫威,未敢制裁,这种对梁冀贪贿的姑息放纵态度,实质上就是对贪贿祸国的助纣为虐。

梁氏外戚集团覆灭后,宦官擅权,贪贿恶行有增无已,反贪斗争更为艰

---

① 《后汉书》卷四十一,《第五钟离宋寒列传第三十一·第五伦》。
② 《后汉书》卷二十四,《马援列传第十四·兄子严》。
③ 《后汉书》卷六十一,《左周黄列传第五十一·周举》;卷五十六,《张王种陈列传第四十六·张纲》。

难。因此,这一时期敢于反贪的官吏就更为可贵。桓帝时,司隶校尉韩演弹劾宦官左悺及其兄"聚敛为奸,宾客放纵,侵犯吏民",使左氏兄弟畏罪自杀;他又上奏揭露宦官具瑗之兄的臧罪,使具瑗、单超等人被降职。太尉杨秉弹劾宦官侯览之兄侯参榨取民财,侯参畏罪自杀。司隶校尉阳球奏诛王甫及其子王萌、王吉。郎中审忠奏参宦官朱瑀贪赃不法的诸多罪行。东海相黄浮捕收贪暴的徐宣,慷慨道:"徐宣国贼,今日杀之,明日坐死,足以瞑目矣",并置个人安危于度外,毅然将徐宣依法弃市,自己也"坐髡钳,输作右校"。司隶校尉李膺,依法处死了"贪残无道,恶贯满盈"的宦官张让之弟张朔。范滂督察冀州,冀州贪赃枉法的郡守县令望风而逃。范滂后任太尉府掾吏,一次劾奏刺史、二千石、赃吏二十余人。滕延为济北相时,将侵犯百姓的宦官爪牙"一切收捕,杀数十人,陈尸路衢"。荆州刺史徐璆"奏五郡太守及属县有臧污者,悉征案罪,威风大行"。交趾刺史周乘举奏"郡中贪赃秽法",使太守属县解官印绶弃官者四十余人。汉灵帝建宁二年(169年),督邮张俭奏劾宦官侯览,遭侯览从中阻挠,遂破釜沉舟,"破览冢宅",取获其赃物作为证据。杜密为北海(今山东潍坊)相时,"宦官子弟为令长有奸恶者,辄捕案之"。议郎蔡邕敢于"毁刺贵臣,讥呵竖宦"。这些敢于揭惩贪官的士大夫都在中国反贪史上留下了英名。① 但是,当时贪官污吏的势力超过反贪的力量,许多反贪志士往往落得一个悲剧的结局。杜乔、李固等人被梁冀所害,李膺、范滂、杜密、张俭等人都被宦官列为党人,在两次党锢之祸中倍受打击,最后被下狱致死。第二次党锢之祸以后,宦官完全占据优势地位,东汉末年的贪贿之风再也无法遏制。

汉桓帝后期,宦官擅权引发了正直官吏的不满与斗争。东海相黄浮、司隶校尉韩演、济北相滕延、太尉杨秉、司隶校尉李膺、北海相杜密,以及范滂、郭泰、刘祐等人,都不畏强权,因敢于和宦官作斗争而名扬天下。宦官集团遂诬告李膺等养太学游士,交结诸郡生徒,"更相驱驰,共为部党,诽讪朝廷,疑乱风俗"。昏庸的桓帝不辨是非,大捕党人,将李膺、范滂等二百余人入狱。

---

① 《后汉书》卷六十七,《党锢列传第五十七》;卷七十八,《宦者列传第六十八》;卷四十八,《杨李翟应霍爰徐列传第三十八·徐璆》。

第二年,汉桓帝将党人全部赦归田里,终身禁锢,不得为官。这是第一次党锢之祸。①

永康元年(167年),桓帝驾崩,灵帝刘宏即位,窦太后临朝,其父窦武以大将军辅政。此时宦官势力正炽,窦武广交士大夫和太学诸生,并"载肴粮于路,匀施贫民",赢得很高的威望。窦武一心翦灭宦官集团,但窦太后犹豫不决。典中书者向宦官告密,于是曹节、张亮等十七个宦官挟持灵帝和窦太后,杀死窦武、陈蕃,幽禁太后于云台,窦氏集团遭到毁灭性打击。②

窦氏外戚集团覆灭后,"凶竖得志,士大夫皆丧其气"。宦官的气焰嚣张,连汉灵帝也被他们玩弄于股掌之中。宦官的黑暗统治激起了士大夫和太学生的强烈不满,他们通过清议猛烈抨击时政,伺机铲除宦官势力;他们相互标榜,交游结纳,引起了宦官集团的恐慌和仇视。建宁二年(169年),督邮张俭向汉灵帝举奏宦官侯览罄竹难书的罪状,并破釜沉舟,"遂破览家宅,籍没资财,具言罪状"。这一举动惹火了侯览,成为宦官集团乘机制造第二次党锢之祸的导火索。侯览诬告张俭与同郡二十四名士结党,图谋不轨,于是灵帝下令大捕党人,名士李膺、杜密、范滂等一百多人被逮捕,均死于狱中,受牵连者多达六七百人。③ 这就是第二次党锢之祸。

历史是公正的!党锢之祸后,宦官集团几乎把持了从中央到地方的权力,掌握了征辟、察举等选举权,垄断了官吏任免权。汉灵帝甚至与宦官勾结,卖官鬻爵,攫取巨额财富。皇帝的昏聩,宦官的暴虐无耻,使社会到了崩溃的边缘,百姓没法活下去了,纷纷举起了起义大旗。公元184年,声势浩大的黄巾大起义爆发,给这个黑暗腐朽的王朝以沉重打击。为镇压农民起义,统治集团不得不大赦党人,缓和统治阶级内部矛盾,以挽救岌岌可危的统治。

中平六年(189年)汉灵帝驾崩,少帝刘辩即位,何太后临朝,其兄何进和太傅袁隗辅政,中军校尉袁绍劝何进"令诛中官以悦天下"。何进请命于太后,太后不听。张让、陈忠为首的宦官集团在侦悉何进等人的密谋后,抢先下

---

① 《后汉书》卷六十七,《党锢列传第五十七》。
② 《后汉书》卷六十九,《窦何列传第五十九·窦武》。
③ 《后汉书》卷七十八,《宦者列传第六十八·侯览》。

手,斩何进于嘉德殿,何氏外戚集团就此覆灭。但这并未能挽救宦官势力覆亡的命运。袁绍与袁隗矫诏,杀党附宦官的司隶校尉樊陵、河南尹许相,又捕杀宦官陈忠等人,随即关闭北宫门,"勒兵捕宦者,无少长皆杀之"。张让等劫持天子到达河上时,追兵已至,张让等投河而死。[①] 至此,汉末宦官集团势力覆灭,历史也进入了群雄割据、军阀混战时期。东汉政权名存实亡。

东汉后期,贪贿之风难以遏制的原因在于:外戚、宦官交替擅权,利用手中的权力,大肆掠财,收取赃贿,打击报复妨碍其贪贿的正直官员。皇帝昏庸,皇权无力,甚至与外戚、宦官同流合污,勾结掠财,谈何对贪贿者进行惩罚!东汉监察机构在汉和帝时就被窦宪破坏,此后每个擅权者都力图控制监察系统,甚至直接委任爪牙为监察官,严重削弱了监察机构的功能,使监察机制不能有效运行,形同虚设,甚至助纣为虐。此外,东汉后期,由于外戚、宦官专权,皇帝形同傀儡,中央对地方失去控制力。州牧开始由监察官变为地方行政长官,权力日益膨胀,更加速了地方割据势力的发展,大大小小的独立王国对财产、人口的掠夺更为残酷,使其辖区的贪贿之风愈演愈烈,朝廷却鞭长莫及,徒唤奈何。东汉王朝就在这种"上下交征利"的贪贿之风中走向了自己历史的终点。

二、东汉时期的监察机制及其运作

东汉王朝的监察机制基本是承袭西汉的。汉光武帝执政初年便建立了以御史中丞为主官的中央监察机构,又完善了以刺史为首的地方监察系统。

1. 东汉时期的监察机制

秦和西汉时期负责监察工作的御史大夫,到东汉光武帝时更名为司空,专管水土工程,原来隶属御史大夫的御史中丞成为监察机构的最高长官。此后,御史中丞从皇宫搬出,独立衙署,称为御史台(也称宪台,"兰台寺"),成为九卿之一少府的属官,其职数设一人,食千石俸禄,主要任务是监察从中央

[①] 《后汉书》卷六十九,《窦何列传第五十九·何进》。

到地方的朝廷命官。御史中丞下设侍御史中丞、治书侍御史二人,"凡天下诸谳疑事,掌以法律当其是非",主管法律解释,审决各地呈报的各类疑案;侍御史十五人,职掌"察举非法,受公卿群吏奏事,有违失举劾之。凡郊庙之祠及大朝会、大封拜,则二人监威仪,有违失则劾奏",即负责察举文武百官不合法的行为。侍御史监察百官的方式主要有两种:一是察举群臣在朝廷奏事时的违失之处,二是察举百官在祭祀、朝会、封拜等大型活动时的违礼行为。① 此外还有绣衣御史、兰台令史等一批属吏。

司隶校尉,是汉代中央政府重要职官之一,由皇帝直接任免管理,设一人,秩俸二千石,负责监察京师及周围七郡的文武百官,并领刺史管辖下的一州,故上自中央百官,下至地方郡守,都在其监察之列。司隶校尉监察范围广泛,从政治、经济活动到日常生活的方方面面,无所不察。除监察权外,司隶校尉还有选举、奉诏捕杀罪犯、逮捕公卿等权力。东汉时期,司隶校尉下设十二个司隶从事,职权范围既包括对朝廷百官的监督,又包括对州、郡的审察,涉及政治、经济、军事、选举等各方面。都官从事,"主察举百官犯法者";功曹从事,"主州选署及众事";别驾从事,"录众事";簿曹从事,"主财谷簿书";兵曹从事,"主兵事";七个郡国从事,"主督促文书,察举非法"。②

东汉王朝在地方建立了由刺史——郡守(兼)——督邮——县令、县长(兼)——廷掾组成的监察系统。刺史是西汉武帝时设置,建武十八年(42年),东汉光武帝恢复了刺史监察制度,所部十二个州,每州设一名刺史,共十二人。刺史的主要职责是对地方州郡吏治、治安、刑狱进行监察,"刺史班宣,周行郡国,省察治政,黜陟能否,断理冤狱,以六条问事,非条所问,即不省";"诸州常以八月巡行所部郡国,录囚徒,考殿最。初岁尽诣京都奏事,中兴但因计吏"。刺史下有从事史、假佐等属吏,其中别驾从事和治中从事为刺史属吏之长,主管刺史幕府的主要工作。在各郡之内,郡守兼任最高监察官,其下专职负责监察的是督邮,受命于郡守,考察县令、县长的善恶与政绩好坏。督邮定期巡察郡内诸县,定期向郡守汇报。东汉时,督邮的权力逐渐扩大。史

---

① 《后汉书》志第二十六,《百官三·少府》。
② 《后汉书》志第二十七,《百官四·司隶校尉》。

载,苏谦曾担任魏郡督邮,辖下美阳县令李暠与宦官具瑗勾结,贪婪残暴,"前后监司畏其势援,莫敢纠问",苏谦不畏强权,"部案得其臧,论输左校"。可见督邮不仅有监察权,还有奉诏收捕罪犯、录送囚徒的权力。督邮除监察所属县长吏外,部内王侯、豪右均在督邮监察之列。县一级的监察工作由县令、县长兼任,对属下官吏进行督察;县令以下,廷掾一职具有监察乡、亭官员的职责,"监乡五部,春夏为劝农掾,秋冬为制度掾";乡里设置有秩、三老、游徼等小官,其中游徼负监察职责。① 这样,州、郡、县、乡、亭、里,全国各地都建立起严密的监察系统,下级隶属于上级,无所遗漏。地方监察系统的正常运行,是国家社会稳定、吏治清明的基础。

东汉前期,监察机构比较健全,监察机制不断完善,形成中央和地方两套监察机制。各机构的监察权有所划分:御史中丞负责监察朝官、后妃、宗室成员等,司隶校尉负责监察京畿地区(三辅、三河、弘农)的官吏,刺史负责监察地方郡国。

东汉时期,御史中丞和司隶校尉等设于中央的监察官,直接受皇帝指挥,被赋予了很大权力。汉光武帝时,特诏御史中丞与司隶校尉、尚书令在朝会时设专席独坐,京师号称"三独坐",以示其地位崇高。地方监察则由刺史负责。刺史虽隶属于御史大夫(后统属御史中丞),但能直接上奏皇帝,接受训示。三者皆能独立行使监察权。东汉监察的内容和范围很广泛,大到政府方针政策、诏书律令的执行,典章制度、礼仪风俗的遵守,官吏的言行治绩,地方豪强的行为,治狱或选举的不实等诸方面,小到官吏日常生活中的言行,地方官吏和豪强的关系,等等。监察的依据和标准,主要是东汉的各项法律制度和"《春秋》大义"。

东汉前期,皇帝为保证监察机制的健康运行,除赋予监察机构以权力外,还注意选拔廉吏作为监察官。光武帝刘秀任用鲍永为司隶校尉,鲍永刚正不阿,勇于弹劾权贵。时刘秀叔父赵王刘良过城门,与右中郎将张邯相遇,路狭不能并过两车。刘良见张邯不主动回避而大怒,以致严重违背礼制。鲍永得

---

① 《后汉书》志第二十八,《百官五·州郡、县乡、亭里》。

知后上书皇帝,弹劾刘良:"案良诸侯藩臣,蒙恩入侍,宜知尊帝城门候吏六百石,而肆意加怒,令叩头都道,奔走马头前。无藩臣之礼,大不敬。"鲍永不畏强权,敢于弹劾皇帝叔父之举,使"朝廷肃然,莫不戒慎"。汉光武帝又征辟扶风鲍恢为都官从事,鲍恢也不畏强权,严格监察百官,使百官、外戚不敢违礼。鲍永、鲍恢这样的监察官廉直不私,就连皇帝也畏之三分,常告诫外戚"宜敛手,以避二鲍"。鲍永死后,光武帝又任命其子鲍昱为司隶校尉,"昱在职,奉法守正,有父风"。章帝时,任用名臣郅恽之子郅寿为冀州刺史,严密监察贵戚不法,郅寿不徇私情,"乃使部从事专住王国,又徙督邮舍王宫外,动静失得,即时骑驿言上奏王罪及劾傅相,于是藩国畏惧,并为遵节,视事三年,冀土肃清",冀州治安状况好转。汉章帝"奇其智策",擢升他为京兆尹,当时"郡多强豪,奸暴不禁",郅寿上任后严密防范,"三辅素闻寿在冀州,皆怀震竦,各相检勑,莫敢干犯"。汉和帝时,郅寿已担任尚书仆射,多次上书弹劾擅权的外戚窦宪"骄奢非法"。① 由于东汉前期皇帝能以敢言极谏之士做监察官,所以上自朝廷百官、王侯贵戚,下至地方官吏,基本能克己守法,即便有楚王刘英、济南安王刘康、阜陵质王刘延、广陵思王刘荆、梁王刘畅等谋反案例,东汉前期监察机制仍能良性运行,有效纠察,维护了皇帝的尊严与国家的统一。当时的监察官还通过纠察、弹劾不法官吏的贪赃受贿行为,澄清吏治,维护法律的威严。汉章帝时,窦宪因侵夺沁水公主的园田,被阴党、阴博、邓叠等弹劾,受到章帝的重责。东汉前期,中央和地方各级监察官大都能恪尽职守,不徇私情,清正廉明,这是社会生活和生产秩序得以稳定的有力保障,是东汉前期社会安定、政治清明的重要原因。

东汉时期,除中央、地方监察机制外,还有谏诤制度,也能起到监督作用。东汉的谏官仍沿西汉旧制,设在光禄勋之下,置有光禄大夫、太中大夫、中散大夫、谏议大夫、议郎等。谏官一般无固定人数,职责是"凡大夫、议郎皆掌顾问应对,无常事,唯诏令所使"②,但又不限于此,治国指导思想、职守设置、政治经济政策、选举、治狱、外戚宦官擅权,都是谏官谏诤的重要内容。史载,张

---

① 《后汉书》卷二十九,《申屠刚鲍永郅恽列传第十九》。
② 《后汉书》志第二十五,《百官二·光禄勋》。

湛为光禄大夫,光武帝临朝,稍有惰容,张湛就直陈其失。敢于谏诤皇帝之失,可见其胆识和廉直。光武帝对他十分敬畏。张湛"常乘白马,帝每见湛,辄言:'白马生且复谏矣'"。建武三年(27年),光武帝征拜王良为谏议大夫,"数有忠言,以礼进止,朝廷敬之"①。谏官虽无固定职权,但对东汉监察机制起着重要的补充作用。

汉光武帝初年,设大司徒司直(即西汉丞相司直,因东汉初年丞相改名大司徒而得名)一职,负责督察州郡。建武四年(28年),廉吏宣秉为大司徒司直,履职廉直不私。两年后,宣秉去世,王良补任,恪尽职守,十分清廉。从建武元年(25年)复置大司徒司直,到建武十一年(35年)废止此职缺,大司徒司直独立行使监察职责,对光武时期吏治的清明,贡献甚著。从建武十一年(35年)到东汉末年,大司徒司直没有再设,主要是东汉时丞相权力被削弱使然。建安八年(203年),汉献帝复设司直一官,却不隶属于丞相,而是独立监察京都百官,地位等同于司隶校尉。

东汉前期,监察机制比较健全,运转正常,也取得了良好效果。但汉和帝以后至东汉灭亡,监察机构及其运行机制不断遭到破坏,吏治日益败坏。从章帝开始,外戚、宦官交替擅权,都注重对监察机构进行控制,或安插党羽进入监察机构,拉拢贿赂监察官,扶植亲信,或公开打击报复正直的监察官。在外戚、宦官的淫威下,一些监察官明哲保身,对贪贿恶行敢怒不敢言,听之任之,不愿与奸党合流的,为保全性命而遁迹山林。更有一些监察官,为其仕途畅通,不惜充当外戚、宦官的爪牙。只有极少数刚正廉直的监察官仍敢于同贪贿之吏进行斗争,但大多不得善终,不是被杀戮,便是被罢官、入狱。

汉和帝幼年即位,窦太后临朝,外戚窦宪骄奢弄权,控制了监察系统,刚正廉直的"尚书仆射郅寿、乐恢并以忤意,相继自杀",监察机构成了窦宪排除异己、屠戮政敌的工具。在窦宪的淫威下,大多数监察官都不敢违逆窦宪,更不敢举奏弹劾窦宪的贪赃枉法行径。东汉殇帝时,皇权无力,地方吏治腐败不堪,负责地方监察的"刺史垂头塞耳,阿私下比,不畏于天,不愧于人",明哲

---

① 《后汉书》卷二十七,《宣张二王杜郭吴承郑赵列传第十七·张湛、王良》。

保身，致使监察机构更趋削弱。临朝的皇太后感到事态严重，诏司隶校尉和部刺史，痛斥吏治腐败的危害与他们的苟且软弱，诏令"假贷之恩，不可数恃，自今以后，将纠其罚"①，但已无力挽救监察系统的颓势。到汉顺帝时，外戚梁冀肆行擅权，监察机制更形败坏。梁冀完全控制了监察系统，监察官的任免权都掌握在他的手中，一有忤意，即刻罢去。监察机构对梁冀的贪贿弄权完全失去了监察功能，"监司项背相望，与同疾疢，见非不举，闻恶不察"②，完全屈从于梁冀的淫威。桓、灵时期，权柄落入宦官之手，监察机构再次丧失功能。汉灵帝时，监察官干脆由宦官及其爪牙充任，成为宦官利益的维护者，成为宦官及其爪牙打击异己、扩充势力的工具，察举不法、监察百官的职权已丧失殆尽。宦官王寓竟当上了司隶校尉，"欲借宠公卿，以求荐举，百僚畏惮，莫不许诺"③，太常张奂刚正不阿，独拒其意，触怒王寓，被诬告为党人而遭禁锢、归田里。

东汉末年著名的"党锢之祸"，就是监察与贪贿的一次激烈斗争，也是东汉监察机制溃败的标志。汉桓帝延熹九年(166年)，李膺担任司隶校尉，宦官张让之弟张朔任野王(今河南沁阳)令。张朔无恶不作，因惧李膺督察，畏罪逃奔京师，藏匿在张让家的合柱之中。李膺率兵破柱捕获张朔，审讯之后当场处死。张让大怒，指使弟子牢修上书诬告李膺等结交太学生及诸郡生徒，结党不轨。李膺被捕入狱，桓帝下令大捕党人，揭开了"党锢之祸"的序幕。两次"党锢之祸"，正直的官员、监察官基本被驱逐，宦官完全控制了监察机构，安插党羽，任用私人，东汉监察机构的正常功能丧失殆尽，吏治更形败坏，社会更加黑暗，农民起义狂飙再起。

刺史的地方行政长官化，是东汉末期监察机制削弱的原因之一。东汉光武帝时，要求"监察御史、司隶、州牧岁举茂才各一人"④，说明刺史(亦称州牧)已有了选举权，超出了监督权限。此后，刺史的权限逐渐扩大。汉明帝

---

① 《后汉书》卷四，《孝和孝殇帝纪第四·殇帝》。
② 《后汉书》卷三十一，《郭杜孔张廉王苏羊贾陆列传第二十一·苏不韦》。
③ 《后汉书》卷六十五，《皇甫张段列传第五十五·张奂》。
④ 《后汉书》志第二十四，《百官一》。

时,刺史已有"详刑理冤,存恤鳏孤"的职权。汉安帝时,刺史又拥有了军事权。永初四年(110年),"海贼张伯路复与勃海、平原剧贼刘文河、周文光等攻厌次,杀县令,遣御史中丞王宗督青州刺史法雄讨破之"。到汉顺帝时,刺史已明确兼有行政权和军事权。永建元年(126年),顺帝"诏幽、并、凉州刺史,使各实二千石以下至黄绶,年老劣弱不任军事者,上名",就说明顺帝不仅维护了刺史的监察权,还给予刺史"严敕障塞,缮设屯备,立秋之后,简习戎马"的军事、行政职权。汉灵帝中平五年(188年),刺史改为州牧,自此完全变成地方长官。① 各州牧拥兵自重,集行政、军事、财政、司法监察大权于一身,秩级也由六百石增至中二千石。随着州牧的地方行政长官化,逐渐变为拥兵割据的地方势力,甚至与皇权相抗衡。汉灵帝时,并州牧董卓乱政,各州牧以讨伐董卓为名纷纷起兵,淆乱朝政,东汉政权出现了"宫室烧尽,百官披荆棘,依墙壁间"的惨局。东汉末期,统治者想通过刺史来控制地方,不料刺史却成为与皇权相抗衡的地方割据势力,变成难以驾驭的离心力量,这是东汉统治者严重削弱监察机制的治政之失。

2. 廉吏与东汉王朝反贪制度的运行

如何安置功臣,是历代开国皇帝要面对的吏治建设的首要问题。开国功臣们随皇帝南征北战,为新王朝立下了汗马功劳,但也是这些人,极易居功自傲,成为上危皇权、下塞贤路、专权自恣、骄奢淫逸、贪赃枉法的腐败之源。所以,如何妥善处理功臣的去留与待遇,就成为事关新王朝存亡安危的重大问题。像西汉开国皇帝刘邦那样,因其感觉皇权的隐患,就大肆杀戮功臣,"直绳则亏丧恩旧",对功臣有忘恩负义之嫌,影响皇帝作为全国臣民表率的形象;"桡情则违废禁典",即皇帝对他们包庇宽容就会违背法制典章,也难为天下表率。东汉光武帝刘秀,以汉高祖刘邦为鉴,采取"退功臣而进文吏"的政策,厚封功臣,让他们主动放弃兵权与政柄,委国家要职于文吏,既保住了功臣的荣华富贵,使他们得以善终,又得到大批有治国韬略的文吏掌握国家各级政权,使统治平稳、高效地运行。

---

① 《后汉书》卷五,《孝安帝纪第五》;卷六,《孝顺孝冲孝质帝纪第六·顺帝》;卷八,《孝灵帝纪第八》。

东汉光武帝对"退功臣而进文吏"这一政措是逐步推行的。在统一全国之前,刘秀对功臣主要采取笼络政策,以激励他们驰骋疆场,鞠躬尽瘁。建武元年(25年)七月,刘秀封功臣三十余人为列侯,拜前将军邓禹为大司徒,野王令王梁为大司空,大将军吴汉为大司马,还封景丹、耿弇、盖延、朱祐、杜茂等为大将军。建武二年(26年),更是"封功臣皆为列侯,大国四县,余各有差",对功臣的赏赐可谓丰厚。刘秀让功臣居三公、大将军之位,稳定了功臣之心,同时则着力削减三公职权,提高尚书台的地位,出现了"三公之权尽归台阁"的局面。所以,让功臣居三公之位,给予了表面的尊崇,实则剥夺了他们的实权。而且,刘秀在建武元年、二年封赏功臣的同时,警告他们说:"人情得足,苦于放纵,快须臾之欲,忘慎罚之义。惟诸将业远功大,诚欲传于无穷,宜如临深渊,如履薄冰,战战栗栗,日慎一日",暗示他们放弃权柄,安于富足生活,方能自身平安,荫泽子孙,"在上不骄,高而不危,制节谨度,满而不溢。敬之戒之,传尔子孙"。东汉的功臣不像西汉初年的功臣那样雄心勃勃,讨爵要官,他们大都能审时度势,采取以退缩保富贵、远权柄求善终的策略,迎合刘秀,而得安身。贾复、邓禹就率先主动放弃军权,弃武从文,修习儒学,正符合光武帝欲夺功臣兵权的意图,他们二人也获得了优厚的封赏和荣誉。在贾复、邓禹的示范作用下,"退功臣"成为一种政治导向。建威大将军耿弇、骠骑大将军杜茂、建义大将军朱祐等功臣,纷纷"上大将军、将军印绶",主动放弃兵权,以求得全身保节。光武帝在收回兵权后,也给这些功臣以厚赏,"皆以列侯就第,加位特进,奉朝请"。①

光武帝在"退功臣"过程中,实行区别对待。邓禹、贾复、李通三人为功臣中德高望重者,且能淡泊权势,谦顺谨慎,所以光武帝在他们主动辞官后,仍留他们在身边,"与公卿参议国家大事",作为自己的高级参谋,成为功臣参知政事的特例。此外,光武帝还继续委任一批久经沙场、经验丰富的功臣宿将镇守边防:王常屯兵固安,防御投靠匈奴的卢芳;邓晨为汝南太守,巩固洛阳的东南屏障;臧宫为广汉太守,镇守新抚的蜀地;李忠为丹阳、豫章太守,守护

---

① 《后汉书》卷一上,《光武帝纪第一上》;卷一下,《光武帝纪第一下》。

长江中下游地区;景丹为弘农太守,守卫京畿外围;王霸为上谷太守,镇守东北边防;捕虏将军马武屯守滹沱河,杜茂屯守晋阳、广武,以防匈奴南侵。让这些功臣宿将守卫边防,既能发挥他们所长,使他们各尽所能,又防止他们进入中央政权,干预朝政。除邓禹、贾复、李通三人和几个宿将外,其他大多数功臣都"不任以吏职",不过刘秀从经济上给予功臣们补偿。① 这样,既不予功臣权柄,又让功臣富足安康,心悦诚服。此策一箭双雕,可谓高明。

光武帝注重选拔文吏,通过察举、征召,聚大批贤才于麾下。建武二年(26年),刘秀"辟大司徒邓禹府。举能案剧",开始选贤举能的工作。此后,光武帝多次下达选贤举能的诏令,建武六年(30年),下令"其敕公卿举贤良方正各一人";建武七年(31年),又诏令"公、卿、司隶、州牧举贤良方正各一人,遣诣公车,朕将览试焉"。建武十二年(36年),"诏三公举茂才各一人,廉吏各二人"。② 由于皇帝重视贤能,贵戚、朝臣也兴起一股举贤让能的风尚,外戚阴识"所用掾史皆简贤者,如虞延、傅宽、薛愔等,多至公卿校尉",外戚阴兴虽"与同郡张宗、上谷鲜于衷不相好,知其有用,犹称所长而达之",这种豁达大度、不计前嫌而荐才之举,令人钦佩。朝臣中进贤甚众者,以司空宋弘推举贤士三十多人,杜诗"雅好推贤,数进知名士"为著,各级地方官吏也争相举贤,形成了"举逸民天下归心"的局面。③

光武帝还通过征召途径来收罗贤士。王莽取代汉政权后,一批士人"裂冠毁冕,相携持而去之者"。刘秀建立东汉后,非常重视这种有气节的士人,他通过征召方式,来征用志士,表彰气节,强化忠君思想,以加强中央集权。卓茂是西汉末年的通儒,官至密令,勤勉于政,王莽时不愿事新朝,以病免归。刘秀登基后,非常器重卓茂的气节,首先下诏访求这位年过七十、"无它庸能"的"断断小宰",并称他为比干,授太傅之职,封褒德侯,食邑二千户。④ 刘秀

---

① 《后汉书》卷一下,《光武帝纪第一下》;《资治通鉴》卷四十三,《汉纪三十五》,"光武帝建武十三年"。
② 《后汉书》卷七十六,《循吏列传第六十六·卫飒》;卷一下,《光武帝纪第一下》。
③ 《后汉书》卷三十二,《樊宏阴识列传第二十二》;卷三十一,《郭杜孔张廉王苏羊贾陆列传第二十一·杜诗》。
④ 《后汉书》卷二十五,《卓鲁魏刘列传第十五》。

通过征召卓茂,树立起忠君拥汉的榜样,达到收揽人心、激励风尚的目的。汉光武帝朝,非常重视对高风亮节之士的征召,东汉初期的名臣宣秉、申屠刚、郭贺、高翊、郭丹等,都是不事王莽之士,刘秀征用他们,给以高官厚禄,使他们重新成为刘氏王朝尽职尽责之臣。宣秉官至御史中丞,后又迁司隶校尉;申屠刚拜侍御史,后迁尚书令;郭贺官至尚书令;高翊为大司农;郭丹为并州牧。这些官职在刘秀"抑三公"后都握有实权,倍受重视。刘秀通过访求志士,并委以官职,使大批忠于汉王朝的知识分子诚心归服,这也是他"进文吏"政策的一个重要成果。

刘秀征召志士,与他推崇儒学是紧密联系的。东汉前期的统治者都非常重视儒学。王莽篡汉时,大批携经书而遁山林的士人多为儒者,光武帝重建汉王朝后,彰明儒术,这些儒者"莫不抱负坟策,云会京师",回到汉王朝的怀抱,著名者有杜林、郑兴、郑众、欧阳歙、桓荣、陈元、范升、甄宇、楼望、周泽等一大批古文经学、今文经学家,这些名儒在归附东汉王朝后都被授以高官厚禄,成为文吏的重要组成部分。建武五年(29年),光武帝重建太学,恢复西汉的太学制度。儒家经学由于受到最高统治者的重视,迅速发展起来,汉代社会崇儒之风盛行。光武帝还非常推崇谶纬之学,对这种神秘主义的统治方式异常重视,使之到东汉时占据了思想统治地位。中元元年(56年),光武帝"宣布图谶于天下",通过这种方式进一步加强王权。汉章帝建初四年(79年),更是通过著名的"白虎观会议",以经今、古文之争为主要内容,在谶纬的基础上"统一"了儒学,使儒学进一步神学化。

东汉前期,统治者除征用志士和儒生外,还重新起用西汉末、王莽时期的旧臣。这些旧臣比较熟悉治理天下的政策法规、典章制度,光武帝朝初期"时无故典,朝廷又少旧臣",重新起用旧臣,利用他们的统治经验来治理国家,成为急务,东汉初期的典章制度也因此正式建立并逐步完善。光武朝通过选举和征召,得以"简天下贤俊"。东汉前期出现了人才济济、俊杰林立的局面。将大批知识分子、地主阶级的精英收罗而来,使官吏来源较为清正,是东汉前期政治清明、国力兴盛的基础。

东汉前期统治者既重视中央官吏的任用,也重视地方官吏的选拔。东汉初,战火之后,满目疮痍,土地荒芜,人民流离失所,因而恢复发展生产,安抚流民,稳定社会秩序成为当务之急。统治者认识到地方官吏对国家政治稳定、经济发展的重要性,注重选用"循吏"担任各级地方官。光武帝时,南阳太守杜诗政绩突出,"性节俭而政治清平,以诛暴立威,善于计略,省爱民役"。他担任南阳太守时,"造作水排,铸为农器",是东汉时一项重要发明,为东汉以后重要的鼓风冶铁工具。在杜诗的治理下,南阳出现了"郡内比室殷足"的好景象,杜诗也被南阳人尊称为"杜母"。张堪任渔阳太守,"捕击奸猾,赏罚必信,吏民皆乐为用",有很高的政治威望。他注重发展农业生产,"乃于狐奴开稻田八千余顷,劝民耕种,以致殷富。百姓歌曰:桑无附枝,麦穗两歧。张君为政,乐不可支"。① 桂阳太守卫飒、汝南太守邓晨、九真郡太守任延等地方亲民之官,都恪尽职守,致力于恢复发展生产,使人民生活富足。

东汉前期,政治清明,国家机器有序运转,为循吏、廉吏的产生创造了良好的环境。光武帝时期,最突出的循吏是南阳太守杜诗和九真郡太守任延、交阯太守锡光、桂阳太守卫飒等。任延和锡光因"移变边俗"而声名远扬。任延担任九真太守时,该地"俗以射猎为业,不知牛耕,民常告籴交阯,每致困乏",任延"乃令铸作田器,教之垦辟。田畴岁岁开广,百姓充给",使该地百姓从以射猎为业转变为从事农业生产。这一生产方式的转变,给九真人民的生产生活带来巨大进步。任延迁武威太守后,郡内有将兵长史田绀这一豪强世族,其子弟宾客依仗权势,横行乡里,残酷暴虐,为害郡中。任延决意将这一恶势力绳之以法,采取了坚决铲除的强硬措施,"延收绀系之,父子宾客伏法者五六人",并击破田绀少子田尚"乃聚会轻薄数百人,自号将军,夜来攻郡"的反叛进攻,"自是威行境内,吏民累息"。任延还消除了武威郡北的匈奴、郡南的羌族等少数民族的侵扰,使边境获得了安宁。他又根据河西地区干旱少雨、收成欠佳的状况,设立水官,整修沟渠,兴修水利,灌溉农田,使民"皆蒙其利"。任延还在武威郡设立学校,规定掾吏子孙均入校学习儒家经典,于是武威郡"遂有儒雅之士"。任延也成为光武一朝循吏的典范。卫飒是光武帝朝

---

① 《后汉书》卷三十一,《郭杜孔张廉王苏羊贾陆列传第二十一·杜诗、张堪》。

另一著名循吏。他在担任襄城令时就"政有名迹",迁桂阳太守后,针对该地"不知礼则"的习俗,"修庠序之教,设婚姻之礼",数年而"邦俗从化"。卫飒有很强的行政管理能力,敏于治事,"理恤民事,居官如家,其所施政,莫不合于物宜"。他在郡内交通不便的含洭、浈阳、曲江三县,凿山开通五百余里道路,免除了人民运输劳顿、徭役繁重之苦,故"视事十年,郡内清理",确是一名难得的循吏。① 光武一朝,正因为有了杜诗、任延、卫飒、锡光、第五伦、宋均等治绩优异、政声颇佳的循吏,故能出现政通人和的升平景象。

汉明帝也十分注意对地方官的选拔任用,他多次颁下选举令,征召了大批廉吏担任地方官。光武帝时担任地方官、有突出政绩的宋均,在明帝永平元年(58年)迁升东海相;汉明帝任命钟离意为鲁相,"视事五年,以爱利为化,人多殷富";鲍昱为汝南太守,"作方梁石洫,水常饶足,溉田倍多,人以殷富"。汉章帝也非常重视地方官吏的选拔,因此,章帝朝也出现了一些政绩突出的地方官吏。山阳太守秦彭,敦教化,重生产,"兴起稻田数千顷,每于农月,亲度顷亩",是一名有作为的循吏;庐江太守王景,在汉明帝时就曾修复过汴渠,为人民生产、生活带来了很大便利,是著名的循吏。章帝时,王景"驱率吏民,修起芜废,教用犁耕,由是垦辟倍多,境内丰给"②。汉和帝时亦有鲁丕、秦彭等一大批有作为的地方官吏。东汉前期,统治者注重对地方官吏的选拔任用,不仅促使生产迅速恢复和发展,人民生活富足安定,而且他们廉洁无私,打击奸猾,扼制了地方豪强势力和政府内部的腐败倾向,为东汉前期吏治清平、政治稳定打下了基础。

光武之后,汉明帝无容人之量,偏狭专断,臣下再不敢犯颜直谏,更不敢放手做事,终日小心谨慎地打发日子,这是明帝朝以来循吏有所减少的重要原因。好在明帝朝上接汉光武帝,吏治大环境还好,还有鲍昱、钟离意、王景等循吏。鲍昱和钟离意在发展农业生产、富国安民方面有重要贡献。钟离意还上书规谏汉明帝改变建武、永平间形成的"吏事刻深,亟以谣言单辞,转易

---

① 《后汉书》卷七十六,《循吏列传第六十六·任延、卫飒》。
② 《后汉书》卷三,《肃宗孝章帝纪第三》。

守长"①之风,言辞甚为恳切。王景是明帝、章帝时期有作为的循吏。在明帝时,王景因能理水被征召为谒者。他与王吴共同修作浚仪渠,后黄河决口,兖豫等地百姓深受水害,汉明帝令王景与王吴共同修补因年久失修而决口的黄河堤坝。仅一年时间,他们便督导百姓修复了从荥阳东到海口千余里的河堤,使黄河下游多年免除水患。汉章帝时,王景迁为徐州太守,一些老臣掀起了要求皇帝把都城从洛阳迁到长安的迁都热,王景持反对态度,认为"宫庙已立,恐人情疑惑",使劳民伤财的迁都之议未能付诸实行。后王景迁庐江太守,当地百姓不知使用牛耕,"致地力有余而食常不足",王景"乃驱率吏民,修起芜废,教用犁耕",垦地面积和收成增加了,当地人民生活开始富足起来。经过他的治理,庐江郡经济发达,政治稳定,成为滨江的鱼米之乡。②

汉章帝建初元年(76 年),循吏秦彭迁山阳(今山东金乡一带)太守,"以礼训人,不任刑罚。崇好儒雅,敦明庠序"。他设立"四诫",定六亲长幼之礼,改变郡人不明纲常的习俗,还擢升遵教化之乡人为乡三老,以示鼓励。秦彭为政宽松,不喜刑罚,若吏有过错,只免职令其自悔。他还注重发展农业生产,将田地按肥瘠分为三等,"各立文簿,藏之乡县",规定按等级来收取税赋,避免了收税不均,地方官吏强取豪夺的现象,使"奸吏跼蹐,无所容诈"。秦彭为政经验受到汉章帝的表彰,"并下州郡,以垂范百官"。③

汉和帝时,外戚窦宪权倾一时,法纪荡然;地方豪右横行乡里,贪官污吏大量出现,但仍有王涣、许荆等循吏为人民留下了一丝吏治清明的希望。王涣在担任太守陈宠的功曹时,就敢于"当职割断,不避豪右",又能简选贤能,为汉和帝所欣赏,迁为温令。温县境内多奸猾之人,为害乡里。王涣以"方略讨击,悉诛之",为民除害,使境内百姓安居乐业。王涣迁兖州刺史后,"绳正部郡,风威大行",而升任洛阳令后,仍能"平正居身,得宽猛之宜",不仅清理了多年的沉冤积案,还能"以谲数发擿奸伏",消除不安定因素。王涣任洛阳令期间,"尽心奉公,务在惠民",为百姓办了不少好事、实事。他去世后,洛阳

---

① 《后汉书》卷七十六,《循吏列传第六十六》。
② 《后汉书》卷七十六,《循吏列传第六十六·王景》。
③ 《后汉书》卷七十六,《循吏列传第六十六·秦彭》。

百姓无不叹息痛哭,为他在安阳亭西设立祠堂,"每食辄弦歌而荐之"。① 许荆也是和帝时政绩较突出的循吏。他担任桂阳太守时,因该郡地滨南州,风俗轻薄敝陋,"不识学义",许荆"为设丧祭婚姻制度,使知礼禁",使桂阳加速了文明进化的脚步。②

东汉中后期,外戚、宦官交替擅权,东汉统治集团加剧腐化。安帝以后,外戚、宦官把持权柄,朝野乌烟瘴气,循吏的生存环境十分恶劣。纵使如此,由于传统政治文化的精华所及,儒家道德自律的制约,还是催生出许多不畏强权、勇于革除弊政、拒绝趋炎附势的循吏,使东汉后期黑暗的政治中还能闪现光明。

东汉安帝、顺帝时,孟尝、第五访是有名的循吏。孟尝迁任合浦太守时,合浦郡农业不发达,但海中出珠宝,所以常与临郡交阯通商,以换取粮食。因原合浦的官吏多贪秽之徒,纵人采撷而不责罚,致使采出的珠宝大量流入交阯,而合浦郡却"行旅不至,人物无资,贫者饿死于道"。孟尝到任后,"革易前敝,求民病利",未及一岁,出现"百姓皆反其业,商货流通"、民户富足的景象。孟尝后以病免归,"吏民攀车请之",百姓们感激地称孟尝为"神明"。循吏第五访在仕郡功曹时被察举为孝廉,迁四川新都令,任内政治清平,教化行于全县,三年之间,县内大治,邻县百姓纷纷归服,户口比以前超出十倍。第五访因政绩突出,迁升张掖郡太守。适逢天灾,他决定开仓赈济饥民,同郡官员怕担责任,要求先向朝廷禀报,待批准后再执行。这虽符合程序,但在等待朝廷批准的这段时间里,将会饿殍遍地。第五访义正词严地说:"若上须报,是弃民也。太守乐以一身救百姓",毅然开仓救民,得到汉顺帝的嘉奖。在第五访治理下,郡内"官民并丰,界无奸盗"。第五访后迁护羌校尉,协调汉羌关系,恩威并施,"边境服其威信"。③

汉桓帝时,循吏刘矩以孝廉迁升雍丘(今河南杞县)令,以礼让教化百姓,使县中不孝不义之人都"感悟自革"。刘矩处理民事案件,不以威权压人,而

---

① 《后汉书》卷七十六,《循吏列传第六十六·王涣》。
② 《后汉书》卷七十六,《循吏列传第六十六·许荆》。
③ 《后汉书》卷七十六,《循吏列传第六十六·孟尝、第五访》。

是以"提耳训告"的方式,使其认识到自己的错误,痛改前非。在他的治理下,县境内风气为之一变。刘矩后迁任尚书令,因"性亮直,不能谐附贵势",遭到大将军梁冀的排斥和打击,被贬为常山(今河北石家庄)相。刘矩看透东汉末年官场的黑暗,遂称病去官。后梁冀"意少悟",仍起复他为尚书令。桓帝延熹四年(161年),刘矩升任太尉,与司空黄琼、司徒种暠同心辅政,号为贤相。汉灵帝时,又拜刘矩为太尉,刘矩虽极力振作,"所辟召皆名儒宿德。不与州郡交通。顺辞默谏,多见省用",毕竟孤掌难鸣,无法改变东汉王朝的倾颓。循吏刘宠以明经举孝廉,任东平陵(今山东章丘)令,"以仁惠为吏民所爱",他因母病而离任时,"百姓将送塞道",表现出对他的爱戴、眷恋。后刘宠迁升会稽(今浙江绍兴)太守,采取轻徭薄赋、约法省禁的政策,打击非法,整顿秩序,"它守时吏发求民间,至夜不绝,或狗吠竟夕,民不得安。自明府下车以来,狗不夜吠,民不见吏",使郡中大治。后刘宠被征召为将作大匠,在京师又历任司空、司徒、太尉等职,虽贵至三公,仍严格自律,清正廉洁。他确实是一生清廉,"清约省素,家无货积",自奉俭约的好官。①

汉灵帝时,仇览和童恢是政绩最突出的循吏。仇览四十岁时被选为蒲亭长,在农业生产方面颇有建树:"劝人生业,为制科令,至于果菜为限,鸡豕有数";对亭中游手好闲、不务正业者,强制从事农业生产。在农闲时期,仇览便"令子弟群居,还就黉学",教以儒家经典。仇览还严设科罚,以明法纪,又赈济贫穷、体恤孤寡。在他的精心治理下,不几年亭内"大治",乡人对他感恩戴德,歌颂他:"父母何在在我庭,化我鸱枭哺所生。"时考城(今河南民权)令王涣为政严猛,是当时著名的循吏,听说仇览的名声后,擢任他为主簿,二人就"为政以德"的问题展开辩论,仇览主张以人伦孝行来感化百姓,王涣则主张采取严厉制裁。仇览从容对答:"以为鹰鹯,不若鸾凤",意即只有采取温和教化措施,才能真正使百姓心悦诚服。王涣为仇览宽阔的胸怀所折服,推仇览为国家栋梁之材。童恢是汉灵帝时又一循吏,琅邪姑幕(今山东诸城)人,少时仕州郡为吏,以执法廉平著称。司徒杨赐闻其名,征辟他为官,不幸被人弹

---

① 《后汉书》卷七十六,《循吏列传第六十六·刘矩、刘宠》。

劾免官,令童恢认清了官场的黑暗、人情的冷漠。后童恢重被征辟任不其(今山东即墨)令,在治内采取轻刑教化政策,吏人有违背法纪者,"辄随方晓示",令其自省;若有称职之吏,行善事之人,赐以酒肴,以示鼓励。童恢还非常重视发展农业生产,制定了耕织种收的条例章程。通过童恢的悉心治理,不其县"一境清静,牢狱连年无因。比县流人归化,徙居二万余户",出现了生产发展、人丁兴旺的局面,童恢因政绩显赫而迁升丹阳太守。①

东汉后期,虽然《后汉书·循吏传》序中说:"自章和以后,其有善绩者,往往不绝",但实际上以循吏而著称者,寥若晨星。而且,这些循吏都只是在自己的一郡一县政绩突出,却不能推而广之改变整个国家官僚机构黑暗腐朽的现状。因此,东汉中后期出现的几个循吏,不过是沧海一粟,难以引导整个社会,"一时之良能"毕竟无法改变东汉后期吏治腐败的混乱政局。

回溯东汉初立,汉光武帝反对穷兵黩武,主张以"柔道"治天下。在统治基本稳定后,他便罢去军旅,"退功臣而进文吏"。他认为,设置官吏就要为百姓办事,但"今百姓遭难,户口耗少,而县官吏职所置尚繁",庞大冗杂的官僚体制,不仅办事效率低下,所需俸禄也是国家和人民沉重的负担。故光武帝下诏"司隶、州牧各实所部,省减吏员","于是条奏并省四百余县,吏职减损,十置其一"。除了裁减官员,光武帝还下令裁军,"今国有众军……令还复民伍"。② 通过这次裁汰冗员和裁军,精简了国家官僚机构,提高了办事效率,为国家节省了一大笔财政开支,还为农业生产的恢复和发展注入了一大批劳动力。

光武帝在精简机构的同时,注重提高官吏的素质。他通过设太学来培养、提高官吏的文化素质,为各级政府准备了一个源源不断的后备官员队伍。东汉前期,统治者都非常重视对官吏进行考核。建武十五年(39年),光武帝"诏下州郡检核垦田顷亩及户口年纪,又考实二千石长吏阿枉不平者",通过对地方官吏的考核,去除贪官庸吏,澄清吏治。③ 汉明帝诏令司隶校尉、部刺

---

① 《后汉书》卷七十六,《循吏列传第六十六·仇览、童恢》。
② 《后汉书》卷一下,《光武帝纪第一下》。
③ 《后汉书》卷一下,《光武帝纪第一下》。

史等监察官督察地方官吏,"岁上墨绶长吏视事三岁已上理状尤异者各一人,与计偕上。及尤不政理者,亦以闻"。汉章帝诏令对官吏"明试以功"。① 东汉前期的统治者通过对各级官吏的考察、考核,表彰政绩突出者,淘汰不称职、投机钻营者,对澄清吏治有重要意义。

东汉王朝前期,统治者还通过法律来加强对官吏的监督。"时内外群官,多帝自选举,加以法理严察,职事过苦,尚书近臣,至乃捶扑牵曳于前,群臣莫敢正言",说明光武帝朝对官吏严法督察。虽然光武帝以"柔道"治天下,推崇儒术,但其统治术中必然有法家成分,王道与霸道并用。光武帝对三公尤为苛责,"其人或失而其礼稍薄,至有诛斥诘辱之累",故三公任职如履薄冰,屡见废逐。② 建武元年(25年),以邓禹为大司徒、王梁为大司空、吴汉为大司马,仅履职七个月,王梁被免,二年多后邓禹被免官。光武帝在位三十三年,三公之位像走马灯一般换来换去,大司徒一职的更迭最频繁,有十次之多,其中有四人死于此位,其他六人或被罢免或下狱处死;大司空一职更迭也达九次,其中只有二人死于任,其他七人都被罢黜。三公之位如此难居,是东汉前期统治者削弱三公职权的结果,也是对官吏加强监督的结果,在一定程度上反映出东汉前期监察机构检举非法、督察百官的有力。

东汉前期,统治者多能勤政,以身作则,注重节俭。光武帝不主奢华,以"务从约省"来约束自己和官吏,"勤约之风,行于上下"。光武帝和明帝都主张勤俭,远奢侈之风,坚决反对厚葬陋习。明帝死后,"遗诏无起寝庙……敢有所兴作者,以擅议宗庙法从事"③。东汉前期的帝王如此节俭,身体力行,为全国各级官吏做出了表率,上行下效,出现了清廉节俭的社会风尚。东汉前期统治者非常注意对官吏的劝勉,多次下诏勉励官吏勤理政事、恪守法令。建武六年(30年),光武帝要求"有司修职,务遵法度",此后多次下诏令各级官吏各守其责,"奉遵法度,务进柔良,退贪酷"。汉明帝和章帝也多次颁下劝勉官吏的诏令。汉和帝幼年即位,太后临朝,亦能彰明政事,令"群公其勉率

---

① 《后汉书》卷二,《显宗孝明帝纪第二》;卷三,《肃宗孝章帝纪第三》。
② 《后汉书》卷三十三,《朱冯虞郑周列传第二十三·朱浮》。
③ 《后汉书》卷七十六,《循吏列传第六十六》;卷二,《显宗孝明帝纪第二》。

百僚,各修厥职,爱养元元,绥以中和"。① 注重对官吏的劝勉,这是东汉前期吏治清明的又一个重要原因。

东汉前期统治者能以身作则,又通过察举、征召等途径网罗大批贤才,以法律约束各级官吏,故东汉前期吏治比较清明,官吏基本能奉公守法,尽职尽责。这一时期,东汉朝廷出现了大批以刚正不阿、大有作为、安贫乐道而著称的官吏。司隶校尉宣秉"性节约,常服布被,蔬食瓦器",迁大司徒司直后,将"所得禄俸,辄以收养亲族。其孤弱者,分与田地,自无担石之储",其廉洁如此!大司徒司直王良,"在位恭俭,妻子不入官舍,布被瓦器",其妻"布裙曳柴,从田中归",身为大司徒司直之妻,仍要从事农业劳动,可见王良安贫乐道、廉洁自律。② 在这些官员中,廉洁奉公突出者,首推谒者张堪和洛阳令董宣。张堪担任谒者后,随大司马吴汉伐公孙述,在攻破成都后,张堪先入城见"珍宝山积,卷握之物,足富十世",他"捡阅库藏,收其珍宝,悉条列上言,秋毫无私"。去职之日,他仅"乘折辕车,布被囊而已"。③ 董宣任洛阳令,依法处死了白日杀人的湖阳公主家奴,光武帝欲杀董宣,董宣宁死不屈,据理力争,被称为"强项令"。董宣还廉洁自律,去世后"唯见布被覆尸,妻子对哭,有大麦数斛、敝车一乘"④。郅恽为东城门侯,光武帝出猎晚归,郅恽拒绝打开城门,迫使光武帝绕道入城。监察官鲍永、鲍恢不畏强权,勇于打击非法,被光武帝称为"二鲍"。其他诸多官吏,或举贤如流的阴识、桓荣、郭丹,或刚正不阿的孔奋、任延,或勇于进谏的丁恭、郭伋,光武一朝所用之文吏,多能廉洁奉公,恪尽职守;又有吴汉等武将镇守边境,抵御匈奴,为政治安定、经济繁荣创造了条件。到汉和帝时,东汉政权虽经外戚窦宪乱政,"颇有弛张,而俱存不扰,是以齐民岁增,辟土世广",尚能存前三代之遗风,吏治还算清明。总之,东汉前期社会安定,经济发展,文化繁荣,与东汉整个官僚系统素质较高,清正廉洁的官吏较多,监察机制较为完善,能及时有效地督察全国,防止变乱,

---

① 《后汉书》卷一下,《光武帝纪第一下》;卷四,《孝和孝殇帝纪第四·和帝》。
② 《后汉书》卷二十七,《宣张二王杜郭吴承郑赵列传第十七·宣秉、王良》。
③ 《后汉书》卷三十一,《郭杜孔张廉王苏羊贾陆列传第二十一·张堪》。
④ 《后汉书》卷七十七,《酷吏列传第六十七·董宣》。

有着密切关系。故这一时期被后人称为"中兴盛世",确不为过。

秦汉时期是中国传统政治体制奠基并走向成熟的开端,创造了辉煌的历史和灿烂的文化,堪称一代盛世。然而,贪污腐败的问题始终伴随着帝国的历史进程。尽管秦汉帝国都曾大力反贪,为澄清吏治做出过努力,也曾取得相当大的成就,却无法从根本上扼制贪污腐败的愈演愈烈,最终导致了吏治崩坏和政权瓦解。纵观秦汉时期反贪的历史,无论是成功的经验,还是失败的教训,都留给后人珍贵的启示。

其一,必须清醒地认识到贪污腐败的巨大社会危害。秦国商鞅,西汉董仲舒、贡禹、东汉王充、王符、仲长统等思想家,都反复指明了贪腐侵蚀国家政权的严重性。秦二世而亡,秦末的腐败猖行,与兵徭征发等暴急之政,都是关键因素。西汉和东汉后期,社会经济并未到崩溃边缘,然而王朝崩溃了!其根源是政治的腐败黑暗、官吏的贪渎横行,这直接导致了民众离心离德的社会大危机,进而演变为王莽代汉和东汉张角黄巾大起义、董卓篡权、军阀混战,促动其统治走向瓦解。道理很简单,吏治腐败的直接受害者是广大无辜民众,横征暴敛、贪赃枉法、损公肥私,种种负担最终都会不合理地压在他们头上。所以,民众对官吏的贪腐最敏感也最痛恨,他们会在忍让承受、寄望于官府处理的同时,以各种手段表达自己的不满。一旦统治政权缺乏对贪官污吏的有效控制能力和诚意,矛盾积累到一定程度,反抗必起,终必汇成雷霆之势,荡涤一切官场丑恶,秦汉王朝的垮台,莫不如此,但也付出了巨大的社会代价。要维护好自己的统治,力避因王朝覆灭而带来的巨大社会破坏,统治者必须始终对贪污腐败保持高度警惕,坚持不懈地抓好反贪工作。

其二,建立严密有力的监察机构是有效反贪的必要条件。秦汉反贪的主要经验就是大力投入、构建从中央到地方完备严密的监察网络体系,并配备足量的监察官员。实践证明,在政治环境比较健康时,秦汉监察机制确能收到澄清吏治的效果。秦汉监察体制最突出的问题就是监察权与行政权分离不彻底。郡守、县令长是地方行政长官,同时兼辖区内最高监察官,集地方行政权与监察权于一身,不但容易造成监察与行政的互相干扰,更重要的是经常受到行政权力的制约,使得秦汉时代的监察效能大大削弱。督邮、廷掾等既为监察官,又为郡县长官的属吏,他们在行使监察权时须秉承行政长官的意志,难以避免使监察权屈从于行政权。历史经验证明,监察权不独立,特别是行政权对监察权的支配在本质上会妨害监察的正常运行,这种体制根本不可能防范吏治的腐败。

其三,必须依法反贪腐,有法必依。《秦律》中就规定有详细的惩治渎职和贪污腐败官吏的法规,对各级官吏的违法行为用法律明确规定了"轻罪重罚"的标准,对贪官污吏有着巨大的震慑力。此后,《汉律》继承了《秦律》的精神,加大了对贪官污吏的惩治力度。此外,两汉还规定有《刺史六条》、《三互法》等专项监察法规,有针对性地惩治各种贪贿行为,做到了有法可依。有法必依的情况则时好时坏,西汉武帝和宣帝、东汉明帝时,基本能做到有法必依,既不以贵、官抵罪,也不因功废法,保证了法律反贪的权威性。不过,更多时候法律受到皇帝、贵戚、显宦们的破坏。尤其西汉中期以后,儒学理论导入汉代法律,既有积极意义,也带来了有罪不罚或同罪异罚的所谓"八议"之条(亲、故、贤、能、功、贵、勤、宪),严重削弱了法律的公正性和权威性,使贪官污吏可借各种名义逃脱惩罚,加剧了腐败风气的蔓延。后世应吸取这一历史教训。

其四,官府不得以改善财政收入为由直接经营工商业,这是防止权力腐败的重要内容。官员直接介入经济活动,往往会损公肥私,大肆侵吞,与商人勾结出卖经济情报或操纵买卖,谋取一己私利;官吏直接经营工商业,会严重败坏官员的形象,污浊吏治空气。汉武帝时期,在强化反贪的情况下,仍难以有效扼制腐败蔓延的一个重要原因,就在于推行盐铁官营、均输平准等官府经商政策。王莽新朝吏治的迅速腐败,一发不可收拾,主要原因也在于此。

其五,统治阶级奢靡享受之风,不仅浪费大量的社会财富,也是贪污腐败的根源之一。在任何一个政权中,官吏的合法收入总是相对固定和有限的,一旦奢侈享乐形成风气,官吏们为了满足奢侈享受,难免会走上贪污受贿、谋取不义横财的绝路。西汉、新莽、东汉中后期的数次吏治腐败高潮,都与皇帝、王侯外戚带头掀起的奢靡歪风有关,在享乐贪欲的刺激下,贪官污吏会层出不穷,直至吏治彻底崩坏。因此,反贪腐必须与有效控制奢侈享乐配合,才能收到良好效果。

其六,民众参与是反贪顺利进行的重要保证。秦汉反贪的历史经验证明了,在制度上保障民众参与反贪、揭发贪官污吏的权利的重要性。两汉都有授权民众进京告发地方官吏横行不法的"言变事"制度,许多贪腐大案就是在民众的揭发下败露的。东汉时还把"民诵"(民间舆论)作为黜陟官吏的重要依据。道理很简单,贪官污吏们无论怎样遮掩贪污腐败的事实,可能会逃脱上级的监察,但难以逃脱民众的眼睛。关键是要在反贪过程中避免单纯依赖有可能官官相护的官僚队伍,要鼓励民众在法制范围内参与到反贪行动中去。这样,无论隐藏多深的贪腐丑行,都会大白于天下。

其七,表彰廉吏、提高官吏自身修养是保持官员队伍廉洁奉公的必要内容和条件,但不能高估甚至迷信其作用。秦汉历史表明,品质优异、自觉廉洁奉公的官吏毕竟是少数,要求官僚队伍整体达到这样的道德水准是不现实的。汉宣帝反贪,特别重视表彰廉吏,是对的,但他希望全体官吏都以此为榜样、自觉清廉,就太过天真,效果自然不佳。一方面贪官污吏不会按照榜样的标准来矫正自己,在利益驱动下仍会照贪不误;另一方面,会出现许多沽名钓誉的伪君子、伪装清廉的贪官,正如王成、黄霸等"伪廉吏"清廉美行的谎言被戳穿后,只能加剧腐败问题的恶化。

其八,秦汉王朝的历史经验告诉我们:反贪腐既要从制度建设、强化法制入手,也要从提高官员的自我修养、道德约束入手。同时,既不要过多寄望于贪官污吏们在道德教化下会洗心革面,也不要以为有了法制,就必能根除贪腐,执法者不行,好法也会变坏。还应双管齐下,"治法"与"治人"并重。

秦汉反贪皆以失败而告终,说明在专制皇权体制下,想要解决好吏治贪腐的问题是很难的,往往只能取得局部、阶段性的成果。而这正是古代中国不断上演"其兴也勃,其亡也忽"的王朝周期律的一大原因所在。

第三章 魏晋南北朝的反贪机制

汉末至魏晋，是中国封建社会从秦汉的开创向隋唐的成熟发展转折的重要历史阶段。历史转折的巨大反差，不可避免地给社会带来了急剧震荡，作为社会上层建筑的道德风尚也在震荡中经历了自身的激变。与社会风尚相对应的吏治和监察制度，也经历了自身的承继与嬗变。

第一节
三国时期的监察与反贪

自东汉末年军阀混战、曹操专权,到公元 220 年曹丕代汉,再到公元 265 年司马炎代魏,是中国历史上魏、蜀、吴三国鼎立的时代。三国鼎立的局面,打破了自秦汉以来所形成的国家统一局面,使皇权专制、中央集权的政治制度出现严重裂变,门阀世族操纵朝政,以政治势力间平衡为基础的局面取代了皇权独尊的格局。这就决定了封建国家机器中监察制度的作用必会受到一定限制。但是,秦汉以来君主专制中央集权制度仍在不断发展,这一时期的监察制度在秦汉基础之上也在继续完善。

一、魏、蜀、吴的贪贿与反贪实践

1. 曹魏政权的吏政与反贪

东汉末年,维持社会统治秩序的儒学走向衰颓,信仰破灭,世风日下,士人奔竞依托,四处寻求李膺、陈蕃、许劭等操纵舆论的名人,为己延誉,以谋进身之阶;名士为保全自己的虚誉,免受世俗攻击,亦以诡行欺世人;总持风裁者,不重实才,惟尚浮华,结党营私,滥推养望。汉末风尚,江河日下,已深刻地影响甚至左右了王朝吏治。当时社会的风俗,重虚誉而不务实,浮华滥赏,官吏贪贿不法,豪强兼并横行;士人则矫伪诈行,相互吹捧,百般钻营,企求以高名图进身;百姓则困顿不堪,几无生存之地。东汉王朝统治的严重腐败,促使整个社会矛盾的急剧尖锐,黄巾一起,其覆亡为历史必然。

  魏武帝曹操自幼生活在东汉末年的动荡中,其父曹嵩为汉桓帝时宦官集团重要成员曹腾的养子,时人多不齿其出身。曹操在谋求晋升的过程中历经曲折,也不得不迎合当时世风,终得到"世名知人"的太尉桥玄的赏识,桥玄称他为"命世之才"。曹操又得到当时主持"月旦评"的汝南名士许劭"子治世之能臣,乱世之奸雄"的高评价,引起当时士大夫们的注意。这样曹操才得以逐渐融入士大夫官僚集团。① 曹操毕竟是一位雄才大略、有政治远见的杰出政治家,他有统一中国、结束战乱的志向。在东汉末年群雄并起的激烈角逐中,曹操随着地位的提高和稳固,开始摆脱当时世风,表现出务实的精神,这对曹魏政权的稳固和统治秩序的重建发挥了巨大作用。

  曹操身处东汉末年官吏贪腐、社会混乱的严酷环境下,深明"治乱世用重典"的道理,"揽申、商之法术,该韩、白之奇策",主张并厉行法治。曹操二十岁举孝廉为郎,任洛阳北部尉,投身政治之初,即厉行法治,打击不法豪强:"初入尉廨,缮治四门。造五色棒,悬门左右各十余枚,有犯禁者,不避豪强,皆棒杀之。后数月,灵帝爱幸小黄门蹇硕叔父夜行,即杀之。京师敛迹,莫敢犯者。"光和(178—183年)末年,曹操迁任济南相,时"国有十余县,长吏多阿附贵戚,赃污狼藉,于是奏免其八;禁断淫祀,奸宄逃窜,郡界肃然"。灭袁绍后,他指责袁绍在冀州的吏治败坏:"袁氏之治也,使豪强擅恣,亲戚兼并,下民贫弱,代出租赋,炫鬻家财,不足应命。审配宗族,至乃藏匿罪人,为逋逃主。欲望百姓亲附,甲兵强盛,岂可得邪!"②曹操正是要标榜整饬吏治,打击目无法纪、贪赃枉法之辈,使百姓安心,重定社会秩序。

  曹操提倡依法治军、以身作则的务实措施。官渡之战后,他在建安八年(203年)颁布"己酉令":"是古之将者,军破于外,而家受罪于内也。自命将征行,但赏功而不罚罪,非国典也。其令诸将出征,败军者抵罪,失利者免官爵。"后又颁布"庚申令",规定:"未闻无能之人,不斗之士,并受禄赏,而可以立功兴国者也。故明君不官无功之臣,不赏不战之士;治平尚德行,

---

① 《三国志》卷一,《魏书一·武帝操纪第一》。
② 《三国志》卷一,《魏书一·武帝操纪第一》。

有事赏功能。"① 这两道充满务实精神的治军令,使曹操在东汉末年军阀混战中,能建立起一支纪律严明、战斗力较强的军队,并最终完成统一北方之大业,在三国对峙中始终保持了军事优势。

曹操注意整饬吏治,支持地方官打击不法豪强。王修任魏郡太守时,"抑强扶弱,明赏罚,百姓称之"。杨沛为长社令时,曹操从弟曹洪"宾客在县界,征调不肯如法。沛先捉折其脚,遂杀之。由此太祖以为能";满宠为许昌令,"时曹洪宗室亲贵,有宾客在界,数犯法,宠收治之。洪书报宠,宠不听。洪白太祖,太祖召许主者,宠知将欲原,乃速杀之。太祖喜曰:'当事不当尔邪?'"杨沛、满宠是基层官吏,却敢斩杀屡立战功、对曹操又有舍命救助之恩的曹洪属下宾客,而曹操表现出对杨沛、满宠行为的赞赏和支持,说明反贪暴是君主借助清官廉吏之行为风范以维护政权,是以监察、法律、道德教化构建起统治网络,以清官廉吏的反贪实践而得实行。而清官廉吏也须依托于君权方可实践反贪活动,因此,最高统治者对清官廉吏惩贪倡廉活动的支持,是整饬吏治、稳固统治的重要保证。曹操对杨沛"以为能"、满宠"当事不当尔邪"的欣赏,正是他统治的高明之处,显现出他在政治上的杰出才能。

曹操还提倡节俭,"以俭率人,由是天下之士,莫不以廉节自励,虽贵宠之臣,舆服不敢过度",使东汉末年奢靡俗尚的社会风气,在曹操执政时基本得到扭转。官吏省亲,往往是"垢面羸衣,独乘柴车。军吏入府,朝服徒行",倘使官吏"有著新衣,乘好车者",舆论就会说他不廉洁。官吏如果常穿敝旧的衣服,舆论就会赞其廉洁。② 这种状况虽有些偏于形式,但有这样的形式也比没有好。正是曹操以身作则,建安时期社会上形成了一种俭朴的风气。曹操的统治手段,终使务实质朴战胜了虚誉浮华,他倡导的良好社会风尚,有效地发挥了对贪贿的社会监督、澄清吏治的作用,这是曹操取得成功的重要原因。

曹操的政治手段还表现在选拔官吏、任用人才的标准上。东汉时选官

---

① 《三国志》卷一,《魏书一·武帝操纪第一》。
② 《三国志》卷十二,《魏书十二·毛玠》;卷二十三,《魏书二十三·和洽》。

用人的察举征辟制度,多为世家大族和乡里豪门把持,到东汉末,宦官、外戚交替专权,掌控选举制度,更加腐败,所谓"举秀才,不知书。举孝廉,父别居。寒素清白浊如泥,高第良将怯如鸡",淋漓尽致地描绘出汉末吏治之腐败,察举制度之沦落,名实之脱节,完全阻塞了人才正常流动的通道,选举用人制度已到了非改不可的地步。曹操在创业之初,就把选用人才、发挥人才作用放在首要位置,这是以驾驭人才有术作保证的。曹操以颇具战略眼光的指导思想,三次颁布"唯才是举"的选人政策,核心就是把才能作为选拔人才的首要条件,只要有真才实学就可举用。曹操在东汉末年形成士人"分品为官"的不成文准则、风尚之下,实施这种不讲门第、不拘品行的"唯才是举"的用人政策,是中国古代选官制度的一个重大突破。

  曹操的三次"求贤令",是针对东汉后期在外戚、宦官擅权干政下用人唯亲、政治黑暗的选举弊政而发的,虽不乏过激之词,但曹操用人并非只重才而不重德,似乎只要有"治国用兵之术",即使是"不仁不孝"、"盗嫂受金"之类品行不端、有违人伦者,亦重用为官。其实,曹操亦赞美以"德教施政",并不排斥儒家德治思想。他也能用忠于故君、孝顺父母、崇尚信义、道德仁厚的真君子和忠义之士,只是反对过分强调忠、孝、仁、义之意,尤其是反对那些"矫情饰诈以取名,危言耸听以取誉"的伪君子。① 在实践中也可看到,曹操"唯才是举",克服了东汉后期的选举弊政,阻断社会人才流动的局面得以松动,一大批文臣武将和智谋之士汇聚到曹操的大旗之下。在曹操集团的成员中,真正品行不端、大节有亏的人并不多见,而品行端正者大有人在。负责人才选举的荀彧、崔琰、毛玠,选人重德才兼备,不尚虚名,提倡廉洁,都贴近曹操的用人标准。毛玠"雅亮公正,在官清格。其典选举,拔贞实,斥华伪,进逊行,抑阿党。诸宰官治民功绩不著而私财丰足者,皆免黜停废,久不选用。于时四海翕然,莫不励行。至乃长吏还者,垢面羸衣,常乘柴车。军吏入府,朝服徒行。人拟壶飧之洁,家象濯缨之操,贵者无秽欲之累,贱者绝奸货之求"②。荀彧先后推荐的人很多,著名的荀攸、钟

---

① 《三国志》卷十六,《魏书十六·杜畿》;卷一,《魏书一·武帝操纪第一》。
② 《三国志》卷十二,《魏书十二·毛玠》。

彧、陈群、司马懿、郗虑、华歆、王朗、荀悦、杜袭、辛毗、赵俨等都是"命世大才",品行也大多比较端正,后来成为卿相者达十数人。他们选举的人才中,有许多人出身低微,按东汉末年旧的选举标准是很难被录用的。文臣如赵俨、辛毗、杜畿、裴潜、王象、郭嘉等均出身寒微,特别是郭嘉出身低微又有"负俗之讥",曹操却信而不疑、予以重用。郭嘉则忠于曹操,呕心沥血,操劳过度,青春年华竟至累死于北征途中。武将如"拔于禁、乐进于行阵之间,取张辽、徐晃于亡虏之内,皆佐命立功,列为名将"。曹操能够不拘一格选拔人才,又能兼顾人才的品行,"吾任天下之智力,以道御之",以法约束,确保官吏清廉,实属难能可贵!"天下之智力"为曹操所用,是曹操用人的高明之处,这才有了"吏洁于上,俗移于下,民到于今称之"的局面,足见当时的吏治还是比较清明的。①

曹操的政治实践表明,中国古代的官吏虽标榜为万民父母、行为表率,但若没有一套封建道德和法律体系的约束,他们便如"使饿狼守庖厨,饥虎牧牢豚",任何统治者都很难实现其"仁治"。因此,必须筑起道德的堤防和法治的罗网,以保证吏治的清明,维护封建统治,这是有道之君为政的必然选择,曹操也无法回避他的时代命题。然而,他之后呢?

曹魏政权的吏政显著腐败,始于文帝曹丕统治时期。曹丕为巩固统治,极力拉拢日益强大的世家大族势力,于是废除了曹操"唯才是举"的政策,实行"九品官人"的选举制度,世家豪强逐渐垄断、把持选士任官特权。世家豪族势力借此独占政府官位,又凭借这一政治特权来保障其社会经济特权,曹魏时期的奢侈浮华之风从曹丕时已开始,一改曹操时崇尚节俭的社会风尚。人才正常入仕之路被阻断,只能以非正常手段求取功名,竞相奔走于豪强权贵之门,贿赂请托,严重败坏了曹魏时期的官场风气。

魏文帝曹丕死后,魏明帝曹叡即位。明帝统治前期尚能明察断狱,容受直言诤谏,戒除浮华,颇有一番政绩。但明帝最大的缺点是奢淫过度,特别是其统治的最后几年中,骄奢淫逸的本性暴露无遗。他征发民役,大兴土

---

① 《三国志》卷一,《魏书一·武帝操纪第一》;卷十,《魏书十·荀彧》。

木,营建宫室,使百姓"力役不已,农桑失业";又"耽于内宠,妇官秩石拟百官之数,自贵人以下至尚保,及给掖庭洒扫,习伎歌者,各有千数",还"录夺士女前已嫁为吏民妻者,还以配士,既听以生口自赎,又简选其有姿色者内之掖庭"。最高统治者的奢靡淫欲,滥行秽政,必然导致政治的腐败黑暗。朝臣纷纷上疏规谏,先后达二十余人。明帝对臣下的规谏,既不诛贬,也不纳言,而奢侈淫欲依旧,致使国用匮乏,百姓困顿,其政权终为司马氏所代,则是政治腐败的必然结果。①

2. 蜀国诸葛亮的法治与廉政

魏、蜀、吴三国中,蜀国内政治理最有条理,这与诸葛亮的法治理念密不可分。史学家陈寿称赞诸葛亮治蜀,"科教严明,赏罚必信,无恶不惩,无善不显,至于吏不容奸,人怀自厉,道不拾遗,强不侵弱,风化肃然"②。虽不免有溢美之词,但不可否认,诸葛亮治理下的蜀国政治比较清明,官吏较为廉洁奉公。

(1) 诸葛亮的法治

刘备入川前,刘焉、刘璋父子统治蜀地二十年,"故杀蜀中豪强",引起土著地主与外来豪强间矛盾的激化,导致局势混乱,刘璋更是暗弱无能,法同虚设,豪门大姓徇私枉法,"专权自恣",不受约束。刘备入蜀后,诸葛亮深知要由乱到治,严明法纪为治政之要。要实行法治,先须立法。诸葛亮召集法正、刘巴、李严、伊籍等人制定了蜀国的法典——《蜀科》,作为决刑论狱的依据。此外,诸葛亮还作"八务、七戒、六恐、五惧,皆有条章,以训励臣子",让官员随时保持戒惧、敬畏之心,以做到廉洁奉公,忠于职守。他治军也有七禁。诸葛亮亲作《法检》两卷、《科令》两卷、《军令》两卷,凡"有此者斩之",以训励各级官吏将士。诸葛亮以法治蜀,以客观现实为制法依据,体现了他审时度势、据变施政的远见卓识。当时蜀郡太守法正认为诸葛亮刑法峻急,希望他学汉高祖刘邦"约法三章,秦民知德"、"缓刑弛禁,以慰其望"。诸葛亮指出,刘邦入关诛灭暴秦,与此时益州"蜀土人士,专权自

---

① 《三国志》卷二,《魏书二·文帝丕纪第二》;卷三,《魏书三·明帝叡纪第三》。
② 《三国志》卷三十五,《蜀书五·诸葛亮传第五》。

恣"的形势完全不同。刘邦继秦而起,废秦苛法,施恩惠,是形势使然。而如今蜀地政治腐败,豪强专权自恣,社会混乱,根源在于刘璋懦弱无能,法制长期松弛、威刑不肃,因此必须审势定法,有弊必矫,隆刑峻法,惩治危害政局、专权自恣的蜀地豪强地主和官僚士大夫,而不是普通民众。① 诸葛亮不拘泥于儒家正统"德主刑辅"原则、因势而定的法治思想,在实践中对律令的制定和颁布,对改变益州原来法令不全、规章混乱、吏治腐败的状况,有很大作用,为蜀汉政权的巩固和发展奠定了良好基础。

诸葛亮以法治国,表现在执法"刑不择贵",对皇室、丞相府一视同仁,"赏不遗远,罚不阿近"。他在《前出师表》中规谏后主刘禅,"宫中府中,俱为一体,陟罚臧否,不宜异同。若有作奸犯科及为忠善者,宜付有司论其刑赏,以昭陛下平明之理,不宜偏私,使内外异法也";"爵不可以无功取,刑不可以贵势免",皇室大臣触犯国法,须同庶民百姓一样依法论处。这种主张和实践在封建社会是难能可贵的。

诸葛亮执法赏罚严明,法不徇私。诸葛亮对于赏罚分明的必要性和赏罚不明、是非不分的危害性,认识得非常清楚。因此,他在执政实践中特别重视赏罚对于奖励忠纯勤廉、惩戒邪恶贪腐的作用。历史上诸葛亮斩马谡、奖王平、流李严、废廖立,便是突出的例证。李严、廖立都是朝廷重臣,马谡也以"才器过人",素为诸葛亮所器重,但在他们触犯法律后,诸葛亮坚持刑不择贵、公平执法的原则,依法严惩。由于诸葛亮执法公允,奖惩得当,所以李严、廖立被惩处后都能认罪服法,并无怨恨之心,蜀国官吏在诸葛亮的影响下也多能严明执法。当得知诸葛亮去世的消息后,廖立垂泣叹曰:"吾终为左衽矣",李严竟悲痛"发病死"。晋人习凿齿评论说:"诸葛亮之使廖立垂泣,李平(即李严)致死,岂徒无怨言而已哉! 夫水至平而邪者取法,镜至明而丑者无怒,水镜之所以能穷物而无怨者,以其无私也。水镜无私,犹以免谤,况大人君子怀乐生之心,流矜恕之德,法行于不可不用,刑加乎自犯之罪,爵之而非私,诛之而不怒,天下有不服者乎! 诸葛亮于是可

---

① 《三国志》卷三十五,《蜀书五·诸葛亮传第五》。

谓能用刑矣,自秦、汉以来未之有也。"①

(2)诸葛亮的廉政风范

诸葛亮不可能对蜀国上下所有事情都事必躬亲,他制定的法律和制度是要人去遵守和执行的。如果各级官吏,尤其是身居高位的大臣不能廉政守法,再好的法律和制度也会流于空文。因此诸葛亮在注重制定法律和依法行政的同时,非常重视严于律己,为属下官吏做出廉洁勤政的表率。他的倡廉风范扭转了东汉末年吏风不正的局面,成为历代忠君爱国者的楷模,对后世影响深远。

诸葛亮明白倡廉先从律己正身始。诸葛亮指出:"故人君先正其身,然后乃行其令。身不正则令不从,令不从则生变乱";"先理身,后理人,理上则下正,理身则人敬";"夫释己教人,是谓逆政,正己教人,是谓顺政"。②他认为,德治教化首先要从最高统治集团做起,否则,政令难以贯彻,也难以收到成效,廉政更是无从谈及。诸葛亮首次北伐之时,因误用马谡,败走街亭,于是斩马谡以谢众,并上疏"请自贬三等,以督厥咎",于是贬为右将军,行丞相事。这是诸葛亮律己正身的典型事例。在蜀汉政权中,诸葛亮助刘备,辅后主,功高盖世,却能严于律己,勇于自责,居功不傲,挺身托孤,"权逼人主而上不疑,势倾群臣而下不忌",既使蜀国最高统治集团始终保持着比较和谐的状态,又为实施他的廉政思想树立了威望,提供了有利条件。

诸葛亮强调为官不谋私利、廉洁奉公。他指出,以私危公是国家"五危"之一,如不禁止,上行下效,政治必然腐败,国家不能长治久安。诸葛亮认为蜀汉政权中官僚集团以权谋私的现象,是治人、治军、治国之大患,"不可不黜",对以权谋私的贪官污吏进行严厉打击,"斩断之后,此万事乃理也"。他要求将领"得其财帛不自宝,得其子女不自使",如此则兵乐死,方能取得战争胜利。诸葛亮还针对蜀中"时俗奢侈,货殖之家,侯服玉食,婚姻葬送,倾家荡产",百姓无法安居乐业,社会不能安定的状况,提倡"救奢

---

① 《三国志》卷四十,《蜀书十·刘彭廖李刘魏杨传第十·廖立、李严》。
② 《三国志》卷三十五,《蜀书五·诸葛亮传第五》。

以俭",要求蜀国各级官吏清心寡欲,约束自己,爱护百姓。他推崇春秋时期楚相孙叔敖"栈车牝马,粝饼菜羹,枯鱼之膳,冬羔裘,夏葛衣"的廉洁俭朴风范,要求蜀国官员以之为楷模,力图营造崇尚俭朴、廉洁奉公的政治氛围。诸葛亮能以身作则,力戒奢华,始终保持俭朴生活。他曾《自表后主》,言明自己在"成都有桑八百株,薄田十五顷,子弟衣食,自有余饶。至于臣在外任,无别调度,随身衣食,悉仰于官,不别治生,以长尺寸。若臣死之日,不使内有余帛,外有赢财,以负陛下","及卒,如其言"。① 诸葛亮确实是这样做的。

诸葛亮的廉政思想还体现在选官用人得宜,如此才能在统治集团中形成廉政风尚,才能确保政策的贯彻执行,才能收到预期的政治和社会效果。所以,诸葛亮十分重视"举贤",他强调"治国之道,务在举贤"的方针,并总结两汉兴衰治乱之关键在用人得失,"亲贤臣,远小人,此先汉所以兴隆也;亲小人,远贤臣,此后汉所以倾颓也",故"为人择官者乱,为官择人者治,是以聘贤求士"②,他所选拔的人才,多为勤政忠廉之士。诸葛亮为政清廉,蜀国大臣都深受其影响而勤于政事,居官清廉,不尚奢华。蒋琬、费祎和董允前后治蜀二十年,秉承诸葛亮遗规而颇有政绩,时人将他们与诸葛亮并称为"四相"③。大将军姜维"据上将之重,处群臣之右,宅舍弊薄,资财无余,侧室无妾媵之亵,后庭无声乐之娱,衣服取供,舆马取备,饮食节制,不奢不约"。大将邓芝,"赏罚明断,善恤卒伍。身之衣食资仰于官,不苟素俭,然终不治私产,妻子不免饥寒,死之日,家无余财"。④

诸葛亮长期执掌蜀国的军政事务,反贪倡廉,整饬吏治,半生操劳,夙兴夜寐,呕心沥血,体现了一位杰出政治家以法治国、依法办事的法治思想和

---

① 《三国志》卷三十五,《蜀书五·诸葛亮传第五》;诸葛亮:《教》,《诸葛亮集》卷二,中华书局1960年版,第33页。
② 《三国志》卷三十五,《蜀书五·诸葛亮传第五》;诸葛亮:《便宜十六策·举措第七》,《诸葛亮集》卷三,中华书局1960年版,第67页。
③ 《三国志》卷三十五,《蜀书五·诸葛亮传第五》。
④ 《三国志》卷四十四,《蜀书十四·蒋琬费祎姜维传第十四·姜维》;卷四十五,《蜀书十五·邓张宗杨传第十五·邓芝》。

倡俭反奢、倡廉惩贪的廉政思想,在一定程度上符合了当时社会发展的客观要求。其继承者蒋琬、费祎能"承诸葛之成规",继续推行诸葛亮的法治廉政思想,使蜀汉政权在诸葛亮身后仍一度保持了较为稳定的局面。但蜀后主刘禅昏庸,费祎被刺身亡后,他听任宦官黄皓弄权,政治昏聩,以致身为国家辅弼重臣的大将军姜维"惧而不敢居京都,而求种麦于所居之沓中"。这种状况,正如吴国使臣薛珝来蜀后,总结蜀政得失时所说:"主暗而不知其过,臣下容身以求免罪,入其朝不闻正言,经其野民皆菜色。"①这时蜀汉政治腐败,君臣上下浑噩饱食,不知死之将至,社会经济凋敝,百姓困顿,民不聊生。故司马昭敢大举伐蜀,大军压境,蜀后主依然偏信佞小之言,不事应对,终成亡国之君。

3. 孙吴的吏政清浊与反贪得失

吴国吏政前期较清明,出现了"国险而民附,贤能为之用"、"猛士如林"的局面。公元229年,孙权称帝后,吴国政治明显衰败,直至吴末腐败成不治之症,终至败亡。

汉末天下大乱,豪强争立。在这种乱局中,孙权在少年时代便显现出非凡的政治才能,时孙权跟随其兄孙策赴江东征战,"性度弘朗,仁而多断,好侠养士,始有知名,俟于父兄矣。每参同计谋,策甚奇之,自以为不及"。孙策曾对孙权说:"举贤任能,各尽其心,以保江东,我不如卿。"②事实证明,孙权承继父兄之业后,坚持"举贤任能"的用人政策,孙策时的文武要员张昭、张纮、周瑜、吕范、董袭、程普、太史慈等,他都予以重用。他还"招延俊秀,聘求名士",罗致各方人才,鲁肃、诸葛瑾、步骘、严畯、陆逊、甘宁、吕岱等都被委以重任,尽展所能。孙权还秉持"不求全责备"的用人思想。他曾与陆逊论鲁肃有一短二长,而"其一短,不足以损其二长","周公不求备于一人,故孤忘其短而贵其长"。这使孙权在建国过程中选用了一大批有才能的人,成为辅弼王业的心腹股肱。

---

① 《三国志》卷五十三,《吴书八·张严程阚薛传第八·薛综子珝》。
② 《三国志》卷四十七,《吴书二·吴主权传第二》;卷四十六,《吴书一·孙破虏讨逆传第一·孙策》。

三国时期，吴主孙权用人赏罚分明。周瑜屡立战功，孙权素为器重，周瑜病死，孙权念念不忘其功勋，称"公瑾有王佐之资"、"孤非周公瑾，不帝矣"。他对周瑜子女亦予照顾，后来，周瑜次子周胤自恃功臣子弟，横行不法，孙权不因其为功臣子弟而特加宽恕，废之为庶人，徙庐陵郡十年。① 孙权赏罚严明，故孙吴政权廷臣用命，上下一心。孙权用人重廉直奉公，不以私恨而蔽贤。吕范在孙策主政时，负责管理财务，不因孙权是孙策长弟而满足其私求。孙权不以为忤，认为他能忠于职守，奉公廉直，执政后对他愈加信任。周谷阿谀奉承，不惜伪造账目，以满足孙权私求，孙权执政后竟"不用也"。

孙权属下大臣亦多仿效"举贤任能"之用人政策，一时"唯贤是举"蔚然成风，"君臣之间，推诚相与，逸间不行于其间"，吏治清明，为防治贪贿创造了良好的政治环境，吴的国力不断增强。魏文帝曹丕在刘备欲为关羽报仇兴兵伐吴之时，放弃联蜀伐吴打算，并望江而叹："彼有人焉，未可图也。"诸葛亮在蜀人主张伐吴时也说："彼贤才尚多，将相缉穆，未可一朝定也"，"所以能保江东也"。② 这都说明了孙权的"举贤任能"政策在巩固东吴政权中起了重要作用。

孙权统治后期，情况又发生了变化。孙吴政权是由流亡南下的北方豪族和江东土著世族共同支持而建立的。在建国前"未有君臣之固"的动荡时期，孙吴政权内外交困，南北豪强大族不得不牺牲自身一定的利益，同心协力，谋求一个较稳固的安身立命之所，而孙权在协调大族关系的同时，则力行"举贤任能"，对随时可能导致政权覆亡的贪污腐败现象大加遏制，以保持吏政的清明，稳固其统治。孙权称帝，完成了艰辛而漫长的建国之路，其统治地位也得到加强，与魏国几次战役的胜利，暂时解除了来自北方的威胁；蜀、魏之争，减轻了对吴国的压力；吴、蜀联盟的恢复，使西方边境得到较长时期的安定。然而外部环境较前大为安定，却未能使孙权在建国历

---

① 《三国志》卷五十四，《吴书九·周瑜鲁肃吕蒙传第九·周瑜》。
② 《资治通鉴》卷六十九，《魏纪一》，"文帝黄初二年"；《三国志》卷四十七，《吴书二·吴主权传第二》；《三国志》卷三十五，《蜀书五·诸葛亮传第五》。

程中抓住机遇,像曹操和诸葛亮那样,采取打击豪强、以免其乱政的措施,世家大族势力日益发展并坐大。孙吴政权终于在江东地域化过程中被大族操纵朝政,皇权成为保护豪强大族特权的工具,吴国政治逐渐腐败,吏治走向了反面。①

在这种状况下,孙权晚年,"性多嫌忌,果于杀戮",直接导致了孙吴集团内部的矛盾。吕壹事件,就是孙权晚年猜忌残暴、吴国统治集团内部复杂矛盾斗争的集中体现。

吕壹在孙权朝廷中担任"中书典校"。吴国在孙权称帝前后设置校事一职,以监督纠察百官。根据《三国志·吴志》的记载,吴国职官系统中校事隶属于中书,职责是"典校诸官府及州郡文书",故亦称"中书典校"。吴国的校事,较曹魏校事的纠举权力更大、范围更广,"举罪纠奸,纤介必闻",甚至连一国之相的去就都可任意摆布,"壹等因此渐作威福,遂造作榷酤障管之利","重以深案丑诬,毁短大臣,排陷无辜,雍等皆见举白,用被谴让"。②孙权称帝后,政权显示出江东地域化特色,使得江东大族势力膨胀,位居文武朝班之首的顾雍和陆逊皆为江东大族。大族势力坐大,皇权力量便相应缩小。孙权既然登帝位,自然希望唯我独尊,他既要借助于江东大族的势力,又不能容忍世家大族对皇权的侵犯,便以"校事"来防忌臣僚、充当爪牙。

校事本是为君主执法的工具,当皇权对之怂恿、放任时,它便失去了约束,执法变为对法制的破坏。吕壹性情"苛惨"、"用法深刻",又深受孙权的宠信,于是"渐作威福","毁诋重臣,排陷无辜"。特别是,他奏劾丞相顾雍、左将军朱据,引起江东世族的抱团回击,首先由步骘出面,后"中书吕壹典校文书,多所纠举。骘上疏曰:'伏闻诸典校擿抉细微,吹毛求瑕,重案深诬,辄欲陷人以成威福;无罪无辜,横受大刑,是以使民踏天蹐地,谁不战慄。'"③朝廷大臣人心惶惶,"皆畏之",身为江东世族首领的大臣潘濬与陆

---

① 《三国志》卷四十七,《吴书二·吴主权传第二》。
② 《三国志》卷五十二,《吴书七·张顾诸葛步传第七·顾雍》。
③ 《三国志》卷五十二,《吴书七·张顾诸葛步传第七·步骘》。

逊论及吕壹"乱国",竟至相对痛哭。潘濬甚至"大请百寮,欲因会手刃杀壹,以身当之,为国除患。壹密闻知,称疾不行"。① 吕壹用法苛刻,打击面过广,终将自己与君权外的整个政治势力对立起来,最终孙权不得不向世族妥协,借检核朱据贪污失实一案,将吕壹收付廷尉,"后遂诛戮"。孙权以校事维护皇权、抑制江东大族之举,以失败而告终。

吕壹打击势族的行为,实质代表了孙权的意图。群臣与吕壹的对立,实际是君臣之间的对立,矛头直指孙权。孙权称帝后,对臣下的猜忌之心益重,连心腹股肱、社稷之臣顾雍、陆逊、潘濬等都放心不下,而专用吕壹,威慑百官,可见孙权统治初期那种君臣和睦、上下一心的局面已丧失殆尽。君臣离心、大臣"莫敢言"的腐朽局面,加上江东大族势力为维护自己的特权,导致法治不行。孙吴政权后期的吏治腐败在所难免,以致楼玄、贺邵、韦曜等为官忠直、敢于进谏者,多惨遭杀身之祸,甚至夷灭三族。佞谄阿谀之风大行其道,"佞谄凡庸,委以重任",出现"忠谏者诛,谗谀者进"的局面,吏政腐败日益演变成普遍现象。②

吴国朝中有识之士曾试图改革吴国吏政,以振衰起弊。选曹尚书暨艳,"为人狷直自负,不肯随俗沉浮,喜为清议,品评人物",他担任选用官吏的要职,"见时郎署混浊淆杂,多非其人,欲臧否区别,贤愚异贯。弹射百僚,覈选三署,率皆贬高就下,降损数等,其守故者十未能一,其居位贪鄙,志节汙卑者,皆以为军吏,置营府以处之"。但暨艳的改革遭到众多官员、世族的反对,他们"竞言艳及选曹郎徐彪,专用私情,爱憎不由公理",作为最高统治者的孙权竟也不能容忍这种改革,于是"艳、彪皆坐自杀"。孙权还以此案中"温宿与艳、彪同意"为借口,将被诸葛亮评为"清浊太明,善恶太分"的张温也拘捕下狱。③ 孙吴的吏政腐败已无可挽救,社会矛盾激化,在孙权离世、孙皓继位前后,统治集团内部已分崩离析。当晋军伐吴时,孙吴军队迅即土崩瓦解。吴主孙皓临投降前,无可奈何地哀叹:"不守者,非粮

---

① 《三国志》卷六十一,《吴书十六·潘濬陆凯传第十六·潘濬》。
② 葛洪:《抱朴子·吴失卷第三十四》,中华书局1954年版,第160—161页。
③ 《三国志》卷五十七,《吴书十二·虞陆张骆陆吾朱传第十二·张温》。

不足,非城不固,兵将背战耳!"①吏政的极端腐败是导致吴国民心背离、迅疾灭亡的一个重要原因。

二、三国时期反贪法律和监察制度的发展

三国时期,曹操统一北方,又基本控制西北地区,孙权在江东、刘备在西蜀也都建成了较为稳固的统治区域。魏、蜀、吴政权,无论谁要稳固统治,结束三国鼎立局面,实现统一大业,政权建设的作用已不亚于军事斗争。因此,在采用两汉旧制,保持权力集中,使政治体制适应专权需要的同时,加强法制反贪,强化监察制度,对于三国政权建设都具有重要作用。

1. 三国时期的反贪法律法规

(1)《魏律》

吏治好坏关系国家的治乱兴衰,所谓"国家之败,由官邪也"。先秦法家所言"明主治吏不治民"被历代君王奉为圭臬,除以监察机关监督官吏的活动外,都注意以法治官,通过立法对职官严加约束,防止渎职贪婪。《汉律》经过数百年的实施,"篇少文荒,事寡罪漏",没能及时适应社会变动,至东汉末已积弊甚重,亟待改革。曹操于建安年间制成《甲子科》。青龙二年(234年),魏明帝谕令司空陈群、散骑常侍刘邵、给事黄门侍郎韩逊、议郎庾嶷、中郎黄休等"删约旧科,傍采汉律,定为魏法,制新律十八篇,州郡令四十五篇,尚书官令、军中令,合百八十余篇",作为治国、治官和治民的法律依据。

"新律十八篇",就是《魏律》正律,其中"盗、贼、捕、杂、户"五篇袭用《汉律》,新增"劫略、诈伪、毁亡、告劾、请赇、乏留、惊事、偿赃、免坐"等九篇,又改具律为刑名,改兴律为兴擅,分囚律为系讯、断狱两篇。《魏律》对惩治官吏贪污受贿的法律规定,是曹魏政权以法治官的重要体现,说明当时统治者注意到了运用法律手段惩治官吏贪贿犯罪行为,以促进吏治清明

---

① 《三国志》卷四十八,《吴书三·三嗣主传第三·孙皓》。

的问题。《魏律》十八篇中专列"请赇"、"偿赃"二篇,就是专门惩治官吏贪污受贿罪行的法律规章,其中"'盗律'有受所监临受财枉法,'杂律'有假借不廉,'令乙'有呵人受钱,'科'有使者验赂,其事相类,故分为'请赇律'"。可见,"请赇律"是针对接受所监临人员的财赂、官吏负债违背契约不按期偿还、借某种罪名敲诈勒索、使者在验核财物时接受钱财等四类官吏行贿受贿的犯罪行为而设立的;而"'盗律'有还赃畀主,'金布律'有罚赎入责以呈黄金为价,'科'有平庸坐赃事,以为'偿赃律'",说明"偿赃律"是对官吏贪赃枉法,施以将所贪赃物归还物主、对违法官员处以罚金、合理地估计赃物的价钱来征收罚金等惩罚规定。《魏律》在正律之外,另编《魏令》一百八十余篇,涉及治民、治吏、治军等内容,属于行政法规,与汉令不同。其中,"州郡令"是针对惩治地方官吏的不法行为而制定的;"尚书官令"是针对朝廷各部长官的刑律,也适用于中央政府各级官吏。这些法令主要是惩罚官吏职务上的公罪,即贪赃枉法罪、大不敬罪、出入人罪等。①

《魏律》中官律的规定,使曹魏政权的惩贪法律趋于细密,从制度上完善了反贪的天网,成为此时反贪机制的重要组成部分,但也反映了曹魏政权统治后期官吏贪赃枉法现象的普遍性。

(2)《察吏六条》

曹魏的监察法规,是由豫州刺史贾逵根据"州本以御史出监诸郡,以六条诏书察长吏二千石已下"所创立的《察吏六条》,由魏文帝布告天下,成为曹魏政权的地方监察法规。曹魏《察吏六条》的具体内容为:"察民疾苦冤失职者,察墨绶长吏以上居官政状,察盗贼为民之害及大奸猾者,察犯田律四时禁者,察民有孝悌廉洁行修正茂才异等者,察吏不簿入钱谷放散者。"《察吏六条》所规定的监察范围在汉制基础上有所扩大,但仍坚持重点察官而不察吏的原则,监察对象为长吏二千石以下,墨绶长吏六百石以上官员。除其中一条补充规定在监察不法的同时举荐品行清洁、才华突出者外,其余五条皆为纠察官员的贪贿不廉、违法失职行为。

---

① 《晋书》卷三十,《志第二十·刑法》。《魏律》到隋朝时已佚失,其残余内容,保留在《晋书·刑法志》中。

曹魏政权的《察吏六条》，是通过法律形式来规范监察机构活动的监察法规。它明确了监察机构的行为方向和准则，有助于监察官正确行使职权，做到纠而有据、劾而有理，保证监察工作平稳有序，提高监察效能。同时，它对监察官有一定的约束作用，即监察只以"六条"问事，"所察不得过此"，以防止监察机关的行动超越权限，使监察官自身做到奉公守法。①

从立法角度而言，《察吏六条》无疑具有合理性，但曹魏时期刺史已成为地方一级行政长官，地方监察已成曹魏政权的薄弱环节，因此，在实际操作中，这六条监察法易流于空文，无法发挥其应有的作用。

（3）《蜀科》

诸葛亮"以法治蜀"，制定了蜀国的法典——《蜀科》，还作"八务、七戒、六恐、五惧皆有条章，以训励臣子"。他亲作《法检》、《科令》、《军令》各两卷，以训励各级官吏将士，让官员随时保持戒惧、敬畏之心，以廉洁奉公，忠于职守。这些法令的严格执行，造就了西蜀较为清明的政治环境，蜀国的官吏一般都能严明守法执法，在一定程度上遏制了官吏的贪贿违法行径，客观上缓和了蜀地的社会矛盾，人民当然也受益。三国时期农民起义的多寡，就很能说明问题：魏国发生十二次，吴国则发生二十三次之多，而蜀国仅两次，可见诸葛亮"以法治蜀"是取得了显著实效的。②

2. 三国时期监察制度的进一步发展

三国时期，魏国的监察制度始设于政权建立之初，承东汉之制，重心仍在御史机构，置御史台（又称"兰台"），以御史中丞为主官（建安末还临时设置督军御史中丞，但未成定制），隶属少府。御史大夫一职，初由郎中令代行，建安二十二年（217年）成为定职。延康元年（220年），曹操去世前，监察机构中已设立侍御史一职。③ 魏国的监察制度在曹操时期处于草创阶

---

① 《三国志》卷十五，《魏书十五·刘司马梁张温贾传第十五·贾逵》；沈休文：《齐故安陆昭王碑文》及注文，萧统编、李善注：《文选》卷五十九，文渊阁四库全书本，乾隆四十七年刊本，第24页。
② 《三国志》卷三十五，《蜀书五·诸葛亮传第五》。
③ 《三国志》卷二十二，《魏书二十二·桓二陈徐卫卢传第二十二·陈群》；卷十二，《魏书十二·崔毛徐何邢鲍司马传第十二·鲍勋》。

段,御史机构还未从行政系统中独立出来,仍属行政系统内部的监察。黄初元年(220年),曹丕代汉称帝后,对御史机构做出了进一步调整,原隶属秦汉九卿之一少府的尚书台、中书省、侍中三机构已经独立并参与决策。中书、侍中显赫之后,尚书台成为执行机构,九卿地位再次下降。少府地位跌落,监察系统仍委属其下就难以有效履职,于是御史台从少府中独立出来,成为直接受皇帝控制、只对皇帝负责的、体制独立的中央监察机关。御史台构成了一个超然于行政体系之外的新监察体制,这是中国古代监察制度的重大变革。

曹魏御史台,作为专掌监察的中央机构,仍以御史中丞为最高长官,兼行宫省事。故曹丕代汉不久,在黄初二年(221年)改御史中丞为宫正,不久又恢复为御史中丞。《三国志·魏书·鲍勋传》记载:"黄初四年,尚书令陈群、仆射司马宣王并举勋为宫正,宫正即御史中丞也。帝不得已而用之,百僚严惮,罔不肃然。"御史中丞之下,沿用汉制置治书侍御史二人,掌律令、以是非谳疑事、审案的职责,并提高其地位,为御史中丞之副贰,"魏晋以来,则分掌侍御史所掌诸曹,若尚书二丞也";设治书执法,掌奏劾,其地位在一般御史之上,与治书侍御史相当。① 治书执法使监察机构中增加了一个积极纠弹的层面,扩大了监察的深度和广度。

曹魏御史台的属官,还设有侍御史八人,"魏置御史八人,有治书曹,掌度支运,课第曹,掌考课","魏三台五都各侍御史一人",即尚书台、侍节台、谒者台和长安、谯、许都、邺、洛阳等五都均设侍御史,是御史台派到其他中央政府机构和特定地方政府的监察官员,说明曹魏监察的触角已伸向了财政、人事、军事等各个中央要害部门,出现曹魏御史深入部门内部监督、专事专案的趋势。② 殿中侍御史二人,为曹魏政权的创设。每逢朝会,殿中侍御史端坐殿旁,随时奏举不法,"魏兰台遣二御史居殿中,伺察非法"。其设

---

① 《三国志》卷十二,《魏书十二·崔毛徐何邢鲍司马传第十二·鲍勋》;《宋书》卷四十,《志第三十·百官下》。
② 《宋书》卷四十,《志第三十·百官下》。

置既加强了朝堂中的纠察,又有"震肃百官"、以壮皇权威势的作用。①

三国时期,魏国御史台不是唯一的中央专职监察机关,司隶校尉和尚书左丞也都有监察权。

曹魏时期,司隶校尉的职权在两汉体制的基础上进一步扩大,"魏晋乃以京辅所部定名置司州,以司隶校尉统之",朝会时"司隶于端门外坐,在诸卿上,绝席。其(傅玄)入殿,按本品秩在诸卿下,以次坐,不绝席",是东汉司隶校尉作为"三独坐"之一的特殊地位的延续,因其握有监察大权之故。建安十八年(213年),曹操省并州郡,撤司隶校尉。黄初元年(220年),魏文帝曹丕复置司隶校尉。与御史台不同,司隶校尉又是地方长官,统领京师所在州,称为司州,故其监察对象包括司州下属地方官员;其属官"都官从事"是专职监察官。蜀国也设置司隶校尉,"督察京輦,不典益州事",是专职京师监察官。②

尚书左丞,东汉时与御史中丞同为少府属官,"总典台中纲纪",曹魏以后随着尚书台的独立而脱离宫廷机构,成为政府官员。曹操统治时期,属下设司空司直,职司监察。司直也是西汉旧职,为丞相属官,"掌左丞相举不法",后改属司空。建安十年(205年),曹操曾任命杜畿为司空司直,建安十三年(208年),重设丞相后,丞相司直一职保留到建安末。曹丕称帝后,不设丞相,尚书台出居外朝成为行政中枢。魏国中央政府体制实行分权原则,行政权、监察权都分属不同机构,省内监察的要求随之提高。在这种局势下,曹丕以尚书台属官尚书左丞取代丞相司直执掌行政系统的监察权,"主台内禁令,寝庙祠祀,朝仪礼制,选用署吏、急假,兼纠弹之事"③,担负起了更重的监察职责。

三国时期,魏国和吴国的中央监察机构还有一类特任监察官——校事,

---

① 《晋书》卷二十四,《志第十四·职官》。
② 杜佑:《通典》卷三十二,《职官十四·州郡上·司隶校尉》,上海商务印书馆1936年版,第183页。
③ 杜佑:《通典》卷二十二,《职官四·尚书省、仆射左右丞》,第129、131—132页。

魏国校事设于建安初年,吴国的校事设于孙权称帝前后。① 建安初,"军旅勤苦,民心不安","天下草创,多不奉法",为防止军心、民心浮动,曹操设置校事,"抚军都尉,秩比二千石,本校事官。始太祖欲广耳目,使卢洪、赵达二人主刺举,洪、达多所陷入,故于时军中为之语曰:'不畏曹公,但畏卢洪;卢洪尚可,赵达杀我'。"②曹操设置校事,是为了加强对群下的伺察和纠举。校事设置之初确实在军中产生了较强的震慑作用。此外,曹操还设司空府刺奸主簿一职,与校事同司察纠,司空军谋掾孙礼"初丧乱时,礼与母相失,同郡马台求得礼母,礼推家财尽以与台。台后坐法当死,礼私导令逾狱自首,既而曰:'臣无逃亡之义',径诣刺奸主簿温恢。恢嘉之,具白太祖,各减死一等"③。可见校事和刺奸主簿的设置及权力的膨胀,实际行使御史中丞职权,甚至使御史台一度弱势。曹魏设置校事制度,一直遭到门阀士族官僚的激烈反对。他们也曾迫使曹操不得不诛杀赵达等人,但曹操并未废除校事制度。曹丕代汉后,校事更成为正式的监察官,专责刺举官吏兵民的"奸罪","上察宫庙,下摄众司",权力极大。后来,一些校事利用职权挟私报复,贪污受贿,擅作威福,给门阀士族以攻击的口实,以司马氏为代表的门阀士族掌握朝政大权后,终于废弃校事制度。

三国时期,门阀士族难以承担监察机构对国家机器的自我调节功能,也就难以体现以权力制约权力的政治精神,亦不可能承担起在反贪倡廉的实践中通过节制自身特权、打击危害国家利益的贪官污吏,维护国家机器正常运转的重任,曹操遂起用出身寒微、地位低下而有能力之人,承担战事监察的职务,并引入朝堂,凌驾百官之上,职掌超越了其他所有的监察官。校事官本地位较低,但一出现便打上了天子亲信和军事执法官的烙印,能轻易地"奏按丞相",有深入督察行政的权力。但校事没有正式机构,不受法律对机构的约束,又因皇帝亲信的身份而具有法外行权的可能。校事设置

---

① 吴国校事制度史实前文已有详述,此处详论以魏国的校事制度为主。
② 李昉等撰:《太平御览》卷二百四十一,《职官部三十九·都尉》引《魏略》,文渊阁四库全书本,乾隆四十七年刊本,第14—15页。
③ 《三国志》卷二十四,《魏书二十四·韩崔高孙王传第二十四·孙礼》。

有利于皇帝的集权,确实对加强法律监督、打击贪官污吏发挥了一定作用,如"时置校事卢洪、赵达等,使察群下","校事刘慈等,自黄初初数年之间,举吏民奸罪以万数"。① 但同时,校事是凌驾于法律之上来行法,本意在维护法律,却又难免破坏法律。事实上,校事官在执法过程中不受程序约束,以这种方式强化法治,也必然要付出破坏法治的代价,而且对于维护国家法制而言,破坏的代价更大。但在皇权的支持下,校事制度虽备受门阀士族官僚的指责,仍能顽强存在近半个世纪,曹操的"无奈托词"可谓道破天机:"要能刺举而办众事,使贤人君子为之,则不能也。昔叔孙通用群盗,良有以也。"②可知这是曹操精心设计、创置的一种身兼私臣、酷吏、军司三种职能的新型监察官,以更有效地操纵监察,控制百官。曹魏时期,在皇权对门阀势力尚能保持优势,并对校事控御有方之时,士族势力惮于皇威,在校事检核面前,不得不有所收敛,而校事也未造成太大的危害。但这一平衡完全维系于皇权,曹魏后期皇权衰落,校事也随之取消。

曹魏时期,监察制度在曹操统治时期草创,到曹丕时基本形成定制。中央监察机构分为四个子系统:御史台、尚书左丞、司隶校尉和校事。但四个子系统之间并非互为补充的关系,而是在监察对象、范围、权限、行使职权方式、与国家最高权力的关系等方面,缠绕重合多于相互衔接。在监察对象上,御史台专掌察举非法,既包括全部政府机构,又兼管宫廷机构,还负责对特定地方政府的直接监察;尚书左丞的监察对象主要在尚书台内,实行台内监察,包括五曹尚书、二尚书仆射和尚书令,"得弹奏八座";司隶校尉掌"察举百官及京师近郡犯法者",监察对象较御史台少了宫廷部分;校事在设置之初即定为"使察群下",职责已难界定,曹丕称帝之后,校事权力日益膨胀,皇帝以下皆为其监察对象,与尚书左丞以外的三个机构的职权完全重合,可见机构的分立并非出于分工的需要,而是出于曹魏政体分权制衡的需要。在监察权限上,中央监察系统只有制约权和起诉权,即只能察举而不能处理,更不能定罪,审判权与裁决权归廷尉。因此,曹魏的中央

---

① 《三国志》卷二十四,《魏书二十四·韩崔高孙王传第二十四·高柔》。
② 《三国志》卷一,《魏书一·武帝操纪第一》。

监察制度尽管设立了四重机构,但权力运行仍处于同一层面,监察功能的发挥受到一定限制。

　　与魏国较为系统完备的中央监察体制相比,吴、蜀两国的监察制度则较为简略,其职官设置概承汉制。《晋书·职官志》载:"孙吴、刘蜀,多依汉制,虽复临时命氏,而无忝旧章。"蜀国御史台的情况缺乏史料记载,仅《三国志·蜀书·向朗传》有"(向朗)子条嗣,景耀中为御史中丞"的记载。吴国的御史台最高长官也是御史中丞,亦谓中执法、左执法。《历代职官表》记载:"至吴之中执法、左执法,其职较崇,当亦即中丞之改名也。"①孙权时,尚书仆射是仪"守侍中",后"复拜侍中、中执法,平诸官事,领辞讼如旧"。孙皓初年,任命选曹尚书、太子少傅薛综之子薛莹为左执法。② 吴国御史台还设有侍御史、监农御史、督军御史等属官。

　　三国时期,地方监察一直是薄弱环节。汉灵帝中平五年(188年)改刺史为州牧,使原来作为监察地方官员的州刺史的职权范围发生变化,主要是增加了领兵权和行政权。建安时期,州从监察区演化成为最高一级地方行政单位,州刺史的监察权由中央派出的性质变为地方行政权的附属,其主要职责已不是监察,而是作为直接隶属于掌政的曹操的亲信,守土治民、征伐异己,替曹操经营基业,西汉以来御史中丞外督州刺史的制度因此中断。曹丕即位后,力图通过恢复西汉旧制,扭转刺史监察职能久废的局面。时贾逵出任豫州刺史,"考竟其二千石以下阿纵不如法者,皆举奏免之"。曹丕趁势颁诏:"'逵真刺史矣。'布告天下,当以豫州为法。"希望将贾逵的做法颁行、推广全国。但当时地方世族势力方兴未艾,刺史执掌军政大权之态势已形成,曹丕的努力未能如愿。曹魏对地方的监察也只能维持在"刺史职存,则监察不废"的水平,中央监察系统对地方的监察只能是处于

---

　　① 永瑢、纪昀等撰:《历代职官表》卷十八,文渊阁四库全书本,乾隆四十七年刊本,第17、26、28页。
　　② 《三国志》卷六十二,《吴书十七·是仪胡综传第十七·是仪》;卷五十三,《吴书八·张严程阚薛传第八·薛综子莹》。

一种弱控制的状态。①

由于曹魏时期刺史已起不到代中央监察地方的功能,改为临时指派使者出巡监察地方。黄初元年(220年)二月,魏文帝曹丕"遣使者循行郡国,有违理掊克暴虐者,举其罪",一度起到监察地方、核实考课的作用。只是随着曹魏后期政治腐败、吏治败坏,巡察地方逐渐流于形式。②

3. 谏官机制的系统规范

从东汉开始,侍中作为皇帝身边的近臣,出入宫廷,侍从皇帝左右,成为沟通君主与百官的桥梁,地位渐形显贵。汉灵帝熹平六年(177年),建置侍中寺,侍中、黄门侍郎"员各六人"的职掌出现了重大变化,由生活上侍应杂事、学术上充当顾问、政治上参与谋议或谏诤,发展到固定、具体的"省尚书事"③。这一制度为魏、蜀、吴沿用,并进一步发展为曹魏政权时侍中在政治上并不局限于"省尚书事",同时侍从左右、参与谋划和谏诤。如辛毗在魏文帝曹丕时拜为侍中,"帝欲徙冀州士家十万户实河南。时连蝗民饥,群司以为不可,而帝意甚盛",辛毗直言规谏,文帝先怒而后听从其意见,"帝遂徙其半"。这反映出侍中作为"谋议之官",侍从左右、参与谋议、直言谏诤的情况。④曹魏时,侍中寺具有谏官性质的属官有:给事黄门侍郎四人,掌侍从左右,规谏政治得失;散骑常侍四人,掌规谏,帝出则参乘骑从;给事中,无定员,掌顾问应对;谏议大夫,加官,无定员。

蜀国也因袭汉制,建立言谏制度,设谏议大夫,属官有议曹从事,皆为正员。蜀汉名臣费祎、杜微、尹默,皆曾出任谏议大夫。吴国也设有规谏官,孙休统治时期,选曹尚书兼太子少傅薛综之子薛莹曾授散骑中常侍。

三国时期,侍中职掌明显偏重谋议和谏诤,原隶属光禄勋的具有谏官性质的谏议大夫、给事中等都归属侍中寺,说明侍中寺言谏职能的强化,谏官

---

① 《后汉书》卷八,《孝灵帝纪第八》。《三国志》卷十五,《魏书十五·刘司马梁张温贾传第十五·贾逵》;卷九,《魏书九·诸夏侯曹传第九·夏侯玄》。
② 《三国志》卷二,《魏书二·文帝丕纪第二》。
③ 《后汉书》志第二十六,《百官三》,注引《献帝起居注》。
④ 《三国志》卷二十五,《魏书二十五·辛毗杨阜高堂隆传第二十五·辛毗》。

机制开始系统化、规范化。三国时期,言谏制度逐渐完备与加强,对于维护政局稳定,纠察政治偏差,营造良好的政治氛围和社会风尚有一定作用,成为这一时期反贪与监察机制的重要组成部分。

4. 三国时期监察机制的作用和历史经验

三国时期是中国古代监察制度一个重要的发展时期,在一定程度上体现了与变革、发展精神一致的积极趋向。

魏、蜀、吴三国鼎立,时局混乱,为求得政治稳定、免遭覆亡的危险,统治者不得不对世家大族施以优容政策,以换取其支持。同样是为了统治的稳固,又不得不加强对势力膨胀、威胁皇权的世家大族的控制,因此在一定程度上加强监察措施,如御史台成为皇帝直接控制的独立执法机构,重新提高司隶校尉的地位,设置校事官,重新修订地方监察的《察吏六条》等,这些措施尽管也有种种弊端,但对加强监察是有利的,对于皇帝监控臣僚、皇权控制世族的贪贿恶行,对于巩固皇权、强化统治秩序,有着积极的意义。

三国时期,强化监察对于整饬吏治、防止官吏违法贪贿起到了一定作用。中国古代实行专制主义中央集权统治,百官群僚不过承帝旨行事,而要以皇帝意旨来统一全国官吏的行为,就要制定体现统治阶级意志的法律作为准绳。但若要统治集团内部的贵族、官僚和地方豪强都能遵守法纪,防止僭越行为和其他威胁皇权的行为,除在法律中专设对付官吏贪贿违法的条款外,还必须有专职机构和官吏来监督官吏执法、守法,故中国历代封建王朝均重视设立和强化监察机构、监察官吏。三国时期,监察制度建设和职能的发挥,与东汉时期相比,有诸多发展、变化,由御史台、司隶校尉、尚书左丞、校事、言谏系统等构成的监察体制,较为繁杂,监察结构较为分散、粗疏,但在当时国家组织尚不发达完善的情况下,要杜绝漏洞,强化监察,必须因事设职。在豪强集中的京师地区和官吏集中的行政中枢,另行设职,以弥补监察职能的薄弱环节,从而构成御史执掌一般、司隶治理难点、左丞扼守要害的分工不同、各有侧重又相互统一的监察格局,在皇帝和官僚集团之间起着沟通平衡、举罪纠奸的网络作用,起着将皇帝和百官意志统一于法律的中坚作用。三国中,魏国的监察制度相对系统、完备,监察官纠举各级官吏的违法失职行为,对吏治清廉产生了良好效果,对于其政权建设发挥了作用。因此,尽管曹魏政权当时外有吴、蜀威胁,内有世族的钳制,但吏治总体能承载政权的稳步发展,在三国中始终保持优势地位。

　　三国时期,监察实践与时代变革既有同向之时,亦有悖反之况。三国新建的监察体制的功能本身是增强了,但未能发挥应有效力,而出现御史严重失职的情况,原因不仅在制度本身,还在于监察制度的运行不是孤立的,要受内外多方面因素的制约。外部的阻力主要来自世家大族势力对监察精神的软化、对监察职能的改易。三国政权在加强监察的过程中普遍遭到了世族势力的反对:曹魏的《察吏六条》竟成一纸空文,魏、吴的校事官更是从设置之初便遭到强烈反对而终至废除,孙吴政权内普遍存在"小宜恩贷,以安下情"的请求,监察职能就是在这样的环境中慢慢被侵蚀,日益背离监察的初衷。封建皇权和礼教既是推动又是阻碍监察的内在因素。监察官本来就是皇帝的耳目,皇帝以之监控百官的言行,而监察官也必须依附皇权发挥作用;同时,封建礼制规范百官群僚的道德行为,是促进良好社会风尚的形成、监察制度有效运行的条件,而三国时期皇权和礼教江河日下,严重制约监察系统的完备,与监察机制运转的关系不甚协调,执行监察的条件朝着不利方向转化,监察制度渐失其效力。

第二节
两晋十六国的贪贿与反贪

两晋十六国,是中国古代社会由短暂统一再次走向长期分裂的时期。无论统一还是分裂割据,各政权巩固自身统治,当然是首要的任务,那么统治者就不能不在一定程度上重视作为惩治贪腐、调整复杂的民族和社会关系、安定社会秩序的武器的法制和监察机制建设。因而在汉魏基础之上,这一时期的法制和监察又有一定的发展。

一、西晋贪腐之风与反贪舆论

1. 皇帝"怠于政术"和奢侈之风盛行

晋武帝司马炎从建立西晋王朝至太康年间平吴,称得上是一个勤于治政、"仁以御物,宽而得众,宏略大度,有帝王之量"、有所作为的封建帝王。但太康年间之后,武帝走向了反面,纵容、庇护门阀士族,居安而忘危,怠于治政,耽于酒色,日趋昏聩。①

晋武帝处理牵连极广、轰动一时的"袁毅行贿案"的方式,便可见他对世家大族和王公大臣贪贿行为的纵容态度。袁毅行贿案发后,曾为司马氏篡魏立下汗马功劳的太保何曾之子何遵、何劭兄弟也被检举,武帝本应严厉查处,但他作为帝王,竟然为何遵、何劭开脱:"太保与毅有累世之交,遵

---

① 《晋书》卷三,《帝纪第三·世祖武帝炎》。

等所取差薄,一皆置之。"李憙奏劾故立进县令刘友、前尚书山涛、中山王司马睦等人违法当纠,晋武帝下诏书表示:"法者,天下取正,不避亲贵,然后行耳,吾岂将枉纵其间哉!"并表彰李憙"亢志在公,当官而行,可谓'邦之司直'者矣"。然而,对于刘友、山涛、司马睦等人的处置,晋武帝则说:"此事皆是友所作,侵剥百姓,以缪惑朝士。奸吏乃敢作此,其考竟友以惩邪佞。涛等不贰其过者,皆勿有所问。"武帝最终仅处置刘友一人,虽然他也借此事警告群僚"各慎所司,宽宥之恩,不可数遇也",但这种对王公势族的宽纵和"释过",无疑助长了特权意识和贪腐之风。①

晋武帝本人就崇尚奢靡。他称帝不久,便两次下诏选天下美女入宫;平吴之后,又将吴主孙皓的五千宫女纳入后宫,致其宫女多达万人。在西晋皇帝的庇护和放纵之下,门阀官僚集团的侈靡浮华、挥霍浪费之风在历史上是罕见的。史载,石崇"百道营生,积财如山","财产丰积,室宇宏丽";晋初开国重臣和峤"家产丰富,拟于王者,然性至吝,以是获讥于世,杜预以为峤有钱癖"②。侍中王济"买地为马埒,编钱满之,时人谓为'金沟'"。在魏晋之交敢于弹劾抚军校事尹模"凭宠作威,奸利盈积"的太傅何曾,入晋后"性奢豪,务在华侈",聚敛侈靡更甚于尹模,"帷帐车服,穷极绮丽,厨膳滋味,过于王者";其子何劭奢侈更甚,"衣裘服玩,新故巨积。食必尽四方珍异,一日之供以钱二万为限"。③ 因此,他们出现贪贿违法行径是必然的。

西晋的门阀权贵有夸耀攀比、斗富的恶习。石崇与贵戚王恺争豪比富便是典型事例。石崇是功臣石苞之子,"与贵戚王恺、羊琇之徒以奢靡相尚。恺以粕澳釜,崇以蜡代薪,恺作紫丝布步障四十里,崇作锦步障五十里以敌之。崇涂屋以椒,恺用赤石脂"。晋武帝司马炎不仅不制止这种奢侈挥霍的行为,反而纵容支持:"武帝每助恺,尝以珊瑚树赐之,高二尺许,枝柯扶疏,世所罕比。恺以示崇,崇便以铁如意击之,应手而碎。恺既惋惜,

---

① 《晋书》卷四十一,《列传第十一·李憙》。
② 《晋书》卷四十五,《列传第十五·和峤》。
③ 《晋书》卷四十二,《列传第十二·王浑子济》;卷三十三,《列传第三·何曾、子劭》。

又以为嫉己之宝,声色方厉,崇曰:'不足多恨,今还卿。'乃命左右悉取珊瑚树,有高三四尺者六七株,条干绝俗,光彩曜日,如恺比者甚众。恺惘然自失矣。"①又如,吏部尚书任恺被贾充排挤免官后,"纵酒耽乐,极滋味以自奉养",听闻何劭"一日之供以钱二万为限","每食必尽四方珍馔",很不服气,就以"一食万钱,犹云无可下箸处",以压倒何劭为荣耀。②

门阀制度是西晋奢靡之风盛行的社会和历史根源。西晋时期,门阀士族凭借仕进特权,其子弟可以无学识、无治绩、无军功,仅凭门第便可轻松入仕。政治上的特权,必然带来经济上的特权,通过权力高度集中社会财富,为西晋上流社会的奢靡之风提供了物质基础。西晋时期,流行的纵欲论和乐生论,特别是元康时期的放纵派从极端的禁欲主义走向极端的纵欲主义,以纵欲为乐趣所在,也加剧了西晋奢靡之风。当时流行的《列子》一书中充斥着如此言论:"十年亦死,百年亦死;仁圣亦死,凶愚亦死。生则尧舜,死则腐骨,生则桀纣,死则腐骨,腐骨一矣,孰知其异?""丰屋、美服、厚味、姣色,有此四者,何求于外?"这种纵欲、及时行乐的消极人生观,助长了元康之后官僚士族追求奢靡、放纵之风的盛行。

2．贪贿之风普遍化

西晋门阀士族的奢靡生活,靠的是以特权聚敛的财富来支撑的。司马氏西晋政权通过"禅让"方式夺权,得到豪族世家的大力支持,故不可能冲击这一腐败的统治基础。为稳固统治,更是大力笼络世家豪族,极力保护他们的利益和特权,使西晋门阀世族势力得到了更大的发展。其贪贿腐败的本性也恶性膨胀,并渗透到社会生活的方方面面,终于造成西晋时期普遍的贪腐之风。

晋武帝不仅贪恋奢靡,还贪财好利,身为一国之君,卖官鬻爵,聚敛私财。他曾问司隶校尉刘毅:"卿以朕方汉何帝也?"对曰:"可方桓、灵。"武帝不悦。刘毅又直言:"桓灵卖官,钱入官库,陛下卖官,钱入私门。以此言

---

① 《晋书》卷三十三,《列传第三·石苞子崇》。
② 《晋书》卷四十五,《列传第十五·任恺》。

之,殆不如也。"①

西晋社会贪贿之风普遍盛行,以统治集团上层贪污腐败的高比率、频率和规模来衡量社会腐败的程度,晋武帝难辞其咎。可知西晋王朝贪污腐败已成为其社会特征。

西晋咸宁(275—279年)初年,一起牵连甚广的"袁毅行贿案",突出反映了当时贪贿盛行,而贪官污吏得到了皇帝的庇护,君臣各逞所欲。当时,鬲县县令袁毅虽职低位卑,但其妻为曹魏时吏部尚书卢毓之女,卢毓另一女则嫁与晋武帝时的光禄大夫华廙。袁毅因与统治集团上层千丝万缕的联系,而得以贿通朝廷上下,连当时号称"清慎"的司徒山涛,也接受了袁毅的贿赂。《晋书·山涛传》记载:"初,陈郡袁毅尝为鬲令,贪浊而赂遗公卿,以求虚誉,亦遗山涛丝百斤,涛不欲异于时,受而藏于阁上。"一句"不欲异于时",说明当时官员贪污受贿是一种普遍现象,山涛若拒贿便是有违"时尚"。袁毅仅为一县令,按其官俸,虽小康有余却决非富裕,决计不可能"贿通朝廷",其行贿之财无非是靠搜括民财、贪赃枉法而来。而袁毅行贿案发后,"在朝多见引逮",许多朝官都牵涉在内。由于此案涉及面太广,西晋朝廷也没有魄力全部处理,最后只得让光禄大夫华廙做了所有受贿官员的替罪羊。②

西晋贪贿之风盛行,当时多"藉恩宠因缘事任受财以逞欲,治产以专利,或侈汰以自任,或牒诉而无耻"的"贪人败类",使许多官吏"求纳受贿,不知纪极,生官死赠,非货不行","多纳货贿,家产丰积"。③为了升官要行贿,为了保全身家性命也要行贿,甚至连颇有政绩的官员也不能例外。西晋杜预出身世家望族,其祖父杜畿为魏尚书仆射,其父杜恕曾任幽州刺史,其妻为魏文帝曹丕之妹高陆公主。杜预少而好学,"在官则勤于吏治,在家则滋味典籍",博学多能,"明于兴废之道","号曰杜武库,言其无所不有

---

① 《晋书》卷四十五,《列传第十五·刘毅》。
② 《晋书》卷四十三,《列传第十三·山涛》。
③ 王钦若、杨亿等撰:《册府元龟》卷六百二十五,《卿监部六·贪冒》,文渊阁四库全书本,乾隆四十七年刊本,第5—6页。

也"。司马氏代魏后,他参与修订《泰始律》,晋国平吴战争中,他屡立战功。就是这样一个颇有政绩、战功的人,在镇守荆州时,也曾"数饷遗洛中贵要。或问其故,预曰:吾但恐为害,不求益也"。① 可见西晋贪腐之风的普遍化和恶劣程度。

西晋门阀制度之下奢靡之风的盛行,严重败坏了社会风尚,成为普遍贪贿之风赖以存在的温床,结果必然导致西晋政权的灭亡。

3. 西晋反贪腐的舆论

西晋时期,统治集团侈靡之风盛行,上层社会追求生活享乐,争富比奢,必然造成金钱崇拜,而引致社会风气严重败坏;各级官吏凭借职权,普遍贪污纳贿,大肆盘剥百姓,使阶级矛盾激化,必然动摇统治基础。在这种普遍的贪贿奢靡之风下,一些有识之士不随波逐流,出淤泥而不染,或著文抨击时风,或上书规谏时弊,这是可贵的。

元康(291—299)之后,"纲纪大坏",门阀权贵贪贿聚敛,争奢比富。南阳儒士鲁褒"以贫素自立","伤时之贪鄙,乃隐姓名,而著《钱神论》以刺之",将当时门阀权贵对金钱的崇拜和嗜钱如命的丑态,做出惟妙惟肖的描绘和淋漓尽致的刻画:

"钱之为体,有乾坤之象。内则其方,外则其圆……为世神宝。亲之如兄,字曰'孔方',失之则贫弱,得之则富昌……钱多者处前,钱少者居后。处前者为君长,在后者为臣仆。君长者丰衍而有余,臣仆者穷竭而不足……官尊名显,皆钱所致……由此论之,谓为神物。无德而尊,无势而热,排金门而入紫闼。危可使安,死可使活,贵可使贱,生可使杀。是故忿争非钱不胜,幽滞非钱不拔;怨仇非钱不解,令问非钱不发。洛中朱衣,当途之士,爱我家兄,皆无已已。执我之手,抱我终始……凡今之人,惟钱而已。"②

王沈"少有俊才,出于寒素,不能随俗沈浮,为时豪所抑",作《释时论》,以揭露当时的政治丑态:"百辟君子,奕世相生,公门有公,卿门有卿";"贱有常辱,贵有常荣,肉食继踵于华屋,疏饭袭迹于耨耕。谈名位者以谄媚附

---

① 《晋书》卷三十四,《列传第四·杜预》。
② 《晋书》卷九十四,《列传第六十四·隐逸·鲁褒》。

势,举高誉者因资而随形。"①

一些头脑清醒的大臣也认识到了奢靡贪贿问题的严重性,对当时的官场腐朽和政治黑暗提出了尖锐批评。西晋武帝时,被后人称为"当时儒家内面最有见识的革新派"、"最杰出的人才"的傅玄上书指出:"奢侈之费,甚于天灾","古者人稠地狭而有储蓄,由于节也;今者土广人稀而患不足,由于奢也。欲时之俭,当诘其奢,奢不具诘,转相高尚",可谓一针见血。淮南相刘颂批评当时官吏贪腐、吏治败坏的状况时说:"夫大奸犯政而乱兆庶之罪者,类出富强,而豪富者其力足惮,其货足欲,是以官长顾势而顿笔。下吏纵奸,惧所司之不举,则谨密网以罗微罪。使奏劾相接,状似尽公,而挠法不亮固已在其中矣。"②司隶校尉刘毅针对当时中正把持选官制度的腐败局面,主张废除九品中正这一弊法:"今立中正,定九品,高下任意,荣辱在手。操人主之威福,夺天朝之权势。爱憎决于心,情伪由于己。公无考校之负,私无告讦之忌。用心百态,求者万端。廉让之风灭,苟且之俗成。天下汹汹,但争品位,不闻推让,窃为圣朝耻之。"并进而指出九品中正制"毁风败俗,无益于化;古今之失,莫大于此"。③

鲁褒、王沈、傅玄、刘毅等贤儒良吏提倡清廉、崇尚节俭、戒绝贪贿的言论,构成了反贪腐文化的重要内容,在西晋统治集团普遍贪贿侈靡、政治腐败的情况下,虽如荧荧烛火,毕竟使人们在漫漫长夜里看到了一丝光明和希望。

二、东晋的奢靡贪贿之风与反贪

司马氏东晋政权是在琅琊王氏的支持下建立起来的。"王与马共天下",开启了东晋百年门阀政治的格局。以琅琊王氏为代表的门阀士族与司马氏皇权在权力分配和尊卑名分上,已不同于一般君臣关系。皇权依赖

---

① 《晋书》卷九十二,《列传第六十二·文苑·王沈》。
② 《晋书》卷四十七,《列传第十七·傅玄》;卷四十六,《列传第十六·刘颂》。
③ 《晋书》卷四十五,《列传第十五·刘毅》。

于门阀士族势力而存在,对门阀士族极为优容;而东晋门阀士族的势力依托于皇权的保护,肆意发展。在门阀政治之下,东晋政权完全承袭西晋弊政。

晋元帝司马睿即位后,公元318年,御史中丞熊远就上疏直言东晋沿袭西晋的弊政:"选官用人,不料实德,惟在白望;不求才干,惟事请托。当官者以治事为俗吏,奉法为苛刻,尽礼为谄谀,从容为高妙,放荡为达士,骄蹇为简雅。……又举贤不出世族,用法不及权贵,是以才不济务,奸无所惩。"并直指"若此道不改,求以救乱,难矣"!① 可见,东晋建国之初统治集团的骄奢腐败之风已很盛。同时,也说明统治集团中的有识之士敢于揭露和反对这种贪腐之风。

东晋上层社会十分讲究宫室的豪华壮丽,大肆兴造别墅,斗富攀比成风。晋元帝时,纪瞻"拜侍中,转尚书,上疏谏诤,多所匡益,帝甚嘉其忠烈",然其宅第豪华至极,"立宅于乌衣巷,馆宇崇丽,园池竹木,有足赏玩焉"。东晋名臣谢安"于土山营墅,楼馆林竹甚盛,每携中外子侄往来游集,肴馔亦屡费百金,世颇以此讥焉,而安殊不以屑意"。桓玄当政后,"台馆山池莫不壮丽","遣臣佐四出,掘果移竹,不远数千里,百姓佳果美竹无复遗余"。这些豪墅,动辄"功用巨万"。②

东晋门阀士族竞造墅宅,必然侵扰百姓,而致民怨。廷尉张闿"住在小市,将夺左右近宅以广其居,乃私作都门,早闭晏门,人多患之,讼于州府,皆不见省"。③

东晋上流社会追求奢侈享乐之风,带动整个社会竞相侈靡。"侈费甚则所入虽丰,仍若不足",东晋各级统治者为满足自己无穷的享乐欲望,便多方聚敛,贪污受贿,无所不用其极。殷仲文"以佐命亲贵,厚自封崇,舆马

---

① 《资治通鉴》卷九十,《晋纪十二》,"元帝太兴元年十一月"。
② 《晋书》卷六十八,《列传第三十八·纪瞻》;卷七十九,《列传第四十九·谢安》;卷九十九,《列传第六十九·桓玄》。
③ 《晋书》卷六十八,《列传第三十八·纪瞻、顾荣》;卷七十六,《列传第四十六·张闿》。

器服,穷极绮丽,后房伎妾数十,丝竹不绝音。性贪吝,多纳货贿,家累千金,常若不足"。① 司马道子之子元显专权时,京城粮贮殆尽,朝官只能计日领取口粮,"而元显聚敛不已,富过帝室"。名将周处之子周札"性贪财好色,惟以业产为务。兵至之日,库中有精杖,外白以配兵,札犹惜不与,以弊者给之,其鄙吝如此,故士卒莫为之用",周札也终至兵散被杀。② 世族子弟王国宝"少无士操,不修廉隅",却能官至尚书左仆射,"参管朝权","贪纵聚敛,不知纪极,后房伎妾以百数,天下珍玩充满其室"。③ 东晋统治集团上层肆无忌惮的贪贿聚敛之风,造成了东晋时期"力入私门,国弊家丰"的状况。东晋一朝,除孝武帝即位前后的短短几年之外,国家财力长期处于虚竭状态,所谓"晋纲弛紊,其渐有由。孝武守文于上,化不下及;道子昏德居宗,宪章坠矣。重之以国宝启乱,加之以元显嗣虐……主威不树,臣道专行……编户之命,竭于豪门,王府之蓄,变为私藏"④。

东晋时期,在统治集团上层贪贿奢侈之风的影响下,地方官吏的贪贿、奢靡同样惊人,集中表现在"送迎之费"与"恤贫之法"的"制度化",这是很可怕的。

西晋惠帝时,司隶校尉傅咸针对当时地方长官任期多不满一年、频繁调任而致"送迎之费"频仍的现象,上疏说:"送故迎新,相望道路,巧诈由生,伤农害政。"可见西晋时期"迎送之费"的危害就已很严重,东晋时迎新送故之法进一步恶性发展,渐成风尚。东晋之初,丞相西阁祭酒丁潭上书称:"今之长吏,迁转既数,有送迎之费。"州县长官上任,所辖州县有迎新之费,除派车船马轿迎接,还为其营造宅邸,配置生活器物,"先之室宇,皆为私家,后来新官,复应修立。其为弊也,胡可胜言"。州县长官离任之时,所辖州县必馈赠大笔"送故之费",数目惊人,动辄以百万计,更有送兵、送吏者,

---

① 《晋书》卷九十九,《列传第六十九·桓玄》。
② 《晋书》卷六十四,《列传第三十四·司马元显》;卷五十八,《列传第二十八·周玘弟札》。
③ 《晋书》卷七十五,《列传第四十五·王坦之子国宝》。
④ 《宋书》卷四十二,《列传第二·王弘》。

"少者数十户","多者至有千余家"。① 送故迎新之费使政府有限的财力流入私门,既破坏了生产,又败坏了吏治,更使政府财政虚竭。

东晋时期,还有"恤贫之法",即东晋中央政府为士族高门子弟提供一个做地方官以贪贿聚财的机会。东晋考课曾将三考改为二考,即六年考绩,决定升迁。由于东晋担任地方官有数目惊人的迎送之费,获利甚丰,士族高门便以家贫为词,求为州县,以行贪贿。而东晋最高统治集团极力维护士族利益,选官考绩,不求清平守宰治理地方,"守宰之任,宜得清平之人。顷者选举,惟以恤贫为先,虽制有六年,而富足便退",以满足士族高门的无尽贪欲。高门士族王述,"求试宛陵令",目的就是贪贿求富,"颇受遗赠",其罪行"为州司所检,有一千三百条",可见其贪贿之凶猛。但王述贪贿为自己设定一个限度,尚能"足自当止","后屡居州郡,清洁绝伦","为当时所叹"②,竟一时传为美谈。可见东晋"恤贫"贪贿的无限度到了何等无耻的程度!

东晋初年,王导、桓温、谢安都执行"镇之以静"这一政策,对于调和、安定统治集团内部,对付北方少数民族政权的军事进攻,都是有利的。但东晋政府由此对贪贿行为实行宽纵政策的负面影响,集中体现为对门阀士族的笼络,宽容和放纵其贪贿行为。

针对此种状况,尚书左仆射孔愉上表斥责:"奸吏擅威,暴人肆虐","王导闻而非之,于都坐谓愉曰:'君言奸吏擅威,暴人肆虐,为患是谁?'愉欲大论朝廷得失,陆玩抑之乃止。……其守正如此。由是为导所衔"。③ 可见,在"镇之以静"政策之下,王导主张对大族豪强宽容、放纵。高门士族王述求为宛陵令,贪贿违法,王导仅是微言责之。羊聃为庐陵太守,滥杀无辜二百余人,晋成帝都认为此人该死,王导却委曲陈情,保全羊聃。东晋政权为使士族权贵有更多的"恤贫"贪贿机会,更滥设郡县,至有不满五千户的郡,不满千户的县,官僚机构日益庞大,吏治腐败自不待言。这都说明了东晋

---

① 《晋书》卷七十五,《列传第四十五·范汪子宁》。
② 《晋书》卷七十五,《列传第四十五·王承子述》。
③ 《晋书》卷七十八,《列传第四十八·孔愉》。

政府对官员贪贿违法行为不仅是宽容,甚至是纵容。有了这样的保护伞,贪污受贿之风自是大行其道了。

在东晋统治集团普遍侈靡贪贿之时,也出现了一些廉正俭朴的良吏,他们身体力行,不流于时俗,其清廉风范,彪炳史册,在这种背景下更应为后人传颂。

鉴于东晋时"送故"耗费的人力、物力惊人,造成东晋政权财源大量流失的危害,虞预、范宁主张建制度加以限制,均未能付诸实行。而邓攸、孔愉、陆纳等当世良臣则以拒绝接受"送故"之费来表示对这种风气的反对。史载,有"中兴良守"之誉的邓攸从吴郡太守离任时,"郡常有送迎钱数百万,攸去郡,不受一钱"①。孔愉是"能持古人之节,岁寒不凋者",他从会稽内史离任时,"送资数百万,悉无所取"。临终时,还"遗令敛以时服,乡邑义赗,一不得受"。②陆纳,"少有清操,贞厉绝俗",咸安(371—372年)年间,他由吴兴太守调任左民尚书,离郡之际,下属问:"宜装几船?纳曰:私奴装粮食来,无所复须也。临发,止有被幞而已,其余并封以还官"。③他们因能拒贿而为史家所称颂。但东晋"迎新送故"之风猖獗,能拒贿、守清廉的循吏可谓凤毛麟角,反衬出当时官员们普遍的"送故"资财的数量惊人。

东晋时期,最为人称颂的是廉吏吴隐之。吴隐之素有"俭廉"的名声,为官多年,"勤苦同于贫庶"。他任晋陵太守时,"在郡清俭,妻自负薪",甚至连女儿出嫁时最简单的嫁妆都置办不起,只好将家养的狗卖掉,筹资嫁女。隆安(397—401年)年间,广州经济富庶,"包带山海,珍异所出,一箧之宝,可资数世",但吏治败坏,"前后刺史皆多黩货"。东晋朝廷实在看不下去,欲整饬岭南贪鄙之风,因此任命为官素有清名的吴隐之为广州刺史,前往治理。上任途中,经过石门,遇泉水称贪泉,据说凡饮贪泉水者,便会怀无厌之欲,丧失节操,变得贪婪成性。吴隐之自信廉德之节不渝,乃至泉所,酌而饮之,并赋诗:"古人云此水,一歃怀千金。试使夷齐饮,终当不易

---

① 《晋书》卷九十,《列传第六十·良吏·邓攸》。
② 《晋书》卷七十八,《列传第四十八·孔愉》。
③ 《晋书》卷七十七,《列传第四十七·陆玩子纳》。

心",廉洁奉公之志溢于言表。到任后,吴隐之革奢务俭,力矫岭南官场贪赃渎职的积弊。他率先正己,以身作则,力倡节俭,"常食不过菜及干鱼而已,帷帐器服皆付库外"。他励行廉政,杜绝赃贿,属僚佐吏也能收敛贪渎风气,岭南吏治得以整饬。他从岭南返回京师时,"归舟之日,装无余资"。至京师后,"数亩小宅,篱垣仄陋,内外茅屋六间,不容妻子"。① 与那些贪赃奢侈的官吏相比,吴隐之是清贫的,他的节俭清廉、垂范后世的令德懿行,永载史册,受到世人和后人的景仰。名列初唐四杰之一的诗人王勃名作《滕王阁序》中有"酌贪泉而觉爽"一句,便是赞颂这位东晋社会少见的清官。

三、两晋十六国的反贪法律和监察机制

1. 两晋的反贪机制

(1) 晋代的法律监督

曹魏末年司马昭秉政时,不满于魏国法令科纲严苛,本注繁杂偏颇,故令贾充、杜预等负责修订律令,于西晋初的泰始三年(267年)修成,次年正月颁行全国,是为《晋律》,又称《泰始律》。《晋律》包括刑名、法例、盗律、贼律、诈伪、请赇、告劾、捕律、系讯、断狱、杂律、户律、兴擅、毁亡、卫宫、水火、厩律、关市、违制、诸侯等共二十篇,六百二十条,是一部综合性法典,也是魏晋南北朝时期仅有的一部通行全国的法律。贾充同时撰《晋令》四十篇,与律一体颁行,以令设教,违令有罪才入律,首开教令法之先例,先教化,后刑罚,以教喻为目的,解决了汉代以来律令相抵混杂的局面,在中国古代法典史上具有重要意义。贾充还删定当时制诏之条,撰为"故事"三十卷,根据前代习惯法规定了百官行事及处分的章程,是一种新的法律形式。西晋以律、令、故事组成的法律制度,界限分明,内容更丰富,涉及面较广,又能因时立法,体现了法律的适用性和立法的全面性。《晋律》综合了汉魏

---

① 《晋书》卷九十,《列传第六十·良吏·吴隐之》。

旧律之长,又较魏律合理、严密和简明,南朝基本上沿用《晋律》,北朝初年所编律令也大都采自《晋律》。因此,晋武帝不仅主持了政治、经济和军事等方面的改革,还进行法制改革,为太康统一创造了条件。

《晋律》二十篇,在惩治贪贿违制方面继续保留"请赇律"和"告劾律",晋代盛行注释法律,促使贪赃受贿的概念规范化,如"货财之利谓之赃","以罪名呵为受赇","输入呵受为留难,敛人财物积藏于官为擅赋",这样将贪赃罪名规范化,说明晋律中的惩贪法规趋于严密。《晋律》又增设官律——"违制律",规定"诸不敬,违仪失式,及犯罪为公为私,赃入身不入身,皆随事轻重取法,以例求其名也",均以违制论处;对官吏贪赃枉法、行贿受贿、监临受财、监守自盗等行为处刑极严,罪不至死者,虽遇赦,重者禁锢终身,轻者处二十年徒刑。"违制律"丰富了晋律的内容,对于惩治贪官、澄清吏治,具有重要意义。①

晋初的法律,立法的完善较前代有较大进步,但尚须执法严明、有法必依才能真正发挥法律应有的作用。从晋初的执法实践看,最高统治集团注意选用执法官吏,强调依法断狱,并责令官吏执法要"扬清激浊,举善弹违",对于"不率法令者,纠而罪之"。晋武帝统治初期的表率作用,使晋初的执法官吏大多比较刚正,有治绩可称者颇见于史册,开创了西晋初年较好的执法局面和社会安定繁荣的景象。

晋代还制定了监察法规。西晋时曾制定有关中央监察官权限范围的监察法规,但从后来"纠行马内外"的界限被打破,以及司隶校尉傅咸与御史中丞解结因权限问题而发生争论可知,监察法规并未能严格执行。

晋代,地方监察法规内容具体、丰富。晋武帝泰始元年(265年)颁布《中正六条举淹滞②》,其内容为:"一曰忠恪匪躬,二曰孝敬尽礼,三曰友于兄弟,四曰洁身劳谦,五曰信义可复,六曰学以为己。"目的是使中正官推荐人才和察访官员有正确的标准,而实际察访对象主要是在职官员,重心仍是察吏。这一规章虽不是严格意义上的监察法规,但为监察法规的颁行创

---

① 《晋书》卷三十,《志第二十·刑法》。
② 淹滞,是指散落民间的人才。

造了条件。

泰始四年(268年)六月,晋武帝颁行《能否十条》,这一监察法令规定:"田畴辟,生业修,礼教设,禁令行,则长吏之能也。人穷匮,农事荒,奸盗起,刑狱烦,下陵上替,礼义不兴,斯长吏之否也。"同月,又颁行《察长吏八条》,该监察法规规定:"若长吏在官公廉,虑不及私,正色直节,不饰名誉者,及身行贪秽,谄黩求容,公节不立,而私门日富者,并谨察之。"同年十二月,晋武帝又颁下《五条律察郡》诏书,规定:"一曰正身,二曰勤百姓,三曰抚孤寡,四曰敦本息末,五曰去人事",进一步深化了《中正六条举淹滞》的规定。太康九年(288年),晋武帝为进一步完善地方监察,又颁行《察二千石长吏四条》,规定:"二千石长吏不能勤恤人隐,而轻挟私故,兴长刑狱,又多贪浊,烦扰百姓。其敕刺史二千石纠其秽浊,举其公清,有司议其黜陟",这是规定刺史对于二千石长吏的挟私报复、乱兴刑狱、贪贿无厌、烦扰百姓等违法失职行为,有权举劾。①

西晋武帝时期,地方监察法规的颁行,明确规定了郡国守相对属县、刺史对二千石长吏的监察权限和内容。相比曹魏时期贾逵制订的《察吏六条》,监察内容更具体,监察范围进一步扩大。这表明了西晋政权建立初期对监察的重视程度。

(2)两晋的监察制度

西晋和东晋的监察制度基本沿袭汉魏之制,仍以御史台为中央专职监察机关,其最高长官为御史中丞。曹魏以后,御史中丞由皇帝直接指挥,新的体制使御史中丞的地位不断提高,职权进一步扩大,集中体现为执法范围和执行方式得以拓展。西晋惠帝时,御史中丞不纠"三公"的限制被打破。②晋时,刘暾任御史中丞,奏免尚书仆射、东安公繇及王粹、董艾等十余人,受到朝廷嘉奖。同时,御史中丞"专纠行马内"的界限也被打破。西晋

---

① 《晋书》卷三,《帝纪第三·世祖武帝炎》。
② 杜佑:《通典》卷二十四,《职官六·御史台、中丞》,上海商务印书馆1936年版,第141—143页。其中记载:"晋亦因汉,以中丞为台主,与司隶分督百僚,自皇太子以下无所不纠,初不得纠尚书,后亦纠之。"

初期规定御史中丞与司隶校尉的纠劾权限分工是：御史中丞专纠行马内，司隶校尉则专纠行马外。所谓"行马内、外"，就是宫廷与官僚私宅内、外之意，但此后两者的职权界限产生分歧。晋惠帝元康（291—299年）中，御史中丞和司隶校尉因权限问题发生一场争执。司隶校尉傅咸弹奏尚书左仆射王戎与尚书郎李重，御史中丞解结"以咸劾戎为违典制，越局侵官，干非其分，奏免咸官"。傅咸上奏申辩："中丞、司隶俱纠皇太子以下，则共对司内外矣，不为中丞、专司内百僚，司隶专司外百僚。自有中丞、司隶以来，更互奏内外众官，惟所纠得无内外之限也。"①这一申辩得到晋惠帝的认可，御史中丞和司隶校尉职责所纠无内外之限便成定制，但随着晋代御史中丞职权的加强和监察范围的扩大，司隶校尉和御史中丞因职权重叠，冲突内耗势所必然，不利于监察职能的发挥。东晋偏安江南后，罢司隶校尉，中央监察权悉归御史中丞和尚书左丞，也算是实现了中央监察机构的初步统一。

两晋御史台机构的设置也有变化。御史中丞下设治书执法二人、治书侍御史二人（初置四人，太康年间减为二人），侍御史增至九人，分理属官扩大为十三曹：吏曹、课第曹、直事曹、印曹、中都督曹、外都督曹、媒曹、符节曹、水曹、中垒曹、营军曹、法曹、算曹。东晋初年，省课第曹，另立库曹，又分库曹为外左库、内左库二曹，则有十四曹。西晋置殿中侍御史四人，东晋时省为二人，还有因事设置的禁防御史、检校御史等。晋武帝泰始四年（268年）设置黄沙侍御史一人，负责治理黄沙诏狱，兼治廷尉审理不当的案件。御史台机构的扩大，反映了御史职权的扩展和深入部门监察趋势的加强。

魏晋时期，尚书左丞的监察职权小于御史中丞和司隶校尉。西晋初年，尚书左丞的监察范围限于尚书省内，监察对象是尚书令、尚书仆射和诸曹尚书，以及尚书八座以下众官，监察权限在于纠弹八座及八座以下官吏，执法范围与御史中丞、司隶校尉相同，亦无内、外之分。左丞的权限也不断扩张。

---

① 《宋书》卷四十七，《列传第十七·傅玄子咸》。

两晋时期,御史中丞、司隶校尉和尚书左丞三者的监察权限交叉,并无明显界限,但统治者加强监察的目的是显见的,且三者之间可互相奏劾,有利于监察权本身的相互监督,防止专擅。但总体而言,西晋和东晋中央对地方的监察仍是其监察体系中的薄弱环节,尤其是在晋武帝统治后期表现更为明显。在刺史监察日渐废弛的情况下,西晋和东晋中央政府也曾采取诸如遣使出巡、"采听风闻"等补救措施,但在当时门阀士族势力膨胀的趋势下,这些措施又非常制,作用也就很有限。因此,对地方的弱监督和失去监督的局面在两晋时一直延续下来,没有得到明显改观。故两晋时期的监察制度,设计虽较汉魏时监察机构扩展,监察官职能加强,监察范围拓展,监察触角已伸向财政、人事、军事、司法等中央各要害部门,但在其实际运行过程中,却存在着明显的矛盾和反差。具体表现为:

一方面,两晋的监察官颇为活跃。史籍所载的两晋御史中丞有周处、侯史光、高光、解结、向雄、庾纯、张辅等,司隶校尉李憙、石鉴、李胤、傅玄、刘毅、王宏、傅询、荀恺、傅咸等人,多有治绩可称。御史中丞侯史光"在职宽而不纵。太保王祥久疾废朝,光奏请免之";司隶校尉李憙奏劾"故立进令刘友、前尚书山涛、中山王睦、故尚书仆射武陔各占官三更稻田,请免涛、睦官"。① 晋惠帝时,"朝廷宽弛,豪右放恣,交私请托,朝野溷淆",司隶校尉傅咸"奏免河南尹澹、左将军倩、廷尉高光、兼河南尹何攀等,京都肃然,贵戚慑伏"。② 咸宁(275—279 年)年间,司隶校尉刘毅,忠蹇正直,"纠正豪右,京师肃然。司部守令望风投印绶者甚众"。

另一方面,两晋时期由于君主优容"世族",故监察官因弹奏而遭当朝权贵挟私报复、非难迫害之事屡见史载。司隶校尉刘毅因敢于弹劾贵戚世族,被掣肘而难行监察之责,愤然辞职。③ 御史中丞周处,"凡所纠劾,不避宠戚,梁王肜违法,处深文案之",他因奏劾梁王司马肜而遭报复,终至身

---

① 《晋书》卷四十五,《列传第十五·侯史光》;《晋书》卷四十一,《列传第十一·李憙》。
② 《晋书》卷四十七,《列传第十七·傅玄子咸》。
③ 《晋书》卷四十五,《列传第十五·刘毅》。

亡;傅咸在权贵的报复与打击下曾奏称:"左丞职轻事重,以贱制贵,人所难居,臣以暗劣,猥忝斯任,愧于不称,惧罪之及也。"无奈与惶恐之情态,溢于言表。①

两晋时期,监察机制在实际运行中的反差,一是因监察制度本身的发展变化,二是因两晋门阀制度确立与鼎盛的政治特征,使得皇权制约门阀势力膨胀的监察制度,必然遭到他们的反对。而门阀士族势力的日趋强大,决定了依附皇权又植根于门阀政治的监察制度,是不健全的、软弱的。与历朝历代一样,西晋和东晋时期监察机制的运作也经历了一个由强到弱的过程,与两晋时期门阀士族势力的发展基本是同步的。

西晋时期门阀势力虽坐大,但终未到超越皇权的地位,仍在皇权的控制之中。尤其是晋武帝统治前期的法律和监察制度改革,取得了较好的实践效果。由于武帝的支持,监察机构能够较为顺利地履行职责,因而这一时期监察官的表现较为活跃,这对打击违法失职、整肃吏治起到一定的作用。但晋武帝是以"禅让"的方式夺取曹魏政权,门阀士族势力是西晋政权得以建立和稳固的统治基础,为了取得世族的支持,他又不得不采取笼络、宽纵世家大族的政策。于是,晋武帝便处于既要取得世家大族的支持,又要保证监察职能正常实施的矛盾之中,这从武帝对监察官弹奏的处置上便可看出。如司隶校尉李憙奏劾故立进县令刘友、前尚书山涛、中山王司马睦、尚书仆射武陔"各占官稻田",晋武帝仅处置刘友一人一事,宋代名相司马光评论说:"晋武帝赦山涛而褒李憙,其于刑赏两失之。使憙所言为是,则涛不可赦;所言为非,则憙不足褒。褒之使言,言而不用,怨结于下,咸玩于上,将安用之!"②司马光虽认为晋武帝"四臣同罪,刘友伏诛而涛等不问,避贵施贱"的政策是不可取的,但在当时门阀势力坐大的情况下,晋武帝既要支持监察官的活动,又不得不宽宥山涛等门阀权贵,实属无奈之举。

晋武帝统治后期,对门阀世族的宽纵更为突出,监察职能大受限制。公

---

① 《晋书》卷五十八,《列传第二十八·周处传》;卷四十七,《列传第十七·傅玄子咸》。
② 《资治通鉴》卷七十九,《晋纪一》,"武帝泰始三年正月"。

元280年,西晋重新统一全国,武帝志得意满,认为从此天下太平,政权稳固,便失去锐意改革、重振纲纪的锐气,对监察的态度也发生了变化,对门阀士族更是到了宽纵甚至庇护的程度。外戚羊琇为散骑常侍,"放恣犯法",司隶校尉刘毅奏劾以"应至重刑",而晋武帝却派司马攸私下向刘毅求情。由于刘毅等极力坚持,武帝无奈之下,也不过对羊琇处以"免官而已","寻以侯白衣领护军,顷之,复职"。① 由于晋武帝统治后期对世族一味宽纵、庇护,使监察官的秉公执法失去支持,监察官也逐渐失去严格执法的激情,豪强有恃无恐,横行不法,吏治日渐腐败。到晋惠帝时,监察官受权贵世族打击报复甚至迫害致死的悲剧便一幕幕上演,更有一些监察官依附世族权贵,为虎作伥,打击贤良。监察纠举不法、整肃吏治作用的丧失,也直接推动西晋政权迅速走向灭亡。

东晋政权是在南方士族和北方南渡士族的共同支持下建立起来的,保全司马氏皇朝为必然选择。而晋元帝司马睿要在江左建立政权,固然需要南渡士族的支持,但又不甘与士族共享政权。"王与马;共天下",说明士族势力强大到了与皇权平起平坐的程度,要操纵皇权,晋元帝则不甘心拱手让权。在这种情况下,晋元帝司马睿在大兴元年(318年)秋七月下诏说:"王室多故,奸凶肆暴,皇纲弛坠,颠覆大猷。朕以不德,统承洪绪,夙夜忧危,思改其弊。二千石令长当祗奉旧宪,正身明法,抑齐豪强,存恤孤独,隐实户口,劝课农桑。州牧刺史当互相检察,不得顾私亏公。长吏有志在奉公而不见进用者,有贪惏秽浊而以财势自安者,若有不举,当受故纵蔽善之罪,有而不知,当受暗塞之责。"在表明抑制豪强、明法监察态度的同时,晋元帝又重用"以法御下,明于黜陟"的刘隗、刁协,通过加强监察执法来革除弊政,肃清吏治,制约士族,维护皇权。这导致王敦以"清君侧"为名,举兵反叛,并得到当时士族的普遍支持,说明东晋皇权对士族的特殊地位、权力已无法制约。② 晋元帝统治之初,加强监察的举措如昙花一现,之后更每况愈下。到简文帝时,大司马桓温专权,有违禁令,御史中丞谯王恬上书奏

---

① 《晋书》卷九十三,《列传第六十三·外戚·羊琇》。
② 《晋书》卷六,《帝纪第六·中宗元帝睿》。

劾。翌日,桓温见谯王恬奏事,叹曰:"儿乃敢弹我,真可尚",真是丝毫不将御史中丞放在眼中。那么,简文帝"常惧废黜"也就是很自然的事情了。①东晋监察不断衰微,王朝覆灭无可挽回。

(3)两晋考课、选官制度的监督制约机能

两晋时期,门阀世族势力日形膨胀,皇权政治日渐衰微,这决定了两晋时的考课官吏制度必然受门阀士族势力的极大制约,呈衰弱趋势,也是两晋时期官吏腐败的一个重要原因。但在两晋统治初期,统治者对考课制度还是比较重视的,也取得了一定成效。

嘉平元年(249年),司马懿执政时,请大臣论议政治得失。荆豫都督王昶受诏作《百官考课事》,其内容包括:"尚书侍中考课,一曰掌建六材,以考官人;二曰综理万机,以考庶绩;三曰进视惟允,以掌谠言;四曰出纳王命,以考赋政;五曰罚法,以考典刑。"②"卿考课,一曰掌见邦国制治;二曰九卿时序,以考事典;三曰经纶国体,以考奏议;四曰共属众职,以考总摄;五曰明慎用刑,以考留狱。"③王昶受诏制订的《百官考课事》,是两晋时期对尚书、侍中、卿等内官考课的具体规定和朝官的考课标准。

两晋时期,尚书诸曹郎中还设有专司考课的考功郎,"晋尚书郎曹有考功郎中一人"④。王昶制订的《百官考课事》也主张中央对内官进行统一考课,但未能付诸实施。晋代的考课在实际运行中,仍是由各主官考课其下属。史载,荀勖担任尚书时,"课试令史以下,核其才能,有暗于文法,不能决疑处事者,即时遣出"⑤,便是明证。

晋武帝泰始年间曾颁发《己丑诏书》,提到"以考课难成,听通荐例",说

---

① 杜佑:《通典》卷二十四,《职官六·御史台·中丞》,上海商务印书馆1936年版,第142页;《资治通鉴》卷一百三,《晋纪二十五》,"简文帝咸安元年十二月"。
② 欧阳询等撰:《艺文类聚》卷四十八,《职官部四·尚书·王昶考课事》,文渊阁四库全书本,乾隆四十七年刊本,第21页。
③ 虞世南撰,陈禹谟补注:《北堂书钞》卷五十三,《设官部五·诸卿总·王昶课事》注文,文渊阁四库全书本,乾隆四十七年刊本,第4页。
④ 永瑢、纪昀等撰:《历代职官表》卷五,引《唐六典》,文渊阁四库全书本,乾隆四十七年刊本,第18页。
⑤ 《晋书》卷三十九,《列传第九·荀勖》。

明两晋初年考课制度并未建设好,仍以"荐例"行考课之事,官吏的优劣通过荐举而定,既无具体的考课内容,又无考课时限,考课制度自然难以发挥作用。泰始四年(268年)六月颁行《丙申诏书》,要求"郡国守相,三载一巡行属县"后,河南尹杜预又受命作黜陟之课,"委任达官,各考所统,岁第其人,言其优劣。如此六载,主者总集,采案其言,六优者超擢,六劣者废免,优多劣少者平叙,劣多优少者左迁。……其有优劣徇情,不叶公论者,当委监司随而弹之",规定每年一考,总计以六年的考课结果决定黜陟。这是对"三年一考,三考黜陟"传统的突破。① 在时间上较前缩短,有利于加强考课,但从具体实施来看,未能达其所愿。因为稍后就有河内太守刘颂指出,由于"无考课",故"官司无高能";西晋惠帝时,傅咸也指出杜预的黜陟之课"事竟不行"。② 终究是不了了之。

东晋初年也实行过考课。晋愍帝建兴五年(317年),元帝司马睿为晋王、丞相时,"课督农功,诏二千石长吏以入谷多少为殿最",这就是建立以入谷多少为内容的地方考课制度。大兴元年(318年),晋元帝还规定"州牧刺史当互相检察,不得顾私亏公",可见东晋初年还是比较重视对地方官的考课。③ 而且据记载,当时也确实实施了考课。史载,吴兴内史邓攸"在郡刑政清明,百姓欢悦,为中兴良守"④。会稽内史诸葛恢"莅官三年,政清人和,为诸郡首",晋元帝司马睿颁诏嘉奖:"宜进其位班,以劝风教。今增恢秩中二千石"。⑤ 实施考课取得一定成效,"守令有不廉洁者,皆望风自引而去",东晋吏治得到一定程度的改善。但随着东晋门阀政治的确立,中央对地方只得实行羁縻政策,对地方官吏的考课被搁置,直至东晋灭亡都未形成完备有效的考课制度。

两晋时期的选官制度,基本沿用曹魏时期的九品官人法(即九品中正

---

① 《晋书》卷三十四,《列传第四·杜预》。
② 《资治通鉴》卷七十九,《晋纪一》,"武帝泰始四年正月"。
③ 《晋书》卷二十六,《志第十六·食货》。
④ 《晋书》卷九十,《列传第六十·良吏·邓攸》。
⑤ 《晋书》卷七十七,《列传第四十七·诸葛恢》。

制),又有所变化。九品中正制实行之初,是以德、才品评士人,有一定的积极意义,但到曹魏后期已成为豪族所垄断的特权。西晋时"依魏氏九品之制,内官吏部尚书、司徒、左长史,外官州有大中正、郡国有小中正,皆掌选举。若吏部选用,必下中正,征其人居及父、祖官名",中正在选官问题上权力很大,选举权完全为中正所垄断,吏部只有使用权,选举的标准也有明显变化,不再是德才与门第家世并重,而主要依据家世门第高低。这样,入仕者多为门阀士族子弟,当然就形成了"上品无寒门,下品无势族"的局面。[①]门阀士族垄断仕途,阻断合理的社会流动,造成一种不利于人才成长和发挥作用的社会环境,选官制度也就日渐腐朽。入仕、升官不问才干,唯看门第,当官但为岁财,高门子弟无才亦可擢为高官,自无进取勤政精神;寒门子弟虽有才能而无正常入仕之路,使下层或新兴力量因缺乏政治参与或利益表达的合法途径,被迫以非常手段托身高门,阿谀谄媚,以求进身;中下层官员无法跻身高层,人性中之私欲在绝望和补偿心理作用下急剧爆发,政府少有良吏,吏治自然腐败,贪腐行为日渐蔓延,东晋政权最终也丧失了存在的合法基础。

2.十六国政权的反贪机制及实践

(1)北方诸国监察机制及运行

西晋政权灭亡后,北方各少数民族的贵族趁机在中原地区建立政权。在适应并接受汉族封建文明、推进自身封建化改革时,建立和强化法制便成为这些少数民族政权巩固统治的一项要务。十六国时期的监察和法制建设,在政权的不断更替中,在各个局部区域得以植根和发展。

十六国初期,前、后赵政权在从落后的军事贵族统治向封建统治转化的过程中,法制建设是薄弱环节。在国家机构设置上大体沿用魏晋遗规,监察体制独立于行政系统之外。前赵曾设立御史大夫,后赵则设御史中丞,职掌较魏晋御史有所扩大,增加了直接实施逮捕、处置等司法权力,反映了前、后赵政权以加强监察来巩固统治的变革精神。前、后赵统治者重视吏

[①] 杜佑:《通典》卷十四,《选举二·历代制中·魏、晋、东晋》,上海商务印书馆1936年版,第77—78页。

治、加强监察制度,后赵石勒统治时期曾奖励清廉,严刑惩治贪官污吏;统治残暴的石虎在"豪戚侵恣,贿托公行"的情况下,"擢殿中御史李矩为御史中丞,特亲任之。自此百僚震慑,州郡肃然",维持了吏治的基本秩序。但这些少数民族政权毕竟法制基础薄弱,仅靠"人治",使监察对君主的依附性更强,政随君移,监察缺乏连续性。到石虎统治后期,日益残暴,人昏政荒,御史"因之擅作威福",成为石虎暴政的执行者,监察也就败坏无余了。①

前燕与北燕政权也比较重视监察制度的建设。前燕设置御史中丞,由曹默担任;慕容俊在位时,任命其弟吴王慕容垂为司隶校尉,以宗室为监察官,足见对监察之重视。慕容垂多方检校,使"王公以下,莫不屏迹"。北燕政权也建有御史台,仿汉时名为"兰台"。北燕君主冯跋曾下诏,要求"守宰当垂仁惠,无得侵害百姓,兰台都官明加澄察",禁止贪贿、违法、侵民之事。由于前燕和北燕政权都能重视监察,皇权支持监察官的执法活动,监察机制的运行顺达,吏治比较清明,社会较为安定,有利于统治的加强。

十六国时期,前秦政权的监察体制相对成熟、完备。前秦监察机构完全承袭魏晋的设置。中央监察机关为御史台和司隶校尉,同时设立专司台内监察的尚书左丞。公元357年,苻坚即位后,在汉人中书令王猛的辅佐下,强化法治,厉行改革,严厉整肃当时豪强权贵的横行不法。御史中丞邓羌与兼任司隶校尉的王猛"协规齐志,数旬之间,贵戚强豪诛死者二十余人。于是百僚震肃,豪右屏气,路不拾遗,风化大行",苻坚对此倍加赞赏。由于苻坚对监察的大力支持,前秦的监察制度在实践中大大加强,自皇帝以下各官无所不纠,执法不避亲贵,无论宗室近戚、勋旧重臣,只要违法失职,必予处置。苻坚任用监察官执行常规监察的同时,还常派御史为绣衣使者,巡行四方,整治不法。②

(2)选官用人制度的监察机能

北方十六国在选官用人制度方面,相对于两晋政权选官和吏治的腐败,一些政权的选官和吏治却呈现出另一番景象。

由汉族地方官吏、豪强建立的前凉、西凉和北燕政权,在统治中都尽力

---

① 《晋书》卷一百六,《载记第六·石季龙上》。
② 《晋书》卷一百十三,《载记第十三·苻坚上》。

恢复中原政权传统的选官制度。前凉张轨"家世孝廉,以儒学显",在治理凉州的过程中,一面整治地方上"寇盗纵横"的状况,一面倡明儒学,求取贤才,教化吏政。由张轨发端,其后继者都很重视选举贤才为官,从而使"凉州自张氏以来,号为多士"。① 前凉政权倡明儒学、求取贤才的方针,使河西地区成为北方十六国割据混战中汉族先进文化传播的据点,产生了深远的影响。

西州大姓李暠创建的西凉、冯跋建立的北燕,都重视选取贤才,以充实统治机构。后赵和前秦是十六国中立国时间较长、控制范围较广的政权,统治者颇能借鉴中原先进文化,选官用人制度大都比较完备,所以能有效遏制贪贿暴掠之风,吏治也较清明。

后赵的建立者羯族人石勒,善于借鉴历史经验,改革图兴。他设立学校,以汉人为五经博士,培养后赵文武官吏的子弟,还"令群僚及州郡岁各举秀才、至孝、廉清、贤良、直言、武勇之士各一人"。公元 326 年,还"始立秀、孝试经之制",确立了用经学考试秀才、至孝的制度。② 经过石勒的改革,后赵政权建立了比较规范的选官制度,一度吏治清明,国力强盛。

前秦王苻坚也非常重视选官用人在巩固统治中的作用。苻坚即位之初,就设立学校,广修学宫,"其有学为通儒,才堪干事,清修廉直,孝悌力田者皆旌表之",他还亲自巡查太学,督促前秦政权的选官举才工作走上正轨,为前秦政权选拔出许多为官清廉、颇有才干的统治人才,也为前秦统一北方奠定了基础。③

北方十六国时期是中国古代一个政权林立、分裂混战的时代,但其中相当一些政权的吏治较两晋王朝要清明。其原因就是分裂时期的特殊因素,这当然不是由分裂本身所带来的,而是在分裂对峙的局势下,各政权都面临着外部敌国的强大压力,生存的危机迫使各国统治者汲取中原先进文明,力行改革,以求政权的稳固,这是此时监察和选官制度建设为统治者重视,并在实际运行中执行良好的根本原因。

---

① 《晋书》卷八十六,《列传第五十六·张轨》。
② 《晋书》卷一百五,《载记第五·石勒下》。
③ 《晋书》卷一百十三,《载记第十三·苻坚上》。

第三节
南北朝的贪贿状况和反贪机制

东晋灭亡后,南方先后出现了宋、齐、梁、陈四个朝代,合称南朝(420—589年)。北朝包括北魏(386—534年)、东魏(534—550年)、北齐(550—577年)、西魏(535—556年)、北周(557—581年)。南北朝时期的政治状况,使得稳定政治至关重要,与贪贿行为的斗争,呈现出这一时代的特点。

一、南朝政权的贪贿与反贪

南朝时期,世家大族走向没落,寒门庶族兴起。南朝四个开国皇帝刘裕、萧道成、萧衍、陈霸先都是庶族出身,其佐命大臣和将帅也大多出身寒门。为了加强皇权,防止世家大族专权,南朝的皇帝们控制地方诸王、刺史,为澄清吏治,缓和社会矛盾,还大力强化监察制度。具体措施就是注重吏治,提高御史的权威,充分发挥监察威慑作用。

1. 刘宋的吏治与"治吏"

公元420年,刘裕建立宋王朝,这是南朝的开始。此后至其子宋文帝刘义隆在位三十年,用元嘉年号(424—453年),是刘宋政权整饬吏治的重要时期。刘裕父子实行了一系列改革,奖励农业生产,实行"土断"(使流亡到南方的侨人就地设籍,交纳赋税),减免租赋,兴修水利,抑制豪强,使宋初社会稳定,经济繁荣,史称"元嘉之治"。

刘裕父子提倡节俭,清简寡私欲,严整有法度,直接影响到这一时期的吏治和社会风气。元嘉六年(429年),刘义恭出任荆州刺史,宋文帝告诫他说:"声乐嬉游,不宜令过;蒱酒渔猎,一切勿为。供用奉身,皆有节度;奇服异器,不宜兴长。"①元嘉八年(431年)三月,宋文帝下诏说:"自顷军役殷兴,国用增广,资储不给,百度尚繁。宜存简约,以应事实。内外可通共详思,务令节俭。"②大臣徐湛之,是宋文帝姊夫,"姿质端妍,衣服鲜丽","太祖(文帝)嫌其侈纵,每以为言"。③

在刘裕、刘义隆统治时期,当然也有贪官污吏,而他们对惩治贪官污吏比较严厉。广州刺史刘道产,"贪纵过度……为有司所纠",遇赦后,又犯贪污案,下廷尉治罪。另一广州刺史孔默之,"以赃货得罪,下廷尉"。张邵"在雍州营私蓄聚,赃货二百四十五万,下廷尉,免官,削爵士"。④ 宋文帝的堂叔刘遵考,元嘉三年(426年)出任雍州刺史,襄阳、新野二郡太守,"为政严暴,聚敛无节",后发生旱灾,他不按旨赈济,被免官。元嘉二十年(443年),雍州刺史刘真道,梁、南秦二州刺史裴方明等破仇池,"减匿金宝及善马,下狱死"。庾登之任吴郡太守,苻任赃货,以事免官。⑤

宋初,监察官较有责任感。御史中丞张道欣"莅职勤恪,有匪躬之称。立朝正色,外内惮之。凡所奏劾,莫不深相谤毁"⑥。吏部尚书庾炳之受宋文帝"宠任",势倾朝野,"既居选部,好诟詈宾客,且多纳货赂",尚书仆射何尚之奏劾"炳之见人有烛盘、佳驴,无不乞匄;选用不平,不可一二;交结朋党,构扇是非,乱俗伤风",宋文帝想将他调任丹阳尹,何尚之反对说:"历观古今,未有众过藉藉,受货数百万,更得高官厚禄如炳之者也。"最终,宋文帝受谏,罢免庾炳之的官职。⑦ 许多地方官对下属管理也较严。历阳太守刘湛,"刚严用法,奸吏犯赃百钱以上,皆杀之,自下莫不震肃"⑧。

刘宋初年,良好的社会风气,对贪腐的严厉惩治,造就了一批清廉的官

---

① 《宋书》卷六十一,《列传第二十一·武三王·江夏文献王义恭》。
② 《宋书》卷三,《本纪第三·武帝下》。
③ 《宋书》卷七十一,《列传第三十一·徐湛之》。
④ 《宋书》卷六十五,《列传第二十五·刘道产》;卷六十九,《列传第二十九·范晔》;卷四十六,《列传第六·张邵》。
⑤ 《资治通鉴》卷一百二十四,《宋纪六》,"文帝元嘉二十年八月"。
⑥ 《宋书》卷六十,《列传第二十·荀伯子》。
⑦ 《资治通鉴》卷一百二十五,《宋纪七》,"文帝元嘉二十五年闰月"。
⑧ 《宋书》卷六十九,《列传第二十九·刘湛》。

吏。吏部尚书江湛,掌握选举用人大权,"公平无私,不受请谒,论者以此称焉"。他也确实"家甚贫约,不营财利,饷馈盈门,一无所受,无兼衣余食。尝为上所召,值浣衣,称疾经日,衣成然后赴"。①刘裕曾选拔"在官清洁"的王镇之出任广州刺史,缘于"王镇之少著清绩,必将继美吴隐之。岭南之弊,非此不康也"。果然,王镇之"在镇不受俸禄,萧然无所营,去官之日,不异始至"。廉吏江秉之到临海任职,"以简约见称","所得禄秩,悉散之亲故",有人劝他营田,他说:"食禄之家,岂可与农人竞利"。②

宋初统治者很重视对清廉勤政的官吏多予褒奖。宋太祖刘裕统治时期,益州刺史陆徽"隐恤有方……民物殷阜,蜀土安说……身亡之日,家无余财,太祖甚痛惜之。诏曰:'徽厉志廉洁,历任恪勤,奉公尽诚,克己无倦……'赐钱十万,米二百斛"③。始兴太守徐豁,"在郡著绩,太祖嘉之,下诏曰:'始兴太守豁,洁己退食,恪居在官,政事修理,惠泽沾被……可赐绢二百匹,谷千斛'"。徐豁死时,文帝又下诏:"豁廉清勤恪……可赐钱十万,布百匹。"④晋寿太守郭启玄,"有清节……尽勤靡懈,公奉私饩,纤毫弗纳,布衣蔬食,饬躬惟俭……身死之日,妻子冻馁……赐谷百斛"。彭城内史魏恭子"廉恪修慎,在公忘私,安约守俭,久而弥固……赐绢五十匹,谷五百斛";山桑令何道,"自少清廉,白首弥厉……赐绢三十匹,谷二百斛"。陈、南顿二郡太守李元德清勤均平,升任宁朔将军。⑤

刘宋政权建立初期,由于刘裕父子实行一系列改革,提倡节俭,注重廉政,因此社会安定,经济发展,在宋初出现了一段小康时期。宋文帝后,孝武帝刘骏继位,他在位十年(454—464年),加强中央集权,抑制高门大族,实行重用寒人⑥,即"寒人掌机要"的措施,也是宋王朝比较重要的一个时

---

① 《宋书》卷七十一,《列传第三十一·江湛》。
② 《宋书》卷九十二,《列传第五十二·良吏·王镇之、江秉之》。
③ 《宋书》卷九十二,《列传第五十二·良吏·陆徽》。
④ 《宋书》卷九十二,《列传第五十二·良吏·徐豁》。
⑤ 《宋书》卷九十二,《列传第五十二·良吏·郭启玄、魏恭子、何道、李元德》。
⑥ 寒人,又称寒族、寒门、寒士、庶族、素族,都是不属于士族范围的地主阶级中没有身份、特权的一部分。南朝寒人的兴起有其经济原因:这时由于江南经济的发展,一些商人高利贷者富裕起来,自耕农中也有一部分人上升为新兴地主,加上原来的地方豪强,这些人就构成了寒人地主的主要成分。

期。南朝皇帝需要加强皇权,较为勤政,但皇帝个人精力毕竟有限,日常政务就需要有人协理。世家大族鄙薄实际事务,也没有能力办理,于是皇帝就委任地位低,便于使唤,"皆可鞭杖肃督",又做官心切,做事竭力卖命的"寒人"来协理政务,逐渐形成皇权与寒门结合,打击门阀士族,巩固统治的局面。

南朝宋孝武帝在朝中重用中书通事舍人。东汉以来尚书台权重,魏晋南北朝时更接近皇帝、专管机密的中书监、令实际行使宰相之权。南朝宋文帝、孝武帝时,中书监、令的大权旁落到中书通事舍人或中书舍人手中,这本是中书省属官,地位不高,两晋时位居九品,但能递入奏议,出宣诏命,参与决策,权力越来越大,南朝时成为重要职务。宋文帝统治初年,以寒人秋当、周纠为中书通事舍人,管理要务,地位开始重要。孝武帝时,把国家机要转到中书舍人手里,他重用贫家子弟戴法兴任南台侍御史兼中书通事舍人,"专管内务,权重当时",又以原为"人士之末"的鲁郡人巢尚之任中书通事舍人,"凡选授迁转诛赏大处分,上皆与法兴、尚之参怀",戴明宝则负责"内外诸杂事"。当时,吏部尚书蔡兴宗每选官荐士,戴法兴、巢尚之均能任意改变,权力之大,连宰相刘义恭也无能为力。天长日久,戴法兴、戴明宝等人"大通人事,多纳货贿,凡所荐达,言无不行,天下辐凑,门外成市,家产并累千金"。① 这说明在文帝之后,寒人参政的吏治问题也日渐突出。

宋明帝时,中书舍人阮佃夫、王道隆等人的权力更大,"参预政事,权亚人主,巢、戴所不及也。佃夫尤恣横,人有顺迕,祸福立至"。在权重之人面前,监督往往不力,朝中大小官员都要去巴结他,于是阮佃夫"大通货贿,凡事非重赂不行",他的"宅舍园池,诸王邸第莫及。妓女数十,艺貌冠绝当时。金玉锦绣之饰,宫掖不逮也。每制一衣,造一物,京邑莫不法效焉",其奢侈豪纵到了"于宅内开渎东出十许里,塘岸整洁,泛轻舟,奏女乐","虽晋世王(恺)、石(崇),不能过也"的程度。甚至于他的佣仆都封了官,车夫任虎贲中郎将,马夫任员外郎。另一个中书舍人王道隆"为明帝所委,过于佃夫……执权既久,家产丰积,豪丽虽不及佃夫,而精整过之"。②

---

① 《宋书》卷九十四,《列传第五十四·恩倖·戴法兴》。
② 《宋书》卷九十四,《列传第五十四·恩倖·阮佃夫、王道隆》。

南朝宋孝武帝开始,在外藩设置行事(全称"行某府州事")和典签,指派自己的亲信出任,监督地方诸王、都督、刺史,"典签皆出纳教命,执其枢要,刺史不得专其职任"。此外,孝武帝又设置了制局监,使寒人掌军权,"领武官有制局监、外监,领器仗兵役,亦用寒人",掌握殿内及外镇的发兵权,使原来掌管禁卫军的领军将军成了虚位。①

孝武帝、宋明帝为加强皇权,重用身边的寒人,抑制了世家大族势力。他们本以为寒人身份卑下,不会专权,哪料到这些人中相当一部分在文化素养和自我道德修养上存在严重缺陷,不仅擅长吏事,又善于揣摩、迎合主子意图,狐假虎威,结党营私,在掌握大权后,私欲膨胀,缺乏自我约束,如制度约束力又不够,他们就为所欲为,不择手段,弄权纳贿,使社会贪腐之风更趋严重。

与刘裕、宋文帝提倡节俭不同,孝武帝生活奢侈,大兴土木,赏赐无度。在财用不足时,他还在大臣身上打主意,规定刺史"罢任还都",要交"献奉"钱:"孝武末年贪欲,刺史二千石罢任还都,必限使献奉"。为此,孝武帝还将宋文帝时规定的郡县守令六年任期改为三年,更替频繁,就可以得到更多的"献奉"钱。② 地方官为了交上这笔钱,贪污搜刮也更厉害,吏治愈加败坏,刘宋王朝开始走下坡路。孝武帝时,地方官吏搜刮贪腐事例不少,许多直接与皇帝相关。萧惠开嫁妹与桂阳王休范,女儿嫁孝武帝儿子,"发遣之资,应须二千万。乃以为豫章内史,听其肆意聚纳,由是在郡著贪暴之声"③;王蕴为晋陵、义兴太守,"所莅并贪纵"。这一时期贪贿已是普遍现象、体制性腐败,如梁州和益州"土境丰富,前后刺史莫不营聚蓄,多者致万金"④。甚至在军事行动中也大肆贪贿,史载,垣护之随车骑大将军沈庆之征伐西阳蛮,"所莅多聚敛,贿货充积"⑤。

孝武帝死后,前废帝刘子业即位,统治更加荒淫无道,大臣也多贪贿。

---

① 《资治通鉴》卷一百二十八,《宋纪十》,"孝武帝孝建三年二月"。
② 《南史》卷二十五,《列传第十五·垣护之弟子荣祖从父阆》;《宋书》卷五十,《列传第十·垣护之》。
③ 《宋书》卷八十七,《列传第四十七·萧惠开》。
④ 《宋书》卷八十一,《列传第四十一·刘秀之》。
⑤ 《宋书》卷五十,《列传第十·垣护之》。

颜师伯,历任尚书右仆射、卫尉,"居权日久,天下辐辏,游其门者,爵位莫不逾分。多纳货贿,家产丰积,伎妾声乐,尽天下之选,园池第宅,冠绝当时,骄奢淫恣,为衣冠所嫉"①,就是典型代表。

景和元年(465年),湘东王刘彧杀前废帝即位,为宋明帝。明帝同样"奢费过度",为了筹军费,他还卖官鬻爵。"时军旅大起,国用不足,募民上钱谷者,赐荒县、荒郡,或五品至三品散官有差。"宋明帝的贪纵很典型,明帝在泰始六年(470年)纳江智渊孙女为太子妃,"令百官皆献物",始兴太守孙奉伯只贡献了琴、书,明帝大怒,差一点赐其自尽,"封药赐死,既而原之"。②皇帝如此,大臣也多贪赃,吴喜平定荆州后,"恣意剽虏,赃私万计","乘兵威之盛,诛求推检,凡所课责,既无定科,又严令驱蹙,皆使立办。所使之人,莫非奸猾,因公行私,迫胁在所,入官之物,侵窃过半,纳资请托,不知厌已"。③太子右卫率、给事中沈勃"竞受财货,多者至万,少者千金,考计赃物,二百余万"④。472年,明帝死后,十岁的太子昱即位,袁粲、褚渊秉政,"务弘节俭,欲救其弊",但已无济于事,因为阮佃夫、王道隆等"用事",借皇帝名义,"货赂公行,不能禁也"。刘昱长大后,骄纵横暴,任意杀人,"天性好杀,以此为欢",后想杀大臣萧道成,终被萧道成所杀,刘宋王朝也被萧齐王朝所取代。⑤

2. 萧齐统治集团的腐败

齐王朝开国皇帝萧道成鉴于刘宋后期宗室骨肉残杀和奢侈腐化而亡的教训,禁止宗室诸王封占山水,减免赋役,安抚流民,发展生产,整顿户籍,修建学校,注重吏治,提倡节俭。他下诏说:"赃汙淫盗,一皆荡涤。"萧道成虽想有所作为,但执政四年就死了。齐武帝萧赜继续了萧道成的改革,这一时期社会比较安定繁荣,齐武帝在位十年,"留心政事,务总大体,严明有断,郡县久于其职,长吏犯法,封刃行诛,故永明之世,百姓丰乐,贼盗屏

---

① 《宋书》卷七十七,《列传第三十七·颜师伯》。
② 《资治通鉴》卷一百三十二,《宋纪十四》,"明帝泰始六年二月"。
③ 《宋书》卷八十三,《列传第四十三·吴喜》。
④ 《宋书》卷六十三,《列传第二十三·沈演之子勃》。
⑤ 《资治通鉴》卷一百三十三,《宋纪十五》,"明帝泰豫元年四月"。

息",史称"永明之治"。①

但也是在这期间,萧齐皇室生活开始腐化,南朝的高门士族及其荫庇下的户口仍有免赋役的特权,沉重的赋役就落到寒门庶族及广大自耕农头上。为了逃避赋役,人们采用了种种办法,有钱的人花一万钱就可以买通官府,改户籍为士族出身,享有免役特权。这样一来,朝廷的赋役收入越来越少。为了扩大政府的收入,齐武帝大规模检查户口,称为"检籍"。在检籍过程中,地方官趁机营私舞弊。有钱的人向官吏行贿,应该"却籍"(吊销户籍本)的不却籍了;无钱行贿者,就被诬为应却籍,发配到边远地区服劳役,一派乌烟瘴气,人民无法忍受,于是发生了唐寓之领导的农民起义。齐军在镇压起义中大肆烧杀抢掠,齐武帝不得不处死宠将陈天福以平民愤。此后,萧齐统治集团越来越腐败。

齐武帝时,统治集团已极为奢侈。太子萧长懋"性奢靡,治堂殿、园囿过于上宫,费以千万计……凡诸服玩,率多僭侈"。齐武帝死后,太孙萧昭业继位后,十分荒淫。他任意挥霍钱财,"动至百数十万,每见钱,曰:'我昔思汝十枚不得,今日得用汝未?'"不到一年时间,就将齐武帝时库中积钱数亿万、无数的金银布帛花完。齐武帝的堂弟萧鸾当时为知尚书事,掌握实权、早有野心,在隆昌元年(494年)杀萧昭业,另立其弟萧昭文,不久又废杀萧昭文,自立为帝,即齐明帝,在位四年而死。永泰元年(498年),太子萧宝卷继位,是为东昏侯,生活奢侈荒淫。他大起宫殿,穷极绮丽,刻画雕彩,麝香涂壁,锦幔珠帘。他宠爱潘贵妃,潘妃的服饰上需用珍宝,皇家库里不够用,就高价向民间购买,一个琥珀钏,值一百七十万;他命人用金制成莲花贴在地上,让潘妃在上面行走,说是"步步生莲花"。潘妃之父宝庆"恃势作奸,富人悉诬以罪",乘势兼并田宅资财。②

萧齐王朝最高统治者荒淫无耻,穷奢极欲,地方官吏就更是搜刮聚敛、肆意贪贿。当时地方官任期三年为一届,称为"小满",甚至三年之制也不

---

① 《南齐书》卷二,《本纪第二·高帝下》;卷二十八,《列传第九·崔祖思传》。
② 《资治通鉴》卷一百三十八,《齐纪四》,"武帝永明十一年正月";卷一百三十九,《齐纪五》,"明帝建武元年正月;卷一百四十三,《齐纪九》,"东昏侯永元二年六月"。

遵守，由于更调频繁，地方官多无为政一方的长期打算，上任就是加紧搜刮。吴兴太守谢朏，"居郡每不治，而常务聚敛"，他把鸡蛋交给农民，到期要交鸡一只，共搜刮数千只鸡。当时齐国各地以荆、雍、广、梁、益等州为肥缺，这些地区的刺史往往"收益"丰厚。荆、雍是长江上游的军事重镇。豫章王嶷在荆州刺史任满返建康，"斋库失火，烧荆州还资，评直三千余万"。雍州刺史曹虎"善于诱纳……晚节好货贿，吝啬，在雍州得见钱五千万"。广州是富庶之地，"南土沃实，在任者常致巨万，世云'广州刺史但经城门一过，便得三千万'也"。① 在南朝宋时，梁、益二州已很富庶，物产丰饶，各任刺史莫不蓄聚，多至万金。萧齐时，刘悛任益州刺史，"宾客闺房，供费奢广……在蜀作金浴盆，余金物称是"；梁、南秦二州刺史崔慧景，"在州蓄聚，多获珍宝"；清河崔庆绪为梁州刺史，"资财千万"。王秀之"出为晋平太守，至郡期年，谓人曰：'此邦丰壤，禄俸常充。吾山资已足，岂可久留以妨贤路。'上表请代，时人谓'王晋平恐富求归'"。② 这是当时地方官赤裸裸地轮流搜刮的心态。

当时的官吏们大肆搜刮，除了满足自己的侈靡生活外，还要向朝廷献纳。这种风气在刘宋孝武帝时已经形成，萧齐时期更盛，刘悛"罢广、司二州，倾资贡献"；崔慧景"每罢州，辄倾资献奉，动数百万，世祖以此嘉之"。广州刺史萧惠休"罢任，献奉倾资"齐武帝。有的皇帝为了得到臣下的财物，就通过治官吏的贪贿之罪甚至处死。郁林王萧昭业统治时期，"（刘）悛奉献减少，郁林知之，讽有司收悛付廷尉"③。齐明帝时，到㧑"资籍豪富，厚自奉养，宅宇山池，京师第一，妓妾姿艺，皆穷上品。……爱妓陈玉珠，明帝遣求，不与，逼夺之，㧑颇怨望。帝令有司诬奏㧑罪，付廷尉"，齐明帝显然对他的财产更感兴趣。东昏侯萧宝卷因"疑（曹）虎旧将，兼利其财，新除未及拜，见杀"。④

---

① 《南史》卷二十，《列传第十·谢弘微子庄子朏》。《南齐书》卷二十二，《列传第三·豫章文献王嶷》；卷三十，《列传第十一·曹虎》。

② 《南齐书》卷三十七，《列传第十八·刘悛》；卷五十一，《列传第三十二·崔慧景》；卷四十六，《列传第二十七·王秀之传》。

③ 《南齐书》卷三十七，《列传第十八·刘悛》。

④ 《南齐书》卷三十七，《列传第十八·到㧑》；卷三十，《列传第十一·曹虎》。

齐王朝和刘宋一样,任用寒人典掌机要,这些人官位虽不高,但权力极大,制约又少,故多有贪贿之行。永明二年(484年),齐武帝封中书舍人茹法亮为望蔡男爵,"既总重权,势倾朝廷,守宰数迁换去来,四方饷遗,岁数百万。法亮尝于众中语人曰:'何须求外禄!此一户中,年办百万。'"就是说中书舍人的位置一年可收受贿赂百万以上。太尉王俭常说:"我虽有大位,权寄岂及茹公邪!"茹法亮挥霍无度,他大造豪宅,有一座府第叫"杉斋",豪华与齐武帝的"中斋"延昌殿媲美,至于园中奇花异木,更胜于皇帝的苑囿。郁林王时宠幸中书舍人綦母珍之、朱隆之等人,"珍之所论荐,事无不允;内外要职,皆先论价,旬月之间,家累千金;擅取官物及役作,不俟诏旨"。① 齐武帝时,由寒人吕文度掌控制局监,掌握殿内及外镇的军权。吕文度受到宠任后,大受贿赂,广修宅第园囿,后房妻妾成群,连王侯家也无法与之相比。萧齐时负责监督地方诸王、刺史的典签,虽多由出身低微者担任,但"威行州郡,权重藩君",他们贪贿发财的机会更多。例如,南兖州刺史、西阳王萧子明的典签何益孙、刘道济,收受赃物,均在百万以上。

南朝齐统治集团,从帝王到中央、地方的官吏,竞相聚敛,穷奢极欲,仅存在了二十三年,公元502年被萧衍取代,成为南朝最短命的一个朝代。

3. 梁朝贪贿之风

梁武帝萧衍统治初期,在政治、经济方面实施了一系列积极措施。他注重人才的选拔,派使者到各地"访贤举滞",规定"每简长吏,务选廉平,皆召之于前,勖以政道"。萧衍注意听取民间意见,在公车府肺石旁设置一箱子,叫"肺石函",接受老百姓申冤;又设谤木函,接受布衣之士议论朝政的各种意见。他重视发展农业生产,屡次下诏减免"三调",注重发展文化教育。梁初,梁武帝本人生活俭朴,也很勤政,宰相范云、徐勉、周捨等人,也多为不治产业的清廉官员。范云"及居选官,任守隆重,书牍盈案,宾客满门,云应对如流,无所壅滞,官曹文墨,发摘若神,时人咸服其明赡"②。徐勉曾任吏部尚书、侍中,"不营产业,家无蓄积",他引古人话告诉儿子徐崧,

---

① 《资治通鉴》卷一百三十六,《齐纪二》,"武帝永明三年六月";卷一百三十九,《齐纪五》,"明帝建武元年正月"。

② 《梁书》卷二,《本纪第二·武帝中》;卷十三,《列传第七·范云》。

"古人所谓：'以清白遗子孙，不亦厚乎'。又云：'遗子黄金满籯，不如一经'"；有个门客向他求官，他答道："今夕止可谈风月，不宜及公事"，"故时人咸服其无私"。周捨为中书通事舍人，"历掌机密，清贞自居。食不重味，身靡兼衣。终亡之日，内无妻妾，外无田宅，两儿单贫，有过古烈"；更绝妙的是，周捨"日夜侍上，预机密，二十余年未尝离左右。捨素辩给，与人泛论谈谑，终日不绝口，而竟无一言漏泄机事，众尤叹服之"。① 由于梁朝前期政治比较清明，使社会经济有所发展，尤其长江流域和珠江流域经济发展均超过了南朝其他几个朝代。

梁朝中后期，政治日渐腐败。梁武帝看到宋、齐两朝都是由于皇族宗室互相残杀而最后失去政权，因而对自己的亲族格外宽容，对宗室诸王不但给以实权，而且犯法只用"家教"，纵容这些人贪婪成性，肆意搜刮。梁武帝六弟、临川王萧宏王府后面有仓库百余间，聚敛钱三亿余万，布、绢、丝、绵、漆、蜜等各种杂货无数。梁武帝听人揭发萧宏私藏武器，很紧张，亲自去查看。一看都是钱物，十分高兴，对萧宏说："阿六，汝生计大可！"与他痛饮到深夜才回宫。从此，贪贿成为合法。梁武帝的第六子邵陵王纶摄南徐州事，"在州喜怒不恒，肆行非法"。一次，他游逛市里，"问卖鳝者曰：'刺史何如？'对曰：'躁虐'"。萧纶大怒，"令吞鳝而死"。此事本应处罪，萧统求情，梁武帝就免去了他应受的刑罚。② 梁武帝只讲宽容，不讲法治，最终是姑息养奸，酿成更大的祸乱。

梁武帝纵容宗室贵族为非作歹。官吏们上行下效，贪婪成风。鱼弘历任南谯、盱眙、竟陵太守，其为官准则是"我为郡，所谓四尽：水中鱼鳖尽，山中麋鹿尽，田中米谷尽，村里民庶尽。丈夫生世，如轻尘栖弱草，白驹之过隙。人生欢乐富贵几何时"。武帝普通五年（524年），朱异代替廉吏周捨掌机密，"异居权要三十余年，善窥人主意曲，能阿谀以承上旨，故特被宠任"，"四方所馈，财货充积……厨下珍馐腐烂，每月常弃十数车"。他还是

---

① 《梁书》卷二十五，《列传第十九·徐勉、周捨》。
② 《资治通鉴》卷一百五十，《梁纪六》，"武帝普通六年十二月"。

侯景之乱的始作俑者之一。① 梁朝中后期,地方官贪贿事例频出。济阳江禄任武宁太守,大肆搜刮,"积钱于壁,壁为之倒";益州刺史邓元起,"崇于聚敛,财货山积,金玉珍帛为一室,名为内藏;绮縠锦罽为一室,号曰外府"。② 刺史等各级地方官的属吏、宾客也仗势搜刮。梁武帝侄儿萧恪为雍州刺史,委政群下,"百姓每通一辞,数处输钱,方得闻彻。宾客有江仲举、蔡薳、王台卿、庾仲容四人,俱被接遇,并有蓄积,故人间歌曰:江千万,蔡五百(万),王新车,庾大宅"③。梁代官吏搜刮聚敛,除了满足自己的侈靡生活外,还要奉献于君主。史载,萧衍"所部刺史、郡守,初至官者,皆责其上礼献物,多者便云称职;所贡微少,言为弱惰。故其牧守,在官皆竞事聚敛,劫剥细民,以自封殖,多伎妾、粱肉、金绮。百姓怨苦,咸不聊生"。侯景之乱发生后,告城中士民:"建康宫室崇侈,陛下唯与主书参断万机,政以贿成,诸阉豪盛,众僧殷实。皇太子珠玉是好,酒色是耽"④,确是实情。

对于南朝梁中后期社会的腐败,散骑常侍贺琛实在看不下去了,在大同十一年(545年)上奏指出:如今"天下户口减落",郡县官"惟以应赴征敛为事","百姓不能堪命",四处流亡,"或依于大姓";官吏"皆尚贪残,罕有廉白者",穷奢极欲,浪费严重;权臣百官,作威作福,陷害良善,百官"诡竞求进","以深刻为能,以绳逐为务",旷官废职,长弊增奸;朝廷大兴土木,百姓服役不止,"不息费,则无以聚财,不休民,则无以聚力"。⑤ 贺琛所述官吏追求奢侈,就必然贪贿、欺压剥削百姓的事实,切中时弊,梁武帝如能接受,对治国大有裨益。但梁武帝这时已昏聩,已听不进正确意见,见到贺琛的奏章后,大怒,口授敕文,逐条驳斥贺琛上疏,他举自己生活俭朴为理由,并不能证明梁朝官场上贪贿奢侈风气没有蔓延;他文过饰非,拒绝正确批评,恰说明他已无力改变梁末腐败的现状。自此,朝廷之上无人敢直言进谏。梁

---

① 《梁书》卷二十八,《列传第二十二·鱼弘》;卷三十八,《列传第三十二·朱异》。
② 《南史》卷三十六,《列传第二十六·江夷玄孙禄》;卷五十一,《列传第四十一·梁宗室上·长沙宣武王懿子藻》。
③ 《南史》卷五十二,《列传第四十二·梁宗室下·南平元襄王伟子恪》。
④ 《资治通鉴》卷一百六十二,《梁纪十八》,"武帝太清三年二月"。
⑤ 《梁书》卷三十八,《列传第三十二·贺琛》。

朝也就在不久后的侯景之乱中走向灭亡。

4. 陈朝的吏治与反贪

陈朝是南朝时期最后一个王朝。陈武帝陈霸先,这位开国皇帝在梁末侯景之乱中崛起,深知民间疾苦。他在位时"恒崇宽政,爱育为本",非军旅急需,不轻易征发人民。他生活俭朴,着力恢复发展生产,稳定社会,故陈初吏治较好。永定二年(558年),孔奂任晋陵(今江苏常州)太守,一改"前后二千石多行侵暴,奂清白自守,妻子并不之官,唯以单舸临郡,所得秩俸,随即分赡孤寡,郡中大悦,号曰'神君'"。曲阿富人殷绮,"见奂居处素俭,乃饷衣一袭,氈被一具",孔奂拒绝说:"太守身居美禄,何为不能办此。但民有未周,不容独享温饱耳。"中书令沈众,"每于朝会之中,衣裳破裂,或躬提冠屦",永定二年,监造太极殿,"恒服布袍芒屦,以麻绳为带,又携干鱼、蔬菜、饭独啖之",虽是特具个性,也可见陈初崇尚节俭的风气。① 因此,梁末遭到破坏的南朝经济文化得以逐步恢复和发展。

陈霸先做皇帝不到三年,永定三年(559年)病死,其侄陈蒨即位,陈文帝"起自艰难,知百姓疾苦。国家资用,务从俭约",大力革除梁末奢丽之风。他多次下诏减免租税,劝课农桑,留心刑政,亲临刑狱,对百官犯罪处理很严厉,即使功臣也不宽贷。蔡景历在文帝即位时立有大功,历任秘书监、中书通事舍人、散骑常侍。天嘉六年(565年),蔡景历妻兄刘洽依仗蔡的权势,"前后奸讹,并受欧阳武威饷绢百匹",文帝将蔡景历罢官。② 文帝重视监察工作,孔奂任晋陵太守时有善政,文帝委以御史中丞的重任,"奂性刚直,善持理,多所纠劾,朝廷甚敬惮之。深达治体,每所敷奏,上未尝不称善,百司滞事,皆付奂决之"③。天嘉六年,陈文帝又起用徐陵担任御史中丞。当时文帝弟安成王顼为司空,"以帝弟之尊,势倾朝野",直兵鲍僧叡假借安成王的威权,"抑塞辞讼,大臣莫敢言者"。徐陵率领御史台众官奉章入朝,弹劾安成王顼,文帝见他"服章严肃,若不可犯,为敛容正坐"。徐陵进读弹劾奏疏时,安成王顼在一旁侍立,仰视文帝,"流汗失色",徐陵弹

---

① 《陈书》卷二十一,《列传第十五·孔奂》;卷十八,《列传第十二·沈众》。
② 《陈书》卷三,《本纪第三·世祖蒨》。
③ 《陈书》卷二十一,《列传第十五·孔奂》。

劾毕，命殿中御史把他带下殿，文帝终于罢免了陈顼侍中、中书监职务，"自此朝廷肃然"。①

文帝很重视选拔人才在澄清吏治方面的作用。天康元年(566年)，任命徐陵为吏部尚书，惩梁末"选授多失其所"的教训，以及当时"冒进求官，喧竞不已"的现实，徐陵提出选人要名实相符，并公开提出要恢复"自古吏部尚书者，品藻人伦，简其才能，寻其门胄，逐其大小，量其官爵"的准则。他还提出，陈初因战乱经济困难，使选举无典章，只能暂时用官位换取金银，现在社会安定繁荣，应按制度选拔人才。他的主张深得时人钦佩，他被比作三国魏时的名臣毛玠。

陈文帝死后三年，陈顼即位为宣帝，在位十四年，继续以监察惩治贪贿官吏。宣帝任命宗元饶为御史中丞，宗元饶随即将"赃汙狼藉，遣使就渚敛鱼，又于六郡乞米，百姓甚苦之"的合州刺史陈裒，治以"擅行赋敛，专肆贪取"之罪，免官。陈文帝第十子、武陵王伯礼担任吴兴太守时，"在郡恣行暴掠，驱录民下，逼夺财货，前后委积，百姓患之"，也被弹劾免官、下狱。陈武帝之孙、豫章内史、南康嗣王方泰"在郡不修民事，秩满之际，屡放部曲为劫，又纵火延烧邑居，因行暴掠，驱录富人，征求财贿"，被宗元饶弹劾免官、下狱。宣帝时，另一御史中丞袁宪也敢于严格执法，惩治贪贿，"时豫章王叔英不奉法度，逼取人马，宪依事劾奏，叔英由是坐免黜，自是朝野皆严惮焉"。②

宣帝能重视吏治，严惩贪腐，故这一时期涌现出不少清廉的官吏，皇帝也对廉吏多加褒奖。寻阳太守孔奂在陈初就是循吏，"在职清俭，多所规正，高宗(宣帝)嘉之，赐米五百斛，并累降敕书殷勤劳问"。晋陵太守王劢"在郡甚有威惠，郡人表请立碑，颂劢政绩"。山阴令褚玠"廉俭有干用"，查实、逮捕"与诸猾吏贿赂通奸，全丁大户，类多隐没"的县民张次的、王休达等人，宣帝"手敕慰劳，并遣使助玠搜括，所出军民八百余户"。宣帝本人生活也较节俭，多次诏示"皆循俭约，勿尚奢华"。宣帝重视对贪污受贿的处理，太建十一年(579年)下诏："旧律以枉法受财为坐虽重，直法容贿其制甚轻，岂不长彼贪

---

① 《陈书》卷二十六，《列传第二十·徐陵》。
② 《陈书》卷二十九，《列传第二十三·宗元饶》；卷二十八，《列传第二十二·武陵王伯礼》；卷二十四，《列传第十八·袁宪》。

残,生其舞弄？事涉货财,宁不尤切？今可改不枉法受财者,科同正盗。"①

陈宣帝在太建十四年(582年)死去,长子陈叔宝登帝位,称陈后主,是有名的荒淫无道之君。他大造宫室,喜女色,不理朝政,百官奏折,都由宦官蔡脱儿、李善度奏请,叔宝抱宠妃张丽华在膝上,共同决定可否。李、蔡记不起的事,张贵妃都能一一作答,由此擅权,援引宗戚,横行不法,"阉宦便佞之徒,内外交结,转相引进,贿赂公行",引起朝中正直大臣的不满,尚书毛喜屡次谏诤,被中书通事舍人司马申谮毁,逐出朝廷,贬任永嘉内史。秘书监傅縡刚直,不满施文庆、沈客卿专擅朝纲,施文庆就诬陷傅縡收受高丽使者的贿赂,陈后主收傅縡下狱,并派人对傅縡说:"我欲赦卿,卿能改过不？"傅縡答道:"臣心如面,臣面可改,则臣心可改。"后主"于是益怒",就把他杀害在狱中。不久,大市令章华上书进谏:"陛下即位,于今五年,不思先帝之艰难,不知天命之可畏,溺于嬖宠,惑于酒色,祠七庙而不出,拜妃嫔而临轩,老臣宿将,弃之草莽,谄佞逸邪,升之朝廷。今疆场日蹙,隋军压境,陛下如不改弦易张,臣见麋鹿复游于姑苏台矣"。②陈后主见到这道谏疏,大怒,当即下令把章华杀了。自此,臣子不敢直谏,陈后主统治日益腐败,众叛亲离,公元589年被隋朝所灭。

二、北朝的贪贿盛行与反贪活动

1. 北魏时期的贪贿状况和反贪

北魏前期,沿袭鲜卑拓跋族早期社会发展中的奴隶制残余传统,百官没有俸禄,在十六国时期许多少数民族政权也是如此。而这种制度造成了诸多统治问题。

(1) 北魏在孝文帝改革前的贪腐及其方式

北魏初期,由于没有确立俸禄制,一部分较为廉直的官吏生活清贫。道

---

① 《陈书》卷二十一,《列传第十五·孔奂》;卷十七,《列传第十一·王通子劢》;卷三十四,《列传第二十八·褚玠》;卷五,《本纪第五·宣帝顼》。
② 《陈书》卷七,《列传第一·后主沈皇后、张贵纪》;卷三十,《列传第二十四·傅縡、章华》。

武帝拓跋珪统治时期,吏部尚书崔玄伯"俭约自居,不营产业,家徒四壁,出无车乘",拓跋珪得知后,"益重之,厚加馈赐";文成帝拓跋濬时期,中书令高允"历事五帝,出入三省,五十余年","时百官无禄,允常使诸子樵采自给……家贫布衣,妻子不立……惟草屋数间,布被缊袍,厨中盐菜而已",文成帝赐以"帛五百匹,粟千斛";尚书左丞崔亮"虽历显任,其妻不免亲事舂簸"。① 济州刺史张蒲"清贫,妻子衣食不给";相州刺史陆馛"为政清平……在州七年,家至贫约";钜鹿太守吕罗汉,"清身奉公,务存赡恤,妻子不免饥寒";鲁郡太守张应"妻子樵采以自供",等等。② 当然,这样的官吏毕竟是少数的,更多的官吏则通过下述各种途径获取财富。

掠夺与班赏。北魏前期处于生产与作战合一的部落兵制阶段,战争是掠夺财富的手段。在战争过程中,将士任意掠夺。正如崔浩上书太武帝拓跋焘所说:"在朝群臣及西北守将,从陛下征讨,西灭赫连,北破蠕蠕,多获美女珍宝,马畜成群。南镇诸将,闻而生羡,亦欲南抄,以取资财。"北魏前期,由于不断对周边各少数民族和南朝发动战争,掠夺到了大量牲畜、人口、财物。每次战争后都要论功行赏,称为"班赏(赐)各有差"。拓跋珪时班赏约十二三次,明元帝拓跋嗣时十二次,拓跋焘时十九次。赏赐的财富以马牛羊牲畜为主,也有布帛;人口以奴婢为主,还有杂户或隶户。赏赐的对象首先是从征的将吏,受到这种赏赐的将领很多,张济受赐奴婢百口、马牛数百、羊二十余口;卢鲁元受赐僮隶数百人,布帛以万计。后来,这种"班赏"又扩大到留台的百官。登国二年(387年),"班赐功臣长孙嵩等七十三人各有差";登国七年(392年),"班赐诸官马牛羊各有差"。汉人士族首领、司徒崔浩"与参大谋,赏获丰厚,牛羊益泽,赀累巨万"。③ 掠夺和"班赐各有差"的政策,较为原始,对于战争时期奖励将士作战,促进军事力量发展,起了很大的作用。拓跋焘统一北方后,战争减少,这种原始的财富分配方式也明显减少,对巩固统治的弊端

---

① 《魏书》卷二十四,《列传第十二·崔玄伯》;卷四十八,《列传第三十六·高允》;卷六十六,《列传第五十四·崔亮》。
② 《魏书》卷三十三,《列传第二十一·张蒲》;卷四十,《列传第二十八·陆俟子馛》;卷五十一,《列传第三十九·吕罗汉》;卷八十八,《列传第七十六·良吏·张应》。
③ 《魏书》卷二,《帝纪第二·太祖道武帝珪》;卷三,《帝纪第三·太宗明元帝嗣》;卷四上,《帝纪第四上·世祖太武帝焘》;卷三十五,《列传第二十三·崔浩》。

也日渐显著。

搜刮与受贿。北魏前期,纵容地方官吏对人民任意征发徭役,侵夺财产。刺史等州郡守宰的一项主要任务就是负责征收租调,只要上缴定额租调,就可以在地方上任意搜刮。梁郡太守程灵虬"贪财为事,虐政残民,寇盗并起";王斤镇守长安,"调役百姓,民不堪之,南奔汉川者数千家"。各地镇将多为鲜卑贵族,比州郡守宰更为贪暴。如虎牢镇将公孙轨"其初来,单马执鞭,返去,从车百辆,载物而南"。① 官吏搜括除了强取外,还收受贿赂。陕城镇将崔宽"招致礼遗,大有受取";李䜣出任相州刺史时,"受纳民财";翟黑子"奉使并州,受布千匹";李灵、宣茂在正平郡"受乡人财货";乐陵太守张纂"在郡多所受纳"。② 与掠夺相比,这类收受贿赂在当时称为"义赃"。这种情况严重时,当然会影响到统治的稳定,北魏皇帝也多次下诏,采取措施限制地方官的搜刮。神瑞元年(414年),明元帝拓跋嗣"诏使者巡行诸州,校阅守宰资财,非自家所赍,悉簿为赃";太平真君四年(443年),拓跋焘下诏称:"牧守令宰不能助朕宣扬恩德,勤恤民隐,至乃侵夺其产,加以残虐,非所以为治也",以后"不听妄有征发"。太安五年(459年),文成帝下诏说:"牧守莅民,侵食百姓,以营家业,王赋不充,虽岁满去职,应计前逋,正其刑罪";和平四年(463年),文成帝拓跋濬又下诏:"今内外诸司、州镇守宰,侵使兵民,劳役非一。自今擅有召役,逼雇不程,皆论同枉法。"③

经商与贪污。北魏前期,商业不够繁荣,官吏经商却很发达。这种商业,"代表着一种掠夺制度"。恭宗拓跋余(拓跋焘的儿子)与左右亲信"畜养鸡犬,乃至贩酤市廛,与民争利"。皇室如此,一般官吏更是经商牟利。文成帝时,"牧守之官,颇为货利"。官吏经商,往往凭借权力,与营利能手的商人相勾结,狼狈为奸。北魏职官系统中有"商贾部二曹令",因此有直接隶属于官府的商人,他们名为市买以供官用,实则中饱私囊。西兖州刺史郑羲"多所受

---

① 《魏书》卷一十六,《列传第四·道武七王·河南王曜附元鉴》;卷三十,《列传第十八·王建子斤》;卷三十三,《列传第二十一·公孙表子轨》。

② 《魏书》卷四十六,《列传第三十四·李䜣》;卷四十八,《列传第三十六·高允》;卷四十九,《列传第三十七·李灵、宣茂》;卷六十八,《列传第五十六·甄琛、张纂》。

③ 《魏书》卷三,《帝纪第三·太宗明元帝嗣》;卷四下,《帝纪第四下·世祖太武帝焘》;卷五,《帝纪第五·高宗文成帝濬》。

纳,政以贿成。性又啬吝,民有礼饷者,皆不与杯酒脔肉,西门受羊酒,东门酤卖之"。陕城镇将崔宽为"弘农出漆蜡竹木之饶,路与南通,贩贸往来,家产丰富"。① 地方官吏与富商巨贾勾结,利用职权经商,不仅积累了大量财富,还趁农民交纳租调、青黄不接时,放高利贷,重利盘剥。这种状况连北魏皇帝都知道。和平二年(461年),文成帝的诏书中就说:"刺史牧民,为万里之表。自顷每因发调,逼民假贷,大商富贾,要射时利,旬日之间,增赢十倍。上下通同,分以润屋。"由于缺乏约束,一些地方官则利用职权贪污盗窃官库里的财物。明元帝拓跋嗣统治时期,安屈"典太仓事,盗官粳米数石"。司空令辅国长史羊祉,"侵盗公资,私营居宅"。这种情况较为普遍,致使文成帝不得不在太安四年(458年)下诏,反省说:"牧守百里,不能宣扬恩意,求欲无厌,断截官物以入于己,使课调悬少……非在职之官绥导失所,贪秽过度,谁使之致?"②

北魏前期吏治败坏,造成的后果是严重的。一是民族、社会阶级矛盾尖锐,北魏前期,各族人民起义日益频繁;二是官吏贪污受贿,盗窃帑物,严重影响了国家的财政收入;三是官吏假公营私,经商牟利,严重败坏了社会风气。这些因素都威胁到北魏政权的巩固,为此,皇帝一再下诏惩治不法官吏。天兴三年(400年),拓跋珪"分命诸官循行州郡,观民风俗,察举不法";永兴三年(411年),拓跋嗣派遣安同等循行并州、定州,"察举守宰不法";泰常二年(417年),他又"遣使者巡行天下……察守宰治行";始光四年(427年),拓跋焘"行幸中山,守宰贪污免者十数人";神䴥元年(428年),拓跋焘又"以天下守令多行非法,精选忠良悉代之";太延三年(437年),他又"诏天下吏民,得举告牧守之不法";太安元年(455年),文成帝派尚书穆伏真等三十人"循行州郡,观察风俗",对于"昏于政"者,"黜而戮之"。文成帝在位十三年,发布整饬官吏的诏书不下六道。③

---

① 《魏书》卷四十八,《列传第三十六·高允》;卷一百一十,《志第十五·食货志》;卷五十六,《列传第四十四·郑羲》;卷二十四,《列传第十二·崔玄伯族人宽》。
② 《魏书》卷三十,《列传第十八·安同》;卷八十九,《列传第七十七·酷吏·羊祉》;卷五,《帝纪第五·高宗文成帝濬》。
③ 《魏书》卷三,《帝纪第三·太宗明元帝嗣》;卷四上,《帝纪第四上·世祖太武帝焘》;卷五,《帝纪第五·高宗文成帝濬》。

北魏前期,吏治败坏激化了社会矛盾,逼使北魏统治者必须改革,必须造就一个较好的吏治环境,毕竟改革政策制定后要靠官吏们去贯彻执行。北魏统治者把班行俸禄、整顿吏治作为改革的前提,这一措施有利于更严密地控制各级官吏,加强中央集权。

(2)北魏前期反贪吏治措施

北魏一项重要措施是实行"班禄制"。皇兴四年(470年),献文帝(孝文帝父亲)下诏严惩贪贿,规定受贿"羊一只、酒一斛者,罪至大辟",参与者"以从坐论处",告发尚书以下的官吏,就以被告者官位授之。这条诏书下达后,要求改革鲜卑旧俗的汉人官僚上疏进谏,雍州刺史张白泽认为官吏贪贿的根本原因是百官无俸禄,官吏的升降要靠考课。献文帝接受这一意见,废除了受"羊一只、酒一斛"即处大辟的刑罚。太和八年(484年),北魏孝文帝下诏实行俸禄制。孝文帝诏书宣称,班行俸禄是"宪章旧典",即恢复周秦到两汉魏晋一直都实行的俸禄制。十六国时期废除俸禄制是特殊情况,重新实行俸禄制是按汉族传统的办法,"置官班禄,行之尚矣"。实行俸禄制后,每户要增收"调帛三匹、谷二斛九斗",作为官吏的俸禄。孝文帝在明令规定罢去官府商人、精简机构的同时,也去除北魏前期官吏与商人合作取利的弊政。既已班禄,不再需要官吏经商,所以要实行"罢诸商人,以简民事",并增加"二匹之赋"的预调,作为废除商人的费用。"班行俸禄"后,统治者加重对贪污受贿罪行的处罚,"赃满一匹者死"。①

班行俸禄的改革,必然触动一部分守旧的鲜卑贵族的利益,班禄是对他们的一种约束、限制,以前他们可以掠夺、贪污、盗窃、经商,为所欲为,因此,他们反对班行俸禄。冯太后和孝文帝坚定改革决心,击退了鲜卑贵族的反攻。太和九、十年,北魏又实行重大经济改革,推行三长制、均田制和新的租调制,同时对官吏俸禄实行新的办法,使官吏俸禄与当地户口、租调多少成正比。太和十年(486年),"议定州郡县官依户给俸",推行均田制后,官吏有公田可收地租,也是俸禄的一部分。公田可以出租收取租粟,但不准买卖,期满移交下任官员。官员还可以役使"吏"和"干"(身份类似农奴)在公田上劳动,收获物归官吏,称为"干禄"。

---

① 《魏书》卷七下,《帝纪第七下·高祖孝文帝宏》。

北魏政府班行俸禄制后,大张旗鼓地惩治贪贿、整顿吏治。在"班禄"前,北魏政府规定对官吏贪赃的处罚为:贪污"枉法十匹",受贿"义赃二百匹",均处"大辟"之刑。班行俸禄后,新法规定:"义赃一匹,枉法无多少,皆死"。① 对官吏贪污受贿的处罚大大加重。孝文帝严厉惩治贪官,态度十分坚决,即使对皇亲也不讲情面。秦、益二州刺史李洪之,是献文帝外舅,外戚显贵,"素非廉清,每多受纳。时高祖始建禄制,法禁严峻,司察所闻,无不穷纠",将李洪之押送到京都平城,孝文帝在太华殿上当着群官之面责备他,并令"听在家自裁"。幽州刺史张赦提因"贪虐,多有受纳",被处死;齐州刺史高遵因"贪酷"、"多所取纳"、"虐于刑法",被孝文帝"赐死"。② 对违法贪贿的宗室亲王,孝文帝也严加惩办。太和十二年(488年),梁州刺史、临淮王提因"贪纵"被削官爵,发配到北方边镇。太和十三年(489年),孝文帝叔伯父、章武王彬,在担任统万镇大将、夏州刺史时,因贪贿被削夺官爵;同年,孝文帝叔祖父、怀朔镇将、汝阴王天赐因"贪残"当死,长安镇都大将、雍州刺史、南安王桢因"聚敛肆情"当死,群臣认为"二王宜加宽恕",孝文帝指出,二王"不能洁己奉公,助宣皇度,方肆贪欲,殖货私庭","实在难恕",南安王桢削夺封爵,以庶人归第,终身禁锢,汝阴王天赐也"削除官爵"。太和十四年(490年),孝文帝叔伯父、长安镇大将、京兆王太兴,因"黩货",被免除官爵。太和十五年(491年),孝文帝叔伯父、徐州刺史、济阴王郁,"以黩货赐死,国除"。孝文帝迁都洛阳后,命弟赵郡王幹为冀州刺史,后又进为司州牧,却因其"贪淫不遵典法",被孝文帝杖一百,削除官爵。③ "班禄"这一年秋天,孝文帝"遣使者巡行天下,纠守宰之不法,坐赃死者四十余人"。自此,官吏个个小心谨慎,贪污受贿几乎绝迹。

孝文帝很重视奖励廉洁奉公的官吏。定州刺史赵黑,克己清俭,拒收贿赂,他说:"高官禄厚,足以自给,卖官营私,本非情愿。"孝文帝知道后,赐给他帛五百匹,谷一千五百石。郢州刺史韦珍,因"在州有声绩"受到嘉奖,迁龙骧

---

① 《魏书》卷一百十一,《志第十七·刑罚志》。
② 《魏书》卷八十九,《列传酷吏第七十七·李洪之、张赦提、高遵》。
③ 《魏书》卷十九下,《列传第七下·景穆十二王下·南安王桢、章武王太洛嗣子彬》;卷十九上,《列传第七上·景穆十二王上·汝阴王天赐、京兆王子推子太兴、济阴王小新成子郁》;卷二十一上,《列传第九上·献文六王上·赵郡王幹》。

将军,赐骅骝二匹,帛五十匹,谷三百斛。南颍川太守韦崇,治理有方,"郡中大治",孝文帝嘉赏他"帛二百匹"。给事黄门侍郎陆凯,"在枢要十余年,以忠厚见称,希言屡中,高祖嘉之"。孝文帝不仅奖励廉直的官吏,对推荐循吏有功者,也予以嘉奖。汾州刺史穆罴推荐吐京太守刘升,"在郡甚有威惠……罴既频荐升等,所部守令,咸自砥砺,威化在行,百姓安之……高祖以罴政和民悦,增秩延限"。① 对于弄虚作假、诬告别人的官吏,孝文帝则加以惩处。并州刺史王袭,知道孝文帝要来巡视,让百姓在大路边上立碑歌颂他的政绩,"虚相称美",孝文帝查明实情后给以降职处分。沛郡太守邵安等人诬告薛虎子与南朝通谋,孝文帝查明实情后,将邵安等处死。② 孝文帝对吏治的重要性有深刻认识。他在授予宗室子弟官职时,总要训诫他们当官应注意以身作则,不能骄傲、不可奢侈。他说:"为牧之道,亦难亦易。其身正,不令而行,故便是易;其身不正,虽令不从,故便是难。"③这反映出孝文帝渴望他的官吏能够做到公正和清廉。

北魏孝文帝改革中的一件大事是班行俸禄,与此相联的整饬吏治、惩办贪纵也是孝文帝改革的一项重要内容。这些措施抓住了问题的要害,使整个改革有一个良好的开端,对保证改革的顺利进行有重大意义。孝文帝时代,不断整顿吏治,肃明纲纪,赏罚必行,肇革旧轨,时多奉法,是各项改革取得成效的重要原因。

北魏前期,另一项重要措施是加强对官吏的考绩,这是加强吏治的重要环节。它既是识别官吏忠佞善恶的依据,也是对官吏进行赏罚升降的主要依据。

北魏在太武帝时就开始实行官吏考绩。太延元年(435年),太武帝下诏考绩地方官吏:"太守覆检能否,核其殿最,列言属州。刺史明考优劣,抑退奸吏,升进贞良,岁尽举课上台。"太安五年(459年),文成帝诏令对官吏考核要

---

① 《魏书》卷九十四,《列传第八十二·赵黑》;卷四十五,《列传第三十三·韦阆族弟珍、阆从子崇》;卷四十,《列传第二十八·陆俟孙凯》;卷二十四,《列传第十二·崔玄伯族人宽子衡》;卷二十七,《列传第十五·穆崇、寿孙罴》。
② 《魏书》卷九十三,《列传第八十一·恩倖·王睿子袭》;卷四十四,《列传第三十二·薛野䐭子虎子》。
③ 《魏书》卷二十一上,《列传第九上·献文六王上·高阳王雍》。

制定具体条文。北魏孝文帝时，对官吏考核更为重视，也更制度化。孝文帝十分注重区别官吏的忠佞，"恒惧忠贞见毁，佞人便进。寤寐思此，如有隐忧"，大臣游明根建议"三载考绩，然后忠佞可明"。三年考核，三考然后定升降，是中国古代考核的制度传统，北魏继续实行，孝文帝时并有所改革。延兴二年（472年），孝文帝诏命："自今牧守温仁清俭、克己奉公者，可久于其任。岁积有成，迁位一级。其有贪残非道、侵削黎庶者，虽在官甫尔，必加黜罚。著之于令，永为彝准。"太和五年（481年）三月，孝文帝巡视至肆州，"考察守宰，加以黜陟"。太和十五年（491年），孝文帝"大定官品"，同时"考诸牧守"，对地方官普遍进行了考核，考核办法是："外考令文，每岁终，州镇列牧守治状。及至再考，随其品第，以彰黜陟。"三年大考时，就是依据每年年终考核的政绩（写出功状），决定升降。京官也同样实行。太和十八年（494年），孝文帝又大考百官，并下诏说："三载考绩，自古通经；三考黜陟，以彰能否。今若待三考然后黜陟，可黜者不足为迟，可进者大成赊缓。是以朕今三载一考，考即黜陟，欲令愚滞无妨于贤者，才能不壅于下位。各令当曹，考其优劣为三等。六品以下，尚书重问；五品以上，朕将亲与公卿论其善恶。"这是为了突出官员升降和选拔才能。诏书发布后，孝文帝"临朝堂，亲加黜陟"，大考百官，其考察、考核的方式多样。太和十九年（495年），孝文帝又"诏诸州牧精品属官，考其得失，为三等之科以闻，将亲览而升降焉"。①

孝文帝对官吏的考绩十分认真，亲自在朝堂上公开论议官吏善恶，并即加以黜陟。其考绩的内容，即根据德行优劣、才能高低、政绩大小，进行黜陟。孝文帝一再强调考绩要公正，他告诫主持考绩的大臣"各率乃心，以旌考绩之义。如乖忠正，国有常刑"。他又强调考绩要实事求是，不许弄虚作假，对于毁誉要分析其是否符实，"人言恶者未必是恶，言善者不必是善"。② 孝文帝能将考绩官吏与整顿吏治相结合，对官吏能进行认真、严格、公正的考绩，使吏治比较清明，成为他不断推进改革的保证。

---

① 《魏书》卷四上，《帝纪第四上·世祖太武帝焘》；卷五，《帝纪第五·高宗文成帝濬》；卷五十四，《列传第四十二·高闾》；卷二十一上，《列传第九上·献文六王上·广陵王羽》；卷七下，《帝纪第七下·高祖孝文帝宏》。
② 《魏书》卷七下，《帝纪第七下·高祖孝文帝宏》。

(3) 北魏后期奢靡贪腐之风盛行

北魏孝文帝是个有作为的改革家,但他以后的皇帝不能继续其改革,而是耽于享乐和内斗,因此,北魏后期奢靡成风、政局动荡、吏治败坏、贪贿盛行。

太和二十三年(499年)孝文帝死,子元恪即位,即宣武帝,时年十六。帝母高氏被追尊为文昭皇后,后兄高肇被封为平原公,专擅朝政;宣武帝身边倖臣茹皓、赵修等也得势揽权贪贿。高肇专政,"颇结朋党,附之者旬月超升,背之者陷以大罪。以北海王详位居其上,构杀之。……又谮杀彭城王勰。由是朝野侧目,咸畏恶之。因此专权,与夺任己";茹皓"潜自经营,阴有纳受,货产盈积。起宅宫西,朝贵弗之及也";赵修"起自贱伍,暴致富贵,奢傲无礼","广增宅舍,多所并兼,洞门高堂,房庑周博,崇丽拟于诸王"。①

延昌四年(515年),宣武帝死,子孝明帝元诩六岁即位,其母胡太后临朝听政。正光元年(520年),侍中、领军将军元义与卫将军、仪同三司刘腾联合,幽禁胡太后,擅权专政。元义、刘腾专权四年间,政治更加黑暗,"生杀之威,决于义、腾之手。八坐九卿,且造腾宅,参其颜色,然后方赴省府,亦有历日不能见者。公私属请,唯在财货;舟车之利,水陆无遗;山泽之饶,所在固护;剥削六镇,交通互市。岁入利息以巨万计。又颇役嫔御,时有征求,妇女器物,公然受纳。逼夺邻居,广开室宇",结果当然是"政事怠惰,纲纪不举,州镇守宰,多非其人"。在此之前,刘腾、元义就已开始揽权,大肆受贿。神龟元年(518年),"魏宦者刘腾……胡太后以其保护之功,累迁至侍中、右光禄大夫,遂干预政事,纳赂为人求官,无不效者"。河间王琛,"为定州刺史,以贪纵著名","赂腾金宝巨万计",被任为兼都官尚书,出任秦州刺史;元义收受扬州刺史李崇送的五车货物,以及相州刺史杨钧送的银食具、柔然主阿那瓌送的黄金百斤。元义的父亲京兆王元继极其贪婪,"聚敛无已。牧守令长新除赴官,无不受纳货贿,以相托付。妻子各别请属,至乃郡县微吏,亦不得平心选

---

① 《魏书》卷八十三下,《列传第七十一·外戚下·高肇》;卷九十三,《列传第八十一·恩倖·赵修、茹皓》。

举"。①

北魏后期选官制度已十分腐败,求官的人太多,吏部只得在神龟二年(519年)实行了"停年格"的办法,"选曹唯取年劳,不简能否,义均行雁,次若贯鱼",完全不管才能贤愚,只问资历。这种办法,使庸能和贪贿官吏剧增,在任内更是加紧搜刮。北魏后期,吏部还公开卖官。元晖任吏部尚书,"纳货用官,皆有定价,大郡两千匹,次郡一千匹,下郡五百匹,其余官职各有差,天下号曰'市曹'"。出钱买来的官,在任内必竭力搜刮,捞回本钱。安州刺史郑云行贿刘腾紫缬四百匹而得官,一上任就打听哪里可做什么买卖;元诞为齐州刺史,百姓流传"唯闻王贪,愿王早代",元诞竟然说:"齐州七万户,吾至来,一家未得三十钱,何得言贪";一些贪如豺狼的官吏,如元晖、卢昶等,"时人号曰'饿虎将军'、'饥鹰侍中'"。边境上的镇将官吏也多是"专事聚敛"、"政以贿立,莫能自改"之人。沃野镇将于祚,"颇有受纳";怀朔镇将元尼须,"贪秽狼藉";怀荒镇将于景,早先任高平镇将时就"贪残受纳",改任怀荒镇将,本性难移,"镇民不胜其忿,遂反叛。执缚景及其妻,拘守别室,皆去其衣服,令景著皮裘,妻著故绛袄。其被毁辱如此,月余,乃杀之"。北方镇将如此贪暴,南方的镇将也同样贪贿成性,"受人货财请属,皆无防寇御贼之心,唯有通商聚敛之意"。这也是造成北魏后期"华夷之民相聚为乱"的原因:"正以守令不得其人,百姓不堪其命故也。"②

孝文帝改革后,社会经济得到恢复和发展,北魏出现了一段时期的繁荣局面,却也加速了统治阶级的腐朽和衰颓。

孝文帝时,北魏门阀制度正式建立,按先世官爵和当代官爵严格确立门阀等级。门阀贵族有世代做官、免除赋役、逍遥法外等政治经济特权,这就加速了他们的腐败。北魏后期,均田制规定奴婢可以授田,有利于拥有大量奴婢的门阀世族地主利用合法和各种非法手段,广占土地,奴役大量依附人口,

---

① 《魏书》卷九十四,《列传第八十二·阉官·刘腾》;卷十六,《京兆王黎附继义传》。《资治通鉴》卷一百四十八,《梁纪四》,"武帝天监十七年七月"。

② 《资治通鉴》卷一百四十九,《梁纪五》,"武帝天监十八年正月";卷一百五十一,《梁纪七》,"武帝普通七年"。《魏书》卷十五,《列传第三·昭成子孙·常山王遵、忠从子晖》;卷三十二,《列传第二十·封懿孙磨奴族子回》;卷三十一,《列传第十九·于栗磾、忠弟景》。

又经营工商业,攫取大量财富。这些世家大族往往是大地主,又是大官僚、大商人,因此具有经营工商业的有利条件。他们的剥削既依靠贵卖贱买,又依靠掠夺,王公贵族和官僚多"贪冒无厌,多所取纳,公私营贩,侵剥远近"①,从而积累起巨额财富,为其奢侈生活提供了条件。

北魏门阀世族生活的奢侈腐朽,丝毫不亚于西晋的世家大族。《洛阳伽蓝记》记载:"帝族王侯,外戚公主,擅山海之富,居川林之饶,争修园宅,互相夸竞。崇门丰室,洞户连房,飞馆生风,重楼起雾。高台芳榭,家家而筑,花林曲池,园园而有。"河间王元琛,最为豪首,他曾对章武王元融说:"不恨我不见石崇,恨石崇不见我!"说明他自信比西晋著名的豪富石崇有过之而无不及,他的大量财富靠搜刮而来。元琛任秦州刺史时,"在州聚敛","求欲无厌,百姓患害,有甚虎狼";他任定州刺史期满回洛阳时,由于他"多所受纳,贪婪之极",连胡太后也气极而斥,"琛在定州,惟不将中山宫来,自余无所不致,何可更复叙用"!就连"性尤贪暴"、"素以富自负"的章武王元融也对他的豪侈又羡又妒,"归而惋叹三日"。②

北魏后期,统治阶级的腐化还表现在佞佛成风。孝文帝以前,统治阶级礼佛,多重修禅持戒的宗教修行,孝文帝又重视讲经、精研义理。到北魏后期,随着统治集团政治上的腐朽和生活上的堕落,礼佛逐渐变成了佞佛,成为统治阶级豪侈生活的组成部分。孝文帝太和元年(477 年),京都平城有佛寺约百所,僧尼二千余人,全国有佛寺六千余所,僧尼七万七千余人。到宣武帝延昌(512—515 年)年间,全国寺庙已达一万三千余所,到北魏末年,"僧尼大众二百万矣,其寺三万有余"。寺院的规模与奢侈豪华也是前所未有,统治者的佞佛浪费了大量人力、物力、财力,最终都转嫁到人民头上,"侵夺细民,广占田宅",加重人民的负担,"百姓疲于土木之功,金银之价为踊上"。③

北魏后期统治者腐化昏暗、奢侈浪费,而监察机制软弱无力,高道穆、郦道元等敢于履职的监察官还受到打击报复,大臣们的正确意见不为朝廷采

---

① 《魏书》卷二十一上,《列传第九上·献文六王上·咸阳王禧、北海王详》。
② 杨衒之:《洛阳伽蓝记》卷四,文渊阁四库全书本,乾隆四十七年刊本,第 12—13 页;《魏书》卷二十,《列传第八·河间王若嗣子琛》。
③ 《魏书》卷一百十四,《志第二十·释老志》。

纳。在这种状况下,社会矛盾日益激化,终于爆发了各族人民联合大起义,北魏王朝也葬身于起义烈火之中。

2. 东魏的贪腐与高欢惩贪

东魏(534—550年)执政者高欢,是鲜卑化汉人,本是怀朔镇(今内蒙古固阳西北)小军官,依靠怀朔镇的中下级军官和六镇流民,包括他的岳父娄家的亲戚段荣、窦泰,还有怀朔镇户曹史孙腾、外兵史侯景、司马子如、刘贵、贾显智等,组成怀朔豪强集团和东魏勋贵集团,夺取了政权。高欢为继续获得他们的支持,总是竭力纵容、满足他们的要求。汉官杜弼,直言敢谏,天平四年(537年),他因"文武在位,罕有廉洁",而建议高欢惩治勋贵贪腐,挽救吏治。但高欢认为,在与西魏、南朝梁三方对峙中,主要矛盾是争取文武官员的支持,以巩固政权,所谓"今督将家属,多在关西,黑獭(宇文泰)常相招诱,人情去留未定。江东复有一吴儿老翁萧衍者,专事衣冠礼乐,中原士大夫望之以为正朔所在。我若急作法网,不相饶借,恐督将尽投黑獭,士子悉奔萧衍,则人物流散,何以为国"?因此不能过分限制约束他们,惩治贪腐只能以后再说,"尔宜少待,吾不忘之"。他还告诫杜弼,贪腐是小事,对付西魏和南梁是大事,对负责作战的勋贵,只能满足他们的要求,以换取他们的支持。①

高欢这种统治思想,后果当然是放任东魏勋贵们为所欲为,肆意贪贿聚敛。如光州刺史娄叡"在任贪纵","以外戚贵幸,纵情财色",调任瀛州刺史后仍"聚敛无厌";勋贵孙腾"求纳财贿,不知纪极,生官死赠,非货不行"。高欢姊夫尉景,担任冀州刺史时"大纳贿",连高欢都看不过去,"令优者石董桶戏之。董桶剥景衣,曰:'公剥百姓,董桶何为不剥公?'"高欢告诫尉景:"可以无贪也。"尉景回答说我不过在几个老百姓身上打点主意,比不上你把天下赋调都占为己有。高欢无语且无奈,只能放任他贪贿聚敛。②

高欢还看到,只依靠鲜卑贵族还不能巩固统治,因此他也拼命拉拢汉族世家大族。在山东地区,他认有名的高门大族高乾为族叔,对赵郡大族李元忠也竭力拉拢。东魏政权就是建立在鲜卑贵族和汉族高门大族联合支持的基础之上。

---

① 《北齐书》卷二十四,《列传第十六·杜弼》。
② 《北齐书》卷十五,《列传第七·尉景、娄昭兄子叡》;卷十八,《列传第十·孙腾》。

沙苑之战后,牵及东魏的战争逐渐减少。同时,东魏向南朝梁王朝不断遣使往来,兴和三年(541年),又与西魏在"汾、晋之间遂通庆吊"。随着东魏政局的稳定,高欢在内政方面也有所建革。兴和元年(539年),高欢任命长子高澄为吏部尚书,改变北魏末年论资排辈的"停年格"的用人制度,"铨擢贤能;又沙汰尚书郎,妙选人地以充之……士大夫以是称之"。同年,高欢又奖励"政绩清能"的徐州刺史房谟、广平太守羊敦、广宗太守窦瑗、平原太守许惇,并"与诸刺史书,褒称谟等以劝之"。兴和三年(541年),高欢命封隆之等在麟趾阁议定法律条文——《麟趾格》,加强了法制建设;又统一度量衡,规定绢长每匹四十尺,不许官吏额外勒索。①

高欢革除弊政后,社会逐步安定,国家赋役收入有所增加,社会经济得到恢复和发展。武定元年(543年),东魏在与西魏的"邙山(洛阳北)之战"中大胜,外部威胁逐渐解除,鲜卑勋贵们的权力膨胀,也日益为高欢所不容,他开始在内政方面加强改革和建设,整顿吏治,特别是抑制勋贵。兴和四年(542年)四月,高欢从晋阳到邺城,"司徒孙腾坐事免";太尉尉景因"贪纵不法,为有司所劾,系狱。欢三诣阙泣请,乃得免死",降为骠骑大将军。

为了统治的需要,惩治权贵,高欢必须注重策略。他让儿子高澄出面,自己在幕后,一旦有必要时出来缓和冲突。武定二年(544年),高澄被任命为大将军,领中书监,"文武赏罚皆禀于澄"。当时与高欢一起打天下的勋贵在邺城"权势熏灼中外,率多专恣骄贪"。高欢决定惩治他们,由高澄出面奏请崔暹为御史中尉、宋游道为尚书左丞,负责纠弹勋贵。高澄对二人说:"卿一人处南台,一人处北省,当使天下肃然。"崔暹前后弹劾尚书令司马子如、尚书元羡、雍州刺史慕容献、太师咸阳王元坦、并州刺史等,"罪状极笔,并免官。其余死黜者甚众"。宋游道弹劾咸阳王元坦、太保孙腾、司徒高隆之、司空侯景、录尚书元弼、尚书令司马子如等人,高澄把司马子如关进监狱,使之惧极而一夜白发。高欢在晋阳写信给邺城的勋贵们说:"咸阳王、司马令,并是吾对门布衣之旧,尊贵亲昵,无过二人,同时获罪,吾不能救,诸君其慎之。"邺城的勋贵惧而有所收敛,不敢再肆意贪纵。其他一些贪官污吏,同样受到惩处。高欢亲戚、瀛州刺史韩轨,"在州聚敛,为御史纠劾,削除官爵";南青州刺史郑

---

① 《资治通鉴》卷一百五十八,《梁纪十四》,"武帝大同四、五年"。

伯猷"在州贪惏……专为聚敛,货贿公行",被御史纠劾,"死罪数十条,遇赦免,因以顿废"。①

东魏时期,高欢惩治勋旧权贵们的贪贿放纵收到了成效。他慰劳负责监察的御史中尉崔暹,赏给他良马一匹,以壮威势,说:"往前朝廷岂无法官,而天下贪婪,莫肯纠劾。中尉尽心为国,不避豪强,遂使远迩肃清,群公奉法。冲锋陷阵,大有其人,当官正色,今始见之。今荣华富贵,直是中尉自取。"②后在华林园,孝静帝还亲自给崔暹赐酒。但是,这种局面没能维持多久。

3. 北齐的贪腐与反贪

高欢在武定五年(547年)死去,武定七年(549年)高澄遇刺身亡,其弟高洋在天保元年(550年)废东魏孝静帝,建立北齐,高洋即文宣帝。

高洋在称帝前掌握朝政时,为了当上皇帝,拼命拉拢鲜卑贵族,为此把大力惩办权贵贪贿的崔暹、崔季舒各鞭打二百,发配到北方边境充军。但高洋登帝位后,还是任用弘农(今河南灵宝北)大族杨愔为尚书右仆射,"留心政术,务存简靖,坦于任使,人得尽力。又能以法驭下,或有违犯,不容勋戚,内外莫不肃然"。但天保七年(556年)后,高洋"以功业自矜,遂嗜酒淫佚,肆行狂暴"。高洋死后,其子高殷继位。不久,高洋弟高演、高湛在鲜卑勋贵高归彦、斛律光等拥护下,杀大臣杨愔、燕子献、宋钦道等人,再度打击汉人士族势力,并以高殷母李太后是汉人,废高殷,另立高演为帝,两年后高演死,长广王高湛继位,即武成帝。其怠政淫侈,侍中、尚书右仆射和士开为了揽权,对武成帝高湛说:"自古帝王,尽为灰土,尧舜、桀纣,竟复何异!陛下宜及少壮,极意为乐,纵横行之。一日取快,可敌千年。国事尽付大臣,何虑不办,无为自勤约也。"高湛十分高兴,更加荒淫,如他为胡后造珍珠裙,所费难以计算。③

北齐后主时,政治更加腐败。后主高纬是历史上有名的昏君,为了享乐,他驱使成千上万的工匠建造宫殿和寺院。在晋阳建十二院,比邺城的宫殿更

---

① 《北齐书》卷十五,《列传第七·韩轨》;卷三十,《列传第二十二·崔暹》;卷四十七,《列传第三十九·酷吏·宋游道》。《魏书》卷五十六,《列传第四十四·郑羲从孙伯猷》。
② 《北齐书》卷三十,《列传第二十二·崔暹》。
③ 《资治通鉴》卷一百六十六,《梁纪二十二》,"敬帝太平元年";卷一百六十九,《陈纪三》,"文帝天嘉四年"。

加富丽,有的宫殿建成后不称心,多次拆了再造,百工不得休息,夜晚燃火照作,十分悲惨;后宫则个个锦衣玉食,一裙万钱,一镜千金。他任用揽权贪贿的鲜卑人和士开,"富商大贾朝夕填门,朝士不知廉耻者多相附会"。鲜卑贵族穆提婆、高阿那肱、韩长鸾等掌权后,"官由财进,狱以贿成",内外亲信都受官爵,"庶姓封王者百数,不复可纪。开府千余,仪同无数",甚至连贵族官僚的狗、马、鹰都封官受禄。这样,国库空竭了,高纬干脆卖官鬻爵,"乃赐诸佞幸卖官,或得郡两三,或得县六七,各分州郡,下逮乡官……于是州县职司多出富商大贾,竞为贪纵,人不聊生"。①

北齐日益腐朽没落,西边的北周却日益强大。公元577年,北齐终被北周所灭。

4.西魏的树廉与反贪

当东魏、北齐因腐化而日趋衰落时,宇文泰在关陇地区所建立的西魏及其后的北周,地狭人少,国力无法与东魏、北齐相比,要立住脚跟,与东魏、北齐相抗衡,只有不断进行改革,在巩固自己统治的同时,逐渐强大起来。

宇文泰在改革兵制(建立"府兵制")和政权建设(调和鲜卑族武川军官与关陇河东汉族世家大族的利益和矛盾,组成关陇集团)的基础上,特别注意擢用廉吏,以收揽民心。宇文泰早在讨伐侯莫陈悦的军事行动中,就做出表率,"入上邽,收悦府库,财物山积,皆以赏士卒,毫厘无所取。左右窃一银镂瓮以归,太祖知而罪之,即割赐将士,众大悦";大统三年(537年)八月,他率李弼、独孤信等十二将东征,在潼关誓师:"无贪财以轻敌,无暴民以作威。用命则有赏,不用命则有戮。"②

宇文泰颁行主要谋士苏绰提出的"六条诏书"作为施政纲领,宇文泰自己也把它"常置诸座右",即作为座右铭,"其牧守令长,非通六条及计帐者,不得居官"。其内容包括:(1)"先治心"、治身。苏绰提出,"其治民之本,莫若宰守之最重也。凡治民之体,先当治心。心者,一身之主,百行之本。心不清净,则思虑妄生。思虑妄生,则见理不明。见理不明,则是非谬乱。是非谬

---

① 《北齐书》卷八,《帝纪第八·后主高纬、幼主高恒》;卷五十,《列传第四十二·恩倖·和士开》。

② 《周书》卷一,《帝纪第一·文帝宇文泰上》;卷二,《帝纪第二·文帝下》。

乱,则一身不能自治,安能治民也！是以治民之要,在清心而已"。他所谓"清心",就是不贪财货、心气清和、志意端静,而使"邪僻之虑,无因而作";要治身,做出表率,"表不正,不可求直影",他强调躬行仁义、孝悌、忠信、礼让、廉平、俭约、无倦、明察,"行此八者,以训其民。是以其人畏而爱之,则而象之"。(2)"敦教化"。针对当时战乱频繁,"民不见德,唯兵革是闻;上无教化,惟刑罚是用"的现实,提倡"慈爱则不遗其亲,和睦则无怨于人,敬让则不竞于物","诸牧守令长,宜洗心革意,上承朝旨,下宣教化"。(3)"尽地利"。要发展农业生产,须"劝课有方"。"主此教者,在乎牧守令长而已",关键是要有负责、廉洁、有威望的地方官。(4)"擢贤良"。这是强调选择良吏的重要性,"置臣得贤则治,失贤则乱"。他否定门阀制度下的选官用人路线,特别重视地方官吏的选任,"党族闾里正长之职,皆当审择,各得一乡之选,以相监统。夫正长者,治民之基。基不倾者,上必安"。(5)"恤狱讼"。重视断狱判刑公正与否关系到政权的存亡,因此"宰守……当率至公之心,去阿枉之志,务求曲直,念尽平当"。(6)"均赋役"。关键在地方官,"斟酌贫富,差次先后,皆事起于正长,而系之于守令","守令……不存恤民之心,皆王政之罪人也"。"六条诏书",从政治、经济、法律、思想道德等方面提出改革的指导原则,强调只有公正廉洁的官吏才能贯彻各项改革的重要性。①

宇文泰执政时期,着意搜罗贤才,同时重视廉政建设,擢用廉吏,惩治贪腐,故在西魏、北周时期出现了不少廉吏,宇文泰也很重视表彰他们。宇文测任大都督、行汾州事,"政存简惠","性仁恕,好施与,衣食之外,家无蓄积。在洛阳之日,曾被窃盗,所失物,即其妻阳平公主之衣服也";其弟宇文深任大都督、东雍州刺史,"为政严明,示民以信,抑挫豪右,吏民怀之",后来又担任吏部中大夫,"在选曹,颇获时誉"。兄弟俩都以廉洁著称,史称"当时之良臣"。瓜州刺史申徽"在州五稔,俭约率下,边人乐而安之",后转任襄州刺史,"旧俗,官人皆通饷遗。徽性廉慎,乃画杨震像于寝室以自戒。及代还,人吏送者数十里不绝"。郢州刺史柳敏"甚得物情。及将还朝,夷夏士人感其惠政,并赍酒肴及土产候之于路。敏乃从他道而还"。唐瑾任吏部尚书时,"铨综衡流,雅有人伦之鉴",宇文泰平江陵,瑾为元帅府长史,"及军还,诸将多因房掠,大获财物。瑾一无所取,

---

① 《周书》卷二十三,《列传第十五·苏绰》。

唯得书两车,载之以归",有人诬告"唐瑾大有辎重,悉是梁朝珍玩",宇文泰派人去查看,只见都是书籍,叹道:"孤知此人来二十许年,明其不以利干义。向若不令检视,恐常人有投杼之疑,所以益明之耳。凡受人委任,当如此也。"乃进唐瑾爵为公。唐瑾"家无余财,所得禄赐,常散之宗族。其尤贫者,又割膏腴田宇以赈之"。京兆蓝田(今属陕西)人王悦,宇文泰初定关中,即率募乡民从军,屡立战功,后任京兆郡守,迁大行台尚书,"悦性俭约,不营生业,虽出入荣显,家徒四壁而已"。河北郡守裴侠"躬履俭素,爱民如子,所食唯菽麦盐菜而已",吏民莫不怀之。该郡惯例,以三十名渔夫猎户以供郡守役使,裴侠说"以口腹役人,吾所不为也",全部予以取消;该郡又有惯例,以三十名壮丁供郡守役使(或交庸直钱代役),裴侠也将所收庸直(钱)交给公家,他"去职之日,一无所取",当地"民歌之曰:肥鲜不食,丁庸不取,裴公贞惠,为世规矩"。一次,宇文泰召见地方官,命裴侠站出来,然后对众牧守说:"裴侠清慎奉公,为天下之最,今众中有如侠者,可与之俱立",众人默不作声,宇文泰遂予裴侠重赏,裴侠由此得到"独立君"的称号。从这件事,可见宇文泰很懂得用典型事例教育百官。大都督、行瓜州事王子直"性清静,务以德政化民,西土悦附"。陇右总管府长史皇甫璠"性平和,小心奉法,安分守志,恒以清白自处。当时号为善人"。韦瑱任瓜州刺史,"州通西域,蕃夷往来,前后刺史,多受赂遗。……瑱雅性清俭,兼有武略。蕃夷赠遗,一无所受。胡人畏威,不敢为寇。公私安静,夷夏怀之"。薛端,本名沙陁,世代为河东大族,为人耿直,"每有奏请,不避权贵",宇文泰嘉奖他,赐名端,他担任吏部郎中,"自居选曹,先尽贤能,虽贵游子弟,才劣行薄者,未尝升擢之";宇文泰晋升他为吏部尚书,"端久处选曹,雅有人伦之鉴,其所擢用,咸得其才"。[①]

宇文泰奖励重用廉吏,严惩贪贿,即使是皇亲,也不姑息。魏秦州刺史王超世,是宇文泰的内兄,"骄而黩货,泰奏请加法,诏赐死",震动朝野内外。[②]

5. 北周的反贪

宇文泰死后,孝闵帝时宇文护专权,到明帝武成二年(560年)正式改西

---

① 《周书》卷二十七,《列传第十九·宇文测弟深》;卷三十二,《列传第二十四·申徽、柳敏、唐瑾》;卷三十三,《列传第二十五·王悦》;卷三十五,《列传第二十七·裴侠、薛端》;卷三十九,《列传第三十一·王子直、皇甫璠、韦瑱》。

② 《资治通鉴》卷一百五十七,《梁纪十三》,"武帝大同元年十月"。

魏为北周,周武帝即位,并于建德元年(572年)亲政,北周进入了一个新的发展时期。周武帝"克己励精,听览不怠。用法严整,多所罪杀。……凡布怀立行,皆欲踰越古人。身衣布袍,寝布被,无金宝之饰,诸宫殿华绮者,皆撤毁之……后宫嫔御,不过十余人。劳谦接下,自强不息",他实行了一系列改革,废佛、释放奴婢、改革府兵制,最后灭北齐,统一了北方。史称周武帝"劳役为士卒之先,居处同匹夫之俭,修富民之政,务强兵之术"。周武帝在惩治贪腐方面也采取了一些措施。建德六年(577年),他颁布《刑书要制》,对官吏自盗及隐瞒户口土地者都作了严厉的处罚规定:"持杖群强盗一匹以上,不持杖群强盗五匹以上,监临主掌自盗二十匹以上,小盗及诈伪请官物三十匹以上,正长隐五户及十丁以上、隐地三顷以上者,至死。"这对打击贪官、革除弊政是有作用的,"由是浇诈颇息焉"。①

周宣帝即位的宣政元年(578年)八月,对地方州郡宣布了"诏制九条":"一曰,决狱科罪,皆准律文;二曰,母族绝服外者,听婚;三曰,以杖决罚,悉令依法;四曰,郡县当境贼盗不擒获者,并仰录奏;五曰,孝子顺孙义夫节妇,表其门闾,才堪任用者,即宜申荐;六曰,或昔经驱使,名位未达,或沉沦蓬荜,文武可施,宜并采访,具以名奏;七曰,伪齐七品以上,已敕收用,八品以下,爰及流外,若欲入仕,皆听预选,降二等授官;八曰,州举高才博学者为秀才,郡举经明行修者为孝廉,上州、上郡岁一人,下州、下郡三岁一人;九曰,年七十以上,依式授官,鳏寡困乏不能自存者,并加廪恤。"同时,"遣大使巡察诸州"。②这九条是要求地方官严格依法办事,选拔人才,宣扬儒家道德,镇压盗贼,体现了北周政府对地方官察举并重、奖惩结合的政策特点。

西魏宇文泰在苏绰等人的辅佐下,发展经济,任用廉吏,使西魏、北周对抗了强大的东魏,又攻伐萧纪于蜀,征讨南梁,攻下江陵,为周武帝宇文邕的改革创造了条件。周武帝继续改革,加强法治,使国力更加强大,终于灭北齐,统一了北方。周武帝死后十一年,代北周的隋王朝统一了全国。

---

① 《周书》卷六,《帝纪第六·武帝下》。
② 《周书》卷七,《帝纪第七·宣帝》。

三、南北朝的监察反贪机制

1. 南朝的监察机构和监察制度

(1) 中央监察机关

南朝时期,中央监察机关主要是御史台(简称"兰台")。

刘宋王朝中央御史台的长官为御史中丞,秩千石,"掌劾奏不法"。御史中丞属吏,设有治书侍御史二人,掌举劾六品以上官吏,分治侍御史所掌诸曹;侍御史十人,"掌察举非法,受公卿奏事,有违失者举劾之",分治吏曹、库曹、直事曹、印曹、中都督曹、外都督曹、媒曹、符节曹、水曹、法曹等十曹。①

萧齐时,御史台称为"南台"或"南司",其主官设御史中丞一人,"晋江左中丞司隶分督百僚……今中丞则职无不察,专道而行",其地位崇高。属官有治书侍御史二人,举劾不法,分统侍御史;侍御史十人,分掌诸曹事务。为加强纠察,设殿中侍御史、检校御史各二人。②

梁朝时,御史台也称"南台",初设御史大夫为御史台主,后改设御史中丞,"掌督司百僚。皇太子以下,其在宫门行马内违法者,皆纠弹之。虽在行马外,而监司不纠,亦得奏之。专道而行"。晋初,御史中丞专纠行马内,司隶校尉专纠行马外,晋惠帝时此界限有所打破,梁朝时明确规定宫内外都由御史台纠察,提高了御史台的地位和执法威严。

陈朝时,御史机关承梁制,御史台又增有了司法权。常在三月与令史、侍御史、兰台令史"亲行京师诸狱及治署,理察囚徒冤枉"。

南朝时期,中央监察官还有尚书左丞。西晋时,尚书左丞的监察权限于尚书省,行省内监察,后有所扩大,南朝比东晋又有所扩大,可以纠察中央和地方官吏,还可与御史中丞互察。③

南朝时期在监察方式上,御史台除了有真凭实据的弹劾外,还可以"风闻奏事"。梁末,御史中丞刘孝仪与上虞县令徐陵有矛盾,"风闻劾陵在县赃

---

① 《宋书》卷四十,《志第三十·百官下》。
② 《南齐书》卷十六,《志第八·百官》。
③ 《隋书》卷二十六,《志第二十一·百官上》;卷二十五,《志第二十·刑法》。

汗"。这显然是扩大了御史的权限,提高了御史台的地位。御史作为中央派出的监察官员,称为"台使",负责品评地方官的善恶,凡"刑狱不恤、政事乖谬、伤民害教"之事,都在训诫惩治之列。

南朝御史台的地位比西晋有所提高,威慑力更大。由于皇帝支持,南朝御史台设仪仗、御史中丞专道,御史中丞上殿弹奏大臣、百官须肃立等规定,使监察官员拥有很大的权威,御史也敢于弹劾当朝权贵,出现了刘宋时"明宪直法,无所屈挠"的孔琳之,"立朝正色,内外惮之"的荀伯子,弹劾王僧达、"朝士莫不畏其笔端"的刘瑀;齐明帝时接连弹劾中书令谢朏、司徒左长史王绩、护军长史庾弘远等权臣,被明帝赞为"君今日可谓近世独步"的御史中丞江淹等一批有名的御史。梁朝时,张缅为御史中丞,"推绳无所顾望,号为劲直,武帝乃遣画工图其形于台省,以励当官"。陈朝时,徐陵为御史中丞,曾弹劾文帝之弟、司空、安成王顼,免去其侍中、中书监之职;孔奂担任御史中丞时,"朝廷甚敬惮之";徐俭任御史中丞,"尚书令江总望重一时,亦为俭所纠劾"。①

南朝时期御史虽位高权重,但自身要"廉明威正",严格履行监察职责,奉法治事,兢兢业业处理繁杂事务,否则就要以失职被罢官。齐初,陆澄为御史中丞,尚书左丞任遐奏参他不纠劾骠骑谘议沈宪家中的奴客行劫之事,结果被罢官。此外,王准、傅隆、何曧、萧惠开、张永结等御史中丞,都因不纠失职而被罢官,南朝御史在任平均时限"校其年月,不过盈岁"②,说明御史难当,除了因不纠劾违法被免职外,也难免有严格执法而受到打击报复罢官的情况。

(2)地方监察机构

东汉末年,州牧刺史已不专任监察,演变为地方行政长官,形成州、郡、县三级地方行政体制。对于地方监察,南朝时期统治者设置"典签"负责监督地方长官。

---

① 《宋书》卷五十六,《列传第十六·孔琳之》;卷六十,《列传第二十·荀伯子》;卷四十二,《列传第二·刘穆之式之子瑀》。《梁书》卷十四,《列传第八·江淹》;卷三十四,《列传第二十八·张缅》。《陈书》卷二十一,《列传第十五·陈奂》;卷二十六,《列传第二十·徐陵子俭》。

② 《南齐书》卷三十四,《列传第十五·刘休》。

南朝统治者针对门阀世族对皇权的威胁,在中央重用寒人掌机要,在地方托付宗室,由诸王出任刺史,另派"亲近左右领典签"协助并实施监督。典签,各州设一至三人,监察诸王、州刺史。其地位虽不高,权力很大,"虽长王临藩,素族出镇,典签皆出纳教命,执其枢要,刺史不得专其职任"①,实际已超出监察官的职权范围,代表皇帝掣肘方镇,使其不致威胁中央集权。典签一年数次返回都城汇报地方情况,"刺史行事之美恶,系于典签之口",成为皇帝赏罚地方官的主要依据,当然也埋下了制度专擅、贪索的弊端。

典签制产生于宋孝武帝时,齐朝时盛行。典签制的推行,虽有利于加强皇权,防止大族和地方作乱,但有两大弊端:一是易导致诸王成长后与中央发生矛盾,甚至造成骨肉相残的惨局;二是典签权力太重,缺乏对典签的监察制约机制而易致贪赃枉法。齐永明八年(490年),南兖州刺史、西阳王萧子明的典签刘道济"赃私百万,为有司所奏,世祖怒,赐道济死";次年,典签何益孙"赃罪百万,弃市"。这两个南兖州典签在两年中先后贪污百万,可为当时典签贪贿严重的例证。② 梁武帝时,因其弊端重重,就取消了典签这一制度。

自秦汉以来,中央对地方的监察也时常采用中央派遣使者出巡的方式,这种方式在南朝时期更加制度化。台使到地方上主要是考察守宰政绩,奏劾冤案、政事乖谬、害民利己等情况。元嘉三年(426年)五月,宋文帝诏令遣大使巡行四方,"其宰守称职之良,闺荜一介之善,详悉列奏,勿或有遗。若刑狱不恤,政治乖谬,伤民害教者,具以事闻"。梁武帝天监元年(502年)四月,也下诏"分遣内侍,周省四方,观政听谣,访贤举滞。其有田野不辟,狱讼无章,忘公徇私,侵渔是务者,悉随事以闻"。③

南朝的地方监察制度,出现了典签制,遣使出巡与典签制度相结合,加强了对地方的监察,弥补了汉代十三部刺史职权转变后的不足;加强了监察力度,提高了监察官的权威,加强了皇权,加速了门阀世族势力走向衰落。

2. 北朝的监察机构和制度

北朝是鲜卑族建立的政权,进入中原后又受到汉族制度文化的影响。所

---

① 《资治通鉴》卷一百二十八,《宋纪十》,"孝武帝孝建三年二月"。
② 《南齐书》卷五十三,《列传第三十四·良政·沈宪传》;卷四十六,《列传第二十七·萧惠基弟惠朗》。
③ 《宋书》卷五,《本纪第五·文帝义隆》;《梁书》卷二,《本纪第二·武帝中》。

以,北朝的监察制度呈现出融合胡汉的特点。

(1) 中央监察机构

北魏初,道武帝拓跋珪设置百官时,也建立起监察机构,外朝有御史台(也称"兰台",任命崔逞为御史中丞)、尚书左丞(任命贾彝、张蒲等为尚书左丞)、司隶校尉(任命拓跋顺为司隶校尉)等监察机构,但当时发挥较大监察作用的是内朝的侯官。

① 侯官

天兴四年(401年)九月,北魏道武帝废御史台,"罢外兰台御史,总属内省",具体执行监察职能的机构是侯官曹,取"诸曹走使谓之凫鸭,取飞之迅疾;以伺察者为侯官,谓之白鹭,取其延颈远望"之意。① 侯官权力很大,监察京城内外众官吏,司空庾岳"衣服鲜丽,行止风采,拟仪人君",被侯官告发,道武帝"遂诛之"。侯官的伺察手段也很多,甚至"有微服杂乱于府寺间,以求百官疵失"。由于北魏初期内外矛盾尖锐,客观上需要加强监察,所以侯官职数急剧膨胀。太安四年(458年),"增置内外侯官,伺察诸曹、外部州镇",到太和元年(477年),内外侯官已多达一千多人。侯官设置太多太滥,带来"奸巧弄威,重罪受赇不列,细过吹毛而举"等严重问题。监察者本身不正,必致滥用职权,冤狱遍地。鉴于此,太和三年(479年),孝文帝将原任侯官全部撤职,重选几百名忠厚谨直者,巡逻街道,制止喧闹斗殴,成为维护社会治安人员,"吏民始得安业"。②

② 御史台

北魏中期,侯官监察退出历史舞台后,外朝的御史台才真正发挥监察职能。

北魏前期,鲜卑贵族中主张汉化和反对汉化的两派势力斗争非常激烈,反映到监察制度上,就是御史台时置时废。道武帝初设御史台,天兴四年(401年)废去,职权归属于内朝的侯官曹。明元帝拓跋嗣复置御史台,命陆俟"典选部、兰台事",但作用仍不大,往往有职无权,少见政绩。直到献文帝时,由于皇帝的重视和支持,御史台官员才敢于发挥监察作用。如兰台御史

---

① 《魏书》卷一百一十三,《志第十九·官氏志》。
② 《魏书》卷一百一十一,《志第十六·刑罚志》。

高谧(后迁治书侍御史)"弹纠非法,当官而行,无所畏避"。孝文帝时,罢侯官曹,御史台成为国家唯一的中央监察机构。北魏孝文帝实行以汉化为中心的一系列改革,仿照南朝制度改革官制,基本取消了内官系统,加重门下省的权力。在监察制度方面,御史从内朝移到外朝,权限日益扩大和加强。如御史中尉李彪"多所劾纠,远近畏之,豪右屏气。高祖……从容谓群臣曰:吾之有李生,犹汉之有汲黯";治书侍御史薛聪"凡所弹劾,不避强御,孝文或欲宽贷者,聪辄争之。帝每云:'朕见薛聪,不能不惮,何况诸人也?'自是贵戚敛手"。①

北魏御史台,也称"南台",其最高长官为御史中尉,官秩正三品上(后改为从三品),官品虽不高,但是中央监察机构的首脑,"御史中尉督司百僚",声势显赫。御史中尉外出时,王公百僚都要下马停车在路旁,违者可用棒击之;而且有专道,"出入千步清道,与皇太子分路",其威风显赫空前。皇帝这样做,是为了维护御史中尉的权威地位。由于御史位尊权重,所以受到人们的重视。孝明帝熙平元年(516年),"中尉、东平王匡博召辞人,以充御史,同时射策者八百余人","于时预选者争相引决",可见御史一职地位之高,也说明御史选任十分严格。御史中尉的属官有:治书侍御史,"掌纠禁内朝会失时,服章违错,飨宴、会见,悉所监之";侍御史八人,殿中御史十四人,"昼则外台受事,夜则番直内台",殿中御史还掌管宫殿宿卫禁兵;检校御史十二人,专门负责外朝和地方的监察。

东魏、北齐御史台,承袭北魏制度,仍称"南台",台主为御史中尉,北齐改称御史中丞,从三品。其属官有:治书侍御史二人,侍御史八人,殿中侍御史十二人,检校御史十二人。北周改御史台为司宪,改御史中丞为司宪中大夫,二人;其属官有司宪上士二人,同治书侍御史;司宪中士,同侍御史;司宪下士八人,同检校御史。②

除御史台外,北朝(北周除外)的监察官还有尚书左丞(尚书省内设),掌

---

① 《魏书》卷三十二,《列传第二十·高湖子谧》;卷六十二,《列传第五十·李彪》;《北史》卷三十六,《列传第二十四·薛辩、湖子聪》。
② 杜佑:《通典》卷二十四,《职官六·御史台、中丞、侍御史、殿中侍御史、监察侍御史》,上海商务印书馆1936年版,第141—145页;《魏书》卷八十五,《列传第七十三·文苑·温子升》。

监察。北魏孝明帝时,尚书左丞卢同奏劾奚康生违制"度外"加征百姓调赋,"书奏,诏科康生之罪,兼褒同在公之绩"。北朝尚书令也掌弹纠,"与御史中丞更相廉察"。①

③司隶校尉

北魏初,设司隶校尉统司州,后改为司州牧,而不再设司隶校尉,东魏、北齐亦设此官。北周改称雍州牧,是京师所在州的行政长官兼监察官,监察属郡长吏,不再监察在京行马外的中央百官。而北周大司寇府下设的司隶下大夫一职,与司隶校尉职务明显不同。

北魏中后期,随着政治腐败,监察制度日益受到掣肘,一些御史举劾弹奏后甚至遭到打击报复。孝明帝时,相州刺史李世哲"斥逐细人,迁徙佛寺,逼买其地,广兴第宅,百姓患之",被御史高道穆所劾,后李世哲弟李神轨掌权,借道穆兄高谦之家奴诉"压良为奴"之机收捕高谦之,并在发布大赦前把高谦之处死。《水经注》作者郦道元曾任御史中尉,"素有严猛之称",因弹劾汝南王元悦,遭到报复:元悦奏请派遣郦道元去巡察南朝投靠过来的、已有反意的萧宝夤,结果郦道元被萧宝夤杀害。在这种状况下,越来越多的御史中丞怕受报复而畏缩,如崔亮"外虽方正,内亦承候时情";甄琛"俛眉畏避,不能绳纠贵游,凡所劾治,率多下吏";裴延儁"守职而已,不能有所裁断直绳"。②

东魏初期,高欢父子为改变北魏后期腐败局面,重视监察,任用崔暹等为御史中尉,弹劾权贵。北齐初,仍重视对百官的监察,但到北齐幼主高恒时,政局已十分腐败。西魏宇文泰实行一系列改革,对改善吏治起到一定的作用。但御史中丞或长期空缺,或受遣带兵出征,限制了西魏监察制度发挥作用,到北周武帝时,实行改革,修订法律,加强地方监察,是北周统一北方的重要助力。

北朝时期,由于社会矛盾和民族矛盾的特殊性,前期监察制度不完备,北魏孝文帝改革后,御史能够发挥较大作用,此后由于政治腐败,监察也不能发挥应有的作用,东、西魏分裂后,监察工作只是在个别时期还有一定成效。

---

① 《魏书》卷七十六,《列传第六十四·卢同》;杜佑:《通典》卷二十二,《职官四·尚书令、左右丞》,第130—132页。
② 《魏书》卷六十六,《列传第五十四·李崇子世哲、崔亮》;卷六十八,《列传第五十六·甄琛》;卷六十九,《列传第五十七·裴延儁》。

第四章 隋唐五代时期的贪与反贪

南北朝长期对峙，一个重要原因在于南北维持均势，北周灭北齐，打破了南北朝力量的均衡，为隋的统一打下基础。580年，北周宣帝宇文贇暴殂，八岁的静帝宇文阐继位，外戚杨坚入宫辅政，总揽军政大权。杨坚的摄政，遭到北周宗室诸王和部分地方军政长官的极力反对，杨坚在取得对反对派的军事胜利后，残酷清洗北周宗室。581年，杨坚废北周静帝，自立为帝，改国号为隋，改元开皇，杨坚就是隋朝开国皇帝隋文帝。开皇七年（587年），隋文帝出兵灭后梁；开皇九年（589年），又以五十余万大军灭定都建康的陈朝。至此，南北分裂长达二百余年的中国，重归统一，开始了中国历史上辉煌壮丽的隋唐盛世。

第一节
隋唐时期的贪与反贪

隋朝的建立,不仅结束了国家分裂的局面,还重新确立以专制皇权为核心的中央集权体制,门阀政治、士族特权被进一步削弱。在新旧政治体制交替的时代,贪污腐败这一痼疾也以新的表现形式显露在世人面前。

一、隋代的贪贿与反贪

为加强中央集权,隋文帝改革中央行政机构,废除北周仿《周礼》设置的六官,改设以三省(尚书省、门下省和内史省)、六部(尚书省下属的吏部、礼部、兵部,都官①、度支②和工部)为核心的中央机构。改革地方行政机构,废除郡一级建置,只设州、县两级地方行政单位,同时取消州刺史任命僚属的权力,地方官吏全部由中央任命。

1. 隋代的贪贿状况

隋文帝在选官用人制度方面与改革行政机构相适应,进一步削弱门阀士族的政治特权,沿用北周不按家族世系和门第高下选拔人才的做法,废除九品中正制,将选举人才的权力集中到中央吏部,并试行科举制度这一对后世影响深远的、新的人才选拔方式,将更多的精英人物吸纳到官僚集团中。在任用官员的标准上,隋文帝倾向于法家思想,很少依据儒家任人

---

① 后改为刑部。
② 后改为户部。

唯贤的政治道德和用人标准去选拔人才。他选用官吏的主要标准,一是政治上忠诚,二是有办事能力。他所任用的中央和地方高级官员,主要是政治上追随他的关陇地区武将、文吏、同乡或亲属。隋文帝改革府兵制,并实行"武夫参选,多授文职"的选举制度,故地方官员多是武将出身。因此隋文帝时期的官吏,普遍缺乏儒学所提倡的政治道德、廉洁自律,一旦大权在握,条件成熟,肆意追求私利,贪污受贿。

当年,杨坚"入宫辅政"的过程中,内史上大夫郑译和御正大夫刘昉起了关键作用,故隋文帝杨坚登基后对二人予以重用,他们显赫之后,贪婪的本性便显露无遗。郑译"性轻险,不亲职务,而赃货狼籍",甚至"鬻狱卖官";刘昉"性轻狡,有奸数","溺于财利,富商大贾朝夕盈门"。① 二人之后,隋文帝时期最有权势的大臣有高颎、杨素、苏威、李德林等。高颎作为行政长官和经济政策的主要制定者,是一位公平正直的人,但隋文帝最信任的军事指挥官杨素则是一个恃权骄横、贪财好利之徒,"负冒财货,营求产业,东、西二京,居宅侈丽,朝毁夕复,营缮无已"。隋文帝的主要谋士苏威,不仅有野心,也相当贪婪,时人称他"诈为清俭,实则家累千金"。内史令李德林则利用自己负责处理叛臣高阿那肱在卫国县强夺民地建造的市店的权力,租赁收利,"此店收利如食千户",后隋文帝到晋阳视察时才发觉。②

隋文帝最信任、最有权势的大臣如此贪财好货,其他官员就更难做到廉洁奉公,尤其是一些军人贪污受贿、滥用职权谋取私利的情况更为突出。益州总管梁睿,在平定前任益州总管王谦的叛乱后,威震西川,为了消除隋文帝对他的疑忌,"遂大受金贿以自秽。由是勋簿多不以实,诣朝堂称屈者,前后百数";隋文帝时开国元勋卢贲任齐州刺史,利用粮食歉收,"民饥,谷米踊贵"之机,利用权力,囤积粮食,投机牟利;幽州总管燕荣,"贪暴放纵,赃秽狼藉";营州总管韦艺"大治产业,与北夷贸易,家资巨万,颇为清论所讥";行军总管于仲文在征讨江南高智慧等叛乱时,"三军乏食,米粟踊贵,仲文私粜军粮"获利;番州总管赵纳"贪婪残暴,大受赃贿",以致"诸俚

---

① 《隋书》卷三十八,《列传第三·刘昉、郑译》。
② 《隋书》卷四十八,《列传第十三·杨素》;卷四十二,《列传第七·李德林》。

僚多有亡叛";青州总管张威,"颇治产业,遣家奴于民间鬻芦菔根,其奴缘此侵扰百姓"。① 隋文帝时期,文官亦不乏贪赃枉法之徒,不过似乎比武将稍好。文帝时多数州刺史也是由武将担任,完全缺乏行政经验,普遍不称职,"暗于职务,政由群小,贿赂公行,百姓吁嗟";当时县令的任命,全部改由中央吏部直接掌管,然而吏部在选拔、任用人才方面存在诸多问题。内史令李德林曾指责:"且今时吏部,总选人物,天下不过数百县,于六七百万户内,诠简数百县令,犹不能称其才,乃欲于一乡之内,选一人能治五百家者,必恐难得。"由于任用的州刺史和县令多不称职,贪污受贿在所难免,在一些偏远地区尤为突出,如"岭南刺史、县令多贪鄙,蛮夷怨叛"。② 而在基层设置乡正,更为贪污受贿开了方便之门。开皇十年(590年),虞庆则等奉使巡行关东诸道后,向隋文帝报告:"乡正专理辞讼,党与爱憎,公行货贿,不便于民。"③

隋文帝时期,中央和地方虽不同程度地存在着官吏贪贿现象,但隋文帝本人较节俭,痛恶贪污腐化,惩治贪官也非常严厉,因此多数官员还有所顾忌,不敢肆无忌惮地贪贿。到隋炀帝时情况就发生了很大变化。

隋炀帝杨广是隋文帝杨坚的次子,在文帝时期,以生活节俭、不好声色,深得文帝的喜爱。开皇九年(589年),他作为平定陈朝的统帅,因"封府库资财,无所取,天下称贤"④。然而,他称帝后一改往日的清心寡欲,不断追求奢华,从而成为中国历代帝王中骄奢淫逸的代表。隋炀帝与他父亲隋文帝截然不同的生活方式,使得在隋文帝时期被抑制的贪腐在整个官僚集团中不断弥漫。隋炀帝最宠信的大臣宇文述"性贪鄙,知人有珍异之物,必求取之。富商大贾及陇右诸胡子弟,述皆接以恩意,呼之为儿。由是竞加馈

---

① 《隋书》卷三十七,《列传第二·梁睿》;卷三十八,《列传第三·卢贲》;卷四十七,《列传第十二·韦世康弟艺》;卷六十,《列传第二十五·于仲文》;卷八十,《列传第四十五·列女·谯国夫人》;卷五十五,《列传第二十·张威》。
② 《隋书》卷六十二,《列传第二十七·柳彧》;卷四十二,《列传第七·李德林》;卷五十五,《列传第二十·侯莫陈颖》。
③ 《资治通鉴》卷一百七十七,《隋纪一》,"文帝开皇十年四月"。
④ 《隋书》卷三,《帝纪第三·炀帝杨广上》。

遗,金宝累积";其子宇文化及在隋文帝时就因不断受贿而被多次免官,仍不思悔改,"见人子女狗马珍玩,必请托求之。常与屠贩者游,以规其利。炀帝即位,拜太仆少卿,益恃旧恩,贪冒益甚"。与宇文述共同辅佐朝政并专典机密的虞世基,选拔官吏时"受纳贿赂,多者超越等伦,无者注色而已";虞妻孙氏"为其聚敛。鬻官卖狱,贿赂公行,其门如市,金宝盈积"。苏威、裴蕴、裴矩等人"受诏参掌选事,多纳贿赂,士流嗟怨"。当时,中央官员的大多数都有贪贿行为,"于时朝政渐乱浊,货贿公行,凡当枢要之职,无问贵贱,并家累千金。天下士大夫莫不变节"。①

地方官吏贪污受贿也不甘落后,"于时政刑日紊,长吏多赃污"。一些在隋文帝朝并无贪贿行为的官吏,也随着吏治污浊而"颇改旧节,受纳货贿"。由于隋炀帝对内大兴土木,广建宫苑,且巡游无度,对外穷兵黩武,三征高丽,赋役繁重,地方官吏乘机谋取私利,"每急徭卒赋,有所征求,长吏必先贱买之,然后宣下,乃贵卖与人,且暮之间,价盈数倍"。② 长官如此,一般官吏也利用职权,"因缘侵渔,百姓困穷,财力俱竭,安居则不胜冻馁,死期交急,剽掠则犹得延生,于是始相聚为群盗"③。隋炀帝的横征暴敛,各级官吏肆无忌惮的贪污受贿,给整个社会造成灾难性后果,各地反抗风起云涌,义旗遍及大江南北,隋王朝也就在起义军的不断打击下土崩瓦解。

2. 隋代反贪及其失败

隋文帝为巩固新王朝的统治,对贪贿这种破坏社会稳定的现象采取了一系列打击措施。

他着手法制建设,制定《开皇律》来抑制官吏贪污受贿,正如他在颁布《开皇律》的诏书中所说:"先施法令,欲人无犯之心,国有常刑,诛而不怒之义。"为了贯彻实施新法律,防止官吏玩弄法律,隋文帝又诏令各级官吏秉

---

① 《隋书》卷六十一,《列传第二十六·宇文述》;卷八十五,《列传第五十·宇文化及》;卷六十七,《列传第三十二·虞世基》;卷三十九,《列传第四·阴寿子骨仪》。《资治通鉴》卷一百八十,《隋纪四》,"炀帝大业二年七月"。

② 《隋书》卷二十四,《志第十九·食货》;卷七十一,《列传第三十六·诚节·陈孝意》;卷六十五,《列传第三十·王仁恭》。

③ 《资治通鉴》卷一百八十一,《隋纪五》,"炀帝大业七年十二月"。

公办案,并规定百姓有冤屈而县级官吏不予受理,可依次经州至中央尚书省越级申诉,若仍不受理,则可直接向皇帝申诉;民人认为案件处理不当,可以击打登闻鼓,陈述理由,有关机构必须如实记录在案,上奏皇帝。同时,隋文帝还直接干预司法审判,每季度都要亲自审理囚犯,在秋季处决死刑犯人之前,还要审阅各州上报的犯人罪状。开皇三年(583年)修订《开皇律》后,隋文帝又下令在大理寺设置律博士,在尚书省刑部设置明法,地方州县设置律生,重大案件的审判,首先由这些掌管法律的官吏提出适用的法律条款,确定罪名,再根据罪名判刑。然而,开皇五年(585年)发生了律生舞弊案,当时侍官慕容天远揭发都督田元冒请义仓,情况属实,而始平县律生辅恩舞文弄法,反诬慕容天远陷害田元,判处慕容天远反坐之罪。隋文帝由此认为由专业的法律官吏认定适用法律条款,易生弊端,遂将大理寺、尚书省刑部和州县的法律官吏全部裁撤,改由主管机构自行确认,但要将定罪的法律条款原文抄录,附在案卷中。为了提高地方官员依法办事的能力,开皇六年(586年),隋文帝下令州一级官员必须学习法律,并在到京城汇报工作时进行法律考核。隋文帝注意加强中央对司法工作的控制,尚书省刑部是最高司法机关,由高级官员和法律专家组成的大理寺是最高审判机关,御史台是最高监察机关,负责调查、起诉官吏严重犯罪。鉴于各级司法部门对犯罪性质的认定存在差异,往往出现同罪不同罚的情况,隋文帝在开皇十二年(592年)诏令诸州对判处死刑的犯人,不得擅自执行死刑,必须将案件移交大理寺复审,最后上奏皇帝做出裁决。开皇十五年(595年),隋文帝又规定判处死刑必须上奏三次,三次都允准后才能执行。①

　　隋文帝还加强对官吏及其权力的管理。在地方行政机构,取消州刺史任命僚属的权力,改由中央统一任命,五品以上的高级官员,更是由吏部呈递名单供皇帝选定。鉴于官员在一个地区长期任职,容易结党营私、以权谋私,文帝规定刺史和县令任期为三年(后改为四年),低级官员任期为四

---

① 《隋书》卷二十五,《志第二十·刑法》。

年,任满之后必须调离原任职地区;官吏在任职期间,每年要接受吏部政绩考核,政绩特别突出的官员,往往受到嘉奖。相州刺史樊叔略,政绩考核当时第一,隋文帝下诏褒奖,同时赐绢三百匹、粟五百石,班示天下;齐州别驾赵轨,连续四年考绩都是最上等,隋文帝嘉奖他,赐绢三百匹、米三百石;汴州刺史令狐熙,考绩为天下第一,隋文帝赐帛三百匹,并布告天下;岐州刺史梁彦光,甚有惠政,隋文帝巡视岐州,对其政绩非常满意,下诏赞赏"彦光操履平直,识用凝远,布政岐下,威惠在人,廉慎之誉,闻于天下。三载之后,自当迁陟,恐其匮乏,且宜旌善。可赐粟五百斛、物三百段、御伞一枚,庶使有感朕心,日增其美。四海之内,凡曰官人,慕高山而仰止,闻清风而自励"。① 隋文帝还建立朝集使制度,州一级地方每年都要选派官员作为朝集使,到京师汇报工作,接受考核,并带回朝廷对地方政府的要求。在朝集使汇报工作期间,隋文帝要表彰政绩突出的官员,树为百官之楷模。新丰县令房恭懿,政绩为三辅之最,隋文帝下令嘉奖,赐绢四百匹、米三百石;房恭懿出任德州司马后,政绩又为天下之最,隋文帝不仅赐绢百匹,并对诸州朝集使说,"房恭懿所在之处,百姓视之如父母。朕若置之而不赏,上天宗庙其当责我。内外官人宜知我意",将房恭懿越级提拔为海州刺史。史载,隋文帝表彰房恭懿后,大多数州县官吏都变得称职,百姓也富庶起来。② 其实,奖赏廉能之吏的目的,就是希望更多的官吏效仿这样的榜样。

　　隋代承魏晋南北朝长期存在的贪污贿赂,当然不可能仅靠法律监督、褒奖清廉而政绩优异的官吏,就会销声匿迹,还必须直接打击贪污受贿的官吏。隋文帝虽然制定有《开皇律》,并公开要求依法惩处贪官污吏,但事实上,他对官吏贪污受贿的惩罚往往超出法律的规定。隋文帝用法严峻,他经常派遣亲信对内外官吏明察暗访,即使发现微小的过失,也要严惩。如左领军府长史因考校不公平,被处决;官员独孤师接受藩客赠送的鹦鹉,也被处以死刑。隋文帝还实行"钓鱼执法",为了防止令史等低级官吏贪污受贿,隋文帝暗中派人向他们赠送钱帛,凡是接受馈赠的令史,一律斩首。开

---

① 《隋书》卷七十三,《列传第三十八·循吏·梁彦光》。
② 《隋书》卷七十三,《列传第三十八·循吏·房恭懿》。

皇十六年(596年),发生合川仓主典盗窃官粮事件,不仅犯罪的主典被斩,家人籍没为奴,隋文帝还规定,自此凡盗窃边粮一升以上,皆处以死刑,家人则籍没为官奴婢。为防止典吏久居其职,肆情为奸,又规定州县佐史,三年一换。

隋文帝基本上能坚持"在法律面前人人平等"的执法原则,这在处理皇子杨俊贪污案件中,表现得尤为突出。杨俊是隋文帝的三子,封秦王,在担任并州总管期间,违制强行发放高利贷,牟取暴利,"吏民苦之",他还挪用公款,建造豪华宫室。隋文帝以其奢纵而免去他的官职。左武卫将军刘升为他说情,"秦王非有他过,但费官物、营廨舍而已,臣谓可容",隋文帝驳回此请,说"法不可违";权臣杨素又劝,"秦王之过,不应至此,愿陛下详之",隋文帝回答道:"若如公意,何不别制天子儿律!以周公之为人,尚诛管、蔡,我诚不及周公远矣,安能亏法乎",仍坚持罢免了秦王俊的官职。① 隋文帝时期,一批高级官员因贪污受贿、以权谋私而受到惩罚。开皇十年(590年),番州总管赵纳因贪赃受贿被法办;开皇十三年(593年),晋州刺史、南阳郡公贾悉达,隰州总管、抚宁郡公韩延等人,因收受贿赂罪被处决;开皇十四年(594年),齐州刺史卢贲因灾年进行粮食投机,被罢官除名;仁寿三年(603年),幽州总管燕荣因赃秽狼藉,被赐死。

隋文帝时期,出现一批被称为"酷吏"的官员,效仿隋文帝采用超出法律规定的严酷手段,甚至非法手段来打击贪污受贿。隋文帝时期,贝州刺史库狄士文"孤傲刚直,清廉若水,家无余财",对下级官吏管束极严,即小过必严惩,官吏贪污哪怕一尺布、一升粟,也决不宽容,被他揭发的贪官污吏有一千多人,全部被隋文帝发配到岭南,十之八九病死。这些贪官污吏的亲属就编了一首歌谣,说刺史实行罗刹一样的恶魔政策,隋文帝认为库狄士文处理官吏贪污过于严酷,将他免职。不久,又起用他为雍州刺史,库狄士文到任后,仍严正执法,不避权贵,得罪豪门,最终被人以他事弹劾入狱,愤恚而死。虽然库狄士文以舞文弄法来严惩贪官污吏的手段不可取,

---

① 《资治通鉴》卷一百七十八,《隋纪二》,"文帝开皇十七年七月"。

但他廉洁自律,疾贪如仇,有值得肯定之处。而隋文帝时期另一"酷吏"、襄州总管田式则不同,他完全是为了树立个人威信而滥用刑罚,对包括犯有贪贿罪行的官吏,不问轻重,一律囚禁在地牢,想尽办法折磨至死。每有赦书送到,田式均先召集狱卒杀死重囚犯,然后才宣读赦书。隋文帝因其过分残暴而将他除名为民,田式"惭恚绝食",隋文帝认为他对自己的过错已有深刻反省,重新任命他为广州总管。类似于田式的酷吏还有石州刺史赵仲卿,华州刺史崔弘度,幽州总管燕荣、元弘嗣,都以严酷手段对待僚属,自身却不一定廉洁,燕荣最终就是因"赃秽狼藉"而被文帝赐死。

隋文帝厉行节俭,严惩贪官污吏,故当时的吏治尚称清明。唐人评价他:"躬节俭,平徭赋,仓廪实,法令行,君子咸乐其生,小人各安其业,强无陵弱,众不暴寡,人物殷阜,朝野欢娱。二十年间,天下无事,区宇之内晏如也。"①

隋文帝猜忌苛刻,以文法自矜,过分干预司法工作,使得对官吏的监督和惩罚逐渐背离法治的轨道。隋文帝晚年,刑罚尤为严酷,一些猾吏也因此而滥用职权。隋炀帝即位后,认为隋文帝执法过于严酷,于是修改《开皇律》。大业三年(607年),隋炀帝颁布实施新律《大业律》,在减轻刑罚的同时,加强对官吏的监督,增设谒者、司隶二台,与御史台共掌监察。御史台负责监察中央官员;谒者台负责奉诏出使,持节按察;司隶台负责巡察京畿和郡县。按照六条标准考察地方官员:一察品官以上理政能不;二察官人贪残害政;三察豪强奸猾,侵害下人,及田宅逾制,官司不能禁止者;四察水旱虫灾,不以实言,枉征赋役,及无灾妄蠲免者;五察部内贼盗,不能穷逐,隐而不申者;六察德行孝悌,茂才异行,隐而不贡者。②

隋炀帝还下诏允许百姓直接向他检举官吏:"其民下有知州县官人政治苛刻,侵害百姓,背公徇私,不便于民者,宜听诣朝堂封奏,庶乎四聪以达,天下无冤。"隋炀帝鉴于隋文帝之失,认为以军功获得官职的武将,没有秉公处理行政事务的能力,"是非暗于在己,威福专于下吏,贪冒货贿,不知

---

① 《隋书》卷二,《帝纪第二·高祖下》。
② 《隋书》卷三,《帝纪第三·炀帝杨广上》。

纪极。蠹政害民",故在大业八年(612年),下诏禁止任用勋官担任文武职官。隋炀帝还沿用隋文帝的做法,公开表彰清廉而政绩突出的官员:弘化太守柳俭,廉洁清苦,清名为天下第一,在郡国朝集使齐集京师时,隋炀帝不仅赐给他二百匹帛,还令天下朝集使送他回郡,以表彰他廉洁奉公的行为;临颍县令刘旷,清名善政为天下第一,隋炀帝优诏褒奖,并越级提升他为莒州刺史。① 隋炀帝喜好巡行,他认为巡行各地,不仅符合古代天子的巡狩之礼,还可以了解地方情况,加强与百姓的联系。但这也使他不可能像隋文帝那样时时亲自管理政务,需要依靠大臣处理朝政,然而隋炀帝所倚重的大臣杨素、宇文述、虞世基、苏威等人虽有能力却贪婪成性,随着他们权力的扩大,隋炀帝对政务又日形懈怠,贪污受贿首先在这些中央高层官员中蔓延。大业六年(610年)以后,隋炀帝又全力征伐高丽国。为了筹集战争物资和军费,大肆征敛,地方官吏乘机以权谋私,"每急徭卒赋,有所征求,长吏必先贱买之,然后宣下,乃贵卖与人,且暮之间,价盈数倍,哀刻征敛,取办一时",这当然会导致"强者聚而为盗,弱者自卖为奴婢"的社会状况。为了镇压聚众为盗的百姓,隋炀帝又规定,凡属盗贼,"罪无轻重,不待闻奏,皆斩",加之隋炀帝所宠信的专责大臣裴蕴滥用刑罚,结果造成地方官员权力的恶性膨胀,"各专威福,生杀任情"。② 最终,隋王朝的宪章法规荡然无存,贪污受贿公行无碍,这种状况一直延续,结果只能是各地民众揭竿而起和隋朝的覆灭。

二、唐代的贪与反贪

隋炀帝骄奢淫逸,又劳民伤财征伐高丽,不仅引起人民起义,也导致统治集团内部分裂。大业十三年(617年),太原留守、唐国公李渊起兵反隋,攻占隋都长安,扶立傀儡皇帝杨侑。隋炀帝则龟缩在江都,618年江都兵变,隋炀帝被宠将宇文化及杀死,消息传到长安后,李渊废杨侑,自立为帝,

---

① 《隋书》卷三,《帝纪第三·炀帝杨广上》;卷四,《帝纪第四·炀帝下》。
② 《隋书》卷二十四,《志第十九·食货》;卷二十五,《志第二十·刑法》。

改国号为唐,改元武德,李渊就是唐朝的开国皇帝唐高祖。

1. 唐前期的贪与反贪

(1) 唐朝前期的贪腐

武德七年(624年),唐高祖统一全国,他损益隋制而重建的政治、军事、经济制度,为唐王朝的强盛奠定了基础。

但是,唐高祖李渊对于官吏的贪污腐化却未能采取有效措施,首要原因是他委以重任的文臣不得力。唐高祖最宠信重用的大臣尚书左仆射裴寂,是一个既胆怯又无能的人,不仅带兵作战经常吃败仗,行政管理也很不得力,唐太宗李世民指责他:"武德之时,政刑纰缪,官方弛紊,职公之由。但以旧情,不能极法。"唐高祖时另一重臣、中书令封伦,有行政才能,却是败坏朝政的奸佞之徒,"隋政日坏,皆伦所为也"。封伦归顺唐高祖后,因献"密策"而被委以重任,他既无政治道德,又十分虚伪,"外谨顺,居处衣服陋素,而交宫府,贿赠狼藉"。杀死隋炀帝的宇文化及之弟宇文士及投降唐高祖后,因其妹为唐高祖的昭仪而受到重用,官至侍中,他为人谨密,但喜好阿谀奉承君主,热衷于追求奢华的生活,"厚自封植,衣食服玩必极奢侈"。① 这些聚集在唐高祖身边的隋朝旧臣,显然不可能有效抑制隋末以来猖獗的贪腐之风。此外,唐高祖在统一全国的过程中,对归顺的隋朝官吏、豪强和武装集团首领大肆封赏,让他们成为其实际控制地区的军事或行政长官,战时虽有利于分化瓦解敌对势力,加快统一全国的进程,但封赏太滥,不利于消除隋末以来地方官吏中盛行的贪贿局面。

唐高祖时期的贪贿,除了官吏非法谋取私利外,因政治斗争的需要而行贿受贿也相当盛行。太子李建成与秦王李世民的皇位之争中,唐高祖虽曾努力缓和二人的关系,但在双方精心策划的阴谋影响下,他对选择谁继位摇摆不定。为了获得父皇的支持,削弱对方,扩大自己的势力,双方都大肆进行政治贿赂。由于唐高祖对皇亲国戚管束不严,易于偏听后宫嫔妃之言,太子李建成与同盟齐王李元吉便尽量讨好高祖的嫔妃,"复与诸公主及

---

① 《旧唐书》卷五十七,《列传第七·裴寂》;《新唐书》卷一百,《列传第二十五·封伦》;《旧唐书》卷六十三,《列传第十三·宇文士及》。

六宫亲戚骄恣纵横,并兼田宅,侵夺犬马。同恶相济,掩蔽聪明,苟行己志,惟以甘言谀辞承候颜色";又"厚赂中书令封伦以为党助",他们还企图以重金收买秦王府将领尉迟敬德、段志玄等人。秦王李世民对此自然不会视若无睹、坐以待毙,他让妻子长孙氏周旋于高祖嫔妃之间,"尽力弥缝,以存内助";自己则以恩信、丰厚赏赐结纳麾下的骁将谋士,同时还派秦王府车骑将军张亮等人到洛阳,"阴结纳山东豪杰以俟变,多出金帛,恣其所用"。李世民还对都城一些重要军政人物进行收买,其中被贿买的驻防玄武门禁军将领常何在玄武门之变中起到关键作用。[①] 在唐高祖时期太子与秦王争夺权力的斗争中,这类因政治目的而进行的贿赂收买是公开的秘密。

玄武门之变后,秦王李世民称帝,就是中国历史上著名的唐太宗。他即位之初就以隋朝的灭亡为鉴戒,关心民众疾苦,提倡节俭廉正,反对奢侈浪费。唐太宗认为官吏的良莠直接关系着国家的治乱兴衰,遂逐步罢黜高祖时期无能、贪残的大臣,斥退大多数担任高级官员的皇亲国戚,起用有才能的人担任重要职务,并不去求全责备他们过去的经历和政治背景,所谓"明主之任人,如巧匠之制木。……智者取其谋,愚者取其力,勇者取其威,怯者取其慎。无智、愚、勇、怯,兼而用之。故良匠无弃材,明君无弃士"。唐太宗这种唯才是用的选官思想,体现为"朕之授官,必择才行。若才行不至,纵朕至亲,亦不虚授,襄邑王神符是也;若才有所适,虽怨雠而不弃,魏徵等是也"。故此,唐太宗身边聚集了房玄龄、杜如晦、魏徵、王珪、戴胄、李靖等一大批名臣,良政方能畅行。除朝廷重臣之外,唐太宗对地方官的选用也非常重视,除了才能之外,还注重考察他们的德行,他说:"比见吏部择人,惟取其言辞刀笔,不悉其景行。数年之后,恶迹始彰,虽加刑戮,而百姓已受其弊。"通过不懈的努力,唐太宗时期的各级官吏总体能遵守法纪,廉洁自律,其间虽然也有一些官吏贪污受贿,终是少数而可控的现象。吴兢在《贞观政要》一书中,曾这样评价:"太宗自即位之始……志在忧人,锐精

---

① 《旧唐书》卷六十四,《列传第十四·高祖二十二子·隐太子建成、巢王元吉》;卷五十一,《列传第一·后妃上·太宗文德皇后长孙氏》。《资治通鉴》卷一百九十一,《唐纪七》,"高祖武德九年六月"。

为政,崇尚节俭,大布恩德。……深恶官人贪浊,有枉法贪财者,必无赦免。在京流外有犯赃者,皆遣执奏,随其所犯,置以重法。由是官吏多自清谨。制驭王公、妃主之家,大姓豪猾之伍,皆畏威屏迹,无敢侵欺细人"。① 这是整个隋唐时期政治最清明、贪污腐化敛迹的时代。

唐太宗统治后期,太子李承乾和魏王李泰之间也爆发了争夺继承权的斗争,结果太子和魏王均被废黜,太宗第九子、晋王李治成为皇太子,并在贞观二十三年(649年)唐太宗去世后继位,即唐高宗。唐高宗即位初期,在顾命大臣长孙无忌、房玄龄、褚遂良等辅佐下,继续执行唐太宗时期提倡节俭、关心百姓疾苦、抑制贪腐的政策,因此有贞观遗风。然而,唐高宗是一个懦弱庸能的皇帝,故一旦辅政大臣懈怠,他对官吏贪贿的控制力就迅速减弱。永徽元年(650年),中书令褚遂良强行压价购买一名下属的田地,这显然是以权谋私。但唐高宗无力处置,一些皇族成员趁势明目张胆地聚敛财产,而官吏在处理公务时,往往也互相关照,"行事犹互观颜面",不能秉公办理。高宗为此向宰相征求处理意见,长孙无忌却说:"此岂敢言无,然肆情曲法,实亦不敢。至于小小收取人情,恐陛下尚不能免。"②这说明唐太宗谆谆教导的防微杜渐,已被唐统治集团从上到下逐渐抛弃。这就给了野心勃勃的唐朝开国功臣武士彟的女儿、唐高宗昭仪武曌,利用政治贿赂与他们争夺权力的机会。唐高宗决定立武曌为皇后,为了得到长孙无忌为首的大臣们的支持,高宗封他的三个儿子为朝散大夫,并和武曌带着十车金宝缯锦去见他,但长孙无忌收取了贿赂,却不支持立武曌为皇后,另一位顾命大臣褚遂良也坚决反对。在这种情况下,武曌转而寻求中级官员的支持,以与那些位高权重的大臣相抗衡。于是李义府、许敬宗、崔义玄、袁公瑜、王德俭和侯善业等人,先后投靠武曌,朝臣也分裂为两派。由于得到高宗的坚决支持,武曌最终成为皇后,反对武曌的大臣先后遭到清洗、贬斥,支持武曌的官员则大多升官晋爵,并成为支持武曌掌权的政治势力。

---

① 《旧唐书》卷六十五,《列传第十五·长孙无忌》;吴兢:《贞观政要》卷三,《择官第七》,文渊阁四库全书本,乾隆四十七年刊本,第14—31页。

② 《资治通鉴》卷一百九十九,《唐纪十五》,"高宗永徽二年九月"。

然而,这些拥立武曌的官员把持朝政后,便有恃无恐,胡作非为,贪污受贿在他们之中盛行起来,其中最典型的就是宰相许敬宗和李义府的贪贿。

许敬宗是一个腐败的宰相,他不仅好财色无度,为子女择婚也是唯财是求。因贪图钱财,他在刚于高宗朝任礼部尚书后不久,就将自己的一个女儿嫁给南方少数民族首领的儿子,"蛮酋冯盎之子,多纳金宝",并为此遭到有司弹劾,贬为郑州刺史。可许敬宗并未以此为戒,以后嫁女娶妇,仍是贪婪地索取财贿。他在高宗朝负责编修国史的过程中,收受贿赂,记事阿曲,"敬宗嫁女与左监门大将军钱九陇,本皇家隶人,敬宗贪财与婚,乃为九陇曲叙门阀,妄加功绩,并升与刘文静、长孙顺德同卷。敬宗为子娶尉迟宝琳孙女为妻,多得赂遗,及作宝琳父敬德传,悉为隐诸过咎。太宗作《威凤赋》以赐长孙无忌,敬宗改云赐敬德。白州人庞孝泰,蛮酋凡品,率兵从征高丽,贼知其懦,袭破之。敬宗又纳其宝货,称孝泰频破贼徒,斩获数万"。不过,许敬宗的贪赃枉法与李义府相比,可谓小巫见大巫。李义府在高宗时迁中书舍人,后因依附武曌而擢升宰相,他"貌状温恭,与人语必嬉怡微笑,而褊忌阴贼。既处权要,欲人附己,微忤意者,辄加倾陷。故时人言义府笑中有刀"。李义府当上宰相后,违法乱纪,贪污受贿,无所不为,"贪冒无厌,与母、妻及诸子、女婿卖官鬻狱,其门如市。多引腹心,广树朋党,倾动朝野"。李义府"怙武后之势,专以卖官为事",以致"铨序失次,人多怨讟",而李义府"入则谄言自媚,出则肆其奸宄,百僚畏之,无敢言其过者",唐高宗"颇知其罪失"而训诫他时,"义府勃然变色,腮颈俱起,徐曰:'谁向陛下道此?'上曰:'但我言如是,何须问我所从得耶!'义府睆然,殊不引咎,缓步而去。上亦优容之"。① 如此昏庸懦弱的皇帝,如此贪残跋扈的宰相,高宗时期伴随政治腐败而大量出现贪污受贿现象,也就不足为奇了。

唐高宗麟德元年(664年),武曌粉碎了上官仪等人企图废黜她的谋划,大肆清洗朝臣并完全控制了朝政。690年,武曌称帝,改国号为周,成为中国历史上唯一正式称帝的女皇。十五年后,一场宫廷政变将武周政权推

---

① 《资治通鉴》卷二百,《唐纪十六》,"高宗显庆三年十月";《旧唐书》卷八十二,《列传第三十二·许敬宗、李义府》。

翻,唐王朝得以复建。武曌死后被追尊为则天皇太后,故通称她为武则天。

武则天长达四十年的统治期间,由于政局变幻,贪污贿赂问题始终相当突出。唐高宗统治后期,地方官吏就已贪贿成风,故在高宗去世的第二年(684年),武则天颁布大赦令称,由于州县未能澄肃,改御史台为左肃政台,"增置右肃政台",专门按察诸州,并宣布"官人枉法受财、监临主守自盗、盗所监临",均不在大赦之列,表现出严惩贪贿的态度。这一年发生广州都督路元叡纵容僚属敲诈勒索到广州贸易的胡商,"侵渔不已",激怒群胡商"杀元叡及左右十余人而去"的事件,又激发武则天重用酷吏,清洗整个官僚集团。然而,这些握有生杀大权的酷吏,不仅凶暴残忍,且多贪赃枉法。武则天最早重用的酷吏索元礼,在负责推案制狱期间,收受贿赂。其后的来俊臣,更是肆无忌惮地收受贿赂,甚至依仗权势勒索钱财。他曾"求金于左卫大将军泉献诚,不得,诬以谋反,下狱,乙亥,缢杀之",后因收受贿赂,勒索商人钱财,为御史所劾,"免为民"。后来俊臣复官,贪暴依旧,"长寿中,还授殿中丞,坐赃贬同州参军事,暴纵自如,夺同僚妻,又辱其母。俄召为合宫尉,擢洛阳令,进司仆少卿"。在酷吏横行的时候,张易之、张昌宗兄弟因得到武则天的宠幸,权倾一时,贪污腐化,收受贿赂,甚至强市人田;张氏亲属也仗势作威作福,司礼少卿张同休、汴州刺史张昌期、尚方少监张昌仪,皆贪污受贿,赃款多达四千余缗。武则天家族的武三思、武攸宁,更是依仗权势"置匄使,苛取民赀产,毁族者凡十七八,呼天自冤。筑大库百余舍,聚所得财"。朝臣中贪贿之徒也不在少数,宰相张锡,赃满数万;夏官侍郎李迥秀,有才干并以孝敬母亲著称,却取媚于张易之兄弟,贪赃受贿;宰相宗楚客,与其兄宗秦客、其弟宗晋卿,皆贪赃枉法。①

中央政府的高官显贵如此贪鄙,地方官员在贪纵上也不甘落后。圣历元年(698年),陈子昂奏报武则天,指出在四川地区,由于官吏贪暴"久缺良守,弊于侵渔,政以贿成,人无措足",有三万多户百姓逃往山林,"蜀中诸州百姓所以逃亡者,实缘官人贪暴,不奉国法;典吏游容,因此侵渔。剥夺

---

① 《资治通鉴》卷二百三,《唐纪十九》,"则天后光宅元年七月";卷二百五,《唐纪二十一》,"则天后长寿元年正月";卷二百六,《唐纪二十二》,"则天后神功元年六月"。

既深，人不堪命；百姓失业，因即逃亡。凶险之徒，聚为劫贼。今国家若不清官人，虽杀获贼终无益"。① 地方官吏贪赃枉法，当然不限于蜀中诸州。同一年，河北道安抚大使狄仁杰也上奏说："诚以山东雄猛，由来重气，一顾之势，至死不回。近缘军机，调发伤重，家道悉破，或至逃亡。剔屋卖田，人不为售；内顾生计，四壁皆空。重以官典侵渔，因事而起，取其髓脑，曾无愧心。修筑城池，缮造兵甲，州县役使，十倍军机。官司不矜，期之必取。"②对于地方官吏的违法乱纪，贪污受贿，武则天其实也相当清楚，她"尝与宰臣议及州县官吏……户口尚有逋逃，官人未免贪浊，使陛下临朝轸叹，屡以为言，夙夜惭惶，不知启处"③。虽然武则天也选用一些朝廷重臣以本官检校诸州刺史，但她不改变滥以禄位收天下之心的基本政策，就很难从根本上改变地方官吏的贪污腐败。到武周后期，由于赋役繁重，官吏贪暴，造成全国范围人口逃亡，已酿成严重的社会问题。

长安四年（704 年），以张柬之、崔玄晖、桓彦范、敬晖和袁恕己等为首的朝臣，利用武则天生病的机会，发动政变囚禁了武则天，拥立唐中宗复辟，结束了武则天长达四十余年的统治。唐中宗是唐高宗和武则天的第三个儿子，是一个昏庸无能的人，他登基后根本无力控制外戚、皇室成员与朝廷大臣争权夺利的斗争，其政局比武则天时代更为混乱，贪腐也更加猖獗。皇后韦氏与武则天的侄子武三思勾搭成奸，支持武三思排斥异己，控制朝政。同时，韦后自己也大树私党，卖官鬻爵，贪污受贿；唐中宗与韦皇后的女儿安乐公主，更是"恃宠骄恣，卖官鬻狱，势倾朝野"。皇后、公主和她们所信任的人，组成了一个卖官小集团，专门出售官吏委任状，从中谋利，"皆依势用事，请谒受赇，虽屠沽臧获，用钱三十万，则别降墨敕除官，斜封付中书，时人谓之'斜封官'；钱三万则度为僧尼。其员外、同正、试、摄、检校、判、知官凡数千人。西京、东都各置两吏部侍郎，为四铨，选者岁数万人"，而依附

---

① 陈子昂：《上蜀川安危事》，《全唐文》卷二百十一，中华书局 1983 年版，第 1—2 页。
② 狄仁杰：《请曲赦河北诸州疏》，《全唐文》卷一百六十九，第 5 页。
③ 《旧唐书》卷八十八，《列传第三十八·韦思谦》。

于她们的吏部侍郎李峤,为了谋取宰相职位,曲行私惠,也奏置员外官数千人。①

唐中宗统治时期政治的腐败,袁楚客致宰相魏元忠的信中说得很清楚:"主上新服厥命,惟新厥德,当进君子,退小人,以兴大化,岂可安其荣宠,循默而已!今不早建太子,择师傅而辅之,一失也。公主开府置僚属,二失也。崇长缁衣,使游走权门,借势纳赂,三失也。俳优小人,盗窃品秩,四失也。有司选进贤才,皆以货取势求,五失也。宠进宦者,殆满千人,为长乱之阶,六失也。王公贵戚,赏赐无度,竞为侈靡,七失也。广置员外官,伤财害民,八失也。先朝宫女,得自便居外,出入无禁,交通请谒,九失也。左道之人,荧惑主听,盗窃禄位,十失也。"②这十失,道出了唐中宗时期主要的政治弊端。710年,韦皇后毒死唐中宗,临朝摄政,企图效法武则天,然而她执掌政权仅十六天,武则天的女儿太平公主与侄子李隆基就发动政变,杀死韦后和安乐公主,拥立李隆基的父亲、中宗的弟弟李旦为皇帝,是为唐睿宗。唐睿宗在位两年,体弱多病,传位给太子李隆基,就是唐朝在位时间最长的玄宗皇帝。

唐玄宗即位初期,面对着一个强大的政治对手——他的姑母太平公主。太平公主是唐高宗与武则天的女儿,因擅长权谋,深得武则天的喜爱,经常参与武则天当政时的各种密谋策划。不过,太平公主对她的母亲武则天尚存畏惧之心,不敢招揽权势,只是"崇饰邸第",过着豪华而奢侈的生活。唐睿宗李旦重登皇位后,因其立有大功,对她言听计从,太平公主的权势也就由此达到顶峰。凡军国大政,太平公主事必参决,若无她的同意,政令难行;宰相以下官员的任命或贬斥,全在她的一句话。伴随着权力的膨胀,政治腐败和贪污腐化也随之而至,"公主由是滋骄,田园遍于近甸膏腴,而市易造作器物,吴、蜀、岭南供送,相属于路。绮疏宝帐,音乐舆乘,同于宫掖。……外州供狗马玩好滋味,不可纪极。有胡僧惠范,家富于财宝,善事权

---

① 《资治通鉴》卷二百八,《唐纪二十四》,"中宗神龙二年十二月";卷二百九,《唐纪二十五》,"中宗景龙二年七月"。
② 《资治通鉴》卷二百八,《唐纪二十四》,"中宗神龙二年三月"。

贵,公主与之私,奏为圣善寺主,加三品,封公,殖货流于江剑。公主惧玄宗英武,乃连结将相,专谋异计。其时宰相七人,五出公主门,常元楷、李慈掌禁兵,常私谒公主"。依附于太平公主的宰相中,崔湜一直有贪污受贿劣迹,他在中宗朝任吏部侍郎,"以赃货闻";萧至忠始终将自己扮成一个廉洁奉公的人,但是后来被抄家时发现,他家中藏有大量来路不明的财帛,"由此顿绝声望矣";窦怀贞是一个只知结交逢迎权贵以谋取高官厚禄之人。这些聚集在太平公主身边的人,密谋废黜唐玄宗,被宰相魏知古告发,玄宗抢先粉碎政变阴谋,太平公主及其党羽数十人皆被处死,太平公主多年聚敛的巨大财富被籍没,"财货山积,珍奇宝物,俟于御府,马牧羊牧、田园、质库,数年征敛不尽"。①

至此,唐玄宗成为真正拥有实权的皇帝。玄宗初期,励精图治,任用姚崇、宋璟等名臣为宰相,推行改革,澄清吏治,使武周以来的贪污腐化逐步得到控制,唐王朝也进入鼎盛时期。然而,随着时间的推移,玄宗逐渐放弃了早期的节俭,沉溺于声色犬马,朝政也趋于懈怠。开元二十二年(734年),擅长权术的李林甫被任命为宰相,在他专权的十余年中,贪污腐化逐渐开始蔓延。李林甫本人就不廉洁,他"溺于声妓,姬侍盈房","舆马被服,颇极鲜华","京城邸第,田园水硙,利尽上腴",为了固权,他用大量钱物贿赂宦官、后宫嫔妃及其亲属,以便了解唐玄宗的动向。负责朝廷财政事务的户部侍郎兼御史中丞王鉷,是李林甫的同党,也以善于搜刮民脂民膏而闻名,"百姓间关输送,乃倍所赋","岁进钱巨亿万"。他利用职权,贪污自肥,因牵连到一桩谋反案而被赐死。朝廷籍没其第舍家产时,"数日不能遍,至以宝钿为井干,引泉激雷,号'自雨亭',其奢侈类如此"。天宝十一年(752年),李林甫病死,唐玄宗宠妃杨玉环的远房亲戚杨国忠接任宰相。他掌权后,大肆收受各级官员以馈赠名义送来的贿赂三千万匹缣,他还纵容手下的胥吏贪赃枉法,以致贿赂公行,其党羽"翰林学士张渐、窦华、中书

---

① 《旧唐书》卷一百八十三,《列传第一百三十三·外戚》。

舍人宋昱、吏部郎中郑昂等,凭国忠之势,招来赂遗,车马盈门,财货山积"。① 不仅朝廷大臣贪污受贿,唐玄宗宠信的宦官高力士等人也大肆收受贿赂,当时,李林甫、杨国忠、安禄山等权臣都要"厚结力士,故能踵至将相",各级官吏"承风附会"自不必说。其他的宦官"中人若黎敬仁、林昭隐、尹凤翔、韩庄、牛仙童、刘奉廷、王承恩、张道斌、李大宜、朱光辉、郭全、边令诚等,并内供奉,或外监节度军,修功德,市鸟兽,皆为之使。使还,所裒获,动巨万计。京师甲第、池园、良田、美产,占者什六"。② 这股贪腐之风也吹到了地方官场,"政既宽弛,胥吏多因缘为奸,贿赂大行",正是唐玄宗后期的普遍现象。

(2) 唐代前期的反贪实践

唐高祖李渊在起兵反隋时,就表明了自己反对贪官污吏的态度。武德二年(619年),他颁布五十三条新法令,强调要严惩官吏贪贿,并明确规定凡属盗窃和诈骗府库物资者,不在大赦之列。这些规定,后来成为《武德律》的法律条款。除了确立治国准则和规范政府行为的律令之外,唐高祖也采取了一些提倡廉洁奉公、打击贪污受贿的具体措施:他曾下令撤毁隋的离宫游幸之所,拒绝接受西突厥曷娑那可汗馈赠的珍宝,处决在并州"赃贿狼藉"的真乡公李仲文,选派皇甫无逸、韦仁寿等廉洁奉公的官员取代贪官污吏。然而,唐高祖身边的大臣,多阿谀奉承之徒,不能匡正时弊,加之太子李建成与秦王李世民争权夺利所造成的混乱,政出多门的现实,使唐高祖难以有效地打击贪官污吏。

唐太宗即位后,立即采取措施,打击官吏的贪污受贿,"太宗初即位,务止奸吏,或闻诸曹案典,多有受赂者,乃遣人以财物试之。有司门令史受馈绢一匹,太宗怒,将杀之"。然而,唐太宗这种"钓鱼执法"立即遭到朝廷大臣的反对,民部尚书裴矩对太宗说:"此人受赂,诚合重诛。但陛下以物试之即行极法,所谓陷人以罪,恐非道德齐礼之义。"唐太宗接受了他的意见,

---

① 《旧唐书》卷一百六,《列传第五十六·李林甫、杨国忠》;《新唐书》卷一百三十四,《列传第五十九·王鉷》。

② 《新唐书》卷二百七,《列传第一百三十二·宦者上·高力士》。

并召集五品以上的文武官员,公开表扬裴矩能够据理力争,并说:"每事如此,天下何忧不治。"①此后,唐太宗试验了诸多遏制贪腐的方法。

唐太宗试图以一种更加符合儒家精神、提倡政治道德的方式,来作为处理贪贿高官的一种方法。在处理长孙顺德受贿事件时,唐太宗曾当众赐给长孙顺德数十匹绢,"以愧其心",使他蒙受耻辱,以促其改过自新,他这种处理方式是要体现"人生性灵,得绢甚于刑戮,如不知愧,一禽兽耳,杀之何益"。右卫大将军陈万福违法索取驿站数石麦麸,太宗也采取类似的方法进行惩罚,将麦麸赐给他,并让他自己背回去,以此羞辱他。贞观初,唐太宗就反复告诫大臣,不要贪污受贿。他说:"人有明珠,莫不贵重,若以弹雀,岂非可惜?况人之性命甚于明珠,见金银钱帛不惧刑网,径即受纳,乃是不惜性命。明珠是身外之物,尚不可弹雀,何况性命之重,乃以博财物耶?群臣若能备尽忠直,益国利人,则官爵立至。皆不能以此道求荣,遂妄受财物。赃贿既露,其身亦殒,实可为笑。"贞观二年(628年),他告诫臣下:"朕尝谓贪人不解爱财也。至如内外官五品以上,禄秩优厚,一年所得,其数自多。若受人财贿,不过数万,一朝彰露,禄秩削夺,此岂是解爱财物?规小得而大失者也。"贞观四年(630年),唐太宗再次告诫公卿说:"古人云:'贤者多财损其志,愚者多财生其过。'此言可为深诫。若徇私贪浊,非止坏公法,损百姓,纵事未发闻,中心岂不常惧?恐惧既多,亦有因而致死。大丈夫岂得苟贪财物,以害及身命,使子孙每怀愧耻耶?卿等亦深思此言。"贞观十六年(642年),太宗对臣下说:"今人臣受任,居高位,食厚禄,当须履忠正,蹈公清,则无灾害,长守富贵矣。古人云:'祸福无门,惟人所召。'然陷其身者,皆为贪冒财利,与夫鱼鸟何以异哉?卿等宜思此语为鉴诫。"②

唐太宗知道,以正面教诲和以羞辱方式使贪官悔过自新,有效果但也有局限,不可能无限制地扩大使用范围。故唐太宗也采取行政和法律措施,一方面严厉制裁"官人贪浊,有枉法受财者,必无赦免。在京流外有犯赃

---

① 《旧唐书》卷六十三,《列传第十三·裴矩》。
② 《旧唐书》卷五十八,《列传第八·长孙顺德》;吴兢:《贞观政要》卷六,《贪鄙第二十六》,文渊阁四库全书本,乾隆四十七年刊本,第36—41页。

者,皆遣执奏,随其所犯,置以重法。由是官吏多自清谨"①;一方面防止官吏贪污受贿。太宗认为官吏贪污与官吏素质不高有很大关系,"吏部择人,唯取其言辞刀笔,不悉其景行"是不行的,还须注重儒家提倡的政治道德。为此,他首先从教育入手,在京师建成由国子监为首的学校体系,吸纳皇族、官僚和平民子弟入学,接受儒学、书学、律学教育;同时力行隋以来的科举制度,开科取士,将学业优异的精英吸纳到官僚集团之中。唐太宗特别注意都督、刺史等地方官的人选,"此辈实理乱所系,尤须得人",他甚至把都督、刺史的名字和每个人的政绩都写在屏风上,随时查看,以便进行黜陟。贞观十一年(637年),鉴于"百姓所以治安,唯在刺史、县令。苟选用得人,则陛下可以端拱无为",太宗决定改变"朝廷唯重内官而轻州县之选",刺史由他本人亲自选定,由中央官员推荐新人担任县令。同时,太宗还不定期地派出朝廷大臣,分道前往全国各地,对州县官吏进行全面而严格的考查。贞观二十年(646年),唐太宗派遣大理卿孙伏伽等二十二人"巡察四方",考核结果,"刺史、县令以下,多所贬黜,其人诣阙称冤者,前后相属。上令褚遂良类状以闻,上亲临决,以能进擢者二十人,以罪死者七人,流以下除免者数百千人"。唐太宗对官吏严加管束的同时,贞观八年(634年)开始扩大地方官吏的俸禄发放范围,用以养廉,"外官卑品,犹未得禄,饥寒切身,难保清白,今仓廪浸实,宜量加优给,然后可责以不贪,严设科禁"。②

唐太宗晚年,生活日趋奢侈,开始听不进臣下的批评意见,最终发展到很少有臣子再敢犯颜直谏。在太宗闭目塞听的情况下,一些王公贵戚也开始违法聚敛。唐高宗即位后,为了表明自己提倡节俭,下令禁止京城及外州贡献鹰隼犬马,免除宫廷奢侈的宴会,削减宫殿的兴建。唐高宗还模仿太宗的做法,送给骄奢纵逸、喜好聚敛的滕王元婴、蒋王恽两车麻作为钱贯,以此羞辱他们。同时严惩贪污盗窃的官员,因此在高宗朝(特别是初

---

① 吴兢:《贞观政要》卷一,《政体第二》,第14—34页。
② 吴兢:《贞观政要》卷三,《择官第七》,文渊阁四库全书本,乾隆四十七年刊本,第14—31页。《资治通鉴》卷一百九十八,《唐纪十四》,"太宗贞观二十年正月";卷一百九十四,《唐纪十》,"太宗贞观八年十二月"。

期)贪污腐化现象虽有增多,但不到官箴失控的程度。然而,随着武则天操控政治,贪污腐化首先在依附于武则天的大臣中蔓延,先后担任宰相的许敬宗、李义府就是典型的贪腐官员。贪污腐化之风由中央吹到地方,加上唐高宗、武则天频繁对外用兵,赋役繁重,给地方官吏营私舞弊提供了机会。武周时期,地方官吏的贪赃枉法已经造成严重的社会问题,武则天除了不停地更换地方官之外,也找不出更好的解决办法。在武周时期,一个官员只有对武氏的政治忠诚上出了问题,他的贪污腐败才会构成罪行。

唐玄宗即位后,面对严重的贪腐之风,逐步建立反贪机制。首先,他改组御史台,发挥对中央官员的监督作用。开元二年(714年),恢复十道按察使,以进一步加强对地方官吏的监督;开元二十一年(733年),唐玄宗又将全国划分为十五道,"各置采访使以六条检察非法;两畿以中丞领之,余皆择贤刺史领之",由常设的采访使负责监察地方行政机构及其官吏的制度,一直实施到玄宗退位。其次,唐玄宗为了改变当时重京官轻外职的现象,规定"选京官有才识者除都督、刺史,都督、刺史有政迹者除京官。使出入常均,永为恒式"。这对于提高地方官员素质,激励地方官员廉洁奉公,都发挥了积极作用。第三,唐玄宗修订法律,恢复了武则天统治以前所确立的司法原则,通过重编令、格、式,重新构建行政法规,减少官吏舞文弄法的可能性。第四,改革科举制度,使州县应试者能与京畿考生平等竞争,有利于选拔人才,也削弱了吏部对选举的垄断,更有利于防止主考官的营私舞弊;改革财政制度、税收和户籍制度、运输制度等,通过多方面的经济改革,防止官吏的贪贿。第五,唐玄宗在建立健全各种规章制度的同时,多次颁布反对奢侈的诏令,甚至将宫中的珠玉锦绣服玩,在正殿前公开焚毁,以示厉行节俭的决心;他多次颁布反对贪赃枉法的诏令,对贪官污吏实施严厉打击。这样,终于使武则天统治以来长期猖獗的贪污腐化,在玄宗朝前期基本上得到控制。①

但是,唐玄宗在位后期,生活日趋奢靡,怠于政务,朝政先后在李林甫、

---

① 《资治通鉴》卷一百一十三,《唐纪二十九》,"玄宗开元二十一年";卷二百一十一,《唐纪二十七》,"玄宗开元二年正月"。

杨国忠把持下渐趋紊乱,贪腐、惰政又开始在各级官吏中蔓延,最终促生安史之乱。

2. 唐朝后期的贪与反贪

唐玄宗天宝十四年(755年)开始的安史之乱延续了八年,唐王朝的权力结构自此发生重大变化。节度使为代表的地方势力,逐渐控制朝政的宦官势力,都使唐王朝形成权力的多极化结构和分权状态,使贪贿出现有别于唐代前期的新的内涵和表现方式。

(1)唐后期的贪贿

安史之乱是在唐王朝全无防备的情况下爆发的,所以叛军初期的进攻大多取得胜利,仅七个月,就先后攻占东都洛阳和京师长安,唐玄宗仓皇逃往成都,皇太子李亨则逃到灵武,756年自立为帝,改元至德,是为唐肃宗。

唐肃宗即位初期,灵武朝廷的处境艰难,为筹措军费,宰相裴冕建议卖官鬻爵,出售僧尼道士度牒,以解燃眉之急。规定凡僧尼道士,可以通过纳钱,将度牒转让给其他人,也可捐献十分之三的财产,换取合法拥有其余财产的权利;一般庶民,可根据文化程度,用不同数额的钱,购买明经出身;已有官品者,可以出钱购买免除课税的权利;商人捐献十分之四的资财,可以终身免税。① 该奏议在得到唐肃宗允准后,首先在肃宗驻跸的彭原郡实施,至德二年(757年),又令前往江淮地区征税的侍御史郑叔清售卖官爵,以裨国用;唐肃宗在收复长安和洛阳后,又在关辅诸州,出售僧尼道士度牒上万道。最初,这种卖官鬻爵的方法,纳钱太多,实惠甚少,无人愿意购买,所以干脆实行摊派,强行推销,同时也降低售价。此后,每当唐朝廷出现财政困难,就靠卖官鬻爵或出售僧尼道士度牒来解决。这种在唐代前期由个别权贵谋取私利的违法行为,由此成为官府合法敛财的一种方法。至于利用当时全国处于战争和混乱的状况,谋取个人私利的贪贿行为,更是相当普遍。怂恿唐肃宗卖官鬻爵来筹措军费的宰相裴冕,本身就是"性本侈靡,好财嗜利"之人;宰相房琯纵容门客董庭兰"大召纳货贿,奸赃颇甚";东京留守李巨"于城市桥梁税出入车牛等钱,以供国用,颇有乾没,士庶怨";负责

---

① 《旧唐书》卷一百一十三,《列传第六十三·裴冕》。

监察的御史中丞李铣自己就"贪暴不法"。至于宦官,更是大肆贪贿。宦官马上言收受贿赂,替人向兵部侍郎吕諲求官,而吕諲竟也应其所请。唐肃宗派往各地祭祀名山大川的宦官和女巫,也大肆贪赃,索贿受贿。由于有贪赃枉法行为的官吏太多,唐肃宗晚年不得不大赦,"官吏听纳赃免罪"。①

这时,军队管理也开始出现问题。首先,朝廷在军队中滥发委任状,"是时府库无蓄积,朝廷专以官爵赏功,诸将出征,皆给空名告身,自开府、特进、列卿、大将军,下至中郎、郎将,听临事注名。其后又听以信牒授人官爵,有至异姓王者。诸军但以职任相统摄,不复计官爵高下。及清渠之败,复以官爵收散卒。由是官爵轻而货重,大将军告身一通,才易一醉。凡应募入军者,一切衣金紫,至有朝士僮仆衣金紫,称大官,而执贱役者,名器之滥,至是而极焉"。这种用滥发委任状来收买军心的办法,在肃宗朝以后屡见不鲜。其次,唐朝廷为了防止军队叛逃,对军人的管束相当松弛,由此造成武将跋扈、士卒骄横的局面。名将郭子仪"麾下皆朔方蕃汉劲卒,恃功怙将,多为不法,子仪每事优容之,行师用兵,倚以辑事"。有些将领甚至纵容士兵抢劫。唐肃宗上元元年(760年),平卢兵马使田神功率兵前往江淮平定刘展之乱,"入扬州,遂大掠居人赀产,发屋剔窌,杀商胡波斯数千人",至楚州亦大肆劫掠,为了搜索居民窖藏的财物,"城中地穿掘略徧"。田神功率兵进杭州后,又纵兵大肆劫掠十余日。剑南西川节度使崔光远在平定剑南东川兵马使段子璋的叛乱时,攻入绵州,"将士肆其剽劫,妇女有金银臂钏,兵士皆断其腕以取之,乱杀数千人"。② 这些严重犯罪,自肃宗朝以后竟往往受到宽容。

宝应元年(762年),唐肃宗驾崩,太子李豫在宦官李辅国、程元振等人扶持下登上皇位,即唐代宗。第二年,史朝义兵败自杀,安史之乱结束。然而,唐王朝却形成了鱼朝恩、骆奉先等宦官把持朝廷大权,地方军政大权则

---

① 《新唐书》卷六,《本纪第六·肃宗皇帝李亨》。《旧唐书》卷一百一十一,《列传第六十一·房琯》;卷一百一十二,《列传第六十二·李巨》。

② 《资治通鉴》卷二百一十九,《唐纪三十五》,"肃宗至德二载五月";卷二百二十一,《唐纪三十七》,"肃宗上元元年十二月"。《新唐书》卷一百四十四,《列传第六十九·田神功》;《旧唐书》卷一百一十一,《列传第六十一·崔光远》。

被34个藩镇节度使所控制的局面,使得依附于权力的贪污受贿也出现新变化。

唐代前期,宦官只是皇宫中的奴仆。武则天执政以后,宦官逐渐成为皇帝和朝臣之间的中间人,但政治作用有限。安史之乱给唐王朝造成的危机,为宦官在政治上崛起提供了机会。唐肃宗宠信的宦官李辅国已开始干预朝政,肃宗死后又拥立唐代宗,在代宗朝,宦官逐渐控制了京畿兵权,掌握着皇帝的禁军神策军。此后,随着宦官掌控神策军的制度化,普遍推行由宦官担任监军使,取得兵权的宦官集团便基本上脱离皇帝的有效控制,成为一股令人生畏的政治恶势力。权力膨胀导致宦官的腐败,加之"代宗优宠宦官,奉使四方者,不禁其求取。尝遣中使赐妃族,还,问所得颇少。代宗不悦,以为轻我命。妃惧,遽以私物偿之。由是中使公求赂遗,无所忌惮。宰相尝贮钱于阁中,每赐一物,宣一旨,无徒还者。出使所历州县,移文取货,与赋税同,皆重载而归"。其中,宦官刘忠翼、董秀等人尤为贪纵,"掊冒财赂,资产累皆巨万"。宦官还纵容依附于他们的官吏,肆无忌惮地掠夺他人财产。神策都虞侯刘希暹在北军中设置监狱,"阴纵恶少年横捕富人付吏考讯,因中以法,录货产入之军,皆诬服冤死,故市人号'入地牢'"。万年吏贾明观"倚(鱼)朝恩捕搏恣行,积财巨万,人无敢发其奸"。在唐代宗的纵容下,宦官的贪赃枉法相当突出。①

唐代宗时期,不仅宦官贪污受贿、聚敛资财,朝廷大臣同样肆无忌惮地进行贪贿,宰相元载最为典型。元载在唐玄宗天宝年间科举入第,在唐肃宗时依附宦官李辅国而擢升宰相。唐代宗即位后,他又贿赂内侍董秀,窥探代宗动向,助代宗擒杀跋扈的宦官鱼朝恩,"谓己有除恶之功",权倾一时,"外委胥吏,内听妇言。城中开南北二甲第,室宇宏丽,冠绝当时。又于近郊起亭榭,所至之处,帷帐什器,皆于宿设,储不改供。城南膏腴别墅,连疆接畛,凡数十所,婢仆曳罗绮一百余人,恣为不法,侈僭无度。江、淮方

---

① 《资治通鉴》卷二百二十五,《唐纪四十一》,"代宗大历十四年六月";《新唐书》卷二百七,《列传第一百三十二·宦官上·鱼朝恩、骆奉先》;《旧唐书》卷一百八十四,《列传第一百三十四·宦官·刘希暹、贾明观》。

面,京辇要司,皆排去忠良,引用贪猥。士有求进者,不结子弟,则谒主书,货贿公行,近年以来,未有其比。与王缙同列,缙方务聚财,遂睦于载,二人相得甚欢,日益纵横。……素以凶戾闻,恣其子伯和等为虐。伯和恃父威势,唯以聚敛财货,征求音乐为事。载在相位多年,权倾四海,外方珍异,皆集其门,资货不可胜计"。与元载同知政事的王缙,"性贪冒,纵亲戚尼�纳财贿,猥屑相稽,若市贾然"。京兆尹黎幹擅长行政管理,但"性贪暴,既复用,不暇念治,专徇财色,附会嬖近,挟左道希主恩,帝甚惑之"。唐代宗统治时期,官吏严重腐化,与财政管理混乱和对官吏缺乏严格监督有直接关系,"大历以前,赋敛、出纳、俸给皆无法,长吏得专之;重以元、王秉政,货赂公行,天下不按赃吏者殆二十年"。① 在这种情况下,官吏的贪赃枉法在所难免。

唐代宗对把持地方军政大权的藩镇节度使采取宽容和羁縻政策,各地节度使仗势聚敛私财、厚自奉养,或行贿宦官权贵,谋取更多利益,或二者兼而行之。剑南节度使严武"穷极奢靡,赏赐无度,或由一言赏至百万。蜀方闾里以征敛殆至匮竭";剑南西川节度使崔宁"见蜀地险,饶于财,而朝廷不甚有纪,乃痛诛敛。使弟宽居京师,以赂厚谢权贵,深结元载父子,故宽骤擢御史中丞,宽兄审至给事中。宁在蜀久,兵浸强,而肆侈穷欲,将吏妻妾多为汙逼,朝廷隐忍,不能诘"。岭南节度使徐浩,"贪而佞","倾南方珍货"以贿赂元载而得升任吏部侍郎。② 这类例子举不胜举。

唐德宗即位后,采取一系列措施,企图扭转其父唐代宗在位十七年积下的弊端,又着手削弱地方节度使的权力,藩镇起兵反叛。唐德宗讨伐叛乱诸镇的战争以失败告终,不得不在兴元元年(784年)下罪己诏,赦免反叛的诸节度使。此后,他对藩镇采取姑息态度,以求得暂时的安宁。同时,丧

---

① 《旧唐书》卷一百一十八,《列传第六十八·元载》;《新唐书》卷一百四十五,《列传第七十·王缙、黎幹》;《资治通鉴》卷二百二十六,《唐纪四十二》,"德宗建中元年九月"。
② 《旧唐书》卷一百一十七,《列传第六十七·严武》;《新唐书》卷一百四十四,《列传第六十九·崔宁》。

志亦丧心的唐德宗变得越来越贪婪,想方设法聚敛财货,甚至让地方官吏以"税外方圆"、"用度羡余"等各种名目向他进贡,而地方官则"割留常赋"、"增敛百姓"。对官吏而言,是为求取政治上进一步的权力而向皇帝纳贿,而德宗聚敛财物,并不送交国库,乃藏于内库作为皇帝的私财。唐代的国库和内库是有区分的。国库由官吏管理,其钱财供政府使用;内库由宦官管理,财物属皇帝私有。[①] 唐德宗朝以后,官吏通过进奉的方式向皇帝行贿,始终程度不同地存在着。

唐德宗的日益贪婪,使得在他即位初期一度被抑制的贪腐,再度猖獗起来。首先就是已把持朝政的宦官势力,开始肆无忌惮地征敛贪贿,掌握军权的宦官尤为突出。左、右神策军护军中尉杨志廉、孙荣义就"怙宠骄恣,贪利冒宠之徒,利其纳贿,多附丽之"。此外,当时最受朝臣抨击的是宦官主持的宫市这一贪贿之渊薮:"时宦者主宫中市买,谓之宫市,抑买人物,稍不如本估。末年不复行文书,置白望数十百人于两市及要闹坊曲,阅人所卖物,但称宫市,则敛手付与,真伪不复可辨,无敢问所从来及论价之高下者,率用直百钱物买人直数千物,仍索进奉门户及脚价银。人将物诣市,至有空手而归者,名为宫市,其实夺之。尝有农夫以驴驮柴,宦者市之,与绢数尺,又就索门户,仍邀驴送柴至内。农夫啼泣,以所得绢与之,不肯受,曰:'须得尔驴'。农夫曰:'我有父母妻子,待此而后食;今与汝柴,而不取直而归,汝尚不肯,我有死而已。'遂殴宦者。街使擒之以闻,乃黜宦者,赐农夫绢十匹。然宫市不为之改。谏官御史表疏论列,皆不听。"[②]

当时设有宣徽院的五坊小使,每到秋季,"五坊小儿"就在京郊畿甸放鹰犬,所到之处,"所至官吏必厚邀供饷,小不如意,即恣其须索,百姓畏之如寇盗"。德宗"贞元末,此辈暴横尤甚,乃至张网罗于民家门及井,不令出入汲水,曰:'惊我供奉鸟雀。'又群聚于卖酒食家,肆情饮啖。将去,留蛇一篑,诫之曰:'吾以此蛇致供奉鸟雀,可善饲之,无使饥渴。'主人赂而谢之,

---

① 《资治通鉴》卷二百三十五,《唐纪五十一》,"德宗贞元十二年六月"。
② 《旧唐书》卷一百八十四,《列传第一百三十四·宦官》;卷一百四十,《列传第九十·张建封》。

方肯携蛇箧而去"。① 而朝臣之中,则以掌管财政事务的官员最易有贪贿的行为。领度支盐铁转运使窦参,"任情好恶,恃权贪利,不知纪极",他担任宰相后,其族子窦申则通过事先泄漏朝廷决定的人事任命,招权纳贿,并因此得了一个"喜鹊"的绰号。判度支事裴延龄以苛刻剥下附上为功,并大量侵吞官物,由于裴延龄对财政事务不甚了解,只能依靠度支老吏为他谋划、办理,这些胥吏也乘机弄权、贪赃纳贿。甚至在胥吏贪贿被觉察后,裴延龄还为胥吏向御史中丞穆赞求情,在穆赞拒绝曲法之后,裴延龄反诬其处理不公,奏请将穆赞贬为饶州别驾。至于各藩镇节度使,在德宗姑息政策下,更是肆无忌惮地贪赃枉法,而基层的州县官吏,一面利用两税法的不完善,违法聚敛;一面以进奉为借口,横征暴敛,贪污肥己。如诸道盐铁转运使李锜"既执天下利权,以贡献固主恩,以馈遗结权贵,恃此骄纵,无所忌惮"。②

唐德宗宠信宦官,疑忌大臣,姑息藩镇,引起许多官员的担忧和不满。以王伾和王叔文为首的一批不满现状的官员,得到皇太子支持,针砭时弊,讨论改革措施。805年,唐德宗去世,顺宗即位,二王集团随即开始实施计划已久的改革措施。然而"二王",尤其王伾,胸无大志,唯召贿赂,"与叔文及诸朋党之门,车马填凑,而伾门尤盛,珍玩赂遗,岁时不绝。室中为无门大柜,唯开一窍,足以受物,以藏金宝,其妻或寝卧于上"③。"二王"的改革触动了许多既得利益者,遭到宦官、大臣和部分节度使的强烈反对,很快失败,顺宗也被迫传位于太子李纯,即唐代中兴之主唐宪宗。

唐宪宗着力加强中央集权,以武力制服桀骜不驯的藩镇,同时务实地改革和调整财经制度,改善君臣关系,极大地提高了朝廷的权威。但是,他统治时期贪污腐化依然存在,尤其是随着枢密院的设立,宦官权力进一步巩固,各级官吏贿赂宦官以谋取更高职务、获取更大权力,在当时是相当普遍的事情。例如,户部侍郎判度支事皇甫镈,厚赂宦官吐突承璀,以求宰相高

---

① 《旧唐书》卷一百七十,《列传第一百二十·裴度》。
② 《旧唐书》卷一百三十六,《列传第八十六·窦参》;《资治通鉴》卷二百三十六,《唐纪五十二》,"德宗贞元十七年五月"。
③ 《旧唐书》卷一百三十五,《列传第八十五·王叔文、王伾》。

位;淮南节度使王锷也入朝贿赂宦官,求取宰相之职;右金吾大将军伊慎,以钱三万缗贿赂神策军右军中尉第五从直,求得河中节度使;羽林大将军孙寿,以钱二十万缗贿赂弓箭库使刘希先,求得方镇之位。宦官除了收受贿赂外,还大量发放高利贷,牟取暴利,举债人因还不出高利贷而遭到宦官指挥的神策军拘禁、拷打乃至杀害的事情,时有发生。而唐宪宗竟认为这些都是小事,甚至不值得派遣官吏去处理。① 至于地方官员,除了存在非法谋取私利的贪污受贿之外,唐宪宗的财政改革,竟还允许节度使和州刺史通过留使、留州钱帛,合法占有一定数额的国家赋税,从而将以前假政府名义进行的非法聚敛,转变成合法的化公为私。

唐宪宗四十三岁时,被宦官陈弘志谋杀,其子李恒继位,称唐穆宗。这是一个沉湎于声色犬马的无能皇帝,他在位四年,唐朝廷上下政治腐败和贪污腐化进一步加剧。长庆四年(824年),三十岁的穆宗饵金石之药,暴卒,其子敬宗继位。敬宗一样耽于游乐,在位二年,为宦官刘克明等人所杀,时年十八岁。在宦官的干预下,敬宗的异母弟李昂继位,即唐文宗。他为了扭转日趋严重的政治腐败,企图打击把持朝政的宦官,并摧毁官僚集团内的朋党,均以失败告终。他重用李训、郑注,准备用武力消灭宦官,最后一刻事情败露,宦官指挥神策军大杀朝臣,死者上千,族灭十余家,这次事变被称为"甘露之变"。此后,宦官完全控制了朝廷,唐文宗也在宦官的严密控制下,凄凉地与酒为伴,五年后,年仅三十岁的唐文宗与世长辞。其后的唐武宗、唐宣宗、唐懿宗、唐僖宗、唐昭宗和末代皇帝唐哀帝时期,政治腐败和贪污受贿一直在宦官、朝臣、节度使和拥有各种权力的官吏中盛行。

宦官专权是唐代后期的一大政治特点。唐宪宗以后,宦官往往操纵皇帝的废立,而扶助新皇帝上台后多受到重用,权倾一时。这些大权在握的宦官及其爪牙,是最肆无忌惮的贪贿之人。《旧唐书》这样描述唐德宗贞元以后的宦官擅权:"自贞元之后,威权日炽,兰锜将臣,率皆子蓄,藩方戎帅,必以贿成,万机之与夺任情,九重之废立由己。元和之季,毒被乘舆。长庆

---

① 《旧唐书》卷一百八十四,《列传第一百三十四·宦官·吐突承璀》。

缵隆,徒郁枕干之愤;临轩暇逸,旋忘涂地之冤。而易月未除,滔天尽怒。甲第名园之赐,莫匪伶官;朱袍紫绶之荣,无非巷伯。是时,高品白身之数,四千六百一十八人,内则参秉戎权,外则监临藩岳"。不过,在武宗和宣宗时期,宦官的权势在一定程度上受到官僚集团的抑制,宦官肆无忌惮地贪赃枉法,也受到一定的扼制。然而,唐懿宗以后,宦官的权力再度恶性膨胀。唐僖宗时,权阉田令孜"贩鬻官爵,除拜不待旨,假赐绯紫不以闻。百度崩弛,内外垢玩"。这种局面延至唐昭宗时,宰相崔胤联合宣武镇节度使朱全忠,大杀宦官七百余人,派到诸藩镇担任监军使的宦官也被就地处死,同时全部裁撤宦官把持的机构。至此,宦官这一政治恶势力从唐末政治舞台上消失了。①

  然而,官僚集团的贪腐并未因此有大的改观。唐宪宗以后,官僚集团发生严重分裂,形成以牛僧孺、李德裕为首的两大政治派别,相互对立,争权夺利,史称"牛李党争"。在这场历时四十年(808—847年)的权力斗争中,高级官员的贪污受贿似乎一度受党争的抑制,虽然其中一些官员过着奢侈的生活,并向宦官大量行贿,但没有史料明确记述这些财富的来源。这个时期的贪污受贿行径,在基层官吏中是很突出的。唐王朝为了增加中央财政收入,实行盐、茶、酒专卖,对商品征税也明显增多,并在全国各地成立了许多负责征税的机关,其中度支、盐铁、转运、两税等使职的下属机构"分巡院",一般不受地方行政机构的管理,担任使职的长官常常不能受到有效监督,税收机关的官吏因此作奸犯科,贪污受贿,并引发大量的民众反抗事件。唐宣宗时,高官的贪腐很猖狂。在宣宗时当了十年宰相的令狐楚绹就是典型代表。他纵容其子令狐滈"骄纵不法,日事游宴,货贿盈门,中外为之侧目"。唐懿宗时几个宰相都有经济问题,"曹确、杨收、徐商、路岩同秉政,外有嘲之曰:确确无余事,钱财总被收,商人都不管,货赂几时休"。② 唐

---

① 《新唐书》卷二百七,《列传第一百三十二·宦官上》;卷二百八,《列传第一百三十三·宦官下·田令孜》。
② 《旧唐书》卷一百七十二,《列传第一百二十二·令狐楚绹子滈》;钱易:《南部新书》卷一,文渊阁四库全书本,乾隆四十七年刊本,第3—4页。

僖宗以后,随着王仙芝和黄巢起义,李唐王朝四分五裂,权力转移到节度使手中,原属中央的财政收入,大多被节度使截留,为生存而挣扎的朝臣已经找不到什么钱财可供他们贪污了。

唐宪宗时遭到沉重打击的藩镇,在唐穆宗的姑息政策下又猖獗起来。长庆二年(822年),唐穆宗又颁发优待军人的诏令,为藩镇和军队将领的贪污受贿大开方便之门,"于是商贾、胥吏争赂藩镇,牒补列将而荐之,即升朝籍"①。不仅如此,由于处置失措,唐宪宗时期已经归顺朝廷的河北诸镇节度使,重新割据一方,只是在名义上接受中央政府的领导。对于其他地方的节度使,唐朝廷似乎也在想方设法加以控制,逐步推行文官化政策,多数高级将领被安排到神策军中任职,由文官出任地方节度使,以加强对军队和地方的控制。在唐末,文官节度使的人数实际已超过职业军人,但节度使构成的变化,并未改变节度使作为地方军政长官大权在握的特点,无论军人还是文官都可以在这个职务上聚敛财物。由于节度使职务是个肥缺,许多想获得这一职位者,通常重金贿赂有权势的宦官来谋求,不过,得位者一个任期就可以获得三倍以上的回报。例如,宣武节度使,按惯例到任就可以获得二百万贯作为私钱。虽然唐朝廷一直关注地方官吏的贪赃枉法问题,有时也惩治犯赃的人,但节度使很少也很难受到严惩,这就导致节度使的贪贿始终无法杜绝。唐末,各地节度使都在向着割据的方向发展,他们实际上已经控制了辖区的全部财富,故很少有人把这种行为看成是贪贿。

(2)唐朝后期的反贪

作为唐代中后期转折点的安史之乱使唐王朝受到沉重打击,京师长安被叛军占领,唐玄宗避难成都并退位,皇太子李亨则跑到灵武,自立为帝。在唐肃宗七年的短暂统治期间,国家处于混乱之中,他对军人和宦官的违法乱纪行为往往持宽容态度。但是,为了维护朝纲,唐肃宗也会根据需要对一些贪腐行为加以惩罚。

---

① 《资治通鉴》卷二百四十二,《唐纪五十八》,"穆宗长庆二年三月"。

唐肃宗时宰相房琯，因纵容门客董廷兰招纳货贿，被免职；东京留守李巨，侵吞征收的过桥税，被贬为遂州刺史；宦官马上言受贿，替人向兵部侍郎吕諲求官，事发后，马上言被乱棍打死，吕諲则被贬为太子宾客；郑国公李遵，贪赃数百万，唐肃宗以其为勋旧而只取消其宗正卿之职。但是，唐肃宗统治时期最突出的问题是军费开支浩大，财政入不敷出，为了增加收入，唐肃宗卖官鬻爵，出售僧尼道士度牒，乱征商税，甚至肆意没收富商豪族的财产。为了配合增加收入这项重要工作，当时主要的反贪监察机构御史台，也以反贪腐之名聚敛财物。监察御史毛若虚甚至向肃宗献策，要求将所有犯人的家财一律没收充公，在得到肃宗许可后，他就滥用职权，征剥财货，"每推一人，未鞫，即先收其家资，以定赃数。不满望，即摊征乡里近亲，竣其威权，人皆惧死，输纳不差晷刻"。这样一个邪佞之徒，因为每天都有进奉而受到肃宗的赏识，擢升为御史中丞。监察御史敬羽，捕逐钱货不亚于毛若虚，滥用酷刑更在毛若虚之上。胡人康谦，资产亿万计，肃宗任命他为试鸿胪卿，负责管理山南东路的驿站，因其富有而被人诬告，敬羽遂严刑逼供，两日之间，康谦鬓发皆秃，膝盖被打碎，人被折磨得完全变了形，看见他的人都以为是鬼物而非人类，最后仍被敬羽所杀，资财被全部没收。唐代宗即位后，捕杀敬羽，而敬羽在临刑时"袖中执州县官吏犯赃私状数纸，曰：'有人通此状，恨不得推究其事。'主州政者，无宜寝也"。他自认为，为皇帝惩治贪官污吏，将其财产全部没收充公，不择手段并无过错。唐肃宗统治时期反贪贿工作的最大特点，就是反贪不是为了整饬吏治，而是以聚敛财货为目的。①

唐代宗时，曾下诏禁止奢侈，并在诏令中一再指责官吏"贪猾纵欲，而动逾宪章，作威以虐下，厚敛以润己"，要求所有官吏"履清白之道，还淳素之风"。② 但唐代宗虽不断发布扼制贪腐的诏令，却不采取具体实施措施，一道道反贪诏令就不过是一纸空文，实际上对当时严重的贪污腐败没有任何抑制作用。

---

① 《旧唐书》卷一百八十六下，《列传第一百三十六下·酷吏下·毛若虚、敬羽》。
② 《旧唐书》卷十一，《本纪第十一·代宗李豫》。

唐德宗即位之初,颇有一番改变其父代宗朝积弊的志向,采取切实措施反对贪污腐败。他在短短的几个月内发布十几道诏令,停止新罗、渤海岁贡鹰鹞,邕府岁贡奴婢,剑南岁贡春酒,扬州岁贡江心镜,幽州岁贡麝香;天下进献,除了郊祀陵庙所需物品外,全部停止;诏禁天下不得贡珍禽异兽,银器勿以金饰;又诏令"王公卿士不得与民争利,诸节度观察使于扬州置回易邸,并罢之"①。又将宦官管理的内库归左藏公赋,由官吏管理,还废除酒类专卖,停止对僧尼和寺庙的财政支持,限制高官大吏的奢侈浪费。与代宗时空话连篇的诏书不同,这些诏令完全是针对各种贪腐的具体措施。与此同时,唐德宗还开始惩治贪贿分子,代宗朝大批贪腐的高级官员被撤职或强令休致,一些恶行特著者,如兵部侍郎黎幹和特进刘忠翼则被处死。中官邵光超在给淮西节度使送旌节时,接受了节度使李希烈馈赠的七百匹绢,德宗得知此情后,立即下令将邵光超杖责六十,流放边远地方,一度刹住了宦官大肆收受贿赂之风。德宗朝最重要的措施,还是在建中元年(780年)颁布实施两税法。唐代前期的赋税制度是以人丁为本的租庸调法,安史之乱爆发后,唐朝廷失去了有效控制户口的能力,加之军费开支浩大,各地军政长官任意设立名目征税,朝廷又不能逐一检查,由此造成赋税制度混乱,编户大批脱籍逃亡,中央财政收入减少,各地节度使却厚自奉养,出现权臣奸吏恣意贪腐的局面。唐德宗即位后,任命杨炎为宰相,杨炎向德宗呈递《请行两税法奏》,建议对赋税制度进行全面改革,完全废除以丁身为本的租庸调,改为按财产多少和田亩数量征税。杨炎提出的两税法颁行后,建中元年二月,德宗派出十一名黜陟使,分巡全国,与各地的节度使、州刺史共同确定民户的户等,落实两税法。此后,两税法一直实行到唐末,改变了自唐肃宗朝以来赋役混乱,"权臣猾吏,因缘为奸,或公托进献,私为赃盗者动万万计"的严重贪腐状态,使得"贪吏不诚而奸无所取",减少了官吏通过乱收税费而从中贪污的可能性。唐德宗贞元二年(786年),宰相崔造又对两税钱物管理中出现的弊端进行改革,罢免各种分管财政事务的专

---

① 《旧唐书》卷十二,《本纪第十二·德宗李适上》。

使,将财经大权收归中央,但却因遭到财政领域既得利益集团的坚决反对而失败。①

唐德宗执政受挫后,对聚敛个人财富的迷恋,使得唐代社会的贪污腐化再度猖獗起来,而他对宦官的纵容,更使普通百姓深受其害。故唐顺宗即位后,支持王叔文、王伾的改革,首先将"残暴掊敛"的京兆尹李实贬为通州长史,消息传出,"市井欢呼"。接着,顺宗又颁布诏书,宣布除两税正税外,"不得擅有诸色榷税";常贡外,"不得别进钱物",包括盐铁使月贡钱在内的各种进奉,因讹诈勒索而引起公愤的宫市、五坊小儿,全部罢去,由此"人情大悦"。② 然而,"二王"的改革因改革者贪贿,不到一年就以失败告终。

唐宪宗即位后,以武力制服叛乱的节度使,使长期处于半独立状态的河北诸镇归顺朝廷。随着朝廷权威的提高,唐宪宗采取了一系列措施加强中央集权。他限制节度使的兵权,军队分别由州刺史统领,取消节度使兼领度支营田使,以限制节度使通过屯田或组织民户营田来增加收入;由中央委派两税使负责两税的征管,同时整顿两税的分配方式,划定上交中央财政的"上供",与留作地方财政的"留使、留州"的比例;盐、茶的专卖和收入,由中央委派专使负责,原则上不允许地方官吏插手;罢官员在离任时将节余公款以进奉的名义上交的惯例,禁止诸道在两税之外擅自加征税赋。同时,加强御史对地方官吏的监察,元和七年(812年)闰七月,唐宪宗颁下诏敕:"今后应出使郎官御史,所历州县,其长吏政俗,闾阎疾苦,水旱灾伤,并一一条录奏闻。"③这些措施,不仅有利于削弱节度使的权力,也减少了地方官吏营私舞弊、中饱私囊的可能性。

唐宪宗在惩治贪官污吏方面也有所作为。元和四年(809年),御史中丞李夷简弹劾京兆尹杨凭在担任江西观察使期间贪污僭侈,经查实,贬杨

---

① 《资治通鉴》卷二百二十六,《唐纪四十二》,"代宗大历十四年十二月"、"德宗建中元年正月、二月";《旧唐书》卷一百一十八,《列传第六十八·杨炎》。
② 宋敏求编:《唐大诏令集》卷二,《即位赦上·顺宗即位赦》,文渊阁四库全书本,乾隆四十七年刊本,第15—19页。
③ (宋)王溥:《唐会要》卷六十二,《御史台·出使》,文渊阁四库全书本,乾隆四十七年刊本,第16页。

凭为临贺县尉。同年,监察御史元稹弹劾故剑南东川节度使严砺等人违制擅自征收赋税,中饱私囊,严砺虽死,其属部七州刺史,皆坐责罚。元和五年(810年),右金吾大将军伊慎贿赂神策军右军中尉第五从直,求为河中节度使,第五从直恐事泄,遂向唐宪宗告发,伊慎被贬为右卫将军,与此事有牵连的三人被处死。元和六年(811年),前行营料粮使于皋谟、董溪贪污数千缗,被人告发,经查实,赐死;宦官王伯恭收受成德节度使王承宗钱物,杖死。元和八年(813年),已故宰相杜黄裳生前受贿卖官的事情,被御史台揭发,"前永乐令吴凭,为僧鉴虚受托,与故司空杜黄裳,于故州邠宁节度使高崇文处,纳贿四万五千贯,并付黄裳男载,按问引伏",僧鉴虚被处死,吴凭被流配昭州,杜黄裳、高崇文已故,宪宗决定免予追究,杜载也予以释放。① 元和十二年(817年),京兆尹窦易直贪赃枉法,被贬为金州刺史。

唐宪宗以后形成朋党政治,使得反贪腐的斗争完全变质。穆宗长庆元年(821年),段文昌、元稹、李绅、李德裕等将一场普通的科场舞弊案扩大为政治事件,借机打击政治对手李宗闵等人,这一事件也就成为"牛李党争"的直接导因,"自是德裕、宗闵各分朋党,更相倾轧,垂四十年"。在这近四十年的倾轧中,不乏借贪污受贿问题打击对手的事例。而权势益增的宦官,也介入官僚集团内部的斗争,使得反贪斗争局面更复杂,更加举步维艰。② "牛李党争"结束后,特别是唐懿宗统治时期,宦官更为直接地干预朝政,特别是宦官的四名头面人物,即两名枢密使和两名宣徽使,时称"四相",权倾朝野。而朝廷在高官们的权力斗争中四分五裂,法纪荡然,包括御史台在内的政府机构,已经改变了职能,成为权力斗争的工具,反贪斗争也就不可能取得任何实效。唐僖宗以后,在黄巢起义的打击下,唐王朝分崩离析,再难言反对贪污腐败的斗争。

---

① 《旧唐书》卷一百四十七,《列传第九十七·杜黄裳》。
② 《资治通鉴》卷二百四十一,《唐纪五十七》,"穆宗长庆元年三月"。

第二节
隋唐时期的反贪机制

隋唐时期的反贪贿机制,从法律监督、官吏管理考核制度和监察制度方面,都有这一时期自身的特点。

一、反贪法律监督机制

隋文帝开皇三年(583年),颁行《开皇律》十二卷、五百条款,鉴于北周因"刑政苛酷"而亡,故采用南北朝时北齐的法律结构,汲取魏、晋和南齐、南梁法律内容,刑罚分为死刑、流刑、徒刑、杖刑和笞刑。《开皇律》保持了古法中官、民有别的原则,明确规定官员享有一定程度的法律特权:凡属议亲、议故、议贤、议能、议功、议贵、议勤、议宾等"八议"范围的人,以及七品以上的官员,犯法皆减一等治罪;九品以上官员犯法,允许以铜赎罪,也可以用官品来抵徒刑和流刑。由于废除了肉刑和枭首、车裂等酷刑,通常认为《开皇律》比前朝的法律宽厚。但在司法实践中,隋文帝用法严峻,往往不按法律规定办案。隋炀帝即位后,下令改变文帝时的严苛刑罚,重编律令,大业三年(607年)编成《大业律》,基本遵循《开皇律》的模式,只是刑罚有所减轻。然而,征伐高丽失败而出现社会危机后,炀帝时期实际刑罚又转为严酷,甚至允许地方官不经审理就可处决犯人。① 唐朝建立后,第二

---

① 《隋书》卷二十五,《志第二十·刑法》。

年就颁布五十三条新法令,武德七年(624年)颁布实施唐代新法典《武德律》,基本是沿袭《开皇律》,并加入唐初的五十三条新法令。唐太宗即位后,在对《武德律》进行修订的基础上,贞观十一年(637年)完成新律《贞观律》十二卷、五百条律文,减少判处死刑和流刑的罪名,同时废除刖刑、连坐俱死等严苛规定。唐高宗即位后,按照唐太宗遗训,再次修订法律,并统一律文解释,永徽四年(653年)编成并颁行《永徽律疏》(元代以后称为《唐律疏议》),自此之后,唐代的法律基本没有大的变动。

隋唐时期的法律,虽经过多次修订,但是立法精神基本一致,对官吏的法律监督重点之一是防范和惩治职务犯罪,并为此按照官吏的职责,从法律上将其分为两大类:一类是"监临主守",即具有管辖权力的官吏,包括各级职司的长官和负责处理具体事务的官员,州、县、镇、戍等地方军政机关的判官以上官员,负责具体事务或管理仓储、狱囚、杂物的官吏,能够对主管官员施加影响,使"主司畏惧不敢乖违"的"势要"官吏。这类官吏在法律上统称为监临、主守。另一类是"在官非监临主守",即没有具体职掌的普通官吏。如果普通官吏经办具体事务,包括临时被派去负责某项工作,就属于有权处理事务的官吏,即转变为监临主守;而在名义上具有管辖权,实际并不管理具体事务,即使是尚书省这样的中央最高行政机构,对于州、府等地方行政机构,也不能一概视为监临。因此,监临主守与非监临主守之间的主要区别就在于官吏是否具有实际管辖权力。由于职务犯罪多数与监临主守有关,防止和惩罚官吏犯罪的重点集中于监临主守,所以法律对监临主守的监督特别严格。凡是具有监临主守身份的官吏犯罪,都要从严惩处,量刑标准也重于普通官吏或一般百姓。同时,隋、唐朝廷还专门针对监临主守制定了一些特别的法律条款,用以防止和惩罚以权谋私。这是隋唐时期对官吏进行法律监督的一大突出特点。

在官吏职务犯罪中,利用职权和官势进行经济犯罪始终是突出问题。为整肃吏治,严明法纪,隋唐时期的法律将主要经济犯罪分为受财枉法、受财不枉法、强盗、窃盗、监临官受所监临财物、非监临官因事接收他人财物六种,合称"六赃",法律适用范围与刑事责任有详细明确的规定。其他经济犯罪比照"六赃"的判刑标准来处理。

一是受财请求,包括受财枉法与受财不枉法,是指非法收受当事人的财物,违法或不违法地处理有关事务。这两种赃罪在法律上都属于收受贿赂的请求罪,只是枉法与不枉法的程度有所不同,刑罚轻重有别。按照隋唐法律规定,当事人请求主管部门曲法处断,属于请求罪,处以笞刑;若请求被接受,并付诸实施,就要对当事人处以杖刑。接受请求的主管官吏,与有所请求的人同罪,如果主管官吏的曲法处断属于严重枉法,就要比照"出入人罪"处置,最高刑罚为死刑。触犯请求罪的官吏,都是没有接受当事人的财物而为之曲法处断。若官吏接受当事人的财物而为之请求,无论事前或事后接受,皆为受贿,称为"受有事人财",属于从重惩处的犯罪行为。在具体量刑中,对受财枉法与受财不枉法、受贿官吏是否为监临主守加以区别,刑罚也有所不同。非监临主守的普通官吏,若虚假答应为当事人办事,并由此接受钱财,但实际上不办理,属于诈欺财物罪,比照盗窃罪量刑,最高刑罚为流刑;若接受财物,答应为当事人向有关官吏请求,但尚未办理就被发觉,以贪赃罪论处,最高刑罚为三年徒刑;已向有关官吏提出请求,比照贪赃罪加二等从重惩处,接受财物的官吏,同样按贪赃罪处理。若受贿官吏将接受的财物分给其他官吏,除直接受贿者要按贪赃罪判刑外,所有接受财物的官吏也要按所收受财物的数额,分别予以处罚。筹划或预谋接受当事人财物的官吏,即使没有实收财物,也要视其情节轻重予以惩罚。监临主守触犯请求罪,刑罚比普通官吏更重:凡是为人请求曲法处断的监临官,无论是否办理,也无论请求是否被接受,皆处杖刑;若主管官吏接受监临官的请求,严重枉法处断,为人请求的监临官与主管官吏同罪,主管官吏的最高刑罚为死刑,监临官则为减死一等判刑。如果监临官是接受当事人的财物而向有关主司提出请求,就要按贪赃罪加二等从重惩处;若尚未办理就被发觉,则比照受所监临财物罪论处,最高刑罚为流刑。如果监临主守是在职权范围内接受当事人的财物,则按受财之后是否枉法来决定论处,属于受财枉法,按枉法罪论处,赃物价值达到十五匹绢以上就要处以死刑;受财而没有枉法,最高处以流刑;即使当时处断公正,但事后接受当事人的财物,也要按照受所监临财物罪论处。①

二是受所监临财物。强盗和窃盗,均为盗罪。强盗行为,是公开使用暴力或以暴力相威胁,掠夺他人财产,掠夺财物的价值达到十匹绢,或有伤人、杀人等犯罪情节,皆判处死刑。窃盗,是采用秘密的方式将他人财物据为己有,根据窃得财物的价值定罪,最高刑罚为流刑。但是,监临主守自盗与盗窃所监临(即管辖范围内)财物,按普通窃盗罪加二等从重惩处;盗窃财物价值达到三十匹绢以上,即处以死刑。此外,利用职务之便,以私人物品调换官物,称为"贸易官物"罪,皆按窃盗罪判刑;官员将职分官田调换私人田地,也属于"贸易官物"罪,同样按窃盗罪论处,若官吏依仗权势侵夺百姓私田,则视其情节轻重,分别处以杖刑、徒刑;监临主守擅自将自己所管辖的官物借贷给他人,无论什么原因、是否留有文案可查,均按窃盗罪论处;官员因公出使国外期间,擅自与外国人交易,按窃盗罪惩处;官吏依仗权势,擅自在官有或私人田园中吃食瓜果,属贪赃罪,拿走瓜果以窃盗罪论处,若强行拿走按强盗罪判刑;擅自使用公费吃喝,与擅自吃食瓜果同罪,主司罪加一等;官员因家有吉凶之事而借用官物,事毕后逾期不还,处以笞刑,若有丢失而不申报,以丢失官物论罪,比照窃盗罪惩处。

监临官受所监临财物,是指监临官不因公事而收受管辖范围内官吏、士庶的财物。这是专门针对监临官而设置的法律条款,用以防止和惩罚监临官利用职权在其监管范围内谋取私利。若监临主守接受财主自愿赠送的财物,按受所监临财物罪判刑,最高刑罚为流刑;如果监临官索要财物,则罪加一等,若依仗权势,以威胁、恐吓等手段强索财物,以枉法罪从重惩处。此外,监临官在管辖范围内的以权谋私行为,均比照受所监临财物罪惩处:监临官在所监临(管辖范围内)借贷钱物,不论原因与性质,一律按贪赃罪处理,同时还要在一百日内清偿债务,若不按期偿债,就以受所监临财物罪,加重处罚,若监临官是以威胁、恐吓等方式强行借贷则罪加二等;监临官在辖区内经营买卖以获利,私自役使所部之人,以及借用奴婢、牲畜、车

---

① 长孙无忌等撰:《唐律疏议》卷十一,《职制下·受人财请求》,文渊阁四库全书本,乾隆四十七年刊本,第5页。

船、碾硙、邸店等,皆属受所监临财物罪;监临官在管辖范围内搜刮财物馈赠他人,即使自己没有得财,也按受所监临财物罪判刑;监临官的亲属在其辖区内受财乞物、借贷钱物、役使部人、买卖求利,都要比照受所监临财物罪处罚,而监临官无论是否知情,都要受到法律制裁,只是知情与不知情的量刑标准有所不同。非监临官及其家人触犯受所监临财物罪,比照监临官及其家人所犯相同罪行,减一等判刑。此外,官员出使,无论在路途或在出使地区接受馈赠及索取财物,一律按监临官受所监临财物罪论处。①

三是其他贪赃受贿行为。非监临官接受他人财物,法律上称为坐赃致罪(坐赃)。这一项贪赃罪涉及范围十分广泛,不仅适用于非监临官,也适用于监临主守。凡是依仗官势,索取财物,无论乞取或强要,皆属因官挟势乞索罪,以坐赃论处;官员调离本职,接受下属官吏和辖区内士庶的馈赠,包括乞取、借贷等等,比照官员在职期间所犯同样罪行的刑罚,减三等治罪,其中索取财物要按因官挟势乞索罪惩处;管理官物出纳的官吏,提前给官员发放俸禄,或者库存物资与账面数额有出入,无论多出或短缺,皆以坐赃罪论处,主管官员知情不报,以坐赃罪减二等处置;因遗失文簿、账册而造成库存物资差错,即使没有贪污盗窃,也要按差错数额,比照坐赃罪,分别处以笞刑、徒刑;放散官物,根据浪费官物的数额,比照坐赃罪惩处;官吏承包租税、课物的运输,属犯罪行为,要以坐赃罪论处;官吏利用职权,私自借贷管辖的官有物资,无论是擅自借出或自己借用,均处以笞刑,借出的官物超过十天尚未归还,则按坐赃罪论处;因管理不善,造成官物损失,从州县长官到监、署,均追究刑事责任,以坐赃罪判刑;监临官在管辖范围内接受酒肉瓜果等食品馈赠,一律以坐赃罪处置,若是强行索要,就要按枉法罪从重惩罚,若接受的馈赠是畜产及粮食,则按受所监临财物罪判刑;官吏违法征收赋税,属犯罪行为,若非法征敛的财物交给官府,以坐赃罪论处,若

---

① 长孙无忌等撰:《唐律疏议》卷十一,《职制下·受所监临财物》,文渊阁四库全书本,乾隆四十七年刊本,第8—9页。

没有交官,无论是否私吞,均按枉法罪从重惩处。①

四是非法兴造、非法赋敛、漏报户口、逃避赋役等。这类官吏的非经济性质的犯罪,如果产生了经济问题,均会根据问题的性质追加刑事责任。官吏非法或擅自兴造工程,征发徭役,以坐赃罪论处;官吏隐瞒、谎报自然灾害,或查验不实,造成国家赋税损失,情节严重,比照坐赃罪处罚;州县官吏在管辖范围内有意脱漏户口或篡改户籍年龄,以此增加或减少课税、徭役,所得财物交官,以坐赃罪论处,私吞财物则按枉法罪判刑;不执行免除课税徭役的法令,应免除课税徭役而不予免除,或不应免除课税徭役的却擅自免除,所得财物交官,以坐赃罪论处,私吞财物按枉法罪惩治,为人请求免除课税徭役,比照请求罪判刑;官吏失职,未能做好防洪事务而造成直接经济损失,比照坐赃罪追究刑责。②

对于官员经济犯罪中的赃款赃物处理,隋唐时期的法律也有具体规定。凡属"六赃"罪的赃款赃物,统称正赃。若当事双方皆因赃罪判刑,如受财枉法、受财不枉法、受所监临财物,正赃没收充官;若当事一方使用恐吓、欺诈、强市、索取和强行征收等非法手段获取财物,并因赃获罪,那么查获的正赃全部归还原主。正赃原为官物的要归还官家,原属私有的则归还私人。用正赃购买或交换的物品,及其生产蕃息所得,也按正赃处理;若正赃是奴婢和牲畜,辗转贩卖,而买家知道是赃婢、赃畜,那么奴婢所生子女、牲畜所产幼畜,皆视为正赃,若买家不知情,就只归还正赃本身。对于犯有盗罪者,除追缴正赃外,还要按正赃的价值加倍赔偿,称为"倍赃"。属于惩罚性质的倍赃,归官府所得;已经被耗用的正赃,除判处死刑和实处流刑的罪犯外,一律要按其价值,予以赔偿,并交纳加倍惩处的罚金;遇有大赦,犯有盗罪、诈骗罪和枉法罪者,仍要偿还耗用的正赃,只是对犯有盗罪的人,免

---

① 长孙无忌等撰:《唐律疏议》卷十一,《职制下·挟势乞索》,第17—18页;卷二十六,《杂律上·坐赃致罪》,第1—2页。

② 长孙无忌等撰:《唐律疏议》卷十六,《擅兴·非法兴造》,文渊阁四库全书本,乾隆四十七年刊本,第21页;卷十三,《户婚中·差科赋役违法》,第10-12页;卷十二,《户婚上·脱户、相冒合户》,第1—2、13—14页。

除征收倍赃的惩罚。因大赦而免除死刑和流刑的罪犯,要追缴耗用的赃款赃物,并征收同等价值的罚金。赃物的估价,一律按照获得赃物地区官方所定物价为准。若因使用人力、牲畜、车船、碾硙、邸店等而获取非法收益,则按照法定工资标准或当时实际租赁价格计赃,但最高数额不得超过使用物品本身的价格。

隋唐时期,法律是"正刑定罪"的依据。执法机构,中央有尚书省刑部、九寺之一的大理寺,以及监察机关御史台;地方执法,则隶属于行政机关,县一级行政机关设有司法佐、典狱等吏职,由县尉具体管理,承担一般司法工作;州一级行政机关,设有法曹参军事、司法参军事,负责鞫狱定刑,督捕盗贼。中央的尚书省刑部,掌管天下刑法,依据有关法律规定,审批上报来的案件。大理寺是中央最高审判机关,负责审理中央官员的犯罪案件,重审刑部转来的州县死刑案件。而重大疑难案件,则由大理寺会同刑部、御史台组成三司会审。御史台是监察机关,最初只审理皇帝交办的案件,即制狱。由于对刑狱具有监察职权,逐渐成为凌驾于大理寺、刑部之上的司法机关,凡是大理寺和刑部判决的案件,都要呈报御史台。不过,御史台并没有演变为纯粹的司法机构,而是具有监察、起诉、审判等权力的监察机关。[①]

隋唐时期的法律,都是以隋文帝制定的《开皇律》为范本修订而成,然而执法情况却有极大的差别,尤其是对官吏职务和经济犯罪的执法实际上有多重标准。隋文帝自己往往就不按法律规定处置贪渎失职,由于文帝猜忌之心很重,经常派人探查内外官员,发现小有过失也处以重罪。而在严厉惩罚低级官吏贪贿盗窃的同时,隋文帝对高级官员却宽大处理,如赃货狼藉的郑译,在饥荒年间进行粮食投机的齐州刺史卢贲,皆"屈法申私"。隋炀帝对官吏的监督明显不如隋文帝时期严厉,不仅杨素、宇文述、虞世基等中央高级官员肆意贪腐而不受法律制裁,地方官吏也利用朝廷不断加重

---

① 张九龄等撰,李林甫等注:《唐六典》卷三十,《三府督护州县官吏》,文渊阁四库全书本,乾隆四十七年刊本,第1—29页;卷十八,《大理寺》,第4—7页;卷十三,《御史台》,第1—8页。

的赋役,违法谋取私利,贪赃枉法,以至"宪章遐弃,贿赂公行,穷人无告,聚为盗贼",而隋炀帝却另立酷刑对付民众的反抗,加速了隋朝的覆灭。唐高祖时期,朝廷大臣受贿已成众所周知的弊窦,唐太宗李世民在法制建设和依法监督官吏方面,皆称楷模,不仅低级官吏受到法律的严格监督,高级官员及其亲属故旧一旦犯法,也依法惩处。尽管唐太宗是隋唐时期严格按照法律规定对官吏实施监督的君主,但同样不能避免也会出现不遵守法律的行为:既包括因痛恨官吏贪污盗窃,而超出法律规定实施严惩,唐太宗曾因发怒处死一名受贿不多的府史,事后深感懊悔,反省自己超出法律规定的惩罚是思之不慎,下令进一步严格死刑的审批制度;也包括不遵法律对高官宽大处理,如广州都督党仁弘犯赃罪,按律当处死,唐太宗认为党仁弘曾经率领乡兵助高祖,立有功劳,且年事已高,免其死罪,"贷为庶人"。不过,为了防止这种法外开恩的案例成为执法依据,唐太宗采取了补救措施,他召集五品以上官员说:"赏罚所以代天行法,今朕宽仁弘死,是自弄法以负天也。人臣有过,请罪于君,君有过,宜请罪于天。其令有司设藁席于南郊三日,朕将请罪"。① 唐太宗重视法律建设,遗诏中还吩咐继位的高宗再次修订法典。唐高宗的懦弱和无能,使武则天得以掌权。武则天统治时期,法律形同虚设,滥用刑罚成为当时执法的时尚,凡是妨碍她掌权的人都遭到清洗,手法极为残酷;对于支持自己的官员、有利用价值的酷吏、宠幸的面首,武则天放任其贪污盗窃、卖官鬻爵。按照政治斗争的需要,对官吏采用不同的执法标准,是武则天时代法律监督的突出特点。直至唐玄宗继位后,开元年间才逐步恢复并完善对官吏的法律监督,依法执法。在唐玄宗统治后期,天宝年间法治秩序遭到破坏,掌管财政的大臣如王铁之流,执政的宰相如李林甫、杨国忠,皆为贪腐之辈;以高力士为首的宦官,收受贿赂,广置资产,当时京城内外的邸第田园一半以上属于宦官所有。由于唐朝廷未能对高级官员、藩镇节度使、宦官实行有效监督,政治腐败不断加剧,中下级官员也因法律趋于松弛,贪污受贿行为日益增多。安史之乱爆发后,

---

① 《新唐书》卷五十六,《志第四十六·刑法》。

唐王朝面临生死存亡的战争,对官吏的监督以确保他们对朝廷的忠诚为主,对叛臣的惩处不依法律,相当严厉,唐肃宗曾将投降安禄山的大臣陈希烈等四十余人处死;而支持朝廷的军将,则很少受到法律的监督。同时,唐朝廷采取卖官鬻爵、出售委任状、操纵通货等敛财措施,使得对官吏贪污盗窃的认定和惩治变得十分困难。唐宪宗因平定藩镇之乱而被誉为"中兴之主",他曾大力恢复法制建设。对司法机关,针对当时普遍存在的案件久拖不决的现象,唐宪宗要求大理寺审判案件不得超过二十天,刑部审批不得超过十天;如果刑部对判决有异议,驳回大理寺重审,时间不得超过十五天,刑部查覆不得超过七天,然而对于当时普遍存在的官吏贪污盗窃,唐宪宗却没有采取任何措施来加强监督。唐宪宗以后,朝政日趋败坏,对官吏的法律监督逐渐成为政治斗争的工具,掌权的宦官或大臣在朋党之争中,往往以贪污盗窃为打击政敌的手段,而真正违法乱纪之徒,却得不到法律应有的惩治。唐武宗曾制订一项严惩贪污盗窃的规定:凡是犯窃盗罪,赃满千钱(一贯以上),处以死刑。不过,这条规定,主要是针对贫民而非官吏,对于犯贪赃罪的官员,仅仅是"准刑部奏,犯赃官五品已上,合抵死刑,请准狱官,令赐死于家者,伏请永为定格"。唐宣宗时,又废除了武宗朝的规定。① 不过,从当时的情况看,贪污盗窃横行,却没有多少贪官污吏因此而受到法律制裁。唐末分崩离析,对官吏进行监督的法律规定已成具文,完全不能起到抑制或惩罚官吏贪污腐败的作用。

二、反贪监察机制

1. 监察制度

隋唐时期的监察制度实行台谏制,全国最高监察机关是御史台,作为皇帝的耳目之司,是治官而不直接治民的机构。在反对官吏贪贿的斗争中,发挥过十分重要的作用。

---

① 《新唐书》卷五十六,《志第四十六·刑法》;《旧唐书》卷五十,《志第三十·刑法》。

隋文帝沿用北魏、北齐制度，设置御史台。隋炀帝大业三年（607年），在御史台外增设谒者、司隶二台，与御史台共掌监察职权。御史台负责纠察中央官员，司隶台负责监察地方官员，谒者台则奉诏出使，持节按察。不久之后，隋炀帝废司隶台，改为临时选派司隶从事，外出巡察郡县。唐高祖时，又废谒者台，这样就只保留御史台作为中央监察机关。唐高宗一度改御史台为宪台，武则天统治时期改为肃政台，分成左、右两台，左肃政台最初只是专管京城的中央机关和军队监察，后来也兼管地方州县的按察工作；右肃政台则一直是按察京城以外的文武百官。唐中宗复辟后，改左、右肃政台为左、右御史台，其中右御史台几经兴废，唐玄宗即位后终予裁撤，左御史台也改称御史台。此后，直至唐亡，御史台始终是中央唯一的监察机关。

唐代，除了在京师长安设置御史台外，因唐高宗、武则天和唐玄宗在位前期多次移居东都洛阳，唐代中央机关也随之东迁。唐玄宗朝以后，留守洛阳的中央机关一直予以保留，其中留守东都洛阳的御史台称为东都留台，简称东台、留台。安史之乱后，地方节度使权力膨胀，度支、盐铁、转运使是掌管财政大权的重臣，因此节度使的僚属，度支、盐铁、转运使下属各巡院官员，通常都有御史官衔，并行使监察职责。这些兼有各种御史头衔的地方官，包括中央机构派驻地方并带有御史头衔的官员，统称为外台。[1]

隋唐时期，御史台长官设御史大夫一名，副长官自隋代开始称为治书侍御史，唐高宗时为避高宗李治讳而改称御史中丞。由于御史大夫执掌国家刑宪典章，肃政朝廷，权重秩崇，故唐代后期一般不实授此职，而以御史中丞作为御史台的实际长官，所谓"中丞为大夫之贰，缘大夫秩崇，官不常置，中丞为宪台长"。御史台内设台院、殿院和察院三个重要职能部门，实行"三院治事制度"，其职权范围，前后变化颇大，也有交叉和重叠。大体而言，台院由侍御史主持，负责管理御史台内部事务，弹劾官员，处理案件；殿院由殿中侍御史主持，负责朝廷供奉仪式，巡察京城内外不法之事，监督国

---

[1] 杜佑：《通典》卷二十四，《职官六·御史台》，上海商务印书馆1936年版，第141页。

库出纳;察院由监察御史主持,负责监察尚书省所属六部,巡察地方州县。但弹劾官员、出使巡察等重要工作,三院御史都可以担任。①

御史台的职责是依据刑宪典章,监督各级政府机构和官吏,肃正朝廷纲纪,纠察百司紊失,弹劾官吏邪佞。虽然御史台拥有很大的权力,但要真正做到有效监督官吏,在很大程度上还是取决于当时的政治环境。②

隋文帝时,从中央到地方充斥着大量北周旧臣,为了确保这些官吏对新政权的忠诚,文帝就利用御史台对各级官吏进行全面监督,不仅查访官吏的公务,也了解他们的私生活,使得当时的御史能够充分行使职权,"察举无所回避,弹奏无所屈挠",一些重大的贪污贿赂案也是经御史弹劾而揭发出来。而在隋炀帝时期,情况发生了变化。担任御史大夫的裴蕴,善于揣摩炀帝心意,凡是炀帝不满之人,他就曲法诬锻成罪;凡是炀帝打算宽恕之人,他就附从轻典而释之,由此深得隋炀帝的信任,将司法权也交给裴蕴。裴蕴大权在握,不仅滥用职权,用法严酷,还大肆扩展自己的权势,"令虞世基奏罢司隶刺史以下官属,增置御史百余人。于是引致奸黠,共为朋党,郡县有不附者,阴中之。于时军国多务,凡是兴师动众,京都留守,及与诸蕃互市,皆令御史监之。宾客附隶,遍于郡国,侵扰百姓,帝弗之知也"。隋炀帝时,御史台这一最高监察机关权力的膨胀,不是更有效地监督百官,而是成为紊乱朝政、违法乱纪的渊薮。隋炀帝时期普遍存在的贪污腐化,与御史台的变质有着直接关系。③

唐高祖并不重视御史台的监察作用,真正让御史台发挥作用是在唐太宗统治时期。唐太宗不仅重视御史的选用,还汲取隋炀帝统治时期御史滥用职权的教训,强调监察工作的透明度,规定御史弹劾官员,必须在朝堂公开宣读弹章。贞观二十二年(648年),御史台又设置监狱,即台狱。唐太宗在健全御史台制度的同时,还鼓励御史犯颜直谏,他曾对御史大夫杜淹说:"孔子称从父之命,未为孝子。故父有争子,国有争臣。若以主之无道,

---

① 《旧唐书》卷四十四,《志第二十四·职官三》。
② 《新唐书》卷四十八,《志第三十八·百官三》。
③ 《隋书》卷六十七,《列传第三十二·裴蕴》。

何为仍仕其世? 既食其禄,岂得不匡其罪。"①在唐太宗的支持下,御史台无论是纠正朝政得失,还是弹劾违法乱纪的官吏,都成效显著。

唐高宗即位初期,御史台仍能发挥有力的监察作用。永徽元年(650年),监察御史韦思谦弹劾中书令褚遂良强行压价购买一个下属的田地,虽然褚遂良是顾命大臣,作为司法部门负责人的大理少卿张叡也认为这不算犯法,但韦思谦坚持弹劾,褚遂良和张叡都因此获罪而被贬为外州刺史。但是,随着是否赞成册立武曌为皇后而引发的朝臣分裂,御史台卷入官僚集团的权力斗争,特别是御史大夫崔玄义、御史中丞袁公瑜投靠武曌后,御史台成为武曌排斥异己的工具,御史也不再公开弹劾,而是改为秘密弹奏。武周时期,又允许御史风闻弹奏,御史台内部也可相互纠弹,这对监督本有积极意义的措施,在当时的政治环境下却造成御史之间的倾轧,御史台成为武则天进行政治清洗的工具。武则天统治时期的著名酷吏来俊臣、来子珣、侯思止、王弘义、郭弘霸等人,都是以御史的职务来审理武则天交办的案件,即通常所说的制狱,并利用严刑逼供、伪造证据等方式,罗织罪状,大肆制造冤狱。②

唐中宗复辟后,御史台在朝臣、外戚、皇室成员之间争夺权力的斗争中产生分裂,一些御史变成了打手,御史大夫李承嘉依附武三思,诬陷拥立中宗复辟的功臣敬晖、桓彦范等人;御史中丞周利用、侍御史冉祖雍、监察御史甘元柬,是武三思的耳目,武三思被太子李重俊杀死后,这些打手又大多投靠安乐公主和宗楚客,诬攻太平公主、后来的睿宗皇帝李旦和宰相魏元忠。但也有一些御史敢于弹劾贪赃枉法的官员或佞幸。僧人惠范,深受唐中宗和韦皇后的宠信,封为上庸公,势倾内外,"无敢指目者",但是侍御史魏传弓却敢于揭发他贪赃四十余万,要求将他处以极刑,并使本打算从宽处理的唐中宗最终废黜惠范。其后,监察御史崔琬弹劾兵部尚书宗楚客、侍中纪处讷,"纳货取资,公引顽凶,受贿无限",唐中宗不去追查此事,反命

---

① 《旧唐书》卷六十六,《列传第十六·杜淹》。
② 《新唐书》卷二百九,《列传第一百三十四·酷吏·来俊臣、来子珣、侯思止、王弘义、郭弘霸》。

令崔琬与宗楚客结为兄弟以和解之,时人因此称中宗是"和事天子"。监察御史李商隐、李怀让,联名弹劾宰相崔湜、郑愔"主执铨选,赃贿狼藉"。虽然在安乐公主的干预下,崔、郑二人免死,但都被贬到外地。① 然而,少数御史所作出的反贪努力,并不能改变当时社会盛行的贪腐风气。

唐玄宗即位后,逐步对御史台进行改革,使之能正常监督官吏。开元五年(717年),玄宗恢复唐太宗时期御史公开弹奏的制度,规定除确需保密的事情外,一切事务都要在朝堂上公开奏闻。开元十四年(726年),废除御史台设置的监狱,需要暂时拘捕的人,寄押在大理寺,后改由御史台的诸院寄禁。同时,建立"受事御史"制度,规定每天由一名御史负责当天的弹劾,杜绝御史相互推诿、拒绝受理检举词状的行为。御史台内部,则改变过去长官不得干预下属弹劾的惯例,规定御史弹奏,须由大夫或中丞署名押奏。御史台对地方州县的监察工作,自开元二十二年(734年)设置十五道按察使后,逐渐由各道的大州刺史或大都督府长史取代。唐玄宗朝,经过一系列改革,御史台的组织和职责更规范,能正常发挥对朝政的补偏救弊、对官吏的监督作用。

安史之乱后,唐朝的权力结构巨变,中央威权严重削弱直至尽失,地方节度使的权力急剧膨胀,御史台对地方官员的系统监督日渐废弛。而宦官势力的兴起,官僚集团的党争,又使御史台难以对中央直接管理的军队和官僚进行有效监察。唐宪宗平定剑南、浙西、淮西节度使反叛的武功,使唐室中兴,御史台对地方官员的监察亦随之加强。但宪宗朝以后,御史台的监察职能又急剧萎缩,主要负责监督尚书省所属六部的工作,处理各级机构上报的材料,受理个人上访,乃至公私债务,婚姻、田产的纠纷,等等。不过,即便在唐代后期御史台也一直有进谏和弹劾的权力,只是随着皇权式微,作为皇帝耳目之司的御史台不能正常发挥制度赋予的监察职权罢了。

隋唐时期,尚书省的实际主持者——尚书左右丞,以行政长官来监督监察权的施行,"御史有纠劾不当,兼得弹之"。而谏官的设置,是向皇帝进

---

① 《资治通鉴》卷二百八,《唐纪二十四》,"中宗景龙元年九月"。

谏,以规正最高统治者损害整个统治阶级利益的言行。隋初,谏官有散骑常侍和谏议大夫,隶属门下省。唐代,散骑常侍和谏议大夫分为左右两职,并增置左右补阙、左右拾遗,左隶门下省,右隶中书省,形成谏官集体。而唐代谏官言事的制度化,起到良好的监督作用,有利于政治和社会秩序的稳定。①

2. 官吏管理制度的监督功能

隋唐时期,在官吏的选拔、任用、考核、奖惩等方面,逐步建立起较为完备的管理制度。这对官吏滥用职权、贪污腐化,有着程度不同的抑制作用。

官吏的选拔,首先是选拔人才,使其取得做官(入仕)的资格。隋唐时期,科举、门荫(指皇亲国戚和五品以上高级官员的子孙,通过担任宿卫、斋郎、挽郎等而获得入仕资格;六品以下文武官员之子,勋官及三至五品勋官之子,也可通过担任职役或纳钱而获得入仕资格)、流外(指担任流外官职的胥吏、诸生等,工作一定年限,经考核合格而获得入仕资格)和军功(指军人通过军功获得勋官,或补授低级军职,由此获得入仕资格)是主要的入仕途径。取得入仕资格的人,只有极少数是经特授而直接做官,绝大多数还要通过铨选,才能担任官职。铨选是指量才授官,分为流内官的铨选和流外官的铨选。流内官的铨选是任命流内九品以上的职事官,其中五品以上官员由皇帝任命;六品到九品的官员,文官由吏部任命,武官由兵部任命。只有具备出身、前官资等官资的人,才有资格参加流内铨选。出身是指通过科举、门荫、流外、军功而获得入仕资格,前官资是指曾经担任过职事官,因任职期满或其他原因要重新任命的人。对于六品以下流内官的任命,每年都要进行;五品以上高级官员的任命,由中书省和门下省根据五品以上官员任命范围内的官员档案材料"具员簿",提出候选人,呈奏皇帝批准后,下达制敕,正式授官。唐德宗时期又形成一种冬荐制度,成为唐后期任命五品以上高级官员的一种制度。流外官吏的铨选,由吏部主持,铨选对象都是未入仕的人,主要有流内六品至九品官员之子、州县佐史,普通百姓也

---

① 《旧唐书》卷四十三,《志第二十三·职官二》。

可参加流外选,获得流外吏职的流外官,工作一定年限且考核合格,即可入流,取得参加六品以下流内官的铨选资格。除了通过铨选官吏之外,隋唐时期也采取举荐、辟署(指开府的长官可以自行任命僚属)等多种推荐方式,是选官制度的补充,不过在唐代后期,推荐有制度化的倾向。

隋唐时期,官吏在任职期间一直受吏部的管理,所谓"大小之官,悉由吏部,纤介之迹,皆属考功"①。对官吏的"考课",就是由吏部牵头约束官员执政行为的重要手段:每年进行的叫小考,评定当年政绩的优劣;鉴定整个任职期内的政绩,称为大考。中央各部门的长官,谏官、御史、翰林学士,地方各府州的尹、刺史、都督、唐后期的节度使,由皇帝亲自考课(或派人进行考评),称为内考;其余官吏的考课,由所在部门长官考核其功过,再由吏部确定考核等级。每届考课,先由被考核官员出具自我鉴定,再由所在部门或府州长官当众宣读,议其优劣,定出考课等第。京城各衙门,直接将本衙门的考核结果送呈尚书省;地方官的考课簿由朝集使入京述职时带到京城,送呈尚书省,均由具体负责考课的尚书省吏部考功司对送呈的材料进行评审,分别定出考课等第;朝廷还不定期派出高级官员担任校考使、监考使,监督吏部考功司的评审工作,保证考课的公平。考课结束后,要给被考核的官吏发考牒,作为凭据。

唐代对一般职事官的考课标准,分为品德和业务的四善(德义有闻,清慎明著,公平可称,恪勤匪懈)和二十七最(根据二十四种不同职责分别提出的不同原则要求)等原则规定,以及若干实施细则。根据这些考课标准,将官员考课等第分为从"上上"到"下下"九等,每个等第都有具体的奖惩办法;对于流外官吏,按"行、能、功、过"分为四等:清谨勤公为上,执事无私为中,不勤其职为下,贪浊有状为下下。②

通过管理考核制度来防治官员贪腐有一个很重要的要求,就是考核各环节均不能徇私舞弊,否则,这一制度很容易成为走过场,甚至成为纵贪抑廉的工具。

---

① 《隋书》卷七十五,《列传第四十·刘炫》。
② 《新唐书》卷四十六,《志第三十六·百官一》。

俸禄也是朝廷管理官员的一种制度，是官员从国家领取的收入，既是国家给官员服务公职的酬劳，也是国家约束官员不再从老百姓那里拿哪怕一文钱的一种手段。但中国古代历朝对官员俸禄的设计弊端颇大，反而成为官员贪污腐败的动因之一。唐代官员的俸禄由实物与货币两部分组成。实物包括职分田收入与禄米两项，货币收入称为俸料。职分田是属于国家所有的官田，在职的职事官按官品高低分得一定数量职分田的使用权，用以出租，其收入归职事官所有。唐太宗时，唐王朝才开始确定外官可得俸禄，数额略低于京官，每年分春秋两季给付，无粟则以盐代之。官员考课获得上等，增发禄米作为奖励。但是，唐代发给官员的禄米具有一定弹性，在财政困难或发生水旱灾害时，减半给禄，甚至停发禄米。安史之乱后，唐王朝京官大体是按照职事官的官品、职事官工作是否繁重，来确定各级职事官的俸料数额。自唐德宗实行两税法后，地方财政包干，则出现了有的州县官员的实际俸料收入远远超过规定数额，而有些僻远州县则无俸可发的状况。

第三节
五代十国时期的贪贿与反贪

唐朝末年开始直至北宋的建立并统一中国(902—979年),大约七十多年的时间里,在北方先后或同时出现了五个朝代,即后梁、后唐、后晋、后汉、后周,称为"五代";在南方和山西地区出现了十个并立的政权,即吴、前蜀、吴越、楚、闽、南汉、后蜀、荆南(又称南平)、南唐、北汉等,称为"十国"。直至宋太祖赵匡胤在建隆元年(960年)建立北宋王朝后,十国仍部分存在。直到979年,宋灭北汉,才结束了五代十国的分裂局面。

一、五代十国的贪贿问题

1. 五代时期的贪贿

从朱温灭唐称帝,建立后梁开始,五代时期政权更迭频繁,战乱不已,弱肉强食,民不聊生。这一时期社会秩序混乱,贪官污吏横行于世,他们凭借权力,巧取豪夺,倚仗武力,鱼肉百姓,贪污中饱。这是中国历史上贪污腐败之风最为盛行的时期之一。

后梁时期,末帝时皇族、惠王朱友能(朱全忠之侄)担任陈州刺史等职,自恃亲贵,"所至为不法",贪污受贿,肆行横暴,而且"奸人多依倚之",所属官吏更是肆无忌惮地鱼肉百姓,以致民怨沸腾,揭竿而起。后梁末帝时,忠武军节度使赵犨之子赵岩迁任户部尚书、租庸使,"天下货赂,半入其门","乃占天下良田大宅,衷刻商旅,其门如市,租庸之物,半入其私,岩饮食必费万钱"。①

后梁灭亡后,由于取代它的后唐皇帝李存勖本就是贪婪之徒,故许多后梁权贵以贿赂而得免罪。袁象先、段凝等惯贪善贿的赃官,竟然因献贿财物多而仍居显位;至于因贪赃枉法、盗掘唐室陵寝并攫取陪葬宝物的温韬竟也"因请以私第为佛寺,为后荐福"而免罪,后又以巨贿再登显位。后唐建立之前,孔谦、孔循、段凝等贪官就得到李存勖的赏识,李存勖灭后梁建立后唐,皇帝本人就贪暴,大批贪官暴吏得到重用,他们以财货贿赂皇帝和皇后,颇受宠用。甚至后梁末帝的表兄、以贪婪诌佞著称的袁象先"在宋州十余年,诛敛其民,积货千万",后唐庄宗李存勖灭后梁,"象先来朝洛阳,辇其资数十万,赂唐将相、伶官、宦者及刘皇后等,由是内外翕然称其为人。庄宗待之甚厚,赐姓名为李绍安",其恩宠之隆异,以致"中外争誉之"。②五代时期的皇帝多嗜奢侈,贪婪本性暴露无遗。后唐庄宗李存勖就是典型。李存勖在称帝前,为晋王时就以贪污腐化、奢侈淫靡著称,其皇后刘氏也不甘其后,"好聚敛"。唐军进入洛阳后,庄宗李存勖夫妇为饱私囊,临幸洛阳首富张全义家,"全义大陈贡献",刘皇后竟恬不知耻地说"妾幼失父母,见老者辄思之,请父事全义",张全义当然是诚惶诚恐地认了这个干女儿,"复贡献谢恩",代价是又献出大批财货为见面礼,"自是后与全义日遣使往来,问遗不绝"。张全义靠贡献钱财保住了荣华富贵,而这位刘皇后则可谓是"有钱便是爹"了。在后唐时期,"四方贡献,必分为二,一以上天子,一以入中宫,宫中货贿山积"。③

后唐王朝帝、后带头贪贿肥私,当时的贪官污吏如孔谦、朱友能、赵岩、袁象先、孔循、段凝、赵在礼、杜重威、王守恩、苏逢吉、史弘肇、王章、杨邠、

---

① 王钦若、杨億等撰:《册府元龟》卷五百十一,《邦计部二十九·贪污》,文渊阁四库全书本,乾隆四十七年刊本,第18页;《新五代史》卷四十二,《杂传第三十·赵犨子赵岩》。
② 《新五代史》卷四十五,《杂传第三十三·袁象先》。
③ 《资治通鉴》卷二百七十三,《后唐纪二》,"庄宗同光二年十二月";《新五代史》卷十四,《唐太祖家人传第二·庄宗神闵敬皇后刘氏》。

董温琪、刘景岩、杨乙、白再荣、张允、刘铢之流自然是放胆掠夺。

为了求媚于贪婪的皇帝和皇后,以获取更高的权位,孔谦大肆搜刮财物,"曲事嬖幸,夺宰相权,专以聚敛为意,剥削为端"。他由此升任租庸使后,经济大权在握,更是变本加厉,假为国聚敛之名,横征暴敛,大肆搜刮民财,"峻法以剥下,厚敛以奉上,民产虽竭,军食尚亏,加之以兵革,因之以饥馑,不四三年,以致颠陨。其义无他,盖赋役重而寰区失望故也"。①

于是,贪纵受贿的后唐皇帝与这些贪暴之徒,沉瀣一气,非但不能改变后梁的弊政,反而变本加厉,贪腐之风更盛,为了满足贪欲,想方设法对百姓敲骨吮髓,无所不至。如礼部尚书崔贻孙"老益贪","年过八十,求进不休。囊橐之资,素有贮积。性好干人,喜得小惠。左降之后,二子争财,甘旨医药,咸不供侍",被世人和后人传为笑料,是贪夫应得的下场。张虔钊"多贪,镇沧州日,因亢旱民饥,发廪赈之。方上闻,帝甚嘉奖。他日秋成,倍斗征敛",百姓怨声载道,"朝论鄙之"。②像这样的王朝,短命尚不及后梁,可想而知。

后晋代唐后,其贪腐之风有过之而无不及。当时,朝廷于大灾之年兴兵,于严重春荒之际横征暴敛,肆行搜刮,州县地方官吏更是因缘为奸,鱼肉百姓,贪婪肥私。开运元年(944年)冬,后晋少帝石重贵下"罪己诏",说:"向者,频年灾沴,稼穑不登,万姓饥荒,道殣相望……仓廪不足,则辍人之糇食;帑藏不足,则率人之资财;兵士不足,则取人之丁中;战骑不足,则假人之乘马。……致使甲兵不暇休息,军旅有征战之苦,人民有飞挽之劳,疲瘵未苏,科徭尚急。"③

后晋时期,贪官污吏多如牛毛,贪贿勒索,手段花样百出,无所不用其

---

① 孙光宪:《北梦琐言》卷十八,《明宗诛诸凶》,文渊阁四库全书本,乾隆四十七年刊本,第5页。洪迈:《容斋三笔》卷十,《朱梁轻赋》,文渊阁四库全书本,乾隆四十七年刊本,第4页。
② 孙光宪:《北梦琐言》卷十九,《老益贪》、《明宗不乐进马·张虔钊附》,文渊阁四库全书本,乾隆四十七年刊本,第2、7页。
③ 《旧五代史》卷八十三,《晋书九·少帝纪第三》。

极,致使百姓穷困潦倒,身家性命都难以保全。有名的大贪官、成德军节度使杜重威,"至镇(州),复重敛于民,税外加赋,境内苦之"。少帝嗣位后,杜重威在与契丹争战中,"于州内括借钱帛,吏民大被其苦,人情咸怨,重以境内凋敝,十室九空"。① 此后,他又"久镇恒州,性贪残,自恃贵戚,多不法。每以备边为名,敛吏民钱帛以充私藏,富室有珍货或名姝、骏马,皆豪取之,或诬以罪杀之,籍没其家"②。

此时更有"拔钉钱"、"雀鼠耗"、"省耗"、"牛皮钱"、"过桥税"、农具税等名目繁多的贪污勒索。

"拔钉钱",其名得来颇奇。史载,"赵在礼之在宋州也,所为不法,百姓苦之。一旦下制移镇永兴,百姓欣然相贺,曰:'此人若去,可为眼中拔钉子,何快哉!'在礼闻之怒,欲报'拔钉'之谤,遽上表更求宋州一年,时朝廷姑息勋臣,诏许之。在礼于是命吏籍管内户口,不论主客,每岁一千,纳之于家,号曰'拔钉钱',莫不公行督责,有不如约,则加之鞭朴,虽租赋之不若也。是岁获钱百万"。③

后晋归德节度使史弘肇,行伍出身,入晋祖禁军,从后晋高祖麾下,从牙校积功至亲军主将。他心狠手辣,充侍卫亲军都指挥使,兼镇宋州后,"所领睢阳,其属府公利,委亲吏杨乙就府检校,贪戾凶横,负势生事,吏民畏之,副戎已下,望风展敬,聚敛刻剥,无所不至,月率万缗,以输弘肇,一境之内,嫉之如雠"。他如此贪酷剥民,上行下效,"遂使贪吏得以报复私怨,逸夫得以肆其虚诞";"巡司军吏,因缘为奸,嫁祸胁人,不可胜纪"。义成节度使白再荣,在镇州留后任内"为政贪虐难状",镇人认为他和辽将麻答一样贪暴酷虐,称他为"白麻答";他后来移授滑州节度使,"箕敛诛求,民不聊生",罢任之后,搜刮所得巨万,豪至汴京,结果成为后周军士的刀下鬼。④

---

① 《旧五代史》卷一百九,《汉书十一·列传第六·杜重威》。
② 《资治通鉴》卷二百八十四,《后晋纪五》,"齐王开运二年五月"。
③ 《旧五代史》卷九十,《晋书十六·列传第五·赵在礼》注引《五代史补》。
④ 《旧五代史》卷一百七,《汉书九·列传第四·史弘肇》;卷一百六,《汉书八·列传第三·白再荣》。

后汉时期,王章担任都孔目官,主管理财,专委钱谷,惟事暴敛,堪与后晋赵在礼匹敌,史载,他"专于权利,剥下过当,敛怨归上,物论非之。旧制,秋夏苗租,民税一斛,别输二升,谓之'雀鼠耗'。乾祐中,输一斛者,别令输二斗,目之为'省耗'。百姓苦之。又,官库出纳缗钱,皆以八十为陌,至是民输者如旧,官给者以七十七为陌,遂为常式。……章急于财赋,峻于刑法,民有犯盐、矾、酒麹之令,虽丝毫滴沥,尽处极刑。吏缘为奸,民不堪命"。①

各方镇、州县官无不以贪暴苛掠为能事。青州节度使刘铢贪浊异常,横征暴敛,手段花样百出,"在任擅行赋敛,每秋苗一亩率钱三千,夏苗一亩钱二千,以备公用。部内畏之,胁肩重迹"。当时,谏官李元懿上疏揭发青州一道,"夏秋苗上每亩麻、农具等钱,省司元定钱十六。及刘铢到任,每亩上加四十五(文钱),每顷配柴五围、炭三秤;省条之外,严刑立使限征";又"放丝三万两,配织绢五千匹。管内七县,大抵如是"。这类搜刮民脂民膏的暴敛强征,当时并非青州一镇、刘铢一人而已,而是在各地普遍的一种贪赃枉法现象。正如李元懿所说:"臣窃闻诸道,亦有如刘铢配处,望令禁止"。②西京留守、同平章事王守恩,"性贪鄙",在洛阳"专事聚敛。丧车非输钱不得出城,下至抒厕、行乞之人,不免课率,或纵麾下令盗人财"。③运尸的柩车要留下买路钱,税涉抒厕,敛及乞丐,乃至诬人为盗,收取赃财,敲骨吸髓,无恶不作!

五代时期,贪官污吏除贪赃枉法、强取民财之外,还违法经商,谋取暴利,而且当时的文臣武将,多有此嗜好。当时,青州进士司马都,以二万钱交给淄、青节度使王师范部下军将,入股贩丝求利。经年之后,司马都股本货利全被军将侵吞,结果偷鸡不成,反蚀其米。

---

① 《旧五代史》卷一百七,《汉书九·列传四·王章》。
② 《旧五代史》卷一百七,《汉书九·列传四·刘铢》;王钦若、杨億等撰:《册府元龟》卷五百四十七,《谏诤部二十五·直谏第十四》,文渊阁四库全书本,乾隆四十七年刊本,第30—31页。
③ 《资治通鉴》卷二百八十八,《后汉纪三》,"隐帝乾祐二年七月"。

当时的贪官污吏强取豪夺,积累了巨额赃资,竞相奢靡。后晋延州节度使刘景岩,占有"良田甲第、僮仆甚盛"。苏逢吉"尤贪财货,无所顾避,求进之士稍有物力者,即遣人微露风旨,许以美秩",更爱奢侈,"好鲜衣美食,中书供膳,鄙而不食,私庖供馔,务尽甘珍",他曾在私第宴请权贵,一次就"所费千余缗",其腐化堕落至如此地步。①成德节度使董温琪"贪暴,积货巨万"。后汉吏部侍郎张允,因贪赃所得,"家赀以万计,而性吝,虽妻子亦不之委,常自系众钥于衣,行如环佩",他吝啬异常,连妻子也不许经管钥匙,总是自己挂在身上,走起路来叮当作响,像环珮一样。在后周郭威兵入汴时,张允"匿于佛殿藻井之上,登者浸多,板坏而坠",被"军士掠其衣,遂以冻卒"。②

2. 十国时期的贪腐状况

唐末至北宋初,在南方与河东地区的十国政权,其君臣将相、文武官吏,与五代政权相比,贪贿腐败,毫不逊色,甚或过之。

在广州建立南汉的刘陟(又名刘岩、刘龑)即位后,广建离宫别苑,建昭阳殿,搜竭岭南民脂民膏,他终日游幸,不思政务,"广聚南海珠玑,西通黔、蜀,得其珍玩,穷奢极侈,娱僭一方,与岭北诸藩岁时交聘"③。前蜀王建在位十二年,"急于督责,虽仓廪充溢,而聚敛不已";王建"末年苦于痢疾",病危时精神失常,对近侍说:"我见百姓无数,列于床前,诟我曰:'重赋厚敛,以至我灾害而死,今已得诉于帝矣!'"④他为此而惊悸惶恐,病情日益加重而死。楚衡阳王马希声,"以母宠得立",其凶恶贪婪,骇人听闻。"王性恶而好货,海商有鬻犀带者,直数百万,昼夜有光,洞照一室",他居然就"杀

---

① 《新五代史》卷四十七,《杂传第三十五·刘景岩》;《旧五代史》卷一百八,《汉书十·列传五·苏逢吉》。
② 《资治通鉴》卷二百八十,《后晋纪一》,"高祖天福元年十二月";卷二百八十九,《后汉纪四》,"隐帝乾祐三年十一月"。
③ 《旧五代史》卷一百三十五,《僭伪列传二·刘陟》。
④ 陶宗仪:《说郛》卷六十四,《五国故事·前蜀王氏·先主建》,上海古籍出版社1988年版,第977页。

商而取之",夺得犀带。① 由于凭借权力而经商可获厚利,有些帝、后或其贵戚还参与商业,牟取暴利。前蜀后主王衍统治时期,徐太后姐妹"以教令卖官",竞相于"通都大邑起邸店,以夺民利"。而后蜀后主孟昶,起初还曾有些求治之志,但不久也渐与臣下"务为奢侈以自娱,至于溺器,皆以七宝装之"。② 帝王既如此,在当时的四川地区,前后蜀官吏同样多为贪贿之徒。孟昶即位后,一批勋旧宿将目无幼主,骄恣不法,为所欲为,其中以赵庭隐、张业、李仁罕等最嚣张。赵庭隐因"久居大镇。积金帛巨万,穷极奢侈,不为制限,营构台榭,役徒日数千计"。张业掌禁兵,孟昶"惧其反,乃用以为相",任宰相,兼判度支,"新收征税多为主吏乾没,业作盗税法,犯者十倍征之,吏民不堪命","业多视事私第中,宰相之门,被桎梏者常满"。《十国春秋》记载,他们"事后主益骄蹇不法,务广第宅,夺人良田,发其坟墓,而仁罕及张业尤甚。仁罕在高祖时已恣为奢豪,前蜀主宫嫔有国色,欲娶之,惧为高祖所责,至是渐有跋扈之志,颇恃功",且贪得无厌。更有甚者,亲军统将、眉州刺史申贵,"贪鄙残虐,所在聚敛财货,民不胜其弊"。一次,他恬不知耻地指着狱门对属下左右说:"此我家钱炉!"显然就是借刑狱以勒索民众、枉法贪赃。简州刺史安重霸贪赃枉法,黩货无厌,"州民有油客邓生者,能弈棋,家颇饶",安重霸想敲诈他,故意召令其入府内下棋,"重霸召令对局,终朝傍侍,每落一子,辄命退立西北牖下,俟其筹路进子,竟日不过下十数子。邓生倦立,且饥甚,殆不可堪。次日复召如前"。这时就会有人乘机告诉他说:"刺史嗜贿,本不为棋也,何不进赂求退?"结果,他"竟献金十铤乃免"。后蜀宰相李昊"秉利权,资货岁入无算,奢侈尤甚"。占据建州的王延政,"国小民贫,军旅不息",暴敛尤甚。兵部尚书杨思恭"以善聚敛得幸",擢为"仆射,录军国事",专事"增田亩山泽之税,至于鱼盐蔬果,无不

---

① 吴任臣:《十国春秋》卷六十八,《楚二·衡阳王世家马希声》,中华书局1983年版,第949页。
② 《新五代史》卷六十三,《前蜀世家第三·王建子衍》;卷六十四,《后蜀世家第四·孟知祥子昶》。

倍征,国人谓之'杨剥皮'"。①

国家分裂割据之际,社会动荡不安之时,多是贪官污吏横行的良机。五代十国,正是我国历史上贪官污吏绞尽脑汁、挖空心思盘剥百姓的社会最黑暗、政治最腐朽的时期,帝、后、诸侯如此贪婪无耻,奢侈无度,将帅臣僚自然不甘落伍,他们欺压百姓、贪贿勒索、强占土地、掠取财物的事例比比皆是,其罪行罄竹难书,其所作所为之龌龊离奇,多为历史上前所未闻。

闽主王昶贪婪残忍,侈靡挥霍,"百役繁兴",财用不足,便问吏部侍郎、判三司侯官蔡守蒙:"闻有司除官皆受赂,有诸?"蔡守蒙对曰:"浮议无足信也。"王昶却说:"朕知之久矣,今以委卿,择贤而授,不肖及冒冒者勿拒,第令纳赂,籍而献之。""守蒙素廉,以为不可;闽主怒,守蒙惧而从之。自是除官但以货多少为差。"皇帝公然诏令臣下卖官鬻爵,如此一来,闽地任官便以纳财多少作为任差的依据了。不仅如此,王昶"又以空名堂牒使医工陈究卖官于外,专务聚敛,无有盈厌"。他又派亲信分赴诸州,伺人阴私,敲诈勒索,甚至劫夺财物。种种暴敛,重重苛法,使闽境内上下嗟怨。王昶在位时,还命"诸州各计日算钱,谓之身丁钱,民年十六至六十免放。后漳、泉二州折米五斗(折宋斗为七斗三升),凡江湖陂塘皆有赋"。并"诏民有隐年者杖背,隐口者死,逃亡者族,果菜鸡豚,皆重征之"。②景宗王羲(一作王曦)继位以后,恣行贪暴更甚于王昶,可谓贪得无厌,暴敛成性。史载:"羲淫侈无度,资用不给,谋于国计使南安陈匡范,匡范请日进万金;羲悦,加匡范礼部侍郎,匡范增算商贾数倍。羲宴群臣,举酒属匡范曰:'明珠美玉,求之可得;如匡范人中之宝,不可得也。'未几,商贾之算不能足日进,贷诸省务钱

---

① 路振:《九国志》卷七,《后蜀臣传二十七首·赵庭隐、张业、申贵》,《丛书集成新编》第114册,台北,新文丰出版公司,1985年,第713—714、717页。吴任臣:《十国春秋》卷五十一,《后蜀四·列传·赵廷隐、李仁罕、张业》,第757—760页;卷四十六,《前蜀十二·列传·安重霸》,第663页;卷五十二,《后蜀五·列传·李昊》,第774页。《资治通鉴》卷二百八十三,《后晋纪四》,"齐王天福八年二月"。

② 《资治通鉴》卷二百八十一,《后晋纪二》,"高祖天福二年六月";吴任臣:《十国春秋》卷九十一,《闽二·康宗本纪王继鹏》,中华书局1983年版,第1329—1333页。

以足之"。由于王羲贪求无厌,陈匡范感到这样搪塞下去迟早会败露而难保身家性命,昼夜难安,忧悸而死。王羲又任命连江人黄绍颇为国计使,黄绍颇向王羲献计说:"令欲仕者,自非荫补,皆听输钱即授之,以资望高下及州县户口多寡定其值,自百缗至千缗"。王羲于是诏行其言。不仅如此,他还"度民为僧,民避重赋多为僧,凡度万一千人"。作为王国最高统治者的王羲还毫无廉耻地索贿受贿。泉州刺史余廷英贪秽不法,"掠人女子,诈称受诏采择以备后宫。事觉,羲遣御史按之。廷英惧,诣福州自归,羲诘责,将以属吏;廷英退,献买宴钱万缗。羲悦,明日召见,谓曰:'宴已买矣,皇后贡物安在?'廷英复献钱于李后,乃遣归泉州;自是诸州皆别贡皇后物"。不久,余廷英居然还因不断贡献贿物给帝、后,而被擢升为宰相。①

南唐烈祖李昪是五代十国时期难得的杰出政治家,南方诸国创业之君无出其右者。然而,就是在他执掌吴政时,滥用汪台符之策,"括定田赋,每正苗一斛,别输三斗"。宋代江东饶州乐平县人陈恭对此评价说:"窃见五季暴政所兴,江东、西酿酒则有麹引钱,食盐则输盐米,供军须则有鞋钱,入仓库则有糵米。"②南方十国的统治者,在唐末乱世中割据自立后,为了巩固统治,有些君臣也能在一段时期内实行保境安民、休养生息的政策。但官吏队伍中不贪而持廉者,凤毛麟角,绝大多数官吏皆贪赃枉法之辈、无耻聚敛之徒。被吴人称为南唐"五鬼"的贪官冯延巳、冯延鲁、陈觉、魏岑、查文徽等就是典型。他们狼狈为奸,把持朝政,贪酷不法,损公肥私,其贪赃之罪,举不胜举。③南唐定远军节度使刘彦贞移镇寿春,"惟务聚敛,不知纪极,列肆百业,尽收其利。古安丰塘溉田万顷,寿阳赖之。彦贞托浚濠为名,决塘以涨濠,濠满塘竭,遂不复筑。民田皆涸,无以供舆赋,尽卖之而

---

① 吴任臣:《十国春秋》卷九十二,《闽三·景宗本纪王羲》,中华书局1983年版,第1338、1340页。《资治通鉴》卷二百八十二,《后晋纪三》,"高祖天福五年七月"、"高祖天福六年七月";卷二百八十三,《后晋纪四》,"高祖天福七年九月"。
② 马端临:《文献通考》卷四,《田赋考四·历代田赋之制》,上海商务印书馆1936年版,第53页。
③ 《新五代史》卷六十二,《南唐世家第二·李昪子景》。

去。彦贞选上腴,贱价以市之,买足,再壅塘以蓄水,岁积巨亿"①。南唐权臣宣徽南院使刘延朗,明目张胆量官受贿,"诸方镇、刺史自外入者,必先赂延朗,后议贡献,赂厚者先,得内地;赂薄者晚,得边陲。由是诸将帅皆怨愤,帝不能察"②。南唐官员贪浊虐民如虎,罄竹难书,正如马令在《南唐书》中记载,当时"州县吏胥因以为奸,百姓大扰"。吉州刺史徐玠治郡,贪猥不治,"时烈祖辅政,以玠治郡贪猥不治,罢之",而徐玠"善事人","自结于烈祖。烈祖亦遂爱之,尽忘前事。……遂以佐命拜右丞相","老而益贪鄙,所至人患苦之"。侍中周宗贪财好货,家赀巨万,仍凭借权势从事贩易。刘彦贞"专为贪暴,积财巨亿,以赂权要";闽主赐"洞真先生"陈守元"号天师,信重之,乃至更易将相,刑罚,选举,皆与之议;守元受贿请托,言无不从,其门如市"③。这些贪赃枉法之举,暴敛无度,使江淮地区生灵涂炭。

与北方五代政权一样,南方各割据小朝廷也有身丁钱、牛皮钱等贪污勒索名目,并新创有"渠伊钱"、"挦须钱"等敲骨吸髓的盘剥。史载,吴越政权所征之身丁钱,"每身钱三百六十"。楚国政权所征之身丁钱,在后梁龙德二年(922年)"始取永、道、郴诸州民丁钱绢米麦";《宋会要辑稿·食货》中也记载:"湖南身丁米,由马氏科民间采木,不以贫富,计丁取数。"南汉等政权,则有贪官在其辖地强征"丁赋"之算。同时,后蜀政权规定:"牛驴死者,革尽输官。"楚地等也有额外的税外科徭、牛革之剥。吴国的贪官们还新创了"渠伊钱"、"挦须钱"的名目,这是公然贪贿勒索。史载,庐州观察使张崇以苛敛闻名,好为不法,士庶苦之,百姓痛恨至极,当他被召入朝时,大家相互庆贺说,渠伊一定不回来了。不久,张崇归而闻之,令计口征收"渠伊钱",以泄私愤。次年,张崇又入朝,"州人不敢交语,唯道路相

---

① 文莹:《玉壶清话》卷十,《江南遗事》,中华书局1984年版,第101页;吴任臣:《十国春秋》卷二十二,《南唐八·列传·刘彦贞》,中华书局1983年版,第319页。
② 《资治通鉴》卷二百七十九,《后唐纪八》,"潞王清泰二年九月"。
③ 吴任臣:《十国春秋》卷二十一,《南唐七·列传·徐玠》,第303—304页。《资治通鉴》卷二百九十二,《后周纪三》,"后周世宗显德三年正月";卷二百七十九,《后唐纪八》,"潞王清泰二年十二月"。

目,捋须为庆而已"。张崇回州,又征"捋须钱"。故史载,庐州观察使、武宁军节度使张崇"在庐州,厚以货结权要,由是常得还镇(指庐州),为民患者二十余年"。南汉后主刘铱奢淫无度,他统治时,"赋敛烦重",花样翻新,"邕民入城者,人输一钱",向其辖区邕州百姓征收入城钱,可谓绝无仅有。①十国时期,官吏贪婪暴敛的手法,真是千奇百怪。

二、五代十国时期的反贪机制

五代十国时期,乱世分裂,贪官污吏遍布朝野,横行各地,政治黑暗,腐败已极。虽有几个君主曾有志求治,企图整肃贪吏,但只是昙花一现。不过,当时在监察机构与官吏的设置、官吏任免与管理条例的颁行、惩贪法律与奖廉措施的制订等反贪制度方面,大致还有承沿,只是法律诏令多形同虚设,徒具空文。从总体上看,五代十国时期的反贪机制、措施多流于形式,大多数统治者得过且过,贪官污吏有空就钻、贪赇无耻,数十年间,反贪在某些特定时段取得的成效,与老百姓的期盼相距太远,也不能从根本上挽救时弊和王朝危亡。

1. 反贪监察制度

五代十国时期,战乱频繁,社会动荡不安,各政权的统治摇摇欲坠,希冀他们在反贪体制建设上有所创建,几乎是不可能的。但这些政权在沿用制约贪污腐败的监察制度、惩罚贪赃枉法的法律制度、官吏奖惩的规定等方面,还是有其历史痕迹的。

五代十国时期,监察机构及其法律管理制度仿唐制,许多政权的御史台、大理寺、刑部分掌监察、司法大权,只是在设官分职上稍有不同。五代各朝,中央并未同时设置御史大夫和御史中丞等官来负责监察,除了后唐天成元年(926年)六月曾命李琪担任御史大夫外,其他政权多只是在御史

---

① 吴任臣:《十国春秋》卷九,《吴九·列传·张崇》,中华书局1983年版,第130页;卷六十,《南汉三·后主本纪刘铱》,第864页。

台设御史中丞,作为实际负责监察的御史台长官。后梁政权没有设御史中丞,而是改御史大夫为御史司宪,薛廷珪、肖顷和崔沂在后梁都曾担任此官。史载,崔沂为"御史司宪,纠缪绳违,不避豪右"①。这说明当时御史司宪的职守,相当于御史大夫或御史中丞。另外,五代时期尚书左右丞负责监督监察权的行使,"劾御史举不当";以及谏官集体的形成,谏官言事的制度化,均同唐制。

五代时期,各政权依靠将众兵多而建立,为了对悍将乱兵贪酷扰民有所节制,设有军巡院和侍卫司,作为重要的监察、司法机关。据记载,后梁开平三年(909年)十月,置左右军巡使,以段明远为左军巡使,以邓阙为右军巡使,其肇因于"时以迁都之始也,其河南尹侍卫诸军,虽合差人巡警京都,往往滥发,分曹异识,多扰于民。乃置左军巡管水北,右军巡管水南,各置巡院,罢诸军巡检人员,仍令判六军朱卫、张忠奭都管辖"②。可见,军巡院这一机构是前代所无,它隶属于六军诸卫司,专司监察京都及其周围地区的军旅过失等职守。后唐、后晋、后汉、后周四代均承此制而不改易。后唐、后汉等各朝所设的军巡院,除监察京城军旅之职外,还负责监察京城地方政府百官的过恶,权力很大,甚至能掌握所属官吏的生杀大权。如天成初年,"河阳笞吏窃财事发,诏军巡院鞫之。时军巡使尹训怙势纳赂,枉直相反"③。此外,五代时期的军巡院还有权监察和处理诸道官吏罪案。天成三年(928年)十一月,"安州节度副使范延荣并男皆斩于军巡狱",就是因军巡院高学珪的奏劾所致。④ 后汉时,史弘肇为亲军都指挥使,"都辖禁军,警卫都邑,专行刑杀,略无顾避",且时有"不问罪之轻重,理之所在,但云有

---

① 《旧五代史》卷六十八,《唐书四十四·列传二十·崔沂》;卷一百四十九,《志十一·职官》。
② 王溥:《五代会要》卷二十四,《诸使杂录》,文渊阁四库全书本,乾隆四十七年刊本,第12页。
③ 《旧五代史》卷九十二,《晋书十八·列传七·吕琦》。
④ 《旧五代史》卷四十,《唐书十六·明宗本纪六》。

犯,便处极刑",军司孔目吏解晖,"性狡而酷,凡有推劾,随意锻炼"。① 这表明亲军侍卫司同军巡院一样,兼有监察、司法权,并往往滥施刑杀,权力很大。后唐明宗时,军巡院狱吏尹训,断狱纳贿,御史台奏请逮捕他,安重诲却将他庇护起来,不交给御史台。本来,监察百官过恶是御史台的职责,安重诲以枢密使身份应纠弹不法而不履行职责,这也从另一方面显示出当时的军巡院有监察、弹劾贪赃枉法行为的职责,枢密使也有这方面的权限。而且,五代时期的监察制度与唐宋有较大差别,带有浓厚的军事管制色彩。不过,记载五代时期监察制度扼制与打击贪污腐败的成效的史料较少。宋代以后,军巡院由五代时的监察机构改为文官机关。

2. 反贪法律监督

五代十国时期,在法制建设方面,后梁太祖鉴于当时不少县令、尉不谙治理,以贪赃枉法为能,而考核制度隳坏,失去制约机制,以致贪官污吏剧增,于是刊定《大梁新定格式律令》,这标志着后梁王朝在唐制的基础上完成了法律修订工作,为惩处贪贿、稳定封建秩序提供了法制依据和条件。后晋时,鉴于县令犯赃者不能及时被发现,又对惩贪法律进行修订。天福五年(940年),重申以唐大中二年(860年)敕令为标准,县令犯赃,州府不举者连坐。以此加强对县令的监督和管束。南唐初年,标榜法治,"多用经义法律取士"②。可见,五代十国在法制建设方面还有些作为。

五代十国时期,后周的法制改革更具代表性。周世宗柴荣改革的重要措施之一就是改订刑律,依法惩罚犯罪,防止滥法。他多次下诏要求各地执法者必须依法行事,违法必究,革除贪弊,惩恶扬善,做到"狱讼无冤,刑戮不滥"。后周在继承唐代法典的基础上,删改为《大周刑统》,颁行全国,并成为宋代法典《宋刑统》的蓝本,其中包含有大量惩贪除恶的法律条文。《大周刑统》的制订与颁行,也体现了周世宗依法惩治贪赃的法治思想。在

---

① 《新五代史》卷五十六,《杂传第四十四·吕琦》。
② 陆游:《南唐书》卷五,《周徐查边列传第二·徐锴》,文渊阁四库全书本,乾隆四十七年刊本,第3页。

实际执法的过程中,他常亲阅案卷,断罪量刑,严格掌握赏罚生杀之权,较正常地发挥了刑律在防止贪赃、惩罚犯罪,维护社会秩序,巩固统治的作用。

古代中国,政治家有以刑止乱之说,主张乱世用重典。五代十国是乱世,一些皇帝主张用重典止乱,对贪赃行为也作出一些严刑规定。后唐长兴四年(933年)六月,明宗诏令"勒枉法赃十五匹绞,准格加至二十匹",有关枉法赃的绞刑规定虽较前减轻,但本身惩罚仍是很重的。从重惩贪是因"自丧乱以来,廉耻者少,举律行令,戒人远财"。但在实行重典之后,"国家常切好生,上下颇能知禁,犯既渐寡,法亦宜轻。起今后犯枉法赃者,宜准格文处分",即恢复至赃二十匹处以绞刑的规定。后唐清泰二年(935年),准御史台、刑部、大理寺同奏,仍改定"枉法赃十五匹"即准律处以绞刑;"不枉法赃准三十匹加徒流;受所监临赃五十匹,流二千里"。①

3. 官吏管理制度方面的监督

后周时期,在整顿吏治方面,世宗柴荣不仅以法律手段整肃吏治,还不断完善考核、选任官吏的制度,把法制与行政制度紧密结合起来,以利于发挥国家的组织和管理职能。他在官吏的考课管理方面,规定:地方官每三年考核一次,考核内容就是任职时期的主要课绩功过,并以此定其去留升降;州府不得差遣代理官员替补通过考核的正式官吏。这种严格的考核规定,在一定程度上起到了督促官吏勤政和廉政的作用,有利于限制腐败的蔓延。在选任官吏方面,后周世宗柴荣亲自主持考试,改革考试科目,重用治世之才,以网罗、选任俊才,许多"翘翘之楚,皎皎之驹"被选用,从而"大裨于国政,有益于时机",为防贪惩贪、治国安邦起到了重要作用。

后晋与前蜀等政权,也颁布了一些有关奖惩官吏的条规。天福八年(943年),后晋规定,县令在任内能招携户口或持廉者,就可加阶、减选,这是把政绩、廉洁程度与职务升迁联系起来。前蜀王建在即位赦文中,就制

---

① 《旧五代史》卷一百四十七,《志九·刑法》;王溥:《五代会要》卷九,《定赃》,文渊阁四库全书本,乾隆四十七年刊本,第16—17页。

定并公开昭示了对州、县官员的奖惩原则："若清廉可奖,课绩有闻,或就转官资,或超加任用。并举劝惩之名,以彰悔过之名。"①

三、五代十国时期的反贪实践

五代十国是中国历史上政治黑暗、贪贿之风最盛的时期之一,其反贪腐总体而言没有多大建树,然而也有一些君臣在某些时段或领域,还是有所作为的。如后周太祖郭威、世宗柴荣、后梁太祖朱温、后唐明宗李亶、大臣郭崇韬、楚主周行逢等人,尽管也有这样或那样的缺陷,但在惩贪倡廉方面还是有一些值得称道的地方。

五代十国时期,疮痍乱世,军将抢掠,官吏贪赃,民不聊生。如何才能使自己的国家摆脱灾难、称雄于世?那一时期的有志君主恐都曾思索过,而真正有魄力付诸举措的只有后周太祖郭威、世宗柴荣等少数人,他们整肃吏治,反贪倡廉,有口皆碑,堪称这一时期的典范。

后周太祖郭威自幼家境贫寒,备尝艰苦,遭受战乱,了解底层百姓的贫困生活。他即位后,以身作则,躬行节俭,针对宫廷生活豪奢、官吏贪赃枉法的现象采取了一系列整顿措施,规定:宫廷所需悉从减损、禁止各地上贡奇珍异物。他还从官中运出大批珠宝玉器,当众尽碎于庭。同时,郭威着手进行惩治贪浊、澄清吏治的改革,这位后周太祖惩治贪浊十分严厉,有乱世用重典之风。他将"坐克留户民蚕盐一千五百斤入己"的唐州方城县令陈守愚"弃市",将"坐盗马价入己"的供奉官武怀赞"弃市";不久,"左补阙王伸停任,坐检田于亳州,虚凭纽配故也",郭威查知后,当即处斩;莱州刺史叶仁鲁"贪浊暴虐,滥杀无辜",被郭威赐死;甚至连郭威的亲信"二王"(王峻、王殷),当郭威知道他们有贪腐行为后,也忍痛将二人革职流放。后周太祖显德元年(954年)十月,"甲辰,左羽林大将军孟汉卿坐纳蒿税,场

---

① 吴任臣:《十国春秋》卷三十六,《前蜀二·高祖本纪王建下》,中华书局1983年版,第505—508页。

官扰民,多取耗余,赐死。有司奏汉卿罪不至死,上曰:'朕知之,欲以惩众耳。'"此前的广顺三年(953年),归德节度使常思移镇平卢节度使,将"在宋州,举丝四万余两在民间,谨以上进,请征之",太祖一面"敕牓宋州,凡常思所举悉蠲之",同时诏令常思自此不得被重用。史称郭威为政"期月而弊政皆除",虽有夸饰之词,反贪成效还是明显的。①

后周世宗即位后,承太祖之制,严治贪赃渎职。显德四年(957年),亲军将领、战功卓著的韩令坤之父、原许州行军司马韩伦,因干政贪赃而被追夺"在身官爵,配流沙门岛"。世宗时,重修永福殿,内供奉官孙延希克扣工食,虐待民工,世宗途经工地,"见役夫有就瓦中啖饭,以柿为匕者,大怒,斩延希",同时罢免了负责此事的大臣延勋、张皓、卢继昇三人的官职。史书上评价世宗"禀性伤于太察,用刑失于太峻",有量刑失当之弊,如楚州防御使张顺,因隐落榷税钱五十万、官丝绵二千两,被赐死;刑部员外郎陈渥,"为人清苦,临事有守",坐检齐州临邑县民田失实,赐死,"以微累而当极刑,时论惜之"。这种任情处置看似大快人心,但对于依法施政、依法治贪当然会产生负面影响。而且,史书上又记载,世宗晚年,起居郎陶文举本酷吏,征残租于宋州,"宋民被其刑者凡数千,冤号之声闻于道路,有悼耄之辈,不胜其刑而死者数人,物议以为不允",然而,他的行为却被世宗所默许,以致逍遥法外。故史称世宗"留心政事,朝夕不倦,摘伏辩奸,多得其理",但"逮至末年,渐用宽典"②,是基本符合史实的,这种操控权柄,不依法律,"任性"施法,并不可取。

五代十国期间,还有一些君臣在惩贪奖廉方面,有值得称道之举。后梁太祖朱温就曾有过严惩贪贿的举动,他在治政之初实施的诛宦官、肃吏治、重经济之举,有其历史价值。后梁太祖开平二年(908年)四月,"命州县举

---

① 《旧五代史》卷一百一十一,《周书二·太祖纪二》;卷一百十二,《周书三·太祖本纪三》。《资治通鉴》卷二百九十二,《后周纪三》,"太祖显德元年十月";卷二百九十一,《后周纪二》,"太祖广顺三年五月"。

② 《旧五代史》卷一百一十七,《周书八·世宗本纪四》;卷一百一十九,《周书十·世宗本纪六》;卷一百一十五,《周书六·世宗本纪二》。

贤才,黜贪残,宽租赋,抚孤穷,申冤滥,禁奸盗,境内大治"①。后唐明宗时,还专门规定"诸色人等,不度勋庸高下,不量事分浅深,相尚贪饕,竞谋侵射,惟利是视"者,不得继续作恶,"须行止绝"。而"诸色人稍立微功,朝廷必加懋赏",以示惩恶劝善之义。② 故明宗一即位,便令革除弊政,惩贪除恶,首当其冲,就是立斩贪官孔谦,并籍没其家财,废除其苛敛之法。随后又依法惩处一大批贪官污吏:邓州留后陶玘,"税外科配",勒索贪占,为内乡县令成归仁所劾,被贬为岚州司马;亳州刺史李邺,贪赃贿赂,"以赃秽赐自尽";汴州仓吏枉法"犯赃"案,内有旧将之子史彦珣,又是明宗婿石敬瑭的亲戚,宿将王建立请求减刑"免死",明宗说"王法无私,岂可徇亲! 由是皆就戮",依法立斩;供奉官丁延徽"巧事权贵,人多拥护,监仓犯赃,合处极法",侍卫使张从宾向明宗求情,明宗怒斥:"食我厚禄,偷我仓储,期于决死! 苏秦说吾不得,非但卿言!"毅然诏令将丁延徽处斩。不久,又斩盗掘唐陵的温韬和贪贿的段凝,以及在开封为恶最多的汴州麵务辛廷蔚等,以肃贪平民忿。③ 明宗惩治贪浊,整顿宫禁,颇为人所称道。宋人欧阳修就曾指出:"予闻长老为予言:'明宗虽出夷狄,而为人纯质,宽仁爱人。'于五代之君,有足称也。……吏有犯赃,辄置之死,曰:'此民之蠹也!'以诏书褒廉吏孙岳等,以风示天下。其爱人恤物,盖亦有意于治矣。"尽管后唐明宗进行的整肃吏治改革成效有限,但在惩贪上收到了一定的效果。他在位八九年间,疮痍粗复,兵戈罕用,民心稍安,"比岁丰登,中原无事,言于五代,粗为小康"④,虽不免粉饰,但较贪官污吏横行之时,却也一度呈现安居乐业的治世环境。

---

① 《资治通鉴》卷二百六十六,《后梁纪一》,"太祖开平二年四月"。
② 后唐明宗:《禁侵射入官店宅庄园勅》,《全唐文》卷一百十,中华书局1983年版,第18页。
③ 孙光宪:《北梦琐言》卷十八,《明宗恶贪吏》,文渊阁四库全书本,乾隆四十七年刊本,第8页;卷十九,《戮丁延徽》,第8页。
④ 《新五代史》卷六,《唐本纪第六·明宗嗣源》;《旧五代史》卷四十四,《唐书二十·明宗本纪十》注引《五代史阙文》。

后晋时，棣州刺史慕容彦超"坐前任濮州擅出省仓麦及私卖官麴，准法处死"，由于刘知远极力为他说情，最终减轻处罚为"削夺在身官爵"，"安置"到房州。楚王、朗州大都督周行逢，史称他"性残忍，然为治严整，不徇私党，躬履俭约，以率群下，辟署官吏，必取廉介之士，条教简约，民甚便之"。后蜀孟昶统治时期，张业、李仁罕、赵庭隐等贪贿高官勋旧，不把孟昶放在眼里，"务以酷法厚敛蜀人，蜀人大怨"，孟昶遂严厉地惩治了张业、李仁罕、赵庭隐等诸多贪赃枉法的重臣宿将，也终于使得后蜀统治集团中的贪浊风气有所收敛。①

五代十国时期，郭崇韬、安重诲等为代表的一些也曾安贫乐道的权臣将相，对贪官污吏实施过不同程度的打击。后唐时郭崇韬一度的忠直廉洁是五代十国中少见的，在当时上有贪鄙帝后、下有贪官多如牛毛的情况下，尽管他最终还是与昏君暴臣同流合污，但毕竟曾有过许多惩治贪官、保护廉士的举动。"崇韬素廉，自从入洛，始受四方赂遗，故人子弟或以为言，崇韬曰：'吾位兼将相，禄赐巨万，岂少此邪？今藩镇诸侯，多梁旧将，皆主上斩祛射钩之人也。今一切拒之，岂无反侧？且藏于私家，何异公帑？'明年，天子有事南郊，乃悉献其所藏，以佐赏给。……河南县令罗贯，为人强直，颇为崇韬所知。贯正身奉法，不受权豪请托，宦官、伶人有所求请，书积几案，一不以报，皆以示崇韬。崇韬数以为言，宦官、伶人由此切齿。河南自故唐时张全义为尹，县令多出其门，全义厮养畜之。及贯为之，奉全义不屈，县民恃全义为不法者，皆按诛之。"②为什么郭崇韬这样的人最终仍不得不与昏君贪臣同流合污，而不能善终，很值得探究。后唐武将、枢密使安重诲，虽不学无术，专横跋扈，但对后唐忠心无二、拒贿廉洁，非贪婪佞媚之辈。他曾在排斥异己之时，也处罚了一大批贪官，就连贪婪悍渎的刘皇后携带

---

① 《旧五代史》卷八十四，《晋书十·少帝本纪四》；路振：《九国志》卷十一，《楚臣传十九首·周行逢》，《丛书集成新编》第114册，台北，新文丰出版公司，1985年，第727页；《新五代史》卷六十四，《后蜀世家第四·孟知祥子昶》。

② 《新五代史》卷二十四，《唐臣传第十二·郭崇韬》。

珍宝逃到洛阳,想到太原出家为尼,也被他捕获处死。其惩贪动机虽深,惩贪效果却也明显,只是,这会带给后世什么样的历史经验呢?值得深思。

五代十国时期,在反贪方面也不是一点成效都没有,但从总体上看,与老百姓的期待有很大的差距。正如萧希甫所奏言:"自兵乱相乘,王纲大坏,侵欺凌夺,有力者胜。凡略人之妻女,占人之田宅,奸赃之吏,刑狱之冤者,何可胜纪?而甄函一出,投诉必多,至于功臣贵戚,有不得绳之以法者。"①其实,五代乱世,何止"有不得绳之以法者",当时没有绳之以法的贪官实在是太多了。五代十国时期的贪贿问题,固然留给后世诸多的训诫,而这一时期的反贪,又何尝不是留给后世以更多、更丰富也更复杂多面的启示呢?

---

① 《新五代史》卷二十八,《唐臣传第十六·萧希甫》。

第五章 宋辽夏金元时期的贪与反贪

宋辽夏金元时期，一般也称宋元时期，是指当时中国境内宋、辽、西夏、金、元等多个政权先后或同时并存的一个历史阶段。960年（显德七年）正月，后周禁军统帅赵匡胤发动"陈桥兵变"，夺取了后周政权，建立北宋王朝。1127年（靖康二年）女真贵族趁北宋内外交困之机，率兵南下进入汴京，掠走徽、钦二帝，北宋灭亡。同年五月，宋朝旧臣拥立钦宗九弟赵构在南京（今河南商丘）称帝，后定都临安（今浙江杭州），史称南宋。与宋王朝并存的还有许多少数民族政权，主要有北方辽河上游的契丹人耶律阿保机于916年（神册元年）建立的契丹（或名辽）国，历209年，1125年（保大五年）为金人所灭；西北地区，党项人元昊于1038年（天授礼法延祚元年）建立西夏政权，历190年，1227年（宝义元年）被成吉思汗攻灭。当时，在我国西北、西南各地还有高昌、大理、吐蕃等一些小王国。在辽朝将亡之际，女真贵族首领完颜阿骨打于1115年（收国元年）建立金国，承辽之治于广大北方地区，历120年，被蒙古铁骑所灭。蒙古政权建立后，成吉思汗和他的继承者，在半个世纪的时间内，灭了西辽、高昌、西夏、金、大理、吐蕃等少数民族政权，1279年最后灭掉南宋，统一全国。

第一节
宋辽夏金时期的贪与反贪

宋辽夏金时期,一般又称为两宋时期,是中国古代社会又一段在政治上分裂与统一交织,在经济、科技、文化上高度繁荣发展的时期。中国封建社会土地所有制的基本形式——土地私有制,是君主专制社会赖以生存的经济基础。封建土地私有制度及建立于其上的皇权官僚制度,为地主阶级加强剥削、贪污受贿、买官卖官等提供了条件,是当时贪污腐败滋生的重要经济基础。两宋时期,与中国数千年君主专制史上各专制王朝一样,以封建土地私有制为基础而确立的经济制度和以君主专制为基本特征的政治体制,是滋生贪腐现象的社会土壤,是造成无数贪官污吏的社会温床,是导致贪腐成风的根源。也就是说,贪污腐败现象成风,是与封建土地私有制、君主专制(其"家天下"、"君国不分"等基本性质与主要特征,决定它是滋生贪污腐败的最直接的政治根源与社会肌体)、特权世袭(从君主到皇亲国戚、一般官吏,世袭特权自然助长了贪腐风气的形成)、任人唯亲(既是中国古代君主专制政体下的用人原则与基本特色,又是造成当时贪腐成风的重要原因)、利欲横流(中国古代贪贿成风不仅与专制政体密切相关,而且思想上与利欲横行的时代思潮息息相关,自然更助长了贪污腐败之风的肆虐)等紧密联系在一起。

宋代贪污腐败成风,正是利欲横流的社会推波助澜的结果。宋代利欲横流,主要表现为各个时期官员的贪赃枉法、贿赂公行;两宋时期思想、学术上始终存在"天理人欲"之争和"义利之辨",是当时社会追逐财利、见利忘义、利欲横流的一个缩影。两宋时,商品货币经济发展迅速,人们的观念自然会发生相应的变化,传统的义利观和伦理观,必然受到现实中唯利是图、金钱至上观念的挑战,以致人们追求名利的欲望日形膨胀。人们普遍希望快速发财、一夜暴富的心理,通过形形色色为富不仁、贪赃枉法的行为表现出来。同时,有识之士痛心疾首,提倡只有严辨义利,才能守住"天理之公",并力主事无大小皆要分清义利,以凡事"取义"作为日常生活规范,才能在复杂的社会生活中,将"天理人欲、义利公私"分辨明白,以逐渐改变社会上见利忘义、唯利是图、物欲横流的状况。

一、两宋时期的贪腐

1. 北宋时期的贪腐状况

北宋吏治,贪官污吏充斥朝野,贪腐行为有贪污坐赃、行贿受贿、苞苴舞弊、违法经商、肆意勒索、盘剥百姓,等等。

(1) 贪贿赃污日趋严重

北宋时期,太祖、太宗和真宗朝前期,为后世史家所称道的原因之一,是"绳赃吏重法,以塞浊乱之源",当时贪官相对较少,贪贿之举尚不盛行,官吏们受制于严刑峻法,尚能检点。真宗朝后期,贪贿之风愈刮愈盛。至北宋后期,贪贿近乎一种普遍现象,朝廷内外,从昏君奸相到州县胥吏,"多为奸赃"。即便在宋初太祖、太宗"太平之治"时,据史载,宋太祖朝发生的较大贪污案就有三十余起,有的赃款数额巨大,动辄巨万。宋初依法处死的第一个贪官是建隆二年(961年)夏四月因"坐赃杖死"的商河县令李瑶。延州通判胡德冲一次就"隐没官钱一百八十万",这些贪赃枉法之徒多被处死。①宋太宗时,许多贪官贪墨动辄巨万,被处死者不绝于史。太平兴国三年(978年)夏四月,"斩侍御史赵承嗣,坐监郑州市征,与吏为奸,隐没官钱巨万计。人有告者,诏鞫之,得其实,有司言法当绞,上特命斩之,并吏七人

---

① 《宋史》卷一,《本纪第一·太祖赵匡胤一》。

皆斩于市。仍诏诸道转运使布告州县以儆群吏"①。承宋太祖所定严惩贪官之制,把官吏贪污受贿视同十恶杀人不赦之罪,即使遇朝廷"大赦,十恶、杀人、官吏受赃者不原",这反映出宋初对贪赃枉法的惩罚相当严厉,故相对于北宋后期,贪官还不算太多,贪贿行为也有收敛。不过,各地方的官场风气良莠不齐,太平兴国七年(982年),权知相州、直史馆田锡就上疏指出:"封疆甚广,州县至多",有的州县"贪夫不少"。②

北宋中期开始,贪腐之风广为蔓延。如开封府一地,上自达官贵人,下至三班吏役,都有贪官污吏混迹其中,贪污受贿,中饱私囊。以致宋仁宗在皇祐二年(1050年)下诏承认,"臣庶之家,贵近之列,交通请托,巧诈营为,阴致货贿,密输珍玩,夤缘结纳,侵扰权纲",导致各种社会矛盾日趋尖锐。京师之地尚且如此,州县赃吏枉法之猖獗,可想而知。当时,"守令之贪者,盗官钱常至巨万,大胥小吏亦莫不然,多者至数万缗,少者不下千百数。转运使巡按所过,郡县费百千缗以啖随行之吏,则为隐其失陷之数,转运使盖不能知也"。③ 各类贪官,违法取钱,毫无畏惮。

北宋后期,官僚集团的贪污腐败已积重难返。到北宋末年,宋徽宗—蔡京统治集团之腐朽,到了令人们称呼受宋徽宗宠信的蔡京、童贯、王黼、梁师成、李彦、朱勔为"六贼"的程度,天下以"(蔡)京为六贼之首",史家认为,蔡京"无复廉耻。……见利忘义,至于兄弟为参、商,父子如秦、越。暮年即家为府,营进之徒,举集其门,输货僮隶得美官,弃纪纲法度为虚器。患失之心无所不至,根株结盘,牢不可脱"。此外,蔡京、杨戬、高俅等大贪官,大肆贪贿,行损公肥私之举,无所不用其极;生活上"享用侈靡"、"穷极富贵"。史载,"(蔡)京既贵而贪益甚,已受仆射奉,复创取司空寄禄钱,如粟、豆、柴薪与僮从粮赐如故,时皆折支,亦悉从真给"。他还随意支用公

---

① 李焘:《续资治通鉴长编》卷十九,"太宗太平兴国三年夏四月辛巳",上海古籍出版社1985年版,第1册,第162页。
② 田锡:《咸平集》卷一,《奏议·上太宗条奏事宜》,文渊阁四库全书本,乾隆四十七年刊本,第26—27页。
③ 王庭珪:《与胡待制书》,《卢溪文集》卷二十七,文渊阁四库全书本,乾隆四十七年刊本,第7—11页。

款,"于权货务支赏给,有一纸至万缗者",以致"所侵私以千万计"。①朱勔负责"岁运花石纲,一石之费,民间至用三十万缗。奸吏旁缘,牟取无艺,民不胜弊",甚至将从国库领来的巨额钱财全饱私囊,所谓"指取内帑如囊中物,每取以数十百万计"②。其亲信、党徒所在州县,"凡百姓之物,无一不征"。北宋后期,贪贿之风愈演愈烈,形成"士或玩法贪污,遂致小大循习,货赂公行,莫之能禁。外则监司守令,内则公卿大夫,托公徇私,诛求百姓,公然窃取,略无畏惮"③的局面,甚至到他们被罢官时,所聚敛财物已不计其数,百姓对他们之痛恨,"虽谴死道路,天下犹以不正典刑为恨"。故与"六贼"相比,北宋初年的贪官胡德冲之流,不过是小巫见大巫。

（2）行贿受贿之顽症

行贿受贿,乃历代官场积弊。宋代吏治败坏,到了"毫厘之事","非赂遗则不行"的程度,受贿成风,"上自公府省寺,诸路监司,州县乡村,仓场库务之使,词讼追呼,租税徭役,出纳会计,凡有毫厘之事关其手者,非赂遗则不行"。而官员之行贿受贿,多是为了达到营私之目的。

宋代贿赂之风盛行不衰,自中央至地方乡里已积重难返。宋代官员的受贿行径,在宋初就有宰相赵普收取钱俶所赠"瓜子金"的典型事例。而据史书记载,宋"自治平中至熙宁初,凡四年账未钩考者已逾十有二万",三司于是按规定对各地所上收支账籍进行审计,发现"钱帛、刍粟积亏不可胜计",三司按制"取天下所上账籍视之,至有到省三二十年不发其封者。盖州郡所发文账,随账皆有贿赂,各有常数;常数已足者,皆不发封,一有不足,即百端问难,要足而后已"。④

三司曹吏在钩考审计过程中,若未得到贿赂,常对一些有微小过失的主管财物运输、出纳、保管的官吏定罪。有些过失往往难以避免,朝廷对这类

---

① 《宋史》卷四百七十二,《列传第二百三十一·奸臣二·蔡京》。
② 《宋史》卷一百七十九,《志第一百三十二·食货下一·会计》。
③ 徐松辑:《宋会要辑稿》第一百六十五册,《刑法二之九十二》,中华书局 1957 年版,第 6541 页。
④ 《宋史》卷一百六十三,《志第一百一十六·职官三》;苏辙:《论户部乞收诸路帐状》,《栾城集》卷四十,文渊阁四库全书本,乾隆四十七年刊本,第 12—13 页。

案犯也经常颁发赦令,有的官吏甚至蒙赦六七次之多,而三司曹吏竟敢违诏令,不按诏赦免,原因很简单,就是因为贿赂未送到。"问其所以不得释之状,则皆曰:'吾无钱以与三司之曹吏。'以为不信,而考诸旧籍,则有事同而先释者矣。曰:'此有钱者也。'嗟夫,天下之人以为言出而莫敢逆者,莫若天子之诏书也。今诏书且已许之,而三司之曹吏独不许,是犹可忍邪?"①

当时,乡里验灾减税,亦须贿赂方能如愿,否则就要备受贪官污吏弄虚作假之苦。宋代制度,凡遭旱灾,必先检旱,然后减税。作为减税前提的检旱,先须民户自报,而县乡长吏却多借故不予受理,胥吏乘机攘臂其间,"与之金钱,则田虽熟而以为旱,苟无所予,虽荒而以为丰,其害一也;公家凭检而减租,必以分数为率,上户所减常多,而下户所减常无几,且如一户输绢一尺,输米一升,而婺源受纳之法,寸以尺输,合以升输。若减其半,其实则无所减,其害二也"②。其时贿赂公行,其害何止此两端。

北宋时,还可通过贿赂买官得爵,"今天下之买爵者,缗钱五千,高得一尉"。蔡京等"六贼"更是公开卖官鬻爵,官职按品级高低各有定价。甚至科举廷试,亦可行贿买通。被时人称为"隐相"的宦官梁师成当道时,赴试者"益通贿谢,人士入钱数百万,以献颂上书为名,令赴廷试,唱第之日,侍于帝前,嗫嚅升降"③。

可见,当时行贿受贿之风,已成顽疾,无论何事,贿赂一到,即可如愿以偿,甚至大辟死罪,也可贿免:"今也,大辟之诛,输一石之金而免。贵人近戚之家,一石之金不可胜数。是虽使朝杀一人而输一石之金,暮杀一人而输一石之金,金不可尽,身不可困。况以其官而除其罪,则一石之金又不皆输焉,是恣其杀人也。"④贿赂公行,官吏贪残,吏治败坏,已是北宋中后期公开的秘密。

---

① 苏轼:《上蔡省主论放欠书》,《东坡全集》卷七十二,文渊阁四库全书本,乾隆四十七年刊本,第22—23页。
② 王炎:《与徽州许守书》,《王双溪先生集》卷二十四,清康熙年间王氏刻本,第3—7页。
③ 《宋史》卷四百六十八,《列传第二百二十七·宦者三·梁师成》。
④ 苏洵:《议法》,《嘉祐集》卷五,文渊阁四库全书本,乾隆四十七年刊本,第8页。

（3）凭借权势，违法经商盛行

中国历朝历代官吏经商弊端丛生，多予禁止，然而经商厚利诱人，往往禁而不绝。五代时期，帝王频繁用兵，多姑息藩镇，颇恣部下贩鬻，"五代藩镇多遣亲吏往诸道回图贩易，所过皆免其算，既多财则务为奢僭"，以致宋初功臣"犹袭旧风"，大肆违法经商牟利。宋代官吏作为国家公职人员，上自宰相，下至胥吏，几乎无官不商，"进则王宫，退则为市人；进则冕笏而治事，号为民师，退则妄觊苟获，不顾行义"，趋利如商人，"起而牟利，贾贩江湖"。"故仕路污辱而廉耻之风大坠"的种种状况，"太祖患之，未能止绝"。① 宰相赵普罔顾朝廷禁令，"尝遣亲吏诣市屋材，联巨筏至京师治第；吏因之窃货大木，冒称普市货鬻都下"；宋初大将张永德"在太原，尝令亲吏贩茶规利，阑出徼外市羊"。这些违法经商活动被发现后，遭到宋太祖的怒斥，并下诏依制处罚，但官吏违法经商的歪风仍然盛行，不少"近臣戚里"也参与经商活动，"厚结有司，悉官市之，倍收其直"；在被皇帝责罚后，一些贵戚高官依旧我行我素，贩鬻规利，"官大者，往往交赂遗，营赀产，以负贪污之毁"，上梁不正下梁歪，"官小者贩鬻、乞丐，无所不为"。②

宋代的官僚士大夫不仅自己经商，还与商人合伙做买卖，贪官污吏往往与奸商内外勾结，大肆偷税漏税，损公肥私，牟取暴利，越是"把麾持节"的高官越是恣意妄为，胆大包天，所谓"诸豪大商，交结权贵，号为难治"。一些市舶机构的官员或与市舶管理有关的官员，勾结外商，违制私自贸易。宋制，市舶官既不得同外商一起经商，"不得私相市易"，也"不得收买蕃商杂货及违禁物色。如违，当重置之法"，即"如有收买，其知、通诸色官员并市舶司官并除名，使臣决配，所犯人亦决配"；不许将舶货寄存于官吏家中，"诸寄物于品官或蕃客及押判通事人（应干办并随行人同）以匿税者，杖九

---

① 李焘：《续资治通鉴长编》卷十八，"太平兴国二年正月丙寅"，第 1 册，上海古籍出版社 1985 年版，第 148 页；李清臣：《议官》，吕祖谦编：《宋文鉴》卷一百六，文渊阁四库全书本，乾隆四十七年刊本，第 29—30 页。

② 《宋史》卷二百五十六，《列传第十五·赵普》；卷二百五十五，《列传第十四·张永德》；卷二百五十七，《列传第十六·王仁瞻》。王安石：《上仁宗皇帝言事书》，《临川文集》卷三十九，文渊阁四库全书本，乾隆四十七年刊本，第 12—13 页。

十,受寄者加一等,受财又加三等(蕃客并不坐)"。但再严密的法令,如果执行不力,也难遏制官吏的贪婪。宋太宗在至道元年(995年)的诏令中指出,广州市舶司官吏"罔顾宪章,苟徇货财,潜通交易。阑出徼外,私市掌握之珍;公行道中","税入不赀,监者积习为奸,贪纵自如"。泉州市舶司官贪贿更甚,"舶商岁再至,一舶连二十艘,异货禁物如山。吏私与市者,价十一二售",只有关咏、杜纯没有参与贪污舞弊。福建市舶官吏违法经商、营私舞弊的行为,比比皆是:"提举福建市舶,舶司远朝廷而多奇货,吏鲜自洁,商人亦困于侵牟,公私两敝。"转运使也多不干净,有的"以市舶物代俸钱,其利三倍"。①

(4)官吏苞苴馈送、假公济私、勒索百姓等恶行层出不穷

北宋各时期的贪官污吏可说是成千上万。史载,"若或贪婪之吏,布于天下,则兼更取于民间者又数倍焉,祖吉之类是也。如此,则得非蠹国耗民乎"?② 这些贪官中,较著者如李瑶、李继昭、郭颙、王训、李岳、成德钧、王治、郭圯、陈郾、石延祚、赵彦徽、桑进兴、王元吉、张穆、张恂、秦羲、吕鹄、赵承嗣、徐选、卜元幹、王著、丁谓、祖吉等,属于太祖、太宗朝者,事发后绝大多数被弃市或杖杀。个别大贪官如赵彦徽,因天怒人怨,不待伏法即已暴亡。史载,建雄节度使赵彦徽"不恤民事,专务聚敛,私帑所藏巨万,上闻之,始薄其为人。当疾革之际,有雷震其室,骇愕而终,人以为阴谴云"。至于宋真宗朝以后,贪官所受到的惩罚大多仅被流放,如"屯田员外郎盛梁坐受赇枉法,流崖州","著作佐郎高清以赃贿杖脊,配沙门岛"。这一时期,只有少数罪大恶极者被正法,如巧取豪夺"四方水土珍异之物,悉苛取于民"的王黼,假公济私"截诸道粮饷纲,旁罗商船,揭所贡暴其上,篙工、柁师倚势贪横,陵轹州县"的朱勔,被"戕之",查封家产。至于"六贼"之首的蔡

---

① 徐松辑:《宋会要辑稿》第八十六册,《职官四四之二、三》,中华书局1957年版,第3364—3365页;马端临:《文献通考》卷二十,《市籴考一·均输市易和买·市舶互市》,上海商务印书馆1936年版,第193、200—201页;张守:《枢密院检详文字鲁公(詹)墓志铭》,《毗陵集》卷十二,文渊阁四库全书本,乾隆四十七年刊本,第15—19页。

② 李焘:《续资治通鉴长编》卷三十二,"淳化二年九月庚子",上海古籍出版社1985年版,第1册,第278页。

京,尽管其贪贿手段更加恶劣,所贪财物数额更加巨大,但他久居相位,各种关系盘根错节,且多受皇上宠信,加上这时北宋政局内外交困,结果还能至"年八十"而"谴死道路"。① 这不仅反映出当时法制的废弛,更可怕的是北宋朝廷上下对贪贿的盛行见惯不惊了。

2. 辽代的贪贿状况

契丹立国前后,长期保持着游牧生活的特点。辽太宗取得燕云之初,其国土包括长城以南的广大地区,但并未改变逐水草而居的生活习惯,"四时各有行在之所,谓之'捺钵'"制度,辽代地方行政区划多以头下军州与州县制并行。契丹贵族、官吏依靠其骑兵与头下军州,在各地"以牧马为名,分番剽掠,谓之'打草谷'"。辽太宗曾总结其南侵的教训,"朕此行有三失:纵兵掠刍粟,一也;括民私财,二也;不遽遣诸节度使还镇,三也。"这一方面充分暴露了契丹贵族南下后掠夺搜刮的暴行,另一方面反映出当时契丹贵族、官吏、军将聚敛财富的手段主要是军事掠夺,故这一时期的史籍中少见关于契丹贵族、官吏贪贿的记载。②

随着契丹国封建制度的形成和发展,有关契丹官吏贪贿的记载也日益增多。辽圣宗即位之初,"内族、外戚多恃恩行贿"、"大小职官有贪暴残民者",他遂采取措施整顿吏治,在一定程度上改变了"蠹弊"的状况。然而,好景不长,不久又出现"上下相蒙,积弊成风","法令不明,受赇鬻狱,习以为常"的局面。辽代有名的贪官耶律乙辛当权时,辽道宗"诏四方有军旅,许以便宜从事,势震中外,门下馈赂不绝。凡阿顺者蒙荐擢,忠直者被斥窜"。另一个有名的大贪官、宰相张孝杰"久在相位,贪货无厌。时与亲戚会饮,尝曰:'无百万两黄金,不足为宰相家'",他是明目张胆地贪赃枉法。至于大贪官萧图古辞,则是"为人奸佞有余,好聚敛"。朝廷重臣尚且如此,中央政府的中下级官吏和地方官员则必多效法而胡作非为,贪污受贿,高

---

① 李焘:《续资治通鉴长编》卷九,"开宝元年五月丙午",上海古籍出版社 1985 年版,第 1 册,第 77—78 页。《宋史》卷七,《本纪第七·真宗赵恒二》;卷八,《本纪第八·真宗赵恒三》;卷四百七十,《列传第二百二十九·佞幸·王黼、朱勔》。

② 《辽史》卷四,《本纪第四·太宗下》。

利放债取息,一切有过之而无不及。辽国中央政府曾多次规定:"禁职官于部内假贷贸易","禁外官部内贷钱取息及使者馆于民家",并下诏"察贪酷",禁"受贿作弊",但在这种风气之下,很难禁绝。① 根据《辽史》记载,可知契丹官吏的贪贿手段主要有贪污、受贿、经商肥私、放债营利等。契丹政权一再纸面申令禁止官吏违法乱纪,恰恰说明官吏的贪贿行为屡禁不止,吏治败坏,贪腐成风。

3. 西夏的贪贿状况

西夏同契丹一样,官吏贪贿主要发生在王朝封建化的过程中。从元昊统治时期开始,西夏官吏贪贿的事例即通过当时有关贪污、受贿的处罚律令反映出来,但缺乏具体翔实的文献记载。直到西夏中后期,才有了关于贪官的详细和典型的史事记载。

西夏崇宗时期,随着皇权的巩固和其控制区域的扩展,在日趋封建化的同时,西夏国贵族也像汉族贵族官僚那样,贪污腐化,过起骄奢淫逸的腐朽生活。崇宗庶弟、晋王察哥"为将贪,虽多战功,时论鄙之。晚年货贿公行,威福自用。……年已七十余,犹姬妾充下陈。有园宅数处,皆攘之民间者"②。

西夏法律也针对官员的贪赃枉法行为,作出规定:"直接贪财,对宗庙、地墓、堂殿等上动手盗毁,及盗窃隐藏毁官鬟金抄等,不分主从,以剑斩杀,自己妻子、同居子女等当连,迁往异地,当入牧农主中。畜、谷、宝物、地、人等当没收入官";各地方官吏,"若局分大小人受贿徇情而使无理多领及刺史人受贿不弃虚杂、不巡察等时,计多领粮食之价,以偷盗法判断,受贿则

---

① 《辽史》卷一三,《本纪第十三·圣宗四》;卷九十,《列传第二十·萧陶隗》;卷一百十,《列传第四十·奸臣上·耶律乙辛》;卷一百十一,《列传第四十一·奸臣下·萧图古辞》;卷一百十,《列传第四十·奸臣上·张孝杰》;卷二十四,《本纪第二十四·道宗四》。

② 吴广成撰,龚世俊等校证:《〈西夏书事〉校证》卷三十六,甘肃文化出版社1995年版,第422页。

与枉法贪赃罪比较,从重者判断"。① 上述西夏惩贪的法律也表明西夏中后期,贵族、官吏贪贿的情况是比较严重的。从《西夏书事》与《天盛律令·贪状罪法门》等史料可知,西夏贵族、官吏贪酷的手段主要也是贪污、受贿财物与违法经商等。

4. 金代的贪贿状况

女真族兴起之初,是依据作为财富象征的占有奴隶和牲畜的多少来确立对土地的占有权,聚敛财富的手段主要是军事掠夺,因而,金初文献中少见关于当时贵族、官吏贪污受贿的记载。同辽、西夏政权一样,见于记载的金朝官吏的贪腐主要是从其封建化的过程中开始的。同时,由于金朝对范围较广的中原地区统治时间较长,故金朝中后期官吏贪污腐化的现象更为严重。

金朝中后期,官吏贪酷祸民之事,史书多有记载:"国朝自大定通检后,十年一推物力,惟其贵简静而重劳民耳。……(如每岁)检括之时,县官不能家至户到,里胥得以暗通货赂,上下其手,虚为文具,转失其真。"②而且,"自金人入中原,凡官汉地者,皆置通事,高下轻重,悉出其手,得以舞文纳贿,人甚苦之。燕京留守尼楚赫,以战多贵,而不知民政。有僧讼富民逋钱数万缗,通事受贿,诡言久旱不雨,僧欲焚身动天,以苏百姓。尼楚赫许之,僧号呼不能自明,竟以焚死。"③金朝官吏中贪污、受贿、勒索等腐败状况已到相当严重的程度,正如金宣宗朝御史台令史刘炳所言:"今众庶已弊,官吏庸暗,无安利之才,贪暴昏乱,与奸为市,公有斗粟之赋,私有万钱之求,远近嚣嚣,无所控告。"④

金朝官吏的贪贿形式花样百出,行贿受贿者,既有大小官吏,又有皇亲国戚,甚至皇妃也参与其中。受贿者多为贪财,行贿者的目的也不外为了

---

① 《天盛改旧新定律令》卷一,《失孝德礼门》,法律出版社2000年版,第115页;卷十五,《纳领谷派遣计量小监门》,第513页。
② 《金史》卷一百七,《列传第四十五·高汝砺》
③ 李心传:《建炎以来系年要录》卷十八,"建炎二年十二月戊寅",文渊阁四库全书本,乾隆四十七年刊本,第32—33页。
④ 《金史》卷一百六,《列传第四十四·刘炳》。

升官、发财或是为了免罪。金章宗时,许多官吏以行贿手段"托亲王、公主奴隶",以便于"占纲船、侵商旅及妄征钱债";或以官府的名义,高利放债,损公肥私,"利息重者至五七分,或以利为本,小民苦之",有的被迫"以人身折还债责"。甚至朝中大臣为柄权而贿赂皇妃,据记载,尚书右丞胥持国,在金章宗"初,李妃起微贱,得幸于上。持国久在太子宫,素知上好色,阴以秘术干之,又多赂遗妃左右用事人。妃亦自嫌门地薄,欲藉外廷为重,乃数称誉持国能,由是大为上所信任,与妃表里,笼擅朝政"。①

朝廷重臣尚且如此,州县地方官"以权势自居,喜怒自任,听讼之际,鲜克加审。但使译人往来传词,罪之轻重,成于其口,货赂公行,冤者至有三二十年不能正者",更是不绝于缕。金末,贪污受贿、放债营息、"拘括地土牛具"、"括粟、阑籴,一切掊克之政靡不为之";官吏中有腐败者,"则责偿于民。岁既久,官吏囊橐为奸,民殊以为苦"。② 从历史上看,贪污腐败的结果害民、误国。

5. 南宋时期的贪腐状况

南宋王朝一百五十余年间,虽仅统治半壁江山,但其腐败程度较北宋有过之。官吏贪污受贿、苞苴馈送、违法经商,北宋有的贪腐弊端,南宋皆备而厉。宋高宗年间,贪腐现象非常严重,当时"循良者十无二三,贪残昏谬者常居六七"。南宋贪官污吏载于史籍者不计其数,著名者如秦桧、冯益、陈永锡、康谞、曾觌、龙大渊、王抃、张去为、王继先,等等。到宋理宗时,贪官污吏更是"布满天下"。

(1) 贪污贿赂成风

官员贪贿成风,吏治腐败透顶,是北宋迅速灭亡的重要原因之一。南宋直承北宋弊政,贿赂公行,习以成风,"重以贪吏肆虐,政以贿成,监司牧守,更相馈遗,戎帅所驻,交贿尤腆,而诸司最多之处抑又甚焉"。

著名贪官王继先是高宗朝医官,"建炎初以医得幸,其后浸贵宠,世号

---

① 《金史》卷九,《本纪第九·章宗瓒一》;卷五十七,《志第三十八·百官三》;卷一百二十九,《列传第六十七·佞幸·胥持国》。
② 《金史》卷四十五,《志第二十六·刑》;卷四十六,《志第二十七·食货一》。

'王医师'",他"奸黠善佞",受宠期间大肆贪污敛财,以致"富埒王室,子弟通朝籍,总戎寄,姻戚党与盘踞要途,数十年间,无能摇之者"。殿中侍御史杜莘老上奏弹劾:"继先过恶,臣特举其大者,如此,余虽擢发,实未足数。……今市井之人,则怨其强夺妇女;商贩之民,则怨其侵渔财利;乡村之人,则怨其吞并田产;至于士大夫,则怨其扶持权势,请托无厌。……其罪恶贯盈,王法实不容恕。……将本身及其子孙冒受官爵,尽行褫夺,其第宅、财物、田产,皆民之脂膏,及赃污货赂所积,乞委临安府及诸州所属,尽行检括,籍没入官。"尽管王继先已闻风转移了部分财产,但他被参倒后,"放还良家子为奴婢者凡百余人。籍其资以千万计,鬻其田园及金银,并隶御前激赏库,其海舟付李宝,天下称快"。① 王继先不过一获宠御医,尚且如此,可见史书所载当时"士大夫奉公者少,营私者多;徇国者希,谋身者众"②之一斑。

南宋后期,贪官、奸相丁大全、贾似道之流,使朝廷上下贪风更盛。史载,丁大全"奸回险狡,狠毒贪残,假陛下之刑威以箝天下之口,挟陛下之爵禄以笼天下之财"。其党羽也多仿效之而行苛敛之政,"初,大全以袁玠为九江制置副使,玠贪且刻,逮系渔湖土豪,督促输钱甚急";丁大全"知淮西,总领郑羽富甲吴门",后因有隙,丁大全设计"籍其家,贪其财"。贾似道当权期间,政治败坏,"一时正人端士,为似道破坏殆尽。吏争纳赂求美职,其求为帅阃、监司、郡守者,贡献不可胜计。赵溍辈争献宝玉,陈奕至以兄事似道之玉工陈振民以求进,一时贪风大肆"。南宋朝廷败坏如此,上行下效,"大胥小吏亦莫不然,多者至数万缗,少者不下千百数"。③

---

① 李心传:《建炎以来系年要录》卷一百九十二,"绍兴三十一年八月辛亥",文渊阁四库全书本,乾隆四十七年刊本,第6—9页;《宋史》卷四百七十,《列传第二百二十九·佞幸·王继先》。

② 徐梦莘编:《三朝北盟会编》卷一百二十,上海古籍出版社1987年版,第876—881页。

③ 《宋史》卷四百七十四,《列传第二百三十三·奸臣四·丁大全、贾似道》;王庭珪:《与胡待制书》,《卢溪文集》卷二十七,文渊阁四库全书本,乾隆四十七年刊本,第7—11页。

南宋"政以贿成",综合表现为行政、民政、军政与司法腐败。著名思想家陆九渊等人指出:"今风俗弊甚,狱讼烦多,吏奸为朋,民无所归命,曲直不分,以贿为胜负……吏人自食而办公事,且乐为之,争为之者,利在焉故也。故吏人之无良心,无公心,亦势使之然也。"这说明当时各级官吏贪污受贿者飞黄腾达,不同流合污者遭受排挤压抑,官吏"以贪渔为常,牟贼其民,慢视厥职,弗以经意。而方絜之士,饰躬自将,挺然不徇流俗者,又沉滞下僚,壅于闻达,薰莸不同,反罹訾毁。部使者罔克闻知,奉诏宣化,如此岂不谬哉。方今国家少事,徭役不兴,兵革不作,而民多贫困失职,厥咎安在,是廉吏不兴,而贪吏未去也"。① 由于贿赂公行,多年来,南宋社会不复有公道,国家不复有法治,社会伦理混乱,纪纲隳废,"仕者胺削民财以奉权臣,则美官可翘足而待;兵官克剥士卒以媚权臣,则将帅可计日而取,民力益竭,军政大坏"。官吏贪污受贿,营私舞弊,损公肥私,而广大百姓则痛苦不堪,且无法申诉冤狱。如"去年韩少师(世忠)兵驻江西,半年费金谷仅二百万缗。朝廷初许通支诸司财物,转运司执不与,密谕郡县,一切横敛,惟务取办,急于星火。聚敛之吏承望风旨,因缘生奸,百姓剥肤及髓,至坏屋庐,卖瓦木以应。且一县科率不下数十万,公吏邀丐,亦复称是,供军之余,浩浩入赃吏之家,用之如泥沙。不惜少有败露,则纳以重贿,上下相影援。冤民叫号,无复雪诉"。②

南宋时期,贪官污吏不仅行贿受贿,还大肆索贿。南宋时人就曾指出:"方今郡县之间,为民之害者,莫大于公人。无赖不逞之徒,散出乡村,乘威怙势,恐喝良善,小邀酒食,大索货财,秋取稻禾,夏求丝麦,稍不如意,鞭蛰随之。民之畏怖,甚于盗贼,而郡守、县令不知禁戢。又征税场务私人猥多,皆鲜衣美食,肤体充盈。"③当时的社会,可以称得上是"赂相浊乱,贪焰烁天,奸

---

① 陆九渊:《与赵推》,《象山集》卷八,文渊阁四库全书本,乾隆四十七年刊本,第10—11页;洪适:《令监司举廉吏诏》,《盘洲文集》卷二十五,文渊阁四库全书本,乾隆四十七年刊本,第2页。
② 王庭珪:《与宣谕刘御史书》,《卢溪文集》,文渊阁四库全书本,乾隆四十七年刊本,第5页。
③ 王之望:《荆门军替回论禁约公人下乡奏议》,《汉滨集》卷五,文渊阁四库全书本,乾隆四十七年刊本,第7页。

尹贪婪,聚敛成市"。

(2)苞苴馈送横行

苞苴,是南宋时期官吏贪贿的一种较为普遍的新现象,又称"馈送"、"送遗",即官吏并非用自己私人的钱财,而是动用公款请客送礼。朱熹称这是"将官钱胡使","为自家私恩","凡所送遗,并无定例,但随意所向为厚薄。……有时这般官员过往,或十千,或五千……随其高下多少与之",官吏不用花自己一文钱,便为自己买来了情面,织就了官场上的关系网。它还表现为官吏之间互送,小官送大官,下级送上级,官吏们塞满了腰包,只是"多支公帑",而搜刮的民脂民膏或多支用的国库财物,最终成为贪官污吏的私钱,即所谓"私县官之赃以自入"。①

北宋中期就已出现苞苴,只不过还不是一种普遍现象。范仲淹曾指出:"今之县令,循例而授,多非清识之士,衰老者为子孙之计,则志在苞苴,动皆循己;少壮者耻州县之职,则政多苟且,举必近名。"当然,北宋时期关于苞苴的记载还较少,而到南宋时期苞苴渐趋普遍,至南宋中后期苞苴已为"成例",各级官署几乎"皆例册外"有一笔公款,"别立名目,以为馈送"。尤其是韩侂胄当政之后,"贿赂盛行,四方馈遗,公至宰执、台谏之门,人亦不以为讶"。由此,南宋时期,官吏不仅"多为苞苴,遍遣权要",而且手段花样翻新:官员之间,迎来送往有馈送,生辰忌日有馈送,"但变换名目,多是做忌日,去寺中焚香,于是皆有折送,其数不薄。间有甚无廉耻者,本无忌日,乃设为忌日焚香以图馈送者"。甚至官场上下视有关禁令为无物,"如不许州郡监司馈送,几番行下,而州郡监司亦复如前"。②

南宋时期,官员苞苴之赃数十分惊人,"计其所得,动辄万缗","公苞苴之赃以自富"。据《建炎以来朝野杂记》记载:当时,扬州一地的苞苴专款,仅见

---

① 朱熹:《朱子三·外任》,《朱子语类》卷一百六,文渊阁四库全书本,乾隆四十七年刊本,第6页;杨万里:《千虑策·民政下》,《诚斋集》卷九十,文渊阁四库全书本,乾隆四十七年刊本,第28—32页;《千虑策·驭吏上》,《诚斋集》卷八十九,第33页。

② 佚名:《两朝纲目备要》卷八,"宁宗嘉泰三年至开禧元年",文渊阁四库全书本,乾隆四十七年刊本,第4—7、21页;朱熹:《朱子三·外任》,《朱子语类》卷一百六,第7—31页。

于账簿的便达十二万贯之多;江浙各州每年都要向中央各部官员送酒,一年送五六次,每次数千斤之多;淳熙年间,平江知府王仲行用公款请客,一桌席就花费一千多贯钱;"成都三司互送,则一饭之费计三千四百余缗。建康六司乃倍之",诸如此类,不可胜数。南宋后期,尽管朝廷屡屡申严互送之禁令,因吏治废弛,苞苴之风反而越发严重,"苞苴有昔所未有之物……有不可胜穷之费",苞苴数额也更加惊人,祸害无穷。①

(3) 利用权力违法经商现象严重

南宋时期,官吏依仗权势违法经商牟利的现象比北宋更严重。当时,在上者至宰相、皇亲国戚,"专以商贩为急务",甚或"托肺腑之亲,为市井之行;以公侯之贵,牟商贾之利。占田畴,擅山泽,甚者发舶舟,招蕃贾,贸易宝货,糜费金钱";而在下者之小官胥吏,违法经商贩卖者,更是无奇不有,甚至"远僻白屋士人,多是占户为商,趋利过海",漂洋过海到海外去一显博利之身手。

南宋时,不仅大量文臣参与违法经商赚钱,武将也热衷此道;不少理财官为国家理财无能,为自己发财却很有门道。南宋初年,户部尚书张悫身为朝廷掌管财政的最高长官,自设酒肆、经营邸店,在街头卖酒营利。当时,武将经商之风更甚。史载,武将们派遣兵将"伐山为薪炭,聚木为牌筏,行商坐贾,开酒坊,解质库,名为赡军回易,而实役人以自利"。甚至曾任枢密使的南宋四大将之一的张俊,也以"尤善治生"著称,他役使士卒在杭州"作酒肆名太平楼",又派人到海外贸易,"获利几十倍",而成为当时的一大富翁,但他役使兵丁劳作,"既苦楚,又有费用,人皆怨之",故当时人称他为"钱眼内坐",给他取了个"铁脸"的绰号,"军中戏曰:'韩太尉铜脸,张太尉铁脸。'世谓无廉耻不畏人者为铁脸也"。宋孝宗时,有的将领居然把大批官兵差派出外经商,走时借给本钱五千,"回日却要一十五千"。将领刘宝就将其所辖下士兵的半数以上用于回易经商,以至"入队者不及其半",造成军纪败坏、军队战斗力大大

---

① 李心传:《建炎以来朝野杂记》乙集卷十二,《御笔严监司互送之禁》,中华书局2000年版,第695页;《宋史》卷四百一十一,《列传第一百七十·蒋重珍》。

减弱。①

南宋时期,同北宋一样,不法商人交结权贵,以牟取暴利;贪官污吏勾结富商,以贪图横财。南宋初期,有的官员乘纲运之便,"附带回易,科差人船,民被其扰"。宋孝宗时,台州知州唐仲友不仅接受财物贿赂"不可胜计","又抑勒人户卖公使库酒",并开设彩帛铺、鱼鲞铺和书坊等。他不但经营商业,还经营手工业,在彩帛铺中又设手工作坊,"机织、货卖",同时,他"关集刊字工匠在小厅侧雕小字赋集,每集二千道,刊板既成,搬运归本家书坊货卖"。此外,官户还依仗权势经营高利贷。宋孝宗时,福建路转运判官、宗室赵师垂"倚势作威,颐指州县,恐吓细民,强占其田,又强付钱本以责利息"。高利贷的利息惊人,许多官商因此而暴富。当时有人就曾指出:"典质之家至有月息什而取一者;江西有借钱约一年偿还而作合子立约者,谓借一贯文约还两贯文;衢之开化借一秤禾而取两秤,浙西上户借一石米而收一石八斗。"官户经商,凭借权势,违法犯禁。宋理宗时,赵彦满"载盐六巨艘,越采石径过,津吏方欲谁何,彦满即以竹枪戳伤军人,几死"。宋代官员为经商者"曲为覆护免税","从而要索重价",以致宋宁宗时期长江沿江商税较往年"所收十不及四五,推原其由,皆士大夫之贪黩者为之"。②

(4)搜刮羡余,勒索下马钱、发路钱、折送钱、特送钱等,贪贿手段层出不穷

北宋初年,一些地方贪官污吏就开始将科配的物品作为"羡余"进献朝廷,同时从中贪污肥私。开宝八年(975年)五月,知桂阳监张侃揭发其三个前任兵部郎中董枢、右赞善大夫孔璘、太子洗马赵瑜等皆"隐没羡银",尤其是孔璘"在官累月,得羡银数十斤,虽送官而不具数,计枢与璘所隐没多

---

① 李心传:《建炎以来系年要录》卷一百六十三,"绍兴二十二年九月癸卯",文渊阁四库全书本,乾隆四十七年刊本,第26页;卷一百九十三,"绍兴三十一年十月庚子",第1—5页;庄绰:《铜脸铁脸》,《鸡肋编》卷下,中华书局1983年版,第92页。

② 徐松辑:《宋会要辑稿》第一百一册,《职官七二之四六、二九》,中华书局1957年版,第4011、4002页;朱熹:《按知台州唐仲友第三状》,《朱子全书·晦庵先生朱文公文集》卷十八,上海古籍出版社、安徽教育出版社2002年版,第830、835—836页;袁采:《袁氏世范》卷下,文渊阁四库全书本,乾隆四十七年刊本,第23页;徐松辑:《宋会要辑稿》第一百三十册,《食货一八之二五》,第5120页。

矣"。这种情况日渐突出,以致宋太祖在乾德年间就曾下诏,令"诸路监司、郡守不得非法聚敛,并缘申请,妄进羡余,违者重置典宪,令御史台觉察弹奏"。①

南宋时,进献"羡余"之风更盛。宋孝宗多次申严羡余之禁令,违者从重论罪。但积弊难除,"是皆为将帅者巧为名色,头会箕敛,阴夺取其粮赐以自封殖,而行货赂于近习,以图进用。彼此既厌足矣,然后时以薄少,号为'羡余',阴奉燕私之费,以嫁士卒怨怒之毒于陛下"②。此外,南宋官吏贪腐手法花样"常新",枉法贪赃的手段千奇百怪,故朱熹指出:"古者刻剥之法,本朝皆备。"③南宋宁宗时,各路监司派属官"分布四出,惟利是图,馈遗既足,他皆不问,曰下马钱,曰发路钱,曰折送钱,曰特送钱,批胜既足,则又有夫脚钱","稍不满欲,多端罗织。其间或有不法事件,不过增加馈遗,虽有过愆,置而不言"。可见,这些花样已成为当时官吏贪刻肥己、索贿受贿、苞苴馈送的一种"公例"了,以致贪官"多富贵",南宋奸相秦桧就是代表。史载,秦桧"喜赃吏,恶廉士","贪墨无厌,监司、帅守到阙,例要珍宝,必数万贯乃得差遣。及其赃污不法,为民所讼,桧复力保之,故赃吏恣横,百姓愈困。腊月生日,州县献香送物为寿,岁数十万,其家富于左藏数倍"。④一个宰相的家财,竟超过宋代三大国库之一的"左藏"数倍,显然贪污受贿、非法聚敛财物,已成为南宋官员积聚财富的重要手段,当时这类贪官污吏难以数计,这样的王朝焉得不亡!

---

① 李焘:《续资治通鉴长编》卷十六,"开宝八年五月壬申",上海古籍出版社1985年版,第1册,第130页;徐松辑:《宋会要辑稿》第一百六十六册,《刑法二之一五九》,第6575页。
② 朱熹:《戊申封事》,《朱子全书·晦庵先生朱文公文集》卷十一,上海古籍出版社、安徽教育出版社2002年版,第595页。
③ 朱熹:《论兵》,《朱子语类》卷一百十,文渊阁四库全书本,乾隆四十七年刊本,第7页。
④ 徐松辑:《宋会要辑稿》第一百六册,《职官七九之二四》,中华书局1957年版,第4221页;李心传:《建炎以来系年要录》卷一百六十九,"绍兴二十五年十月丙申",文渊阁四库全书本,乾隆四十七年刊本,第26—28页。

二、两宋时期的贪腐成因及其危害

1. 贪贿成风的原因

中国古代社会贪污腐败的土壤基本相似,但不同王朝、每一王朝各时期的政治清廉或贪浊状况又有差别,这就显然与当时的人治状况,与立法和监察制度,以及执法状况等密不可分。宋辽夏金时期,贪污腐败的出现当然有其滋生的社会土壤,而赃吏日多、贪风日盛的主要原因还有:专制统治者的姑息放纵;恩赦制度的滥用,有法不依,执法不严;监察制度的失效和胥吏制度的缺陷,等等。

(1) 姑息赃吏、放纵贪腐

北宋初年,官宦破落之家出身的太祖、太宗,对五代时期官吏的贪赃害民有切肤之痛,对惩治贪官污吏也曾不手软。但是,专制统治者"一姓之私利"的根本出发点是自己皇位的稳固问题,总认为贪污受贿是疥癣之疾,没必要大动干戈,特别在宋初,刚刚经历过"五代方镇残虐,民受其祸",皇帝的着眼点在于武臣拥兵割据才是赵宋政权的最大威胁。而文臣无兵,即便都有贪浊行径,皇帝认为也不会危及自己的政权,这就是宋太祖所说:"朕今选儒臣干事者百余,分治大藩,纵皆贪浊,亦未及武臣一人也。"正是在这种统治思想的指导下,宋代皇帝对武臣防范极严,对割据之图谋多严惩不贷;而对文臣贪赃,宋太祖、太宗等虽对一般官吏时有严惩,但对亲近者则多姑息迁就,甚至枉法纵容。宋太祖这话是在开宝五年(972年)对宰相赵普说的,而赵普深窥天机,放胆贪污受贿。史载,"太祖时,赵韩王普为宰相,车驾因出,忽幸其第。时两浙王钱俶,方遣使致书及海物十瓶于韩王,置在左庑下。会车驾至,仓卒出迎,不及屏也。上顾见,问何物,韩王以实对。上曰:'此海物必佳。'即命启之,皆满贮瓜子金也。韩王惶恐……上笑曰:'但取之,无虑。彼谓国家事皆由汝书生耳。'因命韩王谢而受之。"①宋太祖出于其政治目的,认为赵普为首

---

① 司马光:《涑水记闻》卷三,文渊阁四库全书本,乾隆四十七年刊本,第1页。

的文官越是贪婪,越表明在政治上不会有与朝廷分庭抗礼之心,故允许赵普"取之",但这毕竟是徇私枉法之举,它势必为后来的统治者所效仿,为后世贪污之风的猖行推波助澜。皇帝对近臣的庇护使大官无所顾忌,小吏必仿而效之,势难禁绝,所谓"驭吏之难,莫急于禁赃吏……大吏不正而责小吏,法略于上而详于下,天下之不服固也"①,最终只会导致整个国家机器的腐败与贪官污吏的横行。

宋真宗时,惩治贪官污吏之法,改变"犯赃除名,配诸州"的规定,不仅可以放还,还允许"叙理"、分等进用。大中祥符七年(1014年)三月,真宗又下诏规定自今诸州官吏有罪,只要在败露前"恐为人所诉,即投牒自首,虽情状甚重,亦以例免",便可一切不问。宋朝廷的姑息纵容,使贪官污吏有恃无恐,宋真宗也不得不承认:"官吏犯赃者多,盖朝廷缓于惩戒。"②宋仁宗则因数度对赃吏持宽宥政策,屡行宽典,故大小官吏竞相贪污肥私,以至稍有良知的官员都看不下去,景祐四年(1037年),侍御史知杂事庞籍上疏专论吏治的弊端,指出:"近年贪吏益众,盖由宽法所致。"③

由于宋神宗朝君臣一致革新变法,宋孝宗希望励精图治,范仲淹力主整顿吏治,因此都曾采取过一些惩贪措施以肃吏治,但随着改革进程中出现以改革之名搜刮百姓的现象,特别是改革的失败,一些贪官借机变本加厉。北宋末年,吏治大坏,"六贼"当道,贪风猖獗,大小官吏的贪赃枉法登峰造极。此后,南宋君臣偏安江南,过着醉生梦死的苟安生活,对赃吏的姑息,对贪腐的放纵,更甚于北宋。绍兴七年(1137年)九月,浙东永嘉令李处谦坐赃当处绞刑,"特贷死,籍其赀,自是以为例"④。这是宋高宗以诏令形式确认,成为

---

① 杨万里:《千虑策·驭吏上》,《诚斋集》卷八十九,文渊阁四库全书本,乾隆四十七年刊本,第32—35页。
② 李焘:《续资治通鉴长编》卷八十二,"大中祥符七年三月己亥",上海古籍出版社1985年版,第1册,第720页;卷八十五,"大中祥符八年闰六月癸巳",第1册,第748页。
③ 杨士奇等编:《历代名臣奏议》卷一百八十七,文渊阁四库全书本,乾隆四十七年刊本,第31—34页。
④ 李心传:《建炎以来系年要录》卷一百十四,"绍兴七年九月丙戌",文渊阁四库全书本,乾隆四十七年刊本,第26页;卷一百四十四,"绍兴十二年三月",第16—21页。

官吏以赃物、资财折抵其罪而无处死之虞的判例,这更使赃污官吏明目张胆,贪赃受贿。有鉴于此,宋孝宗励精图治,曾针对这种日趋严重的贪污腐败状况,恢复了对"赃罪至死者"的刺配之法,取得一定成效。无奈宋代贪贿之风积重难返,直至南宋后期愈演愈烈。

两宋时期,虽对贪贿赃吏屡颁禁令、严申敕法,但因对皇亲近臣多加回护,对中下级官吏也越来越宽纵,重律同于空文,"贪猥之徒,殊无畏惮",成为宋代赃吏禁而不治、贪贿成风的重要原因。

(2)滥用恩赦制度

秦汉以来,古代中国形成了恩赦的定制,国家每有庆典(如新帝登位、亲政、改元、建储、皇上婚典、立后、生太子、郊祀)或遇皇帝驾崩、重大灾异变乱时,朝廷常依例颁诏赐赦。宋代恩赦的种类主要有大赦、曲赦和德音。

所谓大赦,即"大赦者,不以罪大小,皆原"。

所谓曲赦,"其或某处有灾,或车驾行幸,则曰赦某郡已下,谓之曲赦"。

所谓德音,"复有递减其罪,谓之德音者,比曲赦则恩及天下,比大赦则罪不尽除"。[1]

此外,宋代在皇帝"录囚"或遣使"虑囚"时亦多有赦免。宋孝宗隆兴元年(1163年)四月诏令,把"每岁盛暑,合虑囚徒",即每年五月下旬的"虑囚"范围由京师近郊扩展到全国各地;宋宁宗时,又在一年一度盛夏(五月下旬)"虑囚"外,增加了冬季(十月下旬)一次"虑囚"。[2] 宋代从太祖时就一改汉唐多年不定期的郊祀恩赦为三年一次的"常制",从而使恩赦的种类和次数都大大超过了前代。

恩赦之制,对于含冤获罪、无辜入狱的百姓或愿意改过自新的犯人,自然有其积极意义,但对怙恶不悛、罪大恶极者和深知官场情伪、惯于逃脱法网的赃吏惯犯来说,却易成助纣为虐之乱法。宋初虽有"十恶、故劫杀、官吏受赃

---

[1] 王应麟:《诏令·赦宥》,《玉海》卷六十七,文渊阁四库全书本,乾隆四十七年刊本,第1页。
[2] 徐松辑:《宋会要辑稿》第一百六十九册,《刑法五之三九、四六》,中华书局1957年版,第6689、6692页。

者不原"、"官吏犯赃,勿以赦原"的规定,但在实践中,随着宋代恩赦之制滥用,以至宋代有时对犯赃罪的贪官污吏判罪虽重,但只要不被处死,赦令一下,死罪减免,重罪轻判,决刺者也能放归,经过几次宽赦宥刑后,就能逍遥法外,甚至成为配吏或重新异地为官,有卷土重来、变本加厉的可能。结果,自然会造成法制废弛,纲纪败坏,"猾吏贪纵,大为奸利,悍民暴横,侵侮善良,百千之中,败无一二。幸而发露,率皆亡匿,不过周岁,必遇赦降,则晏然自出,复为平人。往往指望,谓之'热赦'。使愿悫之民愤邑惴恐,凶狡之群志满气扬"。① 频繁的恩赦,只会给那些关系网中的奸猾赃吏以逃脱法网的可乘之机。

(3) 姑息之政——有法不依、执法不严

宋代贪贿之风盛行的重要原因之一,就是有法不依,执法不严。宋朝廷姑息赃吏、放纵贪贿,就是有法不依、执法不严的主要表现之一。有法不依,执法不严,还表现在官吏相互勾结,彼此包庇,违法不纠,有罪不惩;或重罪轻罚,或曲法全礼,罪同而罚异,因官职大小有别,宗法亲疏有差,等等,不一而足。

宋初,为祛除五代贪官恣横之弊,在防范官吏违法贪贿上采取了一系列严密措施,但一些官吏不守法自律,甚至在贪欲的驱使下无视诏令法规。对于各种贪赃行为,宋朝廷详定惩贪治赃之刑罚律令进行制裁。但宋代在惩治贪官赃吏中发生了由严到宽、由重而轻的明显变化,导致多数时期许多地方贪贿泛滥。执法不严之事在宋代史书中屡见记载。宋王朝从维护官僚士大夫的尊严和荣辱观念出发,受"刑不上大夫"的传统思想影响,自仁宗朝开始逐渐改变了宋初严惩贪墨之罪的法律规定,由最初命官坐赃当死变为可以钱财抵命,到天圣八年(1030年),当监翰林司阁门副使郭承祐"免真刺编管"之后,命官犯罪再无黥杖之刑。同一时期,重罪轻罚、罪同而罚异者不在少数。宋太宗淳化二年(991年),监察御史知晋州祖吉和王维受赃枉法,数额巨大,祖吉依法被处死;而王维因系参知政事王沔母弟,只被判杖于私室,仍领定远

---

① 司马光:《论赦及疏决状》,《司马光集》卷一八,四川大学出版社2010年版,第533—534页。

主簿之职。绍兴二十七年(1157年),南宋知处州邹栩犯赃罪,依法应处极刑,因邹栩系哲宗朝名臣邹浩子孙,结果被枉法"特免真决而编管"。南宋中期的孝宗淳熙九年(1182年),著名思想家朱熹在出任提举浙东路常平茶盐公事的第二年,曾六次弹劾台州知州唐仲友种种恶行,揭露他"差官非法估没人户财产"、"私收盐税"、"卖公使库酒"、"妄行支用公库钱物"、"贪污淫虐"、"接受财物贿赂,不可胜计"等"不公不法之事",然因唐仲友的亲家、当朝宰相王淮的庇护,此案仅以唐仲友去官回乡而终结,不久唐仲友又易地任官。①

在宋代,因官官相护,而对贪贿违制行为有法不依、违法不纠、执法不严的情况屡见不鲜。宋真宗、仁宗时期被称为"五鬼"的王钦若、丁渭、林特、陈彭年、刘承规,宋徽宗时期被称为"六贼"的蔡京、王黼、童贯、梁师成、李彦、朱勔,以及杨戬、高俅等人,权倾一时,相互勾结,罔上欺下,骄奢淫逸,贪污受贿,无恶不作,长期得不到法律的制裁。而一些对他们的违法贪贿罪行进行检举、揭发的士人,却受到非法的打击与迫害。宋仁宗朝侍御史知杂事庞籍在他那篇专论吏治弊端的上疏中指出:"先帝深疾赃污,如法严戒,一经黜削,不复齿用。近年贪吏益众,盖由宽法所致。向来以赃废弃者,既获甄叙,又降敕不许按察之官召人告首,自此贪心益固,自谓得时。"②自北宋中期以后,由于对"不肖官吏之非法横取,盖已不甚深求",以致出现"廉吏十一,赃吏十九"的危局。

(4)监司失察,背公营私之恶果

北宋时期,为稳固统治,防范官吏徇私舞弊,从中央到地方建立了一整套监察机构,制定了相对明确的督察责任,形成较为完备的监察体系。因此,监司是否依法行政,是关系到政治清明、吏治清廉与否的重要因素。北宋初,监

---

① 李焘:《续资治通鉴长编》卷三十二,"淳化二年三月己巳",上海古籍出版社1985年版,第1册,第272—273页;朱熹:《按知台州唐仲友第一状至第六状》,《朱子全书·晦庵先生朱文公文集》卷十八、十九,上海古籍出版社、安徽教育出版社2002年版,第825—868页。

② 杨士奇等编:《历代名臣奏议》卷一百八十七,文渊阁四库全书本,乾隆四十七年刊本,第31—34页。

察机构多能正常发挥作用。有宋一代,也不乏清廉正直的监察官员。如北宋中期的清官包拯,实为廉正官吏的典范。但在专制政治日益腐败、贪赃之风愈刮愈盛的宋代官场,仅靠几个正直自律、奉公执法的监察官员是无力扭转局势的,这也从另一面说明从宋真宗、仁宗朝开始,大小官吏"托公徇私,诛求百姓",甚至监司也"背公自营,倚令搔众",忙于贪赃枉法,对贪官污吏更"坐视漫不省察"。故宋代吏治之腐败,可想而知。

南宋时期,朝廷虽屡申监司严惩赃吏之法,更以监司弹劾罢去的赃吏多少作为赏罚之标准,但贪赃之风已成一种巨大惯性的恶势力。造成监司不察、背公自营,"权臣之末,货赂公行",惟"以惨刻聚敛为务",以致贪风更盛的主要原因:其一,官吏贪赃枉法,即便被"监司、台谏按发,不过放罢。前之行遣,既不究实,后之辨雪,遂得有辞","时蜀人有为总计及典方面者,坐过例馈送各数万缗,皆停官"而已①,导致监司缺乏纠察贪赃枉法行为的积极性,更不愿意因纠举贪贿而引火烧身。其二,南宋朝廷对监司的制约做得不好,成为监司依法履行职责的羁绊。朝廷虽屡诏监司严禁赃吏,但"今也上之操置监司,又甚于监司之操置州郡,紧紧恐其擅权而自用,或非时不得巡历,或巡历不得过三日,所从之吏卒,所批之券食,所受之礼馈,皆有明禁。……且不责其大而姑禁其细。……故监司弛惰,人反以为宽大,上亦以为知体;监司之举职,人反以为侵权,上亦以为生事",本来限制监察权力的过大和滥用是合理的,但限制过苛过细,以致监司执法艰难,结果就是反贪法律徒具虚文。其三,南宋朝廷有意限制监察职能,加之监察机构和人员本身的弊端,"不以法治、不以义举之权付之,而使监司之所操者,在州郡之下矣","是监司之不法不义反甚于州县。故今之为州县者相与聚而嗤笑监司之所为"。② 其四,监司为自身利益,利用其特殊地位与条件,为罗致关系网而徇私枉法。宋人就曾指出,"监司既庇其守令,则并庇其胥",他们互相勾结利用、互相包庇,以求获

---

① 李心传:《建炎以来朝野杂记》甲集卷六,《监司郡守至官交割库金》、《建炎至嘉泰申严赃吏之禁》,中华书局2000年版,第145、147—148页。
② 叶适:《监司》,《水心集》卷三,文渊阁四库全书本,乾隆四十七年刊本,第35—36页。

取高位,所谓"监司守令,攘公盗民,以求美迁"。如某郡守当"为台谏也,则监司惧其复为台谏而有所击,至于县令之与在朝某官有姻有旧者,皆不敢问"。正是在这种复杂的权势和关系网络中,监司为了自身的利益,对官吏枉法犯赃不愿或不敢过问。结果,"朝廷以监司为可信,安知其不可信"。[①] 监司的这种渎职行为,直接导致了贪官难治、赃弊不治等腐败现象像瘟疫一样蔓延。

对于宋代监司在肃贪正吏中的作用,"台谏急则监司警,监司警则郡县肃"的记载也屡有所见。可知,监司官吏是否正直廉洁、尽职尽责、依法行政,直接关系到政治清明、吏治廉浊。

2. 两宋时期贪腐的危害

宋代官吏不论是监守自盗、虚报冒领、挪用侵占、以贱换贵,还是假公济私、营私舞弊、多受馈遗、隐产逃税、匿租肥己,抑或以低价租赁官府财产、役使官府人力畜力、以职权谋取其他各种私利等,其结果都是侵占国家财产,损害国家利益。宋代官吏的贪赃枉法,还侵犯百姓的财产利益。贪官污吏多是利用合法的身份在执行公务时借故刁难勒索广大百姓,或非法以次充好、强买强卖,或侵占、兼并土地,或打着官府的旗号"和买科卖"、舞弊坑民,或对无辜百姓肆意科罚、任意剥削,或强迫民众馈送钱物,或随意役使百姓人力与畜力,或利用职权低价购买、租赁、雇佣百姓的财物或人力、畜力。宋代官吏的贪刻勒索一直是普遍严重的社会痼疾,"吏之所得,非官司欺弊,则掊民膏脂",造成国家与百姓利益大量丧失的,自然是无数贪官污吏的枉法徇私,营私自肥。在长达三百余年的时间内,给赵宋王朝带来了严重的危害。

其一,官吏大批贪赃枉法,严重危害宋王朝的统治基础及其效能。司马光曾指出,"近年以来,风俗颓弊……是致下情蔽而不上通,上恩壅而不下达……公私两困,盗贼已繁",各级官吏贪贿营私、化公为私、损公肥私,甚至掌理天下财政大权的三司人吏公开贪污受贿,"三司掌天下利柄,人吏公然作过,上下蒙昧,隐盗官物,其因事发觉者,百无一二",将大量的国家财税与实

[①] 杨万里:《千虑策·民政中》,《诚斋集》卷九十,文渊阁四库全书本,乾隆四十七年刊本,第27—28页。

物收入,归为己有或侵占挪用,以致国家财政收入"无故亏欠者,比比皆是"。① 王安石也认为,当时"政事所施,未可谓能合法度。官乱于上,民贫于下,风俗日以薄,才力日以困穷",大量的国家财物成了贪官污吏的私产,以至宋王朝"民贫财匮",在本质上削弱了中央集权的统治基础。官吏非法求赃,法外得利,无异于消减了宋朝廷"以富兼人"的统治手段,不仅削弱了宋王朝中央集权的向心力,也导致其统治效率日趋低下。同时,也使贿赂变成了官场的行政规则,以致"贪吏肆虐,政以贿成","凡贿赂先至者,朝请而夕得","官员士庶,理诉公事,贿赂未至,则行遣迂回,问难不已,所求如欲,则虽不可行,亦必舞法",甚至到了"举天下一毫之事,非金钱无以行之"的地步。② 当时,贪官污吏对经商营利活动的向往,必然使他们"旷费职事"、枉法牟利,为金钱所累,自然无暇顾及尽责于职事、尽忠于朝廷。他们往往利用手中的职权贩买贩卖,以官府的名义从事盐、茶、酒等国家专卖物品的经营,破坏税收法令,非法牟取巨额暴利。自古"吏不廉则政治削"③,贪官污吏的贪赃枉法行为必然严重地削弱宋王朝的统治基础。

其二,贪贿腐败必然导致宋王朝法制废弛,官吏不仅执法不公,有法不依,违法不纠,而且"任性肆意",执法犯法,违法犯赃,甚或以贿金代法,舞文弄法,致法制滥乱,弊端百出。两宋时期,行法之人,多行不法,所谓"措刑之效未逮于古者,盖由师帅之任,鲜或循良,昧者以胥吏为耳目,怠者以胥吏为精神,贪者以胥吏为鹰犬。案牍满前,漫不加省,狱情出入,动由此曹。故富民纳赂以买直,贫者不能自伸;强者劫持以求胜,弱者不能自免。所望以直其冤者,监司也,今监司按部,动以胥吏数十自随,所至州县,唯务诛求,苟满其

---

① 司马光:《乞开言路劄子》,《司马光集》卷四六,四川大学出版社2010年版,第983页;苏辙:《转对状》,《栾城集》卷四十一,文渊阁四库全书本,乾隆四十七年刊本,第21页。
② 王安石:《上时政疏》,《临川文集》卷三十九,文渊阁四库全书本,乾隆四十七年刊本,第26—29页;朱熹:《戊申封事》,《朱子全书·晦庵先生朱文公文集》卷十一,上海古籍出版社、安徽教育出版社2002年版,第589—614页;苏轼:《策别三》,《东坡全集》卷四十七,文渊阁四库全书本,乾隆四十七年刊本,第7—8页。
③ 徐松辑:《宋会要辑稿》第九十三册,《职官五七之一一》,中华书局1957年版,第3657页。

欲,则狱事一切不问"。甚至官吏履行其正常职责时,往往枉法索贿受贿。苏轼就指出,朝廷恤民、抑制豪强的措施之所以难以推行,是"州县吏人,因缘为奸,以市贿赂,故久而不决",以便其"假以事权,济其威虐","以肆规求,待其充欲","徒使胥吏小人,缘而为奸,威福平民……若官吏只循常法,何缘索得"。整个官场是如此,以致"其间有一执法守正者,动多拘谨,不敢容易",公正执法之官员反遭排挤压抑,难防贪官污吏之害。① 正如朱熹在揭露地方不法官吏的行为时所指出的,"贪污者必以廉介者为不是,趋竞者必以恬退者为不是"。可见,贪官污吏的所作所为不仅造成了法纪的废弛,而且导致社会秩序的混乱,宋王朝的统治因此更趋腐败。

其三,官吏违法犯赃受贿,导致宋王朝财政亏空愈加严重,出现严重的财政危机。两宋时期,皇室之奢、兵众之费、冗官之禄、外患之忧与"赏赐"等支出,使财政早已入不敷出,官吏的贪污、挪用、受贿则更使宋王朝的财政状况捉襟见肘。宋仁宗时,已到了"府库匮竭,民鲜盖藏,诛敛科率,殆无虚日。三司计度经费,二十倍于祖宗时,此用度不足也"的状况。三司户部使王嗣宗、度支使梁鼎也指出:"国家经费甚繁,赋入渐少,加以冗食者众,尤为耗蠹",以致"重扰于民"。因此,王嗣宗上书奏请贬谪了"侵渔众民,凌暴孤寡"的种放,奏请严厉处罚了"奸赃"官边肃,在邠州捉杀"妖巫挟之为人祸福"的"数十狐",谓之"为去三害"。贪官既是扰民的祸害,又是蠹害国家财富的蛀虫,不仅不依法纳税,还擅权走私逃税,侵占国家财税,盗窃府库财物,使国家的财政收入大为减少。正是无数蛀虫的蚕食,使宋王朝日益腐朽、羸弱。叶适曾指出:"故财之多少有无,非古人为国之所患……非如今世……而财少为患之最大而不可拯救",以至于"财用大乏"。② 贪官污吏行贿、受贿、索贿,往往使国家财税收入蒙受重大损失。景德年间,在宋代最重要的对外贸易港口之

---

① 王十朋:《轮对札子三》,《王忠文公文集》卷二十四,清雍正六年唐传鉎刻本,第11—17页;苏轼:《应诏论四事状》,《东坡全集》卷五十七,第17—29页。
② 李焘:《续资治通鉴长编》卷一百二十一,"宝元元年正月乙卯",上海古籍出版社1985年版,第1册,第1092—1093页;《宋史》卷二百八十七,《列传第四十六·王嗣宗》;叶适:《财总论一》,《水心集》卷四,文渊阁四库全书本,乾隆四十七年刊本,第19页。

——泉州,"舶商岁再至,一舶连二十艘,异货禁物如山。吏私与市者,价十一二售,幸不谁何。遍一州吏争与市"。至于受贿而私免行贿者应纳税款者,更是大有人在,"曹州民王坦避水患,以其车载人货,取直至京师。都税院栏头甲绐之曰:'车无火印,匿税也。贿我则免。'民遽遗钱三百免"。这样,国家税收大量减少,贪官却因此自肥,所谓"大抵吏胥献科敛之计者,其名为官,其实为私,官未得一二,而私获八九矣。比者数吏魁,田连阡陌,楼观苕嶢,服食燕设,拟于贵近"。① 如前述,贪官污吏接受富商巨贾的贿赂而曲为免税,使沿江场务商税"较之往年所收十不及四五",就是其典型事例之一。故宋人欧阳修曾明确指出,"天下公私匮乏者,殆非夷狄为患,全由官吏坏之",可见宋代人已清楚地认识到官吏贪赃枉法与财政危机的因果关系。宋代著名改革家王安石就提出,要缓和财政危机,避免财政收支出现进一步的亏空,就必须解决官吏犯赃的问题,"诚能御轻重敛散之权,而禁因缘之奸,则何患乎经入之不足"。而臭名昭著的贪官、奸相贾似道竟也疏言,"裕财之道,莫急于去赃吏"。② 其间,改革与贪腐、权奸与贪官之间的复杂关系,值得深思。

其四,官吏贪赃枉法使广大百姓更加贫困,更激化了统治者与农民的矛盾,宋代农民起义就明确提出"反贪官"的口号,直接动摇了宋王朝的统治。两宋时期,官吏贪赃枉法,或是侵吞国家财利,或是侵占、勒索广大百姓的财利。所谓"贪吏临民,其损甚大","蠹盛则木空,吏贪则民弊"。范仲淹就曾指出,今之贪风颇盛,县令等官"志在苞苴,动皆徇己",以致"胥吏不畏,徭役不均,刑罚不中,民利不作,民害不去……以一邑观之,则四方县政如此者十有七八焉"。如此多贪官污吏的刻剥掠夺,自然导致民不聊生,所谓"官以未及期为办事,民当未及期而被虐,故常赋未入于官府,而横费已归于蠹吏矣。

---

① 晁补之:《朝散郎充集贤殿修撰提举西京嵩山崇福宫杜公行状》,《鸡肋集》卷六十二,文渊阁四库全书本,乾隆四十七年刊本,第7、10页;陆九渊:《与赵宰》,《象山集》卷四,文渊阁四库全书本,乾隆四十七年刊本,第14—15页。
② 欧阳修:《论乞止绝河北伐民桑柘箚子》,《文忠集》卷一百三,文渊阁四库全书本,乾隆四十七年刊本,第12—13页;王安石:《诫励诸道转运使经画财利宽恤民力制》,《临川文集》卷四十九,文渊阁四库全书本,乾隆四十七年刊本,第5—6页;《宋史》卷四十二,《本纪第四十二·理宗赵昀二》。

悍吏持尺牒走乡间,嗷呼隳突,鸡犬不宁",以致"民间贫困,十室九空"。宋朝廷为了摆脱财政危机,贪官污吏为了满足奢欲,都千方百计勒索压榨平民百姓,人民在生死线上痛苦挣扎,"今日吾民之困甚矣"。司马光就指出,天灾人祸,官吏盘剥,以致"四民之中,惟农最苦"。而当朝廷大肆搜刮的时候,贪官污吏借机"蓄聚私家之囊橐":"每或科率一物……朝廷得其一分,奸吏取其十倍"。宋人也不禁要问:此是何义理!①

两宋朝廷的苛捐杂税是"竭生灵膏血",官吏的枉法勒索、巧取豪夺则无异于敲骨吸髓。受贪官污吏赃掠刻剥而走投无路的农民只有揭竿而起,以求冒死改变悲惨的命运。宋代农民起义的导火线,就是贪官污吏的犯赃刻剥、贪赃枉法。"亲民之官失于绥养,管榷之吏恣其诛求",使王小波、李顺起义于青城;"花石纲"之勒索盘剥,使方腊"以诛勔为名"而起事;官吏贪赃枉法,百姓含冤,官官相护,逼迫梁山好汉打出了"反贪官"的鲜明旗号,宋江就说他参与造反是"被滥官污吏逼得如此"。各地的贪官污吏自然成为起义者的打击对象,"焚官府,杀官吏",而当贪官污吏的枉法行为受到朝廷袒护时,受尽盘剥勒索之苦的起义民众自然把对赃吏的仇恨转向宋朝廷甚至皇帝身上。工部员外郎杨简就曾向宋朝皇帝分析了这一利害关系:"民怨吏,卒怨官,遂怨及朝廷。朝廷何由而知?臣大惧中外积怨之久,一夫大呼,从之者如归市"。②这就是说,官吏的枉法犯赃、贪贿腐败之风的蔓延,必然导致统治者与被统治者的矛盾日趋尖锐激化,并危及宋王朝的统治。

---

① 李焘:《续资治通鉴长编》卷三十二,"淳化二年九月庚子",上海古籍出版社1985年版,第1册,第277—278页;范仲淹:《上执政书》,《范文正集》卷八,文渊阁四库全书本,乾隆四十七年刊本,第7页;司马光:《横山疏》,《司马光集》卷三八,四川大学出版社2010年版,第862—867页;杨士奇等编:《历代名臣奏议》卷五十六,文渊阁四库全书本,乾隆四十七年刊本,第17—43页。

② 王称:《东都事略》卷三,《本纪三·太宗皇帝》,文渊阁四库全书本,乾隆四十七年刊本,第10—11页;《宋史》卷四百七十,《列传第二百二十九·佞幸·朱勔》;徐梦莘编:《三朝北盟会编》卷一百三十七,上海古籍出版社1987年版,第994—1001页;杨士奇等编:《历代名臣奏议》卷六十,第36—38页。

三、宋辽夏金时期的反贪机制

两宋时期,为了防止官吏贪贿枉法,保持皇权专制统治和社会的稳定,在继承前代制度的基础上,建立了一系列反贪机制。与两宋同时或先后并存的辽夏金政权,虽地处北方边域,但其政权存续百余年之久,受到唐宋汉文化的影响,不仅有防止、制裁官员贪污受贿的反贪监察机制,还具有其少数民族政权实施廉政措施的特色。

1. 宋代的反贪机制

宋王朝在隋唐五代制度的基础上,设置了一系列监察官吏的机构,有一批担负监察职责的官吏,制定了一整套监察各级官吏的法规和政策措施,在一定程度上发展了监察制度,对防止官吏贪赃受贿,惩罚违法犯罪,维持政府高效、廉洁的运转,起到了一定的积极作用。

(1) 监察制度

宋代的监察制度仍是实行台谏制。

①监察机构

宋代,中央监察机构主要为御史台和谏院。

御史台,宋朝最高监察机构之一,乃沿袭唐、五代体制而设,"掌纠察官邪,肃正纲纪。大事则廷辩,小事则奏弹",其下属有三院,即台院、殿院和察院。北宋前期,御史台并不正式任命御史大夫为长官,御史大夫只是作为一种加官授予其他官员,元丰改制后,撤销了御史大夫这一加官,以御史中丞为御史台的专属长官,俗称"台长";副长官是侍御史知杂事。御史台长官的职责,是总管朝廷内外百官的监察与弹劾,但具体事务由所属三院负责。其中,台院设侍御史一名,殿院设殿中侍御史两名,察院设监察御史六名,分别监督六部和各个机构,随事纠正,称为"六察";官阶低而任殿中侍御史或监察御史者,称为"里行";另设有推直官两员,专管监察、审理刑事案件。三院御史在履行监察、言事职权的过程中,必须先向该管长官御史中丞报告。到宋仁宗时,刘筠任御史中丞后,御史言事始可不必预先请示本台长官。宋承唐制,御史还可"风闻"奏事,即使纯属捕风捉影,也不必承担责任。

御史台监察官吏的主要职责,是弹劾官吏的贪污受贿、苞苴犯赃等违法犯罪行为,可"风闻"弹奏,"台官职在绳愆纠谬,自宰臣至百官,三省至百司,不循法守,有罪当劾,皆得纠正"。其中,"监察御史六人,掌分察六曹及百司之事,纠其谬误,大事则奏劾,小事则举正。……凡六察之事,稽其多寡当否,岁终条具殿最,以诏黜陟"。自此,宋代台官"论政事、击官邪"的职能不断得到加强。①

宋代的另一个最高监察机构是谏院。宋代谏院的设置、职能在不同时期有差别:宋初,谏院并非独立机构,中书和门下省设有拾遗、补阙(后改称司谏、正言)等谏官,但实际都不任谏职,或不专管谏诤;后又一度设谏院,置谏官,但这些设置不久都名存实亡。明道元年(1032年),宋仁宗在门下省旧址设谏院,始成定制,其长官称"知谏院事",以司谏、正言充任,主管规谏讽谕,凡朝政缺失、百官任非其人、各级官府办事违失,都可谏正。元丰官制改革时,以左、右谏议大夫为谏院长官,左谏议大夫隶属门下省,右谏议大夫隶属中书省。

宋代以前,御史、谏官职责分明,御史主弹纠官邪,肃正纪纲,督察官吏;谏官掌规谏讽喻,监督君主。宋朝时,这一制度发生变化,从宋真宗天禧二年(1018年)开始,谏官可以论奏"官营涉私",弹劾百官。宋仁宗时,谏官常与御史联合弹劾宰执等各官署和各级官吏。可见,宋代谏官不仅在谏诤对象上由皇帝转向大臣,而且参与弹奏宰执百官,扩大了中央监察队伍,台、谏官都以言事弹劾为责,职权并无大的差别,其后出现台谏合流的趋势,经常采取"合台"奏论的方式。② 北宋中后期,为了防范台谏官失职或专横跋扈,尚书左、右司和宰执取得对台谏官的监察权,并可监察百官。北宋元祐元年(1086

---

① 《宋史》卷一百六十四,《志第一百一十七·职官四·御史台》;洪迈:《容斋四笔》卷十一,《御史风闻》,文渊阁四库全书本,乾隆四十七年刊本,第14页。

② 《宋史》卷一百六十四,《志第一百一十七·职官四》;徐松辑:《宋会要辑稿》第六十册,《职官三之五一、五二》,中华书局1957年版,第2423页;赵升:《合台》,《朝野类要》卷五,文渊阁四库全书本,乾隆四十七年刊本,第1页。

年)三月,御史中丞梁焘就疏称:"臣窃以左、右司之职掌,付十有二司之事,以举正稽违。"南宋绍兴五年(1135年),宋高宗对宰相赵鼎等人说:"大臣,朕之股肱;台谏,朕之耳目,职任不同而事体均一。或有官非其人,所当罢黜者,卿等宜亟以告朕,不必专待台谏。"①宋代中央监察机构及其职能的扩展,反映了当时监察体制多元化发展的特点。

宋代的地方监察,实行路、州、县监察体系。宋初,承唐制,地方建立州县两级建制,又在其上设置路一级机构。宋朝统一全国,收夺地方军、政、财权的同时,将监察地方官吏之权收归中央,并在路一级建置监司,皇帝通过监司收州县之权,监司之权则归于朝廷,以收"上下相维,轻重相制"之效。有了诸路监司,宋朝廷只需掌握监察官吏,而不必耗费过多精力于众多的州县,皇帝即可端坐庙堂,收到如臂使指、擒纵如意的统治效果。

宋代地方监司,据《庆元条法事类》记载:"诸称监司者,谓转运、提点刑狱、提举常平司。"宋制,转运使司的监察职能,"宜令诸路转运使察部下官吏,有罴软不胜任、怠惰不亲事及黩货扰民者,条其事状以闻","察守令臧否以闻",尤其是"禁暴辑奸、谨察苛吏"之责。提点刑狱司、提举常平仓司,负责"案督守令"、"掌按察官吏之事"。②

宋代,在沿边之河北、河东、陕西、川峡等地设置走马承受公事,"诸路各一员",以为皇帝之耳目,实司按察,后改名廉访使者,其权力扩大到"与监司均敌"。靖康初年,又复名走马承受,由皇帝亲近的三班使臣或内侍充任,在皇帝的直接指挥下,遇边防有警,随时乘驿传飞报皇帝,并一度同御史之职,可以风闻言事。这类走马承受地位虽不高,但他们监察的官多事广,不仅监察将帅,"预闻边要主帅机宜公事",而且监察地方行政事务,"民生之利病,法

---

① 李焘:《续资治通鉴长编》卷四百四十,"元祐五年三月甲午",上海古籍出版社1985年版,第4册,第4136—4140页;佚名:《宋中兴两朝圣政》卷十七,"绍兴五年正月丙辰",宋抄本,台北,文海出版社1967年影印本,第1099页。

② 《宋史》卷三百三十七,《列传第九十六·范镇》;卷三十三,《本纪第三十三·孝宗赵昚一》。李焘:《续资治通鉴长编》卷二十二,"太平兴国六年三月癸丑",上海古籍出版社1985年版,第1册,第185—186页;苏辙:《傅尧俞御史中丞》,《栾城集》卷二十七,文渊阁四库全书本,乾隆四十七年刊本,第20页。

令之废举,吏治之清污、能否,凡郡邑之政",都要向皇帝报告。①

宋代,各路所属的州县政区,设通判以监察地方事务。宋人就说:"今之州通判,盖秦郡监、隋郡通守之比","知州有不法者,得举奏之"。整个宋代,通判的职能是有变化的:宋初通判行监察之责,元丰改革官制后正式规定为地方副长官,后又明确规定通判具有监察职能,通判"掌倅贰郡政……所部官有善否及职事修废,得刺举以闻";南宋时,规定通判"入则贰政,出则按县。有军旅之事,则专任钱粮之责,经制、总制钱额,与本郡协力拘催",可见通判的职责又有变化。②

南宋时,帅臣、安抚使也有部分监察地方官吏的权力。绍兴三十二年(1162年)十二月,"诏帅臣、监司具部内知州治行臧否以闻",后又诏令"岁终考察郡守臧否以闻"。③

宋代,在中央和地方的仓库、场务等一些保管财物的重要场所,设有监当官,其职责是对朝廷或上级负责所辖官吏枉法犯赃,如贪盗国家或官府财物、行贿受贿、索贿刻剥百姓等,有刺举、纠弹之责。④

②监察措施

宋代在设置各级各类监察机构的基础上,制定了一套较为系统的监察措施。

两宋时期严密的监督,首先表现在多种多样的监察方式上。一是监察官纠弹。各级监察机构和监察官员,履行其所属监察、纠弹官吏的职责,以保证朝廷监察系统职能的正常发挥。二是关系人检举。当职官、干系人、同保人和长吏,往往是其官署中官吏犯赃的知情人、见证人或同谋。宋律规定,这些

---

① 李焘:《续资治通鉴长编》卷一百九十一,"嘉祐五年二月壬午",上海古籍出版社1985年版,第2册,第1761页;《宋大诏令集》卷二百十二,中华书局1962年版,第802—807页。
② 赵彦卫:《云麓漫抄》卷五,文渊阁四库全书本,乾隆四十七年刊本,第7页;徐松辑:《宋会要辑稿》第八十七册,《职官四七之六二》,中华书局1957年版,第3449页;《宋史》卷一百六十七,《志第一百二十·职官七·诸军通判》。
③ 《宋史》卷三十三,《本纪第三十三·孝宗赵昚一》;卷三十七,《本纪第三十七·宁宗赵扩一》。
④ 《宋史》卷一百六十七,《志第一百二十·职官七·监当官》。

关系人都负有检举之责。三是受害人户论诉。宋律,平民百姓认为官吏侵害了他们的利益,可以依法上告论诉,"若论县许经州,论州经转运使,或论长吏及转运使,在京臣僚,并言机密事,并许诣鼓司、登闻院进状"。四是遣亲事卒侦探。宋初,朝廷置武德司等机构,以其亲近或内侍遣亲事卒,微服侦察臣民动静,或"刺守贪廉",以为皇帝耳目,即所谓"皇城置逻卒,傍午察事,甚于周之监谤"。①

宋代的监察方式,看似上下左右都有纠劾,但从宋代吏治腐败的状况来看,相当一部分负有监察、检举、侦刺之责的官吏,或官官相护,或庸懦苟且、得过且过,或受贿枉法、网开一面,或徇私舞弊、阳奉阴违,或受侵害人户因惧怕贪官污吏报复而不敢告发,故上述监察方式尚不足以实现对贪官污吏的有效监督。针对上述种种弊端,宋朝廷还采取一系列与监察方式并行的监察手段,使宋代的监察措施更趋完备。

其一,周防法。这是为了有利于相互监察。宋朝廷为了防止监察官与违法犯赃官吏串通作弊,规定中央朝官之间、中央与地方官之间、地方官员之间应依法互察与按察,从而使监察措施具有周防的性质,而且监察官本身也受到监察。宋制,御史言事可不受御史台长官御史中丞的节制,台谏官员对所奏事项,不得在事前相互通风报信或过问阻挠,这种制度明显是使台谏官员相互设防。同时,监司按制监督州县,台谏按制监督监司,尚书省依法可举劾台谏不职,台谏之责应论列尚书不法。宋制,对朝臣的监察由台谏负责,对监察御史的监察由尚书省承担,"诏尚书都省弹奏六察御史,纠不当者"。又设置都司御史房负责"弹纠御史案察失职"。尽管宋代台官权重,但使台、省相互牵制,最终集权于皇帝。②

对地方官吏的监察,由诸路监司、帅臣承担;对各路监司官的监察,则主

---

① 《宋史》卷一百六十七,《志第一百二十·职官七》;徐松辑:《宋会要辑稿》第一百六十七册,《刑法三之一二》,中华书局1957年版,第6583页;李焘:《续资治通鉴长编》卷十八,"太平兴国二年七月戊寅",上海古籍出版社1985年版,第1册,第155页。

② 《宋史》卷二十九,《本纪第二十九·高宗赵构六》;卷二十四,《本纪第二十四·高宗赵构一》;卷一百六十一,《志第一百一十四·职官一》。李焘:《续资治通鉴长编》卷三百二十一,"元丰四年十二月丙辰",第3册,上海古籍出版社1985年版,第2991页。

要由御史台负责,"令御史台分案诸路监司职事"。此外,宋朝廷还常选派"强干廉明者"为特使,按察地方监司。同时,宋朝廷还严格规定监司互察。崇宁五年(1106年),宋徽宗曾下诏要求"见今诸路监司,互相察举如法。或庇匿不举,以其罪罪之,仍令御史台弹劾以闻,朕当验实,重行黜责"。此外,宋制对走马承受、通判等有监察地方职权的官吏的监察,主要由监司、帅臣等负责。从北宋神宗、钦宗到南宋高宗都曾明诏:走马承受、通判"设有贪赃不法,监司自当具罪状闻奏,听旨送狱推勘",成为宋代的定制通例。①

其二,考课法。这是为了定期监察。宋制,文武官员实行磨勘之法,按制考核。无论是宋初文武官员三年或五年左右定期进行一次全面考按,以定其升降黜陟,还是元丰改制后,任内每年勘验考核,吏部复查以定迁转寄禄官阶,任何形式的考核,官吏是否枉法犯赃都是必须考课的重要内容。同时,宋朝廷对于监司、按察官等还专门规定:"诸监司、按察官,每岁终,具发摘过赃吏姓名、置籍申尚书省";"都司御史房置簿,以书御史、六曹官纠察之多寡当否为殿最,岁终取旨升黜",并规定"催辖司、太府寺、左藏库互相钩考,以绝奸弊"。② 宋朝廷这种利用考课法,将负有监察官吏犯赃责任者同其切身利害联系起来,进行经常、定期考核监察,有利于发现贪官污吏,提高监察弹劾、惩治效率。

其三,越诉法。这是为促进民众监督。宋制,为了防止官吏相互勾结、共谋舞弊,被侵害人户或关系人有权上诉,甚至越级上诉("越诉")枉法犯赃官吏,并可通过悬赏告发等手段,实现对犯赃官吏的社会、群众监督,在一定程度上扩大了对官吏的监督范围,有利于提高监督效果。宋初,太祖就规定人户可以越诉告官,甚至以重赏诱使官吏的近亲、奴婢、邻里告发"因赂获荐"者。王安石变法期间,曾规定对枉法犯赃官吏实行普遍的募告法,"皆立重赏

---

① 《宋史》卷十六,《本纪第十六·神宗赵顼三》;徐松辑:《宋会要辑稿》第八十六册,《职官四五之三、四》,中华书局1957年版,第3392—3393页;李焘:《续资治通鉴长编》卷三百十,"元丰三年十二月丙戌",第3册,第2907页。

② 《庆元条法事类》卷七,中国书店1990年版,第5—22页。《宋史》卷一百六十七,《志第一百二十·职官七》;卷一百七十八,《志第一百三十一·食货上六》。

以劝告讦者"。宋徽宗时，还成倍地提高了这种募告的赏金。南宋时，高宗多次诏告："官员犯入己赃，许人户越诉，其监司、守倅不即究治，并行黜责。"宋代律法还规定：如果受诉官署论列不当，可以凭"断由"（即法律文书）逐级上诉。州府、监司、登闻鼓院、登闻检院、御史台、尚书省都应尽责接受人户的上诉状，并对案件进行重新审理；受害人户还可通过"邀车驾"的方式向皇帝鸣冤叫屈。为防止越诉人户遭到打击报复，宋朝廷又诏令"帅臣、诸司、州郡，自今受理词诉，辄委送所讼官司，许人户越诉，违法官吏并取旨重行黜责"。① 通过扩大受害人的上诉和越诉权，加强了对官吏犯赃行为的社会监督。这种制度，宋代以前也有，但宋代很突出。

其四，连坐法。这是为了严厉依法监察。宋制，上级官员对本属各官负有监督连带责任，凡负有监察和觉察举发责任的官吏，若本属官吏犯赃，主典官有失觉察者受罚，知而不举者与之同罪，行贿受贿通谋作弊者加重处罚；即使上级官员毫不知情，如果属下官吏所犯赃罪重大，该主管长官也要依法惩罚。南宋时，朝廷多次"诏京官、知县并堂除，内外侍从各举可任县令者二人，犯赃连坐"；"凡辟举官犯赃罪，罪及所举官"；"岁举廉吏或犯奸赃，保任同坐，监司、守臣其申严觉察"。《庆元条法事类》记载，如州县官吏借人户吉凶聚会、修造之机，"辄抑勒令买酒及曲引者，徒一年，当职官不觉举与同罪"，官吏审计财务账籍欺弊，"当职官失觉察，杖八十，犯人应配者，杖一百"。对于监察人员，宋神宗规定："皇城卒若十日不探到事，即决杖。"② 这样，就加强了当职官对本属官吏犯赃的监督、觉察责任。

（2）反贪法律规定

宋代，制定了一系列的律、令、条、格等法制措施，确定了官吏贪赃枉法的具体罪名和惩治条款。

---

① 徐松辑：《宋会要辑稿》第一百六十七册，《刑法三之二六、一七》，中华书局 1957 年版，第 6590、6586 页。

② 《宋史》卷二十八，《本纪第二十八·高宗赵构五》；卷四十一，《本纪第四十一·理宗赵昀一》。李焘：《续资治通鉴长编》卷二百十，"熙宁三年四月壬午"，上海古籍出版社 1985 年版，第 2 册，第 1952—1953 页。

①惩贪律令

宋朝严厉禁止贪赃行为,在《宋刑统》中对官吏利用职务上的便利非法取得财物、侵占国家和他人利益的违法罪行,有明确界定和具体的惩治规定。宋律,凡因公事受财而曲法枉断,均属受财枉法罪。该罪既坐赃又曲法,故属加重处罚之罪名。其具体表现为,官吏因公事而率敛财物有所枉曲,强率敛人钱物入己,以威若力强乞取者,强买强卖而获利者,非法擅自赋敛入私者,甚至诸有事先不许财,事过之后而受财者,事若枉,皆以枉法论。《宋刑统》规定:"赃罪正名,其数有六,谓受财枉法不枉法、受所监临、强盗、窃盗并坐赃。"①北宋初,对枉法犯赃罪惩罚尤重,多杖杀、弃市处死。宋真宗朝之后,对这种贪赃枉法罪的处罚日渐宽弛。

对于贪污官府或他人财物者,《宋刑统》规定:"诸监临主司受财而枉法者,一尺杖一百,一匹加一等,十五匹绞;不枉法者,一尺杖九十,二匹加一等,三十匹加役流。无禄者各减一等,枉法者二十匹绞,不枉法者四十匹加役流。"②

对于监守自盗罪,编敕规定:监临主守自盗及盗所监临财物者,"自五匹徒二年,递加至二十五匹流二千五百里,三十匹即入绞刑"。不久又改为"三十匹为流三千里,三十五匹绞"。③ 宋代对贪污贿赂罪上监守自盗罪的处罚,重于受所监临财物罪。

《宋刑统》对受财不枉法、强盗、窃盗与坐赃等贪污贿赂罪,有明确的处罚规定。宋代受财不枉法罪多依照受财枉法罪减等处罚,对于强盗、窃盗罪皆加重处罚,对于坐赃罪则分别按其赃数定等处罚。"诸坐赃致罪者,一尺笞二十,一匹加一等;十匹徒一年,十匹加一等,罪止徒三年。谓非监临主司,而因事受财者。与者,减五等";"诸受人财而为请求者,坐赃论,加二等;监临、势要,准枉法论。与财者,坐赃论,减三等。若官人以所受之财,分求余官,元受

---

① 窦仪等撰:《宋刑统》卷二十六,《杂律·坐赃》,法律出版社1999年版,第461页。
② 窦仪等撰:《宋刑统》卷十一,《职制律·枉法赃不枉法赃》,第199页。
③ 李焘:《续资治通鉴长编》卷八十五,"大中祥符八年六月癸巳",上海古籍出版社1985年版,第1册,第747页。

者,并赃论。余各依已分法";"诸有事以财行求,得枉法者,坐赃论;不枉法者,减二等。即同事共与者,首则并赃论,从者各依已分法"。宋律甚至还规定:"诸监临之官,私役使所监临,及借奴婢、牛马驼骡驴、车船、碾硙、邸店之类,各计庸、赁,以受所监临财物论。即役使非供己者,计庸坐赃论,罪止杖一百。其应供己驱使而收庸直者,罪亦如之"。① 宋代防贪、治贪的法律规定是相当严密且严厉的。

②严惩贿赂的法令

行贿、受贿、索贿等行为,是中国古代专制社会官场的通病。宋代颁布了一系列严惩官吏利用职权收受、索取他人财物的罪行的法律诏令。

《宋刑统》对违法犯罪或企图升官发财者用财物贿赂官吏,使官吏利用职权曲法帮助行贿人达到为己谋利的行贿罪有明确规定。"曲法受财请求"条规定:行贿与受财同是犯罪主体,行为双方都要受法律制裁。由于行贿与受财双方的责任不同,且数额有多少、情节有轻重的不同,所以律分条而刑有异,其处罚自笞五十至判死刑不等。《宋刑统》还规定:"有事之人,用财行求而得枉法者,坐赃论。不枉法者,谓虽以财行求,官人不为曲判,减坐赃二等。即同事共与者,谓数人同犯一事,敛财共与,元谋敛者,并赃为首,仍倍论;其从而出财者,各依已分为从"。② 宋代律法中对行贿及其带来的程度不同的违法后果,明确规定法律责任,对防止官吏受财犯赃枉法是有积极意义的。

宋律对官吏执法中利用职务之便接受他人财物贿赂的受贿罪等故意犯罪行为有明确规定。《宋刑统》规定,不论贪赃官吏由此是否导致枉法,也不论行贿人所谋求的私利是否达到,都不影响确定官吏坐赃罪的性质,都须受到法律的制裁。只是根据犯罪情节和后果的不同,处罚的轻重有所不同。对于事先不许财,而事后受贿的官吏,则根据官吏处理相关问题的结果依法定罪。"官司推劾之时,有事者先不许物,事了之后而受财者,事若曲法,准前条

---

① 窦仪等撰:《宋刑统》卷二十六,《杂律·坐赃》,法律出版社1999年版,第461页;卷十一,《职制律·请求公事、受所监临赃》,第197—198、204页。

② 窦仪等撰:《宋刑统》卷十一,《职制律·请求公事》,法律出版社1999年版,第196—197、198—199页。

'枉法'科罪。既称'准枉法',不在除、免、加役流之例。若当时处断不违正理,事过之后而与之财者,即以受所监临财物论。"①至于"受有事人财而为曲法处断者",律令规定的惩罚更为严厉。对于索贿罪,则较之受贿罪更重,对其制裁也更严厉。淳祐五年(1245年)三月庚子,宋理宗重申"严赃吏法,仍命有司举行彭大雅、程以升、吴淇、徐敏子纳贿之罪。准淳熙故事,戒吏贪虐、预借、抑配、重催、取赢",预借、抑配、重催、取赢等都是宋代官吏索取贿赂、勒索财物的一种手段或借口,是被严厉禁止的,若有官员犯禁,则须按淳熙律令处以笞杖直至徒、流、绞刑,等等。

宋代,对官吏所犯苞苴馈遗、收贡"羡余"、违法经商等贪赃枉法行为,律令条格都制定了相应的法律制裁措施,这对宋王朝防贪、治贪是有利的。

(3)官吏考核制度的监督

从《周礼·天官冢宰·小宰》明确提出,考察群吏的治绩以"廉善、廉能、廉敬、廉正、廉法、廉辨"的"六廉"为标准,形成中国历史上"既断以六事,又以廉为本"的廉吏六条标准就一直沿袭流传。中国历代王朝利用"六廉"来规范各级官吏,维护自己的根本利益,廉吏所具有的善、能、敬、正、法、辨的原始精神基本未变,宋代又赋予其时代特色,形成官吏考课磨勘制、违法追究制、俸禄养廉制和社会舆论倡廉制等考核监督机制。

官吏的考课与奖惩,是定期监督官吏的一种制度和手段。宋代颇具特色的官吏考课制度,尤其是磨勘定制,实施廉政的主体内容系统、全面,其积极作用明显。以监督手段、法律措施来预防、惩治犯赃枉法行为很重要,但还不够,一个社会同时要提高官僚队伍的素质,澄清吏治,才能根除贪赃枉法。宋代的统治者也深谙其道,杨万里就曾指出:"臣闻厥今驭吏之难,莫急于禁赃吏。盖朝廷亦求所以禁之矣,而未得所以禁之之方。……用宽不若用法,用法不若先服其心,天下心服然后法可尽行,赃可尽禁也。"②宋代推行的全面而

---

① 窦仪等撰:《宋刑统》卷十一,《职制律·枉法赃不枉法赃》,法律出版社1999年版,第201页。
② 杨士奇等编:《历代名臣奏议》卷二百十三,文渊阁四库全书本,乾隆四十七年刊本,第41—42页。

系统的官吏考课定制,就是力图从治本着手来清除贪官污吏、实行廉政的一个重要举措。

宋朝初建,就十分重视考核官吏的治绩,以"循名责实"为原则,逐步建立具有宋代特色的考课制度,以利于奖优罚劣,树立良好的吏风。宋初,太祖、太宗朝的考课法,多沿用唐、五代的令式,考课对象以地方州县亲民官为主,考核内容主要包括恢复发展生产、户口损益、租税课绩、兵戈灾异、官吏廉洁或枉法轻重等,"并准《长定格》处分",以巩固其统治。宋太宗淳化三年(992年)开始,宋制磨勘京朝官院、磨勘幕职州县官院,"廉察官员"。次年,磨勘考课机构分别改为审官院掌京朝官、考课院掌幕职州县官,凡内外之任,均发给印纸、历子,用以登记考任内政绩、过失与举主姓名,不得遗漏,候任满赴所隶铨曹磨勘,决定其考核等级而奖罚升黜。宋代对官吏考课的机构、原则、内容、目的、方式、过程、结果等,都有明确、系统的规定。①

宋代的磨勘法,就是选人磨勘考官、文武官磨勘迁秩的制度,决定官员的寄禄官等级,并直接与官员俸禄、地位品第升降等相联。至宋真宗朝磨勘法日趋完善,将"稽核官员任内功过"和"按规定年限审查资历"结合,充实、发展了宋代官员磨勘考课制,尤其是颁布考核州县官吏的三等新标准:"公勤廉干,文武可取,利益于国,惠及于民者为上;干事而无廉誉,清白而无治声者为次;畏懦而贪,漫公不治,赃状未露,滥声颇彰者为下"②,对于提高官吏素质、端正吏风,具有良好的导向作用。至哲宗朝,基本形成了宋代考核制度的框架,并沿用至南宋。

宋代考课制的发展主要表现在:其一,对监司的考课内容更加详明。宋制,考课院考课监司、发运使以下至知州等外任京朝官,《嘉祐考绩新书》颁行后,改由御史中丞和翰林学士主持考课各路监司,以每年所上功状决定殿最,分上、中、下三等予以奖惩升降。考课机构不断变化,考课内容则不断充实和

---

① 徐松辑:《宋会要辑稿》第九十四册,《职官五九之一》,中华书局1957年版,第3717页;《宋史》卷一百六十,《志第一百一十三·选举六·考课》。
② 徐松辑:《宋会要辑稿》第九十四册,《职官五九之六》,第3720页;《宋史》卷一百五十五,《志第一百八·选举一·科目上》。

具体化:"案劾贪谬,修举政事"、"按察部内赃罪"、赋税征课贡纳数额、"兴利除害"等,始终是官吏考核的主要内容。其二,由监司负责考课各州长官,对守令的考课标准基本定型。自宋仁宗嘉祐年间始,尤其宋神宗熙宁初年后,以考课院提出的《考校知州县令课法》为代表的考课新标准,规定以"德义、清谨、公平、恪勤"等"四善"为考课的主要内容,至此,宋代地方官吏的考课标准基本定型。其三,确立与发展其他官吏考课法。宋朝中期以前,考课对象侧重于地方文官,尤其对幕职、州县官和京朝官担任州县亲民官的考课法甚为严密。熙宁变法以后,日益重视对武臣、京官、朝廷大臣及其他官司官员的考课。神宗朝元丰改制后,对中央朝臣的考核也日趋规范化、制度化。史载,"神宗即位,凡职皆有课,凡课皆责实"。①

自北宋末年至南宋时期,官吏考课法在日趋规范、程式化的基础上,考课内容有不断突出考核官员德能功过、廉洁与否的发展趋势。宋代各朝有关考课各级各类官吏的诏令,都把"能按赃吏"、"核其奸贪"、"察其贪刻"等作为重点。②

宋代官吏考课制度有其时代特点:一是较前代更系统、全面,在内容上有所更新,在考课方式上也日趋规范和程式化。二是将官员的德能治绩与磨勘法中注重岁月序迁结合,既保证官员平稳依次升迁,稳定官僚队伍,减少矛盾冲突;又有利于保证和提高官僚队伍的官德素质,尤其是把官员是否有贪赃枉法犯罪等纳入磨勘法规定的年制中,有治绩者可以得到减磨勘年的奖赏,有贪赃枉法行为则受到展磨勘年、免官或刑律处罚,激励在职官员勤于职守、廉洁奉公,不徇私枉法、不以权谋私。三是形成以磨勘法为主要内容和形式的一种特殊的考课制度,以年限、课绩功过、治状、举主等为官员升转官阶的主导因素,有利于避免人情对官员升降黜陟的干扰,使社会各阶层出身的官员能够有相对平等的晋升机会,有利于扩大统治基础。四是把官员的贪或廉作为考课的一个重点,以中下级亲民官为主要考课对象,有利于树立良好的吏风,密切官民关系,减少社会冲突,缓和阶级矛盾。

---

① 《宋史》卷一百六十,《志第一百一十三·选举六·考课》。
② 《宋史》卷一百六十,《志第一百一十三·选举六·考课》。

另外,宋代实行较为优厚的俸禄制,也是推动廉政的重要辅助制度。俸禄是中国古代官员所任职务的主要收入,是其生活开支的基本经济来源。相对合理、适度的俸禄数量及其制度,也是约束、保证官员勤于职守、奉公守法的重要手段。

根据宋代官吏俸禄制度的变化,北宋前期,宋王朝建立至真宗景德年间的48年,宋承袭唐、五代旧制,基本上沿用了按官品高低发放俸禄的定制。宋初官员的俸禄中,除俸钱一项按唐制减半支付外,余项多同唐制,按其收入与宋初米价测算,北宋前期,从九品迪功郎或县主簿、县尉俸禄收入年折米大致为167石左右,至于极少数四品以上的高官则享受相当优厚的俸禄。北宋中期,自真宗大中祥符元年(1008年)重定百官俸禄,至元丰三年(1080年)改革官制及其俸禄制度的72年中,确立了以本官为主,从枢密使等宰臣使相的四百千,下至茶酒班殿侍、岳渎庙令的一千,凡四十一等的俸禄发放制度。官员的俸禄收入按当时米价测算,北宋中期,地方县主簿、县尉等最低一级官员年俸禄收入,包括月俸、职田、禄粟、杂项等折米为180石左右。北宋后期,即自元丰三年(1080年)官制改革开始至北宋末年的48年中,俸禄制度发生了相应的变化。由于宋神宗元丰官制中有本官等级与实职高低不一的差别,从而重新确立了一套官吏俸禄发放制度——"元丰寄禄格制","元丰定制,以官寄禄",主要是提高了俸钱,新加了职钱。据从九品主簿、县尉所得年主要收入按当时米价测算,合计约为240石。在北宋的大部分时间里,一个下级官员从九品县主簿年均俸禄收入折米为180石左右,考虑到为官者家庭还有较常人为高的副食、衣物等消费,再考虑到为官者家庭较普通家庭人口多,按8—10口计,每年约需有相当于165石米的收入,就能满足其一家老小一年的正常生活开支。① 据苏轼记载,他所生活的北宋后期物价水平较宋初要高,即使如此,每天一百五十钱就能维持一家十口的最低生活需要,如果"痛自节俭",还能有节余以待客。可见,北宋各个时期的官员俸禄收入与支出基本是

---

① 《宋史》卷一百七十一,《志第一百二十四·职官十一·俸禄制上》;卷一百七十二,《志第一百二十五·职官十二·俸禄制下》。

平衡的,在大多数时间,有些官员还稍有节余,收略大于支。①

南宋时期,自宋高宗定都临安至南宋末年,其俸禄制度均是杂糅北宋不同时期的俸禄标准的混合体制。从当时规定的俸禄标准看,不仅其项目有所增加,其数量也有较大的增长:宰相、枢密使、三公、三少,每月料钱各为三百贯,职钱分别为二百贯、一百五十贯,月禄粟一百余石;另外还有春冬绫各二十匹,绢各三十匹,春罗一匹,冬棉一百至二百两及其他收入等。正如南宋史家所说:"中兴百年,虽非复升平之旧入,然国朝之待臣甚厚,养吏甚优,此士大夫一命以上,皆乐于为用,盖以有养其身而固其心也。"②南宋时的物价增长也特别快,以当时的基准物价粮价为例,南宋时斗米价多为一百文至六百文不等,大多数地方米价大致保持在二百文至五百文左右,个别地方物价飞涨时斗米价甚至高达三千四百文。从总体来看,宋朝官员的俸禄水平大致处于中国历朝历代的中上等水平。绝大多数依靠俸禄为生的官员在整个社会中,都处于相对富裕的地位,为广大官员能够忠于职守,奉公守法,不贪赃枉法、徇私牟利,提供了基本的保障。

(4)反贪的舆论监督

两宋时期,官员、儒士与太学生们的奏折、上书,或学校、书院师生之间的评议等,形成对各级官员的舆论监督。当时,对时事、官场风气、官员执政行为等进行议论、品评甚至抨击的举动,会在一定程度上造成有利于扼制官员竞相贪赃枉法、唯利是图行为的社会舆论监督氛围。宋代,确立追求清正廉洁、奉公守法、重义轻利的良好道德取向的舆论是多方面的,其中有两大核心内容。

①以义利之辨引导社会价值取向

这是中国哲学中的一个重要的伦理命题,也是判断人们价值取向的一个基本标准。自孔子提出"君子喻于义,小人喻于利"、"不义而富且贵,于我如

---

① 苏轼:《答秦太虚书》,《东坡全集》卷七十四,文渊阁四库全书本,乾隆四十七年刊本,第1—3页。
② 《宋史》卷一百七十二,《志第一百二十五·职官十二·俸禄制下》;谢维新:《古今合璧事类备要后集》卷六,《俸禄》,文渊阁四库全书本,乾隆四十七年刊本,第11页。

浮云"以及"见利思义"等道德哲学命题后,逐渐发展成为一种重义轻利的传统道德价值观。宋代,商品经济的快速发展和社会的急剧变化,促使更多的官员、儒士参与到处理义利关系、对义利之辨的广泛讨论中,既是对贪官污吏唯利是图之举的一种道德谴责,又是对官员们去义求利企图的一种舆论监督,有利于形成"重义轻利"的吏风与民风。

宋代前期,著名思想家李觏一生主要担任由范仲淹推荐的太学助教、直讲一职,长期以教授为生,并创建旴江书院,从学者常数十百人。他重视道德礼义,主张兴廉倡义,反对苟取财利,其思想主张在社会上产生过重大影响。他认为,礼是圣人之法制,道德礼义是处理义利关系的具有法律意义的基本原则,对于推动人们树立正确的义利观,确立注重道义、不以财利害义的道德准绳,具有积极意义。① 此后,张载、王安石、二程(程颐、程颢)等都对"义利观"提出自己的观点,主张以义理财,"理天下之财,不可以无义",反对聚敛之臣"尽财利于毫末之间","务以求利为功"的做法。他们继承了孔孟义利观,认为"欲利己者必损人,欲利财者必敛怨",对于当时"兴利之臣日进、尚德之风浸衰"的状况,深感忧心,一再明确主张维护公利,重视道义,反对个人私利,"义与利,只是个公与私也"。②

南宋著名思想家朱熹更强调:"义利之说,乃儒者第一义。"在朱熹看来,义利有公私利害之别,义利作为一种社会道德规范,包含有具体的道德原则与行为准则,"如今做官,须是恁地廉勤。自君子为之,只是道做官合著如此",就是说做官理应当廉洁勤政,便是做官合乎义。尤其值得注意的是,朱熹等人在处理义利关系上并不是主张完全不要功利,而是要将功利纳入义的轨道,"利,是那义里面生出来底",使利服从于义,"'利者义之和'。盖是义

---

① 李觏:《礼论第三》,《旴江集》卷二,文渊阁四库全书本,乾隆四十七年刊本,第7—9页。
② 王安石:《论茶法》,《乞制置三司条例》,《临川文集》卷七十,第6—8、10—11页。杨时编:《二程粹言》卷下,《心性篇》,文渊阁四库全书本,乾隆四十七年刊本,第47—64页;朱熹编:《二程遗书》卷二上,《元丰己未吕与叔东见二先生语一》,文渊阁四库全书本,乾隆四十七年刊本,第1—57页;卷十七,《伊川先生语三》,第1—13页。

便兼得利"。①

宋代功利学派的代表陈亮、叶适等人,虽主张功利之学,但同样反对只讲个人的功名富贵,包括封建帝王一家一姓的功利。在他们那里,功利与道德有相一致之处,与富贵、权势、贪婪是对立的,"富贵不足以成道德,而终至于灭道德矣",并强调讲功利不是为自己谋私利,而是为他人、为百姓谋公利,"非礼弗行,尽去私欲"。②

宋代流传下来的"义利之辨",对于人们确立重义轻利、不以私利害道义的伦理和价值观,无疑具有积极意义;对于鼓励人们追求崇高的道德理想,减少甚至去掉贪图利欲的私心,抑制处在为人为己歧路上的官员们的牟利企图,也具有重要的潜移默化的影响。

②以道德评判约束官员行为

对官员们的治政行为进行道德评判,对违法举动做出道义上的谴责,也是宋代社会开展舆论监督的一种重要而有效的形式。

中国古代的道德命题与政治思想、政治制度彼此相通的传统,使伦理道德既是道德问题,又具有政治、社会意义。历代统治阶级不仅给当时的政治披上一层道德哲学的外衣,还赋予他们的道德观念以政治地位和法律权威,凭借国家机器使道德评判的作用表现得更为强大;同时,历代儒士、学者的鼓吹与宣扬,不仅强化了伦理道德对人们日常生活言行的影响,而且对政治领域的言行的规范作用也愈加明显。这样,就使得大量具有一定地位的官员或其他特权人物,随时都要受到道德观念的约束,受到基于道德评判体系而形成的社会舆论的监督,使其言行合乎一定的道德规范,以避免受到道德谴责及随之而来的现实后果,从而促使官员减少或避免贪赃枉法行为。

宋代社会不仅继承了历史上传统的道德内容,而且更注重发挥儒学对人

---

① 朱熹:《与延平李先生书》,《朱子全书·晦庵先生朱文公文集》卷二十四,上海古籍出版社、安徽教育出版社2002年版,第1082—1083页;《朱子语类》卷二十七,《论语九·里仁篇下·君子喻于义章》,文渊阁四库全书本,乾隆四十七年刊本,第55—58页;卷六十八,《易四·乾上》,第36—37页。

② 叶适:《易》,《习学记言》卷四,文渊阁四库全书本,乾隆四十七年刊本,第12页。

们言行的道德规范作用。著名改革家王安石就认为,评价善恶的道德标准是仁义,合乎仁义的就是善,违反仁义的就是恶。他说,"道之在我者为德,德可据也。以德爱者为仁……德以仁为主,故君子在仁义之间,所当依者仁而已",人的思想、言行,只有不拘于自己的利益,才能有善的德行。当然,王安石重视个人的道德行为的动机,注重道德修养,重视道德教育,最终是要以德化治天下。李觏、张载、二程、朱熹等人也认为,道德观念必然要渗透到政治、经济、法律等领域中去,并凭借着它们去发挥作用。①

两宋时期,许多有识之士,不仅遵循道德规范,而且敢冒贬官、徒流,甚至杀头的危险,直陈皇帝、大臣或其他官吏的不道德或违法行为。如与欧阳修同年中进士的名流石介就指斥,当时"国家平安无事,乃将乃相,尔公尔侯,贪荣取宠,不知休止;聚财积货,不知纪极",并断言,"权要横暴,则善人困也;贿行于上,吏贪于下,则公道缺也"。他多次上书称颂范仲淹之德,直斥夏竦等人"性贪"、"缺德"之举。② 据北宋主持太学的官员田况回忆:石介任国子监直讲期间,"喜议时事,虽朝之权贵,皆訾訾之",史书也记载他"著《唐鉴》以戒奸臣"、贪官污吏等,"指切当时,无所讳忌"。③ 宋代名相苏辙主张皇帝、臣僚都应守道,故多次对贪赃枉法者上书指劾,揭露"州郡所发文帐,随帐皆有贿赂,各有常数。常数已足者皆不发封"的审计之事,并指出贪官污吏等"小人贪利忍耻,击之难去;君子洁身重义,知道之不行,必先引退",故对这类"小人"一定要穷追猛打,绳之以法,"天下共诛之"。④ 北宋名臣包拯的《乞不用赃吏状》等文,则公开抨击贪官污吏的违法或不道德行为,在一定程度上有效遏制了贪污腐败之风的蔓延,有利于树立清廉的吏风。

---

① 王安石:《答韩求仁书》,《临川文集》卷七十二,文渊阁四库全书本,乾隆四十七年刊本,第1—8、6页;《辞同修起居注状七》,《临川文集》卷四十,第6—12页。李觏:《礼论第五》,《旴江集》卷二,第11—16页。
② 石介:《责臣》,《徂徕集》卷八,文渊阁四库全书本,乾隆四十七年刊本,第3—5页;《明禁》,《徂徕集》卷五,第8—9页。
③ 田况:《儒林公议》,文渊阁四库全书本,乾隆四十七年刊本,第16页;《宋史》卷四百三十二,《列传第一百九十一·儒林二·石介》。
④ 苏辙:《论户部乞收诸路帐状》,《栾城集》卷四十,文渊阁四库全书本,乾隆四十七年刊本,第13页;《再论分别邪正札子》,《栾城集》卷四十三,第12—16页。

两宋时期,不同政治势力之间彼此指责、相互揭短,许多书院师生对时事、朝臣的褒贬评议,也在一定程度上起到舆论和社会监督的作用。当时,一些著名书院师生所代表的传统知识分子,以儒学思想为本,具有强烈的政治意识和社会责任感,他们既想在政治上有所作为,又不愿随波逐流。他们虽时刻准备为朝廷和百姓服务,但其理想与腐败恶浊的现实又总是格格不入,于是形成一种清流、在野的舆论力量,与腐败的官僚集团相对立,表现出一种拒绝同流合污的态度,形成对腐败当权者的巨大心理压力和舆论监督氛围,有法律措施所起不到的重要作用。这是宋辽夏金时期廉政与反贪机制中的一个鲜明特点。

　　宋人关于义利关系的论争,不仅使道德思维更为精巧、系统,对维护社会秩序的稳定、抑制官员的私欲行为、追求高尚的官声,也起到积极作用。当时许多有识之士包括部分官吏,既受到传统重义轻利观的熏陶,又受到了社会传统道德规范的约束,为了民族大义,为了实现自己的道德理想,不计较个人的利害得失,鄙弃私利,甚至甘愿为此做出重大牺牲乃至献出宝贵的生命,力主"文臣不爱钱,武臣不惜死"的岳飞,高颂"道在光明照千古"、"留取丹心照汗青"的文天祥等,就是这些文臣武将的代表。

2. 辽代的反贪机制

　　辽代反贪,主要是在圣宗时期实行封建化的改革以后,通过考核官吏、整顿吏治、对官员实行监察或法律制裁来实现的。

　　辽圣宗即位之初,鉴于吏治的腐败,在承天后和韩德让等主持下,开始整顿吏治。统和十二年(994年)六月,韩德让奏称"三京诸鞫狱官吏,多因请托,曲加宽贷,或妄行搒掠,乞行禁止。上可其奏。又表请任贤去邪,太后喜曰:'进贤辅政,真大臣之职。'"辽国还仿唐宋之制建立并完善了管理、监督百官的制度,以防止并处罚官吏的贪赃行为。而在此前的统和元年(983年),辽圣宗下诏对官吏进行考课,就是对官吏的执政行为作出规范、进行监督。"谕三京左右相、左右平章事、副留守判官、诸道节度使判官、诸军事判官、录事参军等,当执公方,毋得阿顺。诸县令佐如遇州官及朝使非理征求,毋或畏徇。恒加采听,以为殿最"。①

辽太宗设有御史大夫和御史中丞,但该职徒有虚衔,"不获柄用"。辽朝所设的南面官制中,右谏院、左谏院、御史台、殿中司等监察机构的设官分职,一如宋制。太平六年(1026年)十二月,辽圣宗就曾诏令"北南诸部廉察州县及石烈、弥里之官,不治者罢之。诏大小职官有贪暴残民者,立罢之,终身不录;其不廉直,虽处重任,即代之;能清勤自持者,在卑位亦当荐拔;其内族受贿,事发,与常人所犯同科"②。除了对官吏的廉贪、治绩等内容进行考核外,辽政权还具体规定了根据考核结果来进行奖惩的办法。

在反贪法律规定方面,辽国法律承唐宋之制,从《辽史·刑法志》可知其惩贪除赃的规定也是如此。辽圣宗开泰年间制定的《开泰律》规定:"以窃盗赃满十贯,为首者处死,其法太重,故增至二十五贯,其首处死,从者决流。"其后,一些契丹贵族皆因犯赃违法而治罪,甚至"皆以情不可恕,论弃市"。正是由于当时严惩贪贿的立法和执法,使得"吏多奉职,人重犯法",此后辽代法律虽多有更改,但对赃罪的处罚条令仍是严密的。辽兴宗重熙元年(1032年),"诏职事官公罪听赎,私罪各从本法;子弟及家人受赇,不知情者,止坐犯人。……知情者依赃论罪,按律处罚"。辽兴宗时的《新定条制》547条,其中对枉法贪赃行为有各种严厉的处罚规定:"诸职官私取官物者,以正盗论。"至于枉法受赇等罪,依罪行轻重处以徒、杖、黥、流,甚至死刑;其"死刑有绞、斩、凌迟之属,又有籍没之法"。③

辽代仿宋制实行俸禄制,以保证官员的物质生活供给,也是作为避免官吏贪国家之财、索百姓之物的手段。同时,倡导儒学,崇尚仁义,来约束官吏治行。史载,辽兴宗"好儒术",辽圣宗有"崇儒尚义"之论,反映出儒学对辽

---

① 《辽史》卷八十二,《列传第十二·耶律隆运》;卷十,《本纪第十·圣宗耶律隆绪一》;卷十七,《本纪第十七·圣宗八》。

② 《辽史》卷四,《本纪第四·太宗下》;卷十,《本纪第十·圣宗耶律隆绪一》;卷十五,《本纪第十五·圣宗六》;卷十七,《本纪第十七·圣宗八》;卷四十七,《志第十七上·百官志三》。

③ 《辽史》卷六十一,《志第三十·刑法志上》;卷六十二,《志第三十一·刑法志下》。

国政治和君臣伦理道德言行的影响。①

3. 西夏的反贪机制

西夏立国以后,仿宋制,建立了较为系统的官吏管理、考核、奖惩、监察制度与法律制度,倡导儒家伦理道德,兴学崇廉,在一定程度上起到了防范贪贿、惩治贪官的积极作用。

西夏初年,元昊仿宋朝官制,设置中书、枢密、三司、御史等中央重要官吏,其职责也多与宋朝相同。《宋史》记载,"夏之境土,方二万余里,其设官之制,多与宋同。"地方州郡官吏也按宋制而设。西夏官吏的设置、管理、考核、监察等职能和程序,也仿宋制。在监察制度方面,设置御史台,掌监察弹劾。

西夏王朝规定,官吏坐赃有受财枉法、受所监临、强盗、窃盗、坐赃等具体罪名。据西夏《天盛改旧新定律令》(简称《天盛律令》)规定:官员受贿犯赃,"枉法受贿者",自一百钱至四十缗,主犯分别判以十三杖至绞杀,从犯判十杖至十二年徒刑。"不枉法受贿者",一百钱至八十缗以上,主犯处以八杖至十二年徒刑,从犯处以七杖至十年徒刑。所贪赃物若三年以内物属者追告,则当依法审问;已还,当给属者。若以审问得知,财物交官。至于其他贪赃受贿等枉法犯赃行为,其"所贪赃物,亦当交官",藏于罚贼库。此外,受财不枉法或枉法贪赃等罪还有罚俸、罚钱、罚马、罚铁、没入或杖、徒、流、绞等处罚。②

在官吏考课规定中,西夏政权不仅重视对违法官吏的惩治,而且重视奖赏有政绩和清廉的官员。按西夏定制,官员任职期满后有各类考课奖赏,"诸司任职位人三年完毕,无住滞,不误入轻杂,则中书、枢密、经略等别计官赏,其余依次赐次中下末四等人得官赏:次等升一级,大锦一匹,银十五两,茶、绢十;中等……。末等升一级,紧丝一匹,五两银,茶、绢二。中书、枢密都案依下等司正法则得官赏"③。

---

① 《辽史》卷十八,《本纪第十八·兴宗耶律宗真一》;叶隆礼:《契丹国志》卷七,《圣宗皇帝》,文渊阁四库全书本,乾隆四十七年刊本,第11—14页。
② 《天盛改旧新定律令》卷二,《贪状罪法门》,法律出版社2000年版,第147—149页;卷二十,《罪则不同门》,第601—617页。
③ 《天盛改旧新定律令》卷十,《续转赏门》,第349页。

从倡廉反贪的效果上看,西夏政权在制定、实施官员的管理、监察、俸禄、考核、奖惩措施以及法律制度的同时,还注重倡导汉文化中的儒家礼义道德来约束其官吏,以防患于未然。正如宋人所指出,西夏建国后,明确地把儒学这种"有补治道"的学说,作为其官方哲学,以至"士人之行,莫大乎孝廉;经国之模,莫重于儒学"。[①] 就这样,崇儒尚礼、重义轻利的观念在西北边陲仕人学者中得到广泛的传扬与推崇,在客观上有利于反贪倡廉风气的形成。

4. 金朝的反贪机制

女真贵族建立的金朝,因较辽国、西夏的汉化程度高,政治的汉化倾向也体现在官吏考课、奖惩、俸禄、监察制度和法律制度等廉政反贪机制,以及思想文化、伦理道德的舆论监督中,对推行廉政、防治贪腐、打击贪官污吏,起到了一定的积极作用。

(1) 监察反贪制度

金朝的监察制度相对健全,实行台谏制度。中央设御史台,地方设提刑司(后改按察司),"监察,人君耳目","自今百官有不法者,必当举劾,无惮权贵",组成了中央和地方的监察系统。其职责是:从御史大夫的"掌纠察朝仪、弹劾官邪、勘鞫官府公事。凡内外刑狱所属理断不当,有陈诉者付台治之",到监察御史"掌纠察内外非违,刷磨诸司察帐,并监祭礼及出使之事"等。行使监察职责的方式,"如国家利害,官吏邪正,极言无隐",甚至"风声弹事可也"。[②] 金朝的中央监察机构,还有尚书省左右司、登闻检院、登闻鼓院和审官院等,负责对监察官的监督。

金代御史台除监察朝臣、京官外,按制还应定期派官外出,廉察地方吏治。金朝律令规定,监察御史定期出巡地方,以廉能和污滥两大标准各分等次考察地方官吏,考察结果呈报尚书省或皇帝,以廉察报告作为决定官员升降的依据。大定三年(1163年),金世宗颁诏:"命廉到廉能官第一等进官一

---

① 《元史》卷一百二十五,《列传第十二·高智耀》;吴广成撰,龚世俊等校证:《〈西夏书事〉校证》卷三十一,甘肃文化出版社1995年版,第359页;卷三十六,第418页。

② 《金史》卷五十五,《志第三十六·百官一》;卷十,《本纪第十·章宗二》;卷九十六,《列传第三十四·梁襄》。

阶升一等,其次约量注授。污滥官第一等殿三年降二等;次二年,又次一年,皆降一等。诏廉问猛安谋克,廉能者第一等迁两官,其次迁一官。污滥者第一等决杖百,罢去,择其兄弟代之。第二等,杖八十,第三等,杖七十,皆令复职。"并诏令"凡廉能官,四品以下委官覆实,同则升擢。三品以上以闻,朕自处之"。大定十二年(1172年),世宗又诏尚书省:"赃污之官,已被廉问,若仍旧职,必复害民。其遣使诸道,即日罢之。"此外,负责地方监察的还有设在各地的按察司。①

金代还注意到"名廉"与"实廉"的问题。金章宗时规定:"以所廉察则有清廉之声,而政绩则平常者,敕命不降注";若虽有清廉之声者,但有行事邀顺人情者,"则与公正廉能人不同,敕命降注。凡治绩平常者,夺元举官俸一月"。②

金朝在监察过程中,实行明察与暗访相结合的方式,"暗察明访皆著政声,可第其政绩,各进官旌赏。其速议升除";对地方的监察还实行定期巡察与临时派遣官员巡察相结合的方式,经常派一些中央官员到地方,担负察访地方吏治的任务。金世宗就规定:"自今朝臣出外,即令体访外任职官廉能者,及草莱之士可以助治者,具姓名以闻",并作为定"官吏臧否"的根据。金代廉察制不仅在汉人州县地区实行,"诏廉问猛安谋克",说明廉察制也在女真人的猛安谋克中实行。③

金章宗朝还专设九路提刑司,作为中央政府监督地方行政的常设机构。数年后,提刑司改设为按察司,其职能、程序与廉察制基本相同,"掌审察刑狱、照刷案牍,纠察滥官污吏豪猾之人、私盐酒曲并应禁之事,兼劝农桑,与副使、签事更出巡案",监察官将被察官吏的善恶、廉贪与污滥情况,依制呈报尚书省,据以决定任免或升降,呈报皇帝定夺。

(2)反贪法律

金代法律,承辽、宋之法制。金朝律令中的刑名与对各种犯罪予以处罚

---

① 《金史》卷五十四,《志第三十五·选举四》;卷五十五,《志第三十六·百官一》;卷五十七,《志第三十八·百官三》;卷七,《本纪第七·世宗中》。
② 《金史》卷五十四,《志第三十五·选举四》。
③ 《金史》卷六,《本纪第六·世宗雍上》;卷七,《本纪第七·世宗中》。

的规定,确多同于辽、宋律令,尤其是在处罚贪官污吏的法律规定上,在宋制基础上对贪黩之罪惩罚更严,是建立在这样的认识之上:"既为职官,当先廉耻,既无廉耻,故以小人之罚罚之",就是对贪赃枉法官吏同样予以杖、徒、流、绞等重罚。大定十二年(1172年),金世宗针对内丘县令蒲察台补"罪当除名。今遇赦当叙,仍免征赃"这一案例,下诏处置:内丘令"贪伪,勿叙,且曰:'乞取之赃,若以赦原,予者何辜。自今可并追还其主'",并规定:"三品职官以赃至死,愚亦甚矣,其诸子可皆除名"。①

金律对监察官的渎职、贪赃枉法行为,也有严格的惩治规定:"监察失纠劾者,从本法论";"官吏之罪即以状闻,失纠察者严加惩断,不以赎论"。② 此外,金朝对贪赃枉法官吏也有舆论监督的约束,并且金政权与士大夫们于教爱立廉之道也积极身体力行。

(3) 官吏管理制度的监督

金代管理、考课、奖惩官吏的制度,多仿唐宋之制。吏部是管理官吏的最高行政机关,负责全国官吏的选授、考课、升迁、致仕等事务。

金朝官名共分六类:长官(京府尹牧、留守、知州、县令、详稳、群牧),佐贰官(同知、签院、副使、少尹、通判、丞),幕职官(判官、推官、掌书记、主簿、县尉),军职官(兵马司及其他司军者),厘务官(警巡、市令、录事、司候、诸参军、知律、勘事、勘判)和监当官(应管仓库院务者)。这些官员也同唐宋时一样,有品、爵、勋、阶的设置与区别,官员根据其政绩、军功等来决定其升迁。官员任职有期限,任期内无重大失误,即可获得升迁:"凡官资以三十月为考,职事官每任以三十月为满,群牧使及管课官以三周岁为满,防御使以四十月、三品以上官则以五十月、转运则以六十月为满"。③

金代官吏的考课内容,承唐制"四善二十七最"为主,同时吸收宋制的内容,尤其注重官员品行德义、政绩勤恪、贤能公平、清慎明著等方面的表现:"其有犯公私罪赃污者",则须予以降、免职或法律处罚;"凡内外官之政绩,所

---

① 《金史》卷四十五,《志第二十六·刑》。
② 《金史》卷四十五,《志第二十六·刑》。
③ 《金史》卷五十二,《志第三十三·选举二》;卷五十五,《志第三十六·百官一》。

历之资考,更代之期,去就之故,秩满皆备陈于解由,吏部据以定能否"。①

四、宋辽夏金时期的反贪

1. 北宋时期的反贪

北宋时期,宋朝廷的反贪活动是持续进行的,但不同时期的反贪成效有较大差别。

北宋初建,"宋以忠厚开国,凡罪罚悉从轻减,独于治赃吏最严"②。宋太祖、太宗为祛除五代以来贪官恣横的积弊,凡官吏贪赃枉法,皆用重典。从宋太祖建隆二年(961年)四月商河县令李瑶"坐赃,杖死","左赞善大夫申文纬,坐失觉察除籍"之后,自是"赃墨之吏,间有实极刑者";五月,供奉官李继昭"坐盗卖官船,弃市";八月,大名府永济县主簿郭颌"坐赃,弃市"。建隆三年(962年)八月,蔡河务纲官王训等四人"坐以糠土杂军粮,磔于市"。乾德二年(964年)五月,知制诰高锡"坐受藩镇赂,贬莱州司马",宗正卿赵砺"坐赃杖、除籍"。乾德三年(965年)四月,职方员外郎李岳"坐赃,弃市";八月,殿直成德钧"坐赃,弃市";十月,太子中舍王治"坐受赃杀人,弃市"。乾德四年(966年),仓部员外郎陈郾"坐赃,弃市"。开宝年间(968—975年),被严惩的贪官主要有:右领军卫将军石延祚"坐监仓与吏为奸赃,弃市";右千牛卫大将军桑进兴"坐赃,弃市";监察御史闾丘舜卿"坐前任盗用官钱,弃市";太子洗马王元吉"坐知英州受赃不法,弃市";殿中侍御史张穆"坐赃,弃市";右拾遗张恂"坐赃,弃市";左拾遗秦宣、太子中允吕鹗"并坐赃,宥死,杖、除名";太子中允徐昭文"坐抑人售物,除籍";兵部郎中董枢、右赞善大夫孔璘因"隐没羡银"被杀,太子洗马赵瑜因同案被杖配海岛。③

---

① 张九龄等撰,李林甫等注:《唐六典》卷二,文渊阁四库全书本,乾隆四十七年刊本,第3—27页;《金史》卷五十五,《志第三十六·百官一》。
② 赵翼:《宋初严惩赃吏》,《廿二史劄记》卷二十四,北京,中国书店1987年版,第326页。
③ 陈均:《九朝编年备要》卷一,台湾商务印书馆影印本,1983年,第13—57页;《宋史》卷四,《本纪第四·太宗赵炅一》。

宋太宗继位之后,惩贪"法令犹未弛",对贪官污吏依律严惩。太平兴国二年(977年),诏令"诸库藏敢变权衡以取羡余者死",并规定"凡左藏及诸库受纳诸州上供均输金银、丝帛暨他物,令监临官谨视之。欺而多取,主称、藏吏皆斩,监临官亦重置其罪。罢三司大将及军将主诸州榷课,命使臣分掌。掌务官吏亏课当罚,长吏以下分等连坐"。宋太宗在位的二十余年间,许多贪官被严惩不贷,官吏多因犯赃而被杖杀或弃市者。太平兴国三年(978年),泗州录事参军徐壁"弃市,坐掌本州仓户民租,与牙校高贵为奸赃,取民贿而免其租入,以虚券给之。事发,壁及贵并抵法,支党皆杖脊配隶远恶处";监海门戍、殿直武裕"坐奸赃弃市";侍御史赵承嗣"坐监市征隐官钱,弃市","并吏七人皆斩于市,仍诏诸道转运使布告州县以儆群吏";詹事府丞徐迁"坐赃,杖杀之";监察御史张白"坐知蔡州日假官钱籴粜,弃市";忠州录事参军卜元干"坐受赇枉法,杖杀之";殿前承直王著"坐监资州兵为奸赃,弃市";监察御史祖吉"坐知晋州日为奸赃,弃市"。北宋初年还多次规定,即使遇朝廷大赦,但"十恶、官吏犯赃至杀人者不赦",且不论主犯、从犯,多一律依法严惩,至于执法犯赃者,更是被严惩杖杀。如太平兴国三年(978年)七月,"中书令史李知古受赇,擅改刑部所定法,出罪人,为所诉,鞫得实,壬子,杖杀之。刑房吏孙甫坐免官"。①

北宋前期,对贪官的惩罚相当严厉,成效也颇为显著。正如宋太祖所说,治国兴邦,要以法律严格约束"无厌之求"者,否则"若犯吾法,惟有剑耳"。②

宋真宗即位之初,仍坚持严惩贪官污吏,多次重申严赃吏之法。但随着宋王朝政权的日益稳固与腐败的滋生,北宋中后期,对官吏犯赃枉法的处罚渐趋从轻。其中,坐赃当死者,皆被特贷,仅从轻处以"杖脊、黥面、配沙门岛",或流远恶州军牢城。甚至一改过去赃吏"纵逢恩赦,所在不得放还,已放还者,有司不得叙用"的规定,不仅违法放还,而且有时允许"叙理",即允许重

---

① 《宋史》卷五,《本纪第五·太宗赵炅二》;李焘:《续资治通鉴长编》卷十九,"太平兴国三年二月丙寅、夏四月辛巳、秋七月庚戌",上海古籍出版社1985年版,第1册,第161、162、165页。

② 李焘:《续资治通鉴长编》卷十二,"开宝四年十一月壬戌",第1册,第106页。

入仕途;甚至那些赃重及"情理蠹害"者,也可授"诸州参军,余授判司,京朝官、幕职、令录、簿尉,等第甄叙"。后来,宋真宗觉得这样做还不足以表现其宽大,于是下诏规定自今诸州官吏有罪,包括枉法犯赃者,只要在败露前投牒自首,便可一切不问。许多赃吏有了这道护身符,更加有恃无恐,肆意贪赃枉法。后来,宋真宗也意识到:"数有人言官吏犯赃者多,盖朝廷缓于惩戒"。①

宋仁宗统治的数十年间,对枉法犯赃处置更为宽纵,贪赃当死官吏中,连偶有刺配者都少,而命官免受杖黥之罚者越来越多。天圣八年(1030年),监翰林司阁门副使郭承祐"坐监主自盗",依法应予重惩,宋仁宗却特诏宽容,"特贷命免决(黥)刺,除名,配岳州衙前编管"。从此,"外流编管"成为许多犯赃死罪的官吏的法定代用刑。至于所犯罪行较死罪为轻的赃吏,更是法外施恩,屡行宽宥,结果吏治弄法枉法的弊端更加突出,"近年贪吏益众,盖由宽法所致"。②

宋神宗朝,虽"重禄重法",尤其是诏三司,始立《诸仓丐取法》,制定了加强库藏财物出纳管理的专门法典,并规定凡采用克扣等非法手段侵盗库藏财物者,按其情节轻重予以严惩,以"坐赃论"。然而,当时对贪官赃吏的处罚实际已渐趋从轻。不仅没有处死犯赃官吏的,连处以杖、黥之刑者也少见,甚至"武臣犯赃,经赦叙复后,更立年考升迁",就连一直主张宽法施恩的宋神宗也认为对贪吏过于放纵,以致难以行法禁贪,"帝曰:若此,何以戒贪吏"?至宋哲宗朝制定命官犯罪不死、不杖、不黥的三免法之后,对贪官污吏非法横取者,多不予深究。③

宋徽宗、钦宗年间,"绍圣以来,连起党狱,忠良屏斥,国以空虚"④,对贪官

---

① 李焘:《续资治通鉴长编》卷十九,"太平兴国三年六月乙巳",上海古籍出版社1985年版,第1册,第163—164页;卷八十,"大中祥符六年春正月丙午、丁未",第1册,第701—702页;卷八十二,"大中祥符七年三月己亥",第1册,第720—721页;卷八十五,"大中祥符八年闰六月癸巳",第1册,第747—748页。
② 徐松辑:《宋会要辑稿》第一百七十册,《刑法六之一二》,中华书局1957年版,第6699页。
③ 《宋史》卷一百九十九,《志第一百五十二·刑法一》。
④ 《宋史》卷二百,《志第一百五十三·刑法二》。

赃吏的处罚极为有限,一味宽纵,以致贪官蔡京等"六贼"当政,国难频生,国库空虚,民不聊生,民怨沸腾。这表明,至北宋中后期,反贪治贪之举趋于空文,有名无实。

2. 辽代的反贪

辽太祖初年,"庶事草创,犯罪者量轻重决之",但其后数十年间,一直未见有专门的治贪律令,仅诏令"大臣定治契丹及诸夷之法,汉人则断以律令"。乾亨元年(982年),辽圣宗继位,渐趋汉化,在原有法制基础上专门制定了惩治贪污犯赃的律令条文。开泰八年(1019年),"以窃盗赃满十贯,为首者处死,其法太重,故增至二十五贯,其首处死,从者决流"。太平六年(1026年),辽圣宗又诏令:"大小职官有贪暴残民者,立罢之,终身不录;其不廉直,虽处重任,即代之;能清勤自持者,在卑位亦当荐拔;其内族受赇,事发,与常人所犯同科"。当时,盗赃之罪,"皆以情不可恕,论弃市"。正是由于当时能严格执法、违法必究,史载,圣宗"践阼四十九年,理冤滞,举才行,察贪残,抑奢僭",在惩治贪污、处罚赃官等方面是有成就的。一改过去吏治的"蠹弊",用人多能"任贤去邪",出现"法度修明,朝无异议"的局面。①

辽兴宗即位后,在惩治贪赃方面还能承继辽圣宗既定国策,故重熙元年(1032年),"诏职事官公罪听赎,私罪各从本法;子弟及家人受赇,不知情者,止坐犯人",可见当时对违法犯赃者还能予以惩治。然至辽道宗、天祚帝统治的七八十年间,尽管多次修订刑法,但"至于枉法受赇,诈敕走递……例皆免死","时校定官即重熙旧制,更窃盗赃二十五贯处死一条,增至五十贯处死"。在放宽惩治律条后,《辽史》中依法治赃的记载难觅,而"犯法者众,吏得因缘为奸","如耶律挞不也、萧达鲁古等,党人之尤凶狡者,皆以赂免"的记载却屡见不鲜。当时,臭名昭著的贪官张孝杰,"久在相位,贪货无厌",却未得惩治,并得终老"死于乡"。② 朝廷宰相尚且如此,其他官吏更是胡作非为,损公肥私,贪赃枉法,以致辽后期政治更趋腐败,贿赂公行,贪污成风。辽代的各类

---

① 《辽史》卷六十一,《志第三十·刑法志上》;卷十七,《本纪第十七·圣宗八》。
② 《辽史》卷六十二,《志第三十一·刑法志下》;卷一百十,《列传第四十·奸臣上·张孝杰》。

惩贪律令,自然徒具虚文。

3. 西夏的反贪

西夏建国后,为了维护其封建统治秩序,在不断汲取唐、宋法律的基础上,西夏的法律制度也日趋完备,今天所能见到的有《天盛改旧新定律令》(简称《天盛律令》)与《新法》等。在《天盛律令》中就有专门的"贪状罪法",规定了对各种贪赃枉法行为的处罚。

西夏惩贪律令承唐、宋之制,规定:官员犯赃分为受财枉法、受财不枉法,及受所监临、强盗、窃盗、坐赃等罪。并按罪类的轻重予以绞、徒、杖、流、罚没等各种不同的处罚。而各类官员在执行公务中收受贿赂,或利用职权违法摊派、徇私多支官物等,都应依法受惩。"无官方谕文,不许擅自于租户家主收取钱物、花红、麻皮等种种及摊派杂事。若违律摊派时,已纳官库内,则依纳租法判断,自食之则与枉法贪赃罪比较,从重判断";在仓库财物出纳管理中,须有相关的出纳谕文,由地方长吏或其派遣的巡察人"依数分派。所予为谁,分用几何,当行升册","若局分大小人受贿徇情而使无理多领,及刺史人受贿不弃虚杂、不巡察等时,计多领粮食之价,以偷盗法判断,受贿则与枉法贪赃罪比较,从重者判断",依律惩处。西夏还专设一个与仓政有关的中央审查机构——都磨勘司,负责从京师到地方各类仓库官吏的考绩与迁转磨勘,若查出有违法出纳者,当依律论处。① 可见,西夏的反贪法制有其细致、完备之处。

由于西夏文献缺乏,现存西夏史籍中惩治贪污犯赃罪行的史实少见于记载,仅有晋王察哥"为将贪","晚年货贿公行",其大量财富多为搜刮民财而得的具体记载。其他多是"国家以奸臣贪得,不恤邻好","贪利之臣,何国无之,岂意夏国躬蹈覆辙"的模糊记述,难以见西夏惩治贪污犯赃、枉法违律的实践与成效。②

4. 金代的反贪

金太祖、熙宗时,反贪之事偶见记载。金世宗时期,反贪活动大量集中,

---

① 《天盛改旧新定律令》卷十五,《收纳租门》、《纳领谷派遣计量小监门》,法律出版社 2000 年版,第 489—491、513 页;卷十七,《供给交还门》、《库监派遣调换门》,第 536—540 页。

② 《〈西夏书事〉校证》卷三十六,甘肃文化出版社 1995 年版,第 422 页。

成效也最为显著。世宗治贪,对章宗等朝产生了积极影响,金章宗时惩治贪赃之事也常见记载,取得了一定的成效。而海陵王完颜亮等昏君当道时,贪官污吏猖獗,枉法犯赃不绝于史,但难觅有效的反贪活动。

金世宗曾多次诏令,"自三公以下,官僚善恶邪正,当审察之",要求官员考课,"第职官,廉能、污滥、不职各为三等而黜陟之",并规定"吏人但犯赃罪,虽会赦,非特旨不叙"。大定十二年(1172年)三月,金世宗诏令尚书省:"赃污之官,已被廉问,若仍旧职,必复害民",故令赃污官吏,不得再叙用亲民。世宗注重依法儆戒的作用,认为"凡在官者,但当取其贪污与清白之尤者数人黜陟之,则人自知惩劝矣"。他巡幸所至,"必令体访官吏臧否",又制定《职官犯赃同职相纠察法》,常遣使纠察、廉问各地,依据官吏贪赃之轻重按律论罪处罚。

金世宗统治时期,惩治贪赃枉法的记载多见于史料。大定六年(1166年)九月,泽州刺史刘德裕等"以盗用官钱伏诛"。大定七年(1167年)九月,右三部检法官韩赞"以捕蝗受赂,除名";十月,蠡州同知移剌延寿"在官污滥",他虽是女真人,同样依法治罪。大定十年(1170年)二月,"安化军节度使徒单子温、副使老君奴以赃罪,伏诛"。大定十一年(1171年)正月,尚书省奏汾阳军节度副使牛信昌"生日受馈献,法当夺官。上曰:'朝廷行事苟不自正,何以正天下。尚书省、枢密院生日节辰馈献不少,此而不问,小官馈献即加按劾,岂正天下之道。自今宰执枢密馈献亦宜罢去'",此后,各类以馈献之名的行贿受贿事例,多被依律论罪;四月,大理卿李昌图"以廉问真定尹徒单贞、咸平尹石抹阿没剌受赃不法,既得罪状,不即黜罢,杖之四十"。大定十二年(1172年)二月,户部尚书高德基"滥支朝官俸钱四十万贯,杖八十",并诏令"自今官长不法,其僚佐不能纠正又不言上者,并坐之";四月,大名尹、荆王完颜文"以赃罪夺王爵";十二月,以济南尹刘萼"在定武军贪墨不道,命大理少卿张九思鞫之",依法严惩。大定十九年(1179年)十月,西南路招讨使哲典"以赃罪伏诛"。大定二十一年(1181年)五月,西北路招讨使完颜守能"以赃罪,杖二百,除名"。①

除依法治赃外,金世宗还多方面着手,以图根除贪官污吏的进用。他认为"儒者操行清洁,非礼不行。以吏出身者,自幼为吏,习其贪墨,至于为官,习性不能迁改。政道兴废,实由于此"。他多次诏谕强调,在犯贪赃枉法问题上,对女真人也决不能姑息,"朕于女直人未尝不知优恤。然涉于赃罪,虽朕子弟亦不能恕"。正是由于金世宗严格依法治赃,且不以族别论赃犯人罪,因此,在他当政期间,金王朝的反贪实践取得了较好的实效。史载,世宗一朝"躬节俭,崇孝弟,信赏罚,重农桑,慎守令之选,严廉察之责……可谓得为君之道矣。当此之时,群臣守职,上下相安,家给人足,仓廪有余",号称"小尧舜"。②

5. 南宋时期的反贪

与北宋相较,南宋多昏君奸相,偏安江南一隅,骄奢淫逸,大肆搜刮民脂民膏,醉生梦死。在南宋王朝统治的一百五十余年中,当道奸臣多是朝中最大的贪官,故对贪官赃吏的姑息、放纵,更甚于北宋时期,除孝宗朝曾一度整肃吏治、惩处贪官外,南宋其他各时期贪浊之风,较前更甚。

南宋初年,宋高宗对官吏坐赃抵死者,仍行贷命、除名、勒停、编管之法,对重罪者只是增加了"追纳赃钱入官"一项。当时官员"有以旧法弃市事上者,帝曰:'何至尔耶? 但断遣之足矣'"。皇帝有这样的治国思想,落到实践中,绍兴七年(1137年),永嘉令李处谦坐赃当绞,诏"特贷死,籍其赀,自是以为例",既然用赀可以抵罪,自此就再无赃吏会被处死了,赃官污吏再无后顾之忧而日形猖獗。《宋史》有关高宗朝"待贪吏""极严"的记载,显然是曲笔。③

南宋孝宗朝,针对姑息官吏犯赃而渐趋严重的赃吏问题,对惩治赃吏之

---

① 《金史》卷六,《本纪第六·世宗雍上》;卷七,《本纪第七·世宗中》;卷八,《本纪第八·世宗下》。
② 《金史》卷八,《本纪第八·世宗下》。
③ 《宋史》卷二百,《志第一百五十三·刑法二》;李心传:《建炎以来系年要录》卷一百十四,"绍兴七年九月丙戌",文渊阁四库全书本,乾隆四十七年刊本,第26页。

律,循名责实,还恢复了以前对"赃罪至死者"的刺配之法。隆兴二年(1164年)九月,孝宗诏令"严赃吏法","今后命官自盗,枉法赃罪抵死,除籍没家财外,依祖宗旧制决配"。南宋时,监司也有履职的情况。陆九渊就说:"婺女之行,道经上饶,往往闻说其守令无状,与临川大不相远。既而闻景明劾罢上饶、南康二守,方喜今时监司乃能有此,差强人意。"当时,赃吏虽无受极刑之人,但"吏治风气亦为之一变",出现了乾道、淳熙间,"有位于朝者,以馈赂及门为耻;受任于外者,以苟苴入都为羞"的局面。但是,好景不长,宋光宗即位后,虽严赃吏连坐之法,但不能认真执行,对显贵重臣处处回护,对一般官吏也越来越宽纵,以致吏治废弛,贪风又炽。加上当时政治更加腐败,经济日益困窘,故南宋社会糜败,人民苦痛。尤其是韩侂胄当权后,"贿赂盛行,四方馈遗,公至宰执、台谏之门,人亦不以为讶"。即使贪官"赃累巨万",危害四方日久,不过"投闲数月,便得祠禄",可照旧荣华富贵。①

宋理宗鉴于当时贪赃横行、国弱民穷的状况,不得不"申严戒饬赃吏之制",诏饬监司严禁赃吏,并规定"监司率半岁具劾去赃吏之数来上,视多寡为殿最,行赏罚。守臣助监司所不及,以一岁为殿最,定赏罚。本路、州无所劾,而台谏论列,则监司守臣皆以殿定罚。有治状廉声者,摭实以闻"。因此,当时也偶有惩罚贪官污吏的记载:绍定六年(1233年),差提举千秋鸿禧观梁成大"暴狠贪婪,苟贱无耻,诏夺成大祠禄"。宝祐元年(1253年),陈垓"贪赃不法,窜潮州","诏前福建漕臣高斯得已夺职镌官,其赃百余万严限征偿,以惩贪吏"。景定五年(1264年),马天骥"以台臣劾其贪赃,夺职罢祠,其子时楙削一秩,罢新任";"内侍李忠辅以台臣劾其贪肆欺罔,削两秩放罢"。不过,宋理宗当政近四十年,更多的是贪污贿赂之案不了了之,而致"廉吏十一,贪吏

---

① 李心传:《建炎以来朝野杂记》甲集卷六,《建炎至嘉泰申严赃吏之禁》,中华书局2000年版,第147—148页;陆九渊:《与徐子宜》,《象山集》卷五,文渊阁四库全书本,乾隆四十七年刊本,第10—13页;佚名:《两朝纲目备要》卷八,"宁宗嘉泰三年至开禧元年",文渊阁四库全书本,乾隆四十七年刊本,第4—5页;《宋史》卷四百三十七,《列传第一百九十六·儒林七·真德秀》。

十九","今馈赂公行,熏染成风,恬不知怪"。贪官之多,吏风之坏,可见一斑。①

南宋百余年间,宋朝廷虽屡申严赃吏之法,常诏令诫饬监司举劾赃吏,但从宋高宗朝开始,尤其到光宗朝以后,被杖、黥的贪赃之官却不多见,以致难以惩禁贪墨。因此,尽管当时惩赃法律虽密,治贪诏令虽多,也无力惩禁官吏贪污受贿之风。

两宋时期的反贪,在不同时期、地域,其成效呈现不平衡性与不稳定性。在北宋太祖、太宗、真宗初年和仁宗、神宗革新时期,以及南宋孝宗、辽圣宗与金世宗这一些企图有所作为、也能励精图治的君主当政时期,其整顿吏治、反贪治赃活动取得了成效,甚至一度出现"君明臣良"、"百官奉职,吏无残贱"的局面。而在北宋徽宗,南宋高宗、理宗,辽天祚帝,金海陵王等昏君奸相当政期间,则是贿赂公行、贪污成风。

两宋时期,不同地区的反贪成效所表现出的不平衡性与不稳定性,与当地主要官员的素质、贪廉品德、官场风气等密切相关。一般来说,某一政区路、州、府、县的转运使、知州、知府、知县等主要官员的政治素质与能力,直接影响到其辖区内的吏治与社会风气。正如北宋太宗雍熙年间吴元载知秦州、寇准知巴东等地,仁宗时范仲淹知永兴军、改陕西都转运使,包拯知端州、任职开封府,以及南宋孝宗时朱熹知南康、浙东等地,该地区主要官员为政清廉、依法兴治、违法必究、重典治赃,那么,这一地区的吏治官风自然以廉洁勤能为主,歪风邪气也必会受到打击与遏制。史载,宋孝宗闻张栻"治行,诏特进秩……改知江陵府,安抚本路。一日去贪吏十四人",故时人对江陵府的反贪成效有口皆碑。而宋真宗后期,丁谓、王钦若、林特、陈彭年、刘承规等"五鬼"欺上罔下之时,北宋末年蔡京、童贯、王黼、朱勔、梁师成、李彦等"六贼"弄权之际,他们贪贿肥私,得四方贿赂,不可胜数,其亲信、党徒在州县更是肆意搜刮,"凡天下之财,无一不贪","中外名钱皆许擅用,竭天下财力以供费。官吏承望风旨,凡四方水土珍异之物,悉苛取于民,进帝所者不能什一,余皆入

---

① 《宋史》卷四十一,《本纪第四十一·理宗赵昀一》;卷四十三,《本纪第四十三·理宗赵昀三》;卷四十四,《本纪第四十四·理宗赵昀四》;卷四十五,《本纪第四十五·理宗赵昀五》。

其家"。至于被搜刮尤苛的东南江浙地区，官府中充斥着贪官酷吏，史载当时贪官"遍满天下，一州一县，无处无之"。

两宋时期，反贪成效同样具有不平衡性、不稳定性的特点。北宋前期或其他整顿吏治时期，反贪成效是显著的：吏治得到一定程度的整饬，为巩固中央集权奠定了基础；重典惩赃，使许多官吏畏法惧贪；惩贪赏廉，使官员的拒贪兴廉官德素质有所提高。对贪赃的惩治，对贪风的遏制，使相当一部分官吏不敢轻易染指官府财物，使宋王朝国家财产的损失大为减少。

宋王朝禁贪惩赃法律的颁布与实施，严禁官吏贪污勒索、横征暴敛政策的推行，在一定程度上限制了贪官污吏对百姓的巧取豪夺，使宋太祖与民休息的仁政得到了贯彻，缓和了两宋时期的社会矛盾，在一定程度上调节了被统治阶级与统治阶级之间在经济利益上的矛盾冲突，有利于促进宋代社会经济的恢复和发展，推动了古代中国社会历史的不断进步。宋辽夏金各朝在吏治状况较好、吏风相对廉正的时期、地区，多是社会秩序较为稳定，经济社会发展较为迅速的时期。

第二节
元代的贪贿与反贪

公元13世纪初,蒙古族崛起于漠北。1206年,铁木真统一漠北各部,建立了蒙古汗国,铁木真被尊为成吉思汗。为了巩固新政权,维护社会秩序,成吉思汗重新颁布了札撒①,对军纪、杀人、抢劫、保护贵族利益等方面作出规定。当时,蒙古汗国统治的漠北地区社会治安状况不复杂,故札撒内容虽简单,但在巩固政权、维护社会治安和贵族利益方面起到了作用。不久,成吉思汗南下进攻西夏和金。几年之内,蒙古铁骑连续攻下河北、山西、山东、辽西、辽东各地。1215年5月,蒙古军队攻占了金中都(今北京)。随着统治区域的扩大,社会情况日趋复杂,贪贿情况的发生和为维持统治而反贪的斗争形势也日趋复杂。

一、蒙古汗国的贪贿与反贪

1. 窝阔台时期的贪贿与耶律楚材的反贪

蒙古军队攻占金中都后,成吉思汗听说辽朝皇族后裔耶律楚材很有才能,就下诏命耶律楚材到漠北的大斡耳朵(蒙古语"营帐"之意)来拜见他。随后,他命大将木华黎,继续进攻金朝,自己则全力准备西征。1218年,耶律楚材来到漠北怯绿连河(今克鲁伦河)的大斡耳朵觐见成吉思汗,很受赏识。从此,耶律楚材跟随成吉思汗西征,劝告不要屠城、军队不要抢掠,并

---

① 札撒,蒙古语,"法规"之意。

建议成吉思汗结束西征。①

元太宗窝阔台统治时期,耶律楚材被委以重任。随着蒙古汗国统治地区的不断扩大,社会治安问题日益突出,州郡官吏贪暴,豪强任意兼并土地,奸盗杀人越货等现象十分严重。针对这种情况,耶律楚材提出了《便宜一十八事》作为临时法律,对地方官吏擅自科差、商人侵吞官物、蒙古色目贵族不纳税收、贪污官物、死刑判决等做出具体规定,对于抑制官吏贪赃枉法、豪强兼并,安定社会秩序,起到较大的作用。耶律楚材的这些建议,窝阔台多予以采纳,只有禁止自成吉思汗南下伐金以来盛行撒花(波斯语"礼物"),也就是借"贡献"的名义向民间搜刮财物一事不准。窝阔台说:"彼自愿馈献者,宜听之。"耶律楚材再次进言说:"蠹害之端,必由于此。"窝阔台还是不准。②

在耶律楚材等的努力下,蒙古汗国开始建设行政管理制度。蒙古汗国建立后,置万户、千户、百户等统率军队和蒙古牧民,但随着统治地区的扩大,这种状况已不能适应社会现实的要求。1231年,窝阔台决定仿汉制设立中书省,以耶律楚材为中书令,女真人粘合重山为左丞相,克烈部人镇海为右丞相。但这时的中书省并非全国最高行政机构,它只是大汗侍从官中主管文书的必阇赤(书史),即参谋秘书机构。当时蒙古汗国最高行政长官是也可札鲁忽赤(大断事官),由成吉思汗的义弟失吉忽秃忽(一作胡土虎那颜)担任。不过,中书省因关系到发放文书、处理文件等重要事务,实际权力是很大的。耶律楚材主管行于汉人、契丹、女真地方的汉字文书,镇海主管回族文书。1234年,窝阔台命失吉忽秃忽为中州断事官,主治汉民,治所设在燕京。这个机构称为燕京行尚书省(旋改燕京行中书省),是蒙古汗国统治中原汉地的最高行政机构。1241年,窝阔台将牙老瓦赤从中亚河中地区调来,担任也可札鲁忽赤,汉人刘敏任燕京行尚书省长官,与牙老瓦赤共同治理汉民。

蒙古汗国向外扩张,目的是为了掠夺财富。故每到一地,财物掠夺一空,掳来的百姓、工匠充作奴隶,按军功大小分赐给诸王贵族、将领,大汗则

---

① 《元史》卷一,《本纪第一·太祖》。
② 《元史》卷一百四十六,《列传第三十三·耶律楚材》。

从中各取一份。这时,蒙古贵族不知赋税为何物,也不明白这种以掠夺为主的剥削方式对社会生产力的破坏极大,对蒙古政权的巩固也很不利。窝阔台即位后,看到了抢掠对社会生产的破坏性,下令禁止对被征服地区肆行抢掠和破坏,但仍放任随意向百姓征取"撒花"、索要"贡献"这种普遍现象,诸王、将领、官吏每到一地总要强迫人民送"撒花",而以这种方式搜刮来的财物不必交给政府。面对这种将贪吏黩的状况,大汗窝阔台对如何能使国家有稳定的财政收入很着急,力排众议,接受了耶律楚材"陛下将南伐,军需宜有所资,诚均定中原地税、商税、盐、酒、铁冶、山泽之利,岁可得银五十万两、帛八万匹、粟四十余万石,足以供给"的建议,在中原的燕京、宣德、西京、太原、平阳、真定、东平、北京、平州、济南等十路设征收税课所,每路置正副课税使二员,专掌钱谷,不受地方官管辖。根据1230年征税的结果来看,效果十分明显,当时的办法是汉民以户为单位负担地税,标准是每户纳粟两石(后增加到四石),另加户调。不久,十路征收课税使把征收的金帛和记录仓库收藏谷物等的簿籍呈送给窝阔台。窝阔台十分高兴地对耶律楚材说:"汝不去朕左右,而能使国用充足,南国之臣,复有如卿者乎?"①

耶律楚材在中原征税成功后,窝阔台就急于扩大征税地区,以保证蒙古汗国有更多的财政收入,首要之急是掌握更多的中原汉地民户。太宗五年(1233年),窝阔台派阿同葛等人检括中原民户,得七十三万多户;太宗七年(1235年)灭金后,又派大断事官失吉忽秃忽负责大规模括户,得一百一十余万户。随即,窝阔台批准实行"裂土分民"的办法。对于这种失政举措,耶律楚材没有权力改变,只得尽量采取减少失政危害的补救措施,建议实行"五户丝税制":每两户出丝一斤,随路输于官府;每五户出丝一斤,随路输于得到封地的诸王贵族。这种办法虽不能阻止窝阔台实行分封制度,但对受封地贵族是一种限制,使他们不能任意搜刮,也保证了政府对民户的征税,稳定国库收入。因此在当时具有一定的积极意义。②

---

① 《元史》卷二,《本纪第二·太宗窝阔台》。
② 《元史》卷一百四十六,《列传第三十三·耶律楚材》。

2. 脱列哥那称制与奥都剌合蛮擅权时期的贪贿之风

窝阔台晚年嗜酒、多病,"颇怠于政事",而六皇后脱列哥那则施展小恩小惠等一切手段,赢得族人的欢心,逐渐掌握了实权。而原来治国的重臣年事渐高,失吉忽秃忽时年近七十,耶律楚材也年过五十,失去失吉忽秃忽和窝阔台的支持,越来越难以与脱列哥那及其宠信的法迪玛、奥都剌合蛮抗衡。1241年,窝阔台去世,遗言汗位传给孙子失烈门(窝阔台三子阔出之子),暂由五皇后木哥哈敦继守大斡耳朵发号施令。1242年春,木哥哈敦卒,由六皇后乃马贞氏脱列哥那哈敦临朝称制,企图背弃窝阔台遗诏,改立自己的儿子贵由为汗。围绕着立汗这一核心问题和奥都剌合蛮得到重用,蒙古统治出现了新的危机。

回族商人奥都剌合蛮之所以受重用,是得到受脱列哥那皇后恩宠而"变成机密的参与者,秘务的知情人,大臣不能干预朝政,她却任意发号施令。贵人从四方去求她的保护"的、拥有巨大权势的法迪玛的推荐;适有回族译史安天合因未被耶律楚材重用,遂改投右丞相镇海,引荐奥都剌合蛮至镇海处,奥都剌合蛮提出扑买课税得到了镇海首肯,而最大的支持者自然是脱列哥那皇后。另外就是奥都剌合蛮提出的扑买中原银课达4.4万锭,比原课额高出一倍,对窝阔台有极大的诱惑力,因而大受窝阔台赞赏,1240年正式任命奥都剌合蛮充提领诸路课税所官,掌控大蒙古汗国的财政税收。①

所谓"扑买",就是由扑买者承包某一地区或某一项目的赋税,关键在于从权贵处取得承包权。金朝时就曾实行扑买制,蒙古灭金后,屡屡有人争要扑买权。燕京刘忽笃马,阴结权贵,以银五十万两"扑买"天下差发;涉猎发丁以银二十五万两"扑买"天下系官廊房地基、水利、猪鸡;刘廷玉以银五万两"扑买"天下盐课,等等。这些争获扑买权的企图,都被当时掌握权力的耶律楚材认为"此皆奸人欺下罔上,为害甚大",极力反对,但未能达到取消扑买的目的。

然而,这一次奥都剌合蛮扑买的请求,得到脱列哥那皇后、法迪玛和右

---

① [伊朗]志费尼著,何高济译:《世界征服者史》上册,内蒙古人民出版社1980年版,第282—288页。

丞相镇海的联合支持,故耶律楚材虽反复争议,诉说扑买虽取四十四万亦不可得,不过"严设法禁,阴夺民利耳。民穷为盗,非国之福",但终究无法阻止窝阔台起用奥都剌合蛮扑买。耶律楚材只能叹息"扑买之利既兴,必有蹑迹而纂其后者,民之穷困,将自此始"。结果,他又不幸而言中!奥都剌合蛮上台后,推行的一种叫"斡脱"的高利贷也兴盛起来。回族商人投靠蒙古汗国后,蒙古国自大汗至诸王、公主、后妃等将掠夺来的银子交给他们去经商或放高利贷,收取利息。回族商人发放的高利贷就叫"斡脱钱",年息高达百分之百,次年转息为本,又生利息,一锭银十年后本利达到1024锭。这种高利贷又叫"羊羔儿息",借贷者既有普通百姓也有地方官府等,许多人因借了"斡脱钱"而倾家荡产,造成严重的社会问题。1241年,窝阔台出于权力平衡的目的,任命牙老瓦赤为大断事官,接替年迈的失吉忽秃忽,企图以牙老瓦赤、耶律楚材、镇海三大臣联手,牵制脱列哥那、法迪玛、奥都剌合蛮,然而,窝阔台当年就去世。1242年脱列哥那皇后称制,权力牢牢地控制在脱列哥那、法迪玛、奥都剌合蛮手中,企图改变窝阔台遗诏,立脱列哥那之子贵由为汗,牙老瓦赤、耶律楚材、镇海均持反对态度。脱列哥那"心中已经积存了对几个廷臣的仇怨……决定立即行动……向这些人一个个报复以消除她的心头恨"。在斗争过程中,1244年夏五月,中书令耶律楚材去世,牙老瓦赤、镇海先后逃到凉州(今甘肃武威)二太子阔端处避难去了。脱列哥那称制后,奥都剌合蛮更加肆无忌惮,他继续担任提领诸路课税所官,执政者多阿附他。①

1246年七月,贵由登上汗位,是为定宗。贵由在位不足两年,他主要精力在处理统治集团内部矛盾,客观上起到一些遏制贪贿的作用。

贵由汗深知法迪玛、奥都剌合蛮是皇太后脱列哥那的佞臣,其倒行逆施使统治集团内部矛盾重重,不清除此二人,政局不会稳定;而且,贵由虽然登上汗位,但朝政仍控制在脱列哥那、法迪玛、奥都剌合蛮手里,不清除他们,他就不能成为真正的大汗。恰巧,他的弟弟、二太子阔端参加忽里台

---

① 宋子贞:《中书令耶律公神道碑》,苏天爵编:《元文类》卷五十七,文渊阁四库全书本,乾隆四十七年刊本,第10—27页;[伊朗]志费尼著,何高济译:《世界征服者史》上册,内蒙古人民出版社1980年版,第283页。

（大朝会，由部落首领、蒙古贵族参加的推选新的大汗的程序）后，返回驻地不久病势益重，遣使告知贵由为他报仇。这时，阔端的侍从失剌出来揭发法迪玛，说她用巫术蛊害阔端。阔端死后，重新被起用的镇海提醒贵由为阔端报仇，贵由逼他母亲交出法迪玛，对法迪玛进行严刑拷打，"然后她被裹在一张毡子中，给扔进河里"；贵由又命奥都剌合蛮与刘敏同理燕京行省事，不久就将奥都剌合蛮处死。

贵由汗虽清除了法迪玛、奥都剌合蛮的势力，但他整日纵情酒色，致使疾病加重。他还毫无节制地"慷慨、挥霍"，"征求货财、弓矢、鞍辔之物，或于西域回鹘索取珠玑，或于海东楼取鹰鹘，驲骑络绎，昼夜不绝，民力益困"，故社会矛盾相当严重。史称"自壬寅（1242年）以来，法度不一，内外离心，而太宗之政衰矣"。①

3. 蒙哥汗统治时期的贪贿与反贪

贵由汗去世后，窝阔台系发生内讧，贵由的两个儿子忽察和脑忽，年轻任性，互不服气，又与阔出之子失烈门争权。而拖雷系，由于唆鲁和帖尼别吉的苦心经营，颇有人望，四个儿子蒙哥、忽必烈、旭烈兀、阿里不哥也才能出众，加上与术赤系结成联盟，终于在术赤系首领、拥有强大兵力的拔都的支持下，蒙哥夺得汗位，即元宪宗。

蒙哥汗为加强中央政权，任命忙哥撒儿为札鲁忽赤（大断事官），孛鲁合掌宣发号令、朝觐贡献及内外闻奏诸事，以晃兀儿留守和林宫阙、帑藏。同时，把蒙古汗国所统辖的土地分成燕京行尚书省、别失八里行尚书省、阿母河行尚书省（后行尚书省均改为行中书省）三大行政区。

燕京行尚书省，先后由牙剌瓦赤、赛典赤等主持，当时中央行政机构尚不完善，燕京行尚书省为汉地最高行政机构，负责民政、财政等事务。蒙哥汗任命阿儿浑为阿母河等处行中书省事，出现"非法课赋连续不绝，苛虐额勒索及税使川流不息，而赋入不敷和财政混乱状况"。

贵由汗统治时期，由于赋税差役混乱，人民不堪重负，纷纷逃亡。蒙哥即位后，急于重新编集民户以保证政府的收入，并汲取窝阔台统治时期

---

① ［波斯］拉施特主编，余大钧、周建奇译：《史集》第2卷，中译本，商务印书馆1985年版，第283页；《元史》卷二，《本纪第二·定宗贵由》。

1235 年的"乙未括户"及在此基础上对诸王进行"乙未分封"的经验教训。这次检括之后,"差徭甚大,加以军马调发,使臣烦扰,官吏乞取,民不能当,是以逃窜",而诸王贵族则大量招收逃户,使政府损失大量赋税收入。1252年(壬子年),蒙哥汗派人重新核对"乙未分封"之投下户数,均以现居登记入籍,与本地民户一体当差。"壬子括户"比乙未括户增加了二十余万户,蒙哥汗按窝阔台汗的老办法,先后多次分封诸王贵族。

金朝灭亡前后,对河北、山东等地人民恣意掠夺,赋税名目繁多。蒙古官员对中原汉人也是随时要索,真定史天泽为避免这种混乱现象,制订出某一地区一年所要征索的数目,向当地人民征收,称为"包银"。蒙哥即位后,牙老瓦赤等主张把"包银"改为正式税收,每户银四两,并许一半折输他物。包银是人们的额外负担,百姓缺少银两,不得不借贷"斡脱钱"以应付官府征收,以致许多平民负债累累,不断有人破产逃亡。

蒙哥汗即位后,将"漠南汉地军国庶事"委托给其弟忽必烈掌理,忽必烈在汉地的治理取得了成效,声名大著。忽必烈旧臣姚枢后来追述这段经历说:"陛下(忽必烈)天资仁圣,自昔在潜邸,坚与诸老成日讲治道。如邢州、河南、陕西皆不治之甚者,为置安抚、经略、宣抚三司。其法:选人以居职,颁俸以养廉,去污以清政,劝农桑以富民。不及三年,号称大治。诸路之民望陛下之治己,如赤子之求母。"因此也引起了蒙哥汗的疑忌,并采取一系列措施削弱忽必烈的权力。[①]

二、元朝的贪贿与反贪斗争

1259 年夏,元宪宗蒙哥在宋蒙战争的前线四川合州钓鱼城病死,其弟忽必烈夺取政权,并正式以中国封建王朝的体制传统,建年号中统,并将都城从和林(今蒙古乌兰巴托西南)迁到大都(今北京)。至元八年(1271 年)正式改国号为"大元"。

1. 元朝前期的贪与反贪

[①] 《元史》卷三,《本纪第三·宪宗蒙哥》;卷四,《本纪第四·世祖一》。

(1) 元世祖"急财"与阿合马敛财苛政

元世祖忽必烈即位后,先后经历了阿里不哥争位、李璮叛乱、西北诸王之乱,随后南征南宋,战争规模扩大,元政府对财政的要求与日俱增。

阿里不哥之乱时,忽必烈急需军资供应,早就服务于忽必烈潜邸的回族人阿合马①由此得进用。阿合马在如此严峻的财政形势下,敢于挑起重担,还是展现了一定的才能和勇气的。阿合马理财的方法并不是"回回法",而是中国历史上传统的盐铁专利法,阿合马集团并不都是回族人,而有相当数量的汉人。中统二年(1261年),阿合马以开平同知计点燕京万亿库诸色物货。中统三年(1262年),他领中书左右部兼诸路都转运使,元世祖专以财赋之任委之。阿合马"以河南钧、徐等州俱有铁冶,请给授宣牌,以兴鼓铸之利",其后,又"奏以礼部尚书马月合乃兼领已括户三千,兴煽铁冶,岁输铁一百三万七千斤,就铸农器二十万事,易粟输官者凡四万石"。自至元元年(1264年)起,在阿合马建议下,山西盐税"岁增五千两",这些措施使元朝国库收入增加很快,忽必烈大喜,是年超拜阿合马为中书平章政事,至元三年(1266年),阿合马兼领制国用使司使职。至元七年(1270年),元世祖设立尚书省,罢制国用使司,阿合马改任平章尚书省事,授以政柄。"阿合马为人多智巧言,以功利成效自负,众咸称其能。世祖急于富国,试以行事,颇有成绩。又见其与丞相线真、史天泽等争辩,屡有以诎之,由是奇其才,授以政柄,言无不从,而不知其专慝益甚矣。"此后,阿合马恃宠骄横,"挟宰相权,为商贾,以网罗天下大利",任用亲属党羽,"一门悉处要津"。朝臣和御史屡次上奏严劾,元世祖不以为然,反而说:"阿合马才任宰相。"阿合马在忽必烈庇护下愈益走向反面,变本加厉,敛财愈急,忽必烈愈加信任,统治集团内分裂愈益明显,终致恶性循环。

阿合马的理财,以官营牟利,主要是"鼓铸铁器,官为局卖",专卖药材,垄断和市,以官营之名而谋私利。官营本身是增加政府财政收入的有效办法,问题在以权谋私上,有权有势者成为官商,愈演愈烈。右丞相安童指责

---

① 阿合马,是中亚费尔干那盆地忽阐河(今锡尔河)畔费那喀忒城(今乌兹别克斯坦塔什干西南)人,初隶蒙古弘吉剌部按陈那颜,以世祖察必哈屯(顺圣皇后)媵臣服务于忽必烈潜邸。参见《元史》卷二百五,《列传第九十二·奸臣·阿合马》。

说:"阿合马、张惠,挟宰相权,为商贾以网罗天下大利,厚毒黎民,困无所诉",激起民愤。①

增加税课,以保证国家财政收入,是历代政府的主要职能之一。阿合马用增税的办法来增加政府收入,也属常理,问题是阿合马增税的程度和方法。至元十二年(1275年),因军兴国用不足,阿合马奏请复立诸路转运司十一所,以亦必烈金、札马剌丁、张晸、富珪、蔡德润、纥石烈亨、阿里和者、完颜迪、姜毅、阿老瓦丁、倒剌沙等为转运使,其后又陆续分置榷茶、运盐、宣课等司。阿合马以增课作为官吏升黜标准,办课官吏往往以多括增课为能事,至元十六年(1279年)九月,安西王府官赵炳声称"陕西课程,岁办万九千锭,所司若果尽心措办,可得四万锭",阿合马当即任命赵炳负责总办。至元十八年(1281年)九月,京兆等路岁办课额果然自一万九千锭增至五万四千锭。这种做法,就是把一个地区的税收包给承办者,使当地的税课成倍增长。至元二十一年(1284年)程钜夫奏称,江南"茶、盐、酒、醋等税,近来节次增添,比初归附时十倍以上",这种征税、增税方法近似于奥都剌合蛮的"扑买",也培育出一批如狼似虎的恶吏,更为严重的是,"今又逐季增添。正缘一等管课程官,虚添课额以谄上司,其实利则大概入己",中饱私囊。阿合马还屡兴理算(也称钩考、根刷、打勘),即检查、审核诸官府出纳财物,是中国历代王朝考核官吏、清理财务的常用方法。然而,阿合马屡兴理算,次数之多,实属罕见,反映了阿合马敛财心切,而官府最终也是将敛财的负担压在普通百姓身上。②

元世祖忽必烈即位后,发行全国统一的纸币"交钞"。中统元年(1260年)发行"中统丝钞"、"中统元宝交钞",法定比价中统钞二贯(两)相当于白银一两,与银并行流通。自中统三年(1262年)元世祖"专以财赋之事"委之阿合马后,钞法的完善与发行主要由阿合马负责,至元十二年(1275年)前处于完善阶段,以银为本,储备金充足,管理严格,发行量也有限制,

---

① 《元史》卷二百五,《列传第九十二·奸臣·阿合马》。
② 《元史》卷十,《本纪第十·世祖七》;卷十一,《本纪第十一·世祖八》。程钜夫:《江南诸色课程多虚额妄增宜与蠲减》,《雪楼集》卷十,文渊阁四库全书本,乾隆四十七年刊本,第10—11页。

因此纸币信誉甚高。至元十二年后,由于征宋战争开始,军费需求大增,故交钞发行量猛增,纸币贬值,物价飞涨。阿合马也是动用纸币准备金的第一人,他将"随路平准库金银,尽数起赴大都",元世祖后期钞法的败坏,阿合马难辞其咎。①

阿合马理财近二十年,其敛财手段残酷而成苛政,加之以权谋私,乘机大发横财,打击异己,任用私党,"人心愤怨"。至元十九年(1282年)三月,益都千户王著与高和尚等利用元世祖、真金太子在上都的机会,杀死阿合马。忽必烈得知此事后,将王著、高和尚等捕杀。后来,忽必烈得知阿合马的恶行,大怒说"王著杀之,诚是也",并捕杀阿合马子忽辛、抹速忽、阿散、忻都等。至是年五月,"沙汰省部官,阿合马党人七百十四人,已革者百三十三人,余五百八十一人并黜之"。②

(2)元世祖后期卢世荣、桑哥擅权敛财

元世祖统治时期,皇太子真金曾从学于名儒姚枢、窦默,十分重视汉文化,主张以儒术治天下,深受汉人官僚拥戴。他支持主汉法的和礼霍孙任右丞相,追查阿合马觉羽,召用汉儒,减轻税负,整顿盐法、钞法,沙汰江南匠户等。然而,元世祖忽必烈面对江南各族人民的反元斗争,又欲发动征缅国、安南、交趾等国的战争,对和礼霍孙施政十分不满。至元二十一年(1284年)七月,急欲敛财的忽必烈改任安童为右丞相,擢前江西榷茶运使卢世荣为右丞,专任理财。

卢世荣本是大名(今河北大名南)汉人,阿合马执政时以贿得授江西榷茶运使,因"其于任所,靡有不为,所犯赃私,动以万计",被罢官。阿合马死后,"朝廷之臣讳言财利事,皆无以副世祖裕国足民之意"。总制院使、色目人桑哥举荐卢世荣"有才术,谓能救钞法,增课额,上可裕国,下不损民"。世祖遂命卢世荣施政。卢世荣曾夸下海口要使国家财政迅速好转。为了达到目的,他虽不敢公然恢复,但实际上变相恢复了阿合马的诸多苛政措施,如钞法上,铸至元钱使与钞参行;外贸上实行官本船制,禁民间私入海,民

---

① 《新元史》卷八十七,《食货志·钞法》。
② 《元史》卷二百五,《列传第九十二·奸臣·阿合马》;卷十二,《本纪第十二·世祖九》。

间所蓄宝货官买之;加强垄断,大办官营企业,设诸路常平盐铁坑冶都转运司,实行官府点炉鼓铸,官营酿酒、粮食、牛马,等等。

卢世荣主持财政税收事务仅数月,监察御史陈天祥上章弹劾其"苛刻诛求,为国敛怨,将见民间凋耗,天下空虚。考其所行与所言者,已不相副:始言能令钞法如旧,弊今愈甚;始言能令百物自贱,今百物愈贵;始言课程增至三百万锭,不取于民,今迫胁诸路,勒令如数虚认而已;始言令民快乐,今所为无非扰民之事。若不早为更张,待其自败,正犹蠹虽除而木已病矣"。右丞相安童也趁机指责:"世荣昔奏,能不取于民,岁办钞三百万锭,令钞复实,诸物悉贱,民得休息,数月即有成效。今已四阅月,所行不符所言,钱谷出者多于所入,引用憸人,紊乱选法"。忽必烈遂将卢世荣投入监狱,当年十一月赐死。卢世荣主管财政不过四个月,许多措施未及实施,自然难立见成效。所以,他被杀固然是因苛政敛财,还有另一原因,就是统治集团内部斗争,尤其是"汉人新居中书者"的攻击起了关键作用。①

卢世荣被捕后,汉人官僚又有得势之感,他们上奏章,以元世祖年高体弱,请禅位于皇太子。"太子闻之惧,中台秘其章不发"。至元二十二年(1285年)十二月,阿合马余党答即古等闻知,奏于元世祖忽必烈。在忽必烈的逼问下,御史大夫被迫将秘章之事禀告忽必烈,"世祖怒甚,太子愈益惧,未几,遂薨"。真金太子是朝廷中能遏制阿合马、桑哥等色目贵族的强力人物,卢世荣被捕,桑哥"素主世荣,闻太子有言,讫箝口不敢救"。太子一死,色目贵族的权势又涨。

至元二十三年(1286年)七月,忽必烈命"好言财利事,世祖喜之"的总制院使桑哥"具省臣姓名以进,廷中有所建置,人才进退,桑哥咸与闻焉"。至此,元世祖为摆脱中书省,放手让桑哥理财。至元二十四年(1287年)闰二月,忽必烈复置尚书省,命桑哥与铁木儿并为尚书平章政事,改中书六部为尚书六部。十一月,擢升桑哥为尚书右丞相兼总制院使、领功德使司事(总制院后改为宣政院)。中书省渐成虚设,权力归尚书省,实际由桑哥操控。

桑哥上台后,立即"更定钞法",作为解决当时财政困难最快捷的一招,

---

① 《元史》卷二百五,《列传第九十二·奸臣·卢世荣》。

其法是另造"至元宝钞","中统钞"通行如故,对伪造钞者处死,一时颇见成效,故称"其法为最善"。接着,他大肆钩考钱谷,至元二十四年(1287年)三月,桑哥奉旨检核中书省事,校出亏欠钞四千七百七十锭,昏钞一千三百四十五锭,这一行动旨在打击中书省臣,平章麦尤丁引罪自伏,参政杨居宽、郭佑被杀。至元二十五年(1288年)九月,桑哥又奏请设置征理司,专查钱谷,但钩考难以持久下去,桑哥又提出增加商税和其他税收,以满足忽必烈对财政经费的需求。桑哥还设行泉府司,专掌海运;设漕运司,负责接运南来粮食物资;桑哥请开凿会通河,从此北运粮食、物资激增,大大缓解了大都粮食供应紧张的状况。

桑哥理财一时颇有成效,受到忽必烈赞赏,一些逸谀之徒为之歌功颂德,令桑哥益加骄横,"沮抑台纲,杜言者之口,又尝捶挞御史",甚至"以刑爵为货而贩之,咸走其门,入贵价以买所欲。贵价入,则当刑者脱,求爵者得,纲纪大坏,人心骇愕"。这时,蒙古大臣也里审班、也先帖木儿、彻里等奏劾桑哥"专权黩货"。元世祖览奏后,垂询康里人不忽木,不忽木奏对:桑哥"壅蔽聪明,紊乱政事,有言者即诬以他罪而杀之。今百姓失业,盗贼蜂起,召乱在旦夕,非亟诛之,恐为陛下忧"。随着"陈其奸欺"者益众,元世祖遂将桑哥下狱,并在至元二十八年(1291年)七月,诛杀桑哥。从他家中查抄出"无与伦比的珍珠和贵重物品",而这还只是桑哥资财的一部分,可见桑哥贪赃得来的财物之多。①

2. 元朝中期的贪贿与反贪

(1) 成宗朝的贪赃与反贪

至元三十一年(1294年)元世祖忽必烈病逝,其孙铁穆耳继位,即元成宗。成宗嗜酒多病,不亲政务,他继位之初,国家财政依然入不敷出。根据至元二十九年(1292年)中书右丞相完泽上奏,该年财政赤字已达银六十六万零二百三十八锭,竟占全年财政收入22%以上。实际上,财政入不敷出的状况已持续多年,桑哥等企图用滥发纸币等办法来解决,结果适得其反。桑哥被诛后,忽必烈又寻觅新的理财之臣。赛典赤·伯颜,是世祖朝

---

① 《元史》卷二百五,《列传第九十二·奸臣·桑哥》;[波斯]拉施特主编,余大钧、周建奇译:《史集》第2卷,商务印书馆1985年版,第349页。

名臣赛典赤之孙,曾任福建行中书省、江西行省、河南江北行省长官,其理财才能得到忽必烈的赞赏。至元三十年(1293年)十一月,忽必烈调伯颜到中央政府,任中书平章政事。不过,世祖忽必烈重用伯颜,还没到让他秉政的程度。

元成宗即位后,伯颜继续担任中书平章政事,在中书省的地位更加巩固。他联合另一个理财高手、中书左丞(1298年拜平章政事)汉人梁暗都刺主持朝政。伯颜和梁暗都刺秉政的中心是理财,其主要措施是清理户籍、增加岁课等,虽缓解了成宗朝的财政恶化问题,却不能解决成宗朝吏治的败坏。①

自元世祖朝后期以来,元朝的政治危机逐渐突出,机构臃肿,吏治败坏,赏罚不明,冤狱迭起,奢侈浪费,灾异频仍,流民四起。吏治败坏尤其突出。元代入仕之途多为由怯薛进、由吏员选。通过承荫、怯薛为官的大小蒙古、色目贵族,大多不懂汉文,有的连执笔画押也不能,"以蒙古、色目不谙政事,必以汉人佐之",不少汉人、南人吏员因此常操控弄权。② 汉人、南人入仕,有的凭引荐,有的由吏员升任,这就使吏员入仕者数量多,一旦权力在手,往往与地方豪强狼狈为奸,贪赃不法。在这样的社会风气下,发生了朱清、张瑄大案,把当时中书省的长官伯颜和梁暗都刺牵涉进来,揭开了其贪腐的盖子。

朱清、张瑄本是长江口崇明岛一带的海盗。至元十三年(1276年),元军统帅伯颜攻下南宋首都临安,取其库藏及图籍,准备北运大都,但两淮之地仍为宋军所有,不能从运河或陆路北运,于是招朱清、张瑄从崇明岛入海道运往大都。元朝统一全国后,每年需从江南运粮至大都,运河年久失修,淤塞严重,需水陆联运,劳民伤财。至元十九年(1282年),伯颜提出海运粮食的建议,命上海总管罗璧与朱清、张瑄等造平底海船六十艘,从海道运粮四万六千石到达京师。次年,元世祖封朱清为中万户,张瑄为千户,专事海运。朱清、张瑄多次开辟海运路线,为解决大都的粮食问题立下了功劳,

---

① 《元史》卷十八,《本纪第十八·成宗铁穆耳一》;卷一百七十,《列传第五十七·梁德珪》。

② 李翀:《日闻录》卷六,文渊阁四库全书本,乾隆四十七年刊本,第8—9页。

朱、张也日益"累爵积赀,气意自得",居功自傲,亲属皆大官,以权谋利,自家经营海上贸易,"巨舰大船帆交番夷中",财富迅速积聚,"田园宅馆遍天下,库藏仓庾相望"。终于在大德六年(1302年)冬东窗事发,"二人者既满盈,父子同时夷戮殆尽,没货产县官,党与家破禁锢"。①

朱清、张瑄及其家族得以高官厚禄、以权谋利,行贿当权者是其主要手段。大德七年(1303年)二月,监察御史杜肯构奏劾太傅右丞相完泽曾受朱清、张瑄贿赂,但"不报";三月,江浙行省平章脱脱遣发朱清、张瑄家属,"其家以金珠重赂之",脱脱未敢收受,奏上并受成宗嘉奖,"赐以黄金五十两";同月,"中书平章伯颜、梁德珪(即梁暗都剌)、段贞、阿里浑撒里,右丞八都马辛,左丞月古不花,参政迷而火者、张斯立等,受朱清、张瑄贿赂,治罪有差,诏皆罢之"。影响所及,当时,元成宗任命洪君祥为中书右丞,监察御史"言其曩居宥密,以贪贿罢黜,乞别选贤能代之",可见当时元朝廷掀起了一股反贪之风,这推动元成宗"诏定赃罪为十二章",加强了反贪措施。大德十年(1306年),监察御史杜肯构再次上奏弹劾赛典赤·伯颜,指出:"天下之人,目伯颜、梁德珪、八都马辛为三凶,三凶不诛,无以谢天下。"然成宗未予采纳,仅处以"谪戍远方"。②

(2)仁宗朝铁木迭儿之奸

大德十一年(1307年)元成宗病死,真金第二子答剌麻八剌之子海山夺得帝位,是为元武宗。武宗海山对拥戴他上台的蒙古贵族、大臣大加赏赐,以致"帑藏空虚"。为解决财政危机,他效法元世祖朝时任用阿合马、桑哥,设置尚书省的办法,再立尚书省,"以旧事从中书,新政从尚书",实际上是理财事统归尚书省,发行至大银钞,废中统钞;定税课法,增加盐、茶等税收。监察御史张养浩批评尚书省为"变法乱政,将祸天下"。而武宗朝的政治确实相当腐败与黑暗。

武宗在位不足四年,于至大四年(1311年)正月病死,其弟爱育黎拔力八达继位,即元仁宗。仁宗以儒术治天下,力图改变武宗时政治混乱、财政

---

① 陶宗仪:《朱张》,《辍耕录》卷五,文渊阁四库全书本,乾隆四十七年刊本,第16—17页。
② 《元史》卷二十一,《本纪第二十一·成宗四》。

枯竭的状况,整顿朝政,全面推行"汉法"。史称"其孜孜为治,一遵世祖之成宪"。①

元仁宗虽然在朝政上有所建树,但他过分迁就太后答己,后党、中书右丞相铁木迭儿"再入中书,居首相,怙势贪虐,凶秽滋甚",仁宗为牵制其势力,擢御史中丞萧拜住为中书平章政事、侍御史杨朵儿只为御史中丞,两人慨然以纠正铁木迭儿及其党羽之罪为己任,成为铁木迭儿眼中之钉。当时,上都富商张弼杀人,被捕入狱,铁木迭儿收受其贿赂,胁迫留守贺伯颜放人,贺伯颜坚持不放。杨朵儿只掌握证据后,与萧拜住、贺伯颜以及监察御史40余人,共同上奏弹劾"铁木迭儿桀黠奸贪,阴贼险狠,蒙上罔下,蠹政害民,布置爪牙,威詟朝野,凡可以诬陷善人、要功利己者,靡所不至。取晋王田千余亩、兴教寺后壖园地三十亩、卫兵牧地二十余亩。窃食郊庙供祀马。受诸王合儿班答使人钞十四万贯,宝珠、玉带、甗甑、币帛又计钞十余万贯。受杭州永兴寺僧章自福赂金一百五十两。取杀人囚张弼钞五万贯"。弹章既上,仁宗大为震怒,但铁木迭儿逃匿兴圣宫近侍之家不出,仁宗终因太后之故,不敢深究,仅罢其相位。铁木迭儿罢相后不足一年,又起用为太子太师,"中外闻之,莫不惊骇"。御史中丞赵世延率诸御史论其不法数十事,而内外御史论其不可辅东宫者又四十余人。但在皇太后庇护下,终不能明正其罪。②

延祐七年(1320年)正月,元仁宗病卒,皇太后令铁木迭儿复任中书右丞相,他宣太后旨,杀害萧拜住、杨朵儿只。元英宗硕德八剌即位后,铁木迭儿依然横行不法,"恃其权宠,乘间肆毒,睚眦之私,无有不报",是年五月趁英宗在上都,捕杀上都留守贺伯颜;又遣人逮捕时已改任四川行省平章政事的赵世延,奏请处死赵世延,英宗不允。铁木迭儿与英宗之间,展开了一场贪贿与反贪的斗争。

元英宗即位后,为了铲除答己、铁木迭儿势力,经过精心谋划,在任命功臣木华黎的后代、有蒙古儒者之称的拜住为左丞相前几天,即延祐七年

---

① 《元史》卷二十六,《本纪第二十六·仁宗三》;卷一百七十五,《列传第六十二·张养浩》。
② 《元史》卷二百五,《列传第九十二·奸臣·铁木迭儿》。

（1320年）五月，将与铁木迭儿勾结多年、后党另一重要人物左丞相合散贬为岭北行省平章政事，任命拜住为中书左丞相。几天后，英宗指斥合散与中书平章政事黑驴、御史大夫脱忒哈、徽政使失列门（答己的幸臣）、故要束谋妻亦列失八（黑驴之母，是答己的女幸臣），密谋废立，全部诛杀，并籍没其家。元英宗贬合散、用拜住，杀合散等人，前后不过十天时间，以闪电般的速度，"群幸伏诛，而后势焰顿息焉"，把后党打得措手不及。①

至治二年（1322年），铁木迭儿和答己太后相继死去。这时连年水旱灾荒，社会矛盾尖锐，各族人民不断起义。英宗深感再不调整原有的政策，将会发生统治危机。他在拜住的协助下实施了一系列新政：选用汉儒，充实省台及翰林、六部官职；精简机构，罢汰冗员；减轻农民负担，实行助役法。鉴于元世祖忽必烈制定的《至元新格》过于简略，造成执法的困难，而制定《大元通制》，颁行天下，《大元通制》是元代法典的代表，前后执行了约四十年。英宗新政是针对元朝中期暴露的种种政治和社会问题而采取的挽救措施，对于安定社会秩序，抑制权臣枉法，维护元朝统治是有作用的。但其统治措施并不有力，统治集团内部反对势力依然强劲，终于导致新政夭折。

元英宗和拜住虽然给后党以致命打击，却没有彻底清除后党。朝廷内形成了以铁木迭儿义子、御史大夫铁失为首的政变集团。至治三年（1323年），英宗下令追查铁木迭儿的贪贿案，处死了一批有牵连的官员，追夺铁木迭儿官爵，抄没其家产。铁木迭儿的余党十分恐慌，铁失及其党羽加紧策划政变阴谋。八月五日晚，铁失与枢密院事也先铁木儿、大司农失秃儿、前中书平章政事赤斤铁木儿、前云南行省平章政事完者、铁木迭儿子前治书侍御史锁南等发动政变，在元英宗与拜住自上都（今内蒙古正蓝旗东）南返至离上都三十里的南坡驻跸时，将英宗、拜住杀害，史称"南坡之变"，迎立真金太子的长孙、晋王也孙铁木儿为帝，是为泰定帝，"铁失及其党皆伏诛"。②

---

① 《元史》卷二十七，《本纪第二十七·英宗硕德八剌一》。
② 《元史》卷二十八，《本纪第二十八·英宗二》；卷二十九，《本纪第二十九·泰定帝也孙铁木儿》；卷一百一十六，《列传第三·后妃二·顺宗后答己》；卷二百七，《列传第九十四·逆臣·铁失》。

3. 元朝后期的社会腐败

（1）燕铁木儿和伯颜的擅权贪贿

致和元年(1328年)七月，泰定帝卒于上都，当时留守大都的武宗旧臣、钦察人燕铁木儿任金书枢密院事，与西安王阿剌忒纳失里等谋立武宗海山之子，遂发动政变，并在两都之战中打败上都以左丞相倒剌沙为首的泰定帝势力。天历二年(1329年)正月，武宗长子、周王和世㻋即位于和林之北，即元明宗，八月，明宗南下至王忽察都(今河北张北)时暴死，燕铁木儿立即奉皇帝玺宝授武宗次子图帖睦尔，即元文宗。

元朝皇帝对权臣的报答莫过于文宗之于燕铁木儿，大封其三代，又命文学家马祖常制文立石于京师北郊，"帝又以屡颁宠数未足以报大勋，下诏命独为丞相以尊异之"。燕铁木儿"自秉大权以来，挟震主之威，肆意无忌"，荒淫程度在诸权臣中亦居前列，"至是荒淫日甚，体羸溺血而毙"。在燕铁木儿专权下，元朝财政状况进一步恶化，天历二年(1329年)二月，中书省奏称："国家钱谷，岁入有额，而所费浩繁，是以不足"。到至顺年间，国家财政经费竟短缺银二百三十九万余锭。元朝廷官贪吏污的状况更加严重，元代著名理学家吴澄说："数十年来风俗大坏，居官者习于贪，无异盗贼，己不以为耻，人亦不以为怪。其间颇能自守者，千百不一、二焉。"①

元顺帝妥懽帖睦尔即位时，燕铁木儿因荒淫无度刚刚暴死，顺帝故任命为文宗夺位功劳仅次于燕铁木儿的第二号大功臣伯颜为太师、中书右丞相，封秦王；燕铁木儿弟撒敦为太傅、左丞相，封荣王；燕铁木儿子唐其势为御史大夫、世袭太平王。由伯颜、撒敦专理国政，统百官，总庶政。而元顺帝则深居宫中，"每事无所专焉"，为伯颜专权独断开了绿灯。

至元元年(1335年)撒敦去世，唐其势虽升任中书左丞相，但燕铁木儿家族势力减弱，伯颜则独揽大权。唐其势不胜愤懑，"天下本我家天下也，伯颜何人而位居吾上"，遂与撒敦弟答里等策划发动兵变，却事败被杀。伯颜自此"独秉国钧，专权自恣，变乱祖宗成宪，虐害天下，渐有奸谋"。顺帝妥懽帖睦尔表面上对其所请百依百顺，实际"帝患之"。皇帝赏赐给伯颜的田地、黄金、白银、币帛，不可数计。仅赐田一项，泰定帝赐河南田五千顷，

---

① 《元史》卷一百三十八，《列传第二十五·燕铁木儿》。

顺帝又赐田五千顷,另赐蓟州宝坻县田若干,共计一万多顷。伯颜还大肆聚敛钱财,时人说"天下贡赋多入伯颜家"。在伯颜统治下,吏治败坏,纪纲荡然。元人叶子奇指出:"自秦王伯颜专政,台宪官皆谐价而得,往往至数千缗。及其分巡,竟以事势相渔猎,而偿其直。……于是有司承风,上下贿赂,公行如市,荡然无复纪纲矣。肃政廉访司官所至州县,各带库子检钞秤银,殆同市道矣"。①

正当伯颜专权、势焰熏天之时,其侄、御史大夫脱脱深感事态严重,在其父马札儿台、其师吴直方和顺帝妥懽帖睦尔的支持下,预谋政变。至元六年(1340年)二月,伯颜去柳林打猎,脱脱下令收京城门钥,由自己的亲信列布城门下,同时由元顺帝下诏指责伯颜"专权自恣,变乱祖宗成宪,虐害天下",免其中书右丞相之职,命出为河南行省左丞相。三月,伯颜又被徙于南恩州阳春县(今属广东)安置,伯颜行至龙兴路(今江西南昌)病卒。顺帝、脱脱驱逐伯颜得到朝野一致称赞,称此举为"拔去大憨,如剔朽蠹"。

(2)脱脱"更化"、三相治国难挽元政颓势

伯颜被逐后,妥懽帖睦尔命脱脱之父、太保马札儿台为太师、中书右丞相。马札儿台执政仅半年,于通州置榻坊,开酒馆、糟坊,日至万石,又贩运长芦淮南盐,热衷于经商敛财。脱脱让参政佛嘉问向皇帝告了一状,迫使马札儿台辞职,养疾私第。至元六年十一月,脱脱出任中书右丞相,随即大刀阔斧地废除伯颜旧政,推行一系列新政,史称"更化"。自从脱脱在顺帝妥懽帖睦尔支持下推行新政以来,元朝统治集团的作风大有改变。元顺帝妥懽帖睦尔一改不问政事、深居宫中的旧习,用功攻读圣贤之书,留心前言往事,颇有励精图治之意,甚至采纳监察御史的建言,裁减宫女和宦官,走出厚载门耕种田地,体会稼穑之艰辛,粮食得来之不易,因而略知节俭。广大汉族和其他民族的士人精神亦为之一振。脱脱又说服顺帝复科举、开经筵、行太庙四时祭,特别是奎章阁改为宣文阁之后,皇帝每天到阁中听取宰臣奏请,商议国事,作风大有改变,朝政颇有改观。②

---

① 《元史》卷一百三十八,《列传第二十五·伯颜、唐其势》;叶子奇:《杂俎篇》,《草木子》卷四,文渊阁四库全书本,乾隆四十七年刊本,第19—23页。
② 《元史》卷一百一十九,《列传第六·脱脱》。

脱脱推行新政后,朝政大为改观,"中外翕然称为贤相"。但至正四年(1344年)五月,脱脱辞去相位,阿鲁图出任中书右丞相至七年正月去位;别儿怯不花继任,未几辞职,四月复命为中书右丞相,五月再罢;十二月,朵儿只任右丞相,至正九年(1349年)七月罢;至正九年闰七月,脱脱复相。三相治国时期,其间共五年多,妥懽帖睦尔虽仍有励精图治之志,也曾推出一些新政措施,当时"天子图治之意甚切",在脱脱再次出任宰相后,把国家大事交给脱脱处理,给予信任和支持。但从整体来说,元朝政治腐败已无可挽救,加之天灾频仍,农民起义愈益激烈,社会矛盾进一步激化。三相治国期间,他们秉承元顺帝妥懽帖睦尔之意,推行包括廉政在内的一系列政策,颁行确保国家安定的法律制度《至正条格》,定荐举守令法,遣使宣抚巡行天下,其意图就在改变官贪吏污的状况,"然奉使者,类皆脂韦贪浊,多非其人。惟四川一道,得王士熙(即王守诚)、武子秦(即武祺),稍振纪纲,余皆鼓吹而已","时诸道奉使,皆与台宪互相掩蔽",效果越来越差。① 显然,脱脱"更化"也好,"三相治国"也罢,元朝的大厦将倾,谁都无法支撑。

(3)元末的贪默黑暗

至正九年(1349年)闰七月,脱脱复任中书右丞相,慨然以收拾这疮痍满目的社会为己任,他变更钞法、治河,结果不仅没有解决当时的财政问题,反而加剧了社会矛盾。至正十一年(1351年)五月,元末农民起义爆发。脱脱视农民起义为心腹之患,亲率大军对各路起义军进行血腥镇压,使农民起义一度陷入低潮。元顺帝妥懽帖睦尔为首的元朝统治者因此而忘乎所以,在"至正中兴"、天下太平的假象中,妥懽帖睦尔堕落了。康里人哈麻担任宣政院使,他先以西天僧诱元顺帝耽于淫乐,又乘也先帖木儿患病在家之机,请求元顺帝妥懽帖睦尔任命他为中书平章政事,他又让监察御史袁赛因不花出面奏劾脱脱和也先帖木儿,元顺帝随即下诏削夺脱脱兵权,至正十五年(1355年)十二月,哈麻矫旨遣人鸩杀脱脱于云南贬所。从此到至正二十八年(1368年)退出大都为止,元顺帝妥懽帖睦尔溺于声色,怠于政事,并重用奸臣哈麻、雪雪兄弟,十余年间,起用右、左丞相凡十余人,或奸佞小人,或武夫,或无能之辈,祸国殃民,加速了元朝的灭亡。

---

① 《元史》卷三十八,《本纪第三十八·顺帝妥懽帖睦尔》。

哈麻受到元顺帝妥懽帖睦尔的宠信，办事都要走他的门路，"自藩王戚里，皆遗赂之"，从此奸佞当权，贪污、贿赂之风到了登峰造极的地步。地方官吏更是天高皇帝远，为所欲为，至正四年（1344年）"令民入粟补官"后，又添了一批虎豹豺狼，"其问人讨钱，各有名目：所属始参曰拜见钱，无事白要曰撒花钱，逢节曰追节钱，生辰曰生日钱，管事而索曰常例钱，送迎曰人情钱，拘追曰赍发钱，论诉曰公事钱，觅得钱多曰得手，除得州美曰好地分，补得职近曰好窠窟。漫不知忠君爱民之为何事也"。那些号称"清廉"的廉访司官员，也是声名狼藉，"近年以来，江南各道廉访司书史奏差，间有不务守慎，恣尚贪饕……滋长奸恶，废坏纪纲"。当时民间有嘲笑廉访司官的诗词："解贼一金并一鼓，迎官两鼓一声锣。金鼓看来都一样，官人与贼不争多。"朱元璋深刻地观察到元末统治集团腐败之状：近睹有元之末，主居深宫，臣操威福，官以贿求，罪以情免，台宪举亲而劾仇，有司差贫而优富。①

至正十六年（1356年），哈麻阴谋立皇太子为帝，被元顺帝贬黜，不久被杖死。至正十七年（1357年）五月，元顺帝命搠思监为右丞相，贺太平为左丞相。搠思监无治国之能，而"公受贿赂，贪声著闻，物议喧然"。这个发国难财的右丞相，还任用私人朵列及妾弟崔完者帖木儿印造伪钞，事泄，令朵列自杀灭口。至正十八年（1358年）冬，监察御史燕赤不花以此事弹劾搠思监，昏庸的元顺帝仅令其罢职，至正二十年复其职。② 高丽人朴不花与顺帝之奇皇后同乡里，以阉人入侍皇后多年，深受爱幸。"不花乘间用事，与搠思监相为表里，四方警报、将臣功状，皆抑而不闻，内外解体。然根株盘固，气焰薰灼，内外百官趋附之者十九。又宣政院使脱欢，与之同恶相济，为国大蠹。"朴不花专横弄权，引起朝野上下的不满，监察御史也先帖木儿等奏劾朴不花内恃皇太子、外结丞相搠思监，骄恣不法。御史大夫老的沙以其事上闻。侍御史陈祖仁、李国凤交相弹奏朴不花，指责皇太子，批评皇帝，两人均被贬谪外迁。陈祖仁随即辞官为民，自御史以下至吏员也纷纷

---

① 《元史》卷二百五，《列传第九十二·奸臣·哈麻》；《永乐大典》卷二六〇八，《元宪台通纪·更提刑按察司为肃政廉访司制》，中华书局1986年版，第1279—1291页。

② 《元史》卷二百五，《列传第九十二·奸臣·搠思监》。

辞职。皇太子不得不禀告其父,元顺帝令将朴不花、脱欢辞退。① 蒙元国之将亡,竟然还出了不怕死的谏臣,可惜他们的一片忠君爱国之心,既不能使妥懽帖睦尔父子改恶从善,也不能挽救已腐朽的元朝之灭亡。

至正二十八年(1368年),朱元璋削平南方群雄后,挥师北伐,八月,占领大都,推翻元朝。

三、元朝的反贪机制

1. 监察制度

蒙古汗国时期,官职盛行世袭,并不存在监察机构。元朝建立后,重建监察机构有其自身特点,首先是中央监察机构——御史台地位的提高,其次是监察机构自成体系,与行政、军事系统鼎足而立。

(1) 中央监察机构——御史台

御史台,是元代中央监察机构,设在京师大都,亦称中台或内台。元初,蒙古贵族缺乏管理统一大国的经验和能力,进入高度发展的中原地区以后,用人行政,多所失措,"今任职者多非材,政事废弛"。汉臣张雄飞向忽必烈建议说:"古有御史台,为天子耳目,凡政事得失,民间疾苦,皆得言。百官奸邪,贪秽不职者,即纠劾之。如此,则纪纲举,天下治矣。"② 忽必烈采纳了张雄飞等的意见,至元五年(1268年),立御史台,以右丞相塔察儿为御史大夫,张雄飞为侍御史。元朝中央御史台,沿袭唐宋之制,但地位大大提高,并自成体系,其职权为"纠察百官善恶、政治得失"。其下属主要机构有:

① 内台

元代中央御史台下设台院,即内台,其官员有左右御史大夫二人,为台长,从一品,由于元代尊右,以右御史大夫为首,俗称"头大夫"。御史中丞二人,为副台长,正二品。侍御史二人,从二品;治书侍御史二人,正三品。

---

① 《元史》卷二百四,《列传第九十一·宦者·朴不花》;卷一百三十三,《列传第二十·脱欢》。
② 《元史》卷一百六十三,《列传第五十·张雄飞》。

②殿中司

元朝改唐宋时的殿院为殿中司,设殿中侍御史二人,正四品。掌维护皇权尊严:"凡大朝会,百官班序,其失仪失列,则纠罚之;在京百官到任假告事故,出三日不报者,则纠举之;大臣入内奏事,则随以入,凡不可与闻之人,则纠避之。"

③察院

元代尤重监察御史,在察院设监察御史三十二员,正七品。其职责为"司耳目之寄,任刺举之事"。至元二十二年(1285年),始参用南儒二人,负责纠察各级官吏。①

(2)地方监察机构——行御史台

元代,为了加强对地方的监察,除京都附近地区即所谓中书省腹里之地,以及河南、辽阳等行省的监察,由中央御史台直接监察,并统制山东、山西、河北、河南、淮东、淮西、山南和辽东八道外,元朝把全国分为江南和陕西两大监察区,设行御史台,简称行台,因设在外地,也称外台,是御史台的派出机关、地方最高监察机关。

江南诸道行御史台,简称南行台或南台,设官品秩同中央御史台(内台),总隶于御史台。元世祖至元十四年(1277年)始置江南行御史台于扬州,后屡迁杭州、江州(今江西九江),至元二十三年(1286年),迁于建康(今江苏南京),以监临东南诸省,统制各道宪司;元成宗大德元年(1297年),改为江南诸道行御史台。负责监察江浙、江西、湖广"三处行省",统江东、江西、浙东、浙西、湖南、湖北、广东、广西、福建、海南十道。并设察院,品秩如御史台察院。

陕西诸道行御史台,简称西行台或西台,设官品秩同中央御史台(内台)。元世祖至元二十七年(1290年),始置云南诸道行御史台,大德元年(1297年),移云南行台于京兆(今陕西西安),亦由御史台统领,监察陕西、甘肃、四川和云南四个行中书省,并统辖汉中、陇北、四川、云南四道监察。

---

① 《元史》卷六,《本纪第六·世祖三》;卷八十六,《志第三十六·百官二·御史台》。

设察院,品秩同内台察院。①

（3）肃政廉访司

肃政廉访司,元初称为提刑按察司。从至元十四年(1277年)起建立江南地区八道提刑按察司,后不断增建到全国二十四道提刑按察司。至元二十八年(1291年),忽必烈整顿朝政,改进监察工作,改提刑按察司为肃政廉访司,后定制为二十二道,每道设廉访使二人。其中内道八,隶御史台;江南十道,隶江南行台;陕西四道,隶陕西行台。②

元朝建立之初,设立中书省以总庶政,枢密院掌兵要,御史台纠弹百司。元世祖忽必烈设计的在皇帝统御下中枢三大府并立之制,就是要使之互相制约,并大大提高了御史台及其属官御史的地位。忽必烈诏谕御史台官由皇帝直接任免,对皇帝直接负责,并要求台官恪尽职守,极言敢谏,并说"人虽嫉妒汝,朕能为汝地也"③,皇帝为他们做主。同时,命令中书省、枢密院有事要与御史台同奏,两省已奏过的事情还要报告御史台。可见元代御史台的地位是很高的。

元朝在地方建立了正规的、独立的监察机构,组成了从中央到地方独立、系统的监察体系。元朝在中央设立御史台,作为中央最高监察机构,还在地方建立二十二道肃政廉访司作为中央御史台的直属机构,同时,在全国形成了三大监察区,即京畿地区、江南行御史台和陕西行御史台,分统全国的二十二个肃政廉访司,即二十二个道。这样,就形成了御史台、行御史台、肃政廉访司等从中央到地方、独立自成系统的元代监察体系,形成了一个严密的监察网,全国的各族各级官员,都处在这一监察网的严密监察和管理之下,便从组织上保证了对各级官员实行有效的监察。

---

① 《永乐大典》卷二六一〇,《元南台备要·移台事》,中华书局1986年版,第1301—1315页;卷二六〇八,《元宪台通纪·整治事理》,第1279—1291页。《元史》卷八十六,《志第三十六·百官二·江南诸道行御史台、陕西诸道行御史台》。

② 《元史》卷八十六,《志第三十六·百官二·肃政廉访司》;《永乐大典》卷二六〇八,《元宪台通纪·更提刑按察司为肃政廉访司制》,中华书局1986年版,第1279—1291页。

③ 《元史》卷一百六十三,《列传第五十·张雄飞》。

2. 反贪法制

忽必烈即位后,很重视法制建设。至元八年(1271年)以前,中原汉地断狱理讼,基本上参用金律即《泰和律》(金章宗泰和元年修成,次年五月颁行)定罪,再按一定的折代关系量刑,元世祖时曾颁布过《中统条格》、《至元新立条格》等法规。至元八年十一月,元世祖忽必烈下令禁用《泰和律》,以后曾数次修律,但都没有完成,故这时的判狱量刑,主要根据已断案例,类推解释,比附定刑,司法的随意性较为显著。其他方面的立法行政,也以诏制、条格(经皇帝亲自裁定或直接由中书省等中央机关颁发给下属部门的各式政令)为依据。因此,元朝的法律体系,主要是由因时立制、临事制宜而颁发的各种单行法构成的。政府下令,凡在朝及地方各衙门均应分别类编先后颁发的各种格例,使官吏有所遵循,当时"内而省部,外而郡府,抄写条格,至数十册。遇事有难决,则检寻旧例,或中所无载,则施行比拟",条格和断例岁增月累,繁杂重出,互相抵牾;元朝廷有时将历年所颁降的某一方面的条例重加分拣、斟酌、厘定等第,形成新的法律文字,作为"通例"公布。同时,对国家的政治制度和法律规程,元朝廷也几次召集老臣,从以往颁发的政府文书中选出"可著为令者,类集折衷,以示所司"。①

元朝法律,大体遵循前代"同类自相犯者,各从本俗法"的原则,刑罚体系与前代相比也发生了某些变化。一些新规开始制度化,如由杀人者向被害家属偿付烧埋银,将刺字断放的前科罪人发付原籍,由官司籍记,充"警迹人",交由村坊邻右监督等。随着元朝法律制度化,对伤害罪,规定由加害者交付给受害者一定数量的"赡养之资"、"医药之资",对加害者所处实刑,则比前代相应减轻。② 元朝法律还规定,地主与佃户、驱口,蒙古、色目人与汉人、南人在法律上是不平等的。而元代法律规定的这些变化,对反贪实践都产生了多方面的影响。

---

① 《元史》卷一百二,《志第五十·刑法一·名例》。
② 《元典章》四十九,《刑部卷之十一·偷头口·警迹人》,中华书局2011年版,第1673—1674页。

第六章 明清时期的反贪机制

元朝末年，蒙古贵族的统治腐朽，贪贿盛行，吏治败坏，民不聊生，农民揭竿而起，元朝的统治岌岌可危。在农民起义风起云涌之际，朱元璋参加并领导了元末农民战争，推翻了元朝的统治，建立了明王朝，开启了中国古代社会强大而稳定的明清时期。

第一节
明代的反贪机制

一、明王朝时期的贪贿与反贪

1. 明朝初期的贪与反贪

（1）明太祖朱元璋统治时期的反贪

早在元末农民起义和扫灭群雄的角逐中，朱元璋就非常注意纪律问题，他常"戒饬士卒，毋肆掳掠、毋妄杀戮、毋发丘垄、毋毁庐舍"，告诫部下"克城勿妄杀人，勿夺民财，勿毁民居，勿废农具，勿杀耕牛，勿掠子女"，创业阶段的将士也大都能保持廉洁自律。因此，朱元璋的队伍所过之处"号令严肃，秋毫无犯"，并明确宣示"灭强暴之国，恤兵养民，除贪污之政"，当然得到备受元朝贪官酷吏压迫的百姓的欢迎。① 正因如此，朱元璋才能在天下大乱、群雄纷争中立于不败之地，最终夺取政权，建立明王朝。不过，农民起义队伍及明朝功臣群体的构成相当复杂，其中不乏一些人把参加起义队伍作为政治赌注，希望胜利后在新政权中占据一席之位，过上花天酒地、舒适安逸的生活。明朝建立后，随着社会经济的恢复和发展，许多开国功臣也滋生了居功自傲、贪图富贵的享乐思想。另外，在明朝初年的官僚机构

---

① 《明太祖实录》卷三，台北，"中央研究院"历史语言研究所校印本，1961—1962年，第2—3页；卷四，第2页；卷二十一，第1—2页。

中有许多元朝归附的旧吏,把元末贪贿之风带到了明朝官场。因此,洪武初年的吏治,较元末并无大的改善,官吏贪赃枉法,豪强横行无忌。中央和地方都出现了一系列骇人听闻的贪贿行径。

在明初中央政府,先后有洪武十八年(1385年)骇人听闻的郭桓贪污秋粮案;兵部侍郎王志"为勾补逃军等事,受赃二十二万";宝钞提举司冯良、孙安等二十名官员造钞六百九四十万余锭,隐匿一百四十三万余锭中饱私囊等大案要案。连中央派往各地的监察御史也"假御史之名,扬威胁众,恣肆贪淫"。地方官更利用征收钱粮等机会,肆意侵渔百姓,典型代表就是"浙西所在有司,凡征收,害民之奸,甚如虎狼。且如折收秋粮,府、州、县官发放每米一石,官折钞二贯,巧立名色,取要水脚钱一百文,车脚钱三百文,口食钱一百文。库子又要辨验钱一百文,蒲篓钱一百文,竹篓钱一百文,沿江神佛钱一百文",计算起来,额外索取比正税增加近一倍。而且,府州县衙门的吏员常"出入市村,虐民甚如虎狼",可谓赃吏贪婪。①

面对这种情况,明太祖朱元璋断然出手。

朱元璋本就是贫苦农民之子,十七岁时父母和兄长相继死于灾荒饥疫,他从此无依无靠,以乞讨为生。这样的生活经历使朱元璋深知民间疾苦,对贪官污吏恨之入骨。他称帝后常对臣下说:"昔在民间时,见州县官多不恤民,往往贪财好色,饮酒废事,凡民间疾苦,视之漠然,心实怒之。"②这决定了作为开国皇帝、有魄力和能力的朱元璋不会坐视贪官污吏的肆虐。

明朝建立之初,经过连年战乱,经济遭到严重破坏,人民生活依然困苦,巩固政权的任务很艰巨。要完成这一任务,必须实行休养生息政策,必须解决明初的贪贿问题。因此,朱元璋称帝后,更加注意从官吏廉洁与否关

---

① 《大诰·谕官无作非为第四十三》,杨一凡:《明〈大诰〉点校本》,社会科学文献出版社2009年版,第208页;《大诰续编·钞库作弊第三十二》,《明〈大诰〉点校本》,第261—262页;《大诰·折粮科敛第四十一》,《明〈大诰〉点校本》,第207页;《大诰续编·朝臣蹈恶第五十》,《明〈大诰〉点校本》,第274—279页。

② 《明太祖实录》卷三三,台北,"中央研究院"历史语言研究所校印本,1961—1962年,第8—9页。

系民心向背和国之存亡、元朝的灭亡乃由于政奢官贪的高度来看待倡廉肃贪问题。他指出"民困则乱生",民之贫困是因为"徭役之重及吏民因缘为奸",政奢官贪会加剧统治阶级的内部矛盾,导致统治机能的低下甚至丧失。朱元璋提出了"主奢臣贪、主荒臣专"的思想,他认为人君主宰天下,辨邪正,察是非,若人君奢侈腐化、贪婪成性,必然导致政事荒怠、纪纲紊乱,大臣跋扈、奸贪横行。朱元璋认为,官吏贪墨,则"法出而奸生,令下而诈起","惟廉者能约己而爱人,贪者必朘人以肥己。况人有才敏者或尼于私,善柔者或昧于欲,皆不廉致之也"。① 朱元璋把官吏廉洁与否提高到了事关国之存亡的高度,只有廉洁奉公、恪尽职守,国家机器才能正常有效地运转;否则国家统治机能必将丧失,统治秩序必将紊乱,故他采取了强有力的惩贪措施。

朱元璋以"明礼以导民,定律以绳顽"的原则,颁布了《祖训录》、《臣戒录》、《醒贪简要录》、《彰善瘅恶录》等许多劝勉官吏的文书和诰谕,他亲自组织编写的《大诰》三编、《大诰武臣》,就是以惩治贪贿为主要内容的法规汇编。朱元璋要求全体臣民"户户有此一本,若犯笞杖徒流罪名,每减一等,无者每加一等,所在臣民,熟观为戒",他还把《大明律》和《大诰》三编作为学童、士子的必修课程,列为科举考试的内容,连农村最基层的村社也要"置塾师教之"。在朱元璋的倡导下,出现了"天下讲读《大诰》"的空前景象。朱元璋还规定每县、里都要修建"申明亭",把贪官污吏的名字及其罪状列于其上,人人皆知,以示儆戒。又下令将所举廉吏列名于彰善榜,"以示劝焉"。②

朱元璋明确谕示了"吾治乱世,刑不得不重",也就是重典惩治贪贿的思想。需要注意的是,《大诰》并不是法律条文和量刑标准,而是一种"法外用刑"的合法化、重典治吏惩贪思想的反映。《大诰》中的三十余种酷刑,如

---

① 夏燮:《明通鉴》第1册,中华书局1959年版,第176、417—418页;《明史》卷一百三十九,《列传第二十七·叶伯巨》。
② 《明太祖实录》卷二五三,台北,"中央研究院"历史语言研究所校印本,1961—1962年,第1页;夏燮:《明通鉴》第1册,第523、528页。

族诛、凌迟、极刑、枭令、墨面文身、挑筋去指、挑筋去膝盖、剁指、断手、刖足、阉割为奴、斩趾枷令、枷项游历等,均为《大明律》所未设。同一种犯罪,尤其贪污贿赂罪,《大诰》的处罚规定,比《大明律》大大加重。朱元璋还创立了"剥皮实草"之刑,规定贪污六十两银子以上者"枭首示众,仍剥皮实草",并挂于官府公座两旁,使官吏一见便心惊胆寒。明初,朝廷对贪官用刑之酷是历史上罕见的。朱元璋对于贪官污吏,即便是功臣宗亲,一律严惩不贷。永嘉侯朱亮祖出镇广东,索贿受贿,贪赃枉法,强迫番禺知县道同释放被捕的犯法土豪和亲戚,道同欲秉公执法,他遂诬告道同致死,朱元璋得知此事后,将朱亮祖及其子朱暹依法处死。

朱元璋严查大案,最典型的就是空印案和郭桓案。空印案的起因,与当时财经制度的漏洞有关。当时按制,每年布政司和府、州、县衙门都得派上计吏到户部报告钱粮、军需等财政收支项目,经过户部审核,数目完全符合,才准许报销。如果钱谷数字有分毫之差,整个报销册便会被户部驳回,重新填造。各省布政司离京师远的有数千里之遥,近的也有千里上下,为了减少来回奔波的麻烦,各省的上计吏一般都带有预备好的盖有官印的空白文册,"遇部驳即改"。洪武十五年(1382年),朱元璋发现了这一情况,怀疑其中定有贪污舞弊行为,下旨严查,涉案自户部尚书至各地守令皆被处死,其他被判处杖刑、发配边关者,不计其数。这一历史上著名的"空印案",朱元璋下令查处时,虽未有贪污之确证,但"预持空白文书,遇部驳即改",本身就是违反财政审查制度的行为,且为贪污分子大开方便之门,也使户部核钱粮、军需之差成为贪污受贿的渊薮,因此,"空印案"是朱元璋打击贪官污吏的重大举措。

但是,作为总管全国钱粮的户部,确实已成为贪污腐败的渊薮。洪武十八年(1385年),户部侍郎郭桓利用职权,与属下的北平二司官吏以及一些地方官吏勾结,大肆侵吞秋粮。由郭桓经手的浙西秋粮共450万石,他只上交了260余万石,其余190余万石均被郭桓及其他大大小小的官吏贪污。此事被人告发,朱元璋大为震惊,亲自审理,多方查证,发现郭桓等人除贪污秋粮外,还侵吞了大量金银和宝钞,折合成米2200余万石,连贪污的秋粮在内,共计2400余万石。此案还牵连到有关各省布政司的官吏和许多地方豪强,自"六部左、右侍郎以下皆处死"。"空印案"与"郭桓贪污秋粮案"共杀了八万人之多,其规模和影响之大,可想而知。①

在明初的反贪运动中,朱元璋下旨百姓可以将贪官污吏"绑缚赴京治罪","虽无文引",各关津也要"即时放行,毋得阻挡",官员"敢有阻挡者,其家族诛"。在朱元璋的号召下,常熟县陈寿六等三人把贪残害民的县吏顾英绑缚赴京面奏,朱元璋当即赏陈寿六等"钞二十锭,三人衣各二件",免三年杂役,并警告地方官吏,胆敢对陈寿六打击报复者,"族诛"。② 朱元璋还鼓励百姓监督官吏是否有贪贿恶政,"自布政司至于府、州、县官吏,若非朝廷号令,私下巧立名色,害民取财,许境内诸耆宿人等遍处乡村市井,连名赴京状奏,备陈有司不才,明指实迹,以凭议罪,更育贤民。"③

朱元璋在反贪中,大力表彰、破格提拔廉吏,奖廉与惩贪相辅相成,一手抓惩贪,一手抓倡廉,是他一贯的反贪措施。金华知县王兴宗"以治行闻,累迁怀庆、苏州知府","是守公勤不贪",后被擢升河南布政使。朱元璋还亲自召见廉能卓异者,王兴宗擢升河南布政使,陛辞,明太祖"宴而遣之"。济宁知府方克勤为官清廉,辖地"吏不得为奸,野以日辟","视事三年,户口增数倍,一郡饶足",被朱元璋召见,"嘉其绩,赐宴"。朱元璋还多次旌表廉能卓异者,嘉兴府布衣王升写信给其子平凉知县王轸,劝勉他"凡事须清心洁己,以廉自守","慎勿以富贵为念",朱元璋发现这封信后,亲自撰写诏书旌表,并与王升的家信一同公布于全国,以为典范。④

朱元璋用法虽严,但并不是一味迷信酷刑,洪武反贪坚持事前预防与事后整改并举、社会舆论导向与依法惩处相协调的原则,力图将贪酷犯罪的

---

① 《明史》卷一百三十二,《列传第二十·朱亮祖》;卷一百四十,《列传第二十八·道同》;卷九十四,《志第七十·刑法二》。

② 《大诰三编·民拿害民该吏第三十四》,《明〈大诰〉点校本》,社会科学文献出版社2009年版,第365—366页;《大诰续编·如诰擒恶受赏第十》,《明〈大诰〉点校本》,第248页。

③ 《大诰·民陈有司贤否第三十六》,《明〈大诰〉点校本》,第206页。

④ 夏燮:《明通鉴》第1册,中华书局1959年版,第337—338页;《明史》卷二百八十一,《列传第一百六十九·循吏·方克勤》;叶盛:《水东日记》卷十一,中华书局1980年版,第117页。

苗头消灭于萌芽状态,并防止今后犯罪行为的再次发生。朱元璋建申明亭,就是在舆论导向上下功夫,把法制教育寓于整个反贪运动中,具有事前预防的意义,起到了防患于未然的积极作用。他颁布《大诰》则具有事后整改的性质,有惩前毖后之功效,注重宣传教育和依法制裁相结合,确实起到了酷刑所起不到的作用。朱元璋坚持专门机构办案与发动群众检举揭发相结合的原则,发动群众监督甚至逮治贪官污吏赴京,是依靠群众同贪污腐败犯罪分子做斗争的大胆探索和有益尝试。

作为一个封建帝王,朱元璋对事关自家天下兴衰的反贪有急躁冒进心理,认为"人皆贪","谕人为善,从者罕焉",这种认识上的片面性,导致态度偏激和反贪斗争扩大化。"空印案"虽惩治了一批贪污舞弊分子,但不分青红皂白,凡与核钱粮、军需诸事有关的人员皆治罪,也冤枉了一些遵纪守法甚至是清正廉洁的官吏,如著名清官廉吏方克勤就"以空印事连,逮死",在这次大案中被诬告致死;郭桓案发生后,"民中人之家大抵皆破",反贪严重扩大化的错误,说明朱元璋在反贪运动中,往往独断专行,经常既不以《大诰》,更不以《大明律》定刑,而是"任性"行事。一次,朱元璋见犯赃者特别多,便令"今后犯赃者,不分轻重皆诛之"。他还亲自参加刑狱的审判,往往刻意追求查出的贪赃案件之多和数目之大。这种不求平允,但求深刻,甚至以赃罪多寡来考核吏之贤否的倾向,势必会制造出许多冤假错案,把反贪斗争引入歧途。①

明初反贪斗争扩大化,导致紧张的政治气氛,也使朱元璋的重典治吏政策,演变为郡县官吏善终者寡、刑戮者多,大小官吏终日提心吊胆,甚至出现人不愿仕的现象。不过,这只是反贪中应注意的问题,不能掩盖朱元璋大刀阔斧地反贪,奠定了明朝前期一百年政治比较清明、社会比较安定的基础,这是主流。通过明初朱元璋的肃贪倡廉,"一时守令畏法,洁己爱民,以当上指,吏治焕然丕变矣。下逮仁、宣,抚循休息,民人安乐,吏治澄清者

---

① 《明史》卷三,《本纪第三·太祖三》;卷二百八十一,《列传第一百六十九·循吏·方克勤》。

百余年。"①

(2) 明成祖和仁宗、宣宗时期的反贪斗争

朱元璋晚年也认识到,严刑峻法、法外加刑,意在使人知所警惧,不敢轻易犯法,而只是抓一些大案要案,并不能根除贪官污吏。他也在反思和探索,不过那时的思维局限在儒法互补,不是用法家的严刑峻法,就用儒家的仁恕之道。洪武二十三年(1390年),他告谕大臣说:"愚民犯法,如啗饮食,嗜之而不知止。设法以防其犯,而犯者益多;推恕以行吾仁,而仁或可济。"②朱元璋的后继者明成祖、仁宗和宣宗等仍继续坚持倡廉肃贪。

洪武三十一年(1398年),朱元璋去世,惠帝继位。建文元年(1399年),燕王朱棣发动"靖难之役",建文四年(1402年)朱棣夺取了政权。惠帝在位的四年,由于忙于削藩和与靖难军作战,根本无暇顾及反贪倡廉问题。通过靖难之役上台的明成祖,在巩固政权后,继续开展肃贪倡廉。

明成祖为稳定政局,对贪官必惩,决不姑息。永乐五年(1407年),广西布政司右参议吴翔在龙州"受民货贿",广西按察司将此案上报明成祖,明成祖当即下旨"命都察院鞫之";山东布政司左参政何濠"贪淫不律",被打入天牢治罪。明成祖对贪贿知情不举者也严加惩办,如云南布政司右参政姚肇私受商人贿赂,"坏乱盐法",左布政使周敩、右参议濮铭"坐视不举",被逮捕问罪。为了刹住贪贿之风,朱棣还采取其父朱元璋的做法,把贪官污吏的罪行"榜示天下",以警示吏民;并派遣巡按御史和大臣分巡各地,御史分巡各地的制度,正是在明成祖朱棣时期形成定制的。当时,这些大臣和巡按御史确实能不负成祖的期望,所到之处,兴利除弊,旌廉黜贪。永乐十九年(1421年),朱棣派遣位高权重的吏部尚书蹇义等二十六人"巡抚天下",整顿全国吏治,右都御史王彰与给事中王励巡视河南,"奏黜贪刻者百余人,罢不急之征十余事"。这一时期,许多御史敢于弹劾权要,其中一个典型是御史周新,他有"冷面寒铁"之称,不畏权贵,敢于直言,"贵戚莫

---

① 《明史》卷二百八十一,《列传第一百六十九·循吏》。
② 《明太祖实录》卷二〇六,台北,"中央研究院"历史语言研究所校印本,1961—1962年,第3页。

不震惧"。①

明成祖能廉洁自律,在全国倡廉反贪,这时的吏治比较清明,涌现出了大批廉吏。户部尚书夏原吉,虽位高望重,掌握全国财政大权,但廉洁奉公、勤政爱民。永乐十九年(1421年),夏原吉等人就御驾亲征蒙古一事进谏明成祖,"皆言兵不当出",被判入狱,"系之内官监",并籍没其家产,这位掌握全国财政大权达二十年之久的户部尚书,家中竟"自赐钞外,惟布衣瓦器"。这一时期,像夏原吉这样的廉勤之吏还很多,吏部侍郎师逵,"佐蹇义在吏部二十年,人不敢干以私","逵廉",不置产业,官俸及皇帝的赏赐也都用来救济宗族贫户,连自己的儿子都"无以自赡",明成祖曾说:"六部扈从臣,不贪者惟逵而已。"钱塘知县黄信中、青田知县谢子襄、开化知县夏升,生活俭朴,洁己爱民,考满后列为上等,例当升调,"其部民相率诉于上官,乞再任"。② 永乐时期此类廉吏,不胜枚举。

明成祖雷厉风行,反贪倡廉,无疑表现出其政治见识,当然,他也利用反贪倡廉来打击政敌,清算对他以藩王夺位登基心怀不满的建文旧臣,这就势必造成反贪斗争的扩大化。更有甚者,一些御史言官为迎合明成祖打击政敌的心理,大兴告讦之风。都察院左都御史陈瑛就热衷于告讦,被他弹劾而获罪的官吏竟达数十人,上书指责永乐帝"今所信任者,率藩邸旧臣,非公至之道"的刑部尚书雒金,就是被他告讦弹劾"居官贪婪暴虐、擅作威福十数事",而获罪致死的。一些巡按、御史,也凭借自己的监察地位,在地方勒索钱财,朱棣还大设厂卫等特务机构,广派耳目,给当时的政治生活蒙上了一层恐怖的阴影,这种情况和制度缺陷,到明朝中后期,越加严重。③

洪武时期,帝国初建,人心未稳;永乐时期,朱棣以篡弑得位,统治阶级内部矛盾非常尖锐,政治形势极为严峻,两个皇帝为缓和阶级矛盾和消除

---

① 《明史》卷一百六十,《列传第四十八·王彰》;卷一百六十一,《列传第四十九·周新》。
② 《明史》卷一百四十九,《列传第三十七·夏原吉》;卷一百五十,《列传第三十八·师逵》;卷二百八十一,《列传第一百六十九·循吏·谢子襄、黄信中、夏升》。
③ 《明太宗实录》卷三九,台北,"中央研究院"历史语言研究所校印本,1961—1962年,第1页;《明史》卷三百八,《列传第一百九十六·奸臣·陈瑛》。

政治隐患,都采取了非常措施,稳定了政局。到了明仁宗、宣宗时期,经济有了很大发展,政治形势日趋平稳,正如明宣宗所言,"大抵人君恭俭,国家无事",而"民物凋耗,兆乱之阶",如何免遭"死于安乐"的结局,是摆在明王朝统治者面前的一项新的政治课题,一个关键就在于如何继续进行倡廉反贪。

明仁宗多行仁政,但对贪赃官吏仍严惩不贷,他认为"国家恤民,必自去赃吏始"。另外,仁宗也特别注意表彰和擢升廉吏,以此劝勉官吏廉洁奉公。灵璧县丞田诚,居官廉能,在任九年考满,百姓诣阙恳求留任,于是仁宗让他继续留在灵璧县任职,特升为州判官。仁宗的倡廉思想及举措,对于明王朝在较好的统治形势下继续保持吏治清明,具有重要作用。他在位仅十个月,便驾崩,继位的宣宗朱瞻基能承其父志,继续倡廉肃贪。宣宗时期,有许多大力惩贪的典型事例。宣德元年(1426年),浙江布政司左布政使孙隽河、南布政司左参议王征,犯贪赃罪,时值大赦天下,吏部奏拟还职,宣宗不同意,说:"士大夫首重廉耻,人而无耻,何事不可为?""犯赃污丧廉耻矣,虽经赦宥,岂可复居民上,其皆罢为民。"①

明宣宗时期,监察官员凭借其特殊的权位,勒索其巡查地区或等待评判的地方官员的情况日趋突出,这一时期反贪斗争的突出特点,是将其重点放在整肃监察机构上。在任何社会,维持一支清正廉洁、奉公守法的监察队伍对于倡廉肃贪都至关重要,明宣宗等君臣对此有深刻的认识:"都察院受朝廷耳目之寄,掌国家纪纲之任。用得其人,则庶政清平,群僚警肃;用非其人,则百职怠弛,小人横恣。必尽公廉,乃称斯职。"他告诫监察官员:"以法治人,先当自治其身,违法何以责人"。② 他决定在监察官员中大力开展反贪,左都御史刘观贪赃集团首先为其矛头所指。

刘观是五朝元老,明太祖洪武末年曾担任过左佥都御史。宣德时任左都御史掌都察院事、加太子少保衔。但是,这位元老重臣周围竟然形成一

---

① 《明宣宗实录》卷五六,台北,"中央研究院"历史语言研究所印本,1961—1962年,第3页;卷二,第11页。
② 《明宣宗实录》卷四五,第2页;卷八一,第2、5页。

个贪赃集团。早在洪熙年间,刘观贪贿劣迹便已开始显露,他任嘉兴知府时,郡内豪富大户"咸通货贿";他升至左都御史后,继续包庇和纵容嘉兴一郡豪强,对本应依法处分的嘉兴豪民冯本、张谨及常州王昶,松江蔡琳、陈庄等人,免于刑戮。这些豪民侵盗官粮,强夺民人妻女,甚至行凶杀人,"罪皆当死",刘观因收受其贿赂黄金、白银"动以千数,罗绮不可数计,阴庇佑之",而弄权枉法,"或援轻例赎罪,或纵其逃逸得免"。刘观还与刑部侍郎许惟、御史严皑、李纶及办事官姚景彰、杨大旺等勾结起来,贪赃枉法。其子刘辐更是贪婪无耻,与严皑狼狈为奸,各道御史都仰其鼻息,浙江奸民伍辰、顾宗淳等犯死罪,因向刘辐贿赂白银数百两,得免死。刘观利用手中的监察大权,控制了各道御史,贪贿巨额金银,庇护重犯,形成了一个以其父子为首,以严皑、方晰、吴杰等人为骨干,从中央到地方互为网络的贪贿集团。①

刘观集团的罪行虽早已暴露,但他资格老,所形成的势力范围大,又把持整个监察机构,贸然对他弹劾和惩治,不但会打草惊蛇,还可能引发政治动荡,因此,明宣宗非常慎重,步步为营。宣德三年(1428年)六月,宣宗命刘观巡视河道,调虎离山,使之与都察院相脱离。随后,他任命素有清正廉洁之名的通政使顾佐为都察院右都御史,在人事方面布置停当之后,赐给顾佐一道敕令,命令"其各道见任御史,宜审择之,凡廉勤公正,老成惇厚者,俱留在职;其不达政体、不谙文移、贪淫无耻及犯赃罪者,悉送吏部降黜。公差给假丁忧者亦如之。务尽至公之道,所阙御史,即行吏部慎选,自今不许滥授",就是对所有监察御史进行了一次大考察、大整肃。这一时期,各道御史共一百一十人,这一次考察共降黜三十人,其中十九人与贪赃有关,被发往辽东各卫"充吏终身",明宣宗还特意下旨将"耽溺酒色,旷废职务,又不朝参"的监察御史严皑、方晰、吴杰等人枷项示众,经法司审讯,判决杖刑,降三等录用。在翦除了刘观的党羽,条件成熟后,明宣宗开始向罪魁祸首刘观开刀。首先,河南道御史张循等奏劾刘观"恃恩玩法,大肆奸

---

① 《明史》卷一百五十一,《列传第三十九·刘观》;《明宣宗实录》卷五六,台北,"中央研究院"历史语言研究所校印本,1961—1962年,第8—9页。

欺，贪淫无耻"，随即，宣宗命令廷臣合议，吏部尚书蹇义等一致认为，对刘观"宜正其罚，以清宪纲"，刑部随即派人将刘观捉拿至京，刘观初至京师时，还死不认罪，百般狡辩，最后在事实、罪证面前只得供认不讳。刘观被下锦衣卫狱，后来又同其子刘辐一起谪放辽东充军，"公议称快"。①

刘观贪赃集团覆灭后，明宣宗又着手整顿南京都察院，宣德三年（1428年）十一月，任命邵玘为南京都察院左副都御史，负责这次整顿。宣德四年（1429年）二月整顿完毕，三十名御史中，严皑、成林、韩瑄等十二人"贪淫无耻、污名尤甚"，张观、王成等七人"贪污不律"，李孟瑄等八人"不谙（达）政体"，赵安等三人"不谙文移"或"老疾"，均被降黜，甚至发配辽东。②

宣宗认为，"御史，朝廷耳目，受重赂……岂可轻贷"，故他亲自判决监察官员的贪腐案件，从重论处。广东道监察御史沈润，贪赃枉法，"受土豪黄金五两，白金百两，文绮十匹，出其杀人死罪，事觉"，被司法机关审讯论罪，依律应绞，"但事在赦前应杖"，宣宗不同意，亲自判处发配充军辽东。③枣强县典史周宗本，"挟私乘醉杖杀皂隶"，按律当斩，监察御史任祖寿因收其贿赂马一匹，"论以因公"，而判为徒罪，都察院察之，按照"听许财物而事枉者，律应徒以风宪加二等应流"，判任祖寿流放，宣宗立予批准。明宣宗还规定，监察官员犯贪赃罪，决不能再留在监察系统，都察院右副都御史胡廙奉命到四川为朝廷"督采木"时，私役官军，巧取豪夺，将为朝廷采购的东西据为己有，事发后，宣宗将其判决"谪辽东安置"。不久"会恩例，得罚役复职，行在吏部以闻"，宣宗坚决不允："都御史受赃，罪当加常人，岂可复入风宪"。监察御史王琏巡按辽东时，贪赃枉法，都察院判决"杖一百，运砖赎罪还职"，宣宗不同意，"上曰：挟势作威，以枉为直，岂可复任御史，其谪边卫充吏"。在宣德时，甚至大赦天下，贪赃枉法的监察官也常常不在此例。宣德四年（1429年），江西按察司佥事高第贪赃，时逢大赦，"经赦例应改

---

① 《明宣宗实录》卷五六，第8—9页；卷四五，第2—3页；卷四六，台北，"中央研究院"历史语言研究所校印本，1961—1962年，第4页；卷四七，第6—7页。

② 《明宣宗实录》卷四六，台北，"中央研究院"历史语言研究所校印本，1961—1962年，第4页。

③ 《明宣宗实录》卷五六，第6页。

调",明宣宗认为,"为风宪尚受赃,使居他职,岂不尤为甚",将其"罢为民"。①

明宣宗在严惩监察官员贪赃枉法行为的同时,还注重奖励廉洁奉公的监察官员。他认为,奖惩制度运用得好,"则能者益劝,中才亦将自勉"。因此,他经常破格提升廉洁的监察官员。按照常例,官吏必须任满九年,才能决定升黜,但是风宪官往往因政绩卓著,任职未满九年即予以升迁,甚至有的一下由正七品的御史提升为正三品的侍郎。监察御史王来,任职仅四年,就被提升为山西布政司左参政。明宣宗还注重提拔年轻的进士、监生及有学行的教官担任监察官。顾佐担任都察院右都御史后,在罢免了三十名贪赃枉法的监察御史的第二天,就上奏请求将"志操端谨、堪任御史"的进士邓棨等十四人、监生程富等十一人、听选教官方端等二十人,选用为监察御史,试用一段时间后,明宣宗任命大部分人为监察御史。② 据统计,宣德三年(1428年)十一月至九年(1434年)末的六年多,担任监察御史的一百七十四人中,进士七十人,监生六十三人,教官二十九人。

宣德时期,把反贪斗争的重点放在监察机构上,抓住了这一时期肃贪的重点,"风纪为之一清",为整个倡廉反贪运动提供了保障,"吏称其职,政得其平,纲纪修明,仓庾充羡,闾阎乐业,岁不能灾"③,这一时期反贪斗争的局面比较稳健。

(3) 正统年间王振专权,贪风复炽

宣德十年(1435年)正月,明宣宗病死,九岁的皇太子朱祁镇继位,即明英宗,年号正统。太皇太后张氏委任四朝元老重臣杨荣、杨士奇、杨溥(合称"三杨")、胡濙、张辅等五大臣辅政,能够继承仁、宣时期的反贪倡廉事业,吏治仍比较清明,"朝纲整饬、海内晏安","天下清平,朝无失政"。④

---

① 《明宣宗实录》卷七六,第5页;卷七九,第10页;卷八三,第7页;卷六八,第10页;卷五七,第11—12页。
② 《明宣宗实录》卷四六,台北,"中央研究院"历史语言研究所校印本,1961—1962年,第5页。
③ 《明史》卷九,《本纪第九·宣宗》。
④ 《明史》卷一百四十八,《列传第三十六·杨溥》。

正统朝前期,明朝廷很重视对官吏的考察监督。正统元年(1436年)四月,命吏部和都察院考察布政、按察二司及府州县官的廉能,整顿吏治,尤为重视加强监察职能和对监察官的监督。为了使风宪官廉洁自律、奉公守法,真正发挥倡廉肃贪的作用,正统四年(1439年)颁布了《宪纲》,作为所有监察官员必须遵守的纲纪。这一时期,出现了一批廉能的监察官:御史韩雍,巡按江西,罢黜贪墨官吏五十七人;御史鲁穆迁福建佥事,为人刚正廉洁,"直声振朝廷",理冤绳奸,执法无私,人称"鲁铁面",后擢升右佥都御史,身死之后,家无余财。这些廉勤的监察官在倡廉反贪中发挥了重要作用。正统朝前期,重惩官吏的贪赃。指挥佥事鹿麟,受赃枉法,卖放操军三十余名,事发,以百斤大枷枷于教场示众,并发配辽东铁岭卫充军,作为常例,今后有犯者悉照此例惩处;"尚膳监内使王彰、章叁等盗用椒果等物,事觉,枷号于光禄寺门示众"。①

然而,正统初年以王振为首的宦官势力也开始抬头。明宣宗时,王振就深得信用,被派侍奉皇太子(即明英宗朱祁镇)读书。宣宗驾崩后不久,王振被任命为司礼监太监。正统三年(1438年),王振唆使明英宗,将不阿附自己的大臣户部尚书刘中敷、刑部尚书魏源、礼部尚书胡濙等均下狱。他还干预朝政,"时上倾心向振,公侯勋戚咸呼振曰'翁父'。工部郎中王祐以谄事振,骤擢本部侍郎;都御史王文、陈镒,俱跪门俯首;兵部侍郎徐晞屈膝,寻擢尚书。一时士大夫廉耻道丧,相与恬然"。不过,这时明英宗还未亲政,政权掌握在张太后和"三杨"手里,王振还有所顾忌,并在张太后和"三杨"面前摆出一副忠心耿耿的样子,以致"三杨"亦为王振的伪装所欺骗。

正统六年(1441年)十一月,明英宗亲政,随着"三杨"和张太后相继去世,王振权势日益膨胀,为建立个人淫威,开始残酷迫害不肯摧眉折腰事权阉的正直大臣,对趋炎附势的门下鹰犬,则委以高官厚禄,公开卖官鬻爵,收受贿赂。江苏江阴县富家子弟徐颐,胸无点墨,花重金买通王振,当上了

---

① 《明史》卷一百七十八,《列传第六十六·韩雍》;卷一百五十八,《列传第四十六·鲁穆》;卷一百四十八,《列传第三十六·杨溥》。

中书舍人,被京师人称为"金中书",朝廷部院大臣及文武百官争相献媚,向王振进献礼品,地方官进京朝觐必备厚礼,"每觐期,振不问何品官,能具礼者多至千金,少则百,悉能达,然必千金始得一醉饱而出,门昼夜不得合"。朝觐制度,明朝廷本是对地方官进行考察,奖廉黜贪,而在王振专权贪贿之下,却成为百官向其送礼的"节日",考察形同虚设。①

更有甚者,王振为满足自己的贪欲,竟与瓦剌进行军用物资的走私交易,令其死党、镇守大同的太监郭敬每年私造箭镞数十瓮,与瓦剌交换良马。正统十四年(1449年),瓦剌大举进攻明朝,王振怂恿明英宗御驾亲征,希图侥幸邀功。然而,土木堡之战,明军全军覆没,英宗被俘,早就痛恨王振的护卫将军樊忠一锤将他砸死,怒喝:"吾为天下诛此贼。"②

正统时期,王振专权达七年之久,"由是以廉者为贪,以贪者为能"。明景帝查抄其家产,共抄出金银六十余库,玉盘一百余面,七尺高的珊瑚树二十余株,每株均价值连城,其他珠玉珍宝不可胜数。③ 王振擅权,朝廷纪纲扫地,官场贪墨如炽。圣谕严察如同一纸空文,贪贿之风愈演愈烈,朝中大员、地方小吏,一有机会就营私舞弊,百般索求。由明太祖、成祖开创的倡廉反贪的传统被中断了,明朝开始由吏治清明的鼎盛时期走向纪纲扫地、贪污成风的衰落时期。

2. 明朝中期的贪贿与反贪

经过明朝初期近一百年的发展,农业和手工业都达到了中国历史上一个高度发展的水平,在此基础上,明朝中后期商品经济空前繁荣。商品经济的发展,社会大激荡,冲击了传统的价值观念,也使人们的思想由崇尚重义轻利、君子言义不言利,以及由此被极端化而形成的"存天理、灭人欲"这种压抑人性的价值观,转变为要使久被压抑的人性毫无克制地表现出来,这股潮流如洪水猛兽一般势不可挡的同时,演化成不顾礼义廉耻,物欲横

---

① 王锜:《以财得官》,《寓圃杂记》卷十,中华书局1984年版,第78页;李贤:《古穰集》卷三十,《杂录》,文渊阁四库全书本,乾隆四十七年刊本,第7—8、12—13页。
② 谷应泰:《明史纪事本末》第2册,中华书局1977年版,第450页。
③ 李贤:《古穰集》卷三十,《杂录》,文渊阁四库全书本,乾隆四十七年刊本,第12—13页;《明史》卷三百四,《列传第一百九十二·宦官一·王振》。

流,社会失范现象严重。

明朝中后期,发达繁华的城镇,丰富的商品刺激着人们的欲望,人们不再崇尚节俭、追求精神上的升华和理想,而是追逐现实享乐,向往奢侈腐化。不仅富室巨豪崇尚奢侈华丽,贫乏者也"强饰华丽",在衣食住行、婚丧嫁娶以及各种公共场合,无不夸富争豪,攀比之风盛行。明中后期对市场依赖的增强和由俭变奢的生活方式的盛行,使得拜金主义盛行,人们开始放胆言利,拼命追求金钱成为人们的生活准则。在金钱至上观念的冲击下,传统的门当户对的婚姻观念也受到了挑战,人们的择婚标准不再仅限于门第的高低,还注重金钱的多少,借婚姻索取财礼的现象很严重。金钱地位的提高也冲击了传统的人际关系和伦理秩序,"矜严礼法之家"渐少,而"人多轻薄之习,乡无谦厚之风,长幼失序",人们笑贫不笑娼,商人地位显著提高,人际交往中的功利主义色彩增强,人们不再单凭血缘关系和感情来确定亲疏远近,金钱因素越来越重要,"遂至视多寡为厚薄"。①

明朝中后期,社会风气的变化,影响了当时的官场风气。明中叶以前,学校、家长无不把修身、齐家、治国、平天下的儒家匡世济民思想灌输给学生,以这种思想培养出来的官吏,有相当部分能洁己爱民,官场风气还比较淳厚,纵有贪秽行径,也是"暮夜而行,潜灭其迹,犹恐人知",贪腐者总是遮遮掩掩,为人所唾弃。但明中叶后,情况截然不同了,"千钟粟、黄金屋"之类的逐利思想不胫而走,师长教导,朋友规劝,妻子亲人之期望,莫不以逐利为目的。明朝中后期尤其是嘉靖朝以后,"仕途如市,入仕者如往市中贸易,计美恶,计大小,计贫富,计迟速"。官员们为保住官位和谋求升迁,下级对上级极尽阿谀奉承之能事,官场中的吃喝风气愈演愈烈,上下级官员之间"具糖席,张嬉乐,具宾主纵饮,夜分而罢","一筵之费,竭中家之产不

---

① 李诩:《戒庵老人漫笔》卷三,中华书局1982年版,第86—88、106页。陈梦雷编:《古今图书集成·明伦汇编·交谊典》第二十六卷,《乡里部》,第三三三册,台北,鼎文书局印行,1977年,第6—10页;第三卷,《交谊部》,第三三一册,第10—16页。

能办也",送礼行贿公行,所谓"纳贿受赂,公行无忌"。① 明朝中后期的官场,已彻底沦为贪腐之所。

(1)皇帝与权臣竞相贪财

明代,皇室的财政开支由内承运库供应,与国库(户部太仓库、光禄寺库、太仆寺库等)分开。明中后期,皇帝大多贪得无厌,不满足于内承运库的巨额钱财,常常勒取国库银两。隆庆三年(1569年),明穆宗(隆庆帝)谕令户部"取太仓银三十万两进内用",户部尚书刘体乾,内阁大学士李春芳、陈以勤、张居正等纷纷上疏反对,隆庆帝不得不让步,但仍"取十万两以济急用"。此后,隆庆帝又连续几次攫取太仓库和光禄寺库银两,户部尚书刘体乾因未能按额解进银两,被勒令致仕。明神宗更是"惟利是图,视金钱珠玉为命脉",为满足自己的私欲,贪得无厌地攫取国库帑金。万历六年(1578年),明神宗以采办大婚珠宝为名,令户部太仓库增进二十万两给宫廷内库,并作为定额,令太仓库每年例进;万历十二年(1584年)八月,"取太仓银五万两",又谕兵部取"太仆寺马价银十万两应用";万历十六年(1588),以"圣节阅陵,赏赐繁多,内库不给",谕令"于太仓取二十万进用"。神宗的贪婪,加上宁夏、朝鲜、播州先后用兵,花去大量军费,致使太仓库、光禄寺库、太仆寺库帑银"括取几尽",国家财政陷入绝境,结果当然就是搜刮人民,加征加派。②

更荒唐的是,明朝中后期的皇帝竟索贿受贿。正德年间,明武宗听信宦官刘瑾之言,"将天下镇守(太监)取回,新用者论地方大小,借贷银两进献,即得差用",甚至有劣迹的宦官只要纳贿也没问题,"内官韦兴、齐玄等皆先朝犯赃问发,亦夤缘差出分守",这些新用镇守太监因向皇帝送了贿赂,"所至剥削民财,全无顾忌"。万历时期,东厂太监张鲸因作恶多端,被朝臣弹

---

① 周顺昌:《与朱得升孝廉书》,《忠介烬余集》卷二,文渊阁四库全书本,乾隆四十七年刊本,第2页;王廷相:《天变自陈疏》,《濬川奏议集》卷九,明嘉靖十五年刻本,第6—7页。

② 《明穆宗实录》卷三一,台北,"中央研究院"历史语言研究所校印本,1961—1962年,第4—5页;《明史》卷二百十四,《列传第一百二·刘体乾》;《明神宗实录》卷七二,第8页;卷一五二,第4页;卷二〇二,第4页。

劾,张鲸便用大批财宝贿赂明神宗,结果不但未受到惩处,仍掌东厂,继续为恶。给事中李沂愤起再次弹劾张鲸,并揭露明神宗受贿枉法的丑行,结果被杖责、革职。史评,明神宗的贪财,"帝王之奇贪,从古无若帝者","其病在贪财也"。①

明中后期,皇帝贪婪,权臣也就更肆无忌惮。明英宗之后,内阁权力渐重,尤其是嘉靖、隆庆和万历时期,内阁首辅的权力凌驾于六部之上,甚至较过去的宰相,其权势也有过之而无不及。随着吏治的败坏,内阁首辅利用手中权力,大肆植党营私、贪污受贿。他们或是干预六部事务,卖官鬻爵、贪赃枉法、侵吞公帑、收受贿赂,或是纵容家人霸占官民田地,种种手段,骇人听闻。

历史上有名的贪官严嵩是利用首辅之权大肆贪污受贿的典型。严嵩是江西分宜人,弘治十八年(1505年)进士。嘉靖二十一年(1542年)八月,严嵩打败政敌夏言,入直文渊阁,嘉靖二十三年(1544年)成为内阁首辅。他位居要津二十多年,一意媚上,招权纳贿无孔不入。史载"严嵩之纳贿,实自古权奸所未有"。他垮台后,籍没其家产得金三万二千九百六十两,银二十六万五千五百两,其他珍宝玉器无数,超过了皇室珍藏,大部分都是贪污受贿而来。在此,以嘉靖朝内阁首辅、大贪官严嵩为典型,分析明代权臣贪贿的手段。

其一,卖官鬻爵。严嵩早在担任礼部尚书时,就利用考选译字生的权力,向考生索取贿赂,只有按价纳贿方能选中。藩王的承袭,也是负责此事的礼部官员敛财的机会。永寿王朱秉橏死后,其王位应由嫡孙朱怀墡承袭,但朱秉橏的庶子朱惟熶贿赂严嵩白金三千两,抢得王位继承权。朱秉橏之母上控,御史叶经亦上疏弹劾严嵩贪赃枉法,但因嘉靖帝的宠护,严嵩安然无恙,这更助长了其贪欲。② 严嵩担任首辅后,更是肆无忌惮地控制选

---

① 陈洪谟:《继世纪闻》卷一,中华书局1985年版,第75页;《明史》卷二百三十四,《列传一百二十二·李沂》。
② 谷应泰:《明史纪事本末》卷五十四,《严嵩用事》,文渊阁四库全书本,乾隆四十七年刊本,第3—4页。

官用人大权,卖官鬻爵。他先是牢牢控制了吏、兵二部,吏部尚书李本、吴鹏、欧阳必进,兵部尚书许论等,皆仰严嵩及其子严世蕃鼻息,一切"黜陟,兵机进止,悉听世蕃指挥";甚至"吏兵二部选官,各持簿任嵩填发,俗名文选郎万寀为'文管家',武选职方方祥为'武管家'"。控制了吏、兵二部后,攫取了官吏选授大权,严嵩父子卖官鬻爵之路铺好了。当时,"官无大小,皆有定价",州判三百两、通判五百两、指挥三百两、都指挥七百两,御史、给事中分别为五百两和八百两,也有增至千两者;吏部掌握人事任免大权,故价格最高,吏部郎中、主事三千两,后增至一万三千两。严世蕃"熟谙中外官饶瘠险易,责贿多寡,毫发不能匿"。上至朝廷要员,下至地方百官的选授和升迁,不论贤否廉贪,唯以行贿的多寡而定高低。官职买卖也受供求关系影响引入了竞争机制,只要行贿数额足够高,即获升迁。项治原向严世蕃行贿,立即由刑部主事转为吏部主事;武臣甘肃总兵官仇鸾因"贪纵酷虐,恣为不法",被总督曾铣弹劾革职,"逮问入狱",他以重金"厚贿"严嵩父子,重新被起用,"复太子太保,镇守大同";"纳夺职总兵官李凤鸣二千金,使镇蓟州;受老废总兵官郭琮三千金,使督漕运",等等。①

　　其二,贪赃枉法。严嵩凭借内阁大权,干涉司法,收受罪臣贿赂,庇护罪犯。贵戚、文官武将只要向严氏行贿,有罪亦可免罚。伊王朱典楧肆虐不法,阴谋作乱,言官屡屡弹劾,要求依法严惩,伊王见大祸临头,便向严嵩父子行贿白银十万两,得其庇护而免罚。严嵩对自己构陷的大臣,既索其钱财,又取其性命。严嵩的政敌夏言妻父苏纲被逮入狱后,严嵩父子向苏纲之子勒索白银一万二千两和庄房一处,最终仍将苏纲处死;江南总督张经被逮后,向严嵩行贿五千两,结果仍未能保住性命。由于作为内阁首辅的严嵩贪赃枉法,致使朝廷内外是非混淆,法纪荡然。②

---

　　① 《明史》卷一百八十六,《列传第七十四·许进子论》;卷三百八,《列传第一百九十六·奸臣·严嵩》。吕惖:《明朝小史》卷十二,《嘉靖纪·文武管家》,商务印书馆1936年版,第7页;夏燮:《明通鉴》第5册,中华书局1959年版,第2243、2246、2275页。

　　② 王世贞:《纳伊王贿》,《弇州史料后集》卷三十六,明万历四十年刻本,第3—6页;夏言:《夏桂洲先生文集》卷十四,清康熙五十八年吴桥补修本,第1—17页。

其三，侵吞军饷。严嵩贪贿之爪竟然伸向边饷军费，贪污军费的数额之巨，令人瞠目。他凭借自己把持的内阁大权，主要通过两条途径侵吞军费：一是通过他控制的中央户部截留，户部所拨粮饷"朝出度支之门，暮入奸臣之府。输边者四，馈嵩者六"，所谓边军岁饷百万"强半赂嵩"，致使内府所藏"不足支诸边一年之费"，而严氏贪污所得"可支数年"。二是通过军官的贿赂，当时大小军官都克扣军饷，多者巨万，少者数千，名为"买命"。① 严嵩大量侵吞军费，不仅使军事费用支出大为增加，而且严重破坏了边防。军费开支在当时成为财政负担的"无底洞"，只能靠不断压榨人民来填补。

其四，贪腐的家族性、网络化和骄奢淫逸。严嵩、严世蕃父子积累起巨额的财富，富甲天下，其家奴也不遑多让。家奴严年生性狡黠，被严世蕃视为腹心，严世蕃卖官鬻爵，严年专管收钱，竟敢十取其一，贪污而积累家资达数十万。严嵩父子大肆搜刮钱财，尽情挥霍，奢侈无度，过着荒淫无耻的生活，其理念是"以为不若是则权不足以胁人，富不足以甲众"。严世蕃有姬妾三十多人，奴婢更是不计其数，整日纵情声色。严世蕃的两个儿子严绍庚、严鹄"一年尽费二万金，尚苦多藏无可用处"。②

那么，严嵩会不会是极端的个案，而其他明朝中后期的内阁首辅会不同呢？其后的内阁首辅徐阶、高拱、张居正，是地主阶级的改革派，应该说是较有远见的，但他们同样有不同程度的贪贿劣迹。徐阶"大治产业，黩货无厌，越数千里开铺店于京师，其子揽侵起解钱粮，财货将等于内帑，势焰熏灼于天下"。高拱及"其门生，亲串颇以贿闻"。张居正"其所黜陟，多由爱憎，左右用事之人，多通贿赂"，他将被废的辽王府第，据为己有；前后两任湖广巡抚汪道昆、赵贤为讨好他，用公款为之营建私第，张居正也欣然接受。据《明史》记载，张居正被籍没时，金银十九万余两，良田八万余顷，其贪贿之状，由此可见。此后的内阁大学士，贪赃更是有恃无恐。张位"黩货如蝇，每次讨缺不下数十，多者千金，少者数百金"；沈一贯以纳贿闻名朝

---

① 《明史》卷二百十，《列传第九十八·张翀、董传策》。
② 田艺蘅：《留青日札》卷三十五，《严嵩》，上海古籍出版社1992年版，第670—671页。

野,家中"货财如山,金玉堆积";朱赓更是贪婪,"开门受贿自执政始",贪污受贿使其暴富,以至于"富至八百万"。① 可见,内阁大学士受贿的机会最多,纳贿范围最广,而明中后期的皇帝、内阁首辅是全国官僚贪贿集团的核心。

(2)京官和地方官的贪贿

明代,京官聚敛财富的通行手段,就是利用地方官朝觐和新官上任收取甚至索取贿赂。明制,地方官三年一次进京朝觐,向中央政府汇报工作,并接受考察。这是京官发财的大好时机,进京的地方官为求汇报和考核通过,纷纷向他们行贿,因此朝觐之年被称为"京官收租之年"。新官上任,为求顺利拿到上任官凭,也要向京城各部院衙门的官员行贿。当时贿赂之风盛行,导致京城竟出现了一批专门向新任和朝觐官吏放债的高利贷商人,时人称之为"京债",放债之人着眼于这些地方官所辖地区的牟利之便利,如某州新太守上任时,"只身而来,有京债十人随入衙中"。②

当然,中央各部院衙门还有根据自身职权特点的独特贪污纳贿方式。吏部掌握官吏人事任免和考核大权,大肆收受贿赂。官吏的升迁降黜不取决于政绩的优劣,而是取决于行贿的多寡,明朝中后期官员的选拔升迁到了"俱以贿成"的程度。史载:"督抚也,非五六千金不得;道府之美缺,非二三千金不得;以至州县并佐贰之求缺,各有定价。"正德时,吏部尚书张綵以不时考察内外官、多方纠摘的办法,大肆索贿,"变乱旧格,贿赂肆行,海内金帛奇货,相望涂巷间"。天启年间,吏部尚书周应秋公然按官职大小索价,整日忙着"与文选郎李夔龙鬻官分贿",据载,每天可得贿银一万两,人称"周日万"。这对吏部官员的贪赃和腐败的描画充分而生动。③

这些花钱买官者,获得官位后当然要把行贿的钱捞回来,故他们在任职期间必然是横征暴敛,贪污受贿,大肆搜刮。

---

① 《明史》卷二百十三,《列传第一百一·高拱、张居正》;卷二百三十一,《列传第一百一十九·钱一本》。

② 海瑞:《兴革条例》,陈义钟编校:《海瑞集》上册,中华书局1962年版,第39—43页;杨士聪:《玉堂荟记》,台北,伟文图书出版公司,1977年,第120—126、139页。

③ 《明史》卷三百六,《列传第一百九十四·阉党·张綵、周应秋》。

兵部掌管全国军政，负责武官的选授、升迁、考核和兵器的制造、管理，明中后期武官的任用，"未用一官，先行贿赂，文、武俱是一般"。兵部官员"虽穷，然不穷于辽饷也。一岁中，阴为加派者，不知其数。如朝觐、考满、行取、推升，少者费五六千金，合海内计之，国家选一番守令，天下加派数百万"。① 户部掌管全国财政大权，贪贿的一个重要手段当然是吃钱粮回扣。而且中央与地方官吏互相勾结，通过多收少纳、虚报支出数额、涂抹册籍、窜改账目、侵隐欺没等手段捞取钱财。崇祯年间，户部仅将辽盐每年引价四万余两尽数瓜分一项，"计二十余年，诳匿可百万金"，"朋扣马乾为各镇道将侵分，岁数十余万"。② 诸如此类，不一而足。素称清水衙门的礼部，掌握着科举和部分外交大权，其官员除利用科举考试收受贿赂、徇情舞弊外，还利用权力，在藩属国的朝贡中伸出贪婪之手。成化七年（1471年），礼部郎中彭彦允向朝鲜使者"求请人参十斤"；嘉靖十七年（1538年），朝鲜的圣节使许宽出使明朝，明朝礼部郎中白悦、吴希孟等人索贿，许宽"以所持弓二张、砚台二面，分送于吴希孟、白悦两大人"，吴希孟等还不满足，"又求见砚面、刀子、铜器等物，欲送价买之"，说的是冠冕堂皇之语，而朝鲜使者许宽就说："臣处置为难，以臣所持砚五面、弓四张、行器刀子送于吴天使。"由于明朝廷和朝鲜交往频繁，朝鲜使者对明后期的贪污腐败深有了解，在《朝鲜李朝实录》中记载有许多关于明朝使者在朝鲜强行买卖，或朝鲜使者向礼部及其他有关官员行贿，以获得更多的赏赐或是顺利解决问题，否则礼部便会多方设置障碍，使这些使者不可能见到明朝皇帝，更谈不上得到赏赐了。嘉靖十八年（1539年），朝鲜进贺使柳仁淑回国后向其国王禀报说："今时皇帝如此，朝廷又无廉耻之士，故求请如此，岂无识者非之？……凡求请公然，少无廉耻，以此见之，朝廷无纪纲，士风尽坠矣。"③ 天朝大国的形象，因这些礼部官员的贪贿而蒙羞。刑部则利用其掌握的全国司法刑狱大

---

① 孙承泽：《春明梦余录》卷四十二，《兵部一》，文渊阁四库全书本，乾隆四十七年刊本，第1—3页；《明史》卷二百五十七，《列传第一百四十五·梁廷栋》。
② 李清：《三垣笔记》，中华书局1982年版，第207、215页。
③ 吴晗辑：《朝鲜李朝实录中的中国史料》，上编卷十，中华书局1980年版，第607页；上编卷二十，第1260—1261页；上编卷二十一，第1273页。

权,其敛财的重要手段是贪赃枉法,吞没赎款。工部更是大有油水可捞,他们或冒报工役人数、虚报工期、克扣工匠,或利用兴建工程之机,从中渔利。正德年间,工部侍郎赵经督修乾清宫,"乾没帑金数十万";正德十年(1515年)七月,"建太素殿成,比旧尤华侈,凡用银二十余万两",参与其事的"中外(官)因缘为利,权奸、奄人所建庄园、祠墓及香火寺观,皆取给于此"。嘉靖年间,工部尚书赵文华将建造西苑新阁的工部大木,贪污挪用大半为自己建宅第。①

巡按御史,本来是代天子巡狩,负有纠举惩治贪墨的职责,明朝中后期却成为贪污受贿的一支主力。史载,"使者所至,有司公行贿赂,剥上媚下,有同贸易"。他们"民间疾苦不问一声,邑政长短不谈一语",而是借巡查大权勒索地方官员,"所荐者大贪大恶,而其所劾者小贪小过"。当然,他们的贪贿收获是很丰厚的,据记载,万历四十二年(1614年),两淮巡盐御史"赃私计数十万",这是很普遍的情况。②

地方官吏最接近财富的来源渠道,这种情境下必然大肆贪贿。督抚和布政、按察二司等地方大僚,贪贿途径主要是收受州县官吏的贿赂,而勒索细民、贪污钱粮是州县官吏敛财的主要手段。明代,地方财库中都有"存余考积",即一地岁粮中除起运、存留外,剩余米、银若干,作为当地的储存,留待额外派征或其他用途;此外,地方还有羡余银(即加耗粮或加耗银)、部分赃罚银和契约银等,由府州县自行安排使用,属于地方政府的机动资金。明初,由于吏治清明,这部分资金一般都能得到合理的使用,较少落入私人口袋;但明朝中后期随着吏治的腐败,州县官吏明目张胆地把这部分资财据为己有,贪官污吏肆意增加税额,"指一科十",增加的部分落入他们的腰

---

① 《明史》卷三百七,《列传第一百九十五·佞幸·钱宁》;卷三百八,《列传第一百九十六·奸臣·赵文华》。夏燮:《明通鉴》第4册,中华书局1959年版,第1718—1719页。

② 吕坤:《实政录》卷一,《守巡道之职》,《吕坤全集》(中),中华书局2008年版,第932—933页;张萱:《西园闻见录》卷九十三,《巡按》,北平哈佛燕京学社排印本,1940年,第14—23页;《明神宗实录》卷五二〇,台北,"中央研究院"历史语言研究所校印本,1961—1962年,第7页。

包。张居正改革实行一条鞭法,简化了赋税征收手续,本有利于防止粮长和胥吏的贪污,但地方官吏则通过加耗,"有一两而加二三钱者。贫民粮少,无不加倍",来攫取财富。有的官吏甚至直接贪污帑金,如万历年间,山东昌邑县令孙鸣凤"居官贪鄙,窃取帑金"。甚至发生灾荒,也成为官吏发财的机会。某地发生灾荒,朝廷一般要蠲免部分或全部税粮,但许多州县官吏仍照原额征收。朝廷发放救济金和救灾物资,也遭到官吏侵吞,"民不沾实惠"。明代预备仓等备荒备灾物资,也成为地方官吏侵吞的对象,当罪犯纳赎上仓时,"官吏斗级留难,以营分例",对此,明代中央政府也是知道的,如嘉靖十二年(1533年),户部尚书许瓒就说:"郡县赎锾引税多乾没无稽。"当政府出资籴粮时,大小官吏也乘机贪赃舞弊,而"折半平籴,半归乌有,充贪吏之囊橐,供猾胥之渔猎"。①

明代,地方官按制兼理民政和司法,往往在司法讼狱中大肆收受贿赂,贪赃枉法。荆州府推官魏钊,"尝奉檄往夷陵州检尸……受贿四百金,故出人罪,使死者含冤之极"。云南定远县一富翁死后,其妻掌家,富翁之弟上告"所遗数万金尽匿不与",并暗中与负责此案的县吏狄某商定"追得若干,愿与中分"。狄某为了得到这笔钱财,将富翁之妻"酷刑考讯",贪残至极。②

明中后期,连为人师表的教官也堕落至贪赃受贿。正德年间,某县教谕林克正,"通关节,得贿甚多";沛县教谕王名辅,"所积俸赀并诸生馈遗亦有六百金",在当时的贪浊环境下,他还被视为清廉之士而受称道。③

(3)明代的胥吏之贪

在中国古代社会,官僚系统中的官员之外,还有负责承办具体事务的吏

---

① 孙承泽:《春明梦余录》卷四十八,《都察院》,文渊阁四库全书本,乾隆四十七年刊本,第1—2、37—39页;于慎行:《谷山笔尘》卷十,中华书局1984年版,第115—117页;俞森:《义仓考》,《守山阁丛书·史部·荒政丛书》卷九,文盛书局宣统三年印本,第1—15页;王道纯:《积谷疏》,陈梦雷编:《古今图书集成·经济汇编·食货典》第一百三卷,《荒政部艺文十》,第六八四册,台北,鼎文书局印行,1977年,第63—64页。
② 陈良谟:《见闻纪训》卷下,《丛书集成初编》第546册,中华书局2011年版,第350—351页。
③ 陈良谟:《见闻纪训》卷下,《丛书集成初编》第546册,中华书局2011年版,第325—358页。

员,或称胥吏。明代吏员名目繁多,有"掾史、令史、书吏、司吏、典吏,后又设提控、都吏、人吏、胥吏、狱典、攒典",等等。甚至明初的反贪风暴,也无法改变胥吏贪赃舞弊之积习,至明中后期更为严重,甚至把持官府,"把持官长,代送苞苴",无恶不作。

在经济和社会福利事务中,胥吏利用造册和征收钱粮、管理仓库等职务便利,收受贿赂、放富差贫、窜改赋税征收簿、贪污税粮,或监守自盗。尤其每当十年一度大造黄册时,户房吏和驾阁吏往往"飞洒欺隐,百端作弊",收受土豪武断之徒贿赂,"有密嘱奸胥、私为藏免者",将其二三十丁报作四五丁,而把赋役转到贫户头上;各里社在造完黄册后要交户房和架阁库,户房吏和驾阁吏便乘机索贿,稍不遂其意则百般刁难,甚至将册籍退回重造。为了避免刁难,各里社皆要贿赂吏典,长久便成为一项常例。① 征解钱粮时,吏员又往往巧立名目,擅增赋税,又有"大户狡猾者,辄贿嘱吏书,如名下应完银百两,止将十两应比,余悉皆诡匿不登簿案";胥吏还"上下交通,假捏堪合字号,盗支料价银"。成化、弘治年间,华亭县吏潘祯等人就通过这种手段,"通同松江府吏诸昂、书手黄棠等盗支官银陆百余两"。养济院,本是明代抚恤孤老残疾之人的慈善福利机构,胥吏也染指其间,虚报冒领,肆意克扣养济院钱粮。如嘉靖年间,武进县养济院被收人员名单中,"有家资百数金者,有父子俱在者,有子孙并居者,有夫妻同处者,有人死而名实存者,即前后销名,有以一人而当二人者,有以一名而销三名者",而真正的孤老残疾"虽惠无实也"。②

明代,在行政事务中,利用官员或不懂事务,或忙于应酬之机,吏员僭权越位,把持官府,伺机收受贿赂。特别在朝觐考察时,"专论考语,密封投递","风宪不能以自知也,而惟取之委官,委官不能以自知也,而复凭之吏

---

① 万历《新乐县志》卷八,《续贡赋志》,明万历刊本,第1—17页。
② 赵用贤:《议平江南粮役疏》,陈子龙等选辑:《明经世文编》卷三百九十七,中华书局1962年版,第4296—4297页;戴金编次:《皇明条法事类纂》(下),台北,文海出版社1985年版,第18页。

卒,毁誉多出于爱憎之口,伪妄舔于事体之疏,贿赂可以潜通,贤否竟至淆乱"。① 实际操弄考察大权的胥吏们,完全以行贿多少来决定官吏的升降去留。

在司法事务中,胥吏也和州县官吏一样,贪赃枉法。天顺八年(1464年)五月,直隶全椒县人宋绥侵欺料价银二百四十余两,被御史拿送本县收监,刑房典吏王纲收受宋绥一百六十贯贿赂,而将其卖放。负责管理囚卒的吏员对囚犯百般刁难,"驱之湿秽地",目的是"索钱,不得钱不与燥地"。由于州县官吏在审案时,惯行刑讯逼供,"民间词讼左证干连之人,一问失对,辄加夹棍",行刑的皂隶便趁机向受刑人索钱,"皂隶索杖钱,稍不如意,遂以夹棍之短而硬者,横其足而夹之,往往成跛折废弃"。更有胥吏接受狱囚仇家的贿赂,将狱囚"谬以疾申,不数日辄报死,实杀之也"。②

明朝中后期的吏员已廉耻丧尽,以至当时人说:"未有三代读书而不发科第者,未有三代为吏而不问充军者。"③

(4)军队系统的贪贿

明代中后期,军官将领的贪污纳贿主要有以下几种方式:

一是侵吞军饷。一种手段就是直接贪污、克扣士兵粮饷,侵盗库银。当时,户部所拨军饷大部分被将领贪污,如据记载,嘉靖年间,山西行都司同知黄镇"以监守盗库银千两以上"。另一种手段就是将官冒领军饷。明代,军人地位低下,经常发生士兵逃亡现象,明中后期随着军屯的破坏,士兵逃亡现象更为严重。士兵逃亡或死亡后,将官都不及时上报,将其粮饷据为己有,这就是坐吃"空饷"。天启年间,毛文龙镇守皮岛时,就以这种方式冒领"饷银数十万"。④ 有将官为冒领更多的军饷,竟故意放纵士兵逃亡,而将

---

① 王邦直:《陈愚衷以恤民穷以隆圣治事》,《明经世文编》卷二百五十一,中华书局1962年版,第2635—2639页。
② 戴金编次:《皇明条法事类纂》(下),台北,文海出版社1985年版,第315—338页;叶权:《贤博编》,中华书局1987年版,第31页;朱国桢辑:《仿洪小品》(又名《涌幢小品》)卷十一,《三司狱传·董见龙集》,北京燕山出版社1995年版,第460页。
③ 李乐:《见闻杂记》卷十一,上海古籍出版社1986年版,第1014页。
④ 《明世宗实录》卷一一二,台北,"中央研究院"历史语言研究所校印本,1961—1962年,第2页。

守卫国家安全视为无物。

二是侵占屯田。明中叶以后军屯日益破坏,大小军官都趁机侵占屯田。明宣宗时,"宁夏、甘肃田地可引水灌溉,虽旱亦收。然贰处膏腴之地,皆为镇守官及各卫豪横官旗所占,俱不报官输粮,间有报者,十仅得一。其卑下瘠地则分与屯军,致屯粮亏欠,兵士饥困"。在陕西榆林地区,管屯官"侵夺屯田,隐占为业,祖孙相继,盘踞自如,凡应纳屯粮,悉置诸度外"。明英宗时,大宁都司官军都指挥佥事田礼等"八千二百九十五员名,侵占屯地四千一百二十七顷有奇,递年不输子粒"。①

三是利用职权强索贿赂。宣德三年(1428年)八月,辽东安乐州知州侯进奉命赴任,在经过山海关时,"已给行后军都督府出关勘合",但是,守关指挥葛昇等仍不让侯进通过,"稽留不遣,必索取贿赂始得放行",侯进将此事奏报,并称"凡经过者,皆苦其贪暴"。② 也就是说,这种索贿并非个别,而是很普遍的情况。

四是收受属下贿赂。明代,下级军官的升迁,很大程度上取决于上级军官,为此在军政腐败的明代中后期,谋求升迁必须贿赂上级军官。此外,军官还有一项经常性贿赂收入——买闲,每个军士月给将官纳二百余钱,便可不操不点,去干其他营生;就连马匹也可以买闲,每匹马月纳三百余钱,便可拉去搞运输赢利。明朝中后期,"买闲"银已成为军官贪贿的一项常例。负责缉捕私盐贩子的军官,收受贿赂,便包庇、纵容甚至帮助盐贩子,史籍记载有很多军官"受财故纵",甚至护送私盐出境的事例。③

五是占役、私役。士兵本是为国家服兵役,但在明朝中后期,军队将官及其他各衙门官员都私自役使军士,称为"占役"、"私役"。将官经常调拨军士管庄屯田、盖房治第、营缮运输。明宣宗时还明谕"不许擅将操练已成

---

① 庞尚鹏:《清理延绥屯田疏》,《明经世文编》卷三百五十九,中华书局1962年版,第3872—3877页;《明宣宗实录》卷七六,第2页;《明英宗实录》卷一二三,第2页。
② 《明宣宗实录》卷四六,台北,"中央研究院"历史语言研究所校印本,1961—1962年,第4页。
③ 《明宪宗实录》卷四四,台北,"中央研究院"历史语言研究所校印本,1961—1962年,第1—13页。

精壮之人脱放及私下占役"，就是针对这种情况。①

六是利用职权侵吞其他军用物资。天启年间，山海关"营房每间价六金，镇将侵克费不五六钱；马料蒭克，十扣其半"，出现"粮料不继"的状况；掌管军器制造的官员侵吞料价银，"器俱不备"，造出的甲胄兵器不合格，"甲中不掩心，下不遮脐，叶多不坚，袖长压臂，全不合式"，"刀尤短小，亦无锋刃"，"弓力不过一二斗，矢长不过七八把，平昔尚不能射远，披甲后，手不能举，射只不过数十步而止"。②

(5) 明中后期宦官势力坐大及其贪贿

明代宦官群体，作为封建皇权下特殊的腐朽势力，其权势已延伸到政治、经济、军事、外交等各个领域，在贪污纳贿方面更为恶劣，较之一般官吏有过之而无不及。

明武宗即位之初，亲信以刘瑾为首的宦官势力，刘瑾和马永成、高凤、谷大用、魏彬、张永、丘聚、罗祥等八大太监专权用事，时称"八党"。其中刘瑾早在武宗为太子时，就侍奉东宫，故最得宠信。武宗即位不久，以刘健、谢迁和李东阳为首的正直官僚，为剪除宦官势力，发动科道官弹劾，并与九卿诸大臣一起上疏，要求对以刘瑾为首的宦官"明正典刑"，但与太监素有勾结的吏部尚书焦芳告密，刘瑾等"夜伏上前环泣"，打动武宗，导致这次弹劾失败，刘瑾等"八虎（八党）"不仅未被除掉，反而被任命为司礼监太监，马永成、谷大用分掌东厂、西厂。刘瑾任司礼监太监后，大肆党同伐异，提拔亲信，排斥异己。他为窃取大权，千方百计引诱武宗寻欢作乐，又故意在武宗玩得上瘾时将一大堆奏疏摆到他跟前，导致武宗厌烦政事而委政于他。刘瑾掌握了朝中大权，时人呼之为"立地皇帝"，他遂以皇帝旨意任命焦芳为文渊阁大学士，入阁预机务；刘宇第一个以万金送礼给刘瑾，刘瑾大喜道"刘先生何厚我"，立刻纳为亲信，将刘宇擢升为兵部尚书。为打击正直官

---

① 叶盛：《劾内官弓胜疏》，《明臣奏议》卷三，文渊阁四库全书本，乾隆四十七年刊本，第20—22页；《明宣宗实录》卷五六，台北，"中央研究院"历史语言研究所校印本，1961年—1962年，第7页。

② 谈迁：《国榷》第6册，中华书局1958年版，第5257—5259页；马文升：《修饬武备疏》，《明臣奏议》卷八，文渊阁四库全书本，乾隆四十七年刊本，第10—21页。

吏,刘瑾以皇帝的名义颁旨,将大学士刘健、谢迁、尚书韩文等五十六人列为奸党,强迫他们"致仕",或削职为民。对其他异己者,刘瑾也决不放过。翰林院修撰何瑭"独伉直不附(刘)瑾",被降为开封府同知,何瑭"寻致仕去";翰林学士张芮,"亦以不附瑾,坐事谪为镇江府同知,闻者骇异";前南京右副都御史雍泰是刘瑾的同乡,刘瑾授意吏部尚书许进将雍泰"复起原职,提督操江",后擢升为南京户部尚书,但是他不阿附刘瑾,遂被强迫休致。①

刘瑾大肆收受贿赂,干预司法,秉公执法者往往遭其迫害。魏国公徐俌抢占无锡百姓田地,百姓诉至官府,右副都御史、南京巡抚艾璞不避权贵,秉公执法,把田地判归百姓。徐俌重金贿赂刘瑾,以图翻案,刘瑾派其私党户部左侍郎王佐、大理寺少卿王鼎等重新审理,将田地判给徐俌,并参劾艾璞判案不公,逮捕拷问,艾璞不屈,被"杖之五十,全家迁南海为民",而王佐和王鼎则因阿附刘瑾而升俸一级。隆平侯张佑死后无子,兄弟和侄子争夺袭封,刘瑾得了贿赂,嘱刑部郎中张嵿判归行贿者,张嵿秉公不从,被诬告罢官。对锐意惩贪的官员,刘瑾更是肆意迫害。巡按御史王时中"出按宣大,黜贪汙者甚众,(刘)瑾谓其酷刻,命以重枷系之院门",后又"谪戍铁岭卫";御史涂祯巡盐长芦时,刘瑾"纵私人中盐,又命其党毕真托取海物,侵夺商利",涂祯对宦官毕真等人"据法裁之",结果刘瑾将其"矫旨下诏狱",涂祯"创重,竟死狱中"。②

刘瑾还公开向官吏索贿,不如数交纳,便惨遭迫害。正德三年(1508年),天下诸司赴京朝觐,刘瑾令每省布政司送银二万两方准放回,于是各地官员皆向京师富豪借贷,等回任所后,再加倍搜刮民财,"倍偿之",名曰"京债"。明武宗朝,京官奉命外出勘事,回京后向刘瑾献财礼,这已形成惯

---

① 夏燮:《明通鉴》第 4 册,中华书局 1959 年版,第 1547、1559—1568、1571—1579、1585、1591、1596 页。《明史》卷三百四,《列传第一百九十二·宦官一·刘瑾、张永、谷大用、魏彬》;卷三百六,《列传第一百九十四·阉党·刘宇》。

② 谷应泰:《明史纪事本末》第 2 册,《刘瑾用事》,中华书局 1977 年版,第 629—653 页;夏燮:《明通鉴》第 4 册,中华书局 1959 年版,第 1581—1582、1571—1572、1586 页。

例。正德五年(1510年),给事中邵天和等人出京盘查河东盐课,他比较正直,不善敛财,回京时两手空空,又害怕刘瑾索贿,于是四处借贷,"谋于运使李德仁,德仁遂敛所属银一万八千三百有奇",筹集了一万八千三百两白银送与刘瑾,才算渡过难关。有些官吏因无钱向刘瑾行贿,害怕被治罪,竟自杀身死,兵科给事中周钥"勘事淮安"回京,无钱送礼,借贷无门,"计无所出,行至桃源自刎"。许多官吏因不肯向刘瑾行贿而被罢官或治罪。刘瑾听说翰林学士吴俨家财丰裕,"遣人求金,啗以美官",被吴俨"峻拒",刘瑾利用考核官员之机,将其罢免;副都御史邵宝总督漕运,刘瑾向其索贿,邵宝不与,被夺官致仕;平江伯陈熊总督漕运,"刘瑾横索金钱,不应",被刘瑾"谪海南卫,夺其诰券";南京右都御史张泰为官清廉,有事赴京,以土葛送刘瑾,微薄之礼,令刘瑾大为不满,强令他"致仕"。而官员重金贿赂刘瑾,则虽应黜降亦可转为升官,"荆州知府王绶、武昌知府陈晦,俱在黜列,乃广赂瑾,复留,绶、晦皆升参政,仍掌府事"。①

正德五年(1510年)八月,刘瑾被凌迟处死,籍没其家产时,抄得金二十四万锭又五万余两,银元宝五百万锭又一百五十余万两,宝石二斗,其他珠玉金银器皿无数,可见其贪赃之巨。②

明神宗时,被朝廷派往各地充当矿监税使的宦官如狼似虎,疯狂地贪污掠夺。他们将搜刮所得财物的一小部分进献给皇帝,大部分则据为己有,正如大学士赵志皋万历二十七年(1599年)疏论,矿监税使"捄官剥民,欺公肥己,所得进上者什之一二,暗入私橐者十之八九"。在各级官吏的揭发中,这方面的事例很多:万历二十九年(1601年),宦官陈奉回京,在众兵护送下,将搜掠的金银财宝全部运走,"舟车相衔,数里不绝";万历三十年(1602年),给事中宋一韩上疏抨击税使李凤"征多解少,入己者至五十一万七千有奇。珍宝如猫睛、祖母绿、夜明珠、走盘珠,与夫异石、异盂、异乐

---

① 《明武宗实录》卷六二,台北,"中央研究院"历史语言研究所校印本,1961—1962年,第1—2、4页;夏燮:《明通鉴》第4册,中华书局1959年版,第1600、1588、1584、1595页;陈洪谟:《继世纪闻》卷二,中华书局1985年版,第78—83页。
② 谷应泰:《明史纪事本末》第2册,中华书局1977年版,第654页。

异器亦复称是,总之不下百万";万历三十一年(1603年),山西巡抚白希绣上疏揭发"山西每年额解正税银四万五千二百余两,俱已尽数解纳,乃税监孙朝止进银一万六千八百两,余银侵匿不进,假称拖欠";被派往山东的"税监马堂每年抽取各项税银不下二十五六万两,而一岁所进才七万八千两耳,约计七年内之所隐匿税银一百三十余万";太监赵钦在陕西监矿,"搭克无厌,积数十万",回京复命之日所抢掠财物除了"牛负马驮"外,另有"箱九十六抬,每抬用夫四名,尚颠踣不起";万历三十四年(1606年),陕西税使梁永从陕西私向北京运送财宝,总计大皮包十三包,银鞘九抬,重扛三十三抬,共由一百六十八名民夫肩抬,五十五匹骡马驮运。显然,这些宦官充任的矿监税使,大肆贪污搜刮,聚敛了惊人的财富。①

明熹宗时,宦官专权达到了登峰造极的地步,大太监魏忠贤勾结皇帝的乳母客氏,左右朝局,招权纳贿,无恶不作。魏忠贤大肆盗窃库藏,天启年间,他任用爪牙涂文辅总督太仓银库、书慎库,崔文升、李明道总督漕运、河道,核京师、通州诸仓,把国家的一切仓库都掌握在自己贪贿集团手中,以便盗窃国家资财;他对京城外唯一藏金银珠宝的南京内库也不放过,"矫旨取进,盗窃一空"。魏忠贤大肆受贿,他喜欢名马,各地边将向其进贡名马,史载:"逆贤(魏忠贤)有名马千余……凡所送之马鞍辔精美,每具何止百余金,不过剥军饷、占军匠,以办之。"当时,魏忠贤为了收揽兵权,"令其同类尽镇蓟、辽、山西、宣大诸扼要地"。数年中,魏忠贤所敛资财,"籍还太府,可裕九边数岁之饷"。崇祯皇帝即位后,铲除阉党集团,魏忠贤被抄家追赃达七百万锭(银元宝)之多。②

崇祯时期,皇帝猜忌朝臣,大批起用宦官监军、监纪、负责督催粮草等事务,所谓"中官用事,而外臣寝疎"。明末,监军太监、镇守太监泛滥成灾,这

---

① 《明神宗实录》卷三三三,台北,"中央研究院"历史语言研究所校印本,1961—1962年,第1页;卷四一六,第9页;卷四一八,第3、15页;夏燮:《明通鉴》第7册,中华书局1959年版,第2803、2823、2856页。

② 《明史》卷三百五,《列传第一百九十三·宦官二·魏忠贤》;卷七十九,《志第五十五·食货三》;卷二百三十三,《列传第一百二十一·樊玉衡》。刘若愚:《酌中志》卷十四,潘氏海山仙馆丛书本,清道光二十五年刻本,第6—17页;卷十五,第1—21页。

些宦官一旦奉派出京,大权在握,克扣军费,贪污中饱,无所不为。崇祯年间,尚宝司卿黄正宾揭露说:"前臣戍大同,目击内镇,克减马匹银两,阳和各军鼓噪,毁官署,劫典铺,将吏叩头求免。比时抚按胁于内镇之威,莫敢据实奏闻,边防迄今坏尽,即一镇可推各镇也。是奄宦者,天下祸本也。"崇祯十一年(1638年),真定巡按御史李模上疏揭露监臣陈镇夷"贪肆非常",败坏军务:陈镇夷"贪婪暴虐,官民寒心",上任伊始,"旧知识郭名扬,先往保定迎接,馈银三百两;一到任,即题充旗鼓,关通赂贿,倚为腹心。凭听萧钱两主文,本章批判,尽出其手。凡揽受田产小词,尽批解究。奸徒得志,殷懦股栗。因关把总何起龙托旗鼓送银二百两,求管关税,每日抽黄钱二三十千不等;单身人过关,亦索钱二十文,怨声载道……营兵每月饷银二两二钱,乃每名扣除四钱、七钱不等……乃令郭旗鼓向每营将官索要三千两,各先送过五百两;独火功营将王震仲素负气骨,不肯应承,终日提营中官役呵责……逼致生日馈献,银铸寿星铲爵杯盘及绣段等件,充斥衙署,有各衙门小报可据,俨然自称军门,而勒送礼物","恣意摧辱士类,以示威风"。关键是这类监军太监并非个例,"时所遗内奄,在在播恶,不独陈镇夷",他们贪污勒索相当普遍,更有甚者,收受"北房"贿赂,"纵敌逃亡"。①

明代,有权有势的太监招权纳贿,贪污中饱,一般的宦官也有自己的生财之道。明代宫廷中设有许多"内库",专受四方任土之贡,以满足宫廷对丝、绵、香、蜡、铜、锡、油漆等各种物料的需要,这些土贡岁有定数,由各地方解送至京入库。皇家的各个内库都由宦官掌管,各省解送给皇室的实物,必须经过管库宦官的检验,认为质量合格才能入库,否则就被拒绝接受,解送实物的人员就会长期滞留在北京。因此,地方上输送土贡的人员要想顺利完差入库,必须贿赂这些宦官。此外,宦官还可以用其他种种名目肆意勒索,万历年间有大臣综论内库供应有四大弊:"其征也有逋负之弊,其解也有侵剋之弊,其至京也有营揽之弊,其进门而入库也有铺垫需求之弊。"四弊中就有各库各门宦官勒索受贿,而且此弊最难禁绝。一般宦官

---

① 谈迁:《国榷》第6册,中华书局1958年版,第5369页;文秉:《烈皇小识》卷五,神州国光社1951年版,第123、18、151—153页。

还利用宫中典礼、土木建筑工程举办之机，冒领或克扣费用，以饱其私囊。所谓"天家(指皇家)营建，比民间加数百倍。曾闻乾清宫窗槅一扇，稍损欲修，估价至五千金，而内珰犹未满志也。盖内府之侵削，部吏之扣除，与夫匠头之破冒，及至实充经费，所余亦无多矣"。万历二十八年(1600年)，工部尚书杨一魁揭发"景陵仅插补桃楗，所需不数千数上下，而内官监揭开物料数目，约费二万有奇"。明末，宫廷典礼都极尽奢华，动辄花费巨万，肥了宦官。万历四十年(1612年)，工科给事中马从龙上疏揭露："臣每见朝廷有重大典礼，中人群小视为金穴，实用百无一二，余尽耗蠹于若辈之手。当事者怵于典礼之重，莫能执争。"①

明朝中后期，皇帝曾屡派宦官出使朝鲜等藩属国，这些宦官大都求索无厌。嘉靖二十四年(1545年)，司礼监太监郭玹奉旨出使朝鲜，"求请之物如皮币、铜银鞍马、服食器用之类，不可胜数"。奉旨出使朝鲜的太监张奉、吴猷，其求请更是贪婪无忌，朝鲜"虽倾尽国用，难以一一应之"，他还强逼朝鲜开市贸易，"索高价之资"。由于宦官求索之物太多，朝鲜"国储已竭"，甚至"内帑亦几荡尽"。②

3. 明中后期贪贿手法和隐语

明朝中后期，各级官吏的贪污受贿现象严重，其贪贿手段主要有：卖官鬻爵，贪赃枉法，借端勒索，监守自盗，涂改勘合、册籍，侵吞国库，出卖科举考题，贪污军饷，卖闲，占役，侵占屯田，勒索属国财物，收贿纵敌，纵使亲属敛财，等等。

明代，与严重的贪贿现象相伴随的，是行贿手段的多样翻新，这从另一面反映了明朝中后期贪贿现象的恶性发展。当时行贿的高招、手段主要有：一是送书帕。在馈遗金银珠宝时，必先送书帕，一匣珍本书籍，内附黄金若干，白银若干，珠宝几许。既附庸风雅，又掩人耳目。二是千方百计探

---

① 张学颜等撰：《万历会计录》卷三十，明万历九年刻本，第2—33页；沈德符：《万历野获编》卷十九，中华书局1959年版，第487页；《明神宗实录》卷三四五，台北，"中央研究院"历史语言研究所校印本，1961—1962年，第5页；卷四九二，第1页。

② 吴晗辑：《朝鲜李朝实录中的中国史料》，上编卷二十二，中华书局1980年版，第1379—1382页。

听受贿者的嗜好,投其所好。嘉靖年间,有一吏部文选郎中秉彝,"性嗜鳖",当时有一名官吏善于烹鳖,常以此谄媚讨好这位郎中,后来竟得以"擢入铨部"。严嵩嗜好书画和古董,赵文华、胡宗宪和鄢懋卿等人便极尽搜刮之能事,将《清明上河图》、《越王宫殿图》、《文会图》等稀世珍品献给严嵩。严嵩的这些走狗对书画古玩的搜求,使许多藏有此类珍品的富室巨宦"至有破家殒命者",蓟辽总督王忬就是因此而自杀。严嵩之子严世蕃好色,赵文华等人便向其进献美女,更有卑鄙下流之徒竟向其献上宝溺器,"溺器皆用金银铸成妇人,而空其中,粉面彩衣,以阴受溺",只要能讨好权贵,这些人任何龌龊之事都干得出来。三是抓住一切"时机",使行贿行得"合情合理"。初见上司,送见面礼,节日送"节礼",生日送"生日礼",上司有结婚、生子、升官、乔迁等喜庆之事,都可送"贺礼",丧事则送"丧礼",上司或其家属身体偶有不适,可送"问安礼"。所谓"乃年节一见,端午一见,中秋、重阳、辞年又数数见。生日一见,考满一见,上司凡有家庆,自己欲效殷勤,又常常时见。近者犹可频频往来,尚有远在一二千里外者,往返或二日,或一月,或半月……其见时之馈送,又不可问也"。①

  权力虽然是贪官污吏攫取经济利益的法宝,但他们所掌握的权力不是永恒的,一旦政治上失势,就会被追究其贪贿罪行。而且,在政治比较清明的时期,官员贪污受贿也往往是政治上失势的主要原因。鉴于此,贪官污吏们无不讲究掩盖贪污受贿的技巧,而创造出若干隐语就是其技巧之一。明代的许多大贪官,都立有纳贿账簿,上面写的往往都是隐语。成化、弘治年间,太监李广"四方争纳贿赂"、"专盐利巨万",后畏罪自杀。明孝宗"疑广有异书,使使即其家索之,得赂籍以进,多文武大臣名,馈黄白米各千百石。帝惊曰:'广食几何? 乃受米如许。'左右曰:'隐语耳,黄者金,白者银也。'"而明孝宗左右之臣深谙此隐语之意,可见他们也精于此道。明武宗

---

① 冯梦龙:《古今谭概》,《汰侈部第十四·严氏溺器》,中华书局2007年版,第178页;张萱:《西园闻见录》卷九十六,《政术》,北平哈佛燕京学社排印本,1940年,第1—32页;伍袁萃:《林居漫录·畸集》卷一,台北,伟文图书出版公司,1977年,第411—412页。

时,宦官刘瑾专权,行贿受贿之隐语又有变化,史载:"逆瑾用事,贿赂公行,凡有干谒者,云馈一干,即一千之谓;云一方,即一万之谓。后渐增至几干几方,世道益颓矣"。后来,又有称黄金为"黄精"、白银为"白蜡"等隐语。①

4.明中后期统治集团的反贪

明朝中后期,整个官场已经变成了权钱交易的市场,明王朝的衰颓已无可挽回,这是明王朝最后被农民起义军推翻的重要原因之一。然而,中华民族历史上无论时势多么艰难,即使在统治阶级内部,也总有一些勇于抗争、知不可为而为之的正直人士。在明中后期也有这样一批士人,胸怀强烈的正义感,面对日甚一日的贪风,勇猛奋争,反贪不止。另外,不少统治集团的人物从维护明王朝的长远统治出发,也力主肃贪倡廉。

(1)正直大臣不屈不挠弹劾严嵩贪贿集团

面对严嵩父子的奸贪不法,明廷正直朝臣纷纷上疏弹劾严嵩、严世蕃,除有吴时来、王宗茂等科道官外,还有谢瑜、叶经、童汉臣、赵锦、何维柏、王晔、陈垲、厉汝进、沈炼、徐学诗、杨继盛、周鈇、张翀、董传策、邹应龙、林润等。其中沈炼、杨继盛尤负盛名。

沈炼是嘉靖十七年(1538年)进士,历任溧阳、茌平、清丰知县,后又为锦衣卫经历。他嫉恶如仇,不畏权贵,早就对严嵩父子"受国重任,视如鸿毛;贪婪之性,疾如膏肓;愚鄙之心,顽于铁石"的专权贪残行径切齿痛恨。庚戌之变后,针对严嵩贪残误国的行为,沈炼上呈《早正奸臣误国以决征虏大策疏》,弹劾严嵩父子贪贿、擅权、结党三个方面的罪恶行径,并列举出严氏父子的十大罪状:"纳将官之贿以开边陲之衅,罪之一也;受诸王馈遗,令宗藩失职,罪之二也;揽吏部之权,奸赃狼籍,至于驵丞小吏亦无所遗,官常不立,风纪大坏,罪之三也;索抚按之常例,奔走书使,络绎其门,以致有司科敛,而百姓之财日削,教化不行,罪之四也;阴制科道官,俾不敢言,罪之五也;蠹贤嫉能,中伤善类,一忤其意,必挤之死而后已,使人为国之心顿然

---

① 《明史》卷三百四,《列传第一百九十二·宦官一·李广、刘瑾》;陈洪谟:《继世纪闻》卷二,中华书局1985年版,第81页;伍袁萃:《林居漫录·畸集》卷三,台北,伟文图书出版公司,1977年,第491—493页。

消沮,罪之六也;纵其子受财,以敛怨天下,罪之七也;又日月搬移财货,骚动道路,民穷财尽,国之元气大亏,罪之八也;为内阁久而奸贪日甚,无一善状,罪之九也;不能协谋天讨,以舒君父之忧,罪之十也。"这十大罪均与揽权贪贿有关。在奏疏中,沈炼同时参劾"少有骨鲠之风"的吏部尚书夏邦谟,指斥他"名为公室之臣,实为私门之吏,大事面白严嵩而后敢行,小事书通(严)世蕃而后敢发";并指出夏邦谟"始也因贿而得官,既也因官而得贿",这样的吏部尚书"如之何其察天下之官吏也"? 只会导致各级官吏竞相效法,"官吏言之曰:'内阁、吏部要钱,吾党守清无益'。于是内外远近,相视成风,廉耻不行,盗贼蜂起"。他要求皇帝下诏,"将此三人详议其罪,应诛而诛,应斥而斥"。沈炼的上疏表达了当时大量的士大夫要求废除奸贪、重振乾纲的思想,但是明世宗竟以"出位恣肆狂言,排陷大臣,计取直名"之罪,将沈炼杖责数十后流放,后被严嵩及其党羽害死。①

严嵩将反对者或贬或罢甚至处死,企图以淫威来钳制百官之口。然而,正直官员并没有被吓倒,依然前仆后继抨击、弹劾严嵩父子。嘉靖三十二年(1553年)正月,兵部车驾司员外郎杨继盛又呈上《早诛奸险巧佞贼臣疏》,列举了严嵩"十罪"、"五奸"等各种专权误国的罪恶行径,严厉抨击严嵩侵府部百司之权、贪财卖官的丑行:"吏兵二部,大利所在,尤其所专主者。文武官之迁升,不论人之贤否,惟论银之多寡。各官之任,亦通不以报效皇上为心,惟日以纳贿贼嵩为事。将官纳贿于嵩,不得不剥削乎军士,所以军士多至失所,而边方为甚。有司既纳贿于嵩,不得不滥取于百姓,所以百姓多至流离,而北方之民为甚。一人专权,天下受害,怨恨满道,含冤无伸,人人思乱,皆欲食嵩之肉。"他进而一针见血地揭露严嵩专权误国所造成的贪风日炽的恶果:严嵩任首辅以来,"谄谀以欺乎上,贪污以率其下。通贿殷勤者,虽贪如盗跖而亦荐用,奔竞疏拙者,虽廉如夷齐而亦罢黜。一人贪戾,天下成风,守法度者以为固滞,巧弥缝者以为有才,励廉介者以为

---

① 沈炼:《早正奸臣误国以决征虏大策疏》,《明经世文编》卷二百九十六,中华书局1962年版,第3115—3116页;《明世宗实录》卷三六九,台北,"中央研究院"历史语言研究所校印本,1961—1962年,第4—5页。

矫激,善奔走者以为练事。卑污成套,牢不可破,虽英雄豪杰,亦入套中。从古风俗之坏,未有甚于此时者"。杨继盛请求皇帝对严嵩"重则置以专权重罪,以正国法;轻则谕以致仕归家,以全国体"。① 结果昏庸的皇帝将杨继盛下狱,后来严嵩又将他牵连到张经、李天宠案件中,处以死刑。

沈炼、杨继盛虽被严嵩害死,其反贪活动以失败而告终,但其英勇无畏的精神却不断激励着正直士人扳倒奸贪,是永照史册的。

(2)海瑞对吏治贪贿环境的抗争

海瑞生于正德八年(1513年),嘉靖三十二年(1553年)被任命为福建省南平县教谕,后历任淳安知县、兴国知县、户部主事、尚宝司丞、南京通政司右通政、都察院右佥都御史、南京右都御史等职,曾因得罪权贵,两度罢官,还曾因上疏批评皇帝而下狱。海瑞在从政期间,廉洁奉公、严惩奸贪、大力倡廉,被老百姓称为"海青天"。

海瑞很重视学校风气的清明,认为学校是人才的摇篮,其风气对于将来的吏治影响极大。他在担任南平县教谕后,制定《教约》十六条,规定生员不得虚报年龄、冒名顶替,不准请客送礼,不准私自包揽讼诉,生员见官要有礼节法度,在校不准下跪,等等。②

海瑞认为,造成"民间困苦日甚一日"、"国病民冤"的原因,"贪官最害之大",主张对贪赃枉法者处以重刑。他反对万历皇帝把贪赃改为杂犯、允许赎免的做法,批评"治化不臻者,贪吏之刑轻也",提出要恢复明初"毫发侵渔者加惨刑"和"八十贯赃绞罪之律"之制。他甚至对朱元璋"剥皮实草"的酷刑津津乐道。③

海瑞为了同贪官奸吏做斗争,冒着牺牲前途的风险,不畏权贵,正气凛然。他在任淳安知县时,严嵩的爪牙、有名的贪官、巡盐御史鄢懋卿奉命巡察江南,所到之处,大肆搜刮。淳安县是其计划经过之地,并事先给海瑞发

---

① 杨继盛:《早诛奸险巧佞贼臣疏》,《明经世文编》卷二百九十三,第3085—3092页。
② 海瑞:《教约》,《海瑞集》上册,中华书局1962年版,第13—19页。
③ 《海瑞集》下册,中华书局1962年版,第467、598、648页。

出揭帖。海瑞知道鄢懋卿的宪牌上冠冕堂皇地写着"素性简朴，不喜承迎"，就此回复：浙之"前路探听者，皆云各处皆有酒席……与台下颁行条约大悖戾"，"传闻所至与宪牌异。欲从宪牌，则惧招尤；欲从传闻，则恐违宪意。下邑疲弊，未知所从"。鄢懋卿碰了个软钉子，只得绕道淳安和严州府而过，使淳安百姓免遭一场浩劫。① 为提倡廉政、澄清吏治，海瑞在从政期间还颁布了许多地方行政法规和告示，其中《兴革条例》和《禁馈送告示》是海瑞任淳安知县时制定的。《兴革条例》对知县、县丞、里长及县里吏、户、礼、兵、刑、工各房的职责和考核标准，一一作出规定，特别规定知县到任、旧官离任，不许送迎，不许"滥受缎席，逾制劳人"。《禁馈送告示》规定："今后凡有送薪送菜入县门者，以财嘱论罪。虽系乡宦礼物，把门皂隶先禀明后许放入。其以他物装载，把门人误不搜检者，重责枷号"；"接受所部内馈送土宜礼物，受者答四十，与者减一等"。《督抚条约》是海瑞在应天巡抚任上为革除吏弊、整顿风纪而制定的行政法规，共三十五款。规定："吏书索常例，并驿递官听而与之"，则"一并论罪"；凡"官吏坐赃，必问罪"，对贿赂书吏皂的官吏，"其刑罪比书吏皂必重数倍"。《督抚条约》还明确规定，对"多纸赎以掩己贪，夺民财为己绩"的"刻而且贪"之官，"虽已离任"也"必行追究"。海瑞以身作则，"本院凡巡历，所在县驿俱不许铺毡结彩"，"不用鼓乐"；"本院到处下程，止鸡、肉、鱼、小瓶酒等件，不用鹅及金酒。物价贵地方费银不过三钱，物价贱地方费银二钱，烛柴俱在内"。②

海瑞在为政期间，既剔除官场积弊、惩治奸贪，又试图通过加强法规建设，使官吏有章可循，所谓"郡县官吏凛凛竞饬，贪污者望风解印绶而去。权豪势宦，敛迹屏息，至移他省避之。有显者朱丹其门以居，闻公明日将至，一夜遂易而黝。监造中贵某，素骄横侈纵，出入肩舆八人，驺从甚都。一日见公，即内愧贬损，不能自安，所用肩舆人遂减其半。其政治精明严厉

---

① 《海瑞集》上册，中华书局1962年版，第168—169页；下册，第552—553、585页。

② 海瑞：《兴革条例》，《海瑞集》上册，中华书局1962年版，第39—57页；《禁馈送告示》，《海瑞集》上册，第181页；《督抚条约》，《海瑞集》上册，第242——254页。

成效如此",使所辖地区的廉政建设取得了很大成效,而且对许多年轻官员秉持操守起到引导和激励作用。① 但是,整个王朝不严厉整肃吏治,海瑞一个人的抗争作用和对年轻士人的榜样作用究竟能维持多久?

(3)张居正的反贪

张居正的从政生涯,被评价为峻刻、矫饰并自奉奢侈,有不少贪贿劣迹。但作为一个首辅大臣,从封建王朝长治久安的大局出发,他也必须惩贪倡廉,甚至有时自己要做出清廉自律的表示。他的改革措施对澄清吏治、抑制贪风,产生了一定的作用。

作为亲身经历者,张居正对明中叶以来贪污腐败之风及其危害有深刻的认识。他说:"自嘉靖以来,当国者政以贿成,吏胥民膏以媚权门,而继秉国者,又务一切姑息之政,为逋负渊薮,以成兼并之私。私家日富,公室日贫,国匮民穷,病实在此。仆窃以为贿政之弊易治也,姑息之弊难治也"②。针对这种情况,张居正执政后决定严惩贪官污吏。万历四年(1576年),山东昌邑知县孙鸣凤贪污勒索案被告发,皇帝大怒,张居正力主立即逮捕孙鸣凤,严加审讯,依法治罪。张居正还奏呈万历皇帝,颁示规定:"其贪污显著者,严限追赃,押发各边,自行输纳,完日发遣发落。不但惩贪,亦可以为实边之一助。"万历五年(1577年)十一月,又贬斥了在赋税征收中贪污舞弊的户部员外郎贾实等八十四人。同时,张居正又大力提倡奖廉,建议恢复了明初皇帝召见并奖励廉能官员的制度。万历二年、五年,明神宗都亲自召见廉能官员,赐宴并加以奖励,"令廉能卓异者纪录擢用",同时对"贪酷异常者"则打入法司问罪,"各巡按御史提问,追赃具奏"。③ 这种倡廉与肃贪并举的举措,既能使贪者有所收敛,又能激发一般官员的廉政、进取之心。

张居正清醒地认识到贪污腐败之根源,在于纪纲不肃、法度不行。因

---

① 王国宪辑:《海忠介公年谱》,《海瑞集》下册,"附录",第591页。
② 张居正:《答应天巡抚宋阳山论均粮足民》,《张太岳文集》卷二十六,明万历年刻本,第9—10页。
③ 张居正:《陈六事疏》,《张太岳文集》卷三十六,明万历年刻本,第10页;李东阳等纂,申时行等重修:《明会典》卷十三,明万历刊本,第3—19页。

此,他在严厉打击贪污受贿犯罪活动的同时,致力于对惩贪防贪有积极作用的官制和财政制度进行改革。

在整顿和完善考课制度方面,明代体制规定必须按期考满。针对明中叶后考课制度流于形式,考语不实、赏罚不明,甚至连期限都不能遵守,若按原来的规定要等若干名官员任满后才能成批奏请皇帝考核,势必造成称职者不能及时提升,不称职者不能及时淘汰的状况,张居正规定,必须定期考核,"令大臣考满俱面引单奏,遵照旧规行"①。针对考语不实的弊端,张居正规定,考核时"惟以安静宜民者为最,其沿袭旧套、虚心矫饰者,虽浮誉素隆,亦列下考"。为改变官员办事拖沓、相互推诿的弊端,提高办事效率,减少贪污舞弊,张居正创立了一种随事考成的制度,这就是立限考事、以事责人的考成法。具体做法是:六部和都察院把所属官员应办之事,酌量道路远近、事情缓急,规定完成期限,然后分别登记在三个簿册上,一本由部、院留作底簿,一本送六科,一本送内阁。六部和都察院分别按照底簿登记,对所属官员承办之事,逐日检查,完成一件注销一件,如未按期完成,必须如实申报,否则以违制罪论处;六科根据簿册登记稽查六部的执行情况,每半年上报一次,并对违限事例按律议处。内阁亦根据簿册登记稽查六科,并对欺隐事例按律惩处。这样,月有考,岁有稽,内阁综其成。考成法的实行,使责任制度得以建立,改变了嘉靖隆庆以来因循守旧、姑息苟安的官场风气,大大提高了行政效率,有利于防止贪污腐化现象的发生,当时人称"自考成之法一立,数十年废弛丛积之政,渐次修举"。②

明中叶以后,官吏选拔只问出身和资历,不看真才实学,成为吏治败坏的重要原因之一。张居正对此有深刻认识:"良吏不专在甲科,甲科未必皆良吏",故决意改革官吏任用和选拔制度,实行不拘资格、惟重实绩的选官方针,"若廉,其已试有效者,就近更调可,他途亦可也","诸吏官,以操守为

---

① 李东阳等纂,申时行等重修:《明会典》卷十二,明万历刊本,第4—11、13、21、24、36—48页。
② 张居正:《请蠲积逋以安民生疏》,《张太岳文集》卷四十六,第6—8页;《明神宗实录》卷七一,台北,"中央研究院"历史语言研究所校印本,1961—1962年,第8—9页。

先,廉且能,上也,即不能兼,且先取廉者",使大批具有真才实学且注重操守廉洁的文臣武将得到提拔重用。张居正还大胆提拔吏员出身的官吏。万历三年(1575年),江西上饶人黄清,胥吏出身,"才智四出,应变无穷",且为官清廉,政绩卓著,张居正破格提拔他为两淮盐运司同知,主持高宝诸河内堤的修筑工程。黄清不负张居正所望,只用两年时间就完成了这一艰巨任务。① 源清才能流清,源浊则流浊,张居正改革官吏铨选制度,严把官吏选拔关,对澄清明朝中叶以后的腐败吏治,起到了积极作用。

明朝中叶以来,赋税制度趋于混乱,黄册制度徒具虚文,致使赋役负担不均,舞弊严重,国家财政收入大减,得利者只是贪官污吏和豪强地主。为解决这一问题,张居正下令改革赋役制度,在全国推行"一条鞭法":"总括一州县之赋役",把田赋、徭役和杂税合并在一起征收;"量地计丁",取消按户丁派役的办法,改为按地丁或丁粮派役;田赋折银,废除力差,田赋和徭役一律折银征收;"官为佥募",即赋役的催征、收纳与解运,皆由官府承办。"一条鞭法"的实施,简化了赋税征收手续,限制了贪官污吏巧立名目、花样百出的舞弊营私、敲诈勒索;同时,量地计丁在一定程度上抑制了宗室和豪强地主隐产瞒丁、逃避赋役的弊端,一度减轻了贫苦农民"产去税存"的现象,增加了国家的财政收入,但也留下富户将一部分负担转嫁给贫家小户的漏洞。

张居正针对明中叶以来官吏及其亲属随便乘驿传、肆意科索的弊端,决心整顿驿递制度。他做出规定:官员非奉公差,不得使用驿站;各地官员不许托故远行参谒,侵扰驿递,违者参究;州县不得借驿递科敛百姓;凡内外官丁忧、起复、给由、升转、改调、到任等,皆不得享受驿传;驿站按朝廷规定的标准供应饮食用品和交通工具,若遇官员勒索,可向上方反映;抚按负责弹劾破坏规章的官员。通过这次整顿,驿递"供亿之繁"大大减少,既节省了国家开支,又防止了官吏的贪污勒索。

张居正在明王朝日趋衰颓的危急时刻,勇于改革,兴利除弊,使明中叶

---

① 张居正:《答两广李蟠峰》,《张太岳文集》卷二十二,明万历年刻本,第8页;沈德符:《万历野获编》卷十一,中华书局1959年版,第295页。

以来趋于瘫痪的反贪机制重焕生机,给明王朝注入了一支强心剂。但此时,明王朝已大厦将倾,改革措施只能奏效于一时,而无法挽救明朝的灭亡。何况,张居正作为一个封建士大夫,其改革有许多局限性,对廉政也未能身体力行,他虽曾拒绝受贿,但那不过是摆摆样子,实际上他贪贿也可称巨额。张居正死后,其各项改革措施或被废止,或大打折扣,贪贿等弊端死灰复燃。

(4)东林党人的反贪倡廉

江苏无锡县的东林书院,是宋代大儒杨龟山讲道授学之地。万历二十二年(1594年),吏部郎中顾宪成罢官回到家乡无锡,与其弟顾允成在常州知府欧阳东凤和无锡知县林宰的资助下,重修东林书院,并偕同高攀龙、钱一本、薛敷教、史孟麟、于孔廉等人在此聚众讲学,讽议朝政,裁量人物,忧国忧民,得到大批政治上不得志、怀有政治抱负的士大夫的响应,逐渐使东林书院成为江南地区乃至全国的一个舆论中心。顾宪成等人提出整顿吏治,改良政治,与朝内正直官员互相呼应、相互支持。从此,"东林"名声大噪,朝廷内外正直的士大夫逐渐都被政敌称为"东林党"。东林党人一旦有机会入仕掌权,便为实现整顿吏治的政治抱负而努力。

东林党人中有许多比较正直、居官比较清廉者,他们从整顿吏治的政治抱负出发,以身作则,倡导为官廉洁自律,希望遏止官场贪贿之风,修明吏治。顾宪成说:"善驭民者,不专求诸民也,当从驭吏始,则申之曰贪墨必罪,苛酷必罪……善驭吏者,不专求诸吏也,当从驭身始"。赵南星也说:"能自察者而后可以察人……察人者而即以自察。"①东林党人不仅这样倡导,也这样身体力行。据《明史》记载:东林党人赵南星"除汝宁推官,治行廉平,稍迁户部主事";陈道亨"为南京吏部郎中,同里邓以赞、衷贞吉亦官南都,人称'江右三清',由居家自参政至尚书,所至不私一钱";周起元,天

---

① 顾宪成:《常镇道观察使者虚台蔡公生祠记》,《泾皋藏稿》卷十一,台湾商务印书馆1983年影印版,第20—23页;沈国元:《两朝丛信录》卷十六,台北,台湾华文书局,1969年,第1882—1886页。

启三年(1623年)以右佥都御史巡抚苏、松十府,"公廉爱民,丝粟无所取"。① 可见他们倡导的廉洁自律不是一句空话,而是先从自身做起。东林党人倡导正直廉洁地为官,不屑于与操守不洁者为伍。魏忠贤的爪牙崔呈秀"天启初,擢御史,巡按淮、扬。卑污狡狯,不修士行。见东林势方盛,将出都,力荐李三才,求入其党,东林拒不纳"。赵南星好友魏允贞的儿子魏广微,是天启年间内阁大学士,但依附于魏忠贤,"尝三至南星门,拒勿见"。② 崇祯时期,士人们上言盛赞东林党人:"东林自邹元标、王纪、高攀龙、杨涟外,如顾宪成、赵南星、冯从吾、陈大受、周顺昌、魏大中、周起元、周宗建等之真理学、真骨力、真气节、真清操、真吏治。"③

在当时官场贪贿盛行,广大民众痛恨贪官污吏的情况下,东林党官员为官确能做到廉洁自律,因此能得到百姓的拥戴。天启五年(1625年),东林党人杨涟被逮之日,"士民数万人拥道攀号。所历村市,悉焚香建醮,祈佑涟生还"。在东林党人左光斗被逮之日,"父老子弟拥马首号哭,声震原野,缇骑亦为雪涕"。天启六年(1626年),魏忠贤集团再害东林党人,终于引起苏州、常州等地市民暴动。三月十八日,苏州市民以颜佩韦、杨念如等五人为首,为抗击缇骑索拿东林党人周顺昌而发动民变,毙伤缇骑数人,指挥这次捉拿的巡抚毛一鹭吓得藏进了厕所。事后,颜佩韦、杨念如等五人被杀时,大义凛然,高呼"为清官死,死有余荣"。④

明代,京察是考察官吏的重要制度,东林党人的廉洁自律,还表现在他们主持京察时,不眷私爱,秉公澄汰,重在拔擢贤能、罢黜贪残。赵南星就曾明确指出,"惩贪是察吏第一义"。万历二十一年(1593年),吏部尚书孙陇和考功郎中赵南星主持京察,文选员外郎吕胤昌是孙陇的外甥,都给事

---

① 《明史》卷二百四十一,《列传第一百二十九·陈道亨》;卷二百四十五,《列传第一百三十三·周起元》。谷应泰:《明史纪事本末》卷六十六,《东林党议》,文渊阁四库全书本,乾隆四十七年刊本,第1—20页。

② 《明史》卷三百六,《列传第一百九十四·阉党·崔呈秀》;卷二百四十三,《列传第一百三十一·赵南星》。

③ 谷应泰:《明史纪事本末》卷六十六,《东林党议》,文渊阁四库全书本,乾隆四十七年刊本,第23—44页。

④ 《明史》卷二百四十四,《列传第一百三十二·杨涟、左光斗》。

中王三余是赵南星的亲家,但两人因有不妥廉之处,皆被斥黜。万历三十二年(1604年),吏部侍郎杨时乔和左都御史温纯主持乙巳京察。史载,杨时乔署吏部事"绝请谒,谢交游,止宿公署,苞苴不及门";温纯"清白奉公,五主南北考察,澄汰悉当,肃百僚,振风纪。时称名臣"。二人主持京察,力斥内阁首辅沈一贯庇护的贪官刑科给事中钱梦皋,御史张似道、于永清等人。① 万历三十九年(1611年),吏部尚书孙丕扬等主持辛亥京察,"百官无取以私干者",并在京察中处理了许多贪官污吏,史称"今岁京察于权相之渠魁,奸党之元恶,并物议凤腾久应黜逐者,俱一旦去之,不可谓不公"。在辛亥京察中逐退的贪官,如刑部山西司主事秦聚奎"官箴在绩溪,则贪酷,御史李云鹄、孙居相几经拟劾,赖同年张推官救解,调吴江,则剥削,民冤无告";再如"昆宣党魁七人"之一的汤宾尹以贪残著称,不但操纵朝纲,广纳贿赂,在万历三十八年(1610年)庚戌会试中,接受太学生韩敬的贿赂而舞弊,而且是宣城一霸,曾因霸占生员之妻而引起宣城民变。② 可见,这次辛亥京察的主流是惩治贪残。天启三年(1623年),举行癸亥京察,由吏部尚书周嘉谟和左都御史赵南星主持。周嘉谟唯才是举,并要求根据吏治的弊坏责成各地巡抚巡按监司;赵南星东山再起,年已七旬,"慨然以整齐天下为己任,锐意不减当年"。在这次癸亥京察中,黜斥了万历朝后期败坏朝政的"四凶"亓诗教、赵兴邦、官应震、吴亮嗣,对其他贪赃枉法之官也"一如为考功时",加以斥退。癸亥京察后不久,赵南星调任吏部尚书,更是披心沥胆,整齐铨政,革除时弊。他坚决抵制当时盛行的"干进"之风,即士大夫们为了仕途升迁,用贪污勒索受贿而来的钱财大行贿赂,公开求官乞爵。史载,"当是时,人务奔竞,苞苴恣行,言路横尤甚。每文选郎出,辄邀之半道,为人求官,不得则加以恶声,或逐之去。选郎即公正无如何,尚书亦太息而

---

① 《明史》卷二百二十四,《列传第一百十二·杨时乔》;卷二百二十,《列传第一百八·温纯》。据《明神宗实录》卷三七二记载:于永清在巡按陕西时就有严重的贪赃行为,"取黩镪数万金",在乙巳京察前就被温纯弹劾过。
② 《明神宗实录》卷四八二,台北,"中央研究院"历史语言研究所校印本,1961—1962年,第2—3页;卷四八三,第1—3页。《明史》卷二百四十三,《列传第一百三十一·赵南星》。

已。南星素疾其弊,锐意澄清,独行己志,政府及中贵亦不得有所干请,诸人惮其刚严不敢犯"。①

整饬吏治、惩贪的同时,还要选廉,"奖廉抑贪,共励官箴"。故东林党人在利用京察、大计惩贪的同时,还努力选廉。吏部尚书孙丕扬"(万历)三十八年大计外吏,黜陟咸当。又奏举廉吏布政使汪可受、王佐、张偲等二十余人,诏不次擢用"。天启初年,赵南星出任吏部尚书,"搜举遗佚,布之庶位。高攀龙、杨涟、左光斗秉宪,李腾芳、陈于廷佐铨;魏大中、袁化中长科道,郑三俊、李邦华、孙居相、饶伸、王之寀辈悉置卿贰。而四司之属,邹维琏、夏嘉遇、张光前、程国祥、刘廷谏亦皆民誉。中外忻忻望治"。只是,明朝末期政治腐败已病入膏肓,故东林党人惩贪奖廉、整顿吏治,只能收一时之效,使明王朝能延续一段时间。不过,东林党人做出了最大的努力,尽了自己的责任,这种精神就是中国社会和民众的希望。

(5) 崇祯朝时期的反贪

崇祯皇帝朱由检在位十七年,是一个想励精图治、有所作为的皇帝。登位伊始,他就力图以皇帝至高无上的权威和个人的勤政,严惩贪腐、整饬吏治,努力挽救明王朝将倾之大厦,实现中兴之愿。然而,主客观条件的限制,使他的努力最后以失败告终。

崇祯帝即位前,统治集团中最腐败的一群,是以魏忠贤为首的阉党集团。首先,魏忠贤及其死党大都是声名狼藉的贪官污吏。魏忠贤的爪牙崔呈秀、周应秋、田尔耕等,都是当时全国数一数二的大贪官。明熹宗驾崩后,阉党集团失去了皇权的庇护,也就失去了赖以作威作福的最大资本。崇祯登位后不动声色,潜移默夺,步步为营,表现出老练的政治手段,瓦解了魏忠贤苦心经营的阉党集团。天启七年(1627年)十一月,在明熹宗驾崩三个月后,在一切准备妥当后,崇祯以迅雷之势铲除了魏忠贤集团。崇祯以"忠贤等不止窥攘名器,紊乱刑章,将我祖宗蓄积贮库传国奇珍异宝金银等朋比侵盗几空"的罪名,将魏忠贤贬至凤阳守祖陵,其同党客氏则被送到浣衣局收管,史称,"长安(指京师)一时欢声雷动";接着,崇祯传谕锦衣

---

① 《明史》卷二百四十三,《列传第一百三十一·赵南星》。

卫,擒拿魏忠贤至京,魏忠贤"自缢于旅舍",崇祯又传谕将客氏笞死在浣衣局。① 魏忠贤的"谋主"崔呈秀闻讯,"列姬妾,罗诸奇异珍宝,呼酒痛饮,尽一卮即掷坏之,饮已自缢"。崇祯帝先后处死或罢免、削籍、降用魏忠贤的大批党羽和爪牙,在处理这些从逆犯的过程中,如有赃私罪行的,还要严加追赃。魏忠贤集团的骨干崔呈秀被抄没的赃私,计有白银七万多两、黄金三百多两,另有箱柜三百多件,房产二十六所七百四十九间;阉党、内阁大学士顾秉谦削籍回乡,"昆山民积怨秉谦,聚众焚掠其家。秉谦年八十,仓皇窜渔舟得免。乃献窖藏银四万于朝,寄居他县以死"。② 从中可知阉党集团的贪婪。此类行动表现了广大民众对贪官污吏的痛恨和唾弃,也以实际行动表达了对明朝廷惩贪活动的拥护和支持。崇祯端掉这样一个大的贪腐集团,无疑有益于国计民生。

　　崇祯皇帝决意用严刑峻法约束和考察官吏来求治。他即位之初便强调"三尺俱在,断不尔贷"。此后三令五申,诫谕百官要遵纪守法。崇祯五年(1632年),他诏谕百官,警告他们要"正己率属,爱养百姓","用命有显擢,不则罚随之"。他认为抚按官员是惩治贪腐的主要力量,抚按官贤否,对吏治清明至关重要。崇祯四年(1631年)曾诏谕左都御史闵洪学说:"巡按贤则守臣皆贤,若巡按不肖,其误非小。屡饬回道严核,何近日不称职之多也?"对都察院考核的不力,提出了严厉训诫。故他一再谕令要严肃考选抚按官员,崇祯五年(1632年),谕令吏部"严纠贪墨,慎选抚按"。③ 这一措施起到了作用。崇祯十六年(1643年),给事中郝昌上疏弹劾内阁首辅周延儒与吏部文选郎吴昌时"表里为奸",招权纳贿,卖官鬻爵;随后,御史蒋振宸弹劾吴昌时与周延儒幕僚董延献勾结,贪赃枉法,利用主持乡试之机,收受贿赂。崇祯用刑极为严酷,无论是位极人臣的内阁大学士,还是独当一面的封疆大吏,只要是被揭发贪污受贿,均严惩。结果,吴昌时被弃市,周

---

① 《明史》卷三百五,《列传第一百九十三·宦官二·魏忠贤》。
② 《明史》卷三百六,《列传第一百九十四·阉党·崔呈秀、顾秉谦》。
③ 《明史》卷二十三,《本纪第二十三·庄烈帝崇祯一》。

延儒被赐死,史称"辅臣戮死,自世庙(即嘉靖帝)夏言后,此再见也"。① 崇祯朝,因贪贿被杀的重臣很多,如蓟镇巡抚王应豸,因查办军士哗变不力,且有克扣巨额军饷之实,论死;宣府巡抚李养冲致仕家居,因"侵盗抚赏银七万两及曾冒功匿败而论死"。据当时的御史刘宗周所说,崇祯"严赃吏之诛,自执政以下坐重典者十余人"。② 崇祯还恢复举保连坐之法,被保举之官如犯赃违法,举保人将被株连。崇祯帝用严刑峻法约束官吏、惩治贪腐,出发点是好的,就是要让各级官吏清正廉洁,忠于职守,提高行政效率。但他的问题是急于求成,加之性格多疑,刚愎自用,一意重典驭下,甚至滥用刑罚,导致当时政治生活极不正常,也制造了许多冤假错案。更严重的是,执法官吏为迎合他重典绳下的心理,故意轻罪重罚。如崇祯十二年(1639年)至十三年(1640年)任刑部尚书的甄淑,为迎合崇祯,"将应拟杖者拟徒,应拟徒者拟戍,应拟戍者拟辟","一时诸司官无不以残刻为事"。这样的严酷形势,使官员们如履冰颤栗,不敢有所作为,唯知顺从皇帝。大学士魏藻德就说官员们"因功令太严,恩威莫测,恐一干圣怒,则无功有罪,是以畏首畏尾,俱不敢做,即举用一人,则恐有受人营求,为人复官之嫌,所以蓄缩耳"。③ 如何处理厉行反贪与官吏勤政、行政效率的关系,这是崇祯帝没有处理好的政治难题。

5. 明末农民战争扫荡贪贿

广大农民是封建社会吏治腐败、贪污贿赂的最大受害者,他们被压在社会最底层,是贪官污吏直接盘剥勒索的对象;官吏贪贿所吞噬的财富,最终必然是出自他们;贪贿现象的一个重要后果是导致执法不公、颠倒黑白、混淆是非,而受害最深的仍是这些无权无势的农民群众。在一般情况下,由于受封建统治秩序的约束,农民只能沉默。但到了忍无可忍之时,农民大起义爆发,他们必会挣脱锁链,成为封建社会最激烈的反贪力量。

---

① 《明史》卷三百八,《列传第一百九十六·奸臣·周延儒》。
② 《明史》卷二百五十五,《列传第一百四十三·刘宗周》。
③ 李清:《三垣笔记》,《崇祯》,中华书局1982年版,第35页;《明史》卷二百五十三,《列传第一百四十一·魏藻德》。

在明末农民大起义中,展开了如火如荼的反贪斗争。起义军反对官吏贪贿的态度极为鲜明,李自成在讨伐封建官府的檄文中明确写进了反贪的内容。农民起义军把贪官污吏作为打击对象,而对清廉有节的士大夫则不予打扰,甚至表现出与之合作的态度,这更说明了农民起义与贪贿现象势不两立。如正德年间,河南有两个大官,一个是钧州人马文升,官至兵部尚书,"有文武才,长于应变,朝端大议,往往待之决。功在边镇,外国皆闻其名,尤重气节,厉廉隅,直道而行"。另一个是泌阳人焦芳,官至大学士,是臭名昭著的宦官刘瑾的爪牙,"每过瑾,言必称千岁,自称曰门下。裁阅章奏,一阿瑾意,四方赂瑾者先赂芳",其子焦黄中也与之狼狈为奸。对于马文升、焦芳这两个廉、贪相反的官僚,起义军首领赵鐩等就采取了截然不同的态度,"至钧州,以文升家在,舍之去。攻泌阳,毁焦芳家"。① 正统、景泰之际,浙江人杨信民在广东任地方官,"为右佥都御史巡抚其地",因"清操绝俗"、"多惠政",当黄萧养起义发生后,他就得到起义军的合作,"信民至,开城门,发仓廪,刻木锲给民,得出入。贼见木锲曰:'此杨公所给也',不敢伤。避贼者悉收保,民若更生"。② 明末农民起义军反对官吏贪污腐败的态度极为鲜明,也客观反映出明代中后期贪贿盛行的状况和危害,其实农民之所以起义,官吏贪酷过甚是重要原因。

农民起义军为解决军费问题,所过之处,向当地士绅征收资财以充军费,称为"助饷",又因起义军认为"卿相所有,非盗上,则剥下,皆赃也",因而将向士绅征收资财视为"追赃"。崇祯十六年(1643年),李自成起义军进入关中时,就已经要求"巨室助饷",渭南乡绅南居益就被责令"饷百六十万"。③ 李自成进入北京,"助饷"活动继续进行,而且越搞越烈。从崇祯十七年(1644年)三月二十七日起,"在京各官,不论用与不用,俱责输纳",

---

① 《明史》卷一百八十二,《列传第七十·马文升》;卷三百六,《列传第一百九十四·阉党·焦芳》。
② 《明史》卷一百七十二,《列传第六十·杨信民》。
③ 《明史》卷二百六十四,《列传第五十二·南居益》;文秉:《烈皇小识》卷八,神州国光社1951年版,第223页;戴笠、吴殳:《怀陵流寇始终录》卷十八,续修四库全书本,第442册,上海古籍出版社2003年版,第166—176页。

"内阁十万,京营官、锦衣堂官七万,科道吏属官五万,翰林一万余,部曹千计","勋戚之家无定额,人财两尽而后已"。视财如命的官吏们不愿缴钱,于是起义军就用关押、严刑来逼迫,"如云不办,即严拷勒"。负责此事的起义军将领刘宗敏为了便于行刑,共造夹棍"五千副",追赃的对象由起初的官吏,到后来"各处搜求渐宏,贩鬻之家稍有赀产,则逮而夹之"。由于"追赃助饷"搞得过于激烈,甚至出现贪酷之状,北京人心浮动。四月七日,李自成要求刘宗敏酌情释放被关押追赃的人员。据统计,起义军在京追赃得银七千万两,其中"得之勋戚者十之三,内侍十之三,百官十之二,商贾十之二"①。李自成起义军的追赃助饷活动,除关中、北京外,在起义军所控制的其他省区也照行不误。

追赃助饷,是对封建官僚士绅资产的一次普遍剥夺,存在着对廉洁之士和贪浊者不加区分、一律追索的情况。它确实又是一次反贪活动,称之为"追赃"也并非牵强之词,因为明末各级官绅的资产中确实有很大部分出于"盗上"(贪污)或"剥下"(受贿勒索)所得。追赃助饷的活动,既针对各级官绅,又行之于起义军所控制的全部地区,说明这次反贪活动以全体官绅为对象,具有广泛性,对贪贿现象是一次沉重打击。不过农民起义军扫荡贪贿活动也存在扩大化、简单粗暴的现象,不利于反贪,甚至在追赃助饷中,农民军中也出现贪污腐化现象。刘宗敏带头索赃自肥,生活腐化,导致一般将领和起义军士兵也不再执行不得私藏金银的规定。显然,明末农民军的反贪,还是因为自身原因最终失败,这也导致明末农民起义最终失败。

二、明代的反贪机制

1. 明初反贪机制的建立

明太祖鉴于元末法制废弛导致官贪吏顽,决意"刑用重典",以新天下。

---

① 谈迁:《国榷》第 6 册,中华书局 1958 年版,第 6062—6064、6073—6074 页;戴笠、吴殳:《怀陵流寇始终录》卷十八,续修四库全书本,第 442 册,上海古籍出版社 2003 年版,第 167 页;《明史》卷二百五十三,《列传第一百四十一·魏藻德》。

不过他也知道这是"权宜处置",并非常法。建立一套行之有效、便捷灵活的反贪机制,早在朱元璋称帝前就已着手。明朝建立后,随着全国统一和社会经济的恢复发展,与各项制度建设一样,反贪机制也亟待完备。朱元璋顺应时代要求,加强了反贪机制的建设。

(1)加强反贪法律建设

朱元璋吴元年(1367年)冬十月,就命左丞相李善长为律令总裁官,负责制定了《律令》。洪武七年(1374年)制成《大明律》,颁行天下,此后屡经修改,至洪武三十年(1397年)正式颁布。《大明律》中包含着大量惩治贪官污吏的条文,如"官吏受财、坐赃致罪、事后受财、有事以财请求、在官求索借贷人财物、家人求索、风宪官吏犯赃、因公擅科敛、私受公侯财物、克留盗赃、官吏听许财物"等类别,规定,"凡官吏受财者,计赃科断";如受有事人财物而"曲法科断者,如受十人财,一时事发,通算作一处,全科其罪",甚至受钱"一贯以下,杖七十",至"八十贯绞"。①《大明律》对官民犯罪如何惩治的法律条文,无疑对官吏有儆戒和威慑作用。

朱元璋注重活生生的案例所能起的惩前毖后之功效,还在制订《大明律》的过程中,朱元璋鉴于犯律者不断,为使民"畏而不犯,知所趋避","采辑官民过犯",先后制定并颁布了以惩治贪官污吏为主的案例汇编——《大诰》三编、《大诰武臣》,"诏示民间",除了公布贪官污吏的罪行及处罚外,还制定了一系列防范官吏贪污贿赂的措施。

《大诰》三编和《大诰武臣》,选录了当时全国刑事案件中的1万多个官民案例,共236条,其中有150条是属于惩治贪官污吏的,实际上可称为以惩治贪污腐败为主的法规汇编。朱元璋要求全体臣民"户户有此一本,若犯笞杖徒流罪名,每减一等,无者每加一等,所在臣民,熟观为戒"。他还把《大明律》和《大诰》三编作为学童生员的必修课程,并列为科举考试内容,就连农村最基层的村社也要"置塾师教之"。其中制定了一系列防范官吏贪贿的规定:

第一,严明官吏职守,以防伺机贪污犯赃。《大诰续编·民拿经该不解

---

① 《大明律》卷二十三,《刑律六·受赃》,法律出版社1999年版,第183—190页。

物第五十五》规定:"凡在官之物起解之际,须差监临主守者。若是布政司、府、州、县不差监临主守,故差市乡良民起解诸物,因而卖富差贫,许……将首领官并该吏绑缚赴京。……敢有故违,族诛之"。《大诰续编·钱钞贯文第五十八》规定:"钞法之行,皆云贯锭。铜钱之行,皆云万千百文",其"故生刁诈、广衍数目,意在昏乱掌钞者","治以重罪"。《大诰续编·关隘骗民第六十五》规定:"各处关隘把截去处,巡检、弓兵将逃军逃囚一概受财,纵令逃去。及至拿住赃盗,不行火速解官,却乃教唆诬指平民。拿获私盐,尤其骗诈民甚。此等不才,《诰》布之后,仍前为事不公,事发到官,治以重罪"。①

第二,严禁官吏下乡扰民,不许有司使唤下级、里甲人等亲诣衙门听事,"凡诸司衙门,如十二布政使司,不许教府、州、县官吏听事,府不许教州官吏听事,州不许教县官吏听事,县不许教民间里甲听事。呜呼!听事之名,实贪赃之巨祸,所以民误生理,官废公务。……敢有如此,许民赴京面奏"。《大诰续编·民拿下乡官吏第十八》规定:官吏中"贪婪之徒,往往不畏死罪,违旨下乡,动扰于民。今后敢有如此,许民间高年有德耆民,率精壮拿赴来京"。②

第三,官吏犯贪赃罪,须层层追查,彻底挖出有关案犯。"如六部有犯赃罪,必究赃自何而至。若布政司贿于部,则拘布政司至,问斯赃尔自何得,必指于府。府亦拘至,问赃何来,必指于州。州亦拘至,必指于县。县亦拘至,必指于民。……其令斯出,诸法司必如朕命,奸臣何逃之有哉";"当该法司不行如敕究问追征,罪如犯者"。

第四,设重法以防范官吏贪赃害民。《大诰·官民犯罪第二十九》规定:官吏"贿赂出入,致令冤者不伸,枉者不理,虽笞亦坐以死"。《大诰续编·庆节和买第七十六》规定:有司"指以庆节为由,和买民物……不还民钱……拿赴来京,斩首以除民患"。《大诰续编·造作买办第七十七》规定:有

---

① 杨一凡:《明〈大诰〉点校本》,社会科学文献出版社2009年版,第282、285、289页。
② 《明〈大诰〉点校本》,社会科学文献出版社2009年版,第248、251—252页。

司承办朝廷诸色造作,"指名要物,实不与价……将该吏斩首"。《大诰三编·巡阑害民第二十》规定:"为巡阑者,倚恃官威,剥尽民财","本人凌迟,其弟及男同恶害民,皆枭令示众"。①

第五,立法以禁官民勾结。《大诰续编·闲民同恶第六十二》规定,"今后敢有一切闲民,信从有司……私下擅称名色,与不才官吏同恶相济,虐害吾民者,族诛。若被害告发……有司凌迟处死。"②

(2)建立监察制度

明代,为了加强专制皇权,特别重视监察,极力强化监察机制。尤其是在制定法律后,有法可依,但要做到有法必依、执法必严、违法必究,监察制度的合理、完善,至关重要。严密的监察制度,能使吏治清明、官吏廉洁守法;反之,则会吏治腐败、贪贿盛行。明朝建立后,朱元璋汲取元朝官吏贪、监督弱的教训,初步建立了一整套监察制度,形成了一个渗透到中央和地方各个领域,运转灵活、成效显著的监察体系,为明初廉政建设提供了制度保障。

①都察院和十三道监察御史

吴元年(1367年),朱元璋认为"国家立三大府,中书总政事,都督掌军旅,御史掌纠察,朝廷纪纲尽系于此,而台察之任尤清要",故沿袭宋元之制,在中央设立御史台作为监察机构,以勋臣邓愈、汤和分任左、右御史大夫,任命刘基、章溢为御史中丞,整饬吏治。洪武十三年(1380年),朱元璋因胡惟庸案而废除中书省,同时将御史台一并罢去,不过这个"罢",只是罢去御史大夫,御史中丞和侍御史等保留,分巡之监察御史履职如故。洪武十五年(1382年)设置都察院,作为全国最高监察机构,是皇帝的耳目风纪之司,不仅对中央机关的官吏实施纠察,还监督京城以外的各级地方政府,自此整个明清时期均行此制而不变。都察院设左、右都御史各一人,正二品,左右副都御史各一人,正三品,左右佥都御史各一人,正四品,均称都察

---

① 《明〈大诰〉点校本》,社会科学文献出版社2009年版,第202、296—297、354—355页。
② 《明〈大诰〉点校本》,第287页。

院堂上官。其属官有经历、司务、照磨、司狱等。又置隶属于都察院的监察御史,几经增罢,宣德十年(1435年)定为十三道监察御史,共一百一十余人。都察院的最高长官左右都御史还负责会同吏部考核官员,进退官吏,与刑部、大理寺共同审理重大案件,奉旨出巡外省,等等。①

隶属于都察院的十三道监察御史,官秩仅正七品,但权力极大,职权广泛。主要职责是"各理本布政司及带管内府监局、在京各衙门,直隶府州卫所刑名等事"。具体职掌包括:"主察纠内外百司之官邪",监督纠察仓场、内库、茶马、盐课、钞关、屯田,遇有军事行动,则监军纪功,监临科举考试,审理疑难大案等。② 管理仓场、内库、茶马、盐课、钞关和屯田等方面的官吏,职衔虽低却属美差,大有油水可捞,常常成为贪污腐败之渊薮;科举考试各级主考官利用手中的权力,向士子收受贿赂,更是屡见不鲜,监察御史将监察重点放在这些事务上,主要在杜绝和减少贪污受贿现象的发生。

十三道监察御史的具体职掌中还有巡按地方一项,对地方官吏实施有效的监督,必须亲历地方、询访民间,御史巡按制度就是适应这一要求而产生的。洪武年间朱元璋就多次派御史出巡,但此时御史巡按尚属临时派遣,还未制度化。永乐年间,"遣御史分巡天下,为定制"③,这标志着御史巡按制度正式确立,其后历经洪熙、宣德和正统朝的完善,形成了一套较为严密的制度。

巡按御史,是"代天子巡狩",故其选派,由皇帝亲自点差。御史出巡必须先任小差,然后中差,再大差。巡按御史的巡察事项,"所按藩服大臣、府州县官诸考察,举劾尤专,大事奏裁,小事立断"。主要职责还是考察和举劾官吏,明代对官员的考核分为考满和考察两种,这两种考核办法都是定期进行,而巡按御史对官吏有随时考察之权。洪武二十六年(1393年)规定,御史巡按"凡至所在,体知有司等官,守法奉法、廉能昭著者,随即举奏,

---

① 《明史》卷七十三,《志第四十九·职官二》。
② 李东阳等纂,申时行等重修:《明会典》卷二百九,《都察院》,明万历刊本,第18、28—32页。
③ 《明史》卷六,《本纪第六·成祖二》。

其奸贪废事、蠹政害民者,究问如律"。永乐元年(1403年),"令府州县官到任半年以上者,巡按御史、按察司察其能否廉贪实迹具奏"。巡按御史这种随时考察之权是对定期考满和考察的补充,能使官吏时时有所戒惕,减少了贪腐事件的发生。御史巡按的期限一般为一年,即所谓"岁一更代"。这种规定是为了防止时间长了监察官有可能与地方官吏勾结,做出贪赃枉法之事,对于政绩卓著的巡按御史,则不拘泥于"岁一更代"的规定,而是期满后再延长一至二年,这样既防止了御史任期太长而可能带来的贪赃枉法之弊,又克服了"岁一更代"的局限性。①

为防止巡按御史滥用监察权、贪污受贿,明朝廷对御史出巡的注意事项作出规定,正统四年(1439年)颁行《宪纲事类》,规定"监察御史巡历去处不许出廓迎接;凡监察御史、各道按察司出巡、审囚、刷卷,必须遍历,不拘期限;监察御史巡历去处,如有陈告不公等事,须要亲行追问;巡按所至,博采诸司官吏行止,廉能公谨者,礼待之,荐举之,污滥奸佞者,戒饬之,纠劾之;分巡所至,不许多用导从,饮食供帐只宜从简"。此外,还规定巡按御史所巡之处须防闲,未处理公事之前,不得接见任何闲杂人员;分巡所至不得向地方官打听此地有何特产,不得令官府人员代购货物,不得大张筵席、邀请亲朋好友。《宪纲事类》的相关规定,有助于防止地方有司和御史之间行贿受贿、贪赃枉法,有助于保证御史监察职能的发挥。嘉靖年间,南京都察院右都御史张琮说:"御史寡交游,则无私谒;少宴会,则无请托",诚经验之谈。御史巡按期满回京,要接受都察院考核,考核称职者回道管事,不称职者则奏请罢黜,称为"回道考察"。御史巡按期间如果贪赃枉法,要加重处罚,"风宪官吏受财,及于所按治去处,求索借贷人财物,若卖买多取价利,及受馈送之类,各加其余官吏罪二等"。②

②六科给事中

---

① 李东阳等纂,申时行等重修:《明会典》卷二百十,明万历刊本,第1—39页;卷十三,第5—17页。
② 李东阳等纂,申时行等重修:《明会典》卷一百七十,第1—8页;徐学聚编撰:《国朝典汇》卷五十三,《吏部二十·都察院》,书目文献出版社1996年版,第31页。

明代,中央监察机构除都察院外,还有六科给事中。洪武六年(1373年),为直接对分管全国各类政务的六部实施有效监察,朱元璋将给事中按六部分为六科,每科设给事中二人,品秩定为正七品。洪武二十四年(1391年),明太祖改每科设都给事中一人、正八品,左右给事中二人、从八品,各科给事中四至十人不等,六科共四十人,俱从九品。六科一度隶属承敕监和通政使司,后又独立机构。明成祖初年,仍置左右给事中,从七品。此后,各科给事中的人数基本确定下来。

明以前,给事中属言谏官,掌侍从、规谏和封驳制诏,无纠举官邪、监察百官之权。明朝建立后,给事中不仅有规谏、封驳职能,还拥有了监察百官之权,以监察权为主,纠举、弹劾、稽查贪官污吏是其一项重要监察职权。六科给事中还实行对口监察:吏科给事中参与地方官吏的考选,并与其他各科给事中一起对官吏进行考察,纠其不称职者;户科给事中负责监督光禄寺每年的金银及谷物收入、钱粮杂物,纠察私占田产等;礼科给事中监督制定礼仪制度,记录大臣纠劾贪官事迹,作为奖赏升迁的依据;兵科给事中监督、考察武将;刑科给事中核查每年二月下旬司法机构报告罪犯的数目,并上奏皇帝等;工科给事中巡阅军器局,巡视节慎库,稽查宝源局等。六科对六部起钳制作用,同时对都察院的监督权起牵制作用。①

明代,六科对中央六部实行对口监察,六部日常行政事务不论巨细,皆须经由本科给事中监察,如有贪赃枉法,即"指实劾奏",大大提高了监察的效能,有效地抑制了贪腐现象的发生。

③按察司

明朝初期在建立和完善中央监察机构的同时,也加强了地方监察机构的建设。明初,承元制,在地方上建立行省,总管一省行政、军事和司法监察事务。这种"军政合一"的政治体制对于监察机关独立自主地行使职权,并不是很有利。洪武九年(1376年)六月,朱元璋废除行中书省,设立三

---

① 李东阳等纂,申时行等重修:《明会典》卷二百一十三,《六科》,明万历刊本,第7—30页;孙承泽:《天府广记》卷十,《六科》,北京古籍出版社1982年版,第118—123页。

司：承宣布政使司、提刑按察使司和都指挥使司，使地方司法机关从行政和军事机关中独立出来，能够有效地行使监察权。明初，按察司职专权重，与都察院内外均权，有"外台"之称。洪武十年（1377年），朱元璋对来朝的按察使司说："风宪官为朕耳目，激扬清浊，绳愆纠谬，此其职也。"可见按察使司的职责虽包括司法和监察两个方面，且以监察为主，按察使司"总理各道，肃清郡县"，"凡贪官污吏，蠹政害民，及一切兴利除害之事，有益地方者，务在举行"，按察使司体现朝廷的威势，在明初肃贪运动中发挥了重要的作用。①

明代监察制度具有双重性。在中央，都察院与六科各自独立，又相互牵制，共同监督；在地方，按察使司与巡按御史各行其政，又互相配合，行监察之责。各监察机构之间，亦互相监察纠劾；同一监察机构内部上下互相监督，对有效地打击和预防贪官污吏，防止监察官的腐败，保证监察机关有效地发挥职能，无疑具有重要作用。

在明初的反贪运动中，中央都察院御史和六科给事中通过京察和大计，弹劾、罢免贪官污吏，派往各地的巡按御史更是承担起了纠察地方官吏的艰巨任务。这一时期，出现了一批"铁面御史"：宣德年间，御史黄润玉"出按湖广，斥两司以下不职者至百有二十人"；江西道监察御史陈宪"重知宪体"，巡视江西，"政绩尤著，纠察方面及郡县吏之贤否而去留之"。江西吉安守御千户臧清"贪淫凶恶，杀人破家，殆不胜纪"，而都司"受赂，常曲庇之。按察司、巡按御史虽知之，皆怯懦莫敢问"，陈宪不顾江西都司的阻挠，毅然将臧清械送京师，"一郡晏然，舞忭于道"。明初吏治的澄清，很大程度上得力于体系完备、运行灵活的监察机制，直到成化时，吏部尚书王恕还说"天下贪官污吏强军豪民所忌惮者，惟御史耳"，其作用和影响可见一斑。②

（3）官吏铨选和考核制度的监督机能

明代，法律的制定、监察机构的完善，为肃贪倡廉提供了制度保障，但要

---

① 李东阳等纂，申时行等重修：《明会典》卷四，《官制三》，明万历刊本，第2—3页。
② 《明史》卷一百六十一，《列传第四十九·黄润玉》；《明宣宗实录》卷四九，台北，"中央研究院"历史语言研究所校印本，1961—1962年，第8页。

真正维持一支清正廉洁、奉公守法的官员队伍,还必须把好官吏选拔任用、考核这道关口。

①官吏选任制度

明初选举官吏,荐举、学校和科举三途并用。不论哪种方法,都把德行作为选任官员的首要条件。洪武六年(1373年),朱元璋下诏令有司察举贤才必须"以德行为本,而文艺次之"。明初,国子监也是培养官吏的重要基地和来源,史载:"府、州、县学诸生入国学者,乃可得官,不入者不能得也",因此朱元璋特别强调以儒学培养监生的道德品行,以孔子言论为学校守则,要求教师和学生都要以儒家思想作为修身养性的根据。洪武三年(1370年),明代科举制度正式建立以儒学作为选拔人才的标准,儒家经义是考试的主要内容。①

明初选拔官吏注重道德品行,官吏总体道德素质较高,贪官污吏多是元朝归附的旧吏和开国功臣及其子弟。严把官吏选拔关,无疑对当时吏治的澄清具有积极作用。

明代与封建社会其他朝代一样,官吏往往利用职务关系、亲属关系和地域关系,营私舞弊、贪赃枉法,严重侵蚀国家政权的肌体,为防止这种弊端,明初官吏选任实行回避制度。

首先,就是以监察机构为重点的官吏任用中的回避制度。明初,朱元璋为防止大臣亲属把持科道监察机构,规定大臣子弟亲属不得任监察官,如有父子、兄弟、叔侄在同一机构或同一系统中任职有上下级关系者,应根据官职品级的高低,"俱从官秩卑者回避"的原则,调小官到其他机构中任职,"以卑避尊,改调其他衙门",这是"亲属回避"。在任职地区上,洪武十三年(1380年)正月确定"南北、东西更调"用人之法:"命吏部以北平、山西、陕西、河南、四川之人,于浙江、江西、湖广、直隶有司用之;浙江、江西、湖广、直隶之人,于北平、山东、山西、陕西、河南、四川、广东、广西、福建有司

---

① 《明史》卷七十一,《志第四十七·选举三》;卷六十九,《志第四十五·选举一》。

用之;广西、广东、福建之人,亦于山东、山西、陕西、河南、四川有司用之。"①这种任职的"地区回避",有效地防止了官吏利用本籍亲族关系图谋私利、贪赃枉法的弊端。官吏即使不在本地做官,任职太久也易与地方势力勾结,通同作弊,贪赃枉法,为此,明朝廷规定府州县长官在某一地方的任期以三年为限,三年后更调其他府州县,对于经管钱粮等财物的官吏,回避期限更短,有的为一年,有的仅三个月,如"户科,监光禄寺岁入金谷,甲字等十库钱钞杂物,与各科兼莅之,皆三月而代"。②

明朝对司法、监察实行回避制度,以防止司法和监察机关滥用权力、贪赃枉法。当时在司法回避方面规定:"凡官吏于讼诉人内,关有服亲及婚姻之家,若得受业之师及旧有仇嫌之人,并听移文回避,违者笞四十。"在监察回避方面规定:大臣之族不得任科道,即"凡父兄伯叔任两京堂上官,其弟男子侄有任科道官者,对品改调";巡按御史应回避原籍和按临之人与自己有恩怨仇隙者,正统四年(1439年)又进一步规定,"先曾历仕、寓居处所(即先前做过官或居住过的地方),并须回避";"监临乡、会试及武举",是监察御史的一项重要职责,但是如果该监察御史有兄弟子侄亲属应试,应回避出任监试官。③

明代科举主考、监试官也实行严格的回避制度。洪武十七年(1384年)颁布科举条令,规定:"凡试官不得将弟男子侄亲属入试,徇私取中,违者许指实陈告。"后又规定:"凡内外帘入场官,有宗族子弟及翁婿入试者,皆应回避。"明朝还规定,士子必须按籍贯所在地到本省省城应试,不许冒籍到

---

① 李东阳等纂,申时行等重修:《明会典》卷五,《改调》,明万历刊本,第31—33页;《明太祖实录》卷一二九,台北,"中央研究院"历史语言研究所校印本,1961—1962年,第6页。
② 《明史》卷七十四,《志第五十·职官三》。
③ 李东阳等纂,申时行等重修:《明会典》卷五,《改调》,明万历刊本,第31—33页;卷二百十,《都察院二》,第5—31页。《大明律》卷二十二,《刑律五·诉讼·听讼回避》,法律出版社1999年版,第176页。《明穆宗实录》卷五九,台北,"中央研究院"历史语言研究所校印本,1961—1962年,第1—10页。《明史》卷七十二,《志第四十八·职官一》;卷七十三,《志第四十九·职官二》。

他省应试,否则取消录取资格,甚至"终身不许入试"。①

②官吏考核制度

明初建立了一套严格的考核制度,考核由吏部负责,"吏部尚书掌天下官吏选授、封勋、考课之政令,以甄别人才,赞天子之治"。官吏的考核,主要分考满和考察两种。

考满实为考绩,也称考课,是对每个官吏分别进行的专门考核,对官吏行政能力和任职业绩的常规考核。官吏任职满三年为考,三考为满,即三年为初考,六年为再考,九年为通考,也就是官员任期的九年中要经三次考核。考核结果分为称职、平常、不称职三等,作为官吏升降的依据。②

考察是对全体官吏进行的统一考核,"其目有八:曰贪,曰酷,曰浮躁,曰不及,曰老,曰病,曰罢(疲),曰不谨";处置分为四等:致仕、降调、闲住、为民,是通过对法纪素质的检验来实施对违法官员的行政处罚。考察又分为京察和大计(外察)两种。京察是对京官的考核,六年一次,四品以上者自陈以取上裁,五品以下由吏部尚书和都察院负责考核。天顺八年(1464年)定为每十年举行一次,考察范围局限在五品以下。在考察前,吏科给事中咨访调查被察官员的政绩,为考察提供依据。大计(或称"外察")是对地方官吏的考察,三年举行一次,地方官吏朝觐时,由吏部负责其事。但是,并非所有的地方官吏都三年一考,如仓场库官,三年一考则时间太长,容易发生监守自盗现象,因此规定一年一考;教官属于清水衙门,贪赃枉法现象相对较少,故九年一考。除定期的考满和考察外,中央派往地方的巡按御史则可以随时考察官吏。③

明代,为政是否清廉是评定殿最和确定赏罚的重要内容,所谓"广布耳

---

① 傅维麟:《明书》卷六十三、六十四,《丛书集成初编》第784册,中华书局2011年版,第271—290、291—307页;沈德符:《万历野获编》卷十四,《京闱冒籍》,中华书局1959年版,第374页。

② 《明史》卷七十二,《志第四十八·职官一》;卷七十一,《志第四十七·选举三》。

③ 《明史》卷七十一,《志第四十七·选举三》;李东阳等纂,申时行等重修:《明会典》卷十三,明万历刊本,第3—13页。

目,访察廉贪,以明黜陟","旌廉能,黜贪酷,摧奸暴,佑良善"。① 明朝考核制度之完备和严密为前代所不及。明初认真执行考核,惩处了一大批贪官污吏,拔擢了一批清正廉洁之士,在倡廉肃贪中具有重要作用。

(4) 严密财政制度

官吏贪腐的手段,不外收受贿赂和利用各种制度漏洞、职务之便侵吞国家财产等。其中,利用财政制度的漏洞是主要途径之一,因此,加强财政制度的建设,对预防贪污腐败具有重要的意义。

严密赋役制度。明初,地主豪强与地方官吏勾结抢占田地、逃避赋役的情况严重。针对这些弊端,朱元璋建立和完善了赋役制度。洪武元年(1368年),朱元璋"验田出夫",确定役法,编成《均工夫图册》,并派遣周铸等一百六十四人往浙西核实田亩,确定税额,以防止"过制以病吾民"和地方官吏"有所妄扰"百姓。由中央户部"掌天下户口、田赋之政令",特别是负责税粮之核定和每十年编造一次黄册。洪武十四年(1381年),朱元璋下诏编制赋役黄册,作为征收赋役的依据,为此还颁布了户籍统计法规:"凡攒造黄册,须按规定填写,若官吏通同里甲隐瞒人户者,连同家长一并处死;各处户口每岁必须取勘明白,分豁旧管、新收、开除、实在总数,县报于州,州类总报于府,府类总报之于布政司,由布政司汇总送交户部,凡违反编报程序者,依律处死;凡私受财物、偷抄、涂改黄册者,比照盗制书一款惩处,不分首从者皆斩"。黄册每十年更定一次,并"岁命户科给事中一人、御史二人、户部主事四人厘校讹舛"。洪武三十年(1397年),朱元璋又派国子监生于淳等人到各地丈量田地,绘制鱼鳞图册,凡田亩方圆、四周界至、土地肥瘠"悉书于册"。政府征收赋役,以鱼鳞图册为经、黄册为纬,并严惩有司作弊、贪赃枉法、放富差贫行为。②

---

① 夏燮:《明通鉴》第1册,中华书局1959年版,第490页;《明太祖实录》卷二五七,台北,"中央研究院"历史语言研究所校印本,1961—1962年,第6页。

② 夏燮:《明通鉴》第1册,中华书局1959年版,第183、383—384页;谷应泰:《明史纪事本末》卷十四,文渊阁四库全书本,乾隆四十七年刊本,第7—43页;李东阳等纂,申时行等重修:《明会典》卷二十,《户部七》,明万历刊本,第1—18页;《明史》卷七十七,《志第五十三·食货一》。

改革田赋征收手续。洪武初年,规定税粮由州县官吏直接征收,纳粮人家则"亲赴州县所在交纳",官吏趁机大肆贪污,农民则不堪运粮劳苦,往往委托别人去州县代纳,于是产生了"揽纳户",多系地方无赖,他们不仅向粮户索取很重的手续费,还将税粮"不行赴各该仓库纳足,隐匿入己"。为了革除官吏的贪污和揽纳户侵吞税粮的弊端,洪武四年(1371年),朱元璋建立了粮长制度,"命户部令有司料民土田,以万石为率,其中田多者为粮长,督其乡之赋税",其初意是"此以良民治良民,必无侵渔之患矣"。粮长除了征收田赋外,还必须负责解运。朱元璋还禁止粮长以任何借口勒索纳粮户。[①] 这一制度有很大漏洞,特别是随着吏治腐败,成为一大弊政。

赋役制度首先是为了保证国家固定的财政收入,对整齐制度、堵塞漏洞,防止各级官吏巧立名目、贪污侵吞国家税款,同样具有积极意义。

严密财政统计制度。明初承袭唐宋的上计制度,每年年终在逐级汇总上报的基础上,由各省布政司及府州县委派计吏到户部送审统计报告,奏销一年的钱粮军需诸事,由户部集中审核。经户部审核无误后,书写回批,加盖印鉴,准予报销,否则予以驳回。如果户部在审核中发现贪污舞弊问题,即交都察院惩处;如属于计算或编报错误,则退回重编。上计吏得到户部审理回批,归报其主管官员后,一年来的财政统计工作始告结束。

明朝的这种财政统计报告,官方通称为"钱粮账簿"。这种账簿必须按"旧管、新收、开除、实在"四柱格式编制,并发展成为定期编制的统计报告,重点是钱粮支出部门,计有月报、二月报、季报、半年报、年报和三年报等。[②] 这种财政统计制度,对于防止官吏贪污舞弊同样能发挥有效作用。

2. 明中后期反贪机制的隳坏

明朝中后期,贪污受贿现象愈演愈烈,而伴随着政治腐败,明初朱元璋及其后继者苦心经营起来的反贪机制逐渐破坏直至全面瘫痪,失去了反贪

---

① 《明太祖实录》卷六八,台北,"中央研究院"历史语言研究所校印本,1961—1962年,第1—2、7—9页。

② 李东阳等纂,申时行等重修:《明会典》卷十二,《吏部十一·考核》,明万历刊本,第36—45页;卷二十四,《户部十一·会计一》,第1—4页。

防腐的作用。

（1）法制废弛

明太祖朱元璋采用重刑严惩贪官污吏，奠定了明初一百多年吏治较为清明的基础。但明中期以后《大诰》三编因用刑太酷，退出了历史舞台，而可怕的是皇帝和官员们既没有能力根据社会变迁修订稍显落后的《大明律》，又连《大明律》也不认真执行。宣德中，都察院左都御史刘观贪赃而被处谪放辽东充军，但较《大明律》中"官吏受赃财至八十贯处绞刑"的规定，处罚力度相去甚远。明朝中后期还经常实行纳粮或纳银赎刑，如景泰四年（1453年），谕令囚犯在缺粮州县仓纳米备赈，规定"杂犯死罪六十石，流徒三年四十石，徒二年半三十五石，徒二年三十石，徒一年半二十五石，徒一年二十石，杖罪每一十一石，笞罪每一十五斗"。明朝统治者甚至把以钱赎罪作为充实国库的一项重要手段。据《明史》记载，明朝中后期"实边、足储、赈荒、官府颁给诸大费，往往取于赃赎二者"。①

明朝中后期法制废弛，还突出表现在颁行《问刑条例》。弘治年间，为革除明朝建立以来因事起例、轻重失宜和冗琐难行的弊端，制定颁行《问刑条例》这样一部"立例以辅律"的法典，并在嘉靖、万历年间三次修订，使刑事条例基本整齐划一，对维护当时社会的稳定和明王朝的统治曾有重要作用，但《问刑条例》对贪赃的处罚较《大明律》大为减轻，如将官吏受赃财至八十贯绞刑的规定改为"罪止发附近卫所充军"。《问刑条例》还扩大了赎刑的范围，《大明律》规定赎刑只适用于一些轻微或过失犯罪，而对贪赃罪则严惩不贷，到宣德年间赎刑的范围有所扩大，"官吏纳米百石若五十石，得赎杂犯死罪"，但仍"独严赃吏之罚，命文职犯赃者，俱依律科断"。《问刑条例》则规定：除极少数真犯死罪外（如盗乘舆服御物者），其余罪行包括贪赃均可以赎代刑。《问刑条例》中还有许多以行政处分代替刑罚的规定。万历年间，大学士于慎行指出："近世，赃吏受财五百以上，法方遣戍，其泛

---

① 《续文献通考》卷一百三十六，《刑二》，上海商务印书馆1936年版，第4013页；《明史》卷九十三，《志第六十九·刑法一》。

指赃数不可核实者,即至千万,不过罢免。……今之法纪似密而实疏也"。①

尤其值得注意的是,《问刑条例》中处罚贪赃分子的如此宽松的规定,往往也很难执行,因为执法者往往就是贪赃枉法之徒,他们害怕"拔出萝卜带出泥",对贪赃者曲意庇护,重罪轻罚,甚至使之逍遥法外。于慎行曾说:"本朝姑息之政甚于宋代……甚至败军之将,可以不死,赃吏巨万,仅得罢官。"②当然,惩贪之法之所以废弛,根本还在于皇帝怠政、朋党之争、宦官专权等政治腐败。如天启年间,魏忠贤专权,这时的惩贪法规,对于魏忠贤及其爪牙这些赃私狼藉者完全失去制约惩戒作用,而清正廉洁的东林党官员,却被魏忠贤集团诬为贪墨,受到残酷迫害。魏忠贤及其爪牙欲借汪文言之狱,把东林党领袖杨涟、左光斗等牵连进来,一网打尽,在拷审汪文言时,汪文言虽受刑不过,仍仰天大呼:"世岂有贪赃之杨大洪(即杨涟)哉。"复及左光斗时,汪文言蹶然起曰:"以此蔑清廉之士,有死不承。"魏忠贤阉党一时束手无策。时值熊廷弼经略辽东失事,被罢官下狱,魏忠贤向其索贿不得,必欲杀之而后快,于是诬熊廷弼向杨涟、左光斗等东林党人行贿,杨涟、左光斗被各坐贿银二万两,周朝瑞一万两,顾大章四万两,袁化中六千两,魏大中三千两,并借此将这些东林党人逮捕杀害。熊廷弼最后也被杀,并传首九边,史称熊廷弼"自有辽事以来,再任经略,不取一金钱,不通一馈问"。遵化守备副使耿如杞不屑为魏忠贤建祠,魏忠贤下令将其"逮下诏狱,坐赃六千三百,论死"。③ 贪赃之官跋扈横行,逍遥法外,而清廉正直之士反惨遭屠戮,黑白颠倒,莫此为甚。

(2)监察机制的衰颓

明朝初期,统治者建立了一整套从中央到地方的双重监察体制,监察机关对官吏的选拔任用和行政实行了广泛而切实的监督,在明初的倡廉肃贪

---

① 《问刑条例》(弘治年间刻本,万历十三年辑本),法律出版社1999年版,第355—357、371—372、428—430页;《明史》卷九十四,《志第七十·刑法二》;于慎行:《谷山笔尘》卷十,中华书局1984年版,第113页。
② 于慎行:《谷山笔尘》卷三,中华书局1984年版,第29页。
③ 《明史》卷三百六,《列传第一百九十四·阉党·崔呈秀》;谈迁:《国榷》第6册,中华书局1958年版,第5301—5302、5306、5310—5311页。

中发挥了重要作用。但是,明代的监察体制存在诸多弊端,监察机关尤其是巡按御史的权力过大,双重监察体制虽有利于各监察机构间互相监督和牵制,但也造成了机构重叠、职权混淆的弊端,且科道双方极易形成互相对峙、党同伐异的局面,沦为党争的工具。此外,在君主专制统治下,御史的弹劾、给事中的规谏必须符合皇帝的意旨,否则就有丢官甚至失去生命的危险,这种只对臣、不对君的监察机制,其弊端在明初统治者大都勤于政事、励精图治的情况下,还未完全暴露出来。但明中叶以后,随着皇帝昏庸、朝政腐败,监察机制逐渐破坏直至瘫痪,监察制度的各种弊端也日益暴露。

①监察官员自身日趋腐败

明代监察官员的腐败首先是从巡按御史开始的。明朝初期,巡按御史与按察司在权力上互相抗衡,彼此监督。但明中叶以后,巡按御史的权力越来越大,非按察司可比,首先就表现在对布政、按察二司的考察权上。明初,对布政、按察二司的考察一般由吏部和都察院直接负责,但明中叶后,考察制度发生了变化,景泰七年(1456年),谕令"布政司、按察司悉听巡抚同巡按一体考察,具奏罢黜";弘治六年(1493年),将巡按御史参与考察地方官吏进一步制度化,弘治八年(1495年)又规定:如无巡抚,巡按御史可以对布政、按察二司"自行考察"。这样,从弘治朝以后,巡按就获得了对布政、按察二司官的考察、举劾大权,布政、按察二司的前程在很大程度上掌握在巡按御史手里。按察司地位相对下降,这就使原来地方按察司和巡按御史的双重监察体制遭到破坏。而且,弘治朝以后巡按御史还侵夺了许多监察之外的行政、军事权力。行政方面,本来布政使掌一省之民政,但是"凡有大兴革及诸事务",布政司必须"请于(巡)抚(巡)按、总督";巡按还可不经奏请就自行改革赋役制度,甚至可干涉修路、筑桥之类纯属地方官的分内之事。在军事方面,地方战守事宜,征剿盗贼诸事,巡按御史都可参与谋议,甚至亲自指挥。①

明中叶以后,巡按御史的权力日益膨胀,自身也日益腐败。他们所到之处,颐指气使,强指勒索,收受贿赂,《宪纲事类》对御史出巡注意事项的规定,此时已成一纸空文。对此,从明人的评论中,可知巡按权势和贪贿之重:"比来守令不问贤不肖,惟以奉承为臧否。(守令之伤于治大半抚按监司扰之)跪拜频仍,送迎逾境者,虽知为过礼而内喜,喜则忘其恶;自处不谄不渎者,虽知其为正而不悦,不悦则顿忘其善。或者争一跪伏之末节而构成大隙,又于是从而媒孽其短,假耳目以求其瑕疵,植心腹以伺其阴私。甚而大张无稽之谤,指廉为贪,以正为邪,而论劾公排,考语私丑矣。朝廷见其罗织之词,以为去之犹有余辜,而岂能尽知其中不能无负屈者乎?或未必遽去,而迁就为之所,使有道之士不得行其志,而又蒙其污,故有高飞深逝之想,而不乐就其职,亦势之所必至者耳。"②由于巡按御史掌握着弹劾和举荐大权,一些贪官污吏为免予弹劾纷纷向御史行贿,对巡按御史百般巴结,"大官莫不皆然,况小官乎!何者?祈举而免劾也"。有一名县官为向巡按御史献媚,竟以"貂皮饰溺器,以茵褥铺厕中",而按臣竟"受而安之"。③对于地方官吏的贿赂,巡按御史多是来者不拒,多多益善。嘉靖末年,陈志先巡按江西,收贿"载赂遗不下数万"。万历年间,苏鄼担任云南巡按御史,"贪肆赃盈巨万"。天启年间,魏忠贤死党崔呈秀巡按淮扬时,"淮扬士民无不谓自来巡方御史,未尝有如呈秀之贪污者",他出巡时"到处透支"经费"至一万四千两",致使"各县赔补不胜其苦";他以得贿赂而荐贪官谭天相等,"不肖有司应劾者,反以贿得荐,应荐者,多不贿止",为了贪赃,枉法则成为理所必然的事。崔呈秀对作为地方大害的强盗,"每名得贿三千金辄放。访犯,地方大害也,得贿千金辄放"。崇祯年间,"巡按查盘、

---

① 《明英宗实录》卷一四〇,台北,"中央研究院"历史语言研究所校印本,1961—1962年,第5页;卷二六六,第2、5—6、9页。《明史》卷七十五,《志第五十一·职官四》。

② 李承勋:《重守令疏》,《明经世文编》卷一百,中华书局1962年版,第882页。

③ 叶春及:《审举劾策》,《明经世文编》卷三百六十六,第3950—3951页;管志道:《直陈紧切重大机务疏》,《明经世文编》卷三百九十九,第4321—4331页。

访缉、馈遗、谢荐,多者至二三万金,合天下计之,国家遣一番巡方,天下加派百余万",如史范"巡按淮、扬,括库中赃罚银十余万入己橐。摄巡盐,又掩取前官张锡命贮库银二十余万"。① 按察使的贪污腐败丝毫不逊于巡按御史,为保住自己的权力,攀结权贵,颠倒黑白。己身不正,岂能正人,监察官员自身的滥权腐败,更加剧了腐败的状况,地方上的贪官污吏更加肆无忌惮。

②专制皇权的腐败使监察机构无法行使反贪职能

明朝中后期,监察机构虽日趋腐败,毕竟还有一些清廉正直的监察官员,敢于弹劾贪官污吏,有一定的肃贪能力。然而,由于皇帝昏庸、佞臣当道,使监察官员的弹劾更加软弱无力。成化年间,内阁大学士刘吉是一个贪婪无耻之徒,经常遭到科道官弹劾,但他善于奉迎皇帝,一直为明宪宗所庇护,屡遭弹劾却不失官位,"人目之为'刘绵花',以其耐弹也"②。而且,弹劾者自身往往受到迫害,甚至监察官员被大批削减,无法正常行使反贪职能。嘉靖年间,给事中吴时来、御史王宗茂等科道官相继弹劾严嵩专权贪贿、卖官鬻爵,明世宗却一味袒护严嵩,弹劾者反遭迫害。王宗茂被以"诬诋大臣"之罪贬为平阳县丞。严嵩仍"无以释憾",又在明世宗的暗许下"夺其父荫官"。万历时,明神宗刚愎自用,常因逆耳之言而迫害科道官。万历二十年(1592年),户部都给事中孟养浩等十一人为表示对此不满,并申救因立储进言被贬官的御史李献可,上奏章劝谏万历皇帝,神宗恼羞成怒,以"疑君惑众,殊可痛恶"的罪名,将他们或革职,或廷杖,或发配充军,"朝士莫不骇叹",万历皇帝还对科道官的政治建言"留中"不发,使他们的切中时弊之论无法对政局产生影响,最后,明神宗干脆把监察机构砍得残缺不全,监察官员屡缺不补,"(神宗)怠荒日甚,官缺多不补。旧制:给事中五十余员,御史百余员。至是六科止四人,而五科印无所属;十三道止五

---

① 沈德符:《万历野获编》补遗卷三,《御史墨败》,中华书局1959年版,第882—883页;孙承泽:《春明梦余录》卷四十八,文渊阁四库全书本,乾隆四十七年刊本,第19—21、77—87页;《明史》卷二百五十七,《列传第一百四十五·梁廷栋》;李逊之:《三朝野记》,神州国光社1951年版,第61页。
② 《明史》卷一百六十八,《列传第五十六·刘吉》。

人,一人领数职,在外巡按,率不得代。……都御史数年空署",科道官的奇缺使监察机构陷于瘫痪状态。崇祯时,对待监察官员之残酷,不逊于万历,动辄廷杖、下狱,甚至杀戮,所谓"养凤欲鸣,养鹰欲击。今鸣而箝其舌,击而绁其羽,朝廷之于言官,何以异此?"这使得许多监察官员变得唯唯诺诺,尸位素餐,结果,"使言官括囊无咎,而大臣无一人议其后。大臣所甚利,忠臣所深忧",反贪职能越发得不到发挥了。①

③监察官员卷入门户分立、党争的漩涡

明朝中后期,统治阶级上层的矛盾日趋尖锐,皇帝怠政,阁臣门户渐立,在争夺内阁大权的斗争中,各种力量的升降,派系利益之争已经呈现出来。明朝的党争之激烈,史上有名,从嘉靖年间开始显著,盛行于明末,当时朝内除了顾宪成、高攀龙为首的东林党,还有宣城人汤宾尹和昆山人顾天浚为首的"宣昆党",山东人亓诗教为首的"齐党",湖北官应震、吴亮嗣为首的"楚党",浙江姚宗文、沈一贯为首的"浙党"和魏忠贤为首的"阉党"。天启以前,党争主要表现为齐、楚、浙三党和东林党相争,天启以后则表现为东林党与臭名昭著的阉党的斗争。在党争愈演愈烈的情况下,多数监察官员也卷入其中,加上科道官自身内部矛盾,使他们分别与大臣结党互斗,其地位和职权决定了他们处于矛盾斗争的风口浪尖,成为打手和牺牲品。在党同伐异之中,言官御史论议往往有失平允,一方面把弹劾变成派系攻击,打击异己;另一方面完全放弃反贪职能,借机贪赃枉法。史载,天启年间,魏忠贤专权,都察院左都御史周应秋就投靠魏忠贤,成为其门下"十狗"之首,并因此有"煨蹄总宪"的称号。一些在党争中处于劣势的科道官置名节于不顾,奔走魏忠贤门下,甘当鹰犬,与魏氏狼狈为奸,形成"权珰报复,反借言官以伸;言官声势,反借权珰以重"的局面,监察机制走向了它设立本

---

① 《明史》卷二百十,《列传第九十八·王宗茂》;赵翼:《廿二史札记》卷三十五,《万历中缺官不补》,中国书店1987年版,第502页;谷应泰:《明史纪事本末》第3册,《崇祯治乱》,中华书局1977年版,第1173—1211页。

意的反面。①

（3）官吏铨选和考核制度的破坏

①官吏铨选制度败坏的后果

明中叶以后，官吏铨选制度日益遭到破坏，对吏治腐败、贪贿盛行起到推波助澜的作用。其一，明初开创的选任官吏"三途并重"原则的破坏，选官渠道变窄。明初选拔官吏不拘资格，"惟务仁贤"，三途并重，因此官吏进取心强，素质较高，也注重廉能。而明中叶后，三途并重的选官制度逐渐破坏，选官惟重科举，吏员和监生虽仍可步入仕途，但升迁困难，大多只能做到未入流之官。三途并重制度的破坏，不仅使选官渠道变窄，贤路壅塞，也使吏员因升迁无望，不思进取，唯知上下勾结敛财，这是明代吏治败坏、贪风盛行的一个重要原因。其二，大开捐纳之风。明朝中后期还实行捐纳充吏或授官的制度。捐纳制度实际就是政府公开卖官鬻爵。通过捐纳上台的官吏大都素质较低，他们捐官的目的便是发财，把捐官看作发财致富的途径，上任后必然是大肆贪污纳贿，侵渔百姓，蠹害社会，危害日益严重，以致明人发出惊呼："呜呼！以够本获赢之心为民父母，是以商贾之道临之也。卖爵之弊，何可言哉！"其三，科场舞弊之风盛行。明朝中后期，科举考试被视为唯一的入仕正途。随着政治的腐朽，官场上的贪赃之风也吹进了考场，"贿买钻营，怀挟请代，割卷传递，顶名冒籍，弊端百出，不可穷究，而关节为甚"。明代有许多大臣以权谋私，为其子弟登第而多方奔走周旋，以致屡有大臣子弟科考舞弊的事件。嘉靖二十二年（1543年），在顺天乡试中，考官为了讨好内阁首辅翟銮，将考题卖给他的两个儿子翟汝俭和翟汝孝，结果二人皆中举；在次年的会试中，考官又将翟汝俭、翟汝孝与其师崔奇勋、姻亲焦靖四人安排在同一号内，结果四人均同登进士。张居正也凭借权势，使自己三个儿子考中进士，他还曾因其长子落榜而下令停止一科的"馆选"。明朝中后期，铨选制度的破坏，使大量庸劣之辈步入官场，在商品

---

① 夏燮：《明通鉴》第7册，中华书局1959年版，第2875—2876页。《明史》卷三百六，《列传第一百九十四·阉党·周应秋》；卷二百四十五，《列传第一百三十三·周宗建》。

经济的冲击和金钱诱惑下,纷纷以权谋私,贪污受贿。①

②官吏考核制度破坏的后果

明朝中后期,官吏考核制度遭到严重破坏,已至名存实亡的境地,也助长了贪贿之风。其一,巡按御史或不履职,或考核不实。明中后期,吏部、都察院对地方官的考察完全依赖巡抚、巡按,尤其是巡按御史任满,要将所属大小官员的政绩填注考语揭贴,呈送吏部,由于巡按的腐败,或"不闻考核一人",或考语多有不实;巡按御史不亲自巡历,假手胥吏,往往也导致考语与本人政绩大相径庭。与考察不实相连的是举劾不公,有司贪酷者,按臣却循情滥举,而清正廉洁者,"或以刚直见忤,或以悃幅启侮,多置之下等",巡按在举劾中举大劾小、举多劾少的弊端也很突出。嘉靖初年,就出现"其所举者可不问而知,其必藩臬方面大官也;其所劾者可不问而知,其必通判、县丞小官也。其所举者可不问而知,其必牵朋联伍不数十人不止也;其所劾者可不问而知,其必寂乎寥乎才三两人也";"举大而劾小者,无乃大官则足以树恩,而小官无伤于任怨也欤!又无乃势弱者易凌,而根固者难拔也欤!"②其二,对吏员实行了纳粮免考的制度,实际就是放弃对吏员的考察。成化年间规定:"凡一应听考吏典,纳米五十石,免其考试,给与冠带办事;在外两考,起送到部,未拨办事吏典,纳米一百石;在京各衙门见办事吏典,一年以下纳米八十石,二年以下纳米六十石,三年以下纳米五十石,免其考试,就便实拨,当该满日,俱冠带办事,各照资格挨次选用。"③其三,明朝末期,伴随着政治的极端腐败和党争的日趋激烈,作为考核制度重要内容的京察和大计,完全沦为党争的工具,各派系利用掌握京察和大计的权力之机,以党派利益、所考官吏馈遗多寡和交结深浅为依据,用来结党

---

① 《明史》卷七十,《志第四十六·选举二》;卷一百九十三,《列传第八十一·翟銮》;卷二百十三,《列传第一百一·张居正》。

② 《明世宗实录》卷二四八,台北,"中央研究院"历史语言研究所校印本,1961—1962年,第1—2、15—17页。管志道:《直陈紧切重大机务疏》,《明经世文编》卷三百九十九,第4321—4331页;唐顺之:《答李中谿论举劾疏》,《明经世文编》卷二百六十一,中华书局1962年版,第2761—2762页。

③ 李东阳等纂,申时行等重修:《明会典》卷二十二,明万历刊本,第47页。

固权,排斥异己,打击政敌,德行和才能的原则只是幌子,考核制度完全失去了整肃吏治、惩治贪墨的意义。东林党人杨涟曾激烈地抨击这种时弊说:"眼前近事,凡讲一人,先不论贤与不肖,便问是哪一路人;亦不问其能为用与否,又问其走哪人路。如其为那路,但谓之邪党,更不问作何邪事。"①

(4)财政制度的紊乱

明朝中后期,各项财政制度日趋混乱,不仅失去防范贪贿的作用,反为贪污贿赂大开方便之门。

明初,黄册制度刚推行时,就曾出现过编制和管理人员的贪赃舞弊。当时黄册制度尚在初创阶段,加之朱元璋"重典治吏"、严惩贪官,因此利用黄册等财经制度不完善之处贪污舞弊的现象尚不普遍。这一制度在明初较好的贯彻执行,发挥了防止官吏巧立名目、贪污侵吞的重要作用。但自明中叶以后,黄册制度日趋混乱,弊端丛生,成为贪贿的一大渊薮。明代各地黄册的编制,由里长、甲首及衙门的吏员书手(编制黄册时管抄录誊写)、算手(负责计算事产和税粮)等具体执行,明中叶后,在政治日趋腐败的大环境下,他们利用工作之便,受贿营私,任意科敛,通同作弊。由于他们经常参与黄册的编制,熟悉其烦琐的程序,作起弊来也驾轻就熟,花样多多:或受人贿托,代为诡寄田地,飞洒钱粮;或代人假作分家析产,隐漏财产;或虚报死亡,少算丁口,以求脱免差徭;或改换户籍,埋没军伍匠役;或将应该轮充差役的人户挪前挪后,把自己应承担的赋役转嫁到贫苦大众头上;或捏甲作乙,以有为无;或捏造情况,妄报灾荒。在里长、甲首、书手、算手等的操纵下,明中后期的黄册变得绝不可信,完全不能当作合理分摊赋役的依据。随着黄册制度的破坏,明王朝各地方渐渐出现一种代替黄册,专供州县衙门实际应用,并不向上解送的实征文册——白册。白册所载较黄册符合实际,但和黄册并无本质的差别,埋没土地、隐脱人丁的现象也十分严重,这

---

① 杨涟:《与梅长公》,《杨忠烈公文集》卷四,清道光十三年世美堂刊本,第11页。

就造成明中后期赋役极为不均的局面。①

洪武年间,明太祖设立粮长,起初也曾发生勒索粮户、征多解少的现象,但在明初"重典治吏"政策下,大多数粮长毕竟不敢以身试法。同时,为了使粮长能忠诚地为明王朝服务,朱元璋还给予粮长优厚的政治待遇,破格提拔忠于职守、及时运粮至京师者,并有擢至高位者,如严震直官至工部侍郎,"(洪武)二十六年六月进尚书",浦江郑濂"自白衣擢礼部尚书"②,其激励效果是明显的。但明中叶以后,"重典治吏"的时代已经过去,粮长进入仕途的道路也被阻塞,因此,粮长的表现大不如前,征多解少,甚至利用控制的大批粮食作为资本,经商牟利的现象越来越普遍,越来越严重,许多粮长"征收粮既讫,不起运,辗转为贸易,至起家累巨万"。③洪武四年(1371年),朱元璋初设粮长时,任期没有明确规定。洪武末年,实行轮充制,规定正、副粮长轮流充当。到宣德后又实行永充制,且有子孙相承、兄弟更替,数代不易者,使粮长的权力进一步扩大,更便于其作恶。他们利用手中的权力串通官吏,团局造册、虚出实收、就仓盗卖、巧立名目、飞洒粮差、贪赃受贿、包揽词讼、吊打佃民,无恶不作。随着明朝政治的日益腐朽,土地兼并日趋激烈和优免人户的不断增加,造成普通百姓田赋负担越来越重,而政府一味责令粮长追缴赔纳,粮长因此开始变成一个苦差。大户之家为摆脱粮长之职,纷纷贿赂地方官吏,这份苦差便落到了中下层农民身上。地方官吏也利用所掌握的粮长编审权,收受贿赂,"差贫放富"。明代中后期,无论是粮长肆虐为害,还是粮长使中小户破产,粮长都成为祸民大害,成为地方官吏收贿营私的渊薮。

明中后期财政制度的混乱,还表现在加派、预征、带征纷至,税制日趋混乱。加派是明王朝解决财政亏空的一贯做法。明朝末年名目繁多的加派使

---

① 《大诰·造册科敛第五十四》,《明〈大诰〉点校本》,社会科学文献出版社2009年版,第215页。
② 《明史》卷一百五十一,《列传第三十九·严震直》;卷二百九十六,《列传第一百八十四·孝义一·郑濂》。
③ 傅维麟:《明书》卷六十八,《丛书集成初编》第784册,中华书局2011年版,第395—411页。

税制陷于混乱,赋税的征收日益复杂,不法官吏乘机上下勾结、弄虚作假、明增暗添、贪污中饱。带征制和预征制更使本就混乱不堪的税收制度愈益复杂,为贪官污吏的胡作非为增加了机会。

明代中后期,由于贪贿风气盛行,政治和社会更加黑暗,但历史的悖论正是在统治集团内部不仅出现了不少坚决反贪的人物,而且产生了反贪新思想,尤其是惩贪以高官为重点、去奢止贪的思想,值得重视。

在"一切惟君唯上"的封建社会,高官大吏的价值观念、生活和政治作风对整个官场、社会具有示范引导效应。因此,高官的贪贿行为必然为中下层官吏所效法,所谓"上梁不正下梁歪"。明代中后期,正是严嵩等高官的贪酷纳贿行为,导致了整个士风、官风和社会风气的大坏。面对这种现实状况,明代中后期的思想家体悟了高官行为与吏治好坏的密切关系,提出了惩贪要以高官为重点的主张。张居正认为,吏治的本源在总督、巡抚、巡按以及朝政内阁、部院,即"一方之本在抚按,天下之本在政府",整顿吏治必须从中央和地方的高官大僚抓起。王廷相认为,"大臣法,小臣廉","大臣贪浊而日在高位,则小臣得于观感之下者,将无不唯利是图矣。京官贪浊而安处无事,则外官被其鼓动饮风者,亦无不唯利是图矣"。在君主专制的封建社会,以高官为惩贪重点往往能起到杀一儆百之效,不失为一个精辟的主张。但问题在于,在明朝中后期,除极个别人外,高官大都贪婪成性,以他们为惩贪重点,将杀不胜杀,何况他们本身就是掌权者,不可能向自己开刀,因此这一思想很难付诸实践。

明朝中后期,奢侈腐败之风蔓延全国,许多政治家和思想家将贪污腐败的盛行归咎于"奢侈之风",并提出"去奢止贪"的主张。但如何做,这一时期的思想又走不出"重本抑末"陈调的时代局限下,一些思想家已敏锐地觉察到在他们生活的时代,商品经济所带来的社会风气变化,以及由此日趋严重的贪污腐化之风,他们在一定程度上把握了时代的脉搏,寻找出奢侈与贪贿之间的因果联系,是难能可贵的。不过,贪污贿赂并非商品经济独有的现象,为避免产生贪腐而主张重本抑末、限制商品经济,是因噎废食。通过明王朝日趋严重的贪贿状况与反贪实践,我们可以明白:

君主专制是明代社会存在贪贿现象的重要原因。在君主专制体制之下,各级官吏只要忠于皇帝,忠于上司,纵有贪贿恶行,仍可逍遥法外。严嵩、魏忠贤等巨贪之所以会出现,正是由于他们通过各种手段取得了皇帝的信任,故虽有滥权贪腐行为也能得到包庇,以致贪贿愈演愈烈,成为留名史册的大贪官。

商品经济发达的社会环境,更易于诱发贪污腐败行为。明代中后期,商品经济空前繁荣,一方面助长了奢侈腐化之风的蔓延,另一方面加剧了贫富分化,使掌握权力和资源分配权的官僚士大夫在富商巨贾面前颇显寒酸,产生了不平衡的心态,都是诱发贪污受贿的重要因素。

抑制贪污腐败,当政者须敢于重拳出击,决不姑息迁就。明初重典治吏,严厉打击贪贿,才赢得了一百多年吏治清明的安定局面。而明朝中后期反贪力度的弱化,姑息迁就,造成赃官污吏遍天下的混乱政局。

反贪须加强宣传教育。明初通过建申明亭、颁布《大诰》三编来加强惩贪的宣传和教育,造就了一批清正廉洁的官员,发挥了重要作用。明中后期,当官发财、千钟粟、黄金屋等思想的盛行,也在"教育"、引导当时的官吏不再以贪污为耻,反以多贪钱财为荣,贪贿之风于是日甚一日,而明王朝也难逃覆亡的命运。

第二节
清代的贪与反贪

1644年,满族入主中原,在北京建立全国性政权,揭开了清王朝二百六十七年统治的序幕。那么,清王朝能否及时借鉴前明失民亡国的教训,将反贪、整饬吏治作为重点?从清朝历代统治者在法律、行政、监察等方面建立了一整套防范、严惩官吏侵贪的政策措施来看,他们重视了这一问题,所制定、实施的各项制度措施为加强君主专制中央集权的统治,发挥了重要作用。

一、清代造成贪贿的若干体制成例

1."陋规"与清代的侵贪

"陋规",是清代衙门中历来沿袭的不良成例,是清代吏治一大弊政,因其广泛、深入地渗透于京城内外各级衙门官僚和吏役之中,甚至到了"凡事无陋规不成,非陋礼莫办"的程度,成为当时官场的一大突出现象。清朝历代皇帝对"陋规"都采取措施,但从未能真正杜绝此弊,也从未能成功地将这一"成例"纳入制度范畴。"陋规"可谓是屡禁不止,与有清一代相始终,而且在清朝中后期愈演愈烈,渗透到官员吏役的政务活动、日常生活中,其门类名目愈繁,规格愈高,费亦愈巨,成为社会的沉重负担,尤其是对社会人心、道德伦理的戕害之深,是清代官员侵贪的一大成因。

清代中央各级衙门官吏收受的"陋规",可分为两类:一为皇族亲贵、中高级官员收受各级地方官的各种名目的馈赠,二为各部、院、府、寺、监等中央政府各衙门官吏定期或因事因案收受的部费。清代,大臣积累财富的多少与其权势、贪婪程度有关。中央各部院衙署和官吏所得"陋规"的多少,与其所处地位或所依仗的权势相关。

清代,地方官送给京内高官的"陋规",据记载,"道咸以前,外官馈送京官,夏则有冰敬,冬则有炭敬,出京则有别敬。同年同乡于别敬之外,则有团拜项,谓每岁同年同乡有一次团拜也。同光以来,则冰敬惟督抚送军机有之,余则只送炭敬而已。其数自八两起,至三百两为止。"①外官晋京馈送的别敬,多的不过数百两,少的仅数十两乃至数两,每一人数目虽有限,但馈送不止一人,而是以数十数百人计,总数额惊人。至于收受"陋规"的京中各衙门高官,特别是位高权重者,每年收受数以千计的晋京陛见或办事之人的馈送,累积起来,不可计数。外官馈赠京官的"孝敬",还有"岁金、节敬、程仪、贽礼、赆礼、赙仪、贺仪"等各色名目,有的送银两,有的馈赠古玩、字画,有的则送方物吃食等。然而,中央各部、院、府、寺、监衙门的一般中下层官吏,就只有自己想办法拉关系以广开财源。同光年间的名士、中下级京官李慈铭就曾记述这样的事例,并道:"京官贫不能自存,逢一外吏入都,皆考论年世乡谊,曲计攀缘。先往投谒,继以宴乐,冀获微润。"②

中央各级衙门和官吏取得"陋规"的另一途径,就是在办理与其衙门职权相关的各种公务时勒收一定的部费。所谓部费,是指地方文武官吏向中央主管部门申报待审核的册籍、待报销的经费、待批准的政务或案件时,必须奉送一定数量的额外费用,以供中央主管衙门的官吏们私自分享。部费又因不同部院衙门、不同业务而定出各种程式。如吏部,"领凭有费,领照有费,引见亦有费,或数两,或百数十两,恍惚亦有一定规矩",而最重者,"则卓异引见道府,竟有至三百六十、二百四十者"。③ 地方官府,只要主动缴纳部费,一应事件均不难办妥,如无部费,则必受百般挑剔,"概予驳回"。中央各衙门官吏为了取得部费,惯用的手法就是挑剔批驳后,或守候有关地方官吏来议价缴费,或由司官吏役向各该省的熟人写信致意,表示愿意

---

① 何刚德:《春明梦录》卷下,山西古籍出版社1997年版,第103页。
② 李慈铭:《越缦堂日记》,同治十一年四月二十五日条,广陵书社2004年版,第5355页。
③ 何刚德:《春明梦录》卷下,山西古籍出版社1997年版,第99页。

协助予以转圜。至于一些临时或专门性问题,则视情节轻重而酌定价目,由双方商定缴纳。

清代,地方性"陋规"的名目更为繁琐,一部分"陋规"是专门适用于督抚、藩臬以及盐政、海关监督、将军、都统衙门等,称为"院规、省规";更多的部分则是通用于省、道、府、州、县。地方"陋规",在钱粮征收和交收方面,有火耗、耗羡、平余、帖规、照规、批回费、结费、契税规、屠宰规、丈规、当规、牙规、柜规、军粮折价规、荒规、灾规等;在刑名词讼方面,有投告规、承差规、铺堂规、差规、解规、串票规、安班规、挂号规、相验规、傅呈规、傅证规、代书戳规等;将军、都统、八旗佐领等军职旗务衙门,则有丁粮空额规、马草规等。至于一些专业性衙门,盐政衙门有匣规、引规、场规、坝费、配费、掣费;河道衙门有河工规、闸规;漕运衙门有漕粮规、运规、截贴规;海关衙门有关规、验规、船只出入规;陆关有长规、站规,等等。上级官员来阅兵或学政来主持考试时,有栅规;上官召宴或宴请过往长官时,还有压(押)席或折席规礼;属官对各上官例应按时致送节寿礼、红白事贺仪奠仪;上官进京陛见或省内外升迁调任,各属官应送盘缠金、程仪;属官晋谒上官,初次应送贽见礼,每次入见都必须给上司的门丁送上门包银,等等。①

地丁、关税、盐漕是国家财赋的根本,也是官吏营私舞弊的利薮,历来陋例丛生,厉禁难止。乾隆后期和嘉庆初年,和珅柄政,"盐政、河工素利薮,以征求无厌"。以漕规为例,嘉庆初年,查明山东"漕帮旗丁经费陋规"清单,内开该帮漕船三十九只,得过各州县帮贴陋规银五千余两。按此通漕计算,各省漕船"原数万四百五十五号",每年旗丁所得州县帮贴漕规总数,当在百万两以上,而各漕州县还以帮贴旗丁为名,加征"耗赠",贪污中饱,又比百万两加倍不止,故漕规数额之巨有"朝廷岁漕,江南四百万石,而江南则岁出一千四百万石。四百万石未必尽归朝廷,而一千万石常供官旗及诸色蠹恶"之说。②

---

① 韦庆远:《论清代官场的陋规》,《明清史新析》,中国社会科学出版社1995年版,第242—258页。
② 《清史稿》卷三百十九,《列传一百六·和珅》,中华书局1977年版,第10755页;贺长龄辑:《皇朝经世文编》卷二十八、四十六,沈云龙主编:《近代中国史料丛刊》第七十四辑,台北,文海出版社1966年版,第1034—1036、1594页。

盐务"陋规",以两淮盐政衙门为例,"每日商人供应饭食银五十两,又幕友束脩笔墨纸张一切杂费银七十两,每日供应银一百二十两",一年下来,这些供应竟达四万三千余两之多,两淮盐政司员开销数额之巨大,超过了御膳房的开支,乾隆朝御膳房每年通计用银仅三万余两,户部尚书每年用于饭食银也只有五千余两。盐商供应地方大员的"陋规"数额,更是不菲。如自乾隆四十四年(1779年)起,历任闽浙总督俱收盐店总商"规礼"银两:"杨景素收过银二万两,富勒浑三任内共收过银五万五千两,陈辉祖收过银二万两,雅德二任内收过银四万五千两,伍拉纳任内共收过银十五万两"。此外,各地盐商还要随时帮助地方大吏进贡名目繁多的"派捐公费"、"贴补公费",如乾隆四十九年(1784年)查办广东盐务陋规案,查出历任两广总督"俱用银自三万余两至五六万两不等,而杨景素在任未及一年,竟倍用至六万余两之多",而且多是"粤东盐商派捐公费",即竟然勒派盐商"贴补公费"银六万余两,"其借端勒索,侵贪入己,更出情理之外"。而清代盐商负担最重的规银,则是帮贴办差,特别是皇帝南巡办差,"预备行宫等事",两淮、浙江、长芦三地盐商动辄就要拿出百数十万两,以至数百万两白银。①

清代海关及内地各关"陋规"数多且重,较之地丁、盐漕,有过之而无不及。清朝后期冯桂芬就痛切地指出:"关无善政","浮费之多,莫甚于关","大抵田赋之数,民之所出者二三,而国之所入者一;关税之数,民之所出者十,而国之所入者一"②,此势成形于乾隆朝后期。

乾隆中期以后,中央和地方各衙门"陋规"多如牛毛。当时,钦差、督抚过境有"站规",乾隆五十一年(1786年),两广总督富勒浑婪赃案内查出,其家人李世荣随主子自闽入粤,沿途需索各州县"站规",仅福清知县郭廷魁即被勒要"花银"一千二百零五圆;自京回闽途中,仅浦城知县钮琨即被

---

① 故宫博物院编:《史料旬刊》第32期,故宫博物院文献馆铅印本1931年版,第173—174页;《清实录·高宗实录》卷一二〇〇,"乾隆四十九年三月上",第24册,中华书局1986年版,第42—43页;《清史稿》卷三百三十七,《列传一百二十四·杨景素》,第11054页。

② 冯桂芬:《校邠庐抗议》,《近代中国史料丛刊》第一辑,台北,文海出版社1966年版,第85页。

勒收"花银"五百一十七圆。总督入境,州县"站规"竟达数千两银。乾隆五十三年(1788年)查办台湾海口陋规案,鹿耳门海口文武两税官每年约收"晋银"五万余圆,总兵分得三千圆,副将分得二千余圆,其余银两由各级官兵朋分;鹿仔海口的"陋规与鹿耳门无异",同知约得一万余圆,守备六千余圆;至淡水、八里垄海口,亦有"陋规"。反映出当时"陋规"银泛滥的严重状况。清代著名学者章学诚把溢于"陋规"之外的科敛指为吏治的"极弊",具体有:"漕规之斗斛倍蓰,丁粮之银钱倍折,采买之短价抑勒,公事之借端横敛。印官上任,书役馈送辄数万金;督抚过境,州县迎送必数千金。此皆日朘月削,闾阎不可旦夕安者。"①

清代的地方官吏从督抚至州县官,普遍收受"陋规",一方面他们作为"陋规"的馈赠者,目的是在朝中要人及上级官吏中找到靠山,得奥援,辟门径,谋升迁,寻求政治庇护;另一方面,他们将接受属下的馈赠贿送,视为理所当然的事。连六、七品的知州、知县也接受境内佐贰杂官、吏役、绅衿的按时贡献。所谓"委任必酬,到任必谢,节寿必礼",一切"陋规",缺一不可,"无馈赠则不能办事,有馈赠则诸事顺畅",在这种"礼物"的来来往往中,绝大多数人都从中谋得好处。

清前、中、后期政治格局不同,几代清帝的治道又存异,对"陋规"问题的利弊处置,顺治朝执法严酷,康熙朝趋于宽松,雍正朝又大力整顿、裁革。当吏治相对清明时,地方官吏借"陋规"以补"养廉银"之不足,"陋规"虽无所不在,尚不致造成对社会的严重危害。但自乾隆中期以后,由于乾隆帝对"陋规"的态度摇摆于宽严之间,晚期更流于放纵,加之乾隆本人多欲,致使"陋规"泛滥成灾。嘉庆帝亲政后,尹壮图描述了这一变化:"乾隆三十年以前,各省属员未尝不奉承上司,上司未尝不取资属员。第觉彼时州县俱有为官之乐,闾阎咸享乐利之福,良由风气淳朴,州县于廉俸之外,各有陋规,尽足敷公私应酬之用。近年以来,风气日趋浮华,人心习成狡诈。属员以夤缘为能,上司以逢迎为喜,踵事增华,夸多斗靡,百弊丛生,科敛竟溢于

---

① 台北故宫博物院图书文献处文献科编:《宫中档乾隆朝奏折》第68辑,台北故宫博物院印行,1987年,第805页;章学诚:《章氏遗书》,商务印书馆1936年版,第329页。

陋规之外。上下通同一气,势不容不交结权贵以为护身之符"。①

乾隆朝中叶以后,文武官员每年的收入不再只靠朝廷的廉俸,而更多是靠下属贿送的各种名目的"陋规"。至于"陋规"收入的多少,则要看官缺之肥瘠和官员的道德良心。贪官王亶望"陋规"所得,为廉俸的数十百倍,而有"廉名"的官员"取之有节"的数额也超过廉俸十数倍。道光年间,陕西督粮道张集馨,因粮道历来为肥缺,每年"陋规"所得有三四十万两,张集馨自律较严,"每年入项约六万余两",而陕西粮道每年养廉银仅二千四百两,其所得"陋规"是养廉银的二十多倍。外官靠"陋规"来支付应酬和过日子的花销,京官也不例外。清后期,内阁学士兼礼部侍郎汪鸣銮的日记中记载,他在光绪十一年(1885年)九月起十个月内,所得各种敬银一万零五十一两,而朝廷半年支给他的俸银不过一百五十两、俸米折银六两八钱,汪鸣銮有一个八口之家,非得前项敬银接济,否则京官生活难以为继。②

乾隆中叶以后,"陋规"泛滥,法所不禁,人皆宽容的非正常状况,其结果就是导致"州县惟知以逢迎交结上司为急务,遂置公事于不问,视陋规为常例,以缺分美恶,得项多寡,总思满载而归,视民生如膜外。而督抚司道等亦只知收受属员规礼,并不随时督察"。如乾隆四十九年(1784年)五月,江西巡抚郝硕曾以进京陛见"行李不具"、"盘费短少"和有"应交浙省海塘公项"紧要为名,"令缺分好者稍为帮助",实际就是勒派属下道府州县共七十一员,共收银八万余两。郝硕被革职解热河质审后,乾隆帝谕命照国泰之案例,赐令自尽。馈送银两之各道府州县七十一员,"核其银数之多寡,并按品级之大小",罚缴议罪银,"共应罚银十六万六千七百两,以充公用"。③

嘉道以后,清国力渐衰,皇权已无力对"陋规"严厉禁革,"陋规"日益猖行,在社会生活中已起到"不可或缺"的作用,事实上取得了半合法的地位,清王朝也走到了尽头。

---

① 姚元之:《竹叶亭杂记》卷二,中华书局1982年版,第53页。
② 汪鸣銮:《廉泉录》,《文献》1986年第3期。
③ 《清史稿》卷三百三十九,《列传一百二十六·郝硕》,中华书局1977年版,第11078页。

2. "养廉银"、罚俸罚廉与"养不廉"

清代的俸禄制度是当时君主专制国家政治制度和财政制度的重要组成部分。清代俸禄制度沿自明制,但清朝以满洲贵族为主体的满汉联合政权的性质,决定其俸禄制度必须保障满洲宗亲和八旗世家的特殊利益,保证各族上层势力的特殊利益,以巩固满族贵族为核心的各族地主阶级的联合统治。

清朝的俸禄制度大体沿袭明朝,明朝官俸定额是比较低的。但明初各级官俸的数额都要高于清朝各级官俸的数额,明正一品官的俸禄数额为清正一品官(清制,一品官岁俸为银180两、米180斛)的3.87倍,明朝最低的正九品官的俸禄额是清正九品官(清制,正九品官岁俸为银33.114两、米33斛1.14斗)的1.3倍。微薄的岁俸,不仅要赡养家口,还要负担幕僚们的费用及衙门的一切陈设消耗等费用,这是极难做到的。以清代总督为例,其家中人口少则十几人,多则四五十人,"大多人口甚众,日常生活开支已极浩繁",雍正帝曾亲自询问过原云贵总督鄂尔泰的家庭生活用度,鄂尔泰回答:"每月以五百金计之,一年六千金,尽敷用度",即作为地方行政最高长官的家庭开支每年至少要六千两银子左右,为其原俸(姑且按一品官岁俸为银180两计算)的33.3倍。由此可以推算出,地方各级官员的俸薪所得,与家庭的实际支出距离很大,中央各级官吏俸禄收入与支出间相差之数亦不亚于地方官,这种低俸制对清朝的吏治起到了破坏作用。清代地方各级政府没有行政经费和经费预算,尽管作为国家主要财政收入的地丁合一的田赋是由州县征收,逐级解送,但地方各级官府不得随意动用,如有重大公务军需,应逐级禀报,督抚具题,户部核实,经皇帝批准方可支领,否则挪移、冒支、截留等均要定罪;而地方工程项目、日常公务开支均无固定经费来源,地方官往往以"公指"的办法来解决,这就成为地方官勒派下属,其下属刻剥百姓的借口。康熙末年时,为政宽仁,致使各级官吏中的贪污纳贿之风愈演愈烈,各省藩库钱粮的亏空异常严重。据清官方档案记载,户部"实在亏空二百五十余万两",地方钱粮被官吏贪污挪用,大大减少了清廷的国库收入,造成了财政混乱和国库的空虚。清政府财政状况的恶化和吏治的败坏,加重了农民的负担,激化了当时的阶级和社会矛盾,官吏"苛征火耗,民怨沸腾","有司贪暴,驱民为盗"。为使清朝吏治得以澄清,财政得以好转,农民负担有所减轻,雍正帝即位后,针对不合理的低俸制度和地方财政制度的弊病,断然实行养廉银制度,这是巩固和加强清朝统治的"奖廉惩贪"原则的具体体现。

养廉银制度包括两部分内容:一是将原来全部被地方官吏贪污的"耗羡"银两确定比例提解归公、上交藩库,即所谓"以民间输粮之耗羡,分给于官"。二是在此基础上,把各省归公之后的"耗羡"银两的大部分拨给各级官员养赡家口之用,"在外大小职官及试用奉役诸员,咸有资给,统谓之曰'养廉'",其余部分用来弥补地方钱粮的亏空和解决行政经费的困难。①

耗羡归公和养廉银制度是对顺治、康熙二帝成法的重大改革,必然会触犯滥征耗羡和无节制地收受规礼银的官吏的切身利益,因而它的施行必然会遭到利益集团势力的抵制和反对。雍正帝明示各大臣必须"虚公执正,确议具奏",并颁发谕旨,表明州县征收耗羡是非法的,耗羡的加派横征使官吏的贪欲膨胀,导致国库亏空,使农民的负担加重,"历来火耗皆在州县,而加派横征,侵蚀国帑,亏空之数不下数百余万。原其所由,州县征收火耗,分送上司,各上司日用之资皆取给于州县,以致耗羡之外,种种馈送名色繁多,故州县有所借口而肆其贪婪,上司有所瞻徇而不肯参奏,此从来之积弊,所当剔除者也。与其州县存火耗以养上司,何如上司拨火耗以养州县?"雍正是要表明,为清除这一积弊,必须实行耗羡归公,变无限制的滥征为"酌定分数"的轻取,并将其控制权由州县转到各省督抚一级,使养廉银制度成为"上不误公,下不累民,无偏多偏少之弊,无苛索横征之扰,实通权达变之善策"。②

雍正年间常例,总督的养廉银为每年二万两左右,巡抚为一万五千两左右,布政使为一万两左右,按察使为八千两左右,道府为五千两左右,州县为一二千两。雍正帝依照"奖廉惩贪"的原则,主张对那些居官廉洁、勤于政事的地方高官从优厚给,以资鼓励。山西巡抚诺敏,因力主"耗羡归公",并比较完整地提出养廉银制度的建议,故雍正帝定给其养廉银额高达每年

---

① 金埴:《不下带编》卷三,中华书局1982年版,第43页。
② 中国第一历史档案馆编:《雍正朝起居注册》第1册,中华书局1993年版,第272页。

三万一千七百两,为其原俸的 204.5 倍,也远高于普通总督巡抚的廉俸。除各衙门正印官外,所有佐贰官也都有养廉银。雍正七年(1729 年),署理福建总督史贻直、巡抚刘世明等奏请,"闽省内地佐贰杂职微员共计二百一员,每员每年议给银贰拾两",虽然微薄,亦成定例。①

自地方推行养廉银制度后,京官的薄俸问题凸显出来。雍正六年(1728 年)二月,颁发上谕:"五部大臣内,除差往外省署事之人外,俸银、俸米著加倍给与",但双俸仍满足不了京官的需求,后又在各省解部银两和户部三库盈余银中,拨出一定数额,分给中央各部院官员养廉之用,其中户部得银 92 300 两,吏部得银 10 000 两,礼部 5000 两,理藩院 2000 两。这些银两再在各部院官员中进行分配,以分得"养廉银"最多的户部为例,92 300 余两银,按例分给尚书、侍郎等堂官 17 200 余两,司员、笔帖式 14 980 余两,余下 60 120 两银再分给各司和银库郎中、员外郎、司库、大使、库使和笔帖式等。不过,由于分给各部院的养廉银由各部院堂官负责分配,实际分配是否按这一比例,就不得而知了。在京八旗大臣的养廉银总数是每年 86 000 两,领侍卫内大臣分得最多,每年 900 两,其余由百两到数百两不等;一般在京武职各官的养廉银,以在京八旗大臣岁分所余,通融匀派,没有确数。所以,对大多数京官而言,正俸仍是主要收入来源。

乾隆时期,进一步扩大了养廉银的范围。首先,地方各级文武官员均享有养廉银。乾隆十二年(1747 年)五月,调整各省督抚的养廉银额,对其他地方各官的养廉银额有所增补:总督 13 000—20 000 两,巡抚 10 000—15 000 两,布政使 5000—9000 两,按察使 3000—8000 两,道员 1500—6000 两,知府 800—4000 两,知州 500—2000 两,知县 400—2000 两。另外,河道总督 6000 两(其中,北河总督系直隶总督兼领,支银 1000 两),漕运总督 9520 两,管河道员 2000—4000 两;盐运使 2000—5000 两,盐法道 2000—4240 两(如系官员兼任,则加领不到)。其次,"增定佐杂养廉,改亲丁各粮为养廉等",佐贰杂职官员养廉银,在每人每年二十两的基础上得到了提高,有的能达到每年数百两不等,同知一职亦有达到千两以上的。其三,武

---

① 台北故宫博物院文献编辑委员会编:《宫中档雍正朝奏折》第 15 册,台北故宫博物院印行,1980 年,第 56 页。

官养廉,在雍正年间是"量给亲丁各粮"。乾隆四十七年(1782年),清廷开始给武官增发养廉银,提督每员岁给养廉2000两,总兵1500两,副将800两,参将500两,游击400两,都司260两,守备200两,千总120两,把总90两。按清制规定,无论是中央还是地方官员,一般都按季支领养廉银,个别地方是按月支领。①

养廉银制度的实施,使中央特别是地方官有了合法、经常的经费来源,使私征加派受到约束,吏治有所澄清,清廷财政状况有所好转,农民负担有所减轻,为清廷的执政开创了新的局面。但是,随着时间的推移,清代养廉银制度本身也出现了问题,最终没能扼制住官吏侵贪的势头。其一,在于官吏的贪污腐化是与整个封建时代相始终的,无论当时官吏的待遇是否优厚,掌握统治权力的官僚集团的贪欲是永无止境的。其二,按照儒家的君臣大义观,读书人在家尽孝、为国尽忠,是义务,应该是无偿的。另外,低税率体制是明清王朝建立的合法性体制基础,这也使朝廷没有充足的资金来大幅度提高俸禄和维持养廉银的发放。封建体制就建立在这种理论基础之上,因此,只能实行低俸禄,算是国家给官吏服差役的工作和生活补贴。养廉银制度的出现,实际上是对理论和现实矛盾的一种调整。在这种调整中,增加了大小官员的薪俸收入和财政经费,打掉了他们恣意贪污克扣的借口,在一定程度上约束了官吏的贪贿行为,扼制了贪污腐败的恶性膨胀。

养廉银制度在主客观方面也存在许多弱点。首先,养廉银尽管定得很优厚,但比起过去收受的"陋规"来说,还是要少得多,习惯于收受贿赂的各级官吏,无法忍受"耗羡归公"和定给养廉以后所受的限制,仍然暗中加耗私收"陋规",这当然是对建立在"耗羡归公"基础上的养廉银制度的破坏。其次,由于时代和阶级的局限,养廉银作为清政府给予各级官员的生活补贴,并非来自国家的正项收入,而是通过"规范"非法征收的耗羡银两的方式来支付,实际上是对"私征加派"的承认,是政府对官吏贪污刻剥行为的妥协,其结果是导致"耗羡归公必成正项,势将耗羡之外又增耗"成为现实,

---

① 《清会典事例(光绪朝)》卷二六〇、二六一、二六二、二六三,《户部一〇九/一一〇/一一一/一一二·俸饷·京官养廉、外官养廉、差员养廉》,第3册,中华书局1991年影印版,第1084—1133页。

这就埋下了养廉银制度失败的祸根。其三，养廉银制度内容的不完善，表现在府县等中下级官员的养廉银额数太低，尤其是不入品级的吏胥差役未定给养廉银，他们仍旧横行乡里，鱼肉百姓，加派勒收。其四，养廉银定制以后，永无变化，并没有随着经济发展和物价的提高而增加，随着时间的推移，日益不足，给官吏的生活和工作造成一定的困难。此外，养廉银制度的推行带有强烈的个人色彩，随着最高统治者的更迭，往往发生变异，甚至流于形式。雍正帝去世后，乾隆虽继续遵循这一制度，但实际上并不像其父那样严格执行，借以严肃吏治，对官员侵贪的防范有所放松，没能扼制住侵贪愈众的势头。到嘉庆以后，更是实际废止了养廉银。

清代，与俸禄制度和养廉银制度相关联的，还有罚俸、罚廉制度。罚俸、罚廉，是对犯有过失的官员行政处分的制度，清朝入关前后即有此项制度。官员有过失，为避免被革职，用罚俸、罚养廉银"以示惩儆"，但这加重了官吏的经济负担；以罚代刑，包庇和纵容了官吏侵贪劣迹。官员若廉俸常常处于停支状态，为维持日常的办公和生活需要，他们必然另辟财源，勒派下属，供给署内一切支应，官吏们往往以此为借口侵贪。乾隆时期，湖北按察使李天培洒带木植一案，因私运木植一千九百根，被御史和琳奏劾革职，充军伊犁。经查明，李天培私运的木植中有八百根为代福康安承运，福康安理应革职问罪，因福康安为乾隆内侄、首席军机大臣，深得乾隆宠幸，权势颇大，仅以罚俸罚廉了事。① 福康安骄奢成性，任意婪索、挥霍，与乾隆的包庇纵容密切相关。

罚廉、罚俸作为处罚官员的经济手段，与乾隆时期的"议罪银"一样，对养廉银制度的危害非常明显。官员们"无廉可养"，枵腹办公；以罚代过，以罚代法，官吏们没有杀头、丢官之虞，更可以有恃无恐、大肆侵贪。这也是乾隆中叶以后侵贪愈众的原因之一。

清代，养廉银制度作为一种改革措施，一度大大提高了地方官员的俸薪，对官吏侵贪具有限制作用，但官吏的贪欲是无休止、不满足的，再加上罚廉、罚俸、捐办、俸银、养廉常常停支，以及通货膨胀等因素，官员们便"借

---

① 《清史稿》卷三百三十，《列传一百十七·福康安》，中华书局1977年版，第10920页。

口于养廉不足,肆行侵渔"①。最终,廉俸制度不仅没能成为官吏生活和廉洁的保障措施,反成了官吏侵贪的借口。

3. 进贡与官吏侵贪

进贡是中国古代社会的一个传统。贡品成为天子与诸侯、臣子间政治经济联系的纽带,也是臣工取悦于皇帝的主要手段之一。进贡主要有三种形式:一是朝贡;二是地方向朝廷进献的常贡、例贡,其特点是岁有定额,并有固定的进献方式;三是地方、中央的官员个人向皇帝的进贡,此类进贡没有定制,其随意性很大,常取决于吏治状况、皇帝个人的喜好等因素。

臣工进贡,是清代皇帝与臣子间的物质、感情交流的一种方式,它源于朝贡,是清代皇权制度的产物。清初,臣工进贡只限于皇帝的亲近王公贵族。康熙朝,随着政权的稳定,经济的发展,臣工进贡的规模在不断扩大,总督、巡抚、总兵等身份的人都可以进贡,纯属私人行为,由于当时这些职务主要由旗人担任,进贡就成了奴才报效恩主的绝好方式。雍正朝将臣工进贡固定为一种政治义务,雍正皇帝公开承认臣工进贡的合理性:"自古地方官员有进献方物之礼,盖以地土所产贡之于君,所以将其诚意,而为君者鉴其意而酌纳,所以笃堂廉之谊,联上下之情也。朕即位以来亦循照旧例。"雍正将地方官员进贡的范围限制在督抚,"向来镇臣中亦有随督抚进献者,朕皆谕止之"。②

清代个人进贡制度在康熙朝已具雏形,经雍正朝的发展,到乾隆时期已经成熟并达到了有清一代最高峰。

清代,并非每个人都有资格向皇帝进贡,具有进贡资格是社会地位和权力的象征。乾隆时,有资格向皇帝进贡者主要有六类:一是皇室亲贵,即亲王、郡王、贝勒;二是中央各部院大臣,包括大学士、尚书、左都御史、都统、侍郎;三是地方大吏,有总督、巡抚、藩臬、学政、将军、提督;四是织造、盐政、关差等皇家"包衣"奴才;五是致仕大臣;六是衍圣公。另外还有一些特殊身份的人,如达赖、班禅等宗教领袖,内务府人员,来华西洋人,等等。

---

① 钟琦辑录:《皇朝琐屑录》卷八,沈云龙主编:《近代中国史料丛刊》第五十四辑,台北,文海出版社1966年版,第360页。
② 《清实录·世宗实录》卷一五七,"雍正十三年六月",第8册,中华书局1986年版,第925页。

臣工的进贡不但有资格限制,而且在时间上(贡期)也有约定,一般来说端午贡、万寿贡、年贡是进贡的常例,贡品的数量和质量也以这三贡为盛。此外,上元、中秋等节庆,大臣都有贡献。而且,臣工的进献往往突破贡期的限制,出现了许多非例之贡,其中,因皇帝东巡、西巡、南巡期间,沿途众臣向其进献物品,称为路贡,即迎銮贡。康熙二十八年(1689年),康熙帝第二次南巡时,江南提督杨捷于途中呈进福橘、罗柑以及鲜鲅鱼等物,就是迎銮贡。乾隆六次南巡,四次去盛京,五次西巡,再加上其他出巡,据统计他出巡达一百五十多次。每次出巡,沿途各省督抚、提镇、盐政、织造均要迎銮"恭进"衣料、金锭、朝珠、洋刀、佩刀等大量财物。木兰贡是乾隆帝木兰秋狝时臣子的进贡,它有别于此间的万寿贡。官员升迁,需进京陛见请训,亦应携贡品呈献,称陛见贡或召见贡;官员因晋升或其他情由向皇帝谢恩,进献贡品称为谢恩贡。传办贡是皇帝特下谕旨,臣工专门置办而进献的贡品,虽然传办贡主要由织造、盐官、关差等包衣奴才来担当,但有时也择其信任的大臣来置办。如雍正时期陕甘总督年羹尧,乾隆时期云贵总督李侍尧,就是这样的督抚大臣。①

贡品按其本意"任土作贡",应是"市其土地所生异物,献其所有",即进献土物、土特产之类。乾隆时期,各省督抚所进土物占有相当的数量,并已制度化,其中每年各总督例进土贡共一百八十三项,巡抚每年例进土贡共二百七十七项。这些土贡以瓜果吃食、茶叶、生活用品、办公用品居多。虽然后来有些奉旨减除或减半进献,但变化不大。这些贡品均为例贡,无论谁任地方官都按此例贡入,不能间断。②

乾隆朝,大臣进献物品中数量最大,让臣工们最不堪重负继而导致贪婪的贡品是非土贡,这类贡品包括金银、各种玉器、书画、古玩、瓷器、铜器、陈设、绸缎、织物、皮张、西洋玩具、钟表、香料等等,这些贡品往往在端午贡、万寿贡、年贡、迎銮贡、木兰贡、进京陛见贡、谢恩贡、传办贡中大量出现,并以万寿贡为甚,乾隆帝六旬万寿时,多尔衮五世孙淳颖所进万寿贡贡品达

---

① 台北故宫博物院文献编辑委员会编:《宫中档雍正朝奏折》第1册,台北故宫博物院印行,1980年,第832页。
② 《宫中进单》、《内务府奏案》,中国第一历史档案馆藏档,"宫中进单"第100包,446/5—55/W/第710包。

一百一十七种。

办贡资费,照例从官员养廉俸银中支付。除织造、盐关、关差每年有专门银两用来办贡外,所有臣工置办贡品均自己出资,在康熙朝就有进贡官员声称:"系奴才自捐并无丝毫累民"。乾隆朝,云贵总督李侍尧在督抚进贡中首当其冲,其贡品的数量和质量常常受到乾隆帝的夸奖:"较他人为优"。如此频繁地进贡,办贡的银钱从何而来?云贵总督每年的养廉银不过二万两左右,而这仅仅是李侍尧万寿贡中一盘朝珠的价格,李侍尧一次进贡可不会只献一盘朝珠。乾隆四十五年(1780年)二月,李侍尧"贪黩营私婪索财物案"被揭出,原来他是以各种借口勒索下属,仅仅被查实的勒索银两就达三万多两。督抚们"借此名色向属员勒索",成为他们大饱私囊的最好借口,在"帮贡"的名义下,督抚们"以派买物件不发价"或直接以办贡的名义勒索下属的银两,大肆贪污勒派。究其实,清代臣工并不会真的用自己的"养廉赢余"去置备贡品,这一点乾隆帝也是知道的,"现在直省督抚中令属员购买物件,短发价值,及有竟不发价者,不能保其必无",而大臣借此勒索下属"婪索多银肥囊橐"的情况,愈演愈烈。①

乾隆帝爱玉成癖,对古玉尤为看重,乾隆时期的贡品以玉器为大宗,清宫现存的古代玉器,多数是乾隆时期大臣收集贡入的。乾隆二十四年(1759年)平定准部、回部,打通了中原与和阗的通道,和阗玉自此源源不断地流入内地,丰富的玉材,乾隆皇帝的雅趣,使臣工贡玉成为一时风气,趁机贪污舞弊者不在少数。乾隆四十三年(1778年)十月,皇亲、叶尔羌办事大臣高朴,借进贡大块玉石为名,额外私派民工三千余名,进密尔岱山开采运送玉石,串通苏州玉商,运往苏州售卖数千斤,赃私累累,被就地正法,弃尸荒野。② 当时,和阗玉主要由内务府专采、专运、专卖,任何人不得染指,只有像高朴这样身份和职位的人,才有机会借办贡私采私卖,赚取可观的利润。

在贡品中,特别是在年节贡品中,另一个具有约定性质的规范是如意

---

① 乾隆四十五年朱批奏折,中国第一历史档案馆藏档,"军机处录副奏折·法律·贪污",档案号3—1311—15。
② 《清史稿》卷三百三十九,《列传一百二十六·高朴》,中华书局1977年版,第11073页。

贡。如意是中国传统文化中代表吉祥的一种珍玩,取兆吉祥,清代有互递如意的习俗,向皇帝进贡如意更是必不可少。到了乾隆朝,如意贡的质地都有了显著变化,出现了白玉如意加各种珍宝镶嵌,甚至纯金打制,金镶玉。乾隆年间,文武大臣收集收藏如意成风,收集如意就是囤积财富,赠送如意就是"贿买平安"。福建巡抚受贿窝案案发,有关人员家产被抄充公,总督伍拉纳的被抄财物清单中,查出嵌玉如意一百二十柄;在巡抚浦霖原籍家中,抄出三镶如意九柄,纯金如意三柄;在布政使伊辙布家中,抄出嵌玉三镶如意十四柄,硝石如意二柄;按察使钱受椿家中,抄出纯金如意九柄,整玉如意二柄。此外,还查抄出当时比较时髦的嵌表如意一柄,三镶如意一百二十一柄,料石雕漆如意等七柄。连乾隆帝看后都大为惊叹。①

为了置备贡品,聚集财富,许多官员甚至铤而走险,如闽浙总督陈辉祖在协助查抄浙江巡抚王亶望资产时,公然抽换查抄王亶望入官财物中的古玩、字画达十多件,被乾隆在验看王亶望入官古玩、字画时发现,陈辉祖被革职拿解,判处斩监候。

进贡往往成了督抚侵贪的借口,酿成不少侵贪大案。较为典型的就是清乾隆时期的督抚侵贪大案。乾隆二十二年(1757年)九月,云贵总督恒文以进贡金炉为名,勒买民间黄金,用短发价值的方式,将银"一千五百六十四两八钱"中饱私囊。事发后,乾隆帝认为,恒文"以进献为名,短价勒属,私饱己橐,现据所查任所赀财至数万两。恒文非素封之家,其历任封疆不过二三年,养廉所入,除足敷一岁公用及往来盘费外,即极为节啬,亦何能若是之多,是其平日居官之簠簋不饬,不待言矣",宣谕"赐令自尽"。乾隆中叶,以进贡见长的大臣国泰、李侍尧,深得乾隆帝的宠幸,李侍尧因进贡勒索下属而获罪,终因"勤劳久著"而被乾隆帝免死;而山东巡抚国泰为了进贡,疯狂勒索属员物品、银两,"派累婪索,贪纵不法",致使通省各州县库存银亏空二百万两之多,被"赐令自尽"。②

清代,臣工所进贡品同官商报效银两、官员籍没入官资财、议罪银等,共

---

① 《清史稿》卷三百三十九,《列传一百二十六·觉罗伍拉纳、浦霖》,中华书局1977年版,第11082—11084页。
② 中国第一历史档案馆编:《乾隆朝惩办贪污档案选编》第1册,中华书局1994年版,第51—58页。

同构成皇室收入的重要来源。大量贡品流入内务府,省却了许多易市之举,这是臣工进贡久盛不衰、日益制度化的根本原因。嘉庆皇帝作为乾隆晚年政治的见证人,就深悉其弊:"外省备进贡物,名为奉上,其实借以营私。每次未收之件,既可分馈权要,又可归入私囊。而属员等竞事逢迎,辄以帮贡为词,借端派累,层层巧取,以致小民脧削难堪。大抵进奉一节,最为吏治之害,此朕所深悉其弊而必加严禁者也。"故他在亲政不久,即予严禁,令再有进贡者,不但"以违制论",必当重治其罪,"决不稍贷"。① 与进贡相伴的官吏侵贪,对清代吏治产生了恶劣影响,贿赂公行、官官相护,进献成了各级官吏"升迁倚任"的法宝,造成地方财政亏空,加剧了国家财政的危机,最终都转嫁在农民头上,激化了阶级矛盾,动摇了封建统治的基础。进贡制度是清代官吏侵贪的根源之一。

4. 赔补、捐派与侵贪

清康熙朝后期,"库帑亏绌",中央"户部库银亏空数百万两",而地方藩库钱粮亏空,"近来或多至数十万"。康熙帝虽已着手稽查,但出于政治需要,不得不施以宽仁厚义,即便官员亏空也不轻易罢斥。雍正继位后,从清理钱粮亏空入手,整顿吏治,卓有成效地清查了康熙朝以来严重的钱粮亏空,在政治和经济上为清王朝的盛世奠定了基础。

清代钱粮亏空的原因很多,官吏侵蚀、绅衿抗欠是主要原因。官吏侵蚀一般分为两种情况,上司勒索固然普遍,而地方官自行侵渔更是猖獗。清代各省督抚之用皆取于藩司,地方亏空根源也在督抚。督抚与藩司勾结侵挪,或督抚先指藩司短处,继而挟制勒索;巡抚有盘查司库之责,借盘查之名而勒索馈送,于是愈盘查而亏空愈多。下属以逢迎馈送为手段,挟制该管上司,上司必徇庇其私利而不参,如此则下吏侵渔无厌,上司更需索无已,国帑亏空,必然愈来愈甚。清代钱粮亏空的案例,往往伴随着贪污案件,每一件督抚贪污案,必然造成钱粮亏空,大者波及全省,小至一府一县。典型者如甘肃折捐监冒赈案,乾隆二十年(1755年)至乾隆四十二年(1777年),甘肃历任州县道府藩司督抚任内亏空数共四十二万两,经办人员奏请

---

① 《清实录·仁宗实录》卷三七,"嘉庆四年正月上",第 28 册,中华书局 1986 年版,第 427—728 页。

按各员"任内亏空四十二万之数,著落加倍赔补,如有无力完缴者,即摊入通案各员名下代赔"。乾隆帝同意"加恩将亏空四十二万之数,照依原单,按其在任久暂,照股分赔,毋庸加倍赔补"。剩余未著款项八十二万,因其原任各员均已正法或交部质审,现任各员多系新任,"著一体加恩,免其分赔"。

雍正初年清理钱粮亏空时,朝廷就下令实施责任人赔补,各省督抚限以三年严行稽查所属钱粮,并限三年之内如数补足所有亏空。除谕令亏空官员自己赔补外,雍正还规定"上司有分赔之例。本人虽已病故,而子孙有应追之条";署印官亏空钱粮,则指令遴委署印之督抚、布政使分赔。赔补银主要以赔补亏空为主,但只要是侵挪了公帑,所谓"居官之人不守官箴"而造成"肆将国帑侵克隐瞒,以益私囊"之员,都要令其赔缴。但是,有些并非官员侵贪而造成的亏项,也要强令赔补或赔缴。乾隆四十七年(1782年)四月,御史钱沣奏参山东巡抚国泰勒索属员贿赂"数辄至千万",致使诸州县仓库皆亏缺,"亏二百万有奇",国泰勒索属员贿赂约有七八万两,但乾隆谕令赔补的主要是因公挪移的款项,"按照亏缺多寡,员缺大小,核定限期之远近,统于一二年内全数弥补"。这些因公挪用款项,和一些由物价上涨、自然灾害等原因造成的亏缺,督抚们均要以赔补的方式来担责,作为皇帝处罚督抚、抵赔过失的惩罚手段,尤以代缴赔补而受罚的事例比较普遍。如乾隆五十一年(1786年),"浙省清查亏空案内留抵银十三万九千余两,著落富勒浑、雅德、福崧名下分赔"。①

清朝官吏无论是任内亏缺的赔项,还是因公挪用款项、"无著款项"的赔补,多从官员的养廉银项下扣缴,如有不敷则"自行凑缴",也就是来自官员做官时的积蓄以及祖上遗产之类,田地、房产、营运资财收益的银两,也有采用筹措变抵的方法支赔,不过最常见的情形则是官员"借词赔累",向下属摊赔,勒索银两。例如,山东巡抚蒋洲在山西任内侵亏库项,"一闻升任之信,虑及库项难交,始商令属员派帮","凡经蒋洲之保题升转者,额外加派自数百两至千两不等"。以赔补为名勒索下属,成了清代地方官员贪

---

① 《清史稿》卷三百三十九,《列传一百二十六·国泰》,中华书局1977年版,第11077—11078页;卷三百三十八,《列传一百二十五·福崧》,第11067—11068页。

污贿赂的手段之一。浙江巡抚福崧因各种分赔议罚银,共罚赔银二十七万八千两,他以帮赔、盘费银、掣规银等手段,勒索藩司柴桢花销银共计十万余两,被"拟斩即行正法"。两广总督富勒浑"借口关税亏缺,令书役等先缴赔补帮贴银一万九千余两",中饱私囊。①

公费捐派,就是朝廷对各级官员指派的"公捐"。乾隆一朝,此类举措甚多,南巡办差要地方官出"公捐";各处行宫的修葺、添建,都要全省各官员捐廉办理;海塘、河工等项经费,均要地方官捐银,或自请摊扣养廉办理。各直省督抚人数虽然不多,可是"报效"的经费是最多的,公费捐派往往成为督抚侵贪的借口。例如,乾隆四十八年(1783年),江西巡抚郝硕应交海塘公项银五万两,他声称"力不能完",令首府黄良栋告知各府帮捐,"各州县量力呈送数百两至一千两不等,共银三万八千五百两"。②

由于封建社会官吏中存在着侵吞民脂民膏的通病,钱粮亏空一直是清代社会普遍存在的问题,赔补亏空是从经济上解决钱粮亏空的一个有效手段。清朝所实施的赔补官项和公费捐派虽然使公帑无亏、"经费有源",但它使各级官吏"以措办官项为辞,需索属员,派令资助,而属员亦借此敛派,以为逢迎之地",使清朝的官吏侵贪久禁不止,愈演愈烈。

5. **捐纳与侵贪**

清代以科举、贡监、荫生为正途,而以荐举、捐纳、吏员为异途。清代的捐纳分现行事例和暂行事例两种。

现行事例主要限于捐职衔、贡监,以及加级、纪录、封典,因其经常进行,所以又称为常捐。现行事例虽是清朝政府非经常性收入之一,但对吏治的影响明显。

暂行事例也叫大捐,多是遇到重大的军事行动,或河工、赈灾等需要巨额款项而特开的限期捐例。在暂行事例中,除捐纳职衔、贡监,以及加级、纪录、封典等项目外,最突出的是捐实官,雍正时开"武职捐",乾隆朝又订立"常例捐纳",并作为一项正常制度,报捐道员需银一万三千一百二十两,

---

① 乾隆四十七年、五十一年朱批奏折,中国第一历史档案馆藏档,"朱批奏折·法律·贪污",49—50包,3—1322—32。
② 台北故宫博物院图书文献处文献科编:《宫中档乾隆朝奏折》第60辑,台北故宫博物院印行,1987年,第457—459页。

知府一万零六百四十两,知州四千八百二十两,知县三千七百两,连最低的从九品、未入流官也得用银一百二十两。京官自郎中、员外郎,外官文职自道府,武职自参将以下,直到从九品、未入流官,都可以捐买。现任官员则可以用银捐升任、改任、免降,捐选补各项班次、分发指定省份。另外还可以将降革留任、离任、原衔、原翎加以捐复,或坐补原缺,等等。①

捐纳,实际上就是卖官鬻爵,但往往冠以输捐助饷、纳粟报效的美名,其所买得的官位即是对君主忠心的奖励。捐纳之设,无异为富者入仕大开方便之门,也解决了清政府的财政困难,为各个阶层和利益集团提供了一条上升到较高社会阶层的社会流动渠道,扩大其统治基础。由于捐纳大开而步入官场者大增,"入赀得官者甚众"。如乾隆四年(1739年)云南共捐生俊七十一名,其中官员子弟二十九名,商人、地主子弟四十二名。有的捐纳者甚至官至总督、巡抚,贪污案犯杨景素就是捐官出身,曾官至闽浙总督、两广总督。② 捐纳制度激化和加深了封建社会的各种矛盾。庞大的捐纳队伍,巨额的捐银,表面上来自捐银者,实际上最终仍要转嫁到劳动人民身上,加重百姓的负担。正如清人所言:"捐重赀以邀禄仕,非必尽出于有余,既拮据于一时,势必取偿于百姓。"③由于官僚队伍中捐纳官员的增多,正途、异途之分,新班和旧班的矛盾也日渐突出,一遇具体事情,正途、异途各执一端。捐纳官吏的增多,"此辈原系白丁,捐纳得官,其心惟思捞其本钱",他们毫不知儒家君臣大义,唯有"主上卖爵位,臣下卖力气"的功利主义,千方百计地往回捞钱,攫取更多的社会财富,他们利用纳款、具结、分发、铨选、保举、考试、侍奉等环节,肆意侵贪。一些身居要职的官员,利用权势、职务之便,不付银两,虚冒捐纳,甚至私造假印,发给假照,中饱私囊。正所谓"未有仕途庞杂而吏治能清者",捐纳使得吏治更加腐败。乾隆四十六年(1781年),甘肃折捐监冒赈案被揭出,甘肃布政使王亶望主持捐监,通省大小官员联为一气冒赈分肥,其中捐纳出身者不在少数,侵冒银达一

---

① 许大龄:《清代捐纳制度》,北京大学出版社2000年版,第70—87页。
② 《清史稿》卷三百三十七,《列传一百二十四·杨景素》,中华书局1977年版,第11053页。
③ 陆祚蕃:《请停止捐纳知县疏》,《皇清奏议》卷二十,续修四库全书本,第473册,上海古籍出版社2003年版,第196页。

千五百余万两。王亶望还利用贪冒所得的银两为其子王裘捐员外郎,王启、王焯捐主事。仅王亶望在案发后就被籍没家资"达三百余万两"。通省涉案犯达一百九十余人,被陆续正法者共五十六人。这些官员任内为其子、兄弟、亲属等"捐纳官职并捐贡监生者共六十六名"。①

清代初中期的统治者对捐纳常持否定态度,乾隆帝就曾认为"纳资授官,本非善政",但它却是封建王朝一项重要的财政来源,可以解决多种急需。然而,财政危机的暂时缓和,却是以毒害社会风气、摧毁政治伦理为代价,为官吏贪贿又提供了一条途径。

6."议罪银"与清代官吏的侵贪

"议罪银",又称"自行议罪银、议罚银、罚银、罚款"等,是乾隆中期以后逐步形成的一种对重要官员(特别是督抚一级官员)因犯渎职、违例、徇庇、侵贪、奏事等"过误",或有过失需要开复处分,自认缴银代罚。有的甚至无过,乾隆帝认为你有过,也得遵旨或自认缴罚巨额银两,以免被革职问罪。

"议罪银"与"罚廉、罚俸"相似,但又不同。"议罪银"是因"过误"(过失)而自认缴银,当时比较普遍,缴银额度颇大,少则上万两,多则达几十万两。"罚廉"则是因有过失而被罚停支养廉银,其数有限。乾隆中叶以后,"议罪银"的罚缴渐趋制度化,督抚们缴纳"议罪银"十分频繁,督抚自认缴"议罪银"的实例层出不穷。原浙江巡抚王亶望,在军机大臣、大学士阿桂到浙清查后,他"自知罪重,自认罚银五十万两",乾隆帝恩准"只可如此",不加追究;闽浙总督陈辉祖,因其胞弟陈严祖在甘肃折捐监冒赈案内参与贪婪,其有"不能预为教诫"之过,"情愿交银三万两,解交内务府",乾隆帝不但免其自议交部治罪,还令留任闽浙总督。督抚们用缴银的办法来避免革职惩处,而乾隆皇帝则认为督抚们的过失"革职留任不足以蔽辜",只有让他们纳银抵过才能"以示惩儆"。所罚缴的"议罪银"一般解交内务府广储司,也有一些作为乾隆皇帝南巡差务的开支,少量奉旨留河工、海塘和军需之用。"议罪银",以缴银代替行政处分和法律制裁,其后果是清代法纪的毁坏,官吏侵贪行为的庇纵。

---

① 中国第一历史档案馆编:《乾隆朝惩办贪污档案选编》第 2 册,中华书局 1994 年版,第 1714 页。

乾隆帝利用督抚、盐政、税关监督、织造等官员的溺职、徇庇之类的过失,通过军机大臣或亲信奴才密谕、暗示有"过误"者,"令其自行议罪",缴纳巨额银两抵罪,成了内廷的滚滚财源,但督抚等官吏则不堪重负,往往以勒索下属来委卸负担。如浙江巡抚福崧由道员荐升巡抚,从乾隆四十六年(1781年)到五十四年(1789年)间,共罚赔银二十七万八千两,其连续多年所有应支养廉银未敢支领,俱全数扣缴,他还"自行凑交"过银十四万两,实为勒索下属,在短短两年的时间内,福崧勒索盐道柴桢花销银共计十余万两,并奏迁柴桢为藩司,而柴桢亏空库项银两二十二万,案发后查实,福崧"被拟斩,即行正法",闽浙总督伍拉纳也被附带罚廉罚俸。巨额"议罪银"的交纳,不仅有悖于养廉银制度的本义,还给督抚勒派下属婪索以借口。"议罪银"是乾隆统治时期督抚等官员贪污腐败愈众的直接原因之一。①

二、清代的贪贿与反贪

1. 顺治、康熙、雍正三朝的贪墨与反贪

清王朝1644年建立全国性政权前夕,崇德八年(1643年)八月,清太宗皇太极病逝,其第九子、六岁的福临继位,翌年改元顺治,是为清世祖。顺治登极之初,由其叔父睿亲王多尔衮以摄政王的名义主持国政,直到顺治七年(1650年)多尔衮猝逝,才由顺治帝本人亲政。顺治与多尔衮之间,既存在权力归属这一核心矛盾,又在主政方针政策、整肃吏治方面,有共识和政策的连续性。

清初统治者收揽民心、稳固统治的手法之一,就是谴责明朝统治的贪腐暴虐。顺治元年(1644年)七月,多尔衮以摄政王令旨谕示全国,谴责明政府横征暴敛,"三饷"加派,文武官吏昏愦贪酷,宣布清政权除苛革虐、与民更始的政策。严禁加派增耗,是当时朝野瞩目的焦点,多尔衮三令五申,派员检查纠正,严饬各地方官深入辖区内各道、府、州、县衙门,以该地存放的

---

① 乾隆四十六年正月朱批奏折,中国第一历史档案馆藏档,"朱批奏折·法律·贪污",45—48包,3—1322—31;《清实录·高宗实录》卷一四二九,"乾隆五十八年五月下",第27册,中华书局1986年版,第110—111页。

明崇祯十五年（1642年）人丁地租及赋役征派簿册与清顺治元、二年的新册相对比，如仍有加征"三饷"及重耗以追征钱粮的情形，立即撤职查办，并处刑罚。

清王朝也经常颁布一些赦罪施惠的恩诏，而贪污受贿之罪不在大赦之例。顺治元年（1644年）十月颁示天下的即位诏书称："国之安危，全系官之贪廉。官若忠廉，则贤才向用，功绩获彰，庶务皆得其理，天下何患不治；官若奸贪，则贿赂肆行，庸恶悻进，无功冒赏，巨憝得以漏网，良善必至蒙冤。"其中专列一条对贪官的处理规定："自本年五月初一日以后，凡在京大小衙门，及在外抚按司道、各府州县、镇协营路军卫等官，并书吏、班皂、通事、拨什库、粮长、十季、夜不收等役，但有贪贿枉法、剥削小民者，照常治罪，不在赦例。"贪官污吏，罪在不赦，对于长期遭受明朝官贪吏墨、宦官厂卫横行敲剥的黎民百姓来说，不啻为清朝统治者提高威望、争取民心的一剂良药。

顺治亲政后，认为"朝廷治国安民，首在严惩贪官"，鉴于明朝旧律使"官既以赃少逭死，役止坐无禄轻条"以逃避制裁的教训，试图逐步将此前反贪的原则性规定具体化，进一步将惩贪的量刑标准加重。他要求必须降低计赃的起点，以是否受赃并受赃多少作为量刑的依据，以加强法律制裁的力度。他为此严谕刑部："贪官蠹国害民，最为可恨，向因法度太轻，虽经革职拟罪，犹得享用赃资，以至贪风不息。今后内外大小官员，凡受赃至十两以上者，除依律定罪外，不分枉法不枉法，俱籍没家产入官，著载入律例。"①按照清律，籍没家赀是指没收案犯所有财产，并不限于所得赃款的数额，是远比追赃更为严厉的惩罚判决。顺治帝是以经济上的严厉措施，震慑官吏的违法行为，遏制其贪欲，使其有所收敛，借以澄清吏治。为了更好地贯彻执行惩贪安民方针，顺治帝恢复了派遣御史巡按各省的制度，以更好地了解民情，纠惩贪官污吏。

顺治帝一向赞赏明太祖"安民之本，首在惩贪"的思想，要仿效明君，狠煞贪风，并严厉督促廷臣痛治贪官，凡有奏劾婪臣者，他都立予批处，其中

---

① 张伟仁主编：《明清档案》第29册，台北，联经出版事业公司1986年版，第16400—16401页。

以道、府、县等中低级官员居多,但也不乏省一级的督抚大吏。顺治八年(1651年),顺治帝严谕将私行加派,支使亲属贩卖私盐,受赃数万两,行"徇庇、贪污诸不法事"的江宁巡抚土国宝革职严讯,土国宝畏罪自杀。顺治九年(1652年)八月,太子太保、漕运总督吴惟华"婪赃误漕",得赃银一万一千余两,谕命逮捕鞫问,革职削爵,追赃入官,因其投诚较早且随军征战,才得以军功特贷死。顺治十六年(1659年)闰三月,原山东巡抚耿焞利用职权婪索赃银六千余两,三法司议定斩立决,尚未伏法即病故于狱中,顺治帝仍指示将其家产籍没入官。并降旨规定,今后一切贪官污吏被判处斩绞,应立决的迅予立决;应监候秋后处决的亦应如期正法,不得以各种借口缓决。顺治年间,贪贿官员受到最严厉惩办者,莫过于被处以凌迟极刑的江南按察使卢慎言。顺治十五年(1658年)十一月,江宁巡按卫贞元奏劾卢慎言"婪赃数万,其父传与弟二济恶实迹,并私馈贞元银八千两"。顺治帝批令将卢慎言革职,"严拿来京,审拟具奏"。在刑部审讯中,卢慎言百般狡赖,并反诬卫贞元及承问官员。经刑部审拟,"卢慎言贪酷诸不法事,鞫审皆实,且诬噬原参承问各官,理合严惩,以示炯戒。卢慎言应即凌迟处死,家产并妻子籍没入官"。顺治帝降旨批准此议,于是曾经威震江南的司法长官卢慎言就因"奇贪异酷"而被处以罕见的极刑。据初步统计,从顺治八年(1651年)至顺治十七年(1660年)中,顺治亲自批处官员侵贪案共四十四起。①

清初顺治年间,在改朝换代时诸多体制和规章不健全之际,狠煞贪风,改善吏治,对于稳定清朝的统治,创造了良好的条件。

不过,在康熙初年鳌拜等辅政大臣把持朝政,"党比营私",闭塞言路,"贪聚贿赂",官场中贿赂公行、贪风复炽。康熙八年(1669年)五月,经过周密的筹划,康熙擒获了权臣鳌拜,并清除其党羽,真正掌握了国家政权。康熙亲政初期,整饬吏治的重点却不在反贪墨,先是清除鳌拜集团的影响,接着阶级矛盾、民族矛盾十分尖锐,"三藩"、河务、漕运使他"夙夜廑念",

---

① 《清实录·世祖实录》卷一二一,"顺治十五年十月至十一月",第3册,中华书局1985年版,第941—942页;周远濂:《顺治帝》,吉林文史出版社1993年版,第134页。

主要精力放在协调、解决各种内外矛盾上,以解燃眉之急。这一时期,惩贪的重点仅仅是重申政令、宣传教育,倡导"居官者以清廉为尚",重视京中大臣的榜样力量,"大法则小廉,源清则流洁",大臣廉洁自律,"小臣自有所顾畏,不敢妄行"。他重申严禁加派克扣,杜绝上下馈赠;要求各级官员对属下、同僚的操守负责。但是,少有对惩贪政令法纪的严格执行。

康熙二十年(1681年),平定"三藩之乱",两年后统一台湾,清朝在全国的统治逐步稳固后,康熙帝的主要精力才放在察吏安民上,开始严惩贪官污吏,下令广开言路,恢复清初以来一直禁用的"风闻言事"之例,允许言官以风闻奏劾。康熙朝惩处的贪腐大案,以"借机科派、行贿受贿"的大案居多,康熙二十三年(1684年)、二十五年(1686年)先后处理了侍郎宜昌阿、湖广总督蔡毓荣侵没尚可信、吴三桂逆产案,宜昌阿侵没"逆产"仅白银一项就达八十九万两,拟立斩,蔡毓荣被籍没家产,枷号三月,鞭一百,其子发配黑龙江;山西巡抚穆尔赛"多加火耗、苛索属礼"案,湖北巡抚张汧等"勒索属员,派收盐商银"案,陕西按察使索尔逊"得枉法赃银"案,福建布政使张永茂"加派火耗"案,吏部主事朱敦厚前任知县时"婪赃银两"案;康熙二十九年(1690年)福建巡抚张仲举"侵蚀库帑"案,等等。

康熙在重惩贪官的同时,大力拔擢清官廉吏。他多次谕令臣下举荐清廉官吏,并利用巡幸的时机,到各地巡访清官,对于发现的清官则大力提拔重用。两江总督于成龙、两江总督傅拉塔、两江总督张鹏翮、广东巡抚彭鹏、湖广总督郭琇等,皆以清廉而由县令等低级官吏"涖历部院封疆"。清官廉吏的提拔重用及宣传效果,使大小官员有了学习的榜样,使这一时期涌现了一大批清官廉吏,贪官污吏明显减少。

康熙五十岁以后,一改统治中期严厉惩贪的政策,不再严禁科派贿赂,允许官吏有"纤毫"的侵蚀,以维持官员居官日常用度,并放宽了对贪污大案的处理,比较典型的有噶礼贪污案、希福纳贪赃案、蓝理贪贿案等。他还要求督抚放松对属下贪污贿赂的追究,"若一概从苛纠摘,则属吏不胜参矣"。

康熙也不再倡导把清官廉吏作为百官楷模,并重新定义廉吏,"所谓廉吏者,亦非一文不取之谓"。他还屡屡指斥自己提拔重用的清官,将他们操守自许,严格要求下属的行为,斥责为"为人苛刻",将他们关心地方百姓疾苦、兴利除弊的举动,斥为"性喜多事";并屡屡指摘清官官位低微时的"不检之处",宣扬清官并非完人,甚至认为他们是空有虚名。这种统治思想和实践,在客观上纵容和鼓励了贪腐。①

奖廉惩贪是封建统治者控制官吏的一种手段,一切基于政治需要。康熙帝出于减少统治阶级内部矛盾的需要,放弃了奖廉惩贪初衷,实行"宽厚"为政的做法,致使康熙朝后期吏治迅速败坏,贪贿横行无忌,以致"库帑亏绌,日不暇给"。雍正皇帝继位后,"综核名实,罢一切不急之务",其继位第四天,就针对这一严重弊端,降旨申饬"内外仓库不无亏空",并严谕"直省仓库亏空,限三年补足,逾限治罪"。②

雍正正式继位前夕,内阁官员草拟登极恩诏,按惯例开列了豁免官员亏空一条,雍正认为这样做是助长贪官继续侵占钱粮,当即不准开载,表明了他对官员贪婪不法的深恶痛绝的态度。他充分认识到官员亏空钱粮的危害,各级官吏"毫无畏惧,恣意亏空,动辄盈千累万,督抚明知其弊,曲相容隐,及至万难掩饰,往往改侵欺为挪移,勒限追补,视为故事,而全完者绝少,迁延数载,但存追比虚名,究竟全无着落。新任之人,上司逼受前任交盘,彼既畏大吏之势,虽有亏空,不得不受,又因以启效尤之心,遂借此挟制上司不得不为之隐讳,任意侵蚀,辗转相因,亏空愈甚"。在清查过程中,雍正明确规定了清理的方针:"其亏空之项,除被上司勒索及因公挪移者分别处分外,其实在侵欺入己者,确审具奏,即行正法。倘仍徇私容隐,或经朕访闻得实,或被科道纠参,将督抚一并从重治罪。即如山东藩库亏空至数十万,虽以俸工补足为名,实不能不取之民间额外加派。山东如此,他省可知,以小民之膏血,为官府之补苴,地方安得不重困乎?既亏国帑,复累民生"。雍正明确表示,"此朕所断断不能姑容者"。③

---

① 《清实录·圣祖实录》卷二三九,"康熙四十八年九月至十月",第 6 册,中华书局 1985 年版,第 382—383 页。

② 昭梿:《啸亭杂录》卷一,中华书局 1980 年版,第 9 页;《清史稿》卷九,《本纪九·世宗胤禛本纪》,中华书局 1977 年版,第 308 页。

③ 《清实录·世宗实录》卷二,"康熙六十一年十二月",第 7 册,中华书局 1986 年版,第 56—58 页;中国第一历史档案馆编:《雍正朝起居注册》第 1 册,中华书局 1993 年版,第 271—273 页。

为了解决康熙朝以来钱粮奏销中的弊端,雍正元年(1723年)下谕在中央设立会考府,稽核奏销钱粮,以杜绝部费陋规,革除若无部费,就是正常的开支,计算也清楚,户部也不准奏销,而一有部费,即使靡费百万,亦准奏销的恶习。雍正将此事交由怡亲王允祥、隆科多等来办理,所有钱粮奏销事务,无论哪一部门,都由新设立的会考府清厘出入之数。会考府成立不到三年,办理部院钱粮奏销事件五百五十件,其中驳回改正九十六件,清查出户部亏空库银二百五十万两,雍正帝责令户部历任堂官、司官及部吏赔偿一百五十五万两,另一百万两由户部逐年弥补。在清查过程中,雍正对贵族高官也不宽贷。履亲王允裪曾管理内务府,追索其亏空,逼得他将家中器皿摆在大街上出卖,以筹措赔偿之款;敦郡王允䄉因赔银不足数,最后被抄家抵赔。

对于地方上的清查亏空,雍正将原来革职留任催追的办法,改为革职查封家产,"嗣后亏空钱粮各官,即行革职,著落伊身勒限追还"。雍正元年(1723年)被革职查封家产的官员有湖广布政使张圣弼、粮储道许大完、湖南按察使张安世、广西按察使李继谟、原直隶巡道宋师曾、江苏巡抚吴存礼、江苏布政使李世仁、江安粮道王舜、前江南粮道李玉堂、山西巡抚苏克济、原河道总督赵世显、苏州织造李煦等。雍正严令在清查亏空中,如贪官将赃物分藏在亲友家,则将其亲友家产一同抄没;严禁地方官民代为清偿;畏罪自杀的贪官,仍令其亲属负责赔偿;在清查亏空时,遇有新的贪赃劣迹,严惩不贷。雍正五年(1727年),原礼科给事中、山西学政陈沂震,退职后回原籍吴江县,被人告发放考时收钱,查实后,雍正命其出资二十万两助修水利;雍正十年(1732年),河南学政俞鸿图被告"纳贿营私,资财累万",查实后,被处斩。①

清廷通过清查亏空,财政和吏治状况有了改观,"国用充足","贪冒之徒莫不望风革面"。但是,清查钱粮亏空,一个途径是着落于赃官及其亲友追赔,另一途径只有用耗羡银来弥补,这就产生了新的严重问题。地方官加在农民头上的诸多杂派中,以耗羡(亦称火耗)为重,这是官府征收田赋

---

① 《清实录·世宗实录》卷二,"康熙六十一年十二月",第7册,中华书局1986年版,第57—58页。

(通常是纳银代粮)时附加的损耗,有的每两加至三四钱,甚至加至五六钱,所谓"税轻耗重,数倍于正额者有之",在不交亏空的情况下,一些地方官员借机加重耗羡征收以牟利。

为防止地方官滥征耗羡,同时也为了解决不合理的低俸制度和地方财政制度所带来的弊病,雍正明确指出:"州县火耗,原非应有之项,因通省公费及各官养廉有不得不取给于此者,然非可以公言也。朕非不愿天下州县丝毫不取于民,而其势有所不能。且历来火耗,皆在州县,而加派横征,侵蚀国帑,亏空之数不下数百余万。原其所由,州县征收火耗,分送上司,各上司日用之资皆取给于州县,以致耗羡之外,种种馈送,名色繁多,故州县有所借口而肆其贪婪,上司有所瞻徇而不肯参奏,此从来之积弊,所当剔除者也。"因此,他大力改革财政体制,实行养廉银制度,作为整顿吏治和改革财政的突破口:第一步是将原来全部被地方官吏侵贪的耗羡银两提解归公,上交藩库;第二步是把各省归公之后的耗羡银两,大部分拨给各级官员养赡家口之用,称之为养廉银。雍正帝认为,实施养廉银的好处是"上不误公,下不累民,无偏多偏少之弊,无苛索横征之扰,实通权达变之善策",并毅然谕令"通行天下"。①

清雍正初年,一改康熙晚年的因循宽纵,清查亏空,严惩贪官,耗羡归公,实施养廉银制度。雍正帝的一系列改革措施,在打击贪官污吏,整肃吏治腐败,整顿财政税收,减轻百姓负担、缓和社会矛盾等方面,为清王朝的进一步巩固和发展开创了新的局面。

2. 乾隆时期的"反贪"

乾隆统治初期,虽对雍正时期严刻官吏之政有所缓和,但作为康雍乾盛世达到顶峰时期的君王,仍能严明吏治,励精图治。乾隆中叶以后,清朝国势从鼎盛中衰,由官吏侵贪而致吏治腐败,尤以督抚侵贪引人瞩目,构成具有这一时代特点的侵贪现象。

乾隆一朝,督抚贪污腐败案件数量之多,堪居清代之首。根据清宫档案粗略统计,顺治、康熙、雍正三朝共十余件,而乾隆一朝达二十九件之多。

---

① 贺长龄辑:《皇朝经世文编》卷二十七,《近代中国史料丛刊》第七十四辑,台北,文海出版社1966年版,第983—986页。

以乾隆四十五年(1780年)为分界线,前四十四年共发案十七件,后期十六年共发案十二件。这些案件包括侵挪国帑、婪索盐规、克扣书吏饭银、勒索规银、矿主贿赂、收回应扣养廉、借办贡之名勒逼属员、偷盗抄家赃物、侵蚀赈灾银粮、贪污关税银两等类型,又以勒派受贿最为突出,侵贪款额巨大,动辄几万、几十万两;侵贪手段多种多样,公开勒索,假手于首府首县或家人,集团贪腐等,肆无忌惮。

乾隆一朝,有两大贪腐案件最具典型性,一是李侍尧案,一是王亶望案。

(1)云贵总督李侍尧贪纵营私案

李侍尧是八旗勋旧大臣之后,其高祖李永芳,明代辽东铁岭人,万历四十一年(1613年)官抚顺所游击,是抚顺地方最高军事长官。万历四十六年(后金天命三年)正月十五日,努尔哈赤袭破抚顺关,兵临城下,李永芳穿上官服、乘马出城投降了努尔哈赤,努尔哈赤将孙女下嫁给他,赐号"抚顺额附"。此后,他为后金政权立下了汗马功劳。李侍尧之父李元亮,官至户部尚书。乾隆初年,李侍尧以荫生补授印务章京,迁副参领、参领,乾隆十四年(1749年)乾隆帝初见李侍尧,即夸为"天下奇才",立擢正蓝旗汉军副都统。李侍尧从擢副都统起一路高升,转工部右侍郎,调户部右侍郎,署广州将军,乾隆二十一年(1756年)七月署两广总督,乾隆二十四年(1759年)实授两广总督,正式跻身封疆大吏的行列。乾隆二十六年(1761年)正月被召京,授户部尚书、正红旗汉军都统,袭勋旧佐领。乾隆二十八年(1763年)授湖广总督,第二年调两广总督,旋以丁忧还京师,三个月后署工部尚书,乾隆三十一年(1766年)署刑部尚书。乾隆三十二年(1767年)回两广总督任、袭二等昭信伯,乾隆三十八年(1773年)晋升武英殿大学士,仍留总督任。乾隆四十二年(1777年),李侍尧调任云贵总督。①

云贵总督李侍尧贪纵营私罪行的暴露,既有偶然性,又是必然的。乾隆四十五年(1780年)正月,原云南粮储道海宁来京陛见,皇帝按惯例要面询一些地方官的情况。海宁在乾隆帝面询时,满口夸奖李侍尧颇能办事,而

---

① 《清史列传》卷二十三,中华书局1987年版,第1707—1715页。

私下又议论李侍尧在滇省的婪赃劣迹，乾隆帝风闻此事，传谕将海宁交军机大臣严讯。与此同时，在正月十五日，乾隆帝开始了他一生中的第五次南巡。军机大臣遵旨严审海宁，海宁在万般无奈之下，供出了李侍尧的婪赃情形：其一，李侍尧派孙允恭赴江苏置办进贡物件，借此收受汪圻、庄肇奎、素尔方阿银共一万六千余两。其二，李侍尧派人修缮自家房屋，勒要属员银共一万余两。

乾隆四十五年（1780年）正月二十六日，乾隆帝在灵岩行宫接到军机大臣说片，立刻谕令正随銮南巡的吏部左侍郎和珅、刑部侍郎喀宁阿驰驿前往贵州查办这一事件。为防止走漏消息，乾隆又谕令贵州巡抚李湖"于该省来往经由首站，派委干员，严密稽查，如有私骑驿马由北往南者，即系透漏消息之人，该抚即行截拿，审讯来历，一面据实具奏"。当天，和珅、喀宁阿自山东灵岩起程，日行二百余里，驰驿往贵州而去。上谕中并没有指明查办何人，但当和珅打开随封交来的军机大臣询问海宁说片时，他一切都明白了——查办云贵总督李侍尧。

李侍尧在为官二十多年的时间里，以进贡见长而备受瞩目，乾隆帝也承认他和山东巡抚国泰的贡品在同僚中最优。进贡是中国古代社会的一种传统，贡品成为天子与诸侯臣子间政治经济联系的纽带，也是臣工取悦皇帝的主要手段之一，尤其地方、中央的官员个人向皇帝的进贡，此类进贡没有定制，随意性很大，常取决于吏治状况、皇帝个人的喜好等因素。清代个人进贡制度在康熙朝已具雏形，经雍正朝的发展，到乾隆朝已经成熟，并达到了有清一代的高峰。清代，并不是每个人都有资格向皇帝进贡，具有进贡资格是社会地位和权力的象征。李侍尧从乾隆十八年（1753年）任热河副都统起至乾隆四十五年（1780年），进贡次数有档案可查的达一百二十多次。端午贡、万寿贡、年贡是进贡的常例，另外，上元、中秋、冬至等节亦进贡。督抚例贡只有年节三贡，但李侍尧的进贡次数和名目远远超出例贡，显得十分特殊，其名目有迎銮贡、木兰贡、谢恩贡、传办贡等，有的进贡连名目都没有。据统计,李侍尧进贡次数最多的时候,达到一年之中进贡九次之多。①

督抚进贡是清代常例,备贡就成了督抚的"要务"。李侍尧进贡物品少则一件,多则上百件,方物土贡好办,但各种金银制品、玉器、古玩、书画、瓷器、陈设物品、绸缎织物、皮张、洋货等等,就不是随时可以觅得并立即可以进献的。为此,李侍尧颇费了一番心思,和别的官员一样,或派亲信家人于广东、广西、苏州、扬州等地携银采买定制,置办妥后运回府中,或直接运京。在置办贡品时花银费心,对于云贵总督李侍尧来说,当然也不是一项轻松的公务,但他的努力没有白费,从李侍尧每年进呈贡品的单子可以看出,他的贡品颇受乾隆帝的喜欢,被驳回的数量极少,难怪乾隆皇帝会夸他"贡优"。

对于这样一个"贡优奇才"、宦门之后的封疆大吏,乾隆帝竟然就相信了前任总督明山之子、粮储道海宁的告发,令钦差大臣驰驿往滇查办,说明乾隆皇帝早就怀疑李侍尧借办贡为名,有营私肥己之嫌。

乾隆四十五年(1780年)正月二十七日,在查办上谕发出的当天,留京办差的户部尚书英廉也得到口谕,令将李侍尧在京家产查封。李侍尧在京家产只有住房三所,共一百四十多间,东西两所为其子冠军使毓灵、三等侍卫毓秀住所。毓灵、毓秀当时正随乾隆帝南巡在途,只有家眷留住在京。中间一所为李侍尧自留房,正拆盖修理,李侍尧家眷人口均随李侍尧在云南任所。家中财产及事务均托家人连国雄、八十五经管。八十五在正月初九日到李侍尧之弟、松江提督李奉尧处办事未归。李侍尧名下共查出现银五千余两、驳回贡品若干,以及家具什物等。第二天,英廉等讯问连国雄等有无寄顿情弊,连国雄矢口否认,英廉奏请将八十五拿解审讯,并请求在南巡途中传讯李奉尧及毓灵、毓秀。二月初四日,军机大臣遵旨传讯李奉尧、毓灵、毓秀,将海宁控告李侍尧各款让他们三人分别阅看。三人立即叩头回话:"我家世受国恩,至优极渥,而近年来,父子兄弟仰沐圣恩,尤无伦比,

---

① 中国第一历史档案馆编:《乾隆朝上谕档》第11册,中国档案出版社1998年版,第261页;第9册,第947页。

举家感戴,实属沦肌浃髓。至李侍尧平时素知谨慎,久在圣明洞鉴之中,且家信内每以我等均属年幼,未经历练,叮咛告诫,各当小心谨慎,仰极殊恩。以此想来,似不应有此等辜负天恩之事,如果海宁所告属实,不但李侍尧罪无可逭,即将我等一并治罪亦属分所应得。至海宁所控各款,我实在毫无闻见,若稍有风闻,今蒙传谕询问,岂敢复行隐讳,致干重戾。"二月初八日,李侍尧家人八十五自投到案,经英廉审讯,八十五供出,正月初间张永受寄来李侍尧名下银五千两,只字未提张永受托带银两之事。

乾隆四十五年(1780年)二月初十日,盐道纪淑曾等在常德府河截获由京回滇的折差刘凤翼、张曜等人,李湖命将其解送到长沙审讯。据供:刘凤翼于上年十一月二十七日自滇赍折进京;张曜等于上年十一月奉李侍尧之命送银五千二百余两并玉器十件回京,并管门家人张永受亦托带银七千余两回京,搜查二人随身物品和回信,查出了李侍尧管门家人张永受曾托带银七千两回家的实据。李湖认为,张永受乃"奴隶贱役",积银如许之多,其中殊有关系。乾隆得奏,也有同感,命和珅等在滇严讯张永受,并将其解京交英廉质审。

目前,一个关键是李侍尧差人带京银五千余两并玉器十件,张永受亦带银七千余两,这些银来自何处,作何之用,现存何处,均是本案应立即弄清的事情,乾隆帝断定其中"显有隐匿情事",令将刘凤翼、张永受解京,与八十五、连国雄等对质。三月初三日,英廉严审连国雄、八十五,基本弄清了带京银两和玉器的情况。

李侍尧差人带京银五千二百两一事是这样的:张曜于正月到京,将李侍尧银五千二百两交与连国雄收存,为李侍尧修理京中住房用。张永受托带己资银七千两,则交张永受妻弟郭全收存。因张永受去年在京修房时,曾挪用李侍尧处存银二千三百两,郭全照张永受吩咐补还,将银二千三百两送到连国雄处。故李侍尧名下实存银七千三百两。查抄李侍尧家产时,只报出存现银五千余两,另有二千三百两、八百余两银下落不明。据连国雄、八十五质对供出,正月二十七日查封李侍尧京中家产之时,连国雄另在外间居住,当时他已睡宿,有素好之民人穆七隔墙送信与他,他立即起意隐藏银两。将郭全送还银二千三百两中抽出一千五百两交给穆七,托他帮忙隐匿。通共亏空地租银八百余两。当查封之时,连国雄将此二千三百两中寄藏一千五百两,余银八百两即用以抵亏缺地租银数,希图掩饰。

李侍尧差人所带京玉器十件一事:寄来玉器十件只有六项,加上珊瑚朝珠、洋表珐琅带板、碧霞玺带头等四项共十件。照李侍尧吩咐,将玉玩器二件一盒、珊瑚朝珠一盘、洋表二个、珐琅带板一副,此四件俱交八十五送往江南交李侍尧之弟李奉尧备贡用。另外玉器四件贮四匣,送给诚亲王。鼻烟壶一个、碧霞玺带头一块送给总管内务府大臣、四库馆副总裁金简。

张永受托带银七千两一事:据张永受妻弟郭全供述,"今年正月十七日,我收到八十五差人送来的银子七千两,因张永受去年来京修房时,曾挪用李侍尧处银二千三百两。照张永受吩咐补还。郭全将银二千三百两送到连国雄处。其余银四千七百两,因张永受去年在京置办其女出阁妆奁各项用度所欠下的账,即所欠银号、绸缎荷包铺银二千四百两;还民妇杨氏银九百两;又买旗人孟克房一所,先付价银二百两;又还连国雄本人银一百一十两"。郭全代张永受还置房用银、还账用银共三千六百一十两,其余银一千零九十两,郭全用来还账使用。英廉随即传讯收银之铺户商人等,并将其铺户内账目全部搜到,逐一查对收银账簿,与郭全供述相符。其借欠张永受银两的欠户均被传讯,供认借欠银数属实。

户部尚书英廉认为,张永受等人所有的银两均是倚主之势勒索欺诈而得,例应尽数入官,虽然郭全已代张永受归还铺户,但仍应由各铺商名下照数追出入官。①

乾隆四十五年(1780年)二月二十六日,和珅、喀宁阿等抵达昆明府,即密审张永受,并查抄了他的随身物品。当夜严讯,张永受熬不住,供出了李侍尧命他承收官员馈送的详情:

乾隆四十二年(1777年),李侍尧调任云贵总督,到任后檄令通省委署各员掣回本任。有鲁甸通判素尔方阿得回本任,管理乐马银厂,李侍尧于

---

① 英廉乾隆四十五年奏折,中国第一历史档案馆藏档,"军机处录副奏折·法律·贪污",3-1311-15/31。

该通判进见时即面谕道:尔后你既然管厂,需要帮我些银子,每月一二千两也不多,素尔方阿应允。乾隆四十三年(1778年)九月,李侍尧差家人张永受进京修理房屋,其下属各员闻讯,素尔方阿备银五千两,临安府知府德起备银五千两,各俱差家人送到李侍尧家人张永受手中。但离李侍尧交待带京的银数相差甚远,在李侍尧的授意下,张永受从署中领出珍珠两颗,将其中一颗卖给同知方洛,索要价银二千两,方洛无奈,只得应允,许其银分两次交清。张永受又将另一颗珍珠卖给昆明县知县杨奎,索要价银三千两,该知县不同意,他认为:李侍尧署中用度一年来均是我出银供应,花费银达一万余两,其修房之事还不放过我,似乎不近情理,进一步探问,方知是李侍尧之意,勉强同意给银一千五百两,且推诿没有现银,让张永受帮着想个办法。张永受同意想办法,条件是仍要索价银三千两,在杨奎买办的账上每月扣抵。方洛、杨奎明知总督假手家人借此勒银,均不敢将珍珠留下,将其作为礼品又送还了李侍尧。张永受将属下奉送银和"卖珍珠银"及署中领出银凑足二万三千两,奉命派人送京修理李侍尧京中的住房。

云南钱局由臬司汪圻经管,共设铸钱炉二十座,每年定额铸铜钱八万九千余串,其中八万四千余串用来搭放兵饷,五千四百余串作为铸钱工匠的工食费用和铸钱的炭火开支,向来此份钱称为"外耗钱"。汪圻曾亲自查验过其中的兵饷钱文,每串重七斤八两;外耗钱文,每串重七斤二三两不等。而且,外耗铜钱的外形残缺,厚薄不均,究其原因,据炉匠们称,每罐铜熔化后灌入沙板,上下厚薄多有残缺,按理应将这些残缺的铜钱挑出重铸,但用这些残缺的铜钱作为外耗钱来发放炭火工食钱,每月可以多余出铜钱三四十串,用为添赏司监狱卒及修理房局的费用,绰绰有余。此项盈余,虽然违例,但作为公共费用,只要总督不追究就无事。李侍尧到任后,对钱局铸钱之事显得特别关心,常常亲自过问钱局的事情,当众以钱局应有出息为由,责难汪圻。汪圻明白其中原委,立备三柄金如意送给李侍尧。李侍尧并不满意,命家人张永受传话,要汪圻每年必须奉上例银五千两,汪圻没有立即照办。一日,议论滇铜额运事,汪圻与李侍尧意见不合,为发泄对汪圻的不满,李侍尧命人将汪圻送与他的三柄金如意当堂掷还汪圻,让汪圻十分难堪。乾隆四十四年(1779年)二月,李侍尧差人赴苏州置办贡品,并将此事对道员庄肇奎说明,庄肇奎立刻明白了李侍尧的用意,传话给同僚。汪圻得知此事后,马上将三柄金如意变卖,凑银五千两送上。昭通通判素尔方阿,上次因李侍尧派人进京修房时曾送银五千两,此次也不敢怠慢,又送银三千两。临安府知府德起、署东川府知府张珑,知李侍尧"素性傲戾,不讲情理,若不依从便有祸患",看见别的官员都送银给李侍尧办贡,德起也连忙筹措银二千两,张珑筹措银四千两,交道员庄肇奎代转。庄肇奎将他们交来的银子凑齐,离李侍尧交待的数还差二千两,为避免再惹麻烦,他拿出二千两银补足了一万六千两之数,准时如数地将银子交给了佐杂孙允恭,带赴苏州办贡。

在查实李侍尧勒索属员、借办贡贪纵营私的罪行后,三月初七日,和珅、喀宁阿查审李侍尧,李侍尧对张永受所供各情供认不讳,遵奉上谕,其婪赃各款查审得实,即革职拿问。乾隆帝颁下上谕,认为"李侍尧由将军用至总督,历任各省前后二十余年。因其才具尚优,办事明干,在督抚中最为出色,遂用为大学士。李侍尧具有天良,自应感激朕恩,奉公洁己,以图报效……乃负恩婪索,盈千累万,甚至向属员变卖珠子,赃私狼藉。如此不堪,实朕梦想所不到,不特朕用人颜面攸关,即各省督抚闻之,谅无不惭愧痛恨矣"。乾隆帝谕命和珅将李侍尧解京质审,并将送银各员亦一并革职,严审定拟。

随后,李侍尧任所资财被查抄,共抄出金银、珠宝、洋货等共九百零一项。各类珍珠(东珠)十项,共二千余颗,其中有苍龙训子大东珠一颗;宝石及宝石料共一百四十多块,其中一块重达三百五十四两。金器十三项,其中有金如意二十四枝,共重二千三十二两一钱六分,金瓶、金炉等共重一千七百七十九两五分;金锞、金条、金叶共重一千五百四十三两二钱;碎金、金带环共重一百九两五钱。所有金器共重五千四百六十三两九钱一分。朝珠六十余盘,珠身、佛头、纪念若干。舶来品共四十四项,其中有自鸣钟三架,金烧珐琅推钟一对,洋三针表十三个,洋大时辰表九个,洋银壳表三个,洋转花表一对,洋镶钻石表二对,洋桃式表一对,洋桃式自打钟表一对,洋珐琅小表一对,洋金烧珐琅錾花表一对,洋金珐琅表一对,洋小金表一对,洋金珐琅嵌钻石表一对,洋金一把连表一对,洋珐琅花面表一对,洋海棠式推钟一对,洋珐琅小表一对,洋蓝面汉字表一个,小表镶嵌一个,表锁十二把,洋镶表箱一对,洋玛瑙嵌表矩箱一对,洋水法人物箱一对……玉器二十一项,共一千余件。各类名人手卷、画轴、墨迹共二百余轴、册。其中不乏苏东坡、李成、李公麟、郭熙山、倪云林、刘松年、黄居寀、王蒙、李晞古、唐寅、燕文贵、李从训、黄石谷、文徵明、文休承、仇英、恽寿平、赵伯驹、黄荃、祝枝山等人的作品。①

乾隆四十五年(1780年)四月初三日,和珅、喀宁阿等将审拟李侍尧等婪赃各款奏报皇帝,拟将"李侍尧除挟势求索罪至满流,办理案件将承审官具呈供词任意删改,以致轻重失实,各轻罪不议外,按侵盗钱粮一千两以上例,拟斩监候"。十四日,乾隆帝朱批"大学士、九卿核拟具奏"。五月初七日,大学士、九卿核议奏拟李侍尧"从重改拟斩决"。

乾隆皇帝并不想杀李侍尧,原因很多,首先是乾隆看重李侍尧的才干;其次,李侍尧是办贡优才,他的"婪赃"大多与办贡有关,乾隆是要借办理李侍尧案来扼制督抚以进贡为名而贪婪肥己的劣迹,一方面为皇帝纳贡正名,另一方面制止督抚贪婪日盛的势头,扭转因连续不断揭参出来的督抚贪腐案件,而导致吏治衰败,动摇清王朝统治基础的不祥之兆。故此,一般皇帝交大学士、九卿核议的事,多"依议而行",但李侍尧案经大学士、九卿核议具奏后,乾隆并没有批"依议",也没有对此提出不同意见驳回重拟,而采取了谕命由各省督抚大臣奉旨议论来决定一个封疆大吏的命运的特殊办法,"所有此案核拟原折,即著发交各督抚阅看,将和珅照例原拟之斩监候及大学士、九卿从重改拟斩决之处,酌理准情,各抒己见,定拟具奏,毋得游移两可"。可见,乾隆关注的是代他职掌江山社稷的督抚大员的操行,要让各督抚以此为戒,并要求他们对此案发表各自的意见,不许游移两可。而

---

① 中国第一历史档案馆编:《乾隆朝惩办贪污档案选编》第1册,中华书局1994年版,第941—1108页。

正如《清史稿》的记载,这是"上心欲宽之"。①

各省督抚遵照皇帝的旨意,纷纷直陈看法,大多数督抚认为大学士、九卿"从重改拟斩决"的定案"洵属平允",只有如此方"足以惩一儆百,为诸臣之炯戒"。他们为了表明自己清正廉洁,纷纷与李侍尧划清界限,一致赞成将李侍尧即行正法,这当中也包括了李侍尧的族叔李本,为了逃避嫌疑,他也同意将李侍尧处死;其亲戚云贵总督福康安也同意处死李侍尧。两广总督富勒浑、江南河道总督陈辉祖等督抚则采取两面派手法,乾隆帝认为陈辉祖、富勒浑的做法都有不同程度的欺君嫌疑,均有应得之咎,其后富勒浑因"自异其说",被交部严加议处;陈辉祖因"游移其辞"亦被交部察议。在参与论议的众督抚中,只有安徽巡抚闵鹗元算是唯一真正揣摩到皇帝用意的督抚,他极力主张留李侍尧一条活路。

闵鹗元提出"李侍尧晚节有亏,而勤劳久著,可否稍宽一线,不立予处决",给了乾隆帝理由,李侍尧得以免死,而乾隆帝也因此能在众臣僚面前洗去对李侍尧"进奉见长、加恩从宽"的嫌疑。乾隆四十五年(1780年)十月初三日,乾隆帝依闵鹗元的"意见"下谕,留下了李侍尧一命:"闵鹗元以李侍尧历任封疆,勤干有为,为中外所推服,请援议勤、议能之文,稍宽一线具奏。是李侍尧一生之功罪,原属众所共知,诸臣中既有仍请从宽者,则罪疑惟轻,朕亦不肯为已甚之事,况今年虽遇停勾,至明年朝审时九卿自必拟以情实,朕亦断不能曲法姑容,是今虽稍示从宽,实非量予末减,李侍尧著即定为应斩监候秋后处决,余著照大学士九卿原拟行"。②

乾隆四十六年(1781年)年初,甘肃撒拉尔苏四十三回民起义,乾隆帝以"军务倥偬,一时不得其人,是以弃暇录用",派李侍尧以三品顶戴参与镇压回民起义,五月又命他署陕甘总督,查办甘肃折捐监冒赈案,"伊身获重

---

① 《清史稿》卷三百二十三,《列传一百十·李侍尧》,中华书局1977年版,第10820页;《乾隆朝上谕档》第9册,中国档案出版社1998年版,第954—955、967—968页。

② 《清史稿》卷三百三十七,《列传一百二十四·闵鹗元》,中华书局1977年版,第11054—11055页。

谴,经朕加恩录用,诸事尤宜实心查办,以赎前愆,更不当稍有瞻徇",李侍尧感恩不尽,拼命效力,实力查办此案。乾隆五十二年(1787年),乾隆帝调补李侍尧为闽浙总督,受命为镇压台湾林爽文起义的清军督运粮秣军需,因办理奋勉,著加恩赏还世袭伯爵。乾隆五十三年(1788年)八月,乾隆帝谕命将李侍尧的画像挂在紫光阁,列入二十四功臣。当年十月,李侍尧病死,赐祭葬,谥号恭毅。①

七年后,云贵总督福康安奏报,"今云贵小钱充斥,皆系从前局铸偷减所致"。乾隆帝览奏得知此事后承认,"李侍尧是朕深知能办事之人,乃与局员上下通同牟利,偷减钱法滋弊,使其身尚在,必当从重治罪",将李侍尧长子毓秀所袭世职褫去,以示惩戒。可见,当年乾隆帝留了贪官李侍尧的一条活路,也算是对其一生"勤于贡献"的报答。乾隆在这样重大的问题上枉法,也正说明有清一代为何在乾隆手里走上了中衰之途。②

(2)甘肃折捐监冒赈案

乾隆后期,督抚侵贪往往带有集团侵贪的性质。以甘肃折捐监冒赈案为例,乾隆三十九年(1774年)初,陕甘总督勒尔谨以"仓储究不能全行足额"为由,奏请"重开口内外捐监例",经乾隆帝谕准,从此甘肃省上下大小官员借捐监冒赈,集体贪婪侵吞达七年之久。乾隆四十六年(1781年)案发时,经查所属八十个厅州县半数以上官员均参与其中,藩司王亶望主持捐监而擅改折色,并与兰州知府蒋全迪合谋将通省历年赈灾捏开分数,各州县上下串通一气,分报开销,侵吞赈银,继任藩司王廷赞继之,并将收捐改归首府办理,直至案发。乾隆皇帝称此案为"从未有之奇贪异事",其时间之长,参与人数之多,手段之恶劣,在清朝实属罕见。此案,乾隆虽"早有风闻,因案情重大,徘徊迟疑者已阅数年",因无人举发,乾隆帝只得采用"层层质询"的办法,才使其"显露端倪",也才使得负责查办此案的军机大

---

① 《清史稿》卷三百二十三,《列传一百十·李侍尧》,第10820—10822页。
② 中国第一历史档案馆编:《乾隆朝惩办贪污档案选编》第1册,中华书局1994年版,第1123—1126页;乾隆四十五年朱批闵鹗元奏折,中国第一历史档案馆藏档,"宫中档朱批奏折·法律·贪污",第45包,3-1311-15/32。

臣阿桂等人"亦知事难掩复,遂和盘托出"。结案后,通省从总督到县丞,罹罪官员共一百九十四人,主犯总督勒尔谨赐令自尽,王亶望、蒋全迪被处斩立决,因此案被处斩官员达五十二人,发遣五十一人,革职查抄家产二十人,查抄家产十五人,杖流五人,革职留用、追罚银两二十八人,身故、罚银共十七人,只有一人因举供有功而从宽留用。首犯、原甘肃布政使王亶望被立即处斩,家产被查抄入官,估值银"三百余万(两)之多",故有"乾隆季年,诸贪吏首亶望"之说。以下就对王亶望甘肃折捐监冒赈案作一详细分析。

甘肃省折捐监冒赈案缘于折捐监成例。清代捐纳监生始于顺治六年(1649年),并在康熙四年(1665年)形成定例:"民间俊秀子弟捐米一千石,可送监读书,其谷收入库内,存储待济。"乾隆十年(1745年)又"恩减一五",生俊捐谷一百七十石就可得到监生的资格,即取得一次参加乡试或会试的资格。监粮和常平仓谷是清代前期储粮的主要形式。① 捐纳监生除了解决清代地方财政的困难外,更是为社会各个阶层和利益集团提供了一条上升到较高社会阶层的流动渠道,扩大了清王朝的统治基础。

甘肃省地处大西北,地瘠民贫,民食依赖官仓接济,而官仓积贮全靠部拨帑银采买及捐监两项。乾隆三十一年(1766年),大学士舒赫德"因收捐监粮常平缺额借资弥补,日久弊生",奏准奉旨停捐。此后,甘肃节年多有偏灾,朝廷频施蠲赈,"所用米谷多至百余万石,以致每年拨补采买帑金不下一百五六十万",仍面临"仓储缺额尚多,不能如数筹补"的局面。故此,在乾隆三十九年(1774年)二月,陕甘总督勒尔谨以"仓储究不能全行足额"为由,奏请重开口内外捐监例:"甘省农民全借巢粮为生,尔年来岁庆屡丰,米粮价值平减,若非皇上鸿恩,准令官为采买,则民间必有谷贱伤农之虑。第每岁必用银百余万两,而仓储究不能全行补额",况且"经费有常,岁出岁入究不得不通盘熟计,目下近省库项各有支用,难以动拨,必待远省协济,或请发部帑长途远涉,未免挽运维艰。今若乘此有秋,准复捐监旧例,

---

① 《铺户例·捐叙》,《六部则例全书·户部则例》下,清乾隆六十年宽恕堂刊本,第79—145页。

听闻阁自为输纳,在商贾人等子弟既有进身之路,而小民售卖余粮得赡其家室,诚为两便"。经户部议奏,乾隆谕准,同意以"本色报捐,仍饬该管上司核实稽查,勿使滋弊"。就在这年三月十六日,山东布政使王亶望被乾隆皇帝调补甘肃,接替尹嘉铨担任甘肃布政使,主持甘肃省捐监。乾隆这样做,是出于"外省开捐究非善事,而一切经理稽查乃藩司专责,如果藩司得人,自不致滋生诸弊,诚恐尹嘉铨才识拘迂,不能妥协,特调王亶望前往实力董司,冀可得有实济"的考虑。王亶望八月到任,协助总督勒尔谨操持甘肃捐监事。十月,王亶望向乾隆奏报开捐不足半年,他主持其事不足三月,所收捐的粮食就超过了通省每年岁额征收的地丁粮五十余万石的额定,"共收捐监生一万九千一十七名,共收各色粮八十二万七千五百八十六石"。乾隆皇帝看到王亶望的奏折后,兴奋地在其折尾朱批:"好!实力为之,勿始勤终怠可也"。①

然而,高兴之余,精明的乾隆皇帝也心生疑问。当年即乾隆三十九年(1774年)十一月,他下旨询问勒尔谨:"甘肃人民艰窘者多,安得有二万人捐监?若系外省商民就彼报捐,则京城现有捐监之例,众人何以舍近而求远?其不可解者一也。……本地人民食用尚且不敷,安得有如许余粮供人采买?若云商贾等从他处搬运至边地上捐,则沿途脚价所费不赀,商人利析秋毫,岂肯为此重费捐纳。若收自近地,则边户素无储蓄,又何以忽尔年赢?其不可解者二也。况以半年收捐之监粮即多至八十余万,若合一岁而计,应有一百六十余万,若年复一年,积聚日多,势必须添设仓厫收贮,而陈陈相因,更不免滋霉浥之虞。且各处尚有常平仓谷,统计数复不少,似此经久陈红,每年作何动用?"显然,乾隆皇帝对短期内捐监人数陡增,监捐之粮积聚日多产生了忧虑,诸多疑惑难解,故令陕甘总督勒尔谨明白回奏。勒尔谨以王亶望奏报时未将开捐之年月叙明为由,加以搪塞,并保证"现在捐者多系外省商民,以卖货之银就近买粮捐监",而粮源"实系本地富户之余粮",又称即使这样多的人数捐监,与甘肃省"额储常平仓粮五百一十九万

---

① 台北故宫博物院图书文献处文献科编:《宫中档乾隆朝奏折》第34辑,台北故宫博物院印行,1987年,第580—581页;第37辑,第409—410页。

石"的数目相较,"尚属不敷"。同时,勒尔谨在奏报中提示乾隆,"臣检阅旧案,甘省历年采买借粜及赈济等项为数甚多,自三十一年停捐以后至三十七年,共请拨协济银一千三百七十六万两……国家经费有常,亦须加意熟筹,以节糜费。是以捐监粮以富民之有余,济穷黎之不足,每岁可省百十万千金,似与公私两便"。此前,甘肃省连年的灾赈使朝廷财政负担不堪其重,这使乾隆进退两难,既担心地方官借此捐监折色(即捐监不收粮,而折成银两收捐)、浮收、包捐、侵渔、勒收,从中渔利,中饱私囊,但又因连年征战,军费开支庞大,官僚机构开支和官员俸禄的膨胀,中央财政严重拮据,仅靠中央财政的部拨款项,其他省区地方财政的协拨,已无法弥补甘肃省日益严重的"仓储缺额",在这种状况下,如突遇边地用兵或灾赈,对清朝廷将是致命的打击。对此,乾隆心里很清楚,故他览阅勒尔谨的奏折后,批上"尔等既身任其事,勉力妥为之可也"这样两句话,对身任其事的总督、布政使说来是一种暗示,消除了他们的后顾之忧。①

乾隆四十一年(1776年)五月,王亶望奏报甘肃省收捐情况:"上年(乾隆四十年)十月间,统查自开捐起至四十年十月底,共收捐监生五万七千五十七名,收各色粮二百六十五万四千五百石零,除两年各属动用外,实存贮各色粮一百二十万二千石零。……上年闰十月起截止本年四月底,通计口内外八十厅州县共续收监生二万五千五百三十七名,共收各色粮石一百一十二万九千八百石零,连前共存粮二百三十三万一千石零,除动用出借籽种口粮,估拨兵马粮料以及灾赈、平粜、供支等项,共用粮一百三十二万一千石零,现在实存粮一百一万五百石零,均实贮在仓,并无亏缺以及虚收诸弊。"从奏报看,甘肃捐监大大缓解了边地仓储亏缺的局面,"即可无庸采买",那王亶望当然"功不可没"。作为回报,乾隆四十二年(1777年)五月,王亶望奉旨升任浙江巡抚。有人向乾隆奏报,王亶望上任之时,见其任所家财"有数百头骡驮载"而去,乾隆得报后,颇不以为然。

然而,王亶望的"妥办"和乾隆帝的期望截然相反。王亶望到甘肃布政

---

① 《清史稿》卷三百三十九,《列传一百二十六·王亶望》,中华书局1977年版,第11073—11075页。

使任之后,因报捐的人数不多,就和总督勒尔谨商定改收折色,即按每名捐监生应收粮食(四十三石)折收银两,另加收仓费银三至四两不等,交到藩库,加收"余银"自然归各州县官所有。捐监生的数额控制在布政使手中,"俱由藩司衙门主政",由他决定派给名额;准报灾赈开销的银(粮)数,则由"总督与藩司面为商定厚薄,因人而施多寡,惟意所欲",即如王亶望所说"谁对我好些,我就准他多报一些"。州县各官不断地以各种名目给他送银子、物品,无偿地替他买办物品,为他盖房。作为回报,他明知州县官捏灾多报重报分数冒赈"开销银两",均准销;谎称"添建仓厫"存粮之用银,他也准销;"虚开领赈人名捏结"多领银两,他也照放。上下"私相授受,办理甚巧",通省大小各官员联为一气,冒赈分肥。曾有"廉吏"之称的王廷赞接任甘肃布政使后,在总督勒尔谨、前任布政使王亶望、具体负责捐监事务的兰州知府蒋全迪等编织的集团贪腐网面前,特别还有首席军机大臣于敏中压在头上,王廷赞迅速"融入"这一侵贪体系中,仍收折色,并将折收监粮之事归首府办理,规定每名捐监生交银定数为五十五两,首府收捐的"捐监粮仍照各州县报捐数目将银两交给各府领去,发给各州县买足监粮后按季申报"。从乾隆四十二年(1777年)六月至四十六年(1781年)初,共收"监粮"五百多万石,收捐监生十二万余名。

乾隆四十五年(1780年)十一月,新任浙江巡抚李质颖奏参王亶望丁母忧,有家眷不回原籍守孝等事,乾隆以其"忘亲越礼"之咎,将王亶望革职留海塘工程效力,李质颖还不肯作罢,进京陛见时又面奏王亶望有"欲将留工各员派署地方印务及欲令商人造办海船接受商捐事"等弊,但经乾隆派令大学士阿桂查清,实系"伊二人意见龃龉所致,王亶望尚无情弊"。乾隆四十六年(1781年)正月,钦差大臣、大学士阿桂等奏参浙江杭嘉湖道王燧贪纵不法,因王亶望担任浙江巡抚时,王燧为其素所信用之人,乾隆四十五年(1780年)乾隆皇帝南巡时,王亶望就是将西湖等处修葺工程、陈设交王燧承办的。二月,乾隆接报后,谕命留心查访"王亶望与王燧有无交通情事"。王亶望听到风声,预感大难临头,急忙呈请"罚银"五十万两,以充修建海塘工程公费之用,约定本年缴银二十万两,其余三十万两,每年变卖家产措缴银六万两,分作五年缴完。乾隆一面允准其缴银,一面督催阿桂严切访查王燧与王亶望"办差时有无染指情弊"。阿桂率有关司道将王燧一案各犯反复究诘,"实无得其切实凭据",乾隆则断定其"断无无有之理",只因无证据,"亦只可如此了局"。乾隆允准王亶望的认罚银,但怀疑其银的来路,又查不出两人交通染指的实据,不能贸然下旨彻查王亶望,只得作罢。①

就在这种状况下,乾隆四十六年(1781年)三月,苏四十三率领的起义军围攻兰州城,清廷准备大兵征讨,陕甘总督勒尔谨请旨,并保证半月可平息起义。半月之后,勒尔谨不但没有把起义平息下去,反因坐衙署,一筹莫展,起义军士气旺盛。乾隆帝下旨命和珅督战,又失利,复谕命阿桂率兵两千征讨。② 总督勒尔谨因此事办理不善,"屡次办理错谬,其罪甚大,革职拿交刑部,并令查抄其家产",抄家时任所及京中宅第资财仅值银七千余两,而其家奴曹禄家中则查出银子二万余两,"其久历外任,而京中竟无所有,殊难凭信",乾隆怀疑勒尔谨"恐有隐匿寄顿或有贪黩营私款迹",令阿桂留心密访,据实参奏。藩司王廷赞"虽守城有功,但见勒尔谨如此错误,而伊竟随同观望,迁延误事,如此行为恐尚有不可信之事",降旨将"福崧调补甘肃藩司,王廷赞来京陛见,并传谕阿桂,将其在任所办之事详细确查"。为摆脱困境,五月初,王廷赞奏请"臣情愿将历年积存廉俸银四万两,缴贮甘省藩库,以资兵饷"。和珅知道此事后,向乾隆皇帝进言:"其家计充裕,即再加数倍亦属从容"。从乾隆三十九年(1774年)至乾隆四十六年(1781年),七年间甘肃前后两任藩司,一个为捐办海塘工程缴银五十万两,一个为资兵饷缴银四万两。这么多银两从何处来?两人均在甘肃先后担任布政使,操持捐监,调任他处后均无"声名不好之处",未闻有"勒索属员以肥己橐"之举。因此,乾隆帝断定,两人所积资财一定是在甘肃任内所得,"因思

---

① 《清史稿》卷三百三十九,《列传一百二十六·王亶望》,中华书局1977年版,第11073—11075页;中国第一历史档案馆编:《乾隆朝上谕档》第10册,中国档案出版社1998年版,第639—641、636、685页。

② 《清史稿》卷三百三十九,《列传一百二十六·勒尔谨》,中华书局1977年版,第11075页;卷三百十九,《列传一百六·和珅》,第10753页。

甘肃收捐监粮,其中必有私收折色,多得平余情弊"。乾隆愈益怀疑甘肃捐监有违规之举,命阿桂等人严密访查,不可稍涉瞻徇。阿桂和李侍尧经严密访查,查实王亶望开捐之始,一面奏立条规,一面公然折色包捐。王廷赞供出,他接任藩司后,和总督勒尔谨商量,经其同意后仍收折色银两,将收折色的责任推到了总督勒尔谨的身上,并暗示如有冒赈情弊,均为道府、首县各官所为。乾隆帝接到阿桂等人的奏报后,大惑不解,指出:"若云甘省粮贱,五十五两已符定额,足敷采买,则该处收成自必丰稔,何以每年又俱需灾赈,如灾赈属实,粮价必昂,五十五两之数又断不敷采买,二者均不可解,所供尽属支离,其中恐有竟不买粮虚开赈济冒赈情弊。"由此,乾隆帝终于对长达七年之久的甘肃捐监弊端有了一个清楚的认识。六月十七日,乾隆接到阿桂奏报甘肃沿途大雨"连绵不止"的折子,进一步证实了自己的判断:近几年来甘省"俱报雨少被旱,岁需赈恤,今年和珅赴甘时,一入首站即遇阴雨,今阿桂又屡称雨势连绵霑需且至数日之久",显然,"从前所云常旱之言,全系谎捏,该地方官竟以折收监粮一事,年年假报旱灾,上下一气,冒赈作弊,已属显然"。乾隆帝随即谕命将到热河陛见的王廷赞拿解刑部与勒尔谨一起,令留京办事王大臣和刑部堂官一同讯问,并将王亶望速从塘工拿解刑部对质。至此,甘肃折捐监冒赈案的真相初见端倪。

乾隆四十六年(1781年)六月中旬,勒尔谨、王亶望、王廷赞分别被押解到刑部大堂审讯、对质。勒尔谨以"一时糊涂"搪塞;王亶望则以自己贪图立功、"捐多谷多以为能事",承认折收监粮是因"报捐者少",不得已而为之,拒不承认借此舞弊分肥;王廷赞则以折收有"结报为凭",企图将冒赈的罪责往道府身上推卸。乾隆帝也自知此案为相延七年的积弊,"上下朦隐不肯实说",虽然"传说者必出自不能分肥各官之口",但通省大小官员联为一气,冒赈分肥,故"上下通同一气无人举发",要取得冒赈分肥的证据,难度很大。面对此状,乾隆帝谕令:首先,指实奏参历任道府;其次,告诫查办此案的军机大臣阿桂、戴罪立功的署理陕甘总督李侍尧,命其查办此案"不得存好人之见",否则"为人代担干系";再次,吓令王廷赞"逐款据实供出甘省历年上下通同舞弊"实情,乾隆帝甚至朱笔传谕王廷赞,"伊之生死总在此番实供与否",但王廷赞只供出"办灾以少报多,以轻报重,难保必无,而于一切情弊,始终不肯吐供"。①

乾隆四十六年(1781年)六月二十一日,大学士阿桂将甘肃省历年捐监数目进行比较,查出乾隆四十一年(1776年)王亶望藩司任内收捐监生共六万三千余名,而这一年赈恤动用粮数至一百七十余万石,即动用赈济粮数又超过了其他年份,"其中情弊王亶望自属百喙难逃",但仍没有找到王亶望冒赈的"确实凭据"。六月二十七日,阿桂等人"严究审讯"被参革历任各道员,原任平庆道道员福宁终于受不住煎熬,供出了折捐监冒赈的详情:"开捐之始即收折色,并未交粮。其时王亶望将实收总交兰州府存贮,给发各州县或多或少俱系藩司主政。"而各州县领回的"监粮",并"未见买补归仓,盘查结报皆系具文",放赈时"各属报灾分数,俱由藩司议定具奏,补行取结,并未亲往验看,放赈亦不监视"。

按照清朝救灾放赈的规定和常规程序,地方受灾后,首先,地方官要根据灾民呈诉,逐级向上报告灾情,报灾期限,准夏灾不过七月中,秋灾于十月中必须奏报。在灾情发生后,州县官必须在四十日内报告上司,上司接报后五日内必须上报,否则将受到罚俸的处理。其次是勘灾,即地方官要查勘核实田亩受灾程度,确定成灾分数。清制,受灾六分至十分者为成灾,五分以下不成灾。勘灾的具体做法是,各州县先刊就简明呈式,首行开列灾户姓名,所在村庄,次行列被灾田亩若干,坐落某区某图或某村某庄,又次行开列男妇大几口、小几口等等。其姓名、田数、区图村庄、大小口数俱留空格,后开年月,由报灾地方乡保转给灾户,令自行照单填报,然后交地方官与粮册核对。若开报属实,方可将其作为勘灾底册。查灾委员执底册按田踏勘,将勘实被灾分数田亩即于册内注明。如有多余少报以及原系版荒坑坎无粮废地,又只种麦不种秋禾各为一熟之地者,逐一注明扣除,其勘不成灾、收成歉薄者,亦登明册内。如果原册无名,临勘报到者,勘明被灾

---

① 《清史稿》卷三百三十九,《列传一百二十六·王亶望》,中华书局1977年版,第11073—11075页;中国第一历史档案馆编:《乾隆朝上谕档》第11册,中国档案出版社1998年版,第6—7页;第10册,第639—641页。

果实,亦注明灾分,附定本庄册后。待全部勘完,将原册缴县汇报,州县官核造总册,注明应否蠲缓上报,并将本邑地舆绘出全图,分注村庄,将被灾之处,水用清色,旱用赤色,渲染清楚,随折递送,以便核查。对勘灾不实及随意删减成灾分数的地方官吏,要严加惩处。放赈亦称发赈,即按照赈票所列数目将赈米或赈银发到灾民手中,这是办理赈务的最后一道也是最关键的一道程序。清廷规定:发放赈济钱粮时有司官必须亲临,毋得假手胥役里甲。部差司官,每府一人,协同地方官亲验给放。每日放赈完毕,印上该员印记,俟全行放毕之日,再于册首册尾结总书名,通册加钤监赈官骑缝印记,备上司抽查。又将赈过银米数目、户口、姓名、月日刊示晓谕,以杜胥吏贪污中饱。

根据道员福宁等人的供述,布政使王亶望和兰州知府蒋全迪议定被灾的轻重,自定发给实收银的数量,所有报灾、勘灾、监放规定均为一纸虚文,甚至明知州县官捏报灾情,也听之任之,"其为侵蚀浮销已无疑"。州县报灾散赈必有书吏经手,负责此案的大学士阿桂随即将皋兰县民户房等人提到,隔别严鞠,散赈书吏户房在严刑讯供之下,供出还故意留有几册皋兰县知县程栋于乾隆四十年(1775年)散赈点名清册。当时,在散赈后,这些清册均被知县程栋命人烧毁,剩下的这几册是被程栋遗忘后留下的,剩余清册虽然残缺不全,但零星地记载了当时放赈的实放户口数目。经抽查,查获的这些放赈点名清册与上报的奏销册内所开户口名数悬殊,且奏销赈数系八分本色、二分折色,点名册内则全放折色。按当时的粮价,"每粮一石合计折银一两,是其捐监时多收捐生之银,放赈时则按部价折给百姓,而实放之户又与奏销之户不相符,浮冒已无疑义"。乾隆四十六年(1781年)六月二十九日,王亶望被押解到京后,即刻解往热河行宫,乾隆皇帝廷鞠讯问,王亶望终于供出了他任甘肃藩司时折捐监冒赈、从中渔利的犯罪事实。

原来,自陕甘总督勒尔谨奏请开捐,特别是王亶望就任甘肃藩司之后,见报捐人甚少,便和勒尔谨商议,"捐多则谷多,于仓储有益,若令其交纳本色,甘省地瘠民贫,买谷甚难,未免人惮于报捐,改令各州县俱收折色,将此项银两发给各州县,令其买谷还仓"。其实,各州县开捐之初,有的收银,有的收粮。王亶望到任后,俱令各州县全收折色银两,各州县全以收银抵粮,领回的银也不买粮还仓,但添建仓廒的银子照旧申领,王亶望明知添设廒座,系各州县官借添建为名侵蚀公帑,但只要各州县详请添建,他"俱准"。从乾隆三十九年(1774年)起各州县奏请添建仓廒共二十六起,报销银十几万两。在散赈时,他明知州县官冒赈报销银两,处理标准却是"有州县待我好的,我就叫他把灾分报多些,有些州县待我平常的,我就不准他多报"。后来,他和兰州知府蒋全迪商量,"竟定分数开单,派各州县照单开报",目的就是使各州县官多给他送银、物品。皋兰县知县程栋每年给王亶望送银二万两,供其"署中一切用度"之费,王亶望要盖造房屋,为赶在上冻时建好房屋,程栋令工匠用热水和泥,用费大增,计费银二万两。作为对程栋"供应"的回报,每年灾赈报销时,王亶望都让程栋多报一二万石赈济粮银。有了"榜样",各州县官如此效法,送银的名目繁多,王亶望升任浙江巡抚时的盘费银少则几百两,多则上千两。乾隆四十一年(1776年),金县知县邱大英在任内,被王亶望勒索银一万一千四百两;西宁县知县詹耀璘,分两次送王亶望银共四千两,亲手将银锭放在竹篓内,王亶望派人取走。"维时各州县亦皆效尤馈送,如陆玮、宗开煌、陈善、杨蕙言、闵鹓元等共送过王亶望银四万四千余两,朱家庆一人送王亶望银就超过万两,其余各州县馈送银两俱不计其数。"为勒索下属和派买(办)物件方便,王亶望和蒋全迪商定,"令设各州县坐省长随,遇有需索,即令人向坐省长随通知,以便送信给各州县"。乾隆四十年(1775年),王亶望的亲戚李宪宜要捐官,他令固原州知州郭昌泰送上银八百两;平番县知县何汝楠,实收捐生七千五百余名,冒开赈银五万余两,王亶望共向其索银一万八千余两。被王亶望勒索的州县官员不计其数,名目之多,数量之大,连王亶望本人也供认,他也知道因自己得过属员银两甚多,下属称他"无人不向婪索",当地人编了个顺口溜,说他"一千见面,两千便饭,三千射箭"。确实,没有银子,要见其面都难,乾隆四十二年(1777年)三月,王亶望即将升任浙江巡抚时,鞏昌府知府潘时选赴藩司衙门求见王亶望未果,后送银一千两给王亶望作为盘费,才见到王亶望。至于勒要属员物品,让属员代买皮张、衣服、古董等等,王亶望从不给钱。据王亶望供认，在甘肃藩司三年任内，送银送物给他的人多得连他也记不清。但贪婪是没有止境的，他还将每年本应发给各州县用于运粮赈灾的"运粮脚价"银三万二千两，装进了自己的口袋，并心安理得地认为是"属员对他的孝敬"。他升任浙江巡抚时，带走的古董、皮张、衣服等物不计其数，他从甘肃赴浙江巡抚任，动身时"囊橐捆负，数百骡驮，满载而去"。王亶望为了让受他勒索官员闭嘴，"又于实收公费外每张议添杂费银一两以充公用，借此取悦众人，以塞其口"。

乾隆四十六年（1781年）六月二十八日，乾隆下旨将王亶望所有家财查抄入官，"估值银三百余万两"。王亶望承认，"我自己家资本不多，所有现查出的银物大半都是婪索得来的"，他自知罪孽深重，求乾隆皇帝将其"凌迟处死"。①

就在查抄王亶望所有家财的过程中，又发生了贪污盗窃事件。当时，王亶望浙江巡抚任所资财由闽浙总督陈辉祖派人查抄，其任所共"抄出现银九万八百五十一两，金叶九两三钱，金器二千九百五十九两，银器一千三百六十四两零，金珠宝玉衣物等共五百六十箱"。其中金珠玉器等项解交内务府，其余衣服器皿等件，则交崇文门估价出卖，银交内务府。粗重物件诸如家具，日常生活用具，旧衣服、衣料，及王亶望于乾隆四十三年（1778年）假借他人名字买下的杭州城内中正巷房一所，共估值银一万四百两。其任所处抄出的御制诗章墨宝等项花翎、荷包、貂皮、缎匹各物，均派员赍送军机处恭缴。

乾隆四十六年（1781年）年底，王亶望任所资财陆续解到京城，其中金珠玉器古玩等项都要由内务府开单呈皇帝御览，第二年春，乾隆帝见到了王亶望任所这些被查抄的物品，感到"查抄物品甚属平常"，怀疑有抽换情弊。当时，正值前任浙江盐道陈淮来京陛见，乾隆当面询问其事，见陈淮"词色甚属闪烁"，乾隆帝立刻命盛住留心查访，将查抄底册与解京交内务府的进呈册对比，发现底册内有金叶、金锭、金条等共四千七百八十四两，

---

① 中国第一历史档案馆编：《乾隆朝惩办贪污档案选编》第2册，中华书局1994年版，第1236—1264、1343—1423页。

进呈册中并无此项,而多列银七万三千五百九十四两;底册内有玉山子、玉瓶等件,而进呈册内则无,并多载入了一些底册内所没有的朝珠、玉器等项。盛住立即向乾隆皇帝奏报,陈辉祖查抄王亶望任所资财"显有抽换挪掩情弊"。谁是主谋? 乾隆帝遂派喀宁阿、福长安前往查实。经查,闽浙总督陈辉祖确有商同属员隐匿抽换王亶望查抄入官财物劣迹。其一,陈辉祖向藩司国栋假称,王亶望曾向他说过查抄金子太多,恐致碍眼,求其与他兑换银子,故从查抄王亶望名下存于藩库的金子中提出八百两,陈辉祖将其换成银子一万二千余两,因金子成色尚好,而且陈辉祖短发兑价,从中得到了一千六百余两的好处。其二,对王亶望任所被查抄的珍宝古玩,陈辉祖以提吊验看的名义,让属员送到他衙署内,第二日再令属员取回,陈辉祖命家人将自己相中的字画、玉器等留下,用自己家中所存的平常字画、玉器补上送出,先后抽匿、抵换玉器十件、字画十三件:"玉松梅瓶一件、玉方龙觥一件、白玉梅瓶一件、玉蕉花觚一件、小玉磬一件、玉太平有象一件、玉煖手一件、玉碗一件、玉提梁卣一件,自鸣钟二架,刘松年山水手卷一件、苏东坡归去来辞册一本、贯休白描罗汉一件、米字手卷一件、冷枚麻姑图一轴、董其昌兰草一卷、唐寅山水一轴、明人泥金佛经一册、王蒙巨区林屋图一轴、宋旭山水一卷、刘松年宫蚕图一件、苏东坡佛经一本、马湘兰兰草一轴"。浙江藩司国栋等不但听任陈辉祖营私舞弊,还刻意迎合、擅自改动估定册中物品的名称及数量,私行侵用官物。乾隆四十七年(1782年)十二月初二日颁下上谕:陈辉祖"于地方应办诸务,不能实心实力,随事整饬,于查抄入官之物又复侵吞抽换,行同鼠窃,其昧良丧耻,固属罪无可逭……陈辉祖只一盗臣耳,其罪……究非朘剥小民以致贻误官方吏治者可比,陈辉祖著从宽改为应斩监候秋后处决"。乾隆四十八年(1783年)二月初三日,陈辉祖被宣谕监视赐令自尽。①

乾隆四十六年(1781年)七月,刑部等衙门遵旨严审定拟:"王亶望于

---

① 《清史稿》卷三百三十九,《列传一百二十六·陈辉祖》,中华书局1977年版,第11076页;中国第一历史档案馆编:《乾隆朝上谕档》第11册,中国档案出版社1998年版,第499—500页;第10册,第686页。

是年调任甘肃藩司即起意私收折色,借图侵蚀,饱其欲壑,随明目张胆公然授意各州县俱收折色,与兰州府知府蒋全迪勾通一气,所有给发实收及报灾分数俱由王亶望与首府蒋全迪预先派定,而所收折色银两即借灾赈任意开销,凡遇属员之善于逢迎者即多发实收,并令多报灾分,其不善逢迎者即少发实收,并令少报灾分。是以各属多捐者赈恤必多,其无灾赈地方则报捐亦少。王亶望仍勒令道府申送甘结,预为异日诿卸之地,而各州县所收折色亦并不买谷还仓,到散赈时不过将银抵粮。王亶望又任听属员多开户口,上下分肥,致将历年赈恤之帑项,悉供王亶望一人之侵渔,即如现在抄出该犯金银已有一百余万之多,据供得自甘省者十之八九,是其肆意贪婪憨不畏死,实可骇人听闻。且王亶望署内每年一切用度计不下二万余两……乃于收捐监粮辄起意婪赃肥已,主令各属私收折色。复公然捏报灾赈,肆意开销,得赃不可胜计,致该省灾黎不得均沾实惠,是其负恩藐法,侵帑殃民,实为从来所未有。且勒索属员,馈送银两盈千累万,亦属罪不容诛。王亶望应照侵盗仓库钱粮入己数在一千两以上例拟斩,请旨即行正法,以昭国宪而快人心"。

乾隆四十六年(1781 年)七月三十日,乾隆颁下上谕:"王亶望竟敢借赈灾恤民之举为肥身利己之图,即从前恒文、方世俊、良卿、高积、钱度等,俱以婪赃枉法,先后伏诛,然未至侵蚀灾粮、冒销国帑,肥已数至数十万金,如王亶望之明目张胆、肆无忌惮者。王亶望由知县经朕加恩用至藩司、巡抚,乃敢负恩丧心至此,自应即正典刑,以彰国宪。王亶望著即处斩。""其子嗣共十一人,均应发往伊犁,交伊勒图严行管束,自备资斧充当苦差。"王亶望长子王裘、次子王荣、王焞立即饬捉起解。另王祐、王绅、王晋、王越、王瑶、王钰、王庚管、王海管八人,年岁均在六岁以下,乾隆帝"念其年尚幼小,若即行发遣,朕心尚有不忍,著加恩将其严束",待年至十二岁再遵旨陆续发往伊犁。①

总督勒尔谨,闻王亶望"有婪赃情弊,并不严查确情立时参奏",反而任

---

① 中国第一历史档案馆编:《乾隆朝上谕档》第 10 册,中国档案出版社 1998 年版,第 638、639、658 页。

其肆行无忌,并借端以"帮供"为名,每年收受皋兰县知县程栋帮贡银三千两或二千两不等。令属员代买皮张等物,虽称其给价银,但听任家人扣存不发,毫无察觉。乾隆帝认为,"但朕究以用人不当,自引为愧,未肯即令肆市,勒尔谨著加恩赐令自尽"。

藩司王廷赞"以微末之员擢至藩司,受恩甚重",从乾隆四十二年(1777年)接任王亶望藩司,任内并不将折色之弊革除,且于收捐监生每名加收杂费银一两,作为藩司衙门心红纸张之用;发案之初,奉朱笔传谕令其将甘省捏灾冒赈情弊从实供吐,即可免一死,而王廷赞始终不肯将"此案冒赈私收及王亶望婪赃等款详悉吐供",是"自取其死","但究念兰州守城微劳,免其立决,王廷赞著加恩改为应绞监候,秋后处决"。乾隆四十六年(1781年)八月二十四日,阿桂奏报,查明"甘省赈恤案内向有适中地方散给赈粮脚价一项",全成了王亶望的囊中之物,"王廷赞也如此效法"。乾隆帝得知此事,下谕将王廷赞"即行处绞"。①

兰州知府蒋全迪,由捐纳知县历任甘肃皋兰知县题升肃州知州,于乾隆三十八年(1773年)捐升知府。乾隆三十九年(1774年)总督勒尔谨奏请开捐,王亶望奉调藩司任,即将蒋全迪奏留甘省,题补兰州首府,专办捐监事务。捐纳出身的蒋全迪看到捞钱的机会来了,极力怂恿王亶望行令各属州县,俱收折色,而所收银两借救灾散赈,任意开销。刑部奏拟:"蒋全迪身为道府大员,不思洁己奉公,乃与王亶望朋比为奸,主令各属私收折色,复公然酌定报灾分数及给发实收多寡,开单派定各属照单开报,肆意冒销,将办赈银两婪索入己。"此外,"复收受各属馈送盈千累万,以亿万姓之脂膏,供一人之囊橐,其党恶蔑法,侵蚀殃民,莫此为甚。蒋全迪应照侵盗仓库钱粮入己数在一千两以上者斩例,拟斩,请旨即行正法,以为贪吏害民者戒"。乾隆四十六年(1781年)八月十八日奉旨:"蒋全迪著即处斩。"

那么,甘肃省其他串通作弊的官员是如何处理的呢?经查实,乾隆四十年(1775年)至乾隆四十五年(1780年)间,在甘肃任内的各道府州县官

---

① 中国第一历史档案馆编:《乾隆朝上谕档》第 10 册,中国档案出版社 1998 年版,第 639—641 页。

中，"假捏结报之道府直隶州五十三员，其各州县内止捐监而未办灾者四十六员，捐监报灾者共一百一十二员"，此案甘肃通省大小各员将灾赈监粮侵吞，上下联为一气。按照《大清律例》"侵盗仓库钱粮入己数在一千两以上者例拟斩，请旨即行正法"的规定，甘肃折监冒赈案内先后查出侵冒银数一千两以上的道府州县各员共一百一十九人，除十六人身故、自缢外，其余均可按律"问拟斩决"。乾隆帝却说："此案大小各员勾通侵蚀，自应按律问拟，以彰国宪而警贪婪，但人数较多，若概予骈诛，朕心有所不忍，自当其赃私之多寡以别情罪之轻重"。于是传谕阿桂，将本案内侵冒银在二万两以上者"俱当问拟斩决"，侵冒银在二万两以下者"问拟应斩监候"，侵冒银在一万两以下者亦问拟斩监候请旨定夺，"候朕酌核罪情轻重分别办理"。①

乾隆四十六年（1781年）九月十四日，三品顶戴署理陕甘总督、奉旨戴罪继续办案的李侍尧按照乾隆帝所规定的特殊量刑办法，拟定对甘省道府州县官员定罪量刑的奏折，经军机大臣遵旨会同行在大学士、九卿核议，并交留京办事王大臣会同在京大学士、九卿科道再行详加复核，共同认定案内各犯实属"情真罪当，法无可贷"，并按例定拟具奏，基本同意李侍尧的量刑幅度。九月十五日，乾隆颁下谕旨，对犯罪事实清楚的66员人犯进行判决。本案到乾隆四十七年（1782年）八月，陆续正法者共五十六犯，其中总督、巡抚、布政使各一人，知府、道员五人，同知、知州八人，通判二人，知县三十五人，县丞三人；免死发遣者共四十六人，以知县居多；其余假捏结报、捐监各犯共四十员，有的被革职查抄家产，有的被杖流并追罚银两。另外二十九犯，因只办理捐监，未办灾赈，被革职留用，八年无过，方准开复，并追赔缴银两，即每捐监生一名，应赔银八两，共追赔缴银十六万八千四百余两。案内各犯任所原籍并各省借欠田房什物人口估变银数目及赔缴补捐名数，共计银二百八十一万一千三百五十余两。虽然乾隆帝反复声明，办理此案"非真借锱铢籍没之赀财抵偿官项"，但实际效果则是国帑由此并没有

---

① 中国第一历史档案馆编：《乾隆朝上谕档》第10册，中国档案出版社1998年版，第686、687—688页；中国第一历史档案馆编：《乾隆帝起居注》第31册，广西师范大学出版社2006年版，第351页。

多大损失,而那些在七年余时间内,"种种觍法营私,弊端百出"、朋比为奸的甘肃地方官吏,均倾家荡产,身败名裂,无一人幸免。①

这一发生在乾隆三十九年(1774年)至四十六年(1781年)的集体贪腐大案,震惊朝野,在中国封建社会历史上可称得屈指可数。甘肃折捐监冒赈案深深地触动了乾隆这位以"盛世明君"自居的皇帝,他自叹:此案"内外大臣无人不知,乃竟无一人举发陈奏,朕实为之寒心"。乾隆帝查办此案,实出于无奈而不得不办,因为此案一出,大损他自比"三代圣王"的模范君主的形象,故在办理过程中他不忍大办,但毕竟办了,"朕既不能道之以德,不得不齐之以刑,而无耻之徒方且仍冀其苟免也,世道人心浇薄至此,朕甚愧之"。后人评论:乾隆执法之严,为前代罕见,然"诛殛愈众,而贪风愈甚"。清王朝的衰败已无可挽回,甘肃折捐监冒赈案,只不过是清朝盛世中衰的一个显著征兆。

清前期,历代清帝十分重视侵贪问题,将对贪污贿赂的防范和惩办作为巩固政权、加强统治的一项基本政策。顺治帝强调"以惩贪为弊吏之本",康熙帝认为"治国莫要于惩贪",雍正帝则在严惩侵贪官吏的同时,从财赋、俸禄制度入手,实施"耗羡归公"和养廉银制度,希冀杜绝侵贪。乾隆统治的前中期,基本上继承了父祖的政策,认为侵贪之弊,尤不可不急为整饬。面对当时随着经济的发展,奢侈之风盛行,督抚大吏私欲的膨胀与贪风日盛,乾隆采取措施,调整和完善督抚养廉银制度,使其趋于合理和平衡;加强了惩贪的法制建设,明确宣布将雍正三年(1725年)所定的"侵亏入己者限内完赃之例永行停止",使侵盗钱粮入己数满一千两以上者难逃极刑;宣布停止"缓决重犯捐赎例",如此"则犯死罪者贫富一律,不得幸逃法纪"。为加强对侵贪官吏人等的经济处罚,乾隆帝修改了"属员侵亏著上司分赔"条例,又新增了"侵贪之案父死子赔"例。

乾隆统治时期,在加强立法的同时,宣布若干禁令:饬直省督抚杜绝部

---

① 中国第一历史档案馆编:《乾隆朝惩办贪污档案选编》第2册,中华书局1994年版,第1231—1243、1343—1426页;《清史稿》卷三百二十三,《列传一百十·李侍尧》,中华书局1977年版,第10820页。

书需索,停止督抚贡献金器,禁止督抚收受属员馈送土宜物件,杜绝各省会首县代上司备办署中支应,严禁直省大吏设立管门家人,杜绝收受门包银,严禁上司借留请属员用膳勒索"押席银两",以此避免督抚勒索下属、收受贿赂,致滋官官相护之弊。在用人政策上,乾隆强调"人臣之所最尚者惟廉",常用儒家思想教育臣下,培养节操,并注意从具有一定儒学修养、科举出身的士大夫中选拔督抚大吏。

乾隆皇帝在改善督抚物质生活条件的同时,加强法纪,对督抚侵贪案件,均亲自严厉查处。有清一代二品以上大员,因侵贪或另罪并罚而被处斩、绞或令其自尽的官员共四十一人,乾隆朝就有二十七人之多,其中因侵贪而被处以极刑的督抚有十七人。乾隆鼓励举劾贪官,并利用一切机会询问督抚大吏的节操,风闻督抚不贤,立刻下旨派员查办,一旦查实其罪,革职抄家,首要之犯解京"廷鞫",严惩不贷,资财籍没入官,并株连子孙。

乾隆朝六十年,是清代贪腐严重的时期,也是清代立法惩贪最为严厉的一段时期,由于封建官僚政治制度的缺陷,历史和文化环境的积习,官吏侵贪已非一种简单的历史现象,也非专制体制的严刑酷法所能根除,亦非人治社会的讽喻说教所能阻止,皇帝若英明,清王朝就还能有短暂的"清明"。

3. 嘉庆朝的反贪

嘉庆四年(1799年)正月,太上皇乾隆驾崩,嘉庆皇帝颙琰亲政,真正成为清王朝入主中原后的第五代皇帝。这时,清王朝在全国的统治已有一个半世纪之久,封建社会长期积累的矛盾不断激化,解决各种社会矛盾的难度越来越大,清王朝中衰之势愈来愈明显,湘、黔苗民起义的烽烟未熄,川、楚、陕白莲教大起义的战火又起,呈现出积重难返的疲弊局面。

嘉庆帝亲政后,大力整饬内政,作为挽救颓败之势的重要举措。大丧之日他立诛和珅以肃纲纪,安民心,缓和阶级和社会矛盾,为其整饬内政扫除了一大障碍,显示出他对吏治腐败的严重性和整饬吏治的迫切性有清醒的认识。和珅是清代被以"贪鄙成性,怙势营私,僭妄专擅"而诛杀的职位最高的官员,是清代第一大贪官,和珅被诛案被称为清代第一惩贪大案。

和珅,钮祜禄氏,满洲正红旗人,生于乾隆十五年(1750年)。他出生于一个中级武官之家,其五世祖尼雅哈纳巴图鲁在清军入关的战争中,以军功获三等轻车都尉世职;其父常保除袭世职外,曾任福建副都统。和珅十岁被选入咸安宫官学读书,这是开办于雍正六年(1728年)、为培养内务府官员子弟而开设的学校,到乾隆年间大量招收八旗官员优秀子弟入学,其教师均由翰林充任。和珅博闻强记,在这里打下通晓汉、满、蒙、藏四种语言和诗词书画的坚实基础,是一个颇为突出的学生。乾隆三十四年(1769年),十九岁的和珅由文生员承袭三等轻车都尉,第二年他参加乡试,没有中举。

和珅被重用和职位的快速提升,在清朝官吏中是个罕见的例子。和珅踏上仕途是在乾隆三十七年(1772年),他在二十二岁时被授三等侍卫,挑补黏竿处侍卫,负责皇帝出巡等一切仪仗事宜,不久他调充銮仪卫侍卫,开始有了接近皇帝的机会。乾隆四十年(1775年)闰十月,三等侍卫和珅因在乾隆皇帝驾前以"奏答甚合上意",给皇帝留下了深刻的印象,迁乾清门侍卫,十一月,擢御前侍卫兼正蓝旗满洲副都统,从此飞黄腾达。第二年正月,和珅二十六岁,乾隆帝便任命他为户部右侍郎,当年三月,命为军机大臣,这是和珅步入中枢政务的开始。四十一年(1776年)四月,他兼总管内务府大臣;八月,调任镶黄旗副都统;十一月,充国史馆副总裁,赏戴一品朝冠;十二月,总管内务府三旗官兵事务,赐紫禁城骑马,全家旗籍从正红旗抬入正黄旗。和珅从乾隆四十一年(1776年)至嘉庆四年(1799年)的二十三年间,担任军机大臣长达二十三年,以军机大臣又兼步军统领二十二年,以军机大臣、步统领兼户部尚书长达十五年之久。和珅从御前侍卫擢升为军机大臣、御前大臣、领侍卫内大臣、大学士,在宫廷事务方面,他掌管内务府、圆明园、茶膳房、造办处、上驷院、太医院及御药房等事务;在财政经济事务上,他担任户部尚书外,还将崇文门税务监督一职牢牢控制在手中;在军事上,他虽对军事一窍不通,但常以钦差出任领军,还长期担任京师步军统领等职,并控制着健锐营和火器营;文化事务上,他曾担任《四库全书》正总裁,以及《钦定热河志》、《钦定大清一统志》、清《三通》、《石经》、《日下旧闻考》等书的正总裁、总裁。此外,他还担任经筵讲官、教习庶吉士、殿试读卷官、日讲起居注官、翰林院掌院学士等职。①

乾隆四十五年（1780年）正月，和珅为钦差大臣，与刑部侍郎喀宁阿一起被派往云南，查办云贵总督李侍尧贪赃枉法案。和珅没有从李侍尧处捞到过好处，李侍尧也从未将和珅放在眼里，从感情上讲，正可以借此除掉李侍尧，但和珅准确地揣摩到乾隆帝的用意，将个人恩怨放在一边，办理"得体"，乾隆帝对和珅的办事能力大加赞赏，就在南巡途中，乾隆帝在金山行宫传谕，和珅由吏部左侍郎升任户部尚书，这是和珅人生的一个重大转折点。南巡结束回京后，和珅又授御前大臣兼都统、正白旗领侍卫内大臣、议政王大臣。五月，乾隆帝特下谕旨，赐和珅长子名为丰绅殷德（丰绅，满语，福泽之意），并指婚为最心爱的六岁小女儿和孝固伦公主额驸，赏戴红绒结顶、双眼孔雀翎，穿金线花褂，待及岁时完婚，这样和珅就与皇帝结成了儿女亲家，这足以使王公显贵和满朝文武为之侧目。② 至此，和珅在朝廷中的地位已经巩固，为他日后弄权提供了极为有利的条件，这时，和珅的官阶和职事仍在不断地提升和增多。乾隆五十六年（1791年），和珅在朝中的地位仅次于领班军机大臣、武英殿大学士、一等诚谋英勇公阿桂。因阿桂常奉外任督师、勘治河工和查案诸务，均由和珅代其领班之任，实际上已是掌握实权的第一人。嘉庆元年（1796年），领班军机大臣、大学士阿桂年届八十，皇帝恩准休致，和珅继任首席军机大臣。嘉庆三年（1798年）正月，乾隆帝临终前还晋封和珅为一等嘉勇公。

和珅于乾隆四十一年（1776年）入值军机处，时年二十六岁，乾隆皇帝则已六十六岁，步入暮年，精力和体力大不如前，有左耳重听的毛病，左眼视力又欠佳，一度因臂痛而不能弯弓射箭。乾隆四十九年（1784年）最后一次南巡归来，乾隆帝的记忆力明显衰退，夜里常常失眠。乾隆五十九年（1794年），八十五岁的乾隆皇帝竟衰老健忘到"早膳已供，而不过霎时，又

---

① 《大臣传次编十·和珅》，《清史列传》卷三十五，中华书局1987年版，第2693页。

② 中国第一历史档案馆编：《乾隆朝惩办贪污档案选编》第1册，中华书局1994年版，第246页。

索早膳"的程度。作为一国之君,如此衰弱的体力,如此纷繁复杂的政务,乾隆帝已是力不从心,需要有才干的人来辅助他。

在封建君主专制体制之下,大臣的进退,惟依皇帝的个人意志,帝王用人,以忠君为第一标准,和珅的言行举止正符合这条标准。据《朝鲜李朝实录》记载:和珅对乾隆"言不称臣,必曰奴才,随旨随令,殆同皂隶",即使是后来位居大学士,和珅仍像当年做御前侍卫那样恭谨,"皇帝若有咳唾之时,和珅以溺器进之",与那些以君子自居的大臣相比,古稀之年的皇帝自然更喜欢和珅这样殷勤周到的奴才。蒸蒸日上的盛世,好大喜功的性格,使晚年的乾隆帝眼里只看到自己的文治武功,耳中只听歌功颂德、粉饰太平的声音。和珅也尽其所能大事化小,"惟将吉祥之语入告",即使是像镇压白莲教起义这样的大事,和珅明知道是乾隆帝的一块心病,但从未将"经历数年之久,糜饷至数千万两之多而尚未蒇功"的实情相告,而以"蒇功在即"来蒙蔽乾隆。和珅正是抓住了乾隆帝暮年"喜谀而恶直"的心理,投其所好,一切以让皇帝高兴为是,博得了乾隆皇帝的欢心。

乾隆皇帝是个才气横溢、精明能干的君主,和珅除能忠心侍奉他外,也以其精明的才干、善于理财的本领和敛财的神通令乾隆帝赏识。和珅于乾隆四十五年(1780年)任户部尚书,不久后又担任内务府大臣和崇文门税务监督,实际操持着清政府的财税收支大权。晚年的乾隆帝为了其"十全武功",不惜穷兵黩武,使国家财力耗竭。此外,乾隆帝为满足其豪奢的生活,不惜大兴土木。乾隆帝本人兴趣广泛,爱玉成癖,对珍宝古玩有着浓厚的兴趣,他对于督抚们源源进献的贡品,认为"势难概斥,伊即奏进,自不得不量存一二"。乾隆帝晚年,宫中大量的金银、古玩、珍宝及舶来之物收藏已极丰盛,无所不有。嘉庆帝亲政后,检阅收藏,"内府所存陈设物件,充牣骈罗,现在几于无可收贮之处"。乾隆帝这种喜好奢侈、讲究排场的性格,从未改变过,虽然他多次颁发上谕"停进金皿"、"饬禁珠玉宝玩之属",不过说说而已,对大小臣工进献的贡品,对南巡沿途臣工极力的操办,他则赞赏有加。而各地官员则借办贡之名"向属员勒索","婪索多银肥囊橐"。乾隆要维持他的这种奢华,需要大量的银子,而国家岁入有常,和珅担任内务府大臣之前,这个主管皇宫事务的机构经常是入不敷出,自和珅接任以后竟出现了盈余,甚至"反充外府之用"。① 为了增收,和珅对崇文门税关的控制十分严格。崇文门税关始设于明朝,当时京城内城九门均设有关卡,向过往客商、官员和进京举子收取课税。清承明制而有变易,将原来的九门征税改为由崇文门统一征税。乾隆时期,为加强对这一税关的管理,特设正副监督各一人,税关名义上隶属于户部,实际上由内务府控制,是皇家内府的进财机构,本应由内务府包衣出身的官员担任,但乾隆帝常将这一肥缺委任他的亲信。和珅被委派这一职务长达八年。和珅任职期间,对来京城的客商、进京官员与赴试士子等一律征税,关吏勒索,在所难免。据记载,"凡外吏入都,官职愈尊,则需索愈重,大臣展觐,亦从无与较者。吴江陆中丞以山东布政使陛见,关吏所索过奢,公实不能与,乃置衣被于外,携一仆前行曰:'我有身耳,何税为?'既入,从故人借衾褥,事竣还之而去"。朝廷命官尚且如此,百姓小民何堪设想。按当时的规定,凡小商贩携带的箕筐、扫帚、鞋袜、米面、布匹、菜蔬瓜果可以免税入城,而实际却是照征不误。据记载,当时京畿一带商民百姓入城时,均在帽沿边上插两文钱,走到城门口由税吏自行拿取,彼此免去搭话,成了惯例。如有商贩不照办,税关的营弁巡丁就要将其所带货物扣下,商贩敢怒不敢言。崇文门税关是中央户部所属的三十个榷关之一,其索要苛刻,位居全国第四。和珅倒台后,核减户部所属税关盈余数目时,崇文门税关定额为每年十七点三二万,仅次于商贾云集的粤海关、九江关和浒墅关。此外,崇文门监督对获罪官员的解京物品及京中不动产负责变卖,也是敛财途径之一。②

和珅敛财最有效的方法,还是乾隆朝中叶以后出现的罚缴"议罪银",其数额之巨大,涉及过失、犯罪官员之多,对当时内廷收支和吏治影响之深,前所未有。

---

① 《清实录·仁宗实录》卷三七,"嘉庆四年正月上",第 28 册,中华书局 1986 年版,第 427—428 页;昭梿:《啸亭杂录》,中华书局 1980 年版,第 317 页。
② 陈康祺:《郎潜纪闻初笔、二笔、三笔》下册,中华书局 1984 年版,第 681 页;姚元之:《竹叶亭杂记》卷二,中华书局 1982 年版,第 43—59 页。

"议罪银",又称"自行议罪银、罚银、罚款、密记银",是乾隆中叶逐渐形成的一种对督、抚、布、按一级重要官员因犯渎职、违例、徇庇、侵贪、奏事等"过误",或有过失需要开复处分,而自议缴银的制度。当然,也常出现有的本无"过误"而只是随便找个借口,也得认缴巨额银两,以免被奏参而革职问罪的情况。"议罪银"与原有的罚俸、罚廉相似但又不同,罚廉、罚俸则是因"有过失"而被罚,或被停支养廉银、俸银,银数有限;罚缴"议罪银"是因"过误"而自认缴银,当时较普遍且缴银数额巨大。乾隆中叶后,"议罪银"逐渐制度化,督抚们缴纳的"议罪银"少则万两,多则几十万两,均分限交纳,一般解交内务府广储司,也有一些作为南巡差务的开支,少量奉旨留河工、海塘和军需之用。

皇帝独掌"议罪银"议罚权柄。乾隆帝认为,这些督抚"养廉丰厚",犯了过失之后"革职留任不足以蔽辜",只有令他们自议罚缴银才能"以示惩儆"。如闽浙总督陈辉祖,因胞弟陈严祖在甘肃折监冒赈案内"参与婪赃",陈辉祖有"不能预为教诫之过","情愿罚缴银三万两,解交内务府"。乾隆帝不但免除了他"自议缴部治罪"的请求,仍令其留任闽浙总督。但是,皇帝不可能对这些事皆亲力亲为,具体事务必然委之于亲信,故和珅成为罚缴"议罪银"的重要操办者,在"议罪银"的缴纳过程中起着特殊作用。其一,他负责根据皇帝的意图起草上谕,或晓谕各官,令其自议缴银。江苏巡抚闵鹗元之弟闵鹓元,因在甘肃同知任内参与折收监捐冒赈情弊,"侵蚀公帑至一万九千八百两之多",而闵鹗元请将其弟交部治罪,不想缴"议罪银",和珅看出了他的用意,在负责起草的上谕中借皇帝的口气反问:"试想交吏部乎?抑革职?交刑部乎?罪不至此。则交吏部后不过议以革职,仍可邀恩留任,是止以一奏塞责,其谁欺乎?"对其弟侵蚀公帑之数,"令闵鹗元以十倍罚出",共需缴银十九万两。其二,和珅有代奏"议罪银"的作用。清代官员在罚缴"议罪银"的过程中,即使是有权上奏的官员,因为戴罪在身等原因,往往也由皇帝身边的近臣代奏。在乾隆年间的《密记档》中,可以看出和珅、福康安等人往往充当这种角色。乾隆四十七年(1782年),和珅代奏原任巡抚杨魁之子杨超铮等代父缴"议罪银"五万两;乾隆四十九年

(1784年),和珅代奏李天培因"遣犯脱逃,重囚监毙"自行缴"议罪银"四万两;乾隆五十一年(1786年),和珅代奏福崧名下共应缴"议罪银"二十万两,代奏刘峨因"大名逆犯"自行缴"议罪银"三万两;乾隆五十八年(1793年)八月,和珅、福长安代奏雅德因"浙江税各缺少"自行请缴"议罪银"六万两。和珅以其特殊的身份地位,为一些没有资格上奏但更多的是有资格上奏的官员代奏缴银,这些官员事前肯定要征得和珅的同意,缴多少,缴与否,能否抵除过失,总想得到和珅等人的指点,和珅的敛财手段得到了充分发挥。其三,和珅掌控着收缴"议罪银"的具体事宜。"议罪银"基本上由内务府广储司银库、造办处银库按限查收,司库将"收到何项银两、数目若干,并收到日期,按月呈报军机处,以备查核汇奏"。军机处的密记处则专办"议罪银"事宜。和珅则要求无论内务府三库收到何项银两,每日都必须向密记处呈报在案。对一些不能自己缴纳,或不能按限缴纳的官员,和珅替他们在皇帝面前求情。原内务府总管西宁因在"长芦盐政多年,办理不善,商人拖欠甚多,著西宁自行议罪"缴银八万两,因不能依限完缴,"呈请中堂(和珅)据情代奏","恳恩由其胞侄代缴"并"恳恩赏限一年",得到乾隆皇帝恩准,可见和珅在"议罪银"缴纳过程中的作用非同一般。①

乾隆年间,"议罪银"的收缴,使内务府的进项大增,也使常年"入不敷出"的内务府在和珅的管理下,"岁为充盈积,反充外府之用"。但"议罪银"对吏治的消极影响也日趋明显,以缴银代替行政处分和逃避法律制裁,使清代法纪败坏,大多数官吏的失职和不法行为因此而得到包庇。而巨额"议罪银"的缴纳,不仅有悖养廉银制度的本义,使得"养廉银"实为"养不廉",而且成了督抚等高官勒派下属的借口。如,乾隆四十六年(1781年)山东巡抚国泰,因其父云贵总督文绶在任期间办理"啯匪"一案获罪发往新疆效力,国泰请捐廉八万两为其父赎罪,结果"恩准缴银四万两",他却借口

---

① 故宫博物院编:《军机处档·密记档》,《文献丛编》第25辑,故宫博物院1935年版,第1—9页;《军机处簿册》乾隆五十一、五十二年,中国第一历史档案馆藏档,军机处簿册148号;中国第一历史档案馆编:《乾隆朝上谕档》第11册,中国档案出版社1998年版,第499—500页。

"因资财变价不及",共勒索下属各员帮银八万余两,使历城等州县亏空达数万两之多。正所谓"在桀骜之督抚,藉口以快其饕餮之私,即清廉自矢者不得不望属员之资助,日后遇有亏空营私重案,不容不曲为庇护"。①

和珅不仅是善于理财和敛财的能手,由于其通晓汉、满、蒙、藏四种语言的天赋,使他在处理民族事务方面有着独特的优势,也使他能承乾隆旨意,经办对外交涉。乾隆五十八年(1793年),英使马戛尔尼来华谒见乾隆皇帝,和珅奉旨负责与英国特使马戛尔尼进行了艰苦的谈判交涉,迫使其同意按清廷礼仪觐见乾隆皇帝。在英国特使眼中,和珅"维持他应有的尊严……态度和蔼可亲,对问题的认识尖锐深刻,不愧是一位成熟的政治家"②。当英国国王向乾隆帝祝寿的表文译出后,和珅立即向乾隆皇帝汇报英王有"遣使留住京师"之意。乾隆帝答复道:"现在译出英吉利表文内,有恳请派人留京居住一节,虽以照料买卖,学习教化为辞,但伊等贸易远在澳门,即留人在京,岂能照料数千里之外。至于天朝礼法与该国风俗迥不相同,即使留人观习,伊亦岂能效法。且向来西洋人惟有情愿来京当差者,方准留京,遵用天朝服饰,安置堂内,永远不准回国。今伊等既不能如此办理,异言异服逗留京城,即非天朝体制,于该国亦殊属无谓。或其心怀窥测,其事断不可行。"其实在此之前,英使马戛尔尼就试图说服和珅,他先将表文的副本交与和珅,并要求与和珅进行一次"暂短的会晤",但马戛尔尼发现和珅"虽然和蔼可亲,谦虚有礼,我对他毫无办法,他为不能答应我的要求而表示歉意"。乾隆万寿庆典当天,和珅陪同马戛尔尼游览避暑山庄东部时,马戛尔尼千方百计想把谈话引入正题,但始终不能如愿。马戛尔尼后来回忆说:"我对中堂(和珅)的机智不能不深表钦佩。那天,我绞尽脑汁要求他讨论正题,他却总是竭力回避,每当有可能与我谈及正题时,他立即巧妙地躲闪过去,设法把我的注意力引向周围的景物,请我欣赏湖光山色,向我们

---

① 乾隆四十六年批折,中国第一历史档案馆藏档,"军机处录副奏折·法律·贪污",档案号3-1311-15。
② 〔英〕斯当东著,叶笃义译:《英使谒见乾隆纪实》,三联书店1994年版,第363页。

讲解秀丽的山庄和亭台楼阁"。马戛尔尼以英王的名义提出使团来华目的：英国商人在舟山或宁波港，以及在天津，像在广州一样经商；英国商人可以在舟山附近拥有一个小岛或一小块空地，以保存他们未能卖掉的商品；允许英国人自由在中国传教，等等。和珅将英国人的要求立即报告乾隆皇帝，乾隆认为，英国人的要求"皆系更张定制，不便准行"。第二天，和珅再次会见马戛尔尼，"中堂大人惯常的客气踪影全无，他摆出一副毫不掩饰的持重和冷漠的神态"。马戛尔尼又一次直接提起昨天的要求，中堂以不给对方留下任何指望的口气让他写成文书呈来。①

特殊的机遇、突出的才干和一贯"善体圣心"的行为方式，使和珅实际上成了乾隆皇帝晚年的代言人，他身兼数职，集军事、行政、财政和民族、外交、文化教育大权于一身，权势达到登峰造极的地步。和珅生性刻薄、狡诈的性格特点，贪鄙的本性，使他常常利用手中的权力，排斥异己，网络亲信，索求财货，"和珅柄政久，善伺高宗意，因以弄窃作威福，不附己者，伺隙激上怒陷之；纳贿者则为周旋，或故缓其事，以俟上怒之霁。大僚恃为奥援，剥削其下以供所欲"，"内外官员畏其声势，不敢违拗"。嘉庆皇帝对和珅的长期专擅和种种不法，颇有感触，"仁宗自在潜邸知其奸，及即位"，新政之初要整饬内政，救大清江山于危局，必须尽早诛除和珅，然而，"以高宗春秋高，不欲遽发"，他也等待、"韬晦"了三年。②

嘉庆四年（1799年）正月初三日，乾隆皇帝病逝。在正月初三日的哀诏中，和珅排列在诸王之下，群臣之首，"总理丧仪"，和珅为此"窃自喜依然如故"，算是吃了一颗定心丸。根据初三日军机处"随手登记档"的记载，这一天除发布太上皇帝遗诰和宣谕中外哀诏外，当日共发布五道上谕，其内容分别为："谕敬行三年之丧，谕拟尊谥，谕各省督抚不必来京谒梓宫，谕朱珪来京供职，谕刘墉、陈万金、达椿、万承风留上书房。"大丧之日，嘉庆帝急调

---

① 中国第一历史档案馆编：《英使马戛尔尼访华档案史料汇编》，国际文化出版公司1996年版，第135页。
② 《清史稿》卷三百十九，《列传一百六·和珅》，中华书局1977年版，第10755页。

六十八岁的安徽巡抚朱珪来京供职,留用年近八十的刘墉,其中必有文章。朱珪曾充上书房师傅,教授颙琰,是嘉庆皇帝的老师,官至两广总督。他不仅学识渊博,还具良吏之才,备受乾隆与嘉庆的宠信。朱珪在仕途上曾受和珅的阻挠而未能出任大学士,后因对广东海盗捕缉不力,被贬安徽巡抚。刘墉曾因在清朝奢靡最甚之时的乾隆朝中后期,巧妙而直率地反对和珅而闻名于世。两人被重用,实际已说明和珅被冷落。无疑,哀诏中出现和珅的名字,只不过是嘉庆皇帝稳住和珅的一种策略。

至今在清代档案中尚未发现和珅被革职的上谕,但从一些有关的上谕中可以发现,嘉庆大丧之日诛和珅,是经过长期准备的。从嘉庆四年(1799年)正月初四日嘉庆皇帝为镇压白莲教起义而颁发的一道上谕中能找出一些原因。该上谕称:"我皇考临御六十年,天威远震,武功十全,凡出师征讨,即荒徼部落,无不立奏荡平。若内地'乱民'如王伦、田五等,偶作不靖,不过数月之间,即就殄灭,从未有经历数年之久,糜饷至数千万两之多,而尚未蒇功者。总由带兵大臣及将领等全不以军务为事,惟思玩兵养寇,藉以冒功升赏,寡廉鲜耻,营私肥橐,即如在京谙达、侍卫、章京等,遇有军务,无不营求前往。其自军营回者,即平日穷乏之员,家计顿臻饶裕,往往托词请假,并非实有祭祖省墓之事,不过以所蓄之资,回籍置产,此皆朕所深知。可见各路带兵大员等有意稽延,皆蹈此借端牟利之积弊。试思肥橐之资,皆婪索地方所得,而地方官吏,又必取之百姓。小民脂膏有几,岂能供无厌之求?此等教'匪'滋事,皆由地方官激成。即屡次奏报所擒戮者,皆朕之赤子,出于无奈为贼所胁者。若再加之朘削,势必去而从贼,是原有之贼未平,转驱民以益其党,无怪乎贼匪日多,辗转追捕,迄无蒇事之期也。"①

此谕是针对镇压川楚白莲教起义而发,但内容却与同日遗诰针锋相对。遗诰中称此事"蒇功在即",谕旨则说"从未有经历数年之久,糜饷至数千万两之多而尚未蒇功",而带兵大员掩饰虚捏,借此"冒功升赏,寡廉鲜耻,营

---

① 嘉庆四年正月初四日上谕,中国第一历史档案馆藏档,"剿捕档";《清实录·仁宗实录》卷三七,"嘉庆四年正月上",第 28 册,中华书局 1986 年版,第 413 页。

私肥橐",而太上皇则被"吉祥之语"所欺蒙,况且"圣寿日高,诸事多从宽厚",已没有精力顾及此事。嘉庆为乾隆开脱,就是将直接责任完全责之于和珅。正如嘉庆在另一道上谕中所言:"军营带兵各大员,皆以和珅为可恃,只图迎合钻营,并不以军事为重,虚报功级,坐冒空粮,其弊不一而足"。① 这是斥责和珅等所拟遗诰对川楚白莲教一事报喜不报忧,欺瞒圣上的做法。

  此时,嘉庆帝四十岁,嗣位已有三载,早在皇子时代就对和珅长期专擅和种种不法之举有所耳闻,"当珅出入宫中时,伺高宗喜怒,所言必听,虽诸皇子亦惮畏之。珅益骄纵,尝晚出,以手旋其所佩剔牙杖,且行且语曰:'今日上震怒某阿哥,当杖几十。'睿宗为皇子,必屡受其侮辱,故在谅闇中即愤,而出此不能再容忍矣"。颙琰在即将嗣位时,和珅自恃出纳帝命之近臣,自作聪明,竟在恩命宣谕之前,通过递进如意预为泄露,借此以邀拥戴之功,稍后又"密取仁宗贺诗白高宗,指为市恩",使颙琰继位险遭变故。② 三年训政,嘉庆对和珅的弄权贪婪领教颇深,对乾隆朝中后期国家财力耗竭、吏治败坏的政局深有所悟,要整饬内政,挽救危局,必须尽早诛除和珅。

  和珅是在正月初四日"恭颁遗诰日"被革职的,初七日被严讯:"臣永璇等谨奏为遵旨事,臣等钦奉谕旨,将和珅、福长安革职拿问,逐条严讯,业据供认无可置辩。谨另录供单进呈,恭候皇上圣裁睿断,勒下大学士九卿等从重治罪,宣示中外,以彰国宪而快人心。臣等现将和珅等交刑部严行监禁,专员看守,毋许两家亲属家奴等往来看视。至额驸丰绅殷德、贝勒永鋆、和琳之子侍卫丰绅伊绵,臣等遵旨俱交宗人府严行看守。福长安之子侍卫锡龄逐出乾清门,令其在家候旨。大学士苏凌阿现已被参,年力衰迈,应否革职之处,谨请旨遵行。再,臣永瑆已遵旨查封和珅城内房产,现在会审系臣永璇、臣拉旺多尔济、臣王杰、臣刘墉、臣董诰等五人,合并声明,为

---

  ① 《清实录·仁宗实录》卷三七,"嘉庆四年正月上",第 28 册,中华书局 1986 年版,第 414、419 页。
  ② 《清史稿》卷三百十九,《列传一百六·和珅》,中华书局 1977 年版,第 10755 页。

此谨奏"。和珅于初七日被严讯,供单另录呈览,京中家产被查抄,其子丰绅殷德、姻亲贝勒永鋆、叔侄丰绅伊绵均被交宗人府严行看守。

和珅被讯问的供词,在清宫档案中除了零星的记载外,还没有发现完整的供词原件。清末李孟符所著《春冰室野乘》中收录了一份残缺不全的供词:

一纸系奉旨诘问事件,凡两条。

一问和珅:"现在查抄你家产,所盖楠木房屋,僭侈逾制,并有多宝阁及隔段样式,皆仿照宁寿宫安设。如此僭妄不法,是何居心?"

一问和珅:"昨将抄出你所藏珠宝进呈,珍珠手串,有二百余串之多。大内所贮珠串,尚只六十余串,你家转多至两三倍,并有大珠一颗,较之御用冠顶苍龙教子大珠更大。又真宝石顶十余个,并非你应戴之物,何以收贮如许之多?而整块大宝石,尤不计其数,且有极大为内府所无者,岂不是你贪黩证据么?"

一纸系和珅供词,凡三条。

"奴才城内原不该有楠木房子、多宝阁及隔段式样,是奴才打发太监胡什图到宁寿宫看的式样,仿照盖造的。至楠木,都是奴才自己买的。玻璃柱子内陈设都是有的,总是奴才糊涂该死。

又,珍珠手串,有福康安、海兰察、李侍尧给的,珠帽顶一个,也是海兰察给的。此外珍珠手串,原有二百余串之多。其馈送之人,一时记不清楚。宝石顶子,奴才将小些的给了丰绅殷德几个,其大些的,有福康安给的。至大珠顶,是奴才用四千余两银子,给佛宁额尔登布代买的,亦有福康安、海兰察给的。镶珠带头,是穆腾额给的。蓝宝石带头,系富纲给的。

又,家中银子,有吏部郎中和精额于奴才女人死时,送过五百两。此外寅著、伊龄阿都送过,不记数目。其余送银的人甚多,自数百两至千余两不等,实在一时不能记忆。再,肃亲王永锡袭爵时,彼时缊住(布)有承重孙,永锡系缊住(布)之侄,恐不能袭王,曾给过奴才前门外铺面房两所,彼时外间不平之人纷纷议论,此事奴才也知道。以上俱是有的。

又一纸亦系供词,而问词已失之。凡十七条。

"大行太上皇帝龙驭宾天,安置寿皇殿,是奴才年轻不懂事,未能想到从前圣祖升遐时,寿皇殿未曾供奉御容。现在殿内已供御容,自然不应在此安置,这是奴才糊涂该死。

又,六十年(1795年)九月初二日,太上皇帝册封皇太子的时节,奴才先递如意,泄漏旨意,亦是有的。

又,太上皇帝病重时,奴才将宫中秘事向外廷人员叙说,谈笑自若,也是有的。

又,太上皇帝所批谕旨,奴才因字迹不甚认识,将折尾裁下,另拟进呈,也是有的。

又,因出宫女子爱喜貌美,纳取作妾,也是有的。

又,去年正月十四日,太上皇帝召见时,奴才因一时急迫,骑马进左门,至寿山口,诚如圣谕,无父无君,莫此为甚,奴才罪该万死。

又,奴才家资金银房产,现奉查抄,可以查得来的。至银子约有数十万,一时记不清数目,实无千两一锭的元宝,亦无笔一枝、墨一盒的暗号。

又,蒙古王公原奉谕旨,是未出痘的不叫来京。奴才(决定)无论已未出痘都不叫来,未能仰体皇上圣意。太上皇帝六十年来抚绥'外藩',深仁厚泽,'外藩'蒙古原该来的,总是奴才糊涂该死。

又,因骽痛有时坐了椅轿抬入大内,也是有的。

又,军报到时,迟延不即呈递,也是有的。

又,苏凌阿年逾八十,两耳重听,数年之间,由仓场侍郎用至大学士兼理刑部尚书,伊系和琳儿女姻亲,这是奴才糊涂。

又,铁保是阿桂保的,不与奴才相干。至伊犁将军保宁升授协办大学士时,奴才因系边疆重地,是以奏明不叫来京。朱珪前在两广总督任内,因魁伦参奏洋盗案内奉旨降调,奴才实不敢阻抑。

又,前年管理刑部时,奉敕旨仍管户部,原叫管理户部紧要大事,后来奴才一人把持,实在糊涂该死。至福长安求补山东司书吏,奴才实不记得。

又,胡季堂放外任,实系出自太上皇帝的旨意。至奴才管理刑部,于秋审情实缓决,每案都有批语,至九卿上班时,奴才在围上,并未上班。

又,吴省兰、李潢、李光云都系奴才家的师傅,奴才还有何辩呢?吴省兰声名狼藉,奴才实不知道,只求问他就是了。

又,天津运司武鸿,原系卓异交军机处记名,奴才因伊系捐纳出身,不行开列,也是有的。"①

该书所记内容与嘉庆皇帝对和珅定罪的上谕中所列二十大罪状基本一致。

正月初七日,永瑆奉旨查抄了和珅在京的宅第(今北京前海西街恭王府),不久将其寓所房产、珠宝、古玩、陈设等开列清单。正月十一日嘉庆帝发布上谕,将和珅褫革下狱的原因公之于世:

和珅受大行太上皇考特恩,由侍卫洊擢至大学士,在军机处行走多年。叨沐殊施,在廷诸臣无有其比。朕亲承付托之重,兹猝遭皇考大故,苫块之中,每思《论语》所云三年无改之义。如我皇考敬天法祖,勤政爱民,实心实政,溥海内外,咸所闻知,方将垂示万年,永为家法,何止三年无改。至皇考所简用之重臣,朕断不肯轻为更易,即有获罪者,若稍有可原,犹未尝不思保全,此实朕之本衷,自必仰蒙昭鉴。今和珅情罪重大,并经科道诸臣列款参奏,实有难以刻贷者。是以朕于恭颁遗诰日,即将和珅革职拏问,胪列罪状,特谕众知之。朕于乾隆六十年九月初三日蒙皇考册封皇太子,尚未宣布谕旨,而和珅于初二日即在朕前先递如意,漏泄机密,居然以拥戴为功。上年正月,皇考在圆明园召见和珅,伊竟骑马直进左门,过正大光明殿,至寿山口,无父无君,莫此为甚。又因腿疾,乘坐椅轿抬入大内,肩舆出入神武门,众目共睹,毫无忌惮,并将出宫女子取为次妻,罔顾廉耻。年来剿办川楚教匪,皇考盼望军书,刻萦宵旰,乃和珅于各路军营递到奏报,任意延搁,有心欺蔽,以致军务日久未竣。前奉皇考敕旨,令伊管理吏部、刑部事务,嗣因军需销算,伊系熟手,是以又谕令兼理户部题奏事件,伊竟将部务一人把持。昨冬,皇考圣躬不豫,批折字画间有未真之处,和珅胆敢口称不如撕去,竟另行拟旨。腊月间,奎舒奏报循化、贵德二厅,贼番聚众千余,抢

---

① 李孟符:《春冰室野乘》,山西古籍出版社1995年版,第31—34页。

夺达赖喇嘛商人牛只,杀伤二命,在青海肆行抢掠一案,和珅竟将原奏驳回,隐匿不办,及皇考升遐后,朕谕令蒙古王公未出痘者不必来京,和珅不遵谕旨,令已未出痘者俱不必来京。不顾国家抚绥外藩之意,其居心实不可问。大学士苏凌阿两耳重听,衰惫难堪,因系伊弟和琳姻亲,竟欺隐不奏。侍郎吴省兰、李潢,太仆寺卿李光云,皆曾在伊家教读,并保列卿贰,兼任学政。又军机处记名人员任意撤去,种种专擅,不可枚举。昨将和珅家产查抄,所盖楠木房屋,僭侈逾制,其多宝阁及隔段式样皆仿照宁寿宫制度,其园寓点缀竟与圆明园蓬岛瑶台无异,不知是何居心。又所藏珠宝内,珍珠手串二百余串,较之大内多至数倍,并有大珠较御用冠顶尤大。又宝石顶并非伊应戴之物,伊所藏真宝石顶数十个,而整块大宝石不计其数,且有内府所无者。至金银数目尚未抄毕已有数百余万之多,似此贪黩营私,实从来罕见罕闻。以上各款皆经王大臣等共同鞫讯,和珅俱供认不讳。和珅如此丧心昧良,目无君上,贻误军国重务,弄权舞弊,僭妄不法,而贪惏无厌,蠹国肥家,犹其罪之小者,实属辜负皇考厚恩。设数年来廷臣中有能及早参奏,必蒙圣断,立置重典,而竟无一人奏及者。内外诸臣自以皇考圣寿日高,不敢烦劳圣心,实则畏惧和珅,箝口结舌,皆朕所深知。今和珅罪状已著,其得罪我皇考之处,擢发难数,亦百喙难辞,朕若置之不办,何以仰对在天之灵。此不得已之苦衷,尔封疆大臣等以为何如?除交在京王公大臣会审定拟外,著通谕各督抚将指出和珅各款应如何议罪,并此外有何款迹,各行据实迅速覆奏。钦此。①

此谕一下,各省督抚纷纷具折奏报,均指斥和珅"纵恣贪黩,舞弊营私,甚至僭妄无状,专擅";"黩货营私,贪婪无厌,弄权舞弊,僭妄多端,丧心昧良";"弄权僭妄,贻误军机;且所积珠宝窝于内府,金银数目多至百万",应明正典刑。有的督抚认为其"昧良负恩,予以凌迟,罪所应得"。

嘉庆四年(1799年)正月十六日,嘉庆皇帝颁发上谕,正式宣布和珅的二十大罪状:

---

① 嘉庆四年正月十一日上谕,中国第一历史档案馆藏档,"上谕档";《清史列传》卷三十五,中华书局1987年版,第2698—2700页。

朕于乾隆六十年九月初三日蒙皇考册封皇太子,尚未宣布谕旨,而和珅于初二日即在朕前先递如意,漏泄机密,居然以拥戴为功,其大罪一;上年正月,皇考在圆明园召见和珅,伊竟骑马直进左门,过正大光明殿,至寿山口,无父无君,莫此为甚,其大罪二;又因腿疾,乘坐椅轿抬入大内,肩舆出入神武门,众目共睹,毫无忌惮,其大罪三;并将出宫女子取为次妻,罔顾廉耻,其大罪四;自剿办川楚教匪以来,皇考盼望军书,刻萦宵旰,乃和珅于各路军营递到奏报,任意延搁,有心欺蔽,以致军务日久未竣,其大罪五;皇考圣躬不豫时,和珅毫无忧戚,每进见后,出向外廷人员叙说,谈笑如常,丧心病狂,其大罪六;昨冬皇考力疾披章,批谕字画间有未真之处,和珅胆敢口称不如撕去,竟另行拟旨,其大罪七;前奉皇考勅旨,令伊管理吏部、刑部事务,嗣因军需销算,伊系熟手,是以又谕令兼理户部题奏报销事件,伊竟将户部事务一人把持,变更成例,不许部臣参议一字,其大罪八;上年十二月内,奎舒奏报循化、贵德二厅贼番聚众千余,抢夺达赖喇嘛商人牛只,杀伤二命,在青海肆劫一案,和珅竟将原奏驳回,隐匿不办,全不以边务为事,其大罪九;皇考升退后,朕谕令蒙古王公未出痘者不必来京,和珅不遵谕旨,令已未出痘者俱不必来,全不顾国家抚绥外藩之意,其居心实不可问,其大罪十;大学士苏凌阿,两耳重听,衰惫难堪,因系伊弟和琳姻亲,竟隐匿不奏,侍郎吴省兰、李潢,太仆寺卿李光云,皆曾在伊家教读,并保列卿阶,兼任学政,其大罪十一;军机处记名人员,和珅任意撤去,种种专擅,不可枚举,其大罪十二;昨将和珅家产查抄,所盖楠木房屋僭侈逾制,其多宝阁及隔段式样皆仿照宁寿宫制度,其园寓点缀竟与圆明园蓬岛、瑶台无异,不知是何肺肠,其大罪十三;蓟州坟茔(茔)居然设立享殿,开置隧道,致附近居民有和陵之称,其大罪十四;伊家内所藏珠宝内珍珠手串竟有二百余串,较之大内多至数倍,并有大珠较御用冠顶尤大,其大罪十五;又宝石顶并非伊应戴之物,所藏真宝石顶有数十余个,而大块真宝石不计其数,且有内府所无者,其大罪十六;家内银两及衣物等件数逾千万,其大罪十七;且夹墙藏金二万六千余两,私库藏金六千余两,地窖内并有埋藏银两百余万,其大罪十八;附京通州、蓟州地方均有当铺钱店,查计赀本又有十余万,以首辅大臣下与小民争利,其大罪十九;伊家人刘全,不过下贱家奴,而查抄赀产竟至二十余万,并有大珠珍珠手串,若非纵令需索,何得如此丰饶,其大罪二十;其余贪纵狂妄之处,尚难悉数,实从来罕见罕闻者。①

两天后,和珅被"加恩赐令自尽"。这是清代对有特殊身份及特殊原因的罪犯顾全颜面的行刑方法。在此之前时值元宵,和珅面对此景,感慨万分,料定在劫难逃。嘉庆四年(1799年)正月十八日,和珅在刑部狱中接旨谢恩,上吊自尽,时年五十岁。

嘉庆帝在乾隆帝大丧之日立诛和珅,虽有"不得已之苦衷",但"肃清庶政,整饬官方"之意十分明显,他同时反复强调"决不肯株连他人",这种政治上的策略,对于缓和当时政局,一时起到了作用,为其整饬内政扫清了第一道障碍。

嘉庆帝为整饬吏治而采取的第二项措施,就是"禁呈宝物"。清代惯例,凡外省督抚大员进京觐见,或节庆大典,必进献贡物,以邀圣眷。乾隆皇帝统治时期,竞尚奢华,进贡风盛,贡品争奇斗艳,各官争相效尤,献媚于上而朘削于下,和珅等权佞上下其手,从中渔利,成为官场一大积弊。嘉庆帝"试思列省备办玉铜瓷书画插屏挂屏等件,岂皆自己出资,必下而取之州县,而州县又必取之百姓,稍不足数,敲扑随之,以闾阎有限之脂膏,供官吏无穷之朘削,民何以堪",故认为"盖人君一身,为臣民表率,使天下可法可则",他谕令"嗣后概不许呈进,如有违制,决不稍贷"。嘉庆五年(1800年)三月,肃亲王永锡,因三阿哥绵恺于本月十八日入上书房上学,备进玉器陈设等物,未经奏明,擅令本府太监转交皇后饭房太监递进,嘉庆帝知悉后,将永锡职位尽数革去,并"传集各亲王、郡王,将永锡所进物件,当面掷还";福州将军"违例呈进方物",嘉庆谕令给予革职留任的处分,此后贡品之风暂息。嘉庆帝禁呈宝物,是他整饬内政、革除积弊的一项措施,对防止地方官员借机侵贪起到了实效。

---

① 嘉庆四年正月十六日上谕,中国第一历史档案馆藏档,"上谕档";《清实录·仁宗实录》卷三七,"嘉庆四年正月上",第28册,中华书局1986年版,第421—423、428—430页。

嘉庆帝对吏治腐败的状况和整饬吏治的迫切性十分清楚,他亲政后立诛和珅,目的之一就是想解决这个问题,他深知百姓之所以"不顾身家性命,铤而走险,总缘亲民之吏多方婪取,竭尽脂膏"所致。他一面力行崇俭,禁呈宝物以遏侵贪之源,一面惩处了一批贪官污吏。嘉庆在位二十五年,共查处官员侵贪案件十余起,除和珅案外,还有湖南布政使郑源璹勒索属员,加扣平余案;湖北郧襄道胡齐崙贪污军需案;云贵总督富纲"姿意贪婪索银"案;贵州巡抚伊桑阿勒令属员帮贴银两案;江苏山阳知县王汉昌毒杀查赈委员李毓昌案;宝坻知县借灾冒赈案;刑部侍郎广兴摊派差费案;巡漕御史英纶勒索帮银案;吏部满尚书办理参务,私派侵蚀银两案;盛住万年吉地工程贪银案等。处决首犯九人,其中总督一人,巡抚一人,吏部满尚书一人,布政使一人,刑部侍郎一人,道员一人,巡漕御史一人,知县二人。

但是,嘉庆没有意识也没有能力界定贪与廉的界限,没有能力将反贪与保持政权的稳定、效率结合起来,因此,也没有能力将反贪倡廉的工作持续下去,同历史上许多王朝一样,他对贪污贿赂的打击只能是一时的,无法持续进行下去。其结果就是在处理具体贪污腐败大案中,总体上失之过宽,瞻前顾后。在处理和珅案时,他就反复强调只罪和珅一人,"朕所办止一和珅耳,今已伏法,诸事不究"。同案犯福长安,原拟论斩,不久即行恩赦,赏还家产,后竟然累迁至正黄旗满洲副都统。嘉庆在处理贪腐大案时,劝诫多而惩戒少,往往以"事属既往,姑不深究",屡谕"下不为例",虚声恫吓。这对于积习成性的贪官污吏,已失去了震慑力,无论嘉庆如何"舌敝唇焦"、"随笔泪洒",也无济于事,贪官们已难收敛他们唯利是图的本性。嘉庆朝吏治"欲肃而未肃",惩办贪官过于宽纵,是主要原因之一。[1]

4. 清后期道咸同光宣五朝的贪与反贪

道光十九年(1839 年)以后,清朝的封建专制政治腐败,社会矛盾激化,

---

[1] 《清实录·仁宗实录》卷三七,"嘉庆四年正月上",第 28 册,中华书局 1986 年版,第 423、430—431 页;卷五九,"嘉庆五年二月上",第 28 册,第 775—776、786 页。《嘉庆朝朱批奏折》,中国第一历史档案馆藏档,"宫中档朱批奏折·法律·贪污",第 115—116 包。

吏治败坏,清政府统治下的昏朽沉寂也达到了空前的地步。西方殖民者的入侵,更加深了民族危机,中国逐步沦为半殖民地半封建社会。

清政府在政治、经济上逐渐丧失独立,仰殖民者的鼻息而苟延残喘;清王朝国家机器的统治力,不仅在殖民主义者的炮舰、洋货面前已无能为力,而且封建专制权力已逐步失去了往日的威严。作为维护统治的机制、工具和手段,监察体制和惩贪机构,为了维持行将崩溃的王朝,也惩办了一二贪官,但早已失去了往日的威势。惩办贪官,往往成为政治斗争的手段,而很难趁势成为整饬吏治的重要内容。咸丰年间,"整顿科场舞弊案"而将大学士柏葰处斩;同治二年(1863年),将"骄恣欺罔,纳贿渔色,讳败为胜"的钦差大臣胜保赐令自尽。但这均是咸丰帝、慈禧太后和恭亲王固权的手段,仅因为贪婪索取而罹罪的大员已经很少。

在晚清时期内外战争面前,为了增加财政收入,应付浩繁的军费开支,道光帝厉行节俭,力戒宫廷浮华、削减地方贡物、查贪罚赔官项,但是他没有能力应对内外交困的危局,也没有余力整肃吏治。咸丰帝统治时期,内有太平天国起义,外又遭遇第二次鸦片战争,为筹措军费,整顿财政、开源节流是他日夜焦虑的问题,为此他推广捐例,实行"七五折收捐",并令各省广开捐例,使本就庞大的官僚队伍处于失控状态,"市侩无赖滥厕其间",他们想尽办法捞钱。晚清思想家龚自珍把清政府这种用大开捐纳解决财政困难的办法,比作"割臀以肥脑,自啖自肉,无受代者"①。

清咸丰帝之后,在同治、光绪两朝,慈禧太后长期专权、独断专横,皇权与皇位分离,国家最高行政和司法权力的行使也发生了变化,虽然还是以皇帝的名义出令,但真正的权力已经不在皇帝手中。惩贪作为封建吏治和法制的重要内容,作为皇权控制官员的工具,已失去了往日的作用。而履行监督职能的御史以"天子之耳目,朝廷之腹心"自居,本应"彰善瘅邪、整纲饬纪","私惠勿酬、私仇勿报"。但在晚清时期,当中国遭遇"数千年未有之变局"的时候,御史也变质了。

---

① 龚自珍:《西域置行省议》,《龚自珍全集》,上海古籍出版社1999年版,第106页。

咸丰、同治年间,在镇压太平天国起义的过程中,一批军功官僚因势崛起,尤以湘、淮地方实力集团最为突出。为了制约这些权臣,清廷放任进士出身的"清流"御史言官群体逐渐壮大。这个团体以"李鸿藻为青牛头(青牛为清流谐音),张之洞、张佩纶为青牛角,用以触人,陈宝琛为青牛尾,宝廷为青牛鞭,王懿荣为青牛肚,其余牛皮牛毛甚多",他们大胆敢言,议论风发,专事抨击,有"四谏"、"十朋"等名称。从同治到光绪年间,他们薪尽火传,日益壮大,弹劾的范围上至军机大臣,下至知府知县,尤其针对"湘淮军帅皆守重镇,政荒吏嬉,民滋不安"。其中主要的目标之一,就是长期担任封疆重职的淮系首领李鸿章。[①]

光绪五年(1879年),崇厚与俄国擅自签订《里瓦基亚条约》,丧权辱国,李鸿章认为俄国实力远胜于清,一旦废约势必变本加厉,主张对该条约隐忍接受、徐图补救。此议一出,"翰林四谏"之一的黄体芳立即上奏弹劾"俄使崇厚误国",弹劾李鸿章"将帅之臣,恝国事如此,怯强敌如此",并称"李鸿章以汉臣拜首揆,为五十年来所仅见",意在提醒清廷多加提防。

中法战争以议和而终,锡均等参劾李鸿章误国,李鸿章"奉命治军津门十余年,欲兵则兵,欲饷则饷,购船制械,前后耗费国帑,不可胜计","闻者骇疑,无不以李鸿章为误国"。黄体芳继续攻击李鸿章"议和则李鸿章必占人先,议战则李鸿章必落人后",乃至于"自办洋务以来,造机器,广招商,置兵轮,购枪炮,由李鸿章奏办者几十年,糜国帑以亿万计,百弊丛生,毫无成效"。[②]

光绪二十年(1894年),甲午战争爆发,力主避战的李鸿章更成为清流御史集中弹劾的目标,翰林院三十五名翰林联名参劾李鸿章"昏庸骄蹇、丧心误国",要求罢免李鸿章。当战局无法维持,清廷派人议和之时,监察御史安维峻奏称:"窃北洋大臣李鸿章,平日挟北洋以自重……日夜望倭寇之

[①] 苑书义:《李鸿章传》,人民出版社1991年版,第150—151页。
[②]《清史稿》卷四百四十四,《列传二百三十一·黄体芳》,中华书局1977年版,第12450—12451页;中国史学会主编:《中国近代史资料丛刊·中法战争》(五),上海人民出版社、上海书店出版社2000年版,第406页;(六),第303—318页。

来",直指李鸿章有叛国野心,说他"若能反,则早反耳。既不能反,而犹事挟制朝廷,抗违谕旨,彼其心目中不复知有我皇上,并不知有皇太后",甚至说"中外臣民,无不切齿痛恨,欲食李鸿章之肉"。①

时局至此已不仅是御史言官履职或派系斗争,也是"道义"之争。甲午危局时,清流领袖翁同龢奉命前往天津与李鸿章密商,谈话中问以"北洋兵舰"等事,李鸿章先是"怒目相视,半晌无一语",继而怒道:"(翁)师傅总理度支,平时请款辄驳诘,临事而问兵舰,兵舰果可恃乎?"翁同龢答以尽自己本分而已,"计臣以撙节为尽职,事诚急,何不复请"?李鸿章答道:"政府疑我跋扈,台谏参我贪婪,我再哓哓不已,今日尚有李鸿章乎?"②

可见,当御史"风闻弹奏"的特权变成派系斗争的工具时,他们的目标已经不是惩腐治贪、整纲饬纪,而是要致政敌于死地。天威难测,专制皇权之下,即使像李鸿章这样的得宠权臣,也对御史言官的交相弹奏心有余悸,更不用说普通大臣了。

自此至清朝灭亡,作为监察反贪机构的都察院,担负反贪职能的御史,已经丧失了其基本职能、操守和担当,而演变为政治斗争的工具。

三、清代的反贪机制

清朝是中国最后一个封建王朝,它以满洲贵族为主体,在清初、中期近两百年的统治基础上,既总结、继承了前代的经验和教训,又在加强专制主义中央集权,整饬吏治,从法律、行政、监察等方面建立了一整套防范、处置官吏侵贪的机制,把严惩贪官污吏作为治国安民的头等大事。历经康熙、雍正、乾隆三朝的努力,使早在明中叶已经危机四伏的封建专制主义制度,经过明清之际的政治大变动,到清初又显露了转机,并出现了"康雍乾盛世"这样一个封建社会晚期的新高峰。

---

① 中国史学会主编:《中国近代史资料丛刊·中日战争》(四),上海人民出版社、上海书店出版社2000年版,第166—167页。
② 陈义杰整理:《翁同龢日记》第五册,中华书局1997年版,第2734页。

清朝统治者认为,"民足以为教化之本",欲教化百姓,稳定民心,应先足民食;欲足民食,应先端官风。官风的好坏是统治的前提。康熙认为,"崇高清节乃国家为治之要务,为官者皆清,则百姓自然得遂其生"。雍正则以严猛手段,惩治贪官蠹役之朘削,严肃官风政纪,为广大百姓提供了一个相对宽舒的社会生活环境。乾隆与雍正一致认为"政治行于上,民风成于下",社会风气的好坏与各级统治者的品行、文化素养和执政行为有直接的关系,影响民心,进而导致社会价值观的变化。

清代统治者提出吏治不清、人心不古、社会风气败坏的根源在于高官大吏之论。康熙尤重人品政德,时时对大臣以"大官廉则小官守"相告诫。"端己率属"作为清朝最高统治者对高官大吏的要求,也是清帝力图铲除社会腐败现象,在吏治方面采取的对策,根据不同历史时期的不同要求来具体实施,以保证封建王朝国家机器的有效运转。

1. 反贪立法

清王朝崛起于满洲,太祖爱新觉罗·努尔哈赤统一女真部落后建立"后金",1636年(天聪十年)改国号为清。努尔哈赤时代,法制建设还谈不上成文定制,不过是一些口头宣布的"禁令"、"定例",均以谕令发布,成为最重要的法律形式。其中有关于贪污受贿的禁令,天命八年(1623年)二月,努尔哈赤命令:"诸申、尼堪、蒙古的官员们,不论谁只收汗给的赏赐,不能接受尼堪送的东西……要给尼堪发告示,不能送任何东西来。如果送来,送来的人治罪。如果收取,收取的人治罪。"不久,努尔哈赤又对上述法令作了补充说明:"各个被分配给诸申、尼堪官员们的尼堪,如果送来什么东西,鱼、野鸡、果实可以收受,牛、羊、山羊、猪、财物、银、草、粮食不能收取。如果收了,将要治罪。"①这是对行贿罪和受贿罪的认定。此外,官员将士隐藏从战争中掠夺来的财物,要按"常例"治罪,根据情节轻重,或处鞭刑,或处死刑,或革去官职,并允许奴仆告发其主。崇德七年(1642年),镶

---

① 辽宁大学历史系:《重译〈满文老档〉》第三分册,"太祖朝"第45卷,天命八年二月十九日,辽宁大学历史系1979年印行,第7页;"太祖朝"第48卷,天命八年三月二十八日,第24—25页。

黄旗鄂木齐等人往征瓦尔喀部时,私自隐藏获得的貂皮等战利品,被告发审实后,"罢牛录领催"之职,这是对贪污克扣行为的认定和处置。清代成文法律是在顺治入关后制定的。

(1)《大清律例》的反贪规定

崇德八年(1643年),皇太极去世,由八旗王公大臣议定,立其第九子爱新觉罗·福临为新君,福临时年仅六岁,由其叔父睿亲王多尔衮以摄政王主持国政,1644年入关,迁都北京,改元顺治。多尔衮总结前明失民亡国的教训,力主改变旧制,严刑峻法,改变入关前"俗淳政简,所著为令"、法无成典、刑无成文的格局。根据当时形势的需要,以《大明律》为蓝本,参照后金满洲旧制,于顺治三年(1646年)五月制定《大清律》,定名为《大清律集解附例》,颁行天下。康熙二十八年(1689年),将康熙十八年(1679年)纂修的《现行律例》附入《大清律》。雍正元年(1723年)续修,三年后书成,雍正五年(1727年)颁布。乾隆五年(1740年)更名为《大清律例》。

《大清律例》中关于贪污贿赂罪的罪名是"监守自盗仓库钱粮"、"官吏受赃"。分为正律十一条:"官吏受财、坐赃致罪、事后受财、官吏听许财物、有事以财请求、在官求索借贷人财物、家人求索、风宪官吏犯赃、因公科敛、克留盗赃、私受公侯财物"等条。清朝的反贪立法和其他立法一样,其渊源均为秉皇帝意旨,敕定律例。如清朝的"监守自盗"罪,最高处斩刑,其拟定并非依照《大明律》中的规定,而是根据雍正三年五月上谕:"仓库钱谷肆行侵欺,欲使畏惧,莫如法在必行。亏空案内,皆将多数挪移,少数作为侵欺,今定以先完挪移,后完侵欺。但以三百两即斩之例似乎太严。量其数目多寡以定罪名之轻重,著九卿、詹事、科道详议具奏。"此后,凡侵盗钱粮入己,一千两以下者,仍照监守自盗"拟斩律准徒五年";数满一千两以上者,拟斩监候,遇赦不准援免。乾隆朝,"监守自盗钱粮数满千两拟斩"则作为"正例",直至清末,相沿不变。①

《大清律例》中关于贿赂罪的罪名分"枉法赃"和"不枉法赃"两种,枉

---

① 马建石、杨育棠主编:《大清律例通考校注》,中国政法大学出版社1992年版,第671页。

法与不枉法的区别,在于收受有事人财物之后是否曲法,曲法者即枉法,否则为不枉法。《刑律·受赃·官吏受财》规定:"凡官吏(因枉法、不枉法事)受财者,计赃科断,无禄人各减一等。官追夺除名,吏罢役(赃止一两),俱不叙用。"凡枉法赃,各主者,通算全科,即收受十人财,一时事发,通算作一处,全科其罪;不枉法赃,各主者,"虽受有事人财,判断不为曲法者,如受十人财,一时事发,通算作一处,折半科罪。一主者,亦折半科罪"。犯枉法赃、不枉法赃,最高刑罚为绞刑,枉法赃至八十两即绞,不枉法赃至一百二十两处绞,由于折半科罪,实际上赃至二百四十两以上才处绞刑。[①]

清朝惩处侵贪的刑罚,包括了清朝的正刑,即笞、杖、徒、流、死五刑。

惩贪刑罚最重的是死罪,即判处死刑。如果拟斩(绞)立即执行,则称为"斩(绞)立决"或"拟斩(绞)即行正法"。在行刑时,有时为了顾全大臣颜面,会采取皇帝"赐令其自尽"的方式。另外,死刑的缓刑,称为"拟斩(绞)监候",俟秋审、朝审后,再分别情实、缓决、可矜、承祀留养,进册恭候皇帝勾决。

其次是流刑。清律规定,流终身不得返,"各依人犯本籍",按《三流道里表》的规定,由该省督抚酌量"州县大小远近,在配人犯多寡,均匀派发"。起解时,如法锁镣,于批载内叙事由,开明年貌、疤痣、箕斗。接递官应按批验明,于批内证明"锁镣全完"字样,钤盖印信,然后转递前途。犯侵贪而处以流刑之罪,以流三千里为限。

第三等刑,即比流罪稍轻的徒罪,侵贪犯官被判徒罪二至五年不等,即令发本省驿递充徒,在京徒罪由顺天府尹于离京师五百里的州县定地充配,外省徒罪由督抚于本省州县内"核计道里远近,酌量人数多寡,均匀拨派"。不论有无驿站,犯人皆交各州县严加管束,徒限期满,即可释放回原籍。

第四等为杖刑,即用大竹板打,六十杖至一百杖不等。

笞刑,是最轻的刑罚,即用小竹板打,侵贪犯一般笞打二十至五十次

[①] 马建石、杨育棠主编:《大清律例通考校注》,中国政法大学出版社1992年版,第905—906页。

不等。

在惩贪刑罚的正刑之外,还有一些涉及惩贪犯罪的非正式刑罚:发边(或烟瘴地方)充军、枷号、刺字、戮尸等。例如,康熙二十五年(1686年)二月,步军统领汪合齐"以恣意贪婪肆行,被判处斩,因在监禁时毙命,故被戮尸"。此外,在清代惩贪时官员侵贪只要被揭参,首先就是革职,查出端倪之后即行抄家(即"籍没家产"),作为一种附加刑被广泛采用。而一些对侵贪失察的官员,或参与侵贪而涉足不深的官员,则采用革职、停升、分赔、注销议叙免加级等行政处罚。

总之,清朝的惩贪刑罚,由正刑、非正刑、行政处罚交织构成了清朝反贪行政司法体系,一度扼制了侵贪犯罪的猖獗。

(2)乾隆与清代反贪立法的严厉和宽纵

乾隆即位之初,继承了顺治、康熙、雍正三朝反贪律例的体系,对雍正朝的反贪条例虽略有删减,其总体趋势是由严渐宽,消除了一些雍正朝严猛之治所造成的弊端,适应了当时政治形势演变的客观要求。但是,他却沿袭了雍正时期不利于整肃吏治的法条,其中最突出的就是"完赃免死减等"例文。

"完赃减等"源于雍正三年(1725年)的成例。《大清律例》的例文规定:"凡侵盗挪移等赃,一年内全完,将死罪人犯比免死减等例,再减一等发落;军、流、徒罪等犯免罪,追完三百两以上者,承追每案纪录一次,督催知府、直隶知州每三案、道员五案、督抚布按十案,各纪录一次。若不完,承追官罚俸一年,督催知府、直隶知州罚俸六个月,司道、督抚罚俸三个月,俱戴罪督促人犯,督停治罪,再限一年追赔,完者,死罪人犯免死,减等发落,军、流、徒罪犯亦减等发落。若不完,军、流、徒罪犯即行充配,死罪照原拟监追。承追官降一级留任,督催知府、直隶州知州各罚俸一年,司道、督抚各罚俸六个月,再限一年,著犯人妻、未分家之子追赔。限内照数能完,承追所降之级开复;不完,承追官照所降级调用,督催知府、直隶州知州各降一级留任,司道、督抚各罚俸一年。其接任承追督催等官,照到任之时扣限,如果家产尽绝,正犯身死,及妻子不能赔补,该地方官取具印甘各结,申报督抚,保题豁免结案"。对三年限内未完赃如何处理,《大清律例》例文中没有明确规定,法司俱按"死罪照原拟监追"的惯例掌握,是否拟入情实,是否勾决,全在皇帝处置,而法司则揣摩皇帝惩贪的意向,时严时宽,畸轻畸重,亦无一定之规。此外,雍正三年条例虽有"完赃减等发落"的内容,却没有侵贪犯"永无被正法之日"的明文规定。

《大清律》在受赃罪中"官吏受财"的枉法赃和不枉法赃律文后,也附有"完赃免死减等"的条例,具体规定为:"若官吏因事受财,贪婪入己,审明枉法、不枉法,及律载准枉法、不枉法论等赃,果于一年限内全完,死罪照原拟减一等流,改;军、流以下,各减一等发落。倘限内不完,死罪仍照原拟监追;流罪以下,即行发落,其应追赃物,照例勒追完结。"这一规定与"监守自盗罪"完赃免死减等发落的条例一致,反映出清朝统治者轻国法而重帑项,"必使仓库充足,斯可有备无患"的主旨。"完赃减等"在客观上造成了对贪官墨吏的放纵。①

由此,雍正时期已经得到扼制的贪污腐败现象,在乾隆初年因法制宽纵又重新抬头。乾隆六年(1741年)四月,赐令收受贿赂的兵部尚书兼步军统领鄂善自尽,这是乾隆继位之后处死的第一个因贪贿而判死罪的二品大员。地方府库的亏空案更是越来越多,乾隆帝也意识到"朕诸事宽大,遂藉是以行其私",鉴于侵贪案件日渐增多,而犯案官只要限内完赃,俱可减等发落,均如此办理,"殊不足以惩儆",遂降旨将乾隆元年以来侵贪各案人员"实系贪婪入己,情罪较重"者,"发往军台效力,以为黩货营私者之戒"。乾隆十二年(1747年)九月,又降谕旨称:"盖因例内载有分年减等,逾限不交,仍照原拟监追之语,至秋审时概入缓决,外而督抚,内而九卿法司,习为当然。初不计二限已满,即入秋审,自当处以本罪,岂有虚拟罪名,必应缓决之理?即在本犯,亦恃其断不拟入情实,永无正法之日,以致心无顾忌。不知立法减等,原属法外之仁,至限满不完,则是明知不死,更欲保其身家。此等藐法无耻之徒,即应照原拟明正其罪。"可见,乾隆皇帝被"完赃减等"

---

① 马建石、杨育棠主编:《大清律例通考校注》,中国政法大学出版社1992年版,第672、910页。

的"法外之仁"束缚了手脚,贪官也恃其"永无正法之日"而有恃无恐。乾隆皇帝为了严重警告那些无力完赃和有力完赃而故意拖延的侵贪官犯,让他们明白"言出必行",乾隆十四年(1749年)秋审时,乾隆下旨将拟斩监候的戴朝冠、刘樵、朱江三名侵贪亏空官员即行正法。在宣布处决戴朝冠等人的谕旨中,乾隆明示天下臣工:"故权不改勒限之例,若后来侵贪者复多,必照此旨办理。"作为最高统治者的乾隆皇帝深知"完赃免死减等"条例对吏治的严重危害,无奈"祖上成法"不可轻易变动的遗训,他"明知其弊",也只能"曲相容隐"。①

然而,乾隆二十一、二十二年又接连发生了在秋审时将"完赃减等"官犯混入缓决之事,这促使乾隆废止"完赃免死减等"定例。湖南布政使杨灏因在任时侵扣"买补运江谷价"银三千余两,于乾隆二十一年(1756年)九月被判拟斩监候,入于情实,已勾秋后处决。但秋审时,乾隆审阅湖南官犯册,却发现被判拟斩的杨灏,以限内完赃,归入缓决。乾隆不胜"手战愤慄",遂谕令将湖南巡抚革职抄家,解京交部治罪,三法司及参与审拟之九卿、科道等一律交部议处,将杨灏于湖南即行正法。接着,乾隆下旨斥责此条例对吏治的危害,从吏治的大局论,"限内完赃,姑从末减,在微员犹或可言",而藩司大吏,婪赃累累,"遽以限内完赃欲贷其死",是没有任何道理的;更严重的问题是,封疆大吏借"完赃免死减等"之例,蚕食了皇帝"能生死人"的生杀大权,乾隆帝慨叹:"朕临御二十二年,试问在朝诸臣,有敢窃弄威福能生死人者为谁乎?"翌年九月,乾隆帝为整肃吏治,为将地方大吏的生杀权牢牢控制在自己手中,决定将"侵亏入己完赃减等例"永行停止。乾隆决定《大清律例》将"完赃减等"例文删除,使侵贪数额巨大的官员难逃死罪,扼制了侵贪的泛滥,从立法上增大了对侵贪官员的处罚力度。

乾隆二十三年(1758年)九月,原任道员钮嗣昌,被查出"以方面大员侵亏库项仓储入己至一万余两,问拟斩候,因限内完赃减等,发往军台效力"。乾隆知道此事后,更加坚定了删除"完赃减等"的决心。九月二十五

---

① 《清实录·高宗实录》卷三四九,"乾隆十四年九月下",第13册,中华书局1986年版,第815—816页。

日颁发上谕:"此虽向例,但思侵亏仓库钱粮入己限内完赃准予减等之例,实属未协。苟其因公挪移,尚可曲谅,若监守自盗,肆行无忌,则寡廉鲜耻,败乱官方已甚。岂可以其赃完限内,遂从末减耶?且律令之设,原以防奸,匪以计縻,或谓不予减等,则孰肯完赃?是视帑项为重而弼教为轻也。且此未必不出于文吏之口,有是迁就之词,益肆无忌之行,使人果知犯法在所不赦,孰肯以身试法?其所全者当更多耳。嗣后除因公挪移及仓谷霉浥情有可原等案仍照旧例外,所有实系侵亏入己者,限内完赃减等之例,著永行停止。"法司遵旨将旧例删除,在"《刑律·贼盗》上监守自盗仓库钱粮"本律律文之后,新添附例例文:"凡亏空钱粮,除因公挪移及仓谷霉浥等案,仍照本例办理外,其实系亏空入己者,虽于限内完赃,俱不准减等。"两年后,即乾隆二十五年(1760年),又将"所有例内枉法赃全完减等之条永行停止",使"立法惩贪之道以归划一"。至此,经过二十年的曲折反复,乾隆终于克服各种阻力,将宽纵贪污贿赂、姑息吏治腐败的"完赃减等"条例,正式从《大清律例》中删除,代之以"完赃不能减等"的新例。此后的几十年中,他坚持己见,不为浮议所动,终使"完赃减等"旧例未能复立。"完赃不能减等"条例的实施,使乾隆中叶以后众多贪婪大吏难逃罪责,被判处死罪的高官大吏数目,居清朝之首。[①]

嘉庆六年(1801年),刑部员外郎金光悌奏请恢复"完赃减等"旧例,得到嘉庆皇帝的允准。嘉庆六年修订的新例,不但规定可以在"三年限内完赃免死减等",还规定即使"三年限内不完者,死罪人犯永远监禁",这实际上就是明文规定贪污贿赂罪的最高刑罚为无期徒刑,使"侵盗钱粮入己数在一千两以上者,拟斩监候"的正例成了虚文。此后至清末,因侵贪罪而被处斩的官犯极少,便是明证。

2. 监督防范机制

清王朝在立法惩贪的同时,为保证封建国家机器的正常运行、政令畅

[①] 马建石、杨育棠主编:《大清律例通考校注》,中国政法大学出版社1992年版,第674页;《清实录·高宗实录》卷五七〇,"乾隆二十三年九月上",第16册,第238页;卷六〇九,"乾隆二十五年三月下",第16册,中华书局1986年版,第848—849页。

通,规定了官僚集团成员执行公务时的行为准则,建立和完善了一系列制度规章,对官员正常履行公职起到了监督和保障作用。

(1) 监察制度

中国古代政治体制有设立监察制度的传统,它是调节封建国家机器的制衡器,具有制衡、治官、监察、弹劾、惩戒和教育的效能,用好了有"彰善瘅邪,整纲饬纪"的作用;它是皇帝监察文武百官的手段之一,所谓"明目达聪,责在御史"。

① 清代中央监察机构

清朝统治者在明代建立的庞大而严密的监察体系基础上,为限制满族王公贵族的权力,由皇太极在仿明制对国家机构进行改革时,崇德元年(1636年)设立都察院,"凡有政事悖谬,及贝勒、大臣有骄肆慢上,贪酷不法,无礼妄行者,许都察院直言无隐,即所奏涉虚,亦不坐罪。倘知情蒙蔽,以误国论"。皇太极建立监察制度的目的,在于制约诸贝勒、大臣的权力,维护皇帝的权威。另外,清代都察院各级官员负有向皇帝进谏的职责,"都察院各官,皆朝廷谏诤之臣,朕躬如有不亲政务,忠良失职,奸邪得位,有罪者录用,有功者降谪等事,尔等有所见闻,即行规谏"。①

清代都察院初期体制,根据"略仿明制而损益之"的原则,参照明代都察院的体制,与满洲贵族官制结合,官员以满人为主,参用蒙古人和汉人。初设承政和左右参政理事等官,无定员。后定承政一人,左右参政各二人,理事官满蒙汉各二人,启心郎满一人、汉二人,额哲库二人。清兵入关、定都北京后,于顺治元年(1644年)改承政为左都御史,改参政为左副都御史,均无定员;同时,设汉左佥都御史一人,右都御史、右副都御史、右佥都御史若干人(乾隆十三年裁左右佥都御史),京师无专员。右都御史为地方总督兼衔,右副都御史为地方巡抚及河道总督、漕运总督兼衔。

清代定制,都察院是中央监察机关,与六部平级,左都御史满汉各一人,为都察院的主管官员,官阶为正二品,左副都御史满汉各二人,官阶为正三

---

① 《钦定台规》卷二,《训典二·圣谕》,故宫博物院编:《故宫珍本丛刊》第316册,海南出版社2000年版,第1—5页。

品。都察院的职责是:"掌司风纪,察中外百司之职,辨其治之得失与其人之邪正;率科道官而各矢其言责,以饬官常,以人秉国宪;率京畿道以治其考察、处分、辩诉之事;大政事下九卿议者则与焉;凡重辟,则会刑部、大理寺以定谳;与秋审、朝审;大祭祀则侍仪,朝会亦如之,皇帝御经筵亦如之,临雍亦如之"。都察院是皇帝监察文武百官、整饬纲纪的机构,与刑部、大理寺组成三法司,和由六部尚书、都察院左都御史、通政使和大理寺卿组成的"九卿会审",是最高级别的司法审判。清代,各种案件先由刑部审理,再送大理寺复核,受都察院监督,若刑部审理不当,大理寺可以驳回,如果刑部和大理寺都有误,都察院有权弹劾。

都察院所属,有内部办事机构和执行监察任务的六科、二十道、五城察院、稽察宗室御史处、稽察内务府御史处等。办理都察院内部事务的机构是直接为堂官办事的九房一库(印房、吏房、户房、礼房、兵房、刑房、工房、火房、本房、架阁库),共设经承二十五人,分别主办堂官交办的事件、管理伙食及保管档案文书。乾隆六年(1741年),议准吏、户、刑三部事归经历掌管,礼、兵、工三部关涉事务归都事掌管。从此,吏、户、礼、兵、刑、工六房,便分别归入经历、都事两司,原来由书吏直接承办的事务,改由专管官员负责,经历厅、都事厅、值月处、督催所就成为都察院内部的主要办事机构。

都察院执行监察任务的机构,主要为六科、二十道、宗室御史处、内务府御史处、五城察院。①

六科:清承明制,设吏、户、礼、兵、刑、工六科,监察六部事务,为独立机构,原不属都察院管辖,每科设满汉给事中一人,满汉左右给事中各一人,给事中二人;满洲笔帖式,六科共一百零七人。由于六科官员利用特有的地位和权力,自为一署,权势颇重,往往影响皇帝的决策,甚至能使皇帝朝令夕改,六部无所适从。雍正元年(1723年),谕令六科划归都察院,实行"台省合一",以加强皇权,提高监察效能。清末,取消六科名称,改为都察

---

① 《光绪朝钦定大清会典》卷六十九,《都察院》,沈云龙主编:《近代中国史料丛刊》第十三辑,台北,文海出版社1966年版,第263—269页。

院给事中,另铸印信。

六科的主要职责是"科抄"、"封驳"。首先,对六部的施政奏请,认为有不便之处,可以具奏封还,如果票签错误,或批下之本内事未协,可以驳正。其次是分稽庶政,注销各关系衙门文卷。各科分工为:吏科,稽核人事,注销吏部和顺天府文卷;户科,稽核财赋,注销户部文卷;礼科,稽核典礼事务,注销礼部、宗人府、理藩院、太常寺、光禄寺、鸿胪寺、国子监、钦天监等衙门文卷;兵科,稽核军政,注销兵部、銮舆卫、太仆寺等衙门文卷;刑科,稽核刑名案件,注销刑部文卷,乾隆十四年(1749年),都察院也归由刑科稽察;工科,稽核工程,注销工部文卷,等等。此外,察核文武官员的"京察"、"大计"册,各项奏销册,文武生意学册,都属六科监察范围;朝审处决犯人时,由刑科监视行刑。①

清代,二十道是按省区划分的监察机构,原先只有十五道,至清末才增至二十道。清初,以河南、山东、山西、陕西、江南、浙江六道为掌印道,各设满洲掌印御史一人,称坐道;再设监察御史一至二人协理,称协道;其余九道则附于六个掌印道之中。乾隆十三年(1748年),明确了"按省分道"的原则,十五道计有京畿道、河南道、江南道、浙江道、山西道、山东道、陕西道、湖广道、江西道、福建道、四川道、广东道、广西道、云南道、贵州道。二十道,是在光绪三十二年(1906年)改革官制时,增设辽沈、甘肃、新疆三道,并改江南道为江苏、安徽二道,改湖广道为湖北、湖南两道,总计二十道。各道设掌印监察御史满汉各一人,监察御史多者满汉各三人、少者满汉各一人,还有笔帖式、经承等办事属吏等。各道职掌分别为:

京畿道:稽察内阁、顺天府、大兴县、宛平县有关事务,掌核直隶、盛京刑名。

河南道:稽察吏部、詹事府、步军统领衙门、五城察院有关事务,掌核河南刑名。

江南道:稽察户部宣课司、宝泉局、三库、左右两翼税衙门及在京十三仓

---

① 《清会典事例(光绪朝)》卷一〇一四,《都察院一·六科·掌印》,第11册,中华书局1991年影印版,第182页;卷九九八,《都察院一·宪纲》,第11册,第1—15页。

有关事务,掌核江苏、安徽刑名。

浙江道:稽察礼部、都察院有关事务,掌核浙江刑名。

山西道:稽察兵部、翰林院、六科、中书科、总督仓场、坐粮厅、大通桥、总督通州二仓等有关事务,掌核山西刑名。

山东道:稽察刑部、太医院有关事务,掌核山东刑名。

陕西道:稽察工部、宝源局有关事务,掌核陕西、甘肃、新疆刑名。

湖广道:稽察通政使司、国子监有关事务,掌核湖北、湖南刑名。

江西道:稽察光禄寺有关事务,掌核江西刑名。

福建道:稽察太常寺有关事务,掌核福建刑名。

四川道:稽察銮仪卫有关事务,掌核四川刑名。

广东道:掌核广东刑名,稽察大理寺,依限注销其文卷。

广西道:掌核广西刑名,稽察太仆寺,依限注销其文卷。

云南道:稽察理藩院、钦天监,依限注销其文卷,掌核云南刑名。

贵州道:稽察鸿胪寺,依限注销其文卷,掌核贵州刑名。

清初,都察院还根据当时需要,派遣过各省巡按御史、巡漕御史、巡视屯田御史、巡盐御史、巡视京通各仓御史等,后因形势的发展变化,先后裁撤。雍正时还"设缇骑,四出侦伺",加强对各级官吏的监督。六科和十五道是中央监察系统的核心,执行监察活动时各有侧重点,有各自的角度,进行单独和双重的监督,故科道并称,后被公认为清代监察机关的代称。

京师和内廷也设有专门的监察机构,主要是宗室御史处、内务府御史处、五城察院。

宗室御史处,雍正五年(1727年)设,又称稽察宗人府衙门,由十五道的宗室御史兼管,稽察宗人府的有关事务,每月两次注销宗人府银库的银粮册籍。同时,每年春秋二季核察盛京将军颁发的宗室觉罗红白事银两。

内务府御史处,又称稽察内务府御史衙门。雍正四年(1726年)初设,后裁。乾隆三年(1738年)复设内务府御史二人,由协理陕西道及掌贵州道满御史二人兼任,掌稽察内务府的有关事务,并稽察混入紫禁城内的容留闲杂人员等。

五城察院,又称五城御史衙门,简称五城。顺治三年(1646年),为稽察外地来京官员钻营请托,交通贿赂,串通京棍,破坏官场风纪和京师治安,始命都察院派出巡城御史,督令五城兵马司指挥和各坊官员,加强访缉违法之人,稽察京师地方治安。

五城察院、内务府御史处、宗室御史处均于清末裁撤。①

②清代地方监察机构

清代,各省督抚、漕运总督、河道总督,都是中央委派管理辖地的高级官员,同时,总督、巡抚又例兼都察院右都御史、右副都御史官衔,掌握地方的监察大权。所以,他们对自己的下属不仅有节制权,还有监察权,其监察活动主要依靠各地的按察使、道员、巡漕御史、督粮道、管河道、盐法道等来执行。

按察使,官秩正三品,在一省中权位仅次于总督、巡抚、布政使。清代初中期全国十八省,每省设按察使一名,各省按察使衙门称提刑按察使司,总管全省"刑名按劾之事,以振风纪而澄吏治",乡试时充任监试官,大计时充任考察官,秋审时充任主稿官,并办理全省刑名案件,勘核词状,管理囚徒,遇重大案件则与巡抚、布政使会审办理,并上报部院。其下置经历司,设经历一人,为该司衙内首领官,设知事一人,掌收纳文书,勘察刑名之事;照磨所,设照磨一人,掌照刷案卷;司狱司,设司狱一人,掌检察监狱事务。清末,改按察使为提法使。②

道员,清代地方行政和监察机构道的长官,有守道、巡道之分,官阶为正四品,辅佐布政、按察两司。乾隆以后定制,全国有守道二十员,巡道七十二员,专管税务道一员。两道共同职掌"佐藩臬,核官吏、课农桑、兴贤能、厉风俗、简军实、固封守,以倡所属而廉察其政治"。守道、巡道的分工,大

---

① 《清会典事例(光绪朝)》卷一○一四、一○一五、一○一六,《都察院一七/一八/一九·六科》,第11册,中华书局1991年影印版,第176—206页;卷一○一七、一○一八、一○一九,《都察院二○/二一/二二·各道》,第11册,第207—236页。

② 《清朝文献通考》卷八十五,《职官考九·直省官员》,上海商务印书馆1936年版,第5617—5618页。

致是守道管钱粮,巡道管刑名。各省道员与在京科道都有密奏封折的特权,这是道员监察举劾官员的主要手段。鸦片战争后,道员突出在行政管理方面的功能。①

这里提到的所谓密奏封折的特权,就是清代建立的密折制度,也是清代中央集权政治制度的重要组成部分。通过臣工密折言事,凡地方民情、同僚和乡宦们的为政为人,以及各种地方政情和官员隐私,都通过密折直接送达皇帝,在皇帝和大臣之间建立起一条不让局外人参与的双向直通的联系渠道,更便于皇帝驾驭臣下。当然,客观上也起到反贪的作用。

③监察法规和监察职权

清朝统治者重视对监察法规的制定,在元明两代监察法规的基础上,先后制定和汇编了两部较为完整的监察法典,一为《钦定台规》(乾隆十三年钦定,嘉庆七年重修,嘉庆九年刊布,光绪十八年由都察院正式颁行),涉及有清一代监察制度的各个方面,确立了清代监察机构的性质和职能,规定了监察机关的监察对象、基本任务,监察官员的纪律和监察官的任用原则、任用方法;二为《都察院则例》,是都察院实施监察的细则规定,是清代监察官员实施监察职能的重要依据。

清代,御史有参加九卿议和廷议的权利。根据《清会典》的记载:"六部、都察院、通政使司、大理寺为九卿。"九卿议即"国朝制,凡大事及章奏会议,内则亲王、贝勒、大臣,外则九卿、詹事、科道,而内阁、翰林院不与",可见九卿、科道会议是外朝集议政事的重要形式。廷议,除九卿之外,内阁大学士、都统以及诸亲王均可以参加,廷议内容多为具体政务,凡政事得失,民生疾苦,制度利弊,风俗善恶,俱可陈奏。《钦定台规》要求科道各官"对上至诸王,下至诸臣,孰为忠勤,孰为不忠勤,及内外官员之勤惰,各衙门政事之修废,皆令进言",明白纠参。为加强对各衙门行政之监督,以六科给事中坐镇监督六部。清代,六科给事中及各道御史对六部衙门行政事务的稽察与纠参、督催与察核注销制度,对保证国家机关的行政效率和廉政,起

---

① 《清朝通典》卷三十四,《职官十二·司道》,上海商务印书馆 1936 年版,第 2209—2210 页;《清朝文献通考》卷七十八,《职官考二·官制》,第 5577—5583 页。

到了一定作用。①

弹劾官吏违法失职行为,历来是监察御史的一项基本职权,"上至诸王,下至诸臣,皆可纠参",不仅可弹劾官吏的违法行为,而且可弹劾官吏的不道德行为,如"旷废职掌,耽酒色,好逸乐,取民财物,夺民妇女"。鉴于明末官吏结党营私、吏治败坏的教训,清帝要求科道对"自皇子诸王及内外大臣官员有所为贪虐不法,并交相比附,倾轧党援理应纠举之事,务宜大破情面,据实指参"。为举劾方便,清代各省道员与在京科道都有密折封奏之特权,还允许御史在纠弹不法官吏时风闻言事,使"贪官似有儆畏"。皇太极时再行"风闻言事",但康熙、雍正朝视之为"明末之陋习",恐有不肖言官"借端挟制,罔上行私,颠倒是非,诬害良善",不许御史风闻言事。到乾隆时再次恢复"御史有风闻言事之责",不过对其参奏不实者,亦有应得处分,以示薄惩。都察院对官吏有考核权,包括两个方面:一是监试权,凡乡试、会试、殿试、朝考及各类选拔官吏的考试,均派监试御史到考场内外稽察,防止考生和考官作弊,随时纠参。二是监督考课,数年举行一次的京察大计,是考察京官和外官的重要制度,称为"激扬大典",具体工作由吏部负责,但吏科负责全程监察。京察时,吏部、都察院、吏科、河南道(后改京畿道)一律封门阅册,共同磨对,过堂考毕,即行具奏。在封门后,门上各贴回避字样,不许接见宾客,各衙门堂官亦不许接见属官,如有嘱托,自行举发,倘有徇庇隐匿,由科道纠参。大计时,河南道(京畿道)参与大计册内考注优等,一旦有弊,科道以"贪酷指参,发审有据",则将该督抚一并治罪。

都察院全面负责清朝外部审计权,国家或皇室、军队、中央或地方,凡经费开支,财物出纳,税赋征收,工程营缮,以及违反财经法纪的行为等,都受都察院监察审计,各官府的会计册籍,均须呈送都察院审核稽考、注销。凡京师部院各衙门向户部支领银物后,每月必须造册送交户科察核;凡田赋杂税奏销,由各省布政使司造册呈该省巡抚转送,兵马钱粮奏销,由提标协营造册呈总督转送,皆于每年五月内送交户部,由户科察核。如果前任官

---

① 《钦定台规》卷二,《训典二·圣谕》,故宫博物院编:《故宫珍本丛刊》第316册,海南出版社2000年版,第1—27页。

员所管钱粮亏空,而督抚却逼迫接任官接收,接任官员可以报告户部,为其代为奏闻,户科应据揭代奏,并请旨审办。此外,各道对于户部三库、工程、宗人府事件、内务府事件、理藩院银库、八旗事件,也负有一定的监察责任。如乾隆朝规定,在京各部院从户部银库、缎匹库、颜料库领取物品后,务必在下月初十日以内造具细数总册和原稿,送江南道逐一察核,岁终汇题,如有不符,江南道参奏。清代审计监察,除六科、十五道的常年定期审计外,还采用巡回审计的做法,设立巡仓、巡漕等科道差遣,对重大财计活动进行不定期的专项稽察审计。

都察院监察司法,主要通过科道掌核稽察各省刑名案件、参议会审,对审判合法性、司法官吏的活动实施监察。参议会审,一是"三法司会审",凡罪至死刑的重大案件,由刑部、大理寺、都察院组成三法司会同核拟;二是"九卿会审",即对重大案件的审理,由三法司会同六部、通政司的官员共同审理,九卿会审是清代中央最高审判机关,虽然判决的执行仍须皇帝最后批准,但都察院参与审理重狱是强化御史的弹劾权。①

清代科道监察,除上述职权外,皇帝听政、经筵、临雍等,六科给事中必到场侍班纠仪;每遇灾赈恤贫,科道奉钦命巡察赈恤;纠察禁令的执行情况,也是科道的监察职权。清代监察机构在汲取中国历代封建统治经验和教训的基础上,得到了进一步完善和发展,充分适应了加强专制主义中央集权的需要。清代,科道言谏封驳权被削减、取消,雍正时借口"廷论纷嚣"、"恣情自肆",下令将原来作为谏诤皇帝、封驳诏旨而特别设立的六科并入都察院,结束了长期以来监察制度中台谏分离、相对独立的做法,使皇帝在名义上接受臣下监督的体制也取消了。

④清代监察制度的特点

清代监察制度是专制集权的产物,科道是皇权御用的工具,是进行自我调节的权力机关,起着维护封建王朝统治的作用。但是,清朝统治者出于政治需要,强化或弱化监察制度,使得监察制度维护法制、协调政治的作用

---

① 《清会典事例(光绪朝)》卷九九八,《都察院一·宪纲》,第 11 册,中华书局 1991 年影印版,第 1—15 页。

缺乏稳定性。

其一，皇帝掌握弹劾的裁决权。监察御史最基本的一项职权，就是弹劾官员的违法行为，理论上起着澄清吏治的作用，不过弹劾的裁决权掌握在皇帝手中。皇帝的开明程度、喜怒哀乐、对弹奏的辨别，都对裁决具有决定作用。开明的君主，则充分发挥御史作为"天子耳目风纪之司"的作用，打击贪官，为维护君主专制服务。乾隆四十五年（1780年），乾隆帝屡闻山东官员对山东巡抚国泰颇多怨言，曾谕令布政使于易简来京询问国泰"有无贪纵不法款迹"，于易简并不据实参奏，反为国泰掩饰开脱，此事也就搁置下来。乾隆四十七年（1782年）四月，江南道监察御史钱沣奏参国泰"贪纵营私，遇有提升调补，勒索属员贿赂，以致历城等州县亏空八九万或六七万两"，乾隆帝立即传旨，"著两淮盐政伊龄阿、河南布政使叶佩荪、安徽按察使吕尔昌，将在山东时所知国泰、于易简贪纵营私情弊，逐一据实奏闻"，又派大学士和珅、左都御史刘墉率领御史钱沣前往山东审办。和珅为庇护国泰、于易简，出发前，先派家人通知国泰预借商民银两弥补亏空，后在盘库时又作梗阻挠。钱沣等不怕威胁利诱，查明了国泰、于易简"派累婪索、贪纵不法"的罪证及全省亏空银二百余万两的实情。乾隆帝赐令国泰、于易简自尽，籍没家产。此案涉及官员甚多，不便概行依法惩办，除济东泰武临道（后任安徽按察使）吕尔昌、济南府知府冯埏发配伊犁外，其余各员均从宽革职留任，限期完补亏空。① 这是清代御史弹劾高官最成功的一例，与乾隆帝对钱沣的赏识和政治环境的宽松密切相关。清廉刚正的钱沣被加恩升任学政，乾隆五十九年（1794年）钱沣蒙恩召对，奉旨出任湖广道监察御史，其一生两任御史，在清代极为罕见，可谓"明君贤相"。然而，这种史例毕竟属于个案，清代更普遍的情况，据《大清会典事例》、《钦定台规》等所列举臣下奏疏一万二千余件的统计，其中科道奏疏687件，有关弹劾之疏仅223件，内容多为"毛举细故"的条陈之疏，造成这种现象的重要原因之一就是科道弹劾官吏的效果往往取决于皇帝的个人意志，如果弹劾的对象是

---

① 《清史稿》卷三百三十九，《列传一百二十六·国泰》，中华书局1977年版，第11077—11078页。

皇帝的宠臣佞幸,即使有罪,皇帝也可下诏对被劾者"勿劾"、"释置不问",以"所劾不实"而不予理睬,甚至对弹劾者以"受人请托"、"徇私报复"等罪名治罪。如在康熙年间,山西巡抚噶礼"当官勤敏能治事,然贪甚,纵吏虐民",在山西卖官鬻爵、贪贿不法,先有御史刘若鼎疏劾噶礼贪婪无状,"得赃无虑数十万",虐吏害民,"太原知府赵凤诏为其腹心,专用酷刑以济贪壑事";后有平遥民人郭明奇以噶礼庇护"贪婪知县王绶",赴京师诣巡城御史袁桥处呈诉噶礼受贿不法七事。在康熙命噶礼复奏的时候,"山西学政邹士璁代太原士民疏留噶礼",御史蔡珍疏劾邹士璁"职在衡文,乃与巡抚朋比","请并敕部议处"。但最后,郭明奇被以"捏称逃犯、诬告大员,押回原籍治罪",弹劾噶礼的御史袁桥、蔡珍也因"坐诬"而被褫革降调。由于直言不讳、依法纠弹会招来横祸,所以"朝臣皆明言事为戒",最终只能出现"大臣阘茸以保富贵,小臣钳结以习功名",而导致"纪纲日弛,法度日坏"的局面。①

其二,清顺治时期,对科道官明确提出了"知无不言,言无不实"的原则,允许风闻言事,即使"所奏涉虚,亦不坐罪",目的是使言官放胆行使弹劾百官之权,以提高监察效率,加强君主对群臣的控制。由于各省道员与在京科道都有上疏言事之责,故准其密折封奏之特权,也使其互相牵制,从监察形式上扩大了科道的权力,在一定程度上对贪官是一种威慑,使"贪官似有儆畏",但也助长了各官的攻讦之风。康熙时期,御史彭鹏被另一言官王度昭参劾,不胜忿怒,反讦王度昭,双方互讦"并未指实","及至败露之后,则借口风闻言事,未曾确访,以此解免其罪"。② 这种情况屡屡发生,必然损害监察制度的严肃性,破坏封建法制的权威。讦告之风盛行,削弱了清代监察制度维护法制的职能。

其三,清代监察制度实行"科道合一"和"廷寄制度",使六科给事中完

---

① 徐珂:《清稗类钞》第11册,中华书局1986年版,第5257—5258页;《清史稿》卷二百七十八,《列传六十五·噶礼》,中华书局1977年版,第10104—10105页。
② 《清会典事例(光绪朝)》卷九九八,中华书局1991年影印版,第11册,第1—15页。

全丧失了对君权的制约,对六部的有效监督也被削弱。六科逐步沦为虚设,其品级虽较各道御史高,实权却比不上御史,不过"掌言职,传达纶音,勘鞫官府公事,以注销文卷"而已。特别是雍正朝设立军机处以后,重要谕旨,多由军机大臣直接"廷寄"受谕者本人,内阁不能问津,发科者仅循例奏报,故有"吏科官,户科饭,兵科纸,工科炭,刑科皂隶,礼科看"之说。清朝政权是以满洲贵族居于权力的中心,监察制度也表现出明显的民族统治特点,监察对象主要针对汉族官吏,监察机构成了加强民族统治的工具。清代监察机构中,满汉关系不仅决定着清初监察官几乎全由满洲贵族充任,"而汉人中十无二三",还导致了汉官的权力和地位远不及满官,只能"相随画诺,不复可否。若更有重臣兼部务一切皆惟所命"①,也影响监察机构作用的发挥。

清代监察制度自身的弊病,也在一定程度上影响和制约着监察作用的发挥。首先,科道官员的一项职掌是拾遗补阙,其言论对国家政策、法令行废有着补偏救弊的作用。但是,科道官陈奏事件大都以个人名义,只有极少数关系国计民生的重大事情才合疏共奏,故对于每一个具体事件不可能在相互协商、权衡利弊得失、达成共识的情况下才上奏,往往出现"科道条陈一事,部议准行,又有科道官言其不可者。今日之所谓是,明日又转而为非,朝更夕改"的情况,"原期除弊",结果反影响了封建国家机器的运转效率,科道的监督作用大打折扣。其次,清代许多监察官员往往兼有行政、司法等职务,如总督、巡抚等封疆大吏一人集行政、司法、监察权于一身,形成既是监察职能的执行者,又是被监察对象,这种集多重身份、职权于一身的现象,必然造成监察存在死角,严重影响了监察机构作用的正常发挥。第三,监察机构对政治腐败无能为力,特别是随着官僚集团的腐化,在利益集团的强大势力面前,在官场普遍的贪浊风气下,监察官员履职面临重重困难,也很难独善其身,甚至同流合污,使清王朝最终堕入政以贿成的境地,

---

① 赵翼:《簷曝杂记》卷二,中华书局1982年版,第34页。

王朝的覆灭在所难免。①

(2)京察大计——官员考核制度的反贪作用

《清朝通典》中载,"我朝考绩之法,在内曰京察,在外曰大计,各以三年为期;武职曰军政,以五年为期",目的是"崇奖廉善,摈斥贪残"。京察是对在京各官,主要是六部也包括盛京部分官员的考核制度;大计是针对地方官的考核制度;军政是考察八旗京营、八旗驻防和直省武职各官。

清朝入关前,已有三年考满进退官员的规定。顺治元年(1644年)七月,顺天巡抚宋权奏准,仿照明朝例,实施京察、大计之典,并定"自顺治五年至七年,合天下之郡吏而大计之",接着在顺治七年、十年、十三年、十六年四次"大计天下官员"。京察主要是考察在京官员,开始定为六年一次,与三年考满相辅而行。雍正元年(1723年),改为"三年考察一次",到乾隆朝,"三年举行京察"成为定例。②

①中央官员的考核

雍正时期重开京察的规例,确定三年一次,每逢子、卯、午、酉年为京察期,具体做法分为三种:第一种为"列题",凡三品以上各官,都采取自陈的做法,内容包括三年任期内功过劳绩等。"皇帝从各大员所举的人员贤否中,观其人之识见心术,审其真知灼见"。从大臣的角度看,"令其推贤让能",是对大臣表现的一个重要考核方法。后因其"文具相沿,无裨实政",于乾隆二十四年(1759年)起,改为在京尚书、侍郎、左都御史、左副都御史、内务府大臣以下至三品京堂以上,在外总督、巡抚及盛京五部侍郎等官,由吏部负责,开明履历清单,呈送皇帝,听旨简裁。第二种是"引见",三品以下京堂、内阁、翰林院侍讲学士、侍读学士、左右春坊庶子,以及内务府

---

① 中国第一历史档案馆整理:《康熙起居注》第1册,中华书局1984年版,第483页;蒋良骐编:《东华录》卷十四,台北,文海出版社1963年版,第230、293页。
② 《清实录·世祖实录》卷六,"顺治元年七月",第3册,中华书局1985年版,第71页;卷三四,"顺治四年九月至十月",第3册,第277—283页。允禄等监修:《大清会典》(雍正朝)卷十五,沈云龙主编:《近代中国史料丛刊三编》第七十七辑,台北,文海出版社1994年版,第697—771页;托津等纂:《钦定大清会典事例》(嘉庆朝)卷六十,《近代中国史料丛刊三编》第六十五辑,台北,文海出版社1991年版,第2765—2779页。

三品卿员等官,由吏部或有关衙门开具履历清单,带领引见。第三种是"会核",凡翰詹科道和各部院司员、小京官,以中书、笔帖式,都由所在衙门长官出注考语,然后由吏部会同大学士、都察院吏科、京畿道定稿,分别等次,缮具题册。在京察期间,各官员的升转都自动停止,以等候考核的结果。

考核京官有四条标准,叫作"四格",即守(操守)、才(才干)、政(工作态度)、年(年龄和身体条件),再分别考定等次,第一等叫称职,第二等是勤职,第三等是供职。三等以下属于八法处分的类别,即第三等以下官员属于不合"四格"条件,列入"八法"参劾之内。

京察列名一等人员,一般由吏部带领分别引见,加级记名,等候外放或重新任用。有的也"酌情加恩,给予优叙"并加级晋爵。清初中期,皇帝在审定选送的官员时相当认真,并非所有保送一等的官员都能入选。有时经皇帝审出问题时,还要降等。京察一等官员的人数原来是没有限制的,康熙三年(1664年)起,为了平息官员们的奔竞钻营,规定京官七人定一,笔帖式八人定一;满官和汉官间也有比例,是四与二之比,满人受到明显的优待。

京察列名二、三等的官员,多半是年龄过大,一般在六十五岁左右,这些人尽职多年,历经多次京察,均"无关黜陟之典",对于其中精力尚好的人,继续留任;有些"年力衰庸",本该休致,但因人情世故"无不稍为姑息",京察时一般不予引见。乾隆三十三年(1768年),鉴于他们年老俸深,堂官难论,为慎重起见,由吏部带领引见,皇帝亲自"鉴定"他们的去留。

京察四等或以下不列等人员,列入"八法"处分之例,即不合"四格"之条的官员,就要以"八法"参劾,其中"犯贪"、"犯酷"者只要发现,随时举劾,核实后立刻革职提问,不用等到京察,故京察参劾实际只有"六法"。①

---

① 《清实录·高宗实录》卷六六一,"乾隆二十七年五月下",第 17 册,中华书局 1986 年版,第 395—403 页;卷六六二,"乾隆二十七年闰五月上",第 17 册,第 405—412 页;卷八〇五,"乾隆三十三年二月下",第 18 册,第 868—889 页。何刚德:《春明梦录》卷下,山西古籍出版社 1997 年版,第 91—92 页;《清会典事例(光绪朝)》卷六二,《吏部四六·汉员遴选》,中华书局 1991 年影印版,第 1 册,第 790—803 页。

②地方官员的考核

清代地方官的考核,实行三年大计,顺治四年(1647年),确定"大计三年一举,永为定例"。

清制,以寅、巳、申、亥年为大计之年。具体做法是:从州县官起,到府、道、两司,层层考察属员,其中布政使、按察使两职,归总督、巡抚出具考语。按规定,"凡大计之年,各省于十月内具疏到京,十一月初一日赴通政司汇奏,吏部、吏科、都察院河南道御史各于次年正月阅大计册"。大计的考定标准不列一、二、三等,只分卓异官及其他有干"八法"各官诸项,但对各官要分别注明"守、才、政、年"情况,对知县以上的行政官,还要填写钱粮仓库无亏欠。

大计优等叫"卓异"。卓异官的标准是:无加派,无滥刑,无盗案,无钱粮拖欠,没有亏空仓库银米,"境内民生得所,地方日有起色"。顺治、康熙之际,荐举卓异包括各省布政使、按察使在内,康熙二十一年(1682年)后,大计卓异官只行于道府以下各官。凡举荐为"卓异"的,经吏部审核后,即需进京带领引见注册,并加一级,回任后等候升迁。大计"卓异"也有名额比例,道府州县十五定一,佐杂教职一百三十定一,比京察所定比例更小。①

清代,京察大计以康雍乾三代执行较为认真。康熙二十二年(1683年)至六十一年(1722年),共行大计14次,计举卓异官580名,纠参贪酷官510名。雍正朝的大计考察,不如康熙时整齐正规,为时较短,共举卓异94人,纠参贪酷官2人,不谨官123人,罢软官96人,才力不及官136人,浮躁官67人,共罢斥、降调官员629人。雍正皇帝在整顿财政、清理钱粮积欠中,曾罢免了不少官员,包括很多高级官员,但多未列入京察、大计之中。乾隆朝六十年中,记录京察、大计33次,举出卓异官876人,纠参斥罢不谨官477人,罢软官359人,才力不及官786人,浮躁官260人。与康熙、雍正朝相比,年老官员的人数比例上升,说明官员中年龄老化的问题比较严重。乾隆四十六年(1781年)查出的甘肃折捐监冒赈案,通省从总督到县丞,参

---

① 郭松义、李新达、杨珍:《中国政治制度通史》第10卷,人民出版社1996年版,第574页。

与侵贪官犯 190 余人,案发后被陆续正法者共 56 人,其中有总督、巡抚、布政使各 1 人,其余各犯均被免死发遣、革职查抄家产、杖流追罚银两。说明"特参贪酷"案犯,不必等到京察大计,也不计入京察大计中。

到了清朝中后期,随着整个封建国家机器的急速朽蚀,吏治更趋腐败,京察、大计也流于形式。嘉庆朝 5 次大计中,共举卓异官 589 人,另有不谨官 49 人,浮躁官 36 人,罢软官 47 人,才力不及官 87 人,年老官 277 人,有疾官 105 人,卓异官与受六法参劾的官员人数几乎持平。而在道光朝的 8 次大计中,共举卓异官 1357 人,另有不谨官 190 人,罢软官 70 人,年老官 441 人,有疾官 177 人,才力不及官 240 人,浮躁官 97 人。卓异官的总数超过了受"六法"参劾的官员,达到总数的 52.76%。而在被参劾官员中,年老官和有疾官又占到其中 24.03%,其敷衍应付的态势显而易见。

咸丰、同治朝以后,京察大计更成"虚文",其"得卓异者多属世谊,而纠劾惟以三四佐贰、五六佐杂,敷衍塞责而已",故有人叹道:"似此赏罚不明,劝惩不善,吏道所以未清,民生所以未遂也。"清朝廷为挽救颓势,光绪二十八年(1902 年)下诏令各省设课吏馆,限每半年为期,分最优、优、平、次四等进行奏报,还施行年终密考、俸满甄别等,但总因贿赂请托之风不息,难收实效。①

清代的京察大计,在培养贤能官吏方面起到了一定的积极作用,与清代历朝皇帝以奖廉惩贪为察吏的主要内容是一致的,正如康熙帝所说:"考察官吏,以奖励廉洁为要。"自清代中叶开始,吏治腐败现象日趋严重,而京察大计军政考察中,卓异官却有增无减,被纠参者越来越少,贪酷官在京察大计中更是难觅踪迹。清中叶以后,京察大计的考察结果与现实的吏治状况正好相反,考核制度在封建官僚政治下弊端日趋严重。

---

① 《清实录·高宗实录》卷一一五九,"乾隆四十七年六月下",第 23 册,中华书局 1986 年版,第 517 页;卷三六四,"乾隆十五年五月上",第 13 册,第 1008—1019 页。钟琦辑录:《皇朝琐屑录》卷三,《近代中国史料丛刊》第五十四辑,台北,文海出版社 1966 年版,第 111—116、126—131 页;郭松义、李新达、杨珍:《中国政治制度通史》第 10 卷,人民出版社 1996 年版,第 575—577 页。

清代京察大计的弊端,早在雍正时就有表现:"京师三年一次考察,文员多填注通套考语,有将各该员素行事实造入册内者;亦有不将各该员素行事实造入册内者",以至于"才守兼优之员与循分供职者无所区别,而居官庸劣之徒转得以蒙混掩饰"。京察大计虽有皇帝引见一条,但荐举官员由京堂、督抚等三品以上大员执行,下属各官的命运完全操于他们之手,下属"贿嘱上官,希图越俸升转,相习成风"。一到考察之际,满官则"徇亲戚、朋友情面",汉官则徇"同年、门生情面",钻营奔竞。另外,在考察过程中,州、县官经由府厅至督抚五六个衙门考核,贿请呈补,精力时间全耗于其中,而对民生大事却"漠不关心",加之三品大员自陈,为属员填注考语,一人一疏,数以千计,而六部复奏,文书殷繁,弊端丛生,其中铺张功绩,以博朝廷"表里羊酒之赐",成了各官员的目的。这样的考察,其结果只会助长不良的社会风气。①

清中叶以后,伴随着清王朝的没落、腐败,特别是清后期,这种自上而下考察吏治的京察大计,便已名存实亡了,贿买请托盛行,徇情枉法,难收激浊扬清之效。

(3)官吏选任的回避制度

回避制度,是封建国家在任命官员时,为避免亲友邻里的请托徇情而制定出的限制条例,以防患于未然。最主要的是亲属回避和地区回避。

回避制度的实施,以职位和权力的分配、再分配为目的,而更重要的是立足于防弊,防止因同宗、同乡、同寅、同年、同门等关系徇私,攀比为官,防止官员陷于与本人有关联的各种社会关系或地区利益之中,妨碍公务的正常执行,损害本王朝的纲纪和权威。另一方面,也为了使官员在执行公务时尽可能地避免来自宗法世俗乡里的干扰,在行使权限和处理政务时减少窒碍和避免徇私嫌疑。

清朝的回避制度,建立在明朝"回避本籍"制度基础上,而更为严密。

---

① 《清实录·圣祖实录》卷一九一,"康熙三十七年十一月至十二月",第 5 册,中华书局 1985 年版,第 1025 页;台北故宫博物院文献编辑委员会编:《宫中档雍正朝奏折》第 22 册,台北故宫博物院印行,1980 年,第 880 页。

清代回避制度可分为三方面内容：亲族回避、特殊机构回避、地域回避。

①亲族回避制度

亲族回避制度的范围，首先是宗亲回避，其次是姻亲，再次是师生、官幕等关系回避。

清朝社会的基础是宗法制度，每个宗族都是一个最密切的血缘结合体，故宗亲回避对清王朝来说至关重要。康熙三年（1664年），规定"外任官员，现在上司中有系宗族者，皆令回避"，即在京各部院尚书、侍郎、笔帖式以上及地方督抚，府、州、县官员祖孙父子、叔伯兄弟回避。但对"系宗族者"的上下限缺乏明确规定，在具体执行过程中对父系血缘较难把握。如乾隆九年（1744年），湖南巡抚蒋溥奏报："臣籍隶江南苏州府常熟县，查有新选衡州府通判蒋衡，系江南苏州府吴县人……臣与该通判虽非同族，而系同姓，从前曾同族同谱，按其辈数，该通判应属臣侄孙……听其隶居属下，恐于避嫌远疑之道，殊多未协，不得不将实情吁陈于圣主之前。"蒋溥对亲族回避界限把握不住，不得不避嫌上奏，以免涉嫌故意违忤宗族回避的责难。①道光时期，对宗亲回避才有了明确具体的规定。道府以下官员仅为同宗同族者，可准在同省隔属的道府任职。道光二十八年（1848年），将血亲的范围限于"祖孙父子伯叔兄弟"，而同宗同支不同祖父的远房堂兄弟不受回避限制，使宗亲回避制度真正具备可操作性。

外姻回避，是指对母系血缘关系亲属实行回避。清朝虽将外姻放在亲族回避的次要地位，但因宗亲与外姻结合，不仅是个人婚姻的结合，更是家族和家族利益的结合、攀附。因此，在铨选官员时不对姻亲实行回避，同样会对清王朝的统治造成危害。康熙、雍正年间，笼统地要求外任官员有姻亲关系的，由官小者奏请回避，在执行过程中往往因人而异，没有统一标准。乾隆三十九年（1774年），对姻亲回避作了具体的规定："各省道府大员，隔属姻亲，毋庸回避。"划分本属和隔属两类，以此确定应否回避，不但有利于官吏明确遵守外姻回避制度，而且减少了许多不必要的手续和往返

---

① 《清会典事例（光绪朝）》卷八四，《吏部六八·处分例》，中华书局1991年版，第2册，第84—86页。

奔波。这样,姻亲回避就只限于"本属"姻亲中的翁婿、郎舅、外祖父与外孙之类的直系亲属,而其他大量的旁系姻亲,不再受回避任职的限制。

清代严格实行宗族回避。清代中央政权的直接统治只到州县一级,州县以下为地方自治,其核心是宗族自治,因此,宗族势力的强大,易于形成对中央政权的威胁。清政府明确规定,"族中之人虽服制已远",即已出五服,但聚族一处,"情谊最为关切",俱令回避;"若在五服之内者,虽住处不同,仍行回避"。宗族回避不仅适用于汉族官员,满族官员亦遵此例。康熙十六年(1677年)规定,"满洲聚处京城,而支分派远族分派各异者,亦与汉人之聚居各处者无异",应令回避。①

清代严格实行师生关系回避。清代官场,不少人利用门生、座主的师生同年关系钻营,"联络声气",以致"徇势结党,互相排陷",故不得不加防范,在授官时应予回避。关于师生回避的范围,康熙年间曾规定,凡在科举乡、会试中分房取中之人,理应回避,即在出任外官时不得在自己座师辖下任职;各省乡试,除由皇帝钦派主考人员外,其他参与考务的官员须在邻省候选的进士、举人中调取,揭晓后亦即咨送回籍,不得留滞以结师生之情,防范十分严格。但在执行过程中,这种回避制度往往造成了人才使用的许多问题。由于科举是当时入仕的正途,科举出身的官员必经乡、会试,或出于同门,自然形成各种师生关系,如果一律不准作为上下级共事,自然就扩大了回避范围,可用之人就有限;主持会考的官员差不多都以地位较高的京官为主,如果京官必须回避座师,不能留任京职,那么,几乎所有的进士或翰林出身的官员皆不能留京供职。针对这一弊端,又要坚持回避的原则,雍正想出了一个把外官硬性回避师生关系的制度改为着重加强管理监督的办法:"至考官外任督抚,属官内有系伊取中者,咨部存案,遇举劾时,于本内声明。考官外任司道,其属官内有系伊取中者,申报督抚存案,如有举劾,督抚本内亦将该员与司道谊系师生之处,一并声明,凡督抚司道有所举劾,倘于取中之人有徇私废公等情,察出,将徇私举劾之督抚司道交部照

---

① 《清会典事例(光绪朝)》卷八四,《吏部六八·处分例》,第2册,中华书局1991年影印版,第84—89页。

例议处。"雍正认为,对督抚司道大员的门生兼属员采取"严加督责并举劾",事前详细登记备案,遇事追究责任的办法,比一律"回避"更为可取,用加强管理和监督的办法,避免"回避"影响人才的使用。①

清代实行幕友关系回避。清代官员无论正途异途,绝大多数缺乏必要的行政经验和业务知识,在日常行政事务中,主要依靠聘请若干幕友佐政。幕友虽非官府正式编制,但官幕之间关系比较密切,有些人甚至成为官员的谋主智囊,官员的贪黩瞒欺,几乎都有幕友插手其间,因此不能不将其纳入回避范围。雍正时,规定各督抚每年应汇奏幕友姓名、出身、人品事迹,入幕五年必须更换。乾隆统治时期,又规定外省各衙门幕友在所辖地方及五百里以内者,不得延请。嘉庆朝专旨规定,各省督抚不得留属员入幕,也不得任用幕友为本身下属职官。自雍正到道光朝的百余年间,官幕回避一般都能遵行。从咸丰初年开始,随着太平天国运动的爆发,为镇压太平军,湘军、淮军这些以地方团练武装为基础,均以本籍之人统率本地武装,发展成为清政府镇压太平天国运动的主要军事力量,李鸿章、左宗棠等大批人员曾以翰林、举人身份入幕,后成为统治集团中坚力量,在特殊的历史环境下,官幕回避的规定被突破,清朝的官幕回避制度逐步陷入名存实亡的境地。

清代,社会关系回避中以亲族(宗亲、姻亲)回避制度最为健全,回避程序也较完备,一般情况下不准官员与亲族在同一官署做官,而在其他官署做官则无须回避。现任官员亲族回避的程序:在京各部院官员,凡亲族在同一衙门,令官小者回避,同衙门补授的同官,令候补者回避。祖孙父子的回避程序:因考虑到"祖孙父子名分攸关,系堂员,概令司员以下回避;系一同官,无论候补及官小者,概令子孙回避。对外姻亲,则令官小者回避"。可见,其回避原则在官职上是以小官回避大官,以候补官员回避现任官员;在亲族辈分上,则以卑者回避尊者。京师及各省应回避的人员,如果上司已调往他处,则准其回原任,因为"原上司调往他处及离任,该员已非其所

---

① 《清会典事例(光绪朝)》卷八四,《吏部六八·处分例》,第2册,中华书局1991年影印本,第84—89页。

属,无可回避",但"如原缺已经选补有人,概令回避之员,京员赴部另选,外员赴改擘省分另补"。

参加官员铨选人员的亲族回避程序是:现任京官回避,要到部写文报告;在部候选人员(包括京官及外官)如有应回避的亲族,旗员用代表其身份的图文,或其所在地都统的印文,作为证明和担保手续备案;汉员用同乡京官的印文作为证明和担保手续备案;满员汉员在起送赴选图文、印文上还要将"某府、州、县详细写明",以便查考。对被铨选上的应实行亲族回避,而分发到各省的官员任期有明确规定:以该员具呈声明回避之日起,赴任期限为三个月,应请假或筹资者,准其延期三个月,但要先咨部存案,方准延期。

清代,亲族回避程序十分完备,还有不应回避和不得回避的补充规定,以防止官员借亲族回避之名"瞻顾徇私";对受处分撤职降级官员也有规定:如有回避人员任内有犯罪及受过处分的案件,不准离任,待处理后令其回避,以防官员借回避之机,逃脱罪责。回避程序的完备为亲族回避制度的顺利实施创造了条件。

清代,有特殊机构、特殊人员回避制度,即对军机处、都察院、户部、刑部等特殊机构或特定职务、某些特定人员,如文武大臣子弟入仕或任职,有特别的回避限制。例如,在监察机构方面,为防止大臣利用御史互相弹劾、纠参,及大员子弟利用其出身背景操纵、掣肘监察机构,清政府不准京官三品以上、外官督抚子弟担任御史。在拣选机构回避方面,清代拣选机构中"各项拣正陪并应行拣补京外各缺以及拣发委用人员,俱由吏部将满汉大学士、九卿名单,开列奏请"皇帝钦派。清廷对参加拣选的钦差大臣、部院大臣与赴挑人员之间规定亲族回避,"系属姻亲、宗族例应回避者,即自注明知照吏部扣除",而且对与赴挑选人员无直接关系但有一些间接关系的各部院大臣,也实行亲族回避规定,"至拣选得官,立法尤应严密"。①

---

① 《钦定吏部则例》卷一,故宫博物院编:《故宫珍本丛刊》第282册,海南出版社2000年版,第296—309页;《钦定大清会典事例》(嘉庆朝)卷四十七,《近代中国史料丛刊三编》第六十五辑,台北,文海出版社1991年版,第2143—2199页。

清代对这些特殊机构、特殊人员实行亲族回避的规定,在一定程度上避免了这些机构要员及其子弟、亲族,掣肘军机国务、监察、刑狱、财政、铨选官员等重要事务,从而防止他们徇私舞法,擅权犯上,威胁皇权。

②地域回避制度

地域回避,亦称籍贯回避,即不允许官员在原籍贯或与原籍接邻地区任职为官。康熙四十二年(1703年)规定:"选补官员所得之缺,在五百里以内,均行回避。若有以远报近,以近报远,希图规避,择缺之美恶者,或经部察出,或到任后督抚题参,照规避例革职。"乾隆九年(1744年)又补充规定:"现任各官,有任所与原籍乡僻小路在五百里以内者,均令呈明该督抚,酌量改调回避……如应声说回避而不声说并虚捏者,一经查出,皆照例议处"。①

清代要求回避官员所在省、邻近省应以五百里为回避限度的规定,具体实施首先责成有权推荐和委派官员的吏、兵两部堂官与各省督抚共同严格审核,在京凡由吏、兵两部奏荐引见的文武候补各官,必须附有经过审核的履历表,举荐人要对其真实可靠性负责,尽可能排除一切违背回避规定的人选。对于各地总督、巡抚提名的中低级官员,明文规定:"查明该原籍地方,如系邻省在五百里之内,应行回避之缺,不得混行题补委署。与两省交界添设佐杂等官,如驻扎衙署,与该员属籍附近在五百里之内者,亦令照例回避……如有违匿等情,照例议处。"清代,严格实行回避原籍的法令,不仅指本人祖辈世居之地,还包括"寄籍"所在,即本人或父辈曾在一定时期做官生活或营生之地,都在回避范围之内。②

原籍回避,也包括为官时涉及原籍的政务或利益纠葛,亦应回避。中央在京各部院,特别是户部和刑部有"刑名钱谷之责,籍隶山东者回避山东司,籍隶河南者回避河南司"。康熙五十六年(1717年)二月,户部尚书赵

---

① 《清会典事例(光绪朝)》卷八四,《吏部六八·处分例》,第2册,中华书局1991年影印版,第84—85页。

② 《清会典事例(光绪朝)》卷八四,《吏部六八·处分例》,第2册,中华书局1991年影印版,第86—87页。

申乔奏议行"江南蠲免钱粮一事","上曰:'尔系江南人,议蠲免江南钱粮之事,理应回避,况尔亦有地丁钱粮在内。虽尔自谓无私,众心必然不服。'赵申乔奏曰:'回避甚善。'上曰:'朕言在先,尔今以回避为善。朕未谕尔之前,何以不请回避?'赵申乔词穷无以对。上又曰:'凡理应回避之事,即行回避,此定例也。应回避而不回避,执意求名,不但难免众论,抑且理有碍'"。①

顺治和康熙时期,地区回避仅适用于担任外官的汉族官僚,而在雍正、乾隆时期,因宦途壅滞,大量汉军旗员和满蒙员被委充州县或佐贰官,有关满蒙旗员地区回避的问题引起了皇帝的重视。雍正四年(1726年)三月,颁发籍隶汉军旗的官员应回避直隶任职的上谕(不过在乾隆十五年特旨取消了满洲汉军旗员的直隶地区回避限制);乾隆十五年(1750年)三月,对满族官员亦实行回避制度。②

清朝统治者十分重视地区回避制度,皇帝亲自处理违反回避制度的案件,对一些身居高位、颇有名望的大臣也不例外。户部尚书赵申乔,受康熙宠信十年而不衰,他是江南人,因议江南蠲免钱粮事没有回避,康熙帝直斥其非,赵申乔只得认错回避。不仅如此,皇帝已明谕委派的官员,也有人根据地区回避制度,奏请再议。

地域回避制度在执行过程中,也出现了一些弊端。新官赴任,离本籍少则五百里,多则上千里,举家迁徙,朝廷不提供赴任费用,"必须举债方能为官",而官员到任职地后,"土风不谙,语言难晓,政权所寄多在胥吏",正所谓"官避本籍,吏则土著世守",胥吏实际把持地方政务。根据这一情况,清朝也曾做出过调整,雍正七年(1729年)就曾下谕:"向来有司官补授之时回避本省,盖因地方密迩,恐其中有嫌疑牵制等弊也。朕思江南之上江、下江,湖广之湖北、湖南,陕西之西安、甘肃,虽同在一省中,而幅员辽阔,相距

---

① 中国第一历史档案馆整理:《康熙起居注》第3册,中华书局1984年版,第2355—2356页。
② 中国第一历史档案馆编:《雍正朝起居注册》第1册,中华书局1993年版,第699页。

甚远。定制各设巡抚司道以统辖之,其情形原与隔省无异,则官员选补,不过有同省之名,而并无嫌疑牵制之处。况既系同省,则于彼处人情土俗,较他省之人更为熟悉,未必不于地方有所裨益。嗣后,凡江苏、安徽、湖北、湖南、陕西、甘肃诸处,府州县以下官员得本省之缺,不在本籍巡抚统辖之内者,不必令其回避。其相隔在五百里之内者,仍照隔省回避之例,一体遵行。"雍正皇帝此谕的意图十分明显,对同一总督辖区内的不同地区,不必僵硬地实施一概回避,地域回避制度要服从于统治利益,其目的是防止"嫌疑牵制等弊",如果消除了嫌疑,任职官员当然以熟悉"彼处人情土俗"、以利治理为宜。自此,对府州县官、同知、通判等佐贰官在同一总督而不同的巡抚辖下任职,不再受籍贯回避的限制。但是,对总督、巡抚、布政使、按察使、学政等官员的任用,特别是对督抚的委任,仍严格遵循地域回避的限制。

　　清朝的回避制度承袭明制,成为加强专制集权、巩固皇权、整肃吏治的重要手段。铨政置官,国之要务,清朝统治者不敢忽视,必须建立庞大的官僚机构来统治,加强吏治,防止官员以亲谊结党,勾结乱政,而使大一统的封建帝国政权掌握在皇帝一人手中。清朝实施回避制度,限制了官员利用亲族宗族、师生、主幕等关系在经济上谋利、政治上结党,并对此给予惩处,在一定程度上清除了封建社会官场滋生腐败的条件,但回避制度不是整顿吏治的根本办法,正如雍正、乾隆时人陶正靖所言,"人臣苟不能秉公执法,虽在数千里外,庸必无姻亲故旧耶?若其公正无私者,虽在本籍又安能扰之"[①],确为的论。

　　相比起来,同样是少数民族入主中原建立的政权,由蒙古贵族联合各族上层构成的元朝统治者,帝王带头贪婪,元朝皇帝是最大的掠夺者和挥霍者。宫廷挥霍浪费、皇帝对诸王勋臣赏赐过大过滥,元代皇帝贵族信奉喇嘛教,佛事岁费无度,军费开支庞大,官俸有增无减,均造成元代财政空虚、统治者拼命搜刮百姓,也给了权臣揽权贪贿、贪赃枉法的机会,乃至从中央

---

① 陶正靖:《吏治因地制宜三事疏》,贺长龄、魏源等编:《清经世文编》卷十七,《吏政三·铨选》,中华书局1992年版,第422页。

到地方各级政府机构的小吏,仗势侵民,婪索无度。比较起来,清朝统治者颇为勤政、律己,虽也有乾隆中后期的奢华,但总体并非是奢侈无度的掠夺者、挥霍者。

清朝政治腐败的实质是官僚集团利益与国家利益的冲突,官吏侵贪是对儒家仁政和君臣大义观的彻底否定,反侵贪则是封建帝王为维持其统治,与官僚集团展开财富分配利益的斗争冲突,这种斗争到乾隆朝中叶愈演愈烈,最终成为清朝由盛到衰的转折。而中国封建官僚政治制度,决定了历代官吏侵贪从形式到内容上的共性。清朝中叶,商品经济发达的社会环境,官僚集团奢靡颓废的风尚,为贪官提供了适宜的土壤。

清代,封建官僚制度的弊端是官吏侵贪屡禁不止的根源。中国封建官僚制度以专制君权为核心,在政治上有着严密的人身依附关系,君臣之间有不可逾越的差别,下属的事业前途掌握在上司手中,奖惩黜陟、升迁转徙均系于上司的好恶。属员为了逢迎上司,不得不采取各种手段,使自己与上司的政治权力利益、物质利益紧密结合。这样,贿赂逐渐成为以物质利益方式调节传统政治关系的一种手段。另外,封建官僚政治的特点是重人治轻法治,法律作为压迫人民的工具,对官僚统治集团却只是一种摆设,偶有明君贤相,能发挥有限的作用,实质上是君主控制、驾驭下属的工具。不能做到治人与治法并重,只能加重吏治的腐败。

清代,政治系统的运行,深受中国传统的宗法亲族型文化的支配。在政治伦理上,君主对臣僚的要求首先是忠,廉退居其次,廉洁与否由君主来评判,一切以君主的政治需要为定则;在政治实践中,尽管政治原则要求其成员"克己奉公,大义灭亲",但官僚集团更习惯于优先考虑亲族利益,不仅要利用自己特殊的身份、地位来满足其物质和权力欲望,还要满足和照顾亲情关系之下的所有人,所谓"一人得道,鸡犬升天"。所以,政治腐败,官吏侵贪,绝非一种简单的历史现象,既非人治社会的严刑酷法所能根除,亦非专制政治下的讽喻说教所能阻止,只有依靠政治和社会的变革,生产力的发展,人民成为自己命运的主人时,将官僚体制关进民主制度的笼子,才能消除其根源。

本书为北京师范大学自主科研基金资助项目(项目批准号:SKZZY2014036)

获中央高校基本科研业务费专项资金资助

(supported by "the Fundamental Research Funds for the Central Universities")

中国反贪制度史

〔中 卷〕

邱涛 著

目 录

ZHONGGUO FANTAN ZHIDUSHI

第一章　晚清的监察体制与政治腐败
  第一节　清代后期的监察体制 …………………………… 002
    一、中央和地方监察机构及其职掌 ……………………… 002
      1. 都察院 ……………………………………………… 002
      2. 六科给事中 ………………………………………… 004
      3. 宗室御史处和稽察内务府御史处 ………………… 005
      4. 十五道 ……………………………………………… 005
      5. 五城察院 …………………………………………… 007
    二、科道官的选任及其制度成效 ………………………… 007
      1. 科道官的选任 ……………………………………… 008
      2. 科道制度的实效 …………………………………… 010
      3. 科道制度的特殊性和软弱性 ……………………… 012
    三、清代监察制度规章 …………………………………… 016
      1. 清朝台规的特点 …………………………………… 017
      2.《钦定台规》关于发挥监察机构职能的措施和要求 … 017
      3.《大清律例》中的反贪立法 ………………………… 020
  第二节　晚清贪腐手段和状况举略 ……………………… 021
  第三节　清末腐败与王朝终结：都察院与奕劻贪腐案 ……… 026

第二章　中华民国临时政府的反贪机制与实践

第一节　湖北军政府和《鄂州临时约法》反贪机制的建立 …… 046
　一、《中华民国鄂州临时约法(草案)》的反贪立法 ………… 046
　　1. 以三权分立原则限制权力腐败 …………………… 047
　　2. 强调司法独立 ………………………………… 048
　　3. 重视对官吏的监察和惩戒 ……………………… 049
　二、湖北军政府的反贪法规和机构 ……………………… 049
　　1. 颁行反贪刑事和行政法规 ……………………… 049
　　2. 设置反贪组织机构 …………………………… 051

第二节　南京临时政府的反贪机制建设 …………………… 054
　一、《中华民国临时政府组织大纲》的反贪原则 …………… 054
　二、《中华民国临时约法》的反贪立法 …………………… 057
　　1. 坚持三权分立防止权力腐败原则 ………………… 057
　　2. 强调立法监督权 ……………………………… 058
　三、南京临时政府的反贪刑事法规和机制 ………………… 059
　　1. 反贪腐刑事立法——《暂行新刑律》 ……………… 059
　　2. 针对贪腐罪行的刑事审判制度 …………………… 062
　　3. 约束警政贪腐的刑事和行政法规 ………………… 063

第三章　北京政府的贪腐状况和反贪机制

第一节　北京政府时期的贪腐手段和状况 ………………… 066
　一、北京政府权力贪腐手段 …………………………… 066
　　1. "陋规" ……………………………………… 066
　　2. 回扣 ………………………………………… 067
　　3. 报效 ………………………………………… 071
　　4. 包办军需,克扣军饷 …………………………… 072
　　5. 滥报军费 …………………………………… 072
　　6. 借生日索贿 ………………………………… 073
　　7. 卖官鬻爵 …………………………………… 073

8. 利用职权豪夺强索 ………………………………………… 074
9. 政治性怀柔费 …………………………………………… 075
10. 政治性收买特别费和活动费 …………………………… 076
11. 正规途径掩饰的贿买费 ………………………………… 077
12. 政治贿买的巅峰之作：曹锟公然贿买总统，国会议员
　　公然贪污受贿 …………………………………………… 078

二、触目惊心的北京政府贪腐状况 ……………………………… 082
1. 大量挥霍国家岁入和国债、外债收入 ………………… 082
2. 用贪腐所得经营实业累积财富 ………………………… 082
3. 利用权势攫取田产 ……………………………………… 085
4. 攫取大量房产及其租金收入 …………………………… 086
5. 军阀巨额贪墨所得举隅 ………………………………… 087

第二节　北京政府的反贪原则和反贪法规 ………………………… 104
一、北京政府根本大法的反贪原则 ……………………………… 104
二、北京政府的反贪法规 ………………………………………… 107
1. 关于贪腐罪行的刑事和行政立法 ……………………… 107
2. 刑事审判制度上的反贪和贪贿 ………………………… 111
3. 预防和惩治警政贪腐的刑事和行政法规 ……………… 112

第三节　北京政府的反贪机构和机制 ……………………………… 115
一、中央和地方反贪监察机构 …………………………………… 115
1. 中央监察机构——平政院与肃政厅 …………………… 115
2. 地方监察机构 …………………………………………… 118
3. 军阀独裁专制与监察权的削弱 ………………………… 120

二、分司弹劾制 …………………………………………………… 122
1. 国会提起弹劾 …………………………………………… 122
2. 肃政厅提起弹劾 ………………………………………… 122
3. 省县立法机关提起弹劾 ………………………………… 122

三、审计机构 ……………………………………………… 123
　　1. 国务院审计处 …………………………………………… 123
　　2. 审计院 …………………………………………………… 124
　　3. 审计机构的职权及其行使方式 ………………………… 126
四、官吏惩戒机构 …………………………………………… 128
　　1. 平政院 …………………………………………………… 128
　　2. 各类官吏惩戒委员会 …………………………………… 129
五、平政院和文官惩戒委员会的惩戒程序 ………………… 132
　　1. 平政院惩戒程序 ………………………………………… 132
　　2、文官惩戒委员会依官等不同而分别惩戒 …………… 133
　　3. 司法官和审计官的惩戒程序 …………………………… 134

第四章　广州、武汉国民政府的反贪理念和建制

第一节　广州、武汉政府时期的贪腐问题和反贪理念 ………… 138
一、广州、武汉时期的贪腐问题 …………………………… 138
　　1. 新旧军阀对绝对权力的追逐 …………………………… 138
　　2. 广州、武汉时期一些具体的贪腐事件 ………………… 139
二、孙中山的反贪理念 ……………………………………… 139

第二节　广州、武汉国民政府的反贪法规 …………………… 144
一、广州、武汉国民政府的反贪原则 ……………………… 144
二、反贪刑事和行政法规 …………………………………… 145
　　1.《党员背誓罪条例》……………………………………… 146
　　2.《湖北惩治贪官污吏条例》……………………………… 147
　　3.《惩治土豪劣绅条例》…………………………………… 148
　　4.《处分逆产条例》………………………………………… 149

第三节　广州、武汉国民政府的反贪机构和机制 …………… 150
一、监察机构——监察院 …………………………………… 150
　　1. 监察院的建立 …………………………………………… 150

2. 监察院的职能 …………………………………… 152
　　3. 监察院的弹劾对象 ……………………………… 154
二、审计机构和职权 ………………………………………… 154
　　1. 陆海军大元帅大本营审计局 …………………… 154
　　2. 广州国民政府审计机构及其职权 ……………… 155
三、惩戒机构——惩吏院和审政院 ………………………… 157
　　1. 惩吏院和审政院 ………………………………… 157
　　2. 惩吏院的惩戒程序 ……………………………… 159
　　3. 惩戒处分 ………………………………………… 160

第五章　"训政"时期南京国民政府的反贪
第一节　"训政"时期贪腐状况举略 ……………………… 162
一、轮船招商局案——轰动一时的案例 …………………… 162
二、陈济棠规费事件 ………………………………………… 164
三、韩复榘报效案 …………………………………………… 165
四、黄河赈款案 ……………………………………………… 166
五、周宗尧伪造印花税票案 ………………………………… 167
六、张绍堂、李树春卖官案 ………………………………… 168
七、陈诚的军队"经济公开"和对"陋规"的妥协 ………… 169
第二节　"训政"时期的反贪法规 ………………………… 171
一、"训政"时期根本大法的反贪原则 …………………… 171
　　1.《训政纲领》和《训政时期约法》的反贪精神 ……… 171
　　2.《中华民国宪法草案》的反贪原则 …………………… 173
二、"训政"时期反贪刑事和行政法规 …………………… 175
　　1.《中华民国刑法》中的反贪规定 ……………………… 175
　　2. 特别刑事单行法规 ……………………………… 180
　　3. 反贪行政法令和法规 …………………………… 182

        4. 预防和惩治警政贪腐的刑事和行政法规 ……………… 185
  第三节 "训政"时期的反贪机构和机制 ………………………… 188
    一、中央政府反贪监察机构——监察院 ……………………… 188
      1. 监察院的建制 ……………………………………………… 188
      2. 监察院的职权 ……………………………………………… 190
      3. 对监察委员的保障和限制性规定 ………………………… 193
      4. 审计机构 …………………………………………………… 194
    二、地方反贪监察机构——监察区的划分和监察使署的设置 … 198
      1. 监察区的划分沿革 ………………………………………… 198
      2. 监察使署及其监察使的职权 ……………………………… 200
    三、惩戒机构 …………………………………………………… 204
      1. 中央党部监察委员会 ……………………………………… 204
      2. 国民政府政务官惩戒委员会 ……………………………… 205
      3. 司法院中央公务员惩戒委员会 …………………………… 205
      4. 各省市地方公务员惩戒委员会 …………………………… 206
      5. 军事委员会军事长官惩戒委员会 ………………………… 207
      6. 军政部及海军部 …………………………………………… 207
    四、"训政"时期反贪机制和惩戒制度 ………………………… 209
      1. 监察院的反贪机制——八大职权 ………………………… 209
      2. 惩戒制度 …………………………………………………… 230

第六章 抗战时期的贪腐问题和国民政府反贪机制
  第一节 抗战时期的贪腐状况 …………………………………… 236
    一、"国难"之际的贪腐手段 …………………………………… 236
      1. "陋规" ……………………………………………………… 236
      2. 吃空额和军火买卖回扣 …………………………………… 237
      3. 操纵公债投机 ……………………………………………… 239

4. 操纵外汇黑市交易 ………………………………… 240

5. 借印制钞券牟利 …………………………………… 240

6. 操纵黄金交易 ……………………………………… 240

7. 走私贩运,囤积居奇 ………………………………… 240

8. 军队经商 …………………………………………… 241

9. 借"三征"大肆贪污 ………………………………… 242

10. 借"专营专卖"和"统购统销"谋利 ……………… 242

11. 军队承包制 ………………………………………… 243

二、抗战时期贪腐和反贪典型案例 ………………………… 244

1. 美金公债案 ………………………………………… 244

2. "美金储蓄券"贪污案 ……………………………… 247

3. 林世良云南走私贪污案 …………………………… 247

4. 高秉坊贪污案 ……………………………………… 248

5. 王巽之贪污公粮案 ………………………………… 250

6. 重庆孔家仓库事件 ………………………………… 250

7. 国民参政会倒孔反贪案 …………………………… 251

第二节 抗战时期国民政府的反贪立法和机构 …………… 256

一、根本性法规和政治决议中的反贪原则 ………………… 256

二、反贪刑事和行政法规 …………………………………… 259

1.《惩治贪污条例》 …………………………………… 259

2.《公务员考绩法》和《非常时期公务员考绩暂行条例》
……………………………………………………………… 261

3.《公务员服务法》 …………………………………… 262

三、抗战时期国民政府的反贪机构 ………………………… 263

1. 国民参政会 ………………………………………… 263

2. 监察院 ……………………………………………… 269

3. 税务督察专员 ……………………………………… 272

         4. 国防最高委员会及其附属机构 …………………………… 273
         5. 各级党部 ………………………………………………… 277
         6. 巡回督导团 ……………………………………………… 280
         7. 抗战时期反贪惩戒机构 ………………………………… 282

第七章 "崩溃"时期南京国民政府的贪腐与反贪
  第一节 抗战胜利后南京政府的贪腐状况和反贪运作 ………… 284
    一、抗战胜利后南京政府的贪腐状况 ……………………………… 284
         1. 体制性腐败 ……………………………………………… 284
         2. 滥用权力 ………………………………………………… 285
         3. 军队的腐败 ……………………………………………… 288
         4. "敌产接收"引发贪腐不可控 ………………………… 290
         5. 权力后盾下的投机牟利 ………………………………… 293
         6. 公务人员以贪腐维持生活水平 ………………………… 294
         7. 各种"陋规" …………………………………………… 295
         8. 既得利益集团使监督机制软弱 ………………………… 296
    二、"软骨"的南京国民政府反贪运作 …………………………… 298
         1. 监察院与宋子文"黄金政策舞弊案" ………………… 299
         2. 蒋经国上海"经济管制"与"打虎"反贪 …………… 303

  第二节 "崩溃"时期南京政府的反贪法规和机构 ……………… 307
    一、"宪政"时期国民政府反贪原则和刑事立法 ………………… 307
         1. 根本大法中的反贪原则 ………………………………… 307
         2. 反贪刑事和行政法规 …………………………………… 307
    二、监察机构——监察院 …………………………………………… 310
         1. "旧政协"期间的监察院 ……………………………… 310
         2. "宪政"时期监察院的建立 …………………………… 311
         3. "宪政"时期监察院机构职能和监察机制 …………… 319
    三、"宪政"时期的惩戒机构 ……………………………………… 323

1. 司法院公务员惩戒委员会 …………………………… 323
　　2.《中华民国宪法》宪定惩戒机构 …………………… 323
　四、行政监督机制 ………………………………………… 324
　　1. 国民党的监督 …………………………………………… 325
　　2. 国民政府内部的监督 …………………………………… 325
　　3. 对施政过程的考核监督 ………………………………… 326

第八章　晚清民国时期的反贪文化和反贪经验教训

第一节　晚清民国时期的反贪文化 …………………………… 328
　一、亲历贪腐内幕的野史和笔记 ………………………… 328
　二、揭"黑幕"之小说 …………………………………… 330
　三、谣谚 …………………………………………………… 331
　四、报刊揭露贪腐的内幕 ………………………………… 332

第二节　民国时期反贪的经验教训 …………………………… 334
　一、权力寻租与补偿心态的结合 ………………………… 335
　二、社会基本价值观的转变 ……………………………… 336
　三、现代化和战争、民族独立背景 ……………………… 337
　四、民国时期贪腐的警示 ………………………………… 338

第一章 晚清的监察体制与政治腐败

1644年（清顺治元年），清军入关，在北京建立起全国性政权。当顺治皇帝入驻北京，举行登基大典，揭开清王朝268年统治的帷幕时，其必须思考如何才能稳固自己的统治。鉴于明王朝失民心而亡国的教训，清朝统治者将反贪腐作为整饬吏治的一项重要内容。清王朝从立法、行政、司法监察等方面建立了一整套防范、严惩官吏贪黩的体制、措施，为维护专制主义中央集权的统治，发挥了重要作用。

然而，清王朝历代均存在着典型的官吏贪腐事件，这种状况一直持续到晚清。随着列强的入侵，社会秩序陷于混沌，而晚清统治者典型的『只计利害，不知是非』的统治心态，也导致各级统治者为了稳固自己的统治、为了自己的既得利益，全然不顾廉耻。最高统治者卖官鬻爵，又怎能禁得了官僚集团的贪默？最高统治者为了固位，纵容下属腐败，均导致晚清吏治愈趋腐败，监察反贪无法奏效，甚至越来越形同虚设，最终加速了清王朝的覆亡。

第一节
清代后期的监察体制

中国古代的监察制度,是中国传统政治制度的重要组成部分,在国家机器中具有制衡、监督、检察、弹劾、惩戒、教育等效能,是皇权监察文武百官的重要手段之一。中国的监察体制在日臻成熟的过程中,在不同的历史时期,也呈现出不同的历史形态。清朝的监察体制主要是科道制度,这一制度典型地体现了清朝的监察机构及其职能的历史传承性和时代特点,是传统制度文化值得借鉴的内容。晚清时期,监察体制与清前中期一脉相承。

一、中央和地方监察机构及其职掌

清朝的监察制度,根据"略仿明制而损益之"的原则,与其整个政治体制一样,是在明朝体制的基础上进一步完善和发展而来的。

1. 都察院

清代,中央监察机关为都察院,皇太极崇德元年(1636年)五月设立,为全国最高监察机构,其职责是对"政事背谬,贪酷不法,无礼妄行"的官吏进行弹劾,对皇帝进行规谏,而且都察院"即所奏涉虚,亦不坐罪"。这说明清朝统治者重视、接受了宋朝台谏职责合一和元朝台谏机构合一的经验,将监察机关作为维护统治的重要手段。

都察院设立时,设承政一人,左、右参政各二人。顺治元年(1644年),

清入关定都北京后,改承政为左都御史,掌院事,为都察院最高长官,满、汉各一人。雍正八年(1730年)定为从一品,永为定制,地位与六部尚书相当,参与朝廷大政。顺治元年,改参政为左副都御史,协理院事,满、汉各二人。右都御史由各地总督兼任,右副都御史由各省巡抚、河道总督、漕运总督兼任,都察院皆不设专职。凡重大案件,先经刑部审明,送都察院参劾,再送大理寺平允,然后交由刑部、都察院和大理寺组成的"三法司"会办。凡遇重大案件,根据皇帝诏令可由六部尚书、都察院左都御史、通政使和大理寺卿组成的九卿会审。

都察院内设经历厅、都事厅和值月处、督催所,承办院内行政事务。

经历厅:原称司务厅,改为经历厅后,由满、汉经历各一人主管,下设经承十二人,分管印房、稿房、火房、知印科、封简科、承发科、注销科等事务。清末,改承发科为收发文书处,由经历、都事、笔帖式内酌派数员,轮流值日,承办收发公文、主簿登记,逐日呈堂。

都事厅:由满、汉都事各一人主管,负责承办缮本及满官册簿,另设笔帖式若干人掌翻译。原先所管事务简单,乾隆六年(1741年)后,礼、兵、工三部有关事务划归其主管。

值月处:乾隆四年(1739年)始设,每天派满洲御史一人当值,负责收各部院有关八旗的文移及内阁传抄事件。

督催所:乾隆十三年(1748年)始设,按年轮流委派满、汉御史各一人负责,凡各厅、道、五城承办事件,由其实力督催,按限完成,否则察核纠参。①

都察院所属有六科、十五道(后增为二十道)、五城察院、宗室御史处和稽察内务府御史处等监察机构,形成中央到地方严密的监察体系。

---

① 《光绪会典》卷六十九,沈云龙主编:《近代中国史料丛刊》第十三辑,台北,文海出版社1966年版,第263—266页;《清史稿》卷一百十五,《志九十·职官二·都察院》,中华书局1977年版,第3301—3307页;《清朝文献通考》卷八十二,《职官考六·都察院》,上海商务印书馆1936年版,第5603—5605页。

清朝都察院组织系统表

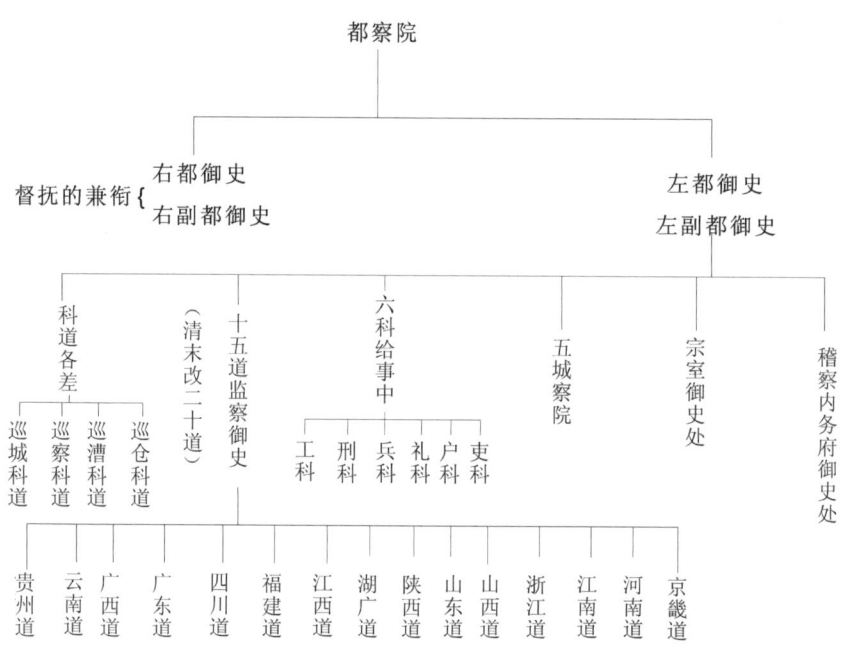

2. 六科给事中

六科,即都察院对吏、户、礼、兵、刑、工六部实行监察,而对口设立吏、户、礼、兵、刑、工六科。这一制度源于唐朝"六察官"分察尚书省六部的制度,明朝将监察范围扩大到国家各机关及其官员,对应六部设立六科给事中,分别监察六部官吏,成为独立的监察机关。清初承袭明制,六科自为一署。雍正元年(1723年),将六科合并于都察院。

六科的职官,每科掌印给事中和给事中满、汉各一人,共二十四人。掌印给事中的品秩,初制满员四品、汉员七品,雍正七年(1729年)定为正五品,光绪三十二年(1906年)升正四品;给事中,初制七品,雍正七年升至从五品。六科各有属吏,故六科掌印给事中、给事中、笔帖式、经承等官吏共一百六十七人。

六科的主要职责:吏科,分稽铨衡,注销吏部、顺天府文卷;户科,分稽财赋,注销户部文卷;礼科,分稽典礼,注销礼部、宗人府、理藩院、太常寺、光禄寺、鸿胪寺、国子监、钦天监文卷;兵科,分稽军政,注销兵部、銮舆(仪)卫、太仆寺文卷;刑科,分稽刑名,注销刑部文卷;工科,分稽工程,注销工部文卷。

光绪三十二年(1906年),清末改革官制,"省六科名,别铸给事中印,额定二十人",会同办理对六部的监察,仍属都察院的职责和管辖的范围。①

3. 宗室御史处和稽察内务府御史处

宗室御史处,又称"稽察宗人府衙门",设于雍正五年(1727年)。以宗室御史二人掌管,下设经承三人。掌稽察宗人府银库钱粮册籍,盛京将军领发的宗室、觉罗红白事银两数目。

稽察内务府御史处,又称"稽察内务府御史衙门",设于乾隆三年(1738年)。初置御史四人,后改由陕西道和贵州道满御史二人兼管,下设经承三人。掌稽察内务府所属各司、院每年所用钱粮数目,并依所造黄册注销核对;随时稽察内务府广储司六库,定期注销。

紫禁城还设有御史稽察,负责防闲杂之人于各处客留和混行出入,归属五城察院。顺治三年(1646年),为稽察外地来京官员钻营嘱托,交通贿赂,串通京棍,破坏官场风纪和京师治安,始命都察院派出巡城御史,督令五城兵马司指挥和各坊官员加强访缉违法之人,稽察京师地方治安。

宗室御史处、稽察内务府御史处、五城察院均于清末被裁撤。②

4. 十五道

都察院下设十五道监察地方,按行省划分:

京畿道:分理都察院事,及直隶、盛京刑名,稽察内阁、顺天府、大兴县、

---

① 《明史》卷七十三,《志第四十九·职官二》;《清朝文献通考》卷八十二,《职官考六·都察院》,上海商务印书馆1936年版,第5603—5605页;《清史稿》卷一百十五,《志九十·职官二·都察院》,中华书局1977年版,第3301—3307页。

② 《光绪会典》卷六十九,《近代中国史料丛刊》第十三辑,台北,文海出版社1966年版,第268—269页;《清会典事例(光绪朝)》卷一〇八、一〇一九,《都察院二一、二二·各道》,中华书局1991年影印版,第11册,第223—225、232—235页。永瑢、纪昀等撰:《历代职官表》卷十八,文渊阁四库全书本,乾隆四十七年刊本,第4—12页;卷二十,第3—4页。

宛平县事务。

河南道：分理河南刑名、部院诸司卷宗，稽察吏部、詹事府、步军统领衙门及五城察院事务。

江南道（包括江苏、安徽）：分理江南刑名，稽察户部、宝泉局、左右翼税务衙门、在京十三仓及总督运漕、磨勘三库、月终奏销之籍。

浙江道：分理浙江刑名，稽察礼部、都察院之事务。

山西道：分理山西刑名，稽察兵部、翰林院、六科、中书科、户部仓场衙门及所属坐粮厅、大通桥与通州二仓事务。

山东道：分理山东刑名，稽察刑部、太医院，督察河道及五城衙门盗案牍缉捕之事务。

陕西道：分理陕西、甘肃、新疆刑名，稽察工部、宝源局，覆勘在京工程。

湖广道（包括湖南、湖北）：分理湖广刑名，稽察通政使司、国子监事务。

江西道：分理江西刑名，稽察光禄寺事务。

福建道：分理福建刑名，稽察太常寺事务。

四川道：分理四川刑名，稽察銮仪卫事务。

广东道：分理广东刑名，稽察大理寺事务。

广西道：分理广西刑名，稽察太仆寺事务。

云南道：分理云南刑名，稽察理藩院、钦天监事务。

贵州道：分理贵州刑名，稽察鸿胪寺事务。

每道置掌印监察御史满、汉各一人，十五道共有三十人，而监察御史则各道人数不一。除江南道满、汉各三人，山东道满、汉各二人，四川、广东、广西、云南和贵州五道不设监察御史外，其余八省皆是满、汉各一人，共二十六人。御史之下，有笔帖式、经承等一百三十七人。各道除掌稽核该省刑名案件和纠弹任务外，并稽察相应的中央各部门事务。

光绪三十二年（1906年），因行省增加，改为按省分道，将江南道改为江苏道和安徽道，湖广道改为湖南道和湖北道，新设辽沈道、甘肃道和新疆道，原来的十五道增至二十道。

清朝设十五道监察地方之外,还采用多种途径加强对地方官吏和政务的监察。其形式有清初的巡按制度。从乾隆十八年(1753年)起道员兼有监察地方之职责,行省的布政使、按察使和提督学政兼领监察地方之责。按清朝惯例,总督兼都察院右都御史衔,巡抚兼右副都御史衔,故有监察地方文武官吏和学政之职责。设立负责专门监察事务的巡按御史(每省一人)、巡盐御史(两淮、两浙、长芦、河东、两广、福建各一人)、巡漕御史(淮安、通州、天津、济宁各一人)、巡仓御史(京、通各仓一人)、巡查御史和巡农御史等,后均撤废。[①]

5. 五城察院

五城察院,又称"五城御史衙门",简称"五城"。这是稽察京城的东、西、中、南、北五城的监察机关,直属于都察院,统称为"五城察院"或"五城御史衙门"。五城察院设满、汉、汉军"巡城御史"各一人,雍正元年(1723年)改为满、汉各一人,下设经承二十人。其职掌,顺治三年(1646年)规定为防各地来京官吏"钻营属托"、"交通贿赂";顺治十年(1653年)规定,"五城御史各率所属,办理地方之事,厘剔奸弊,整顿风俗"。[②]

二、科道官的选任及其制度成效

清朝都察院的六科给事中和十五道(后改为二十道)监察御史合称为"科道",谓之"科道官"。清朝统治者汲取了历代台谏官入选的经验,对科道人选在出身、仕历等方面限制颇严,标准严格,而且选拔科道官的程序相

[①] 《清会典事例(光绪朝)》卷一〇一七,《都察院二〇·各道》,中华书局1991年影印版,第11册,第207—219页;《清实录·世宗实录》卷五三,"雍正五年二月",中华书局1986年版,第7册,第803—804页;钱仪吉:《碑传集》卷十九、五十二,沈云龙主编:《近代中国史料丛刊》第九十三辑,台北,文海出版社1966年版,第1157—1159、2567—2630页;蒋良骐:《东华录》卷七、二十五,齐鲁书社2000年版,第103、375—389页。

[②] 《清会典事例(光绪朝)》卷一〇三一,中华书局1991年影印版,第11册,第384—360页。

当严密,任命也极其庄重。

1. 科道官的选任

（1）科道官人选出身和限制性规定

清朝入仕,分为正途和偏途两种。汉人充当科道官的人选,按惯例必须是正途出身,"例须考试";至于满官考选御史则向来不注重出身,只要是"通晓满汉文字,品行端谨者",即可保举参加考选,且"满员则向不与考",即满员保送御史无须考试。整个清朝科道官3087人,其中汉人为2153人,进士出身者1770人,95%的汉御史皆来自科举正途。满科道官934人,无出身即来自"偏途"的高达759人,只有约20%为正途出身,其中进士出身的仅占3%。科道官人选在出身限制之外,还有种种限制性规定：一是三品以上京官和外任督抚以上官员的子弟不得选充科道官,即便"现任科道,皆令回避,改补各部郎中";二是年龄过轻或在65岁以上者不得选充科道官;三是由科道官降任他职者不得再任科道官;四是曾被保举充任科道官而未邀准者不得再选充科道官;五是捐纳的各部郎中、员外郎,或正途出身的郎中、员外郎凡任职不满三年者亦不得选充科道官。①

（2）科道考选的候选人资格

顺治朝,科道官考选与行取之制并行。顺治元年(1644年)规定,"考选给事中、监察御史,以大理寺评事、太常寺博士、中书科中书、行人司行人,历俸二年者,及在外俸深有荐之推官、知县考取,若遇缺急补,间用部属改授。"此后,科道考选制度几经变迁,到乾隆朝科道考选的候选人始臻稳定。乾隆二十九年(1764年)后,科道考选的候选人以编修、检讨、各部郎中、员外郎、内阁侍读为限,并规定编修、检讨充当科道官考选人,要有"历俸三年"以上的经历。此后,仅道光二十一年(1841年)增加仓场监督为科道考选候选人。尽管清朝对科道考选候选人资格有严格的限制范围,但据

---

① 《钦定台规》卷三十九,故宫博物院编：《故宫珍本丛刊》第316册,海南出版社2000年版,第1—24页;托津等纂：《大清会典事例》卷五十六、五十二,《近代中国史料丛刊三编》第六十五辑,台北,文海出版社1989年版,第2581—2631、2407—2441页。

《国朝御史题名》所记载的汉御史2153人中,未依当时规定资格补授者竟达106人。对满、蒙科道官的考选,与汉缺略有不同。有考选资格者为各部郎中、员外郎及宗室和仓监督。①

(3) 科道官人选的选择、引见和考法

满、蒙、汉人员取得考选科道官资格后,还须由主管堂官选择,自行带领引见或吏部带领引见。可见,补授科道官的选择、保送和引见之权,在外省由督抚职掌,在京师由各部主管堂官(尚书、侍郎)职掌。清初,督抚选择保送的标准全凭个人意愿,从乾隆三年(1738年)以后,翰林院有考选资格的编修和检讨一律引见,不必拣选。至于满、蒙人员拣选引见,清中期之前专凭俸历,不计功过,同治二年(1863年)以后,改与京师汉员一样,不凭俸历,皆由各主管长官考核功过,择优保荐引见。主管长官选择引见人员,必须事先查明该人员的出身、仕历是否合格,是否公正无私。如有"选举不实,或夤缘保送者,将该堂官等照例议处"。嘉庆十四年(1809年),御史英纶受贿、苛征、嫖妓获罪,作为其原举人的兵部尚书亦连带议处。

科道官人选的引见地点多在乾清宫或圆明园。翰林院掌院学士率领编修、检讨列前,各部长官率领部属随之,吏部尚书则率领行取知县随后,肃立御前,借供考定。其考法,在雍正三年(1725年)之前,例用笔试,后来因汉籍人员皆为正途出身,不必再试,改由皇帝面试,然后在名单上朱圈合意人员。凡被圈定的人员,即分别列入翰林候选科道名册及部属候选科道名册,并依品级和俸历排列次序,名册存于吏部。②

(4) 科道官的任命

引见人员经过登记后,即可等候任命。每逢科道官缺出,由吏部依翰林

---

① 王庆云:《石渠余记》卷二,《近代中国史料丛刊》第八辑,台北,文海出版社1966年版,第138—144页;尹会一撰,郑端辑:《政学录》卷一,《丛书集成初编》第191册,中华书局2011年版,第369—370页;《大清会典事例》卷五十六、五十二,《近代中国史料丛刊三编》第六十五辑,台北,文海出版社1989年版,第2581—2631、2407—2441页。

② 《钦定台规》卷三十九,故宫博物院编:《故宫珍本丛刊》第316册,海南出版社2000年版,第1—23页。

及部属候选科道名册登记的次序拟定人选,若缺科道官一名,每册各录三名,呈皇帝择一人任命。被任命为科道官后,清初规定,凡由内阁中书及各部员外郎、主事升补科道官者,试用一年后由都察院长官考核合格即实授。雍正三年(1725年)将试用期延长为两年。乾隆后一律改为立即实授。

至于都察院左都御史和左副都御史的升补,一般多由他官升迁,不由下级科道官升补。左都御史缺出,多由各部侍郎升补;满、汉左副都御史缺出,可从内阁学士、通政使、大理寺卿和詹事府詹事等升补。但掌印给事中缺出,以给事中升补,给事中则以各道御史升补。①

2. 科道制度的实效

清朝科道制度在整肃吏治纪纲、弹劾不法官吏、纠正治国违失方面,发挥了积极作用。但科道成效的大小,往往与君主之贤否、党争之消长、时局稳定与否,有着直接的关系。

(1)清初的巡按制度在察吏安民方面发挥了重要作用

在清帝重视下,都察院遣使巡按,把察吏作为重要职责,揭查政务废弛、擅用职权、结党营私和无才能的官员,故清初一大批贪官污吏被巡按弹劾并受到重惩。如江南巡按秦世祯弹劾巡抚土国宝、山东巡按程衡弹劾巡抚耿焞贪婪不法,"两抚皆置重典,一时天下肃然"。针对清初书吏"恃衙门为藏奸之薮,视小民为网中之鱼"而成为吏治之弊的祸根,巡按察书吏之奸邪的成效更为显著。如巡按秦世祯出巡苏松、淮扬,严治贪赃害民的书吏,各级地方官吏不许在经制之外滥添人员,经制内的胥役要限定其年限,不准久充其职。清初巡按对安定地方,问民疾苦,恢复因战争而破坏了的农村

---

① 东方学会编:《满洲大臣列传》卷三十,沈云龙主编:《近代中国史料丛刊续编》第七辑,台北,文海出版社1974年版,第1009—1045页;《钦定大清会典》卷八,《近代中国史料丛刊三编》第六十四辑,台北,文海出版社1989年版,第368—393页。

经济,为维护清王朝的统治,起了不容忽视的作用。①

(2)科道官在言事和弹劾方面勤于职守

民国学者汤吉禾对《钦定大清会典事例》、《钦定台规》、《钦定皇朝文献通考》等六书统计的清代1200余篇奏疏进行分析,发现科道官言事之奏折464篇、弹劾奏折223篇,共687篇,约占所有奏折的一半。464篇言事奏折的内容,主要是针对吏治、军事和财政,而财政、灾荒救济、交通水利方面的奏折被采纳者居多,针对理藩、外交及皇帝本人的奏折被采纳的比例最小。但仍可见在封建专制社会末期,科道官还能严守谏诤之职责。在223篇弹劾奏折中,弹劾正一品官的18篇,弹劾从一品官的48篇,弹劾三品以上官的共173篇。而三品以上官皆六部尚书、内阁大学士、地方总督、巡抚和军职的都统、提督、总兵等大官,他们威势显赫,但科道官竟敢弹劾,体现出不畏权贵、不计个人利害的无畏精神。

在弹劾案中,尤其值得注意的还有弹劾亲王的三案,有效者二,无效者一;弹劾慈禧太后一案,未被皇帝采纳。此外,一至三品官的弹劾案173件,生效者117件;四至七品官的弹劾案41件,其中生效者28件,无效者13件;还有5件弹劾案未入流品。这说明清朝的不少科道官是称职的,"老虎"和"苍蝇"一起打。其中有两案是弹劾慈禧太后宠宦李莲英的,虽遭驳斥,但御史朱一新的正直敢弹之举,震闻全国。从弹劾生效与否情况看,除弹劾西太后一案,其他类弹劾案有效率均在50%以上,其中,正一品官为50%,从一品官为64.6%,正二品官为69.4%,从二品官为71.7%,正三品官为73.6%,从三品官为83.3%。纵观有清一代的科道官,顺治朝,首推魏象枢、杨雍建、李森先举职;乾隆朝,曹锡宝奏劾和珅,钱沣弹劾国泰,皆为直臣;嘉庆朝直臣辈出,广泰、广兴、蒋攸铭、马履泰、张鹏展、卫谋、周杕、

---

① 李桓等编纂:《国朝耆献类征初编》卷四十五,沈云龙主编:《近代中国史料丛刊三编》第一辑,台北,文海出版社1974年版,第140页;《大臣画一传档正编七·郭琇》,《清史列传》卷十,中华书局1987年版,第733—736页;东方学会印:《满洲大臣列传》卷三十、十六、二十九,《近代中国史料丛刊续编》第七辑,台北,文海出版社1974年版,第1009—1045、555—583、985—1008页。

萧芝、王宁炜、游光铎等,俱敢谏直言,不畏权势;道光朝,御史陈庆镛、朱琦、苏廷魁皆居风宪廉正,号称"谏垣三直";光绪、宣统两朝,御史屠仁守、安维峻、吴兆泰、宋伯鲁有不畏强权,敢于奏劾慈禧太后之举,赵启霖、江春霖、赵炳麟三御史弹劾奕劻等权贵奸邪事,御史朱一新弹劾太监李莲英之举。在清末朝政腐朽的情况下,御史还能奋起纠弹,是难能可贵的。①

3. 科道制度的特殊性和软弱性

清朝的科道制度,虽然在纠弹、谏诤方面取得一定成效,但受限于封建专制的没落、清王朝不平等的满汉民族政策等多种因素,又导致这一制度自身的特殊性和软弱性。

(1)在满汉科道官的地位、权力和任用上,具有强烈的民族统治的特点

都察院的最高长官左都御史的品位,从顺治初到雍正七年(1729年)的八十多年间,一直规定满员为一品,而汉员则为二品。议论朝政,往往满族贵族官僚说了算,汉官只能"相随画诺"、"一切皆惟所命"。清朝的惯例,汉缺科道官的补授必须是正途出身,而满缺科道官的补授只须通晓满汉文字,有不少甚至是白身之人。尤其是兼右都御史、右副都御史衔的地方总督和巡抚,在清初大多是任用满员贵族官僚,而"汉人中十无二三焉"。②

(2)科道官弹劾和言事的效果,完全以皇帝个人意志为转移

清朝统治者出于统治的需要,大大加强了监察制度维护君主专制的职能。如明代一度被禁止的"风闻言事",再度被清朝统治者启用,在顺治十年(1653年),就允许科道官"风闻言事",顺治十八年(1661年)又谕令科

---

① 戴璐:《藤荫杂记》卷三,《近代中国史料丛刊三编》第二十六辑,台北,文海出版社1989年版,第24—33页;徐珂:《清稗类钞》第4册,中华书局1984年版,第1470、1495—1496、1504页;王先谦编:《东华续录》卷六十,上海古籍出版社2004年版,第1—55页;《清史稿》卷四百四十五,《列传第二百三十二·朱一新》,中华书局1977年版,第12463—12464页。

② 朱鼎延:《请襄泰交盛治疏》,《皇清奏议》卷五,续修四库全书本,第473册,上海古籍出版社2003年版,第62页;《清实录·世祖实录》卷二九,"顺治三年十一月至十二月",中华书局1985年版,第3册,第242—243页;《大清会典事例》卷五十六,《近代中国史料丛刊三编》第六十五辑,台北,文海出版社1989年版,第2581—2631页。

道官弹劾大臣可实封御前入奏。但雍正初年,再次废除能制约专制君主的给事中封驳制度,并将六科给事中并入都察院。可见,在科道制度上采取的这些具体措施,都是出于强化皇权专制的需要。在清朝皇权专制强化到达顶点的情况下,科道官的弹劾是否奏效,则完全出于皇帝个人的好恶。若被弹劾者是皇帝的宠臣佞幸,即便罪恶昭著,皇帝也可下令"勿劾","释置不问",甚至以"所劾不实"、"任意诋诬"、"有妨大局"等,而治科道官之罪。顺治时,御史李森先等劾大学士冯铨贪邪及其子冯源淮诸不法事,顺治竟以"无实迹"、"启请肆市语过当",解除李森先御史之职。清初在"逃人"问题上,制定了严惩窝主之法,汉人御史李裀、魏琯、赵开心和吴正治等,先后上疏反对严惩窝主的刑律,强烈要求修改"流人法",并劝满族贵族官僚减轻对汉人奴婢的残害,结果,李、魏等人竟被指责为"偏护汉人,欲令满洲困苦,谋国不忠",分别被撤职或流放。① 就连比较开明的康熙皇帝执政时,大学士明珠也一度"颇营贿赂,权倾一时",由于明珠得到康熙的宠信,科道官无人敢言。后来康熙对明珠擅权、奸邪渐有觉察,御史郭琇才敢于劾倒明珠,"直声震天下"。②

据《大清会典事例》、《钦定台规》、《清史列传》和《清史稿》四书的记载,从顺治朝到光绪朝,科道官因弹劾而遭到处分者达 319 人,其中,处死 5 人、流刑 6 人、革职 67 人、降职 85 人、罚俸 2 人、交议部处 90 人、申斥 64 人。而科道官受处分最多的道光朝竟有 81 人,约占受处分人数的 25% 以上。应当指出,在受处分的科道官中,因皇帝独裁而受冤枉黜惩者占了相当比例。不过,需要重视的是,确有一批监察官受赃、陷害好人,应当予以重惩。

---

① 《清史稿》卷二百四十四,《列传三十一·李森先》,中华书局 1977 年版,第 9617—9618 页;卷二百四十五,《列传三十二·冯铨》,第 9631—9632 页。
② 《清实录·圣祖实录》卷一三三,"康熙二十七年正月至二月",中华书局 1985 年版,第 5 册,第 441—442 页;徐珂:《清稗类钞》第 4 册,中华书局 1984 年版,第 1475、1480—1481 页;《清史稿》卷二百七十,《列传五十七·郭琇》,中华书局 1977 年版,第 10003—10006 页。

(3) 沦为党争的工具

清朝统治者鉴于明末党争之祸,在入关后就采取措施整顿监察机关,企图以此打击朋党,强化皇权专制。但从清初起就党争不断,而监察机关和监察人员往往成为政争集团利用的工具。顺治朝,摄政王多尔衮一派和鳌拜一派为争夺执政权的斗争中,就有以陈名夏为代表的南方籍官僚与冯铨为代表的北方籍官僚之间的"南北党争"。康熙时,先有索尼、苏克萨哈、遏必隆、鳌拜四辅臣之争,后有索额图与明珠党争,康熙晚年则有诸皇子的帝位之争,再后来,雍正朝的诸王之争、光绪朝的帝后党争,清流御史都主动或被动地在其中扮演了角色。在党争激烈的情况下,科道官各有背景,不少人出于私利,参与党争而互为倾轧,肆意弹劾对方,必然大大降低监察机关的权威性,其后果势必削弱监察效能。

(4) 官吏因循推诿,监察无能为力

清朝统治者为了强化专制皇权,将科道官的职能着重于监礼纠仪、"注销文卷"等具体事务上,同时为防止科道官权力过大,又加以种种限制。雍正时将六科给事中并入都察院,使六科封驳之权丧失殆尽,削弱了对六部官吏的行政监督。科道官职能的削弱,导致了监察机关监督考核各级行政机关权力的削弱,这就必然进一步导致"大臣任意因循,小臣效尤玩滞"。对于这种官衙风气,户科给事中朱之弼指出:"国家之事,安得不废,百姓安得不困?而欲望致太平,必无之事也。"[1]可见,政治设计上的权衡,导致监察制度在一定程度上对清朝腐败官风呈现出无能为力的软弱之状。

(5) 官吏贪赃枉法比比皆是,科道官无从纠弹

清朝通过监察机制虽惩办了一批贪赃枉法的官吏,但其从中央到地方"政以贿成"的恶症根本无法解决。这是因为掌握中央各部院大权的多为满人,汉官仰其鼻息,怎敢对其贪赃予以纠弹。即使是对汉官大臣,由于弹

---

[1] 《清实录·圣祖实录》卷一三三,"康熙二十七年正月至二月",第5册,中华书局1985年版,第438—439、445—446页;钱仪吉编:《碑传集》卷八,《近代中国史料丛刊》第九十三辑,台北,文海出版社1966年版,第437—483页。

劾的裁决权在皇帝,科道官亦恐因弹劾遭大祸,故"朝臣皆以言事为戒"。至于地方,朝廷对贪官污吏虽以监察机关依法打击,但更"惟恃督抚纠劾"。许多总督、巡抚,作为封疆大吏,本身就是贪官之首,"民间之疾苦,皆由督抚之贪酷",他们本身就是被监察对象,朝廷却依靠督抚纠劾地方,纯属无稽之谈。尤其是督抚带有都御史宪衔,科道官不能不有所顾忌。顺治时,工科给事中王命岳就说过,"督抚本重臣,言官恐外转为属吏,参劾绝少",就是怕将来被报复。正是由于清朝监察系统纠弹官吏贪赃功能的逐步弱化,到了乾隆后期,官吏贪污受贿之风盛行,已发展到大小官吏"习于贪黩"的局面。其大者如权臣和珅富可敌国,其小者也是"三年清知府,十万雪花银"。腐败的吏治,必然导致清王朝的溃亡。①

(6)科道官对监察制度的践踏

康熙朝,御史张星法弹劾山东巡抚钱珏贪黩,康熙帝命钱珏回奏。因御史盛符升事先密函钱珏,词涉左都御史郭琇,于是钱珏上疏自辩,指郭琇与太常寺少卿赵仑等曾致书给他,嘱荐即墨知县高上达、成山卫教授孙熙等,遭他拒绝,郭、赵二人遂挟嫌指使张星法诬劾。康熙命法司讯问张星法,而左都御史郭琇上疏说:左都御史马齐于会讯张星法时百般逼供,"必欲实以指使诬劾罪",康熙又诏责郭琇"疑揣"。不久,法司奏报张星法诬劾钱珏以及郭琇等请托均是事实,"均革职拟杖"。但康熙以郭琇"平日鲠直敢言",改降五级调用,并免张星法罪,"降二级留任"。从此案可以看出,一是攻讦双方均有都察院相关人员的介入;二是郭琇、张星法因不法受到处分,但张星法劾钱珏"贪黩"之事却被掩盖了,其实双方都有不法行为;三是御史盛符升事先密函钱珏、词涉郭琇的做法,实际是与山东巡抚钱珏狼狈为奸,否则他完全可直接纠劾郭琇请托之事;四是既然双方都有不法之举,作为监察御史自己就践踏了监察制度;五是事后山东巡抚劾郭琇"坐侵收运船饭米二千三百余石",尽管这事被揭发后,郭琇作了"弥补",但在康熙时被誉

---

① 徐珂:《清稗类钞》第 11 册,中华书局 1986 年版,第 5274—5276 页;《清史稿》卷二百四十四,《列传三十一·王命岳》,中华书局 1977 年版,第 9614—9617 页。

为"直声震天下"的郭琇都是如此,其他科道官利用监察职权行不法之事更可想而知。

至于科道官勾结权贵纠劾异己,以弹劾为牟私利者,亦屡见不鲜。顺治朝,一些科道官乘诸王内讧,各自投靠一方充当爪牙,肆意弹奏、投机取巧、互为倾轧,成为攻讦的工具。乾隆时,大学士鄂尔泰之子鄂容安与左副都御史仲永檀等"往来亲密,于未奏之前,先行商量,既奏以后,复行照会,两人俱以供出,明系结党营私,纠参不睦之人"。①

科道官"风闻言事",确实是一把双刃剑,它有利于震慑贪腐者,但如果对科道官监督不力,则会直接损害监察工作的严肃性和效力,因为"生事之小人,恃为可以风闻",便"擅作威福以行其私",客观上助长了告讦之风。正如《大清会典事例》所称:"及至败露之后,则借口风闻言事,未曾确访,以此解免其罪。"②这种弊病,清朝统治者内心十分清楚。

三、清代监察制度规章

清代监察制度的规章,称为《钦定台规》,实际就是清代监察制度的文件汇编,始纂于乾隆八年(1743年),重修于嘉庆七年(1802年)和道光七年(1827年),至光绪年间再次增辑。《钦定台规》由都察院汇辑有关监察制度的上谕及皇帝批准的奏议、条例等,分类编辑,分为"训典、宪纲、六科、各道、五城、稽查、巡察、通例"八类,每类又分若干目。各类、目内容按时间顺序排列,间有若干文献附于各类之后,较系统地反映了清代监察制度的概貌。

---

① 《大臣画一传档正编十五·仲永檀》,《清史列传》卷十八,中华书局1987年版,第1341—1346页;《清史稿》卷二百七十,《列传五十七·郭琇》,中华书局1977年版,第10003—10006页。

② 《都察院部汇考五·皇清一》,陈梦雷编:《古今图书集成》卷三百三十七,第二八三册,台北,鼎文书局印行,1977年,第8—12页;《大清会典事例》卷九百九十三,《近代中国史料丛刊三编》第六十五辑,台北,文海出版社1989年版,第8507—8530页。

1. 清朝台规的特点

《钦定台规》确立了监察机构的地位与作用——皇权之耳目。清代皇帝把它称作自己的耳目,使它在当时的政局中具有居高临下的态势,便于其行使监察职能。

监察机构的建置,在设置上呈现三个特点:一是中央与地方并举,二是科道合一,三是设立稽察、巡察御史。皇帝对全国各系统进行周密且严格的监察,意图是十分明显的。

其目的在于:拾遗、补阙,规谏君主;监察吏治、严禁结党;监督、稽核财政收支;监督各级考试;稽察刑名案件,查处错谬、挟私枉法等弊,以平冤狱;稽察京师五城治安,常朝、祭祀大典侍班纠仪。《钦定台规》对执行每项任务都做了详细和严格的规定,对各级政府机构官员进行严密监察,使其言行均在皇帝耳目之下,确是清代监察制度的一大发展。

2.《钦定台规》关于发挥监察机构职能的措施和要求

都察院居于替皇帝监察其他机构的地位,其官员选择标准和要求也明显不同于其他机构。

(1)任职回避本籍和亲族

即所谓外官避籍(包括本籍、祖籍和寄籍)、同官避亲(即亲属,特别是直系亲属,京官不得在同一衙门、外任官不得在同一地区任职,科考监试官员子弟回避在本地考试等)以及禁止内外官交结的一整套规定。监察官员不仅要带头执行,鉴于其工作性质,又制定了更为严格的回避制度。在科道官的考选上,《钦定台规》明确规定:虽不在同一衙门,但三品以上京官亦不准其子弟在监察机构工作,"御史应回避本省";巡城满汉御史承审案件时,"遇有同旗同籍之案",均应回避。《钦定台规》中这类回避制度不可谓不密、不严,目的就是防止科道官员在执行监察职能时,偏袒亲故。此外,还明令部院司员补放御史者,不准再兼本衙门之事,以防回护、瞻徇。这类规定看来是较为认真地执行了。嘉庆年间,御史张凤枝被派往朝考监试,其胞弟张本枝恰为新科会试中式应朝考。张凤枝不按规定提前呈请回避,都察院察知后即行参揭,张凤枝遂"交部议处"。①

（2）要"知无不言,言无不实",严厉打击诽谤、诬陷之风

主要表现在以下方面：

一是对民间散布匿名文书、揭帖者,予以严惩。《钦定台规》根据《大清律例》一再重申："凡有投隐匿姓名文书告言人罪者,拟绞监候,虽实亦坐；被告言者,虽有指实不坐。"《钦定台规》所载上谕也多次强调对此严惩不贷,"以惩刁奸而防倾陷"。要求各级官员对匿名揭帖"见者即便烧毁,送入官司亦不为审理"。②

二是对负有言责的监察官员要求其公正无偏、言必有据。规定："若结党挟私,肆行陷害者,反坐"；若"言官列款纠参贪婪官吏,有一二事审实者免议。若审问全虚及条陈事件隐含讥刺,或不据实回奏,或参官员老病衰庸涉虚者,皆降二级调用",试图以此杜绝诬告、陷害之风。③ 尽管《钦定台规》规定了一系列类似条文,但真正"知无不言,言无不实"者并不多见。往往言官据词弹劾,被劾者据词反驳,形成在皇帝面前打笔墨官司之势,是非黑白难以明辨。

（3）举劾保密,谨言慎行

据《钦定台规》规定,主要有以下要求：

一是准其密折举劾。科道官举劾"或有所顾忌,或有恐招怨尤,或有牵制之情,或有不便显言之处",为鼓励敢言,《钦定台规》规定：对事关机密等举劾事项,"令各人密封进呈。其忠言有可采招怨结冤者,朕将折内职名裁

---

① 《钦定台规》卷三十七,《通例一·考选》,故宫博物院编：《故宫珍本丛刊》第315册,海南出版社2000年版,第1—21页；卷三十二,《稽察六·考试》,第14—15页；卷十七,《五城一·纲领》,第3、8页。
② 《钦定台规》卷十一,《宪纲六·辩诉》,故宫博物院编：《故宫珍本丛刊》第315册,海南出版社2000年版,第1—41页。
③ 《钦定台规》卷七,《宪纲二·陈奏》,故宫博物院编：《故宫珍本丛刊》第315册,海南出版社2000年版,第2—3页。

去发出,或令诸臣会议,或既见诸施行,而外间不知何人所奏"。① 清代要求上密奏者,加意谨慎,不谋于人,不泄于外,否则予以议处。对密奏实行之事,严禁言官私相夸耀显示,更不准贪人之功据为己有,贪天之功以为己力。

二是京察甄别时,"各衙门堂官不接见属吏"。吏部、都察院吏科、河南道门上"各贴回避字样,不许接见宾客。如有嘱托者,自行举发,倘徇庇隐匿,科道纠参"。②

三是各地巡视御史,自命下之日起,在门上大书"回避"字样,不许见客、不收书、不接纳书办人役、不赴饯送宴会,且限领敕后三日内出京,沿途不准停留,到境后不受私书私馈,不准科道官员与他人潜通声息、私卖本章、吓诈财贿等。

四是发现弊端,及时整顿,反复宣讲设立科道官员的目的、宗旨、要求;发现重大事件进行查究;令科道互相监督,互相纠参,并以京察、内升外转等以示奖惩。③

尽管清代历朝皇帝一再鼓励言官举劾,实际上成效并不显著。《钦定台规》所载各朝谕旨,对言官监察不利的弊端多有言及:或噤若寒蝉,不发一言;或毛举细故,敷衍塞责;或揣摩上意,巧于迎合;甚至受人嘱托、贿买,挟私倾陷。种种弊端不仅不利于监察,反而搞乱了吏治。最高统治者不得不时常加以整顿。其办法:一是针对弊端,大加训斥,反复宣传设立科道官员的目的、宗旨、要求。二是发现重大事件进行查究。如雍正年间,御史谢济世参劾河南巡抚田文镜"贪赃坏法"。雍正皇帝对田文镜颇有好感,称赞

---

① 《钦定台规》卷二,《训典二·圣谕》,故宫博物院编:《故宫珍本丛刊》第 316 册,海南出版社 2000 年版,第 7—8 页。
② 《钦定台规》卷九,《宪纲四·考绩》,故宫博物院编:《故宫珍本丛刊》第 315 册,海南出版社 2000 年版,第 2 页。
③ 《钦定台规》卷三十二,《稽察六·考试》,故宫博物院编:《故宫珍本丛刊》第 315 册,海南出版社 2000 年版,第 1—26 页;卷十一,《宪纲六·辩诉》,第 1—41 页;卷三十六,《巡察三·游牧》,第 1—20 页;卷二,《训典二·圣谕》,第 1—25 页。

他"秉公持正、实心办事,乃天下督抚中所罕见者。贪赃坏法之事,朕可以保其必无",遂疑谢济世受他人嘱托,"朋比作奸",结党倾陷,"扰乱国政","欲杀之,旋发往阿尔泰军前效力,以示惩儆"。① 又如乾隆五十年(1785年),湖北闹灾,刘金立等贫民"因借贷不遂",搬抢粮食以活命,被劣绅梅调元父子"纠众逞凶活埋多命"达三十人,而"该省督抚司道并不认真查办,一任贪官污吏浮冒侵渔",籍隶湖北之御史科道等"并无一人奏及"。乾隆皇帝震怒,将未奏之科道交部议处。三是令科道互相监督,互相纠参,并以京察、内升外转等以示奖惩。②

3.《大清律例》中的反贪立法

清顺治初年,摄政王多尔衮主政,为了处理清初民族矛盾和阶级矛盾交织复杂的形势,力主"依明律治罪",改变清入关前"法无成典,刑无成文"的状况,实行严刑峻法。

清顺治三年(1646年)五月,制定颁布《大清律集解附例》,篇目条文,多因明律。康熙二十八年(1689年)将《现行律例》附入《大清律》,雍正元年(1723年)续修,雍正五年(1727年)颁布。乾隆五年(1740年)更名为《大清律例》,其中专立严惩贪赃的条文。③

总之,清代最高统治者制定了严密的监察制度,并不时整顿监察机构,主观上是渴望澄清吏治、长治久安的,某些措施也奏效于一时,但终究不能克服封建政治的固有矛盾,吏治腐败更是其痼疾、不治之症。到了清代末期,吏治腐败终于成了不可逆转的趋势,监察制度也就徒为具文了。然而,制度本身给我们提供了丰富的历史借鉴。

---

① 《钦定台规》卷二,《训典二·圣谕》,故宫博物院编:《故宫珍本丛刊》第316册,海南出版社2000年版,第10—12页。
② 《钦定台规》卷三,《训典三·圣谕》,故宫博物院编:《故宫珍本丛刊》第316册,海南出版社2000年版,第50—51页;卷二,《训典二·圣谕》,第1—25页。
③ 田涛、郑奉点校:《大清律例》卷三十一,《刑律·受赃》,法律出版社1999年版,第494—506页。

第二节
晚清贪腐手段和状况举略

晚清时期,官员贪腐的手段,在沿袭清朝中前期各种贪贿手法的基础上,又有所发展,尤其各种"陋规"集清代官场贪腐手段之大成,在此略作分析。

别敬,也称为别仪。地方官员进京引见、请训时,以及陛见后离开京城时,送给京官的贿赂。一般是银两,数量依官阶高下从几百两到几两不等。

冰敬,地方官员夏天送给京中各衙门官员的贿赂。夏日炎热,取意凉爽,以表敬意。一般是银两,数量依官阶高下从几百两到几两不等。

炭敬,地方官员冬天送给京中各衙门官员的贿赂。冬季严寒,取意暖和,以表敬意。一般是银两,数量依官阶高下从几百两到几两不等。

年敬,地方官员过年时送给京中各衙门官员的贿赂。一般是银两,数量依官阶高下从几百两到几两不等。

节敬,官员遇节庆送给上司的贿赂。一般是银两,数量依官阶高下从几百两到几两不等。

喜敬,官员在上司喜庆的日子,包括生日、嫁娶、生子时,送给上司的贿赂性礼物。一般是银两,数量依官阶高下不等。

门敬,送给受贿官员的门房或仆人的贿赂,也叫跟敬、门包。没有这项贿赂性礼物,送给受贿官员的贿礼就送不上去。

妆敬,送给官员女眷的贿赂性礼物,也称妆仪。

文敬,送给官员家中的读书青年的贿赂性礼物,也称文仪。

印结,清朝规制,凡外省人在京考试、捐官,皆须由同乡京官出具保书,保证考试、捐官的同乡身家清白,并无虚伪等情。保证文书称为"结",盖印的就叫作"印结",上面必须盖六部印。要得到"印结",被保证人要出一笔银子,因此他们与出具印结的同乡官员并不一定熟识,双方是一种买卖行为。每省都会在京城设一印结局,公推年高资深者主持,负责介绍"买卖"和收受银两,凡入局为同乡出名具印结者每月都可以分一次印结费。

耗羡,又称羡余、火耗,是一种附加税。征收田赋时,或者直接征收粮食,或者折成银两征收,即要把粮食运输中的损失、银两销熔时的损失加入正额中收缴,加征的粮食、银子,就称为耗羡。耗羡一般都会落入官员的私囊。清雍正时期实行养廉银制度,规定耗羡归公,但自此后各级官员在养廉银外又任意加征,继续贪污克扣行径。

棚费,科举考试时,地方官向民间应考者摊派银两,送给主考。

漕规,漕运沿途州县索要的规费,以及漕运沿途州县官在征收、运输钱粮时,送给上司的一笔贿银。

到任规,即新官上任时送给上司的一笔贿银,以及收取下属的一笔贿银。

花样,晚清时期,官多实缺少,候补人员多,补缺先后,除原有班次外,增加了"本班尽先"、"新班遇缺"、"新班遇缺先"等班次名目,作为补缺先后次序的标准。要想尽快补缺,就得缴上银子,争取机会,这叫作"捐花样"。

部费,晚清中央各部院衙门利用自身权力特点索取的贿赂。吏部索取补缺费、保奖费,户部、兵部、工部索取报销费。各省在军事、工程经费上以少报多,贪污中饱,需要得到户部、工部、兵部的批准,故需送给这些部院衙门相关官员贿赂。

清代,户部负责中央财政收支。根据清代高度中央集权的财税体制,户部权力很大,故索取贿赂也居中央各部院衙门之首。不仅户部官员,甚至户部书办胥吏也是各部院衙门书吏中最富者,这富当然来自索取贿赂。而户部的书吏人数,则是中央各部院书吏人数最多的,多达千余人,可见户部索贿数额之巨大。

晚清时期,战事频仍,故军费报销动辄巨万。而这些军费的报销,须经户部,需报销的各地方督抚和将帅,首先要面对的还不是户部各堂官(即户部尚书、侍郎),而是具体经办的书办胥吏。一有报销案,实际上多由受户部司员指使的书吏出面与地方督抚负责报销的人员谈判贿赂数目,也时有下级司员出面与督抚谈判的情况,双方能谈妥,则报销顺利,一旦有一方不同意,则关于报销账目核实的往返辩驳,可以长达数年之久。司员、书吏只是索贿的经办人,索取的贿赂,各级户部官员,包括户部最高长官的尚书、侍郎,均要染指分肥。

这种事情,在晚清战事危局中,甚至像曾国藩、李鸿章、胡林翼这样的所谓"中兴将帅",也不能避免。当然,这种情况的存在,与这些将帅和各级将领、官员们利用战争、手中的大权,中饱私囊有直接关系。曾国藩等早年军费难筹、报销难办,一次军费报销往往拖延经年,固然有账目的原因,也与户部的索贿,曾国藩等人早期因筹饷艰难而"不解风情"有关。当然,在与户部等中央各部院衙门打交道的过程中,曾国藩等人也是经验愈益丰富,故军费报销也愈加顺利。同治七年(1868年),受命负责追剿捻军的曾国藩,与因曾国藩追剿不利而受命代替主持剿捻的李鸿章,奏销剿捻军费三千万两,为了顺利报销,事先让负责报销的布政使李宗羲出面活动。李宗羲托人与经办此次报销的户部书吏打通关节,双方谈妥,曾国藩一方孝敬部费八万两。但是,毕竟报销账目要丝毫不差,负责报销的李宗羲和户部经办司员、书吏均要大费力气,才能把账目抹平。这时,清廷下发上谕,要求户部"著照所请"、"免于部议",按照曾国藩、李鸿章的报销册,不需再作审核,悉数报销。曾国藩得此上谕,如释重负,竟然比得到高官厚爵还高兴,更加感激朝廷。他在给儿子曾纪泽的家信中就说:"感激次骨,较之得高爵穹官,其感百倍过之。"①不过,原定给户部的八万两部费,这种贿赂还得照送不误。人们多认为这是曾国藩老于仕宦之处,而这何尝不是曾国藩痛苦的体会,以八万两看似已经是不必要的贿赂,结好户部书吏,以及他们背后的户部司员、堂官,为以后的收支报销修桥铺路、打通门径。毕竟,身为两江总督的曾国藩今后还得继续为官、做事,免不了与户部的上上下下

---

① 曾国藩:《谕纪泽》,《曾国藩全集·家书二》,岳麓书社1985年版,第1345页。

打交道。

晚清时期，官员不做事、不理政现象极为普遍。由于科举制度选拔官员，考的是四书五经，与当官所要处理的业务毫不相干，当官以后，治民理政，须从头学起。但许多官员忙于钻营，根本不愿去学习行政管理的知识。有的官员虽然有心学习，但清朝衙门办公，除了皇帝有明谕者须按照皇帝的上谕办理外，更多的公事，需要查照例案来援例办理，但公事千差万别，绝非照援一个成案就能解决。而过去处理这一类事情的成案堆积如山，案例汗牛充栋，如非熟手，想要找到合法、合理的解决方法，无异大海捞针。因此，即便想要着眼处理实际事务的官员，最终多往往视为畏途。这样，官员们只能依靠书吏来办理，甚至到了实际听命于书吏的结果。官员纵容书吏，历代均有整顿、清理，但最终仍不能避免"书吏专政"的局面。这种编制外人员把持官府事务的局面，其弊端可想而知。清代有人还记载："当时知府、知县，幸不甚知；知则劫富民，噬弱户，索土产，兴陋规，百姓更不堪命。巡抚、巡道幸不常巡；巡则搅驿道，折夫马，斥供张，勤馈赆，属吏更不堪命，仍苦百姓耳。"①这是从一个反面揭露了晚清官员们不理政、不做事的状况。晚清官场的腐败，真可谓是官员不理政，固然百姓苦；官员理政，也只能是祸民，百姓同样苦。

工部郎中秦树声"不谙世事"地如实直言，就是直观的体现。秦树声是光绪丙戌科进士，久任工部郎中，得到赏识，准备放任繁缺知府，按例须陛见。召对时，慈禧太后问他："你常到衙门吗？"秦树声答："不常到。"慈禧诧异地问他为什么不常到衙门办公，秦树声回答道："无事可办。"慈禧又问工部堂官（尚书、侍郎）办事勤惰，秦树声回答："不常到署，皆无事可办。"可见官员不做事，从上到下是很普遍的现象。更可悲的是，秦树声的一段实话，不仅没有让他受到器重，反而得罪了一大批官员，丢掉了繁缺知府的肥差，而被外放（实际是惩罚贬斥）到边远荒僻的云南省曲靖府当知府了。可见晚清官场报喜者得喜，报忧者得忧，弄虚作假者反能获得奖励，吹牛拍马者则能获得提升。

---

① 陈康祺：《郎潜纪闻初笔、二笔、三笔》，中华书局1984年版，第417页。

晚清司法腐败,比比皆是。同治年间,山西一杜姓富户,妯娌争产,互不相让,词讼连年累月,从县里一直打到省上。双方都想打赢官司,多得财产,因此都贿赂县、府、省各级官府,连当时的山西巡抚英桂都从双方那里直接得到一大笔好处。当时的司法潜规则就是,既然各级官员们都能从这一词讼中得到利益,那官司就不忙着了结,这也是这一件争产官司经年累月不能结案的重要原因。负责全省刑狱、司法审判事务的按察使瑞昌则获利最多。据记载,瑞昌负责司法,吃拿卡要,无所不为。其因事革职离开山西时,所贪贿的银两多得无法携带,就在省城以12∶1的比例兑换金子,省城各大票号的金条几乎被瑞昌兑换殆尽。百姓骂瑞昌为"黄金贼",瑞昌竟安然受之。官员们也认为,百姓骂归骂,时间久了,又有新的责骂对象,新骂换旧骂,瑞昌腰缠万贯,做了富家翁,还能安度余生,骂又能怎么样?晚清官场伦理、社会道德竟然鲜廉寡耻到如此地步,毫无底线可言!

官员们贪污的手法丰富多样,"因公借支,到离任仍不还",是一种手法,实际就是变相挪用。这不是晚清才有的现象,其实历代均有。清道光二年(1822年),前任直隶总督颜检奏报直隶藩库本应有存余银51.5万两,但由于历任布政使"因公借支"未还银数达到47.6万余两,故藩库实存银数为3.9万余两。相应的,每次报销都是虚列项目,实际并无存银。这是道光皇帝没有想到的,总督、布政使这样的高官,竟然也像不法州县官一样,随意借支挪用公帑。关键是上行下效,官官相护,追究起来难度很大,除非朝廷和负责官员痛下决心,否则很难根除。咸丰二年(1852年)皇帝决定清查、追缴各地亏空,山东巡抚李僡奏报从道光二十八年(1848年)到咸丰二年,山东已参劾的州县亏空案件共有11起,咸丰皇帝命山东巡抚严加催缴,否则从布政使到各州县官一律严参。但是,这样的追查已很难有雍正时期追查各地钱粮亏空的魄力和效果。

晚清政治腐朽,又面临西方列强的侵略,统治力日益削弱,对构成政权层级的各级官吏的行政监督也日益弱化。最终,导致晚清贪贿横行、贪官层出不穷,而受到严厉惩处的贪官却少之又少,这是清王朝覆灭的重要原因之一。

第三节
清末腐败与王朝终结：
都察院与奕劻贪腐案

晚清"最大的贪官"非庆亲王奕劻莫属！他的王府被称为"老庆记公司"，他在这里受贿上亿两白银，而当时清朝廷一年的财政收入不过八九千万两。

奕劻深得慈禧太后的宠信，在权力上又有着皇族亲贵的先天优势。作为首席军机大臣、总理衙门王大臣，他是清王朝最高权力层的重要成员，但为了袁世凯所给劝宣统退位的300万，他把自己的大清王朝给卖了。

晚清最善于以金钱作为政治运作"润滑剂"的官员，非袁世凯莫属。他在清末显然是"成功"了，他培植起来的北洋集团迅速膨胀为对清廷的政治、经济、军事、外交等国家大政无不触及的庞大的官僚集团。

当他们结合在一起，会出现什么样的情况呢？

袁世凯为与奕劻勾结在一起，使了些手段。他从山东巡抚升任直隶总督后，便指使接任山东巡抚的杨士骧出面贿赂奕劻10万两白银，奕劻心领神会，自此甘愿做袁世凯在最高统治集团的代理人。

清末最后的这十年，随着袁世凯为首的北洋集团的迅速崛起，必然引来其他政治势力，甚至最高统治者的"警惕"，尤其是这样的政治集团还以"贪贿"作为其政治运行的基本手段时，必然引起各方势力的借机反击。在这种情况下，在慈禧太后有意无意的扶植中，清朝统治集团内部出现了三股与北洋集团相制衡的力量组合。①

第一股力量是"亲贵"势力,即由以醇亲王载沣、镇国公载泽、军机大臣兼陆军部尚书铁良、肃亲王善耆、宗室良弼等为首的一群满族皇亲贵族组成的势力。他们地位特殊、身世显赫,而他们本身带有浓厚的满汉民族偏见和维护爱新觉罗氏皇权的狭隘心理,再加上成员多为青年皇裔,气盛心浮,政治手段和历练经验均不足,因此在政治斗争中支持力量的基础狭窄,难孚众望,往往陷于成事不足、败事有余的境地。

第二股势力为"老臣"势力,以颇有活动能量的大学士孙家鼐、湖广总督张之洞、军机大臣鹿传霖等为首。他们一方面对袁世凯等北洋"新进"持一种"嫉羡鄙夷参半、仇视敷衍混杂"的心态,一方面又因长久混迹于官场,熟谙官场斗争手段,且属于"中朝大官老于事"之流,圆滑剔透,一般不会与对手公开接仗,主要在幕后搞些手脚。

第三股力量是所谓"清廉"势力,以军机大臣兼外务部尚书瞿鸿禨、两广总督岑春煊为首,包括广西巡抚林绍年、广东学政于式枚、湖北按察使梁鼎芬等地方官员。瞿鸿禨其人"持躬清刻,以儒臣骤登政地,锐于任事",得到慈禧太后的器重,是袁世凯的后台老板奕劻的主要对手。岑春煊,虽只是一个地方总督,其情况却较为特殊。他在八国联军攻陷北京,慈禧太后携光绪皇帝"西狩",狼狈向西逃到山西时,率先"勤王",随侍左右,令陷于困顿窘境中的慈禧和光绪大为感动,从而获得慈禧太后的信任。慈禧事后让他出任两广总督。他是地方督抚中能与直隶总督袁世凯对垒的人物。慈禧也有让他牵制袁世凯的用意,当时有"南岑北袁"之称。清廉势力因居官清廉,颇得人心,加上得到都察院御史们的支持,成为制衡北洋集团的主力。

这三股势力,其组织分野并不严格,除了其代表人物外,下面的人员相互羼杂,各自内部也是矛盾重重,因此他们仅仅是一种物以类聚、声气相求

---

① 郭卫东:《论丁未政潮》,《近代史研究》1989年第5期。

的松散结合,与北洋集团以利益、权力追求为目标的较为稳固的集团结构是不同的。他们均与北洋集团有矛盾,但矛盾的轻重、深浅有别。他们各自从自身的利益着眼,但反对北洋势力的出发点有很大不同,相互之间步调也不统一,因为权力和利益的冲突,相互之间也时有拆台甚至火并。而在这三股势力中,又尤以瞿鸿禨、岑春煊为首的"清廉"势力,表现出较强的攻击力,自庚子以降,与庆亲王奕劻和以袁世凯为首的北洋系相互攻讦,渐成水火之势。1904年,奕劻、袁世凯借西征军费报销陷害岑春煊,瞿鸿禨、岑春煊率领"清廉"势力展开了一系列颇具声势的反击:1904年,御史蒋式惺揭露奕劻存巨款于汇丰银行案;1904年,岑春煊揭发粤海关道周荣曜贪污并贿赂奕劻案;1905年,御史张元奇弹劾奕劻次子挟妓宴饮于市案;1905年,瞿鸿禨借印花税攻击袁世凯等。这些都造成奕劻和袁世凯极大的被动,慈禧对她长期纵容的奕劻贪腐可能带来的国内国际负面影响产生担忧,也就不可避免地逐渐有了以相对清廉的大臣或在社会上和列强眼中有清廉形象的大臣来取代奕劻的想法。可以说,清末一系列政治风潮,就是这两大势力较量的表现,而贪腐问题是国内外关注的焦点,也是他们相互攻击的焦点。

1906年9月1日,清廷宣布预备立宪。政治改革意味着权力的再分配,也是各种政治势力争取发展壮大的机遇,因此,各派政治力量无不力图把握和利用这一机会,而当时风头最劲的北洋派和清廉派,都力图排斥对手,扮演倡导立宪的主角。

要在立宪运动中立于不败,除了在政权内部有掌控力外,能否首先控制立宪组织的筹备和活动,则是另一个关键。清廉派明显抢得了先机。仿行宪政诏书一颁布,两广总督岑春煊立即插足上海这个立宪力量最活跃的地区,鼓动成立了国内第一个立宪团体——预备立宪公会,会长由岑春煊的老部下郑孝胥担任,显然,岑春煊是后台老板。①

---

① 劳祖德整理:《郑孝胥日记》第二册,中华书局1993年版,第1056—1057、1066页。

袁世凯北洋系当然也不甘示弱。袁世凯亲自出马,向立宪派的一些头面人物频频示好,宣称"官可不做,宪法不能不立",企图收揽民心,挖清廉派的墙脚,也产生了一定的功效。当然,袁世凯这样做是立足于自身利益的。

袁世凯已为全国督抚之首的直隶总督,并形成炙手可热的权势集团——北洋集团,他深知自己的权位,得来全靠慈禧太后的宠信。然而,在专制皇权社会,历来是一朝天子一朝臣,慈禧太后已到古稀垂暮之年,一旦靠山倒塌,光绪皇帝复位,青年皇亲贵族上台将不利于自己,何况,袁世凯与光绪皇帝之间还有戊戌年间(1898年)结下的解不开的仇怨。因此,在后慈禧时代,通过推动立宪来削弱皇帝的权力,维持并巩固自己的权位,显然是一个有效途径。

1906年9月6日,清廷颁布改革官制的上谕,作为筹备宪政的起步。官制改革直接关系到官员们的切身利益,因此各派政治势力均紧急动员起来。其中,北洋集团野心最大,他们毫不掩饰想统揽中枢的企图,提出了以内阁取代军机处的方案,并密定让庆亲王奕劻当未来的内阁总理大臣,袁世凯当副总理大臣。瞿鸿禨、岑春煊为首的清廉派表面上以不变应万变,实际上在私下里活动相当频繁。当时,清廷谕令广东等数省督抚派人员入京参议官制改革,岑春煊乘机派亲信同乡、广东学政于式枚进京,向瞿鸿禨递交了密电码本,使得瞿鸿禨和岑春煊之间的联系更为方便、快捷。他们很快商定阻挠北洋集团所提出的官制改革方案的办法,就是利用慈禧太后在各政治势力之间制造权力制衡的心思,以保留军机处为切入点,打乱北洋集团的计划。11月6日,清廷公布中央官制,由于瞿鸿禨的密奏生效,以及都察院御史赵炳麟带动的呼声,慈禧太后全盘推翻了北洋集团提出的设立内阁的方案,军机处保留未动,原任军机大臣的礼部尚书鹿传霖、陆军部尚书铁良、民政部尚书徐世昌、学部尚书荣庆均退出枢垣(即军机处)。原军机大臣仅留奕劻、瞿鸿禨,增补大学士世续、广西巡抚林绍年(由瞿鸿禨推荐)为军机大臣。这次改革还使得袁世凯被迫辞去八项兼差,交出北洋四镇的军权。

北洋集团的扩张企图,在中央官制改革中遭到清廉势力的阻击,但在地方督抚的争夺上,北洋集团却获得了极大的成功。1906年11月9日,在奕劻、袁世凯等人的策划下,清廷将两广总督岑春煊改任云贵总督,云贵总督丁振铎改任闽浙总督,闽浙总督周馥改任两广总督,而周馥是袁世凯的亲家。岑春煊被调往云贵边地,北洋集团的目的是使他难有作为。而在此前的10月19日,奕劻长子、农工商部尚书载振和军机大臣徐世昌前往东三省"查看",暴露出北洋集团将东北作为他们争夺的下一个目标。

面对北洋集团的排挤,岑春煊并不甘愿吃这个哑巴亏,他仗着慈禧太后的宠信,先是诈称身体有病,不去滇省就职,而是跑到信息灵通、交通便利的上海,并"继请出洋,终则要索清廷,让借洋款"①,其意在坐观形势,伺机而动。清廷在无奈之下,于1907年3月3日改调岑春煊为四川总督,岑春煊却仍于上海安坐不动。

终于,时机来了。1907年3月30日,邮传部尚书张百熙病故,遗下一个大肥缺,为各政治派系所垂涎,北洋系在其中活动尤甚。4月20日,东三省官制发表,徐世昌任东三省总督,唐绍仪任奉天巡抚,朱家宝署吉林巡抚,段芝贵署黑龙江巡抚,四人全是清一色的北洋班底。奕劻和袁世凯北洋集团这样肆意揽权的行径,当然会引起各政治势力的嫉妒、不满和反弹。因此,当东三省督抚的任命一公布,立即引起朝野的强烈反响。已经与北洋集团成为最直接对手的清廉派敏锐地觉察到合力反击北洋系的时机趋于成熟。在瞿鸿禨暗中操作、援引之下,岑春煊以赴川就任四川总督为名,乘船到武汉,旋具折请求"顺道"进京觐见,因为预料到这一道觐见的奏折必然会被把持着军机处的庆亲王奕劻等人驳回,所以他不等朝廷回电,便从武汉乘坐京汉铁路列车兼程北上,而瞿鸿禨的同乡、被称为"台谏三霖"之一的御史赵启霖则专程赶到保定车站迎接,并陪同岑春煊进京。5月1日,

---

① 《自立报》,1907年3月8日。

岑春煊到达北京,并在次日凌晨扣响宫门,揭开了这一时期与北洋集团正面交锋的激烈政治斗争的帷幕。这一场以首席军机大臣、庆亲王奕劻父子贪腐,以袁世凯为首的北洋集团贪腐和收买奕劻父子为由头,围绕中央和地方权力中枢展开的激烈的政治斗争,在近代历史上有一个专门的名称,叫作"丁未政潮"。因为1907年是丁未年,故此得名。

瞿鸿禨、岑春煊为首的清廉派主要在两条战线上展开攻势:一条是通过岑春煊向两宫(慈禧太后、光绪皇帝)面奏,以动"圣听";一条是以赵启霖、江春霖、赵炳麟的"三霖公司"为首,即御史言官的清流势力,围绕奕劻父子和袁世凯派系人员的贪腐,上折言事,并发动报刊舆论以助阵。

岑春煊的行动是很凌厉的。5月2、3、4、5日,岑春煊被连续召见4次,他在第一次被召见时,就信誓旦旦地奏称愿为两宫(也就是皇太后和皇帝)做一看家恶犬,其原话是:"臣不胜犬马恋主之情,意欲留在都中为皇太后、皇上作一看家恶犬"。①慈禧大受感动,遂在第二天(5月3日)授任岑春煊为邮传部尚书。而岑春煊在出任邮传部尚书的当天,便口头参劾邮传部左侍郎、奕劻和袁世凯一系的朱宝奎,致使朱宝奎被革职。紧接着,岑春煊又直接攻击奕劻搞假立宪,引用非人,贪黩成性,向慈禧直陈"近年亲贵弄权,贿赂公行,以致中外效尤,纪纲扫地,皆由庆亲王奕劻贪庸误国,引用非人",将打击矛头直指奕劻、袁世凯集团,参劾大僚20余人。岑春煊的这一系列作为,把表面平静的朝局搅得沸沸扬扬,这种状况,当时人有很多记述。这一时期,有一个熟悉高层内情、交游很广的人物孙宝瑄在其《忘山庐日记》中就记录了当时的情形:"岑(春煊)帅之突至,以霹雳手段为政府当头棒喝,岂不使人可爱,岂不使人可敬?岑尚书乃一活炸弹也,无端天外飞来,遂使政界为之变动,百僚为之荡恐,过吴樾怀中所藏者远矣!"②可见岑春煊针对奕劻、袁世凯集团的"屠官"行动的影响之大。

---

① 岑春煊:《乐斋漫笔》,《近代稗海》第1辑,四川人民出版社1985年版,第100—102页。
② 孙宝瑄:《忘山庐日记》下册,上海古籍出版社1983年版,第1020页。

御史清流这条战线,以赵启霖、江春霖、赵炳麟的"三霖公司"带头。他们急切地寻找着行动的有力切入点,与瞿鸿禨、岑春煊的行动配合起来。他们显然也进行得有声有色,因为他们很快就找到了一个"大题目"可做——"杨翠喜案"。

此案起源于东三省官制改革前夕。1906年10月,庆亲王奕劻的长子载振与徐世昌一同赴东三省考察,途经天津小住时,载振违背清朝的规制,私自前往欢场狎游,并对歌伎杨翠喜大为倾倒,不能自持。时任直隶道员、袁世凯的手下段芝贵以为奇货可居,当即将杨翠喜用重金赎出,待载振从东北返回路过天津时,段芝贵将杨翠喜即时献上,大获载振的欢心。段芝贵又趁机献上白银10万两,作为奕劻七十大寿的寿礼,其目标直指即将宣布的黑龙江巡抚,而载振是欣然接受。最后,段芝贵竟然如愿由一名道员在短时间内连升三级,最终在清廷宣布东三省官制时晋升为巡抚,举朝为之哗然。

1907年5月初,岑春煊在向慈禧面奏时,密奏了段芝贵向载振进献歌伎杨翠喜、向奕劻行贿之事。紧接着,5月7日,赵启霖便上奏折,指控段芝贵以12000两银子购买天津歌伎杨翠喜,进献给载振,又动用职权,从天津商会总理王竹林处筹措10万两银子,作为奕劻的寿礼,从而由一个道员骤然跃升为署黑龙江巡抚。赵启霖的奏折还指出:段芝贵"无功可纪,无才可录","专恃夤缘,诚可谓无耻";奕劻、载振父子"惟知广收赂遗,置时艰于不问,置大计于不顾,尤可谓无心肝"。① 慈禧太后看到这道奏折后,勃然大怒,当即下旨撤去段芝贵的署理黑龙江巡抚之职(任命程德全暂时署理),并痛骂奕劻:"如是欺蔽朝廷,不如用麻绳缢死我母子为佳",令奕劻惶恐万分。随后,慈禧又命醇亲王载沣和大学士孙家鼐确查此案。

在各派政治势力合力倒奕劻、袁世凯北洋系的过程中,清廉派处于攻势,北洋派居于守势,而且奕劻、袁世凯的联盟,以及袁世凯北洋系,呈现出

---

① 朱寿朋编纂:《光绪朝东华录》,中华书局1958年版,总第5660页。

冰山将倒之势,慈禧太后也确实已经开始考虑将奕劻从军机处赶出去,并在寻找将他开缺的时机。而袁世凯方面,在京津也是传言纷起,说岑春煊(当然,他不是唯一人选,还有一个传言的人选是晚清著名的官商盛宣怀)将取代袁世凯出任直隶总督。这一传言并非道听途说,以致袁世凯也悻悻然表示:"久有去志,甚愿大谋(岑春煊)或武进(盛宣怀)来代。"①

而造成这一局面的"杨翠喜案",成为公众关注的热点,也成为北洋势力和瞿鸿禨、岑春煊为首的清廉派斗争的焦点。此案被奏上后,载振急忙密潜到天津,问计于袁世凯。袁世凯立即派亲信部下将杨翠喜接到天津,并施展换人术,让他人冒领杨翠喜,并收买和操纵天津等地的《大公报》和《顺天时报》,煞有介事地登出更正"杨翠喜案"的文章。

等到醇亲王载沣、大学士孙家鼐派人员到天津查访此案时,袁世凯已经将一切都安排停当。这时,杨翠喜已经变成天津盐商王益孙早在农历二月上旬买回来的使女,并立有"字据"为证。天津商会总理王竹林也对调查人员宣称,自己根本拿不出这么多钱借给段芝贵去送礼。就这样,一桩言之凿凿、铁证如山的"公案",居然就查无实据了!

出现这样的结果,既与奕劻、袁世凯的"有效"掩盖有关,更与各政治力量之间在关键时刻相互拆台有关,尤其是与负责调查此案的醇亲王载沣、孙家鼐有关。

载沣懵懂颟顸、少不更事,根本看不出其中的问题和关键。那不是还有富有官场经验、老成持重的大学士孙家鼐吗?不错,此案的查究之责主要取决于孙家鼐,而最终是这样一个结果,也是因为孙家鼐不愿得罪势焰熏天的奕劻、袁世凯。孙家鼐是"老臣"集团的重要人物,虽然对北洋集团拼命扩张权力不满,但对瞿鸿禨、岑春煊为首的清廉派的争权做法也不满,因此,对于这一事关权势转移的案件的处理,并不是按照是非曲直来查证,而是按照一己利益来考虑对此事的处理意见。他深知若要博取社会舆论之欢

---

① 《袁世凯致端方密札》,中国第一历史档案馆馆藏档,"端方档",354号。

欣是很容易的,但他要考虑的主要还不是舆论,而是要顾及到政治平稳。奕劻作为亲王,即便开缺,退出军机处,如果仍留在京城,逢年节吉日,仍能得到慈禧太后的召见,不排除他"卷土重来"的可能性,这种可能性甚至还很大。即便能打倒奕劻,袁世凯也未必能一起打倒,如果打不倒,被反噬一口,更不合算。孙家鼐曾为帝党重臣,在戊戌政变后受到牵连,直到庚子事变后方才将这一困局化解,一想到自己的"一言一动影响皇上甚巨",孙家鼐就"战战兢兢"、"岂敢稍涉疏忽"。在这种复杂心态的作用下,孙家鼐最终作出了一个在后世看来是决定了晚清王朝命运的决定。

5月16日,载沣、孙家鼐向慈禧太后"覆奏",其查证的结论是赵启霖所奏之事"毫无根据",慈禧太后得报,随即以"任意诬蔑"亲贵重臣的罪名,将赵启霖革职。如此一来,"杨翠喜案"便被敷衍过去。但慈禧并未完全解除对奕劻、袁世凯的压力,因此做贼心虚的奕劻父子只得舍车保帅。5月17日,载振上折,自请辞去农工商部尚书及一切差使,马上得到慈禧的批准。

御史言官本有"风闻言事"的特权,也就是弹劾权贵、各级官员,风闻上奏,听到一星半点风声,就可以上奏弹劾,不必言有确据,即便经过调查此事不确,也不承担任何责任,至多略受薄惩。但赵启霖竟然因弹劾权贵而被革职,一时舆论哗然,御史台谏方面的反应最为强烈,他们决定联名上奏,抗议朝廷的决定,连汉左都御史陆宝忠也上折为赵启霖辩护。为了造出更大的声势,由瞿鸿禨的门生汪康年主办的《京报》特别刊布消息:"言官大会于嵩山草堂,谋联衔入告赵御史声援。"果然,5月19日"台谏三霖"之一的御史赵炳麟就上奏折称,言官不宜获罪,言路不宜阻遏,并以挂冠辞职相抗议,这是出于营救赵启霖的目的。御史恽毓鼎也上奏反对将赵启霖革职,理由也是"言官不宜反坐"。5月23日,"台谏三霖"之一的江春霖再次上奏,详细分析了载沣、孙家鼐"覆奏"中的种种疑点,要求朝廷将该案推倒重查,这是出自要求朝廷彻查"杨翠喜案"的目的,以扳倒奕劻来为赵启霖洗冤。

但这些攻击已是强弩之末,慈禧概不允准,奕劻等人的地位又重新稳定,并使奕劻、袁世凯的勾结更进一步。在政潮涌动中,奕劻、袁世凯等人得以脱出逆境,除了孙家鼐、徐世昌等人的开脱外,还有两个人很关键:一个是大学士、军机大臣世续,他与奕劻、袁世凯的关系本就密切,又担心瞿鸿禨、岑春煊被慈禧重用,对自己、对满人不利。因此,在"杨翠喜案"案发后的一次"独对"(即慈禧太后单独召见他询问意见)时,话中有话地点破奕劻与岑春煊"素有嫌怨",使"慈意稍为之解";另一个是奕劻之女四格格,她是慈禧太后很喜爱的"宠物",平时常陪伴在慈禧左右,更是"朝夕为父兄泣陈冤屈"。当然,更重要的是北洋系的实力、应对权力贪腐危机的"手段",远远超过瞿鸿禨、岑春煊为首的清廉派,一方面能扭转"危局",另一方面,更重要的是使慈禧太后无法下定摈弃北洋的最后决心。

虽然悬在奕劻和袁世凯北洋系头上的"利剑"还没有撤去,但毕竟在瓦解了清廉派的攻势之后,北洋系得到了喘息之机,并开始组织反击。他们分析,岑春煊的行动是受瞿鸿禨的指使,而林绍年则是瞿鸿禨的重要帮手,此三人"非去之不能自全",而三人中,又以瞿、岑为主要对手,但要同时将两人去掉是不现实的,那么,先除去谁呢?

他们首先要把在前面冲锋陷阵、搅乱朝局的岑春煊排挤出去。而岑春煊初到京城时,慈禧太后特准其随时入见,岑春煊亦不推辞,屡屡求见或上奏折,放言无忌,肆行弹劾,使朝野频生波澜,不到一个月的时间,已使慈禧太后颇感难办,而对他有"倦勤之意"。这就给了奕劻、袁世凯以可乘之机。他们也知道,岑春煊与慈禧、光绪有患难之"谊",慈禧对他十分信赖,要想一下子就扳倒岑春煊颇为不易,因此,首先要做的不是扳倒他,而是将他排挤出京,使他的作用难以发挥。所以,奕劻和袁世凯施展谋略,"杨翠喜案"一结束,就让两广总督周馥、闽浙总督松寿接连电奏饶平、黄冈、钦廉等地有会党"合力掳抢",难以平定。5月27日,慈禧召奕劻"独对",奕劻极力夸大两广军情,声称非岑春煊出马,否则难以平定,提出让岑春煊重任两广总督。此议,得到慈禧太后的同意。

由于这是"独对",即便是身为军机大臣的瞿鸿禨也难以知道谈话内容,也就难以预测这次谈话可能引发的结果,也就是说,瞿鸿禨、岑春煊不知道奕劻奏陈的内容,无法采取有针对性的对策。旋即,岑春煊出任两广总督的上谕明发,岑春煊虽然又惊又气,大叫:"朝廷用人如此!既有今日,则当时何必移我滇与蜀",也即既然现在又任命我为两广总督,当初又何必把我从两广总督任上调走!他又一次上奏折托病不愿赴任,但这一变动已无法更改。5月29日,清廷再发谕令,命岑春煊即刻赴任。岑春煊想面见两宫以图挽回,也不像以前那样容易了,好不容易被宣进宫,亦被慈禧三言两语就匆匆打发。岑春煊知道,整个京城也都知道,他的"圣眷"已经失去!岑春煊知道,自己在京城已无存身之地,他又不愿忍气吞声赴粤就任,只有再施故技,以养病为名重蹈沪滨,滞留于上海。

这距离他担任邮传部尚书只有25天,岑春煊就被排挤出京。

在将岑春煊排挤出京的同时,奕劻和袁世凯还想趁乱将军机大臣林绍年排挤出军机处。其手法是,由奕劻在5月29日出面奏请授林绍年为度支部侍郎(相当于今天的财政部副部长),然后就可以找借口将林绍年的军机处差事"开除"。然而,瞿鸿禨识破了他们的计谋,联合另一个不愿奕劻独大的军机大臣世续力请,使林绍年得以留在军机处。

清廉派两位主帅已去其一,实力大减,但北洋派并不打算收兵,尤其是岑春煊临行又密折参劾奕劻"甚烈","上颇动",袁世凯担心局势发生不利于自己的巨变,遂立即加紧进攻,将矛头对准瞿鸿禨。而这一次为北洋势力打头阵的是谁呢?这人就是御史恽毓鼎。此人在丁未政潮中曾一度倾向于清廉派,而将矛头对准的是"贪渎"的奕劻和袁世凯的北洋集团。然而,他在北洋集团的重金收买下,没能把持住自己。这也凸现出监察机构人员在监督各级官吏时,又有谁来监督他们是否受贿、滥用职权的问题。这是清代监察制度的一个致命缺陷。

恽毓鼎是在政潮期间的5月23日,为京津铁路的有关事项赴天津与直隶总督兼北洋大臣袁世凯面商之时,被袁世凯收买、拉拢的。袁世凯拉拢他的手段很直接、露骨,就是贿赂他18000两银子,并许诺将他外放为布政使,要求他做的就是利用其御史的有利地位,以及此前是明显倾向于清廉派的态度为掩护,充当攻倒瞿鸿禨的替名枪手。因为袁世凯此前早就让自己的亲信、农工商部右侍郎杨士琦拟好了一道弹劾瞿鸿禨的奏折,由于人尽皆知杨士琦为北洋骨干,当然不能由杨士琦自己上奏,那样毫无效果,而由恽毓鼎上奏,则会产生出奇制胜的效果。果然,恽毓鼎在 6 月 16 日将这一道弹劾奏折呈递上去后,第二天,瞿鸿禨就被开缺,即被免去了各项职务,继而鹿传霖出任军机大臣,填补了瞿鸿禨之缺。

这道奏折竟然如此厉害,那么奏折中有什么内容呢?这道奏折给瞿鸿禨安上了四条罪状:一是暗通报馆,二是授意言官,三是阴结外援,四是分布党羽。慈禧太后看到这四大罪状后,并未派人查证,就将瞿鸿禨罢斥。据说,奕劻在单独面见慈禧时,提交了针对这四大罪状的证据,尤其是暗通报馆和阴结外援,最为慈禧所痛恨。

据说,瞿鸿禨在得到慈禧准备要换掉奕劻的暗示后,企图借助列强的力量,给慈禧施加压力,促使慈禧尽快换掉奕劻。瞿鸿禨知道奕劻的贪婪无度在列强各国名誉不佳,而慈禧又惧怕洋人的干涉,因此,他在家中"无意失言",将慈禧有意罢斥奕劻出军机处的意图透露给自己的夫人,而瞿鸿禨夫人又"嘴快"地告诉了《京报》的创办人、瞿鸿禨的门生汪康年的夫人,而这一消息遂通过汪康年之口透露给外国记者,英国《泰晤士报》等外国报刊很快就登出奕劻失宠、将被罢出军机处的消息。北洋势力向慈禧提交的正是在外国报刊上登出的这个消息。看到自己与瞿鸿禨"独对"时的密谋内容竟被公布出来,慈禧当然会勃然大怒,也不派人查证,就立即将瞿鸿禨革职。

而慈禧太后看到这四大罪状后,竟然不派人查证,就将赫赫军机大臣罢斥,如此奇事,当然引起人们的纷纷猜疑。清廉派的另一重要人物林绍年在罢斥瞿鸿禨的圣旨下发后,公开上奏折抗辩:"如此何足以服人?"由于林绍年是军机大臣,在军机处值班时,是能见到慈禧太后的,因此在随班进值时,林绍年又当面力请派查,慈禧推诿不过,只好命孙家鼐、铁良调查此事,却又说:"林某要查,我不知如何查法?"当负责调查的孙家鼐请求慈禧将原弹劾奏疏发下时,慈禧竟然回答:"汝查而已,何必原折?"慈禧都这样说了,孙家鼐、铁良自然不会去自讨没趣,瞿鸿禨一案自然也就不了了之。

御史赵炳麟、陈田,都御史陆宝忠不断上奏折参劾袁世凯揽权营私,奏请严禁奕劻、袁世凯这样的"党援"。袁世凯当然不能"自安",他明白这是清廉派的反攻。于是在7月25日,袁世凯上了一道奏折,表面上是请"明党派",实际上却是趁机攻击瞿鸿禨"专务汲引私人"、"内外结引,排异联同",是搞私党,并说现值预备立宪,政党将兴,应"严辨于君子小人之界",一方面为自己洗刷,同时又对瞿鸿禨等人落井下石,防止其实力死灰复燃。①

瞿鸿禨、岑春煊为首的清廉派失势了,已没有与北洋派争夺权势的能力,但在上海的岑春煊毕竟还是两广总督,慈禧太后没有免他的职,说明对他的"圣眷尚未全衰",况且,此公颇不甘寂寞,临出京前曾连上十几通奏折,遍议朝政。不排除哪一天慈禧太后又想起他的功劳、好处,令他东山再起。为彻底消弭后患,北洋集团对岑春煊实施了落井下石之举。

他们通知从京城到江南沿途的党羽,密切关注岑春煊的行迹。6月1日,北洋集团的一名党羽侦知岑春煊将赴上海,便向两江总督端方发出密电:"西林(岑春煊)假满即出京,无他意,亦不容其旁觊。"并随即展开对岑春煊的弹劾行动。7月8日,北洋集团收买的御史陈庆桂参劾岑春煊"屡调不赴,骄蹇不法,为二百余年来罕见",并在随奏折的附片中列举岑春煊"贪、暴、骄、欺"四大罪,并说岑春煊与盛宣怀狼狈为奸,倚仗权势合资经营企业。这道参劾奏折中,还提及岑春煊与"逆党"康有为、梁启超、麦孟华等有关系,岑春煊曾多次"礼招"康有为的女婿麦孟华"赞幕府"。这些参劾岑春煊的奏折呈上后,慈禧太后指示将牵连到盛宣怀的两条内容摘出来密查。因为盛宣怀此时在上海,所以慈禧太后交给两江总督端方密查,而将弹劾岑春煊的内容留中不发,也就是不准备追究。

---

① 《直隶总督袁世凯密陈管见十条清单》,光绪三十三年六月十六日,中国第一历史档案馆藏档,"军机处朱批档·宪政专题",114号。

北洋集团眼见这样的狠招也不能从根本上撼动慈禧太后对岑春煊的信任,于是他们决定从慈禧最痛恨臣下背叛的根上来制造证据,对岑春煊痛下杀手。他们用了一个多月的时间来编制一个精巧的政治骗局。袁世凯一面让自己的北洋党徒精心捏造了一份弹劾岑春煊的奏折,交给此前在弹劾罢斥瞿鸿禨时发挥了重要作用的御史恽毓鼎,由恽毓鼎来负责上奏折弹劾事宜;一面又让袁世凯党徒蔡乃煌经手,伪造了岑春煊与康有为、梁启超、麦孟华等在《时报》馆前的合影,交给奕劻和袁世凯,在时机成熟时使用。

8月9日(农历七月初一),恽毓鼎拿到了这份奏折的草稿,立即在自己的寓所闭门抄录,拟定奏折,并在第二天(8月10日)将奏折呈递上去。当恽毓鼎9日正在炮制弹劾奏章的时候,京城雷雨交加,仍有人前来拜访他,此人正是蔡乃煌,他在戊戌变法中曾与康有为、梁启超有过接触,较知底细;又与奕劻、袁世凯关系密切,是伪造岑春煊与康有为、梁启超、麦孟华等合影的经手人。他在这样一个非常的时刻,来到这样一个是非之处,绝非巧合,肯定是负有某种特殊使命,而这个使命与弹劾岑春煊密切相关。

那么,恽毓鼎呈奏的这份弹劾奏疏究竟讲了什么?恽毓鼎留下的日记记下了主要内容:

"劾粤督岑春煊不奉朝旨,逗留上海,勾结康有为、梁启超、麦孟华,留之寓中,密谋掀翻朝局,情节可疑……康、梁皆自日本来,日本日以排满革命之说煽惑我留学生,使其内乱祖国,为渔翁取鹬蚌之计,近又迫韩皇内禅,攘其主权,狡狠实甚。余惧岑(春煊)借日本以倾朝局,则中国危亡。不得不据实告变,冀朝廷密为之备也。"①

恽毓鼎这道弹劾岑春煊的奏折呈上后,当天晚上就探知奏折被慈禧太后留中,没有发下给军机大臣阅看。这是否表示慈禧太后再次不准备追究呢?当然不是。随后,慈禧太后谕令发密电召湖广总督张之洞迅速来京,面询要事。恽毓鼎和北洋集团的要人们知道,此事成了!

---

① 恽毓鼎著,史晓风整理:《恽毓鼎澄斋日记》第1册,浙江古籍出版社2004年版,第351页。

这件事情令人奇怪的地方是，7月8日御史陈庆桂是从岑春煊与康有为、梁启超勾结这一点来立论的，未能起到效用，而恽毓鼎所上奏折也是从岑春煊与康梁勾结来落笔，为什么这次就起效果了呢？

根本之点还在于北洋集团总结经验教训后，在替恽毓鼎拟定的奏折中有了"新意"。这正是其高明之处，就是强调康有为、梁启超发动的勤王运动，即推倒慈禧、扶助光绪皇帝复位的运动，大肆铺排了康、梁与日本的关系。而弹劾岑春煊的内容就是他内结康、梁，外"借日本以倾朝局"，点到了慈禧太后内心最隐秘的痛处，这才是导致慈禧太后对岑春煊的专宠彻底动摇的根本原因。

甲午战争后，日本已成为中国最大的威胁。它一方面惯于采用离间中国国内各政治派系，多头支持、乘隙揳入的手法，以达到无论是哪个派系掌权，均能获益的目的；一面又惯于采用武力支撑下的、外科手术式打击的宫廷政变，又可称为斩首行动，来颠覆目标国政权，扶植自己的傀儡政权。康有为、梁启超自戊戌变法失败，流亡日本，并长期居留于日本，与日本朝野各界具有密切接触，积极运动日本等国支持勤王运动、干预慈禧对光绪的迫害。慈禧太后早就从朝廷派往日本的各级密探那里得知此情，岑春煊竟敢与慈禧极为痛恨的逆贼康有为、梁启超勾结，当然令慈禧不能容忍。而恽毓鼎奏折的作用，就是替慈禧太后将这错综复杂、表面看似不相连的各种关系连缀到一起，点拨清楚，大大提醒了慈禧。

当然，更令慈禧太后惊心的，恰恰是在此前不久的7月20日，朝鲜刚刚发生了日本迫使朝鲜国王"内禅"退位的事件，这大大地刺激了慈禧太后长期以来最担心的外国列强势力强迫她归政光绪皇帝的痛处。凡此种种，使慈禧太后倍感惊恐和愤怒。对于近代中国的统治者而言，列强的支持与否，是生死攸关的大事。而现在慈禧看来，好在列强对中国内政毕竟有所隔膜，如果有熟悉内情的中国官员与列强勾结起来，对她的统治来说将是灭顶之灾。因此，慈禧最害怕也是最忌恨的，就是臣子们擅自"阴结外援"，当初瞿鸿禨是因此下台，如今岑春煊自然也难逃厄运。

这份奏折给慈禧太后的震动不小,但她又似乎不太吃得准,因此她需要找可靠的大臣来一起商议,但京中重臣大多带有北洋系或清廉派的背景,都不适宜找来商议,她急切地想找一个超然于两派之外的第三方大臣来商议,此人还得熟悉京内外局势、地位又有足够的分量,湖广总督张之洞无疑是很合适的人选。但不巧的是,张之洞正患病,不能尽快赶到北京,慈禧太后等不及了!

而在此时,奕劻又加了一把火,他在"独对"时,将一张所谓的"合影"照片当面呈送慈禧。慈禧看后当然是又惊又怒,她不知道这也能造假,便信以为真,当即下令将岑春煊免职。8月12日,清廷下发了岑春煊开缺的谕令,在这道谕令中并没有像以前的免职谕令那样叙其根由,而只是提及"岑春煊著开缺安心调理"。你岑春煊不是称病滞留上海吗?那你就安心养病吧,不要当官啦!而就在这一天,清廉派又一干将、军机大臣林绍年因反对开缺瞿鸿禨触怒慈禧,也被赶出军机处,调任河南巡抚。自此,清廉派势力全面败北。

那么,瞿鸿禨、岑春煊被构陷的罪名,是否都是捏造、伪造的呢?恐怕也不尽然。所谓"空穴来风,必有所因"。瞿鸿禨、岑春煊确实与国内立宪派,甚至被清廷通缉的流亡海外的一些立宪派人物有着直接或间接的联系。在新政和权力斗争中,立宪派是倾向于清廉派的,清廉派也因此将立宪派势力引为联盟。瞿鸿禨就曾多次向慈禧太后提议解除自戊戌以来的党禁,他与康有为、梁启超的旧友,江浙立宪派的领袖之一汪康年关系密切。这些活动也确实会为慈禧太后所忌。1906年9月下旬至1907年4月,岑春煊一直留居上海,为了在新政中博取声望、执立宪之牛耳,与群聚上海的国内立宪派头面人物张謇、郑孝胥、汤寿潜等多有接触,与滞留上海的康有为女婿麦孟华确实关系密切。岑被任命为四川总督时也确曾特聘麦孟华一同赴川。岑春煊打算借口赴川就任,乘船到武汉后转道入京的秘密计划,麦孟华也深知。麦与康有为、梁启超秘密商议,打算借助岑春煊的影响入京活动,岑春煊也表示愿意"出力相助"。只因消息泄露,麦孟华随行入京的计划才被迫取消。①

此外,梁启超等人也计划与岑春煊面商大计。康、梁一派因政变逃亡,多遥居海外,但他们似乎比国内的立宪党人更关注国内政局的发展,关注瞿鸿禨、岑春煊与奕劻、袁世凯两派的政治斗争。留在国内的徐佛苏、何天柱、麦孟华等人均及时将政潮的最新动向通报给康、梁。因为与国内各政治势力均有千丝万缕的联系,因此在海外的康、梁甚至对政潮内幕、一些非常隐秘的细节都有所了解。岑春煊由邮传部尚书改任两广总督的消息发布后不久,在日本的梁启超便获知了岑春煊未来的行踪路线,并制定了到上海与岑春煊会面的计划。这当然会动员一系列的人员展开行动,为了协调各方面力量的行动,他专门写信告诉在上海的徐佛苏等人,说明自己从日本秘密赴上海,是"知西林(岑春煊)南下欲往沪,要之,于路有所陈说,一为全局,一为桑梓"。他深恐徐佛苏等人不明白此行的重要性,还特别解释,岑春煊"为今日重要人物,将来必须提携者。失此时机,机会殊难,故不得不先彼"。清廷在5月29日再次谕令岑春煊出京赴任,梁启超则预知了其行程路线。故在6月3日,梁启超由日本抵达上海,"未多见人",专候与岑春煊会面。但是,两江总督端方还是侦知了梁启超到上海的行踪,并令上海道派密探和警吏四处探听梁启超的消息、到沪的目的。梁启超虽然深居简出,苦苦等候与岑春煊见面的机会,但岑春煊迟迟未到上海,而风声日紧一日。到6月15日,梁启超眼见在上海与岑春煊见面的时机已失,而岑春煊仍未能到沪,只得无奈地离开上海,返回日本。② 而就在梁启超离开后的第二天,即6月16日,岑春煊才抵达上海,因此,岑春煊、梁启超未能谋面。不过,岑春煊到上海后,与康、梁派在上海的其他人物就见了面,麦孟华还为岑春煊制定了缓就粤督、留沪静观、再有所图的方略。北洋集团绝对不能容忍岑春煊故伎重施,又知道慈禧太后对此很为忌惮,就以此为炮弹来

---

① 《梁任公先生知交手札》(一),台北,文海出版社1966年版,第42—44页。
② 丁文江、赵丰田编:《梁启超年谱长编》,上海人民出版社1983年版,第404—409页。

攻击岑春煊。

但另一方面,袁世凯与贪庸误国的奕劻这样肆无忌惮的勾结,使自己的野心变得路人皆知,弹劾袁世凯的奏折接连不断。故在岑春煊被攻倒后不久,慈禧采取明升暗降的手法,免袁世凯直隶总督之职,剥夺了他对北洋军队的直接指挥权,调任军机大臣兼外务部尚书,并调张之洞任军机大臣来制约袁世凯。

清廉派与立宪党人的关系,一方面反映了海内外立宪派想借官僚集团的权势走宪政之捷径,想借官员发展势力,并推动官员乃至朝廷施行立宪的愿望;另一方面,反映了清朝统治集团内部出现的异动,在朝的某些官僚也想和在野的立宪派拉上关系,以便相互利用,竭力抢先巩固甚至加强自己的权势,一旦局势有变,也为以后预留退路。朝野倾向立宪的人们有了一种"合流"的趋势,随着形势的演进,这种趋势日渐强化,使晚清的立宪运动有了官民合一的声势和特质。当然,清廉派和立宪派的关系给北洋派造成了一些口实,影响了清廉派在慈禧太后心中的形象。在与立宪党人的交往中,清廉派是冒了风险,付出了代价的。

而在清廉派中,除了瞿鸿禨、岑春煊等领袖人物外,还有以监察御史为主要力量的骨干,他们在清末政潮中,发起了对以奕劻、袁世凯为首的"浊流"的阻击。其中较为突出的,就是清末"台谏三霖",即赵启霖、江春霖、赵炳麟三名御史带头接连不断弹劾庆亲王奕劻父子揽权纳贿案。

奕劻追随慈禧太后自光绪十年(1884年)起,总理各国事务衙门、外务部,任军机大臣,掌财政处、练兵处、陆军部,是慈禧太后倚重的宠臣之一。而且奕劻之子载振,在光绪末年为御前大臣、农工商部尚书,亦是当时的风云人物。奕劻父子"揽权纳贿,其门如市,人以比之严分宜父子",其党羽遍布朝野,"举朝莫敢撄其锋"。① 在光绪三十三年(1907年),御史赵启霖弹

---

① 黄鸿寿编撰:《清史纪事本末》卷七十六,上海文明书局1915年版,第1页;徐珂:《台谏三霖》《江春霖劾奕劻》,《清稗类钞》第4册,中华书局1984年版,第1523—1524页。

劾奕劻父子纳贿鬻官,但赵启霖竟被免去御史。继之御史江春霖纠弹袁世凯及庆亲王奕劻父子,"连上八疏,皆不报,然朝贵颇严惮之"。

宣统二年(1910年),江春霖复劾奕劻"老奸窃位,多引匪人",指出朝廷"非特简忠良,不足以赞大猷,挽危局",指斥奕劻父子网罗私党,"污名嫁于他人,而己阴收其利,被劾则力为弥缝,见缺又荐引填补"。他在弹章中列举奕劻父子结党营私、安插心腹,如江苏巡抚宝棻、陕西巡抚恩寿、山东巡抚孙宝琦为奕劻亲家,山西布政使志森为其侄女婿,浙江盐运使衡吉为其府内旧人,直隶总督陈夔龙为其干女婿,安徽巡抚朱家宝之子朱纶为载振干儿子,尚书徐世昌、侍郎杨士琦、沈云沛皆其党羽;又揭发奕劻与袁世凯结盟,载振与袁世凯结拜兄弟。但摄政王载沣极力庇护奕劻父子,竟然说这是"以数十年前捕风捉影之事,及攻讦阴私之言,皆属毫无确据,恣章牵扯,谬妄已极",以江春霖"轻于污蔑"、"毛举细故"、"莠言乱政,有妨大局"、"令回原衙门行走,以示薄惩"。摄政王载沣的倒行逆施,引起都察院多数科道官的强烈不满。御史赵炳麟、陈田、胡思敬等奏请朝廷收回责令,载沣却置之不理,从而激怒了都察院全体科道官,于是都察院科道官五十八人联名上疏请愿,以"言路无所遵循"、"势将阻塞,流弊滋多",呼吁开放言路,取消对江春霖的惩处。这是"自有御史台以来,固未有众情一致,争尚风节如斯之甚者"。而摄政王载沣等面对科道官们的吁请,我行我素,仍然照令施行。《清史稿》撰写人赵尔巽等亦论曰:"春霖连劾权贵,言尤痛切,当国者终于不悟。"江春霖则更愤愤不平,遂称疾归籍奉母,不再为官。①

不过一年,清王朝就宣告灭亡。

---

① 《宣统政纪》卷三十,"宣统二年正月下",沈云龙主编:《近代中国史料丛刊三编》第十八辑,台北,文海出版社1989年版,第530—534页;黄鸿寿编撰:《清史纪事本末》卷七十六,上海文明书局1915年版,第1—2页;《清史稿》卷四百四十五,《列传二百三十二·江春霖》,中华书局1977年版,第12469—12470页。

第二章 中华民国临时政府的反贪机制与实践

辛亥革命爆发，南京临时政府建立。中华民国的创立者誓言建立廉洁、勤政、高效、民主的共和政府，为民生谋幸福。1912年1月1日，孙中山宣誓就任中华民国临时大总统，誓词中说：「颠覆满清专制政府，巩固中华民国，图谋民生幸福，此国民之公意，文实遵之，以忠于国，为众服务」。

孙中山在1月1日就任临时大总统后公布的《临时大总统宣言书》中，抨击「满清时代借立宪之名，行敛财之实，杂捐苛细，民不聊生」的状况，明确表示南京临时政府将以「诚挚纯洁之精神」，施行廉洁政治。这充分说明以孙中山为首的南京临时政府着手建立新政权的过程中，施政方针的一大重点，就是承继同盟会保持革命队伍的纯洁性和战斗力的传统，建立反贪机制，防止政权的贪腐。

第一节
湖北军政府和《鄂州临时约法》反贪机制的建立

1911年10月10日,武昌起义爆发,武汉三镇光复,起义军推举原湖北清军协统黎元洪为鄂军都督,成立湖北军政府,又称鄂军都督府,这本是辛亥革命后建立的第一个地方政府,但由于辛亥革命后形势的特殊性,它由各省都督府代表共同推举为代行中央政务之机关,因此具有临时中央政府的性质。这是带有军事性质的战时政权,它既是行政机关,又是军事指挥机构,同时,它在成立初期还有权颁布具有法律效力的命令,在一定程度上行使了立法机关的职能。《鄂州临时约法》就是湖北军政府制定并颁布的一部带有根本法性质的重要法律文件。

一、《中华民国鄂州临时约法(草案)》的反贪立法

《中华民国鄂州临时约法(草案)》简称《鄂州临时约法》,是在这一场资产阶级民主革命中,由同盟会领导人之一的宋教仁,根据资产阶级三权分立原则和天赋人权思想,坚持自身"建设民主的立宪政体为主义"的理念来起草的。[①] 宋教仁在武昌期间拟定的《鄂州临时约法》草案,经"公同审订"后,11月9日,由湖北军政府正式公布。

---

① 陈旭麓主编:《宋教仁集》上册,中华书局1981年版,第350页。

1. 以三权分立原则限制权力腐败

《鄂州临时约法》在"总纲"中明确宣称,建立资产阶级民主共和国性质的中华民国,并按三权分立原则组织政府,"中华鄂州人民,以已取得之鄂州土地为境域,组织鄂州政府统治之","鄂州政府以都督及其任命之政务委员与议会、法司构成之"。①

行政机关,与作为立法机关的议会和作为司法机关的法司,互相监督,互相制约,组成资产阶级的鄂州政权。

(1) 行政权力的内部关系

都督"由人民公举,任期三年,续举时得连任;但连任一次为限"。都督代表鄂州政府,总揽政务,并且"其在议会未开设前,暂得制定法律和公布法律"之权。政务委员由都督任命,辅佐都督执行政务:"政务委员依都督之任命执行政务,发布命令,负其责任"。②

(2) 行政权与立法权的制衡

政务委员的职权及其与议会之间的权力制衡关系为:"政务委员提出法律案于议会,并得出席发言";"政务委员编制会计预算、募集公债及缔结由国库负担之契约时,须提出议会,经其议定";"政务委员遇紧急必要时,得为非常财政之处分及预算外之支出,但事后须提出议会,经其承诺"。

议会由议员组成,议员由人民选举产生。议会的职权为:"议决法律案,并议定条约及会计预算、募集公债与国库有负担之契约","审理决算","得提出条陈于政务委员","得质问政务委员求其答辩","议会以总员数四分三以上之出席,以出席员三分二以上之可决,得弹劾政务委员之失职及法律上之犯罪"。

(3) 司法权力与行政权力的关系

法司"以都督任命之法官组织之","以鄂州政府之名,依法律审判民事

---

① 《宋教仁集》上册,中华书局1981年版,第350页。
② 中国史学会主编:《中国近代史资料丛刊·辛亥革命》(五),上海人民出版社、上海书店出版社2000年版,第223页。

诉讼、刑事诉讼"案件。①

2. 强调司法独立

湖北军政府注意并强调司法独立的重要性。1911年10月,在《鄂军都督府通知陆军司法给军令参谋军务三部文》中,指出司法独立对"以人道为主义",不"与各国宪法背驰",也不"负各国认本政府为独立国之意"的重要意义。②

1912年1月20日,临时副总统黎元洪札开内务部通饬各属不得有侵司法独立。该饬文申述在三权分立原则下司法独立的实施和重要性:"据各部总稽查处呈称:窃以行政机关各有权限,自三权分立之说风行世界,无论何国何种政体,司法均主张绝对独立。故审判阶级虽有上下之分,而审判权限则各相分立,虽上级审判亦不能干涉下级,其它更不待言。"

这段饬文根据当时的具体情况,揭露部分官吏以权谋私、干预司法的权力腐败现象:"顷查江夏临时审判所判决冯名灾诬告梁希林一案,该所长谢震按据法理,业经宣布判词,忽有军务部稽查陈庆章、都督府书记冯祥麟横施干涉,逼令该所长将审判案取消而后了事,不然必以武力相向。该所长迫于势力,徒唤奈何而已。谨案审判一事,其结果,两造之间势必有一不利。现在各府厅州县在各部办事人员不下数千,若于一案不利于己或不利于亲友横相干涉,则审判势必归于无效,将何以保人民之权利而理冤枉?司法前途如此,何以为国?"

湖北军政府重视对这种腐败现象的打击,并认识到这一具体事件的处理对维护司法独立的典型意义:"属处以此事关系匪浅,用敢呈明,伏乞通饬各部,非审判官自违法理,虽司法部不能干涉。以后如各部科局人员干涉词讼,即当酌予惩罚。至于冯、陈二员如何处分,伏候钧裁等情,除批饬

---

① 《中华民国鄂州临时约法(草案)》,辛亥革命武昌起义纪念馆、政协湖北省委员会文史资料研究委员会编:《湖北军政府文献资料汇编》,武汉大学出版社1986年版,第40—44页。

② 《民立报》,1911年10月25日。

司法部查复冯、陈二员有无逼迫情事,另行核办外,合行通饬。为此,札仰该部即便转饬所属一体遵照,毋得干涉词讼,有侵司法独立之权限。"①

3. 重视对官吏的监察和惩戒

对于官吏的监察、惩戒,《鄂州临时约法》中也有很多具体的规定。如第 2 章第 14 条规定,"人民得诉讼于法司,求其审判;其对于行政官署所为违法损害权利之行为,则诉讼于行政审判院"。第 3 章第 30 条规定,"都督除典试院、官吏惩戒院、审计院、行政审判院之官职及考试惩戒事项外,得制定文武官职官规"等等。②

《鄂州临时约法》规定要建设民主立宪政体,就是为了使权力相互制衡,防止因权力失衡、滥用而造成贪污腐败现象的发生,从而尽力避免损及国家民族利益和民生幸福之事的发生。

二、湖北军政府的反贪法规和机构

湖北军政府建立后,推举立宪派首领、原湖北谘议局议长汤化龙为政事部长(民政部长),革命党人同时还组成谋略处,"以为处理当时急要机关",实际负责军政府事务,"大事皆决于谋略处"。③ 湖北军政府在全力进行巩固新政权的军事斗争的同时,为安定社会秩序,为政权的稳固创造良好的条件。自军政府成立之初,除《鄂州临时约法》之外,还制定和颁布了一系列法律文件,并成立了专门的监察机构。

1. 颁行反贪刑事和行政法规

晚清借新政、改革之名,对民众百般需索,是那个时代人民痛恨之事。

---

① 《内务部关于不得有侵司法独立给各属的通饬》,《湖北军政府文献资料汇编》,武汉大学出版社 1986 年版,第 737 页。
② 《中国近代史资料丛刊·辛亥革命》(五),上海人民出版社、上海书店出版社 2000 年版,第 222—223 页;《湖北军政府文献资料汇编》,武汉大学出版社 1986 年版,第 41、42 页。
③ 张难先:《都督府之组织设施及人选》,《中国近代史资料丛刊·辛亥革命》(五),上海人民出版社、上海书店出版社 2000 年版,第 209 页。

不过,在武昌起义后,也存在"满清时代之财,任意支取"观念的泛滥,贪劣者趁军兴之际侵没公款的情况时有发生,这也是独立各省军政府要着力解决的严重问题。湖北军政府对这些错误观念和行为展开了尖锐的批判、大力的矫正。

(1)反贪刑事法规

湖北军政府为维持社会秩序,首先从制定严厉的刑事立法上着手。1911年10月15日,湖北军政府颁布了民国时期第一个刑事法令——《刑赏令》(亦称《赏罚令》),对包括侵占、贪污、挪用公款在内的不法行为,立法惩处。

10月16日,湖北军政府又重申民国时期第一个军事法令——《严厉之法令八条》,对遏制不法之徒、不肖官吏借招募军队或治安需款,借端勒索、敛钱,贪污受贿等行为起到一定作用。

(2)反贪行政条例和法规

1911年10月15日,湖北军政府发布了《黎都督关于豁免恶税的布告》,防止不法之徒假军兴之名,对百姓施以苛捐杂税、滥收捐税的行为。

11月16日,湖北军政府内务部会衔军务部发出《关于重申豁免钱粮苛税及禁止擅自招兵敛款的告示》,揭露不法之徒借军兴擅招军队,借端勒索,扰害地方令人痛恨的情形:"起义以来,原以扫除苛政造福国民为宗旨,所以各属辛亥下忙钱漕一律豁免,其余厘税除海关外一律裁撤,曾经晓谕在案。顷查各属有不法之徒,记名绅士,串通地方官,擅自招集军队,借此为敛钱之术,而不肖防营亦或借端勒索,扰害地方;尤有不肖官吏,借治安需款,竟敢擅自征取丁漕。种种恶习,殊堪痛恨。"军政府规定:"嗣后无论何处何人招兵,须确系奉有公文,一切款项均由部给,勿任勒派,各属民团亦须禀明立案,不得借端滋扰。倘有不法之徒,托言招兵敛款扰害地方,即由该地方官严拿究办。其有不肖官吏治安需款擅自征取已经蠲免丁漕,亦准由地方绅民据实禀控究办。"①显然,军政府是很注意采取措施,防止在非常时期发生贪污、侵占和挪用公款财物的情况。

(3)从组织机制上防止权力腐败

湖北军政府还注意从组织建设方面做出规范。作为辛亥首义中心的湖北军政府,新建之际,在团结对敌的背后,争夺权力的斗争是很激烈的,出现了"人人都能作主,人人都不能作主"的情况②;又由于"没有组织规程"③,当权的革命者没有执政经验,一切工作呈现出杂乱无序的状况。为整顿组织机构,加强政府职能,1911年10月17日,湖北军政府通过《中华民国军政府暂行条例》(6章24条),尤其在第3章"军务部"第16条规定,设置执法科,负责"军事裁判事项",并规定对包括贪污腐败等在内的"犯罪事项",应由军法会议议决施行;但"都督有特赦命令者,不在此限"。④

2. 设置反贪组织机构

(1)总监察处

湖北军政府为制约违法失职、贪腐等行为,在机构设置上有一大特色,就是设立了总监察处。革命党人为钳制都督黎元洪,约束"漫无纪律"的军政机关,特设鄂军政府总监察处,"系奉全国大总统之命,监察鄂军政府各部用人行政而设,故名曰鄂军政府总监察处",作为湖北军政府的最高监察机关。

①总监察处机构和人员

1911年10月12日,共进会领导人刘公被任命为"军政府总监察处总监察",所属分置稽察、参议两部。《鄂军政府总监察处暂行简章》规定:

---

① 《湖北军政府文献资料汇编》,武汉大学出版社1986年版,第641—642页。
② 卢智泉、温楚衍:《记詹大悲办〈大江报〉和汉口军政分府》,《辛亥革命回忆录》第2辑,中华书局1961年版,第50页。
③ 张肖鹍:《回忆辛亥武昌首义》,《辛亥首义回忆录》第4辑,湖北人民出版社1961年版,第183页。
④ 《中华民国军政府暂行条例》(1911年10月17日),《湖北军政府文献资料汇编》,武汉大学出版社1986年版,第52页。

"各省军政府成立之时,须各设立该省总监察处,俟各省统一后,或改建总监察机关,或即将此机关废止,临时禀请大总统酌定施行。"①同时规定监察处有权"监察军政府各部用人之当否,行政之得失,并督促改良一切进行事宜,以泯灭私见,用昭大公为宗旨"。

根据《鄂军政府总监察处暂行简章》的规定,总监察处人员组成情况为:"置秘书长一员,秘书若干员,内分二部:(甲)稽查部,置正长一员,副长一员,稽查若干员。(乙)参议部,置正长一员,副长一员,参议若干员。"

总监察处人员任用条件为:"总监察由开始组织起义机关诸人公同推选,呈请大总统亲任;稽查、参议二部人员,亦由开始组织起义机关诸人公同推举,会同总监察呈请大总统加札委任";"总监察、秘书长暨稽查、参议二部人员,均以光明正大、刚直不阿、洞晓事理、资望素孚者为合格,或即在开始组织机关诸人内选举,或在起义诸人以外选举,但非开始组织起义诸人,只有选举权,不得有被选举权"。②

②总监察处的职权

《鄂军政府总监察处暂行简章》中对总监察处的权限,作出具体规定:

其一,负责军政府官吏的推选。"军政府各部正副长及内秘书官,须由本处公议推选,商请都督委任;各部科长,由各该部长自行选择,呈明本处认可后,再由本处商请都督委任;但各该部人员既经任事之后,如经本处查有溺职徇私等情,即行据实弹劾,咨明都督核办。"

其二,负监督之责。"本处有监察军政府全体之责,虽都督有负职等事,亦得禀请大总统核办。"③

由于处于战时非常时期,该机构本为安置刘公而特设,在一定程度上是因人而设的,机构设置较为草率,人员配备不够完善。加之总监察处的工

---

① 《鄂军政府总监察处暂行简章》(1911年10月),《湖北军政府文献资料汇编》,武汉大学出版社1986年版,第71页。
② 《湖北军政府文献资料汇编》,武汉大学出版社1986年版,第70页。
③ 《湖北军政府文献资料汇编》,武汉大学出版社1986年版,第70—71页。

作不仅得不到军政府其他部门的有力支持,有的部门甚至从中作梗,故总监察处名义上地位虽高,似乎凡湖北军政府所辖的一切官吏,均属其纠弹范围,但实际上权力有限,处处举步维艰,无法发挥作用。只是在清军围攻武昌时,总监察处发挥了一定作用:一是通令各机关,凡战时守城的用人、行政、军费开支,均需总监察批准,以防止贪墨之徒趁乱弄权谋利;二是以总监察的名义,对黎元洪弃城不守提起弹劾。

(2)纠察处

1912年3月,湖北军政府颁布《纠察权限》,明令"武昌总监察处今改名为纠察处",并规定"由都督府集各部长会议,决定其职务、权限"。

纠察处的职权,经都督府召集各部长会议决定,主要为:"一、纠察处为独立机关,以副总统命设立之。二、纠察处为廓清吏治而设,有纠察弹劾全省官吏之权。三、各机关用人有不适当者,纠察处可纠正之。四、各部机关或至争执权限,则纠察处极力和解之。五、行政机关有侵害人民权利者,纠察处可受理人民之申诉。"[①]

总监察处改为纠察处,从一个侧面证明了总监察处因人而设的状况。不过,应当肯定的是,湖北军政府总监察处的设立,标志着中华民国监察体制建设的开始。

[①] 《民立报》,1912年3月31日。

第二节
南京临时政府的反贪机制建设

一、《中华民国临时政府组织大纲》的反贪原则

武昌起义"义旗一举,天下瓦解",各省纷纷响应,"前后不逾三十日,民军已三分天下有其二",脱离清廷独立各省逾全国行省之半。① 但是,由于没有全国性的统一领导机关,独立各省"省自为制",行动难以统一,弊端丛生,不利于独立各省新政权的生存。为统一独立各省的行动,1911年11月11日,江苏都督程德全、浙江都督汤寿潜联名致电沪军都督陈其美,倡议各省举派代表集议于上海,以"谋组织一个联合进行的机关"。② 15日,独立各省代表赴上海召开"各省都督府代表联合会"。20日,"各省都督府代表联合会"承认湖北军政府为民国中央政府,"以鄂军都督执行中央政务"。23日,应湖北军政府和鄂军都督黎元洪电邀,联合会议讨论决定,各省除留一名代表驻上海,作为联络声气的通信机关外,其余代表到武昌开会,组织临时政府。③ 各省代表抵达武汉时,汉阳已失守,武昌处境危急。11月30日,在汉口英租界

---

① 谷钟秀:《中华民国开国史》第二编第三章,上海泰东图书局1914年印行,第21、22页。
② 谷钟秀:《中华民国开国史》第二编第七章,上海泰东图书局1914年印行,第33—34页。
③ 《黎元洪为请独立各省组织临时中央政府致各省都督通电》,《民立报》,1911年12月2日。

内召开第一次会议。12月2日,会议"议决先规定《临时政府组织大纲》,并推举雷奋、马君武、王正廷为《临时政府组织大纲》起草员"①。此前,孙中山主张仿照美国宪法,实行总统制;而宋教仁则主张仿照法国宪法,采责任内阁制。12月3日,各省代表会议采纳了孙中山的意见,主张《临时政府组织大纲》采总统制,正式议决通过了《中华民国临时政府组织大纲》。1912年1月2日,临时政府又对之作了修正,制定《修正中华民国临时政府组织大纲》,作为南京临时政府的建政纲领。它是仿照美国宪法,按照美国政治体制的框架来制定的,其所表现的民治体系纯采共和国体,一般认为它属于"一种临时宪法"。②

《临时政府组织大纲》关于"临时大总统"的条文可以看出对"总统制"下的权力腐败的预防精神,并规定总统行政权、司法权和议会立法权之间的制衡关系:第1章"临时大总统"第1条规定,"临时大总统由各省都督府代表选举之,以得票满投票总数三分之二以上者为当选,代表投票权每省以一票为限";第4、5条规定,"临时大总统得参议院之同意,有宣战、媾和及缔结条约之权"、"有任用各部部长及派遣外交专使之权"、"临时大总统得参议院之同意,有设立临时中央审判所之权",等等。③

《临时政府组织大纲》规定了临时政府实行资产阶级三权分立的原则。临时政府由临时大总统、副总统、参议院、行政各部和临时中央审判所组成。临时大总统、副总统和行政各部组成行政机关,行使行政权;参议院是立法机关,行使立法权;临时中央审判所是司法机关,行使司法权。④ 三大机构互相监督、互相制约。近代宪政政府实行三权分立原则的目的之一,就是要把权

---

① 谷钟秀:《中华民国开国史》第二编第七章,上海泰东图书局1914年印行,第35页。王世杰认为《临时政府组织大纲》表面虽为雷奋等3人所起草,实则出自宋教仁之手。参见王世杰、钱端升:《比较宪法》,商务印书馆1999年版,第405页。
② 王世杰、钱端升:《比较宪法》,商务印书馆1999年版,第405页。
③ 《中华民国临时政府组织大纲草案》(1911年12月),《民立报》,1911年12月11日;吴宗慈编纂:《中华民国宪法史》前编第一章,北京东方时报馆、上海大东书局1924年版,第4—7页。
④ 《中华民国临时政府组织大纲草案》,《民立报》,1911年12月11日。《修正中华民国临时政府组织大纲》,《临时政府公报》第1号,1912年1月29日再版,"法制";第2号,1912年1月30日,"法制"。

力机关可能出现的贪腐行为,限制在人民能容忍的范围之内,不使之成为社会热门、敏感话题。但是,由于《临时政府组织大纲》制定时的特殊情况,故在民主性方面有其局限之处,有学者就认为,"《组织大纲》不独在形式上不及具备民主的条件,及其内容亦复如此"①。

1911年12月29日,各省代表依据《临时政府组织大纲》召开会议,正式投票选举孙中山为临时大总统,以南京为临时政府所在地。1912年1月1日,孙中山在南京宣誓就职,宣告中华民国南京临时政府正式成立。

临时政府粗具规模后,各省都督府代表联合会议便着手筹建资产阶级议会性质的参议院。1911年12月29日,在选举孙中山为临时大总统后,各省代表当即通电各省都督府,表示临时政府成立,代表责任已毕,须立即组织参议院。根据《临时政府组织大纲》,"请各省选派参议员三人来宁组织参议院;参议员未到院以前,由本省代表暂留一人乃至三人,代行参议员职务"②。各省都督府代表联合会致电各省后,又于1912年1月2日依据《临时政府组织大纲》,决定在参议院未成立之前,由各省都督府代表联合会议暂时代理其职权,称临时参议院或代理参议院,临时议长赵士北,临时副议长马君武。这一临时参议院成立后,便开始筹备建立参议院的工作。随着各省派遣的参议员到宁,1月26日,筹备工作完毕,各方人士决定于28日召开参议院正式成立大会。

1912年1月28日,已有17省代表莅宁列席参议院,占了全国省份的多数,遂举行参议院正式开会式,参加会议的议员有31人(正式议员数为42人,有11人未到会),临时大总统孙中山和各部次长也参加了大会。会后选举林森为议长,陈陶怡为副议长,李肇甫为审议长,参议院宣告正式成立。议院职权中涉及制约贪腐情形发生的,有议决暂行法律、预算、税法、币制、公债及临时大总统交议事件,调查临时政府之出纳等权力。

---

① 王世杰、钱端升:《比较宪法》,商务印书馆1999年版,第405页。
② 《辛亥各省代表会议日志》,《辛亥革命回忆录》(六),文史资料出版社1963年版,第252—253页。

二、《中华民国临时约法》的反贪立法

中华民国临时政府成立后,鉴于《临时政府组织大纲》缺陷较多,如无国民基本权利义务的规定、大纲所定召集正式国会期限太仓促等,故"即进行制定《临时约法》以为《组织大纲》之代替"①。经临时约法起草委员会反复讨论修改,《临时约法》提交参议院,于1912年3月10日审议通过。3月11日,《中华民国临时约法》由临时大总统孙中山向全国公布。

1. 坚持三权分立防止权力腐败原则

《中华民国临时约法》(以下简称《临时约法》)共有总纲、人民、参议院、临时大总统副总统、国务员、法院、附则等7章56条。《临时约法》具有"临时宪法"的性质。

《临时约法》在第一章"总纲"中规定:"中华民国,由中华人民组织之。中华民国之主权,属于国民全体。中华民国以参议院,临时大总统,国务员,法院,行使其统治权。"这就以根本法的形式,明确规定了民主共和制,体现了资产阶级的人民主权思想,根据三权分立原则,划分了国家机关的职能和权限。

在第三章"参议院"中明确规定,参议院职权之一为:"得咨请临时政府,查办官吏纳贿违法事件","参议院对于国务员,认为失职或违法时,得以总员四分三以上之出席,出席员三分二以上之可决弹劾之"。

作为司法机关,法院亦有类似的权限。如在第六章"法院"中,对法院的审判体制有公开、透明的规定:"法院之审判,须公开之。"以上这些条款,都是对官员们可能发生的贪污腐败行为的制约性规定。②

《临时约法》根据资产阶级三权分立原则规定了中华民国的政治制度。

---

① 王世杰、钱端升:《比较宪法》,商务印书馆1999年版,第406、681页。另,当然,《临时约法》制定还有其政治目的,如孙中山企图以内阁制来限制袁世凯的权力,等等。已有许多学者有所论及,在此不再赘述。

② 参见《中华民国临时约法》(1912年3月10日参议院通过,3月11日公布),中国第二历史档案馆编:《中华民国史档案资料汇编》第二辑,江苏古籍出版社1991年版,第106、108、110页。

三权分立学说的创立者、英国资产阶级思想家洛克和法国资产阶级思想家孟德斯鸠等人所主张的和西方资产阶级政府所力图实践的,就是要把国家行政、立法和司法三种权力,分别由三个机关去行使,使三者相互制衡、相互监督,以期减少因没有制约而滥用权力的贪腐行为的发生。南京临时政府参议院在制定《临时约法》时采用了这一原则,说明《临时约法》在当时条件下能够较好地体现民主政治、权力制衡和廉洁、反贪的精神。

2. 强调立法监督权

《临时约法》条文规定,参议院为国家最高权力机关,以立法和监督行政为其主要任务。第3章"参议院"第19条"参议院之职权"中,明确规定了属于监督权的条文。

(1)关于立法监督权:"一、议决一切法律案。""八、得以关于法律及其他事件之意见,建议于政府。"

(2)财政立法和财政监督:"二、议决临时政府之预算决算。""三、议决全国之税法、币制,及度量衡之准则。""四、议决公债之募集,及国库有负担之契约。"

(3)关于质问权:"九、得提出质问书于国务员,并要求其出席答复。"

(4)关于纠举权:"十、得咨请临时政府,查办官吏纳贿违法事件。"

(5)关于弹劾权:"十一、参议院对于临时大总统,认为有谋叛行为时,得以总员五分四以上之出席,出席员四分三以上之可决弹劾之。""十二、参议院对于国务员,认为失职或违法时,得以总员四分三以上之出席,出席员三分二以上之可决弹劾之"。[①]

《临时约法》的制定过程也能体现权力制衡、防止权力腐败的精神,虽然南京临时参议院作为"制定的机关而言,《临时约法》亦缺乏一个民主的形式"[②],但确实可以代表当时的一切革命力量,而且《临时约法》最终在南京临时参议院通过时,出席的全体议员一致表示同意。与南京临时参议院相比,此后的民国国会及其他制宪机关迭遭威胁利诱,本身就缺乏廉洁、公正、民

[①] 《中华民国临时约法》,《中华民国史档案资料汇编》第二辑,江苏古籍出版社1991年版,第107—108页。
[②] 王世杰、钱端升:《比较宪法》,商务印书馆1999年版,第407页。

主,毫无权威性可言,南京临时参议院的工作则无有损其威信的情况发生,故《临时约法》在中华民国的权威居于民国时期所有过的其他宪法之首。

《临时约法》与《临时政府组织大纲》虽然都是"临时宪法",但二者在内容及其完备程度上却存在差异。如《临时约法》新增了"人民"一章,规定人民的权利、义务,虽然该章规定极简略,其所规定之权利至多只能限制行政、司法两机关,而不能限制立法机关,但毕竟为《临时政府组织大纲》所未有;《临时政府组织大纲》采总统制,而《临时约法》采责任内阁制,这是由二者制定时的特殊情况所决定的。

三、南京临时政府的反贪刑事法规和机制

《中华民国临时约法》的反贪精神、惩治贪腐行为的主要法律条文,具体地体现在刑法的有关条文和规章中。同时也说明,凡触犯法律的贪腐行为都是刑事犯罪,相应地都会受到法律最严厉的惩罚。

1. 反贪腐刑事立法——《暂行新刑律》

清末新政时期,由修律大臣沈家本、伍廷芳考订现行律例,至1907年完成《大清新刑律》,其第一编"总则"(17章)和第二编"分则"(36章)中有专章针对贪污腐败定罪的规定,如漏泄机务罪、渎职罪、侵占罪、赃物罪等。民国成立之初,百事待兴,法制未定,1912年3月10日,临时政府明令宣示《大清新刑律》除与中华民国国体相抵触的各条应自行失去效力外,其余各法律条文均暂行援用。4月30日,经参议院议决,临时大总统公布删修《大清新刑律》与国体抵触之各章、各条及文字,并撤销暂行章程5条,改称《暂行新刑律》,由司法部通告各省以公布之日为施行期,并根据全国交通未便的实际情况,规定各省区均应自接到政府公报及法律原文之日起施行。[①] 临时政府公

---

① 《大总统据司法总长伍廷芳呈请适用民刑法律草案及民刑诉讼法咨参议院议决文》,《临时政府公报》第47号,1912年3月24日,"咨";孙中山:《咨参议院请核议暂行法律文》,广东省社会科学院历史研究室、中国社会科学院近代史研究所中华民国史研究室、中山大学历史系孙中山研究室合编:《孙中山全集》第2卷,中华书局1982年版,第276页。

布的《暂行新刑律》中有关惩治贪污腐败的专章和条文,与《大清新刑律》相同。

(1) 以公职犯罪连带贪腐罪行的规定和惩处

①对出卖国家利益以获得报偿的叛卖、贪贿罪行的惩罚。《暂行新刑律》"分则"第2章"外患罪"第94条规定了对出卖国家利益以获得报偿的叛卖、贪贿罪行的惩罚:"受民国之命令,委任与外国商议,图利自己或他人,或外国,而议定不利民国之条约者,不问批准与否,处无期徒刑或二等以上有期徒刑。"在第4章"泄漏机务罪"中,一部分行为属于贪污受贿而造成,与渎职罪性质相同,也可纳入渎职罪的范围。第121条规定:"因犯本章之罪而得利者,没收之。若已费失者,追征其价额"。①

②以渎职求得贪利的罪行。第5章"渎职罪",对受贿、行贿,审检监狱人员凌虐被告人、关系人,玩忽职守,浮收税款及其他滥用职权行为,规定:"官员公断人于其职务要求贿赂,或期约,或收受者,处三等至五等有期徒刑。因而为不正行为,或不为相当之行为者,处一等至三等有期徒刑"(第122条);"官员公断人于其职务,事后要求贿赂或期约,或收受者,处四等以下有期徒刑或拘役。因为不正之行为,或不为相当之行为,事后要求贿赂,或期约,或收受者,处二等至四等有期徒刑"(第123条);"对官员公断人行求贿赂,或期约,或交付者,处四等以下有期徒刑、拘役或三百元以下罚金"(第124条);"对官员公断人,事后行求贿赂,或期约,或交付者,处五等有期徒刑、拘役,或一百元以下罚金"(第125条);"征收租税及各项入款之官员,图利国库或他人,而于正数以外,浮收金谷、物件者,处三等至五等有期徒刑。系图利自己者,处二等或三等有期徒刑,并科与浮收同额之罚金"(第129条)。

对以上罪行之处罚,在《暂行新刑律》第132—134条中规定:"犯第一百二十二条、第一百二十三条及第一百二十九条第二项之罪者,褫夺公权,其余得褫夺之。犯第一百二十六条至第一百三十条之罪者,并免现职";"犯第一百一十二条及第一百二十三条之罪者,所收受之贿赂没收之。若已费失者,追征其价额";"犯第一百二十四条及第一百二十五条之罪而自首者,得免除

---

① 《刑法草案》(1912年4月公布),《中华民国史档案资料汇编》第三辑,政治(一),江苏古籍出版社1991年版,第239页。

其刑"。①

③妨害选举的公正性以求得利益的罪行。第7章"妨害选举罪"第141条规定:"一、于选举有左列行为之一者,处五等有期徒刑、拘役,或一百元以下罚金……二、不问选举前后,对选举人、选举关系人行求川资及其它贿赂,或期约,或交付,或为之媒介,或选举人、选举关系人要求期约,或收受之者。三、将选举人、选举人亲属或与选举人有关系之寺院、学堂、公司、公所、市乡之债权、债务及其它利害,诱导选举人或为之媒介,或选举人应诱导者。犯右列各罪者,所收受之金钱及其它有价物品没收之。若已费失者,追征其价额。"②

(2) 直接榨取钱财的罪行

①利用职务诈欺取财的罪行。在第32章"诈欺取财罪"中,将"意图为自己或第三人之所有,以欺罔或恐吓,使人将所有物交付于己者"的行为,定为"诈欺取财罪",其中包括:"为他人处理事务,图利自己或第三人,或图害其本人,背其义务,而损害本人之财产者,处三等至五等有期徒刑,或一千元以下、一百元以上罚金"。

利用未成年人或精神病人,而取得财产上的不法利益:"乘人未满十六岁或精神错乱之际,使将本人或第三人所有物交付于己,或因而得财产上不法之利益,或使第三人得之,或损害本人之财产者,依前二条之例处断。"

官员处理公务,为图利于自己或第三人而损害国家财产的行为,即"官员处理公务图利自己,或第三人,或图害国家公署,背其职务,损害公家公署之财产者,处二等或三等有期徒刑",等等。

②国家公职人员利用权力侵占公私财产,皆属贪污腐败行径。第33章"侵占罪"第370—375条对侵占公私财产的情状和应受之惩罚作了详细规定:"侵占自己依法律、契约管理事务之占有物、共有物,或属于他人所有权、抵当权及其它物权之物者,处三等至五等有期徒刑。虽系自己所有物、占有

---

① 《中华民国史档案资料汇编》第三辑,政治(一),江苏古籍出版社1991年版,第242—244页。
② 《中华民国史档案资料汇编》第三辑,政治(一),江苏古籍出版社1991年版,第244—245页。

物,若依公署之命令、归自己看守而侵占之者,亦同";"侵占公务上或业务上之占有物、共有物或属于他人所有权、抵当权及其它物权之物者,处二等或三等有期徒刑,其不在公务业务之人与共犯者,依第三十三条之例处断";"侵占遗失物、漂流物,或属于他人物权而离其占有之物者,处其价额两倍以下、价额以上罚金。若二倍之数未满五十元,处五十元以下、价额以上罚金",等等。①

第34章"赃物罪"第376、379条,对收受赃物及其应受惩罚作出规定,"受人赠与赃物者,处四等以下有期徒刑、拘役,或三百元以下罚金。搬运、受寄、收买或为牙保者,处二等至四等有期徒刑。因犯前项之罪获利者,并科所得价额二倍以下、价额以上罚金";尤其是国家公职人员以公务之便收受赃物,当属贪污行为,处以有期徒刑、科以罚金或褫夺其公权,"以第三百七十六条第二项之罪为常业者,褫夺公权。其余犯本章之罪者,得褫夺之"。②

2. 针对贪腐罪行的刑事审判制度

南京临时政府在司法审判制度上尽量体现近代宪政体制司法反贪腐的精神。主要表现为:

(1)法院实行公开审判原则,实行律师辩护制度

内务部和司法部要求"施行律师制度以祛诉讼之障碍而辅司法之完成。事窃维司法独立为法治国分权精神所系,而犹不可无律师以辅助之",而且"诚以司法独立推检以外不可不设置律师与之相辅相制,必使并行不悖,司法前途方可达圆满之域"。③ 这样做,就是希望从制度的层面,尽量减少由于暗箱操作带来的行贿受贿、贪污腐败行为的发生。

(2)审判工作中禁止刑讯逼供,重证据轻口供

南京临时政府针对清政府"政以贿成,视吾民族生命,曾草菅之不若。教育不兴,实业衰息,生民失业,及其罹刑网也,则又从而锻炼周纳,以成其狱。

---

① 《中华民国史档案资料汇编》第三辑,政治(一),江苏古籍出版社1991年版,第270—271页。
② 《中华民国史档案资料汇编》第三辑,政治(一),江苏古籍出版社1991年版,第272页。
③ 《内务部警务局长孙润宇建议施行律师制度呈孙大总统文》,《临时政府公报》第54号,1912年4月1日,"纪事"。

三木之下,何求不得。彼庸不察,奖杀勖残,杀人愈多者,立跻上考,超迁以去。转相师法,日糜吾民之血肉,以快其淫威"的黑暗刑事审判制度,提出民国政府要"肃清吏治,修养民生,荡涤烦苛,咸与更始"。一是规定"不论行政司法官署,及何种案件,一概不准刑讯鞫狱";二是规定审判应重证据,不偏信口供的原则,鞫狱"当视证据之充实与否,不当偏重口供"。更为重要的是,该令建议派员巡视,如果发现不肖官司,"重煽亡清遗毒者,除褫夺官职外,付所司,治以应得之罪"。① 表现出力图革新弊政的精神。

(3) 司法制度方面,实行司法独立原则、辩论原则、公开审判原则等清末立宪中未能实行的制度

鉴于近代"律师制度与司法独立相辅为用,夙为文明各国所通行。现各处既纷纷设立律师公会,尤应亟定法律,俾资依据",故临时大总统令法制局审核呈复《律师法草案》,拟健全发挥律师的功用。② 若司法独立能真正得到遵守和执行,在机制和机构设置上,都能对政府权力的滥用、官员贪腐行为起到一定的遏制作用。

虽然南京临时政府的刑事立法和司法审判制度不可避免地带有新政权初建之际的不成熟、不完善的特点,但应充分肯定的是,临时政府在刑事立法和刑事审判制度的改革中,体现出了资产阶级的民主革命精神,具有一定的民主性。

3. 约束警政贪腐的刑事和行政法规

19 世纪后期,产生于欧洲的近代警察制度传入中国,并在清末建立起警察制度。但清末警政迅速腐败,南京临时政府"成立,凡百待兴,将欲巩固其基础,必先修明夫内治。内治机关首重警政,欲求整顿"③。针对这种情况,南京临时政府发布了一系列进步法令,涉及警政法规的有如禁止刑讯、厉行禁烟、查禁赌博、限制警械的使用和对私有财产的保护,等等,确定了这一时期

---

① 《大总统令内务司法两部通饬所属禁止刑讯文》,《辛亥革命》(八),上海人民出版社、上海书店出版社 2000 年版,第 24—25 页。
② 《令法制局审核呈复律师法草案文》,《孙中山全集》第 2 卷,中华书局 1982 年版,第 274 页。
③ 《内务部规定巡警学校暨教练所章程咨各省都督文》(1912 年 4 月 1 日),《临时政府公报》第 54 号,1912 年 4 月 1 日,"咨"。

警察活动的基本准则,其中所表现出的廉洁、公正和反贪精神,是不可抹杀的。

在南京光复时,因军事需要,各军查封房屋作为办公或驻军之用,有人趁机侵犯人民私有财产,破坏社会秩序。临时大总统孙中山向主管警政的内务部发出命令,"临时政府成立以来,即以保护人民财产为急务",要求"凡人民财产房屋,除经正式裁判宣告充公者外,勿得擅行查封,以安闾阎"。① 1912年1月28日,内务部奉大总统令发布了《通饬保护人民财产令》,指出:"保护人民财产事苟非设有专条,恐显系民国之公敌,违犯民国之禁令者,借为口实,得以拥护其逆产,而并无过犯之人民及终未反抗民国之官吏,反被侵害其私业,殊非民国吊民伐罪之宗旨。"②

《内务部通饬保护人民财产令》共有5条,"除饬京内各地方官切实遵行外,应即咨请贵都督通饬所属,一律照办,以安民心而维大局"。该令规定:"(一)凡在民国势力范围之人民,所有一切私产,均应归人民享有。(二)前为清政府官产,现入民国势力范围者,应归民国政府享有。(三)前为清政府官吏所得之私产,现无确实反对民国证据,已在民国保护之下者,应归该私人享有。(四)现虽为清政府官吏,其本人确无反对民国之实据,而其财产在民国势力范围下者,应归民国政府保护,俟该本人投归民国时,将其财产交该本人享有。(五)现为清政府官吏,而又为清政府出力反对民国政府,虐杀民国人民,其财产在民国势力范围内者,应一律查抄,归民国政府享有。"③

南京临时政府重视警政建设,这关系到民众生活的安定和人心的向背,是维护民主制度的重要内容。临时政府的警政廉洁工作取得了许多实绩,但不可否认,由于主客观方面的原因,南京临时政府尚未能颁行新的警察官制和对警察队伍制定更完备的规范措施,来纠正、改造清末警察体制和警察队伍承传下来的贪腐现象,有其明显的局限性。

---

① 孙中山:《令内务部通饬所属保护人民财产文》(1912年1月28日),《孙中山全集》第2卷,中华书局1982年版,第59页。
② 《内务部通饬保护人民财产令》(1912年1月28日),《临时政府公报》第6号,1912年2月3日,"令示"。
③ 《内务部通饬保护人民财产令》,《临时政府公报》第6号,1912年2月3日,"令示"。

第三章 北京政府的贪腐状况和反贪机制

中华民国北京政府,一般称为『北洋政府』,出于维护自身统治之需要,既有从最高统治者到各级官吏出于各种目的的贪腐行径,也有在制度建设、制定政策措施和实际行动中对贪腐行为的打击。由于北京政府时期根本大法的频繁变易,总统独裁权力日益增强,从中央到地方的军人独裁,体制造成的权力贪腐,决定了北京政府的反贪终是『无果』之局。

第一节
北京政府时期的贪腐手段和状况

一、北京政府权力贪腐手段

1."陋规"

"陋规"是从清代承传下来的一种不法收入。收取"陋规"的违法行为到民国时期不仅未能去除,反而有愈演愈烈之势,不仅中下层官吏,甚至高层政府官员乃至总统也纵容和参与其中,这就为官吏的贪腐大开方便之门。

北京政府时期,收受"陋规"这种贪腐方式有一大特点,就是最高统治者纵容甚至参与各种"陋规"的分配,甚至历届总统皆涉身其中。其中,徐世昌的表现尤为不堪。根据当时的"陋规",新总统到任,照例由财政部筹拨150万元,由财政部总长亲自送交新总统,作为其到任后的零用,按规矩总统留100万元,余50万元分给财政部总长。此恶例是在袁世凯任大总统时开始的,以后的每届总统都是照办。徐世昌出任大总统后,这笔费用由交通总长兼财政总长曹汝霖送交,徐世昌竟全数留下,而未按例给曹汝霖50万元。曹汝霖不好意思向徐世昌索要那50万元,其他阁员也不便代索,这件事无形中就搁置了。五四运动时,曹汝霖为卖国罪魁,爱国学生激于义愤,将其家捣毁。张志潭乘机提及前事,劝徐世昌还给曹汝霖一部分款项,借资补偿其损失。徐世昌也只是给了曹汝霖 8 万元。①

在曹锟贿选总统期间,通过"陋规"方式送给国会议员的钱款很多,如宪法会议出席费 57.2 万元,常会出席费 20 余万元,特别酬劳费 32.4 万元,冰敬(夏季津贴)、炭敬(冬季津贴)和夫马费 190 余万元,招待所临时费 120 余万元,秘密费 70 余万元。②

2. 回扣

袁世凯通过各种手段贪贿,上行下效,作为袁世凯门徒的段祺瑞、徐树铮等把持陆军部,也有他们自己的贪污办法。其中最为突出的一种贪腐办法,就是在购买军火的时候拿回扣,更为恶劣的是,这种收取回扣的行为竟然逐渐由暗取发展到明收。

段祺瑞在辅助袁世凯"一造共和"后,先后出任陆军总长、国务总理,成为北洋集团仅次于袁世凯的第二号人物,其得力助手徐树铮则先后出任陆军部次长、国务院秘书长。段祺瑞、徐树铮控制的陆军部,操控军火买卖,利用职权收受回扣,并用以培植、网罗亲信和集团班底。

1912 年 3 月,段祺瑞出任北洋政府陆军总长之后,对各级军官的升降转谪擅作主张,尤其是陆军部的各级重要职位,完全由段祺瑞自己作主。段祺瑞先任命自己的亲信徐树铮为军学处处长兼管总务厅事务,后又推荐他为陆军部次长,成为自己掌控陆军部的得力助手。段又任命曾毓隽为陆军军需监,魏宗瀚为军学司司长。此时,袁世凯就觉得陆军部针插不进、水泼不进,成了一个独立王国,尤其是发现段祺瑞在军队中培植势力,便怀疑段祺瑞想要夺兵权。袁当然不会坐视不管,但为了自己的"皇帝梦",他决定暂时表面容忍,暗中收买段祺瑞手下,削弱段祺瑞的力量。1913 年 5 月,袁世凯成立陆海军大元帅统率办事处,亲自掌管全国军事,实际上就是要大大削弱陆军部、海军部的权力。随后又不顾段祺瑞等人的反对,建立了直属于统率办事处的军官模范团,这是一支绝对忠于袁世凯的"御林军",就这样逐步将段祺瑞在陆军中的庞大势力排挤掉。这是段祺瑞始终不能与

---

① 张达骧:《我所知道的徐世昌》,参见杜春和、林斌生、丘权政编:《北洋军阀史料选辑》下册,中国社会科学出版社 1981 年版,第 279 页。

② 陶菊隐:《北洋军阀统治时期史话》下册,三联书店 1983 年版,第 1285 页。

袁世凯公开对立、决裂的一大原因。不过，袁世凯还是任命段祺瑞出任陆海军大元帅统率办事处参谋总长。段祺瑞不甘心力量被削弱，向袁世凯推荐贾耀德为办事处军政所主任，并收买了军令所主任田书年、军械所主任童焕文等人。这样，段祺瑞就能全面掌控全国军队，包括军火贸易。他又利用购买军火的回扣，收买了袁世凯身边的要人。1912年11月，他聘任袁世凯的亲信丁士源为副官长，将他拉入自己的幕僚班子。1913年10月，袁世凯刚任命许世英担任奉天民政长（相当于省长），段祺瑞就私下邀请他到自己的府中赴宴，并在席间结为"盟兄弟"。袁世凯身边红人曹汝霖、陆宗舆和章宗祥，段祺瑞则通过徐树铮来拉拢，通过军火回扣运转的政治贿买资金，徐树铮与此三人建立了密切的关系，而此三人也在后来成为段祺瑞政府的重要成员。此外，段祺瑞通过政治贿买金，将袁世凯的亲信安徽督军倪嗣冲、模范团军官张敬尧、天津长顺盐业公司总经理王郅隆等人收买过来，为自己所用。

正是由于建立了自己庞大的实力网络，段祺瑞才能在民初政坛的风风雨雨中几伏几起。但同时，我们也可以看到，被称为不收贿赂的段祺瑞，在以金钱为润滑剂的民国政坛，他本人和他的集团是离不开巧取豪夺的各种非法资金来为自己的政治活动铺路的。

为了构建控制北洋政权的幕僚班子，段祺瑞默许自己的得力助手徐树铮操控陆军部的军火贸易，以军火贸易的回扣来建立政治收买的"暗箱"操作资金。袁世凯政府建立后，段祺瑞先后出任陆军总长、国务总理，他的亲信徐树铮则先后出任陆军部次长、国务院秘书长，北洋中央政府与外国政府之间、与外国军工生产企业之间进行的军火贸易，一般情况下都由段祺瑞和徐树铮控制的陆军部负责。在段祺瑞的默许和支持下，垄断了这一"业务"的徐树铮往往是具体的经办人，这样做的一大目的，就是让徐树铮借负责购买外国军火之机，大肆收取回扣，开辟以段祺瑞为首的皖系军阀集团一项重要经济来源。当然，通过徐树铮之手，段、徐掌控的陆军部到底收取了多少军火贸易回扣，由于完整、全面、详细的资料难以获得，因此，对于每一笔回扣的具体情况、回扣的总数，一时难以统计，但我们根据一些已经掌握的材料，也可以知道通过段祺瑞、徐树铮之手获得的回扣，数目是很庞大的。有人做了一个初步的估计,"订购外国军火浮报40万元"费用等一些单笔数目,就透露出段、徐把持的军火贸易回扣数额之巨大。段祺瑞、徐树铮将这些巨款,部分用于孝敬袁世凯及其亲信,以图自保;部分用来馈赠给自己的亲信、收买军政要员,以建立其势力。

当袁世凯和段祺瑞围绕帝制问题,其实更关键的是袁世凯身后是"传子"还是"传贤"问题,矛盾尖锐时,平时被"有意忽略"的贪污腐败问题,就成为双方攻击的一个焦点。

当袁世凯决意要实行帝制的时候,原来为窃取民国大总统而倚为左膀右臂的段祺瑞、冯国璋等人,就可能成为其实行帝制的阻碍。确实,袁世凯实行帝制,对段祺瑞、冯国璋等人的利益会造成极大的损害。因为在北洋系中,袁世凯之外,论地位、资历、声望和实力,能与他们相提并论的人并不多,在共和制度下,袁世凯之后,他们都有可能继任总统。而实行帝制,皇位世袭,段祺瑞、冯国璋等人不但做国家元首的希望破灭,还得向袁世凯和未来的太子跪拜称臣,对袁世凯还好,对很可能成为"太子"的袁克定俯首称臣,这是他们最不甘心的。尤其是段祺瑞,对袁世凯不断削夺其兵权,早就心怀不满,这时更是对其帝制图谋公开唱反调,对以"太子"自居的袁克定不假辞色,每每见面,均对袁克定施以盛气凌人之势。袁世凯当然知道段祺瑞的态度,也开始不遗余力地企图将段祺瑞排挤出最高权力圈,但因为段祺瑞已经形成集团势力,故不能断然用强力手段去段,因此袁世凯多次当面给段祺瑞讲:"你气色不好,想是有病,应当休息休息。"这实际上就是不断暗示段祺瑞自己赶快辞职。段祺瑞无奈之下,只得称病请辞。1915年5月30日,袁世凯接到段的辞呈后,很快就下发命令:"本大总统为国家爱惜人才,未便过听其劳,致增病势,特著给假两个月,并颁给人参四两,医药费五千元,以资摄卫。该总长务以时局多艰为念,善自珍重,并慎延名医详察病源,多方施治,切望早日就痊,立即销假。其在假期内如有军务重要事件,仍著随时入内会议,以抒嘉谟而裨国计。"① 袁世凯表面上对段祺瑞很为倚重、关心,实际上,当段祺瑞被"给假"后,袁世凯就开始清除段祺瑞在

---

① 《政府公报》,1915年6月1日,"命令"。

陆军部的势力。他曾当面试探段祺瑞对徐树铮去留问题的态度,段祺瑞则很强硬地对袁世凯表示:"此极易办,公先免我可矣!"说罢,段祺瑞竟拂袖而去。段祺瑞"病假"后,如何继续"反击"袁世凯的打压?徐树铮建议段祺瑞一面"闭门谢客",以示抵制;一面则通过他这位次长,继续掌控陆军部。而段祺瑞也公然宣称陆军部部务交由徐树铮代办,意在向袁世凯示威。

袁世凯随即作出强硬的反应,他命资历不亚于段祺瑞的王士珍署理陆军总长,又让监察机构——肃政厅出面弹劾段祺瑞的得力助手、陆军部次长徐树铮在军火交易中浮报费用,从而展开了对段祺瑞把持的陆军部的清洗行动。6月,袁世凯遂以徐树铮"订购外国军火浮报40万元"的罪名,下令免去徐树铮的陆军部次长职务。就这样,段祺瑞、徐树铮等把持陆军部,操控军火买卖拿回扣的秘密就公之于世。8月29日,袁世凯趁机免掉了段祺瑞陆军总长的职务。

拿回扣的贪腐行径,"交通系"的首脑人物梁士诒也是老手。袁世凯统治时期大量的铁路被用于抵押借款,梁士诒是总经手人。他经手借款所拿的回佣数目很大,很快就成了大富翁,加上他长袖善舞,擅长运用,所以人们就给他一个"梁财神"的雅号。梁士诒任交通总长时,叶恭绰任交通部次长,梁士诒很信任他,在梁公务忙走不开的时候,都让叶恭绰代表他上总统府秘书厅去办公。二人联手,在经营的各项事项中,以回扣等方式贪污大量钱财。① 他们获取"回扣"的方法,可谓极尽"巧妙",在经营铁路借款中表现出一些手法。当时中国铁路,"已成之路,率多抵押于外人,而未成者尚待款兴筑。袁项城与各国密议,借资建筑未成之路。所借之款,必浮出筑路资本一倍,即以此项余资,供赎回已成路线之用。经手此项借款者,梁士诒也。及借款告成,一面则开工兴筑,一面则使梁(士诒)向比利时赎回京汉路线,计款一万二千五百万佛郎,而所借之金,尚多二百余万,悉存储之银行,为公积金,利息则十之二为办事员之报酬,十之八为袁(世凯)与梁

---

① 唐在礼:《辛亥以后的袁世凯》,《北洋军阀史料选辑》上册,中国社会科学出版社1981年版,第103页。

(士诒)之利益,皆梁(士诒)一手经理,梁(士诒)悉数吞没"。①

3. 报效

北京政府时期,大小官吏、大小军阀索取报效,是很普遍使用的一种贪腐手段。

袁世凯就大肆索取报效。袁世凯统治时期,主持陆军部的段祺瑞通过购买军火收取回扣的方式贪污受贿,不过,他们也不敢独吞这些钱,对袁世凯也有孝敬,通过陆军部报效。

当然,对于贪墨的官员来说,贪欲没有尽头,从已经流入自己口袋的钱中还要拿出一部分报效上司,有时也是痛苦、被逼无奈的事情。梁士诒侵吞赎回京汉铁路款项利息事为"袁(世凯)所知,(袁)向梁(士诒)索款,梁(士诒)曰:'公胡需此区区之物,某不过代公收藏耳,他日公果需此,我敢靳弗予哉。'袁(世凯)一笑而罢。及帝制议起,梁担任一切费用,名为偿袁世凯凤逮,其实悉取之中交两银行。"

第一次世界大战起后,梁士诒为袁世凯操持财政,他采用铁路国有政策,将各省铁路收归部辖,"未几更举行验契税、印花税、所得税等,并将各省官产,由部主持,任意变卖,且明令取消地方税名目,统由官吏征收。创立新华银行,发行储蓄票,与前清之彩票无异,复令土商报效三千余万元,准其将烟土行销江苏、江西、广东三省",并由此遭到肃政使弹劾。②

1923 年曹锟"贿选"出任总统后,要求他任命的官员要向他报效。有一次,他任命王某为天津造币厂监督,条件是王某每月报效 10 万元,这类报效的索要都很直接、露骨。③

江苏督军、大军阀李纯生性狡诈,为笼络人心,在表面上不欠军饷、不吃空额,每月第一天必点名发饷,但在所有军政方面的肥缺,必委其亲信暗中报效,如淞沪、镇江等税务机关,两淮缉私等职位,先后以其妹婿魏子杰、亲

---

① 路滨生编:《绘图中国黑幕大观续集》卷上,上海中华图书集成公司 1918 年印行,第 11—12 页。
② 路滨生编:《绘图中国黑幕大观续集》卷上,第 11—12 页。
③ 陈世如:《曹锟家族对人民的经济掠夺和压榨》,《北洋军阀史料选辑》下册,中国社会科学出版社 1981 年版,第 248 页。

戚窦伯芗、督署副官长杨锦江充任。李纯对所有肥缺都事先掌握其额外收入的概况,如果经手人报效不足,即示意换人,只许沾点油水,不许吃饱。①主管李纯报销的军需课长刘晓斋就说:"督军据有一省地盘,掌生杀予夺大权,在各种税收方面的额外收入,属员们明着暗着的送礼,都无法估计。只就我经办的报效来说,除去对上对下以及有关各方面必须分润的数目外,李纯净得也有千万元。"②

4. 包办军需,克扣军饷

在北京政府时期,大小官吏和军阀是不会让肥水外流的。他们掌握着部门、军队,行政机关的日常开销,或军队的日常军需,都是一笔大数目,官员、军阀均视为自己囊中肥肉,往往把持、包办。曹锟的弟弟曹锐就依恃曹锟的权力,包办直系各军军用物资,如粮秣、被服、军用饼干等。他自己经营利丰大米庄、被服厂、同福饼干公司,从各地采购米面和被服原料,不出运费,不纳捐税,以高价售给各军,从中牟取厚利。

克扣军饷,是北京政府时期大小军阀常用的贪腐手法。曹锟任直鲁豫巡阅使时,以李彦青为直鲁豫巡阅使署军需处长,掌握全军军需。当曹锟历任直鲁豫三省巡阅使和民国大总统的过程中,直系正规军有 25 个师,李彦青于每次发饷时,每师克扣 2 万元,明言是给大帅曹锟的报效,仅此一项每月就有 50 万元。实际上尚不止此数,因为另有许多杂牌军队依附直系,克扣更甚。③

5. 滥报军费

北京政府时期,大小军阀贪贿的一种常用手段就是滥报军饷。这种情况在民国北京政府时期的军队将领中很为普遍。

1917 年,段祺瑞在"马厂誓师",讨伐张勋复辟,各界筹款作为军费,事毕,段祺瑞就以滥报军饷的方式贪污讨伐张勋军费余款 200 万元。

---

① 窦守镛、苏雨眉:《李纯一生的聚敛》,《北洋军阀史料选辑》下册,中国社会科学出版社 1981 年版,第 260 页。
② 《北洋军阀史料选辑》下册,中国社会科学出版社 1981 年版,第 263 页。
③ 陈世如:《曹锟家族对人民的经济掠夺和压榨》,《北洋军阀史料选辑》下册,中国社会科学出版社 1981 年版,第 248 页。

曹锟也是惯用这种手段的老手,其"事迹"较为突出。1917年张勋复辟时,段祺瑞任命曹锟为西路讨逆军总司令。曹锟率其第三师由保定向北京进军,沿途并无战事,时间不过一周,就要报销60万元。段祺瑞为酬劳曹锟,令财政部如数发给。嗣后湘鄂、直皖、直奉诸战役皆成为曹锟升官发财的大好机会。①

6.借生日索贿

北京政府时期,大小官吏和军阀往往借自己生日之机,向下属和有求于己者索取寿礼,这也是北京政府时期的贪腐手法之一。

曹锟在清末当了多年的第三镇统制,尤其在担任长江上游警备总司令的时候,贪了许多钱。其中一项就是曹锟借生日之机,大肆索贿。后来每到曹锟生日的时候,各省督军、省长纷纷前来祝寿,献上一笔丰厚的寿资。②借祝寿之名公然受贿,当然不是曹锟一人才有,历代统治者大多有之,不过曹锟可谓其中之荦荦大者。

7.卖官鬻爵

卖官鬻爵,是北京政府时期权力腐败的重要表现之一。前述曹锟要求自己任命的官吏向自己报效,就是一种变相的卖官。

曹锟的弟弟曹锐在依仗曹锟的势力得任直隶省长后,把直隶全省100多县县缺,按特、大、中、小的等级定价。因为钻营县长者日多,县缺行市随时上涨,卖官价涨到大县1万元、中等县9000元、小县8000元,至于特缺如天津、滦县、清苑等县临时议价,钻营买官者非出价到三四万元不能到手,任期都是一年。曹锐从1918年至1922年当了四年省长,仅出卖县缺一项收入就有几百万元。

曹锐贪婪成性,对出卖县缺,可谓是锱铢必较,毫不通融。一次,王某走曹锐总管事张兆祥的路子,以家藏珍品价值万金的翠玉盆景一对献与曹锐,希图得一头等大县。曹锐见到这对盆景,非常喜爱,但提出当时头等县缺的价钱是1万元,除收下这对盆景外,还得再补现金2000元,加之张兆祥

---

① 《北洋军阀史料选辑》下册,中国社会科学出版社1981年版,第248页。
② 王坦:《曹锟贿选总统始末》,《北洋军阀史料选辑》下册,中国社会科学出版社1981年版,第81页。

从中刁难,加倍索价,结果王某无力缴付,没能谋得此缺。曹锐也不得不将盆景退回,王某则另投门路去了,由此可见曹锐卖官鬻爵、视财如命的面目。①

8. 利用职权豪夺强索

段祺瑞集团利用手中的权力,大肆贪污、劫掠公产。1918 年秋至 1920 年夏,段祺瑞手下丁士源从京绥铁路"劫"走款项 1000 万元,财政总长李思浩从财政部掠走 400 多万元,交通总长曾毓隽由交通部挪走 2000 余万元,姚国桢从安福俱乐部获取经费 50 余万元,曲同丰则私吞出卖阜新煤矿的钱款 200 万元,山东督军张树元侵吞军饷 300 万元。

1920 年直皖战争,皖系失败,徐树铮所办西北边业银行被曹锟据为己有,其中安福系要人如王郅隆、王揖唐、朱深等所入股本 100 余万元,均被曹锟以"没收"之名,据为己有。曹锟当上总统后,为了搜刮钱财,不时派遣亲信爪牙,密赴各省,以巡视之名,向督军省长敲诈勒索。1924 年春,他派曹锐之子曹少珊去湖北,以视察军政为名,向湖北督军肖耀南强索视察费 10 万元,肖耀南慑于曹锟、曹锐的威势,不敢抗拒,只好令军需处如数交付。

曹锐在任直隶省长时,凭借省长权力,将原系官办的直隶模范纺纱厂归并到他所经营的恒源纱厂之内,原有资产除一部分定为官股 51 万元外,其余升值为 39 万元,竟全数吞没划归他自己名下,作为私股。他任省长时,将直隶全省各处官产大部分攫为己有。

1923 年,曹锟贿选总统,曹锐借口筹款,将冀南一带"金丹贩"开列黑名单,令大名镇守使孙岳按名逮捕并处罚重金,内里株连许多无辜。大名商会副会长冯化远,本非"金丹贩",只因他是永年县大富户,被捕后逼罚 10 万元,破产交纳,冯某惊吓成疾得精神病而死。天津证券物品交易所同时亦因曹锐借口筹措军费借去 83 万元,延不归偿,终致倒闭。②

---

① 陈世如:《曹锟家族对人民的经济掠夺和压榨》,《北洋军阀史料选辑》下册,中国社会科学出版社 1981 年版,第 249、255 页。
② 陈世如:《曹锟家族对人民的经济掠夺和压榨》,《北洋军阀史料选辑》下册,中国社会科学出版社 1981 年版,第 248—249 页。

9. 政治性怀柔费

北京政府时期,统治者出于政治目的的各种行贿收买和相应的贪腐行为,以政治性特别费收买支付的次数最多,也最复杂。其中一种就是稳定人心的政治性怀柔费。

袁世凯拉拢民国时期名人梁启超,起初主要由梁士诒经手。当他称帝之意越来越急切之时,又授意袁克定与梁启超密切接触。袁克定通过杨度介绍与梁启超搭上关系,袁克定对梁启超密宴款待,送给梁启超大笔政治性怀柔费,"特别费也由克定经手"。①

民国初年进步党要人林长民、汤化龙、刘崇佑等,袁世凯也着意拉拢,他送出很多次大笔的政治性怀柔费,也是为了收买他们。这些政治性怀柔费多通过梁士诒等人经手。

有一部分实力派人物,如广西都督陆荣廷、江苏都督程德全等,原来就和袁世凯接近,并不打算投靠国民党,但国民党方面却在拼命拉拢他们。对这一类人,袁世凯就不免要给政治性的稳定人心费用,既有每次馈送10万元、8万元的大数目,也有每次馈送总额在10万元以上,多达40万至50万元特大数目的,目的是使他们下决心拒绝国民党的争取。

至于那些原来就与袁世凯关系不错的势力,袁世凯也是通过特别费来巩固与他们的关系。包括对自己的嫡系部下,袁世凯也是要给钱的。冯国璋是袁世凯手下最重要的大将之一,在袁世凯任大总统时曾任禁卫军的统领,虽是"自己人",袁世凯也送大量金钱给他;袁世凯给段祺瑞大笔政治性怀柔费,还通过袁克定给段祺瑞手下五六个亲信钱,在收买了段祺瑞手下的主要军事人物以后,就把段祺瑞软禁起来,不许段问事了;民国成立后,袁世凯嫡系第六镇统制李纯任第六师师长,也长期接受袁世凯政治性怀柔费。②

---

① 唐在礼:《辛亥以后的袁世凯》,《北洋军阀史料选辑》上册,中国社会科学出版社1981年版,第110页。

② 唐在礼:《辛亥以后的袁世凯》,《北洋军阀史料选辑》上册,中国社会科学出版社1981年版,第109页。

10. 政治性收买特别费和活动费

北京政府时期,袁世凯为了收买国民党人或其他方面反对派人物而支付的政治性收买特别费、活动费,数量巨大,是北京政府时期很为突出的贪腐手段。

袁世凯统治时期,作为袁世凯在东南地区活动的代理人,杨士琦(原直隶总督杨士骧之弟)和赵凤昌在江南地区相互配合,开展活动的范围(尤其东南地区)很大,影响也很大,各方都在拉拢他们,袁世凯授意给他们的特别费就不止四五十万元。

一部分实力人物,并不靠袁世凯,自己亦有相当实力,是袁世凯特别注意的目标,所花的政治收买费数量可谓不少。袁世凯对黎元洪用了很多心。当时,在袁世凯左右说黎元洪坏话的人很多,而假如黎元洪在安全上出了问题,对袁世凯很不利;当时黎元洪的地位、名望都颇高,各方面的人都想拉拢黎,这也使袁世凯很不放心。因此袁世凯把黎元洪安置在新华门内南海瀛台居住,软禁起来,警卫严密,说是为了确保他的安全,一切供应,无微不至,黎元洪对这样的"优待"当然有情绪。因此,对黎元洪经济和生活上的要求,袁世凯一般有求必应;黎元洪推荐人挂名差事,每月拿几百块钱,只要黎开口,袁世凯总是当天就办到。对于收买自己的费用,黎元洪照收不误。唐在礼回忆说:"黎不大说什么,送钱去,他总是如数照收。"① 袁世凯还让其长子袁克定出面,购买东厂胡同住宅赠送给黎元洪居住。②

袁世凯对新兴的师、旅长以上的军政人物,也要给予政治性贿买费加以收买。如第二混成协统领蓝天蔚、掌握两广军事实权的龙济光,都收受袁世凯贿买之款项。龙济光被袁世凯收买过来以后,在西南杀掉国民党人不计其数,向袁世凯报了大功。

袁世凯对清廷的贵胄或官僚,分类区别对待。第一类,是仍有势力或影响,而且靠得住的一类清室贵胄或官僚,袁世凯不遗余力,大力收买。如世

---

① 唐在礼:《辛亥以后的袁世凯》,《北洋军阀史料选辑》上册,中国社会科学出版社 1981 年版,第 105 页。

② 张国淦:《袁世凯与黎元洪的斗争》,《北洋军阀史料选辑》上册,中国社会科学出版社 1981 年版,第 169—170 页。

续,在清朝为文华阁大学士、资政院总裁,他是清廷的重要人物,早就和袁世凯有关系,被袁世凯视为靠得住的人。袁世凯与前清势力的联系,掌握清室内部的主要动态,多通过世续,其起的作用也最大。给"世中堂"的钱,都由袁世凯亲自经手。还有些钱付给旗人中的重要人物,如给庆亲王奕劻等人的钱,也是经世续的手过付的。第二类,表面上不依附于袁世凯,暗中为袁做事。如荫昌,曾作过清朝陆军大臣,袁世凯为了笼络他,早就花了很多心血,所以荫昌很为袁世凯捧场。给荫昌的钱也是由袁世凯从财政部提款后,亲自交付给荫昌。荫昌得款后,也分一部分给当时一些青年亲贵,并在清室青年亲贵中替袁世凯说些好话,收揽人心。第三类,表面上反袁,实际上暗中被袁世凯收买。代表性人物就是铁良,他表面上是宗社党的重要人物,是反袁世凯的,但据熟知内情的人指出,他"和袁是老关系","实际早被袁收买到手",而且,由于他为清室"亲贵所信任,所以袁对他的特别费相当大"。①

11. 正规途径掩饰的贿买费

当时的诸多种类的政治性、军事性贿买费,有许多是通过正规渠道支出的,从而在一定程度上掩盖了这些支出的违法性质,这也是北京政府时期贪腐的一种重要手段。

政治性稳定人心收买费用的受领人中,有些是各省当权的军政大员,一般都由袁世凯先和他们见面,或者双方通过代表或函电有过秘密接洽。接洽妥当后,由袁世凯指示财政总长,由该军政大员用省府的名义向财政部请求拨款。不经过上面的手续和袁世凯的亲口答应,财政部是分文不付的。

当时各种名目的收买费用也是通过正规渠道和名目支付。如收买新闻界、文化界人员的"采访"、"通讯"、"宣传"等行动的费用,建立扩充军团、军校等方面的费用,购买军火的费用,行军的费用。② 有关军事方面经常付给的,其受领人约有20—30名。那时对南方的军事行动频繁,袁世凯在收买动了某一军事头脑部下的中级军官以后,就暗示其采取"自由行动",要求其根据自己的旨意开拨到某处驻防,脱离原来的头脑,甚至反过来监视

---

① 唐在礼:《辛亥以后的袁世凯》,《北洋军阀史料选辑》上册,中国社会科学出版社1981年版,第107页。
② 《北洋军阀史料选辑》上册,中国社会科学出版社1981年版,第102页。

原来的头脑。在这期间,袁就必须拨一笔特别费作为开拔的经费。奉命开拔以后,就要经常贴付特别费,使这支部队效忠于袁,直到正式归属袁世凯,就直接由袁世凯关饷,由国家财政支付军费。

袁世凯为从事上述活动,开支经费,专门成立了军需处这一机构。军需处不仅支付军事费用,还拨付政治活动费用,有时反而偏重政治方面。这种支付很频繁,有大数,也有小数,一般是一次性付清。每笔 1 万—2 万元数目,一般是给各军队的师长、旅长等高级军官的较多。4 万—5 万元等较大数目的活动费用,一般是给都督(将军)、民政长(巡按使)、一流的政治人物或社会人物。8 万—10 万元等较大一类的数目,是给更重要的各省军政大员的。更有特大数目的,至少 10 万,多到 20 万—30 万乃至 40 万—50 万元的,这是支付给清室重要人物、北方重要人物、南方有特别关系的人,或是属于密探行动等费用。也有不是一次付给,而是经常付给的。①

袁世凯通过正规渠道安排,而实际上是在贿买一些影响和势力一般、本人不愿离开北京的满蒙王公亲贵,往往安置个挂名差使,每月贴补若干,使他们安心吃现成饭,但官场的活动一般很少请他们参加。如袁世凯沿袭清代陈例,设立翊卫处这样一个笼络蒙古王公的机构,阿穆尔灵圭(清代亲王)、那彦图(原满洲都统)等被安置在翊卫处当都使、副都使等职。②

12. 政治贿买的巅峰之作:曹锟公然贿买总统,国会议员公然贪污受贿

1923 年 6 月,曹锟、吴佩孚为首的直系军阀集团接连战胜皖系、奉系,控制北京政权后,驱逐了大总统黎元洪,各省直系军阀纷纷发出立即进行总统选举的喊声,为曹锟当中华民国大总统制造气氛。不料国会议员纷纷离开北京,不但总统选举无法进行,就是宪法会议也因人数不足而经常流产。由于北京陷于既无国会又无政府的状态,西南"联省自治派"乘机大肆活动,制定"省宪",树立联省自治典范。甚至直系军阀控制下的山东省议

---

① 唐在礼:《辛亥以后的袁世凯》,《北洋军阀史料选辑》上册,中国社会科学出版社 1981 年版,第 112—113 页。
② 《设立翊卫处办法》(1915 年 2 月 2 日),蔡鸿源主编:《民国法规集成》第 7 册,黄山书社 1991 年版,第 491 页;《北洋军阀史料选辑》上册,中国社会科学出版社 1981 年版,第 105—112 页。

会,也通电主张发起召开全国各省省议会联席会议,促成"地方自治"。

曹锟为了当上总统,联络了王泽南、战涤尘等200多名议员,并安排张岱青负责的猪尾巴大院,吴恩和、金永昌负责的汉南寄庐,王钦宇等负责的绒线胡同南庐等几个地点作联络处所,组织了一些人领头活动。又据热察巡阅使侦察处处长王光宇的报告,曹锟在东四牌楼四条胡同门牌39号、平则门顺城街以及宣武门外前孙公园、安定门内交道口4处,各设立议员俱乐部一处,专为招待南省议员。曹锟又筹妥运动费50万元,秘密委派京兆尹刘梦庚负责收买各报馆,派边守靖联结直省议会。① 由于反对曹锟当总统之声不断,直系内部各要人也很为着急。由于王承斌、吴佩孚和议长吴景濂一直商量不好,曹系政客王坦是议长吴景濂的旧交,就向秘书长王毓芝毛遂自荐去劝说吴景濂。于是,曹锟派他前往吴景濂在小麻线胡同1号的寓所,对尚在观望犹豫的议长吴景濂加以劝说利诱。第二天,王坦就把熊炳琦、王毓芝两人领来和吴景濂见面,商定贿选的具体办法,并设法吸引议员回京,重整国会旗鼓。②

有了吴景濂的帮助,曹锟决定用金钱收买议员。直系政客筹足贿选经费后,山东省长熊炳琦(原任曹锟的参谋长)到北京主持大选工作,随后直隶省长王承斌、内务总长高凌霨、交通总长吴毓麟、司法总长程克、烟酒署督办王毓芝、京兆尹刘梦庚、直隶省议会议长边守靖等也齐聚北京,在甘石桥设立议员俱乐部为进行大选活动的机关,收买议员。当时,在沪议员每月只能领到300元,而在京议员每月可以拿到600元(宪法会议出席费、出席常会借支岁费),因此回京议员络绎于途。9月23日,国会各政团向"甘石桥大选机关"汇报在京议员已有600人以上。30日,高凌霨、吴毓麟、王承斌、熊炳琦、王毓芝见"大选问题"由于议员人数和钱款两足而有水到渠成之势,遂联名致函国会议员称,"大政不宜久摄,元首岂可久悬"。10月1日,"甘石桥大选机关"发出支票573张,每张为5000元。支票签名有秋记

---

① 《中华民国史档案资料汇编》第三辑,政治(二),江苏古籍出版社1991年版,第1405页。

② 王坦:《曹锟贿选总统始末》,《北洋军阀史料选辑》下册,中国社会科学出版社1981年版,第82页。

(吴毓麟字秋舫)、孝记(王承斌字孝伯)、兰记(王毓芝字兰亭)、洁记(边守靖字洁卿)的四种,分由大有、劝业、麦加利等银行付款,又尤其以边守靖所办的大有银行开出的支票最多。为了确保选举成功,开出的支票一律未填日期,必须在总统选出3日后,由开票人补填日期并加盖私章才能付款。除普通票价外,直系集团还开出了1万元到1万元以上的特殊票价。这时,行贿者与受贿者之间还存在互不信任的心理,有些议员怀疑总统选出后,直系集团翻脸不认账。不过,大多数议员则认为曹锟当选大总统后,还得继续利用国会作为其进行统治的政治工具,不会恶劣到行骗赖账的地步。

  直系集团公开贿选总统,摄政内阁公开进行交易,一时铜臭熏天,通国皆知。此前就有反对派议员向北京地方检察厅控告直系集团行贿议员之事,可是还缺少实人实证。10月4日,众议院议员邵瑞彭向北京地方检察厅举发高凌霨、王毓芝、边守靖、吴景濂等人的行贿行为,并将行贿证据制版送交各报刊发表。这个证据是大有银行的支票5000元,上面未填日期,签名者为洁记,并盖有"三立斋"图记,背面注有一个"邵"字。这一铁证发表后,直系集团无可抵赖,竟然厚起脸皮,公然置之不理。为了自身安全,邵瑞彭只得携眷出北京,转道天津往上海避难去了。当时为曹锟贿选当事人之一的直系政客王坦就承认:"吴景濂一个人就给了四十万,其他每人送给五千元。有一个湖北众议员(即邵瑞彭)在我们送给他五千元之后,他曾把这件事上了报,还把支票拍了照片印在报上。"①

  10月4日晚,曹锟的"甘石桥大选机关"通宵加班活动,门前停放汽车达几百辆之多。同一天,段祺瑞等拆台派也在北京设立机关收买不投票的议员,最后每人的代价高达8000元,共计收买了40人,终因财力不继而失败。在这40人当中,还发现有两面拿钱的。②

  10月5日上午,选举会主席、议长吴景濂于上午八时半到院,立刻吩咐秘书查点到会人数。因签到议员不多,吴景濂临时改为不定时开会,何时

---

  ① 王坦:《曹锟贿选总统始末》,《北洋军阀史料选辑》下册,中国社会科学出版社1981年版,第83页。
  ② 邓汉祥:《我所了解的段祺瑞》,《北洋军阀史料选辑》下册,中国社会科学出版社1981年版,第290页。

签足法定人数,何时开会。曹锟的"甘石桥大选机关"派出180余辆汽车,分途去"迎接"议员到会;吴景濂又派出"可靠"议员分别去拉同乡同党的议员,要求每人至少要拉一人回来,因此有些患病议员也被他们拉来。为了凑足人数,会议临时决定凡不投票而肯前来出席者,也一律发给5000元的支票。一直到下午一时二十分,签到议员达到593人,才正式开会投票。曹锟用"利诱"的手段取得总统,和1913年袁世凯用威胁的手段当选总统,堪称"异曲同工"。袁世凯在选举总统的当天,派出大批军警并唆使"公民团"包围国会,非选出总统不许议员外出,曹锟也派出大批军警对国会进行了"和平"包围。选举袁世凯为大总统的投票经过了14个小时,而这次投票也经过了6小时。所不同的是,这次选举备有午餐茶点,比选袁世凯时忍饥挨饿的情形"有所改善"。到下午唱票完毕,直系军阀首领曹锟以480票当选为总统。① 1923年10月10日,曹锟在北京就中华民国大总统职。②

据统计,本次贿选,曹锟所用贿款共达1356万余元。③ 无论这一统计数字精确与否,一个无可否认的事实是,曹锟贿选总统花费了大量的贿资。曹锟当选总统后,在沪议员和各省联席会议代表纷纷通电反对贿选,10月8日,孙中山下令通缉受贿附逆的国会议员,并电请段祺瑞、张作霖、卢永祥同时起兵讨贼,卢永祥宣布与北京政府断绝关系。④ 孙中山在《中国国民党为曹锟贿选窃位宣言》中指出:"乃者曹锟跋扈,怙恶不悛,竟于本年十月五日勾结罔利无耻之吴景濂等,贿赂公行,斁法窃位,几举我中华民国之纪纲道义,扫荡无遗!此而不讨,国何以立?"⑤由于曹、吴穷兵黩武,贿选总统,

---

① 陶菊隐:《北洋军阀统治时期史话》下册,三联书店1983年版,第1284页。
② 《国务院通告曹锟举行就职典礼电》(1923年10月10日),中国第二历史档案馆编:《中华民国史档案资料汇编》第三辑,政治(二),江苏古籍出版社1991年版,第1473页。
③ 陶菊隐:《北洋军阀统治时期史话》下册,三联书店1983年版,第1285页。
④ 彭明主编:《中国现代史资料选辑》第一册,中国人民大学出版社1987年版,第404页。
⑤ 《中国国民党为曹锟贿选窃位宣言》(1923年10月7日),中国人民大学中共党史系编:《中国国民党历史教学参考资料》第一册,中国人民大学中共党史系1985年印行,第401页。

很快在第二次直奉战争中遭到惨败。1924年10月,当了一年多贿选总统的曹锟,在冯玉祥发动的"北京政变"中下台。

二、触目惊心的北京政府贪腐状况

1. 大量挥霍国家岁入和国债、外债收入

袁世凯统治时期,国家岁入用于维护他个人的独裁统治的情况非常普遍。

袁世凯统治时期,为笼络蒙古王公,沿袭清代旧例,设立翊卫处机构。1915年2月2日北京政府订立《设立翊卫处办法》7款,规定就在京蒙古王公中,选定若干,予以名义,有典礼时派充"侍班",事实上并没有什么职权或责任。翊卫处设都翊卫使1员、翊卫使4员、副翊卫使6员、翊卫官8员,"均由蒙藏院按照资俸开单请简",如有出缺,均由蒙藏院开单呈请大总统简派。[①] 该处经费和各蒙古王公的薪俸,实际上就是笼络费,但由国家财政支出。

袁世凯为了笼络满族亲贵,同时又不致太过难堪,往往通过一些在满族亲贵中仍有威望的人,如荫昌等人,来收买笼络,而无论是给荫昌的钱,还是通过荫昌给其他满族亲贵的钱,都是由袁世凯从财政部提款后,亲自交付给荫昌,这种钱款都是从国家财政岁入中提取。

北京政府时期,财税收入有限,为了应付各种开支,特别是镇压南方革命、人民起义,往往通过发行国债或向外国大量借款来筹措经费,而这些国债、借款中的许多部分,都被用来作为政治收买费,或是以回扣甚至公然贪污的方式落入贪官污吏手中。

2. 用贪腐所得经营实业累积财富

北京政府时期,大小军阀通过权力贪腐所得惊人。本书限于篇幅,不一一列举,只就段祺瑞、曹锟这两个军阀的情况,对北京政府时期军阀贪墨所得惊人财富作一典型分析。

[①] 《设立翊卫处办法》,《民国法规集成》第7册,黄山书社1991年版,第491页;《北洋军阀史料选辑》上册,中国社会科学出版社1981年版,第105—112页。

为了攫取远远高于地租收入的近代工商业利润,段祺瑞及其集团成员利用手中的特权"投资"工商业。据不完全统计,段祺瑞集团开办了如下工商企业:

1913年,段祺瑞让自己的二弟段启勋、儿子段宏业先后主持正丰煤矿有限公司,后又让靳云鹏、许世英等辅助,地点在直隶省井陉县荆浦南,资本总额500万元。

1913年,段祺瑞、梁士诒、曹汝霖等在北京东单牌楼创办龙烟煤铁矿厂,资本总额500万元。

1914年,曹汝霖、食知铁吉在上海开办中日实业公司,资本总额500万元。

1914年,倪嗣冲等在安徽省阜阳县创办烈山普益煤矿公司,资本总额100万元。

1915年,徐树铮、倪嗣冲等人在天津海河岸开办天津裕元纺织厂,资本总额200万元。1915年,又加入王郅隆等人,资本总额又增加360万元。

1916年,徐树铮、太厄喜七郎等在京兆大兴县创办裕丰制革厂,资本总额100万元。

1917年,段祺瑞、陆宗舆、寺内常次郎等在北京创办中华汇丰银行,资本总额1000万元。这实际上就是段祺瑞对日经营借款的总机关。

1917年,段永彬、梁士诒等在山西平定县阳泉创办广懋煤矿公司,资本总额1000万元。

1917年,曲同丰与日本三井洋行合作,在热河省阜新县创办阜新煤矿公司,资本总额200万元。

1919年,梁士诒、曹汝霖等在哈尔滨创办戊通航业,资本总额200万元。

1920年,曹汝霖、曾毓隽等在北京户部街口创办新亨商业银行,资本总额100万元。

1920年,徐树铮、曾毓隽等人在北京创办化学工业社,资本总额100万元。

1921年，倪嗣冲、卫燕平等人在天津老车站创办中国漂白粉厂，资本总额12万元。

1925年，倪嗣冲等人在天津创办天津寿丰面粉厂，资本总额60万元。

从1913年到1925年，段祺瑞及其集团成员在12年间先后开办大中型工矿企业16家，涉猎矿产、制革、纺织、面粉、航运、钢铁、化学、金融等行业，资本总额达到1.2亿多元。由于他们在征地纳税、销售等方面都享有特权，故企业利润极为丰厚。如段祺瑞、徐树铮、倪嗣冲等人在天津开办，并由段祺瑞之子段宏业主持的裕元纺织厂，1915年创办，在1918年注册时仅有资本200万元，到1922年时，资本已经增至7203万元，4年之间，资本总额的涨幅达到惊人的35倍。

与段祺瑞家族类似的曹锟家族，凭借曹锟的势力，亦以经营企业的方式获取暴利。1919年，曹锐任直隶省长，创立恒源纱厂，曹锐为董事长兼总经理，资金400万。曹锐名下计7000股（每股100元），曹钧1000股，五聚堂200股。总计曹家共有8200股，合82万元，占总资本额的1/5强。到1946年，曹锐之孙曹郁文任恒源纱厂经理时，曹家拥有11 214股，成为恒源纱厂的最大股东。

曹锟家族利用曹锟掌握的军队，垄断某些种类的军需供应。1917年，曹家在大沽成立并独自经营同福饼干公司，这是专供军用的饼干公司，由曹钧任董事长，但实权操在曹锐之手。曹锐又利用直系军队的军需款项，借口供应军粮，成立利丰大米庄和粮栈，从各地采购大米，然后以米庄名义投机，牟取暴利。后来，曹镇长子曹士魁在天津河东开设魁星和三星两个米面庄，参与到直系军粮供应和投机牟利中。1920年，曹家成立北方航业公司，集资100万元，曹钧入股10万元并任董事长，曹锟家族在该公司有款70余万元。第二次直奉战争直系失败，曹钧因有利用北方航业轮船供给军运嫌疑，被迫辞去董事长职务，但实权仍操在曹家之手。此外，曹锟家族还开办保定电灯公司、天津大华火油公司、宝权珠宝店、大信诚五金行和计公懋当、万成当、永聚当、同聚当、中通当等当铺,以获得暴利。①

3.利用权势攫取田产

段祺瑞集团利用手中的权力大肆圈占土地,或以低价购买大量田产。段祺瑞家族在华北和东北就圈占所谓"荒地"2000多万亩。段祺瑞手下军阀靳云鹏在山东、倪嗣冲在安徽分别侵占农田数万亩,李思浩在浙江余杭"购置"良田2万亩,张敬尧在天津小站占地近4万亩,李鸿基在长江以北占据良田2万多亩。毫无疑问,这些良田沃土和"荒地",都是段祺瑞及其集团成员利用自己手中掌握的政治经济特权,用暴力作为支撑侵占,然后再通过这些土地征收地租,聚敛财富。

曹锟家族所积累起来的惊人财富,其中一项就是田产。①大沽万年桥以西,直到新城,长约18里,占地千顷左右。其中一小部分为垦熟的水稻田,余为未垦的荒地。这片土地原为张勋所有,张勋复辟失败后,卖与曹家,由曹锐经营。②军粮城左近小马厂有水旱稻地约200顷,由曹锟原配郑氏之弟郑大赣经理出租。③大沽西邻大梁子、小梁子,通称大梁庄。有苇地400余顷,周围广植芦苇,中为果木园,由曹镇经手,从小梁子富户李家强买过来,再由曹镇次子曹少庭经营,每年收租2万余元。具体是与中间承租人租妥后,再以高额租金分别租与各佃户。④军粮城务本村以曹家总堂"德善堂"名义,置有水稻地计50顷,由曹锐之子曹少珊经营。⑤天津闸口至法政桥一段堤外地,计1顷60余亩。曹锟作直隶督军时,以贱价留置,此地名为堤外余地,实际是房基地。⑥大沽高家港河滩地,方圆10余里,生产大量水产品,系曹镇以高压手段攫得。⑦大沽田家圈,曹锟占有大片苇地。⑧大沽炮台庄及草头沽一带,有盐滩地,是曹锐利用权势"购置"而来。⑨在湖北樊城,曹锟置有耕地800亩,地契归刘凤伟掌管。②

---

① 陈世如:《曹锟家族对人民的经济掠夺和压榨》,《北洋军阀史料选辑》下册,中国社会科学出版社1981年版,第250—251页。
② 陈世如:《曹锟家族对人民的经济掠夺和压榨》,《北洋军阀史料选辑》下册,中国社会科学出版社1981年版,第252页。

大军阀李纯也积累了大量田产。①他先后在天津周围的魏庄子买地24顷,价8万元。②东局子地6顷,价5万元。③芦新河地18顷,价4万元。④军粮城地46顷,价5万元。⑤大毕庄地3顷,李家祠堂西苇地80亩,以及窑地70亩,共价6万余元。⑥1918年准备修建浦口商埠时,李纯曾在其附近九袱洲,以2万元买地2顷。⑦在新河附近买了有3个熬盐池的盐滩,价3万元。⑧在运河裁弯取直时,出现了很多废河地,经警察厅长杨以德手买到西自西大弯子至单街子北,东自狮子林南一直到水梯子大街两大段废河地,长3里左右,宽约50米的田产。其购房购地的巨额资金从何而来,是不言自明的。①

4. 攫取大量房产及其租金收入

(1)曹家的房产,也以曹锟为多。①天津曹家花园,是曹锟在清末任第三镇统制时,以贱价从一孙姓人家买得,1936年出售给宋哲元主持的冀察政务委员会,得价25万元。②旧英租界老忠厚里平房多间,占地5亩,建筑费6万元。③旧英租界新忠厚里楼房9所,由刘凤伟经营。④旧英租界今洛阳道南海路转角处大楼1所,曹锟下野后,寓居于此。又有泉山里楼房7所,先后经刘凤伟之手卖出。⑤旧英租界今河北路大楼宅院1所,占地7亩多,楼房百余间。⑥旧意租界三马路楼房1所。原为李彦青所有,李死后,曹锟据为己有。⑦北京炭儿胡同大宅院1所。曹锟以3万元购得,曹锟死后卖出。⑧曹锟在保定时,购置房产很多,并在南关外兴建规模宏大的曹家花园,又称"老农别墅"。⑨曹家大楼,系曹锐在特二区兴建。⑩旧意租界二马路楼房2所,曹镇、曹钧所共有。⑪曹钧在旧英租界电话南局旁有楼房3所,河北五马路有平房数百间。⑫曹锳在旧英租界今烟台道有楼房2所。⑬曹镇之子曹世魁,在旧英租界电灯房旁有大楼1所,在黄家花园新华桥以西,有平房数百间。

(2)李纯任江西督军后,通过各种手段攫取大量房产。①以4万元购

---

① 窦守镛、苏雨眉:《李纯一生的聚敛》,《北洋军阀史料选辑》下册,中国社会科学出版社1981年版,第261—262页。

得北京铁狮子胡同住宅1处。②以2万元在天津黄纬路购地修建住宅1处。③陆续在天津南市买到南起东兴市场、北至荣吉街以北一大片房产（包括东兴大街,清和、华安、永安三条大街中间）,占地皮146亩多,经扩建后共有楼房、平房、市场、戏园、澡堂等大建筑约4500余间,购价48.5万元,扩建费约50万元。④又在河北三马路、东兴里、五马路、北马路一带,以20万元购买和修建楼房、平房、门面房1404间。⑤在河东东兴里一带拆建和扩建平房约500间,造价约3万元。⑥在旧英租界二十号路（现为泰安道）购楼房8所,共135间,价5.6万元。以上各项均属出租房产。⑦旧英租界十一号路（现为建设路）有大楼1所、十号路（现为保定道）2所和十四号路（现为烟台道）新建的4所楼房均作住宅,共享款17.6万元。⑧在棉纺六厂附近,建筑宫殿式"李家祠堂"1处,占地90亩,购地皮及建筑费共13万元左右。此项建筑材料,都系拆运北京王府的琉璃瓦及特制大砖修建。李氏兄弟听说协和医院买到豫王府后,掘出许多银子,即以20万元购买北京庄王府拆建。扩建后,改为平安里、志兴里,连同续购的珠市口及庄王府附近的楼房、平房共701间,设立平安里经租处,连同庄王府购价共享26万元左右。以上北京、天津两地,自用和出租房产,约共享现洋190万元。①

5. 军阀巨额贪墨所得举隅

有很多资料记载了段祺瑞集团、曹锟家族和李纯家族的财物情况,充分说明了他们贪墨所得的钱财数额是很惊人的。

段祺瑞虽然极力想向世人树立自己"刚正廉洁"的形象,然而毕竟谎言掩盖不了真相。其实就在段祺瑞当权时期,就有对他的揭露。1920年6月,顺直省议会通电宣告段祺瑞的罪状时,便指出段祺瑞在"天津租界房屋,乃徐树铮于民国元年所得汉阳之款,以十三万元分润段（祺瑞）而购置者。曾云沛（毓隽）以安福党费为段（祺瑞）兴造春夏秋冬四季式之房屋。又复辟讨逆余款二百万元,尽入私囊。段（祺瑞）在中华汇丰银行有股份一百万"。

---

① 窦守镛、苏雨眉:《李纯一生的聚敛》,《北洋军阀史料选辑》下册,中国社会科学出版社1981年版,第261—262页。

1920年8月，直皖战争后，直系军阀控制北京政府，以召集民国二年成立的国会、恢复《临时约法》为由，下令解散安福国会，并查抄安福俱乐部骨干财产，充作处理善后的军费。其中，徐树铮有动产100万元、不动产30万元，曾毓隽有动产300万元、不动产20多万元，丁士源有动产100万元、不动产80万元，朱深有动产500余万元，靳云鹏、倪嗣冲被查出的私产均为2000多万元。其实，这不过是他们的部分财产而已，由此可见段祺瑞及其集团成员贪污腐败之一斑。①

曹锟家族通过贪污受贿和暴力掠夺等手段，积累了大量财富。1924年春节，曹锳曾因家族内部发生经济矛盾而说过："我们曹家现在就是四哥（指曾锐）手内钱最多，三哥（曹锟）虽当到总统，还不如他，大哥（曹镇）、五哥（曹钧）也各有千八百万，就是我穷，干了这些年，不过二三百万，四哥财产已过千万，还嫌不够。"②由此可见曹锟、曹锐家族贪污受贿、横征暴敛之一斑。

军阀李纯生前有一本保密财产账，是由他任江苏督军时的江苏督署机要室秘书主任芮谷贻负责登记、缮写，密存立志堂大账房。通过这份机密账簿，可以得见李纯一生利用权势贪墨的巨额财富："（1）黄金二千四百两。存王氏手中，都系二十两一块的金块。（2）黄金一千九百四十两。存李纯的次妻孙氏手中，都系二十两一块的金块。（3）现款三百几十万元。（4）懋业银行股票五十万元（实交四十三万元）。（5）大陆银行股票二十万元。（6）北洋保商银行股票十万元。（7）山东省工商银行股票四万元。（8）哈尔滨耀宾电灯公司股票四万元。（9）北京电车公司股票十万元。（10）天津裕大纱厂股票八万元。（11）龙烟煤矿股票两万元。（12）山东面粉公司股票两万元。（13）中国实业银行股票两万元。（14）中华书局股票五千元。（15）天津一大皮革公司股票十二万元。"除以上账面所列外，还有江苏省发行的公债票。自齐燮元继任苏督后，此项公债有的陆续还本，有的折合现款，共拨交李纯兄弟李馨100余万元；在义兴银号（总

---

① 上海《申报》，1920年8月6日。
② 陈世如：《曹锟家族对人民的经济掠夺和压榨》，《北洋军阀史料选辑》下册，中国社会科学出版社1981年版，第254页。

号设北京,天津、南京都有分号)存白银十万两,现大洋二十万元;又以王氏名义在义兴银号存二十四万元。李馨死后,在其英租界十四号路住宅发现装在木箱原封未动的现大洋六十万元。李纯的房屋、土地、股票利息等剥削款,月达四万元,当时金价每两二十元左右,每年收入折合黄金达2.4万两。①

袁世凯统治时期军政人物贪贿一览表

姓名	地位(职位)	贪贿手法	数额
黎元洪	袁世凯政府时任副总统,1914年袁世凯解散国会,设参政院,他兼任该院议长。袁世凯死后,他继任中华民国北京政府大总统。	黎元洪有所要求,袁世凯一般有求必应;袁世凯根据政治需要不时送给黎元洪政治收买费,黎元洪总是如数照收。	政治收买费的数额每次一般为10万元
梁启超	戊戌变法领导人之一,清末海外立宪派领袖。1913年初归国后,在民初政党活动中先后为共和党、进步党核心,曾出任袁世凯政府的司法总长。1915年,他与蔡锷组织护国军反对袁世凯称帝。段祺瑞执政府时期,曾出任财政总长。	袁世凯收买梁启超有两条途径:一条是梁士诒经手,进行拉拢;一条是袁世凯授意其子袁克定通过杨度介绍,与梁启超走得很近,送出的特别费也由袁克定经手。	政治收买费、特别费的数额每次一般为10万元。
林长民	曾任南京临时参议院秘书长,1913年当选众议院议员。1917年任段祺瑞内阁司法总长。	袁世凯送给他很多次大笔的政治收买款	每次一般在10万元左右

---

① 窦守镛、苏雨眉:《李纯一生的聚敛》,《北洋军阀史料选辑》下册,中国社会科学出版社1981年版,第262—263页。

姓名	地位（职位）	贪贿手法	数额
汤化龙	清末立宪派领袖之一。1913年当选众议院议长，与梁启超等组建进步党。1914年出任袁世凯政府教育总长。袁世凯称帝后，他参加讨袁护国。	袁世凯给他很多次大笔的政治收买款，对他进行收买。	政治收买款每次一般都在10万元左右
刘崇佑	进步党名人，活跃于当时的政界。	袁世凯给他很多次大笔的款子收买他	每次10万元左右
王占元	1895年入新建陆军，1911年南下镇压武昌起义，升任第二镇统制。民初任北洋军第二师师长、壮威将军，镇压"二次革命"和白朗起义，1915年拥护袁世凯称帝。袁世凯死后，他任湖北督军兼民政长，与冯国璋、李纯合称"长江三督"。	王占元是湖北军事实力派，袁世凯对他多次馈赠以较大数目的特别费，以稳定自己的嫡系势力。	特别费每次都在10万元左右
陆荣廷	旧桂系军阀首领。1911年擢广西提督，辛亥革命后任广西都督，形成桂系军阀集团。"二次革命"时在广西捕杀革命党，授耀武大将军，后参加护国讨袁。段祺瑞政府时任两广巡阅使。	陆荣廷原来直接或间接与袁世凯接近，同时与立宪派、革命党均有联系，国民党也积极拉拢他，袁世凯通过大笔的特别费收买他，使他拒绝国民党。	特别费每次都在10万元左右
程德全	徐世昌一派的人。袁世凯政府时期任江苏都督，1913年抗拒讨袁，逃居上海，自此闭户隐居。他在江浙集团中有影响力。	他原来就与袁世凯接近，但国民党也积极拉拢他，袁世凯用大笔的特别费收买他，使他拒绝国民党。	特别费每次都在10万元左右

姓名	地位（职位）	贪贿手法	数额
世 续	正黄旗人，清廷文华阁学士、军机大臣、资政院总裁、内务府大臣。辛亥革命爆发，首赞清帝逊位。袁世凯与前清势力的联系，通过这位"世中堂"为最多，作用也最大，袁世凯通过世续掌握了清室内部的主要动态。	他一方面收受袁世凯政治收买，袁世凯给他的特别费，都由袁世凯亲自经手；另一方面，他还是袁世凯政治收买款的经手人，有些付给旗人中重要人物的钱，是经世续的手过付的。	每次收受的特别费总在10万元以上，有时甚至达到40万—50万元。
奕 劻	清庆亲王，曾任清军机大臣、内阁总理大臣。武昌起义后，他主张起用袁世凯，使袁世凯有机会攫取大权。故袁世凯任大总统后，对他仍旧孝敬，他是袁早就收买过来的清室重要人物。	接受袁世凯的政治收买费，这笔特别费经常通过世续过付。	每次接受馈赠的钱款总在10万元以上
荫 昌	正白旗人，清陆军部尚书。袁世凯任大总统后，荫昌曾任总统府高等顾问、侍从武官长、参政院参政、参谋总长等职。由于他在清室青年亲贵中颇有威望，因此袁世凯为了笼络他，早就花了很多心血，所以荫昌很捧袁。	袁世凯给荫昌的特别费，通过财政部的正规渠道，由袁世凯从自己的大总统经费中支付。袁给的钱款，不仅荫昌一人用，他也分一些给当时一些青年亲贵，在清室青年亲贵中替袁说些好话。	荫昌每次收到的政治收买特别费都在10万元以上
溥 伦	清室贝子	袁世凯每次都馈赠较大数目的特别费	特别费每次10万元左右
贡桑诺尔布	蒙古王公，世袭札萨克多罗都棱郡王兼卓索图盟盟长。1911年武昌起义后，他在日本操纵下实行蒙边地区独立未成，1912年主张热河自治。1914年被袁世凯调至北京任蒙藏事务局总裁。	袁世凯通过他拉拢其他蒙古王公，每次都馈赠以较大数目的特别费。	特别费每次一般为10万元左右
阿穆尔灵圭	清代亲王，民国时任袁世凯政府翊卫处都使。	袁世凯每次都馈赠以大额特别费	特别费每次10万元左右

姓名	地位（职位）	贪贿手法	数额
那彦图	原满洲都统,袁世凯安置他在翊卫处当副都使	袁世凯每次都馈赠较大数目的特别费	10万元左右
铁忠	留日士官一期,民国统率办事处参议处行走	每月给以公费薪资	每月1000元左右
铁良	镶白旗人。曾任清军机大臣、陆军部尚书、江宁将军。他是旗人军界前辈,又是新派重要人物,与青年亲贵们很亲密,办事兼顾周到,在旗人中有威信,不像奕劻已不为亲贵所信任	此人表面上是宗社党的重要人物,实际早被袁世凯收买,袁世凯给铁良的政治收买特别费数量相当大,给予特别费的次数较多。	每次都在10万元左右
杨士琦	杨士骧之弟,活动的范围很大,影响也很重要。尤其他在东南暗中活动,不露面,但作用很大。	袁世凯给他在东南活动、收买各色人物的特别费很多。	特别费数额不下四五十万元
冯国璋	随袁世凯小站创建新建陆军,任督练营务处总办,与王士珍、段祺瑞并称"北洋三杰"。袁世凯禁卫军统领、江苏都督,是袁手下最重要的大将之一。袁世凯死后,为直系军阀首领。	冯国璋虽然是袁世凯的亲信,但作为实力派,袁世凯既要防着他,又要拼命笼络他,因此不时送大笔钱款给他。	每次馈赠都在10万元以上
蔡乃煌	清末上海道。在经济方面,蔡乃煌把应当上缴财政部的鸦片捐税直接汇交袁世凯个人使用。在政治上,袁世凯常密令蔡乃煌用地方势力在上海抓人,他所起的作用很重要。	袁世凯经常馈赠给蔡乃煌特大数目的特别费。袁世凯对蔡乃煌花的钱,有经济作用,也有政治作用。	每次馈赠都在10万元以上
郑汝成	留学英国海军学校,曾任北洋军政司教练处帮办。民国后官至海军执法官、海军中将,1913年奉命率海军警卫队镇压上海讨袁军,升任上海镇守使、彰威将军。1915年,被陈其美刺死。	郑汝成为袁世凯主持江南密探活动。袁世凯为进一步笼络他,给了他很多钱,每次都馈赠以特大数目的政治收买特别费。	每次馈赠都在10万元以上

姓名	地位（职位）	贪贿手法	数额
倪嗣冲	安武军统领，被袁世凯封为安武将军，1913年奉袁世凯令攻占安庆，任安徽都督，后改安徽巡按使，支持袁世凯帝制自为。袁世凯死后，拥护段祺瑞。	倪嗣冲是袁世凯的老部下，袁很重视他，常给他特别费以收买和笼络他。他拿了袁世凯的钱后，杀害的国民党人不计其数。	每次都馈赠10万元左右较大数目的钱财
张勋	1895年随袁世凯小站练兵，定武军统领。民国后，被袁世凯封为定武上将军。所部武卫前军，驻兖州，效忠清室，所部禁止剪发，其称为"辫帅"，镇压"二次革命"。袁世凯死后，他发动复辟活动。	张勋也是袁世凯的老部下，袁很重视他，他也常接受袁世凯的政治收买费。	每次一般在10万元左右
张作霖	奉系军阀首领。袁世凯统治时期，张作霖已是东北的实力派，他投靠袁后，任第二十七师师长，1916年升任奉天督军兼省长。袁世凯希望他拥护帝制，但他后来是反对帝制的。	袁世凯拉拢他拥护帝制，每次都馈赠以大额政治收买费。	每次一般在10万元左右
唐继尧	1912年任贵州都督，1913年调任云南都督，西南实力派。袁世凯对他很费心机，但其是两面派，始终靠不住。1915年与蔡锷通电护国讨袁，但并不积极。	由于唐继尧始终靠不住，因此袁世凯很费心机进行政治收买。	每次都馈赠以10万元左右的特别费
杨善德	袁世凯的自己人，马厂老四镇出身，第四师师长，淞沪镇守使，在江南地位很重要。	袁世凯每次都馈赠较大数目的特别费以笼络他。	每次都在10万元左右
赵凤昌	江南的重要人物，在南北势力中均有关系，和杨士琦配合着开展活动。	袁世凯每次都馈赠以较大数目的特别费，一面收买他，一面通过他收买别的人物。	10万元左右
王芝祥	通州人，在西南新军中做过大官。	袁世凯每次馈赠大数目特别费收买他	10万元左右

姓名	地位（职位）	贪贿手法	数额
曹锟	袁的嫡系。袁世凯小站练兵时任右翼步兵管带，升至北洋第一镇统制。袁世凯统治时，唯袁命是听，积极支持袁世凯复辟帝制，对抗护国军。	袁世凯对他特别费给得多，每次都馈赠以较大数目的特别费。	每次10万元左右，次数多
张绍曾	小站出身，留日士官一期，是直隶军事新人物，归国后，曾任北洋督练公所教练处总办，第五镇炮兵团长。1911年任新军第二十镇统制，后改第二十师师长，1913年任绥远将军。	他很容易见到袁世凯，袁每次都赠以政治收买特别费。	每次都在8万—10万元左右
姜桂题	老毅军统领，1895年协助袁世凯练新建陆军。1913年参加镇压白朗起义，任热河都统。袁世凯称帝，封一等伯，常与袁接触，袁称他老叔。	袁世凯每次给他特别费，又通过他收买并拉拢军界老前辈。	每次都在10万元左右
赵倜	北洋武备学堂毕业，宏卫军统领，河南实力派。民国成立后，任河南护军使，因镇压白朗起义，1914年被袁世凯封为德武将军，督理河南军务，大肆屠戮。袁世凯称帝时，封为一等伯。	袁世凯每次都以政治特别费收买他	10万元左右
王怀庆	袁世凯旧部，北洋武备学堂毕业。1907年随徐世昌去东北，任东三省总督署军务处会办。民国时先后任蓟榆、多伦、冀南镇守使。	有"屠夫"之称，袁世凯每次给他政治特别费收买他。	10万元左右
马福祥	早年入兰州武备学堂，1912年后官至甘肃宁夏护军使兼署宁夏将军。	他和袁世凯是世交，但靠不住，还是要花大钱收买。	袁世凯每次给他10万元左右的特别费

姓名	地位(职位)	贪贿手法	数额
张广建	清末山东布政使,辛亥期间代理山东巡抚。袁世凯任总统,调任顺天府尹。1914 年被任命为甘肃都督兼民政长,为袁世凯控制西北的干将,在甘肃肆行贪暴,政风恶劣。	张广建是完全拥护袁世凯的,袁给他很多特别费,所索要的经济代价,就是张广建负责把西北鸦片烟土供袁世凯支配。	每次 10 万元左右
张凤翙	陕西军事实力派。1911 年 10 月与钱升、张钫等发动西安起义,任秦陇复汉军大统领。南京临时政府任命他为"中华民国秦军政分府"大都督,国民党秦(陕西)支部支部长。其后向北京政府妥协,拥袁反孙(中山),镇压反袁斗争。	袁世凯为收买他,每次都给他大笔政治收买费。	每次给他 10 万元左右的特别费
江朝宗	清朝汉中总兵。1912 年,袁世凯北京政府委任他为步军统领,封迪威将军。他对北京地方情况最熟悉,管控北京的治安。	袁世凯很早就把钱给他,拉拢他。	袁每次给他 10 万元左右的特别费
张敬尧	袁世凯的死党,先后任北洋军第六师十一旅二十二团团长、第七师师长、苏鲁豫皖四省交界剿匪督办等职。他与袁克定关系很密切。张拿到钱拼命打民军,袁乃任他当师长,以资鼓励。	虽然是袁世凯的自己人,但作为实力派,袁世凯要大力笼络他。	袁每次给他 10 万元左右的特别费
陈 宧	湖北武备学堂毕业,黎元洪的亲信。袁世凯窃国后,由黎保荐他为参谋部次长。	袁世凯知他是黎的亲信,竭力拉拢。陈常能见袁,特别费由袁自己支付。	每次给他 10 万元左右的特别费
汤芗铭	汤化龙之弟,先入福州船政学堂,后留学英国学海军,遇事投机。民国成立后,任海军部次长。"二次革命"爆发后,奉袁世凯命率北洋军到湖南镇压讨袁军,升任湖南都督兼民政长,有"汤屠夫"之称。袁世凯称帝时,封他为一等伯爵。	他接了袁的钱后,所杀害的国民党不计其数。	袁每次给他 10 万元左右的特别费

姓名	地位（职位）	贪贿手法	数额
袁大化	清末历任山东按察使、河南布政使、山东巡抚等职。1910年调任新疆巡抚。民国成立后，被袁世凯政府任命为新疆都督。	被袁收买过来的	每次袁都给他4万—6万元
蒋雁行	留日士官一期，毕业归国后，任江苏江北督练公所参议兼陆军第十三协协统。辛亥革命时，先后任江北都督、江淮检察使。1913年升任江北护军使，并历任北京训练总监、讲武堂堂长。	被袁收买过来的	每次袁都给他4万—6万元
陆　锦	留日士官一期，模范团团副，袁世凯的嫡派。	他是袁世凯要加以笼络的自己人	每次袁都给他4万—6万元
王廷桢	留日士官一期，骑兵出身。清末在新军第一镇旗人师任团长，后任第九镇统领。进入民国后，当了模范团的骑兵督连长。	他是被袁世凯收买过来的	每次袁世凯都给他4万—6万元
李　纯	天津武备学堂毕业。早年随袁世凯小站练兵，先后任袁嫡系第六镇十一协协统、第六镇统制。进入民国后，任第六师长兼豫南剿匪司令。1913年奉命进军江西镇压"二次革命"，任江西都督兼民政长。护国战争中，李纯应冯国璋之约，密电袁世凯请撤销帝制。1917年调任江苏督军。	他在任北洋第六师旅长时，和冯国璋走得很近，被袁世凯收买过来的。	每次袁都给他4万—6万元
许兰洲	湖南陆军学堂毕业。民国时历任黑龙江巡防第二路统领、黑龙江第一师师长、将军府参议、代理黑龙江督军。	被袁世凯用政治收买费收买过来的。	每次袁都给他4万—6万元

姓名	地位(职位)	贪贿手法	数额
孟恩远	袁世凯小站练兵时入伍,清末南阳镇总兵、吉林巡防督办。民国成立后,任陆军第二十三师师长,旋调吉林护军使,1914年改任吉林将军。	被袁世凯收买过来的	每次都有4万—6万元
蓝天蔚	留日士官二期毕业,1910年任陆军第二混成协统领。武昌起义后策动北方新军响应,未果,赴上海任北伐军第二军总司令。南北议和时辞职,出国游历。	原是国民党人,被袁世凯收买过来,袁每次都馈赠以特大数目的特别费。不过,他又在暗中资助南方护法军政府。	每次都在10万元以上
龙济光	1913年奉袁世凯命镇压"二次革命",率军攻占广州,任广东都督,当时掌握两粤军事力量,向袁报了大功。	袁世凯每次都馈赠他特大数目的特别费。被袁收买后,他在西南杀掉国民党不计其数。	每次都在10万元以上
冯耿光	留日士官二期毕业,军咨府厅长,贝勒载涛僚属,与良弼、吴禄贞关系密切,被聘做总统府顾问。	袁世凯安置他在京任职,每月给以资薪公费。	每月给500元左右
聂宪藩	聂士成之子,毕业于日本振武学校,回国后,曾任保定督练公所参谋处总办等职。民国成立后,1912年6月署山东登州镇总兵,1913年8月改为烟台镇守使。1919年后曾任安徽省省长。	他在北洋系中是老资格,有些北洋老人由他联系。	袁每次给他10万元左右的特别费
金邦平	前直隶总督衙门的文案,和张一麐关系很好。	袁世凯给他特别费,利用他拉拢些老人。	每次10万元左右
汪精卫	同盟会会员,曾任《民报》主编。1910年谋炸摄政王载沣被捕,判死刑,后减刑监禁,武昌起义后获释。他随即参与南北议和,以同盟会会员身份充当南方总代表伍廷芳的参赞,暗中充任北方总代表唐绍仪的秘密参赞,与杨度组织"国事共济会",阻挠革命。"二次革命"后赴法国。	袁世凯很早就收买他,汪精卫谋刺载沣被囚在监狱里的时候,袁世凯就收买了他,后来一直给钱。他的钱是通过陆建章领取的。	袁每次给他8万—10万元左右的特别费

姓名	地位（职位）	贪贿手法	数额
叶德辉	湖南乡绅，在政学界皆有影响力。	袁世凯每次都馈赠较大数目的特别费	10万元左右
王揖唐	进士出身，早年在日本学习军事。回国后，在东三省总督徐世昌处任职，后依附袁世凯、段祺瑞，历任北京政府内务总长、安福国会众议院议长、北方议和总代表等职。安福系首领之一。	袁世凯每次都馈赠以较大数目的特别费，他则帮袁办统一党对付国民党。	10万元左右
叶恭绰	袁世凯、梁士诒的亲信。民国成立后，曾任交通部次长、总长兼交通银行经理。1915年赞成袁世凯称帝，任大典筹备处委员。洪宪帝制失败后，被免职。	袁世凯每次都馈赠给他较大数目的特别费	10万元左右
杨缵绪	西北实力派	袁世凯每次都馈赠给他较大数目的特别费	10万元左右
麦信坚	唐绍仪、梁士诒的亲信。	袁世凯给他特别费	每次10万元左右
马龙标	掌管军警督察处，在直隶、河南各地开孔社，捧袁世凯。	袁世凯给他特别费	每次10万元左右
许崇智	留日士官三期毕业，参加同盟会，回国后在福建新军任职。武昌起义后，促使新军第十镇统制孙道仁在福州举兵响应，任第一师师长，次年改任第十四师师长，任福建北伐军总司令。"二次革命"中迫使孙道仁宣布福建独立，被推为福建讨袁军总司令，后败走日本。1915年又回国讨袁。	他在福建、广东有实力，袁世凯馈赠以特别费。	每次1万—2万元
肖星元	留日士官一期毕业，袁总统府侍从武官。	袁世凯馈赠以特别费	每次1万—2万元
田应璜	山西大学校长	袁世凯馈赠以特别费	每次4万—6万元

姓名	地位(职位)	贪贿手法	数额
张 钫	辛亥革命时在陕西率陕军起义,任东路征讨军大都督,后任陕军第二师师长兼陕南镇守使、汉中警备司令、反袁陕军司令、靖国军副总司令职。	他是袁世凯老家的军事土著,有实力,对袁的作用很重要,袁每次都馈赠以特别费。	每次4万—6万元
杨以德	袁世凯统治时期的天津警察厅厅长	为袁世凯杀国民党人,袁世凯馈赠以特别费。	每次4万—6万元
田文烈	原北洋督练公所参议,同当时的北洋大臣袁世凯很接近。	民国成立后,袁馈赠给他特别费,通过他联络北洋旧人。	每次4万—6万元
哈汉章	黎元洪的人。原湖北陆军出身,张之洞的学生,留日士官二期毕业。	他与民党靠得很近,被袁世凯收买过来。袁馈赠以特别费。	每次4万—6万元
段祺瑞	天津武备学堂毕业后,赴德国学习炮兵科。1896年到小站协助袁世凯训练"新建陆军",任炮兵学堂总办兼炮兵统带。1901年随新任直隶总督袁世凯往保定负责编练北洋军。1903年清廷设立练兵处,任军令正使,与王士珍、冯国璋并称"北洋三杰"。民国后任袁世凯政府陆军部总长。	段祺瑞收取陆军部购买军火的回扣,逐渐由暗取到明收。他对袁世凯也有孝敬。	数额巨大
徐树铮	1907年毕业于日本士官学校,归国后入段祺瑞幕,被目为段祺瑞的"智囊"。袁世凯政府时期,段祺瑞任陆军部总长,他任陆军部军学处处长、军马司司长,并创办《平报》,为段宣传。袁世凯企图称帝时,他曾劝段祺瑞消极抵制,被袁世凯免职。	收取陆军部购买军火的回扣,逐渐由暗取到明收。他对袁世凯、段祺瑞也有孝敬。	数额巨大,具体数字不详。

姓名	地位(职位)	贪贿手法	数额
朱 瑞	南京临时政府时期任第六师师长,不久回浙,升任第五军军长。1912年8月任浙江都督兼民政长。"二次革命"时依附袁世凯。1914年6月袁世凯授予其兴武将军,督理浙江军务。1915年上书劝袁世凯称帝,帝制失败后避居上海。	袁每次都馈赠以较大数目的特别费	10万元左右
高凌霨	前清湖广总督张之洞手下。1912年5月任共和党干事,拥护袁世凯。后曾任北京京兆尹。	袁每次都馈赠以特别费	1万—2万元
唐在礼	留日士官一期毕业。负责联系回国在两湖、江浙、两广、北洋、南京、上海、广州、天津等地掌实权的同期同学,并负责联系留日士官二、三期在江浙、两湖、闽粤各地任职的同学。他是袁世凯很重视的力量,后由袁世凯派驻陆军部。	属于袁世凯的自己人,为袁办事,支特别费数目不定,有用项时多支,无用项时少支,皆凭袁世凯的手条支取。	1万—2万元
朱家宝	光绪进士,清末安徽巡抚,辛亥革命后,被拥为安徽都督。民国成立后,1914年赵秉钧死后,由他署理直隶都督,随即任直隶民政长兼直隶总督。袁世凯称帝时,被封为一等伯。	属于袁世凯的自己人,为袁办事,支特别费数目不定,有用项时多支,无用项时少支,皆凭袁世凯的手条支取。	1万—2万元
朱启钤	连任陆征祥、赵秉钧、段祺瑞内阁交通总长。1913年7月至1916年任熊希龄、徐世昌内阁内务部总长、代理国务总理。1915年支持袁世凯的帝制活动,任大典筹备处处长,袁死后,以帝制祸首被通缉,1918年被豁免。	是袁世凯的自己人,为袁办事,支特别费数目不定,有用项时多支,无用项时少支,皆凭袁世凯的手条支取。	1万—2万元

姓名	地位（职位）	贪贿手法	数额
周自齐	1911年曾任前清袁世凯内阁度支部副大臣、大臣。1913年后历任熊希龄内阁的交通部总长、陆军部总长，及孙宝琦、徐世昌、段祺瑞等内阁的财政总长、农商总长。	属于袁世凯的自己人，为袁办事，支特别费数目不定，有用项时多支，无用项时少支，皆凭袁世凯的手条支取。	1万—2万元
梁士诒	光绪进士。1903年应袁世凯之聘任北洋编书局总办，1911年署理邮传部大臣。1912年3月任袁世凯总统府秘书长，参与机密，深得袁信任。5月，任交通银行总经理，把持财政，广结党羽，成为交通系首领。袁世凯死后，被列为帝制祸首通缉。1918年回到北京。	凭借垄断的交通事业和银行事业，对外借款、对内搜刮，为袁世凯帝制筹备经费不遗余力。是袁世凯的自己人，为袁办事，支特别费数目不定，有用项时多支，无用项时少支，皆凭袁世凯的手条支取。	各种回扣的贪污费用数目巨大。在袁世凯手中支特别活动费，每次1万—2万元。
张镇芳	袁世凯表弟，晚清曾任直隶按察使，署直隶总督。1912年任河南都督兼民政长，镇压白朗起义的主持人，1914年因镇压失利调回北京。1915年支持袁世凯称帝，与朱启钤等被列为"七凶"。	属于袁世凯的自己人，为袁办事，支特别费数目不定，有用项时多支，无用项时少支，皆凭袁世凯的手条支取。	每次1万—2万元
阮忠枢	安徽合肥人。袁世凯任山东巡抚时的文案，曾署顺天府尹、邮传部副大臣。阮氏五兄弟，阮忠枢行二。其兄阮忠植，曾任崇文门监督、安徽省长，五弟阮忠桓任长江巡阅使署军需监。	是袁世凯的自己人，为袁办事，支特别费数目不定，有用项时多支，无用项时少支，皆凭袁世凯的手条支取。	每次1万—2万元
袁乃宽	袁世凯府大管事。袁世凯的同乡，追随袁世凯多年，极得袁世凯的信任。	袁世凯的自己人，为袁办事，支特别费数目不定，有用项时多支，否则少支。	每次1万—2万元

姓名	地位（职位）	贪贿手法	数额
段芝贵	1897年投靠袁世凯，1905年任第三镇统制，署黑龙江巡抚。1912年任拱卫军总司令、察哈尔都统。1913年授陆军上将、第一军军长，1914年任湖北督军、彰武上将军，奉天镇安上将军，督理东三省军务兼奉天巡按使。	袁世凯的亲信，对袁百依百从，是袁世凯的自己人。为袁办事，支特别费数目不定，有用项时多支，无用项时少支，皆凭袁世凯的手条支取。	每次1万—2万元
雷震春	曾任北洋督练公所参谋处总办，民国成立后，在北京军警督察处任职，专门办案。	负责北京治安，抓捕和杀害了大量国民党，凭袁世凯的手条支取特别费。	每次1万—2万元
吴炳湘	民国北京政府时期任京师警察总监，为袁世凯控制北京地方倚重之人。	是袁世凯的自己人，为袁办事，支特别费，凭袁世凯的手条支取。	每次1万—2万元
顾　鳌	留日政法学生，为袁世凯办事得力之人。	袁世凯的自己人，凭袁手条支特别费。	每次1万—2万元
杨　度	留日政法学生出身。辛亥革命前后依附袁世凯，与汪精卫组织国事共济会，阻挠反袁革命。袁世凯解散国会后任参政院参政。1915年与孙毓筠、严复、刘师培、胡瑛、李燮和等组筹安会。	为袁世凯收买梁启超等政治人物的中间人，为恢复帝制策划。为袁办事，支特别费数目不定，有用项时多支，无用项时少支，凭袁手条支特别费。	每次1万—2万元
陆建章	新建陆军出身。1912年后任袁世凯警卫军统领兼北京军政执法处总办，1914年任陕西督军，1915年拥袁称帝，封一等伯爵。	拥护袁世凯称帝，残杀各界进步人士，有"屠夫"之称。支特别费数目不定，凭袁手条支特别费。	每次1万—2万元
唐天喜	追随袁世凯天津小站练兵，任袁世凯总统府卫队司令。	袁世凯的自己人，凭袁手条支特别费。	每次1万—2万元
张士钰	追随袁世凯天津小站练兵，原段芝贵亲信，后成为袁世凯的亲信。	袁世凯的自己人，凭袁手条支特别费。	每次1万—2万元

（说明：本表仅为袁世凯统治时期贪腐者的部分统计，资料来源：杜春和、林斌生、丘权政主编：《北洋军阀史料选辑》上册，中国社会科学出版社1981年版，第105—112页；钱实甫编：《北洋政府职官年表》，华东师范大学出版社1991年版。）

第二节
北京政府的反贪原则和
反贪法规

一、北京政府根本大法的反贪原则

1912年2月12日,辛亥革命的迅猛发展、袁世凯的逼宫,迫使清宣统帝溥仪诏告退位。根据袁世凯与独立各省达成的协议,孙中山辞去临时大总统之职。袁世凯在帝国主义的支持下,当上了中华民国临时大总统。北京政府虽是军人统治和独裁统治结合的怪胎,但随着中国资产阶级在政治上的崛起,资产阶级民主共和的观念逐渐被知识阶层和普通民众所接受,加以同盟会改组成的国民党和立宪派演变而成的政党的牵制,北洋军阀为了维护自己的统治,不得不在表面上实行国会政治,这客观上也起到了一些防止权力过分滥用情况的发生。

1912年3月10日,袁世凯在北京就任临时大总统。4月8日,南京临时参议院休会,迁往北京。北京参议院是北京政府的临时立法机关,但它存在不到一年,便依据《临时约法》第28条有关"参议院以国会成立之日解散"的规定,于1913年4月解散。根据《中华民国国会组织法》,国会由参众两院构成,即"民国议会以左列两院构成之:参议院、众议院";"民国宪法未定以前,《临时约法》所定参议院之职权,为民国议会之职权"。同时还规定了一些事项,"两院各得专行之"。在反贪腐方面,参众两院就负责"建议、质问",查办官吏纳贿违法之请求等事项之议决。①

中华民国国会在 1913 年成立后,于 6 月 30 日组成宪法起草委员会,负责宪法的起草工作。10 月 31 日,《中华民国宪法草案》在委员会三读通过,因为该"宪草"在天坛祈年殿起草,故又名"天坛宪草"。它规定中华民国为资产阶级共和国,即"中华民国永远为统一民主国",实行议会政治、三权分立。由于"天坛宪草"仍秉承了《临时约法》的基本精神,通过国会和内阁限制大总统的权力,采责任内阁制,故袁世凯认为"天坛宪草"于己不利,于是他决定直接干预宪法起草工作。②

1913 年 10 月 10 日,袁世凯就任中华民国正式大总统,为建立总统独揽大权的政治制度,他提出将《临时约法》"酌加修正"为"新约法",并在《大总统咨众议院汇提增修约法案并逐条附具理由请从速讨论议决见复文》中明确表明"《临时约法》第四章关于大总统职权各规定,适用于临时大总统已觉有种种困难,若再适用于正式大总统则其困难将益甚",同时指责《临时约法》导致"国势日削,政务日隳,而我四万万同胞之憔悴于水深火热之中者且日甚"。③

11 月 26 日,袁世凯将熊希龄为内阁总理的所谓"第一流人才内阁"召集的行政会议,改为政治会议,并讨论提出《临时约法》"实行以来,障碍丛生,举国诟病",有修正之必要,同时以政治会议"为政府之咨询机关,即无参预增修根本法律之职责",主张"宜于现在之咨询机关及普通之立法机关以外,特设造法机关,以改造民国国家之根本法"。④有了这一层理由,一方面袁世凯在 1914 年 1 月 10 日下令停止国会参众两院议员职务,一律资遣

---

① 《中华民国国会组织法》(1912 年 8 月 11 日),《政府公报》第 103 号,1912 年 8 月,"法律";《东方杂志》第 9 卷,第 3 号,"中国大事记"。
② 《中华民国宪法草案》(1913 年 10 月 31 日),《东方杂志》第 19 卷,第 21 号,"附录"。
③ 《政府公报》第 528 号,1913 年 10 月 23 日,"公文"。
④ 《袁世凯令政治会议咨询增修约法程序文》、《政务会议呈复咨询增修约法程序文》,转见吴宗慈编纂:《中华民国宪法史》前编,第三章,北京东方时报馆、上海大东书局 1924 年版,第 59、61—62 页。

回籍；另一方面，1月26日又制定颁布了《约法会议组织条例》，组织约法会议修订宪法。①

1914年3月18日，约法会议正式成立后，即着手起草约法，约法会议议决事件，须得袁世凯裁决，方为有效。5月1日公布施行的《中华民国约法》是根据袁世凯提出的"大总统制定官制、官规"，大总统任免国务员、外交大使以及一切文武职官，并"宣战、媾和、宣布戒严、缔约"等毋庸经参议院或国会同意，以及采总统制，总统享有紧急命令权及财政紧急处置权等所谓"增修临时约法大纲"七项内容为核心来制定的。② 故此，《中华民国约法》的主要内容是实行总统制，取消责任内阁制，设国务卿和参政院协助总统处理政务，但无副署权；取消议会制，否定三权分立的制衡机制，以参政院代行立法院职权，成为袁世凯复辟帝制时期的"立法机关"。这样，《中华民国约法》规定的不受制约的权力，就从根本大法上破坏了宪政精神和反权力贪腐的精神。

袁世凯在《中华民国约法》颁布后，成为独裁总统。其后，他又授意修正大总统选举法，成为终身总统。但是，袁世凯还不满足，他决意改变国体，复辟帝制，要当中华帝国洪宪大皇帝，并于1915年12月31日申令改国号为中华帝国，改1916年为洪宪元年，着手制定帝国宪法草案。袁世凯复辟帝制的行径，激起全国人民的愤怒，护国战争由此爆发。1916年3月22日，袁世凯被迫下令撤销帝制，仍称总统，但未能平息反袁斗争。6月6日，袁世凯羞愤成疾而死。

袁世凯之后，北京政府先后经历了临时执政府、安国军政府、护宪军政府、建国军政制置府四个特殊形式的政府统治。

袁世凯死后，由日本支持的段祺瑞皖系军阀控制了北京政权，由黎元洪出任中华民国大总统，直系军阀首领冯国璋出任副总统，段祺瑞任国务总理。1916年6月29日，大总统黎元洪宣布遵行《临时约法》及大总统选举

---

① 《政府公报》第603号，1914年1月11日；第619号，1914年1月27日，"命令"。

② 《中华民国约法》，《政府公报》第712号，1914年5月1日，"命令"。

法,裁撤参政院,撤销有关立法院、国民会议各项法令,召开旧国会,续议《中华民国宪法草案》(即"天坛宪草")。宪法会议正在进行之际,北京政府内部就对德宣战问题产生分歧,在反对参战的大总统黎元洪和主张参战的国务总理段祺瑞之间发生了"府院之争",黎元洪将段祺瑞免职。张勋则以调停黎段之争为由,带兵进京,胁迫黎元洪解散国会,使制宪活动再度中断。张勋进京后,于 1917 年 7 月 1 日拥清废帝溥仪复辟。被黎元洪免职后住天津的段祺瑞利用"张勋复辟"的机会,在马厂誓师,带兵讨伐张勋,驱逐黎元洪,重新控制了北京政权。

段祺瑞在控制北京政权后,拒不召开国会,破坏《临时约法》,在《临时约法》中所体现出的宪政民主、反对贪腐的精神自然也被他摒弃。但在客观上,为维护自己的统治,他也不得不与公然盛行的贪腐行为作斗争。

二、北京政府的反贪法规

袁世凯虽然破坏了宪政精神、反贪腐原则,但并不表明他就是绝对放任和纵容贪污腐败行为的。毕竟,贪腐行径对国家政权和他的统治是有极大损害的。

1. 关于贪腐罪行的刑事和行政立法

北京政府为了巩固自己的统治、维护本阶级的利益,很重视对危及自己统治的贪污腐败行为的惩处,注重以刑事立法来惩治贪腐。

(1)《暂行新刑律》及其《补充条例》的规定

北京政府继续使用《暂行新刑律》,这是在沈家本主持修订的《大清新刑律》基础上改定的。沈家本具有近代法律观,在修律中主张"甄采中外",在刑律方面采用近代资产阶级刑法体例及罪行法定、刑罚人道主义和司法独立等原则,因此北京政府继续使用近代资产阶级的刑法体例和刑事立法的原理原则。① 1912年7月8日,北京政府国务会议审议通过《暂行新刑律施行法草案》;7月20日,法制局拟订《刑法草案》②;8月12日,司法部拟定通过《暂行新刑律施行细则》,并经国务会议修正通过,就是要在"法典颁行,新旧每多窒碍"之时,"颁布新法必有施行法以济其穷"。③

袁世凯政府把"以礼教号召天下"作为立法的指导思想,制定《暂行新刑律补充条例》。其主要内容是:(一)维护纲常,第1条特规定"刑律第十五条于尊亲属不适用之";(二)惩治贪贿,如第14条规定"犯第四条及意图营利犯第九条之罪者,褫夺公权,犯第二条第一项、第二项,第五条,第九条之罪者得褫夺之";(三)维持中国社会的传统秩序。④

(2)《修正刑法草案》和《刑法第二次修正案》的规定

为了加强个人专制独裁,袁世凯政府在1914年成立法律编查馆,修订法律,聘请《大清新刑律》的编纂者之一、日本人冈田朝太郎参与修订刑法部分。1915年,北京政府修改刑法时也强调要以礼教立法,并在《修正刑法草案》中增加了一些根据礼教纲常论罪量刑的内容。同时,鉴于"非峻法不足以资惩艾",还颁布了《惩治盗匪法》、《惩治盗匪法施行法》等法律、法规,"以济立法之穷"、"以重典胁服人心"。⑤ 1915年2月《修正刑法草案》完成,但尚未及议决公布,袁世凯政府已被推翻。

段祺瑞执政府时期,1918年7月设立修订法律馆,任命董康、王宠惠为总裁,修订袁世凯政府的《修正刑法草案》。1919年,又公布《刑法第二次

---

① 《临时大总统令》(1912年3月11日),《民国法规集成》第31册,黄山书社1991年版,第259页;李光灿、宁汉林主编:《中国刑法通史》第八分册,辽宁大学出版社1987年版,第162页。

② 《政府公报》第84号,1912年7月23日,"呈"。

③ 《暂行新刑律施行细则》,《政府公报》,1912年8月12日,"公文";《东方杂志》第9卷,第4号,"中国大事记"。

④ 《暂行新刑律补充条例》(法律第23号,1914年12月24日),《民国法规集成》第31册,黄山书社1991年版,第111—113页。

⑤ 《署贵州巡按使龙建章、贵州护军使刘显世呈遵将本省现办盗匪情形切实具复拟仍暂照惩治盗匪法施行法办理请训示文并拟令》,《政府公报》第982号,1915年2月1日,"呈";《惩治盗匪法施行法》(法律第19号),《政府公报》第931号,1914年12月7日,"法律"。

修正案》。由于南北军阀对峙,加之《暂行新刑律》已为西南各省所接受,故该修正案未能真正得到实施。涉及贪腐行为,主要是关于贿赂罪定刑轻重的标准,《暂行新刑律》以事前事后作为量刑轻重的标准,而《刑法第二次修正案》认为,以时间为标准,不一定符合案情的实际,于是改为以行为是否违背职务作为定刑轻重的标准。

(3)《官吏犯赃治罪条例》等刑事特别法规

为了统治的需要,北京政府还公布了一系列刑事特别法,并赋予它优先于《刑法典》实用的效力。涉及贪污腐败罪行的主要有:1914年6月5日公布的《官吏犯赃治罪条例》(10条),经参政院代行立法院职权,提出大会议决追认,复于同年7月14日明令改编为法律第2号。1914年11月12日,又公布《官吏犯赃治罪法执行令》(7条)。①

《官吏犯赃治罪条例》规定:第一,官吏犯"枉法赃至五百元以上者,处死刑。不枉法赃至一千元以上者,处无期徒刑。卷携公款潜逃至五千元以上者,处死刑"。第二,《条例》还规定:"惩戒事件审议中发见有本条例事实者,由各该会移送该管法院审讯。死刑得用枪毙,徒刑得遣赴新疆及极边烟瘴等省"。② 这一法令实行期为3年,但期限未满,袁世凯政府已垮台,至1916年6月,黎元洪继任大总统,即于7月18日明令废止。

1921年3月29日,当时的北京政府又公布新的《官吏犯赃治罪条例》,其内容大致与《刑法第二次修正案》"渎职罪"相同,惟科刑较重,《条例》"施行期限为三年"。主要规定有:第1条,"官吏对于职务上之行为,要求期约或收受贿赂或其它不正当利益者,处三等以上有期徒刑,并科三千元以下罚金"。第2条,"官吏对于违背职务上之行为,要求期约或收受贿赂或其它不正利益者,处无期徒刑或二等以上有期徒刑,并科五千元以下罚金;因而为违背职务上之行为者,处死刑、无期徒刑或一等有期徒刑,并科五千元以下罚金;司法官犯前二项之罪者,加重本刑一等"。第3条,"对于

---

① 《官吏犯赃治罪条例》,《东方杂志》第11卷,第1号,"中国大事记";《官吏犯赃治罪法执行令》,《政府公报》第907号,1914年11月13日,"命令"。
② 《东方杂志》第11卷,第1号,"中国大事记";谢振民编著、张知本校订:《中华民国立法史》,中国政法大学出版社2000年版,第1086页。

官吏为行求期约或交付贿赂或其它不正当利益者,处四等以下有期徒刑,并科二千元以下罚金"。第4条,"官吏侵占公款逾五千元以上者,处无期徒刑或二等以上有期徒刑,并科五千元以下罚金"。第5条,"犯第一条、第二条及第四条之罪,所收受之贿赂或利益没收之,若全部或一部不能没收时,追征其价额"。同时还规定:"犯本条例之罪,得褫夺公权"。①

1914年12月23日,参政院议定并颁布实施的《私盐治罪法》,明确指出,"系私盐而搬运、受寄、故买或为牙保者",按私盐罪的刑罚"减第二条之刑一等或二等"量处;盐务官员、缉私场警、兵役自犯私盐罪,按犯私盐罪"加第二条之刑一等"论处。② 这些都是涉及惩处官吏利用职务贪腐的情形。

(4)惩戒法规

在惩戒法规方面,1914年7月20日,北京政府颁布《官吏犯罪特别管辖令》,11月11日公布《修正官吏犯罪特别管辖令》。③ 1914年8月19日颁布《官吏违令惩罚令》④,1915年10月15日颁布《司法官惩戒法》、《审计官惩戒法》⑤,1921年2月17日颁布《司法官惩戒法适用条例》,等等。⑥ 但是,北京政府官员上至历任大总统,下至基层官吏,贪赃枉法极其普遍,北京政府不可能真正打击贪污受贿的犯罪行为,设立这类法令,不过是处治几个小贪污犯,表示他们整饬吏治,而敷衍社会舆论,欺骗民心。

1920年7月,冯国璋、曹锟、吴佩孚的直系军阀,利用五四运动后皖系军阀声名狼藉和全国人民的反日反段情绪,联合奉系军阀张作霖,发动直皖战争,打败了控制北京中央政权的皖系军阀段祺瑞,直奉联合控制了北

---

① 《官吏犯赃治罪条例》(教令第11号,1921年3月29日),《东方杂志》第18卷,第9号,"法令"。
② 《私盐治罪法》(法律第22号),《政府公报》第947号,1914年12月23日,"法律"。
③ 《官吏犯罪特别管辖令》(1914年7月20日),《政府公报》第793号,1914年7月21日,"命令";《修正官吏犯罪特别管辖令》(1914年11月11日),《政府公报》第906号,1914年11月12日,"命令"。
④ 《官吏违令惩罚令》(1914年8月19日),《政府公报》第823号,1914年8月20日,"命令"。
⑤ 《东方杂志》第12卷,第12号,"法令"。
⑥ 《政府公报》第1826号,1921年3月24日,"公文"。

京政权。1920年10月19日,北京政府公布《办赈奖惩暂行条例》,规定办赈人员犯贪污腐败行为者,应受惩罚并作如下处罚:"办赈人员侵蚀赈款者,由该管长官先行停职,交由司法官署依刑律及《办赈犯罪惩治暂行条例》办理";"办理赈务,开支冗滥,虚糜公款者",也照此例惩处。① 同日,又以教令第22号公布《办赈犯罪惩治暂行条例》,规定:"办赈人员侵蚀赈款至五百元以上者,处死刑、无期徒刑或一等有期徒刑。"其处罚较重于《暂行新刑律》中之"侵占罪",此《条例》于办赈完竣之日废止。②

1922年4月,英美支持的曹锟、吴佩孚直系军阀集团与日本支持的张作霖奉系军阀集团之间爆发了直奉战争。张作霖战败,退出关外。直系军阀独自控制了北京中央政权。随后,在1923年就发生了曹锟贿选总统等丑闻。袁世凯之后的北京政府公然、完全地践踏了中华民国创立者们所追求的民主宪政和反贪精神。

2. 刑事审判制度上的反贪和贪贿

北京政府时期,司法机关大体沿袭清末新政时期的司法机关体制。中央司法机关为大理院,是最高审判机关,长官为院长;大理院内配置总检察厅,长官为总检察长;此外,中央的司法机关还包括平政院,省级司法机关为高等审判厅,内配置高等检察厅。北京政府的基层司法机关分为地方审判厅和地方检察厅,初级审判厅和初级检察厅,以及兼理司法机关,如县知事兼理司法、审检所、县司法公署等。地方审判厅、地方检察厅在市或县设置,基本采用近代资产阶级的立法原则和法律审判制度。③

---

① 《办赈奖惩暂行条例》(教令第21号,1920年10月19日),《东方杂志》第17卷,第23号,"法令"。
② 《办赈犯罪惩治暂行条例》,《东方杂志》第17卷,第23号,"法令"。
③ 《大理院办事章程》(1919年5月29日),《政府公报》第1201号,1919年6月9日,"公文";《总检察厅办事章程》(1920年4月5日),《政府公报》第1496号,1920年4月14日,"公文";《平政院编制令》(1914年3月31日)、《县知事兼理司法事务暂行条例》(教令第45号),《东方杂志》第10卷,第11号,"中国大事记";《高等审判厅办事权限条例》(1914年6月11日),《东方杂志》第11卷,第1号,"中国大事记";《县司法公署组织章程》(教令第6号,1917年5月1日),《东方杂志》第14卷,第6号,"法令"。

北京政府司法制度采大陆法体系,行政诉讼和普通民事、刑事诉讼分开。《临时约法》第49条规定:"法院依法律审判民事诉讼及刑事诉讼,但关于行政诉讼及其它特别诉讼,别以法律定之。"①这是把行政诉讼和普通诉讼分开处理的办法。1914年,成立平政院受理行政诉讼。

北京政府的司法审判机关采行"四级三审"制度。初级审判厅,为"四级三审制"中的第一级,负责审理属于初级管辖的第一审民事、刑事诉讼案件,登记其非讼案件。但在多数地方,初级审判厅实际上并未真正建立起来。随即在1914年4月5日,袁世凯御用的政治会议决议取消初级审判厅,并公布《县知事审理诉讼暂行章程》。该《章程》规定:"凡未设审判厅各县,第一审应属初级或地方厅管辖之民刑事诉讼,均由县知事审理。"

司法审判体制的建构较具合理性,但实际运作却为贪腐制造了机会,尤其是县知事兼理司法审判,更是造成基层司法腐败的蔓延之势。县知事兼理司法时,享有逮捕、审讯和执行判决的权力,并规定"审判方法,由县知事或承审员相机为之",使县知事将行政权与检察、审判权集于一身,为其在司法审判上专横擅断提供了合法依据。② 其中的索贿、受贿等贪腐黑幕,正如毛泽东在《湖南农民运动考察报告》中所述:"湖南的司法制度,还是知事兼理司法,承审员助知事审案,知事及其僚佐要发财,全靠经手钱粮捐派,办兵差和在民刑诉讼上颠倒敲诈这几件事,尤以后一件为经常可靠的财源。"③可见各地县政府市狱贪赃枉法之严重状况。

3. 预防和惩治警政贪腐的刑事和行政法规

袁世凯在清末是警察制度的创建者之一,也在实际上主持过全国警政事务,他对利用警察制度巩固统治很重视。当上中华民国临时大总统后,袁世凯很注意对警察队伍的规范和管理,并颁布《整顿各省警政办法大纲》

---

① 《中华民国临时约法》,《中华民国史档案资料汇编》第二辑,江苏古籍出版社1991年版,第110页。
② 《县知事审理诉讼暂行章程》(教令第46号),《东方杂志》第10卷,第11号,"中国大事记"。
③ 毛泽东:《湖南农民运动考察报告》,《毛泽东选集》第1卷,人民出版社1991年版,第30页。

(1915年8月6日)等一系列警政法规,整顿全国警政。为整饬警察队伍,袁世凯政府1914年3月2日公布《治安警察条例》,8月29日经参政院追认后改称《治安警察法》;1915年11月7日,公布《违警罚法》;1913—1915年,京师警察厅先后颁布《京师警察厅巡官长警赏罚章程》、《冬防暂行巡官长警赏罚条例》等文件。① 地方警察厅方面,如山西省会警察厅制定《警察官吏奖罚简章》,哈尔滨临时警察总局制定《巡官长警赏罚章程》等,对有特殊"劳绩"(如尽瘁职务,奋不顾身)的警察官吏的奖励和对不良行为的惩处,作出规定。

警官属于文官范畴,对警官的惩戒按照《文官惩戒条例》(1918年1月17日公布)的规定施行,主要针对"一、违背职务,二、废弛职务,三、有失官职上之威严或信用"的文官,交付惩戒委员会予以惩戒。简任官和荐任官的惩戒,由文官高等惩戒委员会议决;委任官的惩戒,由文官普通惩戒委员会议决。涉及的惩戒处分为:"一、褫职,二、降等,三、减俸,四、记过,五、申诫"五等,前三种属于惩戒委员会的职权范围,后两种属于该管长官的职权范围。②

1919年1月31日,《内务部声明警察犯罪改照修正陆军刑事条例分别适用呈及条文清单》中指出,"呈为声明警察犯罪适用军法原案,拟改照修正陆军刑事条例及修正陆军审判条例"。对巡官长警的处罚分为斥革、降级、罚饷、记过、申斥等五种。凡故意违反警察禁令情节重大的,违抗上级命令的,贻误紧要公事、擅离职守、逾假不归、包庇娼赌、调戏妇女、诈骗财物、酗酒滋事、徇情纵放、监守自盗、请人顶替当差,等等,一律予以斥革。违反刑律者,斥革后移送司法机关讯办,等等。③

实际上,北京政府统治时期,警察奖罚体制中,往往是奖多罚少,"国家

---

① 《民国法规集成》第14册,黄山书社1991年版,第7、22、67页。
② 《文官惩戒条例》(教令第三号,1918年1月17日),《东方杂志》第15卷,第2号,"法令"。
③ 《内务部声明警察犯罪改照修正陆军刑事条例分别适用呈及条文清单》(1919年1月31日),《中华民国史档案资料汇编》第三辑,政治(一),江苏古籍出版社1991年版,第343—345页。

对于官吏褒奖之典,日有所闻,惩戒之方,未经实举",以致"泄沓之风日长,玩之象渐滋"。① 警察体制和警察队伍中吏治腐败的现象与整个北京政府的腐败状况是一致的。京师、省府和商埠的警察组织相对较严密,控制力量较为强大。县一级及以下城镇的警察体制,警制划一完备的状况在许多地方是有名无实,警力薄弱,警察素质差,"几与匪类无异"。这种情况下,贪污腐败、敲诈勒索的事情不绝于缕。由县知事兼任警察所所长的"警政合一"的领导体制因县知事事务繁多,内务部遂决定事务较繁之县,以警佐任警察所所长,县知事监督其工作。警力所不及的广大农村地区,则由地方保卫团或旧式保甲等准警察组织来代行,而把持者往往横行乡里,敲诈勒索,无恶不作。②

在警源方面,北京政府实行"招募制",但警察职业在当时是不受尊重甚至被认为是不光彩的职业,社会地位较低,经济收入微薄,故"贤者必不为之,为者多为不肖"。这些人或为城市无业游民,甚或是地痞无赖,导致巡警素质极差,"流弊丛生,曷其有极",欺压盘剥百姓,贪污索贿,无所不为。③

警政经费方面,获取方式以"捐"为主,大致分为亩捐和公益捐。不过,捐的名目繁多,并因地区不同而有差异。本由国库开支的京师、省会和商埠警款,不仅未能遏制住各地方警察机关的贪欲,反而让这些警察机关大肆巧立名目,征收捐款,以扩充财源。如山西省会警察厅收取车捐、妓捐、戏捐、代当捐(即当铺捐)等,尤以车捐和妓捐为大宗收入。在山西,妓捐是警察厅一项重要的收入来源,因此,山西警察厅公然反对取缔妓馆,甚至为妓馆的经营创造便利条件,"以博奇利"。④

---

① 《文官高等惩戒委员会呈拟具本会与各该长官享权限办法并批》(1914年3月4日颁行),转引自韩延龙等:《中国近代警察史》(上),社会科学文献出版社2000年版,第453页。
② 《县警察所官制》(1914年8月29日),《东方杂志》第11卷,第4号,"中国大事记";《政府公报》,1914年8月30日,第833号,"命令"。
③ 《奉天警务处咨洮昌、东边、辽沈道为令各县变更警制多设派出所以资改进文》(1924年4月),参见于珍:《奉天全省警甲报告书》,奉天作新印刷局1925年印行。
④ 《山西警察报告书·呈文》,太原,山西省会警察厅1919年编印,第49—50页。

第三节
北京政府的反贪机构和机制

北京政府时期的反贪机构,在中央是袁世凯统治时期的平政院和肃政厅,在地方各省区也建立了一些监察机构。

一、中央和地方反贪监察机构

1. 中央监察机构——平政院与肃政厅

北京政府的监察机构,主要存在于袁世凯当政时期。北京政府建立后,随着政府机构组建日趋完备,职权日增和趋重,官吏违法失职行为渐多,在一定程度上危及袁世凯的统治,因此袁世凯政府连续公布一系列建立监察机构的法规。

1914年3月31日公布《平政院编制令》,4月10日公布《纠弹条例》,5月17日公布《行政诉讼条例》和《诉愿条例》,7月20日公布《行政诉讼法》、《诉愿法》、《纠弹法》和《纠弹事件审理执行令》,8月10日公布《平政院处务规则》、《肃政厅处务规则》,8月14日公布《肃政厅办事细则》、《肃政厅肃政史办事细则》,并根据这些法规设置平政院和肃政厅,专司违法和失职官吏的举发。如前所述,北京政府采用大陆法体系的司法制度,将行政诉讼与民事诉讼、刑事诉讼分开。除关于贪污行为的刑事法规和审判机关有专门规定外,北京政府设置平政院,专掌行政诉讼,为便于纠弹,特将肃政厅置于平政院内,因此按《中华民国国民政府组织法》,平政院兼具行政诉讼和弹劾两种职权。

(1)平政院和肃政厅的组织结构

①平政院的组织结构。"平政院直隶于大总统",设院长1人,特任,直属大总统,"指挥监督全院事务"。院长不在时,"由该院官等最高之平政院评事代理之,官等同者,以任官在前者代理之"。

平政院设置评事15人,简任。评事任职资格的规定为:由平政院院长、各部总长、大理院院长和咨询机关等密荐,年满30岁,具有下列两项资格之一者,呈请大总统选择任命:"一、任荐任以上行政职三年以上,著有成绩者;二、任司法职二年以上,著有成绩者。"对于评事的限制性措施,主要是规定平政院评事在任职期间,不得有以下各项活动:"一、政治结社及政谈集会之社员或会员;二、国会及地方议会议员;三、律师;四、商业之执事人。"

平政院设置总会议,由院长和评事组成,院长为议长,议决的事项除法令有特别规定外,由院长决定。

平政院设置书记处,分置"记录、文牍、会计、庶务"4科,由荐任职或委任职书记官分掌。①

②肃政厅的组织结构。"平政院设肃政厅",肃政厅是平政院的一部分,但"肃政厅对于平政院独立行其职权",是一个兼具监察和检察性质的机关。肃政厅设都肃政史一人,由大总统任命,"指挥监督全厅事务。都肃政史有事故时,以肃政厅官等最高之肃政史代理之。官等相同者,以任官在前者代理之"。

肃政厅设置肃政史16人。肃政史的任命,由平政院院长、各部部长、大理院院长及高等咨询机关密荐,呈大总统选择。肃政史的任职资格和限制

---

① 《平政院编制令》(教令第39号),《东方杂志》第10卷,第11号,"中国大事记";《平政院处务规则》(教令第115号),《政府公报》第814号,1914年8月10日,"命令"。

性措施与平政院评事相同。

肃政厅设总会议,由都肃政史及全体肃政史组成。都肃政史为议长,议决重要事项,除特别规定外,由都肃政史经肃政史 4 人以上同意决定。①

(2)平政院和肃政厅的职权

①平政院的职权。行政诉讼审理权,由平政院分设的 3 个审判庭掌理。审判庭由评事 5 人组成,其中须有司法职出身的 1—2 人,"每庭以平政院评事一人为庭长,指挥监督该庭事务",负责对以下情事的审理和裁决:"一、中央或地方最高行政官署之违法处分,致损害人民权利者。二、中央或地方行政官署之违法处分,致损害人民权利,经人民依《诉愿法》之规定诉愿至最高级行政官署,不服其决定者",得提起行政诉讼于平政院。其裁决由平政院院长呈请大总统批令主管官署执行。②

②肃政厅的职权。平政院肃政厅既兼具监察和检察性质,其职权也就兼行行政诉讼权和纠弹权,而且"平政院肃政史之纠弹,以由行政职出身及由司法职出身之肃政史二人以上协议行之,意见不一时,取决于都肃政史"③。肃政厅职权具体规定如下:第一,行政诉讼权。即肃政史对于人民按规定"得提起诉讼,经过陈诉期限而未陈诉者";人民"依《诉愿法》,得提起行政诉讼之诉愿,经过诉愿期限而未诉愿者",均得于陈诉诉愿期限经过后六十日内,提起诉讼于平政院所分置的三个审判庭。④ 第二,纠弹权。《纠弹法》规定,肃政史对于国务卿、各部总长等行政官吏的"违宪违法事件、行贿受贿事件、营私舞弊事件、溺职殃民事件"等违法行为,可径呈大总统纠弹。《纠弹条例》的规定是,"违反宪法事件,行贿受贿事件,滥用威权

---

① 《肃政厅处务规则》(教令第 116 号),《政府公报》第 814 号,1914 年 8 月 11 日,"命令";《东方杂志》第 11 卷,第 3 号,"中国大事记";《肃政厅肃政史办事细则》(1914 年 8 月 14 日),《政府公报》第 853 号,1914 年 9 月 19 日,"通告"。
② 《行政诉讼法》(法律第 3 号,1914 年 7 月 20 日),《东方杂志》第 11 卷,第 3 号,"中国大事记"。
③ 《东方杂志》第 10 卷,第 11 号,"中国大事记"。
④ 《行政诉讼法》,《东方杂志》第 11 卷,第 3 号,"中国大事记"。

事件,玩视民瘼事件",并且"平政院之裁决,由肃政史监视执行"。①

平政院评事及肃政史之惩戒处分,"由平政院惩戒委员会行之"。平政院惩戒委员会的组成,"置会长一人,委员八人。遇有惩戒事件时,由大总统选任平政院长或大理院长为会长。委员由大总统于平政院评事、肃政厅肃政史、大理院推事、总检察厅检察官中选任之"。②

2. 地方监察机构

地方监察机构的设立,主要是在1920年前后南方各省推行"联省自治运动"期间,在宣布"自治"的湖南、浙江、四川等省省政当局设立的监察机构。

(1)《省议会暂行法》和"省宪"防止权力贪腐的规定

1913年4月2日公布的《省议会暂行法》等文件,规定了省议会的职权为议决权、监督权、建议权,体现了预防权力贪腐的精神。

①议决权规定,凡下列各种情事,须经省议会议决:"一、议决本省单行条例,但得以不抵触法律、命令为限;二、议决本省预算及决算;三、议决省税及使用费、规费之征收,但法律命令有规定者,不在此限;四、议决省债募集及省库有负担之契约;五、议决本省财产及营造物之处分并买入;六、议决本省财产及营造物之管理方法,但法律命令有规定者,不在此限;七、其它依法律命令应由省议会议决事件。"③

②监督权规定:一、"受理本省人民关于本省行政请愿事件";二、"省议会对于省行政长官,认为有违法行为时,得以出席议员三分之二以上之可决,提出弹劾案,经由内务总长,提交国务会议惩办之";三、"省议会对于本

---

① 《纠弹条例》(教令第48号),《东方杂志》第10卷,第11号,"中国大事记";《行政诉讼条例》(教令第68号)、《诉愿条例》(教令第69号),《东方杂志》第11卷,第1号,"中国大事记";《纠弹法》(法律第4号)、《行政诉讼法》(法律第3号)、《诉愿法》(法律第5号),《东方杂志》第11卷,第3号,"中国大事记"。

② 《平政院编制令》,《东方杂志》第10卷,第11号,"中国大事记"。

③ 《省议会暂行法》(法律第4号,1913年4月2日),《东方杂志》第9卷,第11号,"中国大事记"。

省行政,认为省行政官吏有违法纳贿情事,得咨请省行政长官查办之";四、"省议会议员,对于本省行政事项有疑义时,得以十人以上之连署,提出质问书于省行政长官,限期答复";五、"省议会议员对于省行政长官之答复,认为不得要领时,得要求省行政长官自行到会,或派员到会答辩"。

③建议权规定:一、省议会"得以关于本省行政及其它事件之意见,建议于省行政长官";二、"答复省行政长官之咨询事件",即省行政长官对于某项事件遇有疑难时,可向省议会咨询,省议会亦须据实答复,并可向省行政长官作出建议。①

以上这些规定,反贪腐的意义是很明确的,为监察机构的设置提供了法律依据。因此,湖南、浙江和四川的"省宪"中,对监察机构均有专章规定。率先制定的《湖南省宪法》,除在第四章"省议会"中对省议会的职权有专门规定外,对监察机构的设置是体现在第九章"审计院"的有关省行政经费的审计职权的规定中。②浙江的"九九宪草"则除第八章"审计院"的规定外,还体现在专门规定于第七章"监察院"的条款中。③

(2)监察院的设置

根据《湖南省宪法》和浙江的"九九宪草"的规定,设立监察院,作为地方监察机关。

①监察院人员编制的规定。"监察院,置监察员十一人,由全省选民,分区组织选举会选举之;其选举程序,另以法律定之。监察院院长一人,由监察员互选之";"监察员任期四年,连举得连任"。

②监察院人员任职资格的规定。"本省选民,年满三十五岁,学识经验声望素著者,得被选为监察员。"对监察院监察员的限制性规定:一、"监察

---

① 《省议会暂行法》,《东方杂志》第9卷,第11号,"中国大事记"。
② 《湖南省宪法》,《东方杂志》第19卷,第22号,"宪法研究号"之"附录"。
③ 在"联省自治"的风潮中,湖南省率先制定"省宪"。1921年6月4日,浙江督军卢永祥紧随湖南,通电主张各省自行制宪,旋组织起草,由浙江省宪法会议议决并于9月9日公布《中华民国浙江省宪法》,故称"九九宪草"。参见《中华民国浙江省宪法》,《东方杂志》第19卷,第22号,"宪法研究号"之"附录"。

员不得兼任他项公职。"二、"监察员全体或一人不称职,或有违法行为时,由各选举区选民十分一以上之提议,交付全省选民总投票表决,如过半数可决时,应即退职。"

③监察院职权的规定。"(1)省议院议员有依法律应惩罚之事项,而省议院未提议者,得咨请省议院审查之。(2)省长、政务员、省法院长、省法院审判员、审计员,有违法行为时,得胪举事实,咨请省议院弹劾之,弹劾案成立后,适用第四十八条第五款之规定。(3)查办行政司法官吏。(4)监视各项选政及各项官吏考试。"①

四川地方的监察机构称为监政院,设监政员五人,由各县县议会选举,任期五年,连选得连任;院长一人,由监政员互选。②

"联省自治运动"期间,浙江和四川的监察机构只是民意机关,其人员是代表议会对政府公务员行使监察权,往往徒具虚名,难以真正发挥作用。随着"联省自治运动"的销声匿迹,它们也消失了。

3. 军阀独裁专制与监察权的削弱

北京政府颁布的《平政院编制令》、《肃政厅处务规则》等法规中明确规定,肃政厅虽设置于平政院内,但在职权行使过程中,不受平政院命令和制约,平政院院长及三庭评事无权干涉,因为平政院院长及评事仅负责行政诉讼审理方面的事务。相对平政院而言,肃政厅具有较强的独立性,"对于平政院,独立行其职务",并对平政院有监督权,"平政院之裁决,由肃政史监视执行"。③

然而,肃政厅的这种独立性,在大总统袁世凯面前是软弱无力的。大总

---

① 《中华民国浙江省宪法》(1921年9月9日),《东方杂志》第19卷,第22号,"宪法研究号"之"附录"。
② 《四川省宪法草案》,13章159条,阮湘等编:《中国年鉴》(第一回,第136号),商务印书馆1924年版。周继中等对此亦有论述,参见周继中主编:《中国行政监察》,江西人民出版社1989年版,第448页。
③ 《平政院编制令》(教令第39号),《东方杂志》第10卷,第11号,"中国大事记"。

统对平政院和肃政厅的裁判,拥有最后决定权。无论是大总统特交查办,还是肃政史自行提劾,对应否纠弹,最后均须呈大总统认可,方能实施。袁世凯还利用平政院对肃政厅加以掣制,从而使肃政厅对自己唯命是从。

随着袁世凯帝制自为步伐的加快,肃政厅的地位日益衰弱。第一次世界大战期间,梁士诒为袁世凯操持财政,他采用铁路国有政策,将各省铁路收归部辖,"未几更举行验契税、印花税、所得税等,并将各省官产,由部主持,任意变卖,且明令取消地方税名目,统由官吏征收。创立新华银行,发行储蓄票,与前清之彩票无异,复令土商报效三千余万元,准其将烟土行销江苏、江西、广东三省,新排好戏,连台开演,而不解事之肃政使,偏又交章弹劾,噫,何其愚也"①。很明显,这种弹劾是无法发生作用的。

1915年9月9日,肃政厅全体肃政史呈请大总统袁世凯迅速取缔鼓吹和策划复辟帝制的急先锋——筹安会,并予以惩戒,"以靖人心"。这对袁世凯来说如绞心头肉,万万不可,但为敷衍民众和肃政史,仅令内务部这一"主管官署对于该会以后言论行事为之酌定范围,明令限制"。虽肃政厅全体肃政史提起纠弹,也难动筹安会要人——参政杨度、曾任约法议长的孙毓筠等人的一根毫毛。②

1916年6月,袁世凯死后,北洋军阀各派首领假借"民国"之名,实行独裁专制。"张勋复辟"时期,于6月13日胁迫黎元洪解散国会,6月29日"裁撤平政院所属之肃政厅",平政院依旧存在。③"张勋复辟"失败后,北京政府也未恢复肃政厅这一最高监察机构。

---

① 路滨生编:《绘图中国黑幕大观续集》卷上,上海中华图书集成公司1918年印行,第11页。
② 《商务日报》刊载袁世凯对于肃政厅请取消筹安会之办法,参见《商务日报》,1915年9月28日。
③ 《东方杂志》第13卷,第8号,"中国大事记"。

二、分司弹劾制

北京政府时期,按提起弹劾的机构,将弹劾权行使的主体和对象分为三类,分别实施弹劾。

1. 国会提起弹劾

国会提起弹劾的对象为大总统和国务员(指国务总理和各部总长)。1912年4月,迁到北京的具有临时国会性质的参议院规定:"对临时大总统认为有谋叛行为时",弹劾之;"对国务员认为有失职或违法时",弹劾之。①

2. 肃政厅提起弹劾

肃政厅提起弹劾的对象为在职官吏(包括国务卿、各部总长、普通文官和特别文官,特别文官包括外交官、司法官、技术官等)和非在职官吏(指没有现职,但有官秩的官吏)。②

3. 省县立法机关提起弹劾

民国初年,省议会负责弹劾省行政长官,而一般官吏的弹劾则颁请省行政长官自行裁理。"联省自治"时期,省、县议会的弹劾职权有所扩大。《中华民国浙江省宪法》(即浙江"九九宪草")规定:省议会对"省长、政务员、省法院长、省法院审判员、监察员、审计员有违宪行为时,省议院得以议员员额五分一以上之提议,出席员三分二以上之可决弹劾之。弹劾案成立,先行停职,付特别法庭审理之"③。

民国初年,县议会不具有弹劾权。而"联省自治"时,县议会对县行政长官和行政人员都可提出质问或弹劾。具体规定如下:"县议会对于地方行政与县自治事务有关系事件,得随时具陈意见";"县议会对于监督官署

---

① 钱实甫:《北洋政府时期的政治制度》上册,中华书局1984年版,第6页。
② 钱实甫:《北洋政府时期的政治制度》上册,中华书局1984年版,第202页。
③ 《中华民国浙江省宪法》(1921年9月9日),《东方杂志》第19卷,第22号,"宪法研究号"之"附录"。

或县参事会咨询事件,应随时答复"。①

北京政府统治时期,地方政权名义上隶属于北京政府,但在地方军阀割据势力的把持下,实际上各自为政,听命于中央政府的极少,肃政厅要弹劾地方官吏,是相当困难的。

三、审计机构

1. 国务院审计处

1912年9月,北京政府国务院公布《审计处暂行章程》,正式设立审计处,并在各省成立审计分处。民国初年,中央审计机构还未建立时,实行地方自治的各省,纷纷设立审计机构,主要有:"广东之核审院,湖南之会计检查院,云南之会计检查所,陕西之会计检查处,湖北及江西之审计厅,贵州之审计科,吉林之审计长等,均先中央而设置",后来则将各省原有的审计机构加以改组。②

中央政府审计处成立之初,即于1912年11月15日公布《暂行审计规则》、《暂行审计国债用途规则》,1913年12月公布《审计处执务规则》、《收支凭证之证明条例》等审计法规,但不久即废除《暂行审计规则》,而同时公布实施《审计条例》。

（1）审计处的组织结构和职掌

审计处隶属国务总理,掌理全国会计监督事务,遇有重要事件,呈国务总理核夺。审计处设总办1人,掌理全处事务。国务院审计处第一任总办,由袁世凯任命王景芳担任。

审计处分置五股办事,五股职掌如下:第一股,掌办撰拟关于审计的文

---

① 《中华民国浙江省宪法》,《东方杂志》第19卷,第22号,"宪法研究号"之"附录";《县自治法》(1919年9月7日),《东方杂志》第16卷,第10号,"法令"。
② 《审计处暂行章程》(1912年9月),《东方杂志》第9卷,第5号,"中国大事记";南京国民政府行政院新闻局编:《审计制度》,行政院新闻局1947年印行,第16页。

牍函电,厘定计算书及证凭、单据的格式,及其他不属各股的事项。第二股,掌办审查陆军部、海军部所属收支计算事项。第三股,掌办审查外交部、内务部、财政部所属收支计算事项。第四股,掌办审查教育部、司法部、交通部、农商部所属收支计算事项。第五股,掌办审查全国岁出、岁入及地方行政官署的收支,关于国债及国有财产的收支计算事项。各股设主任1人,办事员25人,由总办呈请国务院派充。各股分课办事,第一股分置秘书、议事、编纂、会计、庶务、收发各课,第二股设2课,第三股设3课,第四股设3课,第五股设3课。

(2)审计处会议

审计处议事,分为总会议和股会议两种。总会议以总办为议长,议决有关全处事宜;股会议以股主任为议长,议决本股所承办事宜。

(3)审计分处

各省的审计分处,是中央派驻的审计机构。审计分处置处长1人,下设3科,每科置科长1人,掌理该省审计事宜。①

2. 审计院

1914年6月16日,北京政府公布《审计院编制法》,废止《审计处暂行章程》,扩充原来的审计处,正式成立审计院。北京政府于8月10日公布《审计院分掌事务规程》,10月2日公布《审计法》,废止《审计条例》,明确审计院职权。后来,审计院还裁撤各省审计分处,统一事权。

(1)审计院的组织结构和职掌

审计院"直隶于大总统",统一掌理全国审计事务,"依审计法审定国家岁出岁入之决算",并"于每会计年度之终,须以审计成绩呈报于大总统"。

审计院"置院长一人,由大总统特任,总理全院事务,指挥监督所属职员";"置副院长一人,由大总统简任,佐理院长之职务"。第一任审计院院

---

① 《审计处暂行章程》(1912年9月),《东方杂志》第9卷,第5号,"中国大事记";《暂行审计规则》(1912年11月15日),《政府公报》第199号,1912年11月16日,"命令"。

长为丁振铎,副院长为徐恩元。

审计院"置审计官十五人,协审官二十七人,均由院长呈请大总统任命,承长官之指挥,分掌审计事务"。①

审计院下设三厅、二室、一会。

"三厅",分掌中央各部主管的全国收支事项的审计。第一厅分掌审查财政部、外交部、教育部"主管之全国收支计算事项",第二厅分掌审查陆军部、海军部、交通部"主管之全国收支计算事项",第三厅分掌审查内务部、司法部、农商部"主管之全国收支计算事项"。各厅均以审计官 3 人以上、协审官 4 人以上组成;厅长 1 人,由总统从审计官中简任。各厅分 4 股办事,指派主任和工作分配等,"其事务之分配由院长指定之"。

"二室",一为书记室,设书记官长 1 人,由院长呈请大总统任命,"书记官长承院长副院长之指挥综理一切事务,监督所属书记官";书记官 5 人,由院长委任;书记室内分置"机要科、会计科、庶务科、编译科"等 4 科,并得设核算官掌办核算事务,核算官可充任除书记官外"书记室之办事人员"。二为外债室,"置华、洋室长各一人,掌稽核外债事务",这是根据《善后借款合同》所设,室长原作"稽核外债室华洋稽核员"(或"国债科华洋科长")。

"一会",为审查决算委员会,以审计院院长、副院长为会长、副会长,并指定审计官、协审官各若干人兼充委员。主要任务是"复审各厅审查报告、编制审查决算总报告书暨审计成绩报告书"等。②

(2) 审计院会议

审计院会议,分为总会议和厅会议两种。总会议以审计院院长为议长,议决全院事宜。厅会议以厅长为议长,议决本厅所承办之事宜。

(3) 审计院人员选任条件

审计院共设审计官 15 人、协审官 27 人,由院长呈请大总统任命其人

---

① 《审计院编制法》(1914 年 6 月 16 日,约法会议议决案),《东方杂志》第 11 卷,第 2 号,"中国大事记"。
② 《审计院分掌事务规程》(1914 年 8 月 10 日),《政府公报》第 814 号,1914 年 8 月 11 日,"命令"。

员。北京政府决定审计官选任制度化,对审计官、协审官的选用有严格规范:(一)"审计官、协审官须年满三十岁以上";(二)"任行政职务满三年以上著有成绩者";(三)"在专业学校修过政治学、经济学,三年以上毕业,并任行政职满一年以上者"。①

3. 审计机构的职权及其行使方式

(1) 审计处的职权

1912年11月15日,北京政府公布的《暂行审计规则》规定,国务院审计处负责"审计国家之岁入岁出及一切财政之规程,会计法及其它法律未公布以前京外各官署及其所属局所均应遵守",具体职权为:(一)"稽核支出";(二)"审查决算";(三)"检查国库";(四)"检查簿记";(五)"检查官有财产";(六)"检查国债"。②

(2) 审计院的职权

审计院成立后,各项审计职权大致同前,除国家岁出、岁入的决算和"法令规定之大总统、副总统岁费暨政府机密费外",审计院"应行审定":"一、总决算;二、各官署每月之收支计算;三、特别会计之收支计算;四、官有物之收支计算;五、由政府发给补助费或特与保证之收支计算;六、法令特定应经审计院审定之收支计算。"

各官署的收支计算经审计院"总会议或厅会议审查决定之","审计院审查各官署之支出计算书及证明单据,议决为正当者,应发给核准状,解除出纳官吏之责任;议决为不正当者,应通知该主管长官执行处分,但出纳官吏得提出辩明书,请求审计院再议",也就是说,若认为出纳官吏有不当或违法行为,可通知原官署执行处分,若有异议,审计院具有调查权和再

---

① 《审计院编制法》,《东方杂志》第11卷,第2号,"中国大事记";《审计院分掌事务规程》,《政府公报》第814号,1914年8月11日,"命令";《审计院各厅办事细则》,《政府公报》第826号,1914年8月23日,"饬"。

② 《暂行审计规则》(1912年11月15日),《政府公报》第199号,1912年11月16日,"命令"。

审权。①

(3) 审计职权的行使方式

北京政府时期的审计院职权的行使,直接送审(送请审计)是主要的审计方式。根据1914年12月7日北京政府公布的《审计法施行规则》,审计院职权的行使方式如下:

①"各官署应于每月五日以前,依议决预算定额之范围,编造次月支付预算书,送由财政部,查核发款后,转送审计院备查,其在各地方之官署,应依前项规定,将次月支付预算书,送由财政厅查核发款后,详由财政部转送审计院备查。"

②"各官署应于每月经过后十五日以内,编成上月收入计算书、支出计算书,送审计院审查。其有该管上级官署者,应于每月经过后十五日以内,编成上月收入计算书、支出计算书,送由该管上级官署核阅,加具按语,转送审计院审查。一官署所管事务,有涉及数部主管者,其收入支出,应按照性质分别编送计算书";"营业机关及其它有特别性质之收支计算,得依审计院指定特别期限,编成收支计算书,送由主管官署核阅后,加具按语,转送审计院审查。"

③"金库应于每月经过后十五日以内,编成金库收支月计表,连同证据,送由财政部或财政厅核定后,转送审计院审查。财政厅为前项之核定详送审计院时,应即详报财政部";"财政部应于年度经过后八个月以内,编造全年度国库出纳计算书,送审计院审查"。

④"中央各官署,应于年度经过后三个月以内,编成岁入岁出决算报告书,送主管部查核。国外各官署同";"各省各特别区域及蒙藏等处各官署,应于年度经过后三个月以内,编成岁入岁出决算报告书,送财政厅或财政分厅汇核。于年度经过后六个月以内,编成全省或全区域岁入岁出决算报告书,送财政部全分,并分送主管查核。未设财政厅或财政分厅之处,由行

---

① 《审计法》(法律第13号),《政府公报》第867号,1914年10月3日,"法律"。

政长官查核编送"。

⑤"各部应于年度经过后八个月以内,编成所管岁入决算报告书,主管岁出决算报告书及特别会计决算报告书,送财政部查核。但关于云贵甘新川桂六省之决算,得展限一个月。蒙藏等处之决算,得依特定期限,另案编送";"财政部应于年度经过后十个月以内,汇核各部及本部决算报告书,并国债计算书,编成总决算,连同附属书类,送审计院审查。但关于蒙藏等处之决算,得另案编送"。

⑥"经营物品官吏,应于年度经过后二个月以内,编成全年度物品出纳计算书,送由主管长官核定后,转送审计院审查。"

⑦审计院对各官署支出计算书审定完毕后,"应就核准之金额填发核准状,"如出纳官吏有不当行为时,审计院"有权随时通知该管长官执行处分",但涉及到"各官署长官有违背法令时,应呈请大总统核办"。

⑧除审计机关自审,并在"认为必要时,得派员实地调查"之外,还多委托各官署办理审计业务,不采取委托其他审计机关办理审计业务的做法。①

不过,北京政府内外官署狃于故习,往往不遵守审计法令;各省官吏又多不听指挥,各省收入皆为其截留;北京中央政府无固定财源,全赖外债维持,根本谈不上正式预算的制定。因此,在相当程度上,当时的审计机构形同虚设。

四、官吏惩戒机构

1. 平政院

平政院直接隶属于大总统,是具有行政与司法双重性质的机构,惟最高统治者的利益而行,代表最高政权机关行使对有侵害人民权益等违法失职行为官吏的惩戒权。同时,它还是行政诉讼的审理机关。

---

① 《审计法施行规则》(教令第145号,1914年12月7日),《东方杂志》第12卷,第1号,"法令"。

平政院审理三类案件：第一类，是大总统直接交与平政院、肃政厅查办、审理的案子，所谓"大总统特交查办事件经都肃政史指定查办之肃政史应协议定期查办之"①；第二类，是肃政史向平政院提交的纠弹案；第三类，是人民不服官署的处分，而提请平政院重新审理的行政诉讼案件。②

平政院的具体审理工作，由其所设的三个审判庭负责。每庭由平政院评事五人组成，其中"须有司法职出身之评事一人或二人"。各庭庭长由平政院院长在评事中推荐，呈请大总统任命。划分各庭后，除有特殊理由，一年内各庭人员不得更调。③

2. 各类官吏惩戒委员会

凡官吏有违背职守、玷污官吏身份、丧失官吏信用等行为，按照有关规定，应组织惩戒委员会。根据被惩官吏的官等和所属机关的职能，分设文官高等惩戒委员会、文官普通惩戒委员会、司法官惩戒委员会、审计官惩戒委员会等。

（1）文官惩戒委员会

1913年1月9日，北京政府颁布《文官惩戒委员会编制法草案》，成立文官惩戒委员会，规定"文官惩戒委员会分为两种：一、文官高等惩戒委员会。二、文官普通惩戒委员会"④。

①文官高等惩戒委员会，"掌议决简任及荐任官之惩戒"，"于中央设一

---

① 《肃政厅肃政史办事细则》，《政府公报》，1914年9月19日，第853号，"通告"。
② 《平政院处务规则》、《肃政厅处务规则》（1914年8月10日），《政府公报》第814号，1914年8月11日，"命令"；《纠弹法》（法律第4号，1914年7月20日）、《行政诉讼法》（法律第3号，1914年7月20日），《东方杂志》第11卷，第3号，"中国大事记"。
③ 《平政院编制令》（教令第39号，1914年3月31日），《东方杂志》第10卷，第11号，"中国大事记"。《平政院各庭办事细则》（1914年11月27日），《民国法规集成》第11册，黄山书社1991年版，第229页。
④ 《文官惩戒法草案》、《文官惩戒委员会编制法草案》，《政府公报》第243号，1913年1月9日，"命令"；《中华民国史档案资料汇编》第三辑，政治（一），江苏古籍出版社1991年版，第299页。

所,于各省各设一所"。

文官高等惩戒委员会的人员编制,分属中央和地方,且均属临时机构。"设于中央者以委员会由委员长一人、委员八人"组成;"设于各省者以委员长一人、委员六人组织之"。

设于中央的文官高等惩戒委员会人员的选派规定为:"文官高等惩戒委员会,设于中央者,于中央简任、荐任官及各地方简任官惩戒事件发生时,由国务总理于左列各员中开列,呈请大总统选派组织之:一、大总统府顾问,二、平政院院长,三、最高法院院长,四、平政院评事,五、最高法院审判官,六、四等以上荐任官。"

设于地方的文官高等惩戒委员会人员的选派,则规定:"文官高等惩戒委员会设于各省者,于各地方荐任官惩戒事件发生时,由省行政长官于左列各员中开列,经由国务总理呈请大总统选派组织之:一、高级法院审判官,二、省行政长官所属荐任以上文官。"

关于文官高等惩戒委员会的议事规则,《文官惩戒委员会编制法草案》规定:"中央高等惩戒委员会非合委员长、委员在七人以上,地方高等惩戒委员会非合委员长、委员在五人以上到场,不得开议。委员会议事以多数决之,可否同数时由委员长加入决定之。"

1914年,北京政府公布《文官惩戒委员会编制法草案》,规定文官高等惩戒委员会只设在中央,由委员长一人,委员十人组成,并规定任期一年。①

②文官普通惩戒委员会,"掌议决委任官之惩戒","设于中央及地方各官署",同时还规定:"特别局所认为无须设文官普通惩戒委员会者,得不设文官普通惩戒委员会。其委任官惩戒事件,由直辖官署之文官普通惩戒委员会司之。"

《文官惩戒委员会编制法草案》规定,文官普通惩戒委员会负责委任官(普通官)的惩戒,其人员编制和选派为:"文官普通惩戒委员会无论设于中

---

① 《文官惩戒委员会编制法草案》(1913年1月9日),《中华民国史档案资料汇编》第三辑,政治(一),江苏古籍出版社1991年版,第299—300页。

央各官署或地方各官署者,其委员长皆为一人,由各该官署长官兼之,其委员为三人至六人(《修正文官惩戒委员会编制法》改为二人到四人),由各该长官于该署荐任官中临时选派组织之。但有特别情形时,得以上级官署之荐任官充下级官署之委员。"

其议事规则为:"文官普通惩戒委员会非合委员长、委员三人以上到场,不得开议。委员会议事以多数决之,可否同数时由委员长加入决定之。"①

(2)司法官惩戒委员会

1915年10月15日,北京政府公布《司法官惩戒法》,规定司法官惩戒委员会负责议决执行全国司法官的惩戒。司法官有下列行为之一的,依法惩戒:"一、违背或废弛职务;二、有失官职上威严或信用。"

司法官惩戒处分的种类,主要有:"一、夺官,二、褫职,三、降官,四、停职,五、调职,六、减俸,七、诫饬。"并特别规定:"诫饬由大总统以命令申饬之。前项之命令,除由司法总长传知被付惩戒人外,并刊登政府公报公示之。"

司法官惩戒委员会的构成,"以委员长一人,委员九人组织之"。委员长由大总统于"一、大理院长,二、平政院长"中遴选任命之;惩戒委员九人,由大总统于"平政院评事、大理院推事、总检察厅检察长及检察官"中遴选任命之,任期各三年,"惩戒委员每年改任其三分一,第一次、第二次应行改任之委员,以抽签定之"。

委员会的议事规则为:"司法官之惩戒,由司法官惩戒委员会议决行之。"司法官惩戒会议"非合委员长、委员七人以上列席,不得开议;惩戒会议非有列席委员三分二以上之同意,不得议决;委员长有事故不能列席,得

---

① 《文官惩戒委员会编制法草案》,《中华民国史档案资料汇编》第三辑,政治(一),江苏古籍出版社1991年版,第299—300页。

由首席委员临时代理"。①

（3）审计官惩戒委员会

1915年10月15日，北京政府公布《审计官惩戒法》，规定："审计官、协审官有左列行为之一者，依本法惩戒：一、违背或废弛职务；二、有失官职上威严或信用。"

审计官惩戒处分的种类有："一、夺官，二、褫职，三、降官，四、降等，五、减俸，六、记过。"同时规定："审计官、协审官之惩戒，由审计官惩戒委员会议决行之。"

审计官惩戒委员会的组成，"以委员长一人，委员八人组成，于有惩戒事件时组织之"，负责惩戒审计官、协审官的违法失职行为。惩戒委员会委员长由大总统于"一、司法总长，二、平政院长，三、大理院长"中遴选任命之。惩戒委员由大总统于"一、平政院评事，二、大理院推事，三、总检察厅检察长及检察官，四、其它三等荐任文官"中遴选任命之。

审计官惩戒会议，"非合委员长、委员七人以上列席，不得开议。非有列席委员三分二以上之同意，不得议决。委员长有事故不能列席时，得由首席委员临时代理之"。②

五、平政院和文官惩戒委员会的惩戒程序

1. 平政院惩戒程序

根据《平政院编制令》、《平政院组织法》的规定，平政院兼有行政诉讼和纠弹两种职权。具体惩戒程序包括三个步骤：

（1）提起惩戒建议，即由肃政史向大总统提出惩戒处分的建议。

---

① 《司法官惩戒法》（法律第5号，1915年10月15日），《东方杂志》第12卷，第12号，"法令"。
② 《审计官惩戒法》（法律第6号，1915年10月15日），《东方杂志》第12卷，第12号，"法令"。

(2)提起诉讼和审理,由肃政史向平政院提起行政诉讼,由平政院合议庭审理并惩戒。

(3)裁决,即在平政院审理完毕后,进行裁决,由肃政史监视执行,以出席评事过半数议决,如票数各半,由庭长作最后决定。在宣告裁决后,须写裁决理由书,分发给原先肃政史及被告和有关人员。①

2. 文官惩戒委员会依官等不同而分别惩戒

(1)文官应受处分情形

文官应受惩戒的违法失职行为及其处分。根据1913年1月颁布的《文官惩戒法草案》规定,"凡文官有左列各款情形之一者,应受惩戒:一、违背职守义务。二、玷污官吏身分。三、丧失官吏信用。"

(2)惩戒处分

应受的惩戒处分有:"一、褫职,二、降等,三、减俸,四、申诫。"并规定:"受褫职处分者,自受处分之日起,非经过二年,不得复任";"受降等处分者,自受处分之日起,非经过一年,不得再叙进。受降等处分无等可降者,减其半俸,其期间为一年以上、二年以下";"减俸期间,为一月以上、一年以下。减俸数目,为月俸十分之一以上、三分之一以下"。②

(3)文官惩戒权属

文官惩戒的程序及其惩戒权之所属,《文官惩戒法草案》规定:

①"简任官属于国务院或直隶于国务总理者,其褫职、降等及减俸,经惩戒委员会议决报告后,由国务总理呈请大总统行之。属于各部或直隶于各部总长者,经惩戒委员会议决报告后,由各部总长经由国务总理呈请大

---

① 《平政院编制令》,《东方杂志》第10卷,第11号,"中国大事记";《平政院处务规则》、《肃政厅处务规则》,《政府公报》第814号,1914年8月11日,"命令";《纠弹条例》(1914年4月10日),《政府公报》第692号,1914年4月11日,"命令";《行政诉讼条例》(教令第68号,1914年5月17日),《政府公报》第729号,1914年5月18日,"命令"。

② 《文官惩戒法草案》(1913年1月9日),《中华民国史档案资料汇编》第三辑,政治(一),江苏古籍出版社1991年版,第297页。

总统行之。"

②"荐任官属于国务院或直隶于国务总理者,其褫职及降等,经惩戒委员会议决报告后,由各该长官呈由国务总理呈请大总统行之。荐任官属于各部或各省各级行政官署,或直隶于各部总长者,经惩戒委员会议决报告后,由各部总长经由国务总理呈请大总统行之。"

③"荐任官之减俸及委任官之褫职、降等及减俸,经惩戒委员会议决报告后,由各该长官行之。申诫均由各该长官专行之"。①

(4) 文官惩戒程序

文官惩戒程序具体规定如下：

①"简任官属于国务院或直隶于国务总理者,国务总理认为有应付惩戒之行为时,须呈请大总统组织惩戒委员会审查之";"简任官属于各部或直隶于各部总长者,各部总长认为有应付惩戒之行为时,须备文声叙事由,呈由国务总理呈请大总统组织惩戒委员会审查之。"

②"荐任官属于国务院或直隶于国务总理者,各该长官认为有应付惩戒之行为时,须备文声叙事由,呈由国务总理呈请大总统组织惩戒委员会审查之";"荐任官属于各部或各省各级行政官署或直隶于各部总长者,各该长官认为有应付惩戒之行为时,须备文声叙事由,呈由各部总长经由国务总理呈请大总统组织惩戒委员会审查之。"

③"委任官各该长官认为有应付惩戒之行为时,须组织惩戒委员会审查之"。②

3. 司法官和审计官的惩戒程序

司法官和审计官的惩戒程序与文官惩戒程序基本相同。

(1) 司法官的惩戒程序

根据《司法官惩戒法》的规定,司法官的惩戒程序如下：

---

① 《中华民国史档案资料汇编》第三辑,政治(一),江苏古籍出版社1991年版,第297—298页。

② 《中华民国史档案资料汇编》第三辑,政治(一),江苏古籍出版社1991年版,第298页。

①司法总长和各监督长官认定事实。"司法总长对于司法官认为有第一条之行为应付惩戒时,得呈请大总统交惩戒委员会审查之";"各监督长官对于司法官认为应付惩戒者,应经由司法总长,依前条之规定行之";"司法总长依前二条规定为司法官惩戒之呈请时,均需胪举事实"。

②惩戒委员会令被付惩戒人提出申辩书。"经大总统交惩戒委员会审查之司法官惩戒事件,应由惩戒委员会将原呈文件,抄交被付惩戒人,并指定期日,令其提出申辩书。"

③惩戒委员会调查。"惩戒委员会接受事实后,委员长得指定委员二人以上调查之,或委托惩戒事件发生地之司法官署或行政官署调查。"

④惩戒委员会面询。"惩戒委员会调查事实完竣,经过被付惩戒人提出申辩书期间后,应指定期日,令被付惩戒人到会,面加询问。被付惩戒人得委托代理人到会答辩询问。"

⑤惩戒委员会议决惩戒。"履行前条程序后,惩戒委员会得为惩戒之议决。被付惩戒人,于惩戒委员会指定期日,并不到会,亦不委托代理人时,惩戒委员会亦得为前项之议决。"

⑥惩戒议决呈报大总统裁定。"惩戒委员会为惩戒之议决后,应具惩戒议决报告书,呈复大总统。前项报告书,应于主文注明公罪或私罪之种类,并于理由中说明之。"

⑦执行惩戒处分。"惩戒委员会之惩戒议决报告书,经大总统核准后,由大总统交由司法部依法定程序执行之";"惩戒委员会对于惩戒事件,认为须受夺官、褫职、降官、停职、调职之处分时,得呈请大总统命其停止职务。前项之规定,于司法总长呈请惩戒司法官时准用之"。①

(2)审计官惩戒程序

根据《审计官惩戒法》的规定,审计官的惩戒程序如下:

①审计院长认定事实。"审计院长认审计官、协审官有第一条之行为

---

① 《司法官惩戒法》,《东方杂志》第12卷,第12号,"法令"。

时,得胪举事实,呈请大总统交审计官惩戒委员会审查之。"

②肃政厅提起纠弹。"肃政厅对于审计官、协审官提起纠弹,经大总统认为应付惩戒,或由大总统交平政院审理后,呈明应付惩戒者,由大总统特交审计官惩戒委员会审定之。"

③审计官惩戒委员会令被付惩戒人申辩。"审计官惩戒委员会,奉大总统交议惩戒事件,应将原呈及原纠弹或裁决之文件,抄交被付惩戒人,指定期日,令其申辩。"

④审计官惩戒委员会调查。"审计官惩戒委员会于接受惩戒事件后,得指定委员二人以上调查之。"

⑤审计官惩戒委员会面询。"审计官惩戒委员会于经过被付惩戒人申辩期间后,应指定期日,令被付惩戒人到会,面加询问。"

⑥审计官惩戒委员会议决惩戒。"依前条规定询问被付惩戒人后,或被付惩戒人已逾指定期日,并未到会者,审计官惩戒委员会得为惩戒之议决。"

⑦惩戒议决呈报大总统裁定。"审计官惩戒委员会,依前条之规定为惩戒之议决后,应具惩戒议决报告书呈复大总统。"

⑧执行惩戒处分。"审计官惩戒委员会之惩戒议决报告书,经大总统核准后,由大总统交由审计院长依法定程序执行之"。①

---

① 《审计官惩戒法》(法律第六号,1915年10月15日),《东方杂志》第12卷,第12号,"法令"。

第四章 广州、武汉国民政府的反贪理念和建制

广州、武汉国民政府虽然是地方政权,但是,在孙中山和当时仍具有一定革命性的中国国民党的领导下,为统一全国,为使中国民众获得新生,为贯彻辛亥革命建立廉洁、勤政、高效政府的精神,做出了努力。

第一节
广州、武汉政府时期的贪腐问题和反贪理念

一、广州、武汉时期的贪腐问题

在广州和武汉国民政府时期,与北京政府相比,政治较为清明。不过,在南北军阀混战的情况下,也产生了一些贪腐问题。首先就是权力腐败及相伴而生的各种贪腐行为。

1. 新旧军阀对绝对权力的追逐

辛亥革命后,孙中山领导的国民党、中华革命党致力于扫除军阀势力,还民众一个民生幸福的社会。但是,南北军阀均追求的是自己不受约束的权力,而孙中山长期没有自己领导的武装力量,只能依靠一派军阀来打击另一派军阀,结果屡屡失败。第一次护法运动失败之际,孙中山就认识到:"顾吾国之大患,莫大于武人之争雄。南与北如一丘之貉。虽号称护法之省,亦莫肯俯首法律及民意之下。"①此后,他又扶植原来的革命派力量陈炯明部,使之成为闽广地方实力派,没想到陈炯明也同其他军阀一样,要追求不受约束的绝对权力,结果孙中山第二次护法运动也招致失败。两次护法运动的失败,使孙中山认识到军阀势力追求的是腐败的权力,而不是为中华民族谋富强,因此必须与这些旧的腐朽势力决裂,故而他决定与新生的、

---

① 《孙大元帅辞职文电》,《民国日报》,1918 年 5 月 13 日,"要闻"。

富有朝气的中国共产党合作,改组国民党,防止权力腐败。

改组后的中国国民党与中国共产党实现了第一次国共合作,掀起了国民革命的浪潮,涤荡着中国社会中的腐朽因素。但是,国民党实行的官僚体制决定了其中一些权力人物必然走向追逐权力,甚至是不受约束的绝对权力的路上去。孙中山去世后,无论是蒋介石,还是汪精卫、胡汉民,都是这样。因为不受制约的权力,腐败必然产生,而相伴的各种贪腐问题也就会不时出现。

2. 广州、武汉时期一些具体的贪腐事件

较为典型的贪腐案件有何哲侵吞公款案、邓玉麟吞没烈士遗孤教养所款项案,等等。

何哲是湖北省禁烟总局局长,他利用职权,侵吞公款,被政治监察员梁绍文发现后报告。武汉政府一开始办公,就着手严肃处理此案,由湖北财政委员会责成国民银行将何哲寄回家乡的2万余元提回,并通缉在逃的何犯,同时逮捕了为何哲汇款的湖北省禁烟总局庶务股长何德聪。武汉国民政府在《国闻周报》、《湖北政府公报》等报刊上公布此案,向民众表明政府反贪之决心,此举在社会上、民众中产生了极大影响,得到了普遍的好评。①

武汉国民政府时期,对侵吞烈士遗孤教养款项的邓玉麟,湖北省政务委员会也及时将其逮捕归案、依法惩处。②

二、孙中山的反贪理念

辛亥革命胜利后,孙中山领导建立临时政府之际,就表达了建立廉洁、勤政、高效政府的愿望和目标。而早在辛亥革命期间,孙中山就很注重保持革命队伍的纯洁性和战斗力,1905年建立第一个全国性的革命组织——同盟会时,就建立了监察系统,防止革命队伍中可能出现的贪腐行为及其

---

① 《国闻周报》第4卷,第2期。
② 刘继增、毛磊、袁继成:《武汉国民政府史》,湖北人民出版社1986年版,第217页。

给革命带来的腐蚀性、破坏性。

孙中山在长期考察西方宪政制度的基础上认为,孟德斯鸠提出的行政、立法、司法三权分立学说,经过美、法等国一百多年的实践检验,在表现出良好效能的同时,也证明已出现两大流弊:一是选举和委任中的营私舞弊,以致造成"政治腐败散漫";一是滥用监督弹劾之权,形成"议院专制","生出无数弊病"。孙中山认为,中国推翻君主专制,建立资产阶级共和国,仿效西方宪政体制,并不能僵硬照搬,既要引进其分权制衡、效能体系,又要预防西方宪政体制中的弊端。因此,他在孟德斯鸠"三权分立"理论这一西方民主政治奉行的普遍准则基础上,提出了"五权宪法"的构想。1906年,孙中山就提出"将来中华民国的宪法是要创一种新主义,叫做'五权分立'",把考试从行政中分出,监察从立法中分出,即立法、行政、司法、监察、考试五权分立的立宪主张。五权各自独立,分别由整个国家的专门机构行使,互相监督、相互牵制,就可以防止资产阶级民主政治中已出现的弊端,由此形成"五权分立"的国家体制。①

那么,除了原有的行政权、立法权、司法权三权之外,新加入的两权,即考试权和监察权,其意如何呢?

孙中山认为,之所以专立考试权,就在于西方三权分立已产生流弊,"平等自由原是国民的权利,但官吏却是国民公仆。美国官吏有由选举得来的,有由委任得来的。从前本无考试的制度,所以无论是选举、是委任,皆有很大的流弊。……所以美国政治腐败散漫,是各国所没有的。这样看来,都是考选制度不发达的原故。"他指出:中国自古就有考试铨选制度,"考选本是中国始创的,可惜那制度不好,却被外国学去,改良之后成了美制",在西方社会已经成为一项重要的制度,正好适用于民主共和政体,但如考试权仍归于行政院,权限过大,流弊反多。"所以将来中华民国宪法,必要设独立机关,专掌考选权。大小官吏必须考试,定了他的资格,无论那官吏是由选举的抑或由委任的,必须合格的人,方得有效"。他还认为:"这

---

① 《孙中山全集》第1卷,中华书局1981年版,第323—324页。

法可以除却盲从滥举及任用私人的流弊"。①

关于监察权,孙中山认为,就是"专管监督弹劾的事"。中国自古有御史台主持风宪,风闻弹奏之事权,"现在立宪各国,没有不是立法机关兼有监督的权限,那权限虽然有强有弱,总是不能独立,因此生出无数弊病。比方美国纠察权归议院掌握,往往擅用此权,挟制行政机关,使他不得不俯首总命,因此常常成为议院专制"。为了避免此类弊端,监察权须要专立,见诸"中华民国宪法,这机关定要独立"。②

孙中山提出的"五权分立"原则,是他为新生的资产阶级共和国制定的民主制度。他希望:"我们现在要集合中外的精华,防止一切的流弊,便要采用外国的行政权、立法权、司法权,加入中国的考试权和监察权,连成一个很好的完璧,造成一个五权分立的政府。像这样的政府,才是世界上最完全、最良善的政府。国家有了这样的纯良政府,才可以做到民有、民治、民享的国家。"③

孙中山认为,引入西方宪政三权分立体制,并加入考试权和监察权,形成五权分立,如此就可以防止资产阶级民主政治中已出现的弊端。因此,他提出的"五权分立"和权能分治理论,就成为国民政府建立监察系统、反对贪贿行为的理论基础。

中华民国建立后,北京政府统治时期的种种坏相,更坚定了他将反对权力腐败及其衍生的种种贪腐行为,作为继续革命和施政的重要内容之一。作为资产阶级民主共和象征的《临时约法》被袁世凯撕毁后,孙中山领导发动了"二次革命",失败后,孙中山逃亡日本。1914 年 7 月,孙中山在日本组织成立了中华革命党,并与国内各派共同进行了反对袁世凯复辟帝制的护国战争。1917 年 7 月,孙中山为反对段祺瑞政府拒不召开国会、拒不恢复《临时约法》的假共和,偕同部分国会议员,并率领海军第一舰队由上海到达广州,开展护法斗争。8 月,在广州召开国会非常会议,通过《中华民国

---

① 孙中山:《在东京〈民报〉创刊周年庆祝大会的演说》,《孙中山全集》第 1 卷,中华书局 1981 年版,第 330 页。
② 《孙中山全集》第 1 卷,中华书局 1981 年版,第 331 页。
③ 《三民主义》,《孙中山选集》,人民出版社 1984 年版,第 800 页。

军政府组织大纲》。9月1日,非常国会依据《中华民国政府组织大纲》的规定,选举孙中山为大元帅,建立中华民国护法军政府。但是,由于帝国主义和北洋军阀的破坏,孙中山遭到护法军政府所依靠的西南军阀的排挤,1918年5月辞去大元帅职务,回到上海。第一次护法运动失败。1920年8月,孙中山命令陈炯明率军回粤讨伐桂系,11月,孙中山重回广州,1921年4月,重开非常国会,重组中华民国护法军政府,孙中山为中华民国非常大总统,开始第二次护法运动。1922年,在英美帝国主义和直系军阀的策动下,陈炯明叛变,炮轰总统府,孙中山仓皇脱险赴沪,第二次护法运动失败。

两次护法运动的失败,使孙中山认识到依靠一派军阀打倒另一派军阀的道路是行不通的,必须寻找新的出路。苏俄十月社会主义革命的胜利,使孙中山看到了希望。1921年7月,中国共产党成立后,便开始与孙中山合作,协助孙中山改组国民党。孙中山在中国共产党和苏俄的帮助下,改组国民党。1924年1月,中国国民党第一次全国代表大会在广州召开,会议通过了《中国国民党第一次全国代表大会宣言》、《中国国民党总章》、《纪律问题决议案》等,选举了中央执行委员和监察委员。国民党"一大"的召开,标志着第一次国共合作的形成。在《中国国民党第一次全国代表大会宣言》中,充分体现了孙中山为中华民生幸福,建立廉洁、勤政、高效政府的愿望和反对贪污腐败的精神。

孙中山认为,建立资产阶级共和国必须摧毁封建君主专制,因此,革命不可能一蹴而就。他主张有步骤地将民主政治推上正轨,在《军政府宣言》和《建国大纲》中明确地把资产阶级共和国的"建设之程序",规定为三个时期:第一期是军政时期。在军政时期实行"军法之治",即"军政府督率国民扫除旧污之时代","在军政时期,一切制度悉隶于军政之下。政府一面用兵力以扫除国内之障碍,一面宣传主义以开化全国之人心,而促进国家之统一"。在新光复的地区,由军政府总摄地方行政,清除清政府的苛政积弊及其残余势力,实际上就是实行革命军事专政,一般"以三年为限,其未及三年已有成效者,皆解军法,布约法"。第二期是训政时期。在训政时期,实行"约法之治","军政府授地方自治于人民,而自总揽国事之时代",以全国平定后六年为限,解除军法,颁行《约法》。在此期间,"政府当派曾经训练考试合格之员,到各县协助人民筹备自治",训练国民,行使政权(选举权、罢免权、创制权、复决权)。第三期是宪政时期。在宪政时期实行"宪法之治",军政府解兵权、行政权,制定宪法,由国民公举大总统,公举议员组成议会,国家机关按照宪法"分掌国事",在"中央政府当完成设立五院,以试行五权之治。其序列如下:曰行政院;曰立法院;曰司法院;曰考试院;曰监察院","一国之政事,依于宪法以行之"。① 到这时,在孙中山为首的革命党人看来,"一旦根本约法以为宪法",资产阶级民主共和国"民权立宪政体有磐石之安,无漂摇之虑矣"。② 在这三个时期,如何实施监察,防止贪腐行为的发生,要与有步骤地将民主政治推上正轨、资产阶级共和国"建设之程序"相适应。

---

① 《国民政府建国大纲》,荣孟源主编:《中国国民党历次代表大会及中央全会资料》上册,光明日报出版社1985年版,第35—36页;《中国同盟会革命方略》,《孙中山全集》第1卷,中华书局1981年版,第297—298页。
② 《民报》第2号,东京,1905年11月26日。

第二节
广州、武汉国民政府的反贪法规

一、广州、武汉国民政府的反贪原则

随着国民革命形势的发展,1925年6月14日,国民党中央执行委员会政治会议根据广东的形势,决定改组大元帅府为国民政府。7月1日,中央政治会议制定公布了《中华民国国民政府组织法》。① 同一天,根据《中华民国国民政府组织法》,中央执行委员会任命汪精卫为国民政府主席,汪精卫、胡汉民、谭延闿、许崇智、林森等5人为国民政府常务委员;任命胡汉民、张人杰、廖仲恺、戴传贤、程潜、谭延闿、汪兆铭、孙科、古应芬、林森、朱培德、许崇智、于右任、张继、伍朝枢、徐谦等16人为委员,在广州组成了中华民国国民政府,一般称为广州国民政府。②

随着北伐战争的胜利发展,以及国民革命军向长江流域的胜利进军,革命的重心也逐渐向长江流域转移,这与孙中山把政治中心北移的愿望相符合。克复武汉之后,政治中心从广州北移的条件已具备,经过激烈的争论,即"迁都之争",最后,国民党中央政治会议于1926年11月26日正式决定

---

① 中国第二历史档案馆编:《国民党政府政治制度档案史料选编》上册,安徽教育出版社1994年版,第366—367页。
② 《中华民国国民政府宣言》(1925年7月1日),《中华民国史档案资料汇编》第四辑(一),江苏古籍出版社1991年版,第36—38页;罗家伦主编:《革命文献》,第20辑,台北,中国国民党中央委员会党史史料编纂委员会1962年编印,第1552—1553页。

迁都武汉。① 广州国民政府根据中央政治会议的决定,从 11 月 28 日起对迁都事宜作出具体安排。在粤国民党中央执行委员、国民政府委员和政府工作人员分批前往武汉,截至 12 月 10 日,已有相当数量的国民党中执委和国民政府委员抵达武汉。为了不使权力运行中断,由已抵达武汉的国民党中执委和国民政府委员组成"国民党中央执行委员国民政府委员临时联席会议",简称"联席会议"或"党政联席会议",从 1927 年元旦起在武汉正式办公。② 学界一般把 1926 年 12 月党政联席会议成立开始,到 1927 年 3 月国民党二届三中全会止,称为武汉国民政府初期。

1925 年 7 月 1 日公布的《中华民国国民政府组织法》,在一定程度上确立集体领导,防止权力集中,实行权力制衡,防止权力腐败的精神和原则。如《国民政府组织法》第 1 条规定:"国民政府受中国国民党之指导及监督,掌理全国政务",国民党的最高权力机关是全国代表大会,由其选出之中央执行委员及候补执行委员,组成中央执行委员会,作为全国代表大会的执行机关,也是全国代表大会闭会期间的最高权力机关。中执会闭会期间的常委会或中央政治会议,也是广州和武汉国民政府的立法机关。在确立立法机关和行政机关的权力制衡的同时,《国民政府组织法》还按照孙中山五权分立的原则,建立监察院等机构。不过,其仍表现出了国民党在党的权力方面所受制衡相对较小的状况。③

二、反贪刑事和行政法规

从广州国民政府到武汉国民政府初期,国民革命力量不断壮大,共控制管辖着 11 个省,即广东、湖南、湖北、江西、福建、广西、贵州、四川、绥远、甘

---

① 《中央党部及国民政府迁鄂决议》(1926 年 11 月 27 日),《广州民国日报》,1926 年 11 月 29 日。
② 《武汉中央党政临时联席会议成立及其设施》(1926 年 12 月 13 日),彭明主编:《中国现代史资料选辑》第一、二册补编,中国人民大学出版社 1991 年版,第 437 页。
③ 《中华民国国民政府组织法》(1925 年 7 月 1 日中国国民党中央执行委员会议决交国民政府公布),中国人民大学中共党史系编:《中国国民党历史教学参考资料》第一册,中国人民大学中共党史系 1985 年印行,第 497—498 页。

肃、陕西,"国民政府之势力已得了全中国之大半。反赤势力所统治的地方（如苏、皖加入在内）也不过十一省区"①。但是,武汉政府在政治、军事、外交等方面迅速发展的同时,也面临着诸多困难,尤其需要完成繁重的内政建设任务,法制建设是其中一个重要方面,这是为保障武汉国民政府在控制地区能够有良好的内部环境,确保与外敌斗争中处于有利地位。对此,武汉国民政府内部达成共识,党政联席会议一成立,就责成司法部在武昌召开司法工作会议,决定加强立法工作及改革司法。广州、武汉国民政府做了大量的立法工作,并进行了革新法规、革新司法制度、革新司法人员队伍等改革工作。

法制是否健全,政府公职人员尤其是司法人员的素质是一大关键,能否革除中国几千年来陈陈相因的腐败吏治是根本。为此,根据党政联席会议精神,中央和地方都积极开展立法工作,分别从组织、军事、劳动、土地、刑事、诉讼、行政、财政、经济、涉外等方面,制订了一百多项法规、条例。以当时国民政府所在中心地区——湖北为代表,分别制订颁布了《湖北文官临时考试暂行条例》、《湖北文官考试施行细则》、《湖北文官考试办公处暂行条例》、《湖北文官临时任用条例》,在推荐、考试、培训、任用等环节上保证公职人员素质。另一方面,重视对公职人员违法犯罪行为的执法力度,制定了一系列反对贪污腐败行为的刑事和行政法规,刑事立法方面如《湖北惩治贪官污吏条例》、《湖北省惩治土豪劣绅暂行条例》、《江苏党员服务违法惩戒条例》、《江苏惩办劣绅恶董暂行条例》,财政立法方面如《公产保管会条例》、《整理湖北财政公债条例》、《国民政府整理湖北金融公债条例》,经济立法方面如《湖北产业监察委员会条例》,诉讼立法方面如《湖北省审判土豪劣绅委员会暂行条例》,等等。

1.《党员背誓罪条例》

1926年9月22日,国民革命军北伐军攻克汉阳、汉口后,为防止国民党人在胜利的形势下,利用特权地位行不法勾当,广州国民政府制定颁布

---

① 《中共中央关于全国政治情形及党的策略的报告(十、十一月份)》,中央档案馆编:《中共中央文件选集》第2册(1926年),中共中央党校出版社1989年版,第359页。

了《党员背誓罪条例》(8条),是针对任官职的国民党党员犯反革命罪、渎职罪等罪行的治罪办法,以使国民党党员能严格遵守法纪,不贪赃枉法。

《党员背誓罪条例》明确规定:(1)"党员违背誓言而为不法行为者,分别情形按刑律加一等以上处罚之。党员任官职而未宣誓者,以已宣誓论";(2)"党员反革命图谋内乱者,不分既遂未遂,一律处死刑";(3)"党员以职权操纵金融图利自己和他人者,处死刑并没收其财产";(4)"党员舞弊,侵吞库款满一千元者,处死刑并没收其财产。但因公挪移未及弥补者,不适用本条";(5)"党员犯死刑各条之罪,由中央执行委员会组织临时法庭审判之"。①

2.《湖北惩治贪官污吏条例》

1927年4月,武汉国民政府制定并公布施行的《湖北惩治贪官污吏条例》,确认下述行为属贪腐行为:(1)出卖差缺,收受贿赂;(2)私取浮支,苛派勒款;(3)营私舞弊,卷款潜逃;(4)侵吞公款,贪赃枉法;(5)勾结土匪,摧残党部及民众团体;(6)勾结反革命,在其辖区内活动;(7)诈赃有据者;(8)借故(如祝寿等)敛取群众财物者。并规定:"凡属上列行为之一而情节严重者,应处死刑或无期徒刑。"②并且规定本《条例》对既往的罪行有溯及力,凡是官吏在本条例公布前犯有上述罪行的,依然适用本条例。凡是触犯本条例各罪的官吏,由1927年4月24日成立的湖北省审判土豪劣绅委员会进行审判。③

这一《条例》的颁布,其目的就是整肃吏治,惩治国民政府内的腐化分子和旧官僚,纯洁政府和官员队伍。武汉政府在注重反贪立法的同时,加强了执法的力度,对一批有贪腐行为的公职人员严加惩治,如何哲侵吞公款案、邓玉麟吞没烈士遗孤教养所款项案等。

---

① 《党员背誓条例》(1926年9月22日),国民政府秘书处编辑:《中华民国国民政府公报》第46号,1926年9月,"法规";谢振民编著、张知本校订:《中华民国立法史》,正中书局1937年版,第1177页。

② 刘继增、毛磊、袁继成:《武汉国民政府史》,湖北人民出版社1986年版,第217页。

③ 韩信夫、姜亮夫主编:《中华民国大事记》第2册,中国文史出版社1997年版,第608页。

3.《惩治土豪劣绅条例》

刑事立法方面,1927年3月15日,国民党二届三中全会审议通过《湖北省惩治土豪劣绅暂行条例》,对于有贪腐行为的土豪劣绅定义为"侵蚀公款,或假借名义敛财肥己者","挑拨民刑诉讼,从中包揽图骗图诈",甚或"与匪通谋坐地分赃"者①,并根据土豪劣绅犯罪人的不同罪行、罪行轻重,具体规定了各种刑罚,从判处两个月的有期徒刑到无期徒刑、死刑。

国民党中央政治会议依据《国民党第二次全国代表大会宣言》之要旨,于第118次会议议定《惩治土豪劣绅条例》,交由武汉国民政府于1927年8月18日公布施行。该《条例》共9条,其中与贪腐问题直接相关的条款主要是:"三、因资产关系而剥夺人身体自由者,处二等至四等有期徒刑。四、重利盘剥者,处三等至五等有期徒刑,并得没收其财产之一部或全部。五、包庇私设烟赌者,处一等至三等有期徒刑,并得没收其财产之一部或全部。六、挑拨民刑诉讼,从中包揽诈欺取财者,处二等至四等有期徒刑,并得没收其财产之一部或全部。……八、逞强纠众,妨害地方公益或建设事业者,处二等至四等有期徒刑。……十、恃强怙势,勒买勒卖动产或不动产者,处四等至五等有期徒刑。十一、盘踞公共机关,侵蚀公款,或借名义,敛财肥己者,照左列论罪:甲、百元以上未满千元者,处三等或四等有期徒刑,并得没收其财产之一部,乙、千元以上未满五千元者,处二等或三等有期徒刑,并得没收其财产之一部,丙、五千元以上者处一等或二等有期徒刑,其情节较重者,处死刑或无期徒刑,并得没收其财产之一部或全部。"凡土豪劣绅犯本条例之罪,地方人民均得举发,由"特种刑事临时法庭审判之"。②《惩治土豪劣绅条例》施行后,中央政治会议第148次会议议决修正原《条例》"第九条,本条例自公布之日施行"后,增加"凡犯本条例之罪,在本条例施

---

① 《国民党二届三中全会决议录附录》,中国国民党中央军事委员会总政治部编印:《中国国民党第二届中央执行委员会第三次全体会议宣言训令及决议案》,1927年印行,第51页。

② 《惩治土豪劣绅条例》(1927年8月18日),《中华民国国民政府公报》宁字第12号,1927年9月30日,"法规";谢振民编著、张知本校订:《中华民国立法史》,中国政法大学出版社2000年版,第964页。

行前尚未经确定判决者,概依本条例处断"的规定,由国民政府于 1928 年 7 月 16 日公布。① 后来,随着形势的变化,1932 年 4 月 15 日,国民政府依据中央政治会议第 28 次临时会议之决议,将此《条例》明令废止。

在国民革命时期,农村革命的一项重要内容就是对有贪腐行为的土豪展开清算斗争。如陕西长安县五区农协清算出恶绅刘大汉私吞公款达 2600 多元,经过审判,将刘大汉处决。

4.《处分逆产条例》

1927 年 5 月 9 日,武汉国民政府公布《处分逆产条例》(8 条),规定:"凡军阀、贪官污吏、土豪劣绅及一切反革命者,其财产皆为逆产,经合法发觉即没收之。逆产没收及保管之机关,为国民政府、省市政府及县区乡自治机关。在革命战争时,逆产得全数收为军事及政费之用。"②这一规定明确官员贪污腐败行为所得财产也包含在逆产之列,处以没收。

应当说,广州、武汉国民政府的这些立法和规定都是有积极意义的,但是,由于国民政府自身情况和面临的形势的变化,多数法令和规定都来不及实施或无法充分实施,也就不可能真正地得到执行了。

---

① 《修正惩治土豪劣绅条例》,《中华民国国民政府公报》第 76 期,1928 年 7 月,"法规"。
② 转见谢振民编著、张知本校订:《中华民国立法史》,中国政法大学出版社 2000 年版,第 962 页。

第三节
广州、武汉国民政府的反贪机构和机制

一、监察机构——监察院

1. 监察院的建立

1925年7月1日,广州国民政府成立,7月17日公布《国民政府监察院组织法》。8月,国民政府依《国民政府监察院组织法》,设置监察院,负责"监察国民政府所属各级机关官吏之行动及考核税收与各种用途之状况,如查得有舞弊亏空及溺职等情,当即起诉于惩吏院惩办之"①。

(1) 监察院的组织建制

监察院由五名监察委员组成,"设监察委员五人执行院务"。所有全院事务,均由院务会议决定,院务会议由"本院监察委员五人互选一人为主席,所有全院事务均由院务会议解决之。院务会议须有监察委员过半数出席议决后,由主席署名,以监察院名义行之"。②

广州国民政府首届监察院监察委员为谢持、林祖涵、黄昌谷、甘乃光、陈秋霖五人。③

---

① 国民政府秘书处编辑:《中华民国国民政府公报》第3号,1925年7月,"法规"。
② 《中华民国国民政府公报》第3号,"法规"。
③ 《国民政府监察院监察委员黄昌谷等就职任事呈》,《中华民国史档案资料汇编》(上),江苏古籍出版社1986年版,第43页。

监察院内设五局,每局置主任一人,由监察委员兼任。每局下设二科,各置科长一人,科员、雇员若干人,由院委员会遴选有专门学识及经验者委任。

(2)监察院五局职权

监察院内设五个局。第一局"掌理总务及吏治事宜",第二局"掌理训练及审计事宜",第三局"掌理监查邮电及运输事宜",第四局"掌理密查税务及货币事宜",第五局"掌理密查及检察事宜"。

专设政治宣传科,"由中国国民党派一人处理事务",专理宣传国民党"之主义及指导各党员与官吏遵守党规"、监察党纪。

有关审计事务,原陆海军大本营设有审计处,广州国民政府时期,该审计处由监察院接管,监察院第二局专设审计科,掌理训练及审计事务。1925年7月17日公布之《国民政府监察院组织法》中,对审计科的职责均有明确规定。①

(3)监察院的改制

①监察院机构改制。1925年9月30日,广州国民政府公布《修正国民政府监察院组织法》,监察院内行政事务,由委员会议处理。监察院增设常务委员一人处理日常事务,由监察委员轮流充任。"监察院院务会议之处理,经监察委员过半数之议决;但日常事务得由常务委员一人处理之",而"常务委员由监察委员一人按日轮流充之。监察院文书以监察院名义由全体委员署名行之"。② 并改设五局一科为三局三处(秘书处)一科,精简机构以节约经费开支。

1926年10月4日,广州国民政府再次修正公布之《监察院组织法》规定,"监察院置监察委员五人,审判委员三人,分掌监察及审判事务"。审判委员,补惩吏院撤销之缺,主要执行监察权中的审理行政诉讼及官吏惩戒事项。

广州国民政府监察院设秘书处及四科,每科置科长一人,监察员若干

---

① 《中华民国国民政府公报》第3号,"法规"。
② 《国民党政府政治制度档案史料选编》上册,安徽教育出版社1994年版,第376—378页。

人,秘书长、科长、监察员,均由监察委员推荐。监察员的主要任务,则为分赴各行政机关调查、办理案件。

②监察委员和审判委员的职能为:"掌理监察国民政府所属行政司法各机关官吏事宜,其职权如左:(一)关于发觉官吏犯罪事项。(二)关于惩戒官吏事项。(三)关于审判行政诉讼事项。(四)关于考查各种行政事项。(五)关于稽核财政收入支出事项。(六)关于官厅簿记方式及表册之统一事项。"并规定,"惩戒官吏行政诉讼法、审计法另定之"。①

2. 监察院的职能

广州国民政府和武汉国民政府的监察机构及其职能基本相同。

根据《监察院组织法》的规定,国民政府监察院"受中国国民党之指导、监督与国民政府的命令",监察国民政府所属各级机关官吏的行动及考核税收与各种用途的状况,如查得有舞弊亏空及溺职等情,当即起诉于惩吏院惩办;监察院受双重领导,即直接对党的中央政治委员会负责,同时又接受委员制的国民政府的指令。这样,监察院的地位和职权范围产生了变化,加强了它的权威,扩大了它的功能,使"贪官污吏无所遁逃"。②

(1)监察院初建时的职能

监察院有一个职能逐步完善、职权逐步扩大的过程。其初建的职能为:其一,对于财政。"除监察官吏非法行动之外,并严厉考核各机关对于公款之用途,稽查奸宄,使舞弊亏空者无所幸脱;调查田赋、税契、盐务、海关及其税项。"其二,对于交通。"交通为国民经济之枢纽,更严密监察各交通机关所用之材料有无浪费及浮报之情。"监察院的事后监察极为详尽,在此基础上,推崇事前监察,政治宣传科对党员"以主义、纪律训练其操守,使其遵守党规,忠心职务"。③

因此,广州国民政府的监察院,既负责纠察官吏违法或失职行为,还负

---

① 《中华民国国民政府公报》第47号,1926年10月,"法规"。
② 《国民政府监察委员就职宣言》,《中华民国史档案资料汇编》第四辑(一),江苏古籍出版社1991年版,第43页。
③ 《国民政府监察委员就职宣言》,《中华民国史档案资料汇编》第四辑(一),江苏古籍出版社1991年版,第43页。

责审计各机关的财务收支状况,以确保经费的合理使用。

(2)监察院职权的扩大

1925年8月14日,为预防和减少官吏的违法失职,监察院注意规范政府人员的行为,由监察委员甘乃光、林祖涵、黄昌谷、陈秋霖等拟订《兼职条例草案》(5条),其中第2条、第4条规定:"凡服务于政府机关人员,不论等级之高下,均以专任为原则,其有不得已而须兼任者,应由各该员声述理由,呈请本管官署转呈上级机关审定之",因有特殊需要而必须兼职者亦"不得兼薪"。①

9月,国民政府公布《修正国民政府监察院组织法》,赋予监察院更进一步的职权,主要有:第一,直接变更权。"监察院对于各官吏之违法或不当处分,认为损害人民权利或利益者,得不待人民之陈诉,径以职权为取销或变更之决定。"第二,逮捕权。"监察院发现各级官吏有犯罪行为时,得不待人民之控告,径以职权检举之,并于必要时得发逮捕状逮捕之。"第三,行政诉讼的受理权。"监察院收受人民控告官吏犯罪诉状,经审查后,除以为不应受理予以驳回外,其认为应受理者",进行审理。第四,侦查权。监察院对于所受理的案件,"应即以严密之方法,从事侦查"。② 第五,调查权。广州国民政府监察院还有调查权,规定监察院在监察国民政府所属各机关官吏时,"有随时调阅各官署之案牍、簿册之权,遇有质疑,该官署主管人员须负责为充分之答辩"。③

可见,广州国民政府的监察院不仅有纠弹和行政诉讼的职能,还具有检察机关和法院在刑事诉讼方面的部分职能,并以法规的形式加以固定,远非北京政府时期的平政院和肃政厅,以及后来的南京国民政府监察院所能比拟。

---

① 《兼职条例草案》,《中华民国史档案资料汇编》第四辑(一),江苏古籍出版社1991年版,第129页。
② 《修正国民政府监察院组织法》,《国民党政府政治制度档案史料选编》上册,安徽教育出版社1994年版,第376—377页。
③ 《国民党政府政治制度档案史料选编》上册,安徽教育出版社1994年版,第376—377页;

3. 监察院的弹劾对象

广州国民政府监察院建立之初，弹劾对象为国民政府所属各机关，包括外交、财政、交通、军事、司法 5 部，教育、侨务 2 个委员会，以及大理院、监察院的一切官吏。

1926 年 10 月，修正公布的《国民政府监察院组织法》规定，监察院"掌理监察国民政府所属行政、司法各机关官吏"的行为，将弹劾对象明确分列行政机关与司法机关，既体现行政、司法在三权分立中的平等地位，又显示对司法官吏弹劾的重视。同时，《国民政府监察院组织法》又指出，军人的弹劾与惩戒均非监察机关的权限，由军事机关独立行使，便于军事活动的进行；对国民党全国代表大会代表和中央执行委员会委员，监察院无权提起弹劾，而由国民党的中央监察委员会掌理对他们的弹劾权。

二、审计机构和职权

1. 陆海军大元帅大本营审计局

（1）审计局

1923 年 3 月，孙中山在陆海军大元帅大本营已设立审计局，任命刘纪文为大本营审计局局长。[①] 1923 年 4 月 2 日，"大元帅指令第七十四号"，"令大本营审计局局长刘纪文呈报就职及启用印信日期"。该令所附刘纪文原呈大元帅孙中山称，"钧座任命状开：任命刘纪文为大本营审计局局长等因，现准秘书处函送。钧座颁发木质镶锡大印一颗、象牙小章一颗，到局遵即于本日敬谨启用就职视事，理合呈报"。[②] 根据有关规定，1923 年 5 月 1 日，大本营审计局局长刘纪文"呈请任命汪彦平为大本营审计局主任审计官"，并由孙中山大元帅令"照准"。[③]

审计局的职权，负责审核各级政府、机关、学校、部队的财务收支计算及

[①]《陆海军大元帅大本营公报》第 1 号，大本营秘书处发行，1923 年 3 月 9 日，"命令"。
[②]《陆海军大元帅大本营公报》第 6 号，1923 年 4 月 13 日，"指令"。
[③]《陆海军大元帅大本营公报》第 10 号，1923 年 5 月 11 日，"命令"。

特别会计的收支计算,"举凡国库出纳之款项","各文武机关依法编造预算"。审核预算事项,1923年8月13日,审计局奉大元帅孙中山委办令,"审查航空局七月份预算书一案";①稽察营缮工程财物采购;考核财务效能、"出纳、统计等事项";1923年8月29日"大元帅训令"审计局"审查兵站饷册",又有"每月计算书核"的指令;②按月公告即一月一报此前各机关每月收支状况,或者根据实际情况数月一报、数月一报与一月一报的混合收支状况,等等。③

（2）审计处

陆海军大元帅大本营又在广东省政府及广州市政府内设置审计机构——审计处,加强对政府部门的审计。这在一项任命呈文中得到体现。1923年5月2日,大本营审计局局长刘纪文在呈请任命汪彦平为该审计局主任审计官的呈文中,就指出了汪彦平原任"广东审计处科长",说明这时在广东省政府、广州市政府中已设立了"审计处"等审计机构。④

2. 广州国民政府审计机构及其职权

1925年,广州国民政府监察院成立后,接管原大本营审计处的一切事务,并专设审计科负责审计事务。

（1）监察院第二局审计科

监察院第二局掌理审计事务,下设审计科,"设科长一人为审计长",又设"文牍一人,出外审计员四人,书记二人,什役二人"。审计科"有审核政府一切机关各项收支之权",稽核中央及地方财务收支,并统一管理各官署的簿记表册。审查后,审计科即将审计的情况报告监察院。遇有须惩戒的

---

① 《陆海军大元帅大本营公报》第26号,1923年8月31日,"训令"、"指令";《陆海军大元帅大本营公报》第25号,1923年8月24日,"指令"。
② 《陆海军大元帅大本营公报》第27号,1923年9月7日,"训令";《陆海军大元帅大本营公报》第28号,1923年9月14日,"指令"。
③ 《陆海军大元帅大本营公报》第35号,1923年11月2日,"公布";第36号,1923年11月9日,"公布";第37号,1923年11月16日,"公布"。
④ 《陆海军大元帅大本营公报》第1号,1923年3月9日;第10号,1923年5月11日,"指令";《大本营组织系统表》(1923年3月),《中华民国史档案资料汇编》第四辑(一),江苏古籍出版社1991年版,第24—25页。

舞弊事件，由"监察院起诉于惩吏院依法办理"。①

广州国民政府1925年7月17日公布的《监察院组织法》规定，监察院第二局审计科掌理如下审计职权：（一）"审查各机关所用之簿记方法是否遵守训练科所议定统一方式"。（二）"本科有审核政府一切机关各项收支之权"。（三）"本科设科长一人为审计长，文牍一人，出外审计员四人，书记二人，什役二人"。（四）"本科派员亲赴各地各机关审查账项"。（五）"在广州市内各机关至少一月审查一次，在广州市外各地各机关至少三月派员审查一次"。（六）"审查后本科即将一切经过情形报告于监察院"。（七）"无论任何机关均须开列职员俸给表送交本科备案，及后如有新委职员亦宜随时报名以便稽核"。（八）"本科存有各机关职员俸给表一份以备核对"。（九）"本科有权查核各机关职员所领薪俸是否依照审定俸给表发给"。（十）"当本科派员审核各机关时如遇有怀疑及质问，无论任何高级官吏应即予以圆满之答复"。（十一）"倘经本科查出舞弊事情应即报告监察院，再由监察院起诉于惩吏院依法办理之"。

这一时期审计职权行使的特点包括：（一）审计权为财政统一服务；（二）审计为军事服务；（三）加强审计权的调查功能，"本科派员亲赴各地各机关审查账项"；（四）有再审权和辅助法规的修改权，以及决定赔偿权。②

（2）监察院审计职能的行使

1926年10月，《修正国民政府监察院组织法》第1条第5、6项规定："五、关于稽核财政收入支出事项，六、关于官厅簿记方式表册之统一事项"，始将审计事务明定于监察院职掌之下。③

广州国民政府监察院的审计机构所规定的送审范围和期限，与北京政府审计院基本相同。1927年初公布的《审计法》规定："监察院关于审计事项，应行审定如左：一、国民政府总决算，二、国民政府所属各机关每月之收

---

① 《国民政府监察院组织法》（1925年7月17日），《中华民国国民政府公报》第3号，"法规"。
② 《国民政府监察院组织法》，《中华民国国民政府公报》第3号，"法规"。
③ 南京国民政府行政院新闻局编：《审计制度》，行政院新闻局1947年印行，第18页。

支计算,三、特别会计之收支计算,四、官有物之收支计算,五、由政府发给补助费或特与保证之收支计算。"①

广州国民政府规定监察院应掌审计事务的行使方式之一,就是审核预决算。其一,为加强预算审核,特设预算委员会代替财政部或财政厅,先由预算委员会严格审核,然后转送财政部或财政厅。其二,为加强决算审核,特规定:"监察院审定各种决算,并就左列事项,编制审计报告书,呈报国民政府。一、总决算及各主管机关决算报告书之金额与财政部金库之计算金额是否相符。二、岁入之征收,岁出之支用,公有物之买卖、让与及利用,是否与预算相符。三、有无超过预算及预算外之支出。"这样,既严格了送审制度,又适当减轻了审计机构的工作量和难度。而且,这一时期审计机构对送请审计是相当重视的。1925年7月,各机关的预算数仍未上报,于是监察院审计部门立即催饬各机关迅速送审,以备审查。②

巡回审计是审计权行使的主要形式之一。广州国民政府时期,因辖地有限,审核事宜皆由监察院审计机构自行承担。与此相适应,将巡回审计制度化,规定审计科应派员亲赴各地各机关审查财务账目。并规定:"在广州市内各机关,至少一月审查一次;在广州市外各地各机关,至少三月派员审查一次",审查之后,"本科即将一切经过情形报告于监察院"。③

三、惩戒机构——惩吏院和审政院

1. 惩吏院和审政院

(1) 惩吏院

1925年6月24日施行的《中国国民党中央执行委员会关于政府改组决议案》中明确规定:"设置惩吏院,以委员若干人组织之,惩治官吏之贪污

---

① 《审计制度》,第18页。
② 《审计制度》,第18页。
③ 《国民政府监察院组织法》(1925年7月17日),《中华民国国民政府公报》第3号,"法规"。《修正国民政府监察院组织法》(1925年9月30日),《国民党政府政治制度档案史料选编》上册,安徽教育出版社1994年版,第377—378页。

不法及不服从政府命令者。"①

广州国民政府惩吏院设立于1926年1月,比监察院设立晚半年。根据1926年1月23日公布的《国民政府惩吏院组织法》规定,惩吏院直接受"中国国民党之指导监督与国民政府之命令,掌理惩治官吏事件,惩治官吏法另定之"②。凡官吏违法或失职,均由监察院向惩吏院提起,如《监察院组织法》规定,"倘经本科(审计科)查出舞弊事情,应即报告监察院,再由监察院起诉于惩吏院依法办理之",经惩吏院独立审理后,判定是否予以惩戒处分。③ 惩吏院的设立既有利于监察院专司纠弹,又有助于惩吏院提高效能。

惩吏院的组织构成。惩吏院置惩戒委员若干人,由委员组成院务会议,即"全院事务由委员组织院务会议公决行之",并由委员中"互选一人为主席委员"任院务会议主席,其缺席时在出席委员中临时推举一人代理。惩吏院在审理惩戒案件时采用合议庭的形式,即惩吏院审理案件由委员三人至五人"组织之合议庭行之","合议庭以主席委员为庭长,主席委员缺席时,以主任该案之惩戒委员代理之"。④

1926年5月4日,由广州国民政府委员会议主席汪精卫和常务委员胡汉民、谭延闿、伍朝枢、古应芬联名签署,由广州国民政府以中华民国国民政府令宣布:"惩吏院着即裁撤,所有该院一切职掌归审政院办理。"⑤

(2)审政院

1926年5月4日,广州国民政府下令裁撤惩吏院,成立审政院。同日,国民政府又令审政院和监察院各委员说:"查惩吏院现经明令裁撤,另设审

---

① 《中华民国史档案资料汇编》第四辑(一),江苏古籍出版社1991年版,第36页。
② 《国民政府惩吏院组织法》(1926年1月23日),《民国法规集成》第2册,黄山书社1991年版,第261页。
③ 《国民政府监察院组织法》(1925年7月17日),《中华民国国民政府公报》第3号,"法规"。
④ 《国民政府惩吏院组织法》(1926年1月23日),《中华民国国民政府公报》第22号,"法规"。
⑤ 《中华民国国民政府公报》第32号,1926年5月,"命令"。

政院掌理惩吏及平政事项,惟开办之始事务无多,现值财政困难,该院除委员外一切职员均暂由监察院职员兼任以节经费。"①

根据这些规定,在审政院正式建立前,国民政府就任命邓泽如等5人为审政院委员,惩吏院于5月15日撤销。由于审政院并未正式成立,委员均未就职,故国民政府在上述明令中,令审政院的一切职员(审政院委员除外),均暂由监察院职员兼任。10月4日,国民政府又将尚未正式建立的审政院裁撤,"国民政府审政院着即裁撤",将官吏惩戒权归并到监察院。②

2. 惩吏院的惩戒程序

广州国民政府的惩戒机构为惩吏院,其惩戒程序为:

(1)监察院"对于官吏认为应付惩戒者,应备文声叙事由,连同证据咨送惩吏院惩戒之";各监督长官"对于所属官吏认为应付惩戒者,应备文声叙事由,连同证据请监察院咨送惩吏院惩戒之"。

(2)惩吏院"接受惩戒事件分配后,应先将原送文件抄送被惩戒人,并指定日期令其提出申辩书,或令其到院面加询问,但有正当事故不能到会时,得委托代理人到会答辩询问。被惩戒人对于指定日期不到会,又不委托代理人,或不依期限提出申辩书者,惩吏院得径为惩戒之议决";惩戒案件"认为有刑事嫌疑者,应交法庭办理"。对于同一行为,已在刑事侦查或审判中,惩吏院不得进行惩戒之审理。

(3)惩吏院"接受惩戒事件后认为必要时,得呈请国民政府或通知该监督长官先行停止其职务。前项停止职务之官吏,应并停止其俸给。停止职务之官吏未受褫职处分或科刑之判决者,得依第一项程序命其复职"。

(4)实行回避制,"惩吏院委员有应回避者应依刑事诉讼律之规定"。

(5)惩吏院的议决,以出席委员过半数同意而定。

(6)议决后惩吏院"应制作议决书并呈报国民政府",随应将"议决书除咨送监察院并传知被惩戒人外",还要送达被付惩戒人所属官署,并呈报国

---

① 《中华民国国民政府公报》第32号,1926年5月,"命令"。
② 《中华民国国民政府令》(1926年10月4日),《中华民国国民政府公报》第47号,"命令"。

民政府备案,"将其主文或全文登政府公报公示之"。① 这方面的典型事例,就是国民政府惩吏院议决书"惩字第一号",即关于粤汉铁路路警处长周雍能(即周静斋)和粤汉铁路第一区区长周熙春的惩处事项,该议决书全文分"主文"、"事实"和"理由"等项,并全文照登于《中华民国国民政府公报》上。②

3. 惩戒处分

根据1926年2月公布的《惩治官吏法》,广州国民政府设置的惩戒处分包括:"一、褫职,二、降等,三、减俸,四、停职,五、记过,六、申诫。"各项惩戒处分的具体规定如下:

(1) 褫职,即"褫夺其现任之官职"。

(2) 降等,"依其现在之官等,降一等改叙。受降等之处分无等可降者减期俸三分之一"。

(3) 减俸,"依其现在之月俸减额支给其数为十分之一以上、三分之一以下"。

(4) 停职,即"停止一月以上、六月以下职务之执行,并停止俸给"。

(5) 记过,"由该管长官登记之,如一年以内受记过处分至三次者,由该管长官依前条之规定减俸"。

(6) 申诫,"由惩吏院呈请,国民政府或通知该管长官以命令行之"。③

---

① 《惩治官吏法》(1926年2月17日),《中华民国国民政府公报》第24号,"法规"。

② 《国民政府惩吏院议决书》(1926年5月),《中华民国国民政府公报》第33号,"附录"。

③ 《惩治官吏法》(1926年2月17日),《中华民国国民政府公报》第24号,"法规"。

第五章 "训政"时期南京国民政府的反贪

在中华民国史研究中,一般把1927年4月南京国民政府建立,至1947年12月中华民国最后一部宪法实施前这一段时期,称为"训政"时期。其中,抗战时期作为战时特殊体制时期,另行讨论。这一时期,贪污腐败状况很为严重,并具有这个时代的特点。

第一节
"训政"时期贪腐状况举略

南京国民政府"训政"时期,尤其是抗日战争全面爆发前,被称为中国现代化进程中的一个"黄金十年"期。然而,这一时期固然是现代化突飞猛进之时,也是贪污腐败嚣张之际,发生了形形色色的贪腐事件,在此略举其中较为典型者。

一、轮船招商局案——轰动一时的案例

这是在"一·二八"淞沪抗战前后发生的一桩轰动全国的贪污案。

"一·二八"前后,中国的政局发生着剧烈震动。1931 年 11—12 月间,蒋介石在南京、胡汉民在广州、汪精卫在上海分别召开三个"中国国民党第四次全国代表大会",各方势力有合作的意愿,并一同逼压蒋介石下野,辞去国民政府主席及行政院院长之职。在这种情况下,1931 年 12 月 22—29 日,南京、广州和上海三方的中执委和监察委员在南京联合召开了中国国民党第四届第一次中央全会,"推举胡汉民、汪兆铭、蒋中正、于右任、叶楚伧、顾孟余、居正、孙科、陈果夫九同志"为中央执行委员会常务委员,"推举蒋中正、汪兆铭、胡汉民三同志为中央政治会议常务委员"。同时"选任林森同志为国民政府主席","选任孙科同志为行政院院长,陈铭枢同志为行政院副院长……于右任同志为监察院院长,丁惟汾同志为监察院副院长"。

蒋介石、胡汉民、汪精卫等均当选为国民政府委员,国民党表面上实现了统一,①但就在此期间发生了招商局案。

国民政府交通部下辖的轮船招商局,原系晚清时期李鸿章委派盛宣怀等人创办的官督商办企业。南京国民政府时期,轮船招商局由李鸿章的孙子李国杰挂名董事长,实际由交通部派人负责管理。"一·二八"前后,正值南京中央政府出现较大人事变动的时期,政局变化较快。行政院副院长陈铭枢兼交通部部长,新到任不久,交通部内部也有一些改组举动,新旧交替之际,纷繁复杂的各项事务难免会出现可资利用的空间,故给别有居心者以可趁之机。

轮船招商局董事长李国杰虽然出身名门,但家道已中落,本人又是一个纨绔子弟,在穷困潦倒之际,却还放不下世家子弟的架子,各种花销支出很大,因此也是绞尽脑汁,寻求开辟财源之道。就在这时,新任交通部部长陈铭枢的老朋友黄居素在了解招商局情况后,趁机玩弄花招,为李国杰出谋划策,要他不能只是在招商局挂名,而应该先在招商局谋得实职,再作进一步的打算。他知道李国杰的一个远亲,即李鸿章的旁支后辈李少川,在当年陈铭枢反对袁世凯失败避居上海时,给过陈铭枢很大的帮助,与陈铭枢结成了生死之交,因此,黄居素要李国杰去请李少川向陈铭枢推荐李国杰自己任招商局总经理。经李少川这一推荐,加之陈铭枢考虑到李鸿章与招商局的历史渊源,便任命李国杰为轮船招商局总经理。1932年3月24日,李国杰走马上任,即与交通部政务次长、招商局监督陈孚木及黄居素商议,对外宣称招商局因缺船、少财、无人,债务不清,亏空巨大,拟借款整顿。随后,李国杰以招商局码头货栈为抵押,向美商中国营业公司借款1000万元,他们从中得到好处费80万元。黄居素曾提出给陈铭枢40万元,陈孚木20万元,其余20万元打点有关方面。而实际却是陈孚木分得20万元,其

---

① 中国国民党中央执行委员会秘书处印行:《中国国民党中央党务月刊》第41期,1931年12月,南京出版社1994年影印版,第2624—2625、2630—2631页。

余均为黄居素卷走。随后,陈孚木和黄居素遁走香港。①

轮船招商局贪污案被揭发出来后,1932年11月8日,国民政府行政院议决将轮船招商局完全收归国营。11月13日,行政院院长宋子文手谕上海市政府将李国杰扣押查办。15日,轮船招商局奉国府之命改组,由刘鸿生任总经理,并公布了李国杰违法秘密签订的押款契约,一时之间,舆论大哗,纷纷要求追究责任。李国杰辩称,借款一事经当时的交通部部长陈铭枢批准、政务次长陈孚木签字。而实际上,陈铭枢自1932年1月4日就交通部部长职后不久,因忙于淞沪抗战事,极少过问部务,一切皆委托政务次长陈孚木处理,到6月更是已辞职不问部事。如前所述,陈铭枢并未参与分赃一事,"不仅陈的友人证明陈未闻此事,接陈任交通部长的朱家骅也否认了李国杰的说法"②。而逃匿在香港的陈孚木则拒不入京,并声称轮船招商局已陷绝境,非抵押借款不足以挽救危机,且已经批准备案。对此,陈铭枢特电陈孚木,要他入京说清楚,好汉做事好汉当,同时,陈铭枢电致南京国民政府,说明情况,并表示如自己有染,愿受严惩。最终,李国杰被判处3年徒刑,而陈孚木则始终拒不到案,此事也就不了了之。

二、陈济棠规费事件

1928年10月,国民政府批准李济深辞去广东省政府主席,由陈铭枢继任。12月,陈铭枢宣誓就职,并随即在广东实行新政,表示要清明政治,严惩"违法之污吏"。陈铭枢首先从整顿广东财政入手,而当时驻广东的地方实力派陈济棠仍力图操控军事费用。陈济棠大肆提用钱款,其中涉及贪污腐败的"规费",陈铭枢为限制陈济棠的政治意图和经济上不可避免存在的贪腐行为,双方发生矛盾。据当时报载:"陈济棠与陈铭枢不对的原因,则又是关乎经济。陈济棠第八路军,不过五师人,照依陆军规制,每月所费不

---

① 陈铭枢:《"宁粤合作"亲历记》,中国人民政治协商会议全国委员会文史资料研究委员会编:《文史资料选辑》第9辑,第69—75页。
② 朱宗震、汪朝光:《铁军名将陈铭枢》,兰州大学出版社1996年版,第119页。

过一百五十万元,而陈济棠在广东,凡中央地方款项皆由陈提用,每月要四百三十万元,尚有广西为其驻地所在,每月可收八十万元,五师人每月要五百多万军费,此岂不是奇异。因陈铭枢在广东任主席,对陈济棠此种行为,未免总有几句闲话,陈济棠因碍陈铭枢,不能予取予求,遂必去陈铭枢而后快。"

这一时期,陈济棠等两广地方实力派暗中与红军联络,准备反蒋,因此,对陈铭枢遵照蒋介石的命令追剿红军之举,不予支持。据《申报》报道,"广东方面决意反蒋,陈铭枢不同意,最终导致陈铭枢被排挤出广东。陈铭枢在广东,因陈济棠种种掣肘,剿匪各事俱不能办,早有辞职之意,皆经中央慰留,现在陈铭枢已被迫离开广州。"①

陈济棠提款规费事件,可见陈铭枢对政敌和下属的腐化行为是较为重视的。但是,这种重视又与派系势力的扩张、国内政局的变化密切牵连,最终不可能产生明显有效的反贪腐效果。

三、韩复榘报效案

韩复榘担任山东省主席期间,表面上重视吏治,惩办贪污,但实际上韩复榘本人就大肆贪污受贿,只是其手法较为高明,行动更为隐蔽而已。因此,上行下效,山东官场表面上官风严肃,信赏必罚,公务人员工作作风干练,实际上贪污的照旧贪污,行贿的照旧行贿。当时就有评论说:韩复榘"自夸为北方模范省,政治走入正轨,官吏廉洁自持。其实内容糟不可言"②。

韩复榘贪贿的一个重要途径,就是索取报效。根据国民政府公布的韩复榘的罪状,其中之一就是韩复榘报效案。山东省政府各厅机关每月政费,除正式开支外,须向韩复榘报效若干,据载,其每月仅此一项收入就不

---

① 《申报》1931 年 5 月 12 日,"要闻";陈铭枢:《"宁粤合作"亲历记》,《文史资料选辑》第 9 辑,第 48—49 页。
② 景世仁:《韩复榘祸鲁七年罪恶录》,末臧官铅印本,1939 年,第 20 页。

下 10 万元,这是韩复榘贪贿的主要来源之一。韩复榘手下军队驻防各县,韩复榘为了抚慰其部属,曾将全省的税收机关、矿业机关和各县捐税机关,交由各师师长轮流管理。因此,各师师长皆有所谓"特别收入",他们每月皆从中提出若干报效韩复榘。山东各县新任县长到任前,必须按规定交纳"运动费",一般是一等县 1 万元,二等县 5000 元,三等县 3000 元,只有如数缴纳后,始能前往任职。作为肥缺的山东各税局、各税务分局局长之职,各方均竞相追逐,得到此职之前,必须有相当的"贡献",而得任后按例要先缴纳的"运动费"也有明确规定,一般一等局 6000 元,二等局 4000 元,三等局 2000 元。韩复榘通过各种途径,"每月营私收入不下七八十万元,数目之巨,实堪惊人也"。①

韩复榘经常到山东各地"出巡",实际上是借巡视之名,行游山玩水、寻欢作乐之实。青岛是他常去的地方,青岛市长沈鸿烈任职 7 年中,供韩复榘到青岛挥霍掉的金钱,仅在青岛和胶济路建设中搜刮、贪污的民脂民膏一项,就达 200 余万元。韩复榘家族在山东统治 7 年,贪污受贿,大肆搜刮民财数目堪称巨额,一种说法是韩氏家族搜刮钱财的数额在 1 亿元以上。②另一种少一点的说法,也是高达 8000 万元以上。③

四、黄河赈款案

1935 年夏,山东西部发生黄河大决口,灾区东西长 300 余里,南北宽 70 里,灾民达 500 万人以上。特大"黄灾"震动全国,作为山东省政府主席的韩复榘救灾乃职任所在,如不及时救灾,对他在山东的统治不利。为此,韩复榘专门成立了"黄河水灾救灾委员会",多方积极采取措施救灾。同时,他向南京中央政府申请到大笔的赈济款。

---

① 景世仁:《韩复榘祸鲁七年罪恶录》,末臧官铅印本,1939 年,第 19—20 页。
② 刘殿桂:《韩复榘轶闻》,山东省政协编:《山东文史资料选辑》第 14 辑,第 180 页。
③ 朱民则编辑:《沈鸿烈祸青罪恶录》,沈案查办委员会刊印,1938 年铅印本,第 93、95 页。

即使在赈灾的重要时刻,韩复榘仍不忘以"以工代赈"名义,将南京方面先后4次拨付的32.4万元黄灾赈灾款贪污,"此款到鲁后,仅发放一小部分,其余经韩以'以工代赈'之美名,悉数饱入私囊。直至秋凉,决口尚未合拢,而灾民较前愈多"①。由于韩复榘做得极为隐蔽,故韩复榘反而因积极救灾获南京中央政府通电嘉奖:"该主席筹集赈款,并捐廉为倡,分区救济,擘画周详,用能绥辑流亡,安定地方,厥功甚著。"②韩复榘贪污中饱、大发民难财之举令人发指,这一贪污赈款案,在韩复榘被定罪枪毙后才揭露出来。

五、周宗尧伪造印花税票案

韩复榘的大太太高艺珍身为山东省主席夫人,经常过问省政,能当"半个家",因此,一些贪官污吏希望能以她作靠山,故常与她私相结纳,而她也常与这些官吏串通,作奸犯科,贪污受贿。高艺珍住在省府东大楼,故当时山东官场将与高艺珍打通关系,称为走"东大楼路线"。③山东印花烟酒事务局局长周宗尧伪造印花税票一案就是走"东大楼路线"的典型案例。

周宗尧是韩复榘的老部属,因参加了"甘棠东进"的行列,得到韩复榘的优遇。韩复榘出任山东省主席后,就任命他为山东印花烟酒事务局局长(也称"山东省印花税局局长"),由南京财政部批准加委。

当时,南京国民政府规定,一切书面证明包括"订婚、结婚证书,小学、中学、大学毕业证书等等",以及"钱款在1元以上的发货票"等都要纳税、贴印花,否则即为犯罪,而韩复榘在山东施行所谓严刑峻法,严密的措施使偷漏印花税者无机可趁,故山东的印花税收大大超过了南京政府财政部所定的定额。周宗尧见这么一大笔收入,认为有机可趁,便走"东大楼路线",

---

① 景世仁:《韩复榘祸鲁七年罪恶录》,末臧官铅印本,1939年,第69页。
② 《山东省政府公报》第373期,1936年2月16日。
③ 王慰农:《韩复榘统治下的济南见闻》,参见全国政协文史资料研究委员会编:《文史资料选辑》第18辑,第210页。

向高艺珍献策,"秘密仿造南京财政部制发的印花税票,在山东推销",可使大批钱款不必全部解送南京,从中可攫取巨额利益。高艺珍便与周宗尧勾结起来,大肆贪污舞弊。

1933年春,山东伪造印花税票案被南京发觉,南京国民政府财政部即咨文山东省政府,并"附有周宗尧伪制从一分到五元的印花税票一套",要求韩复榘彻查此案,并将周宗尧解送南京归案法办。韩复榘从高艺珍处得知原委后,惟恐周宗尧被押解到南京后将内幕供出,连累自己,危及自己在山东的统治,便逼迫周宗尧吞食鸦片自杀。事后,韩复榘咨复南京财政部称:"周局长畏罪自杀,伪造印花税票一案无从查究",此事也就不了了之。①

六、张绍堂、李树春卖官案

山东官场贪污腐化的代表人物除韩复榘家族外,以财政厅长王向荣和省府秘书长张绍堂最为突出。由于这二人占据重要职位且手握大权,故各级官吏竞相向他们行贿。张绍堂作为山东省政府秘书长,位高权重,他一手控制着省府的来往函文,凡来文均需经他先行审阅再呈省主席韩复榘,可谓"大权在握,山东省政府的政令,几乎由他一人包办"。

张绍堂还把持县一级官吏的任用,"本来各县县长应归民政厅管理的,但当时山东各县县长的委派和撤换,大都操于张绍堂之手,而李树春的民政厅却成了公文呈转的收发室。张绍堂大肆贪污受贿,当时的县长没有一个不给他行贿送钱,所谓'贿赂公行'是一点不假。除了上任时要钱,平时遇节送礼也要钱"。当他发现有向其行过贿的县长或局长被控告后,即行通知被告官吏本人自行了结,而控告信件或被毁掉,甚或寄给被控官吏本人处理。也正由此,张绍堂可谓是山东全省出名的卖官鬻爵的"能手"。②

---

① 王慰农:《韩复榘统治下的济南见闻》,《文史资料选辑》第18辑,第210—211页。

② 张希由:《治鲁政闻》,全国政协文史资料研究委员会、山东政协文史资料研究委员会编:《一代枭雄韩复榘》,中国文史出版社1988年版,第78页。

公务员到省办事,必先向张绍堂行贿,然后他才会受理。1937年4月,莘县王县长查获一批毒品,报省核示。省府令王县长进省面陈并领奖,由于王县长未按张绍堂的意思向其行贿,结果到省府后被张斥退。由此可见张绍堂索贿受贿之一斑。

张绍堂卖官鬻爵、贪污索贿的另一个手法,就是每逢新县长、新局长赴任前向他这位秘书长请训时,张绍堂"一定推荐一两个亲友或同乡"给请训的县、局长作下属,"并且声明职位不要高了,报酬不要多了,现在人不在济南,过些日子才能到差,其实并无其人,也永不会到差",这只是张绍堂"托词向地方官吏征收保险费罢了"。而一般的县、局长们为替自己找一个"保护伞",也"乐得每月破费百八十元,从此有人担保自己,虽贪污渎职,也没有被控撤职的风险,是一种双方有益、彼此心照不宣的事"。据估算,"山东一百零八县,每县每月按百元计算,张绍堂每月可得万元以上。张作秘书长是与韩作主席相终始的,前后七年有余,张绍堂只这项收入就攫取近百万元"。① 此外,张绍堂还与地方官吏、军队将领大肆走私,并利用家中的红白喜事索贿受贿,所得不计其数。

山东省政府的民政厅长李树春,掌管着全省县长的任免、外迁、调补大权,虽然实际大权由张绍堂控制,但他毕竟是主管厅长,所以,那些县官们"行贿时有张绍堂一份,也不能不送李树春一份"②。

七、陈诚的军队"经济公开"和对"陋规"的妥协

陈诚是蒋介石的亲信,在中原大战后统辖蒋介石嫡系第十八军,以严格治军并标榜治军"三公开"即以"经济公开"、"用人公开"、"意见公开"著称。陈诚治军敢于实行"三公开",内部的基础就是他对于本部队应得之兵饷份额和经济待遇,竭尽全力来争取;同时,执行上级规定的制度较其他部

---

① 王慰农:《韩复榘统治下的济南见闻》,《文史资料选辑》第18辑,第216页。
② 张希由:《治鲁政闻》,《一代枭雄韩复榘》,中国文史出版社1988年版,第79页。

队更为坚决,故能争取到足额的军饷。九一八事变后,军政部迫于财政紧缩,为压缩开支,规定给各级官兵只发"国难饷",将官、校官、尉官的薪饷,分别打对折、六折、七八折不等,士兵饷金酌减,行政办公费减半。陈诚严格执行该规定,但是,对薪饷按月发清,决不拖欠。①

国民党军队中历来贪污成风,部队主管长官"吃空额"已成惯例。陈诚虽有心对"吃空额"严加控制,但是,也不得不对这种贪污舞弊的陋习作出妥协,允许所部各级军官申报空额,同时又作出了严格的限制,只允许一个很小的额度:连长为2名,营长为3—4名,团长为8—10名,旅长则不准超过8名。同时规定,逃兵限于24小时之内上报,否则以吃缺额论处;各连队的伙食,由全体士兵轮流采购,并公布采购账目,以杜绝贪污,一旦发现有贪污行为,多处以死刑。② 各部队长在调离原职办理移交手续时,必须把部队的公积金一并移交。各部队长凡不遵守这一规定者,轻则撤职,重则枪决。他还鼓励全体官兵揭发违反军纪、贪污舞弊者。不过,对军队贪腐行为的原则性妥协是致命的,绝非小修小补能挽救一二。

---

① 方耀:《陈诚其人其事》,政协杭州市委员会文史资料研究委员会编:《杭州文史资料》第3辑,第37—61页。
② 黄仁宇:《从大历史的角度读蒋介石日记》,中国社会科学出版社1998年版,第225—226页。

第二节
"训政"时期的反贪法规

1928年6月,南京政府北伐"统一"后,国民党内各军事政治派系的争夺又趋激烈。蒋介石派、汪精卫派、改组派、再造派、西山会议派、三民主义大同盟等,为夺取国民党中央大权而争夺。四大军政集团,蒋介石系、冯玉祥系、阎锡山系、桂系围绕中央领导权、势力范围和全国军队的裁兵编遣等问题,也展开了激烈的斗争。蒋介石为夺取中央领导权,削弱其他各派实力,以实现孙中山"建国大纲"为幌子,提出"统一军政"、"实施训政"的口号。

一、"训政"时期根本大法的反贪原则

1.《训政纲领》和《训政时期约法》的反贪精神

1928年8月,国民党二届五中全会发表宣言,声称:"本会议举行于训政开始之际……根据总理建国大纲,设立行政、立法、司法、考试、监察五院,逐渐实施,并决定迅速起草约法,预植五权宪法之基础"[1],依照孙中山遗训,实施"训政",制定"训政"时期约法。

10月3日,经国民党中央第172次常务会议通过,国民政府公布施行

---

[1] 《第二届中央执行委员会第五次全体会议宣言》(1928年8月15日),《中国国民党历次代表大会及中央全会资料》上册,光明日报出版社1985年版,第534页。

《训政纲领》，规定："（一）中华民国于训政期间，由中国国民党全国代表大会代表国民大会领导国民，行使政权。（二）中国国民党全国代表大会闭会时，以政权托付中国国民党中央执行委员会执行之。（三）依照总理建国大纲所定选举、罢免、创制、复决四种政权，应训练国民逐渐推行，以立宪政之基础。（四）治权之行政、立法、司法、考试、监察五项治权付托于国民政府，总会而执行之，以立宪政时期民选政府之基础。（五）指导、监督国民政府重大国务之施行，由中国国民党中央执行委员会政治会议议行之。（六）中华民国国民政府组织法之修正及解释，由中国国民党中央执行委员会政治会议议决行之。"①

10月8日，南京国民政府公布《中华民国国民政府组织法》，规定："国民政府总揽中华民国之治权"，由"行政院、立法院、司法院、考试院、监察院"五院组成。并述制定之宗旨："中国国民党本革命之三民主义、五权宪法建设中华民国，既用兵力扫除障碍，由军政时期入于训政时期，允宜建立五权之规模，训练人民行使政权之能力，以期促进宪政，奉政权于国民。兹谨本历史上所授予本党指导、监督政府之职责，制定国民政府组织法。"②这些规定都体现出了一些权力制衡、防止权力贪腐的原则。

1929年6月15日，国民党三届二中全会作出《训政时期之规定案》，明确"训政时期规定为六年，至民国二十四年完成"③。1931年3月2日，国民党中央通过蒋介石提交的《训政时期约法案》，并派吴稚晖等11人组成约法起草委员会。

1931年5月5日，国民会议在南京召开。6月1日，国民会议制定并通过了《中华民国训政时期约法》（8章89条），以国家"根本大法"的形式，正式规定了国民党一党专政的政治体制，国民政府的五院制（"国民政府设行政院、立法院、司法院、考试院、监察院"）本应体现的"五权分立"之义，正

---

① 《训政纲领》（1928年10月3日），上海《中央日报》，1928年10月4日。
② 《中华民国国民政府组织法》（1928年10月8日），《中华民国国民政府公报》第99号，"训令"。
③ 《训政时期之规定案》，《中国国民党历次代表大会及中央全会资料》上册，光明日报出版社1985年版，第759页。

在失去孙中山创立它时原有的意义。同时,《中华民国训政时期约法》还明文规定:"行政、立法、司法、考试、监察五种职权由国民政府行使之";"选举、罢免、创制、复决四种政权之行使,由国民政府训导之";"国民政府设主席一人,委员若干人。由中国国民党中央执行委员会选任委员名额,以法律定之"。① 这也在一定程度上明确了预防权力贪腐的原则,并设立了监督机制。这是一种权力的矛盾体,蒋介石虽确立了国民党一党独裁的政府体制,但五院制衡体制毕竟在客观上又体现出了一些反对权力贪腐的原则精神。

2.《中华民国宪法草案》的反贪原则

"九·一八"事变爆发后,中国面临着空前严重的民族危机。为使全国人民都能发挥抗御外侮的力量,全国各社会阶层和团体强烈要求国民党当局结束训政,实行宪政,开放民主,全民族共议拯救国难之道。在这种压力下,国民党于1932年12月在南京召开四届三中全会,集中讨论抵御外侮和筹备宪政问题,会上作出了《集中国力挽救危亡决议案》,指出"拟定(民国)二十四年三月开国民大会,议决宪法,并决定宪法颁布日期。立法院应速起草宪法草案发表之,以备国民之研讨"②。1933年1月20日,立法院会议指定组成由孙科任委员长的宪法起草委员会③,1936年5月5日,《中华民国宪法草案》公布,习称《五五宪草》。

《五五宪草》虽然依据一般宪法的规制,写上"中华民国为三民主义共和国"、"中华民国之主权属于国民全体"等虚饰之语,但《五五宪草》中所确定的中央政府体制是总统独裁制。在《五五草案》中将总统地位规定为既是国家元首又是政府首脑:"总统为国家元首,对外代表中华民国";"总统依法任免文武官员"。也就是说,总统任命行政院长不必经国民大会同

---

① 《中华民国训政时期约法》(1931年6月1日),《中华民国史档案资料汇编》第五辑第一编,政治(一),江苏古籍出版社1994年版,第270—271、274页。

② 《中国国民党历次代表大会及中央全会资料》下册,光明日报出版社1985年版,第180—181页。

③ 刘绍唐主编:《民国大事日志》(传记文学丛刊之八十二),第1册,台北,传记文学出版社1978年版,第495页。

意,行政院长对总统负责而不是对国民大会负责,"行政院设院长、副院长各一人,政务委员若干人。由总统任免之";"行政院院长、副院长、政务委员、各部部长、各委员会委员长,各对总统负其责任";"总统得召集临时国民大会"。总统有发布紧急命令为紧急处分之权,并且不必事先取得议事机构(如立法院)的同意,即:"国家遇有紧急事变或国家经济上有重大变故,须为急速处分时,总统得经行政会议之议决,发布紧急命令,为必要之处置。但应于发布命令后三个月内提交立法院追认";"总统得召集五院院长,会商关于两院以上事项及总统咨询事项"。① 由于《五五宪草》是把总统置于中央政治体制中最高操纵者的地位,故有学者称,"政府大权可谓已尽量集中,其集权趋势实超过现代任何行总统制之民主国家"②。

《五五宪草》是国民党政权为了巩固其所代表的统治集团的利益并强化其统治而一手包办的宪法草案,其基本制度是为确立国民党一党专政和蒋介石个人独裁而制定的。不过,正因为《五五宪草》是《训政时期约法》的延续,不得不部分地体现孙中山"五权分立"原则,确立五院体制,尤其在第三章"国民大会"和第四章"中央政府"第六节"监察院"的设置上,有较突出的表现,客观上仍部分地体现了反贪原则。

在《五五宪草》的规定中,国民大会的职权具有对最高权力的监督、制约的性质。如"国民大会之职权"中规定:"一、选举总统、副总统,立法院院长、副院长,监察院院长、副院长,立法委员,监察委员。二、罢免总统、副总统,立法、司法、考试、监察各院院长、副院长,立法委员,监察委员。三、创制法律。四、复决法律。五、修改宪法。六、宪法赋予之其它职权。"③

对"监察院"职掌权限的规定:"监察院为中央政府行使监察权之最高机关,掌理弹劾、惩戒、审计,对国民大会负其责任";"监察院为行使监察权,得依法向各院、各部、各委员会提出质询"。

---

① 《中华民国宪法草案》(1936年5月5日),《中华民国史档案资料汇编》第五辑第一编,政治(一),江苏古籍出版社1994年版,第275—288页。
② 陈茹玄:《增订中国宪法史》,台北,文海出版社1985年版,第233页。
③ 《中华民国宪法草案》,《中华民国史档案资料汇编》第五辑第一编,政治(一),江苏古籍出版社1994年版,第278页。

对提起弹劾的一些原则规程的规定较为严格,带有一定限制性:(1)"监察院对于中央及地方公务员违法或失职时,经监察委员一人以上之提议,五人以上之审查决定,提出弹劾案。但对于总统、副总统及行政、立法、司法、考试、监察各院院长、副院长之弹劾案,须有监察委员十人以上之提议。全体监察委员二分之一以上之审查决定,始得提出。"(2)"对于总统、副总统,立法、司法、考试、监察各院院长、副院长之弹劾案,以前条规定成立后,应向国民大会提出之。在国民大会闭会期间,应请国民代表依法召集临时国民大会,为罢免与否之决议。"(3)规定了对监察委员的保护性措施:"监察委员于院内之言论及表决,对外不负责任"、"监察委员除现行犯外,非经监察院许可不得逮捕或拘禁"。① 这就从根本大法上为这一时期的监察制度相关法规的制定定下了基调。

二、"训政"时期反贪刑事和行政法规

1.《中华民国刑法》中的反贪规定

1927年,蒋介石发动"四·一二"反革命政变,建立南京国民政府后,在立法尤其是刑事立法上,广泛宣称以"三民主义"为指导思想和理论依据,"以三民主义立法"为"最高立法原则"。同时,南京国民政府还标榜"参酌世界立法趋势","采择世界各国最新立法例"来进行立法,尤其要"依据最新刑法学说"来进行刑事立法。

(1)1928年刑法典与1935年刑法典的制定

南京国民政府建立后,鉴于1918年制定的《刑法第二修正案》未颁布施行,而现行的《暂行新刑律》自施行以来,"法定刑期又极广漠,法官援用时无一定标准,遂得自由裁量、任意出入,致有畸轻畸重之嫌",为贪赃枉法者提供了机会,也不适应社会发展、犯罪事实亦日新月异的情况,故由南京政府司法部长王宠惠将《改定刑法第二次修正》详加研究,略予增损,编成

---

① 《中华民国宪法草案》,《中华民国史档案资料汇编》第五辑第一编,政治(一),江苏古籍出版社1994年版,第278、282—283页。

《刑法草案》。《刑法草案》由国民政府发交国民政府委员伍朝枢、最高法院院长徐元诰,会同王宠惠审查,诸人均认为该草案各编各章于中西法学家学说,及一切现情,斟酌损益,折中至当,可予以公布施行。① 1928 年 3 月,中央常务委员会通过《中华民国刑法》全案,交由国民政府公布,于 7 月 1 日起施行,这部《中华民国刑法》,一般称为"1928 年刑法典"。② 为辅助《中华民国刑法》的施行,国民政府还于 1928 年 6 月,制定公布了《中华民国刑法施行条例》。③

1928 年颁行的《中华民国刑法》,以《暂行新刑律》及前各刑法草案为基础,参酌损益,折衷至当,较前更为完备而进步。只是条文仍嫌繁复,施行以来执行中出现的疑问,各地法院函电纷请司法当局或最高法院解释者,纷至沓来,而短期自由刑易科罚金之制,亦未采用,致各监狱有轻犯人满之患,故而,时移事易,刑事政策应随之变更。此外,1928 年刑法典颁行后,国民政府制定的各种刑事单行法规,层见叠出,歧异纷生,尤应划一,故《中华民国刑法》实有修订的必要。国民政府立法院成立后,积极编纂各重要法典,至 1931 年,民、商、劳工、土地、自治各法,均先后完成,为了使各法典之间互相协调配合,使法律制度和司法实践得以统一,立法院于 1931 年 12 月指定立法委员刘克俊、史尚宽、郗朝俊、蔡瑄、罗鼎组织刑法起草委员会,草拟《刑法修正案》,后又特加派委员徐元诰、赵琛、盛振为、瞿曾泽等会同起草,至 1933 年 12 月间完成《刑法修正案初稿》(2 编 48 章,共 345 条)。经向各方征求意见,1934 年 10 月,刑法起草委员会修改完成《刑法修正案》("总则编"12 章 97 条、"分则编"35 章 253 条,共 350 条)。1935 年 1 月 1 日公布修订的《中华民国刑法》,同年 7 月 1 日施行,一般称之为"1935 年刑法典"。

---

① 参见谢振民编著、张知本校订:《中华民国立法史》,中国政法大学出版社 2000 年版,第 903—904 页。
② 《中华民国刑法》(1928 年 3 月 10 日),《中华民国国民政府公报》第 43 期,"法规",第 1—64 页;彭明主编:《中国现代史资料选辑》第三册,中国人民大学出版社 1988 年版,第 28—30 页。
③ 《中华民国国民政府公报》第 65 期,1928 年 6 月,"法规"。

(2) 1935年刑法典与1928年刑法典的反贪腐规定及比较

①1935年《中华民国刑法》第一编"总则"第1章"法例"主要规定了刑法适用的范围,第5条涉及有关贪腐的职务性违法失职行为有:"本法于凡在中华民国领域外犯左列各罪者适用之:一、内乱罪。二、外患罪。三、伪造货币罪。四、伪造有价证券罪。五、伪造文书印文罪。六、妨害自由罪。……"第6条规定的"本法于中华民国公务员在中华民国领域外犯左列各罪者适用之:一、渎职罪。二、脱逃罪。三、伪造文书罪。四、侵占罪"。①

在《中华民国刑法》第二编"分则"中涉及贪污腐败行为的罪章主要有:第2章外患罪(包括《暂行新刑律》中的外患罪和漏泄机务罪),有些条款属于一般性涉及贪腐行为,详见下述具体罪名之界定及相关惩罚的规定。

②在1935年《中华民国刑法》第二编"分则"中涉及贪污腐败行为的罪章及刑事惩罚规定。关于惩处贪腐行径的刑事规定具体地体现在以下各章、各项规定中,主要有:

第4章"渎职罪"。第121条规定:"公务员或仲裁人对于职务上之行为要求期约或收受贿赂或其他不正利益者,处七年以下有期徒刑,得并科五千元以下罚金。犯前项之罪者所收受之贿赂没收之。如全部或一部不能没收时,追征其价额。"第122条规定:"公务员或仲裁人对于违背职务之行为要求期约或收受贿赂或其他不正利益者,处三年以上十年以下有期徒刑,得并科七千元以下罚金。因而为违背职务之行为者,处无期徒刑或五年以上有期徒刑,得并科一万元以下罚金。对于公务员或仲裁人关于违背职务之行为,行求期约或交付贿赂或其他不正利益者,处三年以下有期徒刑,得并科三千元以下罚金。但自首者减轻或免除其刑,在侦查或审判中自白者得减轻其刑。犯第一项或第二项之罪者,所收受之贿赂没收之。如全部或一部不能没收时,追征其价额。"第123条规定:"于未为公务员或仲裁人时,预以职务上之行为要求期约或收受贿赂或其它不正利益,而于为公务员或仲裁人后履行者,以公务员或仲裁人要求期约或收受贿赂或其它

---

① 《中华民国刑法》(1935年1月1日),《中华民国史档案资料汇编》第五辑第一编,政治(一),江苏古籍出版社1994年版,第460页。

不正利益者"。第 129 条规定:"公务员对于职务上发给之款项物品明知应发给而抑留不发或克扣者亦同"。

第 6 章"妨害投票罪"。第 143 条规定:"有投票权之人要求期约或收受贿赂或其它不正利益而许以不行使其投票权或为一定之行使者,处三年以下有期徒刑,得并科五千元以下罚金。犯前项之罪者,所收受之贿赂没收之。如全部或一部不能没收时,追征其价额。"第 144 条规定:"对于有投票权之人行求期约或交付贿赂或其它不正利益,而约其不行使投票权或为一定之行使者,处五年以下有期徒刑,得并科七千元以下罚金。"第 145 条规定:"以生计上之利害诱惑投票人不行使其投票权或为一定之行使者,处三年以下有期徒刑。"第 146 条规定:"以诈术或其它非法之方法使投票发生不正确之结果或编造投票之结果者,处五年以下有期徒刑。前项之未遂犯罚之"。①

第 31 章"侵占罪"。第 335 条规定:"意图为自己或第三人不法之所有而侵占、自己持有他人之物者,处五年以下有期徒刑、拘役或科或并科一千元以下罚金。前项之未遂犯罚之。"第 336 条规定:"对于公务上或因公益所持有之物犯前条第一项罪者,处一年以上七年以下有期徒刑,得并科五千元以下罚金。对于业务上所持有之物犯前条第一项之罪者,处六个月以上五年以下有期徒刑,得并科三千元以下罚金。前二项之未遂犯罚之。"第 337 条规定:"意图为自己或第三人不法之所有而侵占遗失物、漂流物或其它离本人所持有物者,处五百元以下罚金。"

第 34 章"赃物罪"。第 349 条规定:"收受赃物者,处三年以下有期徒刑、拘役或五百元以下罚金。搬运、寄藏、故买赃物或为牙保者,处五年以下有期徒刑、拘役或科或并科一千元以下罚金。因赃物变得之财物以赃物论",等等。②

---

① 《中华民国史档案资料汇编》第五辑第一编,政治(一),江苏古籍出版社 1994 年版,第 475—477、479 页。
② 《中华民国史档案资料汇编》第五辑第一编,政治(一),江苏古籍出版社 1994 年版,第 505—506、507 页。

③1935年刑法典(简称"新刑法")与1928年刑法典(简称"旧刑法")的差异,涉及反贪污腐败行为的,如有:

在第一编"总则"中,公务员在国外犯公务上之侵占罪,亦应依我国刑法处罚,1935年"新刑法"特增入第6条,而1928年"旧刑法""总则"第6条中只规定有"渎职罪"、"脱逃罪"和"伪造文书罪"的惩处规定,无"在国外犯公务上之侵占罪"一项之规定。①

1935年"新刑法"第二编"分则"第122条规定,贿赂罪每因授受同科,不易发觉,"新刑法"特将对于公务员职务上行为之行贿罪删去。至于对于公务员违背职务行为之行贿罪,并设自首减轻或免除及自白得减之规定,俾使贪污腐败案件易于发觉,以期收弊绝风清之效。"新刑法"第125条,针对1928年"旧刑法"第133条仅"有追诉犯罪职务之公务员"的范围规定稍狭,"新刑法"将"有处罚犯罪职务之公务员"一并加入。②

至于因滥用职权被逮捕或羁押者,情节亦极重大,不可不加处罚,"新刑法"并增定之。"新刑法"第131条,针对"旧刑法"对"公务员对于主管或监督之事务直接或间接图利"之罪,没有制定没收所得利益及追征价额之规定,有疏漏之点,"新刑法"特增订"犯前项之罪者,所得之利益没收之。如全部或一部不能没收时,追征其价额"。③ 公务员渎职者,如不严加处罚,则吏治永无澄清之望,"新刑法"除酌加公务员犯罪条文外,对于公务员之处罚量刑加重。"旧刑法"第130条规定:"有审判职务之公务员或公断人,对于处理或审判之法律事件,要求期约或收受贿赂或其它不正利益者,处三年以上十年以下有期徒刑,得并科五千元以下罚金"。对于这类特别受

---

① 《中华民国史档案资料汇编》第五辑第一编,政治(一),江苏古籍出版社1994年版,第460页;《中华民国刑法》(1928年3月10日),《中华民国国民政府公报》第43期,"法规",国民政府秘书处1928年3月印行,第1—2页。

② 《中华民国国民政府公报》第43期,"法规",第25—26页;《中华民国史档案资料汇编》第五辑第一编,政治(一),江苏古籍出版社1994年版,第476页。

③ 1928年刑法典涉及此款的是第129条,不过正如文中所说,其缺点在1935年刑法典中,已在一定程度上得到了弥补。《中华民国国民政府公报》第43期,"法规",第25页;《中华民国史档案资料汇编》第五辑第一编,政治(一),江苏古籍出版社1994年版,第477页。

贿罪,"新刑法"以一般受贿罪处刑业已加重,并将"公断人"改为"仲裁人",分别规定于各关系条文中,故将该条删去。①

1935 年"新刑法"第 137 条规定,考试为国家要政,对"以诈术或其它非法之方法使其(指考试)发生不正确之结果者"等舞弊情事,自应处罚,分别情况"处一年以下有期徒刑、拘役或三百元以下罚金","新刑法"特增订之。②

2. 特别刑事单行法规

(1) 对刑事单行条例的规范

自《中华民国刑法》(1928 年刑法典)施行后,各种特别刑事法令仍多继续有效,并迭有颁行。为了规范、统一国家律令,在 1932 年 3 月 1—6 日洛阳召开的四届二中全会上,刘守中等 15 名委员联名提议划一刑法案,戴传贤等 12 名委员又联名提议《划一刑法(补充办法)案》。③ 全会于第二次会议决议:"交政治会议,将各种特别法分别废止,如确非得已而必需暂留者,应明定施行期间。"经审议,中央政治会议于 4 月 2 日提交第 28 次临时会议决议:"《惩治绑匪条例》、《惩治土豪劣绅条例》、《暂行特种刑事诬告治罪法》、《贩运人口出国治罪条例》,均照审查意见废止,交国民政府执行。"国民政府随即于 1932 年 4 月 15 日命令将各特别法"均著废止"。《禁烟法》交立法院修正,而《危害民国紧急治罪法》、《惩治盗匪暂行条例》亦尚未可遽废,仍应继续施行。④

1932 年 12 月 15—22 日,中国国民党第四届中央执行委员会第三次全体会议在南京召开。李绮庵等委员向四届三中全会提交"澄清吏治案",提议"澄清吏治,为当今要图,交政治会议从速妥拟办法,切实施行";石瑛等

---

① 《中华民国国民政府公报》第 43 期,"法规",第 25 页;《中华民国史档案资料汇编》第五辑第一编,政治(一),江苏古籍出版社 1994 年版,第 475—477 页。
② 《中华民国国民政府公报》第 43 期,"法规",第 27—28 页;《中华民国史档案资料汇编》第五辑第一编,政治(一),江苏古籍出版社 1994 年版,第 478 页。
③ 《中国国民党历次代表大会及中央全会资料》下册,光明日报出版社 1985 年版,第 154、164 页。
④ 《中华民国国民政府公报》洛字第 5 号,"法规",第 16 页;《中国国民党中央党务月刊》第 42、43、44 期合刊本,1932 年 3 月,南京出版社 1994 年影印版,第 12 页。

8名委员提出"切实惩治贪污,以砺廉隅,而崇法治案",均于19日决议通过,并议交中央政治会议从速妥拟办法,切实施行。①中央政治会议交由法制、政治报告两组审查后提交第437次会议决议,关于官吏的刑事制裁,究竟应否于现行刑法之外另定特种刑法,交立法、司法两院会核,并录案函由国民政府令立法院遵办。

中央政治会议议决以上各案,立法院先后交付刑法起草委员会审查后认为,刑法现正积极修改,应将渎职罪分别酌量加重,无再行制定制裁官吏特别刑法之必要,经立法院会议议决照审查意见通过。因此,自1916年7月《官吏犯赃治罪法》废止以来,逐步将关于一般官吏刑事制裁之特别法及其有关规定,纳入刑律之中。

1928年6月,国民党中央执行委员会根据江苏省党务指导委员会颁布《党员诬告反坐条例》的呈请,以保障党员忠实,提请常会决议,交中央组织部起草。该部以为制定此项条例系属立法范围,应由政府会议交法制局起草,并拟具《特种刑事诬告反坐条例草案》,以供参考。7月,法制局参照中央组织部所拟草案,拟就《暂行特种刑事诬告治罪法草案》(8条),规定凡犯特种刑事诬告罪者,不仅党员或对于党员,即非党员对于非党员,亦得依本法治罪。② 1932年4月15日,国民政府明令公布废止此草案。③

(2)《惩治贪官污吏暂行条例》

1931年10月,国民政府西南政务委员会颁布了《惩治贪官污吏暂行条例》,以示整肃吏治之意。

《惩治贪官污吏暂行条例》对贪污、受贿、扰乱金融图利等罪行处罚严厉。其一,"凡公务员犯左列条款之罪者处死刑:一、收受贿赂者;二、操纵或投机买卖纸币图利自己或扰乱金融。"其二,"依本条例执行死刑得用枪

---

① 《第四届第三次中央全会决议案》,《中国国民党历次代表大会及中央全会资料》下册,光明日报出版社1985年版,第190、206页。
② 《暂行特种刑事诬告治罪法草案》(1928年7月24日),《中华民国国民政府公报》第78号,"法规"。
③ 《中华民国国民政府公报》洛字第5号,国民政府文官处印铸局1932年4月20日印行,"令"。

决",   "凡依本条例判决死刑案件非呈经国民政府西南政务委员会核准后不得执行。前项呈报之案如西南政务委员会认为有疑义时得交复审或认为情节较轻者,亦得饬送司法机关依普通刑法审判。"其三,对贪污犯之审判机关专门规定:"公务员犯前条之罪,由国民政府西南政务委员会或委托地方最高机关组织特别法庭审判之。特别法庭组织另定之。"其四,在《中华民国刑法》与单行条例之关系上,该《暂行条例》明文规定,"除本条例有特别规定外,现行刑法仍得适用"。①

1932年2月4日,国民党中央政治会议通过《严惩商店与政府机关交易私给回扣案》、《贪赃惩治法案》,规定:"公务员回扣者,以舞弊治罪,共同舞弊之商店,亦以犯罪论。"②

3.反贪行政法令和法规

"训政"时期的南京国民政府,各种反贪行政法令和法规的制订颁布,一定程度上体现了国民政府从制度建设层面反对贪腐的政治举措和决心。

(1)《刷新政治案》和《惩治贪官污吏办法纲要》

中原大战结束后,1930年11月,国民党三届四中全会在南京召开,会议主要讨论了召开国民会议、制定约法等问题。11月17日,全会议决通过了《刷新中央政治,改善制度,整饬纲纪,确立最短期内施政中心,以提高行政效率案》(以下简称《刷新政治案》),明确提出应严厉惩戒贪污腐败行为。

《刷新政治案》其乙项"关于肃正纲纪与刷新政治之方案"的第9款中规定:"由立法院另定贪赃惩治法,规定凡官吏收受贿赂或侵蚀公款在金额若干元以上查有实据者,由国民政府按非常程序处以无期徒刑或死刑,仍查抄其财产。"并规定:"限期成立监察院,实行监察职权,并订定监察人员失察、失职之惩戒条例。"

---

① 《惩治贪官污吏暂行条例》(1931年10月,国民政府西南政务委员会公布),《民国法规集成》第66册,黄山书社1991年版,第55页。
② 韩信夫、姜克夫主编:《中华民国大事记》第3册,中国文史出版社1997年版,第154页。

在财务方面,"限期成立主计处,直隶于国府。凡中央各机关一律限于十二月底以前,地方政府限于二十年(1931年)三月以前,造齐本会计年度之机关预算及其主管范围内之预算,呈请国民政府核定。此后各机关之收支计算书及附属单据,必须依法造送,呈请审核。违者分别申诫或撤惩其主管长官。经审核而查有不符法令手续之支出或舞弊浮冒之证据者,由审计机关呈请监察院办理之"。①

这一决议案由中央政治会议议交法律组审查,该法律组审查后作出3项法律规定:(一)凡公务员收受赃贿或侵蚀公款,其金额未满1000元者,拟请依刑法渎职罪加倍治罪;金额在1000元以上者,得处以无期徒刑,除追赃外,并查抄其财产。(二)关于公务员收受赃贿或侵蚀公款之案件,拟请以高等法院为第一审。(三)行贿人于犯罪未发觉以前自首者,拟请免除其刑。经提会议决通过,函由国民政府令交立法院遵照办理。②

法律组的审查结果经立法院会议讨论,议决交付法制委员会审查。该法制委员会审查认为,刑法不日即行修改,关于惩治贪赃罚则,可于刑法内详加规定,无另订特别法之必要。立法院会议按照法制委员会的审查意见议决通过,于1932年4月6日呈复南京国民政府转函中央政治会议查核,经中央政治会议议决:"立法院呈称关于刷新中央政治案内另订贪赃治罪法一案……可于刑法中规定,似无另订贪赃治罪法之必要。"5月17日,中央政治会议复据委员顾祝同关于"整饬吏治,首须严惩贪污"的提议,"谨拟《惩治贪官污吏办法纲要》,请核议施行"案,即并案提出讨论决议:"(一)整饬吏治,首须正本清源,于考试、铨叙、监察注意应由国民政府饬考试、监察两院切实办理。(二)中央于最高法院设惩治贪污专庭,以最高法院院长为庭长,行政院代表、监察院代表参加组织之。(三)省于高等法院设惩治贪污专庭,以高等法院院长为庭长,省政府代表参加组织之。(四)凡犯贪

---

① 《第三届第四次中央全会决议案》,《中国国民党历次代表大会及中央全会资料》上册,光明日报出版社1985年版,第919—920页。

② 谢振民编著、张知本校订:《中华民国立法史》,中国政法大学出版社2000年版,第945—946页。

污罪情节重大者,得处死刑或无期徒刑。"此决议案第 2 项至第 4 项,经国民政府令交立法院办理。①

这反映出这一时期所颁行的吏治方面的法规和命令频率密集,说明贪腐状况已严重到了一定的程度,造成对政权存亡的威胁。故此,国民政府不得不密切注意吏治清明程度,以期能随时加以纠治。

(2)《公务员考绩法》等行政法规

1935 年 7 月 16 日,国民政府颁布修订的《公务员考绩法》,规定考绩分为"年考"和"总考"两种。总考,"就各该公务员三年成绩合并考核之,于各该公务员第三次年考后行之",由铨叙机关进行;年考,"于每年十二月行之",由"直接上级长官执行初核,再由上级长官执行复核,主管长官执行最后复核"。② 1945 年以后,南京国民政府规定的考绩内容更加具体,"公务员考绩分工作、操行、学识三项"③。"操行"分 5 个方面:是否守法、是否公正、是否廉洁、是否受人敬重、是否诚恳接受指导,多与预防权力滥用和贪腐相关,于每年 7 月及次年 1 月 10 日前,将 80 分以上及不满 60 分人员填册汇报铨叙机关备查。④

根据国民政府 1935 年 10 月 30 日颁布施行的《公务员考绩法施行细则》和 11 月 1 日公布施行的《公务员考绩奖惩条例》,考绩以 60 分为及格,年考实行的考绩评等,按分数划为 6 等,总考划为 7 等。相应的奖惩,80 分以上晋级,70 分以上记功,不满 60 分记过,不满 50 分降级,不满 40 分解职。为防止评分过滥,还规定:"由荐任职升等者不得逾现有荐任人员的十分之一","由委任职升等者不得逾现有委任人员的二十分之一";"成绩过劣应行解职人员年考不得少于各该机关员额百分之二,总考不得少于各该

---

① "国民政府训令"(1932 年 5 月 17 日),《中华民国国民政府公报》洛字第 8 号,1932 年 5 月,"训令"。
② 《公务员考绩法》(1935 年 7 月 16 日),罗家伦主编:《革命文献》第 30 辑,台北,中国国民党中央委员会党史史料编纂委员会编印,1965 年,第 276—277 页。
③ 《公务员考绩条例》(1945 年 10 月 30 日),《国民党政府政治制度档案史料选编》下册,安徽教育出版社 1994 年版,第 107 页。
④ 考试院秘书处编:《考绩表》、《公务员平时成绩考核记录表说明》,《民国法规集成》第 37 册,黄山书社 1991 年版,第 153—155、156—157 页。

机关总员额百分之四";"荐任职公务员成绩特优应行升等者,在各该机关遇有相当缺额应即依法升用,若无缺额,得予以简任待遇","委任职公务员成绩特优应行升等者,在各该机关遇有相当缺额而无考试及格人员时应即依法升用,若无缺额,得予以荐任待遇"。①

4. 预防和惩治警政贪腐的刑事和行政法规

南京国民政府在北洋政府警察制度的基础上,建立了内政部,负责警察制度的建立、发展和完善。

1928 年 3 月,南京国民政府颁布《国民政府内政部组织法》,规定内政部直接隶属于国民政府,内设 1 处 4 司,警政司即在其中。10 月,内政部根据《内政部组织法》第 17 条关于"内政部因事务上之必要得设置专门委员会"的规定,设立了警政专门委员会,以改进全国警政。对于警政司的职权,1936 年 7 月国民政府修正公布《内政部组织法》第 8 条,1942 年 6 月修正公布的《内政部组织法》,对警政司的职掌作出规定,包括警察制度之厘定、警察官吏任免考核奖惩、警察经费、警察教育及警察智力测验事项、行政警察、征兵征发、地方自卫、出版品登记及著作权注册、国境警察之计划管理等事项。② 1946 年 6 月 20 日,国民政府颁布《内政部警察总署组织法》,并于 8 月 15 日正式成立内政部警察总署,接管了警政司的全部业务,加强中央警政机构,指挥、督导全国警政的推进。按照规定,首都警察厅的外勤机构分设 4 股,其第一股主管有关党政、教育方面的调查与"反动集团"、"反动案件及反动分子"、"公务人员贪污恶习"的侦查;第二股主管军队系统及军风纪、散兵游勇不良活动、私贩私运私制军火的调查等,都涉及对贪腐行为的侦查惩处。③

---

① 《公务员考绩法施行细则》(1935 年 10 月 30 日)、《公务员考绩奖惩条例》(1935 年 11 月 1 日),《民国法规集成》第 37 册,黄山书社 1991 年版,第 152、158 页。
② 《国民党政府政治制度档案史料选编》上册,安徽教育出版社 1994 年版,第 228 页;《中华民国史档案资料汇编》第五辑第二编,政治(一),江苏古籍出版社 1998 年版,第 60 页。
③ 《内政部警察总署》(1946 年 6 月 20 日),《民国法规集成》第 36 册,黄山书社 1991 年版,第 132—136 页;首都警察厅编:《首都警察概况》,南京,1934 年,第 269—270 页。

虽然如此,南京国民政府时期警察贪腐的情况仍然常见。1928年,南京国民政府为取代地方各县政府旧有的捕快、差役,决定编练政务警察,隶属各县政府。1931年3月,财政部为整顿缉务、以裕税收,正式改建税务警察。由于警察的来源主要在原来的捕快、差役中进行甄别裁汰,保留无劣迹恶习者,所余缺额,则按照《县政府政务警察章程》招考新警,所以,警察总体素质较低。为防止警察营私舞弊、欺压勒索乡民,内政部责成各县政府对政务警察勤加训练,并严定纪律和奖惩制度。《县政府政务警察章程》规定,"对于就捕之人犯,不得有需索财物或虐待情事","缉捕时除案中赃物、证据有搜索检查之必要者外,对其它银钱财物不得擅动分毫",等等。①

南京国民政府加强对警务人员的考绩和奖惩。警务人员分为警官和长警两类。南京国民政府对警务人员可能出现的贪贿行为的约束,集中体现在考绩和奖惩制度上。考绩制度的执行,是由南京国民政府考试院承担的一项重要工作,它适用于包括警务人员在内的一切国家公务员。但是,警官和长警的考绩办法有其自身的特点:警官的考绩适用公务员考绩办法,长警则另有专门规定。

根据国民政府1935年10月颁布的《公务员考绩法施行细则》和11月公布的《公务员考绩奖惩条例》,1943年12月公布的《非常时期公务员考绩条例》,1945年10月公布的《公务员考绩条例》,警官的考绩最初每年分6月和12月两次,特殊情况不能按规定时间考绩者,须报经铨叙机关核准随时补行。根据《考绩法》的规定,考绩办法分为初核与复核,由直接长官执行初核,主管长官进行最后复核。长官只有一级时,则径由该长官考核。②

长警(警长和警士的合称)的考绩,按照《警长警士考绩规则》,于每年年终进行,内容包括:"工作"的繁简、难易、勤惰、优劣、快慢如何,"操行"方面能否恪守纪律,"学习"方面有无进步及理解记忆的程度,身体强弱及

---

① 《县政府政务警察章程》(1928年7月14日),《民国法规集成》第40册,黄山书社1991年版,第19页。
② 《考绩法》(1929年11月4日),《中华民国现行法规大全》,商务印书馆1934年版,第250页。

精神状况,等等。

警务人员的奖惩。除了与警务人员的考绩相关的奖惩外,国民政府对警务人员还实行一系列专门惩处制度,包括纪律处分、行政处分以至刑事处罚,并专门颁布《警长警士奖惩通则》,规定警长警士的奖励分为嘉奖、记功、记大功、专案请奖四种。凡有处理重要案件妥当迅速,排除公共危险、消除隐患,拒受贿赂或举发贿赂案件报经主管长官查明属实,拾得重要财务报请招领……查获其它重大刑事案犯,等等,应予以专案请奖。警长警士的惩戒,包括有申诫、记过、记大过、禁闭、降级、斥革等六种。①

加强警察教育和关心警员生活,是防止贪贿舞弊行为的重要方法。南京国民政府通过事先严格教育,提高警察队伍素质,使警察队伍警惕贪污舞弊、违法失职行为的发生。同时,1943年3月2日,国民政府监察院提出《建议改善司法员警生活案》,根据广东兴宁县公民曾文实等呈诉该县地方法院院长暨检察官包庇员警向当事人勒索的情况,经过核查,指出"该院员警需索传供各费属实,显属违法,惟此种陋规积习已久,各地法案类多未能革除。考其原因无非由于司法员警工饷微薄,米贴无多,又积欠多月,久未发给。……值此非常时期,物价飞涨不已,司法人员生活困苦万分,薪津微薄,无法维持,势返其出于需索一途,以资挹注,此种行为于法虽属未许,衡情不无可原……际兹抗建成功期近……司法人员责任加重,公私生活必须根本整饬,陋规亟宜彻底革除。所有员役生活之改善亟应从速统筹办理,以振奋其工作情绪,提高工作效率,实不可或缓,盖俸禄足而后可以养廉"②。

---

① 《警察逃亡惩治条例》(1937年6月28日),《民国法规集成》第40册,黄山书社1991年版,第70页。

② 《国民政府监察院公报》渝版第2期,1943年7月,"建议案",档案出版社1992年影印版,第24—25页。

第三节
"训政"时期的反贪机构和机制

一、中央政府反贪监察机构——监察院

1. 监察院的建制

(1) 监察院编制和人员选派

国民政府北伐过程中,监察院暂行停顿。南京国民政府建立后,1927年11月9日,由南京中央特别委员会第9次会议修正通过《国民政府监察院组织法案》,规定监察院的组织构成,"监察院置监察委员七人",监察院设委员会和一处(秘书处)三司;"监察院置秘书长一人、秘书五人、司长三人,分管秘书处及各司事务。秘书处及各司设科长、科员若干人,分科办事。秘书长、司长为简任职;秘书、科长为荐任职;其余职员为委任职"。①

1928年10月,国民党中央推选蔡元培、陈果夫为监察院正副院长,设立监察院筹备处,加紧筹备。② 经过数年的筹备,监察院于1931年2月2日宣告成立,任命于右任为监察院院长,是日就职。2月16日,经于右任提

---

① 《中国国民党历次代表大会及中央全会资料》上册,光明日报出版社1985年版,第492页。

② 韩信夫、姜亮夫主编:《中华民国大事记》第2册,中国文史出版社1997年版,第890、896页;刘绍唐主编:《民国大事日志》第1册,1928年10月8、18日,台北,传记文学出版社1978年版,第410、411页。

请,任命刘三、朱庆澜、周觉、周利生、刘成禺、萧萱、于洪起、吴忠信、高一涵、袁金铠、李梦庚、姚雨平、叶荃、王平政、刘莪青、田炯锦、邵鸿基、高友唐、乐景涛、奇子俊、罗介夫、谢无量、郑螺生等23人为监察院监察委员。次日,任命杨谱笙为秘书长。2月21日,国民政府裁撤审计院,依法改为隶属于监察院的审计部,并任命茹欲立为审计部部长。①

1934年3月9日,国民政府修正公布之《监察院组织法》规定,监察院内置"一、秘书处。二、参事处"。监察院"置秘书长一人,参事四人至六人,简任;秘书六人至十人,其中四人简任,余荐任;科员二十人,委任,但其中十人得为荐任"。"监察院设审计部行使审计职权","审计部设部长一人,政务次长、常务次长各一人,由院长提请国民政府分别任命之"。②

1935年3月9日,国民政府再次修正公布的《监察院组织法》规定,监察院除审计部外,设二处一室。秘书处,"置秘书长一人,简任,秘书六人至十人,其中四人简任,余荐任;科员二十人,委任,但其中十人得为荐任",处理一切日常公务;参事处,设置"参事四人至六人,撰拟、审核关于监察之法案、命令事项,院长交办事项";人民书状核阅室,设置调查专员四至六人,审核分配及调查人民书状。③

(2)监察委员职数的变迁

《中华民国国民政府组织法》、《监察院组织法》虽屡经修订,但关于监察院院长、副院长的规定基本相同,"监察院设院长、副院长各一人。院长因故不能执行职务时,由副院长代理之",院长、副院长由中国国民党中央执行委员会选任。

监察院以监察委员行使弹劾职权,而监察委员人数,不同时期有所变化。1928年10月公布的《中华民国国民政府组织法》规定,"监察院设监

---

① 韩信夫、姜亮夫主编:《中华民国大事记》第3册,中国文史出版社1997年版,第159页。
② 《中华民国史档案资料汇编》第五辑第一编,政治(一),江苏古籍出版社1994年版,第59—61页。
③ 《国民党政府政治制度档案史料选编》上册,安徽教育出版社1994年版,第316—317页。

察委员十九人至二十九人,由监察院院长提请国民政府任命之。监察院监察委员之保障,以法律定之。监察院会议,以监察委员组织之,监察院院长为监察院会议之主席。"①1931 年 6 月修正通过的《中华民国国民政府组织法》,将监察委员人数由原来 19—29 人,增至"监察院设监察委员二十九人至四十九人"②。1931 年 12 月通过的《修正中华民国国民政府组织法》中,将监察院所设监委人数增至"三十人至五十人"③。1932 年 12 月修正通过的《国民政府组织法》第 48 条,又将监委名额改为"二十九人至四十九人"④。监察委员人选由监察院院长提名,国民政府任命。

2. 监察院的职权

1927 年 11 月 9 日,南京国民党中央特别委员会通过《国民政府监察院组织法》,规定"国民政府监察院根据中国国民党党纲组织之",监察院"受中国国民党之监督、指导与国民政府之命令,掌理监察国民政府所属行政、司法各机关官吏事宜"。

(1) 监察院的总体职权

监察院的总体职权为:"(一)关于发觉官吏犯罪事项。(二)关于弹劾官吏事项。国民政府及各省政府对于所属官吏,亦得弹劾之。(三)关于考查各种行政事项。(四)关于中央及地方审计事项。(五)关于官厅簿记方式及表册之统一事项。"

(2) 监察院下属机构的职权

监察院所设"委员会"的职权主要是议决如下事项:"(一)弹劾事项;(二)分配事务事项;(三)其它院内行政事项。"⑤

---

① 《中华民国国民政府组织法》(1928 年 10 月 3 日),《国民党政府政治制度档案史料选编》上册,安徽教育出版社 1994 年版,第 91 页。
② 《中华民国国民政府组织法》(1931 年 6 月 14 日),《国民党政府政治制度档案史料选编》上册,安徽教育出版社 1994 年版,第 113 页。
③ 《修正中华民国国民政府组织法》(1931 年 12 月 26 日),《中华民国史档案资料汇编》第五辑第一编,政治(一),江苏古籍出版社 1994 年版,第 38 页。
④ 《中华民国史档案资料汇编》第五辑第一编,政治(一),第 44 页。
⑤ 《中国国民党历次代表大会及中央全会资料》上册,光明日报出版社 1985 年版,第 491—492 页。

秘书处的职权是:"承委员会之命,掌理印信、记录、编撰文书、收发、会计、庶务及其它不属于各司事务。"

所设三个司的职权是:"各司承委员会之命,办理事项如下:第一司:掌理考查各种行政事项;第二司:掌理弹劾官吏及关于官吏犯罪事项;第三司:掌理中央及地方审计及统一官厅簿记表册事项。"①

(3)监察院职权的修正

1929年6月17日,国民党第三届中央执行委员会第二次全体会议通过《治权行使之规律案》,规定:"在监察院成立以后,一切公务人员之弹劾权,皆属于监察院。凡对于公务人员过失之举发,应呈监察院处理,非监察院及其所属不得受理。其不经监察院而公然攻讦公务人员或受理此项攻讦者,以越权论。监察院不提出质询者,以废职论",进一步完善了监察权。②1930年,蒋介石刚刚取得中原大战胜利,就从前线指挥部提出《刷新中央政治,改善制度,整饬纲纪,确立最短期内施政中心,以提高行政效率案》,由国民党三届四中全会议决通过限期成立监察院,实行监察职权,并订定监察人员失察、失职之惩戒条例,开始注意对监察人员自身的监察与惩戒。③

1930年11月24日,南京国民政府修正公布的《中华民国国民政府组织法》,较为完整地规定和阐明了监察院的设置和职权。规定:第一,"监察院为国民政府最高监察机关,依法律行使左列职权:一、弹劾。二、审计";第二,"监察院设院长、副院长各一人。院长因事故不能执行职务时,由副院长代理之";第三,"监察院设监察委员十九人至二十九人,由监察院院长提请国民政府任命之。监察院监察委员之保障以法律定之";第四,"监察院会议以监察委员组织之。监察院院长为监察院会议之主席";第五,"监察院监察委员不得兼任中央政府及地方政府各机关的职务";第六,"监察

---

① 《国民党政府政治制度档案史料选编》上册,安徽教育出版社1994年版,第303—304页。
② 《治权行使之规律案》,《中国国民党历次代表大会及中央全会资料》上册,光明日报出版社1985年版,第762页。
③ 《中国国民党历次代表大会及中央全会资料》上册,光明日报出版社1985年版,第918—919页。

院关于主管事项,得提出议案于立法院"。①

1930年11月修正公布的《中华民国国民政府组织法》的有关规定,较1927年11月公布的《中华民国国民政府监察院组织法》更为详尽和确切,明确了审计权和弹劾权都是监察权的重要内容,同时又加强了监察委员的地位和人数,以示对其地位之尊重。

(4)监察院职权的行使

监察院成立初期,监察法规的健全尚需时日并应作进一步努力。为解决这一问题,1931年3月1日,监察院院务会议通过《监察工作大纲》和新修正之《中华民国国民政府监察院组织法》,规定:第一,划分监察区,"监察区由监察院定之",分派监察使实行监察,"监察使得由监察委员兼任";第二,"监察院得随时派员分赴各公署及其它公立机关,调查档案、册籍";第三,公布人民控诉手续详则;第四,财务审计按审计院经验详订事先事后审计规程。②

在监察院首次行使弹劾权的案件中,涉及贪腐行为的有:1931年4月2日,监察院对监察委员刘莪青、李梦庚等"据灌云县公民张志等呈诉江苏灌云县县长胡剑锋违法吞款贪赃"一案提出弹劾,认为"情节较为重大,应请国府即日饬下江苏省政府将灌云县长胡剑锋先行撤职,听候查办"。4月3日,弹劾四川綦江县县长吴国义违法滥罚肥己一案,"据监察委员高友唐、田炯锦、邵鸿基呈称:查各省县政府有国库支出之办公经费,除此之外,如巧立名目,即为不正利益,无论其用途正当与否,当构成刑法第一百三十条之渎职罪。乃四川綦江县县长吴国义竟通令所属团保,违法滥罚,令文中规定:以罚款五成或三成解县,拨充公益之需,已属荒谬。令文中一则曰原属两便之道,再则曰一举而属善备,其为朋分肥己,尤可概见。据该县人民将该县长通令摄影举发,似此贪污,理应弹劾"。该案经监察院派员查实,"认为证据确凿,应将被弹劾人交付惩戒"。两案成立后,经国民政府决议交付行政院执行,由国民政府文官处"饬下四川省政府彻查"、"饬下江苏省

---

① 《中国国民党历次代表大会及中央全会资料》上册,光明日报出版社1985年版,第922、925—926页。

② 《国民政府监察院公报》第1期,"法规",档案出版社1992年影印版,第7页。

政府(彻查)"，对这两个贪官分别撤职查办，"发交该管法院，依法治罪"。①

3. 对监察委员的保障和限制性规定

为保障监察委员不受阻碍地对贪官污吏行使监察权，1929年9月3日，国民政府颁布《监察委员保障法》(1932年6月24日修正公布)，主要内容为：

(1)职位的保障。监察委员非有下列情事之一，不得免职、停职、转任或罚俸。"一、经中国国民党开除党籍者；二、受刑事处分者；三、受禁治产之宣告者；四、受惩戒处分者。"同时并规定，"监察委员非经本人同意，不得转任"。

(2)身体的保障。"监察委员除现行犯外，非经监察院许可，不得逮捕、监禁；监察委员为现行犯被逮捕时，逮捕机关应于二十四小时以内将逮捕理由通知监察院"。监察委员非有下列情事之一，"不得以失职论：一、受公务员之馈遗供应有据者；二、在中央或该监察区内之公务员有应受弹劾之显著事实、经人民举发而(故意)不予弹劾者；三、受人指使、捏造事实而提出弹劾案者"(1929年9月版中，此条内容为"受人指使，因而提出证据不真确之弹劾案者")。上述三条所定失职情事，除非"由其它监察委员三人审查、经多数认为应付惩戒者"，方可决定是否应付惩戒。

(3)安全的保障。监察委员任职"所在地之军警机关"，对监察委员的人身安全，"应予以充分保证"。

(4)言论的保障。监察委员行使职权时所发表的言论，对外不负责任(1932年6月修正时，无此条)。②

由于上述保障性措施的提出并得到切实的施行，因此"训政"时期的监察委员敢于对中高层官吏提起弹劾。例如，1933年1月，监察委员高友唐

---

① 《国民政府监察院公报》第1期，"公文"，档案出版社1992年影印版，第119—120、122—123页。

② 《监察委员保障法》(1929年9月3日公布)，《国民政府监察院公报》第1期，"法规"，安徽教育出版社1994年版，第12—14页；《监察委员保障法》(1932年6月24日修正公布)，《国民党政府政治制度档案史料选编》上册，安徽教育出版社1994年版，第311—312页。

弹劾上海地方审判厅前任厅长郑毓秀与上海特区法院院长杨肇陨狼狈为奸,行贪婪不法之事。1933年3月,监察委员高一涵等弹劾张学良在热河对日作战不力、丧师失地和热河省主席汤玉麟在日军进攻面前弃城潜逃、卖国求荣两案。1933年7月,由张继夫人崔振华控告,监察委员纷纷弹劾故宫博物院院长易培基趁国民政府将故宫重要珍宝迁移南下之机舞弊盗宝一案。这些弹劾案均在社会上、国民中产生了较大影响,而监察委员这一系列出击,深得南北舆论之推崇,声威为之大振。①

1930年3月,国民党第三届中央执行委员会第三次全体会议审议通过了《限制官吏兼职案》,规定除政务官得任兼职外,"中央官吏不得兼任地方官吏"、"各院部会官吏不得兼任其它院部官吏",相应地,监察委员只能兼任监察院内职务(监察使、参事等),不得兼任监察院外职务。② 1932年1月,监察院院务会议议决,监察院人员不得为人作介绍书信,以杜绝监察委员行违法情事。

4.审计机构

审计制度是监察制度的重要组成部分。南京国民政府行使审计职权的机关,在中央为监察院审计部(包括过渡性的审计院),在地方为审计部分设于各省及院辖市之审计处,以及中央和地方公有营业机关的审计办事处。

(1)审计院

南京国民政府建立后,因监察院正在筹建,而整理和统一全国财政、加强经济监督的需求迫切,1928年2月,国民党三届四中全会上通过《国民政府组织法》,决定为整理财政而先行设立审计院。3月21日,国民政府颁布《国民政府审计院组织法》,遂于1928年7月1日先行成立审计院,任命于右任为院长,茹欲立为副院长。③《国民政府审计院组织法》规定,"国民政

---

① 《东方杂志》第30卷,第8号,"时事日志";刘绍唐主编:《民国大事日志》第1册,台北,传记文学出版社1978年版,第497—498页;韩信夫、姜亮夫主编:《中华民国大事记》第3册,中国文史出版社1997年版,第532页。
② 《限制官吏兼职案》,《中国国民党历次代表大会及中央全会资料》上册,光明日报出版社1985年版,第798—799页。
③ 韩信夫、姜亮夫主编:《中华民国大事记》第3册,中国文史出版社1997年版,第841页。

府审计院设于国民政府所在地",其职权为:"(一)监督预算之执行;(二)审核国家岁出入之决算"。①

①审计院的建制

审计院,"置院长一人,由国民政府特任之,综理全院事务,指挥、监督本院职员";审计院置副院长一人,"由国民政府简任之","辅助院长处理院务"。"审计院置秘书二人至四人,办理院长交办事务。"

审计院原下设一处两厅:一处为总务处,"置处长一人,为简任职",负责"掌理本院文书、会计、庶务等事项"。两厅,规定"各置厅长一人,于审计中简任之",第一厅"掌理监督预算执行事项",第二厅"掌理关于审核决算事项"。每厅"各置审计四人至六人、协审六人至八人、核算员若干人"。

增设秘书处。1928年7月12日公布的《修正国民政府审计院组织法》规定,增设秘书处,置于总务处之前,列各处厅之首。秘书处"置秘书长一人,秘书二人至四人,办理院长交办事务,设书记官三人至五人,佐理本处事务",并增加审计4—6名,协审6—8名。

专门委员会。根据工作需要,审计院可设专门委员会,即"审计院置审计八人至十二人,协审十二人至十六人,核算员若干人。审计为简任职,协审为荐任职"。②

②对审计院人员的保护和限制性措施

对审计院院长、副院长、审计、副审计等人员的保护性措施:"非经法院褫夺公权或依惩戒法受惩戒之处分,不得令其退职。"

对审计院人员的限制性措施。"审计院副院长、审计、副审计在职中不得为左列事宜:(一)兼任他官职。(二)为律师或会计师。(三)兼任商店公司或国有企业机关之董事经理或其它重要职务。本条第二、第三款之规

---

① 《国民政府审计院组织法》(1928年3月21日),《国民党政府政治制度档案史料选编》上册,安徽教育出版社1994年版,第305页。
② 《国民党政府政治制度档案史料选编》上册,安徽教育出版社1994年版,第305—306页;《国民政府审计院组织法》(1928年7月12日修正公布),《中华民国国民政府公报》第75期,1928年7月,"法规"。

定于院长适用之"。①

③审计官和协审官的选用

审计官和协审官的选用标准,"以在国内外大学或专业学校修习过政治经济学三年以上毕业,并对于财政学或会计学有湛深研究者充任之"②。

（2）监察院审计部及下属机构

①监察院审计部

1931年2月21日,南京国民政府命令撤去审计院,正式成立监察院审计部,以茹欲立为部长,李元鼎为副部长。

在审计院裁撤之前,随着监察院的筹建,国民政府已有将审计工作划归监察院的计划。1929年10月,经立法院法制委员会、财政委员会审查,立法院修正通过《审计部组织法》(草案),规定:审计部一切事项均由会议形式议决;增设"稽察八人至十人",以防止浮滥,揭发贪污;凡各机关执行预算,及其收支命令的监督核定,皆由审计部专掌;"审计部设驻外审计、协审、稽察",分掌地方经济监察。这就明确界定了审计部在经济生活领域监察贪腐行径的功能。③

监察院审计部正式成立后,1933年4月24日公布修正后的《审计部组织法》(1936年11月4日第二次修正,1939年3月4日第三次修正公布)规定,监察院审计部的机构设置:"审计部部长一人,特任,秉承监察院院长综理全部事宜";"审计部政务次长、常务次长,简任,辅助部长处理部务"。随即,国民政府任命李元鼎为部长,王正荃为政务次长,童冠贤为常务次长。1935年李元鼎辞职,由政务次长陈之硕代理审计部长。

审计部下设三厅一处。第一厅,"掌理政府所属全国各机关之事前审计事务";第二厅,"掌理政府所属全国各机关之事后审计事务";第三厅,"掌理政府所属全国各机关之稽察事务"。每厅设厅长一人,"由部长指定

---

① 《中华民国国民政府公报》第75期,"法规"。
② 《国民政府审计院组织法》(1928年3月21日),《国民党政府政治制度档案史料选编》上册,安徽教育出版社1994年版,第305—306页。
③ 《审计部组织法》,《国民党政府政治制度档案史料选编》上册,安徽教育出版社1994年版,第321页。

审计兼任之","每厅设三科,每科设科长一人,由部长分别指定协审、稽察兼任;科员四人至八人,委任",分科办理审计事务。一处,为总务处,"掌理部内文书、庶务等事务","总务处设处长一人,由部长指定简任秘书兼任之",该处设四科,"设科长四人,荐任;每科科员二人至四人,委任",分科办理处内事务。

审计部设审计会议,议决"处理审计、稽察等重要事务及调度审计、协审、稽察人员"等重大事宜。审计会议由"部长、政务次长、常务次长及审计"组成。①

②审计处和审计办事处

1932年6月,国民政府为使审计职权在全国各地方普遍推行,决定设立审计处和审计办事处。《审计处组织法》规定:"地方各省省政府所在地或直隶于行政院之市市政府所在地"的审计机构为审计处,掌理各省市的审计、稽察事务;"中央及各省公务机关、公有营业机关、其组织非由行政区域划分"的机关,经国民政府核准,"得由审计部设审计办事处"。②

1934年4月,江苏、湖北、浙江、上海四省市审计处首先成立,同时成立的还有津浦铁路审计办事处。1935年11月,国民党四届六中全会议决在各行政区域普遍设立审计机关。因此,1935年12月又设立河南、陕西两省审计处,1936年分设广东审计处。抗战全面爆发后,中央政府增设地方审计机构的政策并未因战事而放弃,在战时继续设立了湖南、贵州、四川、广西、福建、江西、安徽、甘肃、云南等省区审计处,以及国库总库、盐务总局等审计办事处。抗战胜利后,国民政府又先后增设河北、山东、山西、青海、台湾及重庆等省区审计处,以及西北铁路、西南铁路、中国纺织建设公司、招商局等审计办事处。③

审计处和审计办事处的机构设置,《审计处组织法》规定:审计处"设处

---

① 《国民党政府政治制度档案史料选编》上册,安徽教育出版社1994年版,第320—321页。
② 《审计处组织法》(1932年6月17日),《国民党政府政治制度档案史料选编》上册,安徽教育出版社1994年版,第310页。
③ 《审计制度》,行政院新闻局1947年印行,第20页。

长一人,由审计兼任,承审计部之命,综理处务",全处"设审计一人,简任;协审二人、稽察一人、秘书一人,均荐任;佐理员,委任,其名额由审计部按事务之繁简、分别拟定,呈请监察院核定之"。审计办事处"按事务之繁简",分为甲、乙两种,甲种审计办事处,其组织与审计处相同;乙种审计办事处,"设协审一人兼任处主任,并设佐理员分股办事",雇员若干人。①

二、地方反贪监察机构——监察区的划分和监察使署的设置

1. 监察区的划分沿革

南京国民政府监察院成立后,1933 年 2 月 22 日,根据《监察院监察区分区计划》和《监察工作大纲》的规定,全国划为 14 个监察区:"第一监察区江苏、安徽、江西,第二监察区福建、浙江,第三监察区湖南、湖北,第四监察区广东、广西,第五监察区河北、河南、山东,第六监察区山西、陕西,第七监察区辽宁、吉林、黑龙江,第八监察区云南、贵州,第九监察区四川,第十监察区热河、察哈尔、绥远,第十一监察区甘肃、宁夏、青海,第十二监察区新疆,第十三监察区西康、西藏,第十四监察区蒙古。特别区及各市附属于原隶之省。"②

全国 14 个监察区划定后,由监察院院长提请国民政府特派监察使,分赴全国各监察区,行使弹劾职权。监察使由监察委员兼任。监察使的实际派遣是在 1933 年 2 月,从任命第六监察区(晋陕监察区)和第十监察区(热察绥监察区)监察使开始。但很快,国民政府监察院认为"现查前项分区计划,衡以现状,似有所变更必要",遂于 1934 年 6 月 23 日,经监察院第 29

---

① 《国民党政府政治制度档案史料选编》上册,安徽教育出版社 1994 年版,第 310—311 页。
② 《国民政府监察院公报》第 1 期,"法规",档案出版社 1992 年影印版,第 22—23 页。

次会议议决,改划全国为 16 个监察区。各监察区划分如下:①

第一区	第二区	第三区	第四区	第五区	第六区	第七区	第八区	第九区	第十区	第十一区	第十二区	第十三区	第十四区	第十五区	第十六区
江苏	安徽 江西	福建 浙江	湖南 湖北	广东 广西	河北 山东	河南 陕西	山西	辽宁 吉林 黑龙江	云南 贵州	四川	热河 察哈尔 绥远	甘肃 宁夏 青海	新疆	西康 西藏	蒙古
原第一区	原第二区	原第三区	原第四区	原第五区	原第六区	原第七区	原第八区	原第九区	原第十区	原第十一区	原第十二区	原第十三区	原第十四区		

监察使对监察区行使职权,由 1934 年 2 月 21 日国民政府公布的《监察使巡回监察规程》加以确定,1935 年 5 月 22 日监察院公布《修正监察使巡回监察章程》(10 月 31 日国民政府训令删去第八条),地方监察的方式及职权得以确定。②

1935 年 5 月,国民政府及其监察院鉴于因种种原因,监察使派遣极为迟滞,又以"苏、皖、赣、湘、鄂五省襟带大江,为中枢肘腑,浙、闽关系海防,冀及鲁、豫两区则为黄河流域之重镇。甘、宁、青方在开始建设,对于各该省区官吏之廉察,认为监察使之设置,不容再缓",因而将苏、皖赣、湘鄂、冀、闽浙、鲁豫、甘宁青等七区监察使署首先成立,国民政府明令丁超五、苗培成、高一涵、周利生、陈肇英、方慧觉、戴愧生等 7 人为 7 个监察区监察

---

① 《监察院工作报告》,《国民政府监察院公报》第 23 期,"统计",档案出版社 1992 年影印版,第 384—385 页。
② 《国民政府监察院公报》第 23 期,"法规",档案出版社 1992 年影印版,第 1 页。

使。翌年8月增设云贵区,1939年增设两广区,1941年设山西陕西监察使署,1943年成立新疆监察使署(以该区幅员辽阔,情况特殊,特订单行条例,增设监察副使一名)。1945年8月抗战胜利后,设福建、台湾监察区,浙江监察区,恢复战时停顿的河北监察使署。1946年设四川、西康监察区,并将东北监察区按照新省区的划分,分为辽宁、安东、辽北监察区,合江、松江、吉林监察区,黑龙江、嫩江、兴安监察区。这样,实际共设19个监察区,除热河察哈尔绥远、吉林松江合江、黑龙江嫩江兴安、西藏、蒙古等5区外,其余14个监察区均先后提派监察使,设置监察使署,由监察使就地行使监察权。[①]

2. 监察使署及其监察使的职权

(1)监察使署的组织机构

监察使署设置于所派监察区内。监察区所辖在两省以上者,除在其中一省设置监察使署外,在另一省选适当地点设监察使署办事处。由于监察使按例由监察委员兼任,"承监察院之命,综理全署事务",故监察使署为监察委员的办事机构,设秘书室、总务科、调查科。

监察使署的人员构成为:"监察使署设科长二人,荐任;科员三人至五人,调查员二人至四人、助理员五人至八人,委任";"监察使署设秘书二人或三人,荐任,办理机要文件及交办事项"。[②]

1935年5月,《修正监察使巡回监察规程》第八条对监察使署人员构成还作出如下规定:"监察使署设秘书一人至二人,科长二人,荐任;科员二人至四人、办事员四人至六人,委任。监察使署得聘任参赞一人至三人。"但是,这一条规定随即在1935年10月31日被南京国民政府训令删除。[③]而对监察使署的监督,规定"监察使署之岁计、会计、统计事务,由国民政府主

---

① 常泽民:《中国现代监察制度》,台北,台湾商务印书馆1979年版,第125页。
② 《监察使署组织条例》(1936年4月14日),《国民党政府政治制度档案史料选编》上册,安徽教育出版社1994年版,第319页。
③ 《修正监察使巡回监察规程》(1935年5月22日),《国民党政府政治制度档案史料选编》上册,安徽教育出版社1994年版,第318页。

计处设会计员一人,依法办理之"①。

(2)监察使署各机构的职权

1936年4月14日公布施行的《监察使署组织条例》,规定了监察使署各机构的职权。

①总务科的职掌:"一、关于典守印信事项;二、关于文书之撰拟、收发及保管事项;三、关于款项之出纳及保管事项;四、关于物品之购买、修缮及保管事项;五、关于其它不属于调查科事项。"

②调查科的职掌:"一、关于编制调查表册事项;二、关于整理调查报告事项;三、关于其它临时调查事项。"②其中,调查科掌理专案和地方行政社会情况的调查,其监察职能甚为重要。

(3)监察使及其职权

因监察使署权能益增,监察权行使范围逐步扩大,只依靠监察委员兼行监察使职责,颇难应付,故监察院又规定监察使由非监察委员之人担任亦可。监察使任期为两年,任期满后,得由监察院调往其它监察区任监察使。

监察使署为中央政府监察院派驻地方机构,监察使为中央监察院属官,有责任将"一、关于所派监察区内各官署及公立机关设施事项;二、关于所派监察区内各公务员行动事项;三、关于所派监察区内人民疾苦及冤抑事项"等监察情形随时报告监察院,并"注意"即监督其改善。③

监察使的职权范围甚广。1934年2月21日国民政府公布的《监察使巡回监察规程》和1935年5月22日监察院公布的《修正监察使巡回监察章程》都规定,监察使在其"所派监察区内巡回视察",协助并督导地方长官办理军务、民政、建设、司法、财政等事宜,并对民役征募、军事征用、民众组织与训练、粮食储备与调剂、交通运输、维护治安、整饬教育、生产建设、财

---

① 《监察使署组织条例》(1936年4月14日),《国民党政府政治制度档案史料选编》上册,安徽教育出版社1994年版,第320页。
② 《国民党政府政治制度档案史料选编》上册,安徽教育出版社1994年版,第319页。
③ 《监察使巡回监察规程》(1934年2月21日)、《修正监察使巡回监察规程》(1935年5月公布,10月国民政府训令删去第八条)此项规定基本相同,《国民党政府政治制度档案史料选编》上册,安徽教育出版社1994年版,第315、318页。

政金融及一切与人民负担相关的捐税,乃至公务人员工作张弛及操守,驻军及地方武装的纪律,皆应加以严密周详的查访,随时向地方主管部门提供意见、建议,或对其错失当面予以纠正,或对有关错失斟酌轻重分别作出弹劾、纠举、建议等处置。权限包括:

其一,调查权。"监察使为行使职权,得向所派监察区内各官署及其它公立机关查询或调查档案册籍,遇有疑问,该主管人员应负责为详实之答复。"

其二,弹劾权。"监察使对于所派监察区内公务员违法及失职之行为,认为情节重大、须急速救济者,除提起弹劾案件外,并得径行通知该主管长官予以急速救济之处分。主管长官接到前项通知,如不为急速救济之处分者,于被弹劾人受惩戒时,应负责任。"

其三,接受人民书状权。"监察使得接受人民举发公务员之违法或失职之书状,但不得批答"。①

(4) 监察使行使职权的情况

根据上述规定,监察使行使职权的范围较为广泛,兹就监察使行使弹劾权、调查权、建议权、监试权的实例,说明监察权行使范围之广。

①行使弹劾权方面。针对贪污舞弊的弹劾有:1934年1月16日,监察委员杨亮功弹劾"江苏泗阳县县长陈胜俭,区团长张永声,区长张道生贪婪不法,渎职殃民"案,由监察院"依法移附中央公务员惩戒委员会惩戒,其关于刑事部分,交法院办理";1934年1月25日,监察委员杨亮功弹劾"江西永修县县长邱冠勋、科长钟鹗章、科员段寿增、区长司伯常等贪污渎职枉法殃民"案,并移附中央公务员惩戒委员会惩戒。② 1934年3月3日河南睿县教育局前局长蔡彝训、省教育厅科员文缉熙侵吞教款摧残教育一案,由监察院移附河南省地方公务员惩戒委员会议决惩戒。③

---

① 《国民党政府政治制度档案史料选编》上册,安徽教育出版社1994年版,第315、318页。
② 《国民政府监察院公报》第22期,"监察",档案出版社1992年影印版,第4—5、11页。
③ 《国民政府监察院公报》第22期,"监察",档案出版社1992年影印版,第160页。

②行使调查权方面。1936年6月开始,长江和汉水暴涨,襄河流域各县灾情尤为严重,湘鄂区监察使高一涵呈报8月3日至9月的长江及襄河各站水位表。① 1936年3月29日,河北监察使周利生巡视沧县、吴桥县、交河县、南皮县、景县、东光县、青县等县,并对县长及职员之考核、县政府组织、警团、财政、教育、建设、自治、社会经济状况、司法、禁烟禁毒情形、特别问题等方面提出政治考察报告。② 1936年自春至秋,永定河三次溃决,灾患严重。当年夏天,河北监察使周利生调查永定河决口事件。③ 此外,1936年8月26日,皖赣监察使苗培成调查并电呈南昌风灾事件。④

③提出建议及处置方案权。抗战后期,两湖(湘鄂)监察使苗培成向中央有关部门电呈湖北湖南对日战况及战后救济问题,认为"惟闻放赈表式复杂,手续繁难……嗷嗷待哺之难民,饥寒交迫"。为此,苗培成向湖南省政府主席建议"对青山难民应特别提前救济"。⑤

④行使监试权方面。如派监察委员王宪章赴湖南监试普考情形等等,都是监察使行使职权范围的典型案例。⑥

---

① 8月3日—9日各站水位,见《国民政府监察院公报》第95期,"特载",档案出版社1992年影印版,第25页;8月10日—16日水位,《国民政府监察院公报》第96期,"特载",第25—26页;8月17日—23日水位,《国民政府监察院公报》第97期,"特载",第41—43页;有关水灾情形,亦参见《申报》,1935年7月8日、7月21日、8月29日;华洋义赈会:《民国二十四年度赈务报告》,《中国华洋义赈救灾总会丛刊》(甲种四十六号),1935年编印;湖北省政府秘书处统计室编:《湖北二十四年水灾统计》,1937年版;《湖北省志·大事记》,湖北人民出版社1990年版,第433页。
② 《国民政府监察院公报》第95期,"特载",档案出版社1992年影印版,第26—37页。
③ 《国民政府监察院公报》第97期,"特载",档案出版社1992年影印版,第35页。《申报》,1936年4月1日、4月3日、7月28日、7月29日、8月20日、9月7日等对永定河决口及造成的灾害,有详细报道。
④ 《国民政府监察院公报》第96期,档案出版社1992年影印版,第16页;第97期,第38页。
⑤ 《湖南近百年大事记述》,《湖南省志》第1卷,湖南人民出版社1962年版,第765—766页;《监察院战区第一巡察湖南、浙江、安徽、湖北等省工作报告》,转见周继中主编:《中国行政监察》,江西人民出版社1989年版,第456页。
⑥ 《国民政府监察院公报》第95、99、97期,"特载",档案出版社1992年影印版,第44页。

⑤由于监察使是中央政府派驻地方人员,故还有一项职能,就是充当中央政府的耳目。1936年5月27日,江苏监察区监察使丁超五奉监察院艳电称:"本日《申报》载苏州农民抗租各情,因何发生,已否平息,希即密速查复。"丁超五迅速派监察使署办事员张拯赴苏州进行调查后,电复监察院说:"查苏州农民抗租风潮,纯因秋收荒歉,无力缴租,不堪催追所激起,尚无政治背景。而各乡发生之滋扰,当局措置颇属适当,至今似归平息",并据此提出"欲求根本解决之道,宜仿浙江例实行二五减租,使耕者有其田,实现总理遗教,方为有济"。①

监察区的划分及监察使署的设置,在监察机构功能日趋多样,监察委员集中于中央,而监察区域又极广的情形下,不失为一项良策。这一举措对防惩贪腐、纠弹中下级官吏、整饬地方行政、体恤民情等方面,起到了一定作用。

三、惩戒机构

"训政"时期的惩戒机构,依照被惩戒人的官等、官职的不同而设立,因而机构名目繁多、割裂支离、形式多样且性质各异。

1. 中央党部监察委员会

中央党部监察委员会是国民党内最高监察机构,直接隶属于中国国民党中央党部。负责审理对违法失职的选任政务官和监察委员的纠弹案,"被弹劾人为选任政务官,送中央党部监察委员会"②。它不是专设、常设机构,依惩戒案件的情况而临时设置。

整个"训政"时期,被惩戒的选任政务官和监察委员人数极少,不到100人。

---

① 《国民政府监察院公报》第84期,"特载",档案出版社1992年影印版,第15—16页。
② 《公务员惩戒法》(1931年6月8日公布,1933年6月27日修正,1933年12月1日修正公布),《国民党政府政治制度档案史料选编》上册,安徽教育出版社1994年版,第29页。

2. 国民政府政务官惩戒委员会

政务官惩戒委员会是专设的国民政府惩戒机构,"被弹劾人为前款以外之政务官者,送国民政府"①。

(1) 组织建制

国民政府政务官惩戒委员会人员均系兼任,不和司法系统发生关系,隶属国民政府。"国民政府政务官惩戒委员会置委员七人至九人,由国民政府主席就国民政府委员中提经国务会议遴定之;置常务委员一人,由委员推定之,综理会务,并指挥、监督所属职员。"每周开会一次,必要时由常务委员召集临时会议。

(2) 惩戒职权和惩戒对象

政务官惩戒委员会负责审理选任政务官以外"政务官之惩戒事宜",即除中央党部监察委员会负责的选任政务官和监察委员之外的政务官。其惩戒对象为除监察委员外的各院委员,各部正副部长、各委员会正副委员长、政务次长,省政府委员,省政府主席及厅长,各特别市市长,驻外大使、特使、公使和特任特派官吏,等等。②

3. 司法院中央公务员惩戒委员会

司法院中央公务员惩戒委员会,简称"中惩会",为独立设置的中央常设惩戒机构,设置于司法院内。1934年,国民政府在第二次修正公布的《公务员惩戒委员会组织法》中规定,公务员惩戒委员会分为"一、中央公务员惩戒委员会;二、地方公务员惩戒委员会"两种。

(1) 职权和惩戒对象

1928年11月公布的《司法院组织法》规定,"司法院以左列各机关组织之:一、司法行政部。二、最高法院。三、行政法院。四、公务员惩戒委员会。"并规定,"公务员惩戒委员会依法律掌理文官法官惩戒事宜"③。1934

---

① 《国民党政府政治制度档案史料选编》上册,安徽教育出版社1994年版,第29页。
② 《国民政府政务官惩戒委员会组织条例》(1948年1月8日),《国民党政府政治制度档案史料选编》上册,安徽教育出版社1994年版,第152页。
③ 《国民政府修正公布之司法院组织法》(1928年11月17日),《中华民国史档案资料汇编》第五辑第一编,政治(一),江苏古籍出版社1994年版,第52页。

年公布的《公务员惩戒委员会组织法》规定,"公务员惩戒委员会直隶于司法院,除法律别有规定外,掌管一切公务员之惩戒事宜"①。1947年12月公布的《司法院组织法》规定,"司法院设最高法院、行政法院及公务员惩戒委员会"②。"中惩会"的惩戒对象,是中央所属机关的事务官及各地方荐任职以上公务员。③

（2）机构建制

中央公务员惩戒委员会的成员均为专职,最初设置委员长1人,委员11—17人,其中6—9人简任,其余人员在现任最高法院庭长及推事中简派充任。1934年复加修正施行的《公务员惩戒委员会组织法》,便将兼任委员删去,"置委员长一人,特任;委员九人至十一人,简任,掌管全国荐任职以上公务员及中央各官署委任职公务员之惩戒事宜。前项委员中,应有三人至五人曾在国民政府统治下充简任法官者"④。

"中惩会"职权独立,处理案件不受行政机关或其他机关干涉。惩戒委员地位独立,其任用、待遇与身份均受法律保障与保护。惩戒委员的任期,初定为2年,1934年5月,改为终身制,除非有特别原因,不得免职或转职。如截至1939年冬,"中惩会"委员被免职的仅有狄侃、王开疆2人,被调任的有马宗瑑1人,被留职停薪的有杨时杰1人。⑤

4. 各省市地方公务员惩戒委员会

各省市地区公务员惩戒委员会,简称"地惩会"。它直接隶属于司法院。1932年8月1日,湖北"地惩会"最先成立,此后各地"地惩会"相继成

---

① 《公务员惩戒委员会组织法》(1931年6月公布,1932年6月修正,1934年复加修正通饬施行),《国民党政府政治制度档案史料选编》上册,安徽教育出版社1994年版,第37页。

② 《司法院组织法》(1947年12月25日),《国民党政府政治制度档案史料选编》上册,安徽教育出版社1994年版,第302页。

③ 《中央公务员惩戒委员会办事规则》(1934年7月21日),《民国法规集成》第37册,黄山书社1991年版,第338页;《公务员惩戒法》,《国民党政府政治制度档案史料选编》上册,安徽教育出版社1994年版,第29页。

④ 《公务员惩戒委员会组织法》,《国民党政府政治制度档案史料选编》上册,安徽教育出版社1994年版,第37页。

⑤ 转见吴绂征:《公务员惩戒制度》,商务印书馆1940年版,第118页。

立,并分设于各省市。

(1) 组织建制

根据《公务员惩戒委员会组织法》,各省市地方公务员惩戒委员会"分设于各省,各置委员长一人,由高等法院院长兼任;委员七人至九人,掌管各该省委任职公务员之惩戒事宜。前项委员由司法院就高等法院庭长及推事中遴派三人至五人,余就省政府各处、厅现任荐任职公务员中遴派";"在直隶于行政院之市,准用前条之规定设地方公务员惩戒委员会,并得以地方法院院长兼任委员长及遴派地方法院庭长及推事兼任委员"。组成人员完全是兼任的,其中半数是司法官,半数是行政官。①

(2) 职权和惩戒对象

地方公务员惩戒委员会是附设在各省市高等法院之内,并以司法人员为主,有若干行政官参与审理的一个惩戒审判机关,掌理各省市荐任职以下公务员的惩戒。其分配案件及记录编卷等事务,均由高等法院院长调用法院职员办理,司法色彩非常浓厚。②

5. 军事委员会军事长官惩戒委员会

1933年10月,国民政府发布训令,在国民政府军事委员会内设军事长官惩戒委员会,其职权为审议国民政府及军事委员会交付的对军事长官(少将以上)的惩戒案件。

军事长官惩戒委员会设委员5—7人,从军事委员会委员中遴选,再从委员中指定一人为常务委员,负责召集开会。开会应有委员过半数出席,凡审议的惩戒案件须以出席委员过半数决定为准,如票数相等,由常务委员裁定。弹劾案议决后,该会将议决结果呈报国民政府军事委员会。③

6. 军政部及海军部

这类惩罚机关,在北京政府时期就已有了。1914年7月9日公布的《海军惩罚令》(6章37条)规定:"海军军人军属,除干犯军律,应照海军刑

---

① 《公务员惩戒委员会组织法》,《国民党政府政治制度档案史料选编》上册,安徽教育出版社1994年版,第38页。
② 《地方公务员惩戒委员会办事规则》(1934年7月21日),《民国法规集成》第37册,黄山书社1991年版,第341页。
③ 参见汤吉禾:《五年来的监察院》,《东方杂志》第34卷,第1号。

事条例处治外,有犯本令第二章所列行为之一者,无论出于故意或过失,均由该管长官,按照本令分别惩罚之。"①

南京国民政府时期,凡上校衔以下军官弹劾案的惩戒,根据对象不同,由军政部或海军部发交各主管司署,按照陆、海、空军各项军事法规、规章审议,最后送交各该部长官核定后,即可命令执行。根据1935年9月国民政府第695号训令,如同一惩戒事件,被付惩戒者不止一人且不属于同一惩戒机关者,应移送官职较高者的惩戒机关,合并审议;如被付惩戒人兼任两种官职,其惩戒事件的管辖,以其事件所发生之职务为准。②

南京国民政府"训政"时期,惩戒对象官等越高,惩戒机构的组织性质越趋行政化,同时,惩戒机构普遍具有较强的司法部门性质,普遍以合议庭的方式审理和议决监察院及院部会移付的案件,而惩戒委员无论是一人或数人,均无权决定是否予以惩戒。中央党部监察委员会、军事长官惩戒委员会和政务官惩戒委员会掌理对高级官吏的惩戒事务,而国民党中央、军事委员会和国民政府均由蒋介石领导,故最终其实是由蒋介石掌握对高官大吏的实际惩戒权。具体而言,分设六个惩戒机构,合理性在于使惩戒机构间相互掣肘,避免专权和揽权。

在实际运作中,不同的惩戒机构有不同的惩戒对象,均各有惩戒法规和章则,造成同类型违法失职行为的惩戒处分有轻有重,不可避免地引起公务人员的不满,在一定程度上造成了行政混乱,使得惩戒机构往往从轻惩处,以平衡各方。又由于惩戒机构人员均由国民政府人员兼任,造成行政机构官吏惩戒同一机构的其他官吏,使惩戒效能无法发挥;各省市"地惩会"委员则完全采用兼职制,委员半数为高等法院的庭长及推事,其余则以荐任职行政官派充,但司法官事务繁忙,没有余暇办理惩戒事件,行政官员参与地方公务员的惩戒,因利益关系而官官相护,往往使惩戒案件敷衍了结。同时,直属司法院的惩戒委员会实际上完全由地方司法和行政机关领导,势必造成惩戒权分散,为地方行政、司法官所把持,导致放任自流。

---

① 《东方杂志》第11卷,第2号,"中国大事记"。
② 《中华民国国民政府公报》,1935年9月,"训令";汤吉禾:《五年来的监察院》,《东方杂志》第34卷,第1号。

四、"训政"时期反贪机制和惩戒制度

中华民国的监察体制,以孙中山监察思想为指导,同时借鉴中国古代的监察制度,确立了监察机构对各级统治者行使监察的权力,并逐步制度化。一系列监察法律、法规的颁布,频繁修改,使之更臻完备,有利于监察权的合理有效行使及其效能的充分发挥。民国监察制度,由监察权中首要的弹劾权,衍生出调查、纠举、建议、纠正、同意、监试、审计等权力。

1. 监察院的反贪机制——八大职权

（1）弹劾权

弹劾权是民国监察职权之本,其他监察职权则是弹劾权的扩展、延深和补充。弹劾权行使的对象,涵盖了中央和地方各级机关的公务员。南京国民政府各时期,监察院的弹劾对象有所变化,但总体而言,上至总统,下至普通公务员,均属弹劾的对象。

1927年公布的《国民政府监察院组织法》和1929年5月公布的《弹劾法》均规定,各级官吏均属弹劾权行使范围,确立了对官吏"人人可弹,人人可劾"的弹劾思想,弹劾案的提出只问是否有利于人民,而不论应被弹劾官吏之官职大小。[①]

1932年6月24日,国民政府修正公布的《弹劾法》,将弹劾对象确定为公务员,"监察委员对于公务员违法或失职之行为,应提出弹劾案于监察院"[②],并将公务员定义为,既不分中央和地方,也不论是政务官（国民政府委员,五院正副院长、五院委员,大法官,五院所属各部正副部长、各委员会正副委员长,各省政府委员、主席及厅长,各特别市市长,驻外大使、公使、特使和所有特任特派官吏等）,还是事务官（除政务官外,所有为中华民国国民政府服务,享受公务员待遇的官吏）,一体均属公务员,对违法失职的

---

① 《国民政府监察院组织法》(1927年11月9日),《国民党政府政治制度档案史料选编》上册,安徽教育出版社1994年版,第304页。
② 《弹劾法》(1929年5月公布,1932年6月修正),《国民党政府政治制度档案史料选编》上册,安徽教育出版社1994年版,第312页。

公务员,"监察委员得单独提出弹劾案"。而且,弹劾权之重要,还在于"弹劾案提出后应即由提案委员外之监察委员三人审查之。经多数认为应付惩戒时,监察院应即将弹劾人移付惩戒"。①

1936年5月5日公布的《中华民国宪法草案》,已明确把公务员划分为中央公务员和地方公务员,并规定监察院"对于中央及地方公务员违法或失职"行为,提出弹劾案,但是,"对于总统、副总统及行政、立法、司法、考试、监察各院院长、副院长之弹劾案","应向国民大会提出之"。② 有学者认为,这一规定就更进一步明确了弹劾的范围,并首次以宪法的形式规定了总统、副总统可以弹劾,弹劾对象还包括了五院正副院长,中央和地方的政务公务员、事务公务员,但民意代表(各级议会议员)和人民团体人员不属于弹劾权行使的范围。③

实际运作中,"训政"时期监察院提起的弹劾案不少,尤其在初期敢于弹劾政府高官。从官吏的职务看,在监察院自1931年正式成立后的5年中,已弹劾行政院院长1人(1932年5月监察委员高友唐弹劾行政院长汪精卫擅自屈膝议和案),部长5人(外交部长王正廷贻误外交、丧失国土案,铁道部长顾孟余违法舞弊案等),次长3人,省政府主席6人(江西省政府主席熊式辉违法征收产销税、任意变更地方制度等④),立法委员2人(立法委员史尚宽越权干涉司法案等⑤),监察委员1人(1935年监察委员杨天骥破坏监察制度,就交通银行支行经理江祖岱侵占行款一案受江家属所托,代为向地方法院首席检察官孙绍康求情案),高级军事长官5人(东北边防

---

① 《弹劾法》(1932年6月修正公布),《民国法规集成》第69册,黄山书社1991年版,第1页。
② 《中华民国宪法草案》(1936年5月5日),《中华民国史档案资料汇编》第五辑第一编,政治(一),江苏古籍出版社1994年版,第283页。
③ 参见耿云卿:《中华民国宪法论》(下),台北,大中国图书公司1965年版,第330页。
④ 韩信夫、姜亮夫主编:《中华民国大事记》第3册,中国文史出版社1997年版,第527页。
⑤ 《本院呈国民政府文·弹劾史尚宽等由》(1931年3月26日),《国民政府监察院公报》第1期,"公文",档案出版社1992年影印版,第17—19页。

司令长官张学良抗日不力、丧权失地案①)。据统计,1931年3月至1935年底,被监察院弹劾的官吏总人数达998人,其中简任职以上高官130人,占被弹劾官吏总数的13%。其中涉及贪污舞弊的高官大案如铁道部长顾孟余丧权违法舞弊案等。但同样明显的是,普通官吏多能予以惩处,监察院弹劾高官大吏却极为困难,被弹劾的高官受到惩戒的更是极少。1937年7月至1947年12月的10年里,共弹劾普通官吏(荐任职以下)1286人,而弹劾的选任、特任和简任级高官仅128人,且并非都予以惩戒。②因此,监察院在公众心目中,已有了"只拍苍蝇,不打老虎"之嫌。这说明,监察院等反贪污腐败机构所拥有的权力是国民党赋予的,一旦监察权的行使触及其最高统治层的利益,则被党权和行政权的干预所限制。抗战时期,国民参政会参政员傅斯年对监察院院长于右任提起的质问就道破了天机,他说:"历年来监察院弹劾的都是些芝麻绿豆的小官,所有政府大员、封疆大吏虽其贪污枉法为国人所留议,监察院并未调查而有所发动。敬问于院长,监察院是否有'不约其官'的苦衷?"③这一语道破监察院在高官面前无能为力的窘况。

(2)调查权

1927年11月,南京国民政府在监察院正式成立前制定的《国民政府监察院组织法案》中规定:"监察院行使职权时,得调查该官署之档案册籍,遇有疑问,该官署主管人员应负责为充分之答复。"④

国民政府监察院正式成立后,1931年3月26日公布、1934年7月6日修正的《监察院调查证及其使用规则》,又对调查权作出具体规定:"(1)调查员持此证赴各公署各公立机关调查档案册籍,各该公署或机关之主管人员不得拒绝,并不得藏匿应被调查之案件;(2)遇必要时,调查员得临时封

---

① 刘绍唐主编:《民国大事日志》第1册,台北,传记文学出版社1978年版,第497—498页。
② 汤吉禾:《五年来的监察院》,《东方杂志》第34卷,第1号,第152—155页;常泽民:《中国现代监察制度》,台北,台湾商务印书馆1979年版,第145页。
③ 《监察院施政概要》,国民政府监察院1938年印行,第36页。
④ 《国民政府监察院组织法案》,《中国国民党历次代表大会及中央全会资料》上册,光明日报出版社1985年版,第491页。

锁该项案件,并得携去其全部或一部;(3)遇必要时,调查员得查询该项案件之关系人,并调查其证物;(4)遇必要时,调查员得持此证知会地方法院、市政府县政府公安局协助。"①

1934年1月12日,国民政府又颁布《监察院调查规则》,强调调查案件时的纪律和限制性措施:"调查人员对于密查案件,不得向外宣泄";"调查人员于调查时应就所负责范围内之事项从事调查,不得接受其它诉状或进行其它调查";"调查人员在调查进行中,如发现被查公务员有危害人民生命财产之危险,认为有急速救济处分之必要者,应即电呈核办"。而各该机关或团体及主管人员"不得伪造、变造、毁灭或隐匿应被调查之案件"。还规定,"调查人员执行职务时,绝对不得接受地方一切供应";"调查人员于调查完毕时,应即回院报告";"调查人员于调查完毕时,应按照国内出差旅费规则之规定,据实造报"。②

与广州国民政府监察院调查权相比,南京国民政府监察院调查权的行使方式更趋多样。主要有:

①行查。由监察院行文委托其他机关代为调查。监察院可通过各种渠道,如收受人民书状,各部会长官或地方最高行政长官送请调查的书面材料,报纸杂志上披露的情况,等等,获知中央和地方公务员的违法失职行为,再委托其他有关机关代为调查。1933年3月18日公布的《监察院审查规则》第5条第5项规定:"应行调查的事件遇必要时,得委托其它官署行之。"③不过,正是由于"遇必要时"一语的含义界定模糊,致使弊端肇生,特别是监察委员为图省事,往往信手以行文的方式进行调查,造成行查占整个调查案的绝大部分。据查,1944年度,监察院全年调查案件共2190件,其中行查1991件,派查199件,行查案约占全部调查案件的90.9%。④ 再

---

① 《民国法规集成》第69册,黄山书社1991年版,第11页;徐百齐编:《中华民国法规大全》(四),商务印书馆1936年版,第5709页。
② 《国民党政府政治制度档案史料选编》上册,安徽教育出版社1994年版,第314页。
③ 《监察院审查规则》(1933年3月18日公布),《民国法规集成》第69册,黄山书社1991年版,第9页。
④ 《国民政府监察院公报》渝版第5期,1945年5月,档案出版社1992年影印版,第76—77页。

如,1947年度,监察院共计收到人民书状4018件,经审核受理2115件,其中调查案件2109件,约占受理案件的99.7%,而在这2109件调查案件中,监察院直接派员调查的仅有176件,而以行查方式令各监察使署及委托其他机关代理的却有1933件,行查案约占全部调查案的91.65%。① 至于行文至委托单位,委托单位何时函复和函复的真实性如何,就很难说了。行查这一方式,已逐渐演变为监察权行使的一大弊端。

②派查。监察机构认为公务员有违法失职行为,须派员作实地调查时,一种方式就是直接委派监察委员或监察使、调查员行使调查权。监察委员和监察使人数有限,实际上不可能每案皆亲自调查,因此多由监察院专设的调查员执行派查任务。凡奉命调查的人员,"除限时出发之案件,应依限出发外",一般"应于三日内出发"。② 派查的缘起分为两种情况:一是其他机关呈请国民政府交由监察院派员调查的事件。如1931年夏秋之交,全国大部分地区水灾泛滥,"各省灾区之广,灾情之大,灾民之多,为百年所未有"③,受灾之省亦达16省,故国民政府赈务委员会呈请国民政府令监察院派员前往调查。赈务委员会的呈文中说:"奉中央拨发监税库券二百万元,抵押现款一百万元,呈奉行政院令派服务委员会各委员,携款分往鄂、湘、皖、豫、赣、苏、浙七省办理七省急赈,亦属事关重大,皆应有严密之考察",于是监察院便派监察委员分赴苏、鄂、豫、皖等省调查各省急赈、工赈、农赈情形及视察民情。又如1932年国民政府明令裁撤厘金,为切实了解各地执行情况并相应进行监察,南京政府责成监察院派员进行实地调查,训令指出:"如尚有对于前者之裁厘命令,阳奉阴违,或巧立名目,擅自征收各项类似厘金之税捐等情事",监察院可"呈候惩处,以重功令,而肃纪纲"。④ 据此,监察院派监察委员分赴湖北、广东、福建、山东、浙江、安徽、湖南、绥远、甘肃、宁夏、青海、陕南等地调查。二是监察院根据自己掌握的情况,对某一事件自行派员调查。1947年2月,对于国统区经济影响颇大的"上海黄

---

① 《中华年鉴》,中华年鉴社1948年编印,第547页。
② 《监察院调查规则》(1934年1月12日),《国民党政府政治制度档案史料选编》上册,安徽教育出版社1994年版,第314页。
③ 《申报》,1931年7月30日;《时事月报》第5卷,第3期,1931年9月。
④ 陈之迈:《监察院与监察权》,《社会科学》第1卷,第1期。

金风潮案",监察院认为有必要派员进行调查,便召开监察院会议,会议议决派监察委员何汉文、谷凤翔、张庆桢、万灿4人及审计范士兴等人,赴沪严密调查。后来,调查人员将调查结果在各报公布,并对该事件中有违法失职行为的人员提起弹劾,这对于减缓"黄金风潮案"的危害有一定的补救作用。①

(3) 纠举权

抗日战争全面爆发后,国民政府为抗战之需而整肃纪纲,严惩贪官污吏,赋予监察院更多的权力,其中之一便是特设"纠举权"。1937年12月,监察院呈经国民政府颁布《非常时期监察权行使暂行办法》,并在1938年8月27日修正公布,明确规定监察院行使纠举权。

纠举权的运用,可使惩戒处分的裁定无须移付惩戒机关。《非常时期监察权行使暂行办法》第2条规定:"监察委员或监察使对于公务员违法或失职行为,认为应速去职或为其它急速处分者,得以书面纠举。"被纠举的案件,"呈经监察院院长审核后,送交各该主管长官或其上级长官。其违法行为涉及刑事或军法者,得交各该管审判机关审理之"。

实际运作中,纠举案可转化为弹劾案,并移付惩戒机关。纠举案移送被纠举人的主管长官后,主管长官如认为不应给予被纠举人以处分,应即时回复监察院,声叙不应处分的理由。主管长官从收到纠举书之日起一个月内,不予被纠举人以行政处分,"又不声复理由或虽声复而无理由时",监察院可将该纠举案不经一般弹劾案的审理程序,改作弹劾案,而后直接"移付惩戒机关"。"各该主管长官或其上级长官于被弹劾人受惩戒时,亦应负责"。②

在制度设置上,纠举权的设立,对加强监察效能很有裨益,但实际情况仍是大官纠不动,如对五院院长的纠举,如果没有蒋介石的许可,监察院院长是不敢贸然行动的。小官则纠惩分离,不能奏效,对违法失职的普通公务员进行纠举是监察委员、监察使之职,可是纠举后惩戒处分的实际执行

---

① 《中华年鉴》,中华年鉴社1947年编印,第546、547页;韩信夫、姜亮夫主编:《中华民国大事记》第5册,中国文史出版社1997年版,第556页。

② 《非常时期监察权行使暂行办法》(1938年8月27日修正公布),《国民党政府政治制度档案史料选编》上册,安徽教育出版社1994年版,第323—324页。

者,却是犯有违法失职行为的公务员的主管长官。由此,纠举权失去了它简便易行的功能。再者,虽然《非常时期监察权行使暂行办法》规定,当有违法失职行为的公务员之主管长官,对其既不给予处分,又拒不声述理由,该主管长官于被弹劾人受惩戒时"亦应负责",但究竟是负连带责任,同被弹劾人一并移付惩戒,还是另案严办,界定上模糊不清,致使被纠举公务员的主管长官依旧我行我素,纵容庇护,致使纠举权的行使效能极低。据1944年底统计,1944年一年,监察院共提起纠举案79件,被纠举的各类公务员达163人。在79件纠举案中,送达机关的有:各部会27件,各省市政府32件,各级法院3件,其他17件,已答复件数19件,未答复件数60件。①

纠举权创设的目的本是侧重于处理情况复杂、危害性大的案件,以加强监察权急速处分的功能,避免违法失职行为的扩大化。但在实际行使纠举权时,并没有依据这一标准,而是无论什么案情多以纠举案的方式提起,出现了纠举权滥行的局面。从历年纠举案来看,无论是性质普通的案件,还是重要纠举案件,涉及贪腐纠举的原因多为"利用职权贪污舞弊"、"违法苛收营私舞弊"、"共受贿款"、"受贿有据"、"纵属舞弊"、"怠惰旷职"、"挪用公款营私获利"等,其实这些案件适用一般的刑事法规即可,无专用纠举方式的必要,况且舍刑事法规而专用纠举,造成纠举案的数量大大超过弹劾案。1937—1946年的10年间,监察院共提起弹劾案件632件,被弹劾人数为1135人,而1938—1947年10年间,监察院共提起纠举案1174件,纠举人数为2126人,纠举案件数和人数是弹劾案件数和人数的一倍左右。②

监察人员多愿使用纠举权,原因如下:由于纠举权比弹劾权行使起来更为简便,工作量相对较小,耗时较短,成效明显,而且"训政"时期纠举案的审理由监察院长一人掌理,但监察院长公务繁重,无暇顾及数量众多的纠举案,一般对案情不作深究,故纠举案多能通过审理。再者,纠举案提起后,对主管长官给予被纠举人处分具有一定的强制性,即便被纠举人未被

---

① 《国民政府监察院公报》渝版第5期,1945年5月,"统计",档案出版社1992年影印版,第73—74页。

② 这一组统计数字,引自周继中主编:《中国行政监察》,江西人民出版社1989年版,第506—507页。

给予处分,也不是提案监察委员或监察使的责任,不会对监察委员或监察使的名誉造成什么影响,不必有所顾忌。所以,尽管纠举权在行使过程中弊端日重,监察委员和监察使仍多用纠举权。

(4) 建议权

抗日战争全面爆发后,许多地区各自为政,不利于抗战,国民政府为了及时有效地对中央和地方军政进行监督和干预,一项举措就是赋予监察院建议权。1938年8月修正公布的《非常时期监察权行使暂行办法》规定:"各机关或公务员对于非常时期内应办事项,奉行不力或失当者,监察委员或监察使得以书面提出建议或意见,呈经监察院院长审核后,送交各该主管机关或其上级机关。主管机关或其上级机关接到前项建议或意见后,应即为适当的计划与处置。"①

抗战进入相持阶段后,国民政府对中央和地方各级机构的施政更加重视,监察院建议权的重点在于对事的监察。建议范围颇为广泛,包括行政、军务、教育、田赋、粮政、禁政、治安、救济、考试、司法、交通、地政、卫生、金融、税务等,重点在有关抗战的事项。依据《非常时期监察权行使暂行办法》,建议权的行使赋予监察委员或监察使双重职权,既可对非常时期"应办事项"之当否提出建议或意见,又可对公务员"奉行不力或失当"行为加以监察,重点在人,也可对人、事进行综合整治。② 在建议权的实际运用中,重于对事,轻于对人。如1939年1—10月,监察院共提起建议案104件,仅有3件是对人的。③ 建议权虽不含强制性,却是监察诸权中行使最为广泛的,是对中央和地方施政效果影响较大的一项职权。监察委员或监察使频繁巡视的制度化,使建议权针对性、及时性、威慑性得以保证。

针对性,指建议的内容和针对对象,往往是施政过程中亟待解决的问题,而且相当一部分与预防贪腐行径有关。如"建议通缉汪兆铭(汪精卫)以正国法"、"建议提高低级公务员待遇"、"建议改善新兵待遇"、"建议严

---

① 《非常时期监察权行使暂行办法》,《国民党政府政治制度档案史料选编》上册,安徽教育出版社1994年版,第324页。
② 《国民党政府政治制度档案史料选编》上册,安徽教育出版社1994年版,第324页。
③ 《监察院工作报告》,国民政府监察院1939年印行,第57页。

整军纪相机杀敌"、"建议统制汽油使用"等,皆是如此。

及时性,即所建议事项须急速解决,误时影响极大。如两广监察使刘侯武建议"赈济广东省潮梅两地灾情案",请速派大员,携备巨款莅粤急赈,以安抚浮动的人心,平稳堪虞的治安状况。再如"建议酌加米代金暨调整划一公务员待遇案"、"建议整理电报交通以谋通报之迅捷案",均为稳定时局、利于抗战之举,而监察委员或监察使频繁巡视的制度化,使建议权针对性和及时性得以保证。

威慑性。建议权具有一定的威慑性,就是对中央和地方机关措施不当或工作失误所提建议,如该机关拒不执行或不加以改善,监察委员或监察使可通过提起弹劾案或纠举案来加以惩戒。以纠弹权和惩戒规章作后盾,使建议权得以确立和行使。

也应当看到,建议权行使的广度和深度都是相对的。首先,建议权的行使,针对政府机构一般性的措施不力或工作失误类型的建议案占绝大多数,而对国民政府的大政方针却极少能提出建议,如1945年共提起82件建议案,没有一件是送往中央党部和国民政府的。其次,建议权的行使,主要面向地方政府机构,而对中央机关的施政情形的建议较少,如1939年的104件建议案中,建议中央机关的仅有寥寥5件。

(5)纠正权

1946年12月,"制宪国大"通过决议将建议权更名为纠正权。首先,建议权的提起,主要是针对措施不力或工作失当,而纠正权的提起,既可以是针对措施不力或工作失当,也可以是针对违法失职行为。因此,纠正权的职权范围更为宽泛,运用中易混淆"措施不当"与"违法失职"两种行为,既模糊了纠正权的针对性,又阻碍了弹劾权、纠举权的行使。

纠正权提起的对象,根据《中华民国宪法》的规定,只是在"行政院及其各部会",而对立法、司法、考试、监察四院和国民大会及其所属机构,不能提起纠正案。①

(6)同意权

同意权是国民政府监察职权中产生较晚的一项。1946年1月31日,

---

① 《中华民国宪法》,《中华民国史档案资料汇编》第五辑第三编,政治(二),江苏古籍出版社1999年版,第616页。

"旧政协"会议通过"政协会议五项协议",在《政协会关于宪草问题的协议》中规定,将来制定宪法,应规定监察院拥有"同意权"。具体规定如下:其一,"监察院为国家最高监察机关,由各省级议会及各民族自治区议会选举之,其职权为行使同意、弹劾及监察权";其二,"司法院即为国家最高法院,不兼管司法行政,由大法官若干人组织之,大法官由总统提名,经监察院同意任命之";其三,"考试院用委员制,其委员由总统提名经监察院同意任命之"。① 3月,国民党六届二中全会通过《对于政治协商会议之决议案》,彻底否定了政协会议的决议,并通过了"监察院不应有同意权"的决议。②

1946年11月,在中国共产党的强烈抵制下,又迫于国内民主运动的压力和美国政府之要求,国民政府作出让步,"制宪国大"制定的《中华民国宪法》中明确规定监察院有同意权,作为宪定职权正式确立。1946年12月25日在"制宪国大"上通过的《中华民国宪法》第90条规定:"监察院为国家最高监察机关,行使同意、弹劾、纠举及审计权。"遂将同意权作为监察院的第一职权而确立。第79条规定:"司法院设院长、副院长各一人,由总统提名,经监察院同意任命之。司法院设大法官若干人,掌理本宪法第七十八条(即'司法院解释宪法,并有统一解释法律及命令主权')规定事项,由总统提名,经监察院同意任命之。"第84条规定:"考试院设院长、副院长各一人,考试委员若干人,由总统提名,经监察院同意任命之"。③

行使同意权的程序为:监察院收到总统提名的咨文后,即举行秘密提名审查会,审查会由全体监察委员参加,推举监察委员1人为主席。审查可以参考咨文所附的被提名人履历证明,如认为必要,也可由立法院咨请总统通知所提之提名人,许其提出施政意见,以评价被提名人才干能力。当对所有被提名人审查完毕后,召开监察委员全体会议进行投票,投票须有监

---

① 《政协会关于宪草问题的协议》,中共中央党校党史教研室选编:《中共党史参考资料》(六),人民出版社1979年版,第78页。

② 《对于政治协商会议之决议案》,《中国国民党历次代表大会及中央全会资料》下册,光明日报出版社1985年版,第1047页。

③ 《中华民国宪法》,《中华民国史档案资料汇编》第五辑第三编,政治(二),江苏古籍出版社1999年版,第614—615页。

察委员五分之一以上出席,出席的监察委员过半数同意,提名生效。投票议决后,将投票结果以书面形式咨送总统,有不同意者,由总统另行提名。1948—1949两年里,经监察院提名58人,监察院同意了其中的44人,约占总人数75.86%。未被同意的均是大法官或考试委员,而司法院、考试院的正副院长均被同意。①

(7)监试权

南京国民政府五院之一的考试院职权重大,既是主管考试的机关,也是主管人事的行政机关,负责掌理考选、任用、铨叙、考绩、级俸、升迁、保障、褒奖、抚恤、退休、养老等事宜。为使通过公开竞争来选拔人才的考试制度得到应有的保障,并力图由此使行政权力不为任何个人或派系所把持,确保考试的公开、公平、公正,以利于真正的人才能脱颖而出,国民政府特赋予监察院对考试院以监试权。

为此,南京国民政府在1930年11月25日公布《监试法》,规定"凡举行普通考试或高等考试时,考试院应咨请监察院派定监试委员。前项监试委员,应以监察委员或监察使为之。"②1933年2月23日,国民政府公布修正《监试法》,规定:"凡举行考试时,由考试院咨请监察院,就监察委员,或监察使中,提请国民政府简派监察委员。但举行特种考试时,得由考试院,咨请监察院派员监试。"③

监试权的具体内容,1930年的《监试法》规定:"左列各事项,应于监试委员监试中为之:一、试卷之弥封事项。二、弥封号册之固封保管事项。三、试卷之交出及发给事项。四、试卷之点收及封送事项。五、弥封之拆去及对号事项。六、应试人之总成绩审查事项。七、及格人之榜示及公布事项。八、其它应行监视事项。"1933年公布修正之《监试法》的规定略有调

---

① 《监察院同意权行使办法》(1948年6月21日),《民国法规集成》第69册,黄山书社1991年版,第79页。
② 《监试法》(1930年11月25日),《考试院公报》第12期,"法规";杨学为、朱仇美、张海鹏主编:《中国考试制度史资料选编》,黄山书社1992年版,第835页。
③ 《监试法》(1933年2月23日),首都普通考试典试委员会编:《民国二十三年首都普通考试总报告书》,1935年编印,第136页;《中国考试制度史资料选编》,黄山书社1992年版,第835页。

整:"左列各事项,应于监试人员监试中为之:一、试卷之弥封。二、弥封姓名册之固封保管。三、试题之缮印,封存及分发。四、试卷之点收及封送。五、弥封姓名册之开拆及对号。六、应考人之总成绩审查。七、及格人员之榜示,及公布。"①

针对舞弊行为,1930年的《监试法》规定:"内场如有潜通关节,及替换毁损遗失试卷,或其它舞弊情事,由典试委员长负责。外场如有顶替转递换卷,或其它舞弊情事,由襄试处主任负责。监试委员于发现有前项舞弊情事,或有违反第二条至第五条所定情事时,应提出弹劾案。"②1933年公布的修正之《监试法》规定:"监试时如发现有潜通关节,改换试卷,或其它舞弊情事者,监察委员应提出弹劾",并且"考试事竣,监试人员应将监试经过情形,呈报监察院"。③

监察院依据《监试法》的规定,根据不同考试对象,派出相应的监试人员。凡高等考试和普通考试的监试之责,由监察院监察委员或监察使执行;特种考试不仅可派监察委员或监察使负责监试,也可由监察院的其它职员承担。考试结束后,监试委员即将监试经过情形呈报监察院,不仅预防监试委员自身拘情宽容,贻误监试的效能,而且可使监察院明了全国监试的详况,改进监试方法,以增进考试制度的功效。④ 根据监察院的年度统计,1944年共有监试案67件,其中,高等考试8件,普通考试27件,特种考试23件,检定考试9件。⑤

(8)审计权

审计权是监察权的重要权属,由国民政府赋予监察机关对各级国家机关的财政经济行使监督权。南京国民政府建立后,顺应审计权与行政监察权相结合的趋势,将审计机构归属监察院,使审计权成为监察权的必要组

---

① 《监试法》,《中国考试制度史资料选编》,黄山书社1992年版,第835页。
② 《监试法》,《考试院公报》第12期,"法规"。
③ 《监试法》,首都普通考试典试委员会编:《民国二十三年首都普通考试总报告书》,1935年编印,第136—137页。
④ 参见《监试法》,《考试院公报》第12期,"法规";《监试法》,首都普通考试典试委员会编:《民国二十三年首都普通考试总报告书》,1935年编印,第136—137页。
⑤ 《国民政府监察院公报》第5期,1945年5月,档案出版社1992年影印版,第75页。

成部分。不过,审计机构职权行使上有相对独立性。

①审计院的职权

审计院时期,审计权的行使均在财政活动告一段落或结束时进行,属于事后审计。1928年4月19日,国民政府公布的《审计法》规定,审计院审查的决算及收支计算的内容包括:"一、国民政府岁出入的总决算;二、国民政府所属各机关每月之收支计算;三、特别会计之收支计算;四、官有物之收支计算;五、由国民政府发给补助费或特与保证各事业之收支计算;六、其它经法令明定应由审计院审核之收支计算。"①

②监察院审计部各机构的职掌

监察院审计部成立后,审计职权基本完善,形成事前、事后、稽察全过程的审计体系。《审计部组织法》规定,审计部下设三厅一处。第一厅,"掌理政府所属全国各机关之事前审计事务";第二厅,"掌理政府所属全国各机关之事后审计事务";第三厅,"掌理政府所属全国各机关之稽察事务"。②这就明确了审计部的基本职权。1939年3月4日再修正公布之《审计部组织法》的相关规定与之相同。③

分设各省市的审计处和审计办事处也在职权上明确了事前审计、事后审计和稽察事务。《审计处组织法》规定,审计处分为4组,分掌职权:"一、第一组:掌理本省或本市内中央及地方各机关之事前审计事务;二、第二组:掌理本省或本市内中央及地方各机关之事后审计事务;三、第三组:掌理本省或本市内中央及地方各机关之稽察事务;四、总务组:掌理本处文书、统计、会计、庶务及其它各组交办事务。"

审计办事处的职掌:"办理事前审计、事后审计或稽察事务之人员,于事务简单之机关各得兼管数机关之同种事务"。④

---

① 《审计法》(1928年4月19日),《国民党政府政治制度档案史料选编》上册,安徽教育出版社1994年版,第307页。
② 《审计部组织法》,《国民党政府政治制度档案史料选编》上册,第320—321页。
③ 《审计部组织法》(1939年3月4日再修正公布),重庆市档案馆编:《抗日战争时期国民政府经济法规》(上),档案出版社1992年版,第14页。
④ 《审计处组织法》(1932年6月17日),《国民党政府政治制度档案史料选编》上册,安徽教育出版社1994年版,第310—311页。

③审计职权及其行使方式

1938年5月3日公布、1939年3月4日修正公布的《审计法》规定，"中华民国各级政府及其所属机关财务之审计，依本法之规定"①。审计职权为：

其一，"监督预算之执行"，属于事前审计监督，即"各机关应于预算开始执行前，将核定之分配预算送审计机关。其与法定预算不符者，审计机关应纠正之。前项分配预算如有变更，应另造送"；各机关每年编制的预算，送往立法院审议后，各机关是否完全遵照执行，或在遵照执行过程中有无不当之处，审计机关有权依法随时进行监督。②

由于多种因素的制约，特别是岁入岁出方面的问题不是审计部所能掌握的，故实际运作中监督预算的执行极为困难。监察院审计部的监督预算执行，也只能是例行公事，装样子罢了。如在所谓"黄金十年"期间（1927—1937），按照官方统计数字，有6年的财政收支发生亏缺，而其中5年的亏短在1亿元以上，实际上11年中每年岁出总数都超过岁入总数。而且，这11年中仅有3年的预算是按期公布的。而在1937年抗战全面爆发后到1949年南京国民政府覆灭为止的13年中，预算执行情况比此前的11年还糟。1947年的财政总收入为138 300亿元，而这一年的财政总支出是409 100亿元，财政赤字高达270 800亿元。③ 1948年和1949年的财政状况就更糟糕了。

其二，"核定收支命令"，是在预算开始执行之前进行的监督，以防止中央和地方各机关违法征收和不当支用的一种事前审计。1939年3月修正公布的《审计法》规定："财政机关发放各项经费之支付书，应送审计机关核签。非经核签，公库不得付款或转账"；"各机关收支凭证，应连同其它证件

---

① 《审计法》（1938年5月3日国民政府公布，1939年3月4日再修正公布），重庆市档案馆编：《抗日战争时期国民政府经济法规》（上），档案出版社1992年版，第302页。
② 重庆市档案馆编：《抗日战争时期国民政府经济法规》（上），档案出版社1992年版，第302、305页。
③ 这一组统计数字，引自张宪文主编：《中华民国史纲》，河南人民出版社1985年版，第727页。

送驻公库或驻各机关之审计人员核签。非经核签,不得收付款项。但未驻有审计人员者不在此限";"审计机关或审计人员核签支付书、收支凭证,发现与预算或其它有关审计法令不符时,应拒绝之";"审计机关或审计人员对于支付书或收支凭证核签与否,应从速决定,除有不得已之事由外,自收受之日起,不得逾三日";"驻有审计人员之机关,应将记账凭证送该审计人员核签"。①

各中央和地方政府机关的会计报告在法定期限内送审后,审计部、各省市审计处、审计办事处才能根据送审上来的会计报告实施审核,但实际执行情况极不理想。如1943年和1944年两个年度,"会计报告全未送审,截至去年度(1944年度)之月底止,延未送审的约共有五百余机关"。至于各公营事业机关的收支凭证,也应依法送核,但大部分机关,如中央银行、中国银行、交通银行、农民银行这4大银行和中央信托局、邮政储金汇业局,同样未能将各项收支全部送上,致使就地审计无法办理。他们不将收支造核,审计部对此无可奈何。故审计部"因有这种种困难,以致审计效能,无法推进"。贪污行为的发生是惊人的,如邮政储金汇业局1944年8—9月,透支款项达10亿多元,其他不合法的支出也不少,但由于该局未依法将各项收支全部送核,"以致无从纠正"。②

其三,"审核计算决算",即在各机关预算执行后,审核相关报表凭证以判明其财务上责任的一种事后审计。各机关在公务活动中的财政收支,先由会计记录其经过并形成会计报告,然后以决算的形式报告其结果,"各机关于每月终了后,应依法分别编制各项会计报告,送该管审计机关或驻该机关之审计人员查核"。审计机关根据审核各机关财务收支计算的会计报表及凭证,审核其决算,然后编制年度总决算审核报告,"各级政府编制之年度总决算,应送审计机关审定。审计机关审定后,应加具审查报告,由审

---

① 《审计法》(1938年5月公布,1939年3月再修正),重庆市档案馆编:《抗日战争时期国民政府经济法规》(上),档案出版社1992年版,第305页;《审计法》(1928年4月),《国民党政府政治制度档案史料选编》上册,安徽教育出版社1994年版,第306—308页。

② 《审计部三十三年度工作概况》,国民政府监察院审计部1945年印行,第26—27页。

计部会核,呈由监察院转呈国民政府",并提交立法院审定。①

实际上,1929—1940年的12年间,各机关的决算根本就没有完全编制过,仅1936年有一次不完全的初步决算。决算既然未能编制,审计机关也就无法审核财政上的计算及决算的情况。即使是送审机关有了决算,但其不按法律规定的送审期限送审,对送审机关又无法律的约束与制裁,那么审计部门也无从审核决算。审计部门审核决算如此困难,势必难以知道未送审决算的机关其预算执行的情况是否合理。而审计部在此基础上编造的年度总决算审核报告,必然缺乏全面性和真实性。②

由于南京政府腐败,官员往往利用职权大肆使用紧急命令拨款,或者是税务人员与商人勾结起来偷税漏税,会计人员制造假报表,私自涂改账目,制造混乱。尤其严重的是,中央直属机关自行筹款,自行支配,有的则通过追加预算、动用准备金等手段,给审计权的行使制造种种障碍,影响审计权作用的发挥。

其四,"稽察财政上之不法或不忠于职务之行为"。它是考查各机关执行预算时有无违法失职行为的一种稽察监督事务。对于各机关人员所处理的财务或经营的财物,是否尽到忠诚公正的职责,是否有违法行为,审计机关往往采取巡回审计和就地审计两种方式,随时派员稽察,"审计人员发觉各机关人员有财务上之不法或不忠于职务之行为,应报告该管审计机关通知各该机关长官处分之,并得由审计部呈请监察院依法移付惩戒"。各机关需要实施稽察的项目很多,如监视各机关公债还本抽签、营缮工程及购置变卖财物、收支现金财物的盘查、兼职兼薪及损失现金的调查以及审计上发生疑义案件的调查等。③

稽察的方式,主要有巡回审计和就地审计两种。这两种方式的弊端在于:审计人员的巡回审计多是走马观花,对财政上的不法和不忠于职务的行为很难发现;驻在审计,随着驻审人员对所在地所驻机关驻审日久,容易

---

① 《审计法》,重庆市档案馆编:《抗日战争时期国民政府经济法规》(上),档案出版社1992年版,第306—307页。
② 杨珍:《对现行政府审计一个建议》,《东方杂志》第43卷,第1期。
③ 重庆市档案馆编:《抗日战争时期国民政府经济法规》(上),档案出版社1992年版,第302、303页。

出现审计人员出于情面,难以秉公办事,甚至有可能和驻在机关同流合污的情况,致使稽察工作的效能难以发挥。①

④审计权的行使方式

审计权行使的范围,在不同时期略有不同,也决定了行使方式的差别。北京政府和广州国民政府时期,审计权的行使范围包括政府所属的全国各机关、由政府发给补助费或特予保证费的机关。南京国民政府时期,审计权行使的范围为政府所属的全国各级机关、有关的公私团体或个人、受公款补助的私人或团体,由于审计权行使范围的扩大和技术的进步,审计权在行使方式上也更为多样,大体可分为直接送审(送请审计)、委托审计、驻地审计、巡回审计和抽查审计等五种。

其一,直接送审(送请审计、通知审计)。送审之各机关,"于造送各项会计报告时,应将有关之原始凭证及其它附属表册",一并送请审计机关予以审核。当审计机关收到报告、凭证后,应立即分别详细审核,与法令及预算相符者,准于存查或签准照办。"对于各机关显然不当之支出,虽未超越预算,亦得事前拒签或事后驳复之";对于"各机关违背本法之规定,其情节重大者,审计机关除依法办理外,并得拒绝核签该机关经费支付书"。②

送请审计属于事前审计的工作包括"分配预算之审查,法案之审查,收支命令之核签";属于稽察部分的工作包括"监视事项,调查事项,检查及盘查事项,参加事项";属于事后部分的工作包括"计算之审核,决算之审核"。③

南京国民政府监察院的审计机构对送审部门的归属有明确规定,凡中央机关及其所属机关的会计报告及收支凭证送请审计部审核,驻各省市(行政院辖市)的中央及地方各机关的会计报告及收支凭证送请审计处审

---

① 这从《审计法》和《审计法施行细则》的一些具体规定中就可以看出。参见重庆市档案馆编:《抗日战争时期国民政府经济法规》(上),档案出版社1992年版,第302—308、308—313页。
② 重庆市档案馆编:《抗日战争时期国民政府经济法规》(上),档案出版社1992年版,第304页。
③ 南京国民政府行政院新闻局编:《审计制度》,行政院新闻局1947年印行,第22—27页。

核,各特种公务机关、公有营业机关、公有事业机关的会计报告及收支凭证送请审计办事处审核。

国民政府对送审的审计项目有极其繁杂的规定,特别对送审日期规定较为严格。《审计法施行细则》规定:"日报于次日内送出;月报于期间经过后十五日内送出;年报于期间经过后三个月内送出。若各机关应送的会计报告未按上述期限送达者",经审计机关催告后仍不送审,审计机关可以视为"财务上不法或不忠于职务"的行为,并通知各被审核机关长官给予处分或由监察院依法惩戒。而各机关接到审计机关的审核通知后,如不能按期声复,而需延期声复者,必须经得审计机关的批准认可。①

其二,委托审计。"委托审计之应用,系依审计法第八条及第五十三条之规定,其工作之实施,可分为委托审计机关及委托其他机关团体(多为司法部门)或个人代为审核"两种。②

委托审计机关代为审核,是审计对象的主管审计机关对各项审计事务,为避免延误审计时间,或"为办理之便利,得委托其他审计机关办理,其结果仍应通知委托之审计机关"。主要是委托就近办理审计业务,无论中央审计机关、各省市审计机关,或各市县审计机关,均可互相委托。当受委托的审计机关代为审核完毕后,"应将办理结果通知原委托之审计机关决定之",即审核的最后决定权,仍在原委托审计机关之手。③

委托其它机关团体或个人代为审核,是"审计机关,以人员不敷",或路程遥远、"交通之不便",或由于"审计上监视鉴定等事项"涉及特殊的技术要求时,审计机关可委托其它机关团体或专门技术人员办理,"审计机关对于审计上监视、鉴定等事项,得委托其它机关、团体或个人办理之"。④《审

---

① 《审计法》(1938年5月公布,1939年3月再修正公布)、《审计法施行细则》(1939年7月),重庆市档案馆编:《抗日战争时期国民政府经济法规》(上),档案出版社1992年版,第302—303、309—310页。
② 《审计制度》,行政院新闻局1947年印行,第33页。
③ 《审计法》、《审计法施行细则》,重庆市档案馆编:《抗日战争时期国民政府经济法规》(上),档案出版社1992年版,第303、310页;《审计制度》,行政院新闻局1947年印行,第34页。
④ 《审计法》,重庆市档案馆编:《抗日战争时期国民政府经济法规》(上),档案出版社1992年版,第303页;《审计制度》,行政院新闻局1947年印行,第34页。

计法施行细则》中规定,"审计机关行使稽察职权,有需各机关、团体协助者,各机关、团体应负协助之责";"审计机关委托其它机关、团体或个人办理监视、鉴定等事项,其结果应由原委托之审计机关依职权决定之",也就是说,代为审核办理后的裁定仍由原委托机关掌理。① 除特殊案件"确须特种专门技术人员始能尽稽察之责者",由特种技术部门或个人办理外,一般而言,其它审计案件基本上"委托当地法院办理"。②

南京国民政府时期,因所辖地域广大,应予审计的机构众多,审计项目繁杂,故审计机构难以包揽一切审计业务。又因地方行政有较大自主权,故中央审计机构无力过多插手地方事务。在这种情况下,委托审计是一种于双方都方便的解决办法。因此,早在1929年国民政府就曾订立《委托审计规则》,明确受委托的机关或个人同主管审计的机关有同样的权力,如有权审定各种档案票据、令该管长官提出答辩书、初步确定赔偿责任等,并规定委托审计要以审查"现金物品出纳"为主。

委托审计制度刚设立时,并非一切审计事项或审计程序都由受委托的机关团体或个人承担,委托其他机关团体或个人办理的仅为"监视、鉴定等事项"③。委托审计,本既可便利审计事务的开展,扩大审计权行使的范围,又可使审计机构能对应审计事件有所侧重,进行重点审计。但随着地方经济案件的增多,而审计人员又多不愿下到地方机关和深入中央各机关去直接调查,致使委托审计的事件日益增多,委托审计功能随之增强,其结果便导致审计机构自身的审计功能逐步萎缩,地方行政干预审计的情况日益严重。这实际上也是审计权逐步被削弱的主要因素之一。

其三,就地审计,"可分为常川派驻之就地审计(驻在审计、驻审),分组办理之巡回审计(就地稽察)及不定期之抽查审计三项"。这三种行使方式又可分别作为独立的审计方式。

驻在审计(驻审)。系由审计机关派员常驻在各机关办理该机关之审计事务,"凡驻在机关之岁入岁出及经管之收支,其会计凭证,簿籍,报告,

---

① 重庆市档案馆编:《抗日战争时期国民政府经济法规》(上),档案出版社1992年版,第312—313页。
② 《审计制度》,行政院新闻局1947年印行,第34页。
③ 《审计制度》,行政院新闻局1947年印行,第34页。

为驻在机关所保管编造者",均为就地审计对象。其中,属于事前审计的有:"审查分配预算及法案,核签收支凭证,核签记账凭证,核签收入命令及审核收入报表";属于稽察监督的有:"就地审计之驻审人员,对派驻机关之稽察,其监视、调查、检查及盘查与参加等工作,应依照前述送请审计之规定办理。关于营缮工程及购置变卖财物之监视,依照审计机关稽察各机关营缮工程及购置变卖财物办法第三条后项之规定,应由主管就地审计机关,体察当地情形酌定";属于事后监督的有:"是驻审人员对派驻机关之事后审计,应参照经办之事前审计及稽察之结果,审核其有无超过预算之流用,列造报告,呈由主管就地审计机关发给核准通知或审核通知"。① 实行驻审制度主要在南京国民政府监察院审计部期间。1939—1947 年的 8 年间,审计部先后派设中央部局及分驻地方的中央机构共有 31 个就地审计室,抗战时期有裁撤,至于各省市审计处派设的就地审计机构达 382 个。驻审人员行使职权时,有权作出拒签各项收支凭证的决定,并"应将拒签事由通知驻在机关,并报告该管审计机关",但当机关因重大突变或紧急工程必须紧急付款时,可将支付凭证送请驻审人员核签,如发生问题由该机关负全部责任。②

巡回审计(就地稽察)。"巡回审计以同时办理事前、事后审计及稽察事项为原则",就是"各级政府机关及其所属机关,未派驻审计人员,其收支凭证,因情形特殊,免于送审者",审计机构均可经常或临时派员赴各机关就地办理审计案件,或随时稽察财务情况及会计人员的勤惰,同时对驻审机构和审计处的工作进行监督和修正,即"派驻审计人员各机关已办竣之案件,于执行巡回审计时,得加以复核或抽查"。③ 南京政府监察院审计部于 1944 年修正通过《巡回审计实施办法》,并设置"川康区、陕甘区、云南区、贵州区、湘粤桂区"等 5 个巡回审计区,分别派员前往执行审计事务。

---

① 《审计制度》,行政院新闻局 1947 年印行,第 28—30 页。
② 《审计部暨所属各处办理各机关就地审计事务规则》(1944 年 5 月 16 日修正通过);《审计法》(1938 年 5 月 3 日国民政府公布,1939 年 3 月 4 日再修正公布)、《审计法施行细则》(1939 年 7 月 25 日),重庆市档案馆编:《抗日战争时期国民政府经济法规》(上),档案出版社 1992 年版,第 320—322、306、310 页。
③ 《审计制度》,行政院新闻局 1947 年印行,第 30 页。

1944年,在5个巡回审计区内分设15个巡回审计组,添派人员,充实机构,使巡回审计更为详密。① 这一年内,巡回审计147个单位。次年,审计小组增至30个,巡回审计248个单位。抗战胜利后,为监督接管区的财政,又增设南京、上海两个巡回审计区。1946年底再修改《巡回审计实施办法》,将派往各省的审计小组划归各该省审计处指挥。巡回审计的范围包括:"(1)各机关财务制度之查询;(2)概算及分配预算之考察;(3)施政效能,事业效能或营业效能之调查;(4)会计凭证、簿籍及有关案卷之查核;(5)计算,结算或决算及有关会计报告之审核;(6)现金票据,证券之检查,及公库法实施之考察;(7)财物之盘查及营缮工程暨购置变卖财物案件之复核;(8)执行巡回审计期间,开标、决标、比价、订约及验收之监视;(9)有关财务行政事项之调查;(10)其它有关审计事项或指定事项之执行等"。②

抽查审计。依照《审计法》第11条的规定,"审计机关应派员赴各机关执行审计职务",为检验"送审机关之账册、簿籍、现金及财产之真相,是否与送审之会计报告一致,审计机关,为求其缜密起见,实有派员莅临该机关就地核对之必要",或"对于县或有特殊情形之机关,得由审计机关通知其送审,仍应每年派员就地为抽查之审计"。③ 这一类核对工作,是从送审机关的报表中抽查一部分,如发现问题,则需扩大抽查范围,再赴该送审单位就地审核。抽查审计,按不同分类方法,可分为中央机关财务抽查、地方机关财务抽查两种。根据1941年9月公布的《审计部各省审计处抽查县市财务暂行办法》,地方机关的财务抽查主要由省市审计处执行,对省政府及其所属县市政府的会计年度送审报告进行抽查,同时考核其财政效能。有

---

① 《审计部巡回审计实施办法》(1944年5月16日修正通过),《审计法令汇编》,审计部1948年编印,第57页。
② 南京国民政府行政院新闻局编:《审计制度》,行政院新闻局1947年印行,第30页。
③ 南京国民政府行政院新闻局编:《审计制度》,行政院新闻局1947年印行,第32页。《审计法》(1938年5月公布,1939年3月再修正公布),重庆市档案馆编:《抗日战争时期国民政府经济法规》(上),档案出版社1992年版,第303页。

时审计部则直接编配抽查小组,抽查县市政府的财政收支。① 抽查审计,也可分为"送审机关之抽查"和"县财务之抽查"两种。所谓"送审机关之抽查",指中央各机关及其所属机关如属于送请审计的范围,审计部于会计年度内,"派员为就地抽查之审计,就其送审部分最后之一个月份或两个月份会计报告,以顺查法或逆查法,核对其传票、曲册及报表,注意其实际收付情形,及代收款、暂付款,应解缴经费结余,与剔除款等之处理,并调查该机关之财务情形及会计制度等,如有未详明事项,抽查人员应向该机关查询,抽查结果,应连同附件缮具报告呈报主管审计机关核办"。所谓"县财务之抽查",指"省政府所属之各县,其会计报告,应依期送请各该省审计处审核。审计处审核后,应每年派员分组前赴各县为就地之抽查审计。抽查时除依照规定核对其传票、账册及报表外,并应考核其收支数字之是否正确,及咨询当地之党部法团,公正士绅,以为有无舞弊之参考。抽查人员,于工作完毕后,即作成报告,呈审计处复核。如有财政上之不法或不忠于职务行为,按其情节轻重,分别函请省政府或通知各该县政府依法予以处分,并将抽查结果,摘其要项,附以各项简明收支数目,及各项税率,制成公告,函请省政府转令各县市就地公告之"。②

2. 惩戒制度

中华民国惩戒制度的演变与监察制度的发展相协调,惩戒权均独立于刑罚之外,惩戒机构形式多样并时有变易,又自成系统,较为完善,不同时期惩戒处分的规定基本趋于一致。

(1) 惩戒程序

民国时期在惩戒程序上基本实现制度化,惩戒程序的步骤、方法和内容均以法规形式确定,实行"先刑后惩"原则和惩戒回避制度。南京国民政府惩戒机构惩戒程序的特点主要有:第一,惩戒机构虽然众多,但惩戒程序均按照《公务员惩戒法》实施,基本上是统一的;第二,惩戒机构的司法化程序

---

① 《审计部各省审计处抽查县市财务暂行办法》(1941 年 9 月 16 日),重庆市档案馆编:《抗日战争时期国民政府经济法规》(上),档案出版社 1992 年版,第 313—318 页。

② 南京国民政府行政院新闻局编:《审计制度》,行政院新闻局 1947 年印行,第 32—33 页。

较强,因而其惩戒程序也类似于司法上的审判程序。惩戒程序分为:

①移送。南京国民政府的惩戒机构对于公务员的惩戒,必须由各主管机关及监察机关移送惩戒,才能开始惩戒审理程序。各院部会或地方最高行政长官,对于所属荐任职以下公务员有移送惩戒及部分惩戒之权。监察院认为公务员有违法失职行为而应付惩戒时,应将弹劾案连同证据移送惩戒机构审理。

②调查。惩戒机关对移送来的惩戒案件,认为有调查之必要时,"得指定职员调查之","惩戒机关对于受移送之惩戒事件,除依职权再行调查外,并得委托行政或司法官署调查之"。

③申辩。惩戒机关应将弹劾的"原送文件抄送被付惩戒人,并指定期间命其提出申辩书;于必要时,并得命其到场质询",如"被付惩戒人不于指定期间内提出申辩书或不遵命到场,惩戒机关得径为惩戒之议决"。

④停职。惩戒机关"对于移送来之惩戒事件认为情节重大者,得通知该长官先行停止被惩戒人之职务";该主管长官对"送请监察院审查或公务员惩戒委员会审议而认为情节重大"的惩戒案件,如认为必要,"亦得依职权先行停止其(被惩戒人)职务"。并规定视为当然地应停止被惩戒公务员职务的情形:"一、刑事诉讼程序实施中被羁押者;二、依刑事确定、判决受褫夺公权之宣告者;三、依刑事确定、判决受拘役以上之宣告、在执行中者。"

⑤回避。"公务员惩戒委员会委员之回避,准用刑事诉讼关于推事回避之规定。"

⑥议决。议决程序分为三步:第一步,"以出席委员过半数之同意定之。出席委员之意见分三说以上、不能得过半数之同意时,应将各说排列,由最不利于被付惩戒人之意见,顺次算入次不利于被付惩戒人之意见,至人数达过半数为止";第二步,"惩戒委员会之议决,应作成议决书,由出席委员全体签名";第三步,议决书"应由惩戒机关送达被付惩戒人,通知监察

院及被付惩戒人所属官署,送登国民政府公报或省、市政府公报"公布。①

(2) 惩戒处分

民国时期的惩戒处分作为国家对公务人员违法失职行为的一种制裁手段,其等级和规定基本相同,不同仅在处罚量级的大小、时间的长短。1933年公布的《公务员惩戒法》规定,"公务者有左列各款情事之一者,应受惩戒:一、违法;二、废弛职务或其它失职行为。"②惩戒处分的等级,分为"一、免职(褫职、撤职);二、降级(降等);三、休职(停职);四、减俸;五、记过;六、申诫"六等。

①免职(褫职、撤职)。即"除免其现职外,并于一定时间停止任用"。北京政府时期一般为2年,"受褫职处分者,自受处分之日起,非经过二年,不得复任";③此外,褫职处分以上有"夺官"一等的规定,即除褫去现职外,还夺去其现在的官秩。广州国民政府惩吏院的"褫职"处分,没有规定时间有多长。④ 相比之下,南京国民政府时期的撤职处分较为宽松,撤职后"停止任用之期间,至少为一年",一年后即可重任官职,并可重新充任原职务。⑤

②休职(停职)。即除休其现职外,并不得在其他机关任职,但休职期满,许其复原职。南京国民政府的惩戒机构,规定休职期至少6个月。⑥ 而北京政府时期,司法官惩戒委员会规定有"停职"一项,期限为3个月以上、

---

① 以上引文均见于《公务员惩戒法》(1931年6月8日公布,1933年6月27日修正,1933年12月1日修正公布),《国民党政府政治制度档案史料选编》上册,安徽教育出版社1994年版,第29—30页。

② 《公务员惩戒法》(1931年6月8日公布,1933年6月27日修正,1933年12月1日修正公布),《国民党政府政治制度档案史料选编》上册,安徽教育出版社1994年版,第27页。

③ 《文官惩戒法草案》(1931年1月9日),《中华民国史档案资料汇编》第三辑,政治(一),江苏古籍出版社1991年版,第297页。

④ 《惩治官吏法》(1926年2月17日),《中华民国国民政府公报》第24号,1926年2月,"法规"。

⑤ 《公务员惩戒法》,《国民党政府政治制度档案史料选编》上册,安徽教育出版社1994年版,第28页。

⑥ 《国民党政府政治制度档案史料选编》上册,安徽教育出版社1994年版,第28页。

1年以下。广州国民政府惩吏院规定的休职期为"一月以上、六月以下"。①

③降级(降等)。即"依其现任的官级降一级或二级,自考叙之日起",非经过规定期限不得进叙。而受降级或降等处分,却无级等可降时,则减扣其现有月俸,直至限定期满。南京国民政府惩戒机构规定,降级"自考叙之日起,非经过二年不得改进。受降级处分而无级可降者,比照每级差额减去其月俸,其期间为二年(宪政时期改为一年)"。在北京政府时期,按《文官惩戒法草案》的规定,"受降等处分者,自受处分之日起,非经过一年,不得再叙进。受降等处分无等可降者,减其半俸,其期间为一年以上、二年以下"。而文官惩戒委员会降等仅能降一等,无等可降者,减其月俸的三分之一,期限为一年。②广州国民政府惩吏院降级可"降一等改叙",对无级可降的公务员,"减其俸的三分之一"。③

④减俸。北京政府时期,文官的减俸处分规定,"减俸期间,为一月以上、一年以下。减俸数目,为月俸十分之一以上、三分之一以下"④。广州国民政府减俸处分是"依其现在之月俸减额支给其数为十分之一以上、三分之一以下"⑤。南京国民政府的《公务员惩戒法》规定,减俸处分的减额"依其现在三月俸百分之十或百分之二十支给,其期间为一月以上、一年以下"⑥。

⑤记过。南京国民政府的惩戒机关和《公务员惩戒法》规定,"记过者自记过之日起,一年内不得进级;一年内记过三次者,由主管长官依前条之

---

① 《惩治官吏法》,《中华民国国民政府公报》第24号,1926年2月,"法规"。
② 《文官惩戒法草案》,《中华民国史档案资料汇编》第三辑,政治(一),江苏古籍出版社1991年版,第297页。
③ 《中华民国国民政府公报》第24号,1926年2月,"法规"。
④ 《中华民国史档案资料汇编》第三辑,政治(一),江苏古籍出版社1991年版,第297页。
⑤ 《惩治官吏法》(1926年2月17日),《中华民国国民政府公报》第24号,1926年2月,"法规"。
⑥ 《公务员惩戒法》,《国民党政府政治制度档案史料选编》上册,安徽教育出版社1994年版,第28页。

规定减俸。"①而此前北京政府的《文官惩戒法》无"记过"一等②，其时的文官惩戒委员会记过处分的规定与惩吏院相同。审计官惩戒委员会规定，记过三次，应受降等处分。而对司法官的惩戒处分，无记过一项。广州国民政府惩吏院的记过处分，由"该管长官登记之，如一年以内受记过处分至三次者"，由该管长官依规定减其俸给。③

⑥申诫。申诫处分是惩戒处分六等中最轻的一等。南京国民政府规定，对于公务员有过失或失当行为时，予以申斥或告诫，"申诫以书面或言词为之"④。而在北京政府时期对申诫的执行，按照《文官惩戒法草案》规定，"申诫均由各该长官专行之"⑤。广州国民政府则"由惩吏院呈请，国民政府或通知该管长官以命令行之"⑥。民国各时期的惩戒机构对申诫处分的规定基本一致，均由惩戒机构呈请政府或通知该管长官以命令的形式执行。

南京国民政府关于惩戒处分的规定，注意将政务官和事务官分开，如1933年修正的《公务员惩戒法》规定，降级和记过处分，对于选任政务官及立法委员、监察委员不适用，降级处分对于特任特派政务官不适用。"行宪"后，规定休职和记过处分对政务官不适用。

---

① 《国民党政府政治制度档案史料选编》上册，安徽教育出版社1994年版，第28页。
② 《中华民国史档案资料汇编》第三辑，政治（一），江苏古籍出版社1991年版，第297页。
③ 《惩治官吏法》，《中华民国国民政府公报》第24号，1926年2月，"法规"。
④ 《公务员惩戒法》，《国民党政府政治制度档案史料选编》上册，安徽教育出版社1994年版，第28页。
⑤ 《文官惩戒法草案》(1913年1月9日)，《中华民国史档案资料汇编》第三辑，政治（一），江苏古籍出版社1991年版，第297页。
⑥ 《惩治官吏法》，《中华民国国民政府公报》第24号，1926年2月，"法规"。

第六章 抗战时期的贪腐问题和国民政府反贪机制

抗战时期,随着战局的持久化,国民党在大后方的专制独裁统治日趋加强,国民政府各级官吏遂得以利用其手中职权,弄权贪腐。由于抗战时期战时特殊体制,因此在反贪腐方面既有承袭『训政』时期的机制,也有战时体制的新特点。

第一节
抗战时期的贪腐状况

抗战时期,大小官吏在抗战大后方趁机发"国难财"的现象可谓触目惊心,贪污舞弊的重点主要集中在物资、黄金和外汇三个方面。1941年6月,美国政府曾冻结中国私人及公司、银行在美国的存款,其中私人存款约为1.18亿美元。1948年3月30日,在美国参议院外交委员会发表的援华报告中,估计中国私人所有的黄金、外币约合5亿美元,当时在美国的中国私人外汇存款约3亿美元。[①] 这样数额巨大的私人存款,集中在一小部分人手中,来源很明显,绝大部分是利用职权贪污受贿、操控图利所得。

一、"国难"之际的贪腐手段

1."陋规"

抗战时期的各种"陋规",是由清代传下之弊端,随着中华民国统治的推移,不仅未能日渐消除,反而愈演愈烈。

对国民党统治时期的各种"陋规",民国时期的学者就有精彩的描述:"现在政府向人民要钱,除了国家规定的以外,尚有许许多多的陋规,层出不穷的恶例,一到农村社会,'天高皇帝远',县府及乡镇公所的公务员以及军警保甲人员,更凶猛地向老百姓欺侮敲刮。军队过境,要睡觉的稻草,马

[①] 李立侠:《孔祥熙与中央银行》,寿充一编:《孔祥熙其人其事》,中国文史出版社1987年版,第79—80页。

吃的豆粮。留驻的保安队,要草、要米、要油,借台、借凳、借床。派驻的警察所因警员待遇菲薄,伙食要求津贴,制服棉大衣要地方供给。人民自己组织的自卫团所需要的一切弹药枪械服装伙食等等,当然由人民负担。乡镇公所保甲组织,都是地方自治机构,一切开支,也以自治经费名目,向老百姓摊收。大员过境,招待费要人民平均认摊,乡镇保长过生日,也要人民集资庆祝。公路通过的村庄农民,除吃汽车灰尘,一点利益都享受不到,可是筑路的时候要征工,这是劳动服务;路坏了,又要他们去修筑,也是劳动服务。开河、平路、除垃圾、筑公房、造公林等等,都可随着县政府乡镇公所里办公人员的意志,任意征集劳力。田赋征实的征收储藏,运输分配,都发生着严重的弊病,老百姓缴送实物,很有辛酸的事实。实物体积重,面积大,须由老百姓雇工雇船送到征收衙门挂号,依次缴纳,好像秩序井然。其实其中大有巧妙文章。他们使用的大秤,老百姓不敢与其计较,你要和那般征收员计较斤量,分辨秤的大小,他们就一'搁'不睬你。搁一天就要付一天雇工和雇船的损失,不得不吃亏一点。最后胜利,一定属于征收员的。如果你的米谷品质不好,那更使你倒霉,给你原物原船退回。这样一来,老百姓更吃了大亏,所以谁也不敢送坏的米谷去。所征实物,一旦奉令出售,都由米商出面,而田粮处大小职员,廉价分购,然后待机高价售出。现在农村的国民学校设备,大多是摊派的、征募的。校舍修建要收修建费;教师束脩,除学费外,还要收尊师费、补助费、卫生费。体育活动、图书设备、杂费支出等等,都要逐项向儿童摊派收费。收费如此庞杂高昂,穷苦子弟,安得入学?"①这些"陋规"就是明目张胆的贪污、索贿受贿。

2. 吃空额和军火买卖回扣

抗战时期,本应是全体国民有钱出钱、有力出力,全民族勠力抗击日军,捍卫民族独立。但是,有一些败类趁机行贪婪不法之事,一些军队将领吃空额,在军火买卖中拿回扣就是一例。

抗战全面爆发后,因经济相对发达的江浙、两广等沿海地区相继落入敌

---

① 马寅初:《财政学与中国财政——理论与现实》下册,商务印书馆 2001 年版,第682—683 页。

手,南京政府的预算收入大减。而由于抗战之需,军队数量则在不断膨胀,且地方军队的供给也逐渐由中央财政负担,蒋介石中央政府只能以多发通货来应付,一些军队将领则以"吃缺"和"走私"来获取利益。武汉会战后,国民党军队撤退到以陪都重庆为中心的内地,资源极为有限,军中物资缺乏的状况更趋严重,但仍有一些军政部门和个人吃缺额,贪占国家钱财。军队将领逾越常规的情事,以"吃缺"最为普遍。一般办法是上级默许各部队虚报兵额若干,通常连长得报2人,营团长递加。各部队军官出缺,亦按情缓报1—2个月,其薪饷由主官截留。如果再超过这一范围,方始由上级问罪。这种截留薪饷,与明清时期的"陋规"是一样的,虽不合法,但被暗中承认。黄仁宇举其抗战时期在军队服役时的所见为例说:"我曾见邻部饷册有'中尉排长魏德仁'一款,我常出入该部而未见此人,经后询问,方始知实系司书取巧以谐音影射'未得人',他已认为吃缺为公开的秘密,无庸隐讳。"这种作风和状况,抗战前已盛行了。

蒋介石对此是知情的,所以他有"虚报名额以千计"的话。这又以每次战役前后因人员损补而有大幅度变动的情况为甚。当有关部门向蒋介石报告时,蒋介石只是"指示他们只有咬紧牙关硬拼",不实际解决问题,并非蒋介石真受了蒙蔽,不知实情。1941年12月9日,蒋介石向高级军官训话时说:"我前方部队兵额之空虚,已为全国皆知之缺点。各级层层欺蒙不一而足,至有一师之中缺额至三千人以上者亦相率视为故常。平时领一师之饷,临时不能作半师之用,及至事后申报战役经过则又任意浮报,动称一师死伤五六千人。"①但蒋介石只是概略地讲到这种情况,却不能指名问罪。从蒋介石的言辞语气看来,这种贪污腐化的弊端已广泛蔓延,相当数量的高官也牵涉其中,有不能阻遏的趋势,作为最高统帅的蒋介石尚不能坚持"禁绝",只"希望"各司令长官"如此如此",无疑与虎谋皮。正是由于不法举措有社会力量的背景,蒋介石要"从长考虑"后纵容,他不会运用自己"一

---

① [美]黄仁宇:《从大历史的角度读蒋介石日记》,中国社会科学出版社1998年版,第222—223页。

言九鼎"的力量拨开云雾,故而症结还在中央政府不能下决心解决。①

此外,抗日战争时期,各级贪官污吏,尤其是上层官僚集团发"国难财"的手法主要为购买军火,从中贪污分肥。抗日战争时期,公开和暗中的军火交易都很频繁,即便是在政府公开的军火购置中,负责购买军火的人员往往暗中收取回扣,甚至直接收取卖方好处费,共同在军火买卖中舞弊,为一己私利不惜危害抗战的民族利益。

3. 操纵公债投机

抗战时期,酿起巨大风潮的贪污舞弊渠道,尤以发行公债最为突出。国民政府遇到财政状况紧张时,往往靠举借内债来度过危机,抗战时期更是屡屡发行公债。借派售公债与发行储蓄券,趁举借外债之机,高官带头贪污。其中尤以行政院副院长、财政部长、中央银行总裁孔祥熙集团最为突出。

国民党政府在内战时期和抗战初期,发行了大量公债,短期内就达到14亿多元,提供了市场投机的筹码。当时在上海代表孔祥熙从事公债投机的吴启鼎和他所掌握的四明银行,几乎控制了整个金融市场。尤其在太平洋战争爆发后,国民政府认为"我政府应乘此良机与美政府作进一步有效之经济合作,设法利用外资以解决我国之法币问题"②,1942年一年内,就发行了4种内债,即1942年3月发行的中国农民银行土地债券,1942年4月发行的民国三十一年同盟胜利美金公债,1942年6月发行的民国三十一年同盟胜利公债,1942年8月发行的民国三十一年粮食库券。同时,国民政府于1942年3月发行了价值国币30亿元的美金节约建国储蓄券。此外,国民政府还争取了大量的外国贷款援助,其中数额最大的两笔是1942年美国的5亿美元贷款和英国5000万英镑贷款。而以孔祥熙和宋子文为首的上层官僚集团,借负责这些事务之机,大肆贪污,结果,上行下效,相关的各级官吏也上下其手,肆意中饱,遂酿成了著名的"美金公债案"等轰动

---

① [美]黄仁宇:《从大历史的角度读蒋介石日记》,中国社会科学出版社1998年版,第225页。
② 《国民党九中全会关于发行金库券的决议》(1941年12月),参见千家驹编:《旧中国公债史资料》(1894—1949),中华书局1984年版,第302页。

朝野的大贪污案件。

4. 操纵外汇黑市交易

抗战时期,利用通货膨胀之机操纵汇率,甚至利用黑市外汇交易的盛行,操纵外汇黑市交易,从中牟取巨额利益,是这一时期高层贪腐的重要手段。

当时,以孔祥熙家族、宋子文等为代表的上层官僚集团,通过香港搞外汇交易,操纵外汇市场,并进而影响和操纵国内外汇黑市交易,扰乱抗战后方的金融市场,导致抗战后方金融体系更为脆弱,金融市场更为混乱。当然,他们也在日本占领区进行外汇黑市交易,多方牟利,虽然客观上起到了一些扰乱日占区金融市场的效果,但不能掩盖其贪腐的本来面目。

5. 借印制钞券牟利

抗战时期,国民政府发行钞票均由英美钞票公司印刷,而由财政部、中央银行负责监督。当时,印钞及购买印钞的纸张,都是有回佣可拿的,长期担任财政部长兼中央银行总裁的孔祥熙及其家族、派系势力利用掌握这类项目的权力,由孔令侃、凌宪扬、李骏耀朋分,但大部分回扣费用还是要用来孝敬宋霭龄。

6. 操纵黄金交易

出售黄金,操纵黄金交易市场,从中牟利,是抗战时期的一种贪贿手段。最初是由中国国货银行在重庆开始炒黄金,后来由美国运来的两亿美元黄金陆续运到国内,就和美金公债及美金储蓄券一起,在市场上掀起黄金外汇风潮,这就给孔祥熙等造成更大的贪污机会。孔祥熙虽因此丧失了政治地位,但确实捞到一笔巨额横财,这是他亿万资财中最大的来源。

7. 走私贩运,囤积居奇

利用抗战时期后方物资奇缺之机,囤积居奇和走私贩运,是这一时期突出的贪腐手法。

财政部成立过以戴笠为首的缉私署,名为缉私,实际上是在从事走私。戴笠任缉私署长是蒋介石的旨意,也是对孔祥熙的牵制。

孔祥熙则是利用中央信托局运输处和宋子良的西南运输公司,大搞走私贩运活动,并成立庆记纱号和福生庄搞花纱布交易。

学者黄仁宇早年对国民党军队的走私有亲身经历:"一九四一年十月,我得第十四师师长许可,往日据老街视察,在红河北岸河口时,发觉国际走私贸易情形输出以桐油、水银及矿砂为主,进口则为香烟、鸦片。运输队常用骡马数十头,不可能无前线驻军协同沟通。除提出向师长报告外,我又于翌年以'黄禾'之笔名作中篇报导,将实情刊载于重庆《新华日报》。当日年少气盛,我甚以为冒险揭露黑幕于国事有益,不知此间情节早经中枢洞悉。不久之前陈诚遗稿在《传记文学》发表,即说及他自己为远征军司令长官时,云南各驻军不仅经商走私,尚且聚赌,吸食鸦片,盗卖军械。看来以他的高位重权,尚且无可如何。"①蒋介石对为数较小的走私、吃缺,普通的贪污腐败行为已经是无暇关注,他所关注的是大宗走私巨案,涉及前线敌我贸易等有关军国大事的贪污腐败行径。

8. 军队经商

国民党军队经商在抗战后期为普遍情形,但其机缘视其驻地而定。通常各部队在大城市设有"通讯处"及"办事处",以军需官主持,其存在形式大多为分店或堆站。各城市的卫戍司令部及防守司令部,亦时常查勘取缔这类半官半商的机构,但无实效。如昆明防守司令部的兵站组织,本身即具浓厚的商业性质。当时,法币快速贬值,"工不如商,商不如屯",军政部既常以现金代实物,各部队长官亦发觉除抢购物资囤储价值之外,别无他法,因而这类军队经商抢购物资的行径亦不能查禁。战事愈至后期,军队依赖经营之情形亦愈深。高级军官经商扣饷,可保持其战前生活程度,多为维持个人家庭关系之必需。如重庆召开军事会议时,到会军官皆乘私人汽车,早在正常薪给所能支付的范围之外。

对此,蒋介石在1942年9月9日讲道:"本来我提倡军队设立合作社的原因,为改良官兵生活,这种良法美意应该推行尽利,但天下事有一利必有一弊,现在我们军队当中竟有借口合作社名义来经营商业,反作为营私舞弊的渊薮,尤以沿江沿海附近一带交通冲要的驻军为甚。"又说:"现在军人

---

① [美]黄仁宇:《从大历史的角度读蒋介石日记》,中国社会科学出版社1998年版,第226页。

经商的流弊恐各战区都不可免,希望各位司令长官与总司令严切取缔与禁绝,如有经营商业贩卖仇货的,一律视作通敌论罪。"①

9. 借"三征"大肆贪污

国民党统治时期独具特色的所谓"三征",给各级官吏提供了大肆贪腐之机。

全面抗战开始后,由于沿海富庶地区沦入日军之手,国民政府税收大减,财政收支严重失衡。为确保作为战时财政收入最大来源的田赋征收,国民政府实行了田赋的"征实、征购、征借(购借)"政策。

在全民族抗战的情况下,为持久抗战,统一全国经济力量,国民政府将田赋收归中央并实行"三征"政策,虽有其不得已的理由,对老百姓无疑是一种掠夺,加之在"征实"过程中,政府以"得粮第一",而忽视"公平原则",造成旧有赋额中畸重畸轻现象不仅未消除,反而有日形悬殊之势,使各县负担不公平,贫富负担不公平,更有办理人员争功夺利,中饱私囊,致使"征实"过程中弊端丛生。如1942年,四川隆昌地区在"征实"后,农民还得交纳所谓的"薪谷"、"优待谷",据载,当时仅"薪谷"一项就相当于"征实"的十分之四,加以乡镇长们任意附加税捐,农民负担极为沉重,而各级官吏则从中大肆贪污。②

10. 借"专营专卖"和"统购统销"谋利

借"专营专卖"和"统购统销"谋取暴利,中饱私囊,是这一时期贪腐手段之一。

1941年4月,国民党中执委五届八中全会通过《筹办盐糖烟酒等消费品专卖以调节供需平准市价案》和《粮盐专卖制度基础案》③,议决对盐、糖、烟、酒、茶叶、火柴等6种消费品试办专卖。但当时的现实是,由于"中国缺乏有经验的经营专卖商品的机构和人员,对于糖仅实行了生产上的控

---

① [美]黄仁宇:《从大历史的角度读蒋介石日记》,中国社会科学出版社1998年版,第222—223页。
② 《目前大后方农业生产的危机》,《解放日报》,1945年1月9日、10日。
③ 《中国国民党历次代表大会及中央全会资料》下册,光明日报出版社1985年版,第712、716页。

制,对于盐仅控制了部分的收运工作,烟和火柴的生产和分配仍掌握在私人手中。于是,除了糖之外,其余3种商品的专卖都是徒有其名。各专卖商品的零售价格完全由商人私自决定。……专卖工作的开支竟占专卖收入的60%。专卖政策因而受到公开的责骂和攻击"。专卖商品价格实际由商人及管理商人的官吏借专卖名义定价,使他们可上下其手,借机贪污。而专卖机构的工作开支如此巨大,各级官僚中饱私囊的情况昭然若揭。正因有种种弊端,国民政府不得不"于1944年对各专卖商品先后停止了专卖,而代之以原来的货物税"。①

1941年12月,国民党五届九中全会议决实行"统购统销"政策:"人民日常生活必需品,必须尽量增加生产并加以合理之管制,使价格稳定,供应无缺。且须由局部管制,推进于生产运销分配消费各过程之全面管制,由一地之管理扩及全国各地。"②这是国民政府以战时物资管制形式实行的一种财政政策,是财政收入的一种重要补充形式。通过这一政策,国民政府在几年里获得了相当于税收额数倍的巨额款项。经营和管理统购统销机构的官吏、商人从中也分享了大量财富,中饱私囊。

11. 军队承包制

抗战时期,蒋介石对军事后勤组织(以师为单位)采取承包制,不可避免地导致承包人为了利益而行贪污舞弊之事。

学者黄仁宇以他在抗战时期所服役的第十四师为例,说:"十四师在马关县,附近居民的骡马,已被我们征调一空,去运送最基本的补给,如弹药及食盐。这时军政部纵有能力供应我们各项需要,也无交通工具使物资能够下达。所以1941年的夏天,我们的士兵每人领有棉衣制服一套,此外并无一巾一缕,足供换洗。只能在雨季中偶一的晴天,由我们带着士兵在河畔洗澡,趁着将制服洗濯,在树枝上晒干算数。到九月份,军政部又发给每

---

① 张公权著,杨志信译:《中国通货膨胀史》(1937—1949年),中国文史出版社1986年版,第88—89页。

② 《对于财政经济交通粮食农林水利报告之决议案》(1941年12月22日通过),参见秦孝仪主编:《革命文献》第80辑,台北,中国国民党中央委员会党史史料编纂委员会1979年印行,第237页。

人衣服一套。所发的已非实物,而系代金,由师部设法就地采购。其实发下时法币贬值,钱数也不够,本地也无处购买。好在我们师里也是全面缺员,于是师长命令一位军需,化装为商人,往日军占据的越南,购得白棉布若干匹,回头用当地土法蘸染为土黄色,交各村庄里缝制成短袖短腿运动员式的制服,以节省材料,这样我们的兵士虽仍无内衣与外衣的区别,总算才不致裸体在河边等候衣干了。至于制服是否合式,账目如何交代,都无从考问。师级以上的战区和集团军司令部在这种承包制下半公开的集体经商,更不能禁止。重庆、昆明、柳州间很多的'通讯处'和'办事处'也就是这些半官半商的堆站和分店。总而言之,传统中国社会从来就没有一个能全面动员、地外作战的体系,这时候无中生有,蒋介石的高层机构全靠牵扯铺并而成,既没有第一线第二线的纵深,有时也官商不分。当然,所有情事尚不是如此简单,他一定坚持的话,也可以选出一两件贪污特著的案件雷厉风行的惩治。只是当时全国都捉襟见肘,承包制又如是普遍,那样的惩罚也不见得能有功效,而只是徒然暴露自己的弱点而可能使自己更不能下台了。"①

二、抗战时期贪腐和反贪典型案例

1. 美金公债案

美金公债案是抗战时期著名的贪污案,从中可以看到孔祥熙贪污自肥手法之猖狂恶劣,数额之巨大,实为罕见。

太平洋战争爆发后,美国迫于战争形势,为提高中国战区蒋军的士气,使它有力量牵制一部分侵华日军,减轻太平洋美军的压力,便于 1942 年 2 月 7 日,由美国参众两院联合决议,授权美国政府对华财政援助。3 月 21 日,蒋介石国民政府由外交部部长宋子文出面,与美国签订《中美五亿美元借款协定》,6 月 2 日在华盛顿正式签订《中美租借主体协定》,向美国政府

---

① [美]黄仁宇:《放宽历史的视界》,中国社会科学出版社 1998 年版,第 245—246 页。

借到一笔5亿美金的巨额财政援助款。蒋介石随即命行政院副院长兼财政部长的孔祥熙召集财政部、中央银行和四联总处的负责人,共同拟订利用这笔借款收回通货、稳定金融的方案。① 孔祥熙受命后,制定了一个将5亿借款中3亿元向美国购买黄金存于美国,另外2亿美元,其中1亿美元作为发行"美金节约建国储蓄券"(通称"美金储蓄券")的基金,1亿美元作为发行"同盟胜利美金公债"(通称"美金公债")的基金,储蓄券和公债都按照商汇牌价法币20元折合美金1元的汇率,用法币购买(当时黑市汇率为法币100元折合美金1元)。

1942年春,发行总额为1亿美元、折合国币20亿元的"美金公债",由财政部交给中央银行国库局转业务局组织推销,分发各地银行发行,规定照官价汇率法币20元折合美金1元,交付法币,到期由中央银行兑付美金。随着宋子文借到美金的消息传开,公债热销,到1943年春,美金公债的销售数量已达到5000万美金之巨。1943年10月15日,财政部函知国库局停售美金公债票,财政部长兼中央银行总裁孔祥熙命令中央银行业务局长郭景琨立即停止销售,并通知各地中央银行的分支机构照此办理,对外宣称美金公债的发行业已满额,停止认购。剩余的债票约有5000万美元,悉数由中央银行业务局购进,但国库局局长吕咸等人在孔祥熙的指使下,利用职权,以低价套购,"朋分公债",谋取暴利。很快,外间就流传开由孔祥熙准许,中央银行职员利用停售之机朋分剩余美金公债的消息,舆论哗然。

孔祥熙和国库局长吕咸、业务局长郭景琨等贪污美金公债的罪行,激起了爱国人士的义愤,恰逢重庆国民参政会开会,于是参政员黄炎培、傅斯年、陈赓雅等联名提出质问案提交国民参政会大会讨论并提交蒋介石。蒋介石表示,他本人一定尊重参政会的意见,将案子弄个水落石出,不过需要一定时间,要参政会方面多加调查研究,不要操之过急。监察院院长于右任对美券贪污案也曾提出对孔祥熙的弹劾案。

---

① 中国现代史资料编辑委员会根据美国国务院档案编:《美国与中国的关系》下卷,北京,1957年印行,第398—400页;《中美五亿美元借款协定》(1942年3月21日)及"动用意见"(1942年3月),《中华民国史档案资料汇编》第五辑第二编,"外交",江苏古籍出版社1997年版,第382—384、384—387页。

国民政府监察院根据国民参政会的质问案,派人到中央银行检查。监察院公布的检查结果是在中央银行职员朋分公债问题上大做文章,对郭景琨提出弹劾,将郭景琨移送法院扣押法办。这次孔祥熙一伙所贪污的美券,数字实在大得惊人,据估计,此项贪污的数目达法币 26.47 亿元①,而且贪污的证据有抄件,有报章,有照相,都无法销毁抵赖。蒋介石起初阴谋袒护包庇,但因不断有人追问,亦不便厚颜佯装不理。这时,孔祥熙已赴美国布雷顿森林参加国际货币基金会议,蒋介石密令财政部代理部长俞鸿钧密查。结果,确有其事,一切都是经过孔祥熙本人同意办理的。据称,凡贪污分肥该项美券的巨头,都已承认分期吐出,孔祥熙最多占七成,吕咸二成半,其余经办人得半成。参与这宗贪污案的下面几个职员,曾分到点蝇头小利,他们怕巨头嫁祸,已潜逃无踪。孔祥熙回国后,不仅自己无事,郭景琨被押几个月后也被宣判无罪释放,当蒋介石要把吕咸撤职时,孔祥熙还通过宋美龄向蒋求情,让吕自动辞职。主角和爪牙就这样全都逍遥法外。②蒋介石在事后严压舆论报导,结果,参政会闭幕后 1 个月左右,只在重庆《中央日报》出现一则轻描淡抹的消息:"中央银行总裁孔祥熙及国库局长吕咸,辞职获准",此外,就不见再有新闻继续报导。最后,这项美金公债的本息,到期都用法币按照外汇牌价折合支付,购买公债者都没有拿到美金。③

抗战后期,孔祥熙政声在国内外均声名狼藉。美国政府也指责中国政府要人的子女 170 多人在战争期间逃避兵役,在美国过着寓公生活,并特别点名孔祥熙的子女和孔祥熙手下红人徐堪的儿子。美国朝野的态度和国民参政会揭露美金公债案,迫使蒋介石在 1945 年 5 月任命被美国支持的宋子文、翁文灏为行政院正副院长,又任命俞鸿钧为财政部部长兼中央银行总

---

① 陈赓雅:《孔祥熙鲸吞美金公债的内幕》,《孔祥熙其人其事》,中国文史出版社 1987 年版,第 146 页。
② 《俞鸿钧关于调查同盟胜利美金公债销售舞弊案致蒋介石呈稿》(1945 年),《中华民国史档案资料汇编》第五辑第二编,"财政经济"(二),江苏古籍出版社 1997 年版,第 554—555 页。
③ 陈赓雅:《孔祥熙鲸吞美金公债的内幕》,《孔祥熙其人其事》,中国文史出版社 1987 年版,第 147、148 页。

裁,从而免去了孔祥熙的本兼各职。在孔祥熙私分美金公债案中,实际还包含着吕咸私分美金公债案、业务局长郭景琨的美金公债案。

2."美金储蓄券"贪污案

《中美五亿美元借款协定》签订后,中国政府将借到的5亿美元中的1亿美元,作为发行"美金节约建国储蓄券"的基金。"美金节约建国储蓄券"发行数额1亿美元,其中1000万元系为云南、山西两省购粮搭用,其余9000万元全部卖完,购买这种储蓄券的人,绝大多数为豪门巨商及银行钱庄。到期以后,购买人即可换取美金支票,获得极大的利益,但发行期间不乏贪污事件的发生。由于在刚开始发售的一段时间里兑换手续为先发美券、后收国币,1942年春,云南砚山县长利用这种不规范操作,骗取贪污"美金储蓄券"2万元后潜逃无踪,就是一个显著的案例。而孔祥熙在"美金储蓄券"的发行中,也有贪污舞弊行为。①

3. 林世良云南走私贪污案

中央信托局运输处经理林世良云南走私案,是抗战时期轰动后方的一起贪污案。其案发则是由于孔氏兄妹之间的矛盾所致。

1935年成立的中央信托局是孔祥熙家族直接控制的一个搜刮外汇物资的重要机构。抗战全面爆发后,为办理国际运输线业务,中央信托局于1939年专门设立运输处,由中央银行事务科主任林世良兼任运输科主任。孔令侃以其父孔祥熙为中央银行总裁之故,将林世良由中央银行借调至香港,任中央信托局运输处经理,来往于香港、海防、昆明和仰光之间,办理抢运,在运输公物的同时,也代孔令侃做走私生意。后林世良与副手汪建才之间产生矛盾,汪建才辞职前往重庆,投奔孔令俊,并向孔令俊揭发了林世良的贪污舞弊行为。其时正值太平洋战争爆发,林世良在昆明、仰光之间办理抢运,大肆舞弊。孔令俊即派汪建才前往昆明为其办理事务,同时搜集林世良的材料。日军攻占仰光前后,由于缅甸境内积存了我国大量公私物资,林世良负责前往抢运公物,他却趁机包揽私商货运以自肥,终因包揽

---

① 陈赓雅:《孔祥熙鲸吞美金公债的内幕》,参见《孔祥熙其人其事》,中国文史出版社1987年版,第147—148页;《王世杰日记》第4册,台北,"中央研究院"近代史研究所1990年编印,第394—395页。

大成公司私货而发案。

大成公司最初因与汪建才有业务往来,托汪将其积存在仰光的价值约合法币1600万元的车胎五金等货运回国内。汪建才为讨好孔令俊,在市场价格已大涨的情况下,劝大成公司以原价让售给孔令俊,大成公司认为市价已涨,运回国内出售获利更高,不允照办,汪建才就以如不出让就决不让他们运回相恫吓。大成公司转而利用孔令仪的丈夫陈继恩的关系,托当时尚在美国的陈继恩通过电报将货物介绍给林世良包运,林世良依恃孔令侃这一靠山,不把汪建才放在眼里,把大成公司货运包揽下来。汪建才在孔令俊的支持下跑回重庆向军统告密,军统在畹町将货车截留并上报蒋介石,将林世良逮捕交军法处法办,军法总监何成浚及承办法官通过讯问,以滥用职权营私的罪名,判处林世良有期徒刑10年。

不料,案件从审讯到结案迁延约半年时间,截获的那批货物的市场价格已涨到6000万元,按照当时的缉私条例,规定奖金为充公货物市价的十分之一,货如充公,军统可得600万元,但是,林世良如不判处死刑,货物就不能充公,军统600万元的奖金就会泡汤。因此,军统发动外勤人员调查林世良花天酒地的私生活及其种种荒淫豪奢之行为,并写成报告,由军法总监签署后呈送到侍从室。蒋介石阅后大怒,在原判决书上批"立予枪决",马上送到土桥监狱执行。林世良这一跟随孔祥熙多年的孔门鹰犬,以其自身的贪腐行为,加上孔氏兄妹之间的矛盾,落得命丧黄泉的下场,也造就了民国时期一起著名的贪污案件。①

4. 高秉坊贪污案

高秉坊是孔祥熙的老部下。他早年在山东鲁案善后督办公署实业处任科长,孔祥熙是实业处处长。后来,孔祥熙调任青岛电报局长,高秉坊又跟随他任总务科长。

孔祥熙出任国民政府工商部部长时,由高秉坊拉了一批鲁案公署同事、金陵大学同学(汪汉滔、吕咸等)进工商部任职。高秉坊任工商部总务处处

---

① 谭光:《我所知道的孔祥熙》,《孔祥熙其人其事》,中国文史出版社1987年版,第16页。

长兼秘书主任,孔祥熙的另一个老部下李毓万任秘书,其他人或任参事,或任科长。这样就形成了以高秉坊为首,把持部务的孔氏小团体。后孔祥熙出任实业部部长(工商部与农矿部合组),高秉坊任实业部总务司司长,一直是孔祥熙手下的总务"人才"和亲信。以高秉坊为首的小团体在实业部期间愈形巩固,把持登记商标、登记会计师、发工矿执照等事务,贪污纳贿。在孔祥熙出任财政部长兼中央银行总裁,办理实业部交接时,人们就已发现高秉坊侵蚀贪污之事,因孔祥熙袒护而未发案。

孔祥熙接替宋子文出任中央银行总裁兼财政部长后,高秉坊任财政部赋税司司长,又因举办直接税、训练干部而成立训练所,孔祥熙兼训练所所长,高秉坊任秘书,随后,高秉坊出任直接税署署长,主管财政部重要的税收机构——直接税署。在他主政直接税期间,在贪污纳贿方面是精心安排、玩尽花招。高秉坊曾说:"有钱人才兜得转……要钱要做得手脚干净。"[1]据当时报刊揭露,1945 年 2 月,高秉坊利用职权动用公款 700 余万元,私存银行,延不交库,并擅提公款购货谋利。[2] 同时,高秉坊还擅自拉用长汀、泰和、衡阳、郁林、贵州、浙江和兰州等地直接税分局的巨额公款,在各地大量囤购物资,从中牟取暴利。[3]

孔祥熙因美金公债案、黄金舞弊案辞职后,俞鸿钧接任财政部长,随即,高秉坊贪污案案发。1945 年 3 月,由 CC 系检举,蒋介石以军事委员会委员长名义电令财政部部长俞鸿钧将高秉坊革职查办,移交法院处理。蒋介石"代电"称:"据报于二十九年举办货运登记,预收保证金。该项保证金全国每年收入甚巨,迄未存入国家银行。直接税署署长高秉坊与各地分局串通舞弊,类多藉词挪垫,移以经商等情……经彻查,该署经办税款保证金,竟无确实收入账目可稽,开征已四年亦从未清查,擅自提公款,违令存放商业银行。凡此诸端,已属情显然。该部直接税署署长高秉坊应即先行撤职,交法院查办;所属各直接税分局有关负责人员,无论已否离职,并应查明,

---

[1] 胡先传:《孔祥熙与高秉坊》,《孔祥熙其人其事》,中国文史出版社 1987 年版,第 302 页。
[2] 《新华日报》,1945 年 5 月 26 日。
[3] 《新华日报》,1945 年 6 月 24 日。

一并严惩。"①俞鸿钧收到蒋介石的电令后,即将高秉坊撤职,交由重庆实验地方法院立案审查。6月30日,重庆实验地方法院对高秉坊贪污案作出初审判决,宣判高秉坊死刑,褫夺公权终身;同案犯姚遐麟也因对于主管事务直接图利,处有期徒刑15年,褫夺公权10年。"消息传出,凡我国人一定称快"。②孔祥熙自美国回国后,托美国驻华大使赫尔利向蒋介石说项,婉言罪行只是贪污,判死刑有欠民主。高秉坊案由最高法院发还重审,1946年1月重庆实验地方法院作出更审书,高秉坊由死刑改判无期徒刑,4月经最高法院复判同意。高秉坊在狱中呆了4年多后,经居正等人说情,于1949年11月出狱。高秉坊贪污案是当时轰动全国的一大贪污案,由于权贵的干预,判决屡经变更,最后从轻改判,更遑论其背后更大的贪赃枉法者。

臧克家曾写诗讥讽:"法律的网/捕获了一个高秉坊/可是……/法律对于那些伟人,你只有仰望,因为他们比你站得更高,更尊严,更有力量!/……/法律在今天,和人民一起/在深深的受着屈辱。"③这一事实反映了国民政府吏治腐败,贪赃枉法之事屡屡发生的社会现实。

5. 王巽之贪污公粮案

王巽之是孔祥熙属下,在孔氏家族中属于孔令侃系统中人,负责孔系势力属下的长江公司。他利用抗战时期粮食短缺和公司所掌握的粮食运销权力,私自贪污挪用公粮,仗势胡为,大肆投机,为孔令侃等增加私财的同时,也趁机吞噬国家财物,贪污自肥。贪污公粮一事被揭露后,孔祥熙、孔令侃父子抛出王巽之作为替罪羊。④

6. 重庆孔家仓库事件

蒋介石政府并非没有反贪腐的行为,对孔祥熙等高官也并非丝毫不加

---

① 转引自《国民政府重庆陪都史》,西南师范大学出版社1993年版,第460—461页。
② 《新华日报》,1945年7月1日。
③ 臧克家:《一个大污池——感高秉坊判死刑》,转见韩辛茹:《新华日报史》,重庆出版社1990年版,第360页。
④ 谭光:《我所知道的孔祥熙》,对王巽之粮食贪污案有所交代,参见《孔祥熙其人其事》,中国文史出版社1987年版,第16页。

约束。但其反贪腐的举措往往因集团利益、家族利害相连等原因而不了了之。重庆孔家仓库事件就是一例。

1945年夏天,重庆市长贺耀祖接到蒋介石的密令,要他迅即将指名的几个私家仓库封闭起来,听候处置。贺耀祖奉此严急之令,派秘书吴浩宇(上海大学出身,初由其师于右任介绍入南京外交部,后转文教机关,再调重庆市政府,升为简任级秘书)持手谕去办理此案,并面嘱吴"审慎进行,万勿出事"。吴浩宇按照蒋介石密令中提供的线索,设法深入侦察,确实查出了孔祥熙家囤积百货、西药、呢绒、布匹的仓库,估计价值达4000万元之巨。此时,吴浩宇虽带领警察前去,因知是孔家仓库,不敢立即以武力封闭,而出之以谈判式的"文打",先拿出公事函,再示以调查确数,使仓库周经理目瞪口呆,不知所措。当孔家得到周经理的电话报告时,孔二小姐主张把吴浩宇干掉,再和贺耀祖竞技,但孔祥熙出于多方考虑,不许动武,只准计取,要仓库经理与吴浩宇"称同乡、饮三杯",在酒里下药,将吴醉倒送走,又将随行警察打发走,一面把东西搬光。事后,蒋介石得到贺耀祖的报告,心照不宣,不了了之。①

7. 国民参政会倒孔反贪案

1938年7月12日,在国民参政会第一届大会期间,傅斯年联合其他一些参政员致函蒋介石,力陈孔祥熙不能担任行政院长的五条理由:第一条,就中国官场应付技巧言,孔祥熙可称超群的上等人才,然对建设近代国家、主持大政的良规大义,却毫无所知;第二条,孔祥熙纵容夫人、儿子聚敛金钱,奢侈、豪华,"实为国人所痛恶";第三条,孔祥熙用人唯亲,凡山西同乡及旧时同僚,都优为安插;第四条,孔祥熙国际舆论不佳,难以得到援助;第五条,孔祥熙以孔子后裔自负,而"持身治家",每多"失检"。傅斯年等要求蒋介石为抗战前途计,"审察事实,当机立断"免去孔祥熙的职务,以慰四海之望。② 对于傅斯年在国民参政会酝酿联名上书的情况,蒋介石早已获

---

① 孟和:《检查重庆孔家仓库始末》,参见《孔祥熙其人其事》,中国文史出版社1987年版,第213—214页。

② 中国社会科学院近代史研究所中华民国史组编:《胡适来往书信选》(下),中华书局1980年版,附录三,第604—610页。

知消息,王世杰日记从旁观者的角度记述:7月2日,"国民参政会参政员到汉者已甚众,彼等有对孔庸之长行政院极表不满,而思提案攻击者,此部分人并主张以宋子文代,上蒋先生闻之,甚不悦。"①因此,这次倒孔自然没有结果。

傅斯年并没有因受挫而罢休。1938年10月24日,为准备国民参政会第一届第二次会议的召开,国民参政会举行座谈会,傅斯年等言辞激烈地抨击孔祥熙,得到在会许多人的赞同。他们决定推举傅斯年等7人,以谈话会纪要形式联名上书蒋介石,继续讨孔。上书要求严格考核掌握国家要政的大员们的功过与声名,分别晋升或罢退,同时特别严厉地批评了抗战以来政府外交和财政方面存在的"迟缓、疏忽、懈怠,以及人事纠纷"等问题及其造成的损失,上书最后对时任行政院长的孔祥熙作出彻底的否定:"即如行政院长之大任,在平时已略如外国之首相,在此时尤关于战事之前途。若其人一切措施不副内外之望,则国家之力量,因以减少者多矣!"②不过,当时正值抗战最艰难的时期,故傅斯年等人特向蒋介石说明,为避免滋生"误会",该上书只是"密陈左右",不在参政会上讨论,也未向外人泄露。但是,10月30日,孔祥熙在重庆召开的国民参政会第一届第二次会议上作财政报告,受到"严重之询问",会后举行的茶话会上,孔祥熙故作姿态,"专说笑话",引起更多参政员的不满,致使当日会后,在联名上书上签名的参政员迅速增加到52人。③

在国民参政会上,傅斯年等参政员还针对孔祥熙主管的财政部人员的吏治问题,多次提出质询,如孔祥熙手下红人财政部次长徐堪的夫人使用外交护照,私带大量贵重物件一事。针对当时物价暴涨,通货贬值,傅斯年提出《慎选行政院长、财政部长案》,要求蒋介石和国防最高委员会慎重考

---

① 《王世杰日记》第1册,1938年7月2日,台北,"中央研究院"近代史研究所编印,1990年,第300页。
② 傅斯年档案,1-657,转引自杨天石:《近代中国史事钩沉——海外访史录》,社会科学文献出版社1998年版,第544页。
③ 《王世杰日记》第1册,1938年10月30日,第414—415页。

虑行政院长、财政部长的人选,"务求官得良才,政致清明"。① 国民参政会的质询和傅斯年等参政员屡屡上书,迫使蒋介石不得不有所考虑。1939年11月,蒋在国民党五届六中全会上作出决定,孔祥熙改任行政院副院长,不过仍兼财政部长和中央银行总裁。但是,孔祥熙一系人贪污腐败之行径不仅不收敛,反而愈益张狂。

面对孔祥熙肆无忌惮的贪腐行径,傅斯年等国民参政会参政员再次发起了倒孔战役。1944年9月7日,财政部次长俞鸿钧代表在美未返的孔祥熙,向国民参政会第三届第三次会议作财政报告,结果"参政员对财政、军事报告提出质询案多件"②。傅斯年率先提出"办贪污首先从最大的开刀"③,并提出了孔祥熙四大问题:第一,孔祥熙及其家族经营商业问题。傅斯年在列举了孔氏家族所办之祥记公司、广茂新商号、裕华银行等企业后,指出,"所有孔氏之各项营业,已成立联合办事处,设于林森路裕华银行三楼,并以其家人为总经理"。他要求调查:祥记公司、广茂新商号等机构是否合法,这些公司借款囤积操纵之事,彻查并公布裕华银行与国家银行历年往来账目,政府要员私用其地位经营商业之影响。第二,中央银行问题。傅斯年认为,中央银行中,"山西同乡多",孔祥熙"义子"多,"私人用款,予取予求"。第三,美金储蓄券舞弊问题。傅斯年提出,美金储蓄券,市场上忽有忽无,而中央信托局和中央银行的属员却可以提前买到,孔家某氏"竟自分五万"!第四,黄金买卖问题。傅斯年称:"裕华银行在今春发了大财"。④ 傅斯年尖锐"责问孔部长极厉,并涉及许多私人问题(私人营商,以及滥用公款等)"⑤,影响极大,再加上孔祥熙一伙贪污美金公债的消息已经

---

① 傅斯年档案,1-642,转引自杨天石:《近代中国史事钩沉——海外访史录》,社会科学文献出版社1998年版,第546页。
② 《国民参政会纪实》下卷,重庆出版社1985年版,第1311页。
③ 韩信夫、姜亮夫主编:《中华民国大事记》第5册,中国文史出版社1997年版,第127页。
④ 傅斯年档案,1-647,转引自杨天石:《近代中国史事钩沉——海外访史录》,社会科学文献出版社1998年版,第550页。
⑤ 《王世杰日记》第4册,1944年9月6日,台北,"中央研究院"近代史研究所1990年编印,第394—395页。

传开,致使1944年11月,孔祥熙被免去兼任的财政部长一职,由俞鸿钧接任财政部长。

傅斯年闻此消息,非常振奋,又致函蒋介石,指出"整理税收、惩治贪污、增加效能、更易首长、清理大事件,孔祥熙副院长一职不变,俞鸿钧有职无权,将无法工作"①。1944年年末,傅斯年更致函蒋介石,指出高级官员经营商业,利用政治力量为自己谋利等严重问题,其危害远过于直接性的贪污。他把这种情况称之为"失官箴":"欲矫下层之弊,仍必先澄上层之源。上层之弊,未可直言其贪污,然失官箴之处,则甚矣!以影响论,直接性之贪污,危害固远不逮间接性之失官箴。"他举例说,中国农民银行挂牌出售黄金,一般人买不到,而孔氏家族经营的裕华银行却能大量购进,高价售出,"此一波折,国家失去不少黄金,裕华得数万万之净益"。他强烈要求蒋介石"彻底禁止官吏及其家属兼营商业",并指出人事改革为事业改革之本,应抓紧时机,"以人事之改革一新中外之耳目,而以事务之改革随之"。②蒋介石出于对战后维护其统治的需要,听从了傅斯年等人的意见,1945年5月31日,国民党六届一中全会免去孔祥熙行政院副院长之职,选举宋子文、翁文灏为行政院正副院长。

在这种情况下,傅斯年等彻底扳倒孔祥熙的时机已成熟,遂以"美金公债案"(亦称"国库局贪污案")扳倒孔祥熙。总额为1亿元美金的"同盟胜利美金公债"剩余的债票5000万美元,被孔祥熙指使国库局局长吕咸等人,利用职权,以低价套购,加以朋分,谋取暴利,贪污的数目达法币26亿元。③ 此事早在1944年春,就被国库局的几个正直的青年职员向参政员揭发,傅斯年等参政员也早已向蒋介石提交过有关质询案,但应蒋介石的要求,做了较长时间的调查。到1945年7月,孔祥熙的行政院副院长、财政部长职务均已免去,但仍任中央银行

---

① 傅斯年档案,1—48,转引自杨天石:《近代中国史事钩沉——海外访史录》,社会科学文献出版社1998年版,第550页。
② 傅斯年档案,1—40,转引自杨天石:《近代中国史事钩沉——海外访史录》,社会科学文献出版社1998年版,第550—551页。
③ 陈赓雅:《孔祥熙鲸吞美金公债一幕》,《孔祥熙其人其事》,中国文史出版社1987年版,第146页。

总裁,在这种情况下,傅斯年、陈赓雅、顾颉刚等9人连署提出"请政府彻查卅一年同盟胜利美金公债发行余额大舞弊嫌疑案",认为"国库局竟利用职权,公然将该项未售出之债票,一方逢迎上司,一方自图私利,以致不可究诘,构成侵蚀公款至美金一千一百五十万元巨额舞弊行为嫌疑。该债票市价因之狂涨,由二十元递涨至数百元,刺激物价,扰乱金融,莫此为甚"。① 随即,傅斯年、陈赓雅等21人连署提出"彻查中央银行、中央信托局历年积弊,严加整顿,惩罚罪人,以重国家之要务而肃官常案"的提案,要求由政府派定大员,会同专家、监察委员、国民参政会公推之代表(必为参政员)彻查中央银行、中央信托局积年账目与事项,"有涉及犯罪嫌疑者,分别轻重,一律移送法院或文官惩戒委员会";改组中央银行,取消中央信托局,彻查有关账目,两机构"历年主持之人",一齐罢免,"其有牵涉刑事者,应一并送交法院"。② 该提案在国民参政会上审查通过时,傅斯年激愤地指出:"似此吕咸、熊国清之辈,如不尽法惩治,国法安在!"③

对傅斯年等人的提案,各方态度不一。重庆国民政府竭力想捂住盖子,在国民参政会主席团主席王世杰、蒋介石的文胆陈布雷等劝说和施压下,傅斯年等被迫同意不向大会正式提出该提案。但也有人想将此案捅开,监察院院长于右任提起弹劾案,许多参政员也不受傅斯年的约束要公开此提案,重庆地方法院、最高法院都准备立案侦办。7月25日,国民政府免去孔祥熙中央银行总裁等职,至此孔祥熙的本兼各职均已罢免。但是,此案也不可能如傅斯年等人所愿进行彻查。④ 扳倒孔祥熙,是国民参政会发挥监督作用,反对贪污腐败斗争的一大胜利。不过,傅斯年等人要求彻查并没收孔祥熙家产的要求,则属于"不可能完成的任务"。

---

① 《中华民国史档案资料汇编》第五辑第二编,"财政经济"(二),江苏古籍出版社1997年版,第552页。
② 国民参政会秘书处编印:《国民参政会第四届第一次大会记录》,1946年,第60、183—184页。
③ 《中华民国史档案资料汇编》第五辑第二编,政治(一),江苏古籍出版社1998年版,第932页;《傅孟真先生年谱》,台北,传记文学出版社1979年版,第55页。
④ 行政院秘书处编:《国民参政会第四届第一次大会决议案行政院办理情形报告表》,1946年2月印行,第120页。

第二节
抗战时期国民政府的反贪立法和机构

一、根本性法规和政治决议中的反贪原则

抗日战争全面爆发后,为了适应战时政府工作,国民政府及其各院、部、会多次修改相关的组织法,其中,《中华民国国民政府组织法》在1943年5月和9月两次作出修正。1943年9月15日,经中国国民党第五届中央执行委员会第十一次大会修正,由国民政府公布的《中华民国国民政府组织法》规定:"国民政府总揽中华民国之治权";"国民政府以左列五院分别行使行政、立法、司法、考试、监察五种治权:一、行政院;二、立法院;三、司法院;四、考试院;五、监察院。前项各院得依据法律发布命令"。① 在关于监察院的规定中,《中华民国国民政府组织法》明文规定:"监察院为国民政府最高监察机关,依法行使弹劾、审计之职权";"监察院关于主管事项,得提出议案于立法院"。②

1938年7月公布的《中国国民党抗战建国纲领》规定,"严惩贪污官

---

① 《中华民国国民政府组织法》,《中华民国史档案资料汇编》第五辑第二编,政治(一),江苏古籍出版社1998年版,第80页。
② 《中华民国国民政府组织法》,《中华民国史档案资料汇编》第五辑第二编,政治(一),江苏古籍出版社1998年版,第83页。

吏,并没收其财产"①。1939 年 1 月 29 日,中国国民党第五届中央执行委员会第五次全体会议通过《对于政治报告之决议案》,决定在"抗战已进入第二时期,根据第一时期所得之经验与教训,今后政府之一切措施,更应急切注意并努力者",在确立反对贪腐行径方面,有"关于监察院工作者"一项。该项规定:"整饬纲纪,严惩贪污,为本党抗战建国纲领所规定,监察院及审计部在此非常时期,对于违法失职之举动,财政会计之检查工作,均属振奋,而纠举、建议两项办法之实施,与中央各机关就地审计制度之推行,尤能适合环境需要,增加政治效率。抗战进入第二时期,政治之澄清,尤应与军事之进展配合,所需于监察工作之协同推进者,益为迫切,监察院及审计部当本其职责,益加奋勉,中央尤应本治权行使规律与之精神,以决心排除监察职权之障碍,保障平时及非常时期各种监察法规之充分实施,各机关对于监察院之调查、视察、纠举、建议等事项当予以精密之注意与翔实之答复,俾监察效能得以增进,即于抗战建国之必胜心成,亦有重大裨益。"②

自此,国民党各项政治决议均作出反贪腐原则性规定。1939 年 11 月 18 日,中国国民党第五届中央执行委员会第六次全体会议通过《对于政治报告之决议案》,再次强调"监察院工作,定有第二期战时监察审计工作实施纲要,及实施办法,于依法行使监察审计职权之外,复注意辅助行政机关第二期战时工作,尤于抗战时期多所裨补"③。

1941 年 4 月 1 日,中国国民党第五届中央执行委员会第八次全体会议通过党务组报告《严令党政军民各机关法团负责人员,必须忠诚遵循一切法令,一切议案,积极推进各种政务,以奠定国家建设之政治基础案》。该案中对政府法令不能彻底实行的原因,认为有"上级政府之原因"、"由于县政府之原因"和"由于乡镇保长之原因",尤其是一些"恶劣之乡镇保长,滥

---

① 《中国国民党抗战建国纲领》(1938 年 7 月 2 日),《中华民国史档案资料汇编》第五辑第二编,政治(一),江苏古籍出版社 1998 年版,第 151 页。
② 《中华民国史档案资料汇编》第五辑第二编,政治(一),江苏古籍出版社 1998 年版,第 458 页。
③ 《中华民国史档案资料汇编》第五辑第二编,政治(一),江苏古籍出版社 1998 年版,第 474 页。

用职权,违反法令,营私舞弊,枉法贪赃,横摊乱捐,鱼肉百姓……各乡镇保长何以竟有如此恶劣贪污之人乎? 盖待遇微薄,责任繁重,地位甚低,有钱有势者不敢为,有学有才者不肯为,有德有品者不忍为,忠实笃厚者不敢为,上者中者即不可得,必须求其下者劣者等。吾人虽不敢妄断乡镇保长无贤德超众之人,但亦不敢妄断无恶劣贪污之人,由吾等所接受之诉状中,可以为其铁证"。要改善这种情况,需要从多方面进行,其中重要的一项工作,就是"要严厉监察",对"贪赃枉法之乡镇保长,必严惩罚,为人民除害"。①

1941年12月20日—23日,中国国民党第五届中央执行委员会第九次全体会议通过《增进行政效能厉行法治制度以修明政治案》,提出"本党临时全国代表大会有《整饬纪纲申明法纪以保护战时艰苦之人民而造成清明健实之政象》之决议,抗战建国纲领有'严惩贪污官吏并没收其财产'之明文,总裁于第二期作战开始时,更以'政治重于军事'谆谆训示,国民政府并先后命令整饬纪纲,颁布贪污治罪条例暨各种官规,法令规章不为不备,顾施行之际,或因监督未臻严密,或以方法未尽周详,遂使吏治未易澄清,法令难收实效。……至于监察检查之职权,尚未能充分发挥其效能,以致吏治整饬工作极感艰辛,贪污腐恶,常逃法纲,此尤为急待补救者"。为此,该案提出"厉行监察检查职权。修明政治,首重□②肃官方,监察与检查机关,关系至为重大。今后检察院应依照治权行使规律,充分行使职权,监察委员对于违法失职官吏,应无所瞻徇,严正纠弹,各监察使应以时出巡,检察官应充分行使其检举职权,务使贪劣者无以幸存,廉能者更知自励"。③

---

① 《中国国民党第五届中执会第八次全体会议通过重要决议案》,《中华民国史档案资料汇编》第五辑第二编,政治(一),江苏古籍出版社1998年版,第525—530页。
② 原文此处缺字。
③ 《增进行政效能厉行法治制度以修明政治案》(1941年12月20日),《中华民国史档案资料汇编》第五辑第二编,政治(一),江苏古籍出版社1998年版,第575—577页。

二、反贪刑事和行政法规

抗日战争时期,国民政府除继续沿用 1935 年《中华民国刑法》(1935 年刑法典)和战前颁布实施的刑事单行法规外,又根据抗战形势制定了一系列刑事特别法,以适应战时非常时期统治的需要。

1.《惩治贪污条例》

这一时期,涉及惩治贪污腐败行为的刑事特别法,主要有 1943 年 6 月 30 日公布的《惩治贪污条例》,这是南京国民政府建立以来在惩治贪污方面的第一个单行刑事法规。国民政府公布《惩治贪污条例》的同时,废止了《惩治贪污暂行条例》。

(1)惩治贪污人员的范围

《惩治贪污条例》规定,惩治贪污人员的范围为"军人、公务员或受公务机关委托承办之人于作战期内犯本条例之罪者,依本条例处断,其非军人、公务员而与为共犯者亦同。办理社会公益之事务以公务论,其财物以公有财物论"[①]。

(2)惩治贪污人员的具体规定

对贪污人员的惩处,《惩治贪污条例》中明确、具体规定如下:

①对于违背职务而要求期约或受贿等七种行为,处死刑、无期徒刑或十年以上有期徒刑。"有左列行为之一者,处死刑、无期徒刑或十年以上有期徒刑:一、克扣军饷者。二、建筑军工或购办军用品索取回扣或有其它舞弊情事者。三、盗卖或侵占军用品者。四、借势或借端勒索勒征强占或强募财物者。五、以军用舟车航空器马匹驮兽装运违禁或漏税物品者。六、意图得利扰乱金融或违背法令收募税捐公债或擅提截留公款者。七、对于违背职务之行为,要求期约或收受贿赂,或其它不正利益者。"[②]

---

① 《惩治贪污条例》(1943 年 6 月 30 日公布),《中华民国国民政府公报》渝字第 583 号,1943 年 6 月 30 日,"法规"。
② 《惩治贪污条例》,《中华民国国民政府公报》渝字第 583 号,"法规"。

②凡是犯有盗卖侵占或窃取公有财物,克扣或扣留不发属于职务上应发的财物,利用职务上的机会诈取财物,利用主管或监督的事务直接或间接图利等七种行为,处死刑、无期徒刑或七年以上有期徒刑。"有左列行为之一者处死刑、无期徒刑或七年以上有期徒刑:一、于前条第一款以外克扣或抑留不发职务上应行发给之财物者。二、盗卖侵占或窃取公有财物者。三、收募款项或征用土地民夫财物从中舞弊者。四、对于职务上之行为要求期约或收受贿赂或其它不正利益者。五、利用职务上之机会诈取财物者。六、对于主管或监督之事务直接或间接图利者。七、对于非主管或监督之事务而利用职权机会或身份图利者。"

③其它一些处罚规定。"第二条、第三条之未遂犯罚之";"预备或阴谋犯第二条或第三条之罪者处五年以下有期徒刑"。

④加重或减轻处罚的规定。"对于军人或公务员关于违背职务之行为行求期约或交付贿赂或其它不正利益者,处一年以上七年以下有期徒刑。但自首者减轻或免除其刑,在侦查或审判中自白者得减轻其刑";"直属长官明知属员贪污有据予以庇护或不为举发者以共犯论,但得依其情节酌量减轻";"办理审计会计及其它人员因执行职务明知他人贪污有据不为告发者,处三年以下有期徒刑或拘役";"诬告他人犯本条例之罪者,以刑法之规定从中处断"。

(3)《惩治贪污条例》的程序适用规定

①特种刑事审判程序原则。"犯本条例之罪者,依特种刑事案件之审判程序办理。"

②从重处罚原则。"本条例所定之罪如其它法律定有较重之处罚者,依其规定。"

③刑法适用原则。"刑法总则之规定与本条例不相抵触者,仍适用之"。①

重庆国民政府制定《惩治贪污条例》,是针对如下情况:第一,政府官吏中贪污舞弊、腐化堕落、以权谋私的现象,在抗战战时特殊时期,不仅未有

---

① 《惩治贪污条例》,《中华民国国民政府公报》渝字第583号,"法规"。

收敛,反而愈行膨胀,有失控的趋势,不仅妨碍国家机器的运转,削弱统治基础,危及抗日战争的进行,而且与被统治阶级的矛盾愈益激化,不利于统治集团的整体利益和长远利益。第二,国民政府官僚集团贪污腐败行为的进一步严重化,已引起群众极大的愤恨,民主进步人士和国民党内的开明人士也对此进行了抨击,甚至美国军政界要人对国民党的腐败也深表不满,不利于其统治。故重庆国民政府认为应颁行正式、严格的惩治贪污单行条例,以取代此前颁布的《惩治贪污暂行条例》。

2.《公务员考绩法》和《非常时期公务员考绩暂行条例》

国民政府于1935年7月16日制定公布《公务员考绩法》,1935年10月30日公布《公务员考绩法施行细则》和11月1日颁布《公务员考绩奖惩条例》。[①] 1939年12月8日,颁行《非常时期公务员考绩暂行条例》,对以前的考绩法作了调整:

(1)采用年考制,不再举行总考,并废除升等员额限制和淘汰人员办法。《非常时期公务员考绩暂行条例》规定:"非常时期公务员之考绩依本条例于年终行之,但战地或具有特殊情形地方之公务员不能依规定时间考绩者,得由各机关主管长官报经铨叙机关核准,随时补行之。"

(2)公务员的考绩以平时考查和每月记录为依据。"各机关主管长官平时对于所属公务员应视其工作之勤惰、优劣、迟速,操行是否公忠、谨严、廉洁,学识是否胜任并有无增进,随时严密考核,根据确实事迹,每月详加记录,并得斟酌情形,予以记功或记过。"

(3)规定考绩优良者无等可升和无级可晋时的奖励办法,以及考绩不良者的相应惩戒办法。"公务员因考绩应晋级而无级可晋者依左列规定办理:(一)已晋至荐任或委任最高级人员,其级高俸低者给予奖状或酌加俸额,其支俸已达最高额者,得给予简任荐任存记或待遇,但以任简任或委任最高级三年以上者为限,其不满三年者改给奖状。(二)已晋至各该职务之最高级人员级高俸低者,给予奖状或酌加俸额,其支俸已达各该职务最高额者,得给予晋级存记";"公务员因考绩应降级而无级可降者,依其级差数

[①] 以上法规,参见《民国法规集成》第37册,黄山书社1991年版,第151—158页。

目比照减俸"。

(4)考绩分类分项进行。"公务员考绩分工作、操行、学识三项,以分数评定之,其分数及评定标准如左:工作最高分数为五十……操行最高分数为二十五分……学识最高分数为二十五分"。①

1943年12月26日,重庆国民政府考试院又公布《非常时期公务员考绩条例》,规定取消总考,年终考绩改由考绩委员会执行初核,主管长官执行复核,但长官只有一级,或在战地不能组织考绩委员会时,则径由该长官进行考核。考绩的内容,包括有工作、操行、学识三项,各按分评等。其中,"操行"就包括奉公、守法、廉洁、勤俭、信守等内容。主管长官每月对"工作"情况详加记录并予以记功记过,对"操行"、"学识"则每半年记录一次,于每年6月和12月列册汇报铨叙机关备查。根据考绩结果,分别予以奖惩。奖励分为晋级、加俸、奖金、勋章、奖状、记功等7种,惩戒分为免职、降级、减俸、申诫、记过、留级等6种。②

3.《公务员服务法》

1939年10月23日,国民政府公布《公务员服务法》(1943年1月4日修正公布),对公务员纪律作了补充,将政治纪律放在首位,强调公务员"有绝对保守政府机关秘密之义务",同时,对公务员的作风又作了进一步规定:

(1)"公务员应诚实、清廉、谨慎、勤勉,不得有骄恣、贪惰、奢侈、放荡及冶游、赌博、吸食烟毒等足以损失名誉之行为。"

(2)"公务员不得直接或间接经营商业或投机事业";"公务员除法令所定外,不得兼任他项公职或业务。其依法令兼职者,不得兼薪及兼领公费。"

(3)公务员不得利用职务收取贿赂,即"公务员有隶属关系者,无论涉

---

① 《非常时期公务员考绩暂行条例》(1939年12月8日),《民国法规集成》第38册,黄山书社1991年版,第6—12页。

② 《非常时期公务员考绩暂行条例》,《中华民国国民政府公报》第212号,"法规";考试院参事处:《非常时期公务员考绩条例》(1943年12月26日),《考铨法规集》第2辑,考试院参事处、秘书处1944年编印,第132—133页。

及职务与否,不得赠受财物","公务员不得利用视察、调查等机会,接受地方官民之招待或馈赠。"

(4)"公务员不得假借权力以图本身或他人之利益"、"公务员非因职务之需要,不得动用公物或支用公款。"

(5)"公务员对于左列各款与其职务有关系者,不得私相借贷、订立互利契约或享受其它不正利益:一、承办本机关或所属机关之工程者;二、经营本机关或所属事业来往款项之银行、钱庄;三、承办本机关或所属事业公用物品之商号;四、受有官署补助费者。"

(6)"公务员应恪守誓言,忠心努力,依法律、命令所定,执行其职务",力求切实,不得畏难推诿,无故稽迟。①

三、抗战时期国民政府的反贪机构

抗日战争爆发后,为适应战时非常时期的客观环境和监察工作的需要,国民政府加大对监察机构及其职能完善的力度。

1. 国民参政会

九一八事变爆发后,为适应各界民众抗日、民主要求,国民政府就有设立国民参政会的动议。全面抗战开始后,1938年3月,国民党临时全国代表大会议决通过,正式设立国民参政会。4月12日,国民政府公布《国民参政会组织条例》,规定"国民政府在抗战期间,为集思广益,团结全国力量起见,特设国民参政会"。②

(1)国民参政会的人员构成

①国民参政会议长、副议长。《国民参政会组织条例》规定:"国民参政会置议长、副议长各一人,由中国国民党中央执行委员会选任之。"

②参政员的选定。《国民参政会组织条例》第4条规定:由"中国国民

---

① 《公务员服务法》(1939年10月23日公布,1943年1月4日修正),《国民党政府政治制度档案史料选编》下册,安徽教育出版社1994年版,第71—73页。

② 《国民参政会组织条例》(1938年4月12日),《中华民国史档案资料汇编》第五辑第二编,政治(一),江苏古籍出版社1998年版,第869—870页。

党中央执行委员会于接受国民参政员资格审议会报告后",按照第 3 条各项"应出参政员名额,提出中国国民党中央执行委员会会议决定之"。

③参政员名额及分配。《国民参政会组织条例》第 3 条规定:"国民参政会置参政员,总额一百五十名。其分配如左:(甲)由曾在各省市(指行政院直辖市而言)公私机关或团体服务三年以上,著有信望之人员中,共选八十八名;各省市所出参政员名额,依照附表之所定,并以有该省市籍贯者为原则。(乙)由曾在蒙古、西藏地方公私机关或团体服务,著有信望或熟谙各该地方政治社会情形,信望久著之人员中,选任六名(蒙古四名,西藏两名)。(丙)由曾在海外侨民居留地工作三年以上著有信望,或熟谙侨民生活情形,信望久著之人员中,选任六名。(丁)由曾在各重要文化团体或经济团体服务三年以上,著有信望,或努力国事信望久著之人员中,选任五十名。"

关于(甲)项,《国民参政会组织条例》末列"各省市应出参政员名额表"中有一补充规定,划分各省市名额数:"江苏、浙江、安徽、江西、湖北、湖南、四川、河北、山东、(河南)、广东,以上各出四人;山西、陕西、(福建)、广西、云南、贵州,以上各出三人;甘肃、察哈尔、绥远、辽宁、吉林、新疆、南京市、上海市、北平市,以上各出二人;青海、西康、宁夏、黑龙江、热河、天津市、青岛市、西京市,以上各出一人。"①

1938 年 6 月 16 日,国民政府公布《国民参政会组织条例第三条修正文》,将国民参政会所设参政员人数增加到"二百名",(甲)、(乙)、(丙)条无变化,(丁)条由原来的五十名,增加到"遴选一百名"。

④参政员的任期。《国民参政会组织条例》规定,"国民参政员之任期为一年,国民政府认为有必要时,得延长一年",同时,"现任官吏不得为国

---

① 《国民参政会组织条例》,《中华民国史档案资料汇编》第五辑第二编,政治(一),江苏古籍出版社 1998 年版,第 869—872 页。在 1938 年 4 月 7 日国民党中央执委会五届四次会议通过的《国民参政会组织条例案》中,出四人的地区尚有"河南",出二人的地区尚有"福建",参见《中华民国史档案资料汇编》第五辑第二编,政治(一),江苏古籍出版社 1998 年版,第 425 页。

民参政会参政员"。①

（2）国民参政会的职权

关于国民参政会的职权，《国民参政会组织条例》规定有以下三项：

①议决权。"在抗战期间，政府对内对外之施政方针，于实施前，应提交国民参政会决议。前项决议案经国防最高会议通过后，依其性质，交主管机关，制定法律或颁布命令行之。遇有紧急特殊情形，国防最高会议主席得依国防最高会议组织条例，以命令为便宜之措施，不受本条第一、二项限制。"

②建议权。"国民参政会得提出建议案于政府"。

③质询权。"国民参政会有听取政府施政报告暨向政府提出询问案之权"。②

（3）国民参政会的会期和议事规程

国民参政会的会期，《国民参政会组织条例》规定："国民参政会每三个月开会一次，会期为十日，国民政府认为必要时，得召开临时会，或延长其会期。"

国民参政会常务机构，《国民参政会组织条例》规定："国民参政会休会期间，设置国民参政会驻会委员会，由参政员互选十五人至二十五人组成之，任务以听取政府各项报告及决议案之实施经过为限。"③

国民参政会的议事规程，《国民参政会组织条例》规定："国民参政会有该会参政员总额二分之一以上之出席，即得开议。"同时还规定，行政长官得列席会议。"中央各院部会长官得出席于国民参政会会议，但不参加其表决。"1938年7月国民政府公布《国民参政会议事规则》，对议事制度补充规定："国民参政会开会时，以议长为主席，如议长因故缺席，由副议长代

---

① 《国民参政会组织条例》，《中华民国史档案资料汇编》第五辑第二编，政治（一），江苏古籍出版社1998年版，第872、871页。

② 《国民参政会组织条例》，《中华民国史档案资料汇编》第五辑第二编，政治（一），江苏古籍出版社1998年版，第871页。

③ 《国民参政会组织条例》，《中华民国史档案资料汇编》第五辑第二编，政治（一），江苏古籍出版社1998年版，第871页。

理之";"国民参政会会议时,由参政员半数之出席,始得开议,由出席参政员半数之赞成,始得议决"。

国民参政会在特殊情况下,可召开秘密会议。"国民参政会之会议公开之,但有必要时,得由主席宣告改开秘密会议";"国民参政会之文件议案由秘书长呈经议长核定后发表之,凡未依前项程序核定发表之文件议案,参政员负有保守秘密之义务";"国民参政会开会时,秘书长及副秘书长应列席,并配置秘书及其它人员办理会场事务"。①

(4)对参政员的保护和限制性规定

①保护参政员的措施,在《国民参政会议事规则》中作出如下规定:"参政员在会场内得自由发表言论,不受会外之干涉,但在会场外发表其笔记或言论者,受一般法律之限制。"

②对参政员行为的规范性措施主要有:其一,"参政员之议案应详具理由,并由参政员二十人之连署提出之";"提案得由主席径付会议讨论,或先交审查会审查,连同审查报告提付会议讨论。政府交议事项,适用前项规定"。其二,"参政员得以书面提出临时动议,但须有参政员四十人之连署临时动议,由主席于议事日程所列各案议毕时,径付会议讨论,但时间不容许时,得由主席提付下次会议讨论"。其三,"参政员对于议事日程所列之议题欲发言时,应先将其席次姓名书面通知秘书长,未依前项通知者,须俟先已通知发言者发言完毕后,报告席次,经主席许可,始得发言"。其四,"凡关于提案之说明,或质疑或答复,其发言均以十五分钟为限;讨论者之发言,以五分钟为限。但发言取得主席之特许者,得以主席特许的时间为度。违反前项限制者,主席得终止其发言";"参政员每人就一个议题之发言,除经主席特许者外,以一次为限"。其五,"凡对于议案之修正,应以书面提出,并须有参政员十人以上之连署"。②

③对参政员的限制性措施,《参政员议事规则》第5章"纪律"中作出严

---

① 《国民参政会议事规则》(1938年7月1日),《中华民国史档案资料汇编》第五辑第二编,政治(一),江苏古籍出版社1998年版,第873—876页。
② 《国民参政会议事规则》,《中华民国史档案资料汇编》第五辑第二编,政治(一),江苏古籍出版社1998年版,第873—876页。

厉规定。第 32 条规定:"参政员全体有共同维护会议秩序之责任";第 33 条规定:"参政员于会议中有违背本规则妨碍会场秩序者,主席得警告或制止之。其情节重大者,得依主席之决定或会议之议决,组织惩戒委员会,为惩戒之审议。惩戒之方式,分为(一)谴责。(二)责令道歉。(三)停止一定时日之出席";第 34 条规定:"惩戒委员会审议结果,应提经会议表决之"。①

(5) 第一届国民参政会的评价

这届国民参政会,当时人就说:"真能代表民意的,要算第一届国民参政会。这次大会是二十七年七月六日在汉口举行的。那时恰是抗战一周年的前夕。抗战中心在武汉,全国的人望也集中在武汉,大家精神焕发,情绪高涨,确有一番蓬勃气象。那时的参政会,共有参政员 200 人,虽非全由人民选举,大致多符人望,确能为人民说话,为人民争利……的确象征了全国的大团结。……一般人恭维参政会是民意机关的雏形。其实参政会更大的意义,在于它是团结抗战的征象,团结,给国家产生了极大力量,给国家增加了蓬勃气象。这力量,这气象,以后虽经多少折磨,多少顿挫,终于把国家支持到抗战胜利。抚今追昔,怎不令人感慨!但后来参政会……全国性减了,团结劲差了。参政会虽于三十七年三月二十九日始结束,气象早已无复当年。但第一届参政会,虽能发挥极大力量,这力量只足以领导人民来革新庶政,不足以领导人民来进行国民革命。"②

(6) 国民参政会杜绝贪污舞弊行为的提案举略

国民参政会期间,对于监督政府,确保民权,杜绝贪污舞弊行为的提案较多。如:

1939 年 9 月,参政员沈钧儒等向第一届国民参政会第四次会议提出"请政府重申前令切实保障人民权利"提案。该提案中指出:"第一届所提请政府通令全国各军政机关切实保障人民权利案,业经政府训令各军政机

---

① 《国民参政会议事规则》,《中华民国史档案资料汇编》第五辑第二编,政治(一),江苏古籍出版社 1998 年版,第 876 页。
② 马寅初:《财政学与中国财政——理论与现实》,商务印书馆 2001 年版,第 697 页。

关依法办理,如有违法滥权,侵害人民权利情事,除由依法告诉告发诉愿外,主管机关应注意监督,随时纠正在案。……其间关于下层机关之舞弊弄权,地方军警之毁法荡纪,人民知识低下,莫可如何,官厅办事颟顸,积重难返。最近川康视察报告,此类事实,言之綦详,一拾可得。窃意当不止川省一地为然。……地方行政腐败,其祸中于国家,甚于兵革之扰乱。"提案提出了五项挽救办法,其第五项是"应请中央监察院以时遣派委员,代表中央巡视各地方,随事检举,切实行使其最高之监察权"。[1]

1942年10月,参政员刘明扬等向第三届国民参政会第一次会议提出"请调整政治机构健全人事行政以加强行政效率而完成抗建大业"案,指出"近年贪污之风盛行,病国殃民,莫此为甚,今后应依《公务员考绩奖惩条例》及《修正公务员考绩法施行细则》严厉惩办",以期"严惩贪污,淘汰庸劣"。[2]

1945年7月,参政员傅斯年等向第四届国民参政会第一次会议提出"关于彻查中央银行中央信托局历年积弊严加整顿惩罚罪人以重国家之要务而肃官常"提案,称:"中央银行实为一切银行之银行,关系国家之命脉。然其组织直隶国府,不属于财政部或行政院。历年以来,以主持者特具权势,道路虽啧啧烦言,政府并无人查问。而一有事实暴露,即为触犯刑章。如黄金案主角之郭景琨,已在法院取保矣,而国库局私自朋分成都未售美金公债一案,至今尚未送法院。由此例之,其中层层黑幕,正不知几许。至于中央信托局,亦每以触犯刑章闻。如前者之林士良案,今者黄金案中钟锷、黄华以下皆涉及。此等机关如不彻查严办,必不足以肃国家之政纪。"他提出处理办法:一是彻查其积年之账目与事项,有涉及犯罪之嫌疑者,移送法院或文官惩戒委员会。二是改组中央银行,取消中央信托局,应予罢免其主持者,有牵涉刑事者,应一并送交法院。[3]

---

[1] 《中华民国史档案资料汇编》第五辑第二编,政治(一),江苏古籍出版社1998年版,第907页。
[2] 《中华民国史档案资料汇编》第五辑第二编,政治(一),江苏古籍出版社1998年版,第924页。
[3] 《中华民国史档案资料汇编》第五辑第二编,政治(一),江苏古籍出版社1998年版,第932—933页。

1946年3月,参政员李芝亭向第四届国民参政会第二次会议提交"拟请政府迅速制订并公布金融复员计划早日改革币制稳定币值以期安定民生而固国本"提案,要求国民政府"加强审计部职权,监督政府严格执行预算,停止增发通货"。①

2. 监察院

抗战进入相持阶段后,由于国民党军队的军纪腐败和政府的政纪涣散,公务人员的战时行政效率和军队的战斗力极为低下,致使在日寇进攻下一触即溃,大片国土沦丧,而贪腐行为却比比皆是。在这种形势下,澄清吏治与整饬各级军政机关迫切而重要。为此,国民政府决意提高监察院的地位,强化监察机构在抗战中的作用,"整饬纪纲,严惩贪污"。

(1) 监察院职权

1937年12月,监察院呈请国民政府公布《非常时期监察权行使暂行办法》,1938年8月修正公布《非常时期监察权行使暂行办法》,1938年9月9日又公布《修正非常时期监察权行使暂行办法施行细则》。《非常时期监察权行使暂行办法》明令规定"监察院除依(各种现行)法行使监察权外,为适应非常时期需要,得依本办法"行使"战时非常时期监察权"。

①弹劾权。为加强监察职能,在弹劾等权之外,监察院还在抗战时期创立了纠举权和建议权,并特地在修正公布的《非常时期监察权行使暂行办法》中作了明文规定。

②纠举权。该权力为监察委员独立行使职权提供了条件。国民政府在修正公布的《非常时期监察权行使暂行办法》第2条中规定:"监察委员或监察使对于公务员违法或失职行为认为应速去职或为其它急速处分者,得以书面纠举、呈经监察院院长审核后,送交各该主管长官或其上级长官。其违法行为涉及刑事或军法者,得交各该管审判机关审理之。"当然,"监察委员于分派执行职务之省、市或监察使于该管监察区内,对委任职公务员为前项之纠举,于呈送监察院院长时,并应以书面径送各该主管长官或其

---

① 《中华民国史档案资料汇编》第五辑第二编,政治(一),江苏古籍出版社1998年版,第936页。

上级长官"。① 相应地,修正公布之《非常时期监察权行使暂行办法》规定:"主管长官或其上级长官接受前条纠举书后,应即决定撤职或其它行政处分,其认为不应处分者,应声复不应处分之理由。被纠举之公务员得向主管长官或其上级长官提出申辩之意见。"如果"主管长官或其上级长官不依前条第一项为行政处分,又不声复或虽声复而无理由时,监察院应即以该纠举文件为弹劾案,移付惩戒机关。各该主管长官或其上级长官于被弹劾人受惩戒时,亦应负责"。②

③建议权。该权是为适应监察院巡回视察职能的加强而特设,监察委员既可直接对官吏进行惩戒,又可建议和督导地方行政,促其改进。关于抗战非常时期建议权的具体规定为:"各机关或公务员对于非常时期内应办事项有奉行不力或失当者,监察委员或监察使得以书面提出建议或意见,呈经监察院院长审核后,送交各该主管机关或其上级机关",而各相关的主管机关或其上级机关"接受前项建议或意见后,应即为适当之计划与处置"。③

(2) 监察院的复建

由于抗战爆发,国民政府诸多机关的正常运行都受到影响,在内迁后有一个恢复的过程。1943 年 9 月,国民政府公布修正的《中华民国国民政府组织法》,规定监察院的机构,设监察院院长、副院长,"监察院院长因事故不能执行职务时,由副院长代理之";监察院设监察委员,人数为"二十九人至四十九人,由监察院院长提请国民政府主席依法任免之",并规定"监察委员不能兼任其它公职","监察委员之保障,以法律定之"。

监察院的议事制度是监察院会议,"监察院会议以监察委员组织之,监察院院长为监察会议之主席"。④

---

① 《非常时期监察权行使暂行办法》(1938 年 8 月 27 日修正公布),《国民党政府政治制度档案史料选编》上册,安徽教育出版社 1994 年版,第 323 页。
② 《非常时期监察权行使暂行办法》,《国民党政府政治制度档案史料选编》上册,安徽教育出版社 1994 年版,第 324 页。
③ 《非常时期监察权行使暂行办法》,《国民党政府政治制度档案史料选编》上册,安徽教育出版社 1994 年版,第 324 页。
④ 《中华民国国民政府组织法》(1943 年 9 月 15 日),《中华民国史档案资料汇编》第五辑第二编,政治(一),江苏古籍出版社 1998 年版,第 83 页。

通过这些措施,抗战时期监察院的地位为之一振。特别是在1939年以后的所谓"第二期抗战"中,国民政府把监察工作的好坏,与行政、军事等机构的效能,乃至抗战能否胜利直接挂钩。国民党在五届五中全会政治报告中指出,"抗战进入第二时期,政治之澄清尤应与军事之进展配合,所需于监察工作之协同推进者,益为迫切",监察效能能否增进,对抗战建国的胜利"有重大裨益"。① 国民政府在专门制定的《监察院第二期战时监察工作实施纲要》中明确指出,"第二期战时行政计划,监察院与动员委员会应特别注意与监察",而且"将来抗战建国能否成功,即在此最低限度之行政计划能否实行。此最低限度行政计划之实行,应由监察院负监察之责任"。② 这些都表明抗战期间监察院的地位同战前相比有所提高。

(3)监察院战区巡察团

抗战期间监察工作的一大特点,是将"于事后纠弹违失"和"得在行事前监察"结合起来。1940年,重庆国民政府为澄清吏治,提高行政效能,配合军事进展,特制定《监察院战区巡察团组织规程》,组建战区巡察团。这就在各监察使巡回监察和特派监察委员分期视察外,又增加了一种事前监察的方式。

①巡察团隶属于监察院,其设置团数及各团巡察区域以军事委员会划定的各战区为准,第一巡察团巡察长江以南各战区,第二巡察团巡察长江以北各战区。

各巡察团以监察委员3人组成(该区监察使为当然成员),由监察院院长指定1人为主任委员主持事务,设秘书1人,干事3人,分别由监察院或监察使署中调用或临时委任。

②战区巡察团可行使监察法规所明定的一切监察职权,关于接收、办理人民控告公务人员的书状、出巡工作的改进及其他应讨论的事项,均由委员会议议决,并按月将巡察情形呈报监察院备查,遇有重大事件须随时报

---

① 《对于政治报告之决议案》之六,《中国国民党历次代表大会及中央全会资料》下册,光明日报出版社1985年版,第561页。
② 《监察院第二期战时监察工作实施纲要》,《监察院工作报告》,国民政府监察院1946年编印,第36页。

告监察院审核。各巡察团在执行任务时,可指挥当地宪兵警察,所在地军政长官应负保护之责。

各巡察团的一切费用开支,均由本团负责,不收受地方供给,以防贪污之弊,以避受贿之嫌。

战区巡察团的建立,更有利于行使弹劾权、纠举权和调查权,并可及时惩戒各战区违法失职的公务人员,尤其对抗战不力或贻误战机的军政机关,可随时予以建议或纠正,为抗战胜利发挥了它特有的功能。抗战胜利后,1946年5月,国民政府还都南京后,战区巡察团完成其历史使命,国民政府明令撤销。

(4) 地方审计机构的恢复和重建

抗战全面爆发后,随着南京国民政府迁都重庆,战火所及,江苏、浙江的审计处陆续西迁,上海、津浦铁路审计办事处均因沦陷而停止业务。但河南、陕西、广东等3省审计处,仍能进行正常的审计业务,国民政府相继在湖南、四川、贵州、广西、福建、江西、安徽、甘肃、云南等9省设立审计处。而对国库、各部和国家的公司则设驻审室,如国库总库、交通部、经济部、税务署、盐务总局、农业部、内政部、教育部、中国茶叶公司、花纱布管制局、复兴公司、邮政总局、中央信托局等均相继设驻审室。

抗战胜利后,到1947年止,在抗战时停止了业务的各省市审计处及审计办事处相继恢复审计业务。同时又有河北、山东、山西、青海、台湾、重庆等6省市设立审计处。[①]

此外,国民党的特务组织——中统和军统,在反贪腐过程中客观上也起过作用。1940年以后,中统局曾奉蒋介石的命令,组建过"替中央做耳目"并兼管"惩治奸邪"、整肃内部贪污的全国性"党员调查网",还成立以"调查抗战后方经济方面的营私舞弊和贪污渎职以及非法经营工商业的黑幕"为宗旨的"经济检查队"。但是,这些举措都因危及集团内部利益,而遭到各级当权者的反对,最终都无结果。

3. 税务督察专员

抗战时期,随着沦陷区的范围日益扩大,国家因外敌入侵而处于分裂状

---

① 《审计制度》,行政院新闻局1947年印行,第20页。

态,国家税款的征收也处于散乱、分裂和黑暗的状态。当时"财政上受人最大指责者,为税务机关之黑暗、贪污"①,在战时的状况下,这种黑暗之状更易发生。为了强化税收工作,加强对国统区国税机关的督察工作,国民政府特设税务督察专员制度,实行分区督察。

(1)税务督察专员的设立

设置税务督察专员的有川滇区、黔桂区、闽粤区、湘鄂区、浙赣区、苏皖豫鲁区、陕甘宁青区等7区。税务督察专员隶属于国民政府财政部。

(2)税务督察专员的职权

税务督察专员的职权,是秉承财政部长之命办理左列各事项:"一、中央直辖全国税务机关征榷事务之指导督促事项。二、国税税款收入状况之调查考核事项。三、国税整理改进方案之筹划事项。四、税务机关人员之考查事项。五、战时特别措施之指示与协助事项。六、其它交办事项。"此外,"税务督察专员应将考查所得情形随时密报外,应按旬呈报一次";"税务督察专员对于该管区内国税机关之命令与处分认为有违反、越权或失当之处,应立即呈报财政部核办"。②

4. 国防最高委员会及其附属机构

抗战时期,国民政府除以监察院行使监察职权外,在行政体制上还采取一些行政监督方式。国防最高委员会及其附属机构,是行政监督机构之一。

(1)国防最高委员会

1937年8月11日,国民党中央政治委员会议决成立"国防最高会议",决定国防大计、国防经费、国防总动员和其他重要事宜。1939年1月29日,中国国民党五届五中全会作出决定,改组国防最高会议为国防最高委员会。2月7日,国防最高委员会正式成立,蒋介石任委员长,这是抗战时

---

① 《财政部对参政员张良修关于税务人员贪污问题询问案的答复》(1945年),《中华民国史档案资料汇编》第五辑第二编,"财政经济"(二),江苏古籍出版社1997年版,第86页。

② 海关总税务司署统计科编辑印行:《总税务司通令》第二辑(1937—1938),1939年,第11页。

期国民党党政军的最高领导机构。①

抗战期间,国防最高委员会作为国民党决策的权力中心,有其直属机关保障其工作的正常开展。其中,作为执行监督功能的机构主要是1940年9月成立的"党政工作考核委员会"。1940年7月,国民党五届七中全会在重庆召开,蒋介石向全会提出"拟设置中央设计局,统一设计工作,并设置党政工作考核委员会,以立行政三联制基础案",并于7月6日在全会上通过。② 设置该考核委员会主要是"主持党政机关工作、经费、人事之考核,与中央设计局确切联系,以矫设计、执行、考核分立之弊,树行政三联制之基,而应抗战建国之要求",这是"国防最高委员会为增进党政工作效能,实施行政三联制之考核制度"的需要。③

(2)党政工作考核委员会

①党政工作考核委员会的组织构成

其一,党政工作考核委员会"设委员长一人、副委员长一人,由国防最高委员会推定委员十一人,除五院院长、中央执行委员会秘书长、中央监察委员会秘书长、国防最高委员会秘书长为当然委员外,其余三人,由国防最高委员会委员长聘任。设主任秘书一人,承委员长之命办理会务"。

其二,党政工作考核委员会内设党务、政务两组。

党务组,"掌理党务部份考核工作之计划,审核编制调查等事项,置主任、副主任各一人,由国防最高委员会委员长提请国防最高委员会指定,秘书一人,组员若干人,由主任呈请委员长派充,专员若干人,由中央执行委员会秘书处、组织部、宣传部、海外部、党务委员会、训练委员会、国防最高委员会秘书厅各指定高级人员一人或二人兼任"。

政务组,"掌理行政经济建设部份考核工作之计划,审核编制调查等事项,置主任、副主任各一人,亦由委员长提请国防最高委员会指定,秘书一

---

① 章伯锋、庄建平主编:《抗日战争》(中国近代史资料丛刊之十三),第三卷,"政治"(上),四川大学出版社1997年版,第38、46页。
② 《中国国民党历次代表大会及中央全会资料》下册,光明日报出版社1985年版,第637页。
③ 《抗日战争》第三卷,"政治"(上),四川大学出版社1997年版,第458、40页。

人,组员若干人,由主任呈请委员长派充,专员若干人,由国民政府文官处,国防最高委员会秘书厅,行政、立法、司法、考试、监察各院及所属各部会各指派业务有关之高级人员一人或二人兼任"。①

②党政工作考核委员会的职掌

党政考核委员会专门负责:"一、关于中央及各省党务机关工作成绩之考核事项,二、关于中央各院部会及各省行政机关工作之考核事项,三、关于核定设计方案实施进度之考核事项,四、关于现行法令实施利弊之考核事项,五、关于经济建设事业之考核事项,六、关于各机关经费人事之考核事项。"②

③党政工作考核委员会考核事务与各考核机关工作的联系

党政工作考核委员会,作为中枢最高考核机关,其考核工作分政务考核与事务考核两种。

其一,政务考核,"系根据既定政策考核某种事业整个之成败"。事务考核,"分为工作考核、经费考核及人事考核三项"。

其二,事务考核中之"工作考核",是"根据工作计划考核其进展程度及实际效果",其年度政绩之考核,应依照《党政工作考核办法》第5条至第9条之规定办理。有关规定如下:"县市所属之党政机关由县市党政机关初核,汇呈省党政机关复核";"县市党政机关由省党政机关初核,汇呈中央党政机关复核,必要时得由党政工作考核委员会抽调复核";"省市党政机关由中央党政机关初核,汇送本会,交党政工作考核委员会复核,呈由委员长核定";"中央党部各部处会及五院各部会分别由中央秘书处及各主管院汇齐或初核,送本会交党政工作考核委员会复核,呈由委员长核定";"除第五至八条所规定外,各级党政机关直属之其它机关其考核程序,由各该主管机关逐级执行之"。

其三,对于"工作进程之考核(按月按季或半年度),由上级直辖机关办理,并应将考核情形转报'复核机关'备查"。党政考核委员会"对于各机关之工作,得随时派员调查考核,认为'工作不力'或执行有错误时,应提出意

---

① 《抗日战争》第三卷,"政治"(上),四川大学出版社1997年版,第40页。
② 《抗日战争》第三卷,"政治"(上),四川大学出版社1997年版,第40页。

见,呈国防最高委员会查核";"各监察机关对于党政工作'考察审核'结果,应分送本会为考察之参证"。

其四,事务考核中之"经费考核","为根据预算决算考核其经费支用在工作上是否发生预期之效能"。具体规定如下:第一,各级党政机关经费的支用,"除应分别依照'稽核程序'、'稽核条例'、'审计法'、'审计法施行细则'之规定,仍送监察审计机关审核外,应于报告工作时,将支用概数附带列报,以备查核";第二,党政工作考核委员会"对于各机关经费之支用,经考核认为与工作进行之情况不相适用时,得通知监察审计机关注意审核";第三,"监察审计机关对于每会计年度审核之结果(审计报告书)及就法令上或行政上应行改正之事项所陈之意见(依据决算法第25、26两条办理之结果),应分送本会为考核之参证"。

其五,事务考核中的"人事考核",是"根据组织法令考核其人员支配是否适当,并能否符合分层负责制之精神"。《党政工作考核办法》规定:第一,"政务官之考核,由本会办理,其有关违法或失职等情事之案件,仍由监察机关办理";第二,"属于事务官之长官(各机关主管人员)及高级干部(各部门主管人员荐任以上职务)之考核,其成绩应俟本会复核(依据工作考核之结果)呈委员长核定后,交铨叙机关依照法令办理";第三,"一二两项以外之公务人员或成绩,仍由铨叙机关依照法令办理,其考绩结果,应将最优最劣人员呈报最高国防委员会核定奖惩"。[①]

(3)中央政务考察团

①中央政务考察团的组织。国防最高委员会的党政考核委员会在1940年9月成立后,"为实地考察中央各部、会、署、局及各省市政府等机关实施政务之情形",于1941年4月成立中央政务考察团,"以政务组主任为团长主持团务,副主任为副团长襄理一切,设团员9人至13人分任考察事宜,秘书一人承团长、副团长之命襄办团务,并负联络各组之责。"

②中央政务考察团的任务。主要是考察:"一、关于中央各部、会、署、局工作成绩之考察事项。二、关于核定设计方案实施进度之考察事项。

[①] 《抗日战争》第三卷,"政治"(上),四川大学出版社1997年版,第40—42页。

三、关于现行法令实施利弊之考察事项。四、关于经济建设事业之考察事项。五、关于各机关经费、人事与工作联带关系之考察事项。六、委员长指定考察事项"。①

③中央政务考察团的实际操作。1941年后,国民政府每年都派出若干个考察团,分赴中央和地方各党务、行政机关进行考核、考察工作,并将结果呈报国防最高委员会核办。"考核委员会对于中央及各省市党政机关之工作,得分别组织中央党务、政务及各省市党政工作考察团,每年实地考察一次。中央考察团以本会各主管组主任为团长,副主任为副团长,组员专员为团员。各省市党政工作考察团则按考察区域之划分组织之。每一考察团置团长一人,副团长一人,由委员长派充;团员、事务员、雇员各若干人。团员除由党务、政务两组人员中指派外,并得调用中央党政机关人员。考察团得聘任技术专家为团员。考察团于考察中央及各省市党政机关所属机关时,得请其上级主管机关派员参加。中央各院部会所属事业机关设于各省市地方者,得由各省市党政工作考察团考察之。考察时得调阅各机关之文书档案。考察任务完毕后,于一个月或一个半月之内,提出报告书,胪列关于考核情形及意见,经考核委员会决定后,呈国防最高委员会核办。中央及各省市党政机关每年工作或行政计划及预算,须由主管机关核定后,以一份抄送考核委员会;其每年工作实施报告,亦须于每年度终了时,呈送国防最高委员会发交考核委员会考核。为与中央设计局取得联络起见,考核委员会各组及考察团考察所得情形,暨对于各机关工作及机构、人事、经费等项改进意见,规定应与设计局主管人员随时研讨。设计局于必要时,亦得指定人员参加考察团。"②

应当说,由于国防最高委员会的权威地位,党政工作考核委员会对考核、监督职权的行使,一度颇有成效。

5. 各级党部

(1)党部督导行政机关

抗战全面爆发后,国民党决定调整党政关系,实行党部对行政的督导。

---

① 《抗日战争》第三卷,"政治"(上),四川大学出版社1997年版,第42页。
② 《抗日战争》第三卷,"政治"(上),四川大学出版社1997年版,第459—460页。

1938年3月31日，中国国民党在武汉举行的临时全国代表大会通过《改进党务并调整党政关系案》，在改进党务与调整党政关系之原则中，专门规定"监察党员之原则"，即"党部对于党员平时之思想、行为、工作、生活，应有密切之调查与考核，以举监察之实；同时应使上级党部负监察下级之责，严申纪律，以提高监察之权威"。调整党政关系的原则："（1）中央采取以党统政的形态；（2）省及特别市采取党政联系的形态；（3）县采取党政融化，即融党与政的形态"。①

国民党临时全国代表大会闭幕后，随即于1938年4月1日至8日在武汉召开了中国国民党第五届中央执行委员会第四次全体会议，4月6日，通过《改进党务并调整党政关系案》。随后，国民党中常会先后颁布《省党部省政府联席会议要旨》和《县各级党政机关调整办法》等法规。② 1941年4月1日，国民党五届八中全会又通过"总裁交议"的《增进各级党部与政府之联系并充实本党基础案》。

以上重大会议及其议案、文件，逐步确定并充实了关于党政关系和党部对行政督导的调整：

①国民党中央党部实行总裁制。在临时全国代表大会上通过的《改进党务并调整党政关系案》中规定增加"总裁"一章，会上通过的《对于审查改进党务及调整党政关系有关修改总章部分之决议案》采纳并规定，"本党设总裁一人、副总裁一人，由全国代表大会选举之"，"总裁代行第四章所规定总理之职权"。③

②与总裁制相适应，地方各级党部设委员会。"省党部委员会采取主任委员及委员分区督察制，由中央执行委员会特派中央执行委员一人为省党部主任委员，同时由全国代表大会选举若干人充任省党部委员……除以

---

① 《中国国民党历次代表大会及中央全会资料》下册，光明日报出版社1985年版，第476—477页。

② 《中国国民党历次代表大会及中央全会资料》下册，光明日报出版社1985年版，第520—524、696页。

③ 《改进党务并调整党政关系案》（1938年3月31日）、《对于审查改进党务及调整党政关系有关修改总章部分之决议案》（1938年4月1日），《中国国民党历次代表大会及中央全会资料》下册，第479、484页。

主任委员驻省经常办理省党部事务外,其余委员必须按区分派担任督察各该区内所有各县党部之工作,予以指导,并随时报告省党部主任委员。"

③县党部采取书记长制。"县党部设委员若干人,由全县代表大会选举之,即由省党部呈请中央指定其中一人为书记长。""县党部委员会议,以书记长为主席,对会议之决议,有最后决定权。"

④区以下党部或分部采取书记制。"区党部与区分部设委员若干人,由全区代表大会或区分部党员大会选举之,并由上级指定委员一人为书记。"并规定,"区党部之性质,重在监察区分部之工作,区分部则重在执行"。①

(2)对省县党部和政府的督察

省县党部"除依照总章'稽核同级政府之施政方针及政绩是否根据本党政纲及政策'外,对其下一级行政机关,如行政督察专员公署、县政府区署及乡镇公所,应根据中央颁布或核定之政令,协助督导,并监察其实施"②。

①"省党部之监察职务,由中央监察委员会派中央监察委员常驻指定之省党部执行之。省党部监察委员会之制度撤废之";"中央驻省监察委员及省党部分区常驻委员,对下级党部及党员执行监察职务时,可布置党员监察网以辅助之"。

②"县党部之工作及全体党员之行为,规定由省党部委员分区指导监察,故县党部监察委员会之制度撤废之"。③

③对省政府的督察,"省党部省政府每月须举行联席会议一次";"省党部主任委员,应出席省政府会议,以收党政联络之效"。④ "省党部省政府联席会议,党政双方对下级干部人员如发现有成绩低劣不能称职,或违背党

---

① 《改进党务并调整党政关系案》,《中国国民党历次代表大会及中央全会资料》下册,光明日报出版社1985年版,第479、481—482页。
② 《增进各级党部与政府之联系并充实本党基础案》(1941年4月1日),《中国国民党历次代表大会及中央全会资料》下册,光明日报出版社1985年版,第697页。
③ 《改进党务并调整党政关系案》,《中国国民党历次代表大会及中央全会资料》下册,光明日报出版社1985年版,第481、482页。
④ 《改进党务并调整党政关系案》,《中国国民党历次代表大会及中央全会资料》下册,光明日报出版社1985年版,第481页。

政协调原则,致阻碍党务与政令之推行者,得相互检举,提出联席会议,公同评判,并商决其处分。""督导监察之行使,如行政主管人员为党员时,以党部名义行之,但须随时函知政府。如行政人员为非党员时,则由党部通知政府办理之"。①

④对县区政府,"县政府设地方自治指导员一人,由县党部书记长兼任之,协助县长指导地方自治之筹备事宜"②。

(3)党部对人事行政的督导

①"省党部之主任委员与书记长及委员,应与担任省政府主席、秘书长、厅长及委员的党员划编为一特别小组,直隶省党部实施党团办法";"省政府之不兼厅委员,以省党部委员充任为原则,经中央党部之推荐后任命之",以保证党员在政府中的绝对优势。

②"省党部对于担任下级行政职务的党员,得调查登记,并考核其工作。"根据考核结果,商请省政府予以奖惩,"认为成绩优良者,由党予以荣誉奖励,并商请省政府予以奖励。如发现有违反本党政纲政策,而又不接受指导者,严予党纪处分,并商请省政府惩处之";"省县党部均应随时考核党员之工作与能力,并每年选拔优秀党员汇报上级党部,经审核后,发交政府任用"。③

通过调整,大大加强了国民党对各级政府行政工作的监控,一度有利于统治的稳定,促进了国民党一党专政局面的实现。

6. 巡回督导团

(1)派遣巡回督导团的政治决议

1942年11月25日,中国国民党第五届中央执行委员会第十次全体会议议决通过蒋介石提出的《对于各地党政报告及党政工作检讨提示之意

---

① 《增进各级党部与政府之联系并充实本党基础案》,《中国国民党历次代表大会及中央全会资料》下册,光明日报出版社1985年版,第697页。
② 《改进党务并调整党政关系案》,《中国国民党历次代表大会及中央全会资料》下册,光明日报出版社1985年版,第482页。
③ 《增进各级党部与政府之联系并充实本党基础案》,《中国国民党历次代表大会及中央全会资料》下册,光明日报出版社1985年版,第697—698页。

见》，以加强对地方行政的监督。

《对于各地党政报告及党政工作检讨提示之意见》提出："今后每一工作必须注重于基层。中央一切设施，必须着眼于省县与县以下基层之贯彻，基层组织之充实与合理化。"为此，"省党部应经常实施分区督导，并分区召集县党部书记长指示其工作之进行，同时注意选拔地方党务积极负责之干部"；"省党部对于县党部之业务，应加强考核，分组分区轮流巡视，实地考察"。在这一精神指导下，"各省应一律实行巡回督导团（由厅长与省委领导），按期分区出发督导，对各项重要政务，实地督察，就地指示，未实行者应一律实行，已实行者应继续举行，更求实效"。①

（2）巡回督导团的任务

巡回督导团对地方进行督察的政务主要有："各省财政应照预算规定数量入为出，统盘支配"；"兵役与粮政为战时两大要政，各省应尽力督导，务求贯彻。并实地视察，切实研究，尽量革除其弊端"；"各省应积极执行经济管制之法令，切实平抑物价，并特别发展驿运事业"；"各地遇有水旱灾情，应由地方负责自筹救济，并发动社会协助，非至不得已时，不请求中央补助"。此外，还应督导："禁烟工作应继续厉行，务期彻底禁绝"；"加强各县国民兵之组训"；"尽量利用国民月会之机会，以训练民众"；"积极清除匪盗"，等等。并规定，"县政业务与县政府机构由中央限期检讨调整"。②

（3）巡回督导团的实施

根据派遣巡回督导团的精神，各省政府先后派出一批批巡回督导团，企图扭转地方行政的颓风，但由于整个体制的弊端和吏治腐败，巡回督导团往往走过场，没有取得明显的成效。

应当说，这一举措一度发生了一些功效。如在厉行节约运动中，国民政府派出秘密检查员分赴各地检查公务员的行为表现，查处贪腐行径，还一度配合以法律监督和新闻舆论监督，整饬风纪、惩治贪污。一些地区通过

---

① 《对于各地党政报告及党政工作检讨提示之意见》，《中国国民党历次代表大会及中央全会资料》下册，光明日报出版社1985年版，第812—813、815—816页。
② 《对于各地党政报告及党政工作检讨提示之意见》，《中国国民党历次代表大会及中央全会资料》下册，光明日报出版社1985年版，第816—817页。

新闻媒体,将贪污浪费的典型人和事披露出来,如在报纸上公布用公车办私事的车辆牌号。但是,由于没有形成制度,也缺乏切实可行的措施保证,这些法令、举措最终都形同具文,风头一过,不仅不见吏治的清廉,反弹之后愈行贪腐。

7. 抗战时期反贪惩戒机构

抗战期间,由于战争影响,导致管理体制颇有瑕疵,国民政府及所辖地方政府行政人员中贪腐现象严重,为此,国民政府加强对行政人员的惩戒工作。公务员惩戒机构分中央和地方两种。

(1)中央公务员惩戒委员会。设于司法院,掌理全国荐任职以上公务员及中央各官署委任职公务员的惩戒事宜。

(2)地方公务员惩戒委员会。分设于各省及行政院直辖市,掌理各该省市委任职公务员的惩戒工作。

据统计,自1937年1月至1942年10月由司法院公务员惩戒委员会议决惩戒案677件,除有刑事嫌疑移送法院或军事法院处理外,其余被惩戒人中,免职者314人,降级减俸者459人,记过者81人,申诫者25人,不受惩戒或不受理者98人。

(3)政务官惩戒委员会。国民政府政务官惩戒委员会在战时作用还是较为明显的,如1938年4月12日国民政府训令国民政府政务官惩戒委员会公布《国民参政会组织条例》,1942年6月29日公布的《妨害国家总动员惩罚暂行条例》,就是国民政府训令国民政府政务官惩戒委员会通行饬知的。①

---

① 《国民政府公布妨害国家总动员惩罚暂行条例及施行日期训令》(1942年6月29日),《中华民国史档案资料汇编》第五辑第二编,政治(一),江苏古籍出版社1998年版,第183页。

第七章 "崩溃"时期南京国民政府的贪腐与反贪

国民党在大陆的统治何以迅速崩溃？隅居台湾后，国民党朝野上下都在总结经验教训。1956年12月，蒋介石发表《苏俄在中国》，对所谓"反共斗争成败得失"作出"检讨"。他认为失败原因主要在：反共意识的"动摇"、"反共组织和技术上的缺点"、"反共政策和战略上的错误"。尤其"反共政策和战略上的错误"，他总结出四条经验教训：一为1932年12月"对俄复交"，"中俄复交与中国（国民党政府）的国际环境——外交上的两面作战"是密切关联的；二为1937年"收编共军"，因"自信太过，卒致重大的挫败"；三为1945年"对东北问题处置"不当，不应将国民党精锐部队开往东北接收，而应将东北问题提请联合国公断"，避免与苏联直接交涉；四为"对停战协定的方针"，即1946年6月发布东北第二次停战令，把东北包括在停战范围之内，"这第二次停战令之结果，就是政府在东北最后失败之惟一关键"。蒋纬国在《我的父亲蒋中正》一书中，提出一个"创新"的观点："如果中华民国抗战胜利后，不受到国际间美、苏、英诸国设计的"夹杀"，中华民国政府不会退出大陆"。对此，众多的台湾学者或表赞同，认为蒋介石的检讨"极为透辟"，或在自己的中共党史、国民党史和民国史论著中，以二蒋的检讨为准绳和基本框架展开探讨、分析和总结。

我们观察蒋介石等人对成败经验的总结、检讨，核心内容还是强调客观因素，而忽略主观因素、国民党统治内部因素。在中外政界和学界的研讨中，均将抗战胜利后蒋介石政府的急剧腐化及其导致的社会动荡，作为国民党政权迅速崩溃的重要内因。

第一节
抗战胜利后南京政府的贪腐状况和反贪运作

一、抗战胜利后南京政府的贪腐状况

1945—1949年,国民党政权的贪腐尤其是高层官员贪腐状况迅速恶化,一个重要原因就是在"权力寻租"的同时,普遍有通过贪腐而获取自己家庭富裕生活的资财来补偿抗战中的艰难困苦的心理,这就为"权力寻租"提供了合理化的理由。高层权力腐败严重,下层贪腐同样肆无忌惮。

1. 体制性腐败

蒋介石对于国民党在大陆统治崩溃的检讨,多强调客观原因,无外乎为自己开脱责任。国民党在大陆失败的原因是多重的,腐败是其中一个重要原因;腐败也是多方面的,其中体制腐败是首要原因。蒋介石国民党政权没能跳出历代王朝兴亡的周期律,而一个王朝从治到乱的润滑剂,最主要的就是吏治腐败。无论在当时,还是在稍后数年,也无论是蒋介石的盟友美国,还是国民党政权中的一些所谓的"自由派"人士,都指出体制腐败是国民党在大陆的统治迅速灭亡的一个根本原因。

1949年8月,美国国务院发表了题为《美国与中国的关系》的外交白书,虽不无为美国自身开脱责任之嫌,但尖锐地指出国民党失败在于其腐败无能,还是比较中肯和符合实际的。尤其在《艾奇逊致杜鲁门总统的信》中写道:"中国国民政府失败的原因,在所附纪录文件中,有相当详尽的叙述,这些失败都不是美援的不充分造成的。我们在中国的军事观察家曾报告说,国军在具有决定性的一九四八年内,没有一次战役的失败是由于缺乏武器或弹药,事实上,我们的观察家于战争初期在重庆所看到的腐败现象,已经觉察出国民党的抵抗力量受到致命的削弱。国民党的领袖们对于他们所遭遇的危机,是无能为力。国民党的部队已丧失了斗志,国民党的政府已经失去了人民的支持。……历史一再证明,一个对自己失去了信心的政权,和一个丧失了士气的军队,是经不起战斗的考验的。"①

曾为国民政府大员的"自由派"吴国桢也有类似看法:"我把国民党在大陆的垮台归结为……国民党政府的糟糕领导和管理腐败,特别是漠视民众的改革要求";"风纪败落的整个过程真正开始了,它导致了对共产党缺乏抵抗的能力"。他还指出:"可能有种意见认为,他本人(指蒋介石)从不腐败,但在中国人中几乎公开认为,他对下属的腐败是乐意的,因为一个人如果变得腐败了,那么他就更加唯命是从了。"这就是一种权力腐败。

从最高统治者纵容腐败,可知整个机制出了问题,是统治集团体制性腐败。"由于他(蒋介石)的嗜权和欲望,以致他所建立的体制非常糟糕,只能拉拢一些愿意充当工具的人来到他的周围。"对于导致国民党政权腐败和权力失控的敌产接收,吴国桢说:"如果有比较好的领导,我们就可能在接收中做得好一些。……这是一个国家的失败……是体制的失败"。②

2.滥用权力

最为严重的贪污腐化当然就是权力的滥用。

首先表现为蒋介石的"神化"和个人独裁权力的膨胀。现代社会,绝对权力本身就是一种腐败。蒋介石和他身边人员开始出现造神运动,是在"早于1945年的以前时期"③。由于"各种事件的发展证实了他的判断,在

---

① 《艾奇逊致杜鲁门总统的信》,中国现代史资料编辑委员会根据美国国务院档案编:《美国与中国的关系》上卷,1957年印行,第11页。
② [美]裴斐、韦慕庭访问整理,吴修垣译:《从上海市长到"台湾省主席"——吴国桢口述回忆》,上海人民出版社1999年版,第260、10、261、22—23、12页。(以下简称《吴国桢口述回忆》)
③ 《何濂回忆录》,中国文史出版社1988年版,第199页。

所有的逆境中,他都证明自己是正确的。于是不幸发生了,另一种不太伟大的品质开始悄悄出现,他开始表现出并感觉到自己像个神了,并认为自己永远不会错。如果别的什么人持有不同观点,他会认为那无足轻重。当有人报告的情况与他自己的观察不符时,他从不认为那可能是真的。如果犯了错误,他认为那是下属的过失,而不是自己的"[1]。吴国桢回忆说:在1938年3月29日至4月1日在武昌召开的中国国民党临时全国代表大会上,蒋介石当选为总裁,[2]结果,"他不仅不必遵守中央执行委员会的决议,还可否决其决议,反其道而行之,所以他拥有一个独裁者的绝对权力","在关键时期,中国的领导权仅仅由一个人也就是蒋介石把持着,他唯一的弱点就是嗜权,他做的一切都是为了保全和扩大权力。因此,他一方面采取措施,压制人民要求改革的呼声,另一方面在自己周围只用那些愿意充当工具的人"。[3]

腐败的一个重要内容就是对权力的不正当、不合法使用。蒋介石从20世纪30年代开始确立和巩固在国民党内至高无上的地位,最后发展到他凌驾于国民党中央和国民政府之上,一切党政大员在蒋介石面前只能唯唯诺诺、受命办事。中国宪政运动者就忠告国民党:"独裁政治的结果,自然是专政者的腐化。政治日趋腐化,人民日趋叛离,这就是如今共产发展的机会。"[4]

吴国桢认为蒋介石自己并不腐败,但他在这一问题上的看法是模糊的、自相矛盾的。首先,蒋介石过度滥用权力,并纵容部下的腐败,这本身就是权力腐败的重要表现之一。在抗战胜利后的接收过程中,国民党大小官员出现的舞弊行为引起社会各界的强烈指责,迫使国民政府当局不能再装聋

---

[1] 《吴国桢口述回忆》,上海人民出版社1999年版,第24页。
[2] 《改进党务并调整党政关系案》、《对于审查改进党务及调整党政关系有关修改总章部分之决议案》,《中国国民党历次代表大会及中央全会资料》下册,光明日报出版社1985年版,第479、484页;《国民政府通饬全国党政军称钧座为领袖者一律改称总裁令》,《中华民国史档案资料汇编》第五辑第二编,"政治"(一),江苏古籍出版社1998年版,第155页。
[3] 《吴国桢口述回忆》,上海人民出版社1999年版,第14、260页。
[4] 罗隆基:《新月》第3卷,第10期,1930年12月。

作哑。政府一周之内连续发布《布告不得擅自封占汉奸及日侨产业》《布告在京各机关人员不合法处置宣告无效》等通令,宣称上述严禁之违法行为,一经查获,即严惩不贷,企图抑制各级接收人员擅作主张,甚至造成贪污舞弊等影响形象的恶劣举动。① 此后,蒋介石陆续收到有关接收工作过程中存在舞弊行为的报告,于 1945 年 9 月 25 日分别电"谕南京陆军总司令何应钦、北平行营参谋长王鸿韶严密管束中央派驻人员,以维令誉"②。但到 10 月 24 日,陈诚和张群在"官邸会报"中,仍不得不向蒋介石报告"中央军无纪律及接收人员花天酒地,以及贪污受贿等种种不法情形",可见接收中舞弊行径之严重,已到了无法无天的地步。据徐永昌记载:"蒋先生闻而怒甚,一面命令禁止,一面令京沪警备总司令汤恩伯来渝",令其彻查此类事件。③ 同时,蒋介石还电致京、沪、平、津四市军政长官称:"据确报,京、沪、平、津各地军政官员,穷奢极侈,狂嫖滥赌,并借党团军政机关名义,占住人民高楼大厦,设立办事处,招摇勒索,无所不为,而以沪、平为尤甚,不知就地文武主官,所为何事,究有闻见否?……如各地文武主官再不及时纠正,实无以自容,当视为我革命军人之敌人,必杀无赦,希于电到之日,立刻分别饬属严禁嫖赌,所有各种办事处之类,大小机关名称,一律取消封闭,凡有占住民房招摇勒索情事,须由市政当局负责查明,一面取缔,一面直报本委员长,不得徇情隐匿,无论文武公教人员及士兵长警,一律不得犯禁,并责成各级官长连带负责,倘再有发现,而未经其主官检举者,其主官与所属同坐,决不宽贷,特此严令遵行。"④等到 1945 年 12 月 30 日,陆军总部又颁布《收复区隐匿日伪财产物资及军用品检举奖励规则》。行政院于 1946 年 2 月 27 日颁发《收复区隐匿敌伪财产物资及军用品检举奖惩规

---

① 中国陆军总司令部编:《中国战区中国陆军总司令部处理日本投降文件汇编》下卷,1946 年印行,第 206—210 页。
② "国史馆"典藏:《国民政府档案》,见《复员计划纲要卷》内,转见朱汇森主编:《中华民国史事纪要》,1945 年 9 月 25 日,台北"国史馆"印行,1988 年。
③ 《徐永昌日记》第 8 册,1945 年 10 月 24 日,台北,"中央研究院"近代史研究所编印,1991 年,第 178 页。
④ 秦孝仪总编:《总统蒋公大事长编初稿》卷 5(下),台北,中国国民党中央委员会党史委员会印行,1978 年,第 858—859 页。

则》。这些虽然显示了严厉惩治舞弊的决心,但接收中大规模舞弊行为的高潮此时已过,不过是事过境迁的表面文章,这实际上都是蒋介石对部下腐化的纵容。其次,据吴国桢记述,蒋介石本人也直接牵连到一桩高层腐败事件之中。吴国桢说:"就我所知,只有一件事有点牵扯到他,我不清楚他在要那笔钱时是否有什么确切的目的。"这是牵扯到孔祥熙夫人宋霭龄的"有关股票市场买卖"的"一件大丑闻"。再次,吴国桢对蒋介石腐败的一个有趣的看法是——蒋"个人的廉洁是无可指责的"。实际上,这一看法,"对又不对。说对,是因为我从不知道他有过个人腐败之事。说不对,因为处于他的地位,没有任何必要这么做,他为什么要这样做呢?他只要给银行写张条子说'给我300万美元',钱就来了"。蒋介石需要的是权力,他干事是为了权力,"但拥有的权力达到一定程度时,就可以得到自己想要的任何数量的财富"。①

权力腐败在第三次国内革命战争时期的另一个典型,就是蒋经国上海"打虎"。蒋经国上海"打虎",严格地说是一柄双刃剑,一方面,这是国民党打击投机、贪腐行为的一次大动作。但同时,蒋经国"打虎队"(三青团、特务)中的一些人滥用权力,以公谋私,趁机敲诈勒索,这又是国民党权力腐败的典型事例。蒋经国在负责金圆券改革时,"那时的蒋经国已有了执行政府法令冷酷无情的名声,他的吹鼓手——三青团等——早已通过各种报纸、'蚊子报'及其它途径,对此大做文章",对违反金圆券通告的处罚是很严厉的,对命令的执行也是十分严厉的。但是,"三青团和特务,至少其中某些人,从这次改革中发了财"。②

3. 军队的腐败

国民党军队的腐败,令人触目惊心。因为军队的腐败不是个别人的个别事件,而是高级将领带头腐败,上行下效,整个军队体制性腐败。吴国桢说,军队的"整个领导都烂掉了","在这点上,我甚至也不能排除蒋介石本人,他比其它任何人都应更多地受到责备……只要一个人对他忠诚,有点

---

① 《吴国桢口述回忆》,上海人民出版社1999年版,第14、17—19页。
② 《吴国桢口述回忆》,上海人民出版社1999年版,第57—58页。

腐败他也不在乎。在我认识的所有中国将军中,只有一位我很尊敬,那就是孙立人将军,其它的多多少少都有点像汤恩伯将军"。① 军队贪腐行为主要表现为:

(1) 克扣军饷等贪腐行为司空见惯

"将军们经常要给部队发饷,但物价猛涨,他们又贪污,所以钱很少直接发给士兵,而是进了将军们的腰包。"上海市长吴国桢有亲身经历:"我经常到上海码头去,那时我们的部队都集中在东北,我看到一箱箱运往东北给部队发饷的中央银行钞票。但一两周后,当我再到码头时,同样的箱子又从东北运回来了,显然指挥官们并未给部队发饷。"②

(2) 吃空额、冒领军饷

吃空额是国民党军队腐败的表现之一,"有所谓的'纸上兵'。一个师本应有1万人,中央政府按这数字付饷给指挥官,但实际人数可能只有7000,甚至更少,于是他将多余的钱装进了腰包"。这一时期吃空额的一个典型例子,就是解放军渡江战役前夕的1949年4月,时任京沪杭警备总司令的汤恩伯本人就做吃空额之事。③

(3) 高级将领带头经商和参与投机

由于允许军队经商,造成的腐败情状极为严重。为了有充足的资金从事投机,从高级将领到下级军官往往克扣军饷作为资金,"又用这些钱囤积商品投机赚钱",他们把"未给部队发饷"而贪污下来的钱"运回以购买商品进行囤积,此后将其在黑市抛出,获得巨利,只用所赚的一部分给部队发饷"。深受蒋介石信重的汤恩伯就是军队将领腐败的典型代表,当时的上海市长吴国桢说:"此前,汤将军告诉我,他的部队缺少汽油,所以我已用从商家筹集的经费,为他买了必要数量的汽油。我的警察局长(俞叔平)向我报告说,汤将军的司令部正在黑市上抛售汽油,我告诉局长,我马上给汤将军写封公函,通知他这个情况。局长害怕了,他说:'市长,那不会起作用的。'我说:'为什么,我以我的名义写,你不必担心。'局长没再说话,我写了

---

① 《吴国桢口述回忆》,上海人民出版社1999年版,第260、53页。
② 《吴国桢口述回忆》,上海人民出版社1999年版,第49—50页。
③ 《吴国桢口述回忆》,上海人民出版社1999年版,第50—52页。

信，但汤将军外出视察去了，等了一周无任何回复。他一回到上海，就到办公室来找我，没提那信的事，只是说我的警察局长与他的办公室合作不力，建议我最好换人。我怒不可遏……"①吴国桢等人知道，由于国民党的腐败，他们很快失掉了民心，"国民政府的威信从1946年起开始下降，如果我们能采取明确的改革措施，也可能将其挽回住，正由于我们没有采取措施，到1948年威信已急剧下降。"②

4."敌产接收"引发贪腐不可控

1945年8月17日，作为盟军中国战区最高统帅的蒋介石，接获侵华日军最高指挥官冈村宁次"遵令洽降复电"后，迅即由国民党中央执行委员会议决各机关复员计划，同时拟定"收复区紧急措施办法，由中央党部、行政院和军委会业务各不相同，可分别拟订"，"各单位派赴南京接收人员名单，由国民政府文官处、军事委员会、行政院及中央秘书处分函各单位开具接收人员名单，于本月十九日以前送秘书处汇呈总裁"。③

随后，行政院匆忙抛出《收复区各项紧急措施办法》，要点如下：(1)地方治安，迅速恢复地方行政、警察机构；(2)财政金融，分区设置财政金融特派员，恢复银行系统，处理敌伪金融机构，接收敌伪财产；(3)交通，接管敌伪陆海空交通线路，并照常运营；(4)邮电通信，接管敌伪邮电通信机构，并照常运营；(5)经济工矿，接收后迅速恢复业务，整理就绪后，或发还原主，或由政府经营；(6)军政，接收军用物资，处理后勤补给业务，担任俘虏管理；(7)教育，接收教育文化机关，各级学校照常上课；(8)农林，接收农林渔牧机构；(9)社会，安定沪、京、津、汉、穗五大都市工人，进行社会救济；(10)粮食，供应收复地区军公民食；(11)司法行政，恢复收复区司法行政机关；(12)蒙藏，派员前往宣示中央德意，施放急赈；(13)水利，接管水利机构；(14)卫生，接收卫生医疗机构；(15)善后救济，接运国外物资，设立

---

① 《吴国桢口述回忆》，上海人民出版社1999年版，第49—50、52页。
② 《吴国桢口述回忆》，上海人民出版社1999年版，第49页。
③ "国史馆"典藏：《国民政府档案》，见《复员计划纲要卷》内，转引自朱汇森主编：《中华民国史事纪要》，1945年8月17日，台北"国史馆"印行，1988年。

输送难民机构;(16)广播,接收广播事业。① 复员还都工作因交通的制约和指挥管理的混乱而困难重重,不过,战后国民政府的战略方针是以接收为重点。1945年8月29日,国民政府公布《收复区敌国资产处理办法》:(1)"凡敌国在中国之公私事业资产及一切权益一律接收";(2)"敌人在收复区内不得迁出或破坏任何设备,如有违反应负完全赔偿之责";(3)"凡与敌人合办之事业,不论公营或私营,一律由中国政府派员接收";(4)"收复区各事业遇有必要,中国得责令敌国指派经管或熟悉人员,负责点交说明"。②

国民党政府威信在战后急剧下降,一个重要的原因就是"因为在接收所谓的敌产中出现了腐败"。国民党各级官僚在经历了抗战的艰苦生活之后,骤一到达收复区,犹如闸门开口,在没有约束的情况下,各谋私利,徇私舞弊,滥用权力,给收复区人民留下极坏的印象,时称"五子登科"。根据参加接收清查团的监察委员何汉文总结,接收中的贪赃枉法可分四种情况:一是抢,即接收之初公开抢占敌伪房产和金银珠宝等财产,仅上海一地的8500多幢敌伪房产中,就被抢占了5000多幢;二是占,即以单位名义占有,再化公为私,南京2000多幢敌伪房屋,几乎全由各单位以各种名义占据,其后发展为只要是敌伪财产,贴上封条就可据为己有;三是偷,或是监守自盗,如汉口宝安大楼原存有价值不菲的贵重物品,最后查封时所余无几,或是乘混乱之机援引外人直接盗窃,不仅盗走了物资,还对财产本身造成了极大破坏;四是漏,即日本人为了讨接收人员欢心,故意在移交清册中漏列若干财产,使之堂而皇之地落入接收人员私囊(如武汉日本第六方面军在移交时留下了百亿元的无清册物资),移交物资再经层层转手,另造清册,又有不少被截留。③

腐败之所以严重到足以致一个政权于死地的地步,大致原因如下:其一,负责接收的公务人员因缺乏必要的监督,甚至是受到纵容,其行为形同

---

① 《收复区各项紧急措施办法》,1945年9月,《中华民国重要史料初编》第7编第1册,台北,中国国民党中央委员会党史委员会印行,1981年,第382—402页。
② 《收复区敌国资产处理办法》(1945年8月29日),《中国现代史资料选辑》第6册,中国人民大学出版社1989年版,第395—396页。
③ 何汉文:《大劫收见闻》,《文史资料选辑》第55辑,第22—30页。

抢劫。在上海,当地人给予接收人员一个贬称——"重庆人",以示强烈不满,并说他们"只对'五子'感兴趣,即条子(金条)、房子、女子、车子(汽车)和馆子(高级饭馆)"。① 这些接收人员对自己的强盗行径还振振有词,"通常的借口是,作为公务人员,八年战争中在内地遭受了这么多的艰难困苦,胜利之后有权为所欲为"。其二,由于事先并未对接收作周密的安排,没有制定一个确保良好和有效管理的计划,以致出现了狂乱的抢夺。在接收的同时,国民政府各机关、经济事业单位、教育和文化机构以及战时迁往后方的机关团体也根据《复员计划纲要草案》,在没有周密计划准备的情况下开始了复员回原地的工作,也要求回到原办公地,更加剧了接收工作的混乱程度。当时,政府所有的各种机构均授权接收敌产。如在上海,"市长理应接管全市,但陆军将接管日本陆军控制的财产,海军可接管日本海军的财产。使情况更加复杂的是,中央政府的代理机构,又去抢先接收汪精卫傀儡政权在沪拥有或控制的财产"。其三,趁机抢掠中国民众的财产。被接收的并不仅仅是敌产,也针对普通中国人的财产。在上海,"海军查封了上海的一个仓库,并宣布其中所有的货物均属敌产,尽管那里面可能有很多商品是属于中国人私有的。在这些人得以申请发还他们的财产前,海军已经将其启封,并在黑市上抛售取利了,根本不管这些财产是敌产还是私产"。其四,没有集中、有效的监督。"政府所有的各种机构均授权接收敌产,但却没有作集中监督",而对于这一时期接收中的严重腐败,"担任市长职务或者任何其它政府部门的人士,进行过抗议或试图制止这种行为"的"一个也没有",普通民众如要抗议,"就可能被称为是日本人的勾结者"。②

这些接收大员们,"是中央政府任命的""有政治影响的人",他们又"只是些投机牟利者",正是他们在接收敌产中"几乎各地都有"的恶劣行径,使国民党政府很快丧失民心。③

---

① 五子登科的另两种说法:房子、条子(金条)、票子、车子、婊子;房子、车子、金子、衣服料子和女子。
② 《吴国桢口述回忆》,上海人民出版社 1999 年版,第 2—4 页。
③ 《吴国桢口述回忆》,上海人民出版社 1999 年版,第 30、3 页。

5. 权力后盾下的投机牟利

那些"中央政府任命的"接收大员们,"只是些投机牟利者",正是他们依靠手中的权力而大肆进行的投机牟利活动"到处都有,遍布于从日本人接收过来的整个地区",大多数是将以化公为私手段攫取的财产来进行投机牟利。"在一个仓库里,可能有日本人的财产,有通敌者的财产,也可能有清白无辜者的货物,但是当局会宣称这一切均属敌产,而且可能随后就在黑市上将其处理掉。变卖的收入属于……他们个人",这样的投机者并"不是一小群人,我想几乎每个人(从接收大员到小人物)都这样干",如小人物接收房子以前"当然得先向头头们申请,但通常有求必得",然后,由"长官们接收大房子,小人物则得小的"。①

除上述大规模非法贪腐外,还有一类通过标卖方式进行的"合法贪污",即接收产业经层层截留,仍有大量敌伪产业移交给了敌伪产业处理局,对这些产业,政府以平卖、委托代售、标卖、拍卖、价让等方式出售,企图以此回笼通货,平抑物价。各敌伪产业处理局下设有评价委员会,负责敌伪产业标售时的估价、投标人的资格审查等工作。虽然政府有明文规定,"变卖接收后之敌伪产业(包括逆产)所得价款应悉数解缴国库,不得移作别用"②,但是,由于标售和处理物资可以低于市价的价格进行,并可指定商家,因此接收官员可以有"合法"的机会,从中收受贿赂,贪污实物。如上海标售日人房屋 2000 多幢,基本上由接收时的占用者获得,所付款只有标价的一半。据估计,全国标售敌伪物资总价在法币 5 万亿元左右,如以损失一半计算,则有 2.5 万亿元落入私人手中。③

在接收过程中,法币与伪币兑换率的规定是一项丧失民心、贪官污吏中饱私囊的政策。1945 年 9 月 9 日,陆军总部发布命令,要求"不得再用伪钞,京沪区各银行,自民国三十四年九月十二日起,凡一切往来交易,应一

---

① 《吴国桢口述回忆》,上海人民出版社 1999 年版,第 4、8 页。
② 《行政院节三字第 3070 号训令》(1946 年 1 月 31 日),河北平津区敌伪产业处理局秘书处编:《河北平津区敌伪产业处理局章则汇编》第一辑,1946 年印行,第 30 页。
③ 何汉文:《大劫收见闻》,《文史资料选辑》第 55 辑,第 28 页。

律使用法币"①。9月27日,财政部公布《伪中央储备银行钞票收换办法》,将法币与伪中储券的兑换率定为1:200;11月22日公布《伪中国联合准备银行钞票收换办法》,将法币与伪联银券的兑换率定为1:5。以当时的物价指数计算,上海物价为重庆的约50倍,为整个法币使用区的约35倍,当时黑市兑换价为1:80,因此法币与伪币的兑换率最高也不能超过1:100。据统计,伪中储券回收总数为41677亿元,伪联银券回收总数为1167亿元,如按上述兑换率,只要400余亿元法币即可全部收回,故上述兑换比例对收复区人民无异于一场灾难。②政府的公开说辞是以少量法币换回伪币,以免刺激通货膨胀,而真实情况则恰恰是这一办法使后方法币大量流入收复区,刺激了收复区物价上涨,大量资金东流也打击了后方工业,而接收官员凭本已不值钱的法币在收复区大发横财,时人形象地描述为:"陪都来沪接收人员,均有腰缠十万贯、骑鹤下扬州之感。"③

以法币兑换率的规定来获得奢财,属于体制性腐败,几近于国家掠夺,是用"公开"、"合法"的方式,剥夺收复区的财富。这一"私心自用"的政策,充分暴露了整个政府的腐败,引起收复区人民的强烈不满,最终导致的灾难性结果,以至国民党官员也不得不承认"政府在收复地区的失尽人心,莫此为甚"。④

6. 公务人员以贪腐维持生活水平

1948年以后,随着所谓的币制改革,国统区经济接近崩溃,物价飞涨,导致人民生活水平日渐下降。公务人员实际工资收入下降,生活水平也随之急剧下降,为了维持生活水平,导致严重舞弊。以海关为例,1948年8

---

① 《布告处理伪钞办法》,1945年9月9日,中国陆军总司令部编:《中国战区中国陆军总司令部处理日本投降文件汇编》下卷,1946年印行,第206页。

② 财政部财政年鉴编纂处编:《财政年鉴》第3编(下),第10篇,1948年印本,第5页。

③ 汤心仪:《上海之战时经济》,转引自杨培新:《旧中国的通货膨胀》,三联书店1963年版,第58页。

④ 李宗仁:《李宗仁回忆录》下册,政协广西壮族自治区委员会文史资料研究委员会1980年版,第852页。

月,国民政府海关官员实际工资收入比应得工资收入减少了约30%。① 根据有关资料,以币制改革、实行金圆券以后的薪金水平与战前的薪金水平相比,在海关工作的国家公务员,"战前收入都在200元至300元之间,那么现在的待遇可说只及得上战前的25%",这使得公务人员"连清苦的生活都难以维持了"。②

海关官员等国民政府公务人员实际收入、生活水平的下降,导致公务人员利用职权贪污舞弊现象日益增加。公务人员就通过贪贿获得额外财富以维持生活水平。据有关资料记载,"经过了八年抗战,职员的待遇,今非昔比,因而整个关员的效能与操守日趋下游"。具体的贪污舞弊案例,如有"江海关的救火队总队长竟因诈取财物及侵吞公款而被开除;港口警察长也因侵吞公款而撤职法办;粤海关总监察长因有舞弊嫌疑而撤职;前昆明关的副税务司和前台北关的副税务司均因利用职权,私自经商被撤职;潮海关因某种原因,自税务司起所有重要职员全部调口",等等。③

7. 各种"陋规"

十四年抗战,人民深受战争之苦,当然不愿再起战端。此时政府应与民休息,但国民党决意内战,征兵反而更为严厉地进行,加之政治基层组织不健全,就发生了许多弊病,贪污勒索之举不绝于缕。

征兵中,好一点的乡镇长,就将无业游民、地痞流氓充作壮丁,或摊集"壮丁金"(一种摊派),购置壮丁,冒名顶替,编送入伍。于是"兵贩子"活跃乡里,洽售伪壮丁。如此莠民,编入军队,不是把军队素质一落千丈吗?坏一点的乡长,就借此征兵法令,敲诈勒索,大发其财,永不依照法令抽签、征丁,老是派了自卫团,深夜捕人,大肆勒索,弄得昏天黑地。更以戡乱战事剧烈,征得壮丁,不依征兵法令加以训练,即送前线担任运输、通信、挖壕等工作。于是各地的壮丁,刚刚在编造名册,各地农村壮丁均已潜逃避役,影响农耕,莫此为甚。穷苦点的,夜宿苄水棚中,或小船里面,以防深夜捉人,有钱的当然出外逃避。

---

① 陈诗启:《中国近代海关史》(民国部分),人民出版社1999年版,第474页。
② 《币制改革前后的待遇》,《关声》,1948年4月30日。
③ 《从改善待遇与肃清贪污说起》,《关声》复刊号第一期,1947年1月4日。

比上述种种"陋规"更可怕的是官员的熟视无睹,认为这些"陋规"是理所应当的事。马寅初就说:"辛亥革命,余适留学美国,在宴会席上,遇甫经中国司法部派来美国考察司法的一位法官。余问以种种'陋规',已被革除否?渠答以革命既成,还有'陋规'吗?语气中含有轻视留学生不懂国情之意。不料距辛亥三十七年之今日,'陋规'不仅未除,反而变本加厉,贻害社会,真不知伊于胡底。"①

8. 既得利益集团使监督机制软弱

蒋介石的注意力几乎都在与共产党争夺地盘上了,对敌产接收中出现的严重腐败问题放任自流。而监督机制也非常软弱,在接收敌产最主要时期,身任国民党中央宣传部长的吴国桢自己就承认,"我是中央宣传部长,应当是真正知情的,但我只是模模糊糊地听说上海发生的事",而且只能是通过小道消息、民众的抗议和不满来获知。由于蒋介石的独裁,以致在抗战期间建立了一种体制:他周围都是些虽高高在上、却唯唯诺诺之人,是不敢对蒋介石直言陈事的,"没有一个人,敢于对独裁者直言这些事,除非他们有确凿的证据,即使有,也会犹豫不决,因为害怕可能因此树敌。蒋(介石)是吃了自己独裁的苦头"。②

监督机制无效的原因,还在于那些身居高位、接近蒋介石的人,如孔祥熙、宋子文等是不会将接收中的抢夺和投机情况报告给蒋介石的,因为"正是这些人的走卒们在投机牟利,他们自然不会谈及此事。我必须重申,这正是由于我们政府的整个体制不好",而且某些高高在上、唯唯诺诺的人自己或通过其伙伴也在从中渔利,"确有一个既得利益集团在任其发展"。③

本来,一个以大无畏的英雄气概坚持十四年抗击日本侵略的民族,"我们的人民有一种了不起的气概,即使在最困难的生活条件下也是如此。所以我认为就人民本身而言,总体上是没问题的",不过人之常情在于"除了少数人以外,对整体公务人员来说,他们经受了艰难困苦。按照人的天性,

---

① 马寅初:《财政学与中国财政——理论与现实》,商务印书馆2001年版,第682—684页。
② 《吴国桢口述回忆》,上海人民出版社1999年版,第5、6—7页。
③ 《吴国桢口述回忆》,上海人民出版社1999年版,第9、10页。

当取得胜利时,他们中有一种自然的倾向,要利用这种形势尽情放纵自己"。面对这种情况,一个廉洁和民主的政府要做的就是"在这个时候,我们需要有一种强大的监督体制来抑制这种倾向"。那些属于"自由派"人士的国民党高层在总结经验教训时说:"如果我们能重度那段时光,该做的第一件事是更多地筹划那次接收,在重庆时就应当做得更有条理。第二件是挑选合适的人到关键职位上。第三件是建立一个比较强的监督委员会。如果我们做了这三件事,进展就会好得多。"①

普遍的接收舞弊,不仅腐蚀了国民党干部队伍,也失尽了人心。对于这些严重问题,舆论监督效果微弱,新闻媒体只能无助地哀求。《时事新报》在题为《市政所感》的社评中说:"老百姓的希望,说起来实在是极其简单而起码的。他们恨日本人,恨汉奸,他们希望中央来了之后能够把日寇汉奸所作所为的坏事一律革掉,而切切实实地替老百姓做一点好事。"社评尖锐地问道:"政府究竟替老百姓做了些什么?"②《大公报》则在短短半个月中两次发表社评——《收复失土不要失去人心》、《莫失尽人心》,呼吁:"我们现在不但去收复失土,而且去抚慰受创的人心。收复失土,千万不要失去人心";"二十几天时间,几乎把京沪一带的人心丢光了。有早已伏在那里的,也有由后方去的,只要人人有来头,就人人捷足先抢"。③

为了缓和舆论对接收中大规模贪污舞弊情况的批评,1946年6月,国民政府责成监察院牵头,国民党中央监察委员会和国民参政会参加,组织接收清查团,赴苏浙皖、湘鄂赣、粤桂、冀察热绥、鲁豫、闽台、东北等地清查"敌产接收"的情况。然而,清查团展开清查已是"敌产接收"开始一年后,一年的时间,可以使接收人员中的贪污者有充分的时间在原始表册上做手脚。例如,湘鄂赣区清查团在武汉清查时,"有的声称原始清册已经上交到南京去了,有的干脆什么清册也没有,最好的也只有接收机关自己造具的接收清册。300多个单位的接收,全部都成了一笔无底账可查的糊涂账。而原来投降时移交的日本人都已经离开原单位不知去向,无法对质。整个

---

① 《吴国桢口述回忆》,上海人民出版社1999年版,第11页。
② 《时事新报》(上海),1945年12月15日。
③ 《大公报》(重庆),1945年9月14、27日。

的接收账目,如果按照会计审查手续核其有无原始凭证,都是显然有重大贪污嫌疑,可以一起送法院治罪"。① 在清查过程中,各地方的接收人员千方百计寻找借口逃避清查,东北借口战事紧张,台湾借口光复不久,上海借口国际观瞻,两广借口地方情形复杂,诸如此类,清查工作困难重重,清查团人手不足,时间紧,任务重,故清查结果与民众和社会舆论的期待相距甚远。当然在客观现实面前,各清查团都不得不承认"敌产接收"过程中存在着严重的贪污舞弊行为。

虽然赴各地的清查团出巡时大造声势,但真正因涉嫌贪污被处理的官员却不过寥寥数例。根据公开报道,被处死刑的官员只有军统局少将秘书叶燕荪、海军驻津专员刘乃沂、沈阳市工务局局长李荣伦、江海关帮办尹兰荪、原军统华北区区长马汉三等少数人。此外,行政院善后救济总署副署长李卓敏因贪污案被停职,因贪污失职被撤职在逃的原邮政储金汇业局局长徐继庄在香港被逮捕。另外,天津市长张廷谔因贪污黄金等被清查时发生脑血管痉挛,几乎丧命,被免职。②

二、"软骨"的南京国民政府反贪运作

抗战胜利后,1946年5月5日,国民政府还都南京。同过去一样,蒋介石政府对贪腐行为虽有制约,但一旦牵涉到统治集团的高层,涉及家族利益,为了不牵一发而动全身,最终结果往往是不了了之。蒋经国"上海打虎"中的诸种事件皆是力证。这也是蒋介石政权最终丧失民心,在中国共产党政治和军事压力下迅疾土崩瓦解的根本原因。

对于"宪政"时期南京国民政府"软骨"的反贪运作,当时人就有"大贪官尽漏网"之说:"刑法规定虽如此严密,未必一定照此执行;即执行矣,而被捉住者,都是苍蝇,所有老虎,悉数漏网。胜利后,贪污事件更多,真多如

---

① 何汉文:《大劫收见闻》,《文史资料选辑》第55辑,第13页。
② 《从接收天津到垮台》,天津市政协文史资料委员会编:《天津历史的转折——原国民党军政人员的回忆》,1988年版,第10页。

牛毛,但三年之中,处死刑者,只有一人。这一人还轮得到权高位隆者的身上么?目前的法律,我不敢说保障不了人民,却确确实实地做了贪污大吏们的护身符。法律既失效用,贪官气焰,更一发不可收拾。清查'豪门资本'的呼声,于是应运而生,甚嚣尘上。'征收建国特捐,救济特捐'的口号,不算不响,但事实上呼者自呼,听者还不是当作耳边风。"①这较为全面地概括了"宪政"时期南京国民政府反贪的概貌,一些典型案例则直观、形象地展现了"宪政"时期南京国民政府的反贪现状。

1. 监察院与宋子文"黄金政策舞弊案"

(1) 宋子文操纵黄金政策舞弊案

1947年2月,由于国民党政权政治、经济、军事全线告急,行政院长宋子文此前近一年时间经济政策又严重失当,最遭非议的是开放黄金外汇市场政策,造成大量黄金外汇储备在政策实行过程中,逐渐由国家控制转变为"民有"并存储到国外,促成轰动全国的上海"黄金风潮案",导致经济危机大爆发,对国统区经济状况的稳定,对国民党的统治造成了巨大冲击。

1947年2月,蒋介石承认"我们正在为过去几个月的错误政策,比如出售黄金,付出代价,我们不得不承受其结果"。他要求宋子文立即停止出售黄金,并实施数项挽救方案。② 2月13日,监察院召开专门会议,决定派何汉文、谷凤祥、万灿、张庆桢等四名监察委员前往上海彻查。经调查取证,3月,这四名监察委员对行政院长宋子文提起弹劾案,弹劾宋子文自"接任行政院长以来,其误国失职多端,尤以此次黄金风潮,使社会骚动,影响国计民生至深至巨"。就黄金风潮一案,该弹劾案提出宋子文"误国失职"情事五端:"一是财政金融政策失当。宋子文一手独揽中央银行库存黄金五百余万两、外汇美金六亿余元。他为投资取利,将黄金储备的百分之四十和接收日伪银行的存款,用于囤积物资和高利贷,使物价猛涨,通货膨胀。二是摧残生产事业,使国民经济濒于破产。从国外吸收大量的高利贷款,而

---

① 马寅初:《财政学与中国财政——理论与现实》,商务印书馆2001年版,第688—689页。
② 《美国对外关系文件》,1947年第7卷,华盛顿,美国政府出版署编辑印行,第1063—1064页。

这些贷款又为少数官僚资本家所占,民族工业由于无资金周转而纷纷倒闭。三是运用黄金政策失败,贻误国家财政。四是浪费外汇,促成金潮。五是独断专行,贻误全盘行政。"可见,在宋子文的直接操纵和授意下,使本已衰竭的国民经济再遭重创,把国统区经济推到了总崩溃的边缘。但是,屈从于蒋介石的压力,监察院在当月交付李世军等三名监察委员负责对该案的审查意见中,仅认定宋子文以上行为"均属政策运用问题,尚未举出有何犯罪情事",并以"宋子文于金钞风潮发生后,既经自请去职,应毋庸再付惩戒"。① 行政干预监察,也是造成监察院难以惩办高官大吏的一大因素。行政机关出于自身利益,时常纵容和庇护其违法失职的公务员。又因行政院的实际地位和权力较监察院为高,那么行政与监察两部门的矛盾,到最高统治者蒋介石那里裁决,往往以行政院取胜而告终。

黄金风潮案发生后,1947年3月15日至24日在南京召开的国民党六届三中全会上,多达100名的中委、监委临时动议,并在3月23日通过《请惩治"金钞风潮"负责大员及彻查"官办商行"账目,没收贪官污吏之财产,以肃官方而平民愤案》,指责宋子文作为抛售黄金政策的"负责主持之人,不但运用失宜,抑且有勾串商人操纵图利之嫌",主张"依法提付惩戒",并肃以党纪。但是,蒋介石为了统治需要,极力替宋子文辩护,甚至说"宋子文在行政院长任内,并不贪污,如谓余见贪污而不知,则由余负责",把这一事件压制下去了。②

(2)黄金风潮案调查人员郑介民的贪腐行径

黄金风潮案中,蒋介石还特派特务头子郑介民去参加调查工作。这一案件的经过,郑介民早已得到上海的报告,主要是宋子文的亲信、时任中央银行总裁的贝祖贻勾结上海金业分会理事长詹连生等人长期舞弊贪污而引

---

① 《监察院对宋子文黄金舞弊案的弹劾书及审查报告》,中国人民银行总行参事室编:《中华民国货币史资料》第2辑,上海人民出版社1991年版,第741—743页。
② 《中国国民党历次代表大会及中央全会资料》下册,光明日报出版社1985年版,第1156页;中国国民党中央执行委员会秘书处编:《中国国民党第六届中央执行委员会第三次全体会议记录》,1947年编印,第49页;万仁元、方庆秋主编:《中华民国史史料长编》第70册,南京大学出版社1993年版,第63—64页。

起的,一定会牵涉到宋子文。① 郑介民不愿得罪宋家,不想去,但上海和南京的报纸已刊出蒋介石派他参与调查的消息,他不得不去。当军统上海站把全部情况向他报告之后,他又去见过杜月笙,便立刻回南京向蒋介石面报本案内幕,并建议不宜扩大,及早结案,以免过多牵涉。蒋介石同意他的意见后,他再度去上海,当面向军统在上海的几个大特务王新衡、刘方雄、陶一珊等说明蒋对本案大事化小、小事化无的态度。这案牵涉的人很多,调查到的就有四十多人,其中一个重要当事人、信大纱号老板孙子信竟在特务包庇下逃往香港,结果只将贝祖贻免去中央银行总裁职务,将中行业务局长林凤苞、副局长杨安仁和詹连生三人交上海地方法院判处徒刑。这件轰动一时的贪污舞弊大案就此了结。② 郑介民在参与处理黄金风潮案中,暗中捞得"不少的好处"。

郑介民实在是贪污、索贿、受贿的"老手",手段是很"高明"的,但他一向装"清廉",部下谁也不敢直接向他行贿送礼。实际上,他自己不经手,由他的老婆柯淑芬出面。他装出一副怕老婆怕到极点的样子,想使人相信他是没法奈何她,万一东窗事发,他又可假装完全不知而不负责任。所以别人当面说他怕老婆,他总是笑容满面地承认,有时还故作解嘲地说:"怕老婆有好处,可以省麻烦。"他虽然在这个问题上大耍手段,但明眼人还是很清楚:他每天回家,看到家里的东西一天天多起来,房子新造起来,他会不明白这是从哪里来的?

抗日战争期间,柯淑芬经常托国防部二厅派到国外去的一些武官、副武官代买东西,买来了照例是不给钱的,实际上就是变相叫人送礼。当时中国政府驻印度加尔各答领事陈质平(军统特务),是专门替戴笠采购日常奢侈品的,郑介民也经常要陈为他采购各式物品,买回后照例由军统局付款。他把自己喜欢的留下,其余的则让夫人柯淑芬送到重庆临江路川盐一里附近一所拍卖行去寄售,这个拍卖行列的外国货很多是她送去的。

那些被柯淑芬敲竹杠的部下,总希望让郑介民知道自己送了礼,常有人

---

① 吴景平:《宋子文政治生涯编年》,福建人民出版社1998年版,第521页。
② 沈美娟主编:《沈醉回忆作品全集》第1卷,九州图书出版社1998年版,第598—599页。

亲自带着东西到他家里去。郑每见人挟着礼物去看他，总是借故避开，完全由柯淑芬出面收礼。戴笠死后，他没有什么顾虑了，便大搞贪贿，许多事也不再假装正经，亲自动手。据沈醉回忆，1946年5月，军统督察室主任廖华平和沈醉以军统财产清查委员会正副主任身份到北平清查北平办事处长马汉三所接收的敌伪物资，马交出一大堆清册。廖向他索取原始清单核对，马初说正在整理，隔一天又说遗失了。廖坚持非要不可，两人争吵起来。马汉三最后有恃无恐地说："我已送给郑先生，你向他去要。"廖华平和沈醉当晚去见郑介民，郑介民说："我见过这些东西，基本上没有出入，交多少你们就收多少吧。"这笔几十万元银元的糊涂账就这样马虎了事。

同年秋，军统决定把在重庆的2000辆十轮大卡车运一部分去南京，准备与江南汽车公司合伙做运输生意，由沈醉去上海接洽购办汽油5000大桶。据沈醉回忆，"有一天，上海陆根记营造厂老板陆根泉来找我，请求在购运汽油去重庆时，他要加购1000大桶，随同运往重庆。我说购油公文和向招商局接洽船只的公文都已写明了数量，无法更改，拒绝了他的请求"。当时西南各地汽油奇缺，由上海运去很不容易。轮船招商局怕运汽油出事，许多机关请拨船运油都被拒绝。军统在该局有一个特务组织——警卫稽查组，了解该局许多黑幕，所以交涉船只方便。在上海购一大桶美国汽油，只按官价付50加仑的钱，实际上装53加仑，按官价运输一共不到黄金1两，而运到重庆、成都等地，一大桶汽油可卖黄金2两多，是对本对利的好生意，但没有特权却赚不到这笔钱。隔了两天，柯淑芬邀请沈醉到家里去吃晚饭，陆根泉也在座。刚入座，郑介民由北平打来长途电话，柯淑芬便叫沈醉去听电话，"郑介民在电话中说，陆根泉需要由重庆运东西去上海，要我帮助陆购汽油1000大桶，随军统所购的一同运往重庆。我当然答应照办。第二天，我向毛人凤说明情况，把公文上的购油数字改为6500大桶。我利用这机会为自己加了500大桶，并叫陆承认这是他要增加的"。汽油在重庆售完以后，陆和沈醉在结账时说："我这次是完全代人尽义务的"。

郑介民一个长途电话和柯淑芬一顿便饭,便捞到1000多两黄金。①

1947年,郑介民不顾别人议论,将军统在上海杨树浦接收的一座规格相当大的锯木厂连同地皮以极低廉的价格批准由陆根泉购买。这家工厂占地有好几十亩,还有自己起卸木材的码头和仓库。他们之间的交换条件,是陆代郑在南京北平路修建一座三层楼的花园洋房。

郑介民50岁生日,柯淑芬大收寿礼。平时托人做生意,说情、受贿等事,则实在多不胜数。他们夫妇每到上海一次,上海的特务头子们都得有"孝敬",郑介民在上海家里收受的资财连他老婆柯淑芬也记不清楚。1947年春,几个不怕事的小偷趁他们不在上海时"光顾"了这个大特务头子的家,柯淑芬闻讯赶回上海,在稽查处、警察局大吵大闹,非叫破案不可,可当问起她究竟丢了什么东西时,她自己也开不出清单,只说很多很多。一时闹得满城风雨。上海几家小报都用花边新闻刊出"郑介民将军在沪寓所失窃"的消息。郑介民怕惹出麻烦,叫把所抓的嫌疑犯放了,并在报上更正说只是丢掉几个汽车轮胎,案子已经破了。实际上,被偷的东西一直没有追回,行窃的小偷始终没有抓到一个。②

2. 蒋经国上海"经济管制"与"打虎"反贪

南京国民政府反贪腐的决心起初还是很大的,其运作有一个由强硬到"软骨"的过程。

抗战复员接收中普遍的贪腐行为,全面内战的迅速爆发,使国民经济根本没有恢复的机会,人民根本没有"休养生息"的机会。战争造成巨额财政赤字,投机者借机操纵图利,通货膨胀、物价飞腾呈大火燎原之势。1945年9月至1946年2月的上海,当时是全国的经济中心,零售物价涨了5倍,一年后(1947年)又涨了30倍。政府采行包括把工资盯住生活费用、冻结物价与工资,工业物资及消费物品实施配给等各种措施,均不能奏效。一包米在1948年6月售价为法币670万元,8月已涨到法币6300万元。

---

① 沈美娟主编:《沈醉回忆作品全集》第1卷,九州图书出版社1998年版,第599—601页。
② 沈美娟主编:《沈醉回忆作品全集》第1卷,九州图书出版社1998年版,第598—601页。

1948年8月18日,国民政府明令老百姓交出所有的金银和旧钞——法币,换取新钞"金圆券",兑换率是1∶3 000 000,即300万元法币换1元金圆券。同时,政府禁止工资与物价上涨,也不准罢工及示威游行。当时民心还是普遍希望政府这次言出必行,严格执行法令规定。国民政府确定上海、广州和天津三大经济管制区,上海管制区还包括南京市及江苏、浙江、安徽三省,可说是这次经济管制成败的关键。8月21日,蒋介石任命俞鸿钧为上海经济管制督导员,掌警察大权,不过,真正担纲任事的是他的副手蒋经国。8月20日,蒋经国提前一天抵达上海,并立即投入工作,上海的英文报纸称他为"在上海打经济战的主帅"。① 蒋介石在日记中写道:"虽然我晓得这个职位可能使经国遭到忌恨,甚至断送前程,但是我必须派他去。经国是可以承担此一任务的惟一人选。"② 蒋经国将嫡系"戡乱建国"第六大队调到上海,并将上海市复员青年军注入,扩大编制员额,进驻上海市警察局、上海警备司令部、铁路警察局等各治安机关,也派出其它大队分驻辖下三个省,必要时即对可疑设施突击检查。蒋经国在上海等地张贴公告,凡检举违反经济管制者,经查属实,可以得到没收的黄金、白银、外币或囤积物资价值的三成,作为奖金;对奸商速审速决,罚款,坐牢,不予宽贷。蒋经国的"戡建"大队喊出"我们只打老虎,不拍苍蝇"的口号,从而赢得了"打虎队"的美誉。

当时在上海有几只大"老虎",一个是孔祥熙之子孔令侃在上海经营一家从事进出口贸易的"扬子公司",商界诨号为"南京老虎";二是上海青帮首脑杜月笙,他在中国银行、交通银行和上海证券交易所位居要职,被称为"经济老虎";三是杜月笙的外甥万墨林,垄断上海米粮生意,绰号"米粮老虎"。

蒋经国抵达上海时,杜月笙请他吃饭,被蒋经国婉拒。而且,蒋经国的检查小组一开始就以非法囤积稻米、不当侵占政府米谷贷款的罪名,逮捕了万墨林。9月3日,蒋经国又以"投机炒作,囤积居奇,非法在股市交易"

---

① 上海《华北日报》1948年9月1日,转见[美]陶涵著,林添贵译:《蒋经国传》,新华出版社2002年版,第170页。

② [美]陶涵著,林添贵译:《蒋经国传》,新华出版社2002年版,第169页。

的罪名,逮捕了杜月笙的儿子杜维屏,同一天还逮捕了宋子文永安公司经理以及棉布商公会会长、纸商公会会长、食用油商公会会长、米商公会会长等多人。除杜维屏等少数人外,这些商人都准予交保开释。随后,蒋经国又将另外的许多商界闻人请进牢房。蒋经国命令各业公会会长转令会员厂商,"以8月19日的市价,将货品上市供销",并惩处不遵令者,如永安公司就被控在实施物价管制后,把生产的布匹囤积在仓库,被罚没。9月7日,上海银行公会同意将市内全体商业银行所持有的外币和金块交给中央政府。

蒋经国对官吏贪污施以严厉刑罚。如财政部秘书陶启明和上海警备司令部军官张亚民、戚再玉,由于参与投机和贪污,被特种刑庭判处死刑。蒋经国在掌握情报后,不顾一些高官的阻拦,赶往南京坚持逮捕财政部钱币司司长戴铭礼,而戴铭礼则供出许多高级官员和金融界人士非法由上海的银行私运外币、黄金到香港。

蒋经国一系列强硬的举措,令3000多名套利者被捕,经济改革实施一个月,物价明显稳定,此期间零售物价指数只上升了6%。上海舆论和外侨的评价都很高。9月11日出版的英文《华北日报》认为,"过去三个星期的经验,让老百姓觉得现况有了更张,产生了相当大的希望"。而蒋经国认为,通货膨胀不是关键问题。蒋经国日记显示,他的目标不只是控制住物价,更是要"扫除腐败势力",终结全国财富分配不均的问题,扭转国民党的颓势。蒋经国取得他父亲蒋介石的支持,他在上海的基本政策可以放手去做。但同时据官方"中央通讯社"的报导,"大企业和权势家族正在酝酿搞走蒋经国"。时在美国驻香港总领事馆任职的谢伟思(Richard Service)报告华盛顿:"青帮头子杜月笙非常生气儿子遭到逮捕。为了向经国证明他儿子是被刻意挑中、打击,杜月笙提出'四大家族'以及若干华北军事将领在上海从事经济犯罪的证据。隔了几天,谢伟思又报告,宋子文派妻子到上海,劝经国对永安案宽大处理。"①

蒋经国向蒋介石报告了逮捕杜维屏的情况,9月24日,蒋介石给杜月笙

---

① [美]陶涵著,林添贵译:《蒋经国传》,新华出版社2002年版,第175页。

发去电报称:"我兄若能协助经国在上海经济管制工作,无任感荷"。电文同时刊于上海《申报》,这等于蒋介石公开声明,他不会让杜维屏获释。杜月笙接到电报后,前去拜会蒋经国,抱怨他们父子被挑出来刻意打击。杜月笙表示,其子囤积了6000多万元的物资,违犯国家的规定,他一定把物资登记交出。同时,他交给蒋经国一份包括孔令侃扬子公司在内的非法囤积物资的公司名单,代表各商家请求蒋经国派人检查上海扬子公司的仓库,把扬子公司所囤积的物资同样予以查封处理,以示一视同仁,这样才服人心。蒋经国没有立即采取行动,他的部下纷纷向他提出抗议,贾亦斌就说:"如果孔令侃没犯法,还有谁犯法?"蒋经国只能无奈地告诉他:"我无法忠孝两全。"①不过,蒋经国在此后不久派人去检查扬子公司的仓库,查到囤积的棉花、纱布、日用百货、热水汀、无缝钢管、粮食等共约2万多吨,当即查封,并指控扬子公司有经济犯罪,逮捕了扬子公司的部分职员。经宋美龄的劝解,蒋经国不再深究,由孔令侃作出和解姿态,交给政府约600万美元。然后,孔令侃离开上海前往香港,不久,又转道去了美国纽约。不久,杜维屏也在交纳了一笔数额巨大的罚款之后,获准前往香港。而宋子文投资的永安公司,则以低于成本1/4的价格,将囤积的棉花抛售,同时,永安的另一大股东郭氏家族,也获准移居香港。②蒋经国似乎已把孔、宋、杜家族扫除出上海,而实际上,他在扬子公司案、杜维屏案、永安公司案中被迫屈服和让步,显示其经济管制措施的瓦解和上海"打虎"的失败,局势也开始失控。1948年10月,蒋经国被蒋介石紧急召回南京,行政院随即发布解除对全国冻结物价的决定,国统区经济全面失控。蒋经国上海"打虎"正式宣告失败。

---

① [美]陶涵著,林添贵译:《蒋经国传》,新华出版社2002年版,第175页。
② 郭旭:《扬子公司查而未抄的内幕》,《孔祥熙其人其事》,中国文史出版社1987年版,第229—232页。

第二节
"崩溃"时期南京政府的反贪法规和机构

一、"宪政"时期国民政府反贪原则和刑事立法

1. 根本大法中的反贪原则

1946年1月31日,政治协商会议第十次会议全体一致通过《和平建国纲领》,明确指出"厉行监察制度,严惩贪污,便利人民自由告发"①。并在制定《政协会关于宪草问题的协议》过程中,始终贯穿"扩大监察机构职权"这一基本精神。

1946年11月召开的制宪国民大会,制定通过了《中华民国宪法》,并议定宪法实施的准备程序。依宪法实施准备程序第二条规定,宪法公布后,国民政府应依宪法规定,于三个月内制定并公布各项行宪法规。这些行宪法规中,有相当一批是根据宪法监察反贪原则制定的。

2. 反贪刑事和行政法规

抗战胜利后,南京国民政府在刑事立法方面,继续沿用1935年刑法典。此外,还沿用了一些单行法规。

---

① 中共中央党校党史教研室选编:《中共党史参考资料》(六),人民出版社1979年版,第71页。

(1)《惩治贪污条例》

在刑事特别法方面,1946 年 1 月 1 日,复员后的南京国民政府修正公布并施行了《惩治贪污条例》。这次主要是修正了《惩治贪污条例》的第 1 条、第 2 条、第 11 条及第 14 条的条文。修正后的《惩治贪污条例》规定犯贪污罪的情形为:"军人公务员或受公务机关委托承办之人,犯本条例之罪者,依本条例处断,其非军人公务员而与共犯者,亦同。办理社会公益之事务,以公务论,其财物以公有财物论。"

对犯贪污罪行之军人、公务人员等之惩罚规定如下:"有左列行为之一者,处死刑、无期徒刑或十年以上有期徒刑。一、克扣军饷者。二、建筑军工或购办军用品,夺取回扣或其它舞弊情事者。三、盗卖或侵占军用品者。四、借势或借端勒索、勒征、强占或强募财物者。五、以军用舟车、航空器、马匹、驮兽装运违禁或漏税物品者。六、意图得利而扰乱金融,或违背法令收募税捐公债,或擅提截留公款者。七、对于违背职务之行为,要求期约,或收受贿赂,或其它不正利益者。"对犯贪污行为者定罪,依照"特种刑事案件之审判程序办理,应迅速审判,并公开之"。①

(2)《戡乱时期危害国家紧急治罪条例》

1947 年 12 月 25 日,国民政府颁布《戡乱时期危害国家紧急治罪条例》,这是以前的《危害民国紧急治罪法》在新的历史条件下的继续。该法加重了对"内乱罪"的刑事惩罚。

《戡乱时期危害国家紧急治罪条例》对犯"内乱罪"中"意图妨害戡乱扰乱治安或扰乱金融者"由原来判七年以上有期徒刑,改为"处死刑或无期徒刑或十年以上有期徒刑"。对戡乱时期危害国家罪的界定中,扰乱金融等罪行,是涉及贪污腐败的罪行,如"扰乱金融"的"内乱罪"预备犯、阴谋犯

---

① 《惩治贪污条例》(1946 年 1 月 1 日修正公布),《民国法规集成》第 66 册,黄山书社 1991 年版,第 410 页。

由原来判处七年以下有期徒刑,改为判十年以上有期徒刑。①

(3)《关于整理财政及加强管制经济办法》

1948年8月19日,国民政府颁布《关于整理财政及加强管制经济办法》,1948年8月国民政府财政部颁布《财政经济紧急处分令》、8月23日财政部颁布《财政经济紧急处分令补充事项》。这是在南京国民政府陷于官僚集团腐败、通货膨胀严重、金融陷入危机、社会经济状况动荡不安,国民经济濒于崩溃的情形下,配合国民政府实行"币制改革"、"经济管制"而颁布实施的。规定中有一些抑制贪污腐败的条款,如规定"各种国营事业应竭力节省浪费,裁汰冗员,所有盈余,应由主管部会责令悉数解交国库"等,虽有抑制贪污腐败的意义,但更多地是起到压榨人民的效果,而对于限制投机、贪污等罪行,只能是纸上谈兵。如关于"剩余物资及接收敌伪物资产业,应尽量加速出售,以裕国库收入",实际在助长接收人员的贪污舞弊行为。②

(4)刑事审判制度的相关规定

在刑事审判制度上,南京国民政府采取措施配合上述有关反对贪腐罪行的定罪审判。如1948年4月公布《特种刑事法庭组织条例》和《特种刑事法庭审判条例》,规定"高等特种刑事法庭受理《戡乱时期危害国家紧急治罪条例》所规定之案件,其设置地点及管辖区域,由司法行政部定之"等,就是如此。③

---

① 《戡乱时期危害国家紧急治罪条例》(1947年12月25日公布),《中华民国史档案资料汇编》第五辑第三编,"政治"(一),江苏古籍出版社1999年版,第199—200页。
② 《国民政府关于整理财政及加强管制经济办法》,《中华民国史档案资料汇编》第五辑第三编,"财政经济"(一),江苏古籍出版社2000年版,第66页。
③ 《特种刑事法庭组织条例》(1948年4月19日),《中华民国史档案资料汇编》第五辑第三编,"政治"(二),江苏古籍出版社1999年版,第910页。

二、监察机构——监察院

1."旧政协"期间的监察院

抗战胜利后,蒋介石政府迫于全国人民和国际舆论的压力,于1946年1月在重庆召开政治协商会议(简称"旧政协")。

1月25日,"旧政协"议决通过《政协会关于宪草问题的协议》,有关监察院的条款进一步明确了监察机构的地位和职权:首先,明确要求将监察机构及其职权列入宪法之中。其次,监察委员的选举,采用间接民选的方式。这有别于任何时期监察官吏选任的方式,为监察机构转变为民意机构铺平了道路。第三,第一次提出监察院应拥有"同意权",以完善监察权,提高监察院的威望。"宪草修改原则"中,规定"监察院为国家最高监察机关,由各省级议会及各民族自治区议会选举之,其职权为行使同意、弹劾及监察权"。其实,诸多规定中一个重要内容均是为了更好地监督权力的实施,防止贪污腐败。如关于"国民大会"的有关规定,"总统由县级省级及中央议会合组选举机关选举之。总统之罢免以选举总统之同样方法行使之。创制、复决两权之行使另以法律规定之"。①

对于五院中其他各院防止贪污腐败的规定,突出表现在监察院的"同意权"的规定上。"司法院即为国家最高法院,不兼管司法行政,由大法官若干人组织之,大法官由总统提名,经监察院同意任命之";"考试院用委员制,其委员由总统提名,经监察院同意任命之";立法院虽为"国家最高立法机关",但是"宪法修改权属于立法、监察两院联席会议,修改之条文,应交选举总统之机关复决之",等等。②

---

① 《政协会关于宪草问题的协议》(1946年1月25日),《中共党史参考资料》(六),人民出版社1979年版,第78页。
② 《政协会关于宪草问题的协议》,《中共党史参考资料》(六),人民出版社1979年版,第78、80页。

在中国共产党和各民主党派的共同努力下,"旧政协"有关监察的基本精神,均被列入中华民国的最后一部宪法。但形式上的承认,并不能使监察院免于成为蒋介石附庸的命运。

2. "宪政"时期监察院的建立

为挽救国民党政权行将崩溃的局面,南京国民政府也进行了一些局部改革。

(1) "宪政"监察院的筹备和建立

1946 年 12 月,监察院成立监察法规设计委员会,研究决定于依宪法产生的监察院成立时,废止《弹劾法》、《非常时期监察权行使暂行办法》、《监试法》和《审计法》等,并重新规定了同意、弹劾、纠举、纠正、监试及审计等各项职权的行使程序,咨送立法院完成立法手续,以备宪政时期实施。1947 年 3 月 31 日和 10 月 7 日,国民政府制定并公布实施的十大行宪法规中有《监察院组织法》和《监察院监察委员选举罢免法》。

1947 年 3 月,"宪政"时期《监察院组织法》颁布后,监察委员们为使其更臻完善,提出了许多修正意见。例如,监察委员张庆桢、万灿、范争波三人提议,监察院在《监察院组织法》第 3 条中应明确规定,"监察院得分设委员会,其组织以法律定之"①,他们指出正因为《监察院组织法》第 3 条规定为"得"设立委员会,其意不甚清楚,故专门提出这一提议以明确之。另如,12 月 25 日修正公布的《监察院组织法》第 8 条规定,"监察院视事实之需要,得将全国分区设监察院监察委员行署,其组织另以法律定之"。② 其中内含另一层意思,就是如果事实上不需要,则监察委员行署可不设立。对此,监察委员苗培成、刘士笃、丘念台等表示异议,他们认为"监察权行使须遍涉中央与地方,应请继续就监察委员中派遣监察使,并仍设置使署,俾人

---

① 《监察院组织法》(1947 年 3 月 31 日公布),《民国法规集成》第 36 册,黄山书社 1991 年版,第 232 页。
② 《监察院组织法》(1947 年 12 月 25 日修正公布),《民国法规集成》第 36 册,黄山书社 1991 年版,第 234 页。

民疾苦得以周知"。此外,对监察委员人数增加,但职员人数并未相应增加,他们提出建议,"拟请增加秘书处员额,增设调查处,并将会计、统计、人事三项人员仿照立法院组织法"另行规定。①

1948年5月,设立"行宪"第一届监察院集会筹备委员会。6月2日国民党中常会举行例会,讨论新监察院院长人选,一致同意指定于右任担任。6月5日,在南京举行"行宪"后第一届监察院集会开幕典礼,总统蒋介石、副总统李宗仁均到会。6月9日,选举院长,出席委员136人,结果于右任以118票当选为首届宪政监察院院长,刘哲为监察院副院长。14日,举行"行宪"后监察院第一次会议,讨论监察院议事规则。至此,"宪政"时期首届监察院正式成立。

(2)"宪政"时期监察院机构建制

"宪政"时期监察院,由"监察院院长综理院务,并监督所属机关。监察院院长因事故不能视事时,由副院长代理其职务"。②

①监察院会议。"监察院会议由院长、副院长及监察委员组织之,以院长为主席。"

②监察院各委员会。"行宪"后,依据《中华民国宪法》第96条规定,"监察院得按行政院及其各部会之工作,分设若干委员会,调查一切设施,注意其是否违法或失职";第97条又规定,"监察院经各该委员会之审查及决议,得提出纠正案,移送行政院及其有关部会,促其注意改善"。监察院分设各委员会"得聘用专门委员六人至十二人"。

各委员会由监察院依行政院及其各部会的工作,分别设置,必要时,也可以合并设置。"行宪"的第一年,行政院下设14个部、3个委员会,依其机构分布,监察院对应各委员会为:内政地政委员会、外交侨务委员会、国防委员会、财政粮政委员会、经济资源农林水利委员会、教育委员会、交通委

---

① 《监察院组织法》,《民国法规集成》第36册,黄山书社1991年版,第232页。
② 《监察院组织法》,《中华民国史档案资料汇编》第五辑第三编"政治"(一),江苏古籍出版社1999年版,第36页。

员会、司法委员会、社会卫生委员会、蒙藏委员会等10个委员会。其中,将内政部与地政部,外交部与侨务委员会,财政部与粮食部,资源委员会与工商、农林、水利三部,社会部与卫生部合并设置委员会。

各委员会为合议制机构,委员会一切事宜均由合议庭会议议决。会议由召集人召集,各委员会各置召集人3人,由各该委员会委员互选之。各委员会委员由监察委员充任,每一监察委员得任三委员会委员,监察委员可凭各自兴趣,自由选择委员会。但这种组织形式,也有弊病:一是每一委员会人数颇多,召集会议极为不易,特别是推举召集人尤感困难,而委员会议决事项均需由合议庭议决,实际上掣肘了监察权效能的发挥;二是因委员凭兴趣自由选择委员会,因而多依监察委员自己的专业及其好恶选择,惟各委员会的人数,难以均衡,往往使有些委员会委员人数较少,而监察的机构众多,监察权行使较为困难,得不偿失,而以"每一委员得任三委员会委员"以资补救,其结果只能是恶性循环,毫无益处。①

③"监察院置秘书长一人,特派,由院长就监察委员外遴选人员提请任命之。秘书长承院长之命,处理本院事务,并指挥监督所属职员。""监察院置参事四人至六人,简任,掌理撰拟审核关于监察之法案命令事项。"

"监察院设秘书处","监察院置秘书八人至十二人,其中六人简任或简派,余荐任或荐派;调查专员八人至十六人,其中六人简任,余荐任;科长四人至六人,荐任;速记员二人至四人,其中二人荐任,余委任;科员四十人至五十人,委任,其中十二人得为荐任;书记官二十人至四十人,办事员二十人至四十人,均委任,并得用雇员四十人至六十人"。

"监察院设会计处统计室及人事室,依法律之规定分别办理岁计、会计、统计及人事事项。"此外,"监察院设审计部"。②

---

① 《中华民国宪法》(1946年12月25日),《中国现代史资料选辑》第六册,中国人民大学出版社1989年版,第240页。
② 《监察院组织法》(1948年5月1日),《中华民国总统府公报》第1号,1948年5月20日。

(3)"宪政"时期审计机构

①监察院审计部

1949年5月,修正公布监察院审计部的机构、职能及人员组成。部长改为审计长,改政务、常务两次长为副审计长1人,"由审计长综理审计部事务"。

审计部设3厅,各厅置厅长1人,由审计兼任;每厅设3科,各置科长1人,由协审或稽察兼任,并设审计室办理复核审计案件及其他不属于各厅的审计事务、审计长交办的事务;设巡回审计组执行各机关就地审计事务。

审计部置审计10—12名,协审21—24名,稽察18—22名,参事2名,秘书5名,专员12名,核算员54—90名,科员16—24名,雇员40—60名。①

②审计处

"宪政"时期,地方省市审计处设审计1人兼处长,协审2人,稽察2人,秘书、稽核员、科员和雇员若干名。

审计处下设3科,分掌事前、事后、稽察及就地审计事务,各科科长由审计部派的协审或稽察兼任。

审计处对重要审计案件,以审核会议议决,其审核会议由审计、协审、稽察组成。原设甲乙两种审计办事处均予撤销。

③审计室

在各特种公务机关、公有营业机关、公有事业机关设立审计室,掌理各机关的审计事务。审计室,置协审或审计1人兼主任,承审计长之命,综理全室业务,另置核计员3—9人。②

1949年,南京政府已濒临灭亡,审计部人员纷纷南逃,审计机构相继裁撤或自行消亡。

---

① 《修正公布之审计部组织法》(1948年10月修正,1949年5月公布),《中华民国国民政府公报》第56号,1949年5月,"法规"。
② 《审计法》、《审计处组织法》(1948年10月修正,1949年5月公布),《中华民国国民政府公报》第56号,1949年5月,"法规"。

(4) 监察委员和监察委员行署

①监察委员的选任

"宪政"时期监察院与"训政"时期监察院所不同的最大特点,是监察委员由议会选举,或称为间接民选。这样,监察委员的身份发生了改变,由政府部门的官吏一跃到人民选举的代表。然而,这仅仅是形式上的改变,其实质依然如旧。依《中华民国宪法》第91条规定,"监察院设监察委员会,由各省市议会、蒙古西藏地方议会,及华侨团体选举之。"具体名额分配如下:每省5人,每直辖市2人,蒙古各盟旗共8人,西藏8人,侨居国外国民8人。

"行宪"之前,对监察委员的选举方式及人数名额有所议论。"旧政协"时规定采用地域代表制,除"侨居国外之国民八人"外,余均同"宪政"时期所订。而"制宪"国民大会初审时,曾规定"每省一人至五人、每直辖市一人至二人、蒙古四人、西藏四人、侨居国外之国民八人"。迭次修正后,监察委员人数最后确定如1946年12月25日通过的《中华民国宪法》所定,总人数为223人,其中35省,"每省五人",应选出175人;直辖市12个,"每直辖市2人",应选出24人;"蒙古各盟旗共八人;西藏八人;侨居国外之国民八人",合24人。但实际选出180人,到会报到的仅有178人。①

在监察委员"民选"的问题上,是直接民选,还是间接民选,关系极大,因而当时也颇有争议。"制宪"国大时,有的代表主张"监察委员,为人民行使纠察权、监督权、弹劾权之代表,与人民息息相关,应由人民直接选举,以充分发挥监察权力",而且"监察院之任务,亦甚重大,不减于立法院、国民大会……而且无论立法院、国民大会、省市参议会等代议士,均应由人民直接选举,何独监察委员,须由间接选举"?② 同时,蒋介石国民政府仍然坚持并在实际上实行的是监察委员间接选举。

---

① 《中华民国宪法》(1946年12月25日),《中国现代史资料选辑》第六册,中国人民大学出版社1989年版,第239页。

② 参见林纪东:《中华民国宪法逐条解释》(三),台北,大中国图书公司1960年版,第200、209页。

②监察委员的保障和限制性规定

"宪政"时期,1946年12月25日制定通过的《中华民国宪法》对监察委员的保障,作出了更为简洁、明确的规定。其一,言论免责权。《中华民国宪法》第101条规定:"监察委员在院内所为之言论及表决,对院外不负责任"。言论免责权的范围,包括辩论、演说、报告、动议及发表意见等言论,和提案、投票及表决等行为。其二,身体保障权。《中华民国宪法》第102条规定:"监察委员,除现行犯外,非经监察院许可,不得逮捕或拘禁。"

"宪政"时期,对监察委员的限制主要仍是不得兼职,只是限制更为严格,规定"监察委员不得兼任其它公职(包括各级民意机关代表、中央和地方机关公务员、公营事业机关服务人员、公立医院医生和院长,等等)或执行业务(包括担任人民团体组织者、私营公司董事经理、报纸杂志发行人及其它雇员,等等)"。①

③监察委员行署

国民政府宣布实行"宪政"后,在监察院派驻地方的监察机构方面,与"训政"时期设置监察使署不同,是实行委员制,撤监察使署,改设监察委员行署。1948年5月公布的《监察院组织法》规定:"监察院视事实之需要,得将全国分区设监察院监察委员行署,其组织另以法律定之。"②

1948年7月28日,国民政府公布《监察院监察委员行署组织条例》,将全国划分为甘宁青、豫鲁、晋陕绥、云贵、两广、两湖、皖赣、闽台、苏浙、冀热察、川康、新疆、辽宁安东辽北、吉林松江合江、嫩江黑龙江兴安、西藏等16个监察区(1946年即"训政"最后一年,全国共有19个监察区),每区设置1个监察委员行署。1949年6月,修正公布的《监察院监察委员行署组织条例》,仅有一项改动,增设蒙古区,共设17个监察区。

---

① 《中华民国宪法》(1946年12月25日),《中国现代史资料选辑》第六册,中国人民大学出版社1989年版,第240页。
② 《监察院组织法》(1948年5月1日),《中华民国总统府公报》第1号,1948年5月20日。

在组织机构方面,监察委员行署由3名监察委员主持工作,主持行署的监察委员,由全体监察委员推选,任期1年,并必须遵守"回避本区"的原则。①

解放战争的迅速发展,使长江以北的监察委员行署没有真正建立,到1949年6月以后,仅剩闽台区尚存,其他的监察区和监察委员行署都随着国民党政权的瓦解而自行消亡了。

(5)"宪政"时期监察院监察工作实例

"宪政"时期监察院成立后,受理了众多的监察提案。涉及反对贪污聚敛的,如有国大代表赵炳坤等提起的"刷新政治以收人心而挽国运"案。该提案主张"健全政府法定机关","提高监察职能,执行监察任务,确实纠举弹劾,以肃官箴","尊重民意,对于误国失职之各级官吏应严究其责任,依法惩处",并希望监察院在"清查私人国外存款及豪门资产,借归国用,以稳定金融,而济民困"方面发挥作用,等等。其中有一个典型案例,就是在1947年7月8日,闽台区监察使杨亮功向台湾高等法院检察处提起纠举书,纠举台湾省贸易局专员兼新台公司经理程毅借"二二八"运动进行贪污舞弊的案件。

闽台区监察使杨亮功接到举发台湾省贸易局专员兼新台公司经理程毅舞弊贪污等情的密报后,派使署荐任职调查员许世璋前往调查。经调查取证,程毅除有贪污舞弊重大罪嫌外,还有违法行贿行为。具体的调查情况如下:(一)关于物资舞弊部分。"该公司于本年'二二八'事变时,遭暴徒侵入,捣毁所有仓库暨一、二、三、四楼,缝纫、批发、委托寄售各部物资均受损失。经该公司分别所报贸易局转报台湾省行政长官公署核销。其委托部分,有福海公司寄售之珊瑚、珍珠等物品,当时值台币六百二十八万四千九百五十元,册报全部损失。"据查,"并未全部损失,该经理程毅乃竟全部报

---

① 《监察院监察委员行署组织条例》(1949年6月)、《监察委员分区巡回监察规程》(1948年7月20日)、《监察委员行署办事规则》,《民国法规集成》第69册,黄山书社1991年版,第95、89、92页。

损,已属不合。尤足证明该经理程毅实有从中舞弊之罪嫌"。(二)关于虚报现款损失部分。据查,"该经理程毅签呈贸易局,具报于事变时共计损失台币二千零四十九万四千四百四十六元零八分,内会计室库存现金六十六万五千零二十四元四角一分,但据该公司出纳课长余声海称:当时库存实只有三十九万五千元。经查明有程毅批准借给友人张佩秋台币十五万一款并未归还,而命账务课长陈月娥于事变后伪作二月二十八日收回之传票,报入损失以内。又有杨飞勇所借之台币十万元一款,经杨飞勇以现款交还程毅,而程毅并不将此款归公,亦命报损。以上均有余声海供词及陈月娥谓事后补做收回传票,杨飞勇谓款已交还程毅之证明。……乃该经理程毅竟报库存现款损失六十六万五千余元之多,则其借'二二八'事变浮报现款损失,违法贪污罪证,实数属凿。"(三)关于行贿及畏罪潜逃部分。据查,"该经理程毅于本署派员调查台北市警察局局长林士贤被诉一案时,承认因警察局查追该公司于'二二八'事变时员工乘乱偷窃物品一案,于六月三日偕同该公司批发部长薛永顺,携带台币五万元,交付林局长友人邢武收下,邢武允于翌日晨转送林局长等语,不讳,薛永顺亦证明确有此事,但程毅忽而潜逃,其交待手续尚未清楚,已由贸易局电请上海警察局将其扣留。等情。查该经理程毅,对于行求贿赂,既经自行承认,自应负其罪责。且设非舞弊多端,惧人查究,何必行求贿赂。又其交代未清,忽而潜逃上海,其为情虚畏罪,情节至明。"据此,杨亮功认为"该经理程毅,实触犯《惩治贪污条例》第三条第三款之罪嫌,及构成《刑法》第一百二十二条第三项之罪,并应按照《公务员交代条例》第十条之规定予以惩处。爰特按照《非常时期监察权行使暂行办法》第二条第一项之规定,提案纠举"。①

应当看到,"宪政"时期的监察院,虽对众多"提案"专门会议研讨,但实际监察效能并未有多大提高。"行宪"后第一届监察院,在加强监察院的地位和完善监察院的内部机制等方面也作了许多努力,但不可能真正提高监

---

① 《中华民国史档案资料汇编》第五辑第三编,政治(四),江苏古籍出版社1999年版,第910—912页。

察院的地位,也不可能挽救行将灭亡的南京国民政府。

3. "宪政"时期监察院机构职能和监察机制

"宪政"时期,监察院主体和分设机构,均行使法定监察职权。

(1) 弹劾权

"宪政"时期监察院的弹劾对象中,"中央及地方公务人员"和"司法院或考试院人员"及"总统、副总统",依然为监察院的弹劾对象,与"训政"时期相同。

最突出的变化是,"宪政"时期五院中立法院和监察院正副院长和委员不属弹劾对象。① 因为监委和立委同"国大代表"一样,均为"民意代表",即由省市议会和华侨团体选举产生,故他们违法失职,只能由选举他们的议会或团体罢免。1947 年 3 月公布的《国民大会代表选举罢免法(草案)》规定:"原选举单位之选举人对于所选之代表,非经过六个月后不得提出罢免申请书";"罢免申请书应叙述理由,以原选举单位当选时投票总数百分之二十以上,选举人之签署,向各单位之主管行政机关首长提出。"1947 年 4 月 22 日立法院公布的《国民大会代表选举罢免法》中的规定与草案相比有变化:"罢免声请书应叙述理由,以原选举单位当选时投票总数百分之六十以上选举人之签署,向各该单位之主管行政机关首长提出"。②

(2) 调查权

从"训政"时期开始,南京国民政府及其监察机构就注重通过各种方式行使调查权,并使调查权的行使更为制度化:其一,通过调查证来增加调查权的灵活性,使调查权行使起来非常方便;其二,在调查过程中,调查人员有封锁案件和提走档案的权力,还可要求当地的司法、公安部门协助,即"得通知当地警宪当局协助,予以适当之防范",从而在一定程度上强化监

---

① 《中华民国宪法》(1946 年 12 月 25 日,1947 年 1 月 1 日公布),《中华民国史档案资料汇编》第五辑第三编,政治(二),江苏古籍出版社 1999 年版,第 615 页。
② 《中华民国史档案资料汇编》第五辑第三编,政治(二),江苏古籍出版社 1999 年版,第 632、639 页。

察权的法律规范性及对其他部门的法律约束力。

"宪政"时期监察院调查权略有变化。监察院为行使调查权,"得向行政院及其各部会调阅所发布之命令及各种有关文件"①;遇有询问时,"应就询问地点负责为详实之答复";调查中必须封存和携去的档案材料,"应经该管监督公务员之允许,除有妨害国家利益者外,该管监督公务员不得拒绝";此外,调查权有紧急防范的作用,"调查人员在调查案件时,如认为案情重大或被调查人有逃亡之虞者,得通知当地警宪当局协助,予以适当之防范"。②"宪政"时期,调查权名义上效能有所增强,有急速防范的作用,使用也似乎更趋合理,遇询问时,被询问机关或人员应在询问地点作详实答复,以杜绝敷衍拖沓。但在实际操作中,因调查权的权限大大减小,而调查对象(行政院、部、会)的主管长官又往往以封存和携去档案材料会危害国家利益为由,拒绝提供材料,使调查无从深入。

无论在"训政"时期还是在"宪政"时期,监察机构都要求调查人员对于需要秘密进行调查的案件,在调查过程中不得对外宣泄,不得同时接受其他诉讼案件或从事其他调查,以确保调查工作的效率;不得接受地方上的供应,以杜绝行贿受贿情况的发生,如果预先发现被查人员有危害性行为可能发生时,可电呈监察院采取急速处分。③

(3)纠正权

南京政府"宪政"时期的纠正权,比"训政"时期建议权的职能缩小了。纠正权提起的对象,根据"行宪"《中华民国宪法》的规定,只是在"行政院及其各部会"(指南京政府行政院所设的内政、外交、国防、财政、教育、司法

---

① 《中华民国宪法》,《国民党政府政治制度档案史料选编》上册,安徽教育出版社1994年版,第622页;林纪东:《中华民国宪法释论》,台北,大中国图书公司,1960年,第457页。

② 《监察法》,《国民党政府政治制度档案史料选编》上册,安徽教育出版社1994年版,第334、335页。

③ 参见《监察院调查规则》(1934年1月12日),《国民党政府政治制度档案史料选编》上册,安徽教育出版社1994年版,第314页。

行政、农林、工商、交通、社会、水利、地政、卫生、粮食等 14 个部和资源、蒙藏、侨务、诉愿审议等 4 个委员会的统称），而对立法、司法、考试、监察四院和国民大会，及其所属机构，不能提起纠正案。①

纠正权的行使，在于"监察院于调查行政院及其所属各机关之工作及设施后，经各有关委员会之审查及决议，得由监察院提出纠正案移送行政院或有关部会，促其注意改善"，而"行政院或有关部会接到纠正案后，应即为适当之改善与处置，并应以书面答复监察院"。②

纠正案的审理和议决，由监察院的有关委员会承担，并须经会议形式，由各该委员会委员（除外出调查、视察者外）过半数出席，最后议决须经出席委员过半数以上通过；若纠正案涉及两个以上委员会，则由有关委员会联席会议审理。纠正案的审理程序虽然冗长而繁杂，但审理结果只能是"促其注意改善"。至于被纠正者是否改善或改善当否，监察院虽能提出质问，可相关政府机关随便敷衍应付，甚或置之不理，监察院也无可奈何。

（4）同意权

1946 年 12 月 25 日，制宪大会通过的《中华民国宪法》第 90 条规定："监察院为国家最高监察机关，行使同意、弹劾、纠举及审计权。"遂将同意权作为监察院的第一职权而确立。

监察院同意权的行使与其他行政机构的关系，《中华民国宪法》第 79 条规定："司法院设院长、副院长各一人，由总统提名，经监察院同意任命之。司法院设大法官若干人，掌理本宪法第七十八条（'司法院解释宪法，并有统一解释法律及命令主权'）规定事项，由总统提名，经监察院同意任命之。"第 84 条规定："考试院设院长、副院长各一人，考试委员若干人，由

---

① 《中华民国宪法》，《中华民国史档案资料汇编》第五辑第三编，政治（二），江苏古籍出版社 1999 年版，第 616 页。
② 《监察法》（1948 年 9 月 14 日），《国民党政府政治制度档案史料选编》上册，第 334 页。

总统提名,经监察院同意任命之"。①

(5) 纠举权

"宪政"时期对纠举案的审理,要比"训政"时期严格。

根据"宪政"时期对纠举权的修正规定,纠举案由监察委员集体审理,而非由监察院院长一人决定,即监察委员认为公务员有违法失职行为,应予以停职等急速处分时,得以书面的形式纠举,再经其他监察委员三人以上审理决定,且审理程序为二审制,以示对提案委员提案的尊重。②

(6) 审计权

1946年12月25日通过、1947年12月25日施行的中华民国最后一部宪法——《中华民国宪法》,规定审计职能为:"监察院为国家最高监察机关,行使同意、弹劾、纠举及审计权";"监察院设审计长,由总统提名,经立法院同意任命之";"审计长应于行政院提出决算后三个月内,依法完成其审核,并提出审核报告于立法院"。③

1948年,为适应"行宪"而通过的《监察院组织法》,规定"监察院设审计部",其职掌如下:"一、监督政府所属全国各机关预算之执行。二、核定政府所属全国各机关之收入命令及支付命令。三、审核政府所属全国各机关之计算及决算。四、稽察政府所属全国各机关财政上之不法或不忠于职务之行为。"④

(7) 监察院各委员会的职权

"训政"时期,监察院并无委员会的设置,纠正权的前身建议权,或由监察委员(或监察使)呈监察院院长核定后行使,或由监察委员(或监察使)直

---

① 《中华民国宪法》,《中华民国史档案资料汇编》第五辑第三编,政治(二),江苏古籍出版社1999年版,第614—615页。
② 《非常时期监察权行使暂行办法》(1938年8月27日),《国民党政府政治制度档案史料选编》上册,安徽教育出版社1994年版,第323页。
③ 《中华民国宪法》,《中华民国史档案资料汇编》第五辑第三编,政治(二),江苏古籍出版社1999年版,第615—616页。
④ 《监察院组织法》(1948年5月),《中华民国总统府公报》第1号,1948年5月20日。

接行使,无需通过监察院以会议形式表决通过。

"行宪"后,监察院内委员会的设置,依监察院之意,理由有三:其一,便于有效行使纠正权。纠正权主要针对行政院及其所属各机关,而行政院及其所属各机关,工作庞杂,涉及面极广,须经常注意和研究,而分设委员会,便于职有专责,业有专精;其二,委员会人员的构成,是依监察委员的志趣和专长所组织的,有利于展其所长,献其才智,提高效能;其三,既可集思广益,慎重合理行使监察权,又不碍监察效能的发挥。

委员会的功能:一是拥有监察行政院及各部会工作及人员的功能;二是研讨、审定监察院所定法规及其行使过程中的弊利,一定程度上具有研究性质。

其职权为:第一,纠正权,即委员会对于行政院系统措施不当有建议权和监察权;第二,调查权,即委员会有权随时或定期调查政府机构的活动及其措施执行情况;第三,审查权,委员会审议监察院会议交议、委员提议、其他委员会移送至本委员会有关联的、院长交议的一切事项。①

三、"宪政"时期的惩戒机构

1. 司法院公务员惩戒委员会

"宪政"时期,惩戒机构归于统一,凡公务员的惩戒案件,均由司法院公务员惩戒委员会掌理。

公务员惩戒委员会,设委员长1人,特任;委员9—15人,简任,委员中应有5—7人曾出任过简任职法官。对其他委员任职条件的要求是:"非年满四十岁,于政治法律有深切之研究,并曾任简任职公务员五年以上,或荐任职公务员十年以上者,不得任用。"②

2.《中华民国宪法》宪定惩戒机构

1946年12月,国民大会制定通过的《中华民国宪法》重新规定了弹劾

---

① 《民国法规集成》第69册,黄山书社1991年版,第95页。
② 《公务员惩戒委员会组织法》,1946年11月,参见《惩戒法规解释汇编》,南京国民政府监察院1948年编印,第65—75页。

案的审理和惩戒机关。主要有:

(1)国民大会。负责对总统、副总统的罢免事宜。"依监察院之决议,对于总统、副总统提起弹劾案时",由立法院院长通知"国大代表"召集国民大会临时会进行审理。

(2)司法院公务员惩戒委员会。根据1946年12月公布的《中华民国宪法》第77条的规定,司法院"为国家最高司法机关,掌理民事、刑事、行政诉讼之审判,及公务员(包括军职人员)之惩戒"。①

四、行政监督机制

"宪政"时期的南京国民政府不顾人民和平、民主、团结的呼声,悍然发动全面内战。时局的动荡,使南京国民政府自身的行政监督遇到了一系列困难:一、南京国民政府领导班子不力,更换频繁。从1948年6月组成的"行宪"后首届行政院,到1949年9月南京国民政府垮台,行政院领导班子在16个月中更迭了4次,难以保证行政决策的有效执行。二、行政和行政监督系统紊乱。战后南京国民政府各职能部门各自为政,互不相谋。在接收过程中,不同系统都想通过接收以自肥,互相争夺,表现出国民政府"系统紊乱,权责不明,有利相争,遇事推诿,形成无组织状态"。三、指挥失灵。统一的行政指挥是行政执行中的重要环节,否则决策目标无法实现。南京国民政府后期,中央政府已失去应有的权威,出现有令不行、有禁不止,各行其是、各自为政的混乱局面。由于行政指挥失灵和其他原因,"币制改革"推行不下去,物价进一步升腾,人民遭受巨大灾难。围绕"币制改革"的失败,各部门互相责难,推卸责任:立法委员责怪行政院处置不当,蒋介石则斥责立法院干预过多,中央政府批评地方政府不听号令,地方政府则埋怨中央政府掠夺地方财富,上下攻讦,混乱不堪。

---

① 《中华民国宪法》,《中华民国史档案资料汇编》第五辑第三编,政治(二),江苏古籍出版社1999年版,第609、613—614页。

抗战结束后,南京国民政府的行政监督,主要来自三个方面:

1. 国民党的监督

国民党为了进一步加强对行政活动的监督,采取了三项重要措施:

(1)加强对地方行政的控制。根据国民党六届三中全会的决议,各省、各县仿照中央政治委员会的模式,"迅速成立省县政治委员会,并加强其组织,以指导监督省县行政,并严格管理从政党员"。

(2)加强对从政党员的管理。首先要"加强政治领导,确定从政党员管理办法,严格施行",党员担任各级政府的重要职务或参加各项重要职位的竞选,必须经党的组织的同意,并受其指导;任何从政党员都应参加基层组织活动,否则予以党纪处分;"对于同级政府从政党员之违反本党主义、政纲、政策及党的决议,或奉行不力者,得提请上级党部予以适当之惩处",情节严重者,开除党籍。[①]

(3)实施"以党透政"的工作方式。国民党六届三中全会决议通过的《农民运动实施纲要》和《工人运动实施纲要》,都对"以党透政"的实施方式有明确规定。其一,政治委员会的运用。"凡本党决定的政策,须愿[②]政府执行或监督指导其实施者,由党部提交同级政治委员会决定后,命令从政党员于政府中制定方案,作为施政之依据,并检讨其成效。"其二,民意机构的运用。在民意机关和群众团体的党员中"遴选若干人,组织党团,指导执行党的决议,以利政策之推行";对农会、工会,有具体的"以党透过农会实施之方式"、"以党透过工会实施之方式"等。[③]

2. 国民政府内部的监督

(1)监察院的监督。1946年12月25日通过的《中华民国宪法》规定,监察

---

① 《关于训练党务经费及党政关系之综合决议案》(1947年3月23日),《中国国民党历次代表大会及中央全会资料》下册,光明日报出版社1985年版,第1129页。

② 此处档案原文为"愿",档案史料整理者经考辨分析,认为原文为误字,此处应为"赖"字。

③ 《农民运动实施纲要》、《工人运动实施纲要》(1947年3月23日),《中国国民党历次代表大会及中央全会资料》下册,光明日报出版社1985年版,第1118、1125页。

院为行政监察机关,"监察院为行使监察权,得向行政院及其各部会调阅其所发布之命令及各种有关文件",并"得按行政院及其各部会的工作,分设若干委员会,调查一切设施,检查其是否违法或失职";"监察院经各该委员会之审查及决议,得提出纠正案,移送行政院及其有关部会,促其注意改善。监察院对于中央及地方公务人员,认为有失职或违法情事,得提出纠举案或弹劾案,如涉及刑事,应移送法院办理";监察院设审计部,依法行使审计监督权。①

(2)立法院的监督。《中华民国宪法》规定,"立法院为国家最高立法机关","行政院有向立法院提出施政方针及施政报告之责。立法委员开会时,有向行政院院长及行政院各部会首长质询之权",而"立法院对于行政院之重要政策不赞同时,得以决议移请行政院变更之"。

(3)总统的监督。总统通过宪定"核可权"对立法院决议权、行政院移请复议权进行监督,即"行政院对于立法院之决议得经总统之核可,移请立法院复议";通过提名任命行政院长的权力进行监督,即"行政院院长由总统提名"、"行政院副院长,各部会首长及不管部会之政务委员,由行政院院长提请总统任命之",监督和控制行政院,使之受制于总统。②

3.对施政过程的考核监督

抗战胜利后,国民党中央和南京国民政府多次作出规定,每年度的施政计划必须分期进行严格考核。考核中如发现有浮虚或违法失职情况,除迅速纠正外,对情节严重者即免去主管人员职务,并规定以政绩作为奖惩黜陟的标准。

在具体施政过程中,中央政府还经常派出专门督导团或督导员进行督促检查。不过,"崩溃"时期的南京政府就像一台腐朽不堪的机器,无论怎样检修、加油,也无法使其正常运行。因此,这类监督活动效果并不明显。

---

① 《中华民国宪法》,《中国现代史资料选辑》第六册,中国人民大学出版社1989年版,第240页。
② 《中华民国宪法》,《中国现代史资料选辑》第六册,中国人民大学出版社1989年版,第235—236页。

第八章 晚清民国时期的反贪文化和反贪经验教训

从晚清到民国，人们痛恨贪污腐败者的祸国殃民，大量的各类记载中，都留下了对贪污腐败行径的揭露、嘲讽，让我们领略到晚清民国反贪文化的精华。晚清民国历史上贪污腐败的教训，可以为后人避免重蹈覆辙提供智慧和力量，有了历史上贪官落马、王朝覆灭的镜鉴，足以令人警醒。

第一节
晚清民国时期的反贪文化

一、亲历贪腐内幕的野史和笔记

在晚清民国时期,大量的野史、杂记、演义、史话,都记载了清后期以及民国从北洋军阀时期到国民政府时期大量的贪污腐败行径,如陶菊隐的《北洋军阀统治时期史话》、蔡东藩的《民国通俗演义》和姜泣群编的《民国野史》,等等。

陶菊隐在《北洋军阀统治时期史话》中明确说明:"我在旧中国新闻界待过三十多年,亲身见闻不少,特别是从某些'要人'口中得来的'内幕消息',当时不能发表的,我都记录下来。解放初期,我把这些资料和部分传记之类的旧作掺合起来,并跑图书馆加以核对补充,于一九五七年至五九年,写成《北洋军阀统治时期史话》。"作者还明确申明"此书是史话,不是史论"、"此书是史话,不是小说",力求做到"求实存真"。① 故此,书中大量揭露北洋军阀贪污腐败行径的内容,是基本可信的。

蔡东藩、许廑父所著《民国通俗演义》一书,是根据"当时的报纸和耳闻

---

① 陶菊隐:《北洋军阀统治时期史话》下册,三联书店1983年版,"后记",第1726—1727页。

目见,搜集了不少材料,记述了不少事实"①写成,为的是写出"浊世之是非"。正如作者在自序中所写的:"治世有是非,浊世无是非。夫浊世亦何尝无是非哉?弊在以非为是,以是为非,群言庞杂,无所适从,而是非遂颠倒而不复明。……今日之中华民国……自纪元以迄于兹,朝三暮四,变幻靡常……纯以是非之正轨,恐南其辕而北其辙,始终未能达到也。"②可见当时社会之不堪。

晚清民国时期大量的笔记史料,亦历史亦传奇,丰富多样地记载了清朝后期,以及中华民国自建立之日起,从临时政府、北京政府到南京国民政府时期的大量官吏贪污腐败行为,及其社会上的贪污腐败行径,甚至充满了辛辣的讽刺、嘲弄。著名的晚清民国史料笔记,如黄濬的《花随人圣庵摭忆》,刘以芬的《民国政史拾遗》,陶菊隐的《政海轶闻》,张国淦的《北洋述闻》,王建中的《洪宪惨史》,袁克文的《辛丙秘苑》,刘成禺的《洪宪纪事诗注本末》,谭人凤的《石叟牌词》,等等。

《花随人圣庵摭忆》,是民国时期一部主要以记述晚清和民初的史实掌故与人物佚闻,而颇受民众喜爱和学人重视的笔记掌故巨帙,最初连载于《中央周报》,其补编续刊于《学海》。由于作者黄濬是晚清名家陈衍的得意弟子,尤以诗才扬名当时,故能与权宦显要、前辈名人周旋唱和,多所往来,因此,该书除杂采时人文集、笔记、日记、书札、公牍、密电以及有关的外人著述外,尚能由此多据其本人亲身经历和耳闻目睹的材料,内容丰富,议论精彩,行文婉承,生动流畅,深受读者欢迎。③

《民国政史拾遗》,又名《宋荔山房随笔》,该书以作者亲历亲见,记述了

---

① 蔡东藩、许廑父:《民国通俗演义》,中华书局1973年版,"重印说明",第1页。
② 蔡东藩、许廑父:《民国通俗演义》,中华书局1973年版,"自序",第1页。
③ 黄濬(1890—1937),福建侯官(今福州)人,在清末留学日本早稻田大学,曾历任北京政府陆军部、交通部、财政部参事、佥事、秘书及国务院参议等职。1932年任南京国民政府行政院秘书,以文才深受蒋介石赏识,升至地位仅次于行政院秘书长的简任级机要秘书。1937年因向日军泄露机密,以通敌罪伏法。参见黄濬:《花随人圣庵摭忆》(民国史料笔记丛刊),上海书店出版社1998年版。

民国创立之初的16年间的政坛的党派倾轧、行贿受贿等史事佚闻。如《另一曹锟贿选案》,就讲述了曹锟在民国十二年(1923)贿选大总统之前,在民国七年(1918)贿选副总统的事件。此外揭露民国初年贪污受贿行径的尚有《新国会选举丑剧》、《贿选与贿不选》,等等。① 其他的民国史料笔记,也莫不如此。

二、揭"黑幕"之小说

大量的晚清民国小说,描写了从清朝末年、北洋军阀时期到蒋介石政府时期,大小官僚、军阀生活的糜烂和大肆进行贪污掠夺的劣迹。其中影响极大的如有反映辛亥革命后封建军阀统治下充满着贪污腐败、黑暗现实的张恨水的《啼笑姻缘》、贡少琴的《新社会现形记》、觉迷的《不倒翁》、叶萄的《终南捷径》、观弈的《某县令》、培均的《诈财新术》、钓鳌客的《金钱》,等等。唐人所著的《金陵春梦》则以巨大的篇幅描写了蒋家王朝的种种腐败行径。②

1916年10月,《时事新报》开辟《上海黑幕》专栏,标志着"黑幕小说"的出现,此类小说主要揭露政界、军界、学界、商界、党会、匪类、报界、僧道、慈善等方面的"黑幕"。"黑幕小说"的作品,以路滨生1918年所编《绘图中国黑幕大观》"初集"和"续集"为代表。黑幕小说所写的内容包括:"政界之黑幕"、"军界之黑幕"、"学界之黑幕"、"商界之黑幕"、"报界之黑幕"、"家庭之黑幕"、"党会之黑幕"、"匪类之黑幕"、"江湖之黑幕"、"翻戏之黑幕"、"优伶之黑幕"、"娼妓之黑幕"、"僧道之黑幕"、"拆白党之黑

---

① 刘以芬:《民国政史拾遗》(民国史料笔记丛刊),上海书店出版社1998年版。
② 唐人所著之《金陵春梦》,从1952年在香港《新晚报》连载刊登第一集《郑三发子》开始,到1958年最后一集(第八集)《大江东去》为止,数百万字,对蒋家王朝、蒋介石的描画"生动活泼,刻划入微",被誉为"确是一部难得的历史小说"。参见《金陵春梦》第一集"序",上海文化出版社1958年版,第1页。

幕"、"慈善事业之黑幕"、"一切人物之黑幕",等等。①

该书在"序言"中道其原委:"世教衰微,道德堕落,益以内乱外患,商业凌夷,国人生计困难,遂相率为卑污残忍、诈伪欺罔之事,以求幸获。受其祸者,无所得伸,或泄其愤于口舌,文人笔而存之,是为时下流行之黑幕。黑幕者,摘奸发覆之笔记也。某报社创之于先,各书肆继之于后。惟某报社之黑幕,纪事恒囿于一隅;而各书肆所出之黑幕,内容又未必尽佳。于是有路滨生者,奋袂而起,手编《中国黑幕大观》四巨册,都百万言,自比然犀铸鼎,奸魅无遁形矣。"②

路滨生所编《绘图中国黑幕大观》一书,自称是揭发"全国社会射影含沙之事,魑魅魍魉之形,一一呈于纸上,无所遁逃",从而使"幕中人知所怯而幕外人知所防"。同时,正如鲁迅所指出的,其内容也充满了"丑诋私敌,等于谤书,又或有谩骂之志而无抒写之才,则遂堕落而为'黑幕小说'"。"黑幕小说"作者的宗旨是要揭发社会上的种种罪恶和龌龊行为,故不加判别、尽量搜罗和记录各种丑恶现象。③

三、谣谚

自古以来,每当民众百姓对社会现象产生不满情绪时,往往以通俗直白的话语、朗朗上口的形式,创制出大量的民间歌谣,揭露令他们产生不满的社会不良现象。清朝后期、中华民国时期即产生了大量的民谣,形象、深刻地揭露了晚清、民国时期社会贪污腐败现象。我们知道,在民间社会里,谣

---

① 路滨生编:《绘图中国黑幕大观》,"初集"上、下卷,"续集"上、下卷,中华民国七年(1918年)三月一日出版,上海博物院路八号鲁威洋行荷商马也三月十日发行,华商第一印刷所印刷,特约代发行所是中华图书集成公司。
② 路滨生编:《绘图中国黑幕大观》"初集"卷上,上海中华图书集成公司1918年印行,序一,第1页。
③ 路滨生编:《绘图中国黑幕大观》"续集"卷上,上海中华图书集成公司1918年印行,序一,第1页。

谚能表现社会生活的方方面面，包括政治生活、经济生活，社会风貌，等等。谣谚成为一种引导公共舆论、制造流行观念，传播情感、态度、价值观的共享工具。

　　反映社会中贪腐状况最为密切、直接的是政治谣谚。老百姓往往会把谣谚视为社会重大事变发生的谶语先兆，甚或是为了营造某一事件发生的神秘气氛，人们，往往是一些民间文人会蓄意创作并传播谣谚，这实际上就是一种广泛意义的社会舆论。这类谣谚多与政治性事件、人物有关，并在较广泛地区或是特定地区流行。

　　谣谚，可算是一种民间文学形式，它采用的是口语，而非书面语，但创作和传播它的却不仅是普通民众，还有许多知识精英。民众创作并传播的谣谚，一般是根据生活经验，针对某种社会或自然现象，加以总结而来的，是比较随意的表达。民众面对的是生计问题、人际关系问题、与官府打交道的问题等日常生活问题。对于普通民众，谣谚主要是传承生活经验，并用以表达对特定人物事件、社会现象等的看法，从而使创作和流传谣谚成为他们生活的一部分。

　　对知识精英们而言，创作并传播谣谚，往往具有特定的政治动机或目的，其背景当然是根据确实甚或是捕风捉影的故事来刻意制造的。知识精英除了有一般民众所具有的创作目的和面临的生存境遇外，还有更多的政治、文化的欲求。因此，谣谚对于知识精英来说，工具的意义更多，在制造和传播谣谚的时候，他们具有极强的功利性。①

　　应当说，晚清民国时期，关于贪污腐败问题的谣谚，两种类型都具备。

四、报刊揭露贪腐的内幕

　　民国时期，报刊对反贪的反映、报道是较多的，如前面已提及的《时事

---

　　① 诸如《歌谣周刊》、《中国歌谣》等收集谣谚的刊物、书集，地方志中大量收集有民国时期的谣谚。丁世良、赵放主编：《中国地方志民俗资料汇编》，书目文献出版社1989年—1995年版；张守常编：《中国近世谣谚》，北京出版社1998年版。

新报》还专门开辟了对贪腐事件报道的专栏。国民党统治时期,虽然有诸多的限制和严苛的审查制度,但是国统区的部分报刊仍能较客观地反映、报道一些贪污腐败事件。

如重庆时代的《大公报》,虽然对国民党是一贯采用大捧(捧蒋介石)小骂(骂孔祥熙)的手法,但其报道在客观上对国民党官员的贪污腐败行为有所揭露。太平洋战争爆发后,《大公报》曝光的矛头就明确地指向孔祥熙。首先在日寇攻占香港前夕,孔家仓皇从香港包乘中国航空公司飞机,逃到重庆,除了大箱小箱的金银财宝外,还有梳头娘姨和二小姐的爱犬,统统乘飞机而来,而原在香港的工作人员和爱国人士全部陷在香港,备受屠杀和蹂躏。《大公报》趁这个机会写了一篇社论,把孔祥熙及其家族骂了一通,揭开了正面反孔祥熙的序幕。在孔祥熙侵吞美金公债发案后,《大公报》作了大量报道,对揭露贪污内幕、政府处理等情况,加以一定的报导,对促使孔祥熙下台,起了一定的作用。

第二节
民国时期反贪的经验教训

关于贪污腐化,中外学者的认识既存有共识,也有差异,可说是同异互见。

中国学者的理解是:它就是公务人员或财务人员接受或攫取不正当之财物或金钱以自肥。这种财物或金钱,或直接、间接取之于国民,或取自国库。"取之国民者,谓之索贿;取自国库者,谓之侵蚀。"①

西方学者的认识也是同异互见的。亨廷顿在其所著《变动社会中的政治秩序》一书中认为:"贪污腐化是指国家官员为了谋取个人私利而违反公认准则的行为。腐化乃是缺乏有效的政治制度化的一种表征。它导致公职官员没有自律感,缺乏操守,妄取份外之利,不尽职内之责。无可否认,世界各国都存在着腐化。"②从中华民国的反贪史也可看出,近现代社会,当一个国家处于变革时期,其中的腐化现象,比我国在其他时期中的腐化现象更为普遍,腐化的程度与社会、经济迅速现代化有关。通常,腐化现象在现代化进程的最激烈阶段,往往会最广泛地蔓延于整个官场。

---

① 马寅初:《财政学与中国财政——理论与现实》,商务印书馆2001年版,第687页。
② 塞缪尔·P.亨廷顿等著,王冠华等译:《变动社会中的政治秩序》,三联书店1989年版,第54—55页。

一、权力寻租与补偿心态的结合

中华民国时期贪污腐化的一个独特之处,是将权力寻租与独特的补偿心态融合在一起,所造成的负面影响之猛烈,已为民国政权在大陆统治的最后五年所证明,是具有毁灭性的。

中外学界对"寻租论"的理论和实践方面的探讨已众,而探讨中华民国时期的贪腐行为和反贪机制、举措,固然需要从"寻租论"和作为民国时期颇具特色的"补偿论"中加以探讨,更重要的是,从整体观的角度,结合世界范围内的类似现象,从民族独立过程中的权力转换(权力转移)、现代化与贪污腐化的关系等方面来加以探讨,更具有深刻性。

深入剖析中华民国时期中国现代化进程中诸多的贪腐现象,可以发现补偿心态和权力寻租结合的多种表现。

第一,现代化的进程必然也是权力新的增长和重新架构的过程,旧的权势在衰减或丧失过程中,一旦获得机会与新的权力结合,为了补偿自身权势衰减过程中的心理落差和利益损失,必然迫不及待地与新的权力寻租相互利用,获取不当利益。本卷提及的一个典型案例,就是在1927—1936年间这一中国现代化突飞猛进的"黄金十年"时期发生的"轮船招商局案"。当时在国民政府国有化浪潮下,原属于李鸿章家族控制下的轮船招商局收归国有,由国民政府交通部负责管理。李鸿章的孙子李国杰挂名董事长,为了补偿自己的权势失落带来的损失,1931年,李国杰与轮船招商局监督、交通部次长陈孚木勾结,借轮船招商局借款整顿之机,大肆贪污,酿成巨案。

第二是国家公职人员在遭受艰难困苦之后,利用自身掌握的权力寻租贪腐,在艰苦环境中就逐步补偿或在困苦之境过后以补偿自身"损失"。其中,在经历艰难困苦的过程中就逐步补偿自己的类型,以抗战时期孔祥熙集团"美金公债案"等一系列贪腐大案为代表。在艰难困苦之境过后,利用自己手中掌握的大小权力寻租贪腐,以补偿自己所经历困苦的类型就更为普遍,典型代表就是在抗战胜利后接收敌产过程中,因缺乏监督而出现的形同抢劫的普遍而严重的贪腐。

第三是国民党军队因在抗战中和在解放战争时期出于补偿自身因军事行动而不能享受和平、享乐的心理,而借机大肆贪腐,克扣军饷、冒领空饷,高级将领带头利用国家军资经商投机,这也是民国时期权力寻租与补偿心态结合导致严重贪腐问题的重要表现之一。

第四是国家公职人员因战争或社会经济动荡、通货膨胀而导致生活水平下降,利用权力寻租以补偿自身生活质量的贪腐行径。这种情况在国民政府各权力机关中是较为普遍的。

这些现象,正是近代中国自晚清到民国,在国家主权逐步丧失、半殖民地不断加深的过程中,也是在寻求民族独立过程中权力转化与现代化进程中出现的诸多典型性和独特性交织的贪腐现象,不仅在近代中国,在世界范围内的相应历史时期,均具有代表性。

二、社会基本价值观的转变

中华民国时期,中国社会正处于一个现代化的"突进"时期,而现代化涉及社会基本价值观的转变。

中华民国处于现代化进程中的一个"突进"时期,也是价值观念急剧变化的时期。价值观的转变,意味着社会内部的集团开始用诸如天下平等、以成就量人、个人和集团对民族国家的效忠和认同、对国家而言公民享有平等的权利并应尽平等的义务等新的、外来的规范(民国时期,这些新的、外来的规范主要是西方和苏俄的行为规范、价值标准)来判断自身、社会,那些按照传统规范是可以接受并合法的行为(如清末"陋规",政治上必要的讨价还价和妥协等),在"现代人士"的眼里,成为不能接受的腐化行为,其结果就是将政治与腐化等同起来。因此,现代化进程中的社会腐化现象,在某种程度上,与其说是人们尤其是公务人员的行为背离了公认的行为规范,还不如说是行为规范背离了公认的行为方式,这种判断是非的新标准和新尺度,至少把某些传统上认为是合法的行为,谴责为腐化。而且,我们必须认识到,给所有旧标准打上问号,会摧毁所有标准的合法性,使人们变得无所适从,使贪污腐化者有空子可钻,而且新旧行为规范的冲突,为个人创造了以这两种(新、旧)行为规范所不承认的方式进行活动的机会,实际上也是为贪污腐化创造了新的机会和途径。

同时,现代化开辟了新的财富渠道和权力来源,如果不能有效控制,就会进一步助长贪污腐化行为。处理这些新、旧财富和权力来源的现代规范,也没有被该社会内部居于统治地位的集团所接受。新、旧规范的冲突之间,就留下了贪腐者可资利用的缝隙。

三、现代化和战争、民族独立背景

中华民国反贪史的探讨应放在当时的战争、民族独立和现代化过程这样的背景中来进行。

中国,作为一个民族国家,也是后发型现代化国家,经济发展过程中所导致的经济不平等的影响,会变得非常惹人注目,从而在客观上使经济利益和地位上的不平等越发严重,使得国家政治制度在"政治腐化时期"内受到了严峻的考验,并遭到一定程度的腐蚀。与此同时,由于国家在整合期间(民国时期突出表现为国家统一的战争)的社会动员,又在削弱这种不平等的合法性。现代化进程中的这两方面因素的日益增长,最终结合起来便产生了政治动乱。中华民国时期,无论是北洋军阀政府时期,还是国民党统治时期,在政治上无数的"政变"、"事件",甚至政权的更迭,都说明了这一点。

世界范围内的众多事例也表明,民族独立曾在一段时间内,给少数掌权的人带来攫取巨额财富的众多良机,而与此同时,占人口大多数的平民百姓的生活水平却停滞不前,甚至有所下降,被囚禁在经济和政治不平等的牢笼里,而最终导致革命的发生,这也是对蒋介石的南京国民政府政权败因的一种理论总结。

四、民国时期贪腐的警示

中华民国时期的贪污腐化现象告诉我们:

第一,腐化是可以通过非正常渠道,将新兴集团吸收进现有政治体系的一种手段,这是统治集团扩大其统治基础的方式之一。"腐化在掌握政治权力的人和拥有财富的人之间架起了一座桥梁",一方用政治权力去换取金钱,另一方则用金钱去换取政治权力。但是,两者的共通之处,即他们都是通过出卖某种公物(一张选票、一官半职、一项决议、一件批文,等等)来达到的。曹锟"贿选"总统,就是这一方式的变异品种。此外,根据许多传统社会的传统治典,一个官员有责任和义务向他的家庭成员提供奖励并安插职位,比如,中国古代的相关制度,等等。因此,只有区分官员对国家的义务和对自己家庭的义务这种差别逐渐被社会内部占统治地位的各集团所接受,才有可能断定上述官员的行为属于裙带关系或腐化。

第二,贪污腐化的形式大都涉及政治行为和经济财富之间的交易。至于腐化采取哪种具体的形式,这就要看在特定场合哪种形式容易办得到了。在民国社会里,政治成为一项主要产业、一种生活方式,政治是通向权力的主要途径,而权力又是敛财聚富的主要途径,借助政治影响、政治权力去捞取钱财,比其他任何方法都省时、省力。于是,政治的首要目的不是为了实现公共目标,不是为民众之福祉,而是为了攫取个人利益。在这样一种情况下,贪污腐化行为的蔓延不可避免。

第三,从政治的阶梯或官僚体系的阶梯向下看,越往低层,贪污腐化行为愈加频繁和肆无忌惮。当然,在不同的国家的不同时期会存在例外情况。由于地域的关系以及纪律约束有限性等原因,一般而言,下层官员由于对纪律和道德的自我约束力较弱,往往比高级官员更具有腐化性(当然,在民国时期这种状况并非绝对,高级官员的贪污腐化也有可能比下级官员更厉害);社会生活的混乱,政治、经济、军事集团之间缺乏稳定的关系,没有公认的权威模式,都是滋生繁衍腐化的温床。

从长远的眼光来看,刹住贪污腐化的风气,需要对政治参与进行组织和协调。政治组织能行使有效的权威,并促使集团利益,如"党派机器"、"组织",得以组织起来,超越个人和社会小圈子的狭隘利益。因此,政治组织发展了,一般而言,就能减少贪污腐化的机会,而政党便是现代政治中能履行这一职责的政治组织、主要机构。政党能保护官僚体制免遭破坏性更大的集团和家族的吞噬,"党派观念和腐化行为是两条全然对立的原则。党派观念偏重于某种建立在公开昭示的公责之上的联系,而腐化则以满足私人和个人的利益为出发点,在暗地里进行,不露出任何蛛丝马迹"。当然,党派组织的弱点就是难以建立避免自身被腐化的有效机制,而这样的腐败一产生,就往往不是个体行为,而是体制性腐败。

第四,对腐化的纵容、庇护,最终会导致体制性腐败。任何政府,包括国民党政府,出于维护自身统治以及所谓的政府声誉的需要等原因,对贪污腐败行为,从制度上和实际操作中都采取否定和打击的态度,但出于权力平衡和有裙带关系的利益团体之相互利益维护等因素,造成统治集团对贪污腐败行为客观上的纵容,乃至最终造成积重难返的体制性腐败,从而导致政权的倾覆,这也是中华民国反贪史给予我们的经验教训。

本书为北京师范大学自主科研基金资助项目（项目批准号：SKZZY2014036）

获中央高校基本科研业务费专项资金资助

（supported by "the Fundamental Research Funds for the Central Universities"）

中国反贪制度史

〔下卷〕

邱涛 著

目 录

ZHONGGUO FANTAN ZHIDUSHI

第一章　新民主主义革命时期中国共产党反贪腐思想与实践（1921—1949）

第一节　新民主主义革命时期中国共产党反贪腐廉政思想建设 …… 002

一、继承并在实践中发展马克思主义廉政学说是中国共产党廉政建设成就的根源 …… 002

二、根据新民主主义革命和建设的实际来分析反贪腐形势 … 004

三、长期保持廉洁自守价值取向的思想保证 …… 006

 1. 注重革命信仰、革命道德的培育，是中国共产党廉政思想原则的特色 …… 006

 2. 树立全心全意为人民服务的宗旨和思想 …… 008

 3. 明确提出党员领导干部的道德标准 …… 009

四、正确路线和优良作风是夺取反贪腐斗争胜利的政治保障 …… 009

 1. 党在民主革命时期的政治路线确保党的清正廉洁和革命的胜利 …… 009

 2. 确立任人唯贤和从严治党的干部路线，纯洁组织，奠定反腐倡廉坚实的组织基础 …… 010

 3. 形成反腐倡廉的优良作风 …… 010

 4. 以民主与监督作为反腐倡廉的制度保障和重要策略 … 011

第二节　中国共产党从成立到大革命时期的廉政制度和机构
　　　　建设 ·· 013
　一、建党之初反贪腐制度原则和组织创建 ································ 013
　　1. 反贪腐制度规章 ··· 013
　　2. 建党初期的反贪腐机构设置 ······································ 016
　二、反对贪污腐败行为的斗争 ··· 017
第三节　第二次国内革命战争时期党和苏区政府的反贪腐
　　　　实践 ·· 019
　一、工农民主政权的建立和党的反贪腐原则初步形成 ········ 019
　二、党和中华苏维埃政府反贪腐制度和机构建设 ············· 020
　　1. 党和苏区政府反贪腐制度建设 ··································· 020
　　2. 党和苏区政府反贪腐机构建设 ··································· 025
　　3. 苏区反贪腐的实践 ·· 030
第四节　抗日战争时期党和边区政府的反贪腐工作 ············· 034
　一、建立廉洁的抗日民主政府和制定反贪腐的原则 ············ 034
　　1. 培育马克思主义世界观、人生观，树立为人民服务的
　　　公仆意识，是廉政建设的基础 ································· 034
　　2. 确立实事求是的思想路线和原则 ······························· 035
　　3. 建立严明的纪律建设 ··· 036
　　4. 开展自力更生、艰苦奋斗作风教育，摒弃贪图享乐的
　　　思想 ·· 037
　　5. 党员干部以身作则，做廉政的表率 ··························· 038
　　6. 以加强民主建设作为防治腐败的坚强的政治基础 ········ 038
　二、抗日民主政府健全反贪腐制度和机构建设 ···················· 040
　　1. 抗日民主政权廉政制度建设 ···································· 041
　　2. 抗战时期反贪腐廉政机构建设 ································· 045
　　3. 加强反贪监督机制及反贪实践 ································· 048

第五节 解放战争时期的反贪腐廉政建设 ········· 051
　一、解放战争时期党的反贪腐原则 ············· 051
　二、解放战争时期反贪腐制度建设和实践 ········· 052
　　1. 反贪廉政制度建设 ···················· 052
　　2. 反贪机构设置 ······················ 055
　　3. 解放区的反贪腐斗争 ·················· 059

第二章　新中国反贪腐廉政建设的开始阶段（1949—1966）

第一节 新中国建立初期的反贪腐环境 ············ 064
　一、新中国建立初期反贪腐斗争与巩固新政权紧密相连 ··· 064
　二、新中国建立初期腐败现象一度严重的国内国际环境 ··· 067
第二节 中国共产党第一代领导集体反贪腐思想原则的坚持
　　　　和发展 ························ 070
　一、将反对贪污腐败的斗争视为治党治国的根本大事 ···· 070
　二、注重对贪污腐败的综合治理 ··············· 071
　　1. 通过教育手段树立反贪腐倡廉政的思想基础 ····· 071
　　2. 建立和完善法律制度，坚决惩治贪污腐败行为 ···· 073
　　3. 重视监督的作用 ···················· 073
　三、对新民主主义革命时期防治贪污腐败经验的总结和继承 ······························· 075
第三节 "整风整党"、"三反"运动与新中国建立初期反贪腐
　　　　机制建设 ······················· 077
　一、"整风整党"和"三反"运动前的贪污腐败状况 ······ 077
　二、整风整党运动和反贪污、反浪费、反官僚主义运动的开展 ······························· 080
　三、"整风整党"、"三反"运动与反贪机制建设 ······· 085
　　1. 反贪制度建设和完善 ·················· 085

2. 新中国建立初期反贪污腐败机构建设 …………………… 093
第四节　"五反"、"四清"运动中反贪腐制度建设和实践 ……… 107
　一、中共"八大"与反贪腐廉政制度建设 …………………… 107
　　1. "八大"从党的建设的高度来认识党风廉政建设 ……… 107
　　2. 加强反贪腐制度和机构建设 …………………………… 110
　二、整风运动和农村"三反"运动 …………………………… 114
　三、"五反"运动和"四清"运动 ……………………………… 118
　　1. "五反"运动和"四清"运动的国际国内背景 ………… 119
　　2. "五反"运动和"四清"运动中的反贪污腐败斗争 …… 119
第五节　新中国建立初期反贪污腐败斗争和廉政建设的经验 ……
　………………………………………………………………… 129
　一、综合培养党员干部马克思主义世界观、价值观和良好道德
　　　风尚 ……………………………………………………… 129
　二、以国家力量全面调控、整合经济和社会控制体系 ………… 131
　三、发挥制度建设和监督在控制贪腐上的作用 ……………… 133
　　1. 反贪腐廉政制度建设 …………………………………… 133
　　2. 发挥监督机制的综合效用 ……………………………… 134
　四、党领导反贪腐工作和教育控制作用的有力 ……………… 137

第三章　"文化大革命"时期的反贪污腐败工作（1966—1976）
第一节　"文化大革命"时期反贪腐制度和机构的撤废 ………… 142
　一、中央监察委员会的撤销 …………………………………… 142
　二、军队和地方监察、审计机构的撤废 ……………………… 143
　三、检察院、法院等反贪腐机关的存废 ……………………… 143
第二节　"文化大革命"期间恢复监督制度机构的努力与失败 ……
　………………………………………………………………… 145

第四章 改革开放初期反贪污腐败工作的恢复和发展（1977—1991）

第一节 改革开放初期反贪腐环境出现的新情况 …………… 148
第二节 中共第二代领导集体反贪廉政思想原则的新发展 …… 152
 一、从政治的高度认识和分析反贪污腐败斗争的形势 ……… 152
 二、坚持四项基本原则是反贪污腐败的根本战略 ………… 154
 三、以改革发展、监督教育和依法惩治作为反贪污腐败的基本
   对策 ……………………………………………………… 155
  1. 以改革发展推动反贪污腐败事业的飞跃 ……………… 155
  2. 通过监督、教育来反贪污腐败 ………………………… 157
  3. 运用法制手段从严惩治贪腐 …………………………… 158
第三节 改革开放初期反贪机制建设与实践 ………………… 160
 一、反贪腐组织机构的恢复建立 …………………………… 160
  1. 反贪腐司法机关的复建 ………………………………… 160
  2. 恢复党的纪律检查委员会 ……………………………… 161
  3. 党的纪律检查机关正式恢复 …………………………… 163
  4. 行政监察组织的恢复 …………………………………… 164
  5. 适时调整纪委的领导结构 ……………………………… 165
  6. 全国设立审计机构 ……………………………………… 166
 二、改革开放初期反贪腐法律制度的复建 ………………… 167
  1. 修改《党章》，完善、规范党的纪律 ………………… 168
  2. 制定党的纪律规定 ……………………………………… 168
  3. 加快反贪腐国家立法的进程 …………………………… 169
 三、反贪机构以整顿党风为重点开展反贪腐活动 ………… 178
  1. 坚决纠正与群众利益密切相关的不正之风 …………… 179
  2. 坚决纠正经济体制改革过程中的不正之风 …………… 182
  3. 坚决纠正政府机构改革中的不正之风 ………………… 187
  4. 通过整党活动纠正不正之风 …………………………… 192

四、坚决查办违纪违法案件 ································ 194
　　　1. 打击经济领域违法犯罪活动 ························ 194
　　　2. 查办贪污贿赂案件 ································ 197
　第四节　改革开放初期反贪腐实践经验和教训 ················ 199
　　一、改革开放初期反贪腐工作的基本经验 ·················· 199
　　　1. 把党风作为事关党的生死存亡的大事重点抓 ·········· 199
　　　2. 同党中央保持一致是最重要的政治纪律 ·············· 200
　　　3. 坚持"两手抓,两手都要硬" ························ 201
　　　4. 反贪腐工作为改革清障排阻 ························ 201
　　二、改革开放初期反贪腐工作中存在的问题 ················ 202
　　　1. 对改革开放以来党员思想可能出现问题的认识严重
　　　　 不足 ·· 202
　　　2. 党政不分,以纪代法、以纪代罚现象比较突出 ········ 202
　　　3. 反贪污腐败的措施应急性、权宜之计多,缺乏稳定性 ··· 203
　　　4. 纪检和监察机关职能重复交叉,上下体制关系没有
　　　　 完全理顺 ·· 203

第五章　新中国反贪腐廉政制度建设的重要发展阶段(1992—2002)
　第一节　社会主义市场经济体制建设初期的反贪腐环境 ········ 206
　第二节　中共第三代领导集体反贪污腐败的思想原则 ·········· 213
　　一、坚持从政治的高度把握廉政建设和反贪腐斗争的形势、
　　　　特点和规律 ······································ 213
　　二、坚持正确理论指导,加强党的建设,是夺取反贪腐斗争
　　　　胜利的根本 ······································ 215
　　　1. 以邓小平理论和"三个代表"重要思想作为新时期反贪腐
　　　　 斗争的指导思想 ·································· 215
　　　2. 把党风廉政建设和反腐败斗争作为党的建设新的伟大

  工程的重要内容 …………………………………………… 216
 三、加强领导、完善机制、标本兼治、综合治理,是反腐败
  斗争的基本方略 …………………………………………… 217
  1. 建立反腐败领导体制和工作机制,廉政建设依靠整体
   合力、组织保证 ………………………………………… 218
  2. 坚持标本兼治,加大从源头上预防和治理腐败的力度………
   ………………………………………………………………… 218
  3. 积极探索反腐败斗争的有效途径 …………………… 219

第三节 新时期反贪腐廉政建设的主要工作 ……………… 222
 一、反贪机构建设与改革 …………………………………… 222
  1. 纪检监察机构合署办公 ……………………………… 222
  2. 建立特邀监察员制度 ………………………………… 224
  3. 成立反贪局 …………………………………………… 227
  4. 成立纠风工作机构 …………………………………… 229
  5. 成立职务犯罪预防厅 ………………………………… 230
 二、反腐倡廉制度建设 ……………………………………… 231
  1. 反贪廉政行政和刑事法规 …………………………… 232
  2. 反贪廉政党纪党规 …………………………………… 240
 三、从源头治理腐败工作 …………………………………… 249
  1. 军队、武警部队和政法机关不再从事经商活动 ……… 250
  2. 行政审批制度改革 …………………………………… 252
  3. 干部人事制度改革 …………………………………… 254
  4. 财政管理制度改革 …………………………………… 256
  5. 政府采购等四项制度初显成效 ……………………… 260
 四、领导干部廉洁自律 ……………………………………… 266
  1. 规范领导干部及其家属的经济活动 ………………… 266
  2. 清理"吃喝玩乐"之歪风 …………………………… 268

     3. 治理花样翻新的"现代病" …………………………… 270
     4. 整治形式多样的"送钱风" …………………………… 272
     5. 加强国企领导干部廉洁自律 ………………………… 273
   五、纠正不正之风 …………………………………………… 275
     1. 集中力量开展专项治理 ……………………………… 276
     2. 加强部门和行业作风建设 …………………………… 279
   六、查处违纪违法案件 ……………………………………… 285
     1. 信访工作 ……………………………………………… 285
     2. 查办案件战果辉煌 …………………………………… 287
  第四节 反贪腐国际交流与合作 ………………………………… 290
   一、举办和参加国际反贪污大会 …………………………… 290
   二、举办亚洲监察专员协会第七次会议 …………………… 291
  第五节 新时期反贪污腐败实践存在的不足 …………………… 292
   一、腐败现象仍然突出，有的甚至还在滋生蔓延 ………… 292
   二、反腐败工作的现状同党的要求和人民群众的期望
     还有差距 ………………………………………………… 293

第六章 新世纪反贪腐廉政建设（2002年以后）
  第一节 面向新世纪的反腐倡廉思想原则 ……………………… 296
   一、以科学发展观来指导反贪腐工作 ……………………… 296
   二、准确把握科学发展观的内涵，探索正确指导反腐败
     工作的途径 ……………………………………………… 297
   三、立足于时代和中国特色社会主义实践的需要，扎实
     做好反贪腐工作 ………………………………………… 299
  第二节 反贪腐组织机构建设与改革 …………………………… 302
   一、成立国家预防腐败局，加强预防工作力度 …………… 302
   二、对派驻机构实行统一管理，加强对"条条"的制约 ……… 304

三、完善巡视工作制度,加强对"块块"的监督 …………… 307
四、成立反渎职侵权局,加大对渎职侵权行为的惩处 …… 309
第三节 反贪腐廉政法律法规制度建设 …………………… 312
一、制定和完善反腐倡廉法律法规 ……………………… 312
　　1.《政府采购法》 …………………………………… 312
　　2.《公务员法》 ……………………………………… 313
　　3.《反洗钱法》 ……………………………………… 315
　　4.《关于办理受贿刑事案件适用法律若干问题的意见》 … 318
二、党内反贪腐条规 ……………………………………… 320
第四节 建立以惩防体系为重点的工作格局 ……………… 325
一、强化廉政教育和廉政文化建设 ……………………… 325
　　1.加强党员领导干部廉政教育和廉洁自律 …………… 325
　　2.大力开展廉政文化创建活动 ………………………… 327
　　3.加强领导干部廉洁自律 ……………………………… 328
二、推进从源头预防腐败的相关改革 …………………… 333
　　1.积极开展财政管理制度改革 ………………………… 333
　　2.扎实推进行政审批制度改革 ………………………… 334
　　3.切实推行投资体制改革 ……………………………… 336
　　4.深入推进干部人事制度改革 ………………………… 337
　　5.进一步完善政府采购制度 …………………………… 339
　　6.不断促进产权交易进入市场 ………………………… 339
三、加强权力的制约和监督 ……………………………… 340
　　1.改革纪律检查体制,不断加强权力制约 …………… 340
　　2.围绕党的中心工作,认真开展监督检查 …………… 341
　　3.全面推行办事公开,促进权力透明运行 …………… 341
四、进一步纠正部门和行业不正之风 …………………… 346
　　1.纠正涉农不正之风,减轻农民负担 ………………… 347

2. 治理党政部门报刊滥发活动 …………………………… 349
　　3. 治理教育乱收费工作 …………………………………… 350
　五、继续加强对贪污腐败分子的惩处 ………………………… 355
　　1. 进一步加强信访工作 …………………………………… 355
　　2. 加大查办案件工作力度 ………………………………… 358

第五节　反贪国际交流与合作 ………………………………… 363
　一、签署联合国反腐败国际公约 ……………………………… 363
　二、国际反贪局联合会 ………………………………………… 365

第六节　新世纪反贪腐廉政建设的重大发展 ………………… 368
　一、新世纪反贪腐廉政建设存在问题的思考 ………………… 368
　　1. 长期执政的历史条件使干部面临腐蚀的高风险，监督
　　　体制有待完善 …………………………………………… 368
　　2. 现代科学技术手段运用仍不充分，资源整合利用效率低，
　　　反腐成本高 ……………………………………………… 369
　　3. 利益分配机制存在不健全、不合理弊端，利益集团成为
　　　反贪腐的拦路虎 ………………………………………… 370
　　4. 反贪腐法制建设的科学性和系统性仍需加强 ………… 371
　二、以习近平为总书记的中央领导集体反腐倡廉的思想原则……
　　　　　　　　　　　　　　　　　　　　　　　　　　　… 374
　　1. 坚持党的领导是反腐廉政建设事业取得胜利的根本
　　　保证 ……………………………………………………… 374
　　2. 全面从严治党是治国理政的战略布局 ………………… 376
　　3. 以猛药去疴、刮骨疗毒的决心和勇气严厉惩治腐败 …… 378
　三、反贪腐廉政建设的主要工作 ……………………………… 380
　　1. 严厉惩治腐败，坚持"老虎"、"苍蝇"一起打 ………… 381
　　2. 纪检监察机关建设和职能的强化 ……………………… 387
　　3. 落实中央"八项规定"精神，纠正"四风" ……………… 396

  4. 巡视工作不断加强和改进 …………………………………… 399
  5. 全面推进依法治国,有序推进司法改革 …………………… 404
  6. 加强反贪腐国际交流与合作,国际追逃追赃工作取得
   重要成果 ……………………………………………………… 412
 四、反贪腐制度建设的重大进展 ………………………………… 414
  1. 修改完善党风廉政建设党规党纪和相关法律 …………… 414
  2. 颁布《中国共产党纪律检查机关监督执纪工作规则》 … 417
  3. 巡视制度的重大发展 ……………………………………… 420

第七节 新时代中国反腐的总布局、总规划 …………………… 425
 一、党的十九大对十八大以来反贪腐成绩的总结 ……………… 425
 二、十九大报告对新时代反贪腐工作的总体规划 ……………… 427
  1. 学习贯彻十九大精神,确保全面从严治党落实到位 …… 428
  2. 深化监察体制改革,反腐败力量更集中 ………………… 429
  3. 在日常工作中最大限度消灭党内监督盲区 ……………… 430
  4. 坚持十八大以来全面从严治党和反腐败的
   一系列成功做法 ……………………………………………… 431
  5. 全面从严治党是保护最广大人民的根本利益 …………… 433

后 记 …………………………………………………………………… 435

第一章

新民主主义革命时期中国共产党反贪腐思想与实践（1921—1949）

中国共产党成立以来，为着民族解放、社会进步和人民幸福，团结广大人民进行了不屈不挠的英勇斗争，并始终站在斗争的最前列。民主革命的道路不是一帆风顺的。为了在中国这样一个人口众多、贫穷而落后的国家里夺取革命的胜利，建设一个新的社会，中国共产党创造过举世震惊的人间奇迹，也面对过许多棘手的难题，遭受过严重挫折。但不管什么样的困难和挫折，都阻挡不了它的前进，而使它更加坚强和成熟。当中国人民在中国共产党的领导下取得新民主主义革命的胜利，并在社会主义建设中取得一个又一个新成就的时候，回顾和总结革命的成功经验，包括坚持党内廉洁，高度警惕贪腐，反对贪污腐败，不仅有历史意义，更有现实意义。

第一节
新民主主义革命时期中国共产党反贪腐廉政思想建设

新民主主义革命时期,中国共产党要发挥无产阶级政党的先进作用,带领人民群众夺取中国革命的胜利,必须紧紧围绕党的政治路线,加强自身的建设,不断增强党的创造力、凝聚力和战斗力。中国共产党是马克思主义与中国工农运动相结合的产物,中国共产党反贪污腐败的廉政建设,是在马克思主义廉政理论的指导下进行的。

一、继承并在实践中发展马克思主义廉政学说是中国共产党廉政建设成就的根源

中外历史说明,人类社会自从私有制产生以来,贪腐和廉洁问题就长期地存在着。如何认识贪污腐败及其规律,如何有效预防和惩治腐败,是人类社会不断探索的问题。马克思主义科学地说明了人类社会发展的基本规律,以及腐败产生的社会根源、消除腐败的基本途径。

马克思、恩格斯深刻地揭露了私有制和剥削阶级国家机器的存在是贪污腐败产生的经济和政治根源,并指出防治腐败的根本途径是消灭私有制。100多年前,马克思、恩格斯在总结巴黎公社无产阶级政权建设的经验时,就明确地提出:"公社实现了所有资产阶级革命都提出的廉洁政府这一

口号"①,"公社一开始想必就认识到,工人阶级一旦取得统治权,就不能继续运用旧的国家机器来进行管理;……以往国家的特征是什么呢?社会为了维护共同的利益,最初通过简单的分工建立了一些特殊的机关。但是,随着时间的推移,这些机关——为首的是国家政权——为了追求自己的特殊利益,从社会的公仆变成了社会的主人"②。无产阶级夺取国家政权,争得民主权利,加强监督,使执政者明白自己应该是"社会的负责任的公仆",要防止公仆蜕变成主人,杜绝贪腐现象的发生。

马克思、恩格斯的廉政学说和巴黎公社为防止国家机关由社会公仆蜕变为社会主人所做出的历史性探索,为列宁所继承,并运用于苏维埃社会主义革命和建设的实践之中。列宁通过对苏俄国家机关工作情况的调查研究,认为社会主义国家产生腐败的原因,主要是社会主义苏维埃国家经济发展程度还很不够,剥削阶级腐朽思想的影响不容忽视,私欲较重的人掌握了权力,新的国家制度还不完善,还有"半贵族老爷式的玩具性的机构",人民文化素养不高,等等。③针对这些问题,列宁提出解决贪污腐败、造就廉洁政治的途径:第一,大力发展经济是根本。第二,废除一切专职管理人员,由人民群众轮流承担管理工作。在社会主义初期一时做不到的情况下,尽可能多地吸收人民群众参加国家管理,"使工人进入一切国家机关……学会自己管理国家"④。第三,完善监督体制,加强对各级管理人员的监督。在布尔什维克党内,成立与中央委员会平行的中央监察委员会;在苏维埃政府,设立工农检察院,"使所有的人都来执行监督和监察的职能……使任何人都不能成为'官僚'"⑤。

马克思、恩格斯、列宁反对贪污腐败和实现廉洁政治的思想,对中国共

---

① 马克思:《法兰西内战》,《马克思恩格斯选集》第3卷,人民出版社1995年第2版,第58页。
② 恩格斯:《为马克思〈法兰西内战〉1891年单行本写的导言》,《马克思恩格斯选集》第3卷,人民出版社1995年第2版,第12页。
③ 《列宁选集》第4卷,人民出版社1960年版,第687页。
④ 《列宁全集》第30卷,人民出版社1957年版,第318页。
⑤ 《列宁选集》第3卷,人民出版社1973年版,第266页。

产党的新民主主义和社会主义政权建设产生了深刻的影响。中国共产党在建党之初,就结合当时中国社会的腐败落后状况,明确党的廉洁政治的宗旨,把保持廉洁放在党的建设和革命根据地政权建设的突出地位,并延续到社会主义新中国政权建设上。

二、根据新民主主义革命和建设的实际来分析反贪腐形势

第二次国内革命战争时期,毛泽东针对大革命失败后的革命低潮期,封建剥削思想、旧风俗和旧习惯势力的影响,腐化的社会环境的诱惑,新生的工农革命政权内部出现的官僚主义、铺张浪费、以权谋私、贪污腐化的现象[①],告诫全党,越是在艰苦的条件下,越要保持革命本色,廉洁奉公,"应该使一切政府工作人员明白,贪污和浪费是极大的犯罪"[②]。在这一思想指导下,1933年中华苏维埃政府发出《关于惩治贪污浪费行为的训令》,制定反腐倡廉的制度。

抗日战争时期,中国共产党及其人民军队在进行艰苦卓绝的民族自卫战争的同时,没有放松廉政建设工作。这一时期,陕甘宁边区党政军机关工作人员总体上都能保持艰苦奋斗、廉洁奉公,但也有少数个人或小集团在思想作风上产生了个人享乐主义,出现了以各种手段贪污、以权谋私、侵害群众和集体利益的腐化堕落现象。毛泽东指出:"在这个时期内一部分共产党员被资产阶级所腐化,在党员中发生资本主义的思想,是可能的,我们必须和这种党内的腐化思想作斗争。"[③]为此,毛泽东在理论上对"共产党

---

① 中央档案馆编:《中共中央文件选集》第6册,中共中央党校出版社1989年版,第324页;第7册,中共中央党校出版社1991年版,第340页。
② 毛泽东:《我们的经济政策》,《毛泽东选集》第1卷,人民出版社1991年版,第134页。
③ 《毛泽东选集》第3卷,人民出版社1991年版,第793页。

员在政府工作中应是廉洁奉公的模范"、"政府工作人员必须全心全意为人民服务"、"厉行节约、反对贪污浪费"、"用民主制度保证廉政"等问题进行了较为系统的论述,并要求"共产党员在政府工作中,应该是十分廉洁、不用私人、多做工作、少取报酬的模范"。① 边区政府创立的一整套比较完备的民主制度中,有专门针对廉政问题的制度性规定,使得"艰苦奋斗,以身作则,工作之外,还要生产,奖励廉洁,禁绝贪污",成为中国解放区的特色之一。② 1942 年春开始的延安整风运动,大力克服了党内严重存在的各种非无产阶级思想,抵制了腐化作风,保证了党的思想和组织的纯洁性,保证了边区的清正廉洁,为抗战的胜利奠定了坚实的基础。

新民主主义革命即将在全国取得最后胜利的前夕,毛泽东对全国执政考验下的廉政问题进行了更深层次的思考和理论论述。1949 年 3 月,在西柏坡召开的七届二中全会上,毛泽东代表中共中央政治局系统阐述了关于加强执政党党风建设和反腐防变的思想,号召全党"务必使同志们继续地保持谦虚、谨慎、不骄不躁的作风,务必使同志们继续地保持艰苦奋斗的作风"③。毛泽东告诫全党:"可能有这样一些共产党人,他们是不曾被拿枪的敌人征服过的,他们在这些敌人面前不愧英雄的称号;但是经不起人们用糖衣裹着的炮弹的攻击,他们在糖弹面前要打败仗",为反腐防变、加强党风廉政建设指明了方向。中华人民共和国建立后,毛泽东对执政条件下的廉政制度建设开始了全面探索。具有临时宪法性质的《共同纲领》明确规定"严惩贪污"的原则精神,根据这一指导思想,1952 年公布《中华人民共和国惩治贪污条例》,对贪污腐化、行贿受贿等罪行的处理办法作出具体规定。针对新中国建立后一些党员干部随着地位的变化,贪腐变质的情况,为巩固新生的人民政权,毛泽东领导了全党全军整风运动、整党运动和"三反"、"五反"运动,清除了党和国家干部队伍中的一批腐化分子,教育了大多数干部,新中国的政治面貌和社会风气焕然一新。毛泽东廉政思想是在

---

① 《毛泽东选集》第 2 卷,人民出版社 1991 年版,第 522 页。
② 《毛泽东选集》第 3 卷,人民出版社 1991 年版,第 1048 页。
③ 《毛泽东选集》第 4 卷,人民出版社 1991 年版,第 1348—1349 页。

不断推动革命事业的发展,并与党内各种消极腐败现象作斗争的过程中形成和发展起来的,是对党几十年廉政建设实践的科学总结,是毛泽东思想的一个重要组成部分,它对于我们今天反腐倡廉斗争仍然具有十分重要的指导作用。

三、长期保持廉洁自守价值取向的思想保证

人活着,一定要有精神支柱,要有理想和信仰。坚守马克思主义世界观、人生观和价值观,坚持为人民谋利益的宗旨,是中国共产党人长期保持廉洁自守价值取向的思想保证。共产党人作为唯物主义者,固然要追求美好的生活,但更应确立正确的世界观、人生观、价值观,周恩来就说过:"在物质生活方面,我们领导干部应该知足常乐,要觉得自己的物质待遇够了,甚至过了,觉得少一点好,大家给我们的多了就应该居之不安。……精神方面,我们应该把整个身心放在共产主义事业上,以人民的疾苦为忧,以世界的前途为念。这样我们的政治责任感就会加强,精神境界就会高尚。"① 中国共产党以马克思主义廉政理论为指导思想,宗旨始终明确在廉洁政治、为人民谋利益之上,从根本上具备了拒腐防变、廉洁政治的思想和政治基础。

1. 注重革命信仰、革命道德的培育,是中国共产党廉政思想原则的特色

立党为公,坚持集体主义,反对个人主义,是中国共产党人的政治原则和道德规范。共产党是代表人民利益的,是人民群众实现自己历史使命的代表和先锋队,这一属性要求每个共产党员必须把广大劳动人民的利益放在首位,坚持集体利益高于个人利益的原则。毛泽东强调,只有反对与集体主义相对立的个人主义、宗派主义和小集团主义,才能真正关切人民群众的利益。第二次国内革命战争时期,随着革命根据地和红色政权的建立,1929年,毛泽东在为红四军第九次党代会所写的决议——《关于纠正党

---

① 《周恩来选集》下卷,人民出版社1984年版,第427页。

内的错误思想》中,将个人主义作为一个大问题专门提出来,列举了红军和党内个人主义倾向的各种表现,如报复主义、小团体主义、享乐主义、雇佣思想、消极怠工等,并进行了深刻的分析和批判。这些错误思想侵蚀党的肌体,削弱党的战斗力,通过加强教育,在每一个人的头脑中根除个人主义,确立集体主义的道德原则。

人民群众是历史的创造者,革命事业的发展要求共产党人必须时刻关心群众生活,真心实意地为群众谋利益,只有这样,才能得到人民群众的拥护,才能取得革命事业的胜利。1934年1月27日,毛泽东在中华苏维埃第二次全国代表大会上曾专门谈到这个问题,后来以《关心群众生活,注意工作方法》为题发表。毛泽东说,我们现在的中心任务是动员广大群众参加革命战争,把革命发展到全国去,一个革命同志如果懂得怎样把革命发展到全国去,那么,对于广大群众的切身利益问题,群众的生活问题,就一点也不能疏忽,一点也不能看轻。因为单单是动员人民进行战争,一点别的工作也不做,是不能达到战胜敌人的目的的。若要胜利,就必须关心群众疾苦,去做很多的工作,分土地给农民;还要增加农业生产,保障工人的利益,建立合作社,发展对外贸易,解决群众的穿衣问题、吃饭问题、住房问题、柴米油盐问题、疾病卫生问题、婚姻问题,等等。总之,一切群众的实际生活问题,都是我们应当注意的问题,要使广大群众认识到我们是代表他们的利益的,是和他们呼吸相通的。只要我们真心实意地为群众谋利益,解决群众生产和生活上的问题,广大群众就必然拥护我们,我们的革命事业也就一定能取得胜利。①

抗日战争时期,边区革命斗争的形势、环境与苏区时期相比有了重大的变化。新的形势、任务,对中国共产党及其领导的人民军队提出了更高要求。加强党的建设,提高党员和干部的思想道德水平,成为全党工作的重要一环。在这一时期,毛泽东的《为人民服务》、《纪念白求恩》、《愚公移山》等著作,刘少奇的《论共产党员的修养》,中共七大《关于修改党章的报

---

① 《毛泽东选集》第1卷,人民出版社1991年版,第136—141页。

告》,周恩来的《我的修养要则》,陈云的《怎样做一个共产党员》,以及中国共产党这一时期的其他重要文件等文献,对中国共产党人应遵守的道德原则和道德规范,从理论和实践的结合方面作了深入系统的论述。共产党人在革命斗争的实践中也自觉地以此规范自己的行为,形成一个完整的革命道德体系。

2. 树立全心全意为人民服务的宗旨和思想

为人民服务是革命道德体系的核心。在第二次国内革命战争时期,中国共产党要求全体党员要"真心实意为群众谋利益";边区时期,发展为"全心全意为人民服务"。能否全心全意为人民服务是共产党人区别于其他政党的显著标志,也是共产党人一切工作的根本出发点。1940年1月,毛泽东在《新民主主义论》中提出新民主主义的文化"应为全民族中百分之九十以上的工农劳苦民众服务"的思想。① 1942年5月,毛泽东的《在延安文艺座谈会上的讲话》,明确提出了"为人民服务"的命题,强调"为什么人的问题,是一个根本的问题,原则的问题"②。1944年9月,毛泽东在为追悼张思德所作的著名演讲《为人民服务》中,把为人民服务明确为我党我军和一切革命者的普遍要求,指出:"我们的共产党和共产党所领导的八路军、新四军,是革命的队伍。我们这个队伍完全是为着解放人民的,是彻底的为人民的利益工作的。"1945年4月,在《论联合政府》中,他进一步指出:"紧紧地和中国人民站在一起,全心全意地为中国人民服务,就是这个军队的唯一的宗旨。"毛泽东反复强调:"全心全意地为人民服务,一刻也不脱离群众;一切从人民的利益出发,而不是从个人或小集团的利益出发;向人民负责和向党的领导机关负责的一致性;这些就是我们的出发点","应该使每个同志明了,共产党人的一切言论行动,必须以合乎最广大人民群众的最大利益,为最广大人民群众所拥护为最高标准"。③ 在抗日根据地,为人民服务的思想,经过广泛宣传和深入教育,已作为革命道德的核心贯穿于一

---

① 《毛泽东选集》第2卷,人民出版社1991年版,第708页。
② 《毛泽东选集》第3卷,人民出版社1991年版,第857页。
③ 《毛泽东选集》第3卷,人民出版社1991年版,第1004、1039、1094—1096页。

切思想道德规范中,成为衡量个人行为和品质的最高标准。

3. 明确提出党员领导干部的道德标准

延安时期,毛泽东的《中国共产党在民族战争中的地位》、刘少奇的《论共产党员的修养》、周恩来的《我的修养要则》、陈云的《怎样做一个好的共产党员》等,对党员和干部应起的模范作用和应遵守的道德准则作出了明确的规定。那就是:终生为共产主义奋斗;革命的利益高于一切;遵守党的纪律,严守党的秘密;不折不扣地执行决议;处处起带头作用,作群众的模范;善于学习,言行一致,实事求是;克己奉公,埋头苦干;严于律己,宽以待人;光明磊落,襟怀坦荡,等等。①

四、正确路线和优良作风是夺取反贪腐斗争胜利的政治保障

1. 党在民主革命时期的政治路线确保党的清正廉洁和革命的胜利

中国共产党正确政治路线的确立,从政治层面规定了党必须清正廉洁,才能在与帝国主义、封建主义、官僚资本主义的斗争中,赢得人民的支持,取得革命的胜利。因此,毛泽东非常重视在广大党员干部和群众中进行正确的路线教育的工作,提出要"从教育上提高党内的政治水平","教育党员使党员的思想和党内的生活都政治化、科学化"。② 在抗日战争后期,毛泽东和党中央指出:"全党必须加强马克思列宁主义的思想教育,并着重联系中国革命的实践,以达到进一步养成正确的党风,彻底地克服教条主义、经验主义、宗派主义、山头主义。"③

新中国建立后,毛泽东提出了"政治工作是一切经济工作的生命线"的著名论断,要求"各方面都要极大地加强政治工作,提高干部和群众的政治

---

① 乔法容、朱金瑞主编:《中国革命道德》,大象出版社2000年版,第22页。
② 《毛泽东选集》第1卷,人民出版社1991年版,第89页。
③ 《毛泽东选集》第3卷,人民出版社1991年版,第998页。

水平"。① 因为只有真正解决了党政干部的世界观问题,树立正确的政治路线,才能保证全体党员的廉洁和拒腐防变。

2. 确立任人唯贤和从严治党的干部路线,纯洁组织,奠定反腐倡廉坚实的组织基础

毛泽东指出,党的干部任用一定要任人唯贤,实行民主集中制的原则,克服以人划线、任人唯亲、搞小圈子的封建遗毒、腐化做法。他强调,从严治党,对于存在消极腐败现象的党员干部一定要严肃处理,毫不留情。毛泽东指出,从严治党,必须严把"入口"关,以堵住消极腐败分子进入党内,"必须坚决地阻止投机分子入党",同时,"各级党委应有决心将为群众所痛恨的违法乱纪分子加以惩处和清除出党组织,最严重者应处极刑,以平民愤,并借以教育干部和人民群众"。毛泽东指出,培养无产阶级革命事业的接班人,一定要提高他们反腐防变的政治素质。他告诫全党:对中国人民战争的胜利,帝国主义是不死心的,他们把颠覆社会主义的希望寄托在我们党的腐化变质上。为了保证党和国家不变颜色,我们不仅需要正确的路线和策略,而且需要培养和造就千百万无产阶级革命事业的接班人,使他们有能力"坚决抵制和批判""外国资产阶级的一切腐败制度和思想作风"。② 如果共产党人不廉洁,腐化蜕变,那么社会主义事业就会付之东流。毛泽东这一思想对于今天反腐倡廉建设,仍然具有十分重要的指导意义。

3. 形成反腐倡廉的优良作风

中国共产党通过延安整风等运动,形成了理论联系实际、密切联系群众、批评与自我批评等三大作风,有力地保证了党和根据地政府的纯洁。毛泽东根据全心全意为人民服务这一宗旨,提出"共产党无论何时何地都不应以个人利益放在第一位,而应以个人利益服从于民族和人民群众的利益"③;要相信和依靠群众,关心群众疾苦,倾听群众呼声;要毫不利己、专门利人,吃苦在前、享受在后;要谦虚谨慎、戒骄戒躁、大公无私、廉洁奉公等

---

① 《毛泽东选集》第5卷,人民出版社1977年版,第479页。
② 《毛泽东选集》第5卷,人民出版社1977年版,第73、74、20页。
③ 《毛泽东选集》第2卷,人民出版社1991年版,第522页。

一系列廉政建设的基本原则,既适用于共产党员和领导干部,也适用于党政机关的一般工作人员。不过,另外一个重要问题,就是将理论上的原则性要求真正落实到党员干部特别是领导干部的实践工作中,并从制度上对违背了这些要求的党员干部做出处罚。毛泽东在长期实践中曾提出过一些行之有效的具体措施,并落实为党和人民政府的规章、制度。毛泽东认为,要将反腐倡廉理论落实,必须密切联系群众,克服官僚主义,才能抑制消极腐败现象的发生。他指出:"在革命政府周围团结起千百万群众来,发展我们的革命战争,我们就能消灭一切反革命,我们就能夺取全中国。"官僚主义脱离群众,对革命的危害极大。因此,"要把官僚主义方式这个极坏的家伙抛到粪缸里去,因为没有一个同志喜欢它"。① 新中国建立后,毛泽东继续号召全党"克服官僚主义和命令主义,改善党和人民的关系"②,并在全党开展"三反"运动,防止了部分党员干部产生脱离群众、高高在上、作威作福的官老爷作风,以及违法乱纪,保持了党和政府的清正廉洁。为了贯彻理论联系实际、密切联系群众的优良作风,真正做到廉洁奉公,全心全意为人民服务,开展批评与自我批评是必不可少的。毛泽东指出:"党内批评是坚持党的组织,增强党的战斗力的武器"③,"我们揭发错误、批判缺点的目的,好像医生治病一样,完全是为了救人,而不是为了把人整死",毛泽东把批评与自我批评概括为我党和其他政党相区别的一个显著标志,"正是抵抗各种政治灰尘和政治微生物侵蚀我们同志的思想和我们党的肌体的唯一有效的方法"。④ 实践证明,这是防止和抵制各种非无产阶级思想的腐蚀,保证党员干部廉政纯洁的有力武器。

4. 以民主与监督作为反腐倡廉的制度保障和重要策略

1945 年,毛泽东就通过总结革命政权的成功经验,并以马克思主义理论为指导,阐明了避免"政息宦成"、"人亡政息",跳出中国历史周期率的

---

① 《毛泽东选集》第 1 卷,人民出版社 1991 年版,第 139、125 页。
② 《毛泽东选集》第 5 卷,人民出版社 1977 年版,第 20 页。
③ 《毛泽东选集》第 1 卷,人民出版社 1991 年版,第 91 页。
④ 《毛泽东选集》第 3 卷,人民出版社 1991 年版,第 827—828、1096 页。

基本途径,就是民主制度和人民的监督。毛泽东指出,要做到政治廉洁,不仅要强调党员干部破除利己之念,揭露和打击腐败行为,还必须建立真正的民主制度,为廉政建设提供有力的保障。1940年,毛泽东在《新民主主义论》中指出,只有真正的民主制度,"只有民主集中制的政府,才能充分地发挥一切革命人民的意志,也才能最有力量地去反对革命的敌人"①。可以说,中国共产党所创建的中华苏维埃政权、抗日民主政权以及新中国建立后的人民民主政权,正是党在不同时期对民主政治的实践,也是毛泽东以民主制度保证廉洁政治思想的运用和发展。它为反腐倡廉斗争提供了有力的保证。毛泽东还强调,不受监督的政权,势必会导致腐败,加强监督主要包括:第一,群众监督。因为"共产党是为民族、为人民谋利益的政党,它本身决无私利可图。它应该接受人民的监督,而决不应该违背人民的意志"②。第二,党内监督。"无论任何人,犯了错误都要检讨,都要受党的监督,受各级党委的领导,这是完成党的任务的主要条件。"党内监督有利于制约权力滥用,减少或制止党内消极腐败现象的产生和蔓延。第三,各民主党派的监督。"因为一个党同一个人一样,耳边很需要听到不同的声音。大家知道,主要监督共产党的是劳动人民和党员群众,但有了民主党派,对我们更为有益。"各民主党派联系着各方面的人士,通过他们接受来自各方面人民群众的监督,这对克服和减少党内腐败现象是很有益处的。第四,新闻舆论监督。毛泽东指出:"凡典型的官僚主义、命令主义和违法乱纪的事例,应在报纸上广为揭发。"③实践证明,新闻舆论监督是抑制消极腐败现象的一种及时、有效、有力的措施。毛泽东廉政思想对我党在改革开放的条件下的廉政建设仍具有重大的指导意义。当前存在的各种消极腐败现象在党和政府内滋长蔓延较快,这表明要打破这一历史周期律,不能期望"毕其功于一役",还要依靠全党和全国人民长期不懈的努力,发扬党的优良传统,加强廉政建设,严惩贪腐,方能使社会主义事业立于不败之地。

---

① 《毛泽东选集》第2卷,人民出版社1991年版,第677页。
② 《毛泽东选集》第3卷,人民出版社1991年版,第811页。
③ 《毛泽东选集》第5卷,人民出版社1977年版,第329、96、394页。

第二节
中国共产党从成立到大革命时期的廉政制度和机构建设

中国共产党成立初期,虽然党内没有滋生腐败的物质条件,但是,本着为人类解放而奋斗的崇高理想、全心全意为人民服务的宗旨,防止党员、组织腐化的问题,已经历史地摆在中国共产党面前。面对当时社会环境的诱惑,党从成立之日起,防止党员蜕化变质,保持党的先进性和战斗力,领导中国革命走向胜利,就始终是党的建设核心内容之一。

一、建党之初反贪腐制度原则和组织创建

1. 反贪腐制度规章

中国共产党成立之初,在党的章程和相关组织制度中都有防贪腐的廉洁规定。1921年7月,党的第一次全国代表大会通过《中国共产党第一个纲领》,初步制定了党的廉洁组织的纪律。1922年7月,党的"二大"制定通过的《中国共产党章程》及《关于中国共产党的组织章程决议案》中,将党的廉洁政治宗旨制度化。"二大"还通过《中国共产党加入第三国际决议案》,明确宣称:中国共产党"必须建筑在德莫克乃西(democracy,民主)的中央集权的原则之上",作为防止滋生腐化的有力武器。①

中国共产党成立后,针对一些党员到政府做官或担任国会、省市议会议

---

① 中央档案馆编:《中共中央文件选集》第1册,中共中央党校出版社1989年版,第3—5、90—98、70页。

员的情况,"二大"制定通过的《中国共产党章程》中规定:"凡党员若不经中央执行委员会之特许,不得为任何资本阶级的国家之政务官。"①对于共产党员担任国会议员问题,中共中央早在 1922 年就有专门决议:"本党国会议员,绝对受中央执行委员会的监督和指挥;省会、市会、县会议员绝对受中央执行委员会特派员和区及地方执行委员会监督和指挥;一切重大政治问题,由中央执行委员会授以方略","不受中央执行委员会监督或违犯中央执行委员会方针时,立即撤消其议员资格,并开除出党"。②

1926 年 8 月,针对国共第一次合作过程中一部分"投机腐败分子"混入党内并热衷于到国会任议员,或到国民政府和军队中去做官,"在个人生活上表现极坏的倾向,给党以很恶劣的影响,最显著的事实,就是贪污的行为"等新情况,中共中央扩大会议发出《中央扩大会议通告——坚决清洗贪污腐化分子》,坚决清洗贪污腐化分子,决不"使党腐化,且败坏党在群众中的威望"。③ 这是中国共产党历史上第一个专门惩治贪污腐败的制度规章。

中国共产党不仅在党的组织制度上防止腐化,而且能够根据革命运动的具体需要,制定各种严密的防止贪污舞弊现象的制度法规。省港大罢工就是其中一个显例。

在大革命时期,中国共产党领导发动的省港大罢工,是一次规模大、影响深远的反帝群众运动。为了确保大罢工的胜利进行,保证罢工各级领导组织的廉洁高效,使人民始终信任和追随省港罢工委员会的领导,在党的领导下,罢工委员会根据罢工中的实际情况,制定了一系列防止出现贪污腐败的制度法规。1925 年 12 月 28 日《省港罢工委员会组织法》中对可能出现的贪污腐败行为作出预防。《省港罢工委员会组织法》第 13 条规定:"省港罢工委员会为最高执行机关,于执行职务,应一律秉公,以身作则。

---

① 中央档案馆编:《中共中央文件选集》第 1 册,中共中央党校出版社 1989 年版,第 97 页。
② 《关于议会运动的决议》,《中共中央文件选集》第 1 册,中共中央党校出版社 1989 年版,第 74—75 页。
③ 《中共中央文件选集》第 2 册,中共中央党校出版社 1989 年版,第 282—283 页。

无论各部何项机关有舞弊受贿等情,应依合法手续,严厉取缔,施以相当应得之罪,无所庇护。"第 14 条规定:"如有违法行动被人告发,或为法制局弹劾于工人代表大会及各机关,一经查确,应罪加一等"。①

相应地,省港罢工委员会为预防下属各部门的贪污舞弊行为,作出廉政规定:其一,财政部门是显示廉洁的重要窗口。1926 年 3 月 8 日公布的《财政委员会组织法》规定:"凡省港罢工委员会各部分领取经常费,必须列明预算,交审计局审核后转财政委员会照准执行;如特别费用,除送交审计局审核后转财政委员会照准,仍须呈交省港罢工委员会批准,始行执行。"又规定:"凡一切财政出纳必须经委员长签字方发生效力"、"财政委员会所有收支数目,须尽数刊登财政报告,每天一次,如因故障核算未清者,最迟不得超过三天至五天,核妥后仍须报告"等。② 其二,会审处、纠察队等执法部门事关革命运动的廉洁形象。3 月 11 日,省港罢工委员会公布的《会审处组织法》规定:"会审处审讯案件,应秉公执法,无枉无纵,不得擅用私刑及受贿舞弊。倘有上项事实被人告发或被查出,应由省港罢工委员会送交特别法庭查办之。"在《会审处办案条例》列举的 27 项罪名中,对涉及贪污腐败的 9 项犯罪行为,即"侵吞公款者,私运人货往港、澳、沙面者,不论何种职员受贿舞弊者,缉获货物私自拍卖并放行者,克扣工人粮食者,受贿纵逃罪犯者,偷盗及私卖公物者,包庇私运人货往港、澳、沙面者,勒索钱财者"均解送特别法庭。③ 3 月 9 日颁布的《纠察队纪律》中规定,队员不得借端捏造情事、假公济私,不得乱取人民财物,纠察委员及其下级队部职员、队员如果有"包运粮食,盗卖截货,私运华人往香港、澳门、沙面及掳人勒索,吞货自肥,违抗命令,截留公款"等贪污舞弊行为者,"处以枪毙之处罚"。④

---

① 《省港罢工委员会组织法》,广东哲学社会科学研究所历史研究室编:《省港大罢工资料》(中国现代革命史资料丛刊),广东人民出版社 1980 年版,第 230—231 页。
② 《财政委员会组织法》,《省港大罢工资料》,广东人民出版社 1980 年版,第 232—233 页。
③ 《会审处组织法》,《省港大罢工资料》,广东人民出版社 1980 年版,第 245—246 页。
④ 《纠察队纪律》,《省港大罢工资料》,广东人民出版社 1980 年版,第 237 页。

《骑船队组织法》中规定:"骑船队员应秉公回报经过情形,不得受贿匿报;倘被告发或被查出,应即扣留严办"①。3月23日,《省港罢工委员会公告》明文申明:工商检验货物处职员如对货主进行勒索受贿,当依法严惩。

2. 建党初期的反贪腐机构设置

中国共产党成立后,从"一大"到"五大"召开前夕,并未规定、组建专门的党内纪律检查机构,一般都规定由党的委员会、党员大会来公议处置违反党的纪律的行为。1927年4月召开的中共"五大",选举产生了党内维护和执行纪律的专门机构——中央监察委员会,这是党的历史上第一个纪律检查机关。6月1日,党的"五大"产生的中央政治局会议决议通过了《中国共产党第三次修正章程决议案》,第9章"纪律"第70条规定:"对于违反党的纪律的行为,须经党的委员会,党员大会,或监察委员会,依合法手续审查之。"《中国共产党第三次修正章程决议案》还专设"监察委员会"一章,明确中央和各省监察委员会的职权,与党的全国代表大会、党的中央和各省委员会的关系:"在全国代表大会及省代表大会选举中央及省监察委员会";"中央及省监察委员,得参加中央及省委员会议,但只有发言权而无表决权。遇必要时,得参加相当的党部之各种会议";"中央及省委员会,不得取消中央及省监察委员会之决议,但中央及省监察委员会之决议,必须得中央及省委员会之同意,方能生效执行。遇中央或省监察委员会与中央或省委员会意见不同时,则移交中央或省监察委员会与中央或省委员会联席会议,如联席会议再不能解决时,则移交省及全国代表大会或移交于高级监察委员会解决之"。② 由此,党内各级纪律检查组织逐步建立起来。

第一次国内革命战争时期,中国共产党建立了对各级领导机构的监督、检查机构。如省港大罢工工人代表大会作为最高权力机关和监督机关,省港罢工委员会机关报《工人之路》实行对各机构的监督;成立罢工工人纠察队,防止内部贪腐,纠察队总部还设置"告密箱","如队员得到某人舞弊之

---

① 《骑船队组织法》,《省港大罢工资料》,广东人民出版社1980年版,第252页。
② 《中共中央文件选集》第3册,中共中央党校出版社1989年版,第153、151—152页。

真确证据,投入告密箱",一经查实,将严厉惩处这些贪污舞弊行为。①

二、反对贪污腐败行为的斗争

中国共产党成立后,很快实现与孙中山改组后的国民党合作开展国民革命。在大革命时期,中国共产党一面与国民政府中的贪污腐败现象作斗争,向国民政府提出"现在民众运动的力量并不及军事势力发展之快,可以使军事政治容易腐化右倾"的警告②;一面为当地民生着想,积极参与到国民政府人事决策之中。1926年9月,为"救广东这块革命的基础",中共中央向国民党扩大会议建议"改造广东省政府,可以组一个汪(精卫)李(济深)孙(科)合作的政府,去掉古应芬,肃清贪官污吏派"③;又指出"现时张静江等在粤的腐败政治,汪(精卫)回可望整顿,不致被贪官污吏劣绅土豪所断送了国民政府之民众的基础"④。中国共产党在关于国民政府人事安排上发现自己原来赞成的人员有贪腐行为,勇于纠正自己的错误。11月,中国共产党原赞成国民政府湖北省政府人事安排,由蒋作宾出任管理民政的湖北省政府委员。但随着局势的发展变化,中共中央认为,如果按照国民政府原来提议的由蒋作宾管理湖北省民政,"恐怕有成一个保护贪官污吏的机关的可能","求其廉洁恐是难事",提出"不用湖北人任民政,而用一与湖北贪官污吏无关系之王法勤"的建议。⑤

中国共产党非常重视对党内和党领导的革命运动中可能出现的贪腐行为展开斗争,点名批评一些地方党组织、党员热衷于到国民政府做官,出现

---

① 《纠察队纪律》,《省港大罢工资料》,广东人民出版社1980年版,第238页。
② 《中央政治局与国际代表讨论对付目前时局问题之结论》,《中共中央文件选集》第2册,中共中央党校出版社1989年版,第465—466页。
③ 《中央对于国民党十月一日扩大会的意见》,《中共中央文件选集》第2册,中共中央党校出版社1989年版,第320页。
④ 《中央给广东的信》,《中共中央文件选集》第2册,中共中央党校出版社1989年版,第325页。
⑤ 《对于目前时局的几个重要问题》,《中共中央文件选集》第2册,中共中央党校出版社1989年版,第442页。

"腐败堕落"和机会主义问题。1926年12月,中共中央在给江西地方的信函中指出:"从孟冰同志的报告,我们看出江西同志之腐败堕落,充分表现机会主义的倾向。如王环心、涂振农以该县支部书记而去任县长;师古隆之任九江县长且为九江地委所决定;负民校工作者均想跑到政府机关去活动。比较好的愿意做群众工作的人,亦是专门想利用政治势力去发展工作。……忘记我们的党还是一个在野党,绝不能就跑在政府中去占位置。试问我们得到了这一小部分的政权,能占据二、三个县长位置,可以实现我们党的政策吗?谁也知道这是绝对不能的,这只有我们在群众中失去说话的地位,失去群众的信仰,我们为什么要做这样蠢事呢?"①

在省港大罢工中,中国共产党领导下的罢工委员会一方面根据革命运动中出现的情况,及时制定各种制度规章,防止贪污舞弊行为的发生;另一方面严格执法,认真查办舞弊职员。在罢工运动中,罢工委员会各部办事人员,多能奉公守法,办事勤谨,但也有少数混入罢工队伍的贪劣之徒,滥用职权,营私舞弊。对此,罢工委员会一经发现有贪污舞弊行为,即予严厉惩处。对相关人员,"或扣留、或通缉、或记过、或革职,无不依法严办"。对于那些办事不良,即不能依法办事的部门,诸如"保管拍卖局、水陆侦查队、纠察队、工人医院、游艺部等",经代表大会提议,进行改组。改组后,"现在各部职员,经代表大会屡次之纠正,多能依法办事"。②

---

① 《中共中央文件选集》第2册,中共中央党校出版社1989年版,第468页。
② 卢泉:《罢工代表会一百次经过纪略》,《省港大罢工资料》,广东人民出版社1980年版,第197页。

第三节
第二次国内革命革命战争时期党和苏区政府的反贪腐实践

第二次国内革命战争时期,中心任务是开展武装斗争,建立和巩固革命根据地政权。作为其中的核心工作之一,各根据地工农苏维埃政权开展了"反对贪污浪费的现象,反对官僚主义的领导"等一系列廉政建设。

一、工农民主政权的建立和党的反贪腐原则初步形成

中国共产党以马克思主义廉政思想为指导,与中国革命实践相结合,逐步建立完善党的廉洁政治思想原则。马克思主义对资产阶级道德虚伪性的批判,决定了中国共产党从产生之日起就很注重以一种新道德来要求共产党人和革命群众,并在实践中体现出来。但是,在苏维埃革命政权建立以前,党的革命主张和革命影响不可能在一个相对固定和广阔区域内发挥主导社会道德风尚的作用,革命道德尚处于萌芽状态,如救国救民的革命热情、共产主义的理想与信念、为广大工农群众的解放而奋斗、为追求理想而奋不顾身的革命牺牲精神等。

纪律是党、根据地政府和工农红军的生命,是赢得民心、立于不败之地的重要保证。要实现党的奋斗目标,完成革命任务,就必须把党和军队建设成为一支有严格组织纪律、集中统一的队伍。中国共产党从一开始就非常注重自身的纪律建设。党的"二大"《关于共产党的组织章程决议案》中

明确指出:"我们的组织与训练必须是很严密的集权的有纪律的"①。1927年8月,党的"八七"会议特别强调,要求一切党员必须绝对服从党的一切决议和决定。对破坏党纪的人和事,要从严惩办。1928年7月,党的"六大"通过的《中国共产党党章》也明确规定:"严格的遵守党纪为所有党员及各级党部之最高责任"②。

井冈山革命根据地时期,工农红军的力量不断壮大,纪律成为人民军队生死攸关的重要问题。为此,毛泽东提出了三大纪律、六项注意。三大纪律是:(一)不拿工人、农民、小商人一点东西;(二)打土豪要归公;(三)一切行动听指挥。六项注意是:(一)上门板;(二)捆稻草;(三)说话和气;(四)买卖公平;(五)借东西要还;(六)损坏东西要赔。后来又增加了"洗澡避女人"和"不搜俘虏腰包"两项注意内容,发展成为著名的"三大纪律八项注意",不仅成为革命队伍内部的纪律,也是所有革命者共同遵守的道德信条。③ 1929年12月,毛泽东起草的《古田会议决议案》就将廉洁奉公作为共产党员的基本要求之一。

二、党和中华苏维埃政府反贪腐制度和机构建设

1. 党和苏区政府反贪腐制度建设

1931年11月,在江西瑞金建立了中华苏维埃共和国临时中央政府,中央苏区所属省、县、乡相继建立了苏维埃政府。这是中国共产党在政权建设上的伟大尝试,在马克思主义为指导思想的政权组织、民主制度、法律制度和廉政建设方面都取得了丰富的经验。

(1)指导反贪腐廉政建设的制度规章

在指导防治贪腐方面,中共中央和相关部门颁发了一系列制度规章。

---

① 中央档案馆编:《中共中央文件选集》第1册,中共中央党校出版社1989年版,第91页。
② 《中共中央文件选集》第4册,中共中央党校出版社1989年版,第489页。
③ 《中国共产党红军第四军第九次代表大会决议案》,《毛泽东军事文集》第1卷,军事科学出版社、中央文献出版社1993年版,第110页及注释。

1932年12月,中央工农检察人民委员部发布《关于检查苏维埃政府机关和地方武装中的阶级异己分子及贪污腐化动摇消极分子问题》的训令和《怎样检举贪污浪费》的文件,明确提出开展反贪污反浪费斗争的六点意见。1933年12月15日,中央执行委员会颁布《关于惩治贪污浪费行为》的训令,规定对不同程度的贪污浪费行为的惩罚措施:"苏维埃机关、国营企业及公共团体的工作人员,利用自己的地位……收受贿赂,均以贪污罪论处。对于犯有贪污罪行者,要撤销并剥夺选举权和被选举权,依据其贪污、受贿的款额,分别判处强迫劳动、监禁等各种刑罚,贪污500元以上者处死刑,并要追缴其贪污之公款,若无法追回,则没收其本人财产之全部或一部。"①

1934年初,中央工农检察人民委员会发布《怎样检举贪污浪费》的指示,4月又发出《继续开展检举运动》的训令,对贪污浪费的特点作出分析,对进一步开展检举运动提出要求。

(2)建立反贪腐廉政机构的制度规章

1931年11月,在瑞金召开的中华苏维埃第一次全国代表大会选举产生了中华苏维埃共和国中央执行委员会,其人民检察委员由何叔衡担任。大会还审议通过了《工农检察处问题的决议案》,规定:"工农检察处是苏维埃共和国临时中央政府的一部分,代表工农和城市贫民的利益,有权对国家机关工作人员进行检察和监督。"

1933年9月17日,中共中央颁布《关于成立中央党务委员会及中央苏区省县监察委员会的决议》,明确宣称:"为了防止党内有违反党章破坏党纪不遵守党的决议及官僚腐化等情弊的发生",决定"在党的中央监察委员会未正式成立以前,特设立中央党务委员会,各省县于最近召集的省县级代表大会时选举省县级的监察委员,成立各省县监察委员会"。规定中央党务委员会和省县监察委员会的职权为:第一,"中央党务委员会及省县监察委员会对于下级的组织及党员个人,认为有违反党章和决议及破坏党纪情弊发生时,得遵照党章第四十五条的规定决议施以处分等";第二,"中央

---

① 《关于惩治贪污浪费行为》,1933年12月15日。

党务委员会及省县监察委员会在其职权内进行工作时,得指挥下级监察委员会,党务委员会,或党员执行一定的职务"。①

1932年,中华苏维埃临时中央政府颁布《工农检察部的组织条例》、《工农检察部控告局组织纲要》、《突击队的组织和工作》等制度法规,对各级工农检察部、控告局和突击队的组织、职权等作出明确的规定。

《工农检察部的组织条例》第1章第1条规定:"自中央执行委员会,到区执行委员会,及城市苏维埃,应当有工农检察部或科的组织,为各级政府的行政机关的一部分。"第2章第5条规定工农检察部的任务是:"监督国家企业和机关,及有国家资本在内的企业和合作社企业等,要那些企业和机关,坚决的站在工人雇农贫农中农城市贫苦劳动民众的利益上,执行苏维埃的劳动法令,土地法令,及其他一切革命法令,要适应某阶段的革命性质,正确的执行苏维埃的各种政策,特规定工农检察机关的具体任务如下:甲、监督苏维埃的机关,要他们正确的站在工人雇农贫农中农的利益上,去没收并分配土地。……丙、监督苏维埃机关,对于苏维埃的经济政策,首先是财政与租税政策,是否执行得正确。丁、有向各该级执行委员会建议撤换或处罚国家机关与国家企业的工作人员之权,但对于该企业或机关的工作设施,有直接建议之权。戊、若发现了犯罪行为,如行贿、浪费公款、贪污等,有权报告法院,以便施以法律上的检查和裁判。"第3章第12条规定:"工农检察机关,如发觉各机关内的官僚主义者和腐化分子,有必要时,可以组织群众法庭,以审理不涉及犯法行为的案件,该项法庭有权判决开除工作人员,登报宣布其官僚腐化的罪状等"。②

苏维埃政府还为建立一系列工农群众监察组织而颁布了一批组织法规。①组织突击队的制度。1932年8月,中央工农检察人民委员会颁布《突击队的组织和工作》法规,授权中央和地方各级监察机关在打击贪污腐败行为时,可以组织突击队去检查某国家机关或企业的工作。②组织轻骑

---

① 《中共中央文件选集》第9册,中共中央党校出版社1991年版,第340—342页。
② 江西省档案馆、中共江西省委党校党史教研室选编:《中央革命根据地史料选编》(革命历史资料丛书),下册,江西人民出版社1982年版,第161—164页。

队制度。1933年12月,中共中央通过《轻骑队组织与工作大纲》,将轻骑队的职能转变为一种反官僚主义和消极怠工的群众监督组织。③组织工农通信员制度。根据《中华苏维埃共和国地方苏维埃政府暂行组织法(草案)》,省、县、区、市各级工农检察部、工农检察科,必须在一切国家机关、企业、学校、社会团体及街道村落中,设立工农通信员,监督、检查国家机关和企事业单位工作人员的违法失职、贪污浪费、违反政策及侵害群众利益的行为。④群众法庭。《工农检察部的组织条例》规定,工农检察机关如果发现各级政府机关内有官僚主义者或腐败分子时,可以由监察部门出面组织群众法庭,以审理不涉及犯法行为的案件。群众法庭有判决开除工作人员、登报宣布其官僚腐败罪状等职权,但涉及刑事案件,则要由苏维埃法庭审理处罚。1933年5月,中央工农检察部颁布《同志审判会临时规则》,规定如果发现单位有官僚腐败分子,可由工农检察部出面,召集当地机关、群众团体和居民,选举出审判委员会,组成群众法庭,审判贪污腐败罪行。①

(3)审查、审计制度

1931年11月,中华苏维埃共和国临时中央政府成立后,中央革命根据地有了比较巩固的政权,农业生产、私营经济得到恢复,公营经济、合作社经济、金融信贷也建立和发展起来,新民主主义经济体系下的财政经济活动日趋复杂。为统一苏维埃共和国财政,加强对所有财政经济活动的监督、管理,苏维埃政府在生产领域实行经济核算和生产监督,流通领域实行贸易监督,制定了财政管理制度规章,颁布有关审计监督法规。

1931年11月,中华苏维埃共和国临时中央政府颁布《苏维埃地方政府暂行组织条例》,规定"为审查各级苏维埃政府的财政起见,得组织审查委员会担任这个工作。财政审查委员会的委员,由上级或本级执行委员会主席团委任之"②。1932年8月,中央苏区人民委员会审议通过《财政部暂行组织纲要》,正式提出中央机关和地方的审计建制问题,规定在中央政府财

---

① 《中央革命根据地史料选编》下册,江西人民出版社1982年版,第165—166、162、163—164页。
② 《中央革命根据地史料选编》下册,江西人民出版社1982年版,第154页。

政人民委员会之下暂时设立审计处;省财政部下设审计科;县不设审计科,统由省财政部审计科审核。1934年2月,第二次全国苏维埃代表大会通过《中华苏维埃共和国中央苏维埃组织法》,将中央审计委员会的机构设置、人员编制和隶属关系以法律形式确定下来,并很快又颁布《中华苏维埃共和国中央执行委员会审计条例》。

1933年12月,苏维埃临时政府主席毛泽东签发了《中华苏维埃共和国地方苏维埃暂时组织法(草案)》,明确规定县以上各级地方政府建立审计监督机关。根据《中央苏维埃组织法》和《中央执行委员会审计条例》的规定,审查、审计部门的职权为:"审计国家的岁入与岁出;监督国家预算之执行。"《中央苏维埃组织法》和《中央执行委员会审计条例》又分别对中央和地方审计部门的职能作出了具体规定。①中央审计委员会审查事项为:第一,岁入岁出的总预决算;第二,全国行政费的预决算;第三,军事开支的预决算;第四,关于经济建设的收支预决算;第五,由中央政府发补助费的群众团体的预决算。②各省及中央直属市的中央审计委员会分会负责审查的事项为:第一,省苏维埃、省一级机关和中央直属市、县及市、区苏维埃的预决算;第二,各县、市苏维埃的预决算;第三,地方武装的预决算;第四,受中央审计委员会命令审查。中央审计委员会及分会对于下级苏维埃财政收支认为有调查必要时,派遣审计员实地调查。

苏维埃政府实行审计监督制度,就是为了保障苏维埃财政政策的充分执行,防止和揭露贪污浪费行为,如审计决算认为有浪费或贪污的情况,应处罚及应负赔偿责任的情况,随时报告中央或省、中央直属市主席团执行,审计分会应同时报告中央审计委员会。

(4)惩戒制度

①中央政府制定的惩戒制度

1933年12月15日,中央执行委员会发布《关于惩治贪污浪费行为》的第26号训令,规定:第一,凡苏维埃机关、国营企业及公共团体工作人员贪污公款在500元以上者,处以死刑;第二,贪污公款在300元以上、500元以下者,处以2年以上、5年以下监禁;第三,贪污公款在100元以上、300元以下者,处以半年以上、2年以下监禁;第四,贪污公款在100元以下者,处以半年以下劳役。同时,对上述犯罪者得没收其本人家产之全部或一部,并追回其贪没之公款。第五,挪用公款为私人营利者,以贪污论罪。玩忽职守而浪费公款,致国家受损失者,依其浪费程度处以警告、撤销职务以至1个月以上、3年以下监禁。①

②其他革命根据地制定的惩戒制度

闽西根据地第一次工农兵代表大会通过的《裁判条例》中专门列入《政府工作人员惩办条例》,规定有下列行为者撤职:第一,怠工放弃职责者;第二,侵越职权者;第三,行为乖张为群众所厌恶者;第四,违反决议案者,撤职查办。又规定有下列行为之一者撤职并剥夺其选举权和被选举权:第一,侵吞公款有据者;第二,受贿有据者;第三,擅发或捏造号令者;第四,把持政权者;第五,借公报私为害他人者。此外还规定,有下列行为之一者枪决:第一,侵吞公款至300元以上者;第二,受贿至50元以上者;第三,将内部秘密报告敌方者;第四,乱烧乱杀者;第五,假借政府名义私打土豪有据者。

2. 党和苏区政府反贪腐机构建设

中华苏维埃政权建立后,逐步建立起从中央到地方由中央党务委员会、中央监察委员会、中央工农检察人民委员部(后称"中央工农检察人民委员会")及地方各级检察部、控告局和检举委员会为主干构成的一整套监察系统。

(1)中央监察机关

中央监察机关,包括中央党务委员会(中央监察委员会)和中央工农检察人民委员部。

①中央党务委员会。1933年9月,中共中央决定在中央监察委员会成立之前,特设中央党务委员会,专门负责"检查违反党的总路线的各种不正确的倾向(官僚)主义及腐化现象等,并与之作无情的斗争"。中央党务委

---

① 《红色中华》第140期,1934年1月4日。

员会由"党龄在五年以上的党员五人至七人组织之","任职中央政府工农检察委员主席的党员为党务委员会的当然委员"。其职权为：第一,"中央党务委员会关于组织和党员个人处分决议须报告中央批准执行";第二,"中央党务委员会在全国党代表大会开幕前为议决关于组织和党员个人处分的最高机关,凡不服省县监察委员会或党务委员会的处分决议者得向中央党务委员会上诉"。①

②中央工农检察人民委员部。是中华苏维埃共和国临时中央政府的重要组成部分,受工农检察人民委员会的领导。1931年中共中央决定成立中央工农检察人民委员部,其负责人"称工农检察人民委员"。职权为："发觉各机关内的官僚主义者和腐化分子,有必要时,可以组织群众法庭,以审理不涉及犯法行为的案件,该项法庭有权判决开除工作人员,登报宣布其官僚腐化的罪状等"。② 1933年底,中央工农检察人民委员部改称中央工农检察人民委员会,负责对中央政府机关及其工作人员进行监督,同时指导地方各级工农检察机关的反对贪污腐败的斗争。

（2）地方监察机关

①省县监察委员会。1933年9月,中共中央决定在"各省县于最近召集的省县级党代表大会时选举省县级的监察委员,成立各省县监察委员会"。区一级暂不设监察委员会。省县监察委员会的职权为：第一,"省县监察委员会关于组织和党员个人处分决议职权属于同级委员会";第二,"区一级暂不设立监察委员会,区委对其所属支部或党员个人,支部对属于该支部的党员,认为有处分之必要时须决定其处分。不服支部处分者得向区委上诉,不服区委处分者得向县监察委员会上诉,区委或支部收到申明不服处分的意见,无论是口头或书面的,即须转送县监察委员会"。③

---

① 《中共中央文件选集》第9册,中共中央党校出版社1991年版,第340—341页。
② 《工农检察部的组织条例》,《中央革命根据地史料选编》下册,江西人民出版社1982年版,第161页。
③ 《关于成立中央党务委员会及中央苏区省县监察委员会的决议》,《中共中央文件选集》第9册,中共中央党校出版社1991年版,第340、341页。

②地方各级政府工农检察部。根据中华苏维埃临时中央政府1932年制定的《工农检察部的组织条例》规定,省、县、区三级苏维埃政府都设立工农检察部,负责人"均称部长,城市苏维埃则称工农检察科,负责人称科长",作为各级政府机关的组成部分,受各该级政府的领导,同时接受上级工农检察机关的命令。其职权为:监督本级苏维埃政府机关;有权向各该级政府建议撤换或处罚国家机关与国家企业工作人员,如果发现工作人员有贪污受贿、浪费公款等行为,有权报告法院,以便施以法律上的检查和制裁,等等。①

③控告局。1932年11月,中华苏维埃临时中央政府通过的《工农检察部的组织条例》第3章第10条规定:"工农检察部之下,须设立控告局,以接受工农对于政府机关或国家企业的缺点和错误的控告事件,在工农集中的地方,得指定可靠的工农分子,代收工农的控告书,并须在工农集中的地方,可悬挂控告箱,以便工农投递具名意见书。"②同时通过的《工农检察部控告局的组织纲要》第1—3条规定了控告局机构设置:"各级工农检察部或科之下,得设立控告局";"控告局设局长一人,调查员若干人。调查员看各级控告局工作需要来决定";"各级控告局直属各级工农检察部或科,受其指导和节制,没有上下级的隶属关系"。

控告局的职责为:"控告局日常的工作,是接受工农劳苦群众对苏维埃机关或国家经济机关的控告,及调查控告的事实,但是控告局只是接收控告某机关或控告某机关的工作人员的控告书,不接受私人争执的控告书";"如遇所控告者为紧急事件,控告局可以直接通知某机关,或某机关的某一部,进行该事项的检查,但事后必须报告工农检察部";"控告局调查完毕的事件,须将材料汇集,报告工农检察部,以决定执行的办法";"苏维埃的政府机关和经济机关,有违反苏维埃政纲政策及目前的任务,离开工农利益,发生贪污、浪费、官僚腐化,或消极怠工的现象,苏维埃的公民,无论何人都

---

① 《中央革命根据地史料选编》下册,江西人民出版社1982年版,第162页。
② 《工农检察部的组织条例》,《中央革命根据地史料选编》下册,江西人民出版社1982年版,第163页。

有权向控告局控告"。

控告局的工作方式为："在工农集中的地方,控告局可设立控告箱,以便工农投递控告书,还可以指定不脱离生产的可靠工农分子,代替控告局接收各种控告";"控告局为调查所控告的材料,按照控告局所发给的证书,调查员方能到各工厂作坊机关去调查,但是不能妨害该工厂作坊及机关工作上之进行"。"监督和防止各级政府工作人员发生官僚化,加强工农检察工作,设立各级控告局,规定突击队的组织和工作",发动群众开展广泛的揭发检举运动。控告局是苏区工农监察机关专门负责接受工农群众对苏维埃政府机关和经济机关的控告,并调查控告事实确切与否的机构。各级控告局行使职责的方式是:受理群众的举报、控告机关工作人员的控告书,并调查事实,或通过组织突击队调查,报告工农检察部,决定处理办法。①

④突击队。《工农检察部的组织条例》第3章第11条规定："组织突击队,以突然的去检察某项国家机关或企业的工作,在这种检察之中,很容易揭破官僚主义腐化分子的事实。"②突击队的机制,"是人民在工农检察部指导之下,监督政权的一种方式,凡有选举权的人,都可加入突击队","隶属于当地的工农检察部,受它的直接指导";"突击队每队的人数,最少须有三人,每队须有队长一人","突击队的队员不能脱离生产,他们执行工作是在空暇的时间或休息日,并且不是固定的,每次突击可以改换队员分子"。

突击队的工作方式为："1. 公开的突然去检查某苏维埃机关或国家企业和合作社,以揭破该机关或企业等的贪污浪费及一切官僚腐化的现象。2. 扮作普通工农群众到某机关去,请求解决某种问题,看该机关的办事人员对工农的态度,办事的迟速,以测验该机关的工作现状";"突击队去突击某机关的时候,应注意不妨害该机关工作之进行";"突击队当突击各机关所收集的各种材料,须在该机关负责人之前,当面写成记录,要机关负责人

---

① 《红色中华》第39期,1932年11月7日;《工农检察部控告局的组织纲要》,《中央革命根据地史料选编》下册,江西人民出版社1982年版,第164—165页。
② 《工农检察部的组织条例》,《中央革命根据地史料选编》下册,江西人民出版社1982年版,第163页。

签字,以为证据"。突击队的职责范围:"仅限于苏维埃机关和国家企业方面,私人企业及私人间关系,不是突击的目标,突击队所要突击的,是关于政纲政策,执行得是否真确,工作计划是否实现,开展工作的程度如何,官僚腐化贪污现象等等问题。"突击队的权力限制:"突击队须有工农检察部证书,去突击的时候,须先把证书交给该机关的负责人看,否则无权去突击"。①

⑤各级检举委员会。1932年12月,中央工农检察人民委员部发布训令,要求各级工农检察部组织临时检举委员会。中央一级临时检举委员会由工农检察部长任临时检举委员会主任,职工工会、雇农会、军事和少共等部门均派人参加委员会;省一级临时检举委员会,由省工农检察部、省职工工会、省雇农会、省少先队部、省军区指挥部和政治部各1人,省苏维埃政府主席团指定1人,共10人组成。县、区两级临时检举委员会也照此组成。加强对群众检举运动的领导。其职责是:检举、检察各级政府和各级政府工作人员、各地军事机关和地方武装部队指挥员,将他们中的阶级异己分子、官僚腐化分子揭发出来并上报监察机关将之清除出革命队伍。各级检举委员会有检举、揭发并上报监察机关之权,不能直接参与处罚。

(3)审查、审计机关

1931年11月,中华苏维埃临时中央政府颁布《苏维埃地方政府暂行组织条例》,规定:"为审查各级苏维埃政府的财政起见,得组织审查委员会担任这个工作。"②1932年3月,中央政府在《红色中华》上发表《对于财政统一的贡献》一文,进一步指出,实行财政统一,必须建立审核制度,在中央政府和省政府财政部之下,设稽核员,专门负责审核各机关收支预决算,签发发款通知书,国库或分库将发款通知书汇解中央政府存查;各机关每月终造决算表送中央财政部汇交稽核员审核,每月中央和省财政部须向中央政

---

① 《突击队的组织和工作》,《中央革命根据地史料选编》下册,江西人民出版社1982年版,第165—166页。

② 《中央革命根据地史料选编》下册,江西人民出版社1982年版,第154页。

府和省政府详细报告。①

①中央审计委员会。1933年9月,中央政府最高行政机关人民委员会决定"成立审计委员会,以高自立、梁伯台、吴高平为委员"②。1934年2月,第二次全国苏维埃代表大会通过的《中华苏维埃共和国中央苏维埃组织法》规定:中央审计委员会与最高行政机关——人民委员会,与革命军事委员会、最高法院相并立,共同隶属于中央执行委员会。中央审计委员会由5—9人组成,由中央执行委员会主席团委任,审计委员会设主任、副主任各1人,其他职员按需要设置。

②审计分会。根据《中华苏维埃共和国中央执行委员会审计条例》,地方审计机关为中央审计委员会分会,其机构设置、人员编制和隶属关系,仍按《中华苏维埃共和国地方苏维埃暂时组织法》相关规定执行。在省及中央直属市执行委员会下设审计分会,隶属于中央审计委员会,同时受省及中央直属市执行委员会及其主席团指导和节制。审计分会由7—9人组成,工农检察委员会主席、国民经济部长、裁判部长及省一级苏维埃行政机关的首长为当然委员,审计分会设主任1人,秘书、文书各1人,审核员2—5人。县不设审计机关,对于各区及县直属市的预决算,由财政委员会作初步审核,送省审计委员会审核。1932年5月,湘鄂赣革命根据地在《中华苏维埃共和国革命互济会湘鄂赣省第一次代表大会决议案》中规定,各县须组织审计委员会,审查账目,实行经济统一。湘鄂西和湘鄂川黔边区等也率先建立审计机构,负责审计同级机关单位和下级苏维埃政府的预决算。

军队审计产生于土地革命战争时期。1933年9月,中华苏维埃共和国成立中央审计委员会后,红军内部也成立了审计委员会,编设了稽查员。如湘鄂川黔边区在师以上部队设立审计委员会,负责审核各项经费的预决算和会计工作。

3. 苏区反贪腐的实践

第二次国内革命战争时期,根据地苏维埃政权以不同于国民党政权的

---

① 《红色中华》第14期,1932年3月16日。
② 《红色中华》第109期,1933年9月25日。

廉洁奉公的崭新姿态出现在世人面前。但是,白色政权刻意地腐蚀诱惑,根据地民众中做官发财、贪图享受的旧思想、旧习俗的侵蚀,在急风暴雨般的革命斗争中难免泥沙俱下,混进少数动机不纯分子甚至坏分子,这些都成为根据地政权出现贪腐现象的原因。少数意志薄弱的苏维埃政权公职人员出现铺张浪费、贪污腐败的行为。对此,中央苏区带头,各革命根据地都开展了反对贪污腐败、反对官僚主义的运动。

(1) 中央苏区的反贪污腐败斗争

1934年1月,苏维埃第二次全国代表大会要求在革命根据地的区、县、省及中央苏维埃政权机关内,开展一次反贪污、反浪费、反官僚主义的运动。毛泽东指出:"应该使一切政府工作人员明白,贪污和浪费是极大的犯罪。"①根据中央政府的号召,中央苏区各级苏维埃政权发动群众检举揭发贪污腐败行为,从领导抓起,从中央机关抓起。到1934年3月,中央工农检察委员会主席团总结中央机关反贪污腐败斗争的成绩时指出:"所检举的机关有中央总务厅、招待所、财政、劳动、土地之部……被检举的分子,计会计与科长10个,管理科长及科员8个,总务处长3个……共查出贪污款项大洋二千零五十三元六角六分。"②中央苏区还充分利用《红色中华》等报刊,揭露贪污浪费行为,表扬廉洁奉公的事迹。

苏区中央政府重视反贪腐廉政制度建设,对贪污腐败分子起到巨大的震慑作用。中央政府还亲自抓大案要案,严惩贪污腐败分子。1932年5月审判并处决了中华苏维埃共和国成立后第一个贪官——叶坪村苏维埃政府主席谢步升;1934年2月,处决了贪污公款246.7元的原中央总务厅苏维埃大会工程所主任左祥云;1934年中央工农检察部查处生活腐化堕落、贪污公款3000余元的中央互济总会财务部长谢开松,交苏维埃法庭严厉制裁;1934年2月,苏维埃国家银行出纳员袁雨山、刘道彬生活腐化,有严重

---

① 《我们的经济政策》,《毛泽东选集》第1卷,人民出版社1991年版,第134页。
② 《关于中央一级反贪污斗争的总结》,《红色中华》第167期,1934年3月27日。

的贪污行为,被依法查办。①

这一时期,苏区中央机关公职人员中查出并送交法庭制裁的贪污分子29人,开除公职3人,包庇贪污分子被送交法庭者1人,建议撤职改调工作者7人,严重警告2人,警告4人。这些人员中总务厅长1人,财政处长3人,局长3人,所长1人,厂长2人,会计科长和会计10人,管理科长和科员8人,贪污公款累计2053.66元,棉花135斤,金戒指4个。②

(2)各根据地政权的反贪污腐败斗争

在中央苏区的带动下,赣南、闽西、闽浙赣、湘鄂川黔、鄂豫皖、左右江等革命根据地,也积极开展反贪污浪费、反官僚主义的运动,主要为:制定法律法规,用法律制度保证革命政权及干部、党员的清正廉洁;统一、整理财政制度,严格财经纪律,努力杜绝贪污舞弊的发生;纠正官僚主义、不正之风,提高办事效率;严格规定政府机关工作人员生活待遇,禁止特殊化和以权谋私;严厉查处贪污腐败分子。在地方政权中查处了一批典型案件,数量虽不多,瑕不掩瑜,从一个侧面说明革命政权、革命队伍整体的清正廉洁。

根据中华苏维埃中央执行委员会主席毛泽东、副主席项英签发的《关于惩治贪污浪费行为》的第26号训令,对几起地方政权中的贪污腐败典型案件作出处罚:江西瑞金县财政部会计科长唐仁达,侵吞公款、公债、谷票、公物等达2000元,经公审判处死刑;江西原雩都(于都)县军事部长刘仕祥,贪污公款200多元,被判处死刑。1934年3月,中共中央党务委员会、工农检察委员会在雩都县挖出重大贪污案,共查出贪污案件23起,撤销刘洪清雩都县委书记及中央委员职务,"交最高法庭治罪";撤销熊仙壁雩都县苏维埃主席及中央执行委员职务,监禁一年,剥夺政治权利一年;枪决贪污首犯刘仕祥、刘天浩等人。这是中央苏区牵涉面广、判刑最重、规模最

---

① 赵崑坡、俞建平:《中国革命根据地案例选》,山西人民出版社1984年版,第12、34页。
② 《关于中央一级反贪污斗争的总结》,《红色中华》第167期,1934年3月27日;《土地革命战争时期中央苏区的监察制度》,《江西社会科学》1989年第27期。

大、影响重大深远的反贪腐案件。①

　　1932年,江西省苏维埃政府根据中央政府要求实行统一财政后,"反对浪费,惩办贪污,并召集各种财政会议,清查账目,集中存款,实行革命竞赛",成效显著。② 1933年3月,闽西根据地福建宁化县雇农会组织部长贪污公款案,省军区特务营副政委与大队长合伙贪污擦枪费和公物案,分别受到省检举委员会揭露,均被撤职查办。这是苏区首次开庭判决罪犯。③

　　湘鄂川黔边区也查处一批贪腐行为。根据地省委查处郭亮县龙家寨区重大贪污案,判处私吞公款450多元、生活腐化堕落的区委书记肖恢先死刑;判处携公款外逃的龙山县茨岩区苏维埃政府财政部长陈金武,贪污分子彭细芝、田一山、田复林,私卖收缴鸦片的大庸县苏维埃政府粮食部部长张崇喜、贪污分子李均如,永保县贪污腐败分子刘安仁、张德青等死刑。④

　　鄂豫皖边区,对"腐化舞弊、肥私为己的情形"严肃查处。边区苏维埃政府一名利用职权贪污公款公物的事务长被撤职查办;黄安县桃花区一名干部以公款谋取私利,被送至政治保卫局关押。⑤

　　从苏区政权反贪污腐败的典型成果来看,中共中央重视反贪污腐败,甚至作出比实际情况严重的估计,一些处罚也比法规规定的要重,在革命时期是有其必要性的,但贪污腐败案件确属少数情况。

---

① 《关于中央一级反贪污斗争的总结》,《红色中华》第167期,1934年3月27日。
② 《江西省第一次工农兵苏维埃大会财政与经济问题的决议案》(1932年6月3日),《中央革命根据地史料选编》下册,江西人民出版社1982年版,第577页。
③ 转引自王关兴、陈挥:《中国共产党反腐倡廉史》,上海人民出版社2001年版,第61页。
④ 转引自王关兴、陈挥:《中国共产党反腐倡廉史》,上海人民出版社2001年版,第65页。
⑤ 徐向前:《历史的回顾》,解放军出版社1984年版,第91页。

第四节
抗日战争时期党和边区政府的反贪腐工作

在抗日战争时期国共合作的情况下,中国共产党本着"建立廉洁政治"的宗旨,本着"改造政府成为抗日民主的廉洁政府"的决心,在党内和陕甘宁边区政府做了大量工作。

一、建立廉洁的抗日民主政府和制定反贪腐的原则

1. 培育马克思主义世界观、人生观,树立为人民服务的公仆意识,是廉政建设的基础

抗日战争爆发后,中国共产党及其领导的人民军队起到全民族抗战中流砥柱的作用,吸引着全国各地的进步青年奔赴抗战圣地延安,参加革命,共产党员的数量猛增,中国共产党已经成为全国范围的群众性的大党。在这种新形势下,毛泽东为首的中共中央很注重在党员干部、群众中进行马克思主义世界观、人生观、权力观教育,使党员干部明白为谁掌权、为谁执政的问题,这是决定干部是廉洁奉公,还是以权谋私的根本问题,也是决定着党的兴衰存亡的大问题。中共中央明确指出,如果一个干部能够真正做到一切从人民的利益出发,全心全意为人民服务,就一定能够做到清正廉洁、远离腐败。

1941年至1945年,中共中央在全党范围内开展了整风运动,进行无产阶级使命和为人民服务宗旨教育,这是抗日民主政权廉政建设的思想基

础。教育活动的重点,是树立和强化为人民的利益不怕牺牲的革命精神和为人民的利益勇于克服错误的观点,增强同贪污腐败现象斗争的自觉性,提高党员干部的公仆意识,明白"党的利益是无产阶级和人类解放利益的集中表现。绝不能把共产党看作是谋图党员私利的、行会主义的小团体"①。各级干部摆正自己与人民群众之间公仆与主人的关系,忠实地履行公仆的职责。毛泽东就指出:"我们一切工作干部,不论职位高低,都是人民的勤务员,我们所做的一切,都是为人民服务。"②1941 年 11 月,陕甘宁边区政府主席林伯渠在边区第二届参议会所作的《政府工作报告》中明确指出:"廉洁奉公,已成为政府人员一般具有的品质。大家可以看到,政府从人民手里拿来的每一文钱,我们都用尽一切方法,使它用在政治、经济、文化建设和保卫边区的用途上。虽然个别的还存在着浪费与贪污的现象,但是用钱少办事多,仍然是我们的工作作风的主要特点之一。我们的工作人员大部是一些不知疲倦的人民的忠仆,他们念念不忘的,只是抗战与人民的整个利益。因为他们有全体人民做后盾,他们在一切困难面前都有着充分的信心与勇气,也有着高度的工作热忱。……能吃苦耐劳,埋头苦干,忠诚于人民解放的事业,因而也为大众所爱护。"③为了减轻人民的负担,从毛泽东等中共中央的最高领导,到普通的边区干部,都过着极其清贫的生活,勤俭节约,廉洁奉公,成为他们发自内心的行为。不仅边区人民,即便是来自国统区的参观考察人员,以及拥护抗战的海外华侨代表,到陕甘宁边区考察之后,都感慨在边区"只见公仆不见官"。

2. 确立实事求是的思想路线和原则

实事求是,是党的思想路线,也是中国共产党人应具备的高尚品格。大革命失败后,以毛泽东为代表的中国共产党人根据马列主义的基本原理,

---

① 《论共产党员的修养》,《刘少奇选集》上卷,人民出版社 1981 年版,第 134 页。
② 毛泽东:《一九四五年的任务》(1944 年 12 月 15 日),《中共中央文件选集》第 14 册,中共中央党校出版社 1992 年版,第 424 页。
③ 《林主席在边区第二届参议会上作的政府工作报告》,陕西省档案馆、陕西省社会科学院编:《陕甘宁边区政府文件选编》第 4 辑,档案出版社 1988 年版,第 263—264 页。

开始独立探索中国革命的道路,标志着实事求是的思想路线的形成。苏区时期,毛泽东写了著名的《反对本本主义》,提出"没有调查,没有发言权",初步从理论上总结了实事求是的思想路线。抗日战争时期,为了对党员干部进行实事求是的思想教育,培养实事求是的工作作风,毛泽东从思想和道德意义上对实事求是的内涵作了明确的概括:"共产党员应是实事求是的模范,又是具有远见卓识的模范。因为只有实事求是,才能完成确定的任务;只有远见卓识,才能不失前进的方向。"[①]在1941年《改造我们的学习》这篇具有历史意义的文献中,毛泽东对实事求是作了明确的解释,并作为培养干部的主要目标和要求。[②] 在毛泽东等老一辈无产阶级革命家的倡导下,实事求是作为党的思想路线和共产党人的做人准则,逐渐为全党和全国人民所接受。为了彻底贯彻实事求是的工作作风,在延安整风运动中,党中央设置了调查研究局,毛泽东亲任主任,各地的领导机关中也相继建立了调查研究的机构。在党中央的推动下,全党都兴起了调查研究之风,对于克服教条主义、主观主义,树立实事求是的工作作风,对于党正确认识党内存在的贪腐问题,坚决地解决问题,保证革命的胜利,起到了积极的作用。

3. 建立严明的纪律建设

抗日战争时期,党领导的革命队伍空前壮大,加强党的纪律教育已成为当务之急,特别是在王明置党的统一战线政策于不顾、张国焘反党叛党之后,党的组织纪律建设成为关系到能否团结抗战和取得抗战胜利的重要因素。鉴于此,中共六届六中全会上通过了《关于中央委员会工作规则与纪律的决定》、《关于各级党部工作规则与纪律的决定》等一系列加强党的纪律的文件。在这次会议上,毛泽东就加强党的纪律的重要性作了重要讲话,强调:"谁破坏了这些纪律,谁就破坏了党的统一",并重申了党的纪律的四条基本原则:个人服从组织,少数服从多数,下级服从上级,全党服从中央。严明的纪律也是克服党内出现包括权力腐败在内的各种贪腐问题的

[①] 《毛泽东选集》第2卷,人民出版社1991年版,第522页。
[②] 《毛泽东选集》第3卷,人民出版社1991年版,第801页。

重要保障。① 加强纪律建设,就必须维护纪律的严肃性,对违反纪律的行为予以惩处。轰动一时的黄克功案典型地说明了这个问题。黄克功少年时加入红军,参加过井冈山的斗争和长征,立过不少战功,时任抗日军政大学第六队队长。1937年8月,黄克功逼陕北公学学生刘茜与之结婚,因刘茜拒绝而将其开枪打死。此案影响很大,中央非常重视,由陕甘宁高等法院刑庭审判长雷经天专门审理,并对黄克功处以死刑。毛泽东就此事写信给雷经天,信中说:"以一个共产党员红军干部而有如此卑鄙的,残忍的,失掉了党的立场的,失掉了革命立场的,失掉了人的立场的行为,如为赦免,便无以教育党,无以教育红军,无以教育革命者,并无以教育做一个普通的人。……共产党与红军,对于自己的党员与红军成员不能不执行比较一般平民更加严格的纪律。……一切共产党员,一切红军指战员,一切革命分子,都要以黄克功为前车之戒。"②阐明了维护党的纪律的重要性。

4. 开展自力更生、艰苦奋斗作风教育,摈弃贪图享乐的思想

全面抗战爆发后,国共合作抗日民族统一战线建立,工农红军归入国民革命军系列,成立八路军,由国民政府供给军饷。但是,随着抗战进入相持阶段,国民党采取消极抗日、积极反共政策,掀起一波又一波的反共浪潮,并停发了每月供给八路军的60万元军饷,又调动20万大军包围封锁边区,切断边区与外界的一切交通、经济联系,而日本侵略者也加紧对抗日根据地的进攻。抗日根据地陷入极端困难的状况,物质条件十分恶劣。

在这种情况下,党中央和毛泽东号召抗日根据地军民"自己动手,丰衣足食",在边区开展一场在生产实践中的自力更生、艰苦奋斗教育活动,动员干部、群众实现生产自救,有效地净化了干部的思想,有力地促进了抗日根据地的廉政建设。1942年12月,陕甘宁边区政府颁布五项规定,对于党员干部、群众保持勤俭节约的好作风,反对贪污腐败行为,作出具体规定:第一,不急之务不举,不急之钱不用,且须用在急务和急用上,力求合理解

---

① 《毛泽东选集》第2卷,人民出版社1991年版,第528页。
② 《致雷经天》(1937年10月10日),《毛泽东书信选集》,人民出版社1983年版,第110—111页。

决;第二,除保证供给外,其他消费概需厉行节约,要提倡艰苦朴素,避免铺张浪费,要注意一张纸、一片布、一灯油、一根火柴的节省,建立严格的审批制度;第三,集中力量干急需的经济事业,实行经济核算,加强其管理与监督,开展反贪污浪费的斗争;第四,爱惜民力,节约动员,不浪费一个民工、一匹民畜;第五,坚持廉洁作风,严格反对贪污腐化现象。边区各级政府、干部群众大多严格遵守这项规定的要求,取得了很好的效果。

5. 党员干部以身作则,做廉政的表率

抗日战争时期,中共中央大力提倡党员干部在廉政建设中的表率作用,领导干部带头以身作则,党员领导干部做勤俭节约的表率,做保持廉洁党风、清正廉洁的表率,对于抗日民主政府的廉洁政治起着决定性的作用。1938年10月召开的中共六届六中全会上,毛泽东指出:"共产党员在政府工作中,应该是十分廉洁、不用私人、多做工作、少取报酬的模范。共产党员在民众运动中,应该是民众的朋友,而不是民众的上司,是诲人不倦的教师,而不是官僚主义的政客。共产党员无论何时何地都不应以个人利益放在第一位,个人利益服从于民族的和群众的利益。因此,自私自利,消极怠工,贪污腐化,风头主义等等,是最可鄙的。而大公无私,积极努力,克己奉公,埋头苦干等等精神,才是值得尊敬的模范。"①陕甘宁边区政府主席林伯渠也号召边区干部要明白"贪污,腐化,浪费是生产运动的敌人,在生产运动中不许有一个败家子、二流子"②。

党的高级领导干部不仅向全党提出作廉政模范、表率的号召,而且身体力行,生活简朴。党的最高领导人毛泽东、刘少奇、朱德、周恩来等人都是全党艰苦朴素的表率、廉洁奉公的模范。

6. 以加强民主建设作为防治腐败的坚强的政治基础

抗日根据地政权的清廉气象,吸引着坚持抗战的中国人民的民心。但是,人们也在担心,中国几千年政治周期律表明,在创业期间清正廉洁的政

---

① 毛泽东:《论新阶段》,《中共中央文件选集》第11册,中共中央党校出版社1991年版,第643页。
② 《林伯渠传》编写组:《林伯渠传》,红旗出版社1986年版,第268页。

权,往往最终不可避免地走向执政后腐败灭亡的周期律。对此,毛泽东明确指出:共产党人有能力跳出这个周期律,而跳出"执政——腐败——垮台"周期律的基本途径,就是民主。他说:"中国人民非常需要民主,因为只有民主,抗战才有力量,中国内部关系与对外关系,才能走上轨道,才能取得抗战的胜利,才能建设一个好的国家。"①

中国共产党清醒地认识到民主是防治腐败的基础和必由之路。因此高举民主旗帜,积极开展民主政治建设。为了在干部、群众中普及民主知识,增强民主观念,抗日根据地开展了声势浩大的民主宣传教育活动,毛泽东等党的领导人在根据地报刊《解放日报》、《新华日报》上连续发表文章,深刻阐述民主政治的重要性。从1939年到1945年,《新华日报》、《解放日报》不断发表社论,针对"抗战时期特殊,不能实行民主"、"人民需要清官,不需要民主"、"人民缺少知识,无法实行民主"等论调,明确指出:中国必须实行民主,才能建设好国家,"不能因国民程度不高而拒绝民主,应用民主政治教育人民","争民主是全国人民的事情"。②人民群众是历史的创造者,人民完全能够管好国家大事。只有实行民主,才能动员千千万万的群众,打败日本侵略者,监督政府,实行廉洁政治。

中国共产党不仅在理论和舆论宣传上阐述民主政治的重大意义,在边区政府的实践中也不断探索民主政治的道路。根据马克思总结巴黎公社经验,主张实行直接选举,使人民真正掌握选举权,防止领导人滥用权力的理论指导,在1942年5月制定颁布的《陕甘宁边区各级参议会选举条例》中明确规定:"采取普遍、直接、平等、无记名的投票选举制,选举边区、县(或等于县的市)及乡市三级参议会的参议员,组织边区、县(或等于县的市)及乡市参议会",坚持自由选举的原则,选民可根据自己的意愿选举代表,坚决贯彻无记名投票的原则,"凡以威胁利诱等舞弊妨害选举自由等,不问当

---

① 《解放日报》,1944年6月13日。
② 《新华日报》,1939年2月25日"社论"、1945年7月3日。

选与否,除制止其行动外,并将当事人及参加人提交法院依法惩处"。① 通过公正的选举,保证了抗日民主政权牢牢地掌握在忠于人民的、清正廉洁的干部手中;通过建立各级参议会,确立以人民权力为主体的议会民主制度,实现陕甘宁边区政权由立法、行政、司法三部分组成,相互监督,防止权力过分集中、出现权力滥用的腐败现象。抗战时期,陕甘宁边区的"各级参议会为各级政权的最高权力机关,各级政府服从各该级参议会之决议"②,充分行使立法权,监督行政、司法,在提倡民主政治、促进民族团结、监督政府工作、改善军民关系,夺取抗日战争的最终胜利,发挥了重要作用。

二、抗日民主政府健全反贪腐制度和机构建设

中国共产党领导的以陕甘宁边区为代表的抗日根据地成为举世公认的"廉洁的圣地",但实际面对的抗战形势极其复杂险恶。既面对着日本侵略者强大的军事压力,又面临日寇千方百计寻找机会腐蚀抗日骨干;国共合作,既面对国民党不断寻找机会限制、削弱抗日根据地政权,又面临国民党以升官发财、酒色逸乐为诱饵,拉拢腐蚀党员干部,企图从根本上动摇共产党人的理想和斗志。根据地政权中也不可避免地出现了一些害群之马,其程度与国民党政权的贪腐虽不可同日而语,但危害和后果决不容轻视。根据陕甘宁边区报刊报道,这些官僚主义、贪赃枉法之徒主要表现为:总想利用权力在群众身上榨取好处,他们要穿"二毛皮",就发动群众"赠送";逢年过节,就向群众"募捐"。有的群众批评乡长一句,就被罚苦役 16 天,群众要向上级控告,不给开路条,告了状的被裁上"破坏负责人威信"的罪名;有的干部随意砍伐林木,强占土地,毁坏民房,踏坏庄稼,群众敢怒不敢言,等等。根据地个别地区还出现严重的贪污现象,陕甘宁边区宁县,个别乡

---

① 《陕甘宁边区各级参议会选举条例》,甘肃省社会科学院历史研究室编:《陕甘宁革命根据地史料选辑》第 1 辑,甘肃人民出版社 1981 年版,第 192、208 页。
② 《陕甘宁边区政纪总则草案》(1943 年 4 月 25 日),《陕甘宁革命根据地史料选辑》第 1 辑,甘肃人民出版社 1981 年版,第 293 页。

长、合作社主任存在贪污、假公济私的行为;靖边县九里乡乡长、支部书记和自卫营营长贪污赈济款;长龙洲区一乡长、新城区三乡长、清平区个别乡长都有贪污集体财物的行为;华池县白马区委书记侵吞群众款项 80 多元,等等。

中共中央清醒地认识到,党和边区政府必须采取强力有效的措施打击贪污腐败行为,使贪腐在根据地形不成气候,才能确保根据地与国民党统治区形成鲜明对比的清廉之风。

1. 抗日民主政权廉政制度建设

中国共产党以陕甘宁边区政府为核心,对各抗日根据地政权开展廉政建设,相继制定了反贪制度规章,将反贪廉政建设纳入法制的轨道。

(1) **根本大法的反贪腐原则和廉洁政治的目标**

1937 年 8 月 25 日,中共中央在洛川召开政治局扩大会议,制定通过了《中国共产党抗日救国十大纲领》(1939 年 8 月 15 日颁布实施),第 4 条"改革政治机构"规定:"实行地方自治,铲除贪官污吏,建立廉洁政府。"①

1939 年 1 月,陕甘宁边区政府正式成立后树立了廉洁政府的目标,以此作为"改造政府成为抗日民主的廉洁的政府"的模范。1939 年 4 月 4 日公布的《陕甘宁边区抗战时期施政纲领》中明确提出廉政问题:"整理财政,建立严格经济制度","发扬艰苦作风,厉行廉洁政治,肃清贪污腐化,铲除鸦片赌博",并"建立有利人民的司法制度,保障人民有检举与告发任何工作人员的罪行之自由","建立工作检查制度,发扬自我批评,以增进工作的效能"。②

1941 年 5 月 1 日,中共中央政治局讨论批准、陕甘宁边区政府制定公布了《陕甘宁边区施政纲领》,又称"五一施政纲领",其第 8 条规定:"厉行廉洁政治,严惩公务人员之贪污行为,禁止任何公务人员假公济私之行为,共产党员有犯法者从重治罪。同时实行以俸养廉原则,保障一切公务

---

① 《中共中央文件选集》第 11 册,中共中央党校出版社 1991 年版,第 329 页。
② 《陕甘宁革命根据地史料选辑》第 1 辑,甘肃人民出版社 1981 年版,第 26 页。

人员及其家属必需的物质生活及充分的文化娱乐生活。"①

1945年6月11日,在延安召开党的"七大",通过新的《中国共产党党章》,专列"党的监察机关"一章(第8章),第56条规定:"党的中央委员会认为有必要时,得成立党的中央监察委员会及各地方党的监察委员会。"第57条规定监察委员会的产生方式:"中央监察委员会,由中央全体会议选举之。各地方党的监察委员会,由各该地方党委全体会议选举,并由上级组织批准之。"第59条规定监察委员会的领导体制为:"党的各级监察委员会,在各该级党的委员会指导下进行工作。"第58条规定监察委员会的职权为:"中央及地方监察委员会的任务与职权,是决定或取消对党员的处分,受理党员的控诉"。②

(2)干部管理制度中的反贪腐廉政规定

陕甘宁边区政府和其他各抗日根据地民主政权均颁布了一系列干部管理法规、监督制度,确保对干部权力的制约,防止贪腐行为的发生。

1943年颁布的《陕甘宁边区各级政府干部管理暂行通则》规定,干部管理的内容包括:干部登记审查、提拔培养、配备使用、任免调动、考绩奖惩、待遇保健等。选拔任用干部的标准为:"拥护并忠实于边区施政纲领,德才资望与其所负职务相称,关心群众利益,积极负责、廉洁奉公。"而对"有破坏政府法令,危害群众利益以及贪污、腐化、营私、舞弊、处罪有案而又不能改过自新的"人员一律禁止录用。

1943年4月25日,边区政府发布《陕甘宁边区各级政府干部任免暂行条例》,也对干部任职的廉洁勤政条件作出明确规定。要求干部的选任标准为:"关心群众利益"、"积极负责,廉洁奉公",并严格进行考核,奖惩准确,一旦发现有"贪赃枉法,腐化堕落,假公济私"者,立即清除出干部队伍,并给予应有的惩戒。"惩戒分为下列各类:一、撤职查办或向法院提起公诉。二、撤职。三、撤职留任。四、记过(记大过或记过,公布或不公布)。

---

① 《中共中央文件选集》第13册,中共中央党校出版社1991年版,第91—92页。
② 《中共中央文件选集》第15册,中共中央党校出版社1991年版,第133页。

五、警告或申斥(书面的或口头的)。六、其它办法"。① 因而在广大干部中形成了艰苦奋斗光荣、追求享乐可耻,勤俭节约光荣、铺张浪费可耻,廉洁奉公光荣、贪污腐化可耻的良好风气。

1943年《陕甘宁边区政务人员公约》第5条明确规定政务人员要"公正廉洁,奉公守法。"其注释中指出:"这是我们政务人员应有的品格,要在品行道德上成为模范,为民表率,要知法守法,不滥用职权,不假公济私,不徇私情,不贪污,不受贿,不赌博,不腐化,不堕落。"②

《陕甘宁边区政府组织条例》第17条,对审计监督制度作出规定。陕甘宁边区审计机构负责:"(一)关于审核全边区行政机关之预算决算事项;(二)关于审查全边区行政机关之公有物事项;(三)关于审核全边区征税征粮及其他有关机关之收支证据事项;(四)关于审核金库收支事项;(五)关于审核公产估价变卖事项;(六)关于审核公营事业之收支事项;(七)关于审核由政府补助民营事业之收支事项;(八)关于贪污、舞弊及浪费事件之检举事项。"③

陕甘宁边区建立行政督察专员制度。这是中国共产党领导的民主政权较早建立的行政监察制度。④

(3)惩戒制度

①《陕甘宁边区政府公布边区惩治贪污暂行条例》

1938年,陕甘宁边区政府制定并公布《边区惩治贪污暂行条例》,对贪污罪的主体、客体和相应的刑罚都作出较为详细和明确的规定:

第一,贪污罪的主体、适用范围。《边区惩治贪污暂行条例》第1条规

---

① 《陕甘宁革命根据地史料选辑》第1辑,甘肃人民出版社1981年版,第304、308—309页。
② 《陕甘宁革命根据地史料选辑》第1辑,甘肃人民出版社1981年版,第315页;《陕甘宁边区抗日民主根据地(文献卷)》下,中央党史资料出版社1990年版,第134页。
③ 《陕甘宁革命根据地史料选辑》第1辑,甘肃人民出版社1981年版,第32页。
④ 《陕甘宁边区行政督察专员公署组织暂行条例》,《陕甘宁革命根据地史料选辑》第1辑,甘肃人民出版社1981年版,第127页。

定:"边区所属之行政机关、武装部队及公营企业之人员犯本条例之罪者,依本条例处断";"凡群众组织及社会公益事务团体之人员犯本条例之罪,经所属团体控告者,亦依本条例处理"。

第二,贪污罪(包括利用职权敲诈勒索、收受贿赂等)的客体、定罪标准。《边区惩治贪污暂行条例》第2条规定:"有下列行为之一者,以贪污论罪。(一)克扣或截留应行发给或缴纳之财物;(二)买卖公用物品从中舞弊者;(三)盗窃侵吞公有财物者;(四)强占强征或强募财物者;(五)意在图利贩运违禁或漏税物品者;(六)擅移公款作为私人营利者;(七)违法收募税捐者;(八)伪造或虚报收支账目者;(九)勒索敲诈,收受贿赂者;(十)为私人利益而浪费公有之财物者。"

第三,在刑罚方面,对贪污罪课以重刑,具体根据贪污数额来定罪量刑。《边区惩治贪污暂行条例》第2条规定:"犯第二条之罪者,以其数目之多少,及发生影响之大小,依下列之规定惩治之。(一)贪污数目在五百元以上者,处死刑或五年以上之有期徒刑;(二)贪污数目在三百元以上、五百元以下者,处三年以上、五年以下之有期徒刑;(三)贪污数目在一百元以上、三百元以下者,处一年以上至三年以下之有期徒刑;(四)贪污数目在一百元以下者,处一年以下有期徒刑或苦役。"第4条规定对反贪污罪之未遂罪,同已遂罪一样惩治,不得减免刑法:"前第三条之未遂罪罚之。"第5条规定:"犯本条例之罪,除依照第三条之规定处罚外,应追缴其贪污所得之财物,如属于私人者,视其性质,分别发还受害人全部或部分,无法追缴时得没收其犯罪人财产抵偿"。[①]

②《陕甘宁边区惩治贪污条例(草案)》

1939年,陕甘宁边区政府又颁布《惩治贪污条例(草案)》,对贪污罪行、处罚作出规定。

第一,《惩治贪污条例(草案)》适用范围和贪污罪的定罪标准、未遂罪、追缴财物的规定,与《边区惩治贪污暂行条例》基本相同。

第二,有关贪污罪的定罪标准和惩治的规定,与《边区惩治贪污暂行条

[①] 陕西省档案馆、陕西省社会科学院编:《陕甘宁边区政府文件选编》第1辑,档案出版社1986年版,第111—112页。

例》基本相同,不过更具体细致一些。唯在《惩治贪污条例(草案)》第3条增加一款惩治规定:"(一)贪污数目在一千元以上者,处死刑",其余规定与《边区惩治贪污暂行条例》相同。

第三,减免刑法的规定。《惩治贪污条例(草案)》第5条规定:"犯本条例之罪,于发觉前自首者,除依第六条之规定令其缴出所得财物外,得减轻或免除其刑"。①

中共中央还向全党发出《关于坚决清洗腐败分子的通知》,要求"在这个革命潮流仍然高涨的时候,许多投机腐败的坏分子,均会跑到革命队伍中来,一个革命的党若是容留这些分子在党内,必定会使他的党陷于腐化。不仅不能执行革命的工作,且为群众所厌弃。所以,应该很坚决的清洗这些不良分子,和这些不良倾向斗争,才能坚固我们的营垒,才能树立党在群众中的威望"。各抗日根据地按照中共中央的要求,均颁布惩戒贪污腐败的制度规章,如《山东省惩治贪污暂行条例》(1940年12月3日)、《山东省惩治贪污公粮暂行条例》(1943年8月1日)、《晋西北惩治贪污暂行条例》(1941年9月9日)、《晋冀鲁豫边区惩治贪污暂行办法》(1942年2月11日)、《晋察冀边区惩治贪污条例》(1942年10月15日)、《晋冀鲁豫边区冀鲁豫行署关于村政权人员贪污处理的指示》(1943年5月26日)等,有力地打击了根据地内部少数人的贪污腐败行为,确保钱、粮、战略物资供应,为抗战胜利提供了重要保证。

2. 抗战时期反贪腐廉政机构建设

抗战时期,中国共产党和陕甘宁边区政府为保证党和人民政权的纯洁性、战斗力,建立和完善了廉政机构,制定和健全了一系列廉政制度。

(1)党的监察机构

①中央监察委员会。中央监察委员会负责"决定或取消对党员的处分,受理党员的控诉"。

②地方党的监察委员会。地方党的监察委员会负责"决定或取消对党

---

① 《陕甘宁边区政府文件选编》第1辑,档案出版社1986年版,第497—498页。

员的处分,受理党员的控诉"。①

（2）行政监察机构

陕甘宁边区政府设立行政督察专员公署,负责对边区政府监察、指导地方政府。这是中国共产党领导的民主政权较早建立的行政监察机构。行政督察专员公署的设立,随着抗战形势和边区发展,1942年11月陕甘宁边区公布的《陕甘宁边区行政督察专员公署组织暂行条例》和1943年2月公布的《修正陕甘宁边区行政督察专员公署组织条例》均对此作出规定。

①行政督察专员公署设置区域。原规定"边区政府得划定所属二个以上的县份为一行政分区"设置行政督察专员公署,后改为"边区所属县（市）划为五个行政区,分设行政督察专员公署,为边区政府代表机关"。

②行政督察专员公署设置的许可。《陕甘宁边区行政督察专员公署组织暂行条例》修订前后规定相同:"分区行政督察专员公署（简称专员公署）之设置与命名,须经边区政府委员会议决,由边区政府以命令行之。"可见其权力来源没有变化。②

③行政督察专员公署的机构设置。《陕甘宁边区行政督察专员公署组织暂行条例》规定:第一,"专员公署设专员一人","专员公署于必要时得设副专员一人,帮助专员办理前条所列事项","由边区政府派任,或令驻本分区军事长官兼任,或令本分区县长一人兼任"。第二,"专员公署设秘书室、民政科、财政科、教育科、建设科、粮食科、保安科,秉承正副专员之命,分别执掌各项工作。（一）秘书室设主任秘书一人,秘书、文书、庶务、收发各一人,及干事若干人,秉承主任秘书之意,分别处理各项事务;（二）民政科、财政科、教育科、建设科、粮食科,各设科长一人,保安科长一人,干事若干人,承科长之命,分别处理各项事务"。《修正陕甘宁边区行政督察专员公署组织条例》对于专员公署内的组织机构设置有重大改动:"专员公署的组织如下:一、设政务秘书一人,襄助专员处理日常政务。二、设事务秘书

---

① 《中共中央文件选集》第15册,中共中央党校出版社1991年版,第133页。
② 《陕甘宁革命根据地史料选辑》第1辑,甘肃人民出版社1981年版,第127、254页。

一人,下设收发、文书、庶务若干人,处理各项事务。三、设一、二两科,保安分处,分管民、教、财、建等及保安工作,各科处设科长、处长、科员若干人,分别办理各项工作";"专员公署政务秘书、科长、处长由边府委派或由专员遴选呈报边区政府委任之;其次人员由专员委任,呈报民政厅备案";"专员公署政务会议,由政务秘书、各科科长、处长组织之,专员为当然主席。必要时得召集驻在该分区之驻军长官及边府各附属机关负责人参加"。①

④关于专员公署和县政府合署办公的有关规定。《陕甘宁边区行政督察专员公署组织暂行条例》规定:"专员公署和中心县政府在一地的,专员得兼县长,专员公署和县政府合署办公,但职权与文件,应明确划分,不得混淆";"合署办公之县政府一、二、三、四、五科,合并于专员公署民政科、财政科、教育科、建设科、粮食科,除须办理本县事务外,并秉承正副专员之命,办理公署各该管事宜"。②《修正陕甘宁边区行政督察专员公署组织条例》中没有合署办公的有关规定,说明行政督察专员公署已经完全单独设立,独立行使职权。

⑤行政督察专员公署的职权。第一,掌握并贯彻边区政府的政策、法令与指示,推行边区现行法令。第二,对边区政府负责,统一领导、督察该分区所辖各县之一切行政事宜。随时考察及督导所属各县地方行政规划与创办分区内各县应兴应革之事项。第三,组织与领导人民武装,协同军队维持地方治安。第四,监督和指导驻在该行政分区的边区政府各种附属机关。对此种附属机关之命令或处分,如认为违法或失当时,专署得纠正或撤销之,但须随时呈报边区政府。第五,监督所属各县财政经费之收支情形。第六,"关于所属各县之间的争议及有关事项之处理";"专员为对驻分区内之边府各附属机关实行有效的监督及指导起见,得临时召集各该附属机关之负责人检查工作,并须将检查结果,随时呈报边府备查";"专员为布置检查各项工作,得召集县、区长联席会议,决议事项,须随时呈报边府备

---

① 《陕甘宁革命根据地史料选辑》第1辑,甘肃人民出版社1981年版,第128、255页。

② 《陕甘宁革命根据地史料选辑》第1辑,甘肃人民出版社1981年版,第128页。

案"。第七,关于所属各级公务人员之考核。①

⑥行政督察专员公署的经费。《陕甘宁边区行政督察专员公署组织暂行条例》规定:"专员公署之经费,每半年造具预决算,呈报财政厅支拨,并兼任县政府之经费,得加入公署经费内,一并计算支领。"《修正陕甘宁边区行政督察专员公署组织条例》规定:"专员公署之经费,每季度造具预决算,呈报边区政府审核后,由财政厅支拨"。②

(3)审计机构

为了防止贪污腐败情况的发生,陕甘宁边区根据《边区政府组织条例》设立审计处,行使行政监督和经济监督职权。

审计处的职权。"审计处掌理事务如下:(一)关于审核全边区行政机关之预算决算事项;(二)关于审查全边区行政机关之公有物事项;(三)关于审核全边区征税征粮及其他有关机关之收支证据事项;(四)关于审核金库收支事项;(五)关于审核公产估价变卖事项;(六)关于审核公营事业之收支事项;(七)关于审核由政府补助民营事业之收支事项;(八)关于贪污、舞弊及浪费时间之检举事项。"③

抗日战争时期,红军改编为八路军、新四军后,其审计组织也作了调整。中央军委财政委员会下设审计处,八路军总部设总审计委员会,各战略区或师设审计委员会,旅或军分区、团级单位设审计组,实行团为初审,旅或军分区复审,师、战略区或总部为决审的三级三审制度。新四军在苏北建立苏中区抗日根据地后,成立了苏中区、军分区、县三级审计委员会。

3. 加强反贪监督机制及反贪实践

(1)充分发挥反贪监督机制的作用

抗战时期,充分发挥监督机制的作用,是中国共产党及其领导下的抗日

---

① 《陕甘宁革命根据地史料选辑》第1辑,甘肃人民出版社1981年版,第127—129、254—255页。
② 《陕甘宁革命根据地史料选辑》第1辑,甘肃人民出版社1981年版,第129、254—255页。
③ 《陕甘宁边区政府组织条例》(1939年4月4日),《陕甘宁革命根据地史料选辑》第1辑,甘肃人民出版社1981年版,第28、30页。

民主政权廉政建设的重要内容。在以陕甘宁边区为核心的抗日根据地政权,有如下几层监督机制:

①边区最高权力机关——参议会的监督。边区各级参议会是"边区各级之人民代表机关",是"各级政权的最高权力机关",其职权除选举或罢免边区政府正副主席、政府委员、边区高等法院院长等之外,还依法具有"监察及弹劾边区各级政府、司法机关之公务人员"的职权。①参议会有效地发挥了监督职能,在讨论选举政府人员时,参议员对每一名候选人的优缺点评议非常充分,表扬优点,批评错误,自由取舍。1947年,延安县乡政府选举,300多名政府政务人员,只有133人连任,新当选185人。

②党内和行政监督。为了保证党内民主监督,中央制定了一系列制度规章,使党内民主生活经常化、制度化,保证边区清正廉洁的党风和政风。抗战时期,边区政府都设立了人民监察委员会、审计处等,还一度专门成立了法院检察处,充分发挥监督效能,防治贪污腐败。

③人民群众直接监督。由于抗日根据地良好、清廉的政风,人民群众对民主政权政府干部的直接监督能够有效、顺畅地实行。党也十分重视广大人民群众的监督,毛泽东在《为人民服务》一文中,就明确表达了党和毛泽东本人虚心接受人民群众意见的态度。人民对党和政府的监督,是防止政权腐败的最好方法,人民起来监督政府,政府才不敢松懈,只有人人负起责任来,才不会"人亡政息"。当时,人民群众直接监督的主要方式是个人检举、集体告发、游行控告。在边区民主的政治环境里生活,老百姓不怕官,最讲道理,敢于揭发干部中的不法行为。在边区干部中流传着这样的说法:"陕北老百姓厉害,爱告状,爱打官司,受不得半点冤屈。"党的各级组织和边区政府对人民群众检举揭发贪污腐败行为的控告,从不推诿,认真对待,调查处理。陕甘宁边区政府主席林伯渠在1937—1949年的13年中,共接到137件检举控告材料,他件件有回复。边区政府号召"放手发动群众,

---

① 《陕甘宁边区各级参议会组织条例》(1941年11月边区第二届参议会修正通过,1942年4月边区政府公布),《陕甘宁革命根据地史料选辑》第1辑,甘肃人民出版社1981年版,第174、176页。

检查政府工作和人员"。①

④民主党派、党外人士的监督。中国共产党十分重视党外人士对党的监督,虚心接受他们的意见和建议。当党外人士李鼎铭提出"精兵简政"的意见时,毛泽东十分赞赏,高度重视,并严肃提出全党要高度重视党外人士的批评意见。

(2)严格执法,坚决惩处贪污腐败分子

抗战时期,党领导的边区政府"厉行廉洁政治",制定了一系列捍卫边区廉洁政治的法律制度,为严厉惩治贪污腐败提供了法律依据。要将法律制度落到实处,就需要抗日根据地各级党政机关、司法机关严格执法,使廉政制度真正成为打击贪污腐败的有力武器。

1937年至1939年,陕甘宁边区司法机关依法查处180起贪污腐败案件。1939年一年,陕甘宁边区高等法院受理贪污案件84件,1940年受理115件,查处乡级腐化堕落干部150名,区级以上腐化堕落干部27名;1941年上半年又查处36件贪污案件。在查处的这些贪污腐败案件中,有一些较为典型的案件,涉及人员的职位不同于普通的管账人员或村长、乡长等下层干部,而是一些县、区长。盐池县县长曹某因贪污赌博罚款159元,被撤职法办;安塞县第四区区长和第六区区长因贪污被没收的烟土,分别被判处2年和3年有期徒刑;华池县第五区区委书记崔某因贪污公款100元,被依法惩处。

处理贪污腐败,遵循"法律面前人人平等"的原则。中央依法处理了贪污3050元巨款的边区贸易局副局长、张家畔税务局局长肖玉璧等影响极坏的贪腐案件,极大地净化了边区政府,使共产党领导的根据地政权廉洁民主,与国民党政权的腐败黑暗形成鲜明对比。

经过几年的反贪污腐败斗争,陕甘宁边区贪污案件数量明显下降,1940年查处644件,1941年上半年为153件。太行边区,1943年查处贪污案件606件,1945年为238件,贪腐案件的发生率明显下降。

---

① 《边区人民的伟大胜利——李鼎铭副主席在第三届边区参议会第一次大会上的选举工作报告》,《陕甘宁革命根据地史料选辑》第3辑,甘肃人民出版社1983年版,第101页。

第五节
解放战争时期的反贪腐廉政建设

一、解放战争时期党的反贪腐原则

全面内战爆发后不久,中共中央即明确指示全党:"必须十分节省地使用我们的人力资源和物质资源,力戒浪费。必须检查和纠正各地已经发生的贪污现象。"根据中央指示精神,各解放区人民政府根据形势变化和斗争需要,先后修订颁布了一系列惩治贪污条例法规,建立了一系列的反贪监察制度,对贪污行为及其处罚措施作出明确规定,体现了中国共产党及其领导的各解放区政权严惩贪污腐败、廉洁政治的原则精神。在大力开展反对贪污浪费的同时,加强干部队伍的思想建设和组织建设,动员党员干部对各种贪污浪费现象进行斗争。通过开展批评和自我批评,揭发各部门的贪污浪费现象,严肃处罚贪污浪费者,"对诚恳反省、自我坦白、痛改前非的宽大处理,对隐瞒和屡教不改的予以应得处分"。① 与反对贪污浪费相配合,确保解放战争的财政供应,中共中央重视加强财政管理工作。华北财经办事处在《关于反对贪污浪费的指示》中明确规定:财经供给机关要严格制度,经常检查,使制度真正落实下去。审查财经供给干部,清洗不可救药

---

① 华北财经办事处:《关于反对贪污浪费的指示》,1948年1月4日;《华北财政经济会议决议》,《中共中央文件选集》第16册,中共中央党校出版社1992年版,第566—571页。

的贪污腐化分子。要进行经常的管理教育,检查并纠正乡村中的贪污浪费现象。在反对贪污腐败、铺张浪费的斗争中,强调党员干部的表率作用,"机关首长必须以身作则。拒绝一切不应得的享受,否则,便不能与贪污现象进行严肃斗争。对各种资财的损失和浪费现象,也应认真检查。它与贪污虽有区别,但同样也是削弱革命力量,损害人民利益(加重人民负担)的一种罪恶行为"。①

全国革命胜利的前夕,中共中央再次将党的廉洁政治建设放到关系党生死存亡的地位来强调。1949 年 3 月 5 日—13 日,在河北省平山县西柏坡村召开党的七届二中全会上,毛泽东提出要警惕资产阶级"糖衣炮弹"的进攻,"务必使同志们继续地保持谦虚、谨慎、不骄不躁的作风,务必使同志们继续地保持艰苦奋斗的作风"。刘少奇在对中央马列学院第一班学员的讲话中也明确指出:"得了天下,要能守住,不容易。很多人担心,我们未得天下时艰苦奋斗,得天下后可能同国民党一样腐化。他们这种担心有点理由。……胜利后,一定会有些人腐化、官僚化。如果我们党注意到这一方面,加强思想教育,提高纪律性,就会好一些。"②正是由于中国共产党领导层对腐败问题始终保持高度警惕,将之视作党和革命生死存亡的大事,再辅以当时党员的革命热情,因此,在新民主主义革命期间,党和根据地政权始终保持廉洁政治,贪污腐败只是极少数的现象,这就是党及其领导的廉政机关在革命时期的廉政建设成就。

二、解放战争时期反贪腐制度建设和实践

1. 反贪廉政制度建设

(1) 监察制度

①解放区政权坚持人民监督的制度。1946 年 4 月 24 日,陕甘宁边区

---

① 《中共中央文件选集》第 16 册,中共中央党校出版社 1992 年版,第 566—571 页。
② 《刘少奇选集》上卷,人民出版社 1981 年版,第 413 页。

大会通过的《陕甘宁边区营业税暂行条例》第20条规定:"税务人员如有不法行为,人民有向政府告发之权。"

②实行党内和政府机关的监察委员会制度。根据1949年4月9日颁布的《陕甘宁边区政府暂行组织规程》,陕甘宁边区政府下设"边区人民监察委员会"来具体实施监察制度。①

(2)审计制度

1948年3月25日,为发展经济,建设边区,规范审计财政收支,严格执行预决算制度,统一陕甘宁晋绥边区审计机构和职权,边区政府颁布了《陕甘宁晋绥边区暂行审计规程(草案)》,规定:其一,边区各级党政军及所属单位的财粮、被服、生产等收支审计均依照该规程执行;其二,为方便审计工作的开展,边区的审计分初审、复审、决审三级;其三,对审计机构的设置、审计职权、审计程序作了规定。

1948年10月1日,《陕甘宁晋绥边区暂行审计条例》颁布实施。该条例适用于边区各级党政军所属单位的财粮、被服、生产自给等收支活动的审计。所有经费、粮秣、被服等,除战争情况外,非经审计机关批准,任何机关不得擅自批发支付。各级政府、机关、学校、部队应严格执行会计章程及预决算制度,其生活费及生产节约收支等情况,均应由经济委员会进行审查,经过审查后,编造人员和马匹增减表、收支预算书各3份,人员花名册1份,连同单据等,由经济委员会与主管首长签名盖章后,呈交主管机关汇编送交审计机关。事业费编报程序与生活费同。

为统筹统支,严格审查各种收支预决算,统一西北各级审计机关与职权,支援解放战争。1949年6月10日,陕甘宁边区政府财政厅颁布了《陕甘宁边区暂行审计条例(草案)》,适用范围是各级政府、机关、学校及部队所有岁入岁出的审计。各级党政机关、学校及部队的一切收支,除带秘密性的事业费外,一般均可逐月将人马增减数及收支预决算数交本机关群众公开民主讨论通过,领导批准后,即编制入册,送上级审核。各征收机关,

---

① 《陕甘宁革命根据地史料选辑》第3辑,甘肃人民出版社1983年版,第139、352页。

按月、季、年度编造收入预决算,并附必要的书面说明材料,送财政厅复审与签注意见,由财政厅汇编3份,送西北财委会审计处。各支出系统的审计程序是,边区一级党、政、民、学所属各单位,按月、季度将人马增减数及收支预决算,分别送达第一级审计主管机关复审后,即汇编成分预决算3份,送西北财委会审计处。各行署一级的党、政、民、学所属单位,按季度将人马增减数及收支预决算送交行署财政处复审后,即汇编成分预决算3份,送西北财委会审计处。审计机关对日常业务的处理方法与《陕甘宁晋绥边区暂行审计条例》相同。

中国人民解放军各大战略区逐步完善了审计制度。1949年6月,中国革命军事委员会后勤部颁布《供给制度(草案)》,其第4章是审计制度,统一了全军的审计机构和审计法规。其中较为突出的是西北人民解放军为实行统筹统支,严格审核预决算,杜绝贪污浪费及一切不当开支,统一审计职权,于1948年9月颁布了《西北人民解放军野战军审计工作暂行条例》,适用于西北人民解放军野战军所属各部队机关财粮、被服等收支活动的审计。该《暂行条例》规定了野战军审计机构、任务、职权和审计程序、各级审计机关、各级供给部(处)财经队的关系。西北人民解放军各级审计机关依据部队的编制人员、马匹、武器、装备、通讯、医疗、运输、宣教等供给标准开展审计工作,并审计本军各纵旅团营连及直属单位各种预算是否合法,正式预算标准以外临时费用的预算是否成立,等等。[①]

(3)惩戒制度

根据中央指示精神和形势发展的需要,1947年东北解放区政府公布了《东北解放区惩治贪污暂行条例》,1948年1月中央华北财经办事处颁布了《关于反贪污浪费的指示》,1948年晋冀鲁豫解放区颁布了《晋冀鲁豫边区惩治贪污条例》,1949年华东解放区政府公布了《苏北区奖励节约、惩治贪污暂行条例》、《修正淮海区惩治贪污暂行条例》,都规定有如下行为之一者,均以贪污罪论处:"第一,在土改中侵占或窃取群众斗争果实者;第二,

---

[①] 李金华主编:《中国审计史》第2卷,中国时代经济出版社2004年版,第341—345页。

缴获敌人物资不交公而私行留存者;第三,凭借政治地位或职权,勒索、强占、敲诈或受贿者;第四,吞没或盗卖公物、公粮、公产者;第五,买卖公物从中舞弊者;第六,浮报、冒领、克扣、截留应交或解交的财物粮款者;第七,挪用公有财物供私人营利或享受者;第八,伪造账目,以少报多,或其他利用职权对公有财物营私舞弊者。"

对上述贪污罪的惩处,依据贪污数额(按粮价折算)和危害程度大小,进行惩处。《东北解放区惩治贪污暂行条例》规定:贪污2万斤高粱米市价以上者,处以死刑或无期徒刑;《晋冀鲁豫边区惩治贪污条例》规定:贪污相当于小米7000斤市价以上者,处死刑、无期徒刑或十年以上、十五年以下有期徒刑,最轻者处以半年劳役或撤职、记过。

2. 反贪机构设置

(1) 华北人民监察院

1948年8月16日,华北临时人民代表大会通过《华北人民政府组织大纲》,合并晋察冀和晋冀鲁豫两个边区政府,组建华北人民政府,设华北人民委员会,下设华北人民监察院,负责对各级行政人员、司法人员及公营企业人员的"违法失职、贪污浪费、违反政策、侵犯群众利益"等行为进行检查、检举并拟议处分,提请主席批交有关机关处理。其机构建制为:"华北人民监察院……设院长一人","华北人民监察院为行政监察机关,设人民监察委员会,以院长及华北人民政府委员会任命之人民监察委员五人至九人组织之"。

华北人民监察院的职权为:①检查、检举并拟议处分各级行政人员、司法人员、公营企业人员之违法失职、贪污浪费及其他违反政策、侵犯人民利益之行为。②接受人民及公务人员对上述人员(各级行政人员、司法人员及公营企业人员)之控诉及举发,并拟议处理办法。③其他有关整肃政风事项。④华北人民监察院人员为行使职权,得向有关机关进行调查;各该有关机关,必须接受检查,提供必要之材料。⑤华北人民监察院有关处分之决议,须交法院审判者,得提请法院审理之;须交各行政机关执行者,得提请主席批交各有关行政机关处理之。①

（2）边区人民监察委员会

①边区人民监察委员会的设立。1949年4月9日，陕甘宁边区参议会和政府联席会议通过的《陕甘宁边区政府暂行组织规程》第8条规定："陕甘宁边区政府设下列厅、行、处、会，在主席领导下分掌各该主管事项：……十二、边区人民监察委员会"；第9条规定，边区人民监察委员会"设主任一人"，综理该会主管之事项。

②边区人民监察委员会职权：第一，基本职权。"一、检查、检举并拟议处分各级行政人员、司法人员、公营企业人员之违法失职，贪污浪费，违反政策，侵犯群众利益等行为。二、接受人民及公务人员对各级行政人员、司法人员及公营企业人员之控诉及举发并拟议处置办法。三、其他有关整肃政风事项。"第二，"人民监察委员会为行使职权，得向有关机关进行调查，各该有关机关必须接受检查，提供必要之材料"；"人民监察委员会有关处分之决议须交法院审批者，得提请法院审理之。须交行政机关执行者，得提请主席批交各有关行政机关处理"；"人民监察委员会提请陕甘宁边区人民法院审理之案件，法院应予受理，法院关于此项案件之审理结果，应函告陕甘宁边区人民监察委员会，人民法院对于人民监察委员会提请审理之案件，如有不同意见，人民监察委员会应予说明，如遇疑难争执，会呈主席解决"。②

（3）陕甘宁边区和西北局审计机构

①审计处及下属机构

1942年前后，陕甘宁边区政府设立审计处，"工作人员及什务人员共十二人"③。1946年10月17日，陕甘宁边区政府颁发的《陕甘宁边区宪法草

---

① 《华北人民政府组织大纲》、《华北人民政府各部门组织规程》，张焕光、苏尚智编：《中华人民共和国行政法资料选编》，群众出版社1984年版，第96、104—105页。
② 《陕甘宁边区政府暂行组织规程》，《陕甘宁革命根据地史料选辑》第3辑，甘肃人民出版社1983年版，第352、358—360页。
③ 《陕甘宁边区政府命令——令审计处编制为十二人》，陕西省档案馆、陕西省社会科学院编：《陕甘宁边区政府文件选编》第5辑，档案出版社1988年版，第250页。

案》规定,在行政委员会下设审计处。

1946年12月24日,陕甘宁边区政府主席林伯渠和副主席李鼎铭、刘景范联合签署命令,为加强边区审计工作,成立审计处,并委任边区政府副主席刘景范兼审计处处长,郑亦胜为副处长兼第一科科长,毋海鸥为副科长,钱萍为第二科科长,蒋连穆为秘书。关于边区政府审计处的职权范围、制度建设、工作开展等问题,陕甘宁边区政府副主席刘景范在1947年1月12日给西北财委会贾拓夫的信中提出一些设想。3月,国民党军队进犯边区,占领延安,这些设想未能付诸实施。

1949年4月18日,陕甘宁边区审计处发布内部规章,规范审计处内设机构及其活动。

《审计处第一科工作施行细则》规定,审计处第一科负责稽核、研究、统计、总概、预决算的审编及企业单位的审核与报告制度等方面的工作。要求本科工作"须分定期、记事与审计三种报告"。

《陕甘宁边区审计处(第二科)审计施行细则(草案)》规定,第二科负责审核各机关的经常事业费、生活费、临时费。主要包括审核原则、审核种类及附件、审核程序及方法、审核要点等内容。各机关编送经常事业费、生活费、临时费项目时,同时附送各单位详细预算表,复审机关(主管机关)复审后的汇总预算表,复审的说明及意见书,统计表,要附送人员花名册,各审核员对预决算的审批须作必要的调查、询问、检查等,切实完成审计工作。

12月28日,陕甘宁边区政府发布《建立县财政自治大纲》,规定县级政府也应建立审计机构,县级最高审计机关应为政府委员会兼任,日常审计事宜应由县财政科一同办理。"凡在政府委员会确定之预算与供给标准范围以内者,可由财政科批审,超过标准范围以外者,应由政府委员会批审。"①

②西北审计委员会

---

① 陕西审计学会、陕西审计研究所:《陕甘宁边区的审计工作》,陕西人民出版社1989年版,第218—220页。

1948年，中共中央西北局成立西北审计委员会，由西北局指定党政军财等5人组成，对西北局负责，作为全边区审计决审权力机关。马文瑞任审计委员会主任，王子宜任审计委员会副主任。审计委员会下设审计处，作为日常办事机关，由黄亚光任审计处处长。

西北审计委员会授权陕甘宁边区（包括党政）、晋绥边区（包括党政军）及联防军（包括野战军及地方兵团）各设立审计分委会，由党政或军委派委员3人组成，对西北审计委员会负责，为复审权力机关。各审计分委会之下设立审计分处，为其日常办事机关。陕甘宁边区设立审计分委会前，其审计工作由西北审计委员会审计处兼办。

陕甘宁边区审计分委会及晋绥边区审计分委会下设若干审计支委会，由党政有关负责人3人组成，对审计分委会负责，为初审权力机关。陕甘宁边区一级的西北局、边区、财办处各自成立审计支委会。各审计支委会设审计员，办理日常事务。各级政府机关、部队、学校、工厂等，按伙食单位民主选举组成经济委员会，作为审计机构的群众基础。

为便于作战和工作，保证供给，西北审计委员会分别授予野战军和晋绥边区审计分委会决审特权，但一切收支及财政情况，必须分别汇编送交西北审计委员会。

③各级审计机构的职权

各级审计机构，各级审计委员会、西北审计委员会、西北局财经委员会，其职权是审定边区各级政府、机关、学校、部队的经费、粮秣、被服、生产自给等收支预算与核销决算；了解与掌握财经情况，特别是供给力量；清算与检举贪污、浪费及收支不合理等行为，奖励严格遵守制度与生产节约等模范；随时调阅或派员审查各级政府、机关、学校、部队等账表、单据及其他证明文件；检查与监督各级政府、机关、学校、部队财务制度的建立情况；在财政经济委员会授权下，对各级银行、贸易公司及公营工厂业务方针的执行情况，征收制度及各种税率的执行情况，公营企业的财产变动情况及盈亏的审查，一切收入（包括粮食、税收、罚款、没收款及物资等）归公情况进行检查与督导。西北局财经委员会审定财政厅编造年度、季度概算，核销年度、季度决算,规定供给标准;审查核实各级政府机关、学校、部队及公营企业人员、马匹增减;审核有关财政开支的鼓励或废除事宜;批审与核销各单位一切临时收支预决算;核销边区一级事业费。有决审权的机构也具有财委会的这些权力。边区一级审计科对预算规定的预备费、生活费及分边区县级的事业费有批准与核销权,对一切临时预算有审核与签注意见权。分区一级的审计室及各县的审计员,对预算规定的经常费及各单位生产自给收入有按供给标准批审与核销的权力,对一切临时预算有审核与签注意见的权力。

1948年8月,西北局委员会通过的《西北局财经委员会组织工作规程》规定,西北局财经委员会在西北局直接领导下,"负责财政审计及西北解放区总会计工作,并保证财政预决算制度之执行及西北解放区全部财产之统一管理"。在西北局财经委员会下设立审计处,设处长1人,审计员若干人,掌管审计工作。10月公布的《陕甘宁晋绥边区暂行审计条例》规定,西北局财经委员会是边区的决审权力机关,审计处是日常办事机关。晋绥行署设审计分处,陕甘宁边区政府秘书处、联防军后勤部、西北局秘书处各设立审计科。晋绥行署的审计分处受晋绥财政经济委员会领导,边区政府秘书处和西北局秘书处的审计科各受其秘书长领导,联防军后勤部的审计科受后勤部长领导。陕甘宁边区及晋绥行署所属各分区设审计室,受分区财政经济委员会领导。各分区所属各县设审计员,受县委统一领导。[①]

3. 解放区的反贪腐斗争

抗日战争胜利后,国民党在接收过程中,贪污抢夺,无所不为,一片乌烟瘴气。中国共产党则在接收中保持着廉洁的形象。但国民党政府在"劫收"中"五子登科",贪污腐败之风盛行,一定程度上也影响到解放区党员干部中的一些不坚定分子,贪污腐败虽是个别现象,但如不加以纠正,会进一步腐蚀党员干部,严重削弱党和人民军队的战斗力,任其泛滥下去,必将使党长期以来在人民群众心目中的清正廉洁的政治形象毁于一旦,甚至会影

---

① 李金华主编:《中国审计史》第2卷,中国时代经济出版社2004年版,第337—341页。

响到人民解放战争的胜利进行。1945年9月2日,中共中央作出《关于新解放城市工作的指示》;9月30日,中共中央发出《关于加强军队纪律坚决执行城市政策的指示》。要求:第一,保护城市工商业,保护城市贫民,绝对不准侵犯城市贫民利益。第二,不准随便没收敌伪公有财产和汉奸财产,必须经地方政府调查研究后,才由政府确定没收,并成立一个统一接收机关,暂行管制,并结合当地群众意见处理其财产。第三,对工厂企业等归由最高军事机关和政府决定处理,不得破坏和随便私人搬走。第四,除武器弹药等军事资财由军事机关与部队处理外,其余物资由政府接收,统一处理(主要用以供给部队),攻城部队如需此类物资,则由政府酌量批发,军队不得私自处理。第五,对于剧场、学校、交通机关、医院、仓库等,应加保护,其他文物及各类物资须经一定的军事机关检查处理,不得破坏。这一规定,对于保护人民利益、保证城市建设的恢复发展,阻断假公济私、享乐腐化的可能途径,起到重要作用。不过,在解放军接收的初期,也出现过一些违反《关于加强军队纪律坚决执行城市政策的指示》精神,违法贪腐的情况。在收复张家口后,领导机关迁至城市,一些干部趁机往城里跑,在张家口做了一些违法乱纪、贪污腐化的行为,影响很坏。中共中央立即电示人民解放军洛阳前线指挥部,"严禁破坏任何公私生产资料和浪费生活资料,禁止大吃大喝,注意节约","一切作长期打算"。[①] 中共中央充分认识到党和人民军队中极少数"蠹虫"的严重危害性,1946年7月,毛泽东在为中共中央起草的《以自卫战争粉碎蒋介石的进攻》的党内指示中指出:"必须十分节省地使用我们的人力资源和物质资源,力戒浪费。必须检查和纠正各地已经发生的贪污现象。"[②]

1947年,中国共产党已经发展成为有270万党员的政治上成熟的政党,领导着有1亿以上人口的解放区、200万人民解放军。由于解放战争正在由战略防御向战略进攻转变,在一些地方政权中,特别是农村基层政权,

---

[①]《中共中央文件选集》第15册,中共中央党校出版社1991年版,第263—265页。

[②]《毛泽东选集》第4卷,人民出版社1991年版,第1188页。

一些地主、富农中的坏分子和流氓分子乘机混进解放区基层政权,甚至在一些地区把持党、政府或人民团体基层组织,在农村作威作福、欺压人民、贪污腐化,歪曲党的政策,使土地改革不能彻底进行;一些党员干部,对彻底消灭封建土地制度缺乏足够的思想准备,对党的土地改革政策表现出怀疑和动摇的态度;一些党员干部产生了官僚主义、命令主义作风,甚至腐化堕落,损公肥私,贪污浪费,引起人民群众极大的不满。在这种情况下,中共中央决定开展整党运动和人民解放军的新式整军运动。在延安整风的基础上,进一步解决党的地方组织,特别是党的农村基层组织组织不纯和作风不纯的问题;整顿官兵关系、党群关系,开展批评和自我批评,提高广大指战员的政治觉悟和阶级觉悟。根据中共中央的指示,各解放区都积极开展反对贪污浪费的运动。1948年《华北人民政府施政方针》中指出:"八年抗战和两年解放战争,区村干部做了很多有益于战争和建设的工作,是有成绩和有功劳的。但强迫命令的作风和多占土地改革果实的现象,则相当普遍地存在着,其中甚至有少数村干部蜕化变节,违法乱纪,欺压人民,为群众所反对、所痛恨。"因此,华北人民政府决定及时"整顿区村级组织","表扬好的,批评坏的,处罚不可救药的",并成立华北人民监察院负责监察工作。

1948年底,北平、天津解放指日可待,鉴于此前的经验教训,为了预防贪腐情况的发生,中共中央向北平市委发出指示:"一切城市工作人员中,不能容许有不守纪律及贪污和腐化现象,如有不守纪律及贪污和腐化的行为,必须立即加以处理,令其离开城市工作。但在节俭的水准上适当地规定城市工作人员的生活,是完全必要的。"①根据中央的指示,解放军平津前线司令部发出对平津等城市"约法八章"的布告,中共北平市委发出《关于如何进行接管北平工作的通告》,强调"用朴素的作风,来对抗旧社会堕落腐化的恶习,用勤劳生产,来对抗游手好闲的寄生阶级的思想",进入城市后,"生活一切照旧,保持原来朴素整洁的习惯,如需要加以改变或物资补

---

① 《中共中央关于城市中的公共房产问题的决定》,《中共中央文件选集》第17册,中共中央党校出版社1992年版,第607—608页。

充时,应经批准,并按制度","缴获接收的一切物资,全部归公,不得私用一草一木。任何人不得寄送东西回后方,需要送时应统一送",等等。①

1949年5月27日,上海解放。按照中央指示精神,解放军部队进入市区后,不得惊扰市民,不入民宅,露宿在人行道上,部队指战员蹲在马路上指挥作战;骡马辎重和伙房不进入市区,指战员用钢盔盛饭,就着自带的干粮吃;任何人都不私受馈赠,不私取公物。上海人民称赞解放军是"毛泽东、朱德的代表",在上海的西方媒体也赞扬人民解放军"胜利之师睡马路,自古以来所没有"。进入上海市区的人民解放军拒腐蚀,抗诱惑,出现了"南京路上好八连"这样的抗拒糖衣炮弹的典型,使中外一切敌对势力所作出的中国共产党进了上海这个大染缸,很快就会腐化变质的预言落空了。中国共产党人不仅在上海这个十里洋场站稳了脚跟,而且用无产阶级的优良作风改造着上海。

---

① 《中共中央文件选集》第17册,中共中央党校出版社1992年版,第612—614页。

第二章 新中国反贪腐廉政建设的开始阶段（1949—1966）

经过近三十年艰苦卓绝的奋斗，中国共产党领导人民取得了新民主主义革命的胜利。1949年10月1日，中华人民共和国的成立，揭开了中国历史的新纪元。作为中国人民利益的代表、工人阶级先锋队的中国共产党，成为在全国范围内执掌政权的执政党，担负起领导全国各族人民建设新中国的重任。党领导的反贪廉政建设在新的复杂环境下也进入了一个新的时期。

第一节
新中国建立初期的反贪腐环境

新中国建立后,中国共产党为了巩固新生的人民政权和社会主义制度,将恢复国民经济、防止党员干部腐败堕落,作为执政党建设的重中之重。新中国建立初期,各级党组织、党员、各级政府工作人员的主流,是本着全心全意为人民服务的宗旨,坚守着艰苦奋斗的优良作风,廉洁奉公,勤恳忘我地工作,无私奉献。但也要清醒地看到新中国环境条件发生的新的重大变化,一些党员没有经受住考验,使新中国在建立之初一度出现较为严重的腐败现象。

一、新中国建立初期反贪腐斗争与巩固新政权紧密相连

新中国建立后,中国共产党成为执政党,大批党员从乡村进入城市,由基层调入领导机关,从缺吃少穿、缺医少药、集中供应的战时生活,转变为相对富足的薪金制条件和物资供应得到保障的生活环境。执政党的地位,生活环境和条件的巨大变化,特别是物质享受的诱惑,正在成为消磨共产党员理想信念、奋斗精神的腐蚀剂。值得欣慰的是,新中国建立初期的十余年中,大多数党员干部经受住了执政环境的严峻考验。当然,也确有一些不坚定分子,尤其是担任各级领导职务的不坚定分子,在"进城"后很快就抛弃了深入群众、与群众同甘共苦、随时倾听群众的心声呼声、与群众心连心的良好作风,而是习惯于在办公室打电话、发指示,很少深入工作第一

线调查情况、指挥工作,故坐办公室听汇报、看材料多了,深入基层、深入实际调查研究少了。随着执政后环境和条件的变化,一些党员干部与群众的关系疏远了,官僚主义滋生蔓延,与此相伴的是抵御资产阶级腐朽思想的侵袭的能力下降,甚至已经不设防,在各种腐化诱惑面前,经不起考验,贪图享受,以权谋私,逐渐腐化堕落,进而蜕化变质,成为贪污腐败的犯罪分子。邓小平在1956年指出:"由于我们党现在已经是在全国执政的党,脱离群众的危险,比以前大大地增加了,而脱离群众对于人民可能产生的危害,也比以前大大地增加了。"①

新中国建立后,中国共产党作为如列宁所说"是加入之后就能掌权的"②执政党,争取入党的人员情况比革命时期复杂千倍、万倍。当新民主主义革命时期,中国共产党作为一个被国内外敌对势力称为"匪党",并长期联合围剿,生存和发展境况艰险的政党,虽然也有少数异己分子和腐败分子混入党内,但总体而言,党员干部多是有着精神追求的,积极培育马克思主义世界观、人生观、价值观的人。因此,在党员中培养自我约束、自觉抵制贪污腐化的道德修养,再辅以制度约束,就能较为有效地遏制腐败现象的滋生蔓延。而新中国建立后,争先恐后加入执政党的,当然有大量为理想而奋斗的热血青年、进步人士,但也有为数不少的想利用权力牟取私利的腐化异己分子。据统计,1948年底,中共党员人数为300余万人,而新中国成立的1949年一年里,党员人数增加了140万,到1949年底,全国党员人数达到448.8万人。新中国人民民主政权为了充实力量开展工作,在各级人民政府部门和财经、文教等企事业单位吸收了大批新工作人员,留用了大批旧政府工作人员,对旧政府公务人员采取包下来的政策,不可避免地混入一些不良分子,为贪污腐败现象的出现留下了空间。尤其是从事经济工作的职工队伍发展较快,以经济领域的典型行业金融业、典型部门中国人民银行为例。中国人民银行1948年底成立,到新中国建立后的1951年底,3年中,全行员工人数由1万多人,增加到22万多人。其中,从

---

① 《邓小平文选》第1卷,人民出版社1994年版,第221页。
② 《列宁全集》第38卷,人民出版社1986年版,第311页。

解放区来的干部职工仅占 6%—7%,新吸收的员工(来源于学生、小店员)超过 50%,留用的旧银行职员和国民党党政机关人员约 40%。① 全国财政部门留用的旧职员和新参加工作的人员占 70% 左右,从老解放区来的仅仅占 30% 左右。② 在司法系统,1952 年,全国各级人民法院干部共约 2.8 万人,其中有旧司法人员约 6000 人,约占总人数的 22%。这一比例看似不高,但是,在省级以上人民法院和许多大中城市法院的审判人员中,留用的旧司法人员所占比例却很高。上海市人民法院有审判员 104 名,其中旧司法人员有 80 名;天津人民法院有审判员 120 名,其中旧司法人员 97 名;沈阳市 8 个区人民法院的 26 名审判员中,旧审判人员就占了 23 名。这些留用的旧公务人员,他们中的大多数人经过教育改造,有积极接受改造的表现和进步,有些人成为新中国的建设人才,但也有相当一部分人旧习气并非短时间就能消除,一旦改造的环境宽松下来,他们一度受到约束的恶习就很可能故态复萌;更有一些改造得不好,甚至从内心暗中拒绝改造的人员,将旧官僚作风和贪腐恶习带进新政权,利用各种机会贪污盗窃国家财产,中饱私囊。1949—1951 年,北京市清查出来的 650 名贪污分子中,留用人员和新参加工作的干部(大部分是新招收的旧公务人员)为 516 名。③ 1952 年,据上海、南京、杭州三城市法院和苏南地区统计,在法院系统清查出的贪污分子中,有 59.52% 是旧司法人员,在法院系统所有旧公务人员中,50.09% 有贪污行为。1950 年 1 月至 1951 年 7 月,西南局共查处贪污渎职分子 3317 名,在有材料可查的 1345 名贪污渎职分子中,904 名为留用人员,355 名为新干部,86 名为老干部。1951 年上半年,绥远省查处的贪污渎职分子中新干部和留用干部占 98%。国民党法院贪赃枉法的恶劣作风被这些旧司法工作人员带进人民法院,一些人不仅自己贪污腐败,还通过

---

① 以上数据,参见王关兴、陈挥:《中国共产党反腐倡廉史》,上海人民出版社 2001 年版,第 160 页。
② 《怎样在财政系统中开展反贪污反浪费反官僚主义运动》,《人民日报》1952 年 1 月 12 日。
③ 中共中央文献研究室编:《建国以来重要文献选编》第 2 册,中央文献出版社 1992 年版,第 496—497 页。

各种手段拉拢腐蚀党员干部,使这些干部思想上被贪赃枉法的旧司法恶习所俘虏、侵蚀,最终也腐化堕落为贪赃枉法的贪腐分子。①

二、新中国建立初期腐败现象一度严重的国内国际环境

新中国建立后,一度出现较为严重的贪腐现象的一个重要原因,就是在国内国际复杂背景下,不法资本家用糖衣炮弹腐蚀国家工作人员,一些党员干部没有经受住考验。中国共产党成为执政党后,在国家经济和社会发展过程中,在国内要与基本群众、党的朋友、背景复杂的政治经济人员,甚至敌对分子等方方面面的人打交道;在国际社会中,新中国政府不仅要与社会主义阵营各国、第三世界友好国家交往,也要与包括对新政权采取敌视态度的欧美各国打交道,而欧美各国不仅谋划武力推翻新中国这"硬"的一手,同时不遗余力通过"软"的手段来拉拢腐蚀新中国政权中的不坚定分子。在这一长期过程中,党员干部如果放松警惕、经不住诱惑,就会被资产阶级腐朽思想和腐朽的生活方式所侵蚀,堕落为贪腐分子,甚至成为党和国家的敌人。

新中国建立初期,这一系列矛盾集中表现为工人阶级和资产阶级之间矛盾的新发展,以及不法资本家用糖衣炮弹腐蚀国家机关工作人员。新民主主义革命胜利后,新生的共和国政权对生产资料私有制进行了社会主义改造。没收官僚资本,改造为全民所有制的国营经济;对民族资本主义,执政后的中国共产党则继续与民族资产阶级实行合作,尽可能利用城乡私人资本主义的积极性,恢复和发展国民经济。但是,党的方针是"使中国稳步地由农业国转变为工业国,把中国建设成一个伟大的社会主义国家"②,因此,在继续适度发展民族资本主义经济的同时,不可能像资本主义国家那样允许资本主义自由泛滥,而是要根据新中国经济和社会发展的需要,从各方面对私人资本主义的消极因素加以限制。而资产阶级唯利是图的本

---

① 史良:《关于彻底改造和整顿各级人民法院的报告》,《新华月报》,1952年9月号,第33页。
② 《毛泽东选集》第4卷,人民出版社1991年版,第1437页。

性,使他们对国家的限制必然进行方式不同、程度不同的对抗,其中一些不法之徒,利令智昏,通过交朋友"试探性进攻","投其所好、乘虚而入",请客送礼拉"人情",进而通过金钱贿赂,甚至用"美人计",以及吹牛拍马、恭维捧场等"'捧'你上天"、"大迂回"、"围攻"、"流氓式暗算"等手段,千方百计拉拢腐蚀国家机关工作人员,为他们的不法利益服务。① 这样,在新中国建立初期,必然出现不法资本家和人民政权之间的贪腐和反贪腐的斗争。

不法资本家采用各种手段软化、勾引和毒害国家和企业工作人员,将他们拉入贪污腐化的深渊,变成资产阶级安插在国家机关、国营企业、公私合营企业中的代理人。新中国建立初期有几起典型案例。在东北地区的典型案例是,私营光明药行经理丛志丰拉拢东北人民政府卫生部医政处处长李廷琳,通过送礼、请客、代雇厨师等手段获得好感,投其所好。在探知李廷琳喜欢跳舞后,丛志丰又通过代找舞女,甚至让自己的姨太太陪李廷琳跳舞,终将李廷琳拉下水,为其所用。丛志丰与李廷琳勾结,致使国家损失61.3亿多元(旧币)。吉林省蛟河县,贩卖毒品的流氓商人梁启发等人,通过请客送礼、金钱贿赂等方式,将县委书记、县长、组织部长、公安局长、团委书记腐蚀变质为腐化分子。② 华东地区,一起典型案件就是上海大康药房经理王康年专门设立了用于拉拢腐蚀党员干部的"外勤部"。据王康年交代,他曾向52个机关的65名干部行贿,1951年,该药房记录在册的"交谊费"就达到1.9亿多元,通过这些手段,他骗取了志愿军购药巨款。③ 在西南地区,突出的典型案例则不仅仅是不法资本家个人的进攻,而且还有同行业资本家组成进攻联合体的案例。重庆的私营钢铁业资本家组成了向国家经济事业大举进攻的指挥机构——"星四聚餐会",又以它为中心,设立了"星五聚餐会"、"星六聚餐会"、"造船小组"、"十一厂联络处"和"会

---

① 燕凌:《资产阶级陷害革命工作人员的罪恶手段》,《人民日报》1952年2月19日。
② 齐龙:《资产阶级猖狂进攻的铁证》,《东北日报》1952年3月1日。
③ 薄一波:《若干重大决策与事件的回顾》上卷,中共中央党校出版社1991年版,第161—162页;《奸商王康年骗取志愿军购药巨款》,《人民日报》1952年2月16日。

计师座谈会"等组织,企图垄断市场,垄断加工订货。"星四聚餐会"还通过"派进来"特别是"拉过去"的手段,在国家机关布置了大量的"坐探网"。①"星四聚餐会"和"造船小组"还用金钱收买了国营工厂的外包工程师、监督加工订货业务的工商局负责人等,有计划地、统一抬高工价和材料费,偷工减料,拖延交货日期,甚至通过这些贪污腐败分子要挟国家机关把"拟定中的造船计划"向他们填表报告,"否则各会员厂拒绝修造"。② 可见资产阶级腐蚀党员干部,企图把新中国国家机关变成他们牟取暴利的工具,已经到了非常疯狂和狂妄的地步。

在这种背景下,在国家机关和企业中发生的大量贪污、盗窃、舞弊等贪污腐败行为"决不仅只是贪污盗窃者个人的品质问题","尤其是大规模的贪污盗窃行为,大多数是由资产阶级派进来或拉过去的内奸分子和外界的不法商人、资本家勾结起来,共同进行的。……主要地是资产阶级向革命阵营疯狂进攻和严重侵蚀的结果。这种进攻和侵蚀,已经使许多革命干部完全变质,蜕化成为经济反革命分子;甚至有若干革命机关被他们部分攻占或全部攻占,蜕化到与国民党官僚机关很少区别"。③

面对新中国建立后执政的新环境,党发动一系列反对贪污腐败的运动,基本保住了清廉的党风和社会风气。当然,随着运动的结束,一些党员干部中又出现了新的贪腐现象。中共中央注意到这一严重的问题,连续发动了1953年"新三反"运动、1954—1955年的反贪污浪费斗争、1957—1958年夏季的"开门整风"运动、1958年"反五风"运动、1963年城市"五反"运动、1963—1966年的"四清"运动等一系列斗争,将新中国初期的贪污腐败问题控制在一个较低水平,确保了新中国建立初期的20年政治清明的局面。

---

① 曹荻秋:《重庆资产阶级是如何有组织地向工人阶级、向共产党、向国家机关进攻的?》,《新华月报》,1952年4月号,第39—40页。
② 林里:《从"星四聚餐会"的罪恶活动来看资产阶级对国家机关有组织有计划的进攻》,《新华月报》,1952年3月号,第21页。
③ 《人民日报》社论:《克服左倾思想,夺取反贪污斗争的彻底胜利》,《新华月报》,1952年3月号,第3页。

第二节
中国共产党第一代领导集体
反贪腐思想原则的坚持和发展

新中国成立后,中国共产党取得执政地位。和平的执政环境,增加了脱离群众和实际的危险、贪污腐败滋生蔓延的危险。对此,毛泽东带领全党从党和社会主义国家政权生死存亡的高度,重视反贪廉政建设问题,在坚持革命时期反贪腐思想原则的基础上,结合新中国建立之初的新情况、新问题,积极探索在执政条件下反腐倡廉的规律和途径,逐步形成第一代领导集体反贪腐廉政建设的科学思想体系——毛泽东反贪污腐败思想。这是毛泽东思想的重要组成部分。

一、将反对贪污腐败的斗争视为治党治国的根本大事

毛泽东认为,贪污腐败现象的产生,是剥削阶级腐朽思想的侵蚀在党内和国家政权内的反映,反对贪污腐败是无产阶级革命斗争的重要组成部分,廉政就是要大公无私、清廉公正。他将贪污腐败行为看作是反党反社会主义行为,贪污腐败分子是"钻到我们队伍里面的坏分子,蜕化变质分子,这些人,骑在人民的头上拉屎拉尿,穷凶极恶,严重地违法乱纪"[①]。1951 年 12 月,毛泽东为党中央起草的文件中提出:"现在必须向全党提出警告:一切从事国家工作、党务工作和人民团体工作的党员,利用职权实行

---

① 《毛泽东著作选读》下册,人民出版社 1986 年版,第 835 页。

贪污和实行浪费,都是严重的犯罪行为。"在新中国建立初期的"三反"运动中,毛泽东又明确指出:"应把反贪污、反浪费、反官僚主义的斗争看作如同镇压反革命的斗争一样的重要。"①

何为贪污腐败? 毛泽东认为,政治上的蜕化变质,经济上的贪污受贿,生活上的挥霍享受,均属腐败的范畴。"反贪污斗争和反浪费斗争的开展和深入,必将接触到各方面存在着的各种程度的官僚主义和自由主义的工作作风。这种作风,是贪污和浪费现象所以存在和发展的根本原因。"②因此,毛泽东将坚定不移地依靠党的领导、依靠广大人民群众,反对贪污腐败、建立廉洁政治,作为党的建设和治理国家的重要思想。新中国建立初期,毛泽东就号召"全体人民和一切工作人员一致起来,大张旗鼓地,雷厉风行地,开展一个大规模的反对贪污、反对浪费、反对官僚主义的斗争,将这些旧社会遗留下来的污毒洗干净"③;反贪污要"像镇压反革命一样大张旗鼓地作为一个普遍的运动来发动","形成有力的社会舆论和群众威力"。④

二、注重对贪污腐败的综合治理

治理贪污腐败,毛泽东主张采用教育、惩治、监督三者并重和密切结合的方法。

1. 通过教育手段树立反贪腐倡廉政的思想基础

预防和惩治贪腐,毛泽东历来主张预防为先、教育在先,对人不能"不

---

① 中共中央文献研究室编:《文献与研究》,1986 年第 3 期,第 3 页。
② 《中央关于印发〈中共中央关于实行精兵简政、增产节约、反对贪污、反对浪费和反对官僚主义的决定〉的通知和毛泽东对决定稿的批语和修改》,《建国以来毛泽东文稿》第 2 册,中央文献出版社 1988 年版,第 535—536 页。
③ 毛泽东:《毛泽东主席在元旦团拜会上的祝词》,《建国以来重要文献选编》第 3 册,中央文献出版社 1992 年版,第 1 页。
④ 毛泽东:《中央转发西南局关于开展三反斗争报告的批语》,《建国以来毛泽东文稿》第 2 册,中央文献出版社 1988 年版,第 586 页。

教而诛"。通过教育,使广大党员干部树立马克思主义的世界观、人生观、价值观,这是反腐倡廉的思想基础。

(1)广大党员牢固树立为人民服务的宗旨是廉洁政治的目标和出发点,是基本保障。毛泽东指出:"应该使每个同志明了,共产党人的一切言论行动,必须以合乎最广大人民群众的最大利益,为最广大人民群众所拥护为最高标准。"①毛泽东强调共产党员在政府的工作应该是十分廉洁、不用私人、多做工作、少取报酬的模范,"应该使一切政府工作人员明白,贪污和浪费是极大的犯罪",要"奖励廉洁,禁绝贪污"。② 而加强思想道德教育,培育党员干部廉洁自律的自觉性,"是团结全党进行伟大政治斗争的中心环节。如果这个任务不解决,党的一切政治任务是不能完成的"③。

(2)注重艰苦奋斗传统教育。无论是全国解放前夕提出要警惕资产阶级的"糖衣炮弹"的进攻和"两个务必",还是新中国建立后,毛泽东始终用优良传统教育全党增强反腐防变的免疫力,都说明强调艰苦奋斗是中国共产党的政治本色,任何时候都不能放弃,这是毛泽东反腐倡廉的一个指导方针。

(3)重视吸取历史的经验教训,开展批评和自我批评的作风教育,是克服党内不正之风的法宝,是保持党的清廉作风的有效武器。抗战胜利后不久,中国共产党和解放区政权面临一个大发展的时期,为了增强全党同志拒腐防变的能力,戒除骄傲自满的情绪,毛泽东号召全党学习《甲申三百年祭》,教育全党不当李自成,明白"水能载舟,亦能覆舟"的道理,从全党执政的高度增强反贪污腐败的自觉性。

(4)发动群众运动,揭露和惩治腐败。毛泽东充分认识到群众在廉政建设、反贪污腐败工作中的重要作用,无论是在新中国建立初期的经济建设,还是在党风廉政建设上,毛泽东都充分依靠人民群众,通过发动群众运动来揭露和惩治贪污腐败行为。新中国成立后到"文化大革命",以毛泽东

---

① 《毛泽东著作选读》下册,人民出版社1986年版,第592页。
② 《毛泽东选集》第1卷,人民出版社1991年版,第134页。
③ 《毛泽东选集》第3卷,人民出版社1991年版,第1094页。

为首的党中央先后发动了近10次与党风廉政、反对贪污腐化有关的群众性政治运动。

(5)重视榜样作用的教育。毛泽东强调,领导干部要做清正廉洁的模范,他自己正是为政清廉的实践者和表率。在新中国建立初期,以毛泽东为首的党中央树立了雷锋、焦裕禄等许多大公无私、清正廉洁的先进榜样,对新中国成长起来的几代人的健康成长影响巨大。毛泽东还很注意运用"反面教员"的警示作用,使我们党的反贪腐教育、廉政工作有声有色,富有成效。

2. 建立和完善法律制度,坚决惩治贪污腐败行为

新中国建立以后,以毛泽东为首的中共中央汲取革命时期重视以法律制度惩治贪污腐败的经验,继续强调以法律制度惩治贪污腐败的重要性。新中国建立后,中共中央和中央人民政府先后制定了一系列党内和行政监察法规,通过建立和完善法律制度来加强廉政建设。

在毛泽东的反腐败思想原则中,对贪污腐败行为的基本态度是严惩不贷,决不心慈手软、姑息养奸,"他看准的事情,一旦下决心要抓,就抓得很紧很紧,一抓到底,从不虎头蛇尾,从不走过场。他不仅提出方针,而且亲自督办;不仅提出任务,而且交代办法。"①充分体现了毛泽东坚决惩治腐败的决心。

在严惩贪污腐败的过程中,毛泽东很注重对大案要案的查处,敢于碰硬,抓一个大案要案,可以起到对更多的潜在腐败行为的儆戒作用。新中国建立初期,他亲自领导并坚决主张对贪污腐败分子刘青山、张子善作出严肃的处理,对新中国建立初期的五六十年代防止贪污腐败现象的滋生蔓延,起到很大的警示和威慑作用。

3. 重视监督的作用

(1)确保党内监督的实现。如何才能保证党内监督得到切实实施?毛泽东认为,健全的民主生活,是实行党内监督、开展批评与自我批评的根本

---

① 薄一波:《若干重大决策与事件的回顾》上卷,中共中央党校出版社1991年版,第142页。

保证。他提出了实行党内监督的两条原则：一是知无不言、言无不尽，二是言者无罪、闻者足戒。为了在组织上保证党内监督的实现，在毛泽东建议下，中国共产党在新中国建立之初就成立了纪律检查委员会，在净化党的组织、反对党内贪污腐败现象的出现方面，发挥了重要作用。

（2）重视发挥群众监督的作用。毛泽东非常重视发动群众对党的执政能力和作风的监督，他说过："群众起来了，一切事情就好办了。"他亲自处理群众来信，告诫各级领导干部一定要认真倾听人民群众的呼声。群众广泛地参与监督党和政府，有效地推动了反腐倡廉工作。

（3）高度重视民主党派的监督。新中国建立后，确立了与民主党派"长期共存，互相监督"的方针、政策，政治协商会议制度作为人民监督政府的一个重要形式。毛泽东亲自带头，各级领导干部都注意向党外人士请教，积极听取并采纳他们的合理建议，接受他们的监督。

（4）重视舆论监督的作用。毛泽东高度重视报纸刊物的监督作用，他强调报刊都应及时刊登人民来信，反映群众的呼声和要求，监督政府的工作。

历史记载了毛泽东反腐败思想及其实践的伟大历史功绩。在理论上，毛泽东反贪污腐败思想是党的建设和廉政建设的重要组成部分，为中国特色社会主义廉政建设理论的建构和完善奠定了坚实的基础。在实践上，正是毛泽东为首的党的第一代领导集体从执政的高度重视反贪污腐败工作，成功地遏制了新中国建立初期一度滋生蔓延的腐败倾向，创造了五六十年代清廉的党风、政风和良好的社会风气，对于巩固年轻的共和国政权，顶住国际上的"反华大合唱"，顺利度过困难时期，夺取社会主义改造和建设的伟大胜利，具有重要意义。

三、对新民主主义革命时期防治贪污腐败经验的总结和继承

新中国建立初期,中国共产党反贪污腐败现象经常采用的方法,多是从新民主主义革命时期行之有效的经验和做法中借鉴过来。如通过整风运动加强对广大党员干部、群众进行思想教育,发动群众揭露贪污腐化分子,然后通过法律手段严惩贪污腐败行为,就是常用的方法。

在政权建设方面,中国共产党逐步加强民主政治建设。第二次国内革命战争时期的中华苏维埃政府,抗日战争时期的边区政府,都通过各种形式积极吸收各方面的代表参与革命民主政权建设和管理工作。民主政权建设的典型,就是边区政府实行的"三三制"等民主参政形式,在乡镇村政府的直接选举工作,成效显著。新中国建立后,通过加强党领导的人民民主专政制度建设,来巩固新生的人民政权,防治新环境下可能出现的贪污腐败行为。

新中国建立后,面对一度来势凶猛的贪污浪费风潮,中国共产党开展了坚决的反腐败斗争。汲取革命时期的经验、做法,通过整党整风运动进行思想教育,同时依靠自上而下地发动大规模的、急风暴雨式的群众性政治运动揭露贪污腐败分子,并将他们一举清除出党员干部队伍。新中国建立以后的整党整风运动、"三反"运动、"五反"运动、"四清"运动等,都是这种反贪污腐败形式的典型代表。

随着新生的共和国政权的巩固,作为执政党的中国共产党运用传统的反贪污腐败工作方法的同时,也在积极探索从制度上反贪腐的新工作方法。1956年9月,邓小平在《关于修改党的章程的报告》中明确提出通过制度建设来克服官僚主义、贪污腐化等弊端。他说:"党除了应该加强对于党员的思想教育之外,更重要的还在于从各方面加强党的领导作用,并且从国家制度和党的制度上作出适当的规定,以便对于党的组织和党员实行严

格的监督。"①

当然,毛泽东的反贪腐思想也存在缺点不足,某些方面有时代局限性。他对贪污腐败的认识,过分强调阶级的因素,而对造成贪腐的经济和政治因素注意不够。毛泽东强调反对贪污腐败要依靠群众是正确的,但怎么依靠群众来反对腐败,他的探索不够,所用方式存在明显不足,他运用"大民主"和"群众运动"方式,流于简单化、扩大化,产生了明显的负面效果。

---

① 《邓小平文选》第1卷,人民出版社1994年版,第215页。

第三节
"整风整党"、"三反"运动
与新中国建立初期反贪腐机制建设

新中国建立初期,反贪腐的廉政建设是巩固新生的人民政权的重要内容。党和人民政府执政历程中不断出现的新环境、新情况,巩固新生政权的斗争,开展反贪廉政建设,没有先例可循,必须结合党在革命时期的经验来不断探索、发展、完善反贪腐机制。

一、"整风整党"和"三反"运动前的贪污腐败状况

中央国家机关在1952年1月9日的报告中说:"根据不完全的资料统计,在政府系统27个单位中,发现的贪污人数共1670余人。"①1月19日的统计又有惊人的发展,已发现有贪污行为者1万人左右,其中贪污1亿元—10亿元(旧币,1955年3月使用新版人民币后,旧币1万元折合新币1元,下同。)的有18人,1000万元—1亿元的有130人,100万元左右的占总人数的80%。因贪污浪费等原因被撤职50人,被逮捕48人。②到1月29日,中央各机关共抓获大贪污犯161人,贪污款项达到1000亿元左右。至于正在审查或接到线索的中小贪污犯人数有400多人。当时的中央人民政

---

① 《建国以来重要文献选编》第3册,中央文献出版社1992年版,第22—23页。
② 孙慧荣:《打虎的特殊战斗》,辽宁人民出版社1997年版,第63页。

府节约检查委员会主任兼华北局负责人薄一波估计,"如果把全国贪污分子所贪污的数字,都加起来,应当不是几千亿元,而是几万亿元"①。

地方上的贪污腐败情况也是惊人的。据北京市委1950年春对干部贪污腐化和违反政策情况检查,共查出1949年3月至1950年春期间,犯有盗卖国家财物、假公济私套购公粮贪污舞弊、涂改账目贪污舞弊、假借政府名义向商店募捐进行敲诈勒索、私抓银贩私吞银元、私自调解资本家纠纷而从中受贿、接受特务贿赂庇护特务、嫖娼、强奸妇女、吸食鸦片以及强迫命令等罪行的干部182人。这些人绝大多数是下级干部。1951年12月,北京市委向中央报告称,北京市贪污腐败现象较为严重,"据不完全的统计,自解放以来,北京市属各机关和企业部门工作人员中,已发现贪污分子650人,贪污总额约15亿元(旧币)。其中,1949年166人,1950年289人,1951年195人。但已发现的仅仅是贪污现象的一部分。据市税务局、市人民银行、市供销合作社等单位初步检查和估计,各该部门工作人员贪污现象均极严重"。② 1951年12月下旬,北京市号召开展反贪污、反浪费、反官僚主义的检举活动,至1952年1月7日,负责该项具体事务的北京市节约检查委员会收到坦白检举材料1900件。应工商界要求,又4次延长期限,到1月18日,共收到坦白检举材料约1万件。

东北局、西北局、华东局、华北局、西南局都明确表示"贪污腐败已成为主要危险"。华北地区(华北五省、北京市、天津市、内蒙古)在1951年上半年共查处区级以上党员干部贪污案件531件,华北军区及军区直属各单位纪律检查委员会处理的案件中,贪污腐败案件约占36.4%。华北地区,1952年1月下旬,坦白和检举出贪污腐败分子103 200人,贪污数额935亿元多。其中贪污在1亿元以上的有202人,1000万元以上不足1亿元的

---

① 薄一波:《在北京公审大贪污犯大会上的讲话》,《新华月报》,1952年2月号,第4页。
② 《建国以来重要文献选编》第2册,中央文献出版社1992年版,第496—497页。

有1415人。① 据华东人民监察委员会的统计,1950年6月至1951年11月查处的贪污国家财产案件金额总数达1242亿元。② 1950年1月至1951年7月,西南区共查处贪污渎职案件2042件,案犯3317名,被贪污浪费的国家财产数额巨大,其中工业部达800亿元,财政部300亿元,交通系统约500亿元,建筑系统也达到数百亿元。1952年1月,西南财政部报告,"两年来西南财政系统中已发现的贪污人员数达4816人,贪污现款323亿元、粮食4000万斤"。西北局在1951年12月所作的初步统计,检察署、法院、纪委三部门联合查处和受理贪污腐化案件中,国家财产损失达80多亿元,其中,陕西5个专区清查出的贪污款额就达到34亿元,在一些县级、专区级重要干部中出现贪污现象。东北地区,根据东北局纪委向东北局报告,截至1951年4月,东北局纪委处理12名县级以上干部、30件贪污案,每个干部贪污数额平均在1.2亿元以上。截至1951年3月,东北人民政府财政部查处贪污腐败分子2318名,涉及金额520多亿元;截至1952年3月,东北人民政府工业部查获贪污1000万元以上的贪污分子4688名,涉及金额2400多亿元,其中,956人贪污数额在1亿元以上,621人贪污数额在5000万至1亿元,3111人贪污数额在5000万元以下。1950年4—9月,东北各省市被处理的贪污腐败分子为192名。据沈阳市人民法院在押犯统计报告,贪污犯的比例逐年增加,案情由小到大,1949年下半年贪污犯占在押犯总人数的5.3%,1950年占7.2%,1951年占13.2%。③

---

① 《新华月报》,1952年2月号,第16页。
② 《新华月报》,1952年1月号,第20页。
③ 《新华月报》,1952年1月号,第24—25页。

二、整风整党运动和反贪污、反浪费、反官僚主义运动的开展

新中国建立初期反贪腐运动的一种重要方式,就是坚持在革命时期行之有效的思想政治运动。这种运动方式的反贪腐行动,在根据新情况、新问题制定和完善反贪机制建设方面,发挥了重要作用。其中,整风整党运动和"三反"运动就是时间有先后、有交叉,相辅相成的。

新中国建立后,大多数党员干部都牢记党中央指示,努力保持谦虚谨慎、不骄不躁、密切联系群众、艰苦奋斗的优良作风,在各自的工作岗位上为新中国建设做出新的贡献。但也有少数党员干部经不起胜利和执政的考验,在新的环境和条件下居功自傲,产生了官僚主义、命令主义作风,脱离群众,更有甚者,一些人以权谋私、腐化堕落,对新中国政权的巩固造成严重损害,一定程度上影响了党、政、群的关系,影响着新生人民政权的声望、威信。为了"提高干部和一般党员的思想水平和政治水平,克服工作中所犯的错误,克服以功臣自居的骄傲自满情绪,克服官僚主义和命令主义,改善党和人民的关系",1950年5月1日,中共中央发出《关于在全党和全军开展整风运动的指示》,决定在1950年夏秋冬三季,在全党和全军范围内进行一次大规模的整风运动。① 这一整风运动是在以反对贪污、浪费和官僚主义为主要内容的"三反"运动大规模开展前进行的,到1950年底基本结束,主要是提高干部、党员的思想觉悟、政策水平,改进作风,纠正工作中的缺点错误,为新的历史条件下党风廉政建设进一步奠定了思想基础,对贪污腐化分子和潜在的贪污腐化行为念了紧箍咒,为专项打击贪污腐败行

---

① 《建国以来重要文献选编》第3册,中央文献出版社1992年版,第64页。

为的"三反"运动奠定了思想和作风基础。

在1950年整风运动解决各级领导机关、党员干部工作作风问题的基础上,中共中央决定继续解决全国执政后出现的思想不纯、组织不纯问题。因此,在整风运动结束后不久,1951年2月,中共中央政治局扩大会议决定用3年的时间进行整党,对党的基层组织有计划、有准备、有领导地进行一次普遍整顿,以解决党的基层组织中存在的思想不纯、组织不纯和作风不纯的问题,进一步纯洁党的队伍,健全党的组织,提高党的战斗力。从整党运动的全过程来看,党中央、毛泽东关注的重点是防止和反对资产阶级思想侵蚀党的队伍,克服官僚主义,端正全党作风的问题。因此,1951年9月,当以反贪污、反浪费、反官僚主义为内容的"三反"运动逐步在全国展开后,鉴于"三反"中暴露出来的一部分党员干部被资产阶级"糖衣炮弹"击中的严重事实,党中央、毛泽东强调:"反贪污、反浪费一事,实是全党一件大事,我们已告诉你们严重地注意此事。我们认为需要来一次全党的大清理,彻底揭露一切大、中、小贪污事件,而着重打击大贪污犯,对中小贪污犯则取教育改造不使重犯的方针,才能停止很多党员被资产阶级所腐蚀的极大危险现象。"①整党运动很快就与"三反"运动结合起来。12月,党中央先后发出《中共中央关于"三反"运动和整党运动结合进行的指示》、《中共中央关于在"三反"运动的基础上进行整党建党工作的指示》,并明确指出:"'三反'运动是一个更加现实与深刻有力的整党运动。"②整风整党运动开展后,通过清退不合格党员,在相当程度上净化了党的队伍。截止到1953年6月,共有32.8万人离开了党的组织,其中有23.8万名完全丧失党员条件的堕落蜕化分子和混入党内的坏分子被清除出党,其余的9万人是因为

---

① 毛泽东:《关于"三反"、"五反"的斗争》(1951年11月30日),《毛泽东文集》第6卷,人民出版社1999年版,第190页。
② 《建国以来重要文献选编》第3册,中央文献出版社1992年版,第64页。

在教育后仍不具备党员条件而被劝告退党的。①

新中国建立两年来全国各地出现的贪污浪费情况,令党中央感到震惊,同时,随着抗美援朝战争的开展,这种贪污腐败行为必然危及抗美援朝战争和新中国政权的安全,必须高度重视。毛泽东就明确指出,进城两年出现了"二中全会早已料到的","很多党员被资产阶级所腐蚀的极大危险现象"。② 1951年10月,在全国工农业战线开展的爱国增产节约运动中,揭发出大量贪污、浪费现象和官僚主义问题,引起党中央和毛泽东的高度重视。11月20日,东北局向党中央提交了关于开展增产节约运动,进一步深入反贪污、反浪费、反官僚主义斗争的报告,毛泽东起草了转发东北局报告的批语,第一次向全党提出"在此次全国规模的增产节约运动中进行坚决的反贪污、反浪费、反官僚主义的斗争"问题。随即,揭露了震动全国的刘青山、张子善贪污案。1951年11月29日,华北局第一书记薄一波、第三书记刘澜涛向中央报告了华北局关于刘青山、张子善贪污案的调查处理情况。③ 这一事件更加坚定了毛泽东为首的党中央发动一场大规模的反贪污腐败运动的决心。毛泽东代表中央作出指示:"华北天津地委前书记刘青山及现书记张子善均是大贪污犯,已经华北局发现,并着手处理,我们认为华北局的方针是正确的。这件事给中央、中央局、分局、省市区党委提出了警告,必须严重地注意干部被资产阶级腐蚀发生严重贪污行为这一事实,注意发现、揭露和惩处,并须当作一件大斗争来处理。"④1951年12月1日,中共中央正式发出《关于实行精兵简政、增产节约、反对贪污、反对浪费和反对官僚主义的决定》,明确提出:"为贯彻精兵简政、增产节约的中心任

---

① 胡华:《中国社会主义革命和建设史讲义》,中国人民大学出版社1985年版,第70页。

② 《毛泽东文集》第6卷,人民出版社1999年版,第190页。

③ 薄一波:《若干重大决策与事件的回顾》上卷,中共中央党校出版社1991年版,第148—151页。

④ 《建国以来重要文献选编》第2册,中央文献出版社1992年版,第468页。

务,必须进行反对贪污、反对浪费和反对官僚主义的坚决斗争。"同时指出:"现在必须向全党提出警告:一切从事国家工作、党务工作和人民团体工作的党员,利用职权实行贪污和实行浪费,都是严重的犯罪行为。中央人民政府不久将颁布惩治贪污的条例和惩治浪费的条例,各级领导机关必须仿照实行惩治反革命条例那样,大张旗鼓地发动一切工作人员和有关的群众进行学习,号召坦白和检举,并由主要负责同志亲自督促和检查。一切贪污行为必须揭发,按其情节轻重,给以程度不等的处理,从警告、调职、撤职、开除党籍、判处各种徒刑、直至枪决。典型的贪污犯,必须动员群众进行公审,依法治罪。"12月8日,中共中央又发出《关于"三反"斗争必须大张旗鼓进行的指示》,要求"把反贪污、反浪费、反官僚主义的斗争看作如同镇压反革命的斗争一样的重要,一样的发动广大群众包括民主党派及社会各界人士去进行,一样的大张旗鼓去进行,一样的首长负责,亲自动手,号召坦白和检举,轻者批评教育,重者撤职,惩办,判处徒刑(劳动改造),直至枪毙一批最严重的贪污犯,全国可能须要枪毙一万至几万贪污犯才能解决问题"。[①] 全国规模的"三反"运动正式展开。

为了加强对增产节约和"三反"运动的领导,党中央决定成立各级节约检查委员会来具体负责。1951年12月7日,政务院通过了成立由薄一波任主任,彭真、李富春、沈钧儒、谭平山任副主任的中央人民政府增产节约检查委员会,作为"三反"运动的领导机构。全国各级党政军系统都成立了各级增产节约检查委员会,作为本系统党委领导"三反"运动的办事机构,由各级首长亲自负责,带头检查,广泛发动群众,对各机关、团体中存在的贪污、浪费和官僚主义现象进行检举和揭露。很快,中央政府各部门和全国各地区都开展了"三反"运动,并向中央上报本地区清查贪污腐败情况的报告。

[①] 《建国以来重要文献选编》第2册,中央文献出版社1992年版,第482—483、500—501页。

1952年10月，中共中央同意批转中组部《关于结束"三反"运动和处理遗留问题的报告》，对"三反"成果作出全面系统的总结："全国县以上党政机关（军队除外）参加'三反'运动总人数383.6万多人，共查出贪污分子和犯贪污错误的120.3万多人，占参加'三反'运动总人数的31.4%；其中共产党员19.6万多人，占贪污总人数的16.3%。贪污1000万元以上的15 916人，占贪污总人数的8.8%。贪污分子和犯贪污错误的人中，已作处理的107.8万多人，占总人数的89.5%。"①虽然因贪污问题被查处的党员人数绝对数字也达到19万多人，但在全体党员中所占比例仍是极少数，当时全国党员有600余万人，被查处的贪污分子仅占3.1%。

1952年1月26日，毛泽东在为中央起草的《中共中央关于迅速展开"五反"斗争及组织"五反"斗争的统一战线的指示》中提出："在全国一切城市，首先在大城市和中等城市中，团结工人阶级、守法的资产阶级及其他市民，向着违法的资产阶级开展一个大规模的坚决的彻底的反对行贿、反对偷税漏税、反对盗窃国家财产、反对偷工减料和反对盗窃经济情报的斗争，以配合党政军民内部的反对贪污、反对浪费、反对官僚主义的斗争，现在是极为必要和极为适时的。"②《中共中央关于迅速展开"五反"斗争及组织"五反"斗争的统一战线的指示》的发布，标志着以反对行贿、反对偷税漏税、反对盗窃国家财产、反对偷工减料和反对盗窃经济情报的斗争为内容的"五反"运动全面铺开。"五反"运动与"三反"运动相互配合、相互推动，将反对贪污腐败斗争进一步推向深入。

"三反"、"五反"运动，确实存在着扩大化的倾向，中共中央随后也对这一问题进行了甄别和纠正。但是，也必须从正面看到，"三反"、"五反"运动的胜利，在当时极大地控制了贪污腐败的滋生蔓延，干部队伍重新得到

---

① 《建国以来重要文献选编》第3册，中央文献出版社1992年版，第385页。
② 中国人民解放军国防大学党史党建政工教研室编：《中共党史教学参考资料》第19册，内部使用本，1986年，第446页。

净化,比运动前廉洁了。

三、"整风整党"、"三反"运动与反贪机制建设

这一时期,反贪廉政机制逐步建立。国家颁布了一系列反贪制度,建立了反贪污腐败的机构,除了党中央直接领导,中组部、中央人民政府增产节约检查委员会等机构参与外,还有专门的党和政府纪律检查机关。从1949年11月成立中央及地方各级党的纪律检查委员会,12月在部队中成立纪律检查委员会组织开始,反贪机构和制度建设逐步开展。各级纪律检查委员会、人民监察委员会的工作"是有成效的",在党发动的反贪污腐败运动中,查处了许多违法乱纪案件。①

1. 反贪制度建设和完善

(1) 根本大法性质文件的反贪腐原则

1949年9月,中国人民政治协商会议第一届全体会议通过的《中国人民政治协商会议共同纲领》第18条规定:"中华人民共和国的一切国家机关,必须厉行廉洁的、朴素的、为人民服务的革命作风,严惩贪污,禁止浪费,反对脱离人民群众的官僚主义作风。"②以国家根本大法性质的纲领性文件对反对贪污腐败作出规定,说明刚刚取得执政地位的中国共产党和共和国政府都清醒地认识到,反对贪污腐败,加强廉政建设,事关党的生死存亡,事关新中国的前途命运,这为新中国建立初期十余年党和国家的反贪腐斗争,确立了良好的党风和社会风气,奠定了坚实的基础。

1956年党的八大通过新的《中国共产党章程》,进一步规定了党的监察委员会的组织形式、职权范围,并规定党的组织和党员必须受到党的自上而下和自下而上的监察。

---

① 《邓小平文选》第1卷,人民出版社1994年版,第254页。
② 《建国以来重要文献选编》第1册,中央文献出版社1992年版,第6页。

(2) 监察制度

根据1950年10月24日政务院批准颁布的《政务院人民监察委员会试行组织条例》，行政监察机关的职责对象包括：一、监察所辖区域内各级政府机关、企业部门及其工作人员是否履行其职责，有无违反国家政策、法律、法令或损害人民利益的行为，纠举其中违法失职的机关、部门或人员，并予以惩戒或纠正；二、指导或领导所属各级监察机关的监察工作，颁布决议和命令，并审查其执行；三、接收及处理人民和团体对政府机关、企业部门及其工作人员违法失职行为的控告。

行政监察机关的职权包括：一、案件受理权，即有权受理对违法失职机关、部门和其他工作人员提出的控告、检举和申诉；二、案件调查权，即有权对案件涉及的机关和人员进行调查；三、纠举惩戒权，即对已经查清的案件当事人——违法失职者给予适当的惩处，或提出惩处意见，报上级审批；四、审计监督权，即有权对各级行政机关和部门的财务进行事前稽核、事后检查，对发现的问题有权予以纠正或查处；五、工作建议权，即根据事故调查的结果和发生的原因，总结教训，提出改进意见；六、案件公布权，即有权选择典型案件向人民群众公布；七、发布命令权，即中央、大区和省（行署、市）三级人民监察委员会有权向下级行政监察机关颁布决议和命令，并审查其执行。[①]

(3) 审计制度

中央为尽快统一财政、恢复国民经济，实行了预决算制度。《中国人民政治协商会议共同纲领》第40条规定："建立国家预算决算制度，划分中央和地方财政范围，厉行精简节约，逐步平衡财政收支，积累国家生产资金。"[②]这一规定，为建立监督预算执行情况、审查决算的审计机构和审计制

[①] 劳动人事部编制局编：《中华人民共和国组织法规选编》，经济科学出版社1985年版，第167—170页。

[②] 《建国以来重要文献选编》第1册，中央文献出版社1992年版，第10页。

度提供了依据。随着预决算制度的建立,对财政收支的审计监督提上了日程。新中国建立初期,承续革命时期的一些做法,中央和地方政府的财政部门设有审计机构,制定了审计法规,实施了审计监督,在恢复国民经济中起到了积极作用。但这一时期的审计工作,并未确立统一的审计监督制度,也没有独立的审计机构。

①中央审计监督行政法规

1950年,中央人民政府财政部制定颁布了《中华人民共和国暂行审计条例(草案)》,是新中国建立后中央政府制定的第一部有关审计工作的行政法规。财政部将该条例修改稿印发全国征求意见,有的地方还参照制定了本地审计法规。后因学习苏联财政监察制度,没有正式颁行。该条例体现了当时审计立法的思路,对后来审计监督制度的确立有重要参考价值。

《中华人民共和国暂行审计条例(草案)》共5章44条,主要内容包括:

第一,制定《中华人民共和国暂行审计条例(草案)》的依据,是《中国人民政治协商会议共同纲领》第40条及国家财政管理方针。建立全国审计制度是为了加强国家财政管理,对各项收支实行严格的审核与监督,以达到取之合理、用之得当,保证节约财力、发展生产政策的实施。《中华人民共和国暂行审计条例(草案)》确立了分层负责的审计制度,财政审计机关分为四级:中央财政部为第一级审计机关,大行政区人民政府(军政委员会)及内蒙古自治区人民政府财政部为第二级审计机关,省(中央、大行政区直辖市)人民政府财政厅(局)为第三级审计机关,县(省辖市)人民政府财政科为第四级审计机关。

第二,《中华人民共和国暂行审计条例(草案)》对于决算审计事务做出了规定:各级政府机关、部队财务收支均须按照政务院颁布的《预算决算暂行条例》的规定,编制预、决算报各该级审计机关审核,实行事前审计。执行事前审计时,对重大收支事项须由有关机关临时组成预算审查会议,由审计机关主持会同审核。对季度、月份预算审计后,审计机关核发预算通知书。审计机关对各级预算单位报送的决算执行事后审计,对季度、月份决算审计核定后,负责核发决算核准书。审核预决算时,审计人员无故积压,影响各机关财政收支,应受纪律处分。对各机关财产移交、变卖或主要账册凭证销毁,必要时审计机关派员现场监视。

第三,《中华人民共和国暂行审计条例(草案)》规定了各级审计机关对各级机关的财务进行定期和不定期的检查。检查分为全面检查与局部检查两种。检查限于一般财务的范围,对机密事项开支的检查,由首长指定专人进行。受审查单位要详细解答质询,协助搜集有关资料,查究有关人员。对发现的错误,情节轻微的,及有规章依据、已成惯例足以印证的,予以纠正;对情节重大或无规章依据的应报告上级审计机关,审计机关不能决定时,报请各该级人民政府负责人为之议决。对有贪污舞弊行为嫌疑者,经上级或受审查单位领导同意,由审查单位适当监视,必要时封存账册等有关文件,接受被查单位人员的举报。检查后,检查人员编写财务检查报告书,由被审查单位负责人签署意见,报本审计机关负责人批示后,正式通知被审查单位。被查单位执行财务检查报告书的情况向该审计机关出具报告。被查单位有异议时,于接到正式通知后规定时限内提出意见,由审计机关进行复查或重加考虑。①

②中央审计监督财经法规

中央人民政府还制定颁布了一系列与审计监督有关的财经法规及文件。

为统一财政收支管理,1950 年 4 月 1 日政务院发布了《政务院关于统一管理一九五〇年财政收支的决定(修正稿)》,重申了国家财政统一于中央人民政府,各级人民政府及其财政部门均必须负责保证收入不得减少,支出不得超过;各地所收之国家公粮及其折征之代金或其他实物、关税、盐

---

① 李金华主编:《中国审计史》第 3 卷(上),中国时代经济出版社 2005 年版,第 28—30 页。

税、货物税、工商业税,均归中央人民政府所有;统一财政必须严格执行预决算、审会计制度及严格的财政监察制度,核实人数,核实开支,节余缴公;无预算不拨款,无计算不审核预算,纠正以临时批拨代替审核的做法;并随时检查各收支部门,是否按照财政收支计划执行,或执行中有无错误。建立严格的支领手续及表报制度,定期结报,所有无机关负责人及会计签名之单据领条,应一律视为无效。《政务院关于统一管理一九五〇年财政收支的决定(修正稿)》强调:"各项收入,不论属于各大行政区、省(市)人民政府,均须认真监督执行,定期检查,如发现任何机关任何部门有擅自提用、逾期抗缴、隐匿不缴或贪污中饱者,均应分别由中央人民政府财政部或各级地方政府财政部门缓拨、少拨、停拨其预算经费、扣留其资金存款或执行纪律制裁。"[①]

1951年1月1日,中央人民政府财政部施行《中华人民共和国各级人民政府暂行总预算会计制度》。其第2章第20条规定,经批准的总预算中,岁入、岁出会计科目的目级科目记录,由财务、审计或征收部门办理;其第5章第53条对会计凭证保存期满后销毁的决定权做出规定,要求须报经上级总会计及财务或审计部门并同意,方可销毁。

③中央财经纪律审计监督法规

为加强对财政经济的统一领导与管理,巩固财政收支平衡,厉行节约,严格财经纪律,1950年12月,政务院颁布了《中央人民政府政务院为加强国家财政管理严格执行财政纪律令》,强调严格执行审计监督。规定:凡中央颁发的各种财经法令、制度、决定、指示,各级人民政府、机关、部队、企事业单位、团体组织等必须坚决执行。各级财经委员会、财政部门,应随时随地监督检查,其未执行或未贯彻者,必须查明原因,追究责任,分别情况,报请同级或上级政府处理。凡对国家预算有解缴任务及由国家预算开支、补

[①] 《建国以来重要文献选编》第1册,中央文献出版社1992年版,第164—166页。

助或投资者,必须事先分别编造预算、事后按照编制决算及各种计算报表,送各级财经委员会和财政部门审核,严格实行无预算不拨款、无计算不审核预算的制度。中央人民政府财政部及各级财政部门为主管全国财务行政机关,凡关于财务行政上的收支管理、预算决算、审计会计制度及由国家预算开支、补助或投资者,在财务工作上应接受财政部门的指导。中央人民政府财政部及各级财政部门,均应设置财政审计和监察机构,对一切预算、计算、决算实行事先、事中、事后的审核与检查。发现对财政政策、法令、制度及计划执行不当时,各级财政部门就其支出预算予以缓发、减发、停发或退回,必要时,实行扣缴。中央直属机关、企业、事业单位设在各地者,当地财政部门得接受中央财政部的委托,代行监督检查。上述财政上重要纪律,如有违反,任何人均可检举,必要时各级财政部门将案件移送各级人民检查委员会、人民检察署及司法机关,依法制裁。各级财政部门在检查过程中有违法失职行为的,应受加倍处分。①

④地方政府颁布的审计法规

新中国建立初期,各大行政区政府及其财政部门在制定审计制度时,或以革命时期审计法规为基础,或参照《中华人民共和国暂行审计条例(草案)》,制定了本地区实行或试行的审计规章。

1949年12月,西北局提出《西北现行审计工作的几点意见》,对边区审计法规的制定原则作出新的规定,对党政机关和部队审计的职责、职权范围做出调整。军队审计另设审计机关,其供应及标准由中央规定;党政系统的审计由各级财政部门的审计机关负责;把银行、供应企业、贸易纳入财政部门审计机关的审计范围;各级审计机关按责权范围实行主管制度。

1950年7月,中南区财政部颁行了《中南直属供给单位暂行审计制度(草案)》,对经常费、临时费的送审时间及其具体手续,审核制度和支拨手续,以及预决算的编报手续等作出规范。

---

① 李金华主编:《中国审计史》第3卷(上),中国时代经济出版社2005年版,第31—34页。

1950年7月,西南军政委员会财政部制定了《西南区预决算暂行办法》,除对于决算编制、执行等方面做出规定外,还对工作手续、会计审计人员的管理和工作交接做出详细规定。该办法规定,各项预算、决算表内,主管会计、审计、供给人员及机关首长均需盖章;各级财政部门会计、审计人员,应实行两级委任管理制,非经上级机关批准不得自行互相调用;主管会计、审计、供给人员调动时,应办理交接手续,未缴清工作前不得离职,并由主管部门派员监视交接;机关首长调动时的交待与离职,应征得主办会计、审计及接收人的同意,由主管会计、审计人员代为交代,否则应报告上级主管机关和同级财政部门处理。

⑤地方政府颁布的审计监督法规

大多数省、市行政公署及专员公署,根据中央和大区有关法规文件,结合本地实际情况,陆续制定了一些审计监督规章制度。省一级审计规章制度主要有:《江西省人民政府暂行审计条例(草案)》、《河南省1950年暂行审计制度(草案)》、《湖南省审计处组织编制规程》、《贵州省人民政府各级政府财政审计事务暂行办法》、《天津市暂行审计规则(草案)》等,地区一级审计规章有《川西暂行审计制度(草案)》和江西浮梁专署财政科制定的《财政审计规则》等。

这些审计制度的内容大体相同,又各具特点,一般分总则、会计、审计三部分。总则阐明制定办法的目的是为了贯彻执行中央统一财经收支的决定,加强财经收支的监督及发挥财经的效用。审计部分由总纲、预算审计、决算审计、稽查四方面组成,规定本省财政厅设立的审计处全面负责全省审计事务。审计职责的重点:一是严格执行预算与行政计划的配合,二是审核月份计算书和年度决算书,三是稽查财务上的不合规定或不忠于职务的行为等。①

(4)惩戒制度

针对整风整党运动尤其"三反"、"五反"运动中揭露出的情况,1952年

---

① 李金华主编:《中国审计史》第3卷(上),中国时代经济出版社2005年版,第30—31页。

4月21日,根据《中国人民政治协商会议共同纲领》第18条"严惩贪污的规定"精神,中央人民政府政务院颁布实施了《中华人民共和国惩治贪污条例》,对贪污罪、受贿罪、行贿罪、介绍贿赂罪、受贿以及贪污罪的共同犯罪等问题作出了具体规定。这是新中国第一部反贪污腐败的立法,对打击贪污贿赂犯罪起到重要作用,为新中国刑法中有关惩治贪污腐败的规定奠定了基础。

①《中华人民共和国惩治贪污条例》对贪污罪的界定是:"一切国家机关、企业、学校及其附属机构的工作人员,凡侵吞、盗窃、骗取、套取国家财物,强索他人财物,收受贿赂以及其他假公济私违法取利之行为,均为贪污罪。"①

②贪污罪的处罚。《中华人民共和国惩治贪污条例》以"情节轻重"即贪污所得金额大小为量刑依据,规定:第一,根据贪污数额大小,规定四级量刑幅度:"一、个人贪污的数额,在人民币一亿元(旧币)以上者,判处十年以上有期徒刑或无期徒刑;其情节特别严重者判处死刑。二、个人贪污的数额,在人民币五千万元以上不满一亿元者,判处五年以上十年以下徒刑。三、个人贪污的数额,在人民币一千万元以上不满五千万元者,判处一年以上五年以下徒刑,或一年至四年的劳役,或一年至二年管制。四、个人贪污的数额,不满人民币一千万元者,判处一年以下的徒刑、劳役或管制,或免刑予以开除、撤职、降职、降级、记过或警告等行政处分。"第二,贪污罪从重或加重处罚情节:"对国家和社会事业及人民安全有严重危害者,贪赃枉法者,敲诈勒索者,集体贪污的组织者,屡教不改者,拒不坦白或阻止他人坦白者,为消灭罪迹而损坏公共财物者,为掩饰贪污罪行嫁祸于人者,坦白不彻底、判处后又被人检举出严重情节者,犯罪行为有其他特殊恶劣情节者。"第三,贪污罪从轻或减轻处罚、缓刑、免刑予以行政处分的情节。《中华人民共和国惩治贪污条例》规定:未被发觉前自动坦白者,被发觉后彻底坦白、真诚悔过并自动地尽可能缴出所贪污财物者,检举他人犯本条例之罪而立功者,年岁较轻或一向清廉、偶犯贪污罪又愿真诚悔改者。第四,对

---

① 《中华人民共和国惩治贪污条例》,《新华月报》,1952年5月号,第22页。

集体贪污的处罚规定:"集体贪污的,按个人所得数额及其情节,分别惩处。"第五,贪污罪适用的刑种有:管制、劳役、有期徒刑、无期徒刑、死刑,并追缴贪污所得财物,罪行特别严重者一并没收其财产的一部或全部,同时,依据犯罪情节剥夺贪污分子政治权利之一部或全部。①

③《中华人民共和国惩治贪污条例》的规定体现了罪行一致的原则,区别对待、宽严相济的原则,对职务犯罪从重处罚的原则,"坦白从宽、抗拒从严"的原则;缓刑和免刑规定体现了惩办和宽大、惩罚和改造相结合的原则。此外,与新中国《刑法》在规定贪污贿赂罪行构成客观方面一般都有"利用职务上的便利"和"为他人谋取利益"的要件相比,《中华人民共和国惩治贪污条例》中并无这样的要件规定。而《中华人民共和国惩治贪污条例》中对贪污罪适用刑种中"管制"和"劳役"(现行《刑法》中称为"拘役")两项,则是继承了革命时期解放区的传统,也是新中国《刑法》的特色。②

此外,还有一系列惩戒制度,如1956年,中央人民政府监察部颁布《关于肃反运动中有关国家机关工作人员纪律处分的暂行规定》,等等。

2. 新中国建立初期反贪污腐败机构建设

(1) 党的纪律检查委员会

1949年11月,中共中央政治局通过并发布《关于成立中央及地方各级党的纪律检查委员会的决定》,规定了各级党的纪律检查委员会的职责,是检查、受理、审查、处理中央直属各部门及各级党组织、党的干部及党员违反党的纪律的行为,作出给予违反纪律的处分,或取消其处分。《关于成立中央及地方各级党的纪律检查委员会的决定》明确中央纪律检查委员会在中央政治局领导下工作,经中央决定,由朱德、王从吾、安子文、刘澜涛、谢觉哉、李葆华、刘景范、李涛、薛暮桥、梁华、冯乃超等11人组成,朱德任书记,王从吾、安子文任副书记。

中央纪律检查委员会下设检查处,设处长一名,检察员、秘书若干名。检察员负责与中央直属机关、各级党委纪委联络,并进行巡视。

---

① 《新华月报》,1952年5月号,第22—23页。
② 彭真:《关于中华人民共和国惩治贪污条例草案的说明》,《新华月报》,1952年5月号,第24页。

各中央局、分局、省委、区党委、市委、地委、县委党的纪律检查委员,由各该级党委提出名单,经上两级党委批准后,在各该党委会指导下进行工作。①

(2)中央和地方各级党的监察委员会

1955年3月21日—31日,中共中央召开党的全国代表会议。

在这次党的全国代表会议上,决定进一步加强党内纪律监察,成立中央和地方各级监察委员会。会议作出了《中国共产党全国代表会议关于成立党的中央和地方监察委员会的决议》,规定了中央和地方各级监察委员会的权力来源:"本届党的中央监察委员会由本次全国党代表会议选举,并由中央委员会全体会议批准"、"党的地方各级(省、自治区、直辖市、市、自治州、专区、县、自治县)监察委员会由各该地方最近召集的党的代表大会或代表会议选举,并由上一级党委批准。党的各级检查委员会在各级党委指导下进行工作"。

监察委员会的任务、职权:第一,"经常检查和处理党员违反党章、党纪和国家法律、法令的案件。党员违反国家法律、法令的行为,除应依法由人民法院审理或政府监察机关惩处外,其应受党纪处分者即由党的监察委员会负责处理";第二,"有权检查和处理一切党员违反党章、党纪和国家法律、法令的案件。各级党委委员如有违反党章、党纪和国家法律、法令的行为,应由同级党委处理;但上级党的监察委员会认为必要的时候,有权直接加以处理";第三,"地方各级监察委员会在对上级党委委员和同级党委委员进行检查的时候,以及在对上级和同级党委所管理的干部给以撤销工作以上的处分的时候,应分别征得上级和同级党委的同意。如地方监察委员会认为同级党委的决定不适当的时候,有权向上一级党委提出申诉";第四,"有权检查下级党的组织有关违反党章、党纪和国家法律、法令的案件,并向同级党委提出处理意见"。②

中央监察委员会由党的代表会议选举的15名委员和6名候补委员组

---

① 中国人民解放军国防大学党史党建政工教研室编:《中共党史教学参考资料》第19册,内部使用本,1986年,第81页;《新华月报》,1955年第5号,第3页。

② 《新华月报》,1955年第5号,第3—4页。

成,下设办公厅、工矿交通监察处、财经贸易监察处、中央直属机关监察处、地方监察处、案件审理处。中央监察委员会成立后,其职能由中央纪律检查委员会的检查党员、党的干部违纪行为,扩展到监察党员、党的干部、担任国家领导职务的干部违反国家政策、法律的行为。

(3) 行政监察机构

① 人民监察委员会

除了党的系统外,在中央和地方政府也逐步建立监察机构。1949年9月29日,第一届政协第一次全体会议通过的《中国人民政治协商会议共同纲领》第19条规定:"在县市以上的各级人民政府内,设人民监察机关,以监督各级国家机关和各种公务人员是否履行其职责,并纠举其中之违法失职的机关和人员。"①政协会议还通过《中华人民共和国中央人民政府组织法》,第18条规定,中央人民政府"政务院设……人民监察委员会","人民监察委员会负责监察政府机关和公务人员是否履行其职责"。② 10月,政务院成立后,11月即建立了政务院人民监察委员会,作为中央政府最高行政监察机构。③

1950年10月,中央人民政府政务院颁布《政务院人民监察委员会试行组织条例》,规定人民监察委员会的机构设置:"设主任一人,副主任二人至三人,委员十五人至二十一人";"秘书长一人,副秘书长一人"。人民监察委员会下设第一、二、三厅和办公厅等办事机构,办公厅下设二处,"第一、二、三厅各设厅长一人,高级监察专员,中级监察专员,助理监察专员各若干人,必要时得分设专员办公室。办公厅设主任一人,专员办公室设主任一人,处设处长一人,科设科长一人,研究室、编译资料室,各设主任一人,各厅、处、室于必要时,均得设副职","第一、二、三厅及办公厅各设秘书、科员及办事员若干人";"中央人民政府政务院人民监察委员会于必要时,得设顾问及参事"。

人民监察委员会内部职能:第一,"主任主持委务,副主任协助之"。

---

① 《建国以来重要文献选编》第1册,中央文献出版社1992年版,第6页。
② 《中华人民共和国中央人民政府组织法》(1949年9月),《中华人民共和国组织法规选编》,经济科学出版社1985年版,第52、54页。
③ 《新华月报》,1950年9月号,第994页。

"人民监察委员会会议,每月举行一次,由主任召集之,副主任、秘书长、副秘书长参加,必要时得提前或延期召集","人民监察委员会会议议决有关监察之政策、方针、重大案件及其他重要事项,并总结经验"。"中央人民政府政务院人民监察委员会委务会议,每两周举行一次,由主任召集之"。第二,"秘书长承主任之命,处理日常行政事务。副秘书长协助之"。第三,委员会下设第一、二、三厅和办公厅等办事机构,分掌监察及通常行政事务。"一、第一厅:掌管关于财政、银行、海关、合作、贸易、农业、林垦、水利各机关及其企业部门的监察、纠举及对该各机关或人员控告的处理之事项。二、第二厅:掌管关于各种工业、铁道、邮电、交通、劳动、各机关及其企业部门的监察、纠举及对该各机关或人员控告的处理之事项。三、第三厅:掌管关于内务、公安、司法、法制、民族事务、华侨事务、文化、教育、卫生、科学、出版、新闻及不属于第一、第二厅之其他一切机关及其企业部门之监察、纠举及对该各机关或人员控告的处理之事项。四、办公厅:掌管工作检查,会议组织及其他第一、二、三厅之通常行政事项。下设二处:第一处下设秘书、人事、总务三科,分掌各该主管事项。"

人民监察委员会的职权和工作方式:第一,"监察全国各级国家机关和各种公务人员是否违反国家政策、法律、法令或损害人民及国家之利益,并纠举其中之违法失职的机关和人员";第二,"指导全国各级监察机关之监察工作,颁发决议和命令,并审查其执行";第三,"接收及处理人民和人民团体对各级国家机关和各种公务人员违法失职行为的控告";第四,"得派监察人员参加中央人民政府政务院直属各部门之专业会议,并请各该部门负责供给各种材料";第五,"向有关机关或国营企业部门进行调查或检查时,各该机关部门应即提供必要材料,并须派员协助,不得拒绝或推诿";第六,"进行调查或检查需各级检察、审判或公安机关协助时,得请各该有关机关尽速派员协助办理";第七,"处理事件,得分别使用检举、纠正、惩处、建议或表扬等方法。对于中央各机关及国营企业部门或其高级工作人员之监察案件,应分别呈请中央人民政府委员会或政务院核定处理之";第八,"行使监察权时,如认为有犯罪嫌疑者,应移送检察机关办理。前项移送案件,在刑事程序未终结前,得停止该案之处理,如经处分不起诉或判决无罪者,人民监察委员会仍得分别予以处理"。①

1949年11月,中央人民监察委员会建立后,各大行政区、省(市)也相继建立人民监察委员会。东北人民政府人民监察委员会是其中较早建立的大行政区监察机构。②

②监察部

1954年9月,第一届全国人民代表大会选举产生新的国务院。大会通过的《中华人民共和国国务院组织法》规定,"国务院设立……监察部",原政务院人民监察委员会由国务院监察部取代,钱瑛担任第一任监察部部长。③

1955年11月,国务院常务会议批准《中华人民共和国监察部组织简则》,规定监察部的组织机构设置:"监察部设部长一人和副部长若干人,并且可以按照需要设部长助理若干人。监察部的部务会议,由部长召集,每月举行两次。""在部长领导下,设立监察委员会",委员若干名,"由部长提请国务院任免","监察委员会会议每三个月举行一次,在必要的时候,由部长临时召集"。监察部内设有五司、一局、一室,分别处理所辖日常行政事务。"监察部的厅、室设主任、副主任,司设司长、副司长,局设局长、副局长;并且可以按照需要设监察专员、监察员、助理监察员和其他工作人员若干人"。

监察部的职权和任务:第一,"监察部为了维护国家纪律,贯彻政策法令,保护国家财产,对国务院各部门、地方各级国家行政机关、国营企业、公私合营企业、合作社实施监督。其任务如下:(一)检查国务院各部门、地方各级国家行政机关、国营企业及其工作人员是否正确执行国务院的决议、命令;(二)检查国务院各部门、地方各级国家行政机关、国营企业执行国民经济计划和国家预算中存在的重大问题,并对上述部门、机关、企业和公私

---

① 《政务院人民监察委员会试行组织条例》,《中华人民共和国组织法规选编》,经济科学出版社1985年版,第167—170页。

② 《东北人民政府组织大纲》(1950年5月5日),张焕光、苏尚智编:《中华人民共和国行政法资料选编》,群众出版社1984年版,第118页。

③ 《中华人民共和国国务院组织法》(1954年9月21日),《中华人民共和国组织法规选编》,经济科学出版社1985年版,第73页。

合营企业、合作社的国家资财的收支、使用、保管、核算情况进行监督;(三)受理公民对违反纪律的国家行政机关、国营企业及其工作人员的控告和国家行政机关工作人员不服纪律处分的申诉,并审议国务院任命人员的纪律处分事项"。第二,"监察部发现并且确认国务院各部门、地方各级国家行政机关、国营企业有下列事实的时候,应当根据具体情况作如下处理:(一)对于未执行国务院的决议、命令或者国家计划的,可以建议其执行或者通知其主管部门督促执行;(二)对于发布不适当的决议、命令、指示的,可以建议其改正或者通知其主管部门予以改正。如果主管部门有不同意见的时候,监察部应当报请国务院处理"。第三,"监察部发现并且确认国家行政机关工作人员有下列事实的时候,应当分别处理:(一)对于违反纪律的,做出结论后建议其主管部门按照纪律处分批准程序的规定给予纪律处分,或者报请国务院批准予以纪律处分;(二)对于受纪律处分后工作有显著成绩或者经过考验证明确已改正错误的,建议其主管部门或者报请国务院批准撤销其处分;(三)对于损害国家财产的,督促其主管部门依法令其赔偿;(四)对于有犯罪事实的,应将案件移送人民检察院处理;(五)对于向违反纪律行为作坚决斗争的或者在国家财产遭受损害的时候抢救有功的,建议其主管部门或者直接予以表扬、奖励"。

监察部的工作方式:第一,"监察部为执行监察职务,可以派适当人员参加有关部门的会议,并且可以向有关部门调阅必要的决议、命令、案卷和索取有关资料;有关部门应当根据监察部的要求提供材料和说明"。第二,监察部"有权进行有计划的或者临时的检查。被检查部门的领导人和有关人员应当在检查记录或者检查报告上签字,如果有不同的意见,应当提出书面说明"。第三,监察部"对国家资财的使用、支付可以实行事先审查。审查的单位和项目由监察部与有关部门商定。在审查中发现并且确认有违反制度或者不合理地使用、支付国家资财的时候,可以通知被审查的单位停止使用、支付"。第四,"监察部根据检查的结果,可以向被检查部门提出改进工作的建议,重要的建议,应当报请国务院批准。被检查部门应当根据建议采取措施,并且将改进工作的情况通知监察部。监察部认为必要的时候,可以对建议的执行情况进行检查"。第五,"监察部在处理专门性的、技术性的问题的时候,可以根据需要,邀请有关机关、团体具有专门知识、技术的人员协助工作"。①

1959年4月28日,根据国务院提请,第二届全国人民代表大会第一次会议通过,撤销监察部。②

③监察通讯员

1950年10月24日,政务院批准颁布《政务院人民监察委员会试行组织条例》,第6条规定:"中央人民政府政务院人民监察委员会得在中央直属各机关、各国营企业部门、人民团体及新闻机关设置监察通讯员若干人,分别受第一、二、三厅之领导。"③

1951年7月,政务院颁布《各级人民政府人民监察委员会设置监察通讯员的试行通则》,规定各级人民监察委员会在其辖区内的各级人民政府机关、企业部门、人民团体中设置监察通讯员。监察通讯员由本人自愿,经其所在机关、部门、团体、街道、村庄的群众按照条件进行民主推选,并经主管人民监察机关审查批准后正式任命。人民监察通讯员的职权和任务是协助行政监察机关对被监察对象进行监察,负责搜集有关材料,及时向监察机关汇报。

④监察室和国家监察局

1952年12月27日,政务院颁布《省(市)以上各级人民政府财经机关与国营财经企业部门监察室暂行组织通则及编制原则的命令》,要求政务院财政经济委员会所属财政部、贸易部、重工业部、纺织工业部、燃料工业部、铁道部、邮电部等七部,各大行政区财经各局,省财经各厅以及重要的国营财经企业部门,均设立监察室,以"加强对省(市)以上各级人民政府财经机关与国营财经企业部门及其工作人员的监督检查,保障国家政策、法律、法令、方针、计划、决议、命令的贯彻执行,维护国家纪律"。

监察室的机构设置:"各机关监察室设主任一人,必要时得设副主任一人。主任综理室务,副主任协助之。设秘书一人。视工作需要得本精简原则设监察专员、监察员若干人,分掌各项工作";"各机关监察室得在本机关

---

① 《中华人民共和国组织法规选编》,经济科学出版社1985年版,第173页。
② 《建国以来重要文献选编》第12册,中央文献出版社1996年版,第282页。
③ 《中华人民共和国组织法规选编》,经济科学出版社1985年版,第169页。

及所属独立单位设置人民监察通讯员、人民检举接待室、人民意见箱,并举办有关组织职工群众监督政府机关及其工作人员的其他措施"。而监察室的内部权属关系,即"各机关监察室受本机关、部门首长及上级机关监察室的双重领导,并受其主管机关的同级人民监察委员会指导,与其主管机关的同级人民监察委员会不驻同一地区者,应受当地人民监察委员会指导"。

监察室的任务和职权:"一、监督与检查本机关、部门与所属独立单位及其工作人员对国家政策、法律、法令、方针、计划、决议、命令是否贯彻执行;二、监督与检查本机关、部门与所属独立单位的基本建设、增产节约、经济核算、资金运用、安全生产、民主管理、财政制度、学习先进经验、提倡合理化建议等项工作,财政机关的监察室并得监察其他机关遵守财政制度、纪律等情况;三、对消极怠工、阳奉阴违、贪污、浪费、官僚主义等违法失职的机关和人员,进行纠正、检查与提出惩戒意见,对于和不良倾向作坚决斗争、工作成绩卓著或挽救事故有功的机关和人员给以支持或提出奖励意见;四、受理职工、人民和人民团体对本机关、部门与所属独立单位及其工作人员违法失职行为的检查与控告;五、领导所属独立单位的监察室及本机关、部门与所属独立单位的人民监察通讯员的工作;六、组织、教育职工监督本机关、部门与所属独立单位及其工作人员的工作;七、接受并执行上级监察机关及本机关、部门首长交办的监察任务。"

监察室的工作方式和职权:"各机关监察室应根据本机关首长及上级监察机关的指示,围绕中心工作,有计划、有重点地进行监督检查,不应代替日常业务检查";"各机关监察室对本机关、部门与所属独立单位及其工作人员的工作得随时进行检查,被检查者不得拒绝";"各机关监察室依照规定属于对本机关权限范围以内的惩戒处分,须经本机关首长批准执行。其应予奖励者应建议主管人事部门处理,如有涉及刑事或反革命的案件应移送当地人民检察署、人民法院或公安机关处理";"各机关监察室得派人参加本机关、部门及所属独立单位的有关会议,并得向有关部门搜集材料或调阅案卷";"各机关监察室在监察工作中应与有关部门密切配合,必要时得报请上级监察机关派员会同检查,上级监察机关对该机关检查时,各该机关监察室应协同检查";"各机关监察室的工作计划、总结,应按期向上级监察机关报告;遇有重大事故或疑难问题并应随时报告或请示。如发现不属于该机关管理范围以内的问题或案件,应即转交有关机关处理"。①

根据《中华人民共和国监察部组织简则》规定,监察部可根据需要,"在国务院所属财经部门设立国家监察局,执行国家监察职务"。同时还规定"国家监察局受监察部和所在部门双重领导,在必要的时候,经国务院批准改为监察部直接领导"。另外,"国家监察局按照需要,可以在所在部门的下属单位设立派驻机构。派驻机构的设立、合并或者撤销,由局长提请所在部门和监察部会同批准"。② 1954 年 6 月,政务院决定"在铁道部建立人民监察局,以加强监察工作","反对违法乱纪、反对贪污浪费和反对损害国家资财等现象",并相应撤销"铁道部原各级人民监察室和财务会计系统的稽核机构"。③ 1955 年 10 月,经国务院批准,在重工业部、煤炭工业部等 13 个部设立国家监察局。

⑤地方监察厅、监察局

1955 年 11 月 2 日,国务院批准颁布的《中华人民共和国监察部组织简则》规定:"省、自治区监察厅,直辖市监察局受各该省、自治区、直辖市人民委员会的领导,并且受监察部的领导。"④1959 年 4 月,中央人民政府监察部撤销后,地方各级监察厅、局也相应撤销。

(4)审计机构

①财政部审计处

中央人民政府财政部是在原华北人民政府财政部的基础上建立起来的,华北人民政府财政部内设有审计处,专门办理审计事务。为确立新中国的财政和审计体制,1949 年 8 月 14 日,原华北人民政府财政部向中央财政经济委员会报送《关于明年财政体制初步意见》,提出:"财政审计分中央、省、县三级,分司中央、省(特别市)、县(普通市)财政审计事宜,在预算范围内,均有行使支出之核准核销权。"

1950 年,中央人民政府财政部发布《中华人民共和国暂行审计条例(草

---

① 《中华人民共和国行政法资料选编》,群众出版社 1984 年版,第 216—218 页。
② 《中华人民共和国组织法规选编》,经济科学出版社 1985 年版,第 173—174 页。
③ 《政务院关于在铁道部建立人民监察局和加强监察工作的决定》,《中华人民共和国行政法资料选编》,群众出版社 1984 年版,第 68—69 页。
④ 《中华人民共和国组织法规选编》,经济科学出版社 1985 年版,第 174 页。

案）》，确定了中央、大行政区、省和县四级审计体制。规定中央人民政府财政部为第一级审计机关，内设工作机构，办理财政审计事宜。1950 年 12 月，中央人民政府政务院发布《为加强国家财政管理严格执行财政纪律令》，对审计机构的设置做出明确规定："责成中央人民政府财政部门，均应设置财政审计和检查机构，对一切预算、计算、决算实行事先、事中、事后的审核与检查。"中央人民政府财政部作为第一级审计机关，设置了审计处，内又"分设国防、行政、文教等科"，各科分别对中央人民政府各部门实施审计监督。财政部审计处的职能"主要是执行年度开支计划；审计各项支出的合法性、合规性，并书面通知主计处开出'支付令'凭证；巡视检查违法乱规的专案事项"。

②大行政区审计机构

随即，东北、华北、西北、华东、中南、西南六大行政区的财政部门相继设置了审计机构。① 东北、华北、西北、中南等区人民政府在财政部内设审计处，审计处下设有若干职能科室。华东区在军政委员会财政部经费管理处内设军费审计科、地方经费审计科。各大区审计机关内设机构编制不等，领导体系和人员配备也有差别。东北区人民政府财政部审计处，下设 4 个科，编制共 27 人；中南军政委员会财政部审计处，下设 3 个科，编制共 24 人；西北财政经济委员会审计处，编制为 51 人，实有 46 人。各大区审计机关的职责范围基本相同，主要依据审计法令、财务制度、供给标准审查大区一级及所属各省党政系统各单位的经常费、临时费和事业费，以及粮秣支出和预算的执行情况，汇编预决算，负责统计各地收支、人员、马匹和各种物价，研究并制定有关财务审计制度、供给标准等。

③省级政府审计机构

全国大多数省级政府的财政部门内也设置了专门审计机构，名称和级别不尽相同。江西、湖北、湖南、广东等省在财政厅内设审计处，下设若干科以及组；新疆、福建、广西、贵州等省在财政厅内设审计科；山西在省财政

---

① 1954 年前实行大行政区制，全国建立上述六大行政区。大行政区是中央人民政府的派出机关，又是地方一级政府。1954 年 6 月，中央撤销大行政区建制。参见《中央人民政府关于撤销大区一级行政机构和合并若干省、市建制的决定》，《中华人民共和国行政法资料选编》，群众出版社 1984 年版，第 129—130 页。

厅主计处内设审计科；东北区所辖辽东、辽西、吉林、松江、黑龙江、热河等 6 省，在财政厅预算管理处内设有审计科；山东省在财政厅经费处内设审核科；浙江省财政厅在经费管理科内设审计股。江西省财政厅审计处，下设审计科、会计科、调查统计科，1950 年底定编 51 人，实有 49 人。湖北省财政厅审计处，配备地专级处长 1 人、县级科长 1 人、副科长 1 人及科员、办事员等共 19 人。

④省级以下政府审计机构

省以下政府财政部门审计机构主要有审计科、审计股、会审股等。东北诸省、山东省直属市财政局内设审计科，湖南省的湘潭专署财政科内设有审计股，山西省的太原市财政局设有审计科，贵州省各专署财政科内设会审股。各专署和各县的财政科内设置审计人员。在人员配置方面，市和专署审计机构少则有 4 人，多则如武汉市财政局 1952 年底有审计人员 28 人。县一级财政部门设审计组，配备审计人员大都在 2—6 人。

各省及其以下各级审计机构的职责范围除管辖权不同外，工作内容大同小异，均依照上级的法令在审计法规中做出规定。①

⑤军队审计机构

新中国建立后，全军经费改由国家财政统筹统支。为适应这一转变，1950 年 1 月 7 日，经中央军委批准，中央人民政府人民革命军事委员会总后勤务部财务部（简称总后财务部）成立，统一管理全军财务、审计工作。新中国建立初期的军队各级审计机构，基本上延续了解放战争时期的做法。当时，总后财务部设立审计处，负责全军审计工作。1 月 26 日，中央军委颁发总后财务部试行的临时编制中设有审计处，负责拟定与审查供给标准，监督检查、审查各部队财务收支情况及其是否合理合法。12 月，中央军委批准总后财务部新的编制，撤销了审计处，审计职责分别赋予预算处和决算处。1951 年 11 月，总后财务部内部机构调整为检查室、第一处（总预决算）、第二处（陆空海军经费）、第三处（国防建设）、特种兵经费科、秘书室等机构，审计职责由各业务处、室分别承担。1952 年 9 月，总后财务部机

---

① 李金华主编：《中国审计史》第 3 卷（上），中国时代经济出版社 2005 年版，第 23—28 页。

构调整为六处、三室、一科,审计职责分别由经常费处、事业费处、国防建设费处、作战经费处等承担。

军区及军区以下各级设置相应的审计机构。团、师、分区为初审机关,军、兵团、二三级军区或独立师、省军区为复审机关,大军区、野战军为决审机关的三级审计制度。各级审计委员会和审计小组由各级军政首长负主责,一级军区和野战军设审计处,二、三级军区和兵团、军设审计科,分区和师设审计股,团设审计员;军区在供给部财政处和直供处下设审计科,兵团、军在后勤部下设审计科,省军区供给部下设审计科、后勤部下设审计股,独立师在供给部下设审计股,军分区和团分别在供给科和供给处设审计员。

当时,国家对军费开支采取单向预算管理办法,中央人民政府政务院是批准军费开支的最高领导机关。1950年2月,政务院总理兼军委副主席周恩来直接领导设立了由总后勤部部长、总参作战部部长和财政部常务副部长组成的"三人审计委员会",凡各项军费预算的确定和拨款额度,都由"三人审计委员会"审查提出意见,报总理批准后生效。志愿军入朝参战后,临时性的特殊开支增多。1950年11月,"三人审计委员会"改为由中央财经委员会宋劭文,财政部戎子和,总后勤部杨立三、宋裕和、张令彬等组成"五人审查小组"(亦称"五人小组"),并设立专门办公室,凡各项军费开支,都由总后勤部提出申请,分类汇编成单向预算,经代总参谋长聂荣臻签署意见转中央财经委员会。一般性的预算开支,报中央财经委员会主任陈云和副主任薄一波、李富春批准;重要的预算开支,专呈总理周恩来批示后,交"五人审查小组"办理。为了保证军费支出准确迅速,周恩来于1951年3月2日亲笔为"五人审查小组"规定了三条原则:"第一条,凡经我批:'原则同意交送组审核'的案件,即系较紧急而必须开支的费用,五人小组接到后,应先拨一笔款子,叫主管单位迅速动手办理,然后五人小组再根据其财务计划与业务计划去算细账,予以局部增减。第二条,凡经我批'照准'并不交五人小组的案件,即系急需而又应支的款项,中财部即应照数支付。第三条,凡批'交五人小组审核'的案件,即系我尚未下决心应否批准的费用,此类案件五人小组应仔细予以审查,提出意见,然后送我批办。"① 1954年以后,军队审计工作为军事财政监督检查所取代。一直到 1960 年,审计监督才被重新提出。

(5)财政监察监督机构

新中国建立后,学习苏联经验,建立财政管理及监督控制机制。1950年 11 月 15 日政务院公布《中央人民政府财政部设置财政检查机构办法》,建立并实行财政检查制度,设置各级财政检查机构,分级行使财政检查权,包括对预算、决算编制的检查,预算执行、资金运用和经费收支情况的检查,财政执行中违法行为的检查,以及审计会计工作等方面的检查。

①中央人民政府财政部设财政检查司,主持全国财政检查事宜,各处、科、股、员依其设在机关之管辖区域,行使财政检查权。中央人民政府财政部财政检查司设司长一人,司长以下设处长、科长、科员、办事员各若干人。

②地方财政检查机构。各大行政区财政部设财政检查处,各省市财政厅、局设财政检查处或科,各专署及省属市财政局、科设财政检查科或股,各县财政局、科设财政检查员、助理员。

③各级财政检查机构之职权。《中央人民政府财政部设置财政检查机构办法》规定:"一、关于执行财政政策、法令、制度之检查事项。二、关于政府机关、公营企业、公私合营企业、国家拨助基金设立之合作组织和接受政府补助经费之人民团体的预算、决算、编制之检查事项。三、关于政府机关、公营企业、公私合营企业、国家拨助基金设立之合作组织和接受政府补助经费之人民团体的预算执行、资金运用、经费收支之检查事项。四、关于公营企业、公私合营企业和国家拨助基金设立之合作组织的完成财政任务及纳税义务之检查事项。五、关于财政执行上违法行为之检举事项。六、关于审计会计人员执行审计会计工作之检查事项。七、关于人民银行、金库、其他国营金融机构、公私合营金融机构、国家保险公司、海关、税局、粮局、盐局和专卖机关等执行财政任务之检查事项";"被检查部门,对检查机构之措施,认为不当时,得具备理由,向其上级检查机构,声请复核处理"。

---

① 李金华主编:《中国审计史》第 3 卷(下),中国时代经济出版社 2005 年版,第 4—6 页。

④各级财政检查机构的工作方式。《中央人民政府财政部设置财政检查机构办法》规定:"一、调阅被检查部门之财务计划、账务表册、原始单据,检查库存现金、有价证券、各项实物、文书案卷及一切有关凭证。二、在检查中发生疑问时,得责成被检查部门提出书面说明,并得向其他有关机关、团体、企业及个人,进行调查并搜集资料。三、发现被检查部门对财政经济政策、法令、制度及计划执行不当时,得提请财政主管部门,就其预算经费或应拨资金,予以缓发、减发、停发或追回。四、发现违反财政政策、法令、制度、纪律及其他非法行为之事件,得提出改进及处分的意见,通知被检查部门或其主管机关处理之,其情节重大应受惩戒或刑事处分者,须分别移送同级人民监察委员会,或同级检察机关处理。对于财政检查机构通知处分之案件,被检查部门或其主管机关有延压或处理不当情事,财政检查机关得查催或质询之,各该机关或人员应作负责之答复。财政检查机构对于前项答复仍认为不当时,得提请各级人民监察机关查办。前项延压或处理不当之机关或人员应连带负责。五、对被检查部门,得提出关于财政执行及收支情况之适当指示。六、发现现行法令及预算与实际情况不适合时,应向上级主管机关提出建议。七、对财政计划执行情况的检查,应将检查结果会同被检查部门负责人(如不同意得不签字)报告上级检查机关及设在机关首长。"

财政检查改称财政监察后,审计处撤销,主计处改为预算司,原审计处各科分别改为国防财务司、行政财务司、文教财务司、经济建设财务司,各财务司的职能中仍有部分审计职能,但部分职能移交给财政监察司。1952年前后,随着全国财政部门财政监察机构的统一建立,各大行政区的审计机构和省及其以下各级审计机构相继撤并。①

新中国建立后,党和国家对纪检监察工作高度重视,纪检监察机关迅速建立,在保证国家方针政策的落实、与贪腐现象进行斗争中,发挥了巨大作用。1950年,全国各级行政监察机关共受理案件7309件,1953年共检查受理案件409 532件,惩处违法失职干部74 671人。

---

① 《中央人民政府财政部设置财政检查机构办法》,《中华人民共和国行政法资料选编》,群众出版社1984年版,第28—30页。

第四节
"五反"、"四清"运动中反贪腐制度建设和实践

一、中共"八大"与反贪腐廉政制度建设

1956年9月,中国共产党第八次全国代表大会在北京召开。大会总结了"七大"以来,特别是新中国成立以来党的历史及其经验,正确分析了国内外形势和主要矛盾,制定了政治、经济、文化等一系列方针政策。同时,党中央也敏锐地认识到党和政府自身建设中已经出现和将要面临的新问题,并作出积极探索。

1. "八大"从党的建设的高度来认识党风廉政建设

在"八大"上,刘少奇所作的《中国共产党中央委员会向第八次全国代表大会的政治报告》中指出:"在党领导了国家政权以后,党内贪污腐化、违法乱纪、道德堕落的现象有了某种程度的发展。这种严重现象必须坚决制止。过去我们进行了反对贪污浪费和违法乱纪的群众斗争,以后又粉碎了以阴谋手段夺取党和国家领导权的高饶反党联盟。在今后,我们还必须经常从思想上和组织上进行反对腐化堕落现象的斗争,经常把不可救药的腐化堕落分子清除出党。"①

邓小平在大会上所作的《关于修改党的章程的报告》中强调:"执政党的地位,使我们党面临着新的考验。过去七年,一般说来,我们党经受住了

---

① 《刘少奇选集》下卷,人民出版社1985年版,第272页。

这种考验……但是，七年的经验同样告诉我们，执政党的地位，很容易使我们同志沾染上官僚主义的习气。脱离实际和脱离群众的危险，对于党的组织和党员来说，不是比过去减少而是比过去增加了。……为此，党除了应该加强对于党员的思想教育之外，更重要的还在于从各方面加强党的领导作用，并且从国家制度和党的制度上作出适当的规定，以便对于党的组织和党员实行严格的监督。我们需要实行党的内部的监督，也需要来自人民群众和党外人士对于我们党的组织和党员的监督"；"党的各级监察机关的建立和健全，对于反对党内不良倾向的斗争，具有重大的意义。党的中央监察委员会和地方各级监察委员会，虽然还是在一九五五年三月党的全国代表会议以后才在原有的各级纪律检查委员会的基础上陆续成立，但是已经证明了它们的工作是有成效的。党章草案规定了党的监察机关的任务和监察委员会的上下级之间的关系。党的监察委员会应当不限于受理案件，而且要积极地检查党员遵守党的章程、党的纪律、共产主义道德和国家法律、法令的状况"。①

9月17日，朱德在"八大"上所作的讲话中指出："党中央一向要求我们全党的同志保持艰苦奋斗的优良作风，并且多次领导全党开展厉行节约、反对浪费的运动。这些运动，虽然每一次都收到了很大的成效，但遗憾的是，铺张门面、讲究排场、随便挥霍老百姓的金钱的严重现象，仍然时有发现。我们必须动员全党来抵制这种不良的倾向。"②

中共"八大"系统地分析了新中国建立7年来全党的状况，取得的成绩和出现的问题，以及面临的任务和挑战，并就执政党的廉政建设明确了一系列方针、政策：

第一，"八大"强调坚持实事求是的原则，把马克思主义的基本原理同中国社会主义建设的具体实践相结合，克服主观主义、官僚主义和宗派主义。邓小平在《关于修改党的章程的报告》中指出："党必须经常注意进行

---

① 邓小平：《关于修改党的章程的报告》，《建国以来重要文献选编》第9册，中央文献出版社1994年版，第120—121、131、163页。

② 朱德：《加强团结，建设社会主义》（1956年9月17日），《朱德选集》，人民出版社1983年版，第340页。

反对主观主义、官僚主义和宗派主义的斗争,经常警戒脱离实际和脱离群众的危险。为此,党除了应该加强对于党员的思想教育之外,更重要的还在于从各方面加强党的领导作用,并且从国家制度和党的制度上作出适当的规定,以便对于党的组织和党员实行严格的监督。"①

第二,"八大"强调坚持民主集中制,坚持党的集体领导,反对个人崇拜和个人专断。邓小平在《关于修改党的章程的报告》中指出:"个人决定重大问题,是同共产主义政党的建党原则相违背的,是必然要犯错误的,只有联系群众的集体领导,才符合于党的民主集中制原则,才便于尽量减少犯错误的机会";"反对个人崇拜和个人专断,对于党政机关的廉政建设具有重要意义。有一部分有功劳有职位的党员正是认为,他们的行为是不受约束的,这是他们的'特权'。并且有一部分党的组织也正是默认了他们的这种想法。事实上,任何抱有这种想法或者支持这种想法的人,就是帮着党的敌人腐蚀我们的党。任何以'老爷'自居的人,都以为党是少不了他们的,事实上恰恰相反,我们党不但不需要,而且不允许有任何在遵守党员义务方面与众不同的老爷"。"八大"通过的修改过的《中国共产党章程》规定:每一个党员必须严格地遵守共产主义道德,一切党员,不管他们的功劳和职位如何,都没有例外。

第三,"八大"强调加强对党内、政府内的监督,立法机关、人民群众对党和政府的监督,是作为党和政府廉政建设不可缺少的内容。刘少奇在《中国共产党中央委员会向第八次全国代表大会的政治报告》中指出:"我们必须同时从几个方面加强对于国家工作的监督。第一,必须加强党对于国家机关的领导和监督。除了党的各级委员会必须经常检查各级政府中党组织的工作以外,党委各工作部门应当负责建立起对于有关的政府工作部门中党组织和党员的经常的监督。第二,必须加强全国人民代表大会和它的常务委员会对中央一级政府机关的监督和地方各级人民代表大会对地方各级政府机关的监督。为了这个目的,应当加强人民代表的视察工作,以

---

① 邓小平:《关于修改党的章程的报告》,《建国以来重要文献选编》第9册,中央文献出版社1994年版,第121页。

便广泛收集人民群众的意见,并且加强各级人民代表大会对于政府工作的检查、批评和讨论。第三,必须加强各级政府机关的由上而下和由下而上的监督。在反对官僚主义的斗争中,国家的监察机关应当充分地发挥它的应有作用。第四,必须加强人民群众和机关中的下级工作人员对于国家机关的监督。必须鼓励和支持由下而上的批评和揭露;凡是对批评者实行压制和报复的人,必须受到应得的处分。"①邓小平在《关于修改党的章程的报告》中指出:"我们需要实行党的内部的监督,也需要来自人民群众和党外人士对于我们党的组织和党员的监督。"②

中国共产党第八次全国代表大会在抓执政党廉政建设问题上,不仅坚持和发展了党从思想教育、党员道德建设上抓党风廉政建设的传统,而且从新中国、新时期党和政府建设的需要、社会发展的需要出发,重视党的反贪廉政制度建设。

2. 加强反贪腐制度和机构建设

"八大"召开前后,党和政府的反贪污腐败工作、廉政建设进一步加强和规范,监察机构逐步健全,制度建设和党政监察机构内部运行规则、程序通过工作实践也逐步建立起来。

(1) 监察制度和机构

1956年11月27日,第二届中央监察委员会第一次全体会议在北京召开,讨论并通过了《中央监察委员会关于处分党员的批准权限的具体规定》和《中央监察委员会工作细则》,选举产生了新的中央监察委员会常务委员会。会议要求,今后应加强对脱离群众、损害党的利益的严重官僚主义案件的查处,并应系统了解和研究党员违反党章党纪的情况。③

12月21日—31日,中央人民政府监察部举行了第六次全国监察工作会议,专题讨论国家行政监察机关的体制问题。方案为县及不设区的市和市辖区人民委员会,在报请上级人民委员会批准后,可设立监察机关。这

---

① 刘少奇:《在中国共产党第八次全国代表大会上的政治报告》(1956年9月15日),《刘少奇选集》下卷,人民出版社1985年版,第249页。
② 《建国以来重要文献选编》第9册,中央文献出版社1994年版,第121页。
③ 《新华月报》,1956年12月号,第16—17页。

是从监察体制上加强行政监察机关工作的一次重要举措。

1958年2月27日—3月20日,第七次全国监察工作会议召开,总结了建国8年以来行政监察工作的经验,肯定了在过去8年多时间中,各级监察机关着重检查处理了一些国家行政机关、企业、事业单位的工作人员违反政策、法令和决议、命令以及犯严重官僚主义、强迫命令的案件,处理了一批国家资财严重损失浪费现象以及重大的质量事故,并不断向贪污盗窃行为做斗争。会议还对今后的监察工作做出详细部署,指出各级监察机关在1958年应以反浪费、反保守,促进工农业生产的大跃进为中心任务,必须把整风运动贯彻到底,坚决克服"三风五气",监察机关的领导干部必须做到"六亲",即亲自检查重大案件、亲自联系一两个监察机关、亲自巡视工作、亲自审批重大案件与接待重要的控告与申诉、亲自主持总结专题或综合性的经验教训、亲自起草重要的报告和指示。这次会议,对于维护国家纪律、贯彻政策法令、保护国家财产、教育干部、纯洁队伍、改进工作,以及促进工农业发展等方面都发挥了很大的作用。①

作为反对贪污腐败的党和国家主要机关之一,1958年3月1日—10日,中共中央监察委员会召开第三次全国党的监察工作会议,总结工作经验,确定了1958年党的各级监察委员会的工作任务。同年8月16日,最高人民检察院也召开了第四次全国检察工作会议,总结8年以来检察工作的经验教训,明确了检察工作今后的任务。

但是,这一时期由于党和国家领导层在廉政建设问题的认识上存在一些偏差,反映到党和国家、军队决策上和廉政制度、机构建设上。1958年11月1日,中国人民解放军武装力量监察部撤销;1959年4月28日,第二届全国人大第一次会议通过了撤销监察部的决议,此后很长一段时间,行政监察的任务就由党的监察机构来代替、执行。

在逐步撤销行政和军队监察机构的同时,党的监察机构的职能并未削弱,1959年1月23日—31日,中央监察委员会召开第四次全国党的监察工

---

① 《新华月报》,1958年第9号,第19—21页;洪承华、郭秀芝等编:《中华人民共和国政治体制沿革大事记(1949—1978)》,春秋出版社1987年版,第179页。

作会议,提出1959年以后中央监察委员会和党的地方各级监察委员会实际上承担起党和行政监察的双重任务。从1959年到1966年,党的监察委员会在党和国家的廉政建设实践中继续发挥着重大作用。1962年9月,党的八届十中全会通过了《关于加强党的监察机关的决定》,决定加强党的中央和地方各级监察委员会的工作,中央和地方各级监察委员会的委员和候补委员应当多数是专职的,中央监察委员会委员和候补委员列席中央全会;地方各级监察委员会的委员和候补委员,列席同级地方党委的全体会议;党的各级监察委员会应加强对同级国家机关的党员的监督工作;扩大各级监察委员会的名额,并增选了中央监察委员会成员,中央监察委员会可派出监察组常驻国务院所属各部门,监察组成员由相当于国务院部长、司局长一级的干部担任。这一段时期,党的监察委员会制定通过了一系列有关廉政建设的政策法规,如1960年8月的《关于在农村"三反"运动中几个具体政策问题的意见》,1962年11月的《关于严肃处理违法乱纪、腐化堕落等错误和反对特殊化行为的意见(草案)》、《关于清仓核资中的案件和违反财经纪律案件的处理意见(草案)》等,对于指导党的各级组织的反贪污腐败工作,规范廉政建设都起到极大的作用。1962年11月—12月,中央监察委员会全体会议和全国党的监察工作会议同时举行,会议通过《中央监察委员会工作细则》,根据党的"八大"通过的《中国共产党章程》和八届十中全会《关于加强党的监察机关的决定》,对中央监察委员会的工作细则进行了修改,具体规定了中央监察委员会的任务、办事机构、审理案件的程序、工作方法等。①

党的各级监察委员会通过勤勉的工作,处理了大量干部违纪违法、贪污腐化事件。1961年1月,河南省监察委员会向中央监察委员会通报了本省少数党员和坏分子贪污、克扣救灾款、救灾物资,以及省监察委员会做出的严肃处理的情况。

(2)审计制度和机构

1954年以后,中央和地方各级审计机构的发展演变如前所述,而军队

---

① 洪承华、郭秀芝等编:《中华人民共和国政治体制沿革大事记(1949—1978)》,春秋出版社1987年版,第247—248、250页。

审计工作则为军事财政监督检查所取代。一直到1960年,审计监督才被重新提出,全军开展培养"三大作风"和反贪污、反浪费、反官僚主义的整风运动,揭发出一些贪污浪费现象,查处了一批贪污分子。

军队贪污腐败、损失浪费突出表现为:一是各项物资装备保管不好,大量损坏、变质、丢失;二是工程建筑因计划不周、施工不当、质量低劣、返工重修,造成极大的浪费;三是盲目采购物资,有的单位花很多钱买一些根本用不着的东西,有的不管实际需要,大量购买某些物资,几年甚至几十年都用不完;四是粮食浪费十分严重,有的单位虚报冒领粮食;五是工业生产、农副业生产浪费现象比较普遍。鉴于这种情况,总后勤部于1960年8月向中央军委上报了《关于加强财务管理,杜绝贪污浪费的报告》,根据部队存在的贪污浪费严重、财务审查监督不严的状况,提出今后对各项经费收支的审查监督,必须在制度上作专门的规定,建立审计制度,要审计划、审单据、审决算,核实人数,核实现金,核实物资,在事前、事后和开支过程中都要有审计监督。下半年,总后勤部派出工作组调查了部分单位贪污浪费的典型案例,经过反复研究,由总后勤部财务部代总后勤部起草了《中国人民解放军审计制度(草案)》,提交1960年12月在重庆召开的全军财务会议讨论通过,由总后勤部批准,并于1961年5月颁发试行,使中断了多年的审计工作得以恢复。

《中国人民解放军审计制度(草案)》中规定了审计工作的任务、原则、权限、方法等内容。在起草上报时,《中国人民解放军审计制度(草案)》曾规定"在各级党委领导下成立审计委员会,并在各级财务部门专设审计机构",由于专门成立审计机构需要增加编制和员额,总后勤部在颁发试行时,删掉此条款。因此,《中国人民解放军审计制度(草案)》在没有组织机构作保证的情况下,只在部分师、团两级得到了执行,并取得了一定效果,但在军区以上单位和部门未能落实。虽然如此,该草案在军队审计史上仍占有重要地位。[①]

[①] 李金华主编:《中国审计史》第3卷(下),中国时代经济出版社2005年版,第6—14页。

（3）惩戒制度

1957年10月，国务院根据新中国建立8年来的工作实践经验和教训的总结，制定颁布了《关于国家行政机关工作人员的奖惩暂行规定》，要求国家行政机关工作人员必须坚决执行国家的各项政策、法律、法令，遵守政府的决议、命令和规章制度，切实完成国家交给的各项工作任务，爱护和保护公共财产，树立勤俭朴素、谦虚谨慎、密切联系群众的优良作风，并根据工作人员工作实际作出奖惩。

《关于国家行政机关工作人员的奖惩暂行规定》对国家行政机关工作人员的奖励和惩处的种类、权限、程序和国家监察机关管理奖惩工作的范围作出规定：对于忠于职守、克己奉公、廉政勤政的国家工作人员，予以奖励；对违法渎职、滥用职权、贪污腐化者，严惩不贷。国务院《关于国家行政机关工作人员的奖惩暂行规定》，在其后的历次反贪污腐败斗争中都发挥了重要作用。[1]

二、整风运动和农村"三反"运动

随着三大改造的完成，我国全面进入社会主义建设时期，党员干部社会地位的变化，加之法律制度不健全，党政机关的官僚主义、贪污贿赂现象有所抬头。正如毛泽东所说：一些党员干部"全心全意为人民服务的精神少了，过去跟敌人打仗时的那种革命精神少了，而闹地位、闹名誉、讲究吃、讲究穿，比薪水高低，争夺名利，这些东西多起来了"，中央决定在全国范围内重新进行一次全面整风运动。[2] 1957年4月，中共中央发出《关于整风运动的指示》，要求提高全党的马克思主义水平，改进党的作风，克服党内日益滋长的脱离实际的官僚主义、主观主义和宗派主义倾向。中央要求，这次整风运动采取开门整风的方式，既开展党内的批评与自我批评，又欢迎党

---

[1] 《国务院关于国家行政机关工作人员的奖惩暂行规定》（1957年10月26日），国务院法制局编：《廉政建设政策法规选编》，法律出版社1989年版，第133—138页。
[2] 《毛泽东选集》第5卷，人民出版社1977年版，第419页。

外人士对党和政府所犯的缺点、错误展开批评。① 4月8日,在整风运动开始前夕,邓小平在西安干部会上指出:"党要领导得好,就要不断克服主观主义、官僚主义、宗派主义,就要受监督,就要扩大党和国家的民主生活。所谓监督,来自三个方面,第一是党的监督,第二是群众的监督,第三是民主党派和无党派人士的监督。"②

整风运动开始后,中共中央采取了一系列措施从正面改进党的作风,清除党员、干部中的"特殊化"现象。1957年,为了缩小最高工资标准和其他各级工资标准之间的差距,中共中央决定降低国家机关十级以上干部的工资标准。1959年3月,中央又决定将国家机关一、二、三级的工资标准合并为一级,并且降低为每月400元。不过中央明确规定,降低的范围只限于党员干部,非党员的工资依然照旧,不予降低。在工资收入方面,党员干部同一般干部和职工的差别有所缩小。③ 1960年,中共中央发布《关于不准请客送礼和停止兴建招待所的通知》,要求一切单位不准向任何单位和个人赠送礼物,也不许借用任何名义变相送礼;各厂矿、企业、人民公社试制成功的新产品,除对其直接主管部门可以送一份样品外,不许以献礼或其他任何名义赠送给上级机关单位或个人;中央和地方各级负责人员下去视察工作时,当地负责人不要迎送,严禁组织群众迎送,生活招待应当从简,并按标准收费。④ 党和国家领导人毛泽东、朱德、周恩来、刘少奇、邓小平等做出表率,严格要求自己及其家属,降低生活标准,减少日常供应。同时,中央领导人还亲赴各地,深入基层,调查研究,对转变干部作风、解决干部队伍中的贪污腐败问题起到了推动作用。当然,在整风运动中出现了"反右"扩大化错误,给党、国家和人民造成重大伤害,是必须正视并吸取的教训。

---

① 《中国共产党中央委员会关于整风运动的指示》,《人民日报》1957年4月27日。
② 邓小平:《共产党要接受监督》,《邓小平文选》第1卷,人民出版社1994年版,第270页。
③ 参见李福海、雷咏雪主编:《廉政建设的理论、制度与实践》,四川大学出版社2000年版,第385页。
④ 《关于不准请客送礼和停止兴建招待所的通知》,《新华月报》,1960年第10号,第3页。

从 1958 年到 1960 年,历时三年的"大跃进"和人民公社化运动中出现严重的"左"的错误,加上从 1959 年起,广大农村连续几年遭受大面积自然灾害,给国民经济和人民生活带来了严重困难,与此同时,在党员干部队伍中出现了严重的"共产风、浮夸风、命令风、干部特殊化和生产瞎指挥风"。反贪腐廉政建设方面,主要是党政机关干部队伍生活特殊化问题的严重存在。城市党政机关经过"三反"、"五反"及整风整党运动,贪污腐化现象得到控制;而在广大农村地区,一些干部利用自己手中掌握的权力,多吃多占、贪污挪用公款,在群众中造成极坏的影响。据 1959 年安徽凤阳县六级干部会议的材料,参加会议的县、公社、大队、生产队、生产组各级干部共 4891 人,其中,所管理部门账目不清的有 4062 人,占到会干部总数的 87.14%。其中,有贪污问题的有 662 人,挪用公款的有 962 人,铺张浪费的有 734 人,占小便宜的有 377 人,涉及贪污金额 390 04 元,挪用公款 41 788 元,超支 101 345 元,浪费 720 元,占小便宜 2113 元。[①]"五风"的盛行,使农村党政干部队伍建设出现了严重危机。

  从 1960 年开始,中共中央多次发出在农村进行整风整社、开展"三反"运动和进行社会主义教育的指示。1960 年 5 月 15 日,中共中央发出《关于在农村开展"三反"运动的指示》,指出农村基层干部绝大多数是好的,犯有严重贪污、浪费和官僚主义的人只是少数,但他们所犯错误的危害性是很大的,号召和要求在农村基层开展一场反贪污、反浪费、反官僚主义的运动,对那些犯有较严重的贪污、浪费和官僚主义错误的人,必须进行坚决的斗争,给以必要的组织处理;对其中少数错误严重、民愤极大的,应该坚决撤换,是党员的,应该开除党籍,甚至逮捕法办。《关于在农村开展"三反"运动的指示》强调,这次农村"三反"运动一定要搞,以反贪污为重点,凡是犯有贪污、多占、挪用公款等错误的人,不论数量大小,都必退必赔。通过这一运动,主要达到两个目的,即普遍提高干部的政治思想水平,改善他们的工作作风,进一步密切党和广大群众的联系;对隐藏在我们队伍中的坏

---

  ① 李福海、雷咏雪主编:《廉政建设的理论、制度与实践》,四川大学出版社 2000 年版,第 386—387 页。

分子加以清理,以纯洁我们的组织。① 11月3日,中共中央又发出《关于农村人民公社当前政策问题的紧急指示信》,要求"今年冬季,必须下决心,放手发动群众,普遍展开一个整风整社的群众运动"②。《关于在农村开展"三反"运动的指示》和《关于农村人民公社当前政策问题的紧急指示信》发出后,农村"三反"运动在全国范围开展起来。

1960年8月,中央监察委员会颁布《关于农村"三反"运动中几个具体政策问题的意见》,规定从1958年当地成立人民公社算起,干部贪污200元以上至1000元以下的,必须给予必要的处分;凡贪污1000元以上的,应定为大贪污犯,给予刑事处分,是党员的应该开除党籍。关于赃款赃物的退赔问题,必须坚决执行必退必赔的政策。对于犯有官僚主义错误的同志,主要进行批评教育,一般不给予处分,但对其中极少数严重不负责任、丧失职守、造成严重恶果的应追究责任,给予撤职或其他处分;对于犯有严重浪费错误而造成重大损失的干部,应该追究责任,必要时给予适当的纪律处分。③

1961年3月22日,中共中央又下发了《农村人民公社工作条例草案》,规定:人民公社的各级干部,都必须同社员一起参加劳动;人民公社的各级干部都必须坚持民主作风,不许压制民主,不许打击报复;人民公社的各级干部都要树立为人民服务的思想,把自己看作是人民的勤务员,同群众同甘共苦,不许利用职权使自己及其亲属享受特殊待遇,不许多记工分和多吃多占,不许干部另设干部小灶,反对特殊化。6月15日,中共中央颁布《农村人民公社工作条例(修正草案)》,再次明确要求人民公社要选举管理机关和监察机关,并要求"人民公社各级社员代表大会或者社员大会,在选

---

① 《中共中央关于在农村中开展"三反"运动的指示》,《建国以来重要文献选编》第13册,中央文献出版社1996年版,第378页。
② 《建国以来重要文献选编》第13册,中央文献出版社1996年版,第673—674页。
③ 《关于农村"三反"运动中几个具体政策问题的意见》,《新华月报》,1960年9月号,第2—3页。

举管理机关和监察机关的成员的时候,应该注意使贫农和下中农占优势"①。11月13日,中共中央下发《关于在农村进行社会主义教育的指示》,要求"结合秋季分配、秋季征购、冬季生产、整风整社和春耕生产准备工作,针对农民群众和农村干部中间还存在的思想问题,普遍地进行一次社会主义教育"②。

农村"三反"运动中,根据毛泽东"旧账一般要算"的指示,普遍开展算账运动。各地普遍清查了1958年的分配账、粮食账、食堂账、副业收入账和种子调拨账等,江苏等地方还提出经济账的问题来源于干部脱离实际、脱离群众的思想作风,因此不仅要算经济账,还要算思想作风账。中央对此予以肯定:"江苏提出不仅要算经济账,还要算思想作风账,这一点很重要。不弄通思想作风,要算好经济账是不容易的。"在算账运动的过程中,实际上已经基本形成了"四清"运动的一些做法。如河北保定地区就通过清账目、清仓库、清财物、清工分的做法,以期达到堵塞经济漏洞、加强经营管理、整顿干部作风,促进劳动生产的目的。③农村"三反"运动虽然出现了一些"左"的错误,但对于转变农村党和干部工作作风,刹住农村干部中贪污挪用、铺张浪费、多吃多占等生活特殊化风,纠正和制止干部队伍的严重违法乱纪行为,发挥了重要作用。

三、"五反"运动和"四清"运动

"五反"运动和"四清"运动的开展,是由当时复杂多变、严峻的国际国内局势决定的。同时,两大运动对于新中国的廉政建设也具有重要的历史意义,是毛泽东在50年代后期至60年代初期反对贪污腐败、防止党的蜕变的重要内容。

---

① 《农村人民公社工作条例(修正草案)》,《建国以来重要文献选编》第14册,中央文献出版社1997年版,第387页。
② 《中共中央关于在农村进行社会主义教育的指示》,《建国以来重要文献选编》第14册,中央文献出版社1997年版,第765页。
③ 郭德宏、林小波:《四清运动实录》,浙江人民出版社2005年版,第5页。

1. "五反"运动和"四清"运动的国际国内背景

反对贪污腐败、防止党的蜕变的复杂内涵,是新中国建立后,尤其在五六十年代一直萦绕在毛泽东脑海中的一个重要问题。反映在国际背景上,主要是中苏关系破裂及由此引出毛泽东"反修防修"的战略思考。新中国建立后,中苏两个社会主义国家在战争与和平、和平共处、和平过渡、全民国家、全民党、如何评价斯大林等一系列意识形态问题上发生严重分歧。中国的"超英赶美"实际上也是以苏联为竞赛目标的战略。苏联对中国国内政策特别是总路线、人民公社、大跃进这"三面红旗"的批评,更重要的是对中国国内政局所产生的严重影响,使毛泽东加重了对国内阶级斗争形势的估计。与此同时,美国在国际上倡导推进中国和平演变的图谋,1953年,美国国务卿杜勒斯主张以强大的经济和军事力量为后盾,用自由、民主、宗教等"精神力量"来战胜共产主义,使共产主义国家发生"和平的转变",形成了西方敌对势力对社会主义国家的"和平演变"战略,引起毛泽东的重视。就在这一时期,1956年,赫鲁晓夫在苏共二十大上反斯大林,并引起东欧国家发生动荡,更使毛泽东思想上产生很大的震动。

在这种情况下,中国在20世纪60年代前期所处的国际环境越来越严峻,对此,中共中央有清醒的认识。中共八届十中全会公报中说:"帝国主义者、各国反动派和现代修正主义者,对我国人民遭遇过的暂时困难幸灾乐祸,对我国社会主义建设总路线、大跃进、人民公社大肆攻击,演出了嚣张一时的反华大合唱。"[①]

2. "五反"运动和"四清"运动中的反贪污腐败斗争

1962年9月,中共八届十中全会后,中共中央决定在城乡发动一次普遍的社会主义教育运动。1963年2月11日—28日,中共中央在北京召开工作会议,重点讨论在城市开展"五反"运动和在农村开展社会主义教育运

---

① 《建国以来重要文献选编》第15册,中央文献出版社1997年版,第652—653页。

动的问题。在毛泽东的推动下,与会者一致认为,"五反"运动非搞不可,不然会出修正主义,在农村进行社会主义教育运动的问题,实质上就是社会主义革命的问题。这次运动反对贪污腐败的任务是重大的。正如刘少奇在会议中指出的:"八届十中全会讲阶级、阶级斗争,现在就要正式部署一个行动,搞一个阶级斗争。对象是投机倒把、贪污盗窃,还有一些严重的铺张浪费、严重的蜕化变质、违法乱纪,严重的分散主义。"①经过讨论,中央决定在农村进行以"清理账目、清理仓库、清理财物、清理工分"为内容的"四清"运动,在城市开展以"反对贪污盗窃、反对投机倒把、反对铺张浪费、反对分散主义、反对官僚主义"为内容的"五反"运动。

这次反贪污腐败运动的重点在农村。1963年3月1日,中央工作会议发出《中共中央关于厉行增产节约、反对贪污盗窃、反对投机倒把、反对铺张浪费、反对分散主义、反对官僚主义运动的指示》。各地随即根据中央部署,进行社会主义教育运动试点,并陆续向中央报告。根据各地试点报告中反映的严峻的阶级斗争形势,毛泽东更加坚信,社会主义教育运动势在必行。

"二月中央工作会议"后,毛泽东到一些省份去视察,发现各省抓试点的情况参差不齐,谈反对修正主义的较多,讲农村社会主义教育的较少,使毛泽东认为农村社会主义教育运动没有得到各地各级干部群众的重视。1963年5月,毛泽东在杭州召集部分政治局委员和大区书记参加的小规模的"五月工作会议"。5月20日,毛泽东亲自主持制定并颁发了《中共中央关于目前农村工作中若干问题的决定(草案)》,简称"前十条",这是"四清"运动的纲领性文件,对整个运动的进程产生了十分重要的影响。"前十条"在总的指导思想上存在着"左"的错误,夸大了国内阶级斗争形势的严峻性,使阶级斗争扩大化、绝对化,简单地提出"在整个社会主义历史阶段,

---

① 中共中央文献研究室编:《刘少奇年谱》下卷,中央文献出版社1996年版,第571页。

一直到进入共产主义以前",都必须"依靠贫农、下中农"的观点,为后来提出"一切权力归贫协"的"左"的观点打下重要的理论基础。"前十条"列举了九种阶级斗争的状况,与贪污腐败有关的有:被推翻的地主富农分子千方百计地腐蚀干部,篡夺领导权,投机倒把活动很严重;新资产阶级分子靠投机、剥削大发其财;在机关集体经济中出现了一批贪污盗窃分子、投机倒把分子、蜕化变质分子。应当说,"前十条"在反对贪污盗窃、投机倒把,解决干部队伍中的"四不清"问题,干部参加集体劳动、避免腐化变质等问题上,都是正确的。《中共中央关于目前农村工作中若干问题的决定(草案)》规定农村社教运动采取"三步走"的方法:第一步是训练一批干部;第二步是训练更多的干部和贫农、下中农积极分子;第三步是全面铺开,建立贫下中农组织,对社、队管理委员会实行监督。要求犯了错误的干部要"洗手洗澡,下楼过关"。① "前十条"颁布后,各地开始进行"四清"运动试点。

1963年9月6日—27日,中央根据社教试点中提出的问题,在北京召开工作会议,讨论农村社会主义教育运动中若干政策问题,制定了《关于农村社会主义教育运动中一些具体政策问题(草案)》,又称为"后十条"。10月25日,毛泽东起草《关于印发和宣传〈关于农村社会主义教育运动中一些具体政策问题(草案)〉的通知》,要求将这个文件向农村全体党员和全体农民宣读,同时要向城市的一切人宣读,对农村和城市的地、富、反、坏、右也要宣读和讲解。"后十条"在"前十条"基础上,进一步提出团结95%以上的干部,依靠基层组织和基层干部,认为工作队只在基层干部的圈子里打转,不去扎根串联是不行的。

从1963年冬到1964年春,全国有不少农村社、队进行了"四清",少数城市进行了"五反"试点。1964年底至1965年初,毛泽东主持制定了《农村社会主义教育运动中目前提出的一些问题》,简称为"二十三条"。这个

---

① 《中共中央关于目前农村工作中若干问题的决定(草案)》,《建国以来重要文献选编》第16册,中央文献出版社1997年版,第309—329页。

文件部分纠正了1964年下半年"四清"工作中出现的"左"的做法,肯定大多数干部是好的或比较好的,要尽快解脱他们,逐步实行群众、干部、工作队三结合,要求在工作方法上坚持走群众路线。在反贪腐廉政建设方面,规定基层干部定期进行民主选举,连选连任,以四年为限,贪污的、不称职的可以随时撤换;干部要有上下监督,主要是群众监督,要研究出一套有效的监督制度和政治工作制度,监督机关的权力要大于同级执行机构;要实行政治民主、生产民主、财务民主、军事民主等。应该说,这些制度如能真正有效地建立起来,将起到改进工作作风、防止贪污腐败的作用。到1966年春,全国约有1/3的县、社进行了社教运动,对于加强城乡基层干部队伍的廉政建设,纠正干部多吃多占、强迫命令、欺压群众等不良作风和集体经济经营管理方面的许多缺点、错误,打击贪污盗窃、投机倒把和刹住封建迷信活动等歪风邪气,收到良好的效果。当然,由于这次运动打击面扩大,也出现了不少冤假错案。

1963年3月1日,中共中央颁布《关于厉行增产节约、反对贪污盗窃、反对投机倒把、反对铺张浪费、反对分散主义、反对官僚主义运动的指示》,明确指出:目前无论在国营企业或合作社企业中,无论在生产过程或者商品流通过程中,都存在着严重的浪费国家资财的现象。在党政机关、群众团体、部队、学校以及其他事业单位中也存在着许多浪费现象。同时党内有些干部的资产阶级思想作风有所滋长,尤为严重的是,贪污盗窃国家资产、投机倒把、牟取暴利等破坏社会主义计划经济的活动猖獗起来。鉴于这种严重情况,中共中央决定坚决打击。5月20日,中央印发《关于目前农村中若干问题的决定(草案)》的通知中,明确规定其基本原则不仅适用于农村,而且适用于城市。此后,中央国家机关及各省、市、区级地方机关,工业交通财贸单位和文教单位的企业,军队各单位,相继开展"五反"运动试点工作。

"五反"运动试点揭发的问题主要集中于以下几方面:(1)铺张浪费、多吃多占、走后门、生活特殊化现象严重。在山东省8个地区"五反"运动中揭露出的铺张浪费情况就很惊人,1962年一年共浪费损失2.3146亿元(旧币,下同。),其中工业企业浪费1.45亿元,占工业总成本的9.86%,占工业总产值的5.05%;商业企业浪费6781万元,占商品流转费用的16.28%。① 上海市在增产节约和"五反"运动中暴露出的铺张浪费现象也十分严重。根据上海222个已经开展反浪费的工业企业初步统计,1962年浪费金额共达2.19亿元,占这些企业生产总值的4.42%,按这个比例估算,1962年整个上海市工业部门浪费金额达到6亿—7亿元,加上交通运输、财贸等部门,1962年一年,全上海市浪费金额达10亿元左右。② (2)官僚主义、分散主义严重。1963年5月29日,周恩来在中共中央和国务院直属机关负责干部会议上,对官僚主义的种种表现作出了十分精彩的阐述:第一种,高高在上,孤陋寡闻,不了解下情,不调查研究,不抓具体政策,不抓政治思想工作;脱离群众,脱离实际,一旦发号施令,必将误国误民。这是脱离领导、脱离群众的官僚主义。第二种,狂妄自大,骄傲自满;主观片面,粗枝大叶;不抓业务,空谈政治;不听人言,蛮横专断;不顾实际,胡乱指挥。这是强迫命令式的官僚主义。第三种,从早到晚,忙忙碌碌;一年到头,辛辛苦苦。这是无头脑、迷失方向的、事务主义的官僚主义。第四种,官气熏天,不可向迩;唯我独尊,使人望而生畏。这是老爷式的官僚主义。第五种,不学无术,耻于下问;浮夸谎报,瞒哄中央。这是不老实的官僚主义。第六种,遇事推诿,怕负责任;承担任务,讨价还价。这是不负责任的官僚主义。第七种,遇事敷衍,与人无争;老于世故,巧于应付。这是做官混饭吃的官僚主义。第八种,学政治不成,钻业务不成;语言无味,领导无方;尸位素餐,滥竽充数。这是颟顸无能的官僚主义。第九种至第二十种,分别是糊涂无用的、懒汉式的、机关式的、文牍主义和形式主义的、特殊化的、摆官架子的、自私自利的、争夺名利的、闹不团结的、宗派性的、蜕化变质的、走上非常危

---

① 以上数据,参见郭德宏、林小波:《四清运动实录》,浙江人民出版社2005年版,第46—47页。
② 《陈丕显文选》第2卷,中共党史出版社2000年版,第343—344页。

险道路的官僚主义,等等。① 官僚主义、分散主义造成的损失也是惊人的,1962—1963年,仅北京、天津、上海等10省市就因此种错误导致106亿元的损失。(3)贪污盗窃、投机倒把问题严重。到1963年5月10日,全国揭发的贪污盗窃、投机倒把案件中,万元以上案件有1425件,千元以上案件有144 20件。截至8月,全国各级机关企业揭发出的贪污盗窃、投机倒把案件涉及贪污、盗窃、投机倒把分子20万人,其中金额在万元以上的有630多人。

在"五反"试点后,全国各地的"五反"运动进入集中反对贪污盗窃、投机倒把的阶段,并清查出一批贪污盗窃、投机倒把分子。据1963年10月上旬的不完全统计,全国有贪污盗窃人民币万元、粮万斤、布万尺和投机倒把获利万元以上的案件1000余起,贪污盗窃人民币千元、粮千斤、布千尺和投机倒把获利千元以上的案件2万余件。②

1963年11月8日,中央监察委员会向中共中央汇报了反贪污盗窃、投机倒把问题的处理意见:

第一,划分贪污盗窃与非贪污盗窃、投机倒把与非投机倒把的界限。贪污盗窃,是指侵吞、盗窃、骗取国家和集体的财物,勒索他人财物,收受贿赂等行为。投机倒把,是指以牟取暴利为目的,套取国家或集体的物资,进行倒买倒卖,长途贩运,组织地下企业(地下厂、店、工程队等),以及从事其他非法商业活动等行为。公私不分,占小便宜,小量贩卖,做私活等,是属于一般性的违反制度、违反纪律和违反市场管理规定的行为。对运动中揭发出来的下列各种问题,不要视为贪污盗窃、投机倒把行为:一、私拿公家的一些价值不大的小工具、零星产品、少量材料或废旧物品的。二、在生产、销售、运输、保管的过程中,吃用了一些价值不大的东西。三、虚报多领了少量补助费、加班费、粮油票证以及其他物品的。四、长期借支或挪用公款

---

① 周恩来:《反对官僚主义》,《建国以来重要文献选编》第16册,中央文献出版社1997年版,第372—376页。
② 《建国以来重要文献选编》第18册,中央文献出版社1998年版,第11页。

的,是违反财政制度的行为,应当令其检讨,归还公款,不要视为贪污。五、利用职权,削价购买或无偿私分少量公物,多占少量福利款物和补助费的。六、帮助某些单位、社队,在国家计划以外购买统一调配物资或给予某些方便,接受了对方少量而不是数量较多的东西。七、错账、错款、错票证无法查清的。八、违反党和国家的政策、规定,进行小量贩卖活动,或者在自由市场出卖本人的物品、票证,或者出卖自养自产的家禽家畜和农副产品的。九、请假,旷工,私自进行加工修配、小件制造、装卸搬运等,或者受雇到地下企业做工的。十、家属搞投机倒把与本人无直接关系的,不要牵连本人。

第二,关于贪污盗窃、投机倒把问题的处理原则。总原则是:"过去从宽、现在从严,坦白从宽、隐瞒从严,退赃从宽、不退从严。"既要有原则性,又要有灵活性。具体而言:一、贪污盗窃、投机倒把非法所得在 300 元以下,能够检讨、退赃的,可不以贪污盗窃、投机倒把论处,也就是不给予行政、党纪处分;个别情节严重,拒不检讨,拒不退赃的,应当给予适当的行政、党纪处分。二、贪污盗窃、投机倒把非法所得在 300 元以上、千元以下,能坦白交代,认真检讨,积极退赃,洗手不干的,可以减轻或者免予行政、党纪处分;坦白、退赃不好的,应当给予应得的行政、党纪处分;个别情节严重,拒不坦白,拒不退赃的,应当加重处分,直至交司法机关依法制裁。三、贪污盗窃、投机倒把非法所得在千元以上、5000 元以下,能自动坦白,彻底退赔,决心洗手不干的,可以免予刑事处分;表现特别好的,也可以减轻或免予行政处分;坦白、退赃不好的,应当给予刑事处分;拒不坦白,拒不退赃的,必须从严惩办。共产党员贪污盗窃、投机倒把非法所得在千元以上的,一般应当开除党籍,个别表现特别好的,也可以不开除党籍。四、贪污盗窃、投机倒把非法所得在 5000 元以上,能自动坦白,彻底退赃,决心洗手不干的,可以减轻刑事处分;表现特别好的,也可以免予刑事处分,不开除公职;坦白、退赃不好的,可以从重给以刑事处分。共产党员贪污盗窃、投机倒把非法所得在 5000 元以上的,一律开除党籍。在反贪污盗窃、投机倒把斗争中,被处以党纪、政纪、刑事处分的干部,应当严格控制在参加运动的干部总数的1%左右。

第三,关于退赃问题。凡属于贪污盗窃的赃款赃物和投机倒把的非法所得,不论数量多少,包括受刑事处分的,都必须彻底退还,不能马马虎虎,绝不能开不退赃的口,绝不能使贪污盗窃和投机倒把的人在经济上占到便宜。在退赃中,是现金的,退还现金;原物在的,退回原物;已经吃用或损坏了的,应当按照现在的国家牌价退还;已经出卖了的,应当按照出卖价格退还。是票证的,未用的要退还;已用出的,应当酌情退还;出卖了的,按照出卖价格退还。对于确实没有现金可退,需要用实物抵赃的,一般应当要他们通过合法手续,把实物出售,用现金退赃;如果出售实物确有困难,也可酌情收取实物,但不要收他们的基本生活资料和日常必需品。退回的赃款赃物,原属于个人的应当交还个人;原属于集体的,应当交还集体;属于国家和无法交回原主的,应当交还国家。①

1964年1月2日,中共中央批转中央监察委员会《关于"五反"运动中对贪污盗窃、投机倒把问题处理意见的报告》,指出在"五反"运动中,党的一贯指导方针是敌我问题从严,人民内部问题从宽;在人民内部问题中,批评、自我批评从严,党纪、政纪、法律处分要分别情况,酌量从宽,必须严肃与谨慎相结合。在运动开始时,重点是使干部、群众认识问题的严重性,防止麻木不仁;在群众已经发动起来以后,即在运动中期和末期,不仅要防止"虎头蛇尾"、"走过场",尤其要防止把问题扩大化,防止打击面过宽,处分人过多,而事后又要对处分过重、处分错了的人进行甄别平反、赔礼道歉。②

1965年8月10日—21日,中央监察委员会召开中央局监察组组长和13个省、市委监察委员会书记、副书记座谈会,传达了刘少奇关于参加"四清"蹲点问题的指示。在会上,各地监察委员会书记、副书记交流了第一期"四清"蹲点的经验,并着重讨论了监察干部参加第二期蹲点的问题和如何

---

① 《建国以来重要文献选编》第18册,中央文献出版社1998年版,第10—21页。
② 《建国以来重要文献选编》第18册,中央文献出版社1998年版,第9页。

做好监察机关日常工作的问题。9月12日,针对各地方和国营厂矿企业中监察工作出现的问题,中共中央转发中央监察委员会《关于各中央局监察组组长座谈会情况的报告》,指出有的厂矿在精简工作中把监察委员会也取消了,有些地方的监察组织不能工作的人员太多,影响监察工作。对此,中共中央书记处指示,已成立的党的监察委员会不要取消,不要削弱监察机关,力量弱的还要逐步加强,但人员要精干而不在于多。①

虽然当时在党和政府文件中,对这一时期党员干部中的腐化问题估计得较为严重,甚至出现地方基层干部违法乱纪问题"十分突出"的说法,但绝大多数都属于基层干部利用手中的权力多吃多占、挪用少量公款,职工上班时间干私活、偷拿偷占等轻微腐败行为。因此,在1963年的农村"四清"运动中,并无农村基层干部大面积严重腐败的情况存在。如保定地委向省委递交的"四清"报告中,有19 800多名干部挪用公款130万元,11 300多名干部贪污公款43.4万元。② 人均挪用66元,贪污38元,分别相当于当时全国职工年平均工资(1963年全国职工年平均工资为576元)的1/9和1/15。③ 挪用公款干部占当地干部总数的8.3%,贪污公款干部占当地干部总数的4.7%。在城市"五反"运动中,参加运动的党员41万人,犯贪污错误(含盗窃、投机倒把)的人数为3.51万人,占参加运动总人数的8.56%,远远低于1952年"三反"运动中31.4%的比例,涉及违纪违法金额千元(旧币1000万元)以上的人数为738人(占参加运动总人数的0.18%),远远低于"三反"运动中1.6万人的数量(占参加"三反"运动

---

① 洪承华、郭秀芝等编:《中华人民共和国政治体制沿革大事记(1949—1978)》,春秋出版社1987年版,第295、297页。
② 《建国以来重要文献选编》第16册,中央文献出版社1997年版,第254页。
③ 张同乐、朱虹:《中华人民共和国国史全鉴》第6卷,团结出版社1996年版,第7576页。

总人数的 0.42%）。① 这些都说明,一方面当时的党员干部出现贪污腐败情况所占比例较低,贪腐程度也不严重。特别是通过五六十年代一系列廉政运动,有效地控制了腐败,这是以毛泽东为首的党中央第一代领导集体在共和国历史上有效地控制腐败的成功实践。这一实践,净化了党员干部队伍,进而净化了全社会的风气,良好的党风带来了良好的社会风气,反过来又进一步促进了良好党风的形成,造就了 20 世纪五六十年代中国社会良好的社会风气,涌现出焦裕禄、雷锋、王杰、欧阳海等一大批党的优秀干部、模范党员。中国共产党大力有效地遏制腐败,造就了新中国建立初期 20 年优良的党风、政风和社会风气这一成就,得到国际社会的广泛赞誉。②

---

① 《建国以来重要文献选编》第 3 册,中央文献出版社 1992 年版,第 385 页;中央纪委纪检监察研究所编:《中国共产党反腐倡廉文件选编》,中央文献出版社 2002 年版,第 90 页。

② 方华、史册主编:《参考的启示》第 2 卷,陕西师范大学出版社 1999 年版,第 201 页;第 4 卷,第 175 页,其中收录诸如黎巴嫩贝鲁特《电讯报》、加拿大《领袖邮报》等外国报刊的报道和赞誉。

第五节
新中国建立初期反贪污腐败斗争和廉政建设的经验

在中国共产党的领导下,中国人民创造出了新中国建立初期政治清明,党风、政风和社会风气均良好的局面,创立了一个政权反对贪污腐败、实现廉洁政治的成功范例。显然,在党员干部和群众中树立良好的道德风尚,加强制度建设,用国家政权力量来保证清廉的党风、政风,充分调动社会的力量,通过综合治理的手段来扫除贪污腐败的经验值得很好地总结。

一、综合培养党员干部马克思主义世界观、价值观和良好道德风尚

中国共产党是以马克思主义作为指导思想的政党,在马克思主义与中国革命和建设实践相结合的过程中,形成了马克思主义的世界观,全心全意为人民服务的价值观,集体主义、革命的英雄主义和乐观主义精神等在内的中国化的思想理论体系。如何在马克思主义指导下,综合培养党员干部全心全意为人民服务的价值观念和道德风尚,这是从党和国家第一代领导集体开始就不断探索的重大问题,并在共和国发展过程中针对新情况、新问题不断进行探索。

第一代领导集体的一些做法,虽然也出现了一些错误,但经验和教训均值得充分吸收借鉴。为了在党员干部中倡导、培育和强化全心全意为人民

服务的价值观念和道德风尚,在发现党员干部中存在违背人民群众利益的官僚主义、命令主义的做法后,中共中央决定通过发起一系列运动,教育、整顿干部队伍,强化党员干部为人民服务的思想。同时,通过制度建设来强化党员干部为人民服务的思想。1954年《中华人民共和国宪法》规定:"一切国家机关工作人员必须效忠人民民主制度,服从宪法和法律,努力为人民服务。"为此,中国共产党强调与个人私利作斗争的集体主义精神。毛泽东要求:"我们干部要关心每一个战士,一切革命队伍的人都要互相关心,互相爱护,互相帮助。"①刘少奇在《论共产党员的修养》中也明确要求"共产党员加强修养,与个人主义作斗争,用无产阶级的、人民的、党的利益高于一切的原则去同个人主义的思想进行斗争"②。新中国成立后,中国共产党在进行社会主义改造和社会主义建设的过程中,逐渐使集体主义成为中国政治形态的基本价值取向。③

中国共产党作为马克思主义政党,强化作为无产阶级先锋队的意识,社会对共产党人的集体主义思想觉悟要求更高,每个党员干部都要与各种个人主义的思想行为作坚决的斗争。在党的民主集中制原则下,"个人利益服从党的利益,地方党组织的利益服从全党的利益,局部的利益服从整体的利益,暂时的利益服从长远的利益"。④ 在这一基础上,毛泽东还对如何处理国家、集体和个人利益之间的关系作出要求:"国家和工厂、合作社的关系,工厂、合作社和生产者个人的关系,这两种关系都要处理好。为此就不能只顾一头,必须兼顾国家、集体和个人三个方面,也就是我们过去常说的'军民兼顾'、'公私兼顾'。鉴于苏联和我们自己的经验,今后务必更好地解决这个问题。"⑤

---

① 《毛泽东选集》第3卷,人民出版社1991年版,第1005页。
② 《刘少奇选集》上卷,人民出版社1981年版,第121页。
③ 王传利:《给腐败号脉——新中国腐败频度与控制强度相关性研究》,群众出版社2004年版,第202页。
④ 《刘少奇论党的建设》,中央文献出版社1991年版,第129—131页。
⑤ 《毛泽东选集》第5卷,人民出版社1977年版,第272页。

二、以国家力量全面调控、整合经济和社会控制体系

新中国建立后,面临一个贫穷落后的小农经济国家百废待兴的局面,人民政府如何实现政治、经济、文化和社会的整合,确保建立使新中国各方面建设进入良性轨道的社会控制体系,是社会主义民主政治、社会主义工业化能否顺利建设的重要条件。

新中国建立后,中共中央通过建立东北大行政区人民政府,华东、中南、西北、西南等4个大行政区军政委员会,28个省人民政府,内蒙古自治区人民政府和8个行政公署、1个地区行政公署,12个中央和大行政区直属的市人民政府、67个省辖市人民政府,2087个县人民政府,几十万个乡镇人民政府,实行党政军一体的建制,实现政治领域的控制体系的建立。① 1952年底,在全国(台湾除外)各省、市、县、区、乡都召开了人民代表大会。中国共产党通过这一系列大规模的组织建设,建立起规模庞大的组织网络,以及中国共产党革命时期在人民群众中长期建立起来的理论感召力,长期革命实践中在群众中形成的崇高威望,尤其是在数百万、上千万党员干部中建立起来的一整套完善的组织制度,规范着他们的行为。

在经济领域,一方面,中国共产党通过资本主义工商业的社会主义改造,将集中在帝国主义者及中国官僚资产阶级手里的中国现代工业收归人民手中,"没收这些资本归无产阶级领导的人民共和国所有,就使人民共和国掌握了国家的经济命脉,使国营经济成为整个国民经济的领导成分"。将分散的个体经济的农业经济和手工业经济,谨慎地、逐步地、积极地引导向着现代化和集体化的方向发展,"不是如同资本主义国家那样不受限制任其泛滥",而是"容许他们在人民共和国的经济政策和经济计划的轨道内有存在和发展的余地"。② 同时,国家还通过统一财政、强化税收、统购统销等政策,对经济进行整合。1950年2月,中财委在给毛泽东的报告中,提出

---

① 参见何沁主编:《中华人民共和国史》,高等教育出版社1997年版,第27页。
② 《毛泽东选集》第4卷,人民出版社1991年版,第1431—1432页。

统一财政、强化税收的思路。3月3日,政务院发布关于统一国家财政经济工作的"十条决定",开始确立新中国以集中统一为基础的财经管理体制。①1951年3月,政务院规定:"自1951年起,国家财政的收支系统采取统一领导、分级负责的方针。"②1953年11月,政务院发布《关于实行粮食的计划收购和计划供应的命令》,12月初全国城乡(西藏、台湾除外)都开始实行粮食统购统销,这一政策实行到1985年改为粮棉合同订购制度为止。经济整合使国家获得了经济力量的支持,通过对农业、手工业和资本主义工商业的社会主义改造,确立了社会主义公有制,包括生产资料、城市住房和日常生活用品供应等生活资料,以及就业机会等资源同归国家统一管理,这就加强了包括每一个政府公务人员在内的全体国民在经济上对国家和政府的依赖,人们的经济活动、生老病死、住房、医疗、子女教育等都有自上而下的一套国家组织统一管辖。在人民群众无忧无虑地生活于社会主义大家庭的同时,也使这种社会整合结构产生强大严密的控制功能,高层官员可以控制基层官员,基层官员控制其他成员,可以有效地防范被控制对象谋求地方利益、谋求私利的条件和机会。这就为党和国家约束党员干部的行为,防治腐败,提供了经济前提。更重要的是,由于政治地位与经济地位、经济利益挂钩,政治地位的高低直接影响一个人生活的质量,乃至精神上的满足感,在20世纪五六十年代,党员干部的腐败成本是很高的,一旦成为贪污腐败的坏分子,"被打倒",得到的惩罚就不仅是政治上的,还会失去原来的经济资源,失去经济地位,同时丧失成就感、安全感,也就是说,贪污腐败分子得到的是政治、经济和精神的多重处罚。

在文化整合方面,中国共产党加强了意识形态的控制力量,通过长期的政治灌输、思想斗争、道德约束等,以集体主义取代个人主义,以社会平等取代社会特权,以无产阶级思想反对资产阶级思想,以劳动观念反对剥削观念,以公心反对私心,久而久之,人们大体上认同了社会主义的思想体

---

① 薄一波:《若干重大决策与事件的回顾》上卷,中共中央党校出版社1991年版,第92、84页。

② 《建国以来重要文献选编》第2册,中央文献出版社1992年版,第177页。

系。大公无私、公而忘私、毫不利己、专门利人的精神得到主流意识形态的支持,个人利益、私心私利的思想行为在庞大的社会主义机器里几乎没有生存的余地。当然,不能说在社会高度整合状态时,不会发生腐败,但可以肯定地说,那时的腐败意识被有效地遏止了,为全面控制腐败提供了根本性的思想基础。①

三、发挥制度建设和监督在控制贪腐上的作用

新中国建立后,在执政的和平环境下,中国共产党重视思想教育的同时,非常重视以制度建设反对贪污腐败,取得了显著的成就。

1. 反贪腐廉政制度建设

新中国建立后,中国共产党和人民政府在革命时期制定的一些反贪污腐败的制度规章基础上,又制定和实施了一系列严密的干部管理、财经纪律和惩治贪污贿赂的刑事法规,建立了一整套综合惩治贪污腐败的司法行政制度和司法行政机构。

(1)国家根本大法的相关规定。1949年9月第一届政协第一次全体会议通过的《中国人民政治协商会议共同纲领》、1954年9月第一届全国人民代表大会第一次会议通过的《中华人民共和国宪法》,要求国家机关工作人员必须接受人民群众的监督,人民群众对于任何违法失职的国家机关工作人员,有向各级国家机关提出书面控告或者口头控告的权利。

(2)惩治贪污腐败的行政和刑事法律法规。1952年3月,政务院公布《中央节约检查委员会关于处理贪污、浪费及克服官僚主义错误的若干规定》;1952年4月,中央人民政府颁布《中华人民共和国惩治贪污条例》、中共中央发布《关于在"三反"运动中对于贪污分子量刑的指示》和《关于处理贪污、浪费及克服官僚主义错误的若干规定》,等等。

(3)纪检监察工作制度。1949年11月,中共中央公布了《关于成立中

---

① 参见王传利:《给腐败号脉——新中国腐败频度与控制强度相关性研究》,群众出版社2004年版,第202页。

央及地方各级党的纪律检查委员会的决定》;12月,中共中央发出关于在部队中成立纪律检查委员会组织问题的指示。1955年3月31日,党的全国代表大会通过了《关于成立党的中央和地方监察委员会的决议》,决定在党的中央和地方各级组织立即成立监察委员会,以更有力地与党员中违反党章党纪和国家法律制度的行为作经常的、坚决的斗争。1962年9月29日,党的八届十中全会通过《关于加强监察机关的决定》,从各方面加强党的监察机关的职权。

(4)干部管理制度和财经制度。贪污腐败必然与财政经济密切相关,贪腐分子往往千方百计地钻财经制度的空子、钻干部管理制度的空子,来获取非法利益。新中国建立后,为克服党政财经机关、国营财经企业部门及其工作人员贪污浪费和官僚主义等违法失职行为,1950年4月政务院颁布了《关于实行国家现金管理规定》,11月政务院又颁布《财政部设置财政检查机构办法》,1952年12月政务院颁布《省(市)以上各级人民政府财经机关与国营财经企业部门监察室暂行组织通则》等,逐步完善各项财经监察制度,实行对财经系统工作人员经常、严格的监督检查。在干部管理方面,1950年4月政务院财经委员会颁布《关于禁止机关干部从事商业经营的指示》,1957年10月国务院颁布《关于国家行政机关工作人员的奖惩暂行规定》,1960年11月中共中央颁布《关于不准请客送礼和停止新建招待所的通知》等,针对中国共产党成为执政党后,少数党员干部利用职权捞取私利、贪图享乐、铺张浪费、脱离群众等情况作出明确规定,对于控制贪污腐败意义重大。

2.发挥监督机制的综合效用

(1)发挥党内监督和舆论监督的合力

新中国建立后,中共中央坚持革命时期的传统,发挥党领导下的舆论监督的力量,将党内监督和舆论监督的力量结合起来。1950年4月19日,中共中央发出了《关于在报纸上展开批评和自我批评的决定》,号召全党和全国人民群众在报纸、杂志上公开、全面地揭露党内存在的官僚主义、命令主义和各种贪污腐败现象;党员干部也要在报纸刊物上进行自我批评、检讨,特别是党员干部所在单位出现违法失职、腐败问题,或领导干部本人犯了错误,领导干部必须作出检讨,展开批评和自我批评。像省委书记、省长(省政府主席)、国务院部长这样的高级干部在报纸、刊物上公开检讨,进行自我批评,在当时都是很正常的事情,无论是领导干部还是群众,并不会因为报纸刊物上出现领导干部的自我批评或者别人对领导干部的批评而大惊小怪。人民群众也不会因为领导干部受到公开批评或作了自我批评,就认为他们不是党的好干部了。相反,通过这种强有力的党内监督和舆论监督的合力,人民群众更加感受到党的伟大,感到党的领导干部的光明磊落,更加信赖党的干部。如在1952年1月,刘青山、张子善贪污腐化案件处理后,人民群众对河北省委、省政府领导的官僚主义作风表示不满,投书《人民日报》质问刘青山、张子善小集团进行大规模的贪污、行贿受贿、盗窃国家资财达一年之久,在天津闹得民怨沸腾,为什么河北省委、省政府竟然长期没有发觉?为此,河北省委副书记马国瑞、省人民政府主席杨秀峰分别在1月5日和1月8日代表河北省委、省政府在《人民日报》作了自我检讨。①

　　舆论监督在新中国建立初期形成了一些带有制度性的惯例。如《人民日报》有抓紧处理人民来信的制度。1953年1月19日,为配合中央开展"新三反"运动,《人民日报》在头版发表《认真处理人民来信,大胆揭发官僚主义罪恶》的社论,要求各地党政机关和报纸杂志一定要重视人民来信,抓紧处理人民来信,并形成制度。《人民日报》开辟"读者来信专页"发表群众来信,1950年3月收到并刊登群众来信800多件,4月收到读者来信1674件,5月收到群众来信2487件。《人民日报》不仅大量刊登人民来信,而且对各地区压制人民监督、舆论监督,官僚主义、命令主义和违法失职、腐败乱纪的情况,公开点名揭露和批评。在《人民日报》的表率作用下,许多地方报刊如《长江日报》、《云南日报》、《河北日报》、《山东大众日报》等都开辟"读者来信"专栏,专门刊登批评建议、群众呼声、被批评者的检讨。

　　《人民日报》还起到监督、指导全国各省市党报宣传工作的作用。1952年,《人民日报》开辟"报纸工作述评"专栏,对全国各地主要报纸刊登群众

---

① 《人民日报》,1952年1月5日、1月8日。

来信、批评活动的情况进行督导,好的表扬,差的批评。1953年2月,《人民日报》点名批评了《南方日报》、《安徽日报》、《河北日报》、《北京日报》、《天津日报》、《山西日报》等21家地方报纸。批评他们在监督地方官僚主义、命令主义和贪污腐化行为方面存在"严重的软弱病,因而放弃了或放松了在报纸上展开批评这一有力的武器"。① 4月,《人民日报》又点名表扬了《河北日报》、《大众日报》、《解放日报》"揭发了一些典型事件"、"初步发动群众开展了自下而上的批评",同时点名批评《海南日报》、《江西日报》、《青岛日报》等"宣传的目标不够明确"、"不敢正面批评",等等。②

正是将党内监督与舆论监督结合起来,使党员干部以负责任的精神态度展开批评和自我批评,人民群众怀着对党的高度信任,对党敞开胸襟,大胆运用舆论来实施强有力的监督,党内监督和舆论监督的合力所造就的新中国建立初期良好的党风、政风和社会风气有目共睹。

(2)发挥党内监督和人民监督的合力

新中国建立初期良好的党风、政风和社会风气,中国共产党立党为公的形象赢得了人民群众的衷心拥护和信任,广大群众从未对党的事业的正义性产生怀疑,对党和人民政府具有朴素的阶级感情。正是人民群众出于对党和政府的信任和帮助,敢于揭露、检举党政机关的官僚主义或贪污腐败行为,党和政府能够真诚、认真地对待人民群众的监督,既不会因为人民群众揭发党内的不良现象而打击群众,也不会将人民群众真诚的意见置之不理,从而形成了党、政府与人民群众的良性互动,形成党内监督和人民监督的良性结合,发挥巨大的监督合力。

新中国建立初期,人民监督的形式是丰富多样的,人民来信是其中一种重要方式,毛泽东非常重视人民来信。1951年5月16日,毛泽东作出批示,要求县级以上人民政府和党委、党组"必须重视人民的通信,要给人民来信以恰当的处理……不要采取掉以轻心、置之不理的官僚主义的态度"。1951年6月,政务院要求"对报纸刊物所载人民群众的批评或意见,各有关

---

① 《人民日报》,1952年2月1日。
② 《新华月报》,1953年5月号,第199—200页。

机关或工作人员须认真研究处理,并应在报刊上作公开的答复或检讨"。①

人民来访,也是党和政府与人民群众沟通的重要渠道之一,是人民监督的重要形式之一。新中国建立后,党和政府非常重视发挥这一人民监督形式的作用。1951年6月7日,政务院公布《政务院关于处理人民来信和接见人民工作的决定》,要求各级人民政府"鼓励人民群众监督自己的政府和工作人员","县(市)以上各级人民政府,均须责成一定部门,在原编制内指定专人,负责处理人民群众来信,并设立问事处或接待室,接见人民群众;领导人并应经常地进行检查和指导","凡控告机关或工作人员的事件,应交人民监察机关处理"。②

在发挥人民监督作用的同时,党中央还充分发挥党内监督的作用,对压制、漠视人民来信和人民来访的行为,进行了严厉的批评。1953年1月5日,毛泽东起草《中共中央关于反对官僚主义、反对命令主义、反对违法乱纪的指示》,号召全国各地"结合整党建党及其他工作,从处理人民来信入手,检查一次官僚主义、命令主义和违法乱纪分子的情况,并向他们展开坚决的斗争"③。9月17日,中央纪律检查委员会作出关于审批案件与处理人民来信来访工作的几项规定,如减少手续,越级交办;路费确实困难者,可酌情解决一部或全部等。1963年9月20日,中共中央、国务院发出《关于加强人民来信来访工作的通知》,明确要求各级机关"对于归自己处理的问题,负责进行处理,不能推诿"。④

四、党领导反贪腐工作和教育控制作用的有力

新中国建立初期,中国社会能够有效地控制贪污腐败,与党在全国范围内对反贪腐强有力的领导密切相关。

以毛泽东为首的新中国第一代领导集体高度重视贪污腐败这一威胁新

---

① 《建国以来重要文献选编》第2册,中央文献出版社1992年版,第265、323页。
② 《建国以来重要文献选编》第2册,中央文献出版社1992年版,第322—323页。
③ 《建国以来毛泽东文稿》第4册,中央文献出版社1990年版,第8页。
④ 《建国以来毛泽东文稿》第17册,中央文献出版社1998年版,第78—79页。

生的共和国政权稳固、妨害人民生活幸福的现象,坚决予以打击。在发动以打击贪污腐化为主要内容的"三反"、"五反"运动中,就明确以"放手发动群众与严密控制相结合","大张旗鼓"地开展"三反"、"五反"运动。在反贪腐的工作中,毛泽东严格督办、勤加指导,处置贪污腐败"雷厉风行",对查处贪污腐化的工作,"事无巨细,一抓到底","从不虎头蛇尾,从不走过场",充分体现了党中央和毛泽东主席对反腐败斗争坚强有力的领导。① 在"三反"、"五反"运动中,毛泽东亲自过问、审阅、批示的报告级别下限到了县级,可见在反贪腐工作中的领导力度。②

中共中央分析认为,贪污腐败行为有其思想根源,决不能忽视思想政治教育在防止贪污腐败方面的作用。新中国建立初期的十几年中,党中央大张旗鼓地在群众中进行反贪污腐败的宣传教育工作,在新中国营造反贪污腐败的社会氛围,对贪腐行为的发生具有强大威慑力,充分发挥了教育控制贪污腐败的功能。1951 年 12 月,毛泽东在为中共中央起草的电报中提出:"应把反贪污、反浪费、反官僚主义的斗争看作如同镇压反革命的斗争一样的重要,一样的发动广大群众包括民主党派及社会各界人士去进行,一样的大张旗鼓去进行。"③在 1952 年元旦献辞中,毛泽东"号召我国全体人民和一切工作人员一致起来,大张旗鼓地,雷厉风行地,开展一个大规模的反对贪污、反对浪费、反对官僚主义的斗争"④。1953 年 3 月 19 日,《人民日报》刊发地方政府文章,表明在中央的宣传教育下,全国各地已经充分认识到"大张旗鼓地处理典型案件,是开展反官僚主义、命令主义、违法乱纪斗争的最实际有效的方式"。

在营造清正廉洁的社会环境、营造反对贪污腐败的社会氛围过程中,中共中央很重视为政清廉的先进典型的教育作用,通过对出自群众的先进分

---

① 薄一波:《若干重大决策与事件的回顾》上卷,中共中央党校出版社 1991 年版,第 146、142 页。

② 《建国以来毛泽东文稿》第 3 册,中央文献出版社 1989 年版,第 372、403、422、439、542—543 页。

③ 《中国共产党反腐倡廉文件选编》,中央文献出版社 2002 年版,第 37 页。

④ 《建国以来重要文献选编》第 3 册,中央文献出版社 1992 年版,第 1 页。

子的宣传,对廉政典型的肯定,可以进一步在人民群众中形成祖国和党的利益高于一切的价值观,消除干部群众在反贪腐行动中的观望心理,对有效防控贪污腐败有重要、积极的作用。20世纪五六十年代,党的干部队伍中涌现出一大批勤政廉政典型,焦裕禄等是其中的代表性人物。与此同时,党中央也很重视反贪污腐败思想教育工作的反面典型,如刘青山、张子善就是其中最突出的腐败反面典型,对他们毫不手软的惩处,起到很好的反面教材、警示作用,正如毛泽东当年所指出的:"只有处决他们,才可能挽救20个,200个,2000个,20000个犯有各种不同程度错误的干部。"①根据毛泽东的指示精神,全国各地积极开展树立正反两方面典型的工作。1953年3月,《中共中央山东分局的指示》明确要求:"毛主席指示我们:全省每一县都要选择一个典型的足以令人警戒的坏人坏事和一个典型的足以令人仿效的好人好事登载报纸。希望各地县委和报纸切实遵照执行。"②身教重于言教,作为执政党的领袖,在计划经济时代,他们能够支配、调动庞大的社会资源,但他们严格要求自己,不搞特殊化,不以权谋私,将自己的全部身心投入到为人民服务的工作中去,这是全社会的表率,毛泽东就是其中的代表。据他身边的工作人员回忆,毛泽东住在中南海的房子要交房租,用液化气要交钱,伙食开支不走公家账目。他教育子女要像普通老百姓一样,不要打着他的招牌享受特殊待遇。③ 正是共和国的领袖们以身作则、教育示范作用,造就了新中国建立初期的政治清明景象。

---

① 薄一波:《若干重大决策与事件的回顾》上卷,中共中央党校出版社1991年版,第152页。
② 《人民日报》,1953年3月19日。
③ 冯景元:《读毛泽东的家庭生活账》,《文摘报》,2002年10月10日。

第三章

『文化大革命』时期的反贪污腐败工作（1966—1976）

1966年，正当新中国胜利完成调整经济的任务，克服了国民经济发展中出现的严重困难，开始执行发展国民经济第三个五年计划的时候，『文化大革命』爆发了。『文革』十年是新中国的一个特殊时期。在『文革』中，反贪腐廉政建设工作也处于一种特殊状态。

这场『文化大革命』是由文化领域的『批判』开始的，实质上就是一场『政治大革命』。林彪、江青等人，他们打着最『革命』的旗号，煽动对毛泽东的个人崇拜的狂热，把『左』倾错误推到极端。他们指使和放纵一批投机分子、冒险分子、蜕化变质分子，煽动群众实行『踢开党委闹革命』，造成一股『打倒一切』的无政府主义狂潮，形成全国范围的内乱，使党和国家的工作、社会正常秩序受到巨大的破坏，使社会主义事业遭到严重的挫折和损失。

第一节
"文化大革命"时期反贪腐制度和机构的撤废

"文化大革命"开始后,由于实际情况陷于混乱,党和政府的廉政机构和制度建设,与其他的党、政、军机关一样,逐步陷于瘫痪、半瘫痪的状态。

一、中央监察委员会的撤销

"文化大革命"开始后,林彪、江青集团大肆攻击党的监察委员会"在我们党的历史上,没有起过什么好作用"。1968年8月,康生等人指使中组部负责人编造了《关于中央监察委员政治情况的报告》,将中国共产党第八届中央监察委员会的60名监察委员和候补监察委员中的37人分别诬陷为"叛徒"、"特务"、"反革命修正主义分子"和"有严重问题的分子",被诬陷的人员占第八届中央监察委员会委员、候补委员的62%。此后,在"文化大革命"期间,15名常委、候补常委和专职委员中的14人遭到残酷迫害,6人被迫害致死,2人含冤病故。中央监察委员会机关151名干部中,84人被戴上"叛徒"、"特务"、"走资派"、"反革命修正主义分子"的帽子,遭到批斗迫害。[①]

1969年1月31日,中组部业务组向中共中央写了《关于撤销中央监察委员会机关的报告》。随后,中央监察委员会机关干部,除保留5名干部和

---

① 《中央纪委中央监委工作纪实》,中国方正出版社1995年版,第113—114页。

部分专案人员外,其余全部下放到吉林省白城子通榆劳动,后又转到河南省长葛县进行劳动改造。4月4日,中共"九大"通过《中国共产党章程》,取消了有关党的监察机关的条款,中央监察委员会正式撤销。随后,从中央到地方各级监察机构均被撤销,全国各地党的监察工作被迫停止。监督机构的撤销,大批坚持革命和富有经验的老干部被打倒,使廉政建设失去了正常进行的条件和保障。①

二、军队和地方监察、审计机构的撤废

1969年4月,随着中央监察委员会正式撤销,地方各级监察机构也相继撤销,全国党的监察工作被迫停止。"文化大革命"时期,财政立法和监察工作也遭到严重破坏。绝大部分财政法规被视为"资本主义的管卡压"、"反动枷锁"加以否定,各级财税机构遭到撤并、冲击和破坏,或被迫停止工作,包括财政驻厂员在内的大批财税干部被调离或下放,财政领域内的监督无法进行,财政经济领域内的贪污腐败情形处于放任状态,无法得到有效防控。面对这种情况,中共中央也不断颁布财政法规,企图遏制违反财经纪律的行为。"文化大革命"十年中,发布财政法规达316个,其中国务院发布的有21个,但这些法规多是被动应付困难的临时措施,或是为"文化大革命"服务的,即便颁布了法规,也往往出现有令不行、政出多门、无视法纪的不正之风。②

1966年5月至1976年10月的"文化大革命"期间,军队审计监督也被视为管、卡、压,各级军队审计机构相继被撤废。

三、检察院、法院等反贪腐机关的存废

检察院、法院、公安等司法机构是国家反贪腐的重要机构。这些机构地

---

① 《中央纪委中央监委工作纪实》,中国方正出版社1995年版,第113—115页。
② 《当代中国财政》(下),中国社会科学出版社1988年版,第359—360页。

位如何、作用发挥如何,对反贪污腐败工作的影响极大。但在较长一段时间,由于严重的"左"的思想影响,国家司法机关的独立性受到严重破坏,不能正常履行职能,甚至被撤销。1967 年 8 月至 1968 年下半年,全国出现了"砸烂公、检、法"的恶潮,司法机关受到冲击,难以开展工作。1968 年 12 月 11 日,高检、高法、内务部军代表、公安部领导小组联合向毛泽东、党中央、"中央文革小组"写了《关于撤销高检院、内务部、内务办三个单位,公安部、高法院留下少数人的请求报告》,被批准执行。作为国家法律监督机关和反贪污腐败重要职能部门的检察机关先后被撤销,检察工作被迫中断。1975 年 1 月,四届全国人大一次会议修正通过的《中华人民共和国宪法》,规定"监察机关的职权由各级公安机关行使",以国家根本大法的形式确认监察机关被撤销的事实。① 作为审判机关的人民法院,刑事审判工作基本取消,而民事审判工作几乎陷入停顿。

"文化大革命"期间,为了制止"革委会"建立后不久即出现的贪图享受、财政混乱现象,1967 年,中央发出"节约闹革命"的通知,并试图通过下放"五七"干校劳动的方式,加强干部同群众的联系,克服官僚主义,保持艰苦奋斗的优良传统。但是,在当时混乱的情况下,"五七"干校兴建过程中也造成了国家大量资金和物资的浪费,其结果与最初的廉政目标相悖。

---

① 《中国反贪调查》编辑委员会编:《中国反贪调查》第 1 卷,中国检察出版社 2004 年版,第 126 页;洪承华、郭秀芝等编:《中华人民共和国政治体制沿革大事记(1949—1978)》,春秋出版社 1987 年版,第 402 页。

第二节
"文化大革命"期间恢复监督制度机构的努力与失败

由于"文化大革命"开始后局面的失控,国家政治、经济、社会发展的正常秩序被打乱,造反派组织在别有用心的人的操控下开展的"抢班夺权"运动,党和国家的各级监督机构的撤废,使得对各种贪污腐败行为的监督和打击都受到严重干扰。这种情况为许多干部群众所担忧,他们想方设法尽力恢复一些领域机构的秩序,这种努力在一定程度上得到毛泽东的允许。如 1972 年 10 月,经国务院批准,国家计委和财政部、农林部在北京召开加强经济核算、扭转企业亏损会议。会议根据国务院总理周恩来的指示精神,鲜明地提出"政治挂帅要挂到业务上,挂在生产上,政治工作要结合经济工作一道去做"的口号。会议研究并制定了加强经济核算制度,以及严格财经纪律等措施。12 月 26 日,中共中央发出《关于农村人民公社分配问题的指示》,明确提出"要把各级财务管理工作的机构、队伍和社队财务制度建立和健全起来"。①

1970 年开始招收工农兵大学生。到 1973 年,随着工农兵大学生招收工作的开展,各种招生工作中的腐败现象相继出现,中央和相关部门采取措施,力图杜绝这种不良现象。1973 年 9 月 25 日,《人民日报》报道,15 万工农兵大学新生朝气蓬勃地进入大学校门。这次招生办法坚持"自愿报名,群众推荐,领导批准,学校复审"的原则,坚决抵制了招生工作中以分数

---

① 洪承华、郭秀芝等编:《中华人民共和国政治体制沿革大事记(1949—1978)》,春秋出版社 1987 年版,第 382—383 页。

取人的所谓"错误倾向"和"走后门"的不正之风。说明整治招生工作中的"走后门"等不良现象得到重视,并着手整顿。①

"文化大革命"的发起,反对贪污腐化本来是重要内容之一,但是,由于斗争路线的错误,廉政建设实际上很快就沦为政治斗争、权力斗争的牺牲品。这10年中,尽管在强大的阶级斗争攻势和"左"的意识形态的压力下,贪污腐败现象相对不多。但是,由于各级党政组织、公检法组织都被砸烂,对许多贪污腐败现象的滋生蔓延也就无法做到有效监督和控制,甚至影响到"文化大革命"结束后的反腐败工作。不仅"文化大革命"期间党的诸多廉政措施收效甚微,而且连"文化大革命"前尚处在完善过程而行之有效的廉政制度措施也被扫荡无余。事实证明,政治运动的形式在廉政建设中能起一定作用,但绝对不能扩大化,也不能以此取代廉政建设的制度化、规范化。缺乏政治和制度的稳定性,缺乏必要的监督体制、机构和法律程序,缺乏对贪污腐败现象的科学研究,缺乏通过实践对腐败规律的把握,廉政建设就不可能取得真正有效的成果。

---

① 《人民日报》,1973年9月25日。

第四章 改革开放初期反贪污腐败工作的恢复和发展（1977—1991）

1978年，党的十一届三中全会和中央经济工作会议的召开，拨乱反正，实行改革开放，中国重新走上社会主义现代化建设的轨道。中国社会获得极大的发展，人民生活水平大幅度提高，同时，也出现了原有的国家控制体系、社会结构和社会生活呈现松散、失序的状况，导致改革开放初期贪污腐败现象迅速蔓延。在改革开放时期，如何反贪污腐败，需要进行长期的探索。

第一节
改革开放初期反贪腐
环境出现的新情况

改革开放初期,中国国民经济体制由单纯计划经济,开始引入市场机制,在这一转型过程中,贪污腐败进入一个迅猛发展的时期。最突出的贪腐现象,表现为党员干部的特殊化和不正之风,同时在经济领域走私、套汇、投机倒把、索贿受贿等违法犯罪活动和消费品领域中的经济犯罪大量增加,甚至发展到触目惊心、令人愤慨的地步。

改革开放初期,商品极度短缺,许多消费品需要凭票供应,消费品特别是高档耐用消费品的票证供应价和市场价之间存在很大差价,国内价格与国际市场价格差距很大。在这种背景下,当国门打开后,很快出现一股走私狂潮,电视机、电子表、化纤布、摩托车等走私物品蜂拥而至,个别地方甚至出现农民不种地、工人不做工、学生不上学、教师不教书的"工农兵学商,大家来经商"的走私贩私现象。与走私犯罪活动相关联的贪污贿赂等职务犯罪也迅速增加。一些干部利用职务之便,以合法或半合法的形式,公开或半公开地进行走私贩私活动;有的领导干部包庇、纵容走私活动,使一些集体、国营企事业单位,甚至一些国家机关、执法机关也不同程度地参与倒买倒卖活动。20世纪80年代初期,各行各业由于商品特别是消费品的短缺和巨额差价的存在,方方面面的人都想挤进来赚钱,诱发了一股全民经商的浪潮,掌握商业企业审批权的政府工作人员成为急切经商的人们"寻租"的对象;又由于市场体系很不健全,市场调节力量还很弱小,权力便趁机而入,以"权力寻租"为目的的各种经济犯罪活动形式开始出现,并在80

年代初出现一个高峰期,集中的行业是消费品领域。根据中央《关于打击经济领域中严重犯罪活动的决定》中公布的数据,到1982年底,全国揭露并立案审查的各类经济案件有16.4万件,结案8.6万件,依法判处近3万人徒刑,追缴赃款赃物3.3亿元。

80年代中期以后,我国的经济体制实行"以计划经济为主,市场调节为辅"的双轨制,个体经济、民营经济、国有集体经济企业承包者和租赁者等各种利益主体初步形成。随着生产的发展,消费品短缺状况有所改变,各种凭票供应的票证陆续取消,消费品价格陆续放开,计划内和计划外商品的差价缩小,各种倒买倒卖活动逐渐减少,但生产资料依然短缺。在生产资料供应上依然存在着计划和市场并行的价格"双轨制",利用这一差价谋取私利,是这一时期腐败活动的主要表现形式,"官倒"成为当时群众最为痛恨的腐败问题。凡能从计划指标内搞到物资的人,将这些物资拿到市场上以市场价出售,立即便能获得暴利。倒钢材、生活日用品、外汇、许可证、物资计划指标的"皮包公司"盛行一时,办公司的热潮在全国迅速膨胀起来。

在改革开放初期,经济领域的违法犯罪活动大量增加,尤其是在一些沿海、边境省区,走私、套汇、投机倒把、索贿受贿等违法犯罪活动相当严重,不可忽视的是一些国家机关、企事业单位参与犯罪活动,部分党员、干部也参与到违纪违法的腐败犯罪活动中。在这种情况下,中央有着清醒的认识和准确的判断,而恢复重建的党的纪律检查机关在打击这一轮新生的腐败风潮中发挥了重要作用。1982年1月,中纪委一份反映广东省一些干部甚至担任一定领导职务的干部存在极端严重的走私贩私犯罪行为的简报,引起中央政治局常委的高度重视。中共中央当即下发通知,指出"其他省、市、自治区和中央一些部门的干部甚至一些负责干部,同样不同程度地存在走私贩私,贪污受贿,把大量国家财产窃为己有等严重的违法犯罪行为"[①]。由此揭开了党中央、国务院在1982年4月开展的打击经济领域中

---

① 《中共中央紧急通知》,《三中全会以来重要文献选编》(下),人民出版社1982年版,第1092页。

严重犯罪活动的序幕。1983年7月,中纪委报告中总结了活动成果:自1982年1月至1983年4月底,全国揭露并依法立案审查的各类经济案件,案值单位是"10万元"、"万元",涉案万元以上的有7000多人。① 这一打击腐败活动及随后到来的三年整党(1983年11月至1987年5月),对于遏制改革开放初期腐败急剧上升的势头,起到很大作用。但是,由于改革开放初期腐败正处于高发前的生成期,一些深层腐败尚未被察觉,更主要的是导致腐败大规模爆发的社会条件并未从根本上消除,随着整党的结束和随之而来的价格"双轨制"改革,腐败现象又逐渐进入一个新的高发期。面对"腐败现象很严重"的状况,中共中央正视这种"严峻的现实",决定"聚精会神地抓党的建设","腐败的事情,一抓就要抓到重要的案件"。② 经济领域是腐败的高发区,因此,中央这一时期的反腐败斗争从清查经济领域违纪违法金额入手。1983年10月,陈云在十二届二中全会上对打击经济领域犯罪的初步成果作出说明:"就从打击经济领域犯罪以来,中纪委统计的经济犯罪案件中看,开除党籍的有九千多人,受党纪处分的有一万八千多人,两者合计二万七千多人。"③1988年,纪检审计机构对全国163 319个单位进行审计,查出违纪金额152.8185亿元,是1985年78.6367亿元的两倍,比1987年的127.9827亿元多出20%以上。1989年"政治风波"之后,全社会都认识到腐败对社会造成的严重危害,1989年8月28日,中共中央发出《关于加强党的建设的通知》,1990年3月,党的十三届六中全会通过《中共中央关于加强党同人民群众联系的决定》,都明确指出:近些年来,"党内不少同志没有能够经受住改革开放的考验,丢掉了党的优良传统","滋长了官僚主义、主观主义、形式主义、个人主义和以权谋私等腐败现象,有的发展到相当严重的地步"。④ 中纪委、监察部根据中央的部署,开展了

---

① 赵炎森、郭俊秀主编:《中国共产党反腐败大典》,湖南人民出版社1996年版,第324页。

② 《邓小平文选》第3卷,人民出版社1993年版,第325、314、297页。

③ 《在党的十二届二中全会上的发言》,《陈云文选(一九五六——一九八五)》,人民出版社1986年版,第294页。

④ 《十三大以来重要文献选编》(中),人民出版社1991年版,第593、929页。

严厉打击腐败活动的行动。1989年全国监察系统共受理违法违纪问题222 461件,立案查处59 697件,结案56 232件,给予或建议给予政纪处分36 699件,有40 507人受到行政处分,其中县处级以上干部1675人,有5000余人移交司法机关处理,挽回经济损失6.4亿人民币。检查部门还重点查处了一批高级领导干部违法违纪案件。1989年,监察部共受理举报省部级干部违纪违法问题205件,涉及155人,正省部级35人,副省部级120人,全国各级检察机关受理厅局级干部问题1000多件。查处腐败案件有艰巨性和滞后性特点,从移交检察系统的贪贿案件的情况来看,1989年和1990年查处案件数量达到了一个峰值:1989年,全国检察机关立案侦查的贪贿罪案件为58 935件,1990年立案侦查51 373件,都远远高于1987年23 585件、1988年21 132件和1991年46 239件的水平。① 正是由于纪检监察机关在1989年后加大反腐败力度,因此查处的案件数量和大案要案都比以往增加。据统计,全国纪检监察机关处分的县处级以上干部,1988年为337人;1989年,县处级1579人、厅局级92人、省部级4人;1990年,县处级1782人、厅局级127人、省部级4人;1991年县处级1470人、厅局级87人、省部级7人;1992年,县处级1031人、厅局级以上53人。② 据中央纪委统计,从1987年党的十三大以来到1992年党的十四大召开的5年间,各级纪检机关查处县团级16 108人,地师级1430人,省军级110人。③ 既反映出这一时期贪污腐败情况的严重程度,也可见在党中央和纪检监察机关加大反腐力度的情况下,腐败得到一定程度的控制。

---

① 最高人民检察院办公厅编:《最高人民检察院报告集》,中国检察出版社1999年版,第123—126、136—138、150页。
② 这组数据,引自王传利:《给腐败号脉——新中国腐败频度与控制强度相关性研究》,群众出版社2004年版,第268页。
③ 中央纪委办公厅、中央纪委研究室编:《党的十四大以来中共中央纪律检查委员会历次全会工作报告汇编》,中国方正出版社2017年版,第7—8页。

第二节
中共第二代领导集体反贪廉政思想原则的新发展

党的十一届三中全会以后,我国进入了一个新的历史时期,反腐败斗争也出现不同以往的新形势、新特点。以邓小平为核心的中共第二代领导集体立足现实情况,围绕提高党的领导水平和执政水平、增强拒腐防变的能力这两个历史性课题,科学地揭示了在改革开放的条件下,贪污腐败现象发生的原因、特点,反贪腐廉政建设的重要性和方针、原则、方法。

一、从政治的高度认识和分析反贪污腐败斗争的形势

邓小平以马克思主义的开阔眼界,深刻分析了在改革开放的历史时期,我国产生腐败现象的国际、国内原因。从国际上看,一直以来帝国主义及"新帝国主义"从来不甘心在中国的失败,从新中国成立到改革开放的时期,通过各种手法,颠覆、分化、瓦解社会主义政权。苏联解体、东欧剧变之后,"新帝国主义"势力将以武力为后盾的"霸权主义"和使用资产阶级思想渗透的"和平演变"结合起来,企图促成中国也发生"解体"、"巨变"。这种情况下,"资本主义那一套腐朽的东西就会钻进来",对我们国内某些人包括党内极少数人发生作用,使他们向往西方发达资本主义,背离了马克思主义,这些就是我国产生腐败现象的国际因素。从国内看,同贪污腐败分子的斗争,"是一种特殊形式的阶级斗争",那些贪腐者心目中欣赏和宣扬资本主义,实际上乃是"个人利益高于一切"、"金钱至上"、"享乐第一"等

等在资本主义社会也难登大雅之堂而主要是私下流传的个人主义信条,资本主义是能为他们实现个人贪欲提供理想场所的"自由王国",因此,他们随时准备公开投向资本主义,主张全盘西化。邓小平明确指出:"开放政策是有风险的,会带来一些资本主义的腐朽东西",而我国一度"腐败现象很严重,这同不坚决反对资产阶级自由化有关系"。此外,腐败的产生,与我国尚存在的封建主义残余影响、党和国家一些现行具体制度中还存在的弊端以及官僚主义作风有关,也与在实际工作中只抓经济工作,对思想政治工作、反腐败工作不够重视,抓得不力有关。邓小平就指出:"多年来,我们的一些同志埋头于具体事务,对政治动态不关心,对思想工作不重视,对腐败现象警惕不足,纠正的措施也不得力"。①

针对上述情况,邓小平指出反腐败是关系到党和国家生死存亡的严重政治斗争,他说:"我们自从实行对外开放和对内搞活经济两个方面的政策以来,不过一两年时间,就有相当多的干部被腐蚀了。卷入经济犯罪活动的人不是小量的,而是大量的。……这股风来得很猛。如果我们党不严重注意,不坚决刹住这股风,那末,我们的党和国家确实要发生会不会'改变面貌'的问题。这不是危言耸听。"②必须把反对腐败作为实现伟大战略目标的重要保障,坚定不移地把反腐败作为大事来抓。但是,导致贪腐盛行的国际、国内因素将长期存在,决定了反贪污腐败斗争是一场长期的、尖锐复杂的政治斗争。1989年"政治风波"后,邓小平敏锐地指出:"我们要反对腐败,搞廉洁政治。不是搞一天两天、一月两月,整个改革开放过程中都要反对腐败。"1992年邓小平指出:"在整个改革开放的过程中,必须始终注意坚持四项基本原则。……反对资产阶级自由化"。③ 邓小平提出了一个极其重大的理论问题:要反对腐败,就必须坚持四项基本原则,反对资产阶级自由化,这是邓小平指出的反腐败的根本战略。

陈云也从党的生存发展、政权兴衰存亡的规律总结上,明确指出"执政

---

① 《邓小平文选》第3卷,人民出版社1993年版,第139、325页。
② 《邓小平文选》第2卷,人民出版社1994年版,第402—403页。
③ 《邓小平文选》第3卷,人民出版社1993年版,第327、379页。

党的党风问题是有关党的生死存亡的问题"。党风好坏事关人心向背,决定着党的前途命运;党风好坏,是人民群众据以判断党的好坏的一个标准。党风好,就能够得到人民群众的支持和拥护,就有了执政的力量之源和胜利之本;党风不好,就会被人民群众抛弃,"就成了光杆子的党,这样的党也是不能存在的"。① 党风好坏关系着党的路线方针政策的好坏,党的路线方针政策决定着民心向背,是党的生命线。陈云还强调指出,党风好坏关系到社会风气的好坏,影响着社会的进步与发展。中国共产党的宗旨是为了人民的福祉,作为执政党,也应当以良好的党风政风为社会风气的趋好作出表率。因此,抓好党风政风是势在必行。

二、坚持四项基本原则是反贪污腐败的根本战略

在错综复杂的反腐败斗争中,邓小平明确地指出坚持四项基本原则、坚持社会主义,这是决定中国前途和命运的根本方向、根本路线和根本道路问题,坚持四项基本原则、坚持社会主义是反对腐败的核心问题、根本战略、根本出路。

在这个大原则下,邓小平又从社会主义的经济、政治和文化与反腐败的关系问题上作出具体阐述。在经济上,坚持公有制为主体,共同富裕,不搞两极分化,这一社会主义的本质特征是治理腐败在经济方面的必然要求。邓小平说:"我们为社会主义奋斗,不但是为了社会主义有条件比资本主义更快地发展生产力,而且因为只有社会主义才能消除资本主义和其他剥削制度必然产生的种种贪婪、腐败和不公正现象。"② 在政治上,坚持马列主义、毛泽东思想,坚持人民民主专政,坚持党的领导,是治理腐败在政治方面的必然要求。对一切反社会主义的分子包括腐败分子,仍然必须实行专政,否则就不可能有社会主义的民主,国有资产就会被他们用各种手段甚

---

① 《陈云文选(一九五六——一九八五)》,人民出版社1986年版,第245页。
② 《邓小平文选》第2卷,人民出版社1994年版,第167页;第3卷,人民出版社1993年版,第143页。

至明火执仗地夺去,公有制经济就会被瓦解,社会主义事业就会毁于一旦。在文化上,坚持以马克思主义为指导的社会主义文化,是治理腐败的思想条件。

陈云也指出,在改革开放条件下,"人不为己,天诛地灭"的资产阶级哲学和极端个人主义,"一切向钱看"等西方资本主义腐朽思想和作风渗透到中国,侵蚀了一些党员干部,使他们背离党纪国法,以权谋私,使得"现在有些人,包括一些共产党员,忘记了社会主义和共产主义的理想,丢掉了为人民服务的宗旨"。一些党员干部顶不住歪风邪气,说明一部分党员素质不高、党性不强,因此,各级党组织和纪检监察部门在查处违纪违法案件的同时,更重要的是加强共产党员的党性教育,解决世界观、价值观、权力观问题。陈云强调指出,必须通过坚持社会主义、坚持四项基本原则,来克服这些资产阶级腐朽消极思想。他说:"有针对性地进行以共产主义思想为核心的教育,那么资本主义思想的侵入并不可怕。我们相信,马克思主义、共产主义的真理,一定会战胜资本主义腐朽思想和作风的侵蚀"。①

三、以改革发展、监督教育和依法惩治作为反贪污腐败的基本对策

1. 以改革发展推动反贪污腐败事业的飞跃

改革是社会主义中国不断前进的动力,也是治理腐败的必由之路。通过经济体制改革,"从根本上改变束缚生产力发展的经济体制,建立起充满生机和活力的社会主义经济体制,促进生产力的发展"②,保证在国家宏观调控下,充分发挥市场在资源配置中的基础性作用,使经济持续、快速、健康发展,防止因经济失控失调、大起大落而引发各种社会矛盾和腐败等社

---

① 《陈云文选(一九五六——一九八五)》,人民出版社1986年版,第294、306、309页。
② 《邓小平文选》第3卷,人民出版社1993年版,第370页。

会问题;坚持和完善按劳分配为主体、多种分配方式并存的制度,规范收入分配,防止因两极分化而导致大量腐败现象的发生;要加强对生产、流通、分配领域的管理、审计和监督,严格财经纪律,堵塞发生贪污腐败的漏洞。通过政治体制改革,改革党和国家领导制度,解决权力过分集中的问题,加强和改善党的领导,提高党的执政水平和领导能力,克服官僚主义,提高工作效率,建立廉洁政治;通过加快政府机构改革,精简机构、裁减冗员,减轻国家财政的沉重负担,消除乱收费、乱罚款、乱摊派行为,加快转变政府职能,实行政企分开,建立公开办事制度,强化群众监督,最大限度减少权钱交易的条件,防止和制止权力进入市场"设租"和"寻租",以及权钱交易、以权谋私现象的发生。

社会主义首先要发展生产力,改革同样是为了发展生产力,体现社会主义优越性。邓小平指出:"讲社会主义,首先就要使生产力发展,这是主要的。只有这样,才能表明社会主义的优越性","社会主义发展生产力,成果是属于人民的。就是说,在我们的发展过程中不会产生资产阶级,因为我们的分配原则是按劳分配",这为消除腐败奠定了阶级基础。[1] 经济发展了,综合国力增强了,人民生活改善了,从根本上说,就能取得广大人民群众对党的领导的拥护,人民群众就会真心实意地支持中国共产党反腐败的各项方针政策,反腐败就能获得无穷无尽的力量源泉;经济发展了,许多深层次的矛盾就能较为容易地解决,因物资短缺而导致的以权谋私行为就不会发生;经济发展了,国家就有基础按照社会主义原则加强宏观调控,解决一些不平等或贫富不均的问题,从而减少腐败产生的条件;经济发展了,国家就有能力提高公务人员的福利待遇,腐败的成本大了,大多数干部就不会为了小利而动心,以权力谋取小利的行为就会大量减少,也使相关部门有更多的精力处理那些铤而走险者;经济发展了,国家就有更多的资金投入到现代化的反腐败防范设施建设中,如利用计算机联网加强对公务人员行为的监控,使他们以权谋私中遇到的障碍重重,难以得逞,即使个别利用

---

[1] 《邓小平文选》第 3 卷,人民出版社 1993 年版,第 116、255 页。

高科技手段进行以权谋私,也已将腐败发生的可能性限制在一个更小的范围,更有利于查处;经济发展了,综合国力增强,就更有力量抵御帝国主义、霸权主义对我国进行种种干涉与和平演变活动,减少我国产生腐败的国际因素。当然,经济发展不可能自然而然地减少和解决腐败问题,社会主义经济的发展是为治理腐败提供必要的物质条件。

2. 通过监督、教育来反贪污腐败

权力失去监督必然产生腐败,加强对权力的监督是防止腐败的关键。中国共产党作为执政党,是否受到监督,事关国家前途和社会主义事业的成败。邓小平指出:"在中国来说,谁最有资格犯大错误?就是中国共产党。犯了错误影响也最大。因此,我们党应该特别警惕。"[①]加强党的监督的途径,主要是充分发挥中国共产党的各级代表大会作为权力机关和监督机关的作用,严格实行民主集中制,搞好党内监督,特别是党委会内部的监督。要扩大人民群众对中国共产党的监督,要充分发挥人民代表大会的监督作用,要有群众监督制度。邓小平指出,人民群众是反对贪污腐败的主力军,对贪污腐败、行贿受贿的现象,人民群众是非常反感的,依靠人民群众的力量就一定能够逐步克服各种腐败现象。鉴于历史的经验教训,邓小平强调反腐败不能采取过去搞政治运动的办法,应依法惩治贪腐。要充分发挥民主党派和无党派人士的监督作用,要充分发挥纪委、检察院、反贪局等专门机构在监督检查、有效查处腐败问题和违纪违法问题上的作用。总之,只有进一步发展党内民主和社会主义民主,建立健全依法行使权力的制约机制,把党内监督、法律监督、群众监督、新闻舆论监督结合起来,才能真正搞好反腐败工作。

通过教育,使全体党员特别是党的高级干部坚定共产主义理想信念是非常重要的。邓小平指出,要教育广大党员干部发扬大公无私、服从大局、艰苦奋斗、廉洁奉公的精神,坚持共产主义思想和道德,抵御资本主义腐朽思想的侵蚀,"在艰苦创业反对腐败方面成为榜样"。因为,中共党员如果

---

① 《邓小平文选》第1卷,人民出版社1994年版,第270页。

丧失理想信念、世界观动摇,必然在人生观、价值观上丧失原则,就无法抵御封建主义剥削思想及资产阶级"一切向钱看"的极端个人主义、享乐主义思想的侵蚀,不仅不可能反腐败,自己就会腐败。邓小平指出:"党员尤其是党的高级负责干部,就愈要高度重视、愈要身体力行共产主义思想和共产主义道德","必须坚持社会主义道路。今天重申这一点,有特别重要的意义。绝不允许把我们学习资本主义社会的某些技术和某些管理的经验,变成了崇拜资本主义外国,受资本主义腐蚀,丧失社会主义中国的民族自豪感和民族自信心"。① 因此,加强思想政治教育,促进党风、社会风气的好转,是治理腐败的一项基础性工作。

3. 运用法制手段从严惩治贪腐

治理腐败要靠制度和法律,这是邓小平反腐败的重要思想。邓小平总结历史经验教训时指出:"我们过去发生的各种错误,固然与某些领导人的思想、作风有关,但是组织制度、工作制度方面的问题更重要。这些方面的制度好可以使坏人无法任意横行,制度不好可以使好人无法充分做好事,甚至会走向反面。"②我们进行党风廉政建设和反对贪污腐败,"还是要靠法制,搞法制靠得住些"③。把反贪污腐败斗争纳入社会主义法制的轨道,依法治国,健康、有序地进行。

邓小平非常重视依靠党纪国法推进党风廉政建设和反贪污腐败斗争。他反复强调,运用党纪和法律手段打击贪污腐败,一是要坚决,二是要从严。1982 年,邓小平就提出打击经济犯罪决不能手软,刹住盗窃国家财产、贪污受贿这股风,一定要从快从重。对有严重问题的党员,要开除党籍,开除公职;对一些情节特别严重的犯罪分子,给以严厉的法律制裁。1989 年"政治风波"后,邓小平指出:"腐败的事情,一抓就能抓到重要的案件,就是我们往往下不了手。这就会丧失人心,使人们以为我们包庇腐败。"④他提

---

① 《邓小平文选》第 2 卷,人民出版社 1994 年版,第 367、262、369 页。
② 《邓小平文选》第 2 卷,人民出版社 1994 年版,第 333 页。
③ 《邓小平文选》第 3 卷,人民出版社 1993 年版,第 379 页。
④ 《邓小平文选》第 3 卷,人民出版社 1993 年版,第 297 页。

出要雷厉风行地惩治腐败,特别是党内高层的腐败更要严厉惩治。处理腐败案件,透明度要高,要公布于众,要依照法律办事,该受惩罚的,不管是谁,一律严惩,维护党和人民的最高利益,体现我们是真正反对腐败的。陈云也指出:"无论是谁违反党纪、政纪,都要坚决按党纪、政纪处理;违反法律的,要建议依法处理。各级纪委必须按此原则办事,否则就是失职。不加强思想政治工作,不严格执行党纪、政纪,党风、社会风气无法根本好转。"①

邓小平号召全党同志特别是各级领导干部,在改革开放新时期更应保持和发扬党的实事求是、群众路线、批评和自我批评的优良传统,保持谦虚谨慎、戒骄戒躁、艰苦奋斗的优良作风,"坚持这个传统,才能抗住腐败现象"②。他强调,反腐败要坚持从领导干部特别是高级领导干部抓起,突出重点,狠抓具体事件,严格按照党纪国法办事,才能取得反腐败的实效。

总之,中共第二代领导集体坚定地认为加强党的领导是反贪污腐败斗争不断取得胜利的根本保证,党中央对反腐败斗争要有坚定的决心,这是反腐败的关键。在反贪污腐败斗争中,必须坚持"两手抓,两手都要硬"的方针,依靠和发动广大人民群众,反贪污腐败斗争才能真正取得胜利。

---

① 陈云:《必须纠正忽视精神文明建设的现象》,《陈云文选(一九五六——一九八五)》,人民出版社1986年版,第310页。

② 《邓小平文选》第3卷,人民出版社1993年版,第290页。

第三节
改革开放初期反贪机制建设与实践

十一届三中全会到十三届四中全会是改革开放的初步阶段,也是党风廉政建设和反贪污腐败工作新探索的重要时期。改革开放以来,贪污腐败呈现惊人的发展态势,各种利益关系和矛盾逐渐复杂多元化,反贪污腐败工作面临复杂多变的局面。

一、反贪腐组织机构的恢复建立

中共中央首先从党的各级组织恢复重建纪律检查委员会、各级政府恢复监察部、中央纪委和监察部合署办公,恢复和强化反贪腐组织机构着手,从控制改革开放中几次腐败高发期入手,反贪污腐败工作进入一个新时期。

1. 反贪腐司法机关的复建

检察院、法院、公安等司法机构是国家反贪腐的重要机构,其地位如何、作用发挥如何,对反贪污腐败影响极大。但在"文化大革命"中司法机关受到严重冲击,检察机关被撤销,法院工作陷入停顿。1978年3月5日,五届全国人大一次会议通过《中华人民共和国宪法》,恢复设置检察机关,选举黄火青为最高人民检察院检察长。6月1日,最高人民检察院正式恢复办公。

1978年12月16日—27日,第七次全国检察工作会议在北京召开,这是监察机关重建后的第一次全国性会议。会议确定检察机关的基本任务是维护宪法和法律的尊严,保护人民权利,同违法乱纪行动作斗争。会议讨论了《人民检察院组织法》修改草案,最高人民检察院检察长黄火青提出,要按照中央要求迅速把各级检察机关建立起来,尽快开展工作。① 1979年7月1日,五届全国人大二次会议通过《中华人民共和国人民检察院组织法》、《中华人民共和国刑法》和《中华人民共和国刑事诉讼法》等法律,为检察、法院机关履行职责提供了法律依据。截至1983年6月,全国县以上都成立了人民检察院,有11.6万余名检察干部、司法民警。

五届全国人大二次会议通过的新《中华人民共和国宪法》规定重新设置人民检察机关,对公、检、法机关的侦查、检察、审判职责进一步明确划分,规定法院和检察院应依照法律独立行使审判权、检察权,不受行政机关、社会团体和个人的干涉。在地方,除公安机关受政府领导并对其负责外,检察院、法院都由原来的对同级党委和政府负责,改变为对同级人民代表大会负责,并升格为同级政府的副职地位。这些改革和规定为司法机关依法独立开展工作奠定了良好的制度基础。同时,《中华人民共和国宪法》、《中华人民共和国刑法》、《中华人民共和国刑事诉讼法》等法律的颁布实行,为各司法机关开展反贪污腐败工作提供了法律依据和保障。以此重建为开端,司法机关不断完善,反贪污腐败功能不断增强。1979年全国人大常委会设"法制委员会",重建1959年撤销的司法部,1980年设立国务院法制局,1988年最高人民法院设立行政审判庭,这些机构的设置,对于推进反贪污腐败工作作用重大。

2. 恢复党的纪律检查委员会

"文化大革命"期间,党的纪律检查机关被破坏。"为了维护党的民主集中制的原则和纪律,防止和纠正各种危害党与群众关系的现象",迫切需要重建党的纪律检查机构。1977年8月13日,党的"十一大"《关于修改党的章程的报告》中提出,在各级党委设立纪律检查委员会。《中国共产党章程》(以下简称《党章》)修改草案明确规定,党员有权对党的各级组织和

---

① 李永春、史远芹、郭秀芝编:《十一届三中全会以来政治体制改革大事记》,春秋出版社1987年版,第42—43页。

各级领导工作人员提出批评和建议,并有权越级直至向中央委员会和中央委员会主席提出申诉;党员对于党组织的决议、指示,如有不同的意见,允许保留,并有权在党的会议上提出讨论,有权越级直至向中央委员会和中央委员会主席报告,决不允许任何人压制批评和打击报复。压制批评和打击报复的人,应当受到查究和处分。我们党要领导各族人民进行社会主义革命和社会主义建设,不断巩固和加强无产阶级专政,必须要有铁的纪律才行。为了保证我们党的行动统一,必须加强党的纪律。我们每个党员,尤其是党的各级领导干部都要自觉地遵守党的纪律。因此,党的中央委员会,地方县和县以上、军队团和团以上各级党的委员会,都设立纪律检查委员会。

各级纪律检查委员会由同级党的委员会选举产生,并在同级党委的领导下进行工作。它的任务是:加强对党员的纪律教育,负责检查党员和党员干部执行纪律的情况,同各种违反党的纪律的行为作斗争,受理党员的申诉和控诉,并受理党外群众对党员的控诉。① 但是,"十一大"最后通过的《党章》只赋予纪委三项任务,即"加强对党员的纪律教育,负责检查党员和党员干部执行纪律的情况,同各种违反党的纪律的行为作斗争"。删掉了"受理党员的申诉和控诉,并受理党外群众对党员的控诉"这两项任务。当时正在进行的拨乱反正和纠正冤假错案的工作,主要由中组部负责,受理党员的申诉和控诉,并受理党外群众对党员的控诉,如果在《党章》中写进这两项任务,涉及权力重新分配和布置。另外,拨乱反正工作关系到众多党员的切身利益,是当时社会关注的焦点和热点,也是中央决定必须完成的重大政治任务。但由于"左"的错误,党的正确的思想路线尚未完全确立,思想路线没有根本解决时,要设立一个新的部门来承担党员申诉和控诉工作,不但存在一些困难和风险,而且会制造一些麻烦与误会,使得拨乱反正工作更加艰巨和复杂,不能及时有效地推进。

---

① 叶剑英:《关于修改党的章程的报告》(1977年8月13日),中共中央党校党史教研室资料组编写:《中国共产党历次重要会议集》(下),上海人民出版社1983年版,第270、272页。

"十一大"通过的《党章》,对纪委违纪处分权也作出规定:"对党员的纪律处分,必须经过支部大会决定,报上级党委批准。在特殊情况下,党的基层委员会和它以上的各级党的委员会有权给党员以纪律处分。对地方各级党委委员给以撤销党内职务或留党察看或开除党籍的处分,必须由同级党的委员会决定,报上级党委批准。对军队各级党委委员的纪律处分,由中央军事委员会依据《党章》作出相应的规定。对中央委员会的委员、候补委员的纪律处分,必须由中央委员会或中央政治局作出决定。党的组织对党员作出处分决定时,除特殊情况外,应当通知受处分的本人到会。受处分的党员,对处分决定有不同意见,可以要求复议,并有权向上级党委直至中央委员会申诉。"[1]这些规定虽然对于加强党的领导具有重要作用,但容易使权力过于集中于党委,在民主集中制原则不能很好实施的地方、部门,则容易集权于个人或少数几个人,纪委监督权和独立办案的职能受到削弱,制约其工作职能的充分发挥。[2]

由于时间和条件的限制,"十一大"虽没来得及选举中央纪委,但相关规定为党的各级纪委的恢复建立奠定了基础。

3. 党的纪律检查机关正式恢复

中共"十一大"提出设立纪委后,筹备工作立即开展,其中最重要也最复杂的工作是中央纪委组成人员的问题。中共中央政治局组织了专门机构在全国范围内考察中央纪委组成人选,向党的十一届三中全会提出100名候选人,其中书记、副书记15人,常委24人,委员61人。1978年12月22日,十一届三中全会选举产生中共中央纪律检查委员会,100名候选人全部当选。陈云为第一书记,邓颖超任第二书记,胡耀邦任第三书记,黄克诚为常务书记,王鹤寿等11人为副书记。会议决定纪律检查委员会的根本任务

---

[1] 《中国共产党章程》(1977年8月18日中国共产党第十一届中央全会通过)。
[2] 乌杰主编:《回眸世纪潮——中国共产党"一大"到"十五大"珍典纪实》下卷,国家行政学院出版社1998年版,第1797—1802页。

是维护党规党纪,切实搞好党风。①

1979年1月4日—22日,中央纪律检查委员会第一次全体会议举行,着重研究了维护党规党纪、搞好党风的问题。中央纪委第一书记陈云在会上指出:"党的中央纪律检查委员会的基本任务,就是要维护党规党纪,整顿党风。"②会议发布了《中共中央纪律检查委员会第一次全体会议通告》,明确了纪委的基本任务、主要工作和必须遵守的基本原则;通过了《中共中央纪律检查委员会关于工作任务、职权范围、机构设置的规定》,指出中共中央纪律检查委员会在党中央的领导下进行工作,应当经常向党中央反映情况,报告工作。③

3月4日和4月25日,中央纪委和中组部两次联合发出通知,要求省和县各级党的委员会都设立纪委,由同级党的委员会选举产生,报上级党委批准。各级纪委(纪检组)的编制,不低于过去监委的编制数。到1980年1月,全国绝大多数省、地、县都设立了纪律检查机构。

3月17日,中央纪委和中组部联合发出通知,在中央和国务院各部、委、办、局成立纪律检查机构。到1980年1月,国务院机关各部门有53个单位已建立或筹建纪律检查机构,约占应建总数的75%。④

4.行政监察组织的恢复

为有效推进国家公职人员队伍廉政建设,加强对国家机关及其工作人员的监督,1987年6月,全国人大常委会第十八次会议讨论通过了在各级政府中设立监察机关的决定。

国家监察部及地方行政监察机关的监察对象是国家行政机关及其工作人员、国家行政机关任命的国营企事业单位的领导干部。主要职责是:检

---

① 王健英编:《中国共产党组织史资料汇编——领导机构沿革和成员名录》,红旗出版社1983年版,第653—654页。
② 陈云:《在中央纪律检查委员会第一次全体会议开幕式上的讲话》,《三中全会以来重要文献选编》(上),人民出版社1982年版,第44页。
③ 《人民日报》,1979年3月25日。
④ 中央纪委研究室编:《十一届三中全会以来党的纪律检查工作大事记》,中国方正出版社2008年版,第6—7页。

查监察对象贯彻国家法律法规和政策实施情况,监督处理监察对象违反国家法律法规和违反政纪的行为。监察机关有检查权、调查权、行政处分权和向有关部门提出行政处分及法律制裁的建议权四项权力。

行政监察机关的成立和履行职责是国家在反贪污腐败方面推行党政分开战略的一条重要措施,对于推动反贪腐斗争的深入具有重大影响和作用。

5. 适时调整纪委的领导结构

各级纪委在同级党委领导下开展工作,对其负责,这种体制不利于纪委监督职能的正常发挥,不利于监督同级党委。从1982年1月开始,全国开展打击经济领域犯罪活动,但由于体制的约束和限制,一些地方纪委办案权限不大,受干扰和阻挠较大。1982年7月,中央纪委曾派出154名局级以上干部到北京、上海、广东、福建、浙江、云南等12个省市区参与查处大要案,以充实、加强打击经济领域严重犯罪活动的办案力量,这也是中央纪委对各级纪委办案由指导关系向领导关系转变的一个重要标志。反贪污腐败的现实任务迫切要求调整纪委领导关系,将纪委由同级党委"单一领导"改变为同级党委和上级纪委"双重领导",这也具有现实可操作性。

党的"十二大"根据这一变化实践,及时修改《党章》,1982年通过的《党章》对这一体制进行了调整,规定党的中央纪律检查委员会在同级党委领导下开展工作,党的地方各级纪律检查委员会在同级党委和上级纪委的双重领导下开展工作;党的中央和地方各级纪律检查委员会的主要任务是维护党的章程和其他重要的规章制度,协助各级党委整顿党风,检查党的路线、方针、政策和决议的执行情况。①

这一调整,加强了党的纪律检查机关的权限,增强了办案的独立性,是纪委反贪污腐败体制上的重大变革和创新。下级纪委除了受本级党委的领导外,同时也受上级纪委的领导,这样,纪委组织从上到下就有了完整的系统,同时各级纪委的权限也有了重要的加强。

---

① 中央纪委研究室编:《十一届三中全会以来党的纪律检查工作大事记》,中国方正出版社2008年版,第38—42页。

6. 全国设立审计机构

从1949年到1978年,我国财政监管体制是仿效苏联模式,未设置独立的国家审计机构,只在政府财政管理部门下保留了会计稽核机构,对财务收支的审计监督主要结合财政管理工作进行。改革开放,客观上要求加强对财政经济的管理,建立健全经济监督机制,维护国家财经法纪。在这样的背景下,实行独立的审计监督制度,势在必行。

1981年4月23日,国家计划委员会副主任李人俊建议编制"六五"计划时要加强财政经济监督,建立从上到下的经济监督机构,像南斯拉夫的社会簿记局一样,进行经常的、动态的经济监督。5月27日,国务院副总理姚依林在全国财政工作座谈会上指出:"制止财政上的'跑、冒、滴、漏',制止贪污浪费,大力加强财政监督十分必要。"这是改革开放后,我国领导人第一次比较正式地讲到要建立财政监督制约工具问题。6月13日,财政部向全国人大常委会提出了《关于设立全国审计机构的建议》;7月10日,国务院作出在财政部门成立审计机构,以进一步加强财政监督工作的决定。根据中央和国务院建立审计机构的指示,财政部组织人员研究制定了《关于建立全国审计机构的初步意见》,经广泛讨论和征求意见后,报中央和国务院,提出三种方案:一是在全国人大常委会领导下设立国家审计院或审计委员会,二是在国务院领导下设立国家审计部或审计总局,三是在财政部领导下设立审计总局。最后根据我国国情选择了第二种模式,并在国家的根本大法中做了明确规定。1982年12月,新颁布的《中华人民共和国宪法》第91条规定:"国务院设立审计机关,对国务院各部门和地方各级政府的财政收支,对国家的财政金融机构和企业事业组织的财务收支,进行审计监督。审计机关在国务院总理领导下,依照法律规定独立行使审计监督权,不受其他行政机关、社会团体和个人的干涉。"[①]1983年9月15日,中华人民共和国审计署正式成立,是国务院组成部门之一,在国务院总理领导下主管全国的审计工作,审计长是审计署的行政首长,是国务院组成人

---

① 《中华人民共和国宪法》(1982年12月4日),国务院法制局编:《廉政建设政策法规选编》,法律出版社1989年版,第25—26页。

员。此后两年多,全国县级以上地方政府普遍建立审计机构,全国共配备2.6万名审计干部。

中国人民解放军也不断加强审计监督工作,酝酿实行审计监督制度,建立军队审计机构。1982年1月25日,中央军委批准的中国人民解放军总后勤部《1982年全军后勤工作要点》中提出:军队要"建立审计制度,加强财务监督检查,反对铺张浪费、虚报冒领和违反标准制度等各种不正之风,坚决同贪污、盗窃、投机倒把等不法行为作斗争"。10月,总后财务部增设审计监察处,军区级财务部门相应建立审计监察机构。审计监察处的主要职责是:组织全军财务审计工作,了解各项经费开支情况,抽查有关专项经费开支单据;负责办理各项经费的报销结算和各种人员、装备等供应实力的统计、核对和会审工作;会同有关部门审查军工产品价格,参与国家有关部门拟定军品价格管理办法等。11月18日,中央军委副主席杨尚昆在全军后勤工作会议上指出:"中央提出将来国家要设立审计长。我们也要考虑建立审计制度,加强审计监督。"1987年1月24日,中央军委主席邓小平签署命令,颁布《中国人民解放军审计工作条例(试行)》,规定没有审计机关和人员的单位,审计工作由后勤财务部门负责,中国人民解放军设审计局。军区、海军、空军、第二炮兵、国防科工委设审计局,部分集团军、省军区设审计处,军队大中型企业及其主管部门设审计局、处、科。①

二、改革开放初期反贪腐法律制度的复建

"文化大革命"时期,中国政治、经济和社会发展急需的法律法规不仅未能制定,已有的法律法规还遭到破坏,制度废置,立法执法机构形同虚设,社会规则体系遭到重创。改革开放初期,这些问题迫切需要解决,弥补制度空白是反贪污腐败面临的一项十分艰巨而紧迫的任务。

---

① 李金华主编:《中国审计史》第3卷(下),中国时代经济出版社2005年版,第23—25页。

1. 修改《党章》,完善、规范党的纪律

《党章》是党内"宪法",党对反贪污腐败工作的重视,首先通过《党章》的规定体现出来。"十一大"通过的《党章》规定各级党委设立纪委,使纪委的成立有了法规依据。"十二大"通过的《党章》,根据当时党内政治生活和廉洁状况、纠风形势,规定了一些重要的纪律,如:"党纪面前人人平等,不允许有任何不参加党的组织生活、不接受党内外群众监督的特殊党员";党员有权"在党的会议上有根据地批评党的任何组织和任何党员,向党负责地揭发、检举党的任何组织和任何党员违法乱纪的事实,要求处分违法乱纪的党员,要求罢免或撤换不称职的干部";"每一位党员,除了遵守党纪外,还必须遵守国法政纪,党员如果违反党纪的同时违反政纪国法,同时受到党纪和政纪制裁和处理。如果党的组织严重违犯纪律而自身又不能纠正,可以加以改组甚至解散"等。

《党章》还对民主集中制原则进行了完善,规定党的各级委员会实行集体领导和个人分工负责相结合的制度,不允许任何领导实行个人专断、个人凌驾于组织之上。下级组织如认为上级组织的决定不符合本地区、本部门的实际情况,可以请求改变;如果上级组织坚持原决定,下级组织必须执行,但有权再向上级报告。①

2. 制定党的纪律规定

根据《党章》的原则规定,针对十一届三中全会后到20世纪80年代党内出现的新情况,制定《关于高级干部生活待遇的若干规定》、《关于党内政治生活的若干准则》等党内规章。

1979年11月13日,中共中央、国务院颁发《关于高级干部生活待遇的若干规定》,主要解决当时干部中突出存在的特殊化问题。邓小平指出,最近一个时期,人民群众中的主要议论之一,就是反对干部特殊化。我们的许多高级干部是很艰苦朴素的,但确实有些人特殊化比较厉害。这种情况,在中下层干部中也有。现在有少数人就是做官当老爷,有极少数人拿

---

① 《中国共产党章程》,《十二大以来重要文献选编》(上),人民出版社1986年版,第67—68、70、85—89页。

着人民给他的权力侵占群众利益,搞生活特殊化,甚至横行霸道,为非作歹,还好像是理所当然。我们有少数同志对群众反映的问题,采取官僚主义态度,漠不关心,久拖不决,个别人甚至违法乱纪,搞打击报复,这就是非常错误和不能允许的了。我们有些高级干部不仅自己搞特殊化,而且影响到自己的亲属和子女,把他们都带坏了。有少数同志在本单位、在其他地方,反映都不大好,很多是由于子女干了坏事,家长背了黑锅。人民群众对干部特殊化是很不满意的。为了整顿党风,搞好民风,先要从我们高级干部整顿起。《关于高级干部生活待遇的若干规定》经中央和国务院下达,就要当作法律一样坚决执行。①

1980年2月,十一届五中全会通过《关于党内政治生活的若干准则》,着手解决当时党内政治生活中存在的问题,全面恢复和进一步发扬党的优良传统和作风,健全党的民主生活,维护党的集中统一,增强党的团结,巩固党的组织和纪律,提高党的战斗力。《关于党内政治生活的若干准则》规定:坚持党的政治路线和思想路线;坚持集体领导,反对个人专断;维护党的集中统一,严格遵守党的纪律;坚持党性,根绝派性;要讲真话,言行一致;发扬党内民主,正确对待不同意见;保障党员的权利不受侵犯;选举要充分体现选举人的意志;同错误倾向和坏人坏事作斗争;正确对待犯错误的同志;接受党和群众的监督,不准搞特权;努力学习,做到又红又专。从1980年4—11月,中央纪委召开了三次座谈会,贯彻落实《关于党内政治生活的若干准则》,并针对一些倾向性问题,根据《准则》的精神,严肃处理了一批严重破坏党风、违反党纪的案件。②

3. 加快反贪腐国家立法的进程

通过制定国家法律法规来反贪腐,是世界通行的做法和经验。十一届

---

① 邓小平:《高级干部要带头发扬党的优良传统》,《邓小平文选》第2卷,人民出版社1994年版,第215—230页;本书编写组:《新时期反腐败斗争大事记(1978年12月—2003年12月)》,中共党史出版社2005年版,第5—6页。

② 《关于党内政治生活的若干准则》,《廉政建设政策法规选编》,法律出版社1989年版,第96—115页。

三中全会以后,我国最早一批法律法规有很多与反贪污腐败直接有关。

(1)《中华人民共和国宪法》的原则规定

新修订的《中华人民共和国宪法》对公民的基本权利和义务、国家机关的职责和权限作出合理界定,规定"任何组织或者个人不得有超越宪法和法律的特权","中华人民共和国公民对于任何国家机关和国家工作人员,有提出批评和建议的权利;对于任何国家机关和国家工作人员的违法失职行为,有向有关国家机关提出申诉、控告或者检举的权利","对于公民的申诉、控告或者检举,有关国家机关必须查清事实,负责处理。任何人不得压制和打击报复",规定人民检察院是国家的法律监督机关,对法院、检察院独立行使审判权和检察权作了明确规定,等等。①

(2)《中华人民共和国刑法》

1979年7月1日,第五届全国人大二次会议通过《中华人民共和国刑法》(以下简称《刑法》,规定了贪污贿赂、失职渎职犯罪的构成及处罚,从实体内容上对于严重的贪污腐败行为进行了界定。同时通过的《中华人民共和国刑事诉讼法》从程序上规定了司法机关处理包括贪污腐败犯罪案件的流程,既保护了公民的权利,又从程序上加强了对司法机关的监督和控制。

《刑法》第二编第5章"侵犯财产罪"中规定了贪污罪、第8章"渎职罪"中规定了受贿罪(包括行贿和介绍贿赂行为)的构成及其刑事处罚。第155条规定:"国家工作人员利用职务上的便利,贪污公共财物的,处五年以下有期徒刑或者拘役;数额巨大、情节严重的,处五年以上有期徒刑;情节特别严重的,处无期徒刑或者死刑。犯前款罪的,并处没收财产,或者判令退赔。受国家机关、企业、事业单位、人民团体委托从事公务的人员犯第一款罪的,依照前两款的规定处罚。"第185条规定:"国家工作人员利用职务上的便利,收受贿赂的,处五年以下有期徒刑或拘役。赃款、赃物没收,公款、公物归还。犯前款罪,致使国家或者公民利益遭受严重损失的,处五年以

---

① 《中华人民共和国宪法》(1982年12月4日),《廉政建设政策法规选编》,法律出版社1989年版,第13、32—33页。

上有期徒刑"。①

1979年《刑法》是借鉴国外尤其大陆法系国家打击贪腐等刑事犯罪方面的做法,并结合我国国情和法制建设经验而制定的,尽管还有不完善之处,但在改革开放初期,我国法制建设刚刚恢复的历史条件下,还是"胜任"了打击犯罪、保障社会主义经济建设顺利进行的任务。其中,对于贪污贿赂犯罪的规定很好地吸收了1952年颁布的《中华人民共和国惩治贪污条例》的有关内容。近年有关论著通过比较国内外反贪污贿赂立法后认为,1979年《刑法》"用刑法理论对贪污贿赂犯罪的基本概念和刑罚进行了比较科学的界定"②。

(3)《全国人民代表大会常务委员会关于严惩严重破坏经济的犯罪的决定》等法规

1979年《刑法》颁布后,为了适应形势变化,我国立法机关对贪污贿赂犯罪问题先后作出几次补充规定。

1982年3月8日,第五届全国人大常委会通过了《关于严惩严重破坏经济的犯罪的决定》,对1979年《刑法》有关贪污贿赂的规定作出补充和修正,主要是"对《刑法》第185条第一款和第二款受贿罪修改规定为:国家工作人员索贿、收受贿赂的,比照《刑法》第155条贪污罪论处;情节特别严重的,可以判处无期徒刑或者死刑"③。

《关于严惩严重破坏经济的犯罪的决定》发布后,经过几年的实践探索,1985年7月18日,最高人民法院、最高人民检察院总结与贪污腐败犯罪斗争的实践经验,颁布了《最高人民法院、最高人民检察院关于当前办理经济犯罪案件中具体应用法律的若干问题的解答(试行)》,对于贪污腐败

---

① 《中华人民共和国刑法》(1979年7月1日),《中华人民共和国法律汇编(1979—1984)》,人民出版社1985年版,第126、131页。
② 梁国庆主编:《国际反贪污贿赂理论与司法实践》,人民法院出版社2000年版,第784页。
③ 《全国人民代表大会常务委员会关于严惩严重破坏经济的犯罪的决定》(1982年3月8日),《中华人民共和国法律汇编(1979—1984)》,人民出版社1985年版,第383页。

罪行的查处起到重要的指导作用。

(4)《全国人民代表大会常务委员会关于惩治贪污罪贿赂罪的补充规定》

1988年1月21日,第六届全国人大常委会通过《关于惩治贪污罪贿赂罪的补充规定》,针对改革开放十年来贪污贿赂犯罪出现的新情况,如有的犯罪分子利用"回扣"、"手续费"等名目收受贿赂,有的机关事业单位领导索取或收受他人财物、为他人谋取利益,巨额财产来源不明问题等作出有针对性的修改补充定罪、惩治措施。此外,原有法律规定对大量增加的贪污贿赂犯罪的惩治量刑标准不具体,一些贪污贿赂行为的罪与非罪的界限不够明确,故作出针对性的重大修改:

①除对原有的贪污罪、受贿罪的犯罪构成作出修改外,增设了挪用公款罪、隐瞒境外存款罪、巨额财产来源不明罪、单位行贿罪、单位受贿罪等。

第一,贪污罪的规定。"国家工作人员、集体经济组织工作人员或者其他经手、管理公共财物的人员,利用职务上的便利,侵吞、盗窃、骗取或者以其他手段非法占有公共财物的,是贪污罪。与国家工作人员、集体经济组织工作人员或者其他经手、管理公共财物的人员勾结,伙同贪污的,以共犯论处";"国家工作人员在对外交往中接受礼物,依照国家规定应当交公而不交公,数额较大的,以贪污罪论处"。

第二,受贿罪的规定。"国家工作人员、集体经济组织工作人员或者其他从事公务的人员,利用职务上的便利,索取他人财物的,或者非法收受他人财物为他人谋取利益的,是受贿罪。与国家工作人员、集体经济组织工作人员或者其他从事公务的人员勾结,伙同受贿的,以共犯论处。国家工作人员、集体经济组织工作人员或者其他从事公务的人员,在经济往来中,违反国家规定收受各种名义的回扣、手续费,归个人所有的,以受贿论处。"

第三,行贿罪的规定。"为谋取不正当利益,给予国家工作人员、集体经济组织工作人员或者其他从事公务的人员以财物的,是行贿罪。在经济往来中,违反国家规定,给予国家工作人员、集体经济组织工作人员或者其他从事公务的人员以财物,数额较大的,或者违反国家规定,给予国家工作人员、集体经济组织工作人员或者其他从事公务的人员以回扣、手续费的,以行贿论处。因被勒索给予国家工作人员、集体经济组织工作人员或者其他从事公务的人员以财物,没有获得不正当利益的,不是行贿。"

第四,挪用公款罪的规定。"国家工作人员、集体经济组织工作人员或者其他经手、管理公共财物的人员,利用职务上的便利,挪用公款归个人使用,进行非法活动的,或者挪用公款数额较大、进行营利活动的,或者挪用公款数额较大、超过3个月未还的,是挪用公款罪。"

第五,隐瞒境外存款罪的规定。"国家工作人员在境外的存款,应当依照国家规定申报。数额较大、隐瞒不报的",构成隐瞒境外存款罪。

第六,巨额财产来源不明罪的规定。"国家工作人员的财产或者支出明显超过合法收入,差额巨大的,可以责令说明来源。本人不能说明其来源是合法的,差额部分以非法所得论",构成巨额财产来源不明罪。

第七,单位行贿罪的规定。"企业事业单位、机关、团体为谋取不正当利益而行贿,或者违反国家规定,给予国家工作人员、集体经济组织工作人员或者其他从事公务的人员以回扣、手续费,情节严重的",构成单位行贿罪。

第八,单位受贿罪的规定。"全民所有制企业事业单位、机关、团体,索取、收受他人财物,为他人谋取利益,情节严重的",构成单位受贿罪。①

②对贪污罪和受贿罪的刑罚作出具体修改。

第一,对贪污罪的刑罚规定为:"对犯贪污罪的,根据情节轻重,分别依照下列规定处罚:(1)个人贪污数额在5万元以上的,处10年以上有期徒刑或者无期徒刑,可以并处没收财产;情节特别严重的,处死刑,并处没收财产。(2)个人贪污数额在1万元以上不满5万元的,处5年以上有期徒刑,可以并处没收财产;情节特别严重的,处无期徒刑,并处没收财产。(3)个人贪污数额在2000元以上不满1万元的,处1年以上7年以下有期徒刑;情节严重的,处7年以上10年以下有期徒刑。个人贪污数额在2000元

---

① 《全国人民代表大会常务委员会关于惩治贪污罪贿赂罪的补充规定》(1988年1月21日),《廉政建设政策法规选编》,法律出版社1989年版,第381—385页。

以上不满 5000 元,犯罪后自首、立功或者有悔改表现、积极退赃的,可以减轻处罚,或者免予刑事处罚,由其所在单位或者上级主管机关给予行政处分。(4)个人贪污数额不满 2000 元,情节较重的,处 2 年以下有期徒刑或者拘役;情节较轻的,由其所在单位或者上级主管机关酌情给予行政处分。二人以上共同贪污的,按照个人所得数额及其在犯罪中的作用,分别处罚。对贪污集团的首要分子,按照集团贪污的总数额处罚;对其他共同贪污犯罪中的主犯,情节严重的,按照共同贪污的总数额处罚。对多次贪污未经处理的,按照累计贪污数额处罚。"

第二,对受贿罪的处罚规定为:"受贿数额不满 1 万元,使国家利益或者集体利益遭受重大损失的,处 10 年以上有期徒刑;受贿数额在 1 万元以上,使国家利益或者集体利益遭受重大损失的,处无期徒刑或者死刑,并处没收财产。索贿的从重处罚,因受贿而进行违法活动构成其他罪的,依照数罪并罚的规定处罚。"

第三,对挪用公款罪的处罚规定为:"挪用公款归个人使用,进行非法活动的,或者挪用公款数额较大、进行营利活动的,或者挪用公款数额较大、超过 3 个月未还的,是挪用公款罪,处 5 年以下有期徒刑或者拘役;情节严重的,处 5 年以上有期徒刑。挪用公款数额较大不退还的,以贪污论处。挪用救灾、抢险、防汛、优抚、救济款物归个人使用的,从重处罚。挪用公款进行非法活动构成其他罪的,依照数罪并罚的规定处罚。"

第四,对单位受贿罪的处罚规定为:"全民所有制企业事业单位、机关、团体,索取、收受他人财物,为他人谋取利益,情节严重的,判处罚金,并对其直接负责的主管人员和其他直接责任人员,处 5 年以下有期徒刑或者拘役。"

第五,对行贿罪的处罚规定为:"对犯行贿罪的,处 5 年以下有期徒刑或者拘役;因行贿谋取不正当利益,情节严重的,或者使国家利益、集体利益遭受重大损失的,处 5 年以上有期徒刑;情节特别严重的,处无期徒刑,并处没收财产。行贿人在被追诉前,主动交代行贿行为的,可以减轻处罚,或者免予刑事处罚。因行贿而进行违法活动构成其他罪的,依照数罪并罚的规定处罚。"

第六,对单位行贿罪的处罚规定为:"企业事业单位、机关、团体为谋取不正当利益而行贿,或者违反国家规定,给予国家工作人员、集体经济组织工作人员或者其他从事公务的人员以回扣、手续费,情节严重的,判处罚金,并对其直接负责的主管人员和其他直接责任人员,处 5 年以下有期徒刑或者拘役。因行贿取得的违法所得归私人所有的,依照本规定第八条的规定处罚。"

第七,对巨额财产来源不明罪的处罚规定为:"国家工作人员的财产或者支出明显超过合法收入,差额巨大的,可以责令说明来源。本人不能说明其来源是合法的,差额部分以非法所得论,处 5 年以下有期徒刑或者拘役,并处或者单处没收其财产的差额部分。"

第八,对隐瞒境外存款罪的处罚规定为:"国家工作人员在境外的存款,应当依照国家规定申报。数额较大、隐瞒不报的,处 2 年以下有期徒刑或者拘役;情节较轻的,由其所在单位或者上级主管机关酌情给予行政处分"。①

《关于惩治贪污罪贿赂罪的补充规定》和《关于严惩严重破坏经济的犯罪的决定》根据受贿所得数额及情节,规定了 4 个量刑档次,对贪污贿赂的从重处罚,对多次受贿未经处理的处罚、数罪并罚、赃款赃物的处理等原则,是对 1979 年"刑法典"中贪污贿赂犯罪规定的重大修改,使我国惩治贪污贿赂犯罪立法更加完备,对于有效打击新形势下的贪污贿赂犯罪,发挥了重要作用。

(5)反贪腐行政法规

随着反贪腐斗争的发展,反腐败法律法规不断完善充实。1987 年,颁布实施《行政法规制定程序暂行条例》和《投机倒把行政处罚暂行条例》(2007 年废止)。1989 年 4 月 4 日,七届全国人大常委会通过《中华人民共和国行政诉讼法》,确立了行政诉讼制度,"民告官"有了法律依据,群众维护自己的合法权益,对国家机关及其工作人员进行监督有了法律保障和有

---

① 《廉政建设政策法规选编》,法律出版社 1989 年版,第 381—385 页。

效法律途径,规定"人民检察院有权对行政诉讼实行法律监督",增强了对权力的制约力度。①

(6)审计制度

①中央和地方审计制度

十一届三中全会后,中央和地方各级审计机构相继重建,并颁布各项审计制度。1983年《国务院批转审计署关于开展审计工作几个问题的请示的通知》和1985年《国务院关于审计工作的暂行规定》,为贯彻落实《宪法》规定,规范审计工作,提供了必要的法规依据,保障了起步阶段审计工作的开展。② 1988年,国务院发布《中华人民共和国审计条例》后,初步形成较为完整的审计制度体系,审计工作法制化、制度化、规范化程度逐步提高。

②军队审计制度

"文革"期间,军队审计监督被迫停顿。"文革"后,为恢复和发扬人民解放军审计工作的优良传统,1978年1月,中央军委颁发了《关于整顿和加强军队财务工作规定》。明确规定"加强审计和会计核算制度","团以上单位的审计、会计、出纳工作,必须分管"。军队审计开始被提上议事日程。

1982年下半年,总后财务部组织力量草拟了《中国人民解放军审计制度》,并提交全军财务专业会议讨论。这个讨论稿与1961年颁发的《军队审计制度(草案)》相比,在预算、决算、基本建设经费、企业财务、原始凭证、货币管理、账簿报表凭证保管情况的审查等方面,均作了更加详细的规定。1983年国家建立了审计制度,成立了中华人民共和国审计署,中央军委随后也提出军队要建立审计制度,加强审计监督,并责成总后财务部组建军委审计机构,根据国家审计制度原则重新制定军队审计制度。原定在1983年颁发《中国人民解放军审计制度》最终便没有颁发,但制度精神已经传遍

---

① 《中华人民共和国行政诉讼法》(1989年4月4日),国家工商行政管理总局消费者权益保护局编:《消费者权益保护法规汇编》,工商出版社2002年版,第193—204页。

② 《国务院关于审计工作的暂行规定》(1985年8月29日),国务院办公厅法制局编:《中华人民共和国法规汇编(1985年1月—12月)》,法律出版社1986年版,第253—259页。

全军各级财务部门,成为一次很好的宣传军队审计的活动。

1987年1月24日,中央军委主席邓小平签署命令,将《中国人民解放军审计工作条例(试行)》颁发全军试行,主要内容包括:(一)军队审计的法律地位:军队审计是国家审计体系的组成部分。军队审计机关是代表军队执行审计监督的机关,依照国家的法律、财政经济法规,依据全军统一的财经规章制度及有关规定,进行审计监督;军队审计机关依法独立行使审计监督权,不受其他任何单位和个人的干涉。(二)军队审计机关的设置:军队各级审计机关的设置,按中央军委规定执行。没有审计机关和人员的单位,审计工作由后勤财务部门负责;中国人民解放军各级分设审计局、审计处;军队大中型企业及其主管部门设审计局、处、科。(三)军队审计机关的主要任务:审计监督预算经费的收支和预算执行情况,预算外经费、其他经费及外汇的收、交和使用情况;装备的购置和重要物资、营产使用效益;基本建设的计划、拨款、决算;企业和其他生产经营单位的经营活动及其经济效益;内部控制制度是否严密、有效。对严重侵占国家资财、损失浪费及其他损害国家和军队利益等违反财经法纪的行为,进行专案审计;贯彻执行审计法规,制定审计规章制度,参与研究重要的财经法规,完成单位首长和上级审计机关交办的审计事宜;组织审计人员的专业训练,开展学术研究,沟通审计信息,交流审计工作经验。(四)军队审计机关职权:有权检查被审计单位的计划、预算、决算、账簿、凭证、报表、资财和有关文件、资料等,被审计单位必须如实提供,不得拒绝、隐匿;凡经审计机关确定为事先审计和报审的项目,其年度决算须经审计机关审计签章后方能核销;财务部门如有不同意见,应与审计机关协商办理;有权参加本单位和被审计单位的有关会议;有权对审计中发现的问题进行调查核实,索取证明材料,并对有关文件、材料、实物等进行复印、复制、现场拍照、录像,有关单位、部门和个人必须积极配合,不得设置障碍;有权责成被审计单位纠正违反国家和军队规定的财务收支,直至损失浪费,被审计单位和有关部门不得拒绝执行;对违反财经法纪的单位,有权依照国家法律和全军有关规定,作出没收其非法所得、冻结资财、扣抵或停止拨款、罚款等处理决定,通知和监督被审计单位和有关部门执行,被审计单位和有关部门不得拒绝执行;对阻挠、拒绝和破坏审计工作的单位,必要时可以采取封存账册和资财等临时措施,并追究直接责任人和有关领导人的责任;通报违反财经法纪的重大案件,表扬遵守和维护财经法纪成绩显著的单位和个人。(五)军队审计工作程序:制定审计工作计划;确定审计对象和拟定审计工作方案;发出审计通知书;提出审计报告,作出审计决定;复审;建立审计档案。(六)军队审计人员的职业道德和工作纪律:不断提高思想道德素质和科学文化素质,坚持四项基本原则,经过专门训练,有较高的政治思想觉悟和较强的政策法纪观念,全心全意为部队建设服务;学习和掌握国家的财经法律、法规、政策和全军的财务规章制度,熟悉财会理论、经济管理和军事专业知识,精通审计业务;遵纪守法,秉公办事;实事求是,客观公正;调查研究,依靠群众;忠于职守,严守机密。

《中国人民解放军审计工作条例(试行)》是解放军历史上第一个全军性完整系统的审计法规,是军队审计工作的基本依据,它的颁布实施,对推动全军审计工作的开展意义重大。[①]

三、反贪机构以整顿党风为重点开展反贪腐活动

改革开放初期,整顿党风是纪检工作的重点,也是党和国家反贪污腐败的主要形式。1979年初,邓小平在题为《坚持四项基本原则》的重要讲话中,提出为了促进社会风气的进步,首先必须搞好党风,党的各级领导同志要以身作则。党是整个社会的表率,党的各级领导同志又是全党的表率。只有搞好党风,才能转变社会风气,才能坚持四项基本原则。[②] 1月,在中央纪委第一次会议上,陈云指出,党的纪律检查委员会的基本任务就是维护党规党纪,整顿党风,"执政党的党风问题是有关党的生死存亡的问题",这

---

① 李金华主编:《中国审计史》第3卷(下),中国时代经济出版社2005年版,第19—24页。
② 《邓小平文选》第2卷,人民出版社1994年版,第177—178页。

是纪律检查工作的纲。3月25日,经中央批准的《中共中央纪律检查委员会第一次全体会议通告》要求各级纪委围绕搞好党风这个中心,抓好工作。纠正不正之风,树立良好风气,把整顿党风作为纪委的重要职责。开展整党活动纠风,搞好党风建设,是这个时期纠风的鲜明特点。这个时期的不正之风主要有:一是与群众利益密切相关的不正之风,如招生、招工、招干、农村户口转为城镇户口、学生毕业分配中的"走后门"、建房分房、调动工作中的不正之风等;二是经济体制改革过程的不正之风,如党政机关经商办企业、倒买倒卖,等等;三是政府机关改革中的不正之风,请客送礼、挥霍浪费、滥发奖金、实物,失职渎职,有令不行、有禁不止,特权和特殊化等。

1. 坚决纠正与群众利益密切相关的不正之风

(1)招生分配中反对"走后门",开反不正之风的先河

拨乱反正首先是从教育界开始的,纠正不正之风也首先从教育领域大规模展开。1978年,各高校原定秋季举行的开学典礼推迟半年,即推迟到1979年春,导源于一场座谈会。1978年8月4日—8日,刚刚恢复工作的邓小平邀请33位科学家和教授召开座谈会,指出现行招生制度存在四大弊端:第一,埋没人才,大批热爱科学、有培养前途的青年选不上来,而某些不想读书、文化程度又不高的人却占据了招生名额。第二,从阶级路线上看,现行"群众推荐,领导批准"的招生制度实际上卡了大量没有背景的普通工农兵子弟上大学。群众流传着"十七年上大学靠分,现在靠权"的说法。第三,坏了社会风气,而且愈演愈烈。今年的招生还没有开始,已经有人请客送礼、走后门了。如果招生制度不改革,走后门的不正之风就刹不住。第四,严重影响了中小学师生教与学的积极性。现在甚至小学生都知道,今后上大学不需要学文化,只要有个好爸爸。① 邓小平在会上提出,今年要下决心恢复从高中毕业生中直接招考学生,不要再搞群众推荐,可能是早出人才、早出成果的一个好办法。② 9月19日,邓小平找教育部负责人谈话,指出招生主要抓住两条:第一条是本人表现好,第二是择优录取。在邓小

---

① 张树军、高新民:《共和国年轮1978》,河北人民出版社2001年版,第9页。
② 《邓小平文选》第2卷,人民出版社1994年版,第48—49页。

平的直接干预下,招生工作会议决定废除"文革"中"群众推荐、领导批准"的招生方式,实行统一考试,择优录取。除了应届生外,自"文革"以来积聚了11年的中学毕业生和各行各业的青年都可以参加高考。那一年冬天,570万人参加高考。按分数录取,大学录取"走后门"现象基本消除。当时任北京市高等学校招生委考务组组长的利峰说,七七级、七八级的考生,根本就没有人"走后门"、托人情。拨乱反正、改革开放的头一个成就就是在高等教育领域实行了一次成功的"廉政招生",为塑造一个相对公平的社会教育环境,开风气之先。①

针对1979年高等院校毕业生分配中出现的不正之风,7月3日,刚成立不久的中央纪委及时发出《关于不准干扰大学毕业生分配工作的通报》,要求共产党员和各级干部模范地遵守有关制度,各省市自治区党委、纪委应会同有关部门,对本地区今年大专院校毕业生的分配工作,进行认真的检查,对其中利用职权,营私舞弊,情节恶劣、影响很坏的典型,要认真追究并严肃处理。今后大专院校毕业生的分配工作,应按照国务院的有关规定办理,任何人不得干扰,对那些利用职权和私人关系,营私舞弊,干扰破坏毕业生分配工作的人,学校应加以抵制。党的各级纪委要注意这方面的情况,如发现这种歪风邪气,应认真调查处理②,及时刹住了高校毕业分配中的不良风气。

(2)纠正住房分配中的不正之风

20世纪80年代初,住房分配中的不正之风比较严重。当时城镇住房资源完全由国家控制支配,城镇居民由政府提供住房,统筹安排。由于经济处于复苏阶段,大量资金投入急用的生产领域,国家没有足够资金用于消费领域的住房建设,全国各地住房资源普遍紧张,住房既是群众生活必需品,也是社会稀缺品。而改革开放的政策实施后,人们要求获得物质产品的需求和欲望得到了充分释放,群众对于住房的需求极为强烈。在供需矛盾严重失衡的环境下,资源的严重稀缺性增加了正常竞争获取的难度,

---

① 钟言:《中国新三级学人》,浙江人民出版社1996年版,第16—18页。
② 本书编写组:《新时期反腐败斗争大事记(1978年12月—2003年12月)》,中共党史出版社2005年版,第3页。

而权力对资源的绝对支配地位为以权谋私者创造了便利和条件,利用权力为自己或家人、朋友、亲戚谋利益的不正之风开始滋生蔓延,建房分房中的歪风成为群众极为关注的热点和焦点之一。纠正这股歪风事关党和政府形象,事关群众切身利益。1981年8月,中央纪委发出《关于刹住部分党员干部利用职权非法盖私房之风的通报》,严厉制止建房分房中的歪风。1982年8月,又发出《关于坚决纠正分配住房中的不正之风的通报》,要求房管部门的干部,要严格遵守住房分配的政策规定,秉公办事,不准利用职权,徇私舞弊、索礼受贿,违者从严处理;绝对不允许领导干部和少数人私分或变相私分住房;如有人利用分配住房的权力,进行违法乱纪活动的,要给予党纪或政纪处分,情节恶劣的,应当开除其党籍;分配住房必须走群众路线,要在党委或行政部门统一领导下,对申请住房者进行细致的调查研究,摸底排队,然后制定合理的分配原则和分配方案,广泛征求群众意见,力求做到分配合理;各级领导部门,都要十分关心群众的生活,特别是对本单位职工住房的分配情况要经常进行检查,总结经验,表扬好人好事。发现有不正之风,应根据这个通报精神严肃处理。10月,中央纪委发出《关于必须坚决刹住建房分房中的歪风的通报》;12月,发出《关于转发辽宁省委纪委〈关于党员干部非法营建私房的处理规定〉的通知》、《关于对在建房分房中违法乱纪的领导干部必须严厉惩处的通报》。[①]

1983年2月22日,中央纪委向全国党政机关、企事业单位各级领导干部发出公开信,要求坚决制止党员、干部在建房分房中的歪风。规定7月1日前主动清退者从宽处理;坚持错误,对检举揭发的同志打击报复的要加重处罚。公开信提出要检查以下五类问题:1.利用职权,违反政策,侵占国家、集体的资金、材料,以及无偿占用国家和集体运输力和劳动力建造私房的;2.违反财经纪律和其他有关规定,为少数领导干部兴建面积过大、标准过高的住房的;3.在住宅分配中违反规定,搞特殊化,通过不正当途径和手段,为自己或自己的子女、亲属、朋友等多要住房的;4.利用职权多占地、占

[①] 本书编写组:《新时期反腐败斗争大事记(1978年12月—2003年12月)》,中共党史出版社2005年版,第21—22页。

耕地、占好地建私房的;5.在建房、分房过程中(包括征地、拆迁、建设、分配等环节中)行贿、受贿的。公开信发布以后,许多党组织和纪检部门抓紧贯彻执行,认真处理这方面的违纪案件,收到了比较好的效果,但也有些地区和部门持观望态度,一些有问题的人也存有侥幸心理,这种态度和心理成为解决和纠正房屋分配中不正之风的一种阻力。① 4月,中央纪委发出《关于严肃处理建房分房中的违法乱纪行为的通报》,5月7日又发出《关于再接再厉狠刹建房分房中歪风的通知》,在1983年下半年开始的整党中,纠正住房中的不正之风成为重点之一,要求住房分配一律由本部门、本单位的分房组织在党委或党组的统一领导下办理,任何领导干部不得私自决定,更不得批条子。1984年2月27日,中央纪委召开贯彻纠正建房分房中不正之风"公开信"验收工作会议,制定了5条验收标准,要求省市自治区、中央和国家机关、部队在7月前完成任务,少数进展迟缓的地方和部门必须在9月以前完成任务。截至1984年2月的统计,全国县团级以上党员领导干部有26 915人,共多占住房818 034平方米,已退房、加租共645 446平方米,为多占住房总数的79%。建房分房中的不正之风大为收敛,不少不合理的现象得到纠正,一些规章制度逐步建立健全,查清了的问题大部分得到了处理。②

2. 坚决纠正经济体制改革过程中的不正之风

十一届三中全会后,党和国家工作中心转移到经济建设上来,实行对外开放、对内搞活的经济政策。1984年10月,十二届三中全会通过了《中共中央关于经济体制改革的决定》,经济体制改革的重心由农村转向城市,为了实现共同富裕,国家允许和鼓励一部分人依靠诚实劳动和合法经营先富起来。③ 改革开放政策促进了经济的迅速发展,但在经济体制转轨过程中,

---

① 本书编写组:《新时期反腐败斗争大事记(1978年12月—2003年12月)》,中共党史出版社2005年版,第24页。

② 中央纪委研究室编:《十一届三中全会以来党的纪律检查工作大事记》,中国方正出版社2008年版,第50、61—62页。

③ 《中共中央关于经济体制改革的决定》,中共中央文献研究室编:《十二大以来重要文献选编》(中),人民出版社1987年版,第558—561页。

由于法律法规不健全,在经济建设领域产生了一些不正之风。如乱涨价和乱摊派、政企不分、官商不分,利用公款开公司、办企业,以权谋私,化公为私,巧取豪夺,买空卖空,给国家和集体造成严重损失。据统计,1987年通过不正当手段掠取的人民币达200余亿元,1988年上半年达360亿元,造成社会财富分配极为不公,扰乱经济秩序,破坏改革进程,引起人民群众的愤慨。[①] 为了促进党风和社会风气的根本好转,保证改革开放工作的健康发展,促进经济繁荣发展,维护社会稳定,反对和纠正经济领域中的不正之风,势在必行。中央纪委从1979年下半年起开始纠正经济领域的不正之风,从1981年起又把它列为端正党风的重点工作之一,先后发出《关于必须同盗窃国家财产的犯罪行为作坚决斗争的通报》、《关于严肃党纪,杜绝"关系户"不正之风的通告》、《关于坚决纠正干部队伍中行贿受贿徇私舞弊的歪风的通报》等通告通报,推动各地采取一系列措施,着重纠正经济建设中的不正之风,保障国家经济改革的顺利推进。

(1)狠刹乱涨价、乱摊派歪风

1982年下半年以来,国家经济建设中出现了两股严重危害国民经济发展的歪风:一是乱涨生产资料价格,二是向建设单位乱摊派费用。不坚决刹住这两股歪风,任其发展,就会造成企业生产成本普遍上升,基本建设工程造价不断提高,严重减少国家财政收入和增加国家财政支出,分散和转移国家财力、物力,还会造成轮番涨价,哄抬物价,助长社会上的不正之风和经济犯罪活动,搞乱计划经济,破坏重点建设,损害群众利益。1983年7月3日,国务院、中央纪委发出《关于制止乱涨生产资料价格和向建设单位乱摊派费用这两股歪风的紧急通知》,指出乱涨价、乱摊派这两股歪风是不顾及国家利益,不顾全大局,从本部门、小单位和个人利益出发,党性不纯、党风不正的表现,是违反党纪政纪的行为,必须坚决制止,是关系到保证国家经济稳定发展、端正党风和社会风气的大事。《关于制止乱涨生产资料价格和向建设单位乱摊派费用这两股歪风的紧急通知》要求各级党委、政

---

① 史斌:《中国共产党反腐倡廉的历史回顾(八)——改革开放全面展开 廉政建设全面推进(1982年9月—1992年初)》,《上海党史与党建》,2001年9月号。

府和国务院各部门,一定要加强领导,排除阻力,切实把这件事抓紧抓好;各级党的纪律检查部门,要把贯彻执行集中资金进行重点建设的方针,稳定经济,制止乱涨价、乱摊派的歪风,作为当前纪律检查工作的重要任务,会同有关部门对这方面的违纪案件抓紧查处,对严重违法乱纪的党员、干部,必须严肃处理,该处分的处分,该撤职的撤职,该法办的法办,决不能纵容姑息。对袒护包庇者,要追究责任。①1985年1月,胡耀邦在中央党校讲话中指出,在经济体制改革中必须警惕一些党政机关和机关工作人员利用权力和关系,采取各种形式,套购紧缺物资,倒卖谋取暴利;必须警惕一些企业单位不按政策办事,搞歪门邪道,乱涨价,损害国家和消费者利益。1月28日,中央纪委召开中央和国家机关纪检组组长和纪委书记座谈会,认为当前最突出的有三股歪风:一是有的党政机关和干部利用职权经商办企业,套购紧缺物资,倒买倒卖,牟取暴利;二是违反政策乱涨物价,扰乱社会主义经济,损害消费者利益;三是巧立名目,滥发钱物。这三股歪风严重危害经济体制改革的顺利进行,狠刹经济上的歪风,是纪委围绕中央重大战略部署履行监督职责,保障中央决策顺利落实,坚定维护党和国家中心工作的一个鲜明体现。此项纠风工作有力地配合了打击经济领域的严重犯罪活动。②

(2)纠正经商办企业中的不正之风

党政机关、部队、学校及干部经商办企业曾在新中国建立初期出现过,但苗头一出现就被及时制止住了。改革开放之后,这些不正之风死灰复燃,根据《中共中央关于经济体制改革的决定》,经济体制改革必须坚持政企分开,官商、官工分开。1984年7月17日,中共中央办公厅、国务院办公厅发出《关于党政机关在职干部不要与群众合办企业的通知》,按经济体制改革必须坚持政企分开,官商、官工分开的原则,要求立即停止对在职党政干部与群众合伙兴办经营企业做法的宣传、试点、推广。对已经办起的这

---

① 本书编写组:《新时期反腐败斗争大事记(1978年12月—2003年12月)》,中共党史出版社2005年版,第25—26页。
② 中央纪委研究室编:《十一届三中全会以来党的纪律检查工作大事记》,中国方正出版社2008年版,第73—74页。

种企业,党政机关的在职干部应采取适当方法逐步退出,并积极帮助群众继续办好。允许有的党政干部辞去原来职务转入民办企业。① 但《关于党政机关在职干部不要与群众合办企业的通知》发出后,党政机关和机关干部经商、办企业的现象并没有从根本上得到纠正,有些地方仍在继续发展。12 月 3 日,中共中央、国务院又发出《关于严禁党政机关和党政干部经商、办企业的决定》,指出各级党政领导机关特别是经济部门及其领导干部,要正确发挥领导和组织经济建设的职能,坚持政企职责分开、官商分离的原则,发扬清正廉明、公道正派的作风,为国家的繁荣强盛和人民的富裕幸福服务,决不允许运用手中的权力,违反党和国家的规定去经营商业,兴办企业,谋取私利,与民相争。② 1985 年 1 月 5 日,中央纪委发出《关于贯彻中共中央、国务院〈关于严禁党政机关和党政干部经商、办企业的决定〉的通知》,指出不少党政机关及干部经商、办企业,出现各种名目的公司,有的套购倒卖紧俏物资,有的买空卖空,从中牟利等,这是一种新的、突出的不正之风,必须坚决纠正。③ 1986 年 2 月 4 日,中共中央、国务院又发出《关于进一步制止党政机关和党政干部经商、办企业的规定》。中央文件发出后,有的地方和部门开始着手清理,但不少地方和单位动作迟缓,没有认真贯彻中央文件进行清理,有的依旧做违法生意,倒卖国家分配的紧俏物资。为此,中央纪委要求各级纪委认真学习领会中央、国务院文件精神,搞清政策界限,以鲜明的态度,积极协助党委和配合工商管理部门,逐一检查清理。1984、1985、1988 年,全国先后三次清理整顿官商不分的公司,撤销政企不分和从事倒卖的皮包公司 15 万多家。1988—1991 年底,全国清理整顿公司工作 3 年来,共撤并公司 105 137 个,占原有公司的 35.2%,其中撤并流

---

① 中央纪委研究室编:《十一届三中全会以来党的纪律检查工作大事记》,中国方正出版社 2008 年版,第 65—66 页。
② 《关于严禁党政机关和党政干部经商、办企业的决定》《中共中央、国务院关于进一步制止党政机关和党政干部经商、办企业的规定》,中共中央纪律检查委员会研究室编:《为政要廉洁》,人民日报出版社 1988 年版,第 58—60 页;本书编写组:《新时期反腐败斗争大事记》,中共党史出版社 2005 年版,第 31—32、34 页。
③ 本书编写组:《新时期反腐败斗争大事记(1978 年 12 月—2003 年 12 月)》,中共党史出版社 2005 年版,第 35 页。

通领域中的公司73 362个,占撤并公司总数的70%。①

(3) 规范党政机关干部在企业兼职

1985年7月9日,中共中央办公厅、国务院办公厅发出《关于党政机关干部不兼任经济实体职务的补充通知》,要求所有在职和退居二线的党政机关干部,一律不准兼任全民所有制各类公司、企业等经济实体(包括以民间面目出现的全民所有制企业)的职务(包括名誉职务)。已经兼任的,应辞去兼任的职务,或辞去党政机关的职务。不论在职、退居二线或离休、退休的党政机关干部,一律不准受聘担任集体或个体所有制各类公司、企业等经济实体的职务,已受聘担任的,应辞去。党政机关干部不兼任各类公司、企业等经济实体职务的原则,同样适用于中外合资、合作企业。凡已兼任合资、合作企业职务的,应辞去合资、合作企业的职务,或辞去党政机关的职务。在上述各类公司、企业中如有特殊情况需要党政机关干部兼任职务者,必须报经中共中央、国务院批准。1989年2月5日,中央办公厅、国务院办公厅再次发出《关于清理党和国家机关干部在公司(企业)兼职有关问题的通知》,明确要求"已到公司(企业)兼职的党和国家机关干部,必须在一九八九年三月底以前辞去公司(企业)职务,或辞去机关职务。如本人坚持在公司(企业)任职,干部主管部门应免去其机关职务,并将人事、工资等各项关系转到所在公司(企业)"②。

(4) 禁止领导干部的子女、配偶从事商业活动

这一时期,领导干部的子女、配偶利用特殊身份和社会关系,参与套购国家紧缺物资,进行非法倒买倒卖活动,引起群众的不满,严重损害党的威信,损害党政机关领导干部在群众中的形象。1985年5月23日,中央和国务院发出《关于禁止领导干部的子女、配偶经商的决定》,规定凡县团级以上领导干部的子女、配偶,除在国营、集体、中外合资企业以及在为解决职

---

① 史斌:《中国共产党反腐倡廉的历史回顾(八)》,《上海党史与党建》2001年9月号。

② 《中共中央办公厅、国务院办公厅关于清理党和国家机关干部在公司(企业)兼职有关问题的通知》(1989年2月5日),《廉政建设政策法规选编》,法律出版社1989年版,第186页。

工子女就业而兴办的劳动服务性行业工作者外,一律不准经商。所有干部子女特别是在经济部门工作的干部子女,不得凭借家庭关系和影响,参与或受人指派,利用牌价议价差别,拉关系,非法倒买倒卖,牟取暴利。各级领导干部要以身作则,模范执行本决定,教育自己的子女及配偶遵纪守法,严格按照党的政策办事,绝对不得利用关系进行违法活动。①

3. 坚决纠正政府机构改革中的不正之风

在经济体制改革、政府管理体制改革过程中,一些人钻改革"空子"、打"擦边球",违法乱纪,谋取私利,政府机关及一些领导干部中出现了不良风气,主要表现为特权化、挥霍浪费,为此,党和国家有针对性地采取措施进行了治理。

(1) 坚决反对特权和特殊化

干部特权和特殊化是腐败的表现。我们党从执政开始,就十分警惕这种风气的蔓延。改革开放后,党和国家领导人又多次重新强调,要警惕干部特权和特殊化等不正之风。1978年6月2日,邓小平在全军政治工作会议上指出,领导干部,特别是高级干部以身作则非常重要。现在不正之风很突出,要先从领导干部纠正起。② 1979年5月,《人民日报》的两篇评论员文章将反对特权和特殊化推向风口浪尖。15日,《人民日报》发表评论员文章《坚决反对搞特权》,旗帜鲜明地指出,特殊化这种歪风没有完全刹住。有的领导干部利用职权,拉亲结派,排斥异己,顺者昌,逆者亡;有的领导干部严重脱离群众,当官做老爷,动辄训人、骂人;有的领导干部利用职权,非法调用人力、资金和物资,大兴土木,为个人扩建或新建华丽的高级住宅;有的领导干部慷国家之慨,巧立名目,大吃大喝,铺张浪费,这是当前工作着重点转移的一大障碍。要制止少数领导干部特殊化行为,一方面,党委要重视向这些同志进行党的传统和党的奋斗目标的再教育,号召他们自觉地洗刷头脑中的某些腐朽的封建特权思想,自觉地杜绝特殊化行为;另一方面,要考虑广大群众的呼声和要求,对一些有关领导干部物质生活待遇

---

① 本书编写组:《新时期反腐败斗争大事记(1978年12月—2003年12月)》,中共党史出版社2005年版,第36—37页。
② 《邓小平文选》第2卷,人民出版社1994年版,第124、125页。

的规定,重新加以审查,对其中某些不恰当的要适当加以改革。17日,《人民日报》又发表了《一个有关党风的重要问题》的评论员文章,指出近年来,由于少数高级干部的子女利用父母的职权和地位搞特殊化,甚至明目张胆地违法乱纪,在社会上造成很不好的影响,值得引起重视。纠正某些党员干部溺爱、娇纵子女的不正之风,绝不是一件个人的私事,而是端正党风的重要内容之一。做党的组织工作和纪检工作的同志,特别是领导同志,要严格按党性办事,坚持在党纪面前人人平等的原则,敢于触动那些身居高位而作奸犯科、蔑视党纪国法的人。今后对纵容子女违法犯罪活动者,一定要查清事实,严肃处理。① 两篇文章准确、精练地概括了干部特殊化现象,直指要害。至此,声势浩大的反特权和特殊化活动在全国开展。

1979年11月2日,邓小平在中央党、政、军机关副部长以上干部会议上作了题为《高级干部要带头发扬党的优良传统》的报告,严肃批评有少数人就是做官当老爷,有极少数人拿着人民给他的权力侵占群众利益,搞生活特殊化,甚至横行霸道,为非作歹。② 11月13日,中共中央、国务院颁布《关于高级干部生活待遇的若干规定》;1980年3月,十一届五中全会讨论通过《关于党内政治生活的若干准则》,提出要接受党和群众的监督,不准搞特权。1980年8月,邓小平在中央政治局扩大会议上作题为《党和国家领导制度的改革》的讲话,强调谁也不能违反党章党纪,不管谁违反,都要受到纪律处分,也不允许任何人干扰党纪的执行,不许任何违反党纪的人逍遥于纪律制裁之外,只有真正坚决地做到了这些,才能彻底解决搞特权和违法乱纪的问题;要有群众监督制度,让群众和党员监督干部,特别是领导干部,凡是搞特权、特殊化,经过批评教育而又不改的,人民就有权依法进行检举、控告、弹劾、撤换、罢免,要求他们在经济上退赔,并使他们受到法律、纪律处分。对各级干部的职权范围和政治生活待遇,要制定各种条

---

① 中央纪委研究室编:《十一届三中全会以来党的纪律检查工作大事记》,中国方正出版社2008年版,第8页。

② 《邓小平文选》第2卷,人民出版社1994年版,第218页。

例,最重要的是要有专门的机构进行铁面无私的监督检查。① 1981年2月24日—3月4日,中央纪委举行第三次全体会议,邓颖超在会上指出,围绕领导干部生活特殊化的问题,在一些群众中,对我们党存在的不正之风意见很大。反对特殊化,要从我们每个党员,要从我们领导干部做起。反对特殊化,我们应当采取坚定不移的态度。7月20日,中央纪委发出《关于严肃党纪,杜绝"关系户"不正之风的通告》,要求坚决向"关系户"这种不正之风作斗争,发现一件就查处一件,发现多少件就查处多少件,动员和支持党员、干部和群众向这种歪风斗,越是重要干部目无党纪国法的违纪违法行为,上级纪委就越要鼓足勇气出来批评、制止,以至执行纪律处分。国务院通知下达后,继续进行这种不正当活动的,必须加重处分,严重的要开除党籍;贪污受贿财物一律退赔;阻挠对这种不正之风检查的,无论是个人或组织,均应给以党纪制裁。②

对于干部特权和特殊化现象,中共中央不可谓不重视,治理力度也很大,但由于没有明确制定对特权、特殊化的认定标准、查处程序、执行机关、检举保护、奖惩机制等具体规定,也没有与国家分配制度、政府职能改革进行配套,实际可操作性和效果不尽理想。特别是在利益诱惑之下,党的政策宣传号召、理想信念教育、优良作风和优良传统倡导的约束力往往偏弱,难以从根本上煞住这股歪风。

(2) 纠正铺张浪费之风

倡导艰苦朴素和节约,一直是中国共产党的优良传统。自建党以来,我们党与铺张浪费的斗争就没有停止过。改革开放初期,铺张浪费主要表现为公款吃喝、请客送礼、出国旅游、违纪购买小轿车等,党和国家制定了若干制度规定,采取了比较有力的措施和手段。

①反对请客送礼、吃请中的不正之风,成为党的政治生活中迫切需要解决的重大问题。1977年10月24日,《人民日报》以"大吃大喝可耻,艰苦

---

① 中央纪委研究室编:《十一届三中全会以来党的纪律检查工作大事记》,中国方正出版社2008年版,第16—19页。

② 本书编写组:《新时期反腐败斗争大事记(1978年12月—2003年12月)》,中共党史出版社2005年版,第14—15页。

奋斗光荣"为题,报道中共黑龙江省集贤县县委坚决抵制大吃大喝之风的事迹,并发表评论员文章《此风刹得好》,号召大家像集贤县委那样,狠刹大吃大喝的不正之风。12月13日,《人民日报》发表《干部调动工作,应该怎样欢送?》、《吃喝是小事,请你去不去?》、《"有礼好办事",送礼不送礼?》3篇文章,就如何发扬艰苦奋斗的优良传统问题开展讨论。在编后话"防微杜渐"中指出:办事你送不送礼? 请吃你去不去? 干部调动工作应该怎样欢送? 这些看起来是生活小事,但是,小事里面有政治,如果不能正确处理,就会败坏党的优良作风,就会使自己的思想受到腐蚀。① 1978年4月1日,中央军委作出《关于加强军队纪律性的决定》,提出要保持健康奋斗、艰苦朴素的作风,反对走后门、讲排场、比阔气、请客送礼、铺张浪费等不正之风,决不允许利用职权谋取私利。1979年11月10日,中共中央、国务院作出《关于高级干部生活待遇的若干规定》,对领导干部的宿舍,房租和水电费,家具和生活用具,交通工具,服务人员,出差、出国和外出休养,文化娱乐,不请客送礼,食品定点供应及遗属的生活安排等都提出了明确的要求。②

中央纪委先后发出系列通知、通报治理大吃大喝。1980年6月25日,中央纪委发出《关于杜绝接待工作中不正之风的通知》,要求任何干部都不准以接待领导同志为名,或以照顾某种特殊需要为借口,巧立名目,铺张浪费;各地区、各部门同接待工作无关的领导干部,不要参加迎送,更不准组织群众迎送;宾馆、招待所对领导干部及其随行人员住房、用餐和用车等,均应照章收费,分别由原单位报销或自理,接待部门不得补贴;任何部门和个人都不准动用公款请客送礼;伙食费一律自理,除按规定报销住勤费外,宾馆、招待所不准补贴。参加接待工作的人员要严格控制。1982年12月,中央纪委发出《关于转发〈关于劳动人事部、机械工业部锅炉定点复查组在云南大理、河北承德吃请、游玩、受礼问题的调查报告〉的通知》;1983年12月,中央纪委发出《关于重申严禁请客送礼和吃请受礼的通报》。1984年4

---

① 《人民日报》,1977年10月24日、12月13日。
② 中央纪委研究室编:《十一届三中全会以来党的纪律检查工作大事记》,中国方正出版社2008年版,第12页。

月14日,中央纪委发出《关于重申严禁接待工作中不正之风的通知》,要求各级党委、各个接待部门在接待领导同志时必须严格按照中央规定办事,不准巧立名目,铺张浪费。凡违反规定的地方和部门,均应作出检查;对无视党纪,借机铺张,情节严重的,要追究责任。接待领导同志视察的保卫工作,应考虑既保证安全又不影响群众的正常活动;各级领导同志对于接待问题,要严格遵守有关规定。对各种违反规定的招待,必须及时给予批评,坚决制止。5月,中央纪委发出《对于用公款大吃大喝的领导干部必须给以党纪处分的通报》。1985年11月30日,中央纪委发出《关于严禁对领导干部请客送礼的通知》,要求各级党委(党组)、纪委(纪检组),要把严禁对领导干部请客送礼问题,作为加强社会主义精神文明建设,实现党风根本好转的一项重要工作来抓,必须再次重申此前三令五申地禁止公款宴请、大吃大喝、赠送礼品行为和严惩措施。① 1987年4月,中央纪委又发出《关于立即刹住用公款请客送礼、吃请受礼的歪风的通报》,要求各级纪检机关要与审计、财会部门密切配合,严格检查处理,勿使歪风纠而复生。

②纠正出国(境)不正之风。1985年6月12日,中央纪委发出《关于坚决纠正出国团组中不正之风的通报》,要求各部委党组和各省、市、自治区党组织要加强对选派出国团组的领导,要对出国团组和出国人员的计划严格进行审查;已批准的出国团组,应短小精悍;要严格外事纪律,实行审批部门、组团单位和出国团组的逐级责任制;要注意表扬和宣传那些在出国工作中忠于职守、廉洁奉公的先进人物。②

11月26日,中央办公厅、国务院办公厅发出了《关于解决当前机关作风中几个严重问题的通知》,要求坚决刹住争相购买和更换进口小轿车的不正之风;坚决刹住滥派人员出国的不正之风;坚决制止党政干部挥霍公款到处旅游;严禁铺张浪费、请客送礼;严格禁止党政干部在工资和机关集体福利以外获取不正当的收入;对于党政机关、领导干部及其子女、配偶利

---

① 本书编写组:《新时期反腐败斗争大事记(1978年12月—2003年12月)》,中共党史出版社2005年版,第44页。

② 李雪勤主编:《中国共产党纪律检查工作60年(1949—2008)》,中国方正出版社2009年版,第131页。

用职权和各种方便,违反规定经商牟利的,中央责成各级纪律检查机关和各级政法机关严加检查。凡是情节严重的,该受党纪处分者即按党纪处理,该由国家政法机关法办者即依国法办理。领导干部犯有这类错误的,应加重处理。这对遏制贪污浪费起到一定作用。①

4. 通过整党活动纠正不正之风

1983年开始的整党,将纠正不正之风推向高潮。

党的十一届三中全会后,国家工作重心转移到经济建设上来,党的威信逐步恢复和提高。但在对外开放和对内搞活的过程中,由于封建主义、资本主义腐朽思想的侵蚀,党内思想不纯、作风不正现象比较突出,政治上的自由主义,思想上的极端个人主义,组织上的宗派主义,作风上的官僚主义势头上升。少数人营私舞弊,中饱私囊,走私贩私,行贿受贿,投机诈骗,贪污盗窃。针对这些突出的问题,1982年,党的十二大提出全面整党的任务。

中央纪委为整党工作的开展做了大量的准备工作。1982年1月,中央纪委提出打击经济领域的严重犯罪行为,经中央同意在全国开展,有力地打击了经济犯罪,维护了社会经济秩序。9月11日,中央纪委向十二大报告提出,反腐蚀是整党的重要步骤。1983年1月28日—2月7日,中央纪委召开第二次全体会议,议题主要是贯彻十二大精神,如何尽快实现党风的根本好转。1983年10月,十二届二中全会通过了《中共中央关于整党的决定》,确定从1983年冬季开始,用3年时间对党的作风和组织进行一次全面整顿。全会选举了以胡耀邦为主任、薄一波等为副主任的中央整党工作指导委员会。这次整党的中心内容是要整顿党风,发扬全心全意为人民服务的精神,纠正各种利用职权谋取私利的行为。《中共中央关于整党的决定》指出,对以下问题必须严肃查处:公然违反财经纪律,破坏国家计划,违反国家经济政策,截留税收利润,巧立名目,挥霍、浪费、侵吞国家和集体的财物;在住房、调整工资和就业、升学、提干、安排工作、农村户口转为城镇户口以及涉外工作等方面,利用职权、利用工作上的方便和私人关系搞

---

① 本书编写组:《新时期反腐败斗争大事记(1978年12月—2003年12月)》,中共党史出版社2005年版,第43—44页。

特殊化,违法乱纪,参与走私贩私、贪污受贿、投机倒把等犯罪活动等。整党的步骤是从中央到基层,自上而下、分批分期进行。方法是学习文件、提高认识,分清是非、开展批评与自我批评,最后进行党员重新登记,纯洁组织。会后,整党工作在全国展开。①

这次整党,从1983年冬季开始到1987年5月基本结束,历时三年半,分3个阶段进行。1984年元旦,中共中央整党工作指导委员会要求第一期整党的党委或党组必须贯彻执行边整边改方针,重点放在纠正严重的不正之风上,具体抓两条:一是纠正利用职权和工作条件谋取私利的歪风,二是纠正对党、对人民不负责任的官僚主义作风。对第一条提出了"四项要求",即各级党员领导干部对自己的子女、亲友的劳动就业和工作分配、调动,一律不得插手干预;住房分配一律由本部门、本单位的分房组织在党委或党组的统一领导下办理,任何领导干部不得私自决定,更不得批条子;必须遵守国家财经纪律,不允许请客送礼,更不允许行贿受贿;不许纵容、包庇犯罪分子,不许以任何方式影响和干预司法工作。② 1985年2月28日,中共中央整党工作指导委员会召开第二期整党工作会议,中心议题是讨论如何加强领导,搞好第二期的整党工作,巩固和发展第一期的整党成果,特别是纠正新形势下的不正之风。3月1日,中央纪委发文指出,"有令不行、有禁不止",是当前危害最大的歪风。4月10日,整党工作指导委员会发出《关于第二期整党工作的基本要求的通知》,要求坚决纠正新的不正之风。③

纠正不正之风是整党工作的一个重点,通过全国整党活动,加深了对建设有中国特色社会主义的理解,提高了贯彻执行党的基本路线的自觉性,增强了党的团结和改革创新的勇气,查处了一批党员干部严重违法乱纪、以权谋私的案件,惩治了一批党内腐败分子,其中开除党籍的约4万人,9

---

① 《中共中央关于整党的决定》,《十二大以来重要文献选编》(上),人民出版社1986年版,第390—409页。

② 中央纪委研究室编:《十一届三中全会以来党的纪律检查工作大事记》,中国方正出版社2008年版,第60页。

③ 《中共中央整党工作指导委员会关于第二期整党工作的基本要求的通知》,《十二大以来重要文献选编》(中),人民出版社1987年版,第711—717页。

万多名党员未予登记,另有14.5万名党员缓期登记,纯洁了党的组织,并调整和充实了县级以上的领导班子。

四、坚决查办违纪违法案件

实行改革开放后,党和国家在实现拨乱反正,扭转党风,平反冤假错案,为受诬陷、迫害的干部恢复名誉的同时,大力开展打击贪污腐败行为的工作。

1. 打击经济领域违法犯罪活动

随着改革开放、经济发展,经济领域中的严重犯罪活动也猖獗起来,反对经济领域违法乱纪行为,日益成为一项迫切的斗争。1982年1月5日,陈云对中央纪委编印的一份反映广东一些地区走私活动猖獗的信访简报作出批示:"对严重的经济犯罪分子,我主张要严办几个,判刑几个,以至杀几个罪大恶极的,雷厉风行,抓住不放,并且登报,否则党风无法整顿。"1月11日,中共中央发出《关于打击严重经济犯罪活动的紧急通知》,要求中央和国家机关,军队系统,立即分别召开负责同志会议,坚决贯彻执行中央常委的这个批示。中央决定派人立即去广东、福建、浙江、云南等走私贩私最为严重的省,传达中央常委的批示并采取紧急措施。其他各省、市、自治区党委,也要重视这方面的问题,并采取相应措施。[①] 1月13日,中共中央、国务院《关于打击经济领域严重犯罪活动的决定》指出,当前经济领域中的严重犯罪活动,已经和正在腐蚀我们的干部队伍,损害我们党、政府、军队的肌体和国家的信誉,毒化人们的思想,污染社会风气,破坏经济建设,妨碍对外开放和对内搞活经济政策的正确执行,影响社会安定。打击经济领域中严重的犯罪活动,是在当前条件下最实际、最有效的整党整风的措施之一。对一切有严重的犯罪行为、必须依法判刑的党员干部,不管党龄长短、地位高低,都应坚决撤销他们的职务,开除他们的党籍;对极少数思想、政

[①] 《中共中央紧急通知》,《三中全会以来重要文献选编》(下),人民出版社1982年版,第1092页。

治和组织都严重不纯的党政组织,要有领导、有计划地坚决进行整顿;对极个别确实已经烂掉的党政组织和企业事业单位,要由有关上级党委、政府及其有关部门派坚强的干部或工作组,在查明情况后予以改组或解散,并做好重新组建的工作。①

1982年4月10日,中共中央政治局讨论通过《中共中央、国务院关于打击经济领域严重犯罪活动的决定》,邓小平随即在题为《坚决打击经济犯罪活动》的讲话中指出,我们自从实行对外开放和对内搞活经济两个方面的政策以来,不过一两年时间,就有相当多的干部被腐蚀了,卷进经济犯罪活动的人不是小量的,而是大量的。打击经济犯罪活动,不搞运动,但这是一个长期的、经常的斗争,至少是伴随到实现"四个现代化"那一天。邓小平说,有四个方向的事情、四个方面的工作和斗争,要伴随着整个社会主义现代化建设的进程:第一,体制改革;第二,建设社会主义精神文明;第三,打击经济犯罪活动;第四,整顿党的作风和党的组织,包括坚持党的领导,改善党的领导。打击经济犯罪活动的斗争,是我们坚持社会主义道路和实现"四个现代化"的一个保证,我们要有两手:一手就是坚持对外开放和对内搞活经济的政策,一手就是坚决打击经济犯罪活动。没有打击经济犯罪活动这一手,不但对外开放政策肯定要失败,对内搞活经济的政策也肯定要失败;有了打击经济犯罪活动这一手,对外开放、对内搞活经济就可以沿着正确的方向走。② 根据这一精神,4月13日,中共中央、国务院作出《关于打击经济领域中严重犯罪活动的决定》。

1982年3月9日,第五届全国人大常委会颁布《关于严惩严重破坏经济的罪犯的决定》后,据不完全统计,至同年4月16日止,20个省、市、自治区有2900多人向有关部门投案自首。③ 截至1982年12月底,根据中纪委

---

① 张同乐、朱虹:《中华人民共和国国史全鉴(1976—1988年)》第5卷,团结出版社1996年版,第5741页。
② 《邓小平文选》第2卷,人民出版社1994年版,第402—403页。
③ 李雪勤、李雪慧主编:《新中国反腐败大事纪要》,南开大学出版社1999年版,第125页。

报告的初步统计,全国揭露并立案审查的各类经济犯罪案件为 164 000 多件,已结案 86 000 多件,其中被依法判刑的近 3 万人,开除 5500 多名党员党籍,追缴赃款赃物 3.2 亿多元。1982 年 7 月 27 日,中央纪委给予原化工部副部长、党组成员,原北京市燕山石油化学工业总公司党委书记兼总经理杨义邦留党察看两年和撤销其在党内一切职务的处分,并建议撤销他在党外原任的各种职务,另行分配工作。杨义邦成为打击经济领域严重犯罪活动中倒下的第一个高官。①

1982 年 8 月 13—17 日,中央纪委第四次全体会议讨论和审议了《中央纪律检查委员会向党的十二次全国代表大会的工作报告》,指出资本主义思想腐蚀和社会主义思想反腐蚀的斗争,在我国社会主义发展阶段,将不可避免地长期进行下去。在新的历史条件下,如何防止党员在资本主义思想腐蚀下腐化变质,关系到我国社会主义现代化建设成败,已经成为我们执政建设的重大课题。目前实行对外开放和对内搞活经济的政策,以加快经济的发展,这是完全正确的,借口某些党员腐化变质而怀疑党的政策的正确性是完全错误的。强调反对资本主义思想腐蚀的斗争,实际上也是对党的作风和组织的整顿,是我们党领导全国人民建设社会主义精神文明和物质文明的重要措施。②

1983 年 9 月,中央纪委召开全国打击严重经济犯罪活动的工作会议,纠正了那种认为打击经济犯罪活动会妨碍改革开放的错误思想,克服了工作中的薄弱环节,加强了清查和打击的力量。中央纪委会同中央政法委员会下发了《关于严惩严重破坏经济的罪犯的意见》,根据复杂情况,规定了一些政策界限,推动了斗争的深入开展。③

从 1982 年 2 月到 1986 年 7 月底,在全国打击严重经济犯罪活动中,受

---

① 本书编写组:《新时期反腐败斗争大事记(1978 年 12 月—2003 年 12 月)》,中共党史出版社 2005 年版,第 20 页。
② 本书编写组:《新时期反腐败斗争大事记(1978 年 12 月—2003 年 12 月)》,中共党史出版社 2005 年版,第 20 页。
③ 中央纪委研究室编:《十一届三中全会以来党的纪律检查工作大事记》,中国方正出版社 2008 年版,第 55 页。

党纪政纪处分的党员 67 613 人,其中被开除党籍的 25 598 人。从 1982 年到 1988 年全国各级检察机关共查处各种经济犯罪 70 多万件,涉及国家工作人员约 10 万人(占同类犯罪人员的 49%),其中县处级以上党员干部 1700 多人。打击严重经济犯罪活动取得重大胜利,对贯彻执行改革、开放政策,保护干部和群众改革的积极性,增强了党员、群众的法制观念和抵制资本主义腐朽思想侵蚀的能力,起到了积极作用。

2. 查办贪污贿赂案件

查办贪污贿赂案件,保证党的纯洁和政府的廉洁是这个时期的一项重点工作。

反贪污腐败机构通过加强信访工作,不断拓宽发现贪污腐败的渠道,增强打击贪污腐败的力度。各级纪委不断加强对信访处理的力度,认真处理来信来访,发挥信访工作的信息作用,是搞好反贪腐工作的重要条件之一。党员和群众的来信来访,是联系群众、了解情况、接受群众监督的重要渠道,不少大案要案的线索是来信来访提供的,一些领导干部,包括一些高级干部的违纪问题,是群众来信来访揭发出来的。1988 年 6 月 1 日,中共中央发出《关于党和国家机关必须保持廉洁的通知》,发动群众举报各种不正之风。8 月 4 日起,监察部开始受理群众的检举、揭发和控告,并公布举报电话。12 月 26 日,最高人民检察院发布《人民检察院举报工作若干规定(试行)》,对举报工作作出具体规定。1989 年,监察部要求全国县以上各级监察机关必须设立举报中心。6 月 20 日,最高人民检察院公布举报监督电话,截至 8 月 17 日,全国 356 个检察机关设立举报机构或举报电话,受理群众举报的各类案件线索 3001 件。

按照"宽严相济、坦白从宽"的原则,对贪污腐败进行集中整治。1989 年 8 月 15 日,最高人民法院和最高人民检察院发布《关于贪污受贿、投机倒把等犯罪分子必须在限期内自首坦白的通告》,规定国家工作人员犯贪污罪、受贿罪、投机倒把罪的,企事业单位、机关、团体犯投机倒把罪、受贿罪的直接负责的主管人员和其他直接责任人员,自本通告发布之日起,至 1989 年 10 月 31 日,必须向检察机关、公安机关、人民法院或者其他有关部门或本单位投案自首,坦白交代犯罪事实,争取从宽处理。群众向监督机关检举、控告、反映领导干部以权谋私、经济上违法违纪问题的占50%以上。一些贪污、贿赂、投机倒把等犯罪分子慑于法律的威严,纷纷向公安、检察、纪检、监察等有关部门投案自首。

第四节
改革开放初期反贪腐
实践经验和教训

一、改革开放初期反贪腐工作的基本经验

1. 把党风作为事关党的生死存亡的大事重点抓

把党风问题作为党的纪律工作的核心来抓,是这个阶段反贪污腐败工作的特色和经验。执政党的党风问题,说到底,就是我们党能否坚持工人阶级先锋队的性质,保持党和群众的密切联系。党风不正,最大的危险就是脱离群众。广大群众总是直接通过党组织的活动和党员的表现,来看待我们党的,党风的好坏决定人心的向背,而人心的向背又决定着党的命运。十一届三中全会以来,党中央一再强调要端正党风,把它作为加强执政党建设的头等大事,并根据现实状况,实事求是地指出党内政治生活不正常,思想不纯、作风不纯和组织不纯,民主集中制和实事求是、批评和自我批评等优良作风受到损害,正确作出党风还没有根本好转的判断。党风不能得到根本好转,党内政治生活和党的纪律也就不能得到根本改进。

党和国家领导人以忧患意识、深邃的洞察力和高瞻远瞩的政治远见,指出当前在少数党员和干部中,不正之风和违法乱纪行为还相当严重,在某些方面还有所发展,主要原因是党风不正,并提出执政党的党风问题事关党的生死存亡。十年"文革",使党的思想、政治、组织和作风受到空前严重的破坏,十一届三中全会以来,由于中央和各级党委的努力,尽管党风有了

明显的好转,但不彻底解决党风不正问题,党就难以获得广大群众的普遍信任。正是这种情况和要求,不能不使党的纪律检查工作,从主要处理党员违犯组织纪律案件,发展到着重抓执政党的党风问题,这也是新的历史条件向纪检部门提出的新任务。党风不正,就根本谈不上遵守党的纪律。中央纪委将主要精力集中在党风不正问题上,确立了以端正党风为中心的工作指导方针,抓住了当时问题的根本,有利于通过党风的根本性好转实现廉洁从政的环境,稳固党的执政地位,促进经济和社会的协调发展。

2. 同党中央保持一致是最重要的政治纪律

反贪污腐败的一个重要目标就是保证国家法律法规和中央政策的贯彻落实,保障政令畅通是维护和加强党的领导的重要方式和途径;在反腐败的过程中,充分体现和贯彻党的领导是反腐败斗争取得成效的一条基本经验。中央纪委在向党的代表大会的工作报告中强调,要实现社会主义现代化的伟大历史任务,关键是坚持党的领导,所有共产党员,尤其是各级领导干部,必须首先严格遵守政治纪律。1980年12月25日,邓小平在中央工作会议上的讲话中强调指出:"各级党组织,每个党员,都要按照党章规定,一切行动服从上级组织的决定,尤其是必须同党中央保持政治上的一致。这一点现在特别重要。谁违反这一点,谁就要受到党的纪律处分。党的纪律检查工作要把这一点作为当前的重点。"违反政治纪律,抵制和反对党中央的路线、方针、政策的贯彻执行,这是危害最大的违犯党纪的现象。坚定地在政治上同党中央保持一致,这是一条最重要的政治纪律,是纪检监察部门的第一位的工作。① 中央纪委明确提出政治纪律,并坚定地把维护政治纪律作为重要任务来贯彻落实。把有令不行、有禁不止作为新的不正之风予以纠正,在经济领域纠风和打击严重犯罪,保证国家改革健康顺利地推进,纠正党政机关和干部违反规定经商办企业,推行政企分开、政商分开,纠正政府机构改革中的不正之风,保持党的纯洁性,为党的路线、方针、政策的贯彻落实提供切实有效的保障。

---

① 邓小平:《贯彻调整方针,保证安定团结》,《邓小平文选(1975—1982)》,人民出版社1983年版,第326页。

3. 坚持"两手抓,两手都要硬"

在改革开放初期,辩证处理好反贪污腐败与经济建设的关系,坚持"两手抓,两手都要硬"的方略,是反贪污腐败工作的成功经验。

反贪污腐败工作是维护社会安定和政权稳固,促进经济社会发展和人民生活水平提高的重要手段,需要服从和服务于党的基本路线和中心大局。在改革开放初期,各反腐败机构一面保障改革开放政策的顺利实施,促进经济的健康发展,一面严厉打击经济犯罪和贪污贿赂行为。根据经济建设的需要,适时打击经济领域的严重犯罪活动,纠正经济改革中的不正之风,主动为经济建设大局服务;通过执纪执法,防止和惩处假公济私、损公肥私、投机倒把、非法牟利等违纪违法行为,维护国家和集体利益;通过整顿党的作风,坚决清除腐化变质分子,提高广大党员的政治觉悟和抵制腐蚀的能力,保持党的纯洁性,增强党的战斗力,为经济建设提供组织力量的支撑。

4. 反贪腐工作为改革清障排阻

反贪污腐败工作对于经济改革起到了有力的推动作用。陈云曾强调,"要使纪检工作成为促进改革的重要力量"。反贪污腐败机构正是适应新形势的要求,坚决拥护党的基本路线和各项方针、政策,积极支持经济改革。

改革开放是一项全新的事业,"摸着石头过河"的过程中需要对不同性质的错误区别对待,要鼓励和支持干事业的干部,同时要惩处违纪违法、损公肥私的不法分子。在这个时期,对于坚决贯彻党的方针政策、积极参加改革的同志,反贪腐机构旗帜鲜明地提供支持和保护;对于在改革中发生的失误或者缺点、不足,及时帮助他们总结经验教训,热情鼓励他们改正错误和失误,但坚决反对和纠正打着改革旗号破坏改革、牟取私利的人和事,通过查办腐化变质案件和纠正不正之风,纠正出现的错误倾向,维护党的纪律的严肃性。在查办违纪违法案件的过程中,反贪腐机构向中央提出了一些完善制度的意见和建议,主动为改革排除制度障碍,弥补制度漏洞,推动改革沿着健康道路又好又快地发展。

二、改革开放初期反贪腐工作中存在的问题

在改革开放初期,面对国内外复杂多变的局面,腐蚀和反腐蚀的斗争日益激烈,纪检监察工作艰巨而复杂。由于历史和现实的多种因素综合作用,当时反腐工作仍然存在一些不足。

1. 对改革开放以来党员思想可能出现问题的认识严重不足

在我党成为执政党后,党的地位发生了根本性的变化,有一部分人抱着利己动机入了党,一些在残酷环境中奋斗过来的老党员经过了"艰苦关"、"生死关",但却过不了"权势"、"颂扬"、"名利"、"美色"关,思想逐渐被腐蚀。对于党员中可能发生的这些思想变化和错误行为,党的七届二中全会和党的八大已经指出并反复强调过,但在很长一段时间,并没有引起足够的重视。尤其是"文革"的破坏,加上改革开放条件下,资产阶级腐朽思想的侵蚀,使各种违反党性原则的错误观念和思想作风滋长蔓延。

这个阶段,尽管纪检机关将整顿党风作为中心工作来抓,但对党员思想变化缺乏充分认识,对反腐蚀和纠正不正之风所面临的复杂局面估计不足,对错误行为和作风没有采取有效的措施和手段,不正之风此伏彼起,或纠而复生,党提出的一些任务目标没有如期实现。中央纪委在向十三大的工作报告中提出,我们从多年的实践中得到的一个重要经验教训是:党在执政条件下,加强党性教育、加强党的思想政治工作,是执政党党风建设最主要的课题,是端正党风的当务之急。重视执政条件下党员思想可能发生的问题,坚持不懈地抓党性教育,纠正党员的错误思想意识,才能从根本上纠正各种不正之风。[1]

2. 党政不分,以纪代法、以纪代罚现象比较突出

党政不分,不仅表现在开公司、办企业等经济活动中,在社会管理活动中也不同程度地存在着。

---

[1] 本书编写组:《新时期反腐败斗争大事记(1978年12月—2003年12月)》,中共党史出版社2005年版,第61页。

首先,这个时期制定和出台了大量党纪规定,但法律和行政法规、规章比较少。用党的纪律规定约束党员行为没有问题,但经常出现用党的红头文件作为查办案件及纠风依据的现象。其次,中央纪委在打击严重经济犯罪中成为主力军,而检察机关、监察机构及其他行业监管机构却扮演不太重要的角色,甚至出现中央纪委直接查办一般经济犯罪,行使了公安、检察等行政机关的职能。如1985年,中央纪委直接查处海南进口和倒卖汽车的大案;1987年,中央纪委查处河北省承德市制药厂制售劣药案等。再次,对于一些违法行为,用纠风形式处理,出现了以纪律代刑罚和行政处罚的现象,过于看重和利用党纪党规,直接影响法律法规的约束力和权威性,造成干部法治意识淡薄和依法执政观念不强。

3. 反贪污腐败的措施应急性、权宜之计多,缺乏稳定性

中央反贪污腐败的决心很大,对贪污腐败和不正之风的处理态度坚决,但这一时期由于速战速决的思维影响,出现了一些急躁做法。

经常出现的情况是,发生和发现了问题,就立即发一个文件或作出指示,杀一股歪风,一段时间后,歪风邪气又冒出来,又接着下文件重新整顿。这种头痛医头、脚痛医脚的短期行为在一个时间段会有效,但腐败分子慢慢适应后就会产生免疫力,"上有政策,下有对策",其他干部和党员也会失去新鲜感和紧迫感,文件的效用递减,最后会失去作用和效果。另外,为了追求短期效应,往往以牺牲法制稳定性为代价,如在这个时期曾几次规定时限,对主动交代贪污、受贿或者其他违纪事实的,从宽处理,否则,从重给予处分。法纪的标准确定之后,任何时候对于任何对象都应该是平等的,不然,法纪就会因为缺乏稳定性而产生不公,丧失公信力和权威性。

4. 纪检和监察机关职能重复交叉,上下体制关系没有完全理顺

根据1982年《中国共产党章程》的规定,纪委实行双重领导,纪委没有完全实行上下垂直领导的体制,纪委要监督同级党委但又要受同级党委领导,查办案件立案要经同级党委批准或同意,处分违纪违法党员也要受到党委的制约和限制。党内监督"条"、"块"并管的体制设置,有其加强党对纪律检查工作的领导和相互制约的作用,但从新的实践需要来看,这种体制效率低、成本较高,如何处理公平与效率、制约与效率的关系,制约力如何充分有效地发挥等问题,是更为核心和关键的。1982年9月,中央纪委向十二大提交的工作报告指出:"纪委工作的战斗力还不很强,对有些问题的处理表现软弱无力;中纪委对地方各级纪委的工作帮助很不够,没有担负起双重领导应有的责任",实事求是地反映了体制不顺产生的问题。[①]

1987年,各级政府开始设立行政监察机关,由各级政府直接领导,但上下级行政监察机关之间只存在业务指导关系,而不存在领导与被领导的关系。尽管成立行政监察机关的目的是解决党政不分的问题,但在这个阶段,纪委和监察机关的职能、职责存在重复交叉,办案中常常存在互相推诿的现象。两个机构基本履行相同职责,不仅没有解决好党政不分的矛盾和问题,相反,在某种程度上,使得已有的一些问题更加突出和严重。

[①] 参见本书编写组:《新时期反腐败斗争大事记(1978年12月—2003年12月)》,中共党史出版社2005年版,第21—22页。

第五章

新中国反贪腐廉政制度建设的重要发展阶段（1992—2002）

1992年以后，随着改革开放的进一步深入，社会主义市场经济体制的确立，中国特色社会主义建设进入一个新的时期。而贪污腐败在一些新的社会领域蔓延滋生，其特征状况也进入一个明显不同于以前的时期。新中国反贪污腐败斗争进入了一个新的、重要的发展阶段。

第一节
社会主义市场经济体制建设
初期的反贪腐环境

1992年,党的十四大正式提出建立社会主义市场经济体制的目标。在所有制上,改革开放以来实行的以公有制为主体、多种经济成分共同发展的政策,已使各种独立的经济利益主体逐步形成,在国民经济中所占比重大幅增加,商品价格进一步市场化,绝大部分工业生产资料价格"双轨制"已转变为市场单轨价。这一时期,商品短缺状况基本得到改变,但由于在经济高速发展中变得稀缺的生产要素市场还不发达,利用手中掌握的权力,千方百计借助权力,来达到利用土地、资本等生产要素牟取私利,成为这一时期腐败活动的主要特征。

1992年以后,贪污腐败进入一个新的高发期,原来的规定显然不适应新的情况,一些随着经济发展出现的新的腐败高发领域不断出现。1992年以前,我国尚没有土地和房地产市场,到1992年为止,政府以拍卖、招标、协议等方式出让的国有土地仅占全部可分配性土地的6%,仍然沿用行政划拨的土地高达94%。1992年以后,土地有偿使用成为惯例,利用土地批租和有偿转让谋私,成为这一时期官员腐败的一个重要特征。许多地方的土地管理机关和房地产开发公司是代表政府管理土地和收取土地使用费的,但实际上收取的费用或转让房地产收益并没有全部进入国库,不少流入小团体或个人腰包。据统计,全国每年发生的土地隐形交易约500万起,交易房地产面积上亿平方米,交易金额达400亿元—500亿元,由此导致全国房地产收益流失每年约在200亿元以上。① 这一时期,除土地领域外,证券、贷款、期货等领域都成为贪污腐败的高发领域,几乎每个金融工具的创新都伴随着巨大的利益再分配,动辄涉及数亿元乃至数十亿元资金。如果说利用商品价差谋取利益时,政府官员还有些"被动",是拼命"寻租"的企业推动的结果,那么利用手中掌握的生产要素来牟取私利,政府官员则处于主动、主要的地位。以土地和房地产领域为例,中国土地从无偿使用到有偿使用,地价完全由政府规定,在这个阶段,官员的贪污腐败基本上是利用对一些特殊资源的政府垄断,通过市场去牟取暴利,权力市场化、资本化,是这一时期腐败的集中表现。

为了适应新情况、新问题,1997年修订后的《中华人民共和国刑法》对贪污贿赂的定案标准做出调整后,当年9月,中纪委也对1990年试行的《关于共产党员在经济方面违法违纪党纪处分的若干规定》中贪污受贿定案标准作出与刑法相适应的调整。同时,纪检监察机关加大了反贪污腐败的力度。1992年检察机关受理贪污贿赂案件66 477件,立案侦查的万元以上大案要案10 511件;1993年受理69 769件,立案侦查大案要案14 237件;1994年受理79 619件,立案侦查大案要案19 055件;1995年受理81 420件,立案侦查大案要案20 661件;1996年受理81 929件,立案侦查大案要案25 116件;1997年受理74 949件,立案侦查大案要案26 157件。从1998年起,最高人民检察院将贪贿大案要案的标准调整为5万元以上,1998年受理贪污贿赂案件69 265件,立案侦查大案要案5504件;1999年受理64 682件,立案侦查大案要案7725件。全国纪检监察机关处分的党员干部,1993年县处级2793名、厅局级205名、省部级6名,1994年县处级3528名、厅局级309名、省部级17名,1995年到1997年,受到处理的县处级以上干部,包括省部级高级干部数量都达到一个峰值。这3年受处分的县处级干部数量分别为4880名、5868名、6585名,厅局级干部分别为

---

① 吴雅丽:《土地市场,晴间多云》,《光明日报》,1993年7月28日。

429名、467名、583名,省部级干部分别为24名、23名、7名,此后的1998年和1999年,受处分人数呈下降趋势,但自2000年后,受处分干部数量又有回升。至于1997年受查处的省部级干部数量相对于前后两年都少,除了在具体查处中遇到的阻碍因素外,还有一个重要原因,就是在1997年中国对反贪腐斗争的策略进行了一次重大转换,由主要注重查处大案要案(治标),转变为加大查处大案要案的同时,注重从制度建设上铲除滋生腐败的土壤(标本兼治),1997年前后正是这一反贪腐纳入制度化轨道的适应期,需要有一个调整过程。①

十五大以后,国家加大了对产业结构的调整改革力度,国有企业改制、改组、改造步伐加快,民营经济有了较快发展。同时,国家加强了对证券股票市场、房地产市场的管理,并积极推动国有专业银行商业化步伐,资本、技术和劳动力等要素市场初步建立,对生产要素领域的贪腐有所遏制,但是由于改革不到位,权力过于集中,政企不分,政府职能转变迟缓等涉及经济、政治体制等诸多深层次矛盾日益明显,这一时期腐败现象呈现新的发展趋势。

由于改革本身的持续性特点,必然是一个循序渐进的过程,不可能一步到位,因此,许多改革措施具有过渡性,甚至有明显的缺陷和不足,在破与立的过程中,新旧两种体制不可避免地会发生碰撞、摩擦,有时还会出现空隙,甚至真空、无序状态,这都为贪污腐败的滋生留下了时空条件;改革本身是一项系统工程,在不同层次的衔接上,不可能绝对达到"无缝焊接",会有脱节乃至失控的情况;改革涉及领域广泛,不同领域的改革难以完全同步、同时到位,这样,在政策、法规和社会管理方面就会因滞后而出现漏洞;改革本身是一个不断"扬弃"的过程,在特定情况下还会出现新旧体制的弊端同时出现的情况,如果宏观调控不能及时到位,就有可能造成一定程度、

---

① 以上数据,根据中国检察年鉴编辑部编:《中国检察年鉴》1992年、1993年、1994年、1995年、1996年、1997年、1998年、1999年各卷,中国检察出版社1993—2000年版。

一定规模的社会混乱。我国的权力制衡方面正在进行干部人事制度、政府审批制度、财政制度改革,规范和执行招投标制度,推行政务公开等一系列改革,但改革还在实践探索过程中,还不够规范和完善,廉政制度建设仍存在许多需要进一步探索、规范和完善的地方。从反贪污腐败的廉政制度的执行情况来看,对各级政府部门和公务人员执行廉政制度的检查、督促不严,也很少对不认真执行甚至严重抵触廉政制度的部门和个人给予严厉的纪律追究或以法律手段予以处罚。

正因为存在种种制度和实践探索中的不完善、不规范之处,因此,新时期贪污腐败现象滋生蔓延具有如下特点:

第一,贪污腐败发生的领域和范围扩大,违纪违法活动广泛地渗透到经济、政治和社会活动的各个方面,诸如教育部门等过去被称为"清水衙门"的很多政府部门,贪污腐败问题也日渐增多,呈现泛化的趋势。

第二,贪污腐败发生的群体性特征明显。贪污腐败分子在政治上拉帮结派,任人唯亲,以我划线,编织自己的"小圈子";经济上相互牵连,互相利用,结成利益共同体,呈现出具有人身依附性质、共享既得利益的明显的群体性特征,甚至因此纠结家族关系、权力关系、人情关系、金钱关系编织起越来越坚固的腐败"互联网",致使社会监督体制显得软弱无力。这些年来被揭露查处的广东湛江海关团伙走私案、福建厦门远华特大走私案、沈阳慕(绥新)马(向东)案等一系列严重违纪违法案件,都是典型的群体性"串案"、"窝案"。

第三,贪污腐败主体由过去主要是基层掌管财物实权的干部,向高级别干部蔓延,由个体行为向家族、集团行为发展,"一把手"腐败、家族腐败、法人腐败、有组织团伙性腐败、集团腐败呈上升趋势,"串案"、"窝案"明显增多。在近几年查处的大案要案中,党政"一把手"腐败的问题非常突出。在慕绥新、马向东违纪违法案件中,涉案的 23 名主要领导干部,其中有 17 人都是本部门、本地区的党政"一把手",占涉案人员的74%。[①]"一把手"的贪污腐败行为往往具有示范效应,导致其下属各个部门负责人的违纪违法行为。

第四,行业不正之风日益猖獗。在经济领域,土地出租和批租等新的经济热点部门、资金高密集领域、公共工程建设领域成为腐败高发区。金融、证券、土地批租、建筑工程、房地产、大宗物资采购等行业,由于掌握着市场稀缺资源,具有较大的市场价值,因而通过行业谋私的现象日益增多。在非经济领域,组织人事和司法活动中发生的贪腐现象也令人瞩目。吏治腐败越来越严重,突出表现为卖官鬻爵、跑官要官、买官骗官之风日益严重,甚至为排除异己,不择手段,雇凶杀人。司法腐败突出,徇私舞弊、贪赃枉法现象愈演愈烈,以钱代刑、以钱买刑等知法犯法、执法犯法现象日益突出。吏治腐败和司法腐败直接危害党和政府的权威、国家的法制秩序,其危害性尤甚于其他的腐败形式。

第五,国有企业成为贪污腐败的重灾区,走私、骗取出口退税、制假造假售假等贪腐活动猖獗。国有企业贪污腐败现象未能得到有效遏制,一是国有企业领导人员违纪违法行为比较突出,一些国有企业没有将经营决策权进行科学分工,缺乏真正的约束机制,经营决策往往集中于一人之手、一支笔审批,容易发生贪污腐败问题;二是在国有企业改制调整中,一些违法犯罪分子乘机利用职权大肆侵吞、挪用公款,索贿受贿,中饱私囊,严重损害了国家和职工的利益;三是巧立名目,将巨额国有资产进行转移、私分,造成国有资产的严重流失。

第六,跑国债、跑项目资金等不正之风盛行。这一时期,我国实行积极的财政政策,通过启动国债项目进行投资,有力地拉动了国民经济的发展。但少数地方的党政干部为了得到国债项目资金的扶持,"不惜一切代价",动用各种资源,跑国债、跑项目资金,导致贪腐行为高发。

---

① 钟继宣:《沈阳团伙性腐败的深刻教训》,《党风廉政教育参考资料》,2002年第3期。

第七,资本积累型腐败日益成为腐败的主流形式。这一时期,贪污腐败分子表现出极大的贪婪性,已经不满足于追求一般生活上的享乐,违纪违法的目标已经从消费享乐型向资本积累型转化,对公共财富的侵占从过去的实物形态转变为价值形态,从非法占有生活资料发展为大肆侵占生产资料、生产要素,从积累财物发展到积累资本,且数额特别巨大。有的腐化分子直接收受投资股份,获取投资收益;有的腐败分子疯狂攫取非法所得,通过"洗钱"等手段将巨额非法所得用到经商办企业或有利可图的资本投资中去,以获取更加丰厚的利润回报。

第八,贪腐外向型特征日趋明显。随着经济全球化趋势的不断发展,随着我国加入WTO,越来越多的外资、外商进入我国,我国的企业也更多地走出国门。有的贪腐分子利用资本跨地域、跨行业、跨国境流动的机会,与地区外、行业外、境外不法分子勾结,共同犯罪;有的贪腐分子则利用国际间法律的差异,国内犯罪、国外洗钱;有的贪腐分子以境外商人为合作对象,为对方谋取利益后,在境外进行"交易",赃款赃物滞存境外。正因为贪污腐败案件的外向型特征日益明显,一些涉案的党政干部特别是关键涉案人员一有风吹草动即随时出逃。

第九,贪污腐败犯罪的地域性特征日益明显。在东部、南部经济发达地区贪污腐败犯罪活动中,外向型特征和资本积累型特征的贪腐所占比重越来越大;而中西部经济文化相对落后地区,具有人身依附性质的腐败和消费享乐型腐败仍占较大比重。不过,由于干部交流和发达地区的影响,外向型特征和资本积累型特征的贪污腐败现象呈迅速发展的趋势。①

根据中央纪委向党的十五大、十六大提交的工作报告显示,通过十五大、十六大前后对比,1992年至1997年全国处分党员669 300人,1997年

---

① 关于新时期贪污腐败现象滋生蔓延特点的分析,观点丰富多样。参见李福海、雷咏雪:《廉政建设的理论、制度与实践——中国政府廉政建设研究》,四川大学出版社2000年版;田心铭:《反腐败论》,四川教育出版社1997年版;李文生:《腐败防治论》,中国检察出版社2004年版;杨彧:《社会转型时期反腐败研究》,天津人民出版社2001年版;马海军:《转型期中国腐败问题比较研究》,知识产权出版社2008年版等。

至 2002 年全国处分党员 846 150 人,比前者增加了 26.4%。1992 年至 1997 年全国开除党籍人数为 121 500 人,1997 年至 2002 年全国开除党籍人数为 137 711 人,比前者增加了 13.3%。1992 年至 1997 年全国处分县处级领导干部 20 295 人,1997 年至 2002 年全国处分县处级领导干部 28 996 人,比前者增加了 42.9%。1992 年至 1997 年全国处分厅局级领导干部 1673 人,1997 年至 2002 年全国处分厅局级领导干部 2422 人,比前者增加了 44.8%。1992 年至 1997 年全国处分省部级领导干部 78 人,1997 年至 2002 年全国处分省部级领导干部 98 人,比前者增加了 25.6%。①

---

① 中宣部理论局编:《理论热点 18 题》,学习出版社 2004 年版,第 116 页。

第二节
中共第三代领导集体反贪污腐败的思想原则

从十三届四中全会以来,在发展社会主义市场经济条件下,党的第三代领导集体始终一手抓改革开放,一手抓惩治腐败,用发展着的马克思主义理论指导反贪污腐败工作,在保证反腐倡廉工作平稳、健康、深入发展,维护和促进中国特色社会主义建设平稳发展的大局方面,形成新的历史条件下反贪污腐败指导思想、基本方针、基本战略、工作任务、工作步骤、领导体制和工作机制,走出一条反贪腐斗争的新路。

一、坚持从政治的高度把握廉政建设和反贪腐斗争的形势、特点和规律

20世纪90年代以来,随着经济体制改革的深入,利益主体日益多元化、分配方式日趋多样化,加之市场经济本身的弱点及消极影响,各个利益主体为了追求各自的最大利益,通过各种方式去获取有限资源,这就容易产生权钱交易、权权交易等贪腐行为。

党中央第三代领导集体以邓小平理论为指导,根据新时期新任务,丰富和发展了邓小平关于党风廉政建设和反贪污腐败的理论。他们站在全局的、政治的、战略的高度来认识和判断党风廉政建设和反贪污腐败斗争在建设中国特色社会主义进程中所处的重要地位和意义,把党风廉政建设和反贪污腐败斗争的性质提升到"关系党和国家前途命运的严重政治斗争"

的战略高度,把党风廉政建设和反贪污腐败斗争置于建设中国特色社会主义事业的大局来把握,从而十分清醒地意识到自己肩负的历史重任。江泽民指出:"开展反腐败斗争,说到底是要在新形势下巩固和加强党同人民群众的联系,巩固我们党的执政地位。"①

针对国内外一些别有用心的人把腐败与共产党、社会主义制度划等号的论调,江泽民首先深刻揭示了腐败的本质及其社会历史根源。他指出:"腐败是一种历史现象","从本质上说是剥削制度、剥削阶级的产物"。②腐败是同一定的历史阶段相联系的,建立在生产资料私有制基础上的剥削制度和剥削阶级的腐朽思想是产生腐败的直接根源。作为工人阶级先锋队的共产党及其建立的社会主义制度同任何腐败现象都是不相容的,腐败与社会主义制度没有必然的联系,但我们的社会主义国家是建立在半封建半殖民地的废墟中,官僚主义、等级观念、裙带关系、特权意识、滥用权力、徇私枉法、官本位思想等封建主义的遗毒远未肃清。我国还处于社会主义初级阶段,新旧体制转轨,生产力发展水平、科技文化水平还不高,法制还不完善,管理和监督工作中存在一些漏洞和薄弱环节,客观上给腐败现象的滋生蔓延以可乘之机。此外,我们实行对外开放,在借鉴和利用世界各国包括发达资本主义国家的一切现代文明成果的同时,西方资本主义的腐朽思想和生活方式乘隙而入,侵蚀着一些干部的思想和作风。特别是西方敌对势力对我国实施"西化"、"分化",无所不用其极,拉拢腐蚀了一些意志薄弱者。一些党员和干部放松学习,忽视思想改造,拜金主义、享乐主义和极端个人主义在头脑中滋长,经不起改革开放和市场经济的考验,世界观、人生观和价值观发生扭曲,理想信念发生动摇,思想道德严重滑坡,金钱至上、唯利是图,忘记了党的宗旨,不能保持与人民群众的密切联系,不能正确认识"党执政以后地位的变化及其带来的相关问题"③,没有树立正确的

---

① 江泽民:《在中央纪委第三次全体会议上的讲话》,1994年2月28日。
② 中共中央文献研究室编:《十四大以来重要文献选编》(上),人民出版社1996年版,第405页。
③ 中共中央文献研究室编:《十五大以来重要文献选编》(中),人民出版社2001年版,第1552页。

权力观、地位观、利益观,不能正确地运用手中的权力,不能把群众的利益放在第一位,而是把个人利益凌驾于人民利益、国家利益和集体利益之上,把人民赋予的权力变成谋取个人私利的工具。一些地方和单位的党组织治党不严,思想政治工作抓得不紧,没有对党员领导干部做好教育、管理和监督,没有对腐败采取坚决有效的防范措施,有的领导搞"好人主义"和庸俗关系学,面对错误的思想行为缺少正气,甚至庇护贪腐行为,使腐败活动猖獗的状况难以遏制。江泽民指出:"腐败现象是侵入党和国家健康肌体的病毒。如果我们掉以轻心,任其泛滥,就会葬送我们的党,葬送我们的人民政权,葬送我们的社会主义现代化大业。"[1]

江泽民指出,一定要实事求是、正确地估计党员干部队伍的现状和反腐败斗争的形势,这是"一个很重要的政治问题"[2]。我们既要反对西方敌对势力蓄意诋毁,把我们党描绘得一团漆黑,把干部队伍说得一无是处,攻击共产党解决不了自身的腐败问题,动摇干部群众对反腐败斗争的信心,动摇对社会主义制度和共产党领导的信心;也不能听任贪污腐败现象蔓延,丧失人心,亡党亡国。只要全党重视,党的各级领导干部树立长期作战的思想,完全有能力解决腐败问题。

二、坚持正确理论指导,加强党的建设,是夺取反贪腐斗争胜利的根本

中国共产党历来重视理论武装,强调用科学理论来指导党风廉政建设和反腐败斗争。

1. 以邓小平理论和"三个代表"重要思想作为新时期反贪腐斗争的指导思想

党中央第三代领导集体反复强调,党风廉政建设和反腐败斗争是党的

---

[1] 江泽民:《论党的建设》,中央文献出版社2001年版,第97页。
[2] 江泽民:《论党的建设》,中央文献出版社2001年版,第460页。

建设的重要组成部分,必须以邓小平理论和党的基本路线为指导,紧紧围绕经济建设这个中心,为推进改革、开放和发展,维护政治、社会稳定服务;坚持标本兼治、综合治理,把思想政治教育、查处大案要案、健全制度和严肃党纪政纪结合起来,既防范于前,又惩戒于后,打好一个一个的阶段性战役,一步一步地把斗争引向深入。中央规定了反腐败斗争必须把握的基本原则和要求,是对我党反腐败斗争历史经验的科学总结,在反贪腐斗争中发挥了关键的指导作用。把邓小平的党建理论和反腐败斗争的实际有机结合起来,对于深刻认识和研究党风廉政建设和反腐败斗争的特点和规律,以"三个有利于"为根本判断标准,解决党风廉政建设和反腐败的现实问题,检验党的建设和反腐倡廉工作的成效,具有重要意义。

"三个代表"重要思想是马克思主义中国化的新成果,"是根据我们党的性质、宗旨和历史经验、现实需要提出来的,也是为了更好地全面落实毛泽东思想、邓小平理论关于党的建设的要求提出来的","是我们加强新时期党的建设的基本方针"①,对党的一切工作具有指导作用。江泽民指出,"三个代表"与任何消极腐败现象水火不容,开展反腐败斗争、推进党风廉政建设,必须贯穿"三个代表"的要求,始终做到"三个代表",必须把反腐败斗争深入持久地开展下去。这也为反腐倡廉指导思想增添了新的时代内容。

2. 把党风廉政建设和反腐败斗争作为党的建设新的伟大工程的重要内容

党的十五大要求,把党风廉政建设和反腐败斗争放在党的建设新的伟大工程的重要位置上来抓,"把反腐败同纯洁党的组织结合起来,在党内决不允许腐败分子有藏身之地"。第三代领导集体深刻地指出:加强党的作风建设,端正党风政风,深入开展反腐败斗争,密切党同群众的联系,能够有效地促进党的思想建设和组织建设;而加强党的思想建设和组织建设,用邓小平理论武装全党,把党建设成为坚强的领导核心,必然为党风廉政建设和反腐败斗争提供思想和组织保证。"三个代表"重要思想的提出,为反腐败斗争,为党的思想建设、组织建设和作风建设,指出了更加明确的

---

① 《十五大以来重要文献选编》(中),人民出版社2001年版,第1406—1407页。

方向。

中共中央将"讲学习、讲政治、讲正气"作为加强党的建设"新的伟大工程"的一项重要措施,拓宽了党风廉政建设的思路和途径。党中央确立了从严治党的方针,在总体上肯定我们党是有战斗力的,党的组织和党员干部队伍主流和基本方面是好的同时,也清醒地看到党内腐败现象比较严重,危害极大,一些地方和单位的党组织和领导者软弱涣散,突显"治国必先治党,治党务必从严"的现实紧迫性。[①] 江泽民指出:"落实从严治党的方针,不是一时一事的要求,必须全面贯穿于党的思想、政治、组织、作风、纪律和制度建设的各方面工作,切实体现到对各级党组织、广大党员和干部进行教育、管理、监督等各个环节中去。"从严治党,首先要治理好领导班子和领导干部,对领导干部一定要严格要求、严格教育、严格监督,对领导干部的选拔任用一定要严格把关,对领导干部中发生的违纪违法行为一定要严肃查处。要通过"讲学习、讲政治、讲正气",从根本上解决世界观、人生观和价值观问题,坚定社会主义、共产主义的理想信念,坚持全心全意为人民服务的宗旨,达到"在党内决不允许腐败分子有藏身之地"的目标。而要达到这几项要求和目标,"关键在于建立一套比较完善的便利、管用、有约束力的机制"。[②]

三、加强领导、完善机制、标本兼治、综合治理, 是反腐败斗争的基本方略

党中央第三代领导集体确立了"教育是基础,法制是保证,监督是关键"的方针,积极探索,初步形成了标本兼治、综合治理,有效开展反腐败斗争的基本方略。

---

① 《论党的建设》,中央文献出版社2001年版,第358页。
② 《十五大以来重要文献选编》(中),人民出版社2001年版,第1110—1111、1119页。

1. 建立反腐败领导体制和工作机制，廉政建设依靠整体合力、组织保证

反腐败斗争能否取得成效，关键是加强领导，建立一套运转高效的机制。中国共产党是中国社会主义事业的领导核心，只有在党的统一领导下，反腐败斗争才能层层推进，取得成效。江泽民明确提出："反腐败斗争是加强党的建设和政权建设的重要工作，必须在党委统一领导下，党政一齐抓，持续不断地抓，主要领导同志亲自负责。党政同心同德，各方面协调一致，形成整体合力。"党的十五大明确"党委统一领导，党政齐抓共管，纪委组织协调，部门各负其责，依靠群众的支持和参与"的领导体制和工作机制，领导层、执行层和参与层三个部分紧密联系，成为有机的整体。为切实有效地发挥这一领导体制和工作机制的作用，党中央和国务院颁布实施了《关于实行党风廉政建设责任制的规定》，为开展反腐败斗争从领导体制和工作机制上提供了制度保证，有效地加强了党对反腐败工作的统一领导，充分发挥了领导机关、专门机关和有关部门的职能作用，增强了各级领导干部的责任意识，形成了"一级抓一级，层层抓落实"的运行机制，有效地调动了部门的积极性，体现了"谁主管、谁负责"的原则，推诿扯皮的现象大为减少。责任部门有了压力，由"催着抓"变成了"主动抓"，工作积极性大为提高。纪检监察机关能够集中精力组织协调，督促检查，充分发挥作为党委和政府参谋助手的作用。同时，充分调动广大人民群众反腐败的积极性，通过各种形式拓宽群众监督渠道，让社会各界广泛参与，使各方面的力量形成一个有机整体，对于把党风廉政建设的各项措施落到实处和反腐败斗争的健康有序开展提供了组织和制度保证。①

2. 坚持标本兼治，加大从源头上预防和治理腐败的力度

1993年开始，中央明确要求反腐败斗争要着重抓好党政领导干部带头廉洁自律、查办一批大案要案、狠刹几股群众反映强烈的部门和行业不正之风等三个方面的工作，确立了反腐败斗争的三项基本工作格局，并根据反腐败斗争的实际进展，不断赋予三项工作以新的内容和要求。据此，反

---

① 《关于实行党风廉政建设责任制的规定》，《十五大以来重要文献选编》（上），人民出版社2000年版，第616—621页。

腐败任务划分为三个层次：查处大案要案，是震慑违法犯罪分子、教育广大党员干部、鼓舞人民群众信心的必要举措，是反腐败斗争的突破口，也是反腐败斗争的中心环节。针对极少数腐败分子的严重违法违纪行为，"对敢于无视法纪、违法犯罪的人，必须用重典"，必须通过查办案件，依照党纪国法来惩治腐败分子，才能有效地维护党的纪律的严肃性和党组织的纯洁性，有力地推动廉洁自律和纠风工作的深入开展。对于较为普遍存在的各种消极腐败现象，行业和部门存在的不正之风，主要是立足于教育，着眼于防范，通过强化管理和监督，执行纪律来加以纠正。不正之风面广量大，大多是群众反映强烈的热点问题，直接危害人民群众的切身利益，采取有力措施进行专项治理，同样是反腐败的必然要求和重要内容，是密切党群关系的有效途径。党政领导干部带头廉洁自律，既是抓好这两个方面任务的关键，又是解决一般性问题包括错误思想倾向的基本方式，主要通过专题民主生活会、开展批评与自我批评等积极的思想斗争来解决。事实证明，坚持开展这三项工作，既可以解决不同的问题，达到不同的目的，又能够取得反腐败斗争的总体效果，把斗争一步步引向深入。反腐败三项工作格局各有侧重，又相互联系、相互作用，构成一个有机整体，基本涵盖了当时党风廉政建设和反腐败斗争的主要内容，体现了标本兼治、纠防并举、综合治理的要求，体现出我们党采取不同政策正确处理惩治腐败分子与遏制腐败现象产生的关系问题。

党中央认为，开展反腐败斗争要立足于教育，着眼于防范，把监督关口前移，防微杜渐。要设立两道防线，一道是思想道德防线，一道是党纪国法防线。三项工作格局正是以此为基础确立的，其中领导干部廉洁自律和纠风是第一道防线，查处案件是第二道防线，领导干部只有廉洁自律，率先垂范，才能取得对本地区、本部门、本单位反腐败斗争的领导权。党中央要求从领导干部首先是高级干部做起，增强廉洁自律的自觉性和拒腐防变的意识。

3. 积极探索反腐败斗争的有效途径

十五大提出从源头上预防和治理腐败的有效途径是"坚持标本兼治，

教育是基础,法制是保证,监督是关键。通过深化改革,不断铲除腐败现象滋生蔓延的土壤"①。其内容包括:

(1)抓教育,构筑拒腐防变的思想长城。江泽民指出,一个干部或党员蜕化变质,往往是从思想上蜕化变质开始的,归根到底是世界观出了问题,因此,"严重的问题在于教育干部",发挥我们党思想政治工作的传统和优势,坚持不懈地加强对全体党员特别是领导干部的思想政治教育,是反腐败的一项基础性工作,是搞好党风廉政建设的基本保证。要通过"讲学习、讲政治、讲正气",使广大党员干部认真学习马列主义、毛泽东思想、邓小平理论,抓好理想信念教育、为人民服务的宗旨教育和艰苦奋斗教育,使广大党员干部牢固树立正确的人生观、价值观、权力观和利益观,不断增强党性修养,在思想上筑起一道拒腐防变的堤坝。

(2)抓法治反腐,以健全的法制为反腐败斗争提供制度保障。党的第三代领导集体继承发展了邓小平"反腐败要靠法制"的思想,提出了依法治国方略,重视反腐倡廉的制度建设,强调"要抓住最容易产生腐败问题的部位和环节,总结实践经验,严格纪律,建立和完善内部管理制度,建立和完善监督制约机制,建立和完善各项政策法规"。一系列加强党风廉政建设的法规和制度的颁布实施,对反腐败斗争走上制度化、法制化的轨道,保证反腐败斗争健康有序的开展,起到了积极作用。

(3)抓监督,防止滥用权力,建立健全权力制约机制。包括:强化党内监督,尤其是加强党委内部的监督和纪委的监督;加强对各级领导干部行使权力的监督;加强行政监察工作,积极开展廉政监察和效能监察;扩大基层民主,加强对基层领导干部的民主监督。把党内监督、法律监督、群众监督、舆论监督结合起来,进一步形成合力,以有效预防和及时揭露腐败。建立健全各种监督法规、制度和机制,确保各项监督落到实处。

(4)深化改革,认真研究反腐败斗争面临的新情况,解决体制、机制、政

---

① 江泽民:《高举邓小平理论伟大旗帜,把建设有中国特色社会主义事业全面推向二十一世纪》(1997年9月12日),《十五大以来重要文献选编》(上),人民出版社2000年版,第49页。

策和管理等方面存在的问题,消除导致腐败现象发生的深层次因素,逐步铲除腐败现象产生的土壤和条件。江泽民指出:"要着重抓住那些容易产生腐败现象的环节来推进体制创新工作,特别要搞好人事、财政、分配等方面的制度改革","通过深化改革和体制创新,建立结构合理、配置科学、程序严密、相互制约的权力运行机制",减少以权谋私的可能性。① 因此,不断深化经济和政治体制改革,是解决新旧体制转换过程中一系列无序、腐败现象的根本。

---

① 《十五大以来重要文献选编》(中),人民出版社2001年版,第1565、1566页。

第三节
新时期反贪腐廉政建设的主要工作

20世纪90年代至21世纪初,是社会主义市场经济体制建立并逐步完善的时期,也是国家经济社会改革新的提速期,从经济领域的财政体制改革、国有企业改革,到政治体制的行政管理体制和机构改革,再到社会领域的教育、卫生、住房等改革向纵深领域迅速发展,社会面貌日新月异,社会管理纷繁复杂,反腐倡廉建设面临复杂多变的局面。这一时期反贪腐工作的重点主要是机构改革、制度建设和三项工作格局(领导干部廉洁自律、纠正不正之风和查办违纪违法案件)不断巩固和拓展。

一、反贪机构建设与改革

机构建设与改革为反贪污腐败工作提供了硬件支撑。1993年党和国家全面推行反腐败之后,新设立了一批反贪污腐败机构,为有效开展反腐败斗争提供了有力的组织保障。

1. 纪检监察机构合署办公

改革开放以来,中央纪委及各地纪委相继恢复并开展工作。为了恢复并确立国家行政监察体制,加强国家监察工作,1986年12月2日,六届全国人大决定设立监察部。党和国家监察体制改革充分体现了当时推行党政分开的政治体制改革的需要,但随着实践发展,这种分设的纪检监察体制存在某些弊端,不利于反腐败斗争的深入开展。分设的纪检监察体制最大的问题就是工作存在交叉和重复,纪委和行政监察机关在指导思想、工作原则、对象、程序、方式方法都有很大的相同性,在执法主体和执纪执法依据等方面也具有很强的可比性。在一个国家内存在两套监察系统,机构和人员重复,容易造成低效和浪费,容易导致相互扯皮推诿甚至冲突,削弱甚至消解监察机关的权威和执行力。尽管中央纪委、监察部为协调纪检和监察两套系统的关系,曾制定了《关于党的纪律检查机关和国家行政监察机关在案件查处工作中分工协作的暂行规定》及补充规定,但未能从根本上解决协调配合问题。1993年1月,尉健行在纪委书记、监察厅(局)长会议上讲话指出:"党政监督体制分离的格局有它的不足。例如,存在重复调查、重复核查、重复检查和重复设置办事机构的问题,以及办案中有时发生相互推诿,甚至无人负责的现象;对行政机关工作人员,特别是党员领导干部进行政纪、党纪处分,在程序上有时不够协调;不利于发挥监督机关的整体作用等。……在原有体制下难以完全解决。"[1]为了解决纪检监察机构分设的弊病,中央决定对纪检监察部门实行合署办公。1992年10月,党中央、国务院决定中央纪委、监察部和地方各级党的纪律检查机关、政府行政监察机关实行合署办公。1993年2月,中共中央、国务院批转中央纪委、监察部《关于中央纪委、监察部机关合署办公和机构设置有关问题的请示》,同意中央纪委和监察部合署,实行一套工作机构、两个机关名称的体制。[2] 1993年上半年,全国除深圳市保持纪检、监察相对独立的工作体制外,圆满完成合署任务。到1996年底,全国已建立纪检监察机构近17万个,其中省(区、市)、市(地、州、盟)、县(市、区、旗)共设立纪委、监察厅(局、委)3750个,县级以上党政机关和直属单位共派驻和内设纪检监察机构人员近6万人,已经建立乡镇(街道办事处)纪检监察机构近4.6万个,有5万多个企

---

[1] 尉健行:《在纪委书记监察厅(局)长会议上的讲话》,李玉赋主编:《中国监察年鉴(1992—1997年卷)》,中国方正出版社2007年版,第61页。

[2] 本书编写组:《新时期反腐败斗争大事记(1978年12月—2003年12月)》,中共党史出版社2005年版,第131页。

事业单位设立了纪检监察机构,全国共有专职纪检监察干部31万多人。①

纪检监察部门合署办公也是行政管理体制改革的需要。1993年,李鹏在《政府工作报告》中提出:"要用三年时间基本完成各级政府机构改革的任务。这次改革方案本着转变职能,理顺关系,精兵简政,提高效率的原则制定,重点是加强宏观调控和监督部门,强化社会管理职能部门。"《关于中央纪委、监察部机关合署办公和机构设置问题的请示》也提出,本着"精简机构和人员的精神,对合署后的机关设置和有关问题作了研究",按合并职能相近的部门,保留职能不同的部门,加强薄弱部门的原则,合署后拟设置23个厅、室、局,比两机关原有的30个厅、室(局)减少23%。中央纪检监察部门带头,为全国政府机构改革起到榜样作用。

实行党的纪检机关和政府行政监察部门合署办公是政治体制改革的一个重要组成部分,最为根本的是要增强党对纪检监察工作的领导。对党的监察和国家监察是实行联合监督体制,还是实行分设的监督体制,根本上都是为了巩固无产阶级政党的执政地位和人民民主专政。② 党政监察体制合并,有利于党的统一领导,有利于形成党政监督的整体合力,增强监察机关的权威,适应改革开放和建设社会主义市场经济体制新形势的需要,进一步加强监察职能,集中力量抓好反贪腐廉政建设。在改革开放的新时期,根据腐败不断滋生蔓延的形势分析,及时改革和调整党和国家反腐败体制,可以从体制上增强领导和协调各方面力量进行反腐败斗争的能力。

2. 建立特邀监察员制度

(1)特邀监察员制度建立及发展过程

1989年5月,经过认真酝酿、研究并经中央同意,监察部党组作出了建立特邀监察员制度的决定,向全国监察机关下发了《监察部关于聘请特邀监察员的几点意见》,就各级监察机关开展特邀监察员工作作出规定。

---

① 李雪勤:《探索与辉煌——建国以来中国共产党纪律检查工作及其基本经验》,中国方正出版社1999年版,第309页。
② 李雪勤:《探索与辉煌——建国以来中国共产党纪律检查工作及其基本经验》,中国方正出版社1999年版,第265—266页。

1989年12月9日,监察部和中央统战部联合召开聘请特邀监察员座谈会,会上聘请了民革、民盟、民建、民进、农工党、致公党、九三学社、台盟8个民主党派和全国工商联21名人士为监察部首批特邀监察员。1990年颁布的《行政监察条例》明确规定了兼职监察员、特邀监察员的职责、权利、义务和组织管理办法。1991年12月,又出台了《监察部聘请特邀监察员办法》。1993年和1995年监察部机关又分别从民主党派、全国工商联和全国总工会、团中央、全国妇联聘请了两批特邀监察员,使监察部特邀监察员增加到36名。纪检监察机关合署办公后,中央纪委监察部在1994年8月召开了"进一步发挥纪检监察两项职能会议",明确指出,要把纪检监察机关的专门监督与群众监督相结合的制度坚持得如何,特邀监察员工作是加强了还是削弱了,作为衡量判断纪检监察机关在合署办公的新体制下行政监察职能加强与否的标准之一。一些省市下发文件进一步明确了实行合署办公后特邀监察员工作要做到"指导思想不变、领导的重视程度不变、工作的连续性不变",要求县以上纪检监察机关,凡有条件的,都要积极开展这项工作,使特邀监察员制度进一步加强,队伍不断壮大。据统计,当时30个省(区、市)以及281个地、市和一半以上的县级纪检监察机关聘请了特邀监察员,广西等地还试行聘请了一批农民特邀监察员,邮电部、化工部等一些国家部委办局在系统内和社会上聘请了一批特邀监察员。到党的十五大召开前,全国纪检监察机关特邀监察员队伍已经发展到2万多人。①

(2)设立特邀监察员制度的原因

一是监察部组建开展工作的需要。监察部成立后,实施监督涉及的面很广泛,接触的业务门类很多,行政监察体系面临着繁重艰巨的任务,人员不足、经验缺乏等方面的现实问题急需解决;需要发挥各行业专家的力量,研究探索工作原则、思路等方向性问题;需要加大与各部门的协调,不断探寻新的途径、方法和措施等来更好地履行职责。这就要求各级监察机关改善人员结构,提高人员素质,以适应工作需要,但从现实情况看,又不可能

---

① 李雪勤:《探索与辉煌——建国以来中国共产党纪律检查工作及其基本经验》,中国方正出版社1999年版,第310页。

在各级纪检监察、检察机关中包容那么多各行各业的专家,因此,必须善于依靠各个方面的专家学者的支持和发挥他们的参谋、顾问作用,协助对政府机关及其工作人员进行有效的监督。这是提出并建立特邀监察员制度的主要原因之一。①聘请特邀监察员,利用"外脑"和"外援"来解决燃眉之急,既可以发挥特邀监察员"监督、咨询、桥梁"的作用,填补和满足了当时监察工作的紧急需要,又不受人员编制限制,绕开复杂用人程序的羁绊和约束,成为一项明智有效的办法。

二是贯彻党的群众路线、多党合作和政治协商制度的需要。《监察部关于聘请特邀监察员的几点意见》开宗明义,是为了更好地贯彻党的群众路线,加强行政监察工作,建立健全行政监察与群众监督相结合的监察机制,故此建立特邀监察员制度。1989年12月和1990年3月,中共中央作出《关于坚持和完善中国共产党领导的多党合作和政治协商制度的意见》和《关于加强党同人民群众联系的决定》,监察部随即提出贯彻落实的意见,要求各级监察机关进一步抓好特邀监察员工作,充分发挥特邀监察员的作用。1989年12月,监察部机关聘请8个民主党派和全国工商联21名人士为首批特邀监察员后,特邀监察员队伍不断扩大,对象范围不断拓展,充分体现了中央密切群众关系和加强多党合作的精神要求。几年来的实践表明,建立特邀监察员制度是贯彻中国共产党的多党合作和政治协商制度,支持和鼓励各民主党派及各方面人士参政议政的一条重要途径。聘请特邀监察员制度是群众有序参与党风廉政建设和反腐败工作,民主人士参政议政的一种有效渠道,具有十分重要的政治意义。②

(3) 特邀监察员制度的作用和局限

特邀监察员参与纪检监察工作,发挥了一定作用,主要体现在:一是监督作用。特邀监察员通过参与监察机关的一些工作会议、反腐败专项检查、专题研讨会、业务调研以及有关案件的调查工作,一方面监督监察对象更好地履行职能,做到廉洁勤政;另一方面发挥对纪检监察机关的监督促

---

① 《中国监察年鉴(1992—1997年卷)》,中国方正出版社2007年版,第69页。
② 《中国监察年鉴(1992—1997年卷)》,中国方正出版社2007年版,第69页。

进作用。二是参谋咨询作用。特邀监察员根据职业特点,结合监察工作实际,参与纪检监察理论研究和有关法规制度的制定,提供专业性和政策性咨询,提出专项治理措施和办法,积极为纪检监察工作出谋划策,提出了很多中肯的意见和建议。三是桥梁纽带作用。特邀监察员大多来自不同行业的第一线,有广泛的群众基础和开展群众工作的经验,利用优势协助监察机关接待处理群众来信来访工作,在纪检监察机关和人民群众之间增加了一条新的重要的联系渠道。

特邀监察员在特定历史时期发挥了一定作用,但多年的实践表明,该项制度存在显著缺陷。首先,是制度可操作性问题。监督和接待、处理群众信访是特邀监察员的重要工作。与贪污腐败分子的斗争是残酷的,让特邀监察员冒各种风险甚至生命危险监督领导干部,与领导干部"较劲"、"叫板",但又不给他们特殊的手段、措施和保护,很难操作。其次,信访具有专业性、纪律性和保密性、政策性很强的特点,尽管特邀监察员具有丰富的实践和群众工作经验,群众相信他们,但如何保证他们处理和接待信访做到程序合法,使信访者的权利得到保障,对于特邀监督员利用自己特殊影响和身份通风报信,打击报复等不端行为如何处理等问题都没有规定,操作不规范甚至违纪违法都难免发生,这些因素将制约整个制度的运行效果。再次,是工作效率问题。据不完全统计,1992—1997 年,全国纪检监察系统特邀监察员共转呈、处理群众来信来访 5 万件次。[①] 从总量来说,这个数目是很大的,但按照当时全国特邀监察员 2 万多人计算,5 年间,每位特邀监察员转呈、处理群众来信来访人均约 2.5 件,工作效率不高,在强调高度分工和效率的条件下,这项制度投入大量的人力、物力和财力,成本收益不成正比。

3. 成立反贪局

1989 年 8 月 18 日,广东省检察院率先成立反贪污受贿局,其背后有着深刻的社会政治背景。改革开放以后,经济搞活,不仅在内陆出现了贪污

[①] 李雪勤:《探索与辉煌——建国以来中国共产党纪律检查工作及其基本经验》,中国方正出版社 1999 年版,第 310 页。

受贿等严重经济犯罪现象,中央派往香港的机构和人员也出现了严重的腐化行为。1987年2—3月,习仲勋到广东视察后,写了《关于广东之行的报告》,并给中央政治局常委写了一封信,如实反映了派往香港工作的人员中存在的违法乱纪问题。①1988年7月4日,邓小平作出批示:"各方面反映,派在香港的人和机构(公司等)非常庞杂和混乱,贪污腐化、违法乱纪的人不是个别的。建议设立一个专门小组,花一年时间,进行整顿,撤回一批机构。对于犯罪的人,不管其后台是谁,都要迅速、从严处理,发现一个处理一个,发现一批处理一批,决不手软。"②其实,从1987年开始,大陆检察机关就与香港廉政公署开展了个案协查,检察机关可以赴港调查取证,但应具备两个条件:一是法律规定由检察机关自行受理或立案侦查的案件,二是案情涉及香港、澳门地区并有赴港澳调查取证的必要性。但随着内地派往香港人员贪污腐败案件增多,内地检察机关和香港廉政公署的合作也逐渐增多,尤其是离香港最近的广东省检察院。为了加强对贪污贿赂行为的惩治,广东省检察院在全国率先成立反贪局,主要任务是组织、指挥全省各级监察机关对贪污贿赂的侦查工作,直接参与办理在全省范围内影响大、危害大的大案要案,直接受理和侦查地市、厅局级以上干部的贪污受贿犯罪案件等。1989年8月23日,最高人民检察院将经济庭改名为贪污贿赂检察厅,并决定将原来由两个业务部门办理的举报工作和侦查工作统一由贪污贿赂检察厅办理,实行举报、初查、立案、侦查工作一条龙。1995年,民盟中央委员黄景钧、温崇真、徐萌山、郭正谊等在全国人大会议上提出成立反贪污贿赂总局的议案。经中央批准,同年11月10日最高人民检察院反贪污贿赂总局正式挂牌,地方各级检察院也陆续设立反贪污贿赂工作局,标志着国家检察机关惩治贪污贿赂犯罪的工作步入专门化、正规化轨道。③

根据《中华人民共和国刑事诉讼法》第18条第2款的规定,检察机关

---

① 《习仲勋文选》,中央文献出版社1995年版,第447页。
② 《邓小平年谱(1975—1997)》,中央文献出版社2004年版,第1239页。
③ 《应运而生的反贪污贿赂局》,《中国反贪调查》编辑委员会编:《中国反贪调查》第1卷,中国检察出版社2004年版,第144—151页。

直接受理贪污贿赂罪、挪用公款等职务犯罪案件。反贪污贿赂局的职权：是对"贪污贿赂、挪用公款、巨额财产来源不明、隐瞒境外存款、私分国有资产、私分罚没财物等犯罪案件进行立案侦查、预审工作"。反贪污贿赂局是有法律明确授权的侦查机关，有侦查权，可进行专门的调查工作，采用法律规定的强制性措施，但拘留和逮捕需要提交公安机关来执行，其工作人员任免由检察院决定，没有独立的财务预算。反贪局的成立，使反贪工作取得了明显成效。数据显示，1998—2002 年，全国检察机关反贪部门共立案侦查贪污贿赂等犯罪案件 171 387 件，挽回经济损失 205.89 亿元。

4. 成立纠风工作机构

20 世纪 80 年代末，一些部门和行业以职、权、业谋私问题严重，吃拿卡要，"门难进、脸难看、话难听、事难办"现象成风，群众反映强烈。这些不正之风损害了部门和行业声誉，影响党和政府在人民群众中的形象和威信，党中央、国务院下决心"集中精力，下大力量，解决这个问题"。1990 年 3 月，党的十三届六中全会讨论通过《中共中央关于加强党同人民群众联系的决定》，提出"坚决刹住行业不正之风"。[①] 3 月 20 日，时任国务院总理李鹏向七届全国人大三次会议所作的《政府工作报告》中提出，1990 年廉政建设要抓好四件事，其中一件就是"大力整顿和坚决纠正部门和行业的不正之风"。8 月 23 日，国务院召开"加强廉政建设，纠正行业不正之风"电话会议，纠风工作在全国普遍展开。11 月 16 日，国务院办公厅召开关于加强廉政建设、纠正行业不正之风座谈会，通报各地区、各部门纠风工作进展情况，总结交流经验。为适应组织领导全国纠风工作的需要，在监察部设立了国务院纠正行业不正之风办公室，负责督促、检查、指导各地区各部门的纠风工作，汇总和分析有关情况，向国务院提出报告。中央国家机关和

---

① 《中共中央关于加强党同人民群众联系的决定》(1990 年 3 月)，中共中央文献研究室编：《十三大以来重要文献选编》(中)，人民出版社 1991 年版，第 928—939、934 页。

省以下各级机关都逐步建立纠风工作机构。①

5. 成立职务犯罪预防厅

检察机关职务犯罪预防工作的开展,与反腐败斗争的形势、中央反腐败战略方针的要求和检察机关加强法律监督的需要密切相关。预防职务犯罪是人民检察院的一项重要职责,检察机关很早就开始了预防职务犯罪工作的探索:1989年8月,广东省人民检察院率先成立反贪污贿赂局预防处。1992年10月27日,最高人民检察院在原贪污贿赂检察厅内设立贪污贿赂犯罪预防处,1995年更名为反贪污贿赂总局贪污贿赂犯罪预防中心。1997年,全国21个省、自治区、直辖市检察院成立预防机构,各级检察机关都在进行预防工作的探索。1998年,河北省、黑龙江省、海南省检察机关将预防机构从反贪污贿赂局分离出来,成立独立的职务犯罪预防机构。实践表明,他们的做法更有利于加强职务犯罪预防工作。1998年12月,最高人民检察院召开全国检察机关预防职务犯罪工作座谈会,出台了《关于加强检察机关预防职务犯罪工作的意见》,第一次全面系统地对检察机关开展预防职务犯罪工作进行部署。1999年1月,最高人民检察院发布《关于进一步加强预防职务犯罪工作的决定》,明确将职务犯罪预防工作纳入新时期检察工作的重要任务中。2000年8月,经国家编制委员会批准,最高人民检察院成立独立的职务犯罪预防专门机构——职务犯罪预防厅,并要求各省、自治区、直辖市检察院成立相应的专门机构,进一步加强预防职务犯罪工作。截至2003年初,全国省级检察院全部设立了预防机构,345个市级检察院和1730个基层检察院设置了预防机构,2707个检察院成立了院内的预防工作领导协调组织,全国检察机关共有专职预防干部5370人。

最高人民检察院职务犯罪预防厅可以使用的措施及手段有:根据贪污贿赂、渎职等职务犯罪的发生特点和规律开展预防对策研究;结合查办职务犯罪案件,发现体制、机制和管理方面存在的漏洞,提出预防性质的检察建议;运用典型案例开展预防职务犯罪警示宣传;应有关单位要求开展预

---

① 中央纪委研究室编:《十一届三中全会以来党的纪律检查工作大事记》,中国方正出版社2008年版,第136、139—143页。

防职务犯罪法律咨询;对全体公民特别是国家公务员进行预防职务犯罪教育。[①] 职务犯罪预防厅开通了中国职务犯罪预防网,用于加强信息交流、预防宣传。此后,全国各省、直辖市、自治区相继都开通了职务犯罪预防网。[②]

2000年11月15日—17日,全国检察机关召开预防职务犯罪工作会议,韩杼滨检察长提出了预防职务犯罪工作要实现"三个转变"的要求,即由分散状态向集中管理转变,由初级形式预防向系统全面预防转变,由检察机关部门预防向与社会预防相结合转变。12月,最高人民检察院下发《关于进一步加强预防职务犯罪工作的决定》,为预防工作制定了一个总的指导性文件,使预防职务犯罪工作步入了一个全新的发展阶段。2001年3月,最高人民检察院制定《关于在金融证券等八个行业和领域开展系统预防工作的通知》。此后,为加大职务犯罪预防工作力度,又先后制定了《关于加强预防职务犯罪工作的意见》、《关于检察机关贯彻十五届四中全会精神为国有企业改革发展服务的意见》、《关于进一步加强预防职务犯罪工作的决定》等重要文件,并加大与国际社会在职务犯罪预防方面的合作与交流,先后组织和参加了一系列重要的职务犯罪预防专门会议,借鉴和吸收世界各国成功治理贪污腐败的有益经验。

二、反腐倡廉制度建设

邓小平在南巡讲话中提出"廉政建设要作为大事来抓。还是要靠法制"[③]。针对改革加速阶段经济社会形势变化太快,制度经常滞后于时局发展需要的特点,这一时期反贪腐制度建设以"立"为主,按照效力程度分为两类,一是国家法律法规,二是党规党纪。但原则性内容多、数量多,条文数量少,相互交叉重复多。

---

① 《中国反贪调查》编辑委员会编:《中国反贪调查》第1卷,中国检察出版社2004年版,第236—243页。
② 中国职务犯罪预防网网址是:http://www.yfw.com.cn。
③ 《邓小平文选》第3卷,人民出版社1993年版,第379页。

1. 反贪廉政行政和刑事法规

20 世纪 90 年代,经过 10 多年的党风廉政建设和反腐败实践,党和国家积累了比较丰富的实践经验,也从反腐败和纠风的不足中认识到了完善法律制度的重要性和紧迫性。

(1) 制定《行政监察法》

《中华人民共和国行政监察法》(以下简称《行政监察法》)是开展监察工作的基本法律,是在《行政监察条例》实施基础上制定的。1990 年国务院颁布实施《行政监察条例》,对监察机关的性质、任务、权限、监察对象及监察程序等作了规定,对于确立我国的监察体制,保障监察机关依法行使职责,促进行政机关及其工作人员廉洁奉公、遵纪守法发挥了重要作用,有效推动了监察工作的顺利开展。但随着改革的深入和经济形势的发展,随着监察工作的全面展开,涉及的面越来越广,需要解决的问题越来越多,迫切需要进一步健全反腐败的体制、机制和制度,尽快将行政监察的基本规范由行政法规上升为国家法律,以更好地适应形势发展和行政监察工作的要求。1994 年 2 月,中共中央批转全国人大常委会立法规划,将《行政监察法》列为立法项目。在全国人大内务司法委员会的指导下,监察部通过深入调查研究,广泛征求意见,在总结《行政监察条例》和相关配套规章贯彻实施情况的基础上,按照八届全国人大常委会立法规划的要求,认真开展起草工作,数易其稿,于 1995 年底完成《行政监察法(草案)》。[①] 1997 年 5 月 9 日,《行政监察法》经第八届全国人大常委会审议通过,自公布之日起施行。

《行政监察法》对行政监察的基本制度作了明确规定,是一部实体和程序兼容并蓄的行政监察基本法律。它在《行政监察条例》的基础上科学总结了新中国建立以来特别是监察机关恢复组建以来监察工作的基本经验,重新确定了监察机关的性质、工作原则、管辖、职责、权限、程序以及法律责任。该法的颁布和实施,使行政监察工作规范化、法制化,为监察机关贯彻

---

① 本书编写组:《新时期反腐败斗争大事记(1978 年 12 月—2003 年 12 月)》,中共党史出版社 2005 年版,第 147、187—188 页。

依法治国的方针,督促行政机关及其公务员依法行政提供了必要的条件和保障。①

(2)修订《刑事诉讼法》和《刑法》

《中华人民共和国刑事诉讼法》(以下简称《刑事诉讼法》)和《中华人民共和国刑法》(以下简称《刑法》)是惩治贪污贿赂犯罪依据的重要法律。在这一时期,全国人民代表大会及其常务委员会根据社会发展变化的情况,分别对这两部重要基本法律作了重大修订。

首先是修订《刑事诉讼法》。该法是刑事程序基本法,1979年7月1日由第五届全国人民代表大会通过,分为总则和分则两大部分,共4编17章164条。此后,全国人民代表大会及其常务委员会陆续颁布了一系列单行法规和决定。1995年12月,全国人大常委会法制工作委员会拟定了《刑事诉讼法(草案)》,提交第八届全国人大常委会审议,1996年3月17日,八届全国人大四次会议审议通过了该草案。修改后的《刑事诉讼法》共4编17章225条,对刑事犯罪程序进行了完善,确立了人民检察院依法对刑事诉讼实行法律监督的原则,增加了立案监督程序和执行监督程序,加强对刑事诉讼的监督机制,有利于促使司法公正和廉洁,对严厉打击贪污腐败行为提供了法律保障。②

同时,对《刑法》进行了修订。《刑法》于1979年7月6日通过和颁布后,立法机关先后又颁布了20多个单行刑事法规,非刑事法律中也有许多关于犯罪的规定。这些单行法对刑法典的相关规定进行了修改、补充与解释。1997年3月14日,第五届全国人大五次会议通过了修订的《中华人民共和国刑法》,在1979年《刑法》的基础上,本着制定统一、完备的具有中国特色的刑法典的原则,吸收了全国人大常委会1982年《关于严惩严重破坏

---

① 《中华人民共和国行政监察法》(1997年5月9日),全国人民代表大会常务委员会法制工作委员会审订:《中华人民共和国常用法律法规汇编》,中国人民公安大学出版社2001年版,第483—488页。

② 《中华人民共和国刑事诉讼法(草案)》(1996年3月17日),《中华人民共和国法律汇编(1996年1月—12月)》,人民出版社1997年版,第55—107页。

经济的犯罪的决定》、1988年《关于惩治贪污罪贿赂罪的补充规定》、1995年《关于惩治违反公司法的犯罪的决定》等法规,以及最高人民法院、最高人民检察院为惩治贪污贿赂犯罪而作的司法解释,并结合我国在反贪污腐败斗争中出现的新情况、新问题,借鉴国外成功的立法经验,对贪污贿赂罪作出具体变更。为了突出打击贪污贿赂罪,将其规定为独立的类罪,并增设了对单位行贿罪、私分国有资产罪和私分罚没财物罪等。

修订后的《刑法》规定了贪污贿赂罪和渎职罪两章。在旧《刑法》中,贪污罪属于侵犯财产罪,贿赂罪属于渎职罪。① 1997年新《刑法》为了突出贪污贿赂犯罪,将其规定为独立的一类犯罪。贪污贿赂罪分为两大类:一是贪污犯罪,包括贪污罪、挪用公款罪、私分国有资产罪、私分罚没财物罪、拥有巨额财产来源不明罪、隐瞒境外存款罪6项罪名;一类是贿赂罪,包括受贿罪、单位受贿罪、斡旋受贿罪、行贿罪、贿赂单位罪、单位行贿罪、介绍贿赂罪7项罪名。渎职罪分为三类:一是一般国家工作人员渎职罪,包括滥用职权罪,玩忽职守罪,泄露国家秘密罪,国家机关工作人员签订、履行合同失职被骗罪,非法征用、占用土地,低价转让国有土地罪,徇私招收公务员、学生罪,失职造成珍贵文物损毁、流失罪等7种罪名;二是司法工作人员的渎职罪,包括徇私枉法罪,枉法裁判罪,私放在押人罪,失职致使在押人脱逃罪,徇私减刑、假释、暂予监外执行罪等5种罪名;三是特定机关工作人员的渎职罪,包括16种罪名。新《刑法》根据改革发展过程中出现的严重危害国家机关廉洁的行为,增加了不少新的规定,对旧《刑法》进行了补充、修改,对于打击贪污腐败和失职渎职行为起到重要的作用。②

贪污贿赂罪的犯罪构成为:①贪污贿赂罪的客体是国家廉政建设制度。反腐倡廉是党和国家一项长期而重要的政治任务,国家廉政建设制度是以恪尽职守、廉洁奉公、吏治清明、反对贪污腐败为主要内容。贪污腐败、行

---

① 《中华人民共和国刑法》(1979年7月),《中华人民共和国法律汇编(1979—1984)》,人民出版社1985年版,第126、131页。
② 《中华人民共和国刑法》(1997年3月),《中华人民共和国常用法律法规汇编》,中国人民公安大学出版社2001年版,第728—748页。

贿受贿,不仅破坏党群关系,败坏国家工作人员的声誉,还严重影响我国经济社会的健康发展。②贪污贿赂罪的客观方面,表现为侵害国家廉政建设制度情节严重的行为。主要表现为：国家工作人员利用职务之便,实施的贪污、受贿、挪用行为；也有与其特定身份具有密切关系但没有利用职务之便的行为,如巨额财产来源不明罪、隐瞒境外存款罪等；还有与国家工作人员实施犯罪具有对向性或撮合性行为,如行贿罪、介绍贿赂罪等。③贪污贿赂罪的主体比较复杂。就自然人而言,大多数犯罪都是特殊主体,如贪污罪、受贿罪、挪用公款罪的主体是国家工作人员；行贿罪、介绍贿赂罪等犯罪行为的主体是一般主体。就单位犯罪而言,行贿罪、介绍贿赂罪等犯罪行为只能由单位构成；而对单位行贿罪等犯罪活动,则既可以由单位构成,也可以由自然人构成。④贪污贿赂罪的主观方面只能是故意构成,过失不构成犯罪。

改革开放的深入带来的政治、经济生活的变动,使原有的贪污贿赂犯罪的立法模式和刑法规范难以适应新情况、新问题。为了适应不断出现的新情况,保证社会主义市场经济的健康发展,保障正当竞争,1993年9月2日,第八届全国人大常委会第三次会议通过《中华人民共和国反不正当竞争法》,第8条对"回扣"等涉嫌贿赂的行为作出明确规定："经营者不得采用财物或者其他手段进行贿赂以销售或者购买商品。在账外暗中给予对方单位或者个人回扣的,以行贿论处。对方单位或者个人在账外暗中收受回扣的,以受贿论处。经营者销售或者购买商品,可以以明示方式给对方折扣,可以给中间人佣金,经营者给对方折扣、给中间人佣金的,必须如实入账。接受折扣、佣金的经营者必须如实入账。"第22条规定："经营者采用财物或者其他手段进行贿赂以销售或者购买商品,构成犯罪的,依法追究刑事责任。"这样,《反不正当竞争法》将贪污贿赂罪行的主体从全民所有制单位、国家工作人员、集体经济组织工作人员和受委托从事公务的人员,扩展到包括非全民所有制单位、非国家工作人员、非集体经济组织工作人员和非受委托从事公务的人员；扩大了收受贿赂的范围,使之从传统概念中的金钱、物资等"财物",扩展到还包括"其他手段"。①

　　1993年12月29日,我国第一部《公司法》正式通过。为了保障《公司法》的实施,惩治严重破坏社会主义市场经济秩序的犯罪行为,全国人大常委会于1995年2月28日通过了《关于惩治违反〈公司法〉的犯罪的决定》,涉及贪污腐败的立法包括:第9条,"公司董事、监事或者职工利用职务上的便利,索取或者收受贿赂,数额较大的,处五年以下有期徒刑或者拘役,数额巨大的,处五年以上有期徒刑,可以并处没收财产"。第12条,国家工作人员犯本罪的,依照《关于惩治贪污罪贿赂罪的补充规定》的相关规定处罚。最高人民法院在《关于办理违反〈公司法〉受贿、侵占、挪用等刑事案件适用法律若干问题的解释》中,将《关于惩治违反〈公司法〉的犯罪的决定》第9条规定的罪名定为"商业受贿罪"。②

　　随着社会主义市场经济的发展,在经济领域,特别是金融领域,出现了一些新的犯罪行为,危害十分严重。为了维护金融秩序,保证改革开放和现代化建设的顺利进行,1995年6月30日,第八届全国人大常委会通过实施了《关于惩治破坏金融秩序犯罪的决定》,其中涉及贪污贿赂犯罪的立法,就是对银行或者其他金融机构的工作人员在金融业务活动中索取、收受贿赂或违反国家规定收受各种名义的回扣、手续费的行为作出规定。《关于惩治破坏金融秩序犯罪的决定》第18条规定:"银行或者其他金融机构的工作人员在金融业务活动中索取、收受贿赂,或者违反国家规定收受各种名义的回扣、手续费的,分别依照全国人民代表大会常务委员会《关于惩治贪污罪贿赂罪的补充规定》和《关于惩治违反〈公司法〉的犯罪的决定》的有关规定处罚。"《关于惩治破坏金融秩序犯罪的决定》的这一规定,将银行或者其他金融机构中的非国家工作人员、集体经济组织工作人员和

---

　　① 《中华人民共和国反不正当竞争法》(1993年9月2日),国家工商行政管理总局消费者权益保护局编:《消费者权益保护法规汇编》,工商出版社2002年版,第23—28页。
　　② 参见梁国庆主编:《新中国司法解释大全》(1994—1996),中国检察出版社1996年版,第57页。

其他从事公务的人员列入了商业受贿罪的主体。①

(3)制定《审计法》等相关法规

①《审计法》。20 世纪 90 年代以后,社会主义市场经济体制初步建立,随着财税、金融、投资、外贸、企业等方面体制改革的深化,中央、地方、部门和企事业组织之间的利益关系发生重大调整,需要运用法律手段健全经济监督机制,保障改革和经济建设的健康发展。国家提出依法治国方略,加快了建设社会主义法治国家的进程,为审计事业的进一步发展提供了有利的外部环境。自 1983 年审计机构成立到 1994 年,财政审计累计查出违反财政制度的资金数额 660 多亿元,为促进整顿财税秩序,严格财税纪律,深化财税体制改革,作出积极贡献。不断的实践探索,积累了丰富的审计经验,初步形成一套适合我国国情的审计工作制度和方法,需要以法律形式巩固下来。1995 年 1 月 1 日,由八届全国人大常委会通过的《中华人民共和国审计法》(以下简称《审计法》)正式施行,依据《宪法》的有关规定,《审计法》对审计监督的原则、审计机关和审计人员、审计机关职责、审计机关权限、审计程序、法律责任等作出全面具体的规定,对于强化审计监督,为审计机关依法履行审计监督职责,提供了法律保障。以《宪法》为根本、以《审计法》为核心的审计法律法规体系的建立,有力地推动了审计工作的开展。②

②经济责任审计。国务院还制定行政法规,总结审计实践中的好做法,比较典型的是经济责任审计。20 世纪 80 年代中期,一些地方开展厂长离任经济责任审计,审计署充分肯定这一做法,并作为一项经常性审计制度在全国推行。90 年代后,一些地方尝试开展了党政领导干部任期经济责任审计,对促进领导干部廉洁自律、正确履行职责起到了比较好的作用。

---

① 《全国人民代表大会常务委员会关于惩治破坏金融秩序犯罪的决定》(1995 年 6 月 30 日),国务院法制局编:《中华人民共和国新法规汇编》1995 年第 2 辑,中国法制出版社 1995 年版,第 101—108 页。
② 《中华人民共和国审计法》(1994 年 8 月 31 日),《中华人民共和国常用法律法规汇编》,中国人民公安大学出版社 2001 年版,第 531—535 页。

1999年5月,中央办公厅、国务院办公厅颁发了《县级以下党政领导干部任期经济责任审计暂行规定》和《国有企业及国有控股企业领导人员任期经济责任审计暂行规定》,以行政法规的形式确立了经济责任审计制度。实践表明,经济责任审计制度的推行,拓宽了干部监督、考核的渠道,为客观公正地评价和使用干部提供了重要依据,为揭露和防止国有资产流失,促进经济健康发展作出了贡献,在揭露和惩治经济违法犯罪活动、促进党风廉政建设方面发挥了积极作用。作为从源头上预防和治理腐败的一项重要举措,经济责任审计已成为我国审计监督制度的有机组成部分,成为加强对领导干部权力制约、监督的重要工具。

③军队审计法规也在逐步完善。《中国人民解放军审计工作条例(试行)》的颁布,有力地推动了军队审计工作的全面开展。随着社会主义市场经济体制的建立,军事经济工作的大环境发生了重大变化,军队审计工作遇到了一些新情况和新问题,迫切需要吸收市场经济条件下审计工作的新经验和现代审计技术方法,针对市场经济发展和军事经济改革的新特点,对军队审计监督工作作出新的规定。1995年4月17日,中央军委主席江泽民签发命令,颁布了《中国人民解放军审计条例(试行)》,这是依据《审计法》和《中国人民解放军审计工作条例(试行)》,结合军队实际情况修改制定的。

《中国人民解放军审计条例(试行)》的主要内容包括:(一)军队审计机构的设置。中国人民解放军设审计署,主管全军的审计工作。国防科工委、军兵种、军区设审计局,组织本级及所属单位的审计工作。集团军、省军区和其他军级单位设审计处,组织本级及所属单位的审计工作,未设置审计机构的单位,审计工作由本单位财务部门负责。审计工作实行统一管理、分级负责的原则。各级审计机关的审计业务以上级审计机关领导为主,下级审计机关应当如实向上级审计机关报告工作。中国人民解放军审计组织由审计机关、内部审计机构、审计事务所组成。(二)军队审计人员的要求。审计人员应当具备与从事审计工作相适应的专业知识和业务能力。审计人员办理审计事项,与被审计单位或者审计事项有利害关系的,应当回避。审计人员依法行使职权,受法律保护。(三)军队审计机关的职责。对预算、财务收支、结算、装备及军用物资、决算,对企业资产负债损益,对预算外经费,对领导干部、厂长(经理)的经济责任,以及涉及军事经济活动中的重大问题等方面进行审计。(四)军队审计机关职权。中央军委赋予审计机关监督检查权、行政处理权、经济处罚权、提请司法审理权以及参与经济立法和执法监督的职权。(五)军队审计工作程序。制定审计工作计划,确定审计项目,组成审计组,送达审计通知书,实施审计,提出审计报告,作出审计评价,出具审计意见书或审计决定,复审(被审计单位或者有关责任人提出申请时),建立审计档案。[①]

(4)制定《反不正当竞争法》及其配套规定

①《反不正当竞争法》。为规范市场竞争行为,保护正当经营、公平竞争,维护市场秩序,维护经营者和消费者的合法权益,营造一个良好的市场运营环境,1993年9月2日,八届全国人大常委会第三次会议通过了《反不正当竞争法》,这是打击商业贿赂行为的基本法律,于同年12月1日起施行。该法的基本规定为:"经营者不得采用财物或者其他手段进行贿赂以销售或者购买商品。在账外暗中给予对方单位或者个人回扣的,以行贿论处;对方单位或者个人在账外暗中收受回扣的,以受贿论处。经营者销售或者购买商品,可以以明示方式给对方折扣,可以给中间人佣金。经营者给对方折扣、给中间人佣金的,必须如实入账。接受折扣、佣金的经营者必须如实入账";"经营者采用财物或者其他手段进行贿赂以销售或者购买商品,构成犯罪的,依法追究刑事责任;不构成犯罪的,监督检查部门可以根据情节处以一万元以上二十万元以下的罚款,有违法所得的,予以没收"。还有打击执法人员的腐败行为的规定:"监督检查不正当竞争行为的国家机关工作人员滥用职权,玩忽职守,构成犯罪的,依法追究刑事责任;不构成犯罪的,给予行政处分";"监督检查不正当竞争行为的国家机关工作人员徇私舞弊者,对明知有违反本法规定构成犯罪的经营者故意包庇,不使

---

① 李金华主编:《中国审计史》第3卷(下),中国时代经济出版社2005年版,第23—25页。

他受追诉的,依法追究刑事责任"。①

②配套法规。《反不正当竞争法》制定后,国务院、省(自治区、直辖市)和副省级城市、计划单列市的人民代表大会及国家工商行政管理总局,相继制定了一系列与《反不正当竞争法》相配套的行政法规、地方法规和行政规章。其中,国务院制定了《关于禁止在市场经济活动中实行地方封锁的规定》,国家工商行政管理总局制定了《关于禁止有奖销售活动中不正当竞争行为的若干规定》、《关于禁止公用企业限制竞争行为的若干规定》、《关于禁止仿冒知名商品特有的名称、包装、装潢的不正当竞争行为的若干规定》、《关于禁止侵犯商业秘密行为的若干规定》、《关于禁止商业贿赂行为的暂行规定》和《关于禁止串通招标投标行为的暂行规定》等,初步形成了以《反不正当竞争法》为基本法律,有关行政法规、地方法规和行政规章为配套规定的我国反不正当竞争法律体系。当时社会反映强烈的购买或者销售商品收受贿赂等违纪违法行为受到了重点打击,有力地维护了经济秩序。

除此之外,还制定了《信访条例》、《国家赔偿法》、《国家公务员暂行条例》、《行政处罚法》、《国家公务员行为规范》等法律法规,规范了国家机构及其工作人员的行政行为,对从源头上预防腐败起到了一定作用。

2. 反贪廉政党纪党规

(1) 加强党政机关及其领导干部从政行为规范建设

在市场经济条件下,对于党员干部从政的要求需要精细化和具体化。中央和中央纪委先后制定了领导干部廉洁自律"31个不准"和国有企业领导干部"8个不准"。在总结这些规定实施经验的基础上,1997年3月28日,中共中央印发了《党员领导干部廉洁从政若干准则(试行)》(以下简称《准则》),完善了《关于反腐败斗争近期抓好几项工作的决定》中的廉洁自律规定。

《党员领导干部廉洁从政若干准则》是我国第一部比较全面的党员领导干部从政道德规范,标志着干部廉洁自律有关规定的系统化和规范化。

---

① 《中华人民共和国反不正当竞争法》(1993年9月2日),《消费者权益保护法规汇编》,工商出版社2002年版,第23—28页。

《准则》从6个方面具体规定了党员领导干部31个"不准"行为：一是要廉洁奉公，忠于职守，禁止利用职权和职务上的影响谋取不正当利益。不准有下列行为：索取管理、服务对象的钱物；接受可能影响公正执行公务的礼物馈赠和宴请；在公务活动中接受礼金和各种有价证券；接受下属单位和其他企业、事业单位或者个人赠送的信用卡及其他支付凭证；以虚报、谎报等手段获取荣誉、职称及其他利益；用公款公物操办婚丧喜庆事宜和借机敛财。二是严防商品交换原则侵入党的政治生活和国家机关的政务活动，禁止私自从事营利活动。不准有下列行为：个人经商、办企业；违反规定在经济实体中兼职或者兼职取酬，以及从事有偿中介活动；违反规定买卖股票；个人在国（境）外注册公司或者投资入股。三是要遵守公共财物管理和使用的规定，禁止假公济私、化公为私。不准有下列行为：用公款报销或者用本单位的信用卡支付应由个人负担的费用；借用公款逾期不还；公费出国（境）旅游或者变相出国（境）旅游；用公款参与高消费娱乐活动和获取各种形式的俱乐部会员资格；以个人名义存储公款。四是要遵守组织人事纪律，严格按照干部选拔任用工作的制度办事，禁止借选拔任用干部之机谋取私利。不准有下列行为：采取不正当手段为本人谋取职位；泄露酝酿讨论干部任免的情况；在工作调动、机构变动时，突击提拔干部，或者在调离后干预原地区、原单位的干部选拔任用；在干部考察工作中隐瞒或者歪曲事实真相；在干部选拔任用工作中封官许愿，打击报复，营私舞弊。五是对涉及与配偶、子女、其他亲友及身边工作人员有利害关系的事项，应当奉公守法，禁止利用职权和职务上的影响为亲友及身边工作人员谋取利益。不准有下列行为：要求或者指使提拔配偶、子女、其他亲友及身边工作人员；用公款支付配偶、子女及其他亲友学习、培训的费用；为配偶、子女及其他亲友出国（境）旅游、探亲、留学向国（境）外个人或者组织索取资助；妨碍涉及配偶、子女、其他亲友及身边工作人员案件的调查处理；为配偶、子女及其他亲友经商、办企业提供便利和优惠条件；省（部）级以上领导干部的配偶、子女及其配偶，不准在该领导干部管辖的地区及管辖的业务范围内个人经商办企业和在外资独资企业任职。六是要艰苦奋斗，勤俭节约，禁止讲排场、比阔气、挥霍公款、铺张浪费。不准有下列行为：在国内公务活动中接受超过规定标准的接待；违反规定用公款装修、购买住房；擅自用公款包租或者占用客房供个人使用；违反规定配备、使用小汽车；擅自用公款配备、使用通信工具。

该《准则》由各级党委（党组）负责贯彻实施，民主党派、人民团体、人民群众和新闻舆论发挥监督作用，要求通过民主生活会，对照进行检查，开展批评和自我批评。组织实施和执行《准则》的情况，应列入干部考核的重要内容，考核结果作为对其任免、奖惩的重要依据。党员领导干部违反《准则》的，依照有关规定给予批评教育、组织处理或者纪律处分。该《准则》适用于党的机关、人大机关、行政机关、政协机关、审判机关、检察机关中县（处）级以上党员领导干部，人民团体、事业单位中相当于县（处）级以上党员领导干部，国有大型、特大型企业中层以上党员领导干部，国有中型企业党员领导干部，实行公司制的大中型企业中由国有股权代表出任或者由国有投资主体委派（包括招聘）的党员领导干部，选举产生并经主管部门批准的党员领导干部、企业党组织的领导干部。县（市）直属机关的科级党员领导干部、乡（镇）党员领导干部、基层站所的党员负责人参照执行本准则。①

9月3日，中央纪委印发了《〈党员领导干部廉洁从政若干准则（试行）〉实施办法》及相关规定，对《准则》进行了解释。废止了《关于党政机关县（处）级以上领导干部廉洁自律"五条规定"的实施意见》、《关于党政机关县（处）级以上干部违反廉洁自律"五条规定"行为的党纪处理办法》、《关于中央纪委三次全会重申和提出的党政机关县（处）级以上领导干部廉洁自律"五条规定"的实施意见》、《关于党政机关县（处）级以上领导干部廉洁自律补充规定的实施和处理意见》。

（2）领导干部行为公开透明的制度规定

阳光是最好的反腐剂，公开透明是最好的反腐药。在市场经济条件下，

---

① 《中国共产党党员领导干部廉洁从政若干准则（试行）》（1997年3月28日），《十四大以来重要文献选编》（下），人民出版社1999年版，第2453—2457页；《新时期反腐败斗争大事记（1978年12月—2003年12月）》，中共党史出版社2005年版，第186—187页。

不仅要求推行政务公开、村务公开、厂务公开,使管理活动和财务情况透明,保障群众的知情权、参与权、监督权,同时要求领导干部的一些私人行为和财产公开,合理缩小其隐私范围,自觉接受群众监督,防止人民公仆变成"官老爷",甚至变质为腐败分子。这一时期制定了四项重要制度。

①领导干部收入申报的规定

1995年4月30日,中央纪委监察部颁布《关于党政机关县(处)级以上领导干部收入申报的规定》(以下简称《规定》),目的是为保持党政机关领导干部廉洁从政,密切党和政府同人民群众的关系,加强党风廉政建设。适用的对象是各级党的机关、人大机关、行政机关、政协机关、审判机关、检察机关的县(处)级以上(含县、处级)领导干部,社会团体、事业单位的县(处)级以上(含县、处级)领导干部,以及国有大、中型企业的负责人。申报收入范围包括四类:工资,各类奖金、津贴、补贴及福利费等,从事咨询、讲学、写作、审稿、书画等劳务所得,事业单位的领导干部、企业单位的负责人承包经营、承租经营所得。申报时间为每年7月1日至20日申报本年度上半年的收入,次年1月1日至20日申报前一年度下半年的收入。因特殊情况不能按时申报的,经接受申报部门批准,可以适当延长申报时限。收入申报管理部门为各单位组织人事部门。不申报或者不如实申报的后果是所在党组织、行政部门或者纪检监察机关责令其申报、改正,并视情节轻重给予批评教育或者党纪政纪处分。各级纪检监察机关的职责是负责对《规定》执行情况进行监督检查。

该《规定》的出台具有重要的历史意义和价值,标志着党和国家开始对领导干部的个人收入予以关注并采取行动。但《规定》有很多不完善的地方:一是申报情况由组织人事部门掌握,纪检监察机关不掌握领导干部的收入申报情况,不利于纪检监察部门及时发现和惩治腐败;二是对于不申报或者不如实申报缺乏严格具体的制裁措施,威慑力不够;三是缺少相关配套措施,如税务、工商、房产、证券登记等部门没有形成有效衔接,对领导干部的收入渠道监控不完善;四是收入范围缺乏弹性,除了四类收入,还应有接受赠予、奖励等收入。这些合法收入均要纳入报告内容,有利于区分不同收入来源,为查处腐败提供依据和线索。①

从该《规定》发布起至1996年7月底,全国30个省市区约有80%的县(处)级以上单位建立了收入申报制度,中央和国家机关已经全部建立和实施了这项制度。但从实际效果来看,该《规定》没有发挥其应有的作用,防止领导干部谋取不正当乃至非法利益的功能不太明显。除了《规定》本身不完善的原因,实践操作中存在的形式主义、对申报不实缺乏有力的监督检查手段和有力制裁也是一个十分重要的原因。总之,财产申报在干部考核和腐败案件查处中的作用发挥非常有限,仍有待进一步完善和加强。

②领导干部报告个人重大事项的规定

1997年3月24日,中央办公厅、国务院办公厅印发《关于领导干部报告个人重大事项的规定》。适用对象是各级党的机关、人大机关、行政机关、政协机关、审判机关、检察机关担任领导职务和非领导职务的副县(处)级以上(含副县处级)干部。社会团体、事业单位中相当于副县(处)级以上干部,国有大型、特大型企业中层以上领导干部,国有中型企业领导干部,实行公司制的大中型企业中由国有股权代表出任或由国有投资主体委派(包括招聘)的领导干部,选举产生并经主管部门批准的领导干部,企业党组织的领导干部。报告的重大事项有:本人、配偶、共同生活的子女营建、买卖、出租私房和参加集资建房的情况;本人参与操办的本人及近亲属婚丧喜庆事宜的办理情况(不含仅在近亲属范围内办理的上述事宜);本人、子女与外国人通婚以及配偶、子女出国(境)定居的情况;本人因私出国(境)和在国(境)外活动的情况;配偶、子女受到执法执纪机关查处或涉嫌犯罪的情况;配偶、子女经营个体、私营工商业,或承包、租赁国有、集体工商企业的情况,受聘于三资企业担任企业主管人员或受聘于外国企业驻华、港澳台企业驻境内代办机构担任主管人员的情况。本人认为应当向组织报告的其他重大事项,也可以报告。除了本人、子女与外国人通婚以及配偶、子女出国(境)定居的情况一项之外,应由报告人在事后一个月内以

---

① 《关于党政机关县(处)级以上领导干部收入申报的规定》(1995年4月30日),《十四大以来重要文献选编》(中),人民出版社1997年版,第1340—1341页。

书面形式报告。因特殊原因不能按期报告的,应及时补报,并说明原因。按照有关规定需要事前请示批准的,应按规定办理。本人认为需要事前请示的事项,也可事前请示。各级党委及其纪委,各级人大、政府、政协、法院、检察院党组,以及上述领导机关所属的部门和单位(包括事业单位)的党组(党委),负责受理本级领导干部的报告(不设党组、党委的部门和单位,由相应的机构受理,下同)。各部门和单位内设机构的领导干部的报告,由本部门、本单位的组织人事部门负责受理。社会团体、企业事业单位的领导干部个人重大事项的报告,由本单位党委(党组)负责受理。领导干部不按《关于领导干部报告个人重大事项的规定》报告或不如实报告个人重大事项的,其所在组织应视情节轻重,给予批评教育、限期改正、责令作出检查、在一定范围内通报批评等处理。①

③收受礼品登记制度

对于党和国家工作人员在国内外公务活动中收受礼品,有多项相关规定。1993年5月,中央办公厅和国务院办公厅印发了《关于严禁党政机关及其工作人员在公务活动中接受和赠送礼金、有价证券的通知》;1995年4月,根据中央纪委第五次全会的部署,又印发了《关于对党和国家机关工作人员在国内交往中收受礼品实行登记制度的规定》。②

④国有企业实行业务招待费使用情况向职代会报告制度

国有企业业务招待费是企业用于生产经营管理活动的专项资金,由于社会上各种不正之风的干扰和财经管理等方面存在的问题,这项费用往往大量地被用于非正当开支,成了某些司法、行政部门和服务行业人员与企业进行权钱交易,到企业吃、拿、卡、要和违反规定用公款"吃喝玩乐"的主要资金来源,造成大量国有资产的流失。为此,监察部、国家经贸委、全国

---

① 《领导干部报告个人重大事项的规定》(1997年3月24日),中央纪委宣传教育室编:《廉洁从政党纪政纪及相关法规手册》,中国方正出版社2007年版,第109—111页;《新时期反腐败斗争大事记(1978年12月—2003年12月)》,中共党史出版社2005年版,第183—184页。

② 本书编写组:《新时期反腐败斗争大事记(1978年12月—2003年12月)》,中共党史出版社2005年版,第107—108页。

总工会于 1995 年 5 月 17 日联合印发了《关于国有企业实行业务招待费使用情况向职代会报告制度的规定》,力图从制度上堵塞漏洞,防止不正之风的蔓延。主要规定企业厂长(经理)应当每半年一次向职代会据实报告业务招待费使用情况,并由职代会向职工传达。报告内容包括:业务招待费支出项目、金额,开支是否符合制度,使用是否合理,手续是否完备以及其他需要说明的情况。对于不按期或者不据实报告的,由企业主管部门或者有关部门督促改正;情节严重的,给予批评教育以至纪律处分。尽管该规定内容过于简单、可操作性不强,但充分体现了公开透明、职工参与监督的理念,为反腐败制度的规范起到一定作用。①

上述四项制度抓住财产、重大事项、公开透明等反腐败基本要素,抓住了腐败的"七寸",对于深入开展反腐败斗争具有重大价值和作用。但由于配套制度不完善,时机和条件不成熟等多方面原因,实际效果与预想目标有较大差距,部分单位没有认真执行。如对收入申报,存在不重视和漏报现象,许多人的兼职收入没有如实申报。在礼品登记方面,有的领导未能按规定如实登记,有的虽有登记,但不愿说明礼品来源。有些企业未建立职代会,业务招待费报告制度没有办法落实,有的单位大幅度超支,有的报告内容具有随意性,甚至弄虚作假,有的将业务招待费挪作接待考察费、调研费和上级会议费的现象比较普遍,开支金额比例较大。

(3)监督体制

①建立党风廉政建设责任制

建立党风廉政建设责任制是反贪污腐败现实的迫切要求,形势依然严峻,一些地方和单位存在的"一手硬、一手软"的问题,一些领导干部把集中精力抓经济工作视为放松自己在党风廉政建设方面应负的责任,好人主义盛行。建立和实行党风廉政建设责任制,是解决领导干部在反贪污腐败工作中消极不作为的有力措施,党风廉政建设责任制也是解决有法不依、执

---

① 《关于国有企业实行业务招待费使用情况向职代会报告制度的规定》(1995 年 5 月 17 日),《廉洁从政党纪政纪及相关法规手册》,中国方正出版社 2007 年版,第 101—103 页。

法不严问题的迫切需要。1998年12月16日,尉健行在贯彻落实《关于实行党风廉政建设责任制的规定》座谈会上的讲话中指出:党的十四大以来,我们制定了大量的法规和制度,但是,这些法规制度在一些地方和单位没有得到贯彻落实,其中一个重要原因,就是对各级领导干部在贯彻执行党风廉政建设的各项法规制度方面,缺乏明确的责任规定,对不履行责任的行为难以追究。建立和实行党风廉政建设责任制,从制度上明确规定了各级领导干部对党风廉政建设的领导责任,对于其他法规制度的贯彻落实具有重要的保证作用。1998年1月22日,江泽民在中央纪委第二次全会上提出,各级领导干部要对自己管辖范围内的党风廉政建设切实负起领导责任,要在抓好改革开放和经济建设的同时,把党风廉政建设和反腐败工作摆上重要议事日程;坚持党风廉政建设、反腐败斗争与经济工作和其他工作一起部署,一起落实,一起检查,一起考核;把"一把手总负责,分管领导各负其责"的党风廉政建设责任制一级一级落到实处,改变一些地方和单位的"一手硬、一手软"状况。① 这次会议提出,要加强党风廉政建设法规和制度的制定工作,在试点的基础上,起草党风廉政责任制的规定。11月21日,中共中央、国务院颁发《关于实行党风廉政建设责任制的规定》,对党风廉政建设责任制的原则、领导体制和工作机制、责任内容、责任考核和责任追究作出规定。为了贯彻落实这个规定,一些地方和部门从实际出发,制定了44个保证其贯彻落实的实施办法、细则和相关规定,进一步明确了领导班子和领导干部在党风廉政建设方面的责任。②

②加强党内监督的制度

为了进一步加强和健全党内监督机制,对党员领导干部严格要求、严格管理、严格监督,充分发挥党的纪律检查机关对党政领导干部特别是省部

---

① 李玉赋主编:《中国监察年鉴(1998—2002年卷)》,中国方正出版社2007年版,第89、16页。
② 《关于实行党风廉政建设责任制的规定》(1998年11月21日),《十五大以来重要文献选编》(上),人民出版社2000年版,第616—621页;本书编写组:《新时期反腐败斗争大事记(1978年12月—2003年12月)》,中共党史出版社2005年版,第222页。

级干部的监督作用。1996年1月,中央纪委第六次全会决定在坚持纪委现行领导体制的前提下,重申和建立五项监督制度。1997年2月4日,中央办公厅印发了《关于重申和建立党内监督五项制度的实施办法》,具体内容包括:

第一,建立和完善巡视工作制度。按照《关于加强党同人民群众联系的决定》提出的"中央和各省、自治区、直辖市党委,可根据需要向各地、各部门派出巡视小组"的要求,中央纪委根据工作需要选派干部到地方和部门巡视,并规定了巡视组的巡视员和工作人员组成、工作任务、职责和权限范围。

第二,增加纪检组织的权限。党的地方和部门的纪委(纪检组)发现同级党委(党组)或它的成员有违反党的纪律的情况,有权进行初步核实,并直接向上级纪委报告,任何组织和个人不得干预和阻挠,需要立案的,按《党章》和有关规定报批。纪委(纪检组)遇有此类问题不报告就是失职,严重的要受到追究。

第三,规定纪委对检举和控告的报告义务。党的地方和部门的纪委(纪检组)接到对下一级党委(党组)成员的检举和控告,必须报告上一级纪律检查委员会,任何人无权扣押。凡违反的必须追究责任,严肃处理。

第四,干部提拔征求纪委意见的制度。凡属地方和部门主要领导干部的提拔任用,党的组织部门在提请党委(党组)讨论决定前,应征求同级纪委(纪检组)的意见。

第五,各级纪检监察机关领导干部的提名、任免、兼职、调动,各级组织、人事部门必须事先征得上级纪检监察机关的同意。①

(4)惩戒制度

1994年5月1日,中央纪委颁发实施《中国共产党纪律检查机关案件检查工作条例》,这是在中央纪委1988年制定并下发试行的有关条例基础

---

① 《中共中央纪律检查委员会关于重申和建立党内监督五项制度的实施办法》(1997年2月4日),《十四大以来重要文献选编》(下),人民出版社1999年版,第2299—2305页。

上,反复征求了各地区、各部门的意见,针对试行中出现的问题,以党的十四大修改通过的《党章》为依据,经过反复修改、审议而制定的。中央纪委同时颁发了《中国共产党纪律检查机关案件检查工作条例实施细则》。[①]

1997年4月11日,中共中央发布《中国共产党纪律处分条例(试行)》(以下简称《条例》)。该《条例》分总则和分则两大部分,共13章172条。总则对指导思想、原则和适用范围,违纪与纪律处分,纪律处分运用规则,对违法犯罪党员的纪律处分等作了规定;分则对违反政治纪律的行为,违反组织、人事纪律的行为,违反廉洁自律规定的行为,贪污贿赂行为,破坏社会主义经济秩序的行为,违反财经纪律的行为,失职、渎职行为,侵犯党员权利、公民权利的行为,严重违反社会主义道德的行为,妨害社会管理秩序的行为等量纪标准和幅度作了详细规定。《条例》是中国共产党有史以来关于党的纪律和纪律处分方面的第一部比较系统、完善的规定,它把以前零散的规定加以集中、概括、修订和充实,以党内法规的形式明确地、集中地规定了党的纪律规范,因而它既是各级党组织和全体党员必须遵守的行为规范,也是党内处理各种违纪案件的基础性法规。从2001年12月开始,中央纪委对该《条例》进行修订,形成了《条例(送审稿)》,先后经中央纪委常委会、中央党建工作领导小组会议、中央政治局常务委员会、中央政治局全体会议审议通过,于2003年12月31日由中共中央正式颁布实施。[②]

三、从源头治理腐败工作

20世纪90年代中期之后,各级纪检监察机关逐步加大治本力度,尤其

---

① 本书编写组:《新时期反腐败斗争大事记(1978年12月—2003年12月)》,中共党史出版社2005年版,第126页。
② 《中国共产党纪律处分条例(试行)》(1997年4月11日),中共中央办公厅法规室、中央纪委法规室、中央组织部办公厅编:《中国共产党党内法规选编(1996—2000)》,法律出版社2001年版,第392—396页;《新时期反腐败斗争大事记(1978年12月—2003年12月)》,中共党史出版社2005年版,第391—392页。

是 2000 年 7 月,江泽民在给纪委老同志关于反腐败的信上作了重要批示,要求中央纪委和中央组织部等认真研究腐败现象屡禁不止的原因,以及进行治理的思路和对策。中央纪委和有关部门经过深入的调查研究,向中央提出了 17 条从源头上防止腐败的建议措施,并体现在党中央反腐败工作的部署中,有力地从源头上推进了预防和治理腐败的工作。

1. 军队、武警部队和政法机关不再从事经商活动

不再允许军队、武警部队和政法机关从事经商活动是加强党的建设、政权建设和军队建设的重大举措。军队、武警部队和政法机关是国家政权的重要机构,对外承担保卫国家,对内担当维护社会治安的重任,是人民民主专政的坚强柱石,是党和人民手中掌握的"枪杆子"、"刀把子"。军队、武警部队和政法机关从事经商活动,违背其职责宗旨,给国家安全和政权建设埋下隐患,带来危机。"好小利必有大不利",如果允许其从事经商活动,除了吃"皇粮"之外又经商吃"杂粮",不但会影响其职责任务的履行、削弱其战斗力,还会发生权钱交易等腐败现象,任其发展泛滥,将会危及国家安全和社会稳定,严重损害国家和人民的利益。

1993 年 8 月 21 日,江泽民在中央纪委第二次全体会议上指出:"各级党政机关一律不准经商,已经经商的,必须按规定与原机关彻底脱钩。"① 1998 年 7 月 13 日,江泽民在会见全国打击走私工作会议代表时又指出:"军队、武警部队和政法机关必须停止一切经商活动。我一直主张军队要'吃皇粮'。公安、国家安全、检察、法院等政法机关也要'吃皇粮'。各地的党政军机关和执法、司法部门一定要严肃查处下属单位所办的一些公司和挂靠公司中存在的走私护私问题,还要限期同所办的公司在人、财、物等方面彻底脱钩。"② 7 月 21 日,江泽民在中央军委常务会议上讲话强调:"为了从根本上防止消极腐败现象,进一步推进全军的党风廉政建设,中央已下定决心作出一个重大决策,这就是军队、武警部队必须'吃皇粮',必须彻底停止一切经商活动。大量事实已充分说明,军队搞经营性商业活动,弊

---

① 《中国监察年鉴(1992—1997 年卷)》,中国方正出版社 2007 年版,第 51 页。
② 《江泽民文选》第 2 卷,人民出版社 2006 年版,第 170—171 页。

端很多……会严重损害我军的形象和战斗力。军队中走私案件和其他经济犯罪案件之所以不断发生,搞经商活动是一个重要根子。……军队再也不能经商了,否则人民民主专政的柱石会垮掉,社会主义的红色江山会变色。"① 7月25日,党中央发出通知,决定军队、武警部队和政法机关一律不再从事经商活动,国家财政对军队、武警部队和政法机关履行职能给予必要的经费保证。为加强对这项工作的领导,成立以胡锦涛为组长、尉健行为副组长,温家宝、罗干、于永波等为成员的中央关于军队武警部队政法机关不再从事经商活动工作领导小组。同日,中央办公厅、国务院办公厅发出《关于军队武警部队政法机关不再从事经商活动的通知》,要求在清理经商活动的过程中,必须严明纪律,防止国有资产流失和发生违纪违法行为。一是严禁隐匿、转移、转让、变卖企业资产;二是严禁以任何名义私分企业财物;三是严禁弄虚作假,涂改、转移或者销毁账目;四是在清理期间停止调动和提拔企业人员,严防有违法违纪嫌疑的人员出国(境);五是不准设置障碍,干扰中央决定的贯彻实施。7月28日,胡锦涛在中央召开的"关于军队武警部队政法机关不再从事经商活动决定电视电话会议"上,用四句话概括了中央的要求:对军队、武警部队、政法机关及所属单位办的经营性公司要认真进行全面清理;这些公司与军队、武警部队、政法机关要尽快彻底脱钩;今后军队、武警部队、政法机关一律不再从事经商活动;国家财政对军队、武警部队、政法机关履行职能要给予必要的经费保证,也就是说从1999年起,军队、武警部队、政法机关要全部"吃皇粮"。1998年10月14日,江泽民在十五届三中全会闭幕会上指出:"前不久,中央作出了两个重大部署","一是全面开展反走私斗争,一是决定从1999年1月1日起军队、武警部队和政法机关一律不再从事经商活动,国家财政对他们履行职能必需的经费给予保证。中央的决定,得到了全党、全军和全国人民的拥护,也受到国际社会的广泛好评。军队、武警部队和政法机关一律不再从事经商活动,是进一步加强党的建设、政权建设和军队建设,推动反腐败斗

---

① 《江泽民文选》第2卷,人民出版社2006年版,第181页。

争深入进行的一项重大部署。""这两项工作都关系党和国家的长远发展和长治久安,一定要毫不动摇地进行下去"。① 10 月 18 日,中央办公厅、国务院办公厅印发《政法机关不再从事经商活动的实施方案》,对指导思想、目标、基本原则,撤销移交和保留企业的范围,资产和债务的处理,挂靠企业、特殊类型企业的处理,人员安置,政法机关履行职能的经费保证作出详细规定。11 月 12 日又印发了《政法机关撤销企业工作实施办法》,12 月 18 日转发《财政部关于军队武警部队政法机关不再从事经商活动和实行"收支两条线"管理后财政经费保障的若干意见》。经过一年多时间的努力,军队、武警部队和政法机关共撤销企业 19 459 户,移交企业 6492 户,解除挂靠关系企业 5616 户。到 1999 年底,实现了中央确定的工作目标。② 2000 年 5 月 25 日,党中央、国务院、中央军委召开电视电话会议,胡锦涛发表重要讲话,对不再经商活动工作做了全面回顾和总结,标志着这项工作在全国范围基本结束。

2. 行政审批制度改革

行政审批是政府对社会、经济事务进行管理的一种手段。但随着经济体制逐步转变到社会主义市场经济,我国原有的行政审批制度下的审批事项过多过滥,审批手续繁琐、程序不清、时限不明、效率低下、透明度差等弊端,严重阻碍了经济的发展。市场经济改革是制度不断完善、权力不断下放的过程,上级政府向下级政府纵向放权的同时,横向对企业和社会放权让利,成为搞活经济、促进社会发展的必然趋势。正是在这种改革发展背景下,中央大力推动了行政审批制度改革。腐败是利用公共权力谋取私利,行政审批项目越少,行政权力就越小,腐败发生的概率和机会就越少。因此,行政审批体制的改革对预防腐败影响深远。

2000 年 12 月 26 日,江泽民在中央纪委第五次全会上指出:"从揭发出来的一些案件看,很多钱权交易的腐败行为,都发生在领导干部直接插手

---

① 《中国监察年鉴(1998—2002 年卷)》,中国方正出版社 2007 年版,第 46、31 页。
② 《中国监察年鉴(1998—2002 年卷)》,中国方正出版社 2007 年版,第 2194 页。

微观经济行为的过程中。改革行政审批制度势在必行,对那些应该用市场机制运行代替行政审批的项目,就要通过市场机制来处理。需要进行行政审批的项目,要建立科学的机制,以堵塞漏洞,减少钱权交易的机会。各级政府部门要进一步转变职能,凡是能通过法律、法规、政策、经济方法解决的问题,应尽量避免或减少用行政手段来解决;就是需要采用行政手段来解决的问题,也必须有公开公正的程序。"①一些地方和部门相继进行了行政审批制度改革,取得了较好的效果。

  党的十五届六中全会明确提出,要进一步改革行政审批制度,规范行政审批行为。2001年开始,国务院加大了推进行政审批制度改革力度。9月,国务院成立行政审批制度改革工作领导小组,并在监察部设立了办公室,在全国范围内推进这项工作。10月24日,国务院召开行政审批制度改革工作电视电话会议,对全面推进这项工作进行了部署。首先,摸清国务院部门行政审批项目的底数,奠定整个工作的基础。国务院各部门对涉及本部门的所有行政审批项目及其设定依据,包括本部门实施的行政审批项目和由本部门设定但由其他部门或下级行政机关实施的行政审批项目进行了认真清理,共上报审批项目4000多项,通过全面清理和甄别核对,国务院68个有行政审批职能的部门和单位共有3605项审批项目,涵盖经济、社会、文化管理各个方面。依据合理、合法、效能、责任和监督五项原则,严格审核论证,2002年10月16日,国务院决定取消第一批行政审批项目789项,其中涉及经济管理事务560项,涉及社会管理事务167项,涉及行政管理及其他方面事务62项。2003年2月和2004年5月,国务院又决定取消和调整审批项目1006项。2004年8月,十届全国人大常委会通过了9部法律修正案,这些法律涉及的11项审批项目随之取消和调整。到2004年,国务院共取消和调整审批项目1806项,达到了国务院部门全部审批项目的50.1%。2004年7月1日,国务院作出了对确需保留的500项行政审批项

---

① 《中国监察年鉴(1998—2002年卷)》,中国方正出版社2007年版,第258页。

目设定行政许可的决定。①

国务院领导小组及其办公室先后制订颁布了 20 多个政策文件,指导行政审批制度改革。国务院转发的《关于行政审批制度改革工作的实施意见》提出了行政审批制度改革的五项原则,确定了改革重点和步骤;《关于贯彻行政审批制度改革的五项原则需要把握的几个问题》细化五项原则的内容,提出了具体的工作标准;《关于清理行政审批项目的通知》,对清理工作的范围、程序等作出了规定;《关于搞好行政审批项目审核和处理工作的意见》,提出了开展审核和处理工作的基本做法等。绝大多数省市区对省一级政府部门审批项目进行了全面清理和处理,一些地方延伸到地(市)、县一级。大多数省市区对审批项目作了大幅度的削减,提出了有针对性的后续监管措施和办法,有的地方还清理了地方性法规和政府规章。

3. 干部人事制度改革

这个时期干部人事制度改革的主要工作是建立国家公务员制度。1987 年党的十三大提出:"当前干部人事制度改革的重点,是建立国家公务员制度。"1988 年 3 月,七届人大一次会议进一步提出"抓紧建立和逐步实施国家公务员制度"。从 1989 年初开始,在审计署、海关总署、国家统计局、国家环保局、国家税务局、国家建材局等 6 个部门进行了国家公务员制度试点。1990 年又在哈尔滨市和深圳市进行试点。1993 年 8 月 14 日,国务院发布《国家公务员暂行条例》,对公务员从进入国家机关到退休的各个管理环节,都作出了明确规定。第 6 章"奖励"第 28 条,规定公务员应"遵守纪律、廉洁奉公、作风正派、办事公道、起模范作用";第 7 章"纪律"第 31 条规定的禁止"贪污、盗窃、行贿、受贿或者利用职权为自己和他人谋取私利;挥霍公款,浪费国家资财;滥用职权,侵犯群众利益,损害政府和人民群众的联系"等均涉反贪腐。② 其后,又结合实践制定了若干与《国家公务员暂行

---

① 李雪勤主编:《中国共产党纪律检查工作 60 年(1949—2008)》,中国方正出版社 2009 年版,第 286、298 页。

② 《国家公务员暂行条例》(1993 年 10 月 1 日施行),《中华人民共和国常用法律法规汇编》,中国人民公安大学出版社 2001 年版,第 488—497 页。

条例》配套的《暂行规定》、《实施办法》等一批政策规定和实施细则,内容涵盖公务员职位分类、考试录用、考核、职务任免、奖励、工资、辞职辞退、申诉控告、培训、出国培训、职务升降、任职回避和公务回避、职位轮换(轮岗)等方面。各地也根据实际,在《国家公务员暂行条例》基本框架之下制定了相应的实施办法和实施细则,作为法规体系的补充。至此,我国基本形成比较完备的公务员制度法规体系,公务员管理的各个主要环节基本达到有章可循、有法可依。

《国家公务员暂行条例》颁布后,国务院召开会议部署对公务员制度的推行工作,提出"争取用三年或更多一些时间在全国基本建立起公务员制度,然后再逐步加以完善"。同年,国务院又制定了《国家公务员制度实施方案》作为制度推进的依据。各地各部门按照党中央、国务院的部署,采取了"整体推进,突出重点,分步到位"的方法,根据各项改革的难易程度和基础条件,针对人民群众关心的重点难点问题,一年一个突破口,逐步达到目标。到1998年底,国家公务员制度入轨工作基本到位,有中国特色的国家公务员制度在中央和省、地(市)、县、乡(镇)五级政府机关基本建立。公务员制度的建立和实施,有效地改变了传统人事管理体制的不足之处,主要表现在:

(1)优胜劣汰的竞争激励机制逐步建立。按照发展社会主义市场经济体制的要求,干部人事制度引入竞争机制。一是在全国推行考试录用制度,以"凡进必考"代替"统招统配",坚持公开、平等、竞争、择优,打破身份、地域限制,不拘一格选人才;坚持公开考录政策、录用计划、资格条件、考试成绩和录用结果。从1994年到2003年,先后组织了10次公务员录用考试,中央党政机关及垂直管理系统共录用2.3万多人。全国31个省、区、市均实行了公开招考,仅2000年到2002年底,考试录用地方公务员43.9万人。公务员考试录用制度的推行,使一大批优秀人才脱颖而出,为党政机关补充了新鲜血液,注入了新的活力。二是实施公务员考核制度。对公务员"德、能、勤、绩"进行综合考评,并将考核结果同奖惩、工资、职务升降、辞退等环节挂钩。据统计,全国各级行政机关95%以上的公务员都参加了正常的年度考核,约 13% 的公务员被确定为优秀等次。1995 年到 2002 年,全国公务员中大约有 2 407 229 人受到嘉奖,277 485 人记三等功,30 331 人记二等功,3831 人记一等功,19 833 人被授予荣誉称号。三是逐步推行竞争上岗,打破职务晋升中的"论资排辈"现象。据不完全统计,截至 2001 年底,全国各级党政机关近 50 万个职位实行了竞争上岗。仅 2002 年竞争上岗的人数就达 180 115 人,占同年晋升人数 301 483 人的 59.8%。1999 年到 2002 年,各级政府机关通过竞争上岗走上领导职位的人数达 353 292 人。

(2)公务员淘汰机制稳步实施。"只进不出"是原来干部管理体制的严重弊端,也是一个长期存在的难题。《国家公务员暂行条例》实施以来,国家坚决实行辞职、辞退、退休制度,既尊重个人选择职业的权利,又强调严格管理。对那些纪律松弛、工作涣散、屡教不改、违法乱纪的,坚决予以查处,清除出公务员队伍;对能力素质差、不适合在机关工作的允许其辞职,保证了公务员队伍的整体素质;到退休年龄依法退休,保障了公务员的法定权利。据统计,从 1996 年到 2002 年,全国共辞退国家公务员 17 857 人,辞职 28 626 人。行政机关"铁饭碗"开始打破,促进了人才资源的合理配置。

(3)权力约束机制不断完善。颁布实施《国家公务员行为规范》,在纪律和行政处分方面,明确规定了公务员应该做什么,不应该做什么,提倡什么,禁止什么,加强了对公务员的监督。据统计,1993 年至 2002 年,共有 156 022 人受到各种行政处分,仅 2002 年受处分的公务员就达 10 842 人。通过处理违纪行为,淘汰了一批不合格的公务员,规范了公务员的行为。另外,积极推行轮岗回避制度,对领导和"热点"职位有计划地轮岗,对有亲属关系的公务员在任职和执行公务时回避。截至 2002 年底,全国共有 75 万余人进行了轮岗,3 万余人进行了任职回避,改善了工作环境,促进了政府机关廉政建设。

4. 财政管理制度改革

这一时期推进的国家财政管理制度改革中,与反贪污腐败紧密相关的主要有三项:"收支两条线"、部门预算改革和国库集中收付制度改革。"收支两条线"抓得较早、较实,后两项改革抓得稍晚,推动较慢一些。

(1)"收支两条线"管理改革

改革过程也是利益格局调整变化的过程,经济体制的深入变化必然造成分配体制的剧烈变革。20世纪80年代放权让利的改革,一方面充分调动了各个主体的建设积极性和主动性,但也激起了部门利益、局部利益和个人利益膨胀的欲望。到80年代末90年代初,一些地方、部门和单位在利益驱动下乱收费、乱摊派、乱罚款,通过各种非法手段和名目将预算内收入转移到预算外,导致国家财政收入严重流失,预算外资金迅速膨胀,1988、1990、1992年,预算外资金收入分别达到2361亿、2709亿和3855亿,分别相当于当年财政收入的100%、92%和111%。巨额预算外资金以各种隐蔽的方式存留于各个单位,脱离国家财政控制,削弱了政府调控和管理的能力,"没有统一的财权也就没有统一的政权",财政资金的严重分散危及国家政权的巩固。同时,预算外资金常常通过不正当的途径取得,加重了群众和企业的负担,引起社会强烈不满,破坏社会稳定。预算外资金带来的"小金库"、"账外账",为贪污浪费等腐败行为大开方便之门,助长了腐败的滋生蔓延。推行"收支两条线"管理预算外资金是大势所趋、民心所向,也是反腐败的必然要求。

1993年,中央先后转发财政部《关于治理乱收费的规定》和《关于对行政事业性收费、罚没收入实行预算管理的规定》。同年,对行政事业性收费和罚没收入实行"收支两条线"管理,作为反腐败的一项重要措施开始在全国推行。1998年1月,中央纪委重申所有的党政机关都要落实"收支两条线"管理的规定。5月21日,中央纪委、监察部召开电视电话会议,对公检法、工商等重点部门落实"收支两条线"管理规定作出部署,提出要求,随后制定《关于加强公检法工商行政管理部门行政性收费和罚没收入实行收支两条线管理工作的规定》。1999年5月25日,中央纪委、监察部再次召开电视电话会议,进一步落实"收支两条线"管理的规定。紧接着,几个部委下发《行政事业性收费和罚没收入实行"收支两条线"管理的若干规定》

和《行政事业单位预算外资金银行账户管理的规定》。6月,中央纪委、监察部、财政部召开中央国家机关17个重点单位落实工作情况的汇报会;7月20日,再次召开省(区、市)落实"收支两条线"规定工作情况汇报会。到1999年底,各级公检法、工商行政管理部门和中央一级、省一级以及副省级城市和省会城市一级其他执收执罚部门都实行了"收支两条线"管理。2000年以后,"收支两条线"管理工作向基层延伸,到2002年,全国县级以上执收执罚单位都实行了"收支两条线"管理,其内容不断得到充实,政策更加配套,扩展到项目审批、标准核定、票据管理、银行账户、征收机制等多个领域。2000年2月1日,国务院颁发了《违反行政事业性收费和罚没收入收支两条线管理规定行政处分暂行规定》,各地严肃查处违反规定的行为。据统计,2000年至2002年,共查处相关案件3858件,违纪人员2022人,其中县(处)级以上干部407人。①

2001年,国办转发财政部《关于深化收支两条线改革,进一步加强财政管理的意见》,"收支两条线"管理进入收支脱钩、收缴分离为核心的实质性改革阶段。中央批准的收费项目绝大多数纳入预算,政府基金全部纳入预算。

(2)部门预算制度改革

部门预算,是编制政府预算的一种具体制度和方法,它由各级政府的各个部门编制,反映各个政府部门所有的收入和支出。② 编制部门预算是建立公共财政框架的基本要求,实行部门预算是我国预算编制改革的重要步骤,也是预防腐败和反对浪费的有效途径。2000年以前,我国预算编制存在一些问题,主要有两点:一是预算编制太粗,"外行看不懂,内行看不清"。财政部按收入类别和支出功能分类汇总编报中央预算草案,全国人大代表从预算草案中看不到各个部门使用了多少财政资金,主要用于哪些项目,部门预算外资金规模有多大,不利于人大代表审查和监督;二是预算批复太迟,"一年预算,预算一年"。预算草案经全国人大审查批准后,财政部还

---

① 《中国监察年鉴(1998—2002年卷)》,中国方正出版社2007年版,第2195页。
② 张馨:《论部门预算改革》,载于《经济学家》,2002年第2期。

要与各个部门协商,才能最终将预算分配到各部门。协商过程较长,使预算批复时间往往超过法定时间,影响了预算的执行,损害了法律的严肃性和约束力。1999年,全国人大常委会审议1998年中央决算和中央财政审计报告时曾提出,"要细化报送全国人大审查批准的预算草案内容,增加透明度"。因此,预算编制改革势在必行。1995年1月1日起开始实施的《预算法》规定:"中央政府预算由中央各部门预算组成。"但该法存在一个比较突出的问题,就是它无法反映部门预算的改革。全国人大会议又通过《关于加强中央预算审查监督的决定》,规定各部门、各单位应当按照《预算法》的要求编好部门预算和单位预算,中央本级预算的经常性支出按中央一级预算单位编制。1997年和1998年,财政部提出了各单位预算编报要细化,要打破旧的基数加增长的预算方法,尽可能地实行零基预算。财政部报经国务院同意,决定从2000年起试编部门预算。按照全国人大、国务院及财政部有关要求,中央各有关部门均组织本级有关单位和各直属单位,试编2000年预算。教育部、农业部、科技部、劳动和社会保障部4部门,被确定为将汇总预算提交全国人大审议的试点单位。2001年,在总结经验的基础上,除国防部、安全部和中国人民银行等3个特殊部门外,国务院其他26个组成部门的部门预算全部上报全国人大审议,并且上报的内容进一步细化,形式也作了一些改进。中央部门全部编制部门预算后,各地也逐步扩大了财政预算管理范围,省本级实行预算的部门数量不断增加,基本做到省级部门都开始编制部门预算。不少地(市)和部分县(市)也实行了部门预算改革。编制部门预算取得了较好的效果,突出表现在人民代表大会提前了预算下达的时间。以2001年为例,3月15日,全国人大正式批准了中央预算草案,财政部在《预算法》规定的30天内,批复完中央各部门的预算。①

(3)实行国库集中收付制度

改革前,我国国库管理制度实行以设立多重账户为基础的分散收付制

---

① 项怀诚编著:《中国财政管理》,中国财政经济出版社2001年版,第92页。

度。财政收入的许多项目由征收部门通过设立过渡账户收缴,财政支出通过财政部门和用款单位分别开设的账户层层拨付;大量预算外资金未纳入财政预算统一管理。这种制度有诸多弊端:资金在预算单位支付行为发生前就流出国库,大量滞留在预算单位,严重降低财政资金的使用效益;财政资金的使用缺乏事前监督,截留、挤占、挪用等问题时有发生,甚至发生贪腐犯罪。20世纪90年代,一些地方财政比较困难,财政赤字比较严重。如安徽省截至1999年底,全省乡镇负债面达96%,有20%的乡镇累计负债额超过500万元,有50%的乡镇不能正常发放工资。①

改革国库分散收付制度成为加强财政管理和党风廉政建设的必然要求,也是解决地方财政赤字,缓解基层财政困难的要求。在发展经济、做大财政"蛋糕"的同时,地方各级政府推行了包括国库集中收付在内的综合财政预算改革,为全面推行国库集中收付制度改革积累了经验。2001年,国务院确定科技部、财政部、国务院法制局等部门率先进行财政国库制度改革试点,主要内容是建立国库单一账户体系,所有财政性资金都纳入国库单一账户体系管理,收入直接缴入国库或财政专户,支出通过单一账户体系支付到商品和劳务供应者或用款单位。地方根据本地情况自行决定改革时间和步骤,不少地方在原有会计核算中心的基础上,积极向国库管理制度过渡。各地对乡镇的财政管理制度也进行了改革,部分乡镇实行乡镇财政综合预算和"零户统管",有的还实行了"村账乡审"、"乡财县管"。

5. 政府采购等四项制度初显成效

建设工程、土地使用权出让、产权交易和物品服务采购环节是腐败经常发生的领域,加强这些领域的制度建设,有利于从源头上堵塞漏洞、预防腐败、保护干部。

(1)政府采购制度

我国政府需要的物品和服务在改革开放前完全依靠计划划拨方式提供,改革开放后逐步按照经济交换原则从市场购买,开始由各级政府部门

---

① 王恩奉:《在综合预算改革过程中完善国库集中收付制度》,载于《经济研究参考》,2001年第9期。

或各单位分散购买,中央政府仅对投资额 5000 万人民币、涉及外资则为 3000 万美元以上的公共工程投资进行审批。这种粗放型的做法存在诸多流弊:政府采购资金的分配和使用脱节,导致财政支出分散、资金使用效益不高,脱离财政监管;不能形成规模经济效应;采购商品、工程和服务价高质次,采购过程不公开、不透明,导致贪污受贿等腐败现象频发;强化地方保护主义,不利于全国统一市场的形成,等等。1994 年分税制财税体制改革顺利完成后,随着反腐败力度不断加大,政府采购制度提上党和政府议程。1995 年,上海开始采用政府采购办法购置设备。之后,各省市自治区开始政府采购的探索和实践。1996 年,我国向亚太经合组织提交单边行动计划,明确最迟于 2020 年与亚太经合组织成员对等开放政府采购市场。而且,加入世界贸易组织(WTO)面临签署《政府采购协议》的压力。1999 年 1 月 26 日,中央国家机关政府采购试点工作正式启动,宣布面向社会公开招标采购计算机 57 台,计算机辅助设备等 18 台(件),用于中央国家机关 44 个部门推广离退休经费零基预算计算机管理;并宣布还将扩大范围,陆续对通用设备、基建项目、汽车修理、会议定点服务等实行政府采购。从 1999 年 1 月起,军队部分进口医疗设备也开始统一招标采购。[1] 据有关材料对试行政府采购制度的地区招标投标情况分析,办公性消费品成本可降低 10%—15% 以上,有少数项目甚至达 30%—50%,商品和服务质量也有提高,同时杜绝了回扣、"红包"等腐败行为。[2]

大部分省、市、区在实践基础上制定了地方性法规,对政府采购进行规

---

[1] 参见《中国军队部分进口医疗设备统一招标采购》,《长江日报》,1999 年 1 月 29 日,第 5 版。同时据 1999 年 9 月 6 日中央电视台《新闻联播》报道,我国当天召开了全军物资装备机械项目预中标会。

[2] 据《依法规范招标投标行为》统计,目前在工程建设方面通过招标达到的节资率为 1% 至 3%,工期缩短 10%;在进口机电设备方面,通过招标达到的节汇率和节资率分别为 10% 和 16%;在机械成套方面,通过招标达到的节资率和节汇率分别为 10% 和 16%。更具体的数据为:1998 年全国共签订政府采购合同近 2000 份,采购规模约 31.06 亿元,共节约资金 4.16 亿元,平均资金节约率 13.38%。《经济日报》,1999 年 9 月 1 日,第 16 版;另见张弘力:《关于建立中国政府采购制度的若干问题》,《中国财经报》,1999 年 6 月 5 日,第 3 版。

范。1997年12月和1998年5月,财政部专家组向国务院法制局提出制定《政府采购法》的建议。1998年7月4日,国务院办公厅发出《关于印发财政部职能配置内设机构和人员编制规定的通知》,将拟定和执行政府采购政策明确作为财政部的主要职责之一。1999年4月11日国家经贸委颁布《国有工业企业物资采购管理条例》,同时,财政部颁发《政府采购管理暂行办法》、《政府采购招标投标程序暂行规定》和《政府采购合同监督暂行办法》,在政府采购领域初步形成采购机关(法人)负责制、招标投标制和第三方质量检验制。2002年6月,全国人大常委会审议通过《政府采购法》,于2003年1月1日起实施,标志着我国政府采购制度改革由试点进入全面推行时期,政府采购工作逐步迈上法制化、规范化轨道。2002年12月27日,国务院办公厅发出通知,要求中央国家机关全面推行政府采购制度,同时下发《中央国家机关全面推行政府采购制度的实施方案》。到2002年底,全国31个省市区本级和多数地(市)、县(市)都实施了政府采购制度,实施政府采购的单位逐年增多,采购物品和服务不断增多,全国政府采购总额从1998年的31亿元增长到2002年的1009亿余元,资金节约率在10%以上。① 2006年,全国政府采购总额3681亿元,年均增长39.5%;2007年,全国政府采购规模突破4000亿元。

(2)建设工程招投标制度

1992年,社会主义市场经济体制确立后,建筑业市场越来越大,建筑领域取得巨大成就的同时,也存在着不少问题,如果不及时解决,贻害甚大。从1996年起,建设部、监察部及国家计委、国家工商局4部委联合开展建设工程项目执法监察工作。两年内,共发现违法违纪线索12 075件,立案9726件,到1997年底查结7465件,挽回损失17.97亿元,共处理违纪人员8313人,其中厅级干部65人,县处级干部1145人,有4305人移送司法机关追究刑事责任。② 执法监察成效显著的同时,也说明就事论事、"头痛医头,脚痛医脚"、出现一个问题抓一个问题的方法是远远不够的。不进行改

---

① 《中国监察年鉴(1998—2002年卷)》,中国方正出版社2007年版,第2196页。
② 《中国监察年鉴(1998—2002年卷)》,中国方正出版社2007年版,第1540页。

革,不釜底抽薪,搞再多的专项治理,抓再多的大案要案,也难以从根本上收到成效。从1996年开始,上海、江苏、吉林等地进行了大胆探索,实行对建设工程项目招投标制度。1996年11月,上海市政府颁布《上海市建设工程管理办法》,成立了建设工程交易管理中心。上海市有关部门制定规定,要求政府投资项目、国有企事业单位投资项目、集体经济组织投资项目,均应进行公开招标或邀请招标。江苏省制定了《工程建设招标投标管理办法》,到1996年底,江苏省、市、县三级都因地制宜建立了有形建筑市场或固定的招投标场所,其中比较有特色的苏州"一条龙"服务、"一站式"管理模式在全省得到推广。

这些新鲜做法引起了中央的重视。1998年1月,尉健行在中央纪委第二次全会工作报告中提出:"要建立有形建筑市场,建立健全公开、公正、公平竞争的制度,严格管理,加强监督。所有政府部门,国有企业、集体企业及公有产权占主导地位的企业和事业单位,除涉及国家安全的保密工程及其他特殊工程外,工程建设项目都要实行招投标,并不准转包。对违反规定的,要追究有关领导的责任。对利用工程承发包和分管工程之机行贿、受贿、贪污和弄虚作假、徇私舞弊的违纪违法行为,要坚决查处。"[①]国务院第六次反腐败工作会议也对工程建筑项目招投标提出了要求。1998年7月,建设部、监察部联合召开全国有形建筑市场现场会,推动全国地市一级在1998年基本建立起有形建筑市场。到1998年底,全国除10个城市经批准可以不建外,338个地(市)级以上城市都建立了有形建筑市场,其中220个已经与行政主管部门脱钩。1999年8月30日,酝酿了几年的《招标投标法》由九届全国人大常委会第十一次会议审议通过,建设工程实行招投标纳入法制轨道。各有形市场建立完善市场准入、资质审查、工程监理、招标投标、工程质量、安全监督、造价管理等方面的一系列规章制度,市场运行不断规范,招标率和公开率有了显著提高。2001年4月,在国务院召开全国整顿和规范市场经济秩序工作会议后,监察部和建设部召开了全国整顿

[①] 《中国监察年鉴(1998—2002年卷)》,中国方正出版社2007年版,第60页。

和规范建筑市场秩序工作会议,提出继续加强有形建筑市场规范化建设,加强贯彻落实《招标投标法》,进一步加大对建筑领域违纪违法案件查处力度。之后,两部委制定颁发了《关于健全和规范有形建筑市场的若干意见》。据统计,2002年全国房屋和市政基础设施建设方面依法应进行施工招标工程的招标率和依法应公开招标工程的公开招标率都不低于80%。招投标活动的逐步规范,使建设工程领域违法违纪案件有所下降。1995年发生在工程建设领域中的违纪违法案件有4700多件,1998年为3189件,1999年2247件,2000年2197件,2001年下降到1423件。①

(3) 经营性土地使用权招拍挂制度

2001年,国务院发出《关于加强国有土地资产管理的通知》,国有土地使用权招标、拍卖、挂牌出让工作取得了明显成效,但各地工作进展不平衡,本应用市场机制配置土地的,一些领导仍然行政干预土地供应方式,没有实行经营性土地使用权招标拍卖挂牌出让,致使国有土地使用权招拍挂出让制度不落实。2002年8月,国土资源部、监察部发出《关于严格实行经营性土地使用权招标拍卖挂牌出让的通知》,当年全国共招拍挂出让土地2.59万宗,面积1.81万顷,价款968.55亿元,占出让总面积的比例已由过去的2%至5%提高到15%。

(4) 产权交易制度

实行产权交易制度,是防止国有资产流失的客观要求,也是从源头上预防和治理腐败的一项重要措施。在我国企业产权交易发展初期,企业之间的买卖主要是通过企业主管部门牵线搭桥组织完成的,但这种交易方式可供选择的机会少,成功率低,难以适应企业产权交易的发展需要,常常出现一些企业需要扩张,却找不到合适对象,而另一些企业却资产闲置,难以通过产权的流动而盘活。我国广义的产权交易市场改革主要有两个方面:一是建立股票市场。1990年12月19日,上海证券交易所正式开始营业。1991年7月,深圳证券交易所正式成立。二是建立产权交易市场。主要针

---

① 《中国监察年鉴(1998—2002年卷)》,中国方正出版社2007年版,第1868、2197页。

对没有实行股份制或不能上市交易的企业产权的流动而建立的企业产权交易市场。在20世纪90年代初期,产权交易市场主要有两种:一种是尚未形成有形实体的市场,由各地政府出面分期分批集中处理;一种是建立产权交易所。1988年5月27日,湖北省武汉市企业产权转让市场正式成立。之后,河北保定、四川成都、河南郑州等地先后建立产权交易所。截至1989年,全国已有25家产权交易所正式挂牌营业。这些地区性产权交易市场对于促进本地区资源的流动,加速企业兼并,提高资产运营效益具有一定作用,但也存在一些问题,如规模小、辐射范围窄,各产权交易市场彼此隔绝,全国企业产权资源不能有效流动、合理配置,行政直接干预过强,政企严重不分,各地做法不一,全国缺乏统一规范,在产权转让过程中,没有经过法定的评估程序,低价交易、场外交易等造成国有资产流失。在20世纪90年代初期,人们对产权交易改革争论非常激烈。有人对产权交易改革提出质疑,认为产权交易改革是推行"私有化"、"产权流动是国有资产的流失"。1992年,邓小平南巡讲话发表和党的十四大坚定了社会主义市场经济体制改革的方向,1993年11月,十四届三中全会通过了《关于建立社会主义市场经济体制若干问题的决定》,把产权关系明晰作为现代企业制度的一项重要内容,各地政府加大产权制度改革,公司制和股份制改革迅速推进,产权交易市场作为产权制度改革的重要内容在全国普遍兴起。到1994年,全国有产权交易机构174家,其中省一级14家,地市一级104家,县一级56家。[①]到1999年,产权交易机构建设粗具规模,除西藏自治区之外,全国成立了230多家产权交易机构,省一级普遍建立了产权交易中心,许多地(市)也建立了产权交易中心。1999年,党的十五届四中全会作出了《关于国有企业改革和发展的若干问题的决定》,产权交易进入新的发展阶段,产权交易不但成为存量资产盘活的手段,而且成为增量资产与存量资产的有机结合和吸引外资的重要平台;产权交易不仅仅在国有产权、集体产权之间进行,而且包括了非国有非集体相互之间的产权交易。私营企业、个体

---

① 常修泽等著:《产权交易——理论与运作》,经济日报出版社1995年版,第93页。

工商户、自然人受让国有企业、集体企业产权的现象逐渐增加,产权交易的成交额逐年上升。各地不断建立健全产权交易及其市场建设的规章制度,规范资产评估活动,组织专项检查,促进国有产权的合理流动和国有资产的保值增值。

四、领导干部廉洁自律

"三项工作格局"是十四大后党风廉政建设和反腐败工作的整体思路。1993年8月,在北京召开反贪污腐败史上一次重要会议——中纪委第二次全体会议。在会上,反腐败斗争形成了领导干部廉洁自律、集中力量查处大案要案和纠正行业不正之风的三项工作格局。10月5日,中共中央、国务院颁布《关于反腐败斗争近期抓好几项工作的决定》,提出着重抓好"党政机关领导干部廉洁自律、查办一批大案要案、狠刹几股群众反映强烈的不正之风"三项工作。此后随着形势的发展,反腐败工作出现新的变化,增加了一些新的任务,但以"三项工作格局"为中心的工作框架和格局一直保持,持续近十年。[①] 加强领导干部廉洁自律是反腐败一项经常性工作,干部从事经济活动和"吃喝玩乐"是贪腐的前兆,每年都有重点整治内容。

1. 规范领导干部及其家属的经济活动

1992年6月26日,中共中央办公厅、国务院办公厅发出《关于党政机关兴办经济实体和党政机关干部从事经营活动的通知》,认为党政机关兴办经济实体和党政机关干部从事经营活动是政策性强而且比较复杂的问题,必须坚持政企分开的原则,并重申了一些基本原则和政策界限。12月10日,中央纪委、监察部联合印发《关于严肃处理党政机关企事业单位走私案件的通知》。1993年10月5日,中共中央、国务院颁布《关于反腐败斗争近期抓好几项工作的决定》,对党政机关县(处)级以上领导干部重申和提出以下5项要求、10个"不准"。(1)不准经商办企业;不准从事有偿的中

---

① 本书编写组:《新时期反腐败斗争大事记(1978年12月—2003年12月)》,中共党史出版社2005年版,第116—117页。

介活动;不准利用职权为配偶、子女和其他亲友经商办企业提供任何优惠条件。(2)不准在各类经济实体中兼职(包括名誉职务);个别经批准兼职的,不得领取任何报酬;不准到下属单位和其他企业事业单位报销应由个人支付的各种费用。(3)不准买卖股票。(4)不准在公务活动中接受礼金和各种有价证券;不准接受下属单位和其他企业事业单位赠送的信用卡,也不准把本单位用公款办理的信用卡归个人使用。(5)不准用公款获取各种形式的俱乐部会员资格,也不准用公款参与高消费的娱乐活动。10月8日,经中央同意,中央纪委、中组部、监察部制定《关于党政机关县(处)级以上领导干部廉洁自律"五条规定"的实施意见》。2001年4月3日,根据证券市场的发展形势,中共中央办公厅、国务院办公厅印发了《关于党政机关工作人员个人证券投资行为若干规定》,有限制地放宽对党政机关工作人员买卖股票的禁令。①

领导干部经济活动限制规定颁布实施后,收到了很好效果。但实践中出现了一些新情况。有的省部级以上领导干部的配偶、子女违反规定从事经营活动,干部、群众反映强烈,影响领导干部的威信,损害了党的形象。为从制度上预防领导干部的亲属凭借领导干部的权力和影响谋取私利,1997年3月28日颁布的《中国共产党党员领导干部廉洁从政若干准则(试行)》除了对领导干部从事经济活动进行限制和约束之外,开始对领导干部的亲属从事经济活动作出限制,规定省(部)级以上领导干部的配偶、子女及其配偶,不准在该领导干部管辖的地区及管辖的业务范围个人经商办企业和在外商独资企业任职。1998年3月3日,中央纪委又补充规定:"省部级以上领导干部的配偶、子女及其配偶,不准在该领导干部管辖的地区及管辖的业务范围的中外合资企业中接受外方委派或者推荐出任董事长、副董事长、董事及总经理、副总理等高级职位",范围由外商独资企业扩展到

---

① 《十四大以来重要文献选编》(上),人民出版社1996年版,第416—419页。

中外合资企业。① 2000 年 1 月，中央纪委将领导干部的范围由省部级延伸到地厅级，提出"省（部）、地（厅）级领导干部的配偶、子女，不准在该领导干部管辖的业务范围内个人从事可能与公共利益发生冲突的经商办企业活动；不准在该领导干部管辖的地区和业务范围内的外商独资企业或中外合资企业担任由外方委派、聘任的高级职务"。5 月 9 日，中央纪委印发《关于"不准在领导干部管辖的业务范围内个人从事可能与公共利益发生冲突的经商办企业活动"的解释》和《省（部）级领导干部配偶、子女个人经商办企业或在外商独资企业、中外合资企业任职情况登记表》；8 月 22 日，又发布《关于中央国家机关各部门制定的司（局）级以上领导干部配偶、子女个人经商办企业的具体规定适用于地方厅（局）级以上领导干部的通知》，拓宽了领导干部的范围。2001 年 2 月 8 日，中央纪委印发《关于省、地两级党委、政府主要领导干部配偶、子女个人经商办企业的具体规定（试行）》，对领导干部家属从事与公共利益发生冲突的经济活动进一步作了明确规定。②

2. 清理"吃喝玩乐"之歪风

改革开放以来，公款"吃喝玩乐"屡禁不止，甚至愈演愈烈。针对公款吃喝、请客送礼之风抬头现象，1991 年 12 月 9 日，中共中央办公厅、国务院办公厅发出《关于认真检查对严禁用公款吃喝送礼等有关规定执行情况的通知》。1992 年 1 月 31 日，中央纪委发出通知，要求各级党委、纪委提高认识，把这项工作列入党的建设和党风廉政建设的重要内容抓紧抓好，不仅春节前抓，今后要抓住不放，做到常抓不懈，一抓到底，决不半途而废。要求各级纪委对那些无视规定要求，仍然我行我素，用公款吃喝送礼、挥霍浪费的，要发现一起，查处一起，在经济上要如数退赔；对顶风违纪者，要从严

---

① 《十四大以来重要文献选编》（下），人民出版社 1999 年版，第 2453—2457 页；《关于对〈中国共产党党员领导干部廉洁从政若干准则（试行）〉第五条第二款的补充规定》，《十五大以来重要文献选编》（上），人民出版社 2000 年版，第 210 页。

② 李雪勤主编：《中国共产党纪律检查工作 60 年（1949—2008）》，中国方正出版社 2009 年版，第 289—290 页。

从重处分,绝不宽容,并将处理情况及时报告中央纪委。1995年1月,中央纪委提出"不准接受可能对公正执行公务有影响的宴请"和"不准参加用公款支付的营业性歌厅、舞厅、夜总会等的娱乐活动"两条规定,作为领导干部廉洁自律的重要内容。3月21日,中央纪委、监察部就落实中央纪委的"两条规定",召开中央和国家机关纪检组长、监察局长会议,提出重点要抓狠刹用公款"吃喝玩乐"问题,并作出专项部署。6月17日,尉健行在全国纪检监察机关执法监察工作会议上强调,当前要着重抓好两项工作:一是继续加大力气查处大案要案,二是狠刹用公款"吃喝玩乐"的歪风。7月31日,中央纪委、监察部召开中央和国家机关落实两项规定检查动员会,决定派出11个检查组赴50个中央和国家机关单位进行督促检查。8月28日,中央纪委、监察部召开专项检查中央和国家机关50个部门落实"两项规定"的情况通报会,认为落实"两项规定"取得初步成效,公款"吃喝玩乐"现象有所收敛。9月11日,中央纪委、监察部转发新疆维吾尔自治区纪委、监察厅《关于狠刹公款吃喝玩乐风情况的报告》,要求推广新疆制止公款"吃喝玩乐"的做法和经验。11月30日,中央纪委、监察部组织6个检查组赴部分省市区对禁止公款"吃喝玩乐"进行专项检查。[①]

1995年4月18日,中纪委办公厅发出文件,对"两项规定"作出具体解释。"不准接受可能对公正执行公务有影响的宴请"包括:在接待来访举报、办理控告申诉和检查、审理案件中,不准接受当事人、被举报、控告和检查、审理对象及其单位或亲属的宴请;不准接受下级单位工作人员来京办事时用公款举办的宴请;在购置办公用品、物资器材,实施基建项目,购房分房和购买农副产品、药品器械,以及其他经济交往中,不准接受经销和施工单位或个人的宴请;在办理干部调配、人员录用、考核晋升、职称评定、奖励惩处和入党等工作中,不准接受有关人员的宴请;在新闻报道、录用稿件、刊物出版、人员培训中,不准接受有关单位或个人的宴请。"不准参加用公款支付的营业性场所娱乐活动",指的是不准参加任何单位组织的用

---

① 中央纪委研究室编:《十一届三中全会以来党的纪律检查工作大事记》,中国方正出版社2008年版,第154、157、207、214、215、217—218页。

公款支付的营业性歌厅、舞厅、夜总会等场所的娱乐活动；不准用公款到营业性歌厅、舞厅、夜总会等场所安排娱乐活动或举办庆祝联谊活动；不准利用职权和工作之便，到营业性歌厅、舞厅、夜总会等场所进行免费娱乐活动；不准参加营业性歌厅、舞厅、夜总会等场所的开业、庆典等应酬活动。4月28日，中央和国家机关148个单位按照"两项规定"制定了专项规定，并下发本系统执行。①

1995年4月24日，中央纪委下发《关于党政机关县处级以上领导干部廉洁自律补充规定的实施和处理意见》，规定不准违反规定"建私房"、"参加集资建房"、"使用军警车号牌及外籍车号牌"、"用公款和单位车辆学习驾驶技术"、"参加用公款支付的营业性歌厅、舞厅、夜总会等娱乐活动"和"接受可能对公正执行业务有影响的宴请"。1997年5月25日，中共中央、国务院颁布《关于党政机关厉行节约制止奢侈浪费行为的若干规定》（以下简称《规定》），要求严格控制新建和装修办公楼、各种会议、各种庆典活动、用公款安装住宅电话或购买移动电话、各种检查，禁止形式主义的评比和达标活动，严禁用公款大吃大喝、挥霍浪费，严格管理公费出国（境）。10月16日，为了保证《规定》的贯彻执行，正确处理违反《规定》的行为，中央纪委制定了对违反《规定》行为的当即处理办法。各单位对照各项规定开展自查自纠，截至1997年初，全国自查出参加影响公正执行公务的宴请7200多人，参加用公款支付的歌厅、舞厅和夜总会娱乐活动的有17000多人。② 用公款"吃喝玩乐"现象有所收敛。

3. 治理花样翻新的"现代病"

随着现代科技的发展，新的交通工具和通信设备不断涌现、不断更新换代，一些领导干部犯上了现代"腐败病"，清理违规配备使用小轿车、通信工具、电脑等成为一项新的工作。

---

① 中央纪委研究室编：《十一届三中全会以来党的纪律检查工作大事记》，中国方正出版社2008年版，第210页。
② 李雪勤：《探索与辉煌——建国以来中国共产党纪律检查工作及其基本经验》，中国方正出版社1999年版，第291页。

1994年2月,中央纪委规定:"不准违反规定购买和更换进口豪华小汽车;不准利用职权向企业、下属单位换车、借车和摊派款项买车;不准用贷款、集资款和专项资金购买供领导干部使用的小汽车;县(市)党政领导机关和单位,凡拖欠职工工资的不准购买小汽车。"1994年,中共中央办公厅、国务院办公厅发出《关于党政机关汽车配备和使用管理的规定》。1995年4月21日,中央纪委、监察部通知贯彻执行《关于党政机关汽车配备和使用管理的规定》,6月初,中央纪委、中共中央办公厅、国务院办公厅、监察部组成联合检查组,分成15个小组到中央国家机关一些部委及一些省市区,对党政机关领导干部乘坐小汽车情况进行专项检查。随后,中央纪委、中共中央办公厅、国务院办公厅、监察部又组织16个"清车"联合检查组,对36个部委和20个省区市进行专项检查。各地区、各部门也加大监督检查力度。到1997年8月,全国共清理出党政机关县处级以上领导干部乘坐的超标小汽车2.1万多辆。其中,现职省部级领导干部乘坐的超标小汽车450多辆。清理出违反规定使用军警车号牌、外籍车号牌的小汽车1.4万多辆,用公款学习驾驶技术3800多人。① 在数量上、规格上不能突破,有的党政干部开始在质量上做文章。1996年6月27日,针对新出现的小汽车豪华装修问题,中央纪委、监察部及时颁发《关于禁止对普通轿车进行豪华装修的通知》,要求党政机关领导干部的工作用车及国有企业事业单位领导干部的工作用车一律不得进行豪华装修,购车时不得要求售车单位高于原车配置设计进行装修,也不得借修车之机进行高于原车配置的装修,如增改天窗、电动门窗,调换真皮座椅,增设车载冰箱、电视、CD音响,以及其他与汽车行驶性能无关的设备。2000年,又重点清理党政机关干部违规占用、借用小汽车,全国共清理出党政机关干部自用小汽车48115辆,对违反规定占用的5154辆小汽车全部清退,对12名部级干部乘坐超标准小汽车的问题进行了纠正。

清理通信工具是1998年纪检监察工作的一项重点。为此,中纪委又接

---

① 李雪勤:《探索与辉煌——建国以来中国共产党纪律检查工作及其基本经验》,中国方正出版社1999年版,第290页。

连颁发了《清理通信工具情况统计表》、《关于限期完成清理通信工具工作的通知》和《关于切实抓好清理通信工具工作的紧急通知》，协调国管局、中直机关管理局制发了《关于住宅公务电话、无线移动电话管理有关问题的补充通知》，多次组织对中央和国家机关清理工作进行检查，严肃处理了一批典型案件。2000年，重点清理了用公款为领导干部住宅配备电脑的问题。全国共清理出用公款为领导干部住宅配备的电脑4465台，清理出用公款支付上网费的电脑335台，共收回应交纳的上网费33.69万元。①

针对有些机关、团体擅自向各地发文，组团出国，名为"考察"、"培训"、"研讨"，实为公费出国、出境旅游，参加人员向组团单位缴纳高额费用，由参团人员所在单位负担，组团单位对参团的单位和个人还酌情给予"奖励"，组团单位和参团者均从中牟利。1993年3月21日，国务院办公厅就制止以考察等名义组织公费出国(境)旅游问题发出通报。10月2日，中共中央办公厅、国务院办公厅通知严禁用公费变相出国(境)旅游。②

4. 整治形式多样的"送钱风"

中共中央、国务院对党政机关及其工作人员在公务活动中接受和赠送礼品曾多次作出规定。但20世纪90年代后，送礼逐渐发展为以各种名义和变相形式送钱、有价证券和支付凭证。接受和赠送礼金、有价证券和支付凭证，腐蚀性很大，不仅违反国家金融管理制度和财务纪律，而且已构成行贿受贿、权钱交易、不给好处不办事的腐败行为，败坏党风、政风，损害党和政府的形象。1993年5月8日，中共中央办公厅、国务院办公厅发出通知，规定党政机关工作人员在公务活动中严禁接受和赠送礼金、有价证券。各地区、各单位、各部门不得以业务会、招待会、订货展销会、新闻发布会等各种会议和礼仪、庆典、纪念、商务等活动及其他形式和名义，向党政机关及其工作人员赠送礼金和有价证券。各级党政机关及其工作人员在涉外活动中，由于难以谢绝而接受的礼金和有价证券，必须在一个月内全部交出

---

① 《中国监察年鉴(1998—2002年卷)》，中国方正出版社2007年版，第3211页。
② 中央纪委研究室编：《十一届三中全会以来党的纪律检查工作大事记》，中国方正出版社2008年版，第170—171、187页。

并上缴国库。12月5日,国务院发布《关于在对外公务活动中赠送和接受礼品的规定》,规定对外赠送礼物或者回赠礼物,必须经国务院所属部门或者省、自治区、直辖市人民政府,或由其授权的机关批准,审批从严掌握。①

2000年12月25日,尉健行在中纪委第五次全体会议工作报告中提出:"领导干部不准收受以下单位和个人的现金、有价证券和支付凭证:直接管理和服务的对象;主管范围内下属单位和个人;其他与其行使职权有关系的单位和个人;外商、私营企业主。凡违反规定的,不论数额多少,一律给予党纪政纪处分及组织处理。对向领导干部赠送现金、有价证券、支付凭证的有关人员,要严肃处理;涉嫌犯罪的,要依法追究刑事责任。"② 2002年1月,尉健行在中纪委第七次全体会议上要求继续落实这一规定,对违反规定的必须严格执行纪律,对用公款向领导干部赠送现金、有价证券、支付凭证的直接责任人和单位主要负责人,必须给予党纪政纪处分和组织处理。根据中纪委的部署,2001年,全国清理上交现金、有价证券和支付凭证折合人民币2.5亿多元,查处顶风违纪人员1451人,其中,浙江、湖北、河南、重庆、江苏、山东等6省(市)清理收缴数额超过1000万元。2002年,全国共有9.2万多名干部登记上交现金、有价证券3.93亿元(含廉政账户),2548人因收受或赠送现金、有价证券受到严肃查处,其中,地(厅)级干部33人,县(处)级干部493人。据不完全统计,1998—2002年,纪检监察机关通过查办案件为国家挽回直接经济损失29 581亿元。③ 相对来说,清理出的领导干部收受现金、有价证券和支付凭证数额只是冰山一角,仍有非常大的腐败"黑洞"存在。

5. 加强国企领导干部廉洁自律

建立社会主义市场经济体制,国有企业的改革方向是建立现代企业制

---

① 中央纪委研究室编:《十一届三中全会以来党的纪律检查工作大事记》,中国方正出版社2008年版,第173—174、190页。

② 中央纪委办公厅、研究室编:《党的十四大以来中共中央纪律检查委员会历次全会工作报告汇编》,中国方正出版社2006年版,第235页。

③ 《中国监察年鉴(1998—2002年卷)》,中国方正出版社2007年版,第2211、2212、2236页。

度,对国企领导干部提出廉洁自律的要求,是保证国企顺利改革的需要。当时,国有企业领导干部廉洁自律是个薄弱环节,存在较为严重的腐败现象。一些地方和部门调查显示:对国有企业反腐倡廉状况表示满意的仅占9.43%,比较满意的占39.83%,不满意的占49.88%;认为反腐倡廉成效明显的占6.11%,有成效的占39.38%,不明显的占53.78%。对企业内部消极腐败和不正之风问题认为不严重的占11.9%,比较严重的占51.2%;严重的占34.68%。许多群众对当时企业存在的经营管理混乱、虚盈实亏、国有资产损失严重,领导干部贪污受贿、收受礼品和回扣据为己有、以权谋房、为亲友经商提供方便、违反规定乘坐豪华小汽车、挥霍公款、任人唯亲、腐化堕落等问题的反映很强烈。① 而从90年代中期开始,国有企业经济效益下滑问题逐渐突出,国有工业企业亏损额大、亏损面广。1996年上半年,全国6.87万户国有工业企业(不包括国有控股及三资企业),盈利的只有3.79万户,盈利额516.4亿元,同比下降15.7%;盈亏相抵后,仅盈利35.1亿元,同比下降88%;全国约有5%—7%的国有工业企业长期处于停产状态,涉及职工约750万人,有近2000万职工在亏损企业中工作。不少企业不但缺乏生产经营资金,连发工资、交税、付利息也要靠银行贷款,医药费不能报销,职工生活十分困难,已经影响到社会稳定。② 国有企业整体不景气,下岗职工多,如果对国有企业领导干部廉洁自律不严格要求,容易引起职工不满,破坏社会稳定。正是在这样的历史背景下,党中央审时度势,提出了国有企业领导干部要廉洁自律的问题。

江泽民在十四届四中全会上指出:"对于国有企业领导干部,也需要提出自律的要求。"③1995年1月20日,尉健行在中央纪委第五次全体会议工作报告中对国有企业领导干部廉洁自律提出了四项要求(简称"四条规

---

① 何勇:《在全国国有大型工业企业纪委书记培训班开学典礼上的讲话》(1996年10月26日),《中国监察年鉴(1992—1997年卷)》,中国方正出版社2007年版,第1250—1251页。
② 《中国监察年鉴(1992—1997年卷)》,中国方正出版社2007年版,第1249页。
③ 江泽民:《在中国共产党十四届四中全会上的讲话》,《中国监察年鉴(1992—1997年卷)》,中国方正出版社2007年版,第82页。

定"),即不准把经营、管理活动中收取的折扣、中介费、礼金据为己有,不准违反规定领取兼职职务的工资、奖金;不准个人私自经商办企业,不准利用职权为家属及亲友经商办企业提供各种便利条件;不准违反规定多占住房,不准用公款购买、建造超标准住宅;不准在企业非政策性亏损、拖欠职工工资期间购买小汽车,不准购买进口豪华小轿车。5月11日,中央纪委印发《关于国有企业领导干部廉洁自律"四条规定"的实施和处理意见》,结合国有企业党风廉政建设实际对"四条规定"作了解释。此后,监察部成立"企廉办",专门负责检查督促企业廉洁自律问题。[①] 1996年9月,中央纪委、监察部对部分国有企业领导干部廉洁自律情况进行专项检查,认为该项工作取得较明显成效,但仍存在发展不平衡等问题,需要继续抓。

五、纠正不正之风

部门和行业不正之风是一种带有普遍性的消极腐败现象,量大面广,危害甚烈,具有很强的顽固性和再生性,纠正部门和行业不正之风事关改革、发展、稳定的大局,是深入反对贪污腐败的一项重要工作。国务院1990年8月23日召开电话会议,李鹏在全国范围内动员部署纠风工作,主要经历了两个阶段。从1990年到1996年为第一阶段,前三年的特点是全面发动、四面开花,各行各业进行自查自纠,对群众反映突出的行业不正之风普遍扫了一遍或几遍;后三年主要特点是在全国统一选题立项,对群众反映强烈、损害群众利益、影响社会和谐稳定的突出问题,集中进行专项治理。从1996年到2002年为第二阶段,按照十四届六中全会精神,第一次明确提出纠风工作要实行"纠建并举"的方针和加强行风建设、创建文明行业活动的要求,纠风、树风并举是这个阶段的纠风工作的鲜明特点。同时,通过积极引导、加强教育、主动预防、群众参与等多种方式,建立良好的社会风气,抵制和削减不正之风的影响。

[①] 中央纪委研究室编:《十一届三中全会以来党的纪律检查工作大事记》,中国方正出版社2008年版,第211页。

1. 集中力量开展专项治理

在这一时期,全国范围内统一选题立项,先后对一些群众反映强烈的突出问题进行了集中整治,取得了不同程度的效果,有的还比较明显。主要有:

(1)清理乱收费。十四大期间,经国务院批准,国家计委和财政部在全国分3批公布取消收费项目192项,中央有关部门和地方省一级政府累计取消、停止执行和降低收费标准7000多项;清理出乱收费金额59.35亿元,已清退了14.7亿元。①

(2)减轻农民负担。十四大期间,各地区、各部门普遍对涉农负担文件和收费项目进行清理,1993年全国减轻农民负担104亿元,1994—1997年每年减负50多亿元。严肃处理向农民乱摊派行为,仅1996年全国就查出违纪金额27亿元。推行了负担卡、预决算、专项审计三项制度,同时重视推行民主理财、村务公开等制度。② 十五大期间,又进一步加强减轻农民负担工作,1998年加强了对粮食收购环节代扣代缴各项款项的监控,清理涉及农民负担的不合理项目8994个,从1999年开始,全国普遍实行农民合理负担定项定额、"一定三不变"、村级订阅报刊限额制等制度,面向农民的"三乱"现象得到一定程度的纠正,大部分省(区、市)开展农村税费改革试点。十五大期间,各地通过开展对农村用电、用水、农民建房乱收费和报刊征订摊派以及全面清理要农民出钱、出物、出工的各类达标升级活动的专项治理,共计减轻农民负担约800亿元,查出案件3万件,13 000余人受到党纪政纪处分。③

(3)治理公路"三乱"(乱设卡、乱收费、乱罚款)。国务院及其有关部委先后制发了《关于在公路上设置通行费收费站(点)的规定》、《国务院关于禁止在公路上乱设站卡乱罚款乱收费的通知》等文件,不断加大治理力度。经过连续不断的努力,成效比较明显。到2002年,交通部、公安部、国

---

① 《中国监察年鉴(1992—1997年卷)》,中国方正出版社2007年版,第1527页。
② 《中国监察年鉴(1992—1997年卷)》,中国方正出版社2007年版,第1527页。
③ 《中国监察年鉴(1998—2002年卷)》,中国方正出版社2007年版,第2213页。

务院纠风办公布了三批基本无"三乱"名单,17个省(市、区)实现了所有公路基本无"三乱"的目标。在保持国道、省道"无三乱"的基础上,加强了对县乡公路和内河航运水路的治理。在十五大期间,共查出公路"三乱"案件2万余件,近1万人受到党纪政纪处分,全国共撤除违规设置的公路、水路站卡4546个。①

(4)清理预算外资金和"小金库"。将清理工作与公检法和工商部门落实"收支两条线"管理结合,通过查账户、查账目、查票据,取消了一批不符合规定的预算外银行账户,进一步加强了对财政专户的管理。如1995年查出预算外资金收入为3843亿元,比当年年度预算外资金收入增加1437亿元;全国应缴未缴财政预算外资金43亿元,应缴未缴财政专户资金961亿元;违规征收金额345亿元,挪用滥支预算外资金102亿元;还清理出"小金库"金额40亿元,提高了资金使用的规范性和透明度。②

(5)减轻企业负担工作。随着社会主义市场经济体制的建立,企业的独立法人主体地位不断增强。国家通过开展清理党政机关无偿占用企业钱物工作,以保障企业产权改革的顺利实施。在这段时期,全国共清理出无偿占用企业资金19亿元、交通工具1万余辆、其他物品4万余件;同时通过清理,收回个人拖欠的公款49亿元。"十五"期间,坚决禁止向企业出台新的收费项目,收费许可证、收费员证、企业交费登记卡和统一票据等制度逐步在全国得到实施。5年间,共取消不合理收费项目或降低收费标准6.4万多项,涉及金额2000多亿元,为国有企业3年脱困创造了条件,减轻了压力。开展了以查基层单位、查薄弱环节、查突出问题为主要内容,以治理向乡镇企业乱收费和各种摊派问题为主要目标的"三查"活动,削减不合理收费项目,减少乡镇企业的负担。

(6)继续治理公费出国(境)。中央有关部门下发了《关于因公出国人员审查的规定》等文件,对公费出国(境)旅游从严审批、把关。十四大期

---

① 《中国监察年鉴(1998—2002年卷)》,中国方正出版社2007年版,第2214页。
② 李雪勤主编:《中国共产党纪律检查工作60年(1949—2008)》,中国方正出版社2009年版,第249页。

间,压缩、制止公派出国(境)团组 4045 个,人员共计 24 932 人,节约出国经费 6.95 亿元;对 71 846 人用公费从旅游渠道出国(境)的问题进行了清理,收缴"三费"(伙食费、制装费、零用钱)及违纪收入 6536 万元。1998 年到 2002 年,压缩和制止公费出国(境)人员 23 301 人,节约出国经费 5.3 亿元。

(7)清理中小学乱收费。十四大期间,各地和有关部门取消了一批涉及中小学生的收费项目;制止向中小学生摊派和搭售商品 5.99 亿元;仅 1990 年就检查出违规收费金额 8.78 亿元,已清退 3.12 亿元;义务教育阶段公办学校的择校生人数也比上一年减少了 4 万多人,择校收费总金额减少 7482 万元。十五大期间,绝大多数贫困县的农村中小学实行了"一费制"收费办法。直辖市和省会城市义务教育阶段公办学校招收"择校生"的数量有所减少,非义务教育阶段普通高中招收择校生"三限"政策在大多数地区得到落实,高校收费"双轨制"问题逐步得到解决。通过综合治理,共减轻学生家长负担近 30 亿元。①

(8)纠正医药购销中的不正之风。十五大期间,经常召开纠正医药购销中不正之风工作部际联席会议,专项整治药品回扣,对药品集中招标采购进行部署,对药品和医疗服务价格进行专项检查。全国取缔关闭了 113 个非法药品集贸市场,取缔无证照药品生产、经营户 4 万余家,捣毁制假窝点 2200 余个,查出医药购销中违法违纪案件近 7 万件,降低药品价格,减轻患者负担近 200 亿元。药品集中招标采购制度逐步推行,由市(地)一级延伸到全国县级以上公立医疗机构,对降低药品价格、减少不正之风起到了一定作用。②

除了上述专项治理之外,中央继续推行党政机关与所办经济实体脱钩和对行政事业性收费、罚没收入实行"收支两条线"管理;集中整治违规制售、购买和使用各种代币券(卡)的不正之风,"十五"期间全国共清理代币

---

① 李雪勤主编:《中国共产党纪律检查工作 60 年(1949—2008)》,中国方正出版社 2009 年版,第 249 页。
② 《中国监察年鉴(1998—2002 年卷)》,中国方正出版社 2007 年版,第 2214 页。

券(卡)187亿元。各地、各部门还自行选题立项,集中治理,解决了一些本地区、本部门群众反映强烈的热点问题,执法监督部门和公共服务行业在纠正自身存在的突出的不正之风方面,也取得了不同程度的效果。

2. 加强部门和行业作风建设

加强党的作风建设,是党的建设的一个重要内容。1990年,十三届六中全会审议通过了《关于加强党同人民群众联系的决定》,提出要在党内进行马克思主义群众观点和党的群众路线再教育,密切同人民群众的联系,保证决策和决策的执行符合人民的利益。此后,党纪党风教育不断加强,尤其在1996年后,中央提出要实行"纠建并举"的方针,加强党风、行风和社会风气建设进入新的阶段。

(1)加强职业道德建设

这一时期,中共中央、国务院决定在山西、河北等10省(市)和卫生部、铁道部等7个部门先后试点,推行职业道德建设。1996年12月,中宣部、国务院纠风办召开有11个部委和13个大中城市参加的窗口行业道德建设座谈会,推广试点经验。各地区、各部门学习借鉴试点经验,着眼于教育,立足于行政职工队伍整体素质的提高,着重抓了适合自身特点的行为规范,强化监督制约机制和激励机制,同时注意把大力推进职业道德建设同推进社会服务承诺制、讲文明树新风等活动有机结合,在全国一批行业和城市初步形成了学先进、讲道德、塑形象、创文明单位的良好氛围。①

(2)推行社会服务承诺制

这项制度由山东烟台率先发起。1994年,山东省烟台市为解决群众反映强烈的热点问题,遏制部门和行业不正之风,率先实行社会服务承诺制,在全国引起强烈反响。1996年5月,国务院纠风办联合建设部在烟台召开现场会。8月15日,中宣部、国务院纠风办和山东省委联合召开报告会,总结推广其经验,随后在北京、上海、大连、厦门、唐山等12个大中城市推行试点。1997年,国务院纠风办又先后召开了12个试点城市和建设部、邮电

---

① 李雪勤主编:《中国共产党纪律检查工作60年(1949—2008)》,中国方正出版社2009年版,第250页。

部等11个部门推行社会服务承诺制汇报会,推动试点工作更加健康有序、扎实有效的开展。据1997年对11个试点部门(行业)的不完全统计,直接参与承诺制试点工作的职工人数已超过300万,试点单位围绕群众最关心的问题,慎重选项,着力践诺,强化管理和监督,使服务质量、办事效率和行业风气都有了明显改善和提高,促进了单位内部改革、管理和业务发展,取得了较好的社会效益和经济效益。

(3)开展创建文明行业活动

1996年后,国务院纠风办和中宣部会同有关部门开展了"为人民服务、树行业新风"活动,先后在铁路、邮电、卫生、公安等20个行业和部门,推出了500个文明示范窗口,在社会上引起强烈反响。各地区、各部门在学习推广全国性先进典型的同时,重视发现和推出自己的先进典型,用典型的示范作用带动各行业创建文明行业活动的开展。①

(4)开展民主评议行风活动

民主评议行风最早在河北、河南、湖南等地开展,1997年前后,全国绝大多数地区都开展了该项活动。1997年11月14日,当时的中央纪委书记尉健行对民主评议行风作出批示:"纠正部门和行业不正之风要紧紧依靠广大人民群众。民主评议行风是近几年来加强基层民主建设、保证人民群众直接行使民主监督权利的一项重要制度。这项制度有力地推动了部门和行业加强管理、转变风气,可以在全国普遍推行。"②李鹏也作了批示。11月20日,国务院纠风办在上海召开民主评议行风现场经验交流会,初步探索出一条"纠—评—建"的纠风工作新路子。实践证明,民主评议行风是推进部门和行业作风建设的有效手段,不仅扩大了基层民主,还解决了一批群众反映强烈的"热点"、"难点"问题。

(5)开展"三讲"教育活动

为加强和改进党的作风建设,根据十五大部署,在全党开展以党性党风

---

① 李雪勤主编:《中国共产党纪律检查工作60年(1949—2008)》,中国方正出版社2009年版,第250页。

② 《中国监察年鉴(1992—1997年卷)》,中国方正出版社2007年版,第277页。

党纪教育为主要内容的反腐倡廉教育。1998 年 11 月,中共中央发出《关于在县级以上党政领导班子、领导干部中深入开展以"讲学习、讲政治、讲正气"为主要内容的党性党风教育的意见》。12 月 5 日,中共中央召开电视电话会议进行动员部署,随后,"三讲"活动全面展开。全国参加"三讲"教育活动的党政领导干部共 70 万人,直接参加听动员报告、填写征求意见表、民主测评和帮助整改的干部群众有 500 万人以上。"三讲"教育活动,使领导干部普遍受到一次深刻的马克思主义教育,提高了增强党性锻炼的自觉性;普遍增强了政治意识、大局意识、责任意识,强化了坚持和实践党的根本宗旨的意识,促进了作风转变和拒腐防变自觉性的提高。①

(6)开展政法机关集中教育整顿工作

针对政法机关存在的腐败现象,为维护司法公正,1998 年 4 月,中央政法委决定在全国政法系统开展一次自上而下的集中教育整顿,历时一年,分思想教育运动、自查自纠和整改三个阶段进行。教育整顿期间,全国共复查案件 5 479 294 件,发现有问题的案件 186 911 件,已纠正 149 969 件。全国法院对 2512 名违法违纪的法官和其他工作人员作了严肃处理,清理不合格人员 4221 人,清退编外人员 2609 人。全国检察系统共立案调查 1641 人,给予党纪政纪处分 1285 人,追究刑事责任 116 人。对县以上检察院领导班子普遍进行了一次全面考察,清退了一批不合格的司法工作人员。此外,2001 年后还开展了学习贯彻《中共中央关于加强和改进党的作风建设的决定》,坚持"八个坚持、八个反对"的学习教育活动,党员干部深入学习党内法规和廉政法律法规活动,以及警示教育活动等。

(7)加强和改进党的作风建设

2001 年 9 月 26 日,中国共产党十五届六中全会通过《中共中央关于加

---

① 江泽民:《讲学习,讲政治,讲正气》,《十四大以来重要文献选编》(中),人民出版社 1997 年版,第 1559—1562 页;《中共中央关于在县级以上党政领导班子、领导干部中深入开展以"讲学习、讲政治、讲正气"为主要内容的党性党风教育的意见》(1998 年 11 月 21 日),《十五大以来重要文献选编》(上),人民出版社 2000 年版,第 622—630 页;江泽民:《通报中央政治局常委"三讲"情况的讲话》(2000 年 1 月 20 日),《江泽民文选》第 2 卷,人民出版社 2006 年版,第 519—582 页。

强和改进党的作风建设的决定》,提出"八个坚持,八个反对":坚持解放思想、实事求是,反对因循守旧、不思进取;坚持理论联系实际,反对照抄照搬、本本主义;坚持密切联系群众,反对形式主义、官僚主义;坚持民主集中制原则,反对独断专行、软弱涣散;坚持党的纪律,反对自由主义;坚持清正廉洁,反对以权谋私;坚持艰苦奋斗,反对享乐主义;坚持任人唯贤,反对用人上的不正之风。①

不同的不正之风与群众利益关系程度不同,治理方式方法应有所区别。治理与群众利益密切相关的不正之风,如乱收费、公路三乱、减轻农民和企业负担等,有效利用各利益主体之间利益矛盾,通过完善政策制度、加强信访举报、专项纠风等措施,比较容易解决。但对一些与群众个人利益直接关系不大,损害集体和国家利益的不正之风,如公款吃喝、公款旅游、铺张浪费、预算外资金的"小金库"等,长期整治,但长期反弹,成效不明显。有些是利益推动型的不正之风,如医药回扣等商业贿赂行为,仅仅依靠纠风手段,不理顺深层次的利益分配格局和体制,则很难从根本上杜绝和消除。

不正之风背后的深层原因是利益矛盾,要彻底解决不正之风,必须调整好政府与市场,国家利益、集体利益和个人利益的矛盾。农民负担问题是随着农业税和特产税的取消及其行政收费项目设置权彻底上收中央而得到基本解决。国家让利于农民,不征不收农(牧)业税、特产税,在《行政许可法》实施之后,地方政府没有理由再向农民收取费用。在信息高度发达的社会,基层政府乱收费成本极为高昂。治理公路乱设卡收费更是利益的表现,地方政府举债修路,"羊毛出在羊身上",但中央通过统一批准权,地方让出收费权力,中央用加大转移支付方式和专项建设基金形式进行补贴和补偿,中央和地方政府在利益协商上达成默契,道路才彻底畅通无阻。当前最为严重的是以公款吃喝、公款旅游为典型的铺张浪费之风。原因主要还是在于利益,上级党政部门控制财政、项目审批、人事任免、招生指标等资源,在财政一般转移支付额度严重少于专项资金转移的方式下,"跑部进

---

① 《十五大以来重要文献选编》(下),人民出版社2003年版,第1994—2019页。

京"式地对上级主管部门进行集体"公关",为本地方、部门、单位谋取利益也就在所难免。主动向上级部门及其工作人员请、送、供成为下级政府干部必须要做的工作,不然,要不到资金,拿不到项目,争不到指标,以后怎么开展工作?如何展现政绩?怎样才能赢得民心?除了要向上主动"出击"之外,对上级领导部门及其人员下来,不管是领导还是普通的职员,都不能得罪,因为高度集中的行政体制决定各种资源配置格局,招待不到位往往会使资金、项目上处于被动。尽管中央三令五申,要狠刹吃喝风,管住嘴和手,如果对上级领导机关及其人员强行要求还可以,如果只对下级单位及其人员严厉要求,就不太合适、不公平,下级单位和干部就会觉得冤,弄得左右为难,不吃请送礼拿不到项目、资金,吃请送礼又触犯条条框框。

预算外资金更是利益关系的体现。上至中央部门,下至基层乡镇,"小金库"久打不绝,坚强存活,究其根源,在于部门利益作祟和作怪。吃"皇粮"之外总想弄些"杂粮"是当前一些公职人员的普遍心理和行为动因。一个人的收入多少往往比较后才具有意义,工资福利等收入与市场物价、通货膨胀率比较后,才能决定其收入的实际购买力。与周围身边的同事、家人、朋友等比较,才知道自己的斤两和分量,才可以判断自己的地位和价值。改革开放打破"大锅饭"后,收入差距悬殊,基尼系数一直处于警示性高位。1980年以来,公职人员的工资不断上涨,但这个上涨不是与通货膨胀率同步逐年调整的,而是每隔几年才调整一次。例如,在90年代初期,公职人员工资较低,有些基层单位甚至工资都发不出,如果等靠"皇粮",人都会饿死,"小金库"是被逼出来的。90年代后期,为了刺激国内需求,公职人员普遍提高了工资,但并没有解决好公职人员收入与国民收入同步,与通货膨胀率并轨问题,长时期固定的工资,随着实际购买力的逐渐下降,实际上是逐年减少的,尤其是在CPI比率高企的时候。因此,在社会保障体系尚不完备的情况下,公职人员普遍担忧收入减少,对未来发展方向和趋势没有稳定预期和十足信心,老是想方设法去弄些"杂粮"。在贫富差距不断拉大的事实面前,公职人员总是感觉收入太低,与市场经济环境的企业人员相比,收入显得捉襟见肘,不断激发吃"夜草"、"杂粮"的欲望。在"皇粮"保障不充分的情况下,要断了人家的"杂粮",自然会遇到各类利益集体或明或暗的"抗议"和"抵制"。事实上,长期存在的、久打不绝的"小金库"也就表明了这种抵抗暗流的存在及其强大。

所以,在不改变高度集中的行政管理体制条件和前提下,要刹风,重点应在于上级机关和领导。上级单位要建立科学、公平、公开的资源分配和考核体系并保持一定的稳定性,规范下级单位及其人员的行政预期和行为取向。同时,领导干部,尤其是高级领导干部,要带头作俭朴节约的表率,用言行影响、引导和改变下级干部的做法,同时,每位领导干部对下级单位及人员在生活作风、工作作风上要提具体要求。利益均、天下平的"均贫富"思想左右中国历史几千年,在民众阶层已经产生浓厚情结,在中国共产党几十年革命、建设、改革提出的建设社会主义、实现共产主义理想的实践中更应进一步强化。尽管改革提出了让一部分人和一部分地区先富起来,但基本方向还是要实现共同富裕的社会主义,因此,对国家分配体系进行调整是纠正各种不正之风的一个根本方略。

不少不正之风都是基层政府的组织行为,如公路"三乱"、"小金库"、乱摊派等等。这些不正之风产生的原因,一是基层财政困难造成的。1994年财政体制改革后,财税层层向上集中,而事权层层交办下放,中央财政收入大幅度增长,基层财政却出现高额负债、运转困难的问题。但这个阶段国家推行的一些改革及达标没有停止,如影响较大的有中小学"两基"(基本扫除青壮年文盲、基本普及九年制义务教育)达标,县乡(镇)必须要投入大量财政资金新盖和修缮校舍,购买教学设备,财政体制改革却断了基层政府的财路,因此,各种"乱"接二连三地发生。二是法制不健全。《行政处罚法》等强制规定政府部门及其工作人员收费、罚款的法规没有及时出台,公民权利缺乏法律保护。三是财政预算制度松软。这段时期出国(境)的主要是中央财政支持的国家机关、事业单位和企业领导干部,对于他们的行为缺乏严格控制,预算不透明、不公开,群众监督权难以实施。

总之,不正之风因利而生,治理整顿不正之风应该按照马克思主义利益理论,厘清各种利益主体之间的利益关系,稳妥地解决各种政治、经济、社会发展中的利益矛盾。

六、查处违纪违法案件

1. 信访工作

信访是公民、法人或者其他组织采用书信、电子邮件、传真、电话、走访等形式,向县级以上人民政府工作部门反映情况,提出建议、意见或者投诉请求,依法由有关行政机关处理的活动。信访是一种行政性的补充救济制度,是公民向行政主体表述其意愿和请求,监督政府及其工作人员权力运行行为,参与国家事务管理、社会事务管理的一种政治行为。信访也是决策层了解民意、沟通和密切与群众的关系,巩固执政地位的政治手段。

中国共产党一贯重视群众信访工作。新中国成立后,中央人民政府系统成立了3个单位受理人民来信来访,即中央人民政府委员会办公厅、中央人民政府政务院秘书厅和总理办公室。此后,全国人大常务委员会办公厅又设置了"人民接待室",作为专门的信访办事机构。"文革"开始后,信访机构处于瘫痪与半瘫痪状态。"文革"结束后,国家又开始恢复信访机构,并制定了相关法律法规。如1980年最高人民法院发布的《最高人民法院信访处接待来访工作细则》。20世纪90年代后,信访制度建设步伐进一步加快,国家推出了一批主要的规范性法律文件,信访法律制度体系框架基本形成。1991年12月24日,监察部颁发《监察机关举报工作办法》;1995年10月28日,国务院颁发《信访条例》;为了保障检举、控告人依法行使检举、控告的权利,维护其合法权益,促进党风廉政建设和反腐败斗争的深入开展,中央纪委、监察部于1996年2月颁发了《关于保护检举、控告人的规定》等。①

从1992年10月至1997年6月,各级纪检机关共受理群众来信来访、举报电话755万件(次),其中反映县(处)级以上领导干部问题的有93万

---

① 本书编写组:《新时期反腐败斗争大事记(1978年12月—2003年12月)》,中共党史出版社2005年版,第96、158、167页。

多件(次),为 358 400 多名受到失实举报的党员、干部澄清了是非。① 1998 年到 2002 年,各级纪检监察机关信访举报部门通过受理来信、接听举报电话、接待来访以及网上举报等形式,共受理信访举报 814.3 万件(次),为领导干部廉洁自律、查办案件、纠风工作提供各种信访信息和案件线索 235.5 万余条。其中,提供各类信访信息 71.8 万条,被上级和有关部门采用近 13 万条。提供案件线索 163.7 万件,其中转为立案调查的有 57.7 万件。② 十五大期间比十四大期间群众信访举报多出 50 多万件(次),群众信访总量呈上升趋势。但从 1999 年开始,纪检监察机关收到群众检举控告的信件逐年下降。③ 在信访举报总量上升、检举控告信件下降的情况下,说明群众申诉信访增多。

对于群众的信访举报,各级纪检监察机关按照"分级负责,归口办理"的原则,及时进行了处理,并采取电话督办、派人督办、跟踪督办、通报办结情况等方式,对信访案件和一些重要信访举报事项加强了督办催办,提高了办结的实效和质量。各级纪检监察信访举报部门还充分发挥举报中心的职能作用,直接查办一批信访案件。全国县以上纪检监察机关信访部门直接查办信访案件 69.2 万件,处分党员干部 46.5 万人。从改革发展稳定的大局出发,处理集体访 73 440 批(次)④,大量"异常访"被及时化解,有力地维护了社会稳定。同时,采用谈话、发信访通知书、建议召开专题民主生活会、与组织人事部门沟通等方法,实施信访监督。结合实际,积极探索信访监督的新途径、新方法,制定和完善了一些制度、规定和办法。

信访工作对于密切党和政府同人民群众的联系,保护信访人的合法权

---

① 《中共中央纪律检查委员会向党的十五次全国代表大会的工作报告》,参见中央纪委办公厅、研究室编:《党的十四大以来中共中央纪律检查委员会历次全会工作报告汇编》,中国方正出版社 2006 年版,第 153 页。
② 《中国监察年鉴(1992—1997 年卷)》,中国方正出版社 2007 年版,第 2241—2243 页。
③ 《党的十四大以来中共中央纪律检查委员会历次全会工作报告汇编》,中国方正出版社 2006 年版,第 285 页。
④ 《中国监察年鉴(1992—1997 年卷)》,中国方正出版社 2007 年版,第 2242 页。

益,发挥了重要的作用。但是,随着改革不断深化、社会利益格局的调整,群众信访出现了一些值得关注的新情况、新问题:信访渠道不够畅通,有的地方或者部门对信访人反映的问题推诿塞责;信访问题处理层层转送,只转不办,责任不清,效率低下;对处理信访事项的机关监督力度不够;对侵犯群众利益引发信访问题的违法行政行为缺乏明确的责任追究机制;对破坏信访秩序的行为,缺乏必要的规范和约束。

2. 查办案件战果辉煌

1992年后,随着改革开放步伐加快,消极腐败现象在某些方面呈蔓延趋势,反腐败斗争的形势严峻:大案要案呈上升势头,违纪违法金额在百万元以上的大案有增无减;县处级以上党员领导干部违法违纪案件的比例增大;执法监督部门工作人员中的贪赃枉法案件屡有发生。从1993年8月起,中央开始大张旗鼓地开展反腐败斗争。中央高度重视反腐败工作,江泽民多次强调要加强查办案件工作力度,在中央的直接领导下,查办案件工作取得突出成就。1990年至1992年,全国纪检监察机关共立案调查违纪问题70.7万件,审结违纪案件65万多件;处分党员、干部60多万人,其中县处级以上干部16 005人,省(部)级干部79人。①

十四大期间,中央纪委和各级纪委坚持把查处党员干部违纪违法案件,作为从严治党、惩治腐败的重要环节来抓,以查办党政领导机关、行政执法机关、司法机关、经济管理部门和县(处)级以上领导干部的违纪违法案件为重点,着重查处了贪污、贿赂、挪用公款、走私、失职渎职、贪赃枉法、腐化堕落等方面的案件,加大了对发案率较高、大案要案较多的金融、证券、房地产、土地批租出租、建筑工程等领域案件的查处力度。从1992年10月至1997年6月,全国纪检监察机关共立案731 000多件,结案670 100多件,给予党纪政纪处分669 300多人,其中开除党籍121 500多人,被开除党籍又受到刑事处分的37 492人。在受处分的党员干部中,县(处)级干

---

① 《党的十四大以来中共中央纪律检查委员会历次全会工作报告汇编》,中国方正出版社2006年版,第22页。

部20 295人,厅(局)级干部1673人,省(部)级干部78人。① 各执纪执法机关密切配合,坚决排除阻力,特别是突破了一批大案要案,如原中央政治局委员、北京市委书记陈希同和北京市原市委常委、常务副市长王宝森严重违纪违法案,广东省人大常委会原副主任欧阳德在兼任东莞市委书记期间受贿案,中国民航总局原副局长边少斌收受非法所得案,中国煤炭销售运输总公司原总经理郭子文受贿案,山东省泰安市原市委书记胡建学等市级领导干部贪污受贿案,贵州省原计委副主任、省国际信托投资公司董事长阎健宏受贿、挪用公款案,海南省政府原副秘书长李善有诬陷、嫖娼以及重大经济犯罪案,无锡新兴实业总公司非法集资案,广东省惠东县罚款放行走私物品和暴力抗拒缉私案,黑龙江省哈克森企业集团重大经济犯罪案等。陈希同成为第一个因腐败问题被判刑的政治局委员。通过查办案件,为国家挽回经济损失159.8亿多元。②

十五大期间,坚持重点查办党政领导机关、行政执法机关、司法机关、经济管理部门和县(处)级以上领导干部的违纪违法案件;认真查办了金融、建筑、海关、人事、司法等领域的案件,贪污贿赂、徇私枉法、买官卖官、严重失职渎职的案件,破坏社会主义市场经济秩序的案件;同时注意查办基层干部中发生的违纪违法案件。从1997年10月至2002年9月,全国纪检监察机关共立案861 917件,结案842 760件,给予党纪政纪处分846 150人,其中开除党籍137 711人,被开除党籍又受到刑事处分的37 790人。在受处分的党员干部中,县(处)级干部28 996人,厅(局)级干部2422人,省(部)级干部98人。十五大期间比十四大期间,立案数、结案数、给予党纪政纪处分人数等各项数据都有所增加,表明查办案件力度不断增大。人民群众对反腐败工作的认可程度逐年提高。据国家统计局2002年在30个省(区、市)随机抽样入户调查,73.5%的群众对反腐败工作表示认可,69.1%

---

① 《党的十四大以来中共中央纪律检查委员会历次全会工作报告汇编》,中国方正出版社2006年版,第153页。

② 李雪勤主编:《中国共产党纪律检查工作60年(1949—2008)》,中国方正出版社2009年版,第245页。

的群众认为腐败现象已经在一定范围内得到遏制,78.7%的群众表示对反腐败斗争有信心。① 十五大期间,查处的大案要案有:全国人大常委会原副委员长成克杰、江西省原副省长胡长清、公安部原副部长李纪周、沈阳市原市长慕绥新腐败案,查办了湛江和厦门特大走私案。成克杰成为新中国建立以来第一个因经济犯罪被处以极刑的级别最高的官员。厦门特大走私案是共和国成立迄今查处的案值最大、危害极为严重的第一大案。这些大案要案的查处产生了很大的震慑作用,维护了党纪国法的严肃性,为国家挽回了大量经济损失。据不完全统计,纪检监察机关通过查办案件,为国家挽回直接经济损失达 29 581 亿元。一些大案的查处对经济建设的推动作用十分明显,如 1999 年至 2001 年,在中央的直接领导下,中央纪委、监察部会同最高人民法院等 8 个部门查处了厦门特大走私案,严重打击了走私犯罪。从 1999 年开始,海关征收的关税连续 3 年强劲增多,由 1998 年的 800 多亿元增至 2001 年的 2200 多亿元。②

---

① 《党的十四大以来中共中央纪律检查委员会历次全会工作报告汇编》,中国方正出版社 2006 年版,第 282、285 页。

② 《中国监察年鉴(1992—1997 年卷)》,中国方正出版社 2007 年版,第 2236 页。

第四节
反贪腐国际交流与合作

随着改革开放的深入,反贪腐领域对外交往不断扩大,对外交流与合作的形式不断创新,国外纪检监察机构的来访不断增多,我国反贪机构充分运用"走出去"的战略,学习和借鉴国外反贪腐的有益经验,了解国际反贪腐形势、动态,开展了项目合作和纪检监察干部境外培训等活动。这一时期,我国在反贪腐方面涌现了一批具有重大影响的国际交流合作事务。

一、举办和参加国际反贪污大会

1995年10月,第七届国际反贪污大会在北京举行。中华人民共和国主席江泽民出席开幕式并讲话,指出,同社会上存在的贪污现象作坚决的斗争,是世界各国人民在追求稳定和发展过程中面临的一个共同课题。人类社会发展的历史告诉我们,贪污腐败现象是社会稳定、发展和进步的阻碍因素,它破坏社会政治体制的正常运转和国家政策的实施,扰乱社会秩序和资源的合理分配,破坏社会公平和正义的原则,侵蚀社会道德和人民的精神世界。所以,要维护社会的稳定,促进社会的发展和进步,就必须坚持反对贪污腐败的斗争。

1997年9月,第八届国际反贪污大会在秘鲁首都利马举行,大会通过《利马声明》,来自90多个国家和地区的代表讨论了腐败的严重危害、反腐措施和民众参与反腐败斗争等议题。监察部副部长冯梯云率领中国代表团出席,并在大会上介绍中国的反贪污腐败斗争和成果。①

二、举办亚洲监察专员协会第七次会议

2002年5月22日,经国务院批准,监察部承办了亚洲监察专员协会第七次会议。时任国家副主席的胡锦涛出席开幕式并会见与会代表,时任监察部部长的何勇在大会上作了主旨发言,阐明中国政府在廉政建设和反腐败问题上的原则立场,20多位国家和地区代表在会上发言,世界各国家和地区的代表100多人出席会议。通过这次会议,宣传了我国改革开放和经济建设取得的巨大成就,以及中国政府开展廉政、勤政建设和反腐败斗争的原则立场;增进了对亚洲各国、各地区监察工作的了解;进行了广泛的交流与合作,在不少方面达成共识,增进了亚洲各国、各地区的团结和友谊;巩固了中国在亚洲监察专员协会中的地位,扩大了中国在亚洲各国、各地区的影响。②

除此之外,我国积极参加国际监察研讨会、政府间国际廉政会议、透明国际年会、"国际反腐败和有组织犯罪"会议、国际公民执法监察会议、国家治理全球论坛等国际会议,与联合国、经合组织、透明国际、美洲国家组织、亚洲监察专员协会等国际组织建立联系,开展反腐败信息交流与合作。有关部门认真做好国外纪检监察机构的来访工作,1998年至2002年,5年间共接待了57个国家和地区来华访问的代表团。积极开展高层访问、专题考察调研等对外交流活动,主动学习了解国外反腐败形势、动态,掌握各国、各地区反腐败的主要经验,对外宣传我国反腐倡廉工作的进展和成效。

---

① 本书编写组:《新时期反腐败斗争大事记(1978年12月—2003年12月)》,中共党史出版社2005年版,第157、191页。
② 中央纪委研究室编:《十一届三中全会以来党的纪律检查工作大事记》,中国方正出版社2008年版,第310—311页。

第五节
新时期反贪污腐败实践存在的不足

20世纪末（并延展到21世纪初）是社会主义市场经济体制建立并不断发展完善的阶段，反贪污腐败工作全面展开并不断深入，领域不断拓展和丰富，取得了一定的成效，为下一阶段反贪腐斗争积累了比较丰富的经验。这一阶段，反腐败斗争取得了新的进展，但仍存在一些不足，反腐败斗争的形势依然严峻。

一、腐败现象仍然突出，有的甚至还在滋生蔓延

我国处于社会主义初级阶段，在计划经济体制向市场经济体制转轨的过程中，制度仍不健全、不完善，在腐朽思想和极端个人主义思潮的影响下，腐败仍不断滋生蔓延，不仅说明了反腐败斗争的复杂性、艰巨性和长期性，也反映了反腐败实践中仍存在着不足。

1992—2002年党员领导干部贪污贿赂、失职渎职、贪赃枉法、腐化堕落等案件增多，县（处）级以上领导干部的案件大大增加；大案要案、共同违纪违法案件数量上升；铺张浪费、奢侈挥霍等歪风仍然存在；有的地方和部门乱收费、乱罚款、乱摊派问题还相当突出；一些党员领导干部的形式主义、官僚主义作风和弄虚作假、铺张浪费行为相当严重。腐败现象的滋生蔓延，严重影响党群和干群关系，干扰改革开放和经济建设的顺利进行。

二、反腐败工作的现状同党的要求和人民群众的期望还有差距

有的地区、部门和单位党政领导对腐败现象的严重性和反腐败斗争的重要性、紧迫性认识不足,工作不得力,任务不落实。一些地方和部门的领导干部没有认真执行党风廉政建设责任制,有些反腐败任务没有得到落实。有些单位领导干部廉洁自律专题民主生活会质量不高,流于形式。党内监督特别是对领导干部的监督还比较薄弱,有的领导干部存在好人主义等庸俗作风,执纪执法偏宽偏软,瞒案不报、压案不查的问题时有发生。有些案件特别是大案要案查处不力,执纪执法不严;有的地方和部门纠风工作时紧时松,出现反复。有的放松对党员干部的教育、管理,对高中级领导干部及各级党政机关主要负责人,对掌握人、财、物实权的干部缺乏严格有效的监督。党风廉政建设的一些规定和制度没有得到落实,尤其对违反规定的行为执行纪律不够严格。在一些地方和部门,纪委在反腐败工作中的组织协调和监督作用发挥得不够好,对新形势下反腐败斗争的特点和规律研究不够,从源头上预防、治理腐败提出措施和组织协调不够,党风廉政法规制度建设相对滞后。纪检监察机关自身存在一些不合时宜的思想观念,工作中创新精神不够,一些体制机制和工作方法还不适应形势发展的要求。从总体上说,反腐败工作同党中央的要求和人民群众的期望还有不小的差距。

第六章 新世纪反贪腐廉政建设（2002年以后）

面对新世纪新阶段的复杂局面，中共中央以科学发展观为指导，坚持『立党为公，执政为民』，强调对腐败要坚持标本兼治、综合治理的方针，逐步加大治本的力度。党的十六届四中全会作出了《关于加强党的执政能力建设的决定》，2005年初，中共中央颁布《建立健全教育、制度、监督并重的惩治和预防腐败体系实施纲要》，提出了构建惩防体系的重大战略目标和任务，体现了注重治本、加大预防腐败工作力度的精神，标志着全国党风廉政建设和反腐败工作进入了『标本兼治、综合治理、惩防并举、注重预防』的新的发展阶段。

第一节
面向新世纪的反腐倡廉思想原则

一、以科学发展观来指导反贪腐工作

实践证明,要实现党的全心全意为人民服务的宗旨,推动中国社会的全面发展进步,最终实现共产主义的根本目标,必须靠发展。而改革开放40年的实践证明,实现党的宗旨和目的必须坚持科学发展。作为党的建设重要组成部分的党风廉政建设和反腐败工作,是为实现党的宗旨和目的服务的,也必然要为科学发展服务。腐败破坏公共资源,造成经济领域的严重混乱,是发展先进生产力的大敌;腐败破坏先进文化建设,腐蚀干部的思想和作风,严重地败坏着党风和社会风气;腐败践踏公共权力,直接破坏社会主义政治体系和党群关系。反对贪污腐败,实现党风廉政的建设工作,是社会主义政治体制改革、经济和社会发展的有力保障,是确保中国特色社会主义建设顺利进行的重要一环。

从坚持科学发展观和防治贪污腐败两方面的辩证关系来看,发展是中国经济和社会进步的推动力,是解决当前中国包括党风廉政、反贪防腐问题在内的一切重大社会问题、社会矛盾的基础。只有科学发展,才能巩固党的执政地位,才能真正落实立党为公、执政为民的宗旨,更好地领导人民实现中华民族的伟大复兴和社会主义现代化,真正解决好前进中遇到的各种困难和问题。大力开展防治贪污腐败工作,正是为了纠正和防止那些偏离正确发展轨道的行为,保证发展的正确方向。推动科学发展,是为实现中华民族的伟大复兴和社会主义现代化建设提供政治保障。反贪污腐败的廉政建设,必须紧紧围绕科学发展这个共产党执政兴国的第一要务,为科学发展服务,这是新世纪深入开展反贪腐廉政建设的思想原则。

只有坚持科学发展观,真正实现以人为本、全面协调可持续的发展,才能为从根本上解决腐败问题奠定坚实的基础。贪腐的产生,归根结底是发展还不够的问题。正是由于社会生产力还不够发达,某些方面的社会资源有限,人们的需求不能得到充分满足,经济基础的欠缺,决定上层建筑必然存在这样那样的局限,政治、文化发展水平必然不高,思想道德水准参差不齐,必然会出现一些以不道德、不合法的手段谋取私利的人,特别是一些掌握社会公共权力的人,将手中的权力作为谋取私利的工具,由此产生形形色色的贪污腐败、不正之风。从理论上讲,通过科学发展,极大地促进经济和社会的全面、协调发展,才能为从根本上解决腐败问题奠定坚实的基础。因此,反贪污腐败工作必须以科学发展观为指导。

二、准确把握科学发展观的内涵,探索正确指导反腐败工作的途径

人类社会的进步是以社会生产力的不断发展为基础的。人类社会发展的主流趋势,就是先进生产力不断代替落后生产力的过程,进步文化不断代替落后文化的过程,社会伴随着经济发展而日趋全面进步的过程。而支持这些发展的,就是人类社会不断探索的科学发展观,要跟上人类社会发展的步伐、时代发展潮流,就必须深刻理解发展的内涵。胡锦涛指出:"要树立和落实科学发展观,首先必须全面准确地把握科学发展观的深刻内涵和基本要求。"[1]

---

[1] 胡锦涛:《树立和落实科学发展观》,《十六大以来重要文献选编》(上),中央文献出版社2005年版,第483—484页。

科学发展观的内涵,主要包括以下几个方面:第一,发展的核心问题,是发展先进生产力,是始终如一地坚持以经济建设为中心。第二,发展是经济、文化、政治的全面、协调发展。第三,发展必须是以人为本,坚持社会发展和人的发展的统一。实践证明,只有坚定不移地按照科学发展观的要求去做,才能够健康、持续、富有成效地发展,只有坚持科学发展观,反腐倡廉工作才能落到实处。

中国的反腐倡廉工作必须坚持以科学发展观为指导,并积极探索为科学发展服务、为中华民族的复兴和社会主义现代化建设服务的基本途径。第一,反腐倡廉必须密切关注发展趋势,牢牢把握发展的大势。只有深刻了解国际国内经济、政治、文化、国防、外交的发展变化,才能正确地处理反贪污腐败工作。第二,反腐倡廉要到发展的实践中寻找问题,把发展中出现的重点、热点、难点问题作为反腐败工作的重点,将防治腐败寓于改革、发展、稳定各项政策措施之中,必须搞明白发展中之所以出现难点、热点、重点问题,就在于这些问题往往同腐败现象、不正之风交织在一起,这就要求党和行政纪检监察部门深入研究发展中的难点、热点、重点问题,全面进行纪检监察,及时解决严重影响改革和发展的党风政风问题,为中国特色社会主义建设提供有力的政治保证。第三,当前,中国正在进一步深化经济管理体制、行政管理体制和社会管理体制改革,这既是推动和促进发展的强大动力,也是从源头上预防和治理腐败的治本之策,纪检监察机关应认真履行职责,反腐倡廉必须围绕中心工作,加强对各级党委、政府落实科学发展观情况的监督检查,为科学发展创造不断优化的政府服务、市场和法制环境。第四,科学发展,关键在人。反腐倡廉,惩治贪污腐败行为,就是要为科学发展创造良好的人文环境,充分调动广大党员干部和群众发展的积极性、创造力。深入开展反腐倡廉工作,一方面要通过加强教育,健全制度,强化监督,牢固建立思想道德和党纪国法防线,使党员干部不犯或少犯错误;另一方面,在查办违纪违法案件的过程中,要把握好惩治腐败与支持改革、发展的关系,充分调动广大党员、干部、群众的积极性、主动性和创造性。通过旗帜鲜明、坚定地反腐倡廉,狠刹贪污腐败、不正之风,为改革发展创造一个良好的环境,为广大党员干部创造一个能够集中精力干事业的良好党风、政风和社会风气,就能形成一个不断解放思想、与时俱进、开拓创新的科学发展的振奋人心的局面。

三、立足于时代和中国特色社会主义实践的需要,扎实做好反贪腐工作

改革开放 40 年来,我国在党风廉政和反腐败工作方面取得了显著成绩。但我国仍处于社会主义初级阶段,处于一个巨大的社会转型时期,贪污腐败现象在一些地区、一些部门仍呈现出多发、频发的态势,反腐败斗争形势依然严峻。新世纪,反贪污腐败工作任重道远。

第一,贯彻落实"标本兼治、综合治理、惩防并举、注重预防"的战略方针,不断拓展反腐败的力度。中共中央明确指出,反腐败工作要突出重点,统筹兼顾,整体推进,在抓好已经开展的各项工作的同时,积极拓展从源头上治理腐败的工作领域。在政治上,按照为民、务实、清廉的要求,强化对权力的制约、监督,建立健全防止权力滥用,预防和惩治职务犯罪的有效机制;在经济领域,按照透明公开、公平诚信的原则,建立正确的利益导向,建立健全防止商业贿赂等违法犯罪行为的有效机制;在文化领域,加强廉政制度文化和思想道德文化的建设,建立健全崇尚廉洁、鄙弃贪腐的氛围和廉政机制;在社会上,按照平等、互助、为人民服务的要求,形成党员领导干部服务群众、人民群众有效监督的机制。

第二,以党员先进性教育活动带动反腐倡廉教育,促进党员领导干部带头廉洁从政。预防和惩治腐败必须从思想道德教育着手,中央发起党员先进性教育活动正是要在全体党员中进行一场深入彻底的思想道德教育和剖析运动,"坚持用马克思列宁主义、毛泽东思想、邓小平理论和'三个代表'重要思想武装全党,引导全体党员坚定共产主义理想和中国特色社会主义信念",是搞好反腐倡廉教育的可靠保证,是从根本上促进党员领导干部廉

洁从政的保证。

第三,健全和完善廉政制度、法规,推进反腐败工作的制度化、规范化。目前,我国政治、经济体制和机制尚存在不完善之处,为贪污腐败行为留下可乘之机,不断加强党内制度法规和政治、经济、文化、社会领域的制度建设水平,用制度监督管理权力、用制度管事、用制度管人,也有助于推进党风廉政和反腐败工作的制度化、规范化。在廉政建设制度化、规范化方面,需要建立健全充分反映党员和党组织意愿的党内民主制度,逐步推进党务公开,保障党员的民主权利;制定落实党内监督条例的各项配套措施,增强监督效果;制定党纪处分条例的配套规定,健全和完善对损害人民群众利益行为的责任追究办法;进一步完善政务、厂务、村务等公开办事制度,建立健全同群众利益密切相关的重大事务社会公示制度和社会听证制度;加快廉政立法进程,做好我国法律法规与《联合国反腐败公约》的接轨工作。

第四,依靠广大党员和人民群众的力量,加强党内监督和社会监督,确保权力的正确行使,切实解决损害群众利益的突出问题。要落实科学发展观,使党员领导干部真正做到"权为民所用,情为民所系,利为民所谋",就必须加强监督,增强监督的主动性、积极性。适应改革开放和社会主义市场经济体制的需要,建立健全决策权、执行权、监督权相互协调、相互制约的权力运行机制;针对贪污腐败出现的新情况、新问题,尤其要加强对干部选拔任用、财政资金使用、国有资产运营、金融资本运作、土地使用权出让、行政审批权运用,以及土地征收征用、城镇房屋拆迁、企业重组改制和破产、食品药品安全等方面的监督、检查,及时发现问题,总结规律,健全发现问题、纠正错误、追究责任的机制,发现问题,及时纠正,严肃追究,防止有错不改、同一领域同样问题反复出现的情况发生。需要重视的是,这些问题往往与人民群众的利益密切相关。因此,一方面要依靠广大党员和党的组织,加强党内监督;另一方面要依靠广大人民群众,加强社会监督,才能确保权力为人民所用。

第五,强化反贪污腐败力度,遏制腐败蔓延势头,落实科学发展观。中央明确在新世纪反腐倡廉工作的一项重点,就是重点查办发生在领导机关和领导干部中的违反党纪、法纪的行为,严肃查办领导干部滥用职权、贪污贿赂的案件,严肃查办领导干部利用人事权、司法权、审批权谋取私利的案件,严厉查办领导干部利用职权为黑恶势力充当"保护伞"的案件,将"注重预防"与严厉惩治腐败结合起来,加大查办贪污腐败案件的力度。只有这样,才能赢得人民群众的信赖和支持,才能真正落实科学发展观的要求。①

---

① 胡锦涛:《坚持立党为公、执政为民,树立正确的政绩观》、《在全党大力弘扬求真务实精神,大兴求真务实之风》,《十六大以来重要文献选编》(上),中央文献出版社2005年版,第510—511、724—734页。

第二节
反贪腐组织机构建设与改革

反腐败机构及其运行方式是由特定时期反腐败形势决定的。随着社会主义市场经济体系的不断完善、改革的不断深入,对外合作和交流的不断增多,新世纪我国党风廉政建设和反腐败工作出现诸多新情况、新问题,国家反腐倡廉方针的调整和变化,由原来注重纠风、办案、廉洁自律、以惩治为重心的格局逐步转变为惩治和预防并举,更加注重治本、预防、制度建设,不断拓展从源头上防治腐败。反贪腐机构改革适应这一需要,成立国家预防腐败局、反渎职侵权局,对巡视组工作制度进行了改革,对纪检监察部门派驻机构实行统一管理。

一、成立国家预防腐败局,加强预防工作力度

国家反腐倡廉战略的调整和变化是国家预防腐败局设立的深层原因。进入新世纪,我国加大从源头预防腐败的力度,提出"标本兼治、综合治理、惩防并举、注重预防"的方针,预防腐败工作被提上议事日程,建立健全适应社会主义市场经济体制的教育、制度、监督并重的惩治和预防腐败体系,成为新世纪反腐倡廉建设的主要内容和工作重点。成立国家预防腐败局符合我国反腐倡廉发展变化的客观实际,顺应了我国反腐倡廉工作向纵深发展的客观需要,有利于协调各部门预防腐败工作,形成预防腐败的整体合力;有利于拓展工作领域,形成全社会预防腐败的良好局面;有利于增强预

防腐败能力,提高预防腐败工作专业化水平。

我国签署和批准《联合国反腐败公约》(以下简称《公约》)则是成立国家预防腐败局的直接原因,组建国家预防腐败局是中国认真履行《公约》规定义务的需要。2003年10月31日,联合国大会通过了《联合国反腐败公约》,这是第一部通过国际合作打击腐败的国际法律文件,形成全球共同接受的跨国打击腐败的准则,确立了被转移他国的腐败资产返还的原则,并首次建立了国际预防和打击腐败的国际合作机制,受到国际社会的高度重视。为了加强反腐败的国际合作,我国派出代表团参加了《公约》谈判的全过程,对《公约》的通过和生效作出了积极贡献。12月10日,我国签署了《公约》。2005年10月27日,十届全国人大常委会审议并批准了《公约》,对我国开始具有法律约束力。《公约》第6条对预防性反腐败机构专门作了规定:第1款要求各缔约国均应当根据本国法律制度的基本原则,确保设有一个或酌情设有多个机构,通过采取预防性反腐败政策和做法,并在适当情况下对这些政策的实施进行监督和协调,以及积累和传播预防腐败的知识,预防腐败。这成为国家预防腐败局成立的直接法律依据。第2款规定各缔约国均应当根据本国法律制度的基本原则,赋予该机构必要的独立性,使其能够有效地履行职能和免受任何不正当的影响,同时提供必要的物资和专职工作人员,并为这些工作人员履行职能提供必要的培训。第3款规定各缔约国均应当将可以协助其他缔约国制订和实施具体预防腐败措施的机关的名称和地址通知联合国秘书长。①

签署《公约》后,我国成立了由25个部委组成的专门协调机构,对《公约》的实施、中国国内法与《公约》衔接等问题进行全面系统的研究,并相应调整反腐败体制,修改相关法律,完善法律制度建设。成立国家预防腐败局就是落实《公约》的一项具体措施。经过近4年的充分准备和论证,2007年5月31日,中共中央、国务院批准成立国家预防腐败局,有三项职责:负

---

① 《联合国反腐败公约》,外交部条约法律司编译:《联合国反腐败公约及相关法律文件》,法律出版社2004年版,第3—6页。

责全国预防腐败工作的组织协调、综合规划、政策制定、检查指导,协调指导企业、事业单位、社会团体、中介机构和其他社会组织的防治腐败工作,负责预防腐败的国际合作和国际援助。按照"三定"方案,国家预防腐败局列入国务院直属机构序列,在监察部加挂牌子。国家预防腐败局领导职数为一正二副,局长由中央纪委副书记、监察部部长兼任。国家预防腐败局下设办公室,作为办事机构,承担国家预防腐败局的日常工作。9月6日,国务院任命监察部部长马馼兼任国家预防腐败局首任局长,屈万祥兼任国家预防腐败局副局长。9月13日,举行中国国家预防腐败局成立新闻发布会暨揭牌仪式。此后,各地也相继设立了预防腐败机构。[①]

二、对派驻机构实行统一管理,加强对"条条"的制约

国家对各部委(俗称"条条")领导班子及其成员的经常性监督,主要通过加强派驻纪检监察组织的方式来实现。对派驻纪检监察组织进行统一管理的改革,是加强党内监督的重大举措,也是改革和完善纪检监察体制的一项重大决策,既有利于派驻机构保持相对的独立性,增强权威性,又能强化派驻机构的监督检查职能,加强对部门领导班子和领导干部的监督,从而更加有效地防止和减少权力失控、决策失误和行为失范。

根据《党章》和《行政监察法》的规定,中央纪委、监察部向中央国家机关56个部门派驻了纪检监察机构。其中,有36个是双派驻机构,即向部门同时派驻纪检和监察机构;20个是单派驻机构,只向部门派驻纪检或监察机构。各省(区、市)纪委、监察局(厅、委)也向同级党政机关有关部门派驻了纪检监察机构。这些派驻机构覆盖了中央和省一级党政机关的重要部门,承担对这些部门领导班子和领导成员进行监督的重要职责。统一管理之前,派驻机构实行的是双重领导、双重管理的体制。为了适应新形势、新

---

① 中央纪委研究室编:《十一届三中全会以来党的纪律检查工作大事记》,中国方正出版社2008年版,第426页。

任务发展的要求,2001年9月,十五届六中全会就作出"纪律检查机关对派出机构实行统一管理"的决定。十六大强调,要加强对权力的制约和监督,改革和完善党的纪律检查体制。十六届四中全会从加强党的执政能力建设的战略高度,提出"加强对各级纪律检查机关的领导,改革和完善党的纪律检查体制,全面实行对派驻纪检组的统一管理"。《党内监督条例》明确提出"纪委对派驻纪检组实行统一管理",将这一监督制度以党内条规形式进行了固化。① 2005年1月,中共中央颁布的《建立健全教育、制度、监督并重的惩治和预防腐败体系实施纲要》进一步明确规定:"改革和完善纪检监察体制和工作机制,全面实行纪检监察机关对派驻机构的统一管理。"根据这一原则制订的《行政监察法实施条例》,以行政法规的形式首次对派出监察机构的改革作出规定:"监察机关派出的监察机构或者监察人员对派出它的监察机关负责并报告工作,并由派出它的监察机关实行统一管理。"因此,实行派驻机构统一管理,是党中央、国务院的一项重大决策,并有党内法规和行政法规作为制度依据。

根据中央的部署和安排,中央纪委、监察部按照循序渐进的原则,先试点后全面推行,先双派驻后单派驻,紧紧抓住业务工作、干部人事、福利津贴、档案文件管理等关键环节,积极稳妥地推行派驻机构的改革。2002年,中央纪委、监察部对驻卫生医药部门和国家工商行政管理总局纪检监察机构实行统一管理试点。2003年8月,中央纪委、中央编制办和监察部联合印发《中共中央纪委、监察部对驻国家发展和改革委员会等五部门纪检监察机构实行统一管理的试点方案》的通知,进一步扩大试点范围。将试点单位派出机构的领导体制由中央纪委、监察部与驻在部门双重领导改为中央纪委、监察部直接领导;派出机构的工作对中央纪委、监察部负责,干部由中央纪委、监察部管理,履行职责情况由中央纪委、监察部考核。8月4日,中央纪委办公厅和监察部办公厅印发《关于中共中央纪委、监察部派出

---

① 本书编写组:《新时期反腐败斗争大事记(1978年12月—2003年12月)》,中共党史出版社2005年版,第298—300页。

机构统一管理试点业务工作管理暂行办法》和《关于中共中央纪委、监察部派出机构统一管理试点干部管理暂行办法》,规定派出机构是中央纪委、监察部的组成部分,由中央纪委、监察部直接领导,业务工作对中央纪委、监察部负责;对派出机构干部的考察任命、调配交流、教育培训、年度考核和奖惩作了具体规定。2004年4月,中央纪委、监察部发出《关于对中央纪委、监察部派出机构实行统一管理的实施意见》,对36个派驻机构全面实行统一管理,同时要求各省(区、市)也要根据情况加强这方面的工作。从2004年11月下旬至12月上旬,中央纪委、监察部4次召开实行统一管理的36个派驻机构主要负责人座谈会,总结了实行统一管理以来的工作情况,分析了存在的问题,对下一步工作作了安排部署。11月15日、29日,中央纪委办公厅、监察部办公厅印发《中共中央纪委、监察部统一管理的派驻机构干部职务任免规程(试行)》和《中共中央纪委、监察部统一管理的派驻机构档案管理办法(试行)》的通知。至此,对36个双派驻机构统一管理改革工作基本完成。

双派驻机构统一管理改革的成功为单派驻机构的改革积累了丰富的经验。从2005年开始,中央纪委、监察部对单派驻机构实行统一管理。3月,中央纪委办公厅、监察部办公厅印发《中共中央纪委、监察部关于对统一管理的派驻机构加强管理和服务的意见》,要求加强与派驻机构的工作联系,加强对派驻机构的工作制度建设和干部管理,积极做好有关服务保障工作。8月,中央纪委、监察部印发《关于中央纪委、监察部单派驻纪检、监察机构统一管理的实施意见》,单派驻机构实行统一管理改革很快也顺利完成。①

---

① 中央纪委研究室编:《十一届三中全会以来党的纪律检查工作大事记》,中国方正出版社2008年版,第339、358、378、385页。

三、完善巡视工作制度,加强对"块块"的监督

开展巡视工作是加强对地方各级领导班子和领导干部(俗称"块块")监督的重要制度,是加强党内监督的重要措施和手段,有利于发扬党内民主,从制度上强化党内监督,促进党员领导干部廉洁自律,减少腐败现象的滋生蔓延,有利于及时了解各级领导班子和领导干部贯彻党的路线方针政策的情况,进一步维护党的政治纪律,在政治上与中央保持一致。

巡视制度是20世纪90年代中期建立的党内监督制度。1996年1月,经党中央批准,中央纪委第六次全会决定,在坚持党的纪律检查委员会现行体制的前提下,建立巡视制度,选派部级领导干部到地方和部门开展巡视,其任务是了解省(市、区)和中央、国家机关部委领导班子及其成员贯彻执行党的路线方针政策以及廉政情况,直接报告中央纪委,中央纪委及时向党中央报告。从1996年4月至1998年8月,中央纪委先后派出7批巡视组,分赴18个省(区)和中央国家机关开展了巡视工作,一些省(区、市)也派出了巡视组开展巡视。1999年,为保证和促进讲学习、讲政治、讲正气的"三讲"教育活动深入开展,中央组织了"三讲"教育专项工作巡视组到各地、各部门开展巡视。在此基础上,党中央决定由中央纪委、中组部联合派出巡视组,就进一步推进巡视工作进行试点。2001年以来,中央纪委、中组部联合派出了3批巡视组,对8个省(区)及中央国家机关进行巡视。

十六大以后,中央加强了巡视工作。2002年,党的十六大要求"改革和完善党的纪律检查体制,建立和完善巡视制度",为巡视工作的深入开展进一步指明了方向。胡锦涛指出:"巡视组是在新时期加强党的建设,加强党内监督的措施之一",并多次指示要加强和改进巡视工作。中央政治局常委会把巡视工作列入2003年的工作重点。中央纪委第二次全会对巡视工作进行了具体部署,提出要"建立和完善巡视制度,加快实现巡视工作的制度化、规范化和经常化。根据中央要求,中央纪委和中组部设立专门机构,

着重加强对省、自治区、直辖市党政领导班子及其成员贯彻党的路线方针政策、执行民主集中制、选拔任用干部、落实党风廉政建设责任制和廉政勤政等情况的监督。各省(区、市)党委也要结合实际,积极开展巡视工作,建立健全内部监督机制,提高巡视工作水平"。2003年,中央纪委、中组部建立巡视工作联席会议制度,明确了领导责任、职责分工和具体落实单位,积极协调有关方面抓紧落实。党中央、国务院正式批准中央纪委、中组部关于设立机构、增加编制的请示,还将原申请的巡视组40人编制增加到45人。中央纪委和中组部按照批复意见,成立巡视组工作办公室和5个巡视组,对10个省进行了巡视。为了保障巡视工作的顺利开展,巡视工作联席会议和巡视工作办公室制定了一系列规章制度,如巡视工作办公室职责、巡视工作人员守则、巡视信访工作制度、巡视组内部管理规定等,采取固定人员、固定地区的形式,计划用4年时间,对31个省(区、市)巡视一遍。这标志着巡视工作由过去的临时不定期向制度化、经常化、规范化发展,党内监督机制不断加强。许多省(区、市)也先后建立了专门巡视机构,开展巡视工作。2003年4月23日,中央纪委办公厅印发《中央纪委关于2003年领导干部廉洁自律和党风廉政建设责任制工作的安排意见》,要求各省、自治区、直辖市结合实际,积极开展巡视工作,加强组织领导,健全内部规章制度,充分发挥巡视的监督作用;7月2日,中央纪委、中组部召开2003年巡视工作动员会,对加强巡视工作进行了部署;12月颁布的《中国共产党党内监督条例(试行)》,把巡视制度作为党内监督的一项重要制度作了具体规定,巡视工作作为党内监督的一项重要制度被确定下来,进入了制度化、规范化的新阶段。2004年1月11日,吴官正在中央纪委第三次全体会议工作报告中要求各省(区、市)都要建立健全巡视组织机构,配备专职人员,实现巡视工作的制度化和规范化。1月16日,中央纪委、中组部和中编办联合发出《关于省、自治区、直辖市党委设立巡视机构有关问题的通知》,对机构设置、巡视组的主要职责、人员编制作了明确规定。9月,颁布实施《关于中共中央纪委、中共中央组织部巡视工作的暂行规定》,中央纪委、中央组织部巡视组对12个省(区、市)和6家中央管理的银行进行了巡视。各省(区、市)党委也建立了巡视机构,开展了巡视工作。十六届四中全会指出要"建立和完善巡视制度,加强和改进对领导班子特别是主要领导干部的监督"。2005年1月通过的《建立健全教育、制度、监督并重的惩治和预防腐败体系实施纲要》强调,要"切实加强巡视工作,健全机构,增加力量,综合运用巡视成果"。在中央的重视和领导下,巡视组的职责目标不断明确,制度不断完善,队伍逐步稳定,为深入开展巡视工作,发挥监督作用创造了有利条件,打下了良好基础。2007年,党的十七大提出要统一管理完善巡视制度,并把实行巡视制度正式写进《党章》。[1]

四、成立反渎职侵权局,加大对渎职侵权行为的惩处

渎职侵权犯罪与贪污贿赂犯罪都是职务犯罪,是党风不正、政风不纯现象的突出表现,但与惩治贪污贿赂犯罪相比,常常存在对消极不作为的渎职行为危害性认识不够、惩治不力的问题,影响了反腐倡廉工作的全面协调发展。依照《刑法》规定,检察机关直接受理立案侦查的职务犯罪案件罪名共54个,其中渎职侵权犯罪42个。反贪污贿赂局负责办理贪污贿赂、挪用公款、巨额财产来源不明、隐瞒境外存款、私分国有资产、私分罚没财物等犯罪案件,而公职人员渎职犯罪和利用职权非法拘禁、刑讯逼供、报复陷害、非法搜查等侵犯公民人身权利的犯罪以及侵犯公民民主权利的犯罪案件,则由渎职侵权检察部门办理。但检察机关渎职侵权侦查机构设置不科学,名称不统一,力量配备弱化,在42个罪名中,还有不少新领域、新罪名没有触及,或深入查办不够,致使对渎职侵权犯罪的惩治力度不够,检察机关在查处渎职侵权犯罪案件方面一直薄弱,影响了检察机关职能作用的全面发挥。在严峻的反腐形势下,需要整合侦查资源,不断推进侦查一体化。

---

[1] 中央纪委研究室编:《十一届三中全会以来党的纪律检查工作大事记》,中国方正出版社2008年版,第330、339—340、347、349—351、376、427—428页。

党的十六大以来,执政理念的调整和变化,尤其是十六届四中全会提出"民主执政、科学执政、依法执政",促进司法公正,尊重和保障人权,实现社会公平和正义,纠正和惩治政府部门及其工作人员的违法渎职和不作为行为,提高政府工作效率,建立"廉洁、高效、务实、为民"的政府,就成为建立反渎职侵权局的理论和政策基础。

随着经济社会的快速发展,渎职行为的社会危害性不断增强。在某种程度上,渎职侵权犯罪比贪污贿赂犯罪危害还大。根据1998年至2000年查处案件比较分析,贪污贿赂犯罪平均个案案值25.8万元,渎职犯罪平均个案案值285万元。不少渎职犯罪给人民生命和财产安全、国家和集体利益造成了重大的损害,但查办职务犯罪特别是渎职犯罪的制约因素很多,线索少、取证难、干扰多、压力大。从上世纪末查处的案件情况看,玩忽职守、滥用职权等渎职行为背后往往隐藏着行贿受贿等腐败犯罪,行贿受贿又助长国家机关工作人员滥用职权和玩忽职守,两种类型的犯罪相互交织,使职务犯罪现象不断复杂,增加了查处腐败犯罪的难度。因此,将检察机关渎职侵权检察部门统一更名为反渎职侵权局,不断加强对国家机关及其工作人员渎职侵权行为的查处具有强烈的现实需求,顺民心、合民意。

十六大以来国家执政理念的调整和变化,一些地方检察机关积极探索机构改革,不断加强对渎职犯罪行为的查处力度,在实践中取得明显成效,引起高层的重视,为积极稳妥地推行反渎职侵权检察体制改革创造了条件,铺垫了扎实的基础。1997年,在湖南省委的领导和支持下,全省检察机关渎职侵权机构统一更名设立"渎职犯罪侦查局",内设两个侦查处、一个综合指导处(2001年改为司)。通过健全机构,配强人员,改善装备,开创了该省查办渎职侵权工作的新局面。从1998年开始,该省检察机关查办的渎职侵权案件呈逐年上升趋势,进入全国先进行列。2004年底,浙江、湖北省也开展渎职侵权检察机构的更名设局工作,并在人员、装备、经费上给予保障,激发了广大干警的工作热情。2005年1—4月,湖北省查办渎职侵权犯罪案件同比上升了25%。这些实践为最高人民检察院决定在全国范围内推广渎职侵权检察机构改名设局积累了经验。

2005年5月,最高人民检察院发出通知,要求地方各级检察院渎职侵权检察机构统一更名为"反渎职侵权局",科学合理地设置内设机构、配齐配强人员。最高人民检察院渎职侵权检察厅在已有的4个内设机构的基础上,增设了"侦查指挥协调办公室",在最高人民检察院大要案侦查指挥中心的领导下,负责指挥协调渎职侵权犯罪大案要案的侦查工作。而省级以下检察院的反渎职侵权局可以根据工作需要强化内设机构,特别是强化地州市院反渎职侵权局的侦查指挥协调功能。到2008年4月30日,全国31个省(市、区)人民检察院全部成立了"反渎职侵权局"。

检察系统"反渎职侵权局"的成立,从组织机构上强化了惩治和预防渎职侵权犯罪工作,促使反渎职侵权机构的不断健全和队伍建设的不断完善,"上下一体、区域联动、指挥有力、协调高效"的反渎职侵权侦查办案一体化机制加快建立,反渎职侵权工作的独立性和力度不断增强,反腐败能力不断提高。据最高人民检察院渎职侵权检察厅统计,2006年1—10月,检察机关共立案侦查渎职侵权案件5700多件,涉案7000多人,案件造成660人重伤,425人死亡,直接经济损失人民币35.5亿元,通过办案挽回经济损失2.64亿元。说明这一体制的变革取得了比较好的效果。十六大期间,全国共立案侦查渎职侵权犯罪案件34 973件、涉案42 010人,其中已被判决有罪的16 060人,是前5年的2.3倍,充分彰显了办案体制变革的重大作用。[①]

[①] 《最高人民检察院在第十一届全国人民代表大会第一次会议上作的工作报告》,2008年3月10日。

第三节
反贪腐廉政法律法规制度建设

法律制度是反腐倡廉建设十分重要的"软件"。由于政治身份的区别,我国反腐倡廉制度体系有法律和纪律两个紧密衔接的层面,前者是围绕政纪,以宪法、法律规章等形式出现的国家规范性文件;后者是围绕党纪,以《党章》、党内条规等形式出现的党内规范文件。十六大以来,依法治国战略进一步实施,党和国家日益重视法制在反腐倡廉建设中的作用,结合党情、国情深入研究,制定和完善反腐倡廉相关的党纪国法,反腐倡廉制度体系不断健全和完善。

一、制定和完善反腐倡廉法律法规

十六大以来,国家制定了一些与反腐倡廉相关的法律法规,其中比较重要的有:

1.《政府采购法》

政府采购是现代社会政府调控经济的重要手段,通过制定《政府采购法》,可以发挥财政的宏观调控作用,使政府的采购行为市场化,防止滥用职权,提高财政性资金的使用效益,促进社会主义市场经济的发展。2000年,我国对世贸组织(WTO)成员国作出承诺,开放我国政府采购市场。加入WTO是国家制定《政府采购法》的十分重要的国际因素,《政府采购协议》作为加入WTO的必备条款,对采购实体及货物、工程和服务采购的门槛价等作了具体规定。我国加入WTO后,需要抓紧制定和完善国内法律法规,在政府采购制度上与《政府采购协议》的规定衔接。

除了国际因素之外,政府采购实践活动需要规范,已取得的丰富经验需要总结提炼,是制定《政府采购法》的关键。1995年,我国就开始进行了政府采购试点,1998年扩大了试点范围,2000年在全国全面推行。在2000年机构改革中,绝大多数省级地方政府在省级财政部门都设置了政府采购管理机构和政府采购执行机构。政府集中采购机构(即采购中心),负责组织实施本级政府纳入集中采购目录范围内的采购事务。经过试点和借鉴国外经验,已初步形成政府采购制度框架。财政部1999年颁布了《政府采购管理暂行办法》,之后又陆续颁布了《政府采购招投标管理暂行办法》、《政府采购合同监督暂行办法》、《政府采购品目分类表》、《政府采购信息公告管理办法》、《政府采购资金财政直接拨付管理暂行办法》和《中央单位政府采购管理实施办法》等一系列规章制度。为进一步规范政府采购行为,统一各地政府采购工作标准、制度、具体做法,2003年1月1日实施了《中华人民共和国政府采购法》,标志着政府采购行为在运行程序、预算编制、采购方式的执行、合同订立和验收、资金结算等环节的制度化、规范化,对于规范政府采购行为,提高财政资金使用效益,维护国家利益和社会公共利益,落实反腐倡廉措施,全面提高政府依法行政水平,具有十分重要的作用,意义重大而深远。[①]

2.《公务员法》

《公务员法》是中国公务员管理的"基本法",是我国干部人事制度改革深入发展的必然要求和必然结果。1980年,邓小平提出:"坚决解放思想,克服重重困难,打破老框框,勇于改革不合时宜的组织制度、人事制度。"由此,干部人事制度改革步伐不断加快。同年,中央提出干部队伍建设"革命化、年轻化、知识化、专业化"的方针;1982年前后,建立了干部离退休制度,废除干部职务终身制;1984年,实行下管一级的干部管理体制,下放干

[①] 《中华人民共和国政府采购法》,《常用法律法规精编(2007版)》,吉林人民出版社2007年版,第485—494页。

部管理权限,实行面向社会公开招考制度,推行人才流动制度。为了贯彻落实中央干部人事制度改革精神,干部人事方面的立法工作同步跟进。1984年,中央组织部会同国家人事局(随后成立劳动人事部)组织人员起草《国家工作人员法》,不久更名为《国家行政机关工作人员条例》,1986年前后又作为一项重要改革措施列入政治体制改革方案,再次更名为《国家公务员暂行条例》。1987年,党的十三大正式提出建立和推行国家公务员制度;1988年,新成立的国家人事部负责《国家公务员暂行条例》起草工作,并在两个副省级城市和6个国务院部门进行试点。1993年8月,国务院正式实施《国家公务员暂行条例》,我国公务员制度自此建立。此后,各级行政机关稳步推进公务员制度建设,根据难易程度和基础条件,又制定了若干单项公务员管理制度。同时,党政领导干部选拔任用等重要改革积极开展。1995年,中共中央颁布了《党政领导干部选拔任用工作暂行条例》,各地围绕《党政领导干部选拔任用工作暂行条例》积极探索,勇于创新,创造了许多新鲜的经验。丰富的改革实践需要将《国家公务员暂行条例》提升为国家法律,将改革的成果以法律形式来确认和巩固,中共中央2000年颁布了《深化干部人事制度改革纲要》,明确提出要抓紧研究制定《公务员法》。

2000年8月,中组部、人事部专门成立了《公务员法》起草领导小组,研究起草工作,经过反复调研论证,数易其稿,形成草案。2002年,党的十六大报告也强调,要改革和完善干部人事制度,健全公务员制度。2004年12月,十届全国人大常委会首次审议了《公务员法(草案)》。根据一审提出的各方面意见,全国人大与人事管理部门共同研究,同时把草案下发各省(区、市)听取意见。2005年4月27日,十届全国人大常委会第十五次会议审议通过了《中华人民共和国公务员法》,自2006年1月1日起施行。《国务院关于国家行政机关工作人员的奖惩暂行规定》(全国人大常委会1957年10月23日批准、国务院1957年10月26日公布)、《国家公务员暂行条例》(1993年8月14日国务院公布)同时废止。《公务员法》及时总结了我国十几年推行公务员制度的经验,借鉴了国外公务员管理的有益经验,确立了我国公务员范围和管理的基本原则、基本制度和基本方法,填补了我国法律体系的空白,是我国第一部干部人事管理专项法律,在干部人事工作中具有里程碑的意义。

《公务员法》以《国家公务员暂行条例》为基础,保证了制度的连续性和稳定性,同时不断创新和发展,具有以下特点:第一,《公务员法》扩大了公务员的范围。《国家公务员暂行条例》规定公务员是国家行政机关中除工勤人员以外的工作人员,其他党政机关、事业单位和社会团体参照试行。《公务员法》规定公务员必须具备三个要素,即依法履行公职、纳入国家行政编制、由国家财政负担工资福利,范围比《国家公务员暂行条例》扩大了。第二,《公务员法》提炼、总结了十几年干部人事制度改革的一些好做法,如竞争上岗、公开选拔、任职的试用期、领导干部引咎辞职等,对公务员制度进行比较重大的完善。第三,《公务员法》完善了分类管理制度。按照公务员性质,区别、划分为综合管理类、专业技术类、行政执法类,并且国务院可以根据实际需要在条件成熟的时候建立新的职位类别。第四,《公务员法》建立了职位聘用制。《国家公务员暂行条例》规定部分职务实行聘任制,但一直没有推行。《公务员法》用专章规定了"职务聘任",对一些专业性较强的职位和辅助性职位实行聘任制,按照合同进行管理。①

3.《反洗钱法》

腐败与洗钱的关系密切,一些腐败分子往往通过洗钱的方式,将腐败"黑钱"变成合法财富。新世纪以来,我国洗钱现象日渐突出,自2004年4月中国人民银行成立反洗钱监测分析中心至2005年末,该中心共对外移送可疑交易报告683份,涉及人民币1378亿元,外币10多亿美元,交易7万余笔,账户4926个。洗钱活动对金融秩序与经济安全构成直接威胁和破坏,对社会稳定和谐造成严重危害,给反腐倡廉建设带来种种困难和压力。

在《反洗钱法》出台前,我国反洗钱的规定比较零散滞后,不能满足和适应新时期反洗钱工作的需要。1990年12月28日,第七届全国人大常委

---

① 《中华人民共和国公务员法》(2006年1月1日),《常用法律法规精编(2007版)》,吉林人民出版社2007年版,第327—338页。

会通过《关于禁毒的决定》，规定了掩饰、隐瞒毒赃性质、来源罪，这可视为洗钱罪的雏形。1997年修订的《刑法》第191条第一次专门规定了洗钱罪，规定明知是毒品犯罪、黑社会性质的组织犯罪、走私犯罪的违法所得及其产生的收益，而掩饰、隐瞒其来源和性质的，属于洗钱罪。洗钱罪上游犯罪范围由毒品犯罪扩大到黑社会性质的组织犯罪、走私犯罪。2000年12月12日，我国签署《联合国打击跨国有组织犯罪公约》，2001年10月27日又签署《联合国制止向恐怖主义提供资助的国际公约》。12月29日，全国人大常委会通过了《刑法修正案（三）》，将恐怖活动犯罪增列为洗钱罪的上游犯罪，并提高了洗钱罪的法定刑。2003年1月3日，中国人民银行同时发布了3个有关反洗钱的行政规章，即《金融机构反洗钱规定》、《人民币大额和可疑支付交易报告管理办法》、《金融机构大额和可疑外汇资金交易报告管理办法》，并于3月1日起施行。反洗钱内部控制制度、客户身份识别制度、大额和可疑交易报告制度、记录保存制度据此建立，对防控洗钱起了一定的作用，但这些规章仅适用于存款类金融机构，没有构建反洗钱工作协调机制，缺少对反洗钱信息中心和反洗钱国际合作等内容的规定，这些都直接影响到反洗钱工作的效果。除了上述专门的反洗钱规定外，在反洗钱工作中，我国还存在大量具有基础性作用的规定，如国务院1993年1月20日颁布的《中华人民共和国国家货币出入境管理办法》；1998年9月8日颁布的《现金管理暂行条例》；2000年3月20日颁布的《个人存款账户实名制规定》；国家外汇管理局、海关总署2003年8月28日颁布的《携带外币现钞出入境管理暂行办法》；中国人民银行1997年4月4日颁布的《大额现金支付登记备案规定》，2003年4月10日颁布的《人民币银行结算账户管理办法》等，这些零散规定在发挥自身作用的同时，也存在不利于反洗钱工作开展之处，需要整合法律资源。

现实中，制定反洗钱法的呼声很高。2003年，十届全国人大常委会将《反洗钱法》正式列入了5年立法规划中。2003年12月27日，全国人大常委会通过了关于修改《中华人民共和国中国人民银行法》的决定，其中两处修改与反洗钱工作紧密相关：一是在第4条关于人民银行职责的规定中，增加了"指导、部署金融业反洗钱工作,负责反洗钱的资金监测"等内容,明确了反洗钱工作的职责部门。二是第 32 条规定,中国人民银行有权对金融机构以及其他单位和个人执行有关反洗钱规定的行为进行监督;第 46 条规定了对违反反洗钱规定行为的法律责任。修改后的《中国人民银行法》首次对反洗钱工作的主管部门及其职责、反洗钱主管部门开展监督检查工作的范围,以及对违反反洗钱规定的单位和个人的行政法律责任作出明确规定。这些规定初步确立了我国反洗钱行政管理工作的基本框架,为完善反洗钱行政管理法律体系,建立有效的反洗钱机制提供了重要的法律依据和制度基础。[①]

联合国大会 2003 年 10 月 13 日通过的《联合国反腐败公约》(全国人大常委会于 2005 年 10 月 27 日批准),第 14 条规定了预防洗钱的措施,要求对银行和非银行金融机构建立全面的国内管理和监督制度,遏制并检测各种形式的洗钱,确保行政、管理、执法和专门打击洗钱的其他机关能够根据法律规定的条件,在国家和国际一级开展合作和交换信息,并为此建立金融情报机构,对现金和有关流通票据跨境转移情况进行检测和跟踪。对金融机构,要求在电子资金划拨单和相关电文中列入关于发端人的准确而有用的信息,在整个支付过程中保留这种信息,对发端人信息不完整的资金转移加强审查。这些规定需要以国内法形式进行规定,要求对我国现行的反洗钱及相关的法律法规进行修改和完善。

2004 年 3 月 23 日,正式成立了由全国人大预算工作委员会牵头组织,由中国人民银行、公安部、最高人民法院、最高人民检察院、外交部、财政部、海关总署等 18 个部门参加的《反洗钱法》起草领导小组和工作小组,制定通过起草工作计划,反洗钱立法工作正式启动。2005 年,监察部也参与到起草过程中,起草部门增加到 19 个。多部门参与起草反洗钱法,充分表明了反洗钱工作的跨部门性和反洗钱法的综合性与复杂性。

---

① 《中华人民共和国中国人民银行法》,王怀安等主编、全国人大常委会法制工作委员会审定:《中华人民共和国法律全书(2004 年 1—4 月)》第 21 册,吉林人民出版社 2004 年版,第 1246—1250 页。

2006年10月31日,第十届全国人大常委会通过《反洗钱法》,自2007年1月1日起施行。该法对反洗钱监管部门及其职责、权限、金融机构反洗钱义务、反洗钱调查、反洗钱国际合作、法律责任等作了具体规定。《反洗钱法》是我国第一部关于反洗钱工作的专门法律,它的颁布实施,有利于及时发现洗钱活动,追查并没收犯罪所得,遏制洗钱犯罪及其上游犯罪,维护经济安全和社会稳定;有利于消除洗钱行为给金融机构带来的潜在金融风险和法律风险,维护金融安全;有利于发现和切断资助犯罪行为的资金来源和渠道,防范新的犯罪行为;有利于保护上游犯罪被害人的财产权,维护法律尊严和社会正义。同时,该法的颁布实施,使中国具备了成为国际金融行动特别行动组织(FATF)正式成员的资格,并得与其他国家建立长期稳定的合作,参与反洗钱国际合作,联手打击洗钱犯罪,维护了国家经济利益和国际形象。①

4.《关于办理受贿刑事案件适用法律若干问题的意见》

由于权钱交易由公开转为"私下",由直接变为间接,由现货变为期权,手法不断翻新、形式五花八门、变化多样,更加具有隐蔽性、复杂性和较强的社会危害性,导致查办贪腐案件过程中,经常遇到一些似是而非、模棱两可的禁止性行为,在定性量纪方面存在疑义,容易产生分歧。这说明,在新时期对于新的腐败现象,现有的法律法规和党纪党规由于受到当时条件的局限,不能完全适应新的反腐败形势的发展,需要修改完善。

从2006年开始,中央纪委组织协调最高人民检察院和最高人民法院组织人力对办案中新出现的情况和问题研究了将近一年,反复讨论,征求全国人大和司法实践部门的意见,最后形成《意见稿》。为了体现教育在先、注重预防的原则,体现党对干部的警示和爱护,增强实施效果,《意见稿》的相关内容先作为纪律在党内公布。2007年5月30日,中央纪委发布了《关于严格禁止利用职务上的便利谋取不正当利益的若干规定》(俗称"八条禁令",以下简称《若干规定》),规定了8项严格禁止领导干部行为的规定,明

---

① 《反洗钱法》,《中华人民共和国新法规汇编》2006年第4辑,中国法制出版社2007年版。

确解释了13个定性处理的政策界限问题,具体规定了8项禁止性行为的党纪处分依据,规定在30天内,如果有违反禁令情形的党员干部主动坦白,可依纪依法从宽处理。《若干规定》的实施,为新形势下及时查处权钱交易案件提供了有力的法规依据,对于促进领导干部廉洁自律发挥了一定的作用。8月1日,中央纪委副书记、秘书长干以胜在国务院新闻办公室举行的新闻发布会上介绍,自《若干规定》发布以来就有1790人在规定的期限内说清楚了自己的问题,涉及违纪金额7789万多元。①

2007年7月8日,在中央纪委规定的30日"反腐大限"到期后的第10天,最高人民法院、最高人民检察院联合发布了《关于办理受贿刑事案件适用法律若干问题的意见》(以下简称《意见》),以司法解释的形式对中央纪委《若干规定》"八条禁令"的内容作了规定,对12个问题进行了解释:一是以交易形式收受贿赂问题。规定国家工作人员利用职务上的便利为请托人谋取利益,以明显低于市场的价格向请托人购买房屋、汽车等物品;以明显高于市场的价格向请托人出售房屋、汽车等物品;以其他交易形式非法收受请托人财物的,以受贿论。二是关于收受干股问题。规定国家工作人员利用职务上的便利为请托人谋取利益,收受请托人提供的干股,以受贿论。三是关于以"合作"开办公司等"合作"投资名义收受贿赂问题。四是关于以委托请托人投资证券、期货或者其他委托理财的名义收受贿赂问题。五是以赌博方式收受贿赂的认定问题。六是关于特定关系人"挂名"领取薪酬问题。七是关于由特定关系人收受贿赂问题。八是关于收受贿赂物品未办理权属变更问题。九是关于收受财物后退还或者上交问题。严格禁止利用职务上的便利为请托人谋取利益,要求或者接受请托人以给安排工作为名,使特定关系人不实际工作却获取所谓薪酬。十是关于在职时为请托人谋利,离职后收受财物问题。十一是关于"特定关系人"的范围,明确为与国家工作人员有近亲属关系、情妇(夫)以及其他共同利益关系的人。十二

---

① 中央纪委研究室编:《十一届三中全会以来党的纪律检查工作大事记》,中国方正出版社2008年版,第420、424页。李雪勤主编:《中国共产党纪律检查工作60年(1949—2008)》,中国方正出版社2009年版,第331页。

是关于正确贯彻宽严相济刑事政策的问题。

从中央纪委的《若干规定》到"两高"的《意见》,是一次非常成功的从党纪到国法的完整衔接。中央纪委发布的《若干规定》着重解决党员干部违纪问题,"两高"《意见》则主要解决公民违法问题,用司法解释的方式将党纪规定上升到司法部门办案依据,充分体现了依法行政的法治精神,说明党在处理腐败问题上更加注意发挥法律法规的作用。

二、党内反贪腐条规

十六大以来,党中央始终高度重视反腐倡廉法规制度建设。十六届三中全会强调"建设反腐倡廉的制度体系,依靠制度惩治和预防腐败,是做好反腐倡廉工作的根本途径";十六届四中全会提出要"加强廉政法制建设,真正形成用制度规范从政行为、按制度办事、靠制度管人的有效机制,保证领导干部廉洁从政"。2005年1月,中央颁布《建立健全教育、制度、监督并重的惩治和预防腐败体系实施纲要》,明确提出到2010年建成惩治和预防腐败体系的基本框架,再经过一段时间的努力,建立起思想道德教育的长效机制、反腐倡廉的制度体系、权力运行的监控机制,建成完善的惩治和预防腐败体系。2007年6月25日,时任中共中央总书记的胡锦涛在中央党校发表重要讲话强调,坚持标本兼治、综合治理、惩防并举、注重预防的方针,建立健全教育、制度、监督并重的惩治和预防腐败体系,在坚决惩治腐败的同时,更加注重治本,更加注重预防,更加注重制度建设。

在党中央、国务院的坚强领导下,中央纪委、监察部以形成中国特色反腐倡廉法规制度体系为目标,围绕建立健全惩治和预防腐败体系,制定和完善了一批党内反腐倡廉法规。为了更加充实违纪违法行为惩处制度,中央纪委在总结实施经验的基础上修订了《中国共产党纪律处分条例(试行)》,2003年12月31日由中央正式颁布实施;为进一步完善反腐败工作领导体制和工作机制,2005年制定出台了《关于纪委协助党委组织协调反腐败工作的规定(试行)》;2006年9月24日,在不断完善从政行为制度、系统总结《关于领导干部报告个人重大事项的规定》实施经验的基础上,中央办公厅印发了中央纪委起草的《关于党员领导干部报告个人有关事项的规定》,对报告事项、报告程序、监督检查作出了更加明确、具体的规定等。从 2002 年初开始,中央纪委、监察部会同有关单位,对改革开放以来涉及党风廉政建设和反腐败工作的规范性文件 1500 余件进行了全面清理,对主要内容被新的规定替代、所依据的政策法规发生变化、使用期已过或者使用条件、调整对象已经发生变化的文件等 3 类共 115 个文件决定废止,将现行有效的 1100 余件党风廉政和反腐败法规制度进行汇编,出版了《党风廉政和反腐败现行法规制度全书》。这样的系统清理在我国反腐倡廉法规制度建设史上尚属首次,为在反腐倡廉实践工作中正确适用法规制度和全面规划法规制度建设提供了依据,也为今后开展反腐败法规清理工作积累了经验。

在此期间,制定《党内监督条例(试行)》,并逐步形成党内监督制度体系是影响最大并具有历史意义的大事。加强党内监督是党的建设的重要组成部分,是从严治党的重要体现。改革开放以来,党内监督工作不断加强,我们党在集体领导和个人分工负责、重要情况通报和报告、民主生活会等方面,逐步建立完善了比较完备的党内监督具体制度,积累了不少党内监督的好经验,为制定《党内监督条例(试行)》打下了坚实的基础,创造了良好的条件。

1982 年 9 月,党的十二大报告指出,党的各级纪律检查委员会对中央以下的同级党委及其成员实行《党章》规定范围内的监督。十二大通过的《党章》规定:"每个党员,不论职务高低,都必须编入党的一个支部、小组或其他特定组织,参加党的组织生活,接受党内外群众的监督。不允许有任何不参加党的组织生活、不接受党内外群众监督的特殊党员";党的各级领导干部必须自觉地接受党和群众的批评和监督。[①] 但《党章》对纪检机关在党内监督中的职责没有明文规定。1986 年 9 月,十二届六中全会通过的《中共中央关于社会主义精神文明建设指导方针的决议》明确提出:"必须努力改革和完善党的组织制度和工作制度,严格执行党的纪律,建立和健

---

① 《中国共产党章程》,《中国共产党历次党章汇编(1921—2002)》,中国方正出版社 2006 年版,第 318 页。

全党内监督制度和人民监督制度,使各级领导干部得到有效的监督。"①中发〔1987〕3 号文件进一步提出建立"一套制度制约和监督党和国家的高级领导人,特别是职权最高的领导人都能严格遵守宪法、遵守党纪,不至于不受任何限制自由行动"。

1987 年 7 月 29 日,中央纪委发布《关于对党员干部加强党内纪律监督的若干规定(试行)》,对各级纪律检查委员会有关党内纪律监督的职责、权限及各项原则,党内纪律监督的主要内容,对党员干部的党内纪律监督,保护监督者与被监督者的正当权利,党对党内纪律监督的领导等作了非常详尽具体的规定。这是改革开放后最早的关于党内监督的专门文件,对于加强党内监督发挥了积极作用。但后来的工作实践表明,以中央纪委的名义发布的规定,由于法规层次低,其权威性和约束力略显不足,使党内监督工作受到一些制约。特别是我们党从建党以来一直缺少一部以《党章》为指导,并将《党章》各种监督原则具体化的基础性党内法规,以完全保障党在异常复杂的环境下始终保持先进性和纯洁性。

1990 年 3 月 12 日,党的十三届六中全会通过了《中共中央关于加强党同人民群众联系的决定》,正式提出要制定党内监督条例,作为在特定背景下中央反腐倡廉、为群众办实事的重大举措之一。文件指出,对各级领导机关和领导干部必须加强监督,中央纪律检查委员会要会同中央组织部拟定党内监督条例。1994 年,十四届四中全会又提出要制定党内监督条例。1990 年后的 13 年里,十四大、十五大都一再重申制定《党内监督条例》,还曾提出过制定草案或试行法规的设想,并从十四大之后着手起草。但是,为了保证法规立法环境的成熟性和法规出台后的有效性,本着严肃负责态度,充分积累经验,在党内取得共识和使干部有所准备,特别是在监督授权及具体运作方面必须作出适当调整,需要一个过程。因此,这项工作几次出现暂时搁置,再做调查和总结的情况。

反腐败斗争的严峻现实迫切需要制定党内监督条例。根据中央纪委向十五大、十六大提交的工作报告,1992 年至 2002 年的两个五年间,全国处

---

① 中共中央宣传部办公厅、中央档案馆编研部编:《中国共产党宣传工作文献选编(1957—1992)》,学习出版社 1993 年版,第 749 页。

分党员数分别为 669 300 人和 846 150 人,后者比前者增加 26.4%;开除党籍数分别为 121 500 人和 137 711 人,增加 13.3%;处分县级领导干部数分别为 20 295 人和 28 996 人,增加 42.9%;处分厅局级领导干部数分别为 1673 人和 2422 人,增加 44.8%;处分省部级领导干部数分别为 78 人和 98 人,增加 25.6%。党内领导干部犯罪违纪案件数量快速上升,比例越来越大,说明能不能成功解决党内监督问题,尤其是对高中级干部的监督,是加强党的建设亟待解决的一个重要问题。1995 年陈希同和王宝森案件发生后,中央先后出台许多规定,对领导干部本人、亲属及身边工作人员的行为进行约束和限制,但严峻的反腐现实不仅要求对领导干部提出要求和规定,还需要改革和完善党内监督体制。

2001 年,党的十五届六中全会提出要制定党内监督条例。2002 年 11 月,党的十六大报告提出建立结构合理、配置科学、程序严密、制约有效的运行机制,从决策和执行等环节加强对权力的监督,重点加强对领导干部特别是主要领导干部的监督,加强对人财物管理和使用的监督。强化领导班子内部监督,完善重大事项和重要干部任免的决定程序,为加强对权力的制约和监督进一步指明了具体方向。[①] 十六大修改通过的新《党章》加重了监督的分量。新《党章》总纲在论及民主集中制时,增加了"加强对党的领导机关和党员领导干部的监督,不断完善党内监督制度"的内容。在第 44 条党的纪律检查机关经常性工作的规定中,增加了"对党员领导干部行使权力进行监督"的内容。[②] 2003 年,中央纪委将制定《党内监督条例》列入了重要工作日程,会同中央办公厅、中组部、中央党校、中央政策研究室成立了专门起草班子,广泛征求意见,数易其稿,6 月报送中央纪委常委会审议。12 月 23 日,中央政治局全体会议审议通过《中国共产党党内监督条例(试行)》,12 月 31 日,中共中央正式印发《党内监督条例》,标志着党内监督进入制度化、规范化的新阶段。《党内监督条例》是中国共产党有史以

---

① 《全面建设小康社会,开创中国特色社会主义事业新局面》(2002 年 11 月 8 日),《十六大以来重要文献选编》(上),中央文献出版社 2005 年版,第 27—28、41—43 页。

② 《中国共产党第十六次全国代表大会关于〈中国共产党章程(修正案)〉的决议》,《十六大以来重要文献选编》(上),中央文献出版社 2005 年版,第 45—47 页。

来第一部系统规范党内监督工作的基本法规,对党内监督工作的指导思想、重点对象、重点内容,各级党委及其委员、纪委及其委员、党员的监督职责、监督保障等作了规定,确定了集体领导和分工负责、重要情况通报和报告、述职述廉、民主生活会、信访处理、谈话和诫勉、舆论监督、询问和质询、罢免或撤换要求及处理等十项监督制度,是开展党内监督工作的依据。《党内监督条例》还规定:"中国人民解放军和中国人民武装警察部队的党组织实施党内监督的规定,由中央军委参照本条例制定。"[①]

为了保证《党内监督条例》的有关规定在实际工作中得到更好的贯彻落实,中央纪委和中央有关部门还进一步细化了各项具体监督制度。2004年,中央纪委会同中组部制定了《关于中共中央纪委、中共中央组织部巡视工作的暂行规定》;2006年,中央纪委制定了《关于中共中央纪委派驻纪检组履行监督职责的意见》;2007年,中央办公厅印发了《地方党委委员、纪委委员开展党内询问和质询办法(试行)》。同时,中央有关部门制定发布了《关于对党员领导干部进行诫勉谈话和函询的暂行办法》、《关于党员领导干部述职述廉的暂行规定》和《加强和改进舆论监督工作的实施办法》等一系列配套规定,保障党员民主权利,是建立健全党内民主制度的基础,同时也是监督和制约权力的重要措施。根据新的形势,中央纪委对2004年9月22日中央颁布的《中国共产党党员权利保障条例(试行)》进行了修订,《党员权利保障条例》的修订和实施是新形势下发展党内民主、维护党员权利的重大举措,有利于进一步发挥广大党员和党组织的积极性、主动性,有利于加强对权力的监督和制约,不断增强党的创造力、凝聚力和战斗力。这些法规制度的颁布实施,标志着以《党章》为核心,以《党内监督条例》为主干,以配套规定和其他监督规范为重要补充的党内监督制度体系已经初步形成,并且在不断完善和深化,有效规范权力运行的监控机制逐步建立。[②]

[①] 《中国共产党党内监督条例(试行)》,《十六大以来重要文献选编》(上),中央文献出版社2005年版,第658—670页。

[②] 参见姜洁:《惟有规矩成方圆——十六大以来反腐倡廉法规制度建设取得显著成绩》,《人民日报》,2007年9月26日,第1版。

第四节
建立以惩防体系为重点的工作格局

一、强化廉政教育和廉政文化建设

十五大以来,廉政教育成为党风廉政建设和反腐败斗争的一项基础性工作。十六大以来,中央提出建立健全教育、制度、监督并重的惩治和预防腐败体系,不断加大预防腐败力度,廉政教育领域不断拓宽、对象不断扩大、方式不断更新,工作的推进力度是历史上少有的。

1. 加强党员领导干部廉政教育和廉洁自律

(1) 参与"大党建"思想教育活动

加强党员领导干部思想教育是党建的一项经常性工作。在这一时期,根据思想教育的问题和形势,中央在不同阶段推出了一些全国性的教育活动。中央纪委、监察部积极组织和协调有关部门,把廉政教育纳入党的思想教育,参与并开展了学习"三个代表"重要思想、宣传《建立健全教育、制度、监督并重的惩治和预防腐败体系实施纲要》、社会主义荣辱观教育、学习贯彻《党章》、保持共产党员先进性教育活动等主题或专题教育活动,提高了党员领导干部的思想道德素质,筑牢思想道德防线,增强抗御腐败风险的能力。

(2) 开展丰富多彩的廉政教育活动

十六大以来,中央纪委、监察部每年 3 月初召开全国纪检监察会议宣传教育工作座谈会,对全年工作进行谋划安排,年中结合重点工作及时召开会议进行总结推动。在宣传教育实践中,不断完善反腐倡廉宣传教育工作联席会议制度,创新"大宣教"格局的形式和内容,健全宣教工作领导体制和工作机制,有力推动反腐倡廉宣传教育工作的开展,保证部署工作如期保质完成,工作目标顺利实现。这个阶段的主要工作有:

①开展反腐倡廉理论学习。有关部门编辑出版了《正确认识和判断当前反腐败斗争形势》、《领导干部讲廉政党课》等一批学习参考资料,通过召开座谈会、理论研讨会等形式多样的学习宣传活动,推动各地区各部门兴起学习党的反腐倡廉理论的高潮。

②开展正反两面的典型教育。宣传树立了牛玉儒、任长霞、马祖光、侯祥麟、杨业功、沈长睿、曹文华、杨正超、林建智等一批先进典型,在全国纪检监察系统开展了向梁雨润、张建国等优秀纪检监察干部学习活动,召开先进事迹报告会;拍摄了《王怀忠的两面人生》、《扭曲的人生——李真贪污受贿案剖析》、《忏悔录》等一批电教片,有针对性地开展了警示教育。通过正反两面典型的比较对照,在领导干部中产生了强烈的震撼力,树立了爱憎分明、贪耻廉荣的意识。

③不断创新廉政宣传介质,扩大廉政教育的影响面。中央纪委、监察部下属中国纪检监察报社、《中国监察》杂志社、方正出版社等机构,每年推出大量反腐倡廉领域专业权威的文章、图书,积极发挥"喉舌"作用;2005年4月22日,《人民日报》开设"深入开展反腐倡廉"专栏;其他一些杂志、报刊也纷纷开设相应专栏;一些地方出版了一大批优秀的廉政文化图书。在运用好传统纸面媒介平台的同时,中央纪委、监察部不断加强信息化建设,推进廉政教育与现代科技传媒接轨,设立网络信息处,建立健全反腐倡廉网上宣传联席会议制度,组织中央和国家有关部门开展反腐倡廉网上宣传工作;人民网、新华网等中央8大重点网站开设反腐倡廉网上宣传专栏,加大网上宣传力度;各省(区、市)和新疆生产建设兵团均建立反腐倡廉网站或在省级新闻网站设立反腐倡廉专题网页,营造了良好的网上反腐倡廉舆论氛围。2005年12月16日,中央人民广播电台中国之声频率开设"廉政第

一线"专栏。各地在报刊、电台、电视台开设了反腐倡廉专栏3900多个,增强了反腐倡廉宣传教育的影响力。①

④加强纪检监察干部的专业培训教育。中央纪委成立干部教育培训工作领导小组,增强对干部教育培训工作的领导。十六大以来,中央纪委、监察部按照中央大规模培训干部、大幅度提高素质的精神,大力加强纪检监察干部教育培训工作,共举办各类培训班65期,培训纪检监察干部65 000多人,北戴河、北京、杭州培训中心还为纪检监察系统培训干部64 500多人。2003年以来,在中央党校和国家行政学院举办了全国新任纪检监察领导干部、党的执政能力建设和纪检监察工作等一批专题研讨班和重点培训班。2003年以来,中央纪委、监察部非常重视国(境)外培训工作,扩大了赴国(境)外培训规模,共举办出国(境)培训团15期,培训纪检监察系统局级领导干部3000多人。② 通过培训,了解了国外一些国家的廉政状况,学习和借鉴了一些国家反腐败的有益做法和经验,开阔了干部的视野和思路。十六大以来,中央纪委大力加强干部教育培训教材的开发和建设,编辑出版了一批学习培训教材和学习参考资料,使反腐倡廉教育逐步规范系统。2004年8月30日,中央纪委印发了《关于进一步做好纪检监察干部教育培训工作的意见》,明确了纪检监察干部教育培训工作的指导思想和工作方针,总结了培训工作的十条经验,加强了对纪检监察干部教育培训工作的宏观指导。

2. 大力开展廉政文化创建活动

反腐倡廉不仅仅是党和政府的事情,也是全社会的责任,是每个公民的义务。反贪腐斗争需要公民社会的广泛参与才能更好地取得成效,这是世界清廉国家在反腐历程中总结出来的一条重要经验,也是透明国际等国际反腐败非政府组织一直倡导的。十六大以来,我国反腐败斗争逐步重视加

---

① 中央纪委宣传教育室、中国纪检监察报社编:《反腐倡廉"大宣教"理论与实践》上卷,中国方正出版社2007年版,第59页。
② 中央纪委宣传教育室、中国纪检监察报社编:《反腐倡廉"大宣教"理论与实践》上卷,中国方正出版社2007年版,第68、69页。

强整个社会和广大群众参与,采取了多种途径和方式扩大群众参与反腐败,其中社会影响最大的是廉政文化创建活动。

廉政文化是社会主义先进文化的重要内容,是从源头预防腐败的重要措施。从 21 世纪初开始,浙江、江苏、上海等地开始廉政文化实践活动。从 2004 年开始,吴官正在中央纪委第四、五、六、七次全会上对廉政文化建设都作了部署,并多次讲话和批示,要加强廉政文化建设工作。2005 年 1 月,中央颁发《建立健全教育、制度、监督并重的惩治和预防腐败体系实施纲要》,对廉政文化建设作了具体规定。十六届六中全会通过的《关于构建社会主义和谐社会若干重大问题的决定》,提出要"推进廉政文化建设,筑牢拒腐防变的思想道德防线"。从 2005 年开始,江苏省、浙江省等省(市、区)陆续制定了"关于加强廉政文化建设的意见"。2005 年 1 月 11 日,胡锦涛在中央纪委第五次全会上提出:"要把廉政文化建设作为建设社会主义先进文化的重要内容,并进一步完善反腐倡廉的工作机制,形成反腐倡廉教育的整体合力。"①2006 年 1 月 6 日,胡锦涛在中央纪委第六次全会上提出:"加强廉政文化建设,加大从源头上预防和治理腐败的力度。"2007 年 1 月 9 日,他又在中央纪委全体会议上强调:"要深入开展党纪和国家法律法规教育、党的光荣传统和优良作风教育、社会主义荣辱观教育、廉洁自律教育,加强廉政文化建设,教育和引导领导干部真正做到立党为公、执政为民。"2008 年 5 月 13 日,中共中央印发《建立健全惩治和预防腐败体系 2008—2012 年工作规划》,对廉政文化建设作了具体规划和部署,提出要制定关于加强廉政文化建设的指导意见,由中央纪委负责研究制定。2006 年 11 月 15 日—16 日,全国廉政文化建设现场会暨理论研讨会在浙江召开。11 月 21 日—22 日,在河北唐山市召开廉政文化建设现场会。

3. 加强领导干部廉洁自律

十六大以来,领导干部廉洁自律工作以落实党风廉政建设责任制为"龙头",以解决领导干部在廉洁从政方面存在的突出问题为切入点,不断

---

① 《十六大以来重要文献选编》(中),中央文献出版社 2006 年版,第 602 页。

发展和深化,取得了较为明显的成效。

(1)领导干部廉洁从政行为准则和道德规范逐渐完善

十六大以来,在继续落实已有各项制度的基础上,又制定了一系列新的制度规定。在梳理已有规定的基础上,提出"四大纪律、八项要求",对领导干部廉洁从政的规范性要求更加明确、简洁。制定了一系列《中国共产党党内监督条例(试行)》的配套制度,中央纪委会同有关部门制定《关于对党员领导干部进行诫勉谈话和函询的暂行办法》、《关于党员领导干部述职述廉的暂行规定》、《关于领导干部报告个人有关事项的规定》等。各省(区、市)及部分中央国家机关都建立了述职述廉、任前廉政谈话、纪委负责人同下级党政主要负责人谈话等制度。每年元旦、春节都下发关于严格遵守廉洁自律规定的通知,坚决禁止奢侈浪费行为。为促进国有企业领导人员廉洁从业,防止腐败行为的发生,维护出资人利益,保证国有资产保值增值,进一步加强了对国有企业领导人员廉洁自律的要求和管理。2003年,中央纪委第二次全会提出国有企业领导人员廉洁自律五项要求。9月23日,中央纪委办公厅、监察部办公厅、国资委办公厅印发《关于加强国有企业领导人员廉洁自律工作的意见》。2004年12月12日,中央纪委、中组部、监察部和国资委联合印发《国有企业领导人员廉洁从业若干规定(试行)》,规定了国有企业领导人员廉洁从业行为规范、廉洁从业行为的实施和监督、违反规定的处理等。为加强农村基层党风廉政建设,中央纪委牵头起草了《关于加强农村基层党风廉政建设的意见》,协调农业部、财政部等部门制发了《关于进一步加强和规范村级财务管理的办法》、《关于进一步加强和规范乡镇财务管理工作的办法》、《关于进一步规范乡村财务管理的通知》等文件;为严肃公务员工资制度改革和规范津补贴工作纪律,中央纪委会同财政部、人事部制发了《关于严肃纪律确保改革工资制度和规范收入分配秩序工作顺利进行的通知》等7个文件,明确了纪律要求和政策规定;为严肃组织人事纪律,为地方各级党委换届营造风清气正的环境,中央纪委、中组部、民政部等联合下发了《关于在地方党委换届工作中进一步严肃组织人事纪律的通知》、《关于认真解决村级组织换届选举中"贿选"问题的意见》等文件,明确了处理有关违规违纪问题的政策界限。针对领导干部廉洁从政方面出现的新情况和新问题,中央纪委又重申和提出了《关于坚决刹住用公款大吃大喝歪风的紧急通知》、《必须坚决纠正领导干部违反规定配备使用小汽车问题》、《关于维护党的纪律严肃处理党风方面若干突出问题的意见》、《关于严肃查处党员和干部参与赌博的通知》、《关于严格禁止利用职务上的便利谋取不正当利益的若干规定》、《关于领导干部利用职权违反规定干预和插手建设工程招标投标、经营性土地使用权出让、房地产开发与经营等市场经济活动,为个人和亲友谋取私利的处理规定》等一些更加明确、严格的制度规范。此外,各地区各部门结合实际相继出台了一些配套制度规章,涉及党委(党组)议事规则、领导干部身边工作人员的教育管理、公职人员违反规定收受礼金礼品的处理等方面,一些部门还制定了带有行业和系统特色的"禁令"等。这些制度、规定和要求,在实践中不断充实和完善,有效地约束和规范了领导干部的从政行为,有力地保证和促进了领导干部的廉洁自律。

(2)专项治理工作取得新成效

按照中央的统一部署,对领导干部廉洁从政方面存在的突出问题进行了专项治理。各地区各部门把领导干部及其家庭成员操办婚丧嫁娶等事项,作为领导干部个人重大事项报告的重点内容,加强日常管理和监督,对大操大办、借机敛财的领导干部进行了严肃查处。各级纪检监察机关会同组织人事部门,加强对《党政领导干部选拔任用工作条例》执行情况的监督检查,不断完善公开选拔、竞争上岗、干部人选表决和领导干部辞职等有关制度规定,积极推进干部人事制度改革,严肃查处用人上的腐败问题,查处跑官要官等违反组织人事纪律的领导干部1268人。十六大以来,全国共有140 660名领导干部主动上交违反规定收受的现金、有价证券和支付凭证合计约6.76亿元,查处违反规定收送现金、有价证券和支付凭证及借婚丧嫁娶等事宜收钱敛财的6828人。查处参加赌博的党员领导干部49 772名,公开通报了广东省肇庆市原市长邓耀华、惠州市原公安局长吴华立等赌博违纪违法典型案件。各省(区、市)及一些中央和国家机关相继建立了领导干部配偶、子女从业情况登记和公示制度,严肃查处一批违反规定的典型案件。清理出超标准、超编制配备使用的小汽车 28 618 辆,纠正违规住房面积 851.6 万平方米,收回资金 18.88 亿元,清理纠正党政领导干部违反规定兼任企业领导职务 8323 人;清理党政领导干部拖欠或利用职权批借亲友公款 27.1 亿元;清理党政机关违反规定用公款为干部职工个人购买商业保险 16.04 亿元。2006 年至 2007 年上半年,全国共查处违纪违法的农村基层党员干部 32 319 人;查处违反公务员工资制度改革和清理规范津补贴工作有关政策规定的单位 627 个,3309 人受到纪律处分和组织处理。2007 年 6 月,《中共中央纪委关于严格禁止利用职务上的便利谋取不正当利益的若干规定》颁布实施后,全国在规定期限内主动向组织说清问题的党员干部有 1790 人,涉及违纪金额 7789.71 万元。此外,还对党政机关违规修建楼堂馆所、用公款大吃大喝、以各种名义公款旅游特别是出国(境)旅游等不正之风进行了治理,都取得了明显成效。①

(3)源头治理力度不断加大

在党中央的领导下,中央纪委、监察部坚持以改革统揽领导干部廉洁自律工作,积极探索从源头上解决领导干部廉洁从政方面存在的问题。一是推行职务消费货币化改革试点。到 2005 年 7 月,全国有 27 个省(区、市)进行了公务用车改革试点,部分中央和国家机关也试行了公务用车和班车改革;13 个省(区、市)开展了公务接待制度改革试点;出台了《中央和国家机关移动通讯工具补贴管理办法》,中央纪委、监察部协调有关部门对中央和国家机关及大部分省(区、市)进行移动通讯工具补贴管理办法改革,并推动各地进行了移动通讯工具和话费制度改革,从根本上解决了移动通讯工具配备使用中存在的不廉洁问题。推动公务接待管理和差旅费管理改革,制定出台了《党政机关国内公务接待管理规定》、《中央国家机关事业单位差旅费管理办法》、《中央国家机关出差和会议定点管理办法》等文件。积极推动各地区、各部门进行公务用车制度改革试点工作。据统计,截至

---

① 《要让清气满乾坤——十六大以来领导干部廉洁自律工作情况综述》,《中国纪检监察报》,2007 年 9 月 28 日。

2007年,全国已有29个省(区、市)、95个地(市、区)、262个县(区、市)在所辖地区或单位进行了公务用车制度改革试点,一些中央和国家机关也进行了班车改革和公务用车改革试点。从实践来看,这些改革措施不仅减少了财政支出,提高了工作效率,而且从源头上遏制了不廉洁行为和奢侈浪费现象的发生,促进了领导干部的廉洁自律。二是推进公务员工资福利制度改革,规范公务员收入分配秩序。2005年6月,经党中央、国务院批准,中央纪委、中组部、监察部、财政部、人事部、审计署联合发出《关于严肃纪律加强公务员工资管理的通知》,规定不准以任何借口、任何名义、任何方式在国家统一工资政策之外新设津贴、补贴、奖金项目,一律不准提高现有津贴、补贴、奖金的标准和水平,一律不准以现金或其他任何形式发放新的福利。8月,中央纪委、中组部、监察部、财政部、人事部、审计署联合制定《关于做好清理规范津贴补贴工作的意见》,着力解决同一地区不同单位公务员之间收入差距过大的问题,逐步缩小地区之间公务员收入差距,为改革公务员职级工资制、实行国家统一的职务职级相结合的工资制度创造条件。到2005年7月,有10个省(市)在省(市)直机关规范了公务员津补贴,有的还把范围扩大到市(地)、县(市、区),较好地解决了同一地区同一级别公务员工资收入差距过大的问题,从根本上解决了由于分配制度不公引发心理不平衡而诱发的腐败心理动机。

(4)廉洁从政意识进一步增强

2003年2月,胡锦涛在中央纪委第二次全会上代表新一届中央领导集体郑重表示,在党风廉政建设方面一定以身作则,接受全党和全国人民的监督,为全党树立了榜样,有力地促进和带动了各级领导干部改进作风。各级主要领导干部通过不同方式,向社会公开作出廉政承诺,从自身做起带头抵制各种不正之风。各级领导干部通过民主生活会,述职述廉、廉政谈话等方式,开展批评和自我批评,虚心接受班子成员、上级和下级党组织及所辖部门干部群众的批评和监督,严格执行廉洁自律的规定,接受监督的意识有所增强。十六大期间,全国乡科级以上领导干部在不同范围内述职述廉522.5万人次,向组织报告个人有关事项149.8万人次,721 435名领导干部在职务变动后及时申报了配偶、子女从业情况,并按规定对出现的违规问题进行了自查自纠。一些省(区、市)党委的主要负责同志在民主生活会上带头对照检查自身执行廉洁自律有关规定的情况,为民主生活会上开展批评和自我批评创造了良好的民主氛围。各地区、各部门能够在党委(党组)民主生活会前较为广泛地征求干部群众对班子的意见和建议,并在民主生活会上进行研究,提出整改措施。①

二、推进从源头预防腐败的相关改革

把反腐败寓于各项重要改革措施之中,坚持用改革的办法解决导致腐败现象发生的深层次问题,是有效预防腐败的根本途径。从 2000 年开始,中央提出并实施行政审批制度、财政制度、干部人事制度等从源头上防止腐败的改革措施。十六大以后,从源头上预防和治理腐败的各项改革不断深入,制度不断创新,一些滋生腐败的深层次矛盾逐步得到解决。

1. 积极开展财政管理制度改革

"收支两条线"管理、部门预算、国库集中收付等一系列财政管理制度是建立公共财政的必然要求,是推进反腐倡廉建设取得实效的基础性工程。到 2004 年,行政事业性收费项目约 90% 纳入了财政预算管理,实施国库集中支付制度的中央改革试点部门达 140 个。到 2007 年,政府性基金和依法新审批的收费基金已全部纳入财政预算管理,"收支两条线"改革向实行"收支脱钩"、综合财政预算不断深化。"收支脱钩"管理的范围继续扩大,40 个中央部门编制财政综合预算,非税收入实行"收支脱钩"管理。70 多个中央部门和单位实行了征管方式的"收缴分离"改革。

部门预算改革步伐加快,至 2005 年底,中央部门全部实行部门预算,省级财政部门预算编制改革工作全面推开;启动了政府收支分类改革,编制预算开始使用新的政府预算收支分类。"各项收支清晰、项目预算到位、预

---

① 《中国纪检监察报》,2007 年 9 月 28 日。

算内外资金统筹使用、一个部门一本预算"的改革目标初步实现。预算报同级人大审议的部门数量有了较大增长,部门预算的约束力进一步提高。国库集中收付制度改革全面推行,国库集中收付范围扩大到全部中央部门及其所属的6100多个基层预算单位,涉及资金4600多亿元;31个省(区、市)、5个计划单列市和400多个地(市)、1000多个县(市、区)也在本级实施了此项改革。2006年,通过中央非税收入收缴管理系统实现收入579亿元,是上年的3.7倍。

2. 扎实推进行政审批制度改革

国务院非常重视行政审批工作改革,专门成立了行政审批改革领导小组及其办公室,先后制定了《关于行政审批制度改革工作的实施意见》、《关于贯彻行政审批制度改革的五项原则需要把握的几个问题》、《关于搞好行政审批项目审核和处理工作的意见》、《关于搞好已调整行政审批项目后续工作的意见》、《关于进一步推进省级政府行政审批制度改革的意见》、《关于进一步深化行政审批制度改革的意见》等30多个政策规定和相关文件,截至2007年,先后4批取消和调整行政审批项目。第一批是2002年11月,取消行政审批789项。第二批是2003年2月,国务院下发《关于取消第二批行政审批项目和改变一批行政审批项目管理方式的决定》,决定取消406项行政审批项目,另将82项行政审批项目作改变管理方式处理,移交行业组织或社会中介机构管理。第三批是2004年5月,国务院下发《关于第三批取消和调整行政审批项目的决定》,取消和调整495项行政审批项目,其中,取消的行政审批项目409项;改变管理方式,不再作为行政审批,由行业组织或中介机构自律管理的39项,下放管理层级的47项。在取消和调整的行政审批项目中有25项属于涉密事项,按规定另行通知。三批共取消和调整审批项目1795项。依据现实改革进展的需要,向全国人大提出了修改9部法律的建议,要求取消和调整11项审批项目。2004年8月,第十届全国人大常委会通过了上述9部法律的修正案。改革前,国务院68个具有行政审批职能的部门和单位原来共有审批项目3605项,经过三批改革,取消和调整的审批项目占了总数的50.1%。2007年4月15日,国务院办公厅下发《关于进一步清理取消和调整行政审批项目的通知》,启动了第四批清理。按照合法、合理、效能、责任和监督的原则,对虽有法定设定依据,但与现实管理要求不相适应,难以达到管理的目的;对通过市场机制、行业自律能够解决的;对通过质量认证、事后监管可以达到管理目的的,予以取消或调整。对一个审批事项多部门、多环节审批的,必须按照相同或相近的职能由一个部门承担和权责一致的原则进行调整,该取消的必须取消。对省级以下机关可以实施的,必须按照方便申请人、便于监管的原则,下放管理层级。经严格审核和论证,国务院决定第四批取消和调整186项行政审批项目。其中,取消的行政审批项目128项,涉及企业市场准入,资质等级评定,金融机构的经营范围、品种确定,进出口资格审批、配额分配,以及对企业特定经营活动的审批等。调整的行政审批项目58项,分下放管理层级、改变实施部门、合并同类事项3种形式进行处理。其中,下放管理层级的有29项,这些审批项目原来由国务院部门实施,为提高审批效能、方便申请人,下放至省级政府有关部门实施;改变实施部门的有8项,这些审批项目依照新修订的法律法规或按照职能相近的原则对审批实施部门作了调整;合并同类事项的有21项,这些审批项目审批内容交叉或类同,合并为8项后可以避免重复,便于管理。另有7项拟取消或者调整的行政审批项目是根据有关法律处理的,国务院依照法定程序提请全国人大常委会审议修订相关法律规定。经过四批清理,共取消和调整行政审批项目1992项,占总数的55.3%。

　　从2005年开始,国务院行政审批改革办公室调整工作重点,加快推进省级人民政府行政审批制度改革,通过出台相关制度规定、督促检查、政策指导等方式,按照中央统一规定取消和调整地方行政审批项目,做到上下对接,全国一盘棋。从2004年各省、自治区、直辖市共取消和调整审批项目22 200多项[1],到2007年4月国务院启动第四批清理工作后,地方加快

---

[1] 李至伦2005年2月22日在国务院第三次廉政工作会议上的发言:《贯彻反腐倡廉战略方针 深入推进政府廉政建设》,网址:http://www.jxlz.com.cn/content.php? id =100004481

了行政审批改革步伐,向社会和下级政府放权,不断压缩了"权力寻租"的空间。如吉林省对行政审批事项进行了5轮清理和规范,省级共取消行政审批项目1866项,仅保留了400多项,其中省自行设立许可项目取消了507项,省自行设立的行政许可项目和非许可审批项目均只保留20项。辽宁省2004年到2007年取消万余项行政审批项目。2004年7月改革前,辽宁省级政府部门曾有行政审批项目1839项,到2007年9月取消调整了1115项;市级政府部门的行政审批项目由改革前的17943项减少到5622项;县区级政府部门的行政审批项目也大幅减少。2006年,安徽取消、下放、合并的省级行政许可和审批项目共517项,占总数的42%,取消省级收费项目61项,降低收费标准32项,仅清理省级行政许可和审批项目,安徽省2006年就减少企业和社会负担32.2亿元。河北省从2003年到2007年,先后取消行政审批项目1310项。① 取消和调整行政审批项目,有利于转变政府职能,更好地发挥政府公共服务、经济调节、市场监管、社会管理的功能。

3. 切实推行投资体制改革

2003年10月,党的十六届三中全会讨论通过了《关于完善社会主义市场经济体制若干问题的决定》,提出要"进一步确立企业的投资主体地位,实行谁投资、谁决策、谁收益、谁承担风险。国家只审批关系经济安全、影响环境资源、涉及整体布局的重大项目和政府投资项目及限制类项目,其他项目由审批制改为备案制,由投资主体自行决策,依法办理用地、资源、环保、安全等许可手续。对必须审批的项目,要合理划分中央和地方权限,扩大大型企业集团投资决策权,完善咨询论证制度,减少环节,提高效率。健全政府投资决策和项目法人约束机制。国家主要通过规划和政策指导、信息发布以及规范市场准入,引导社会投资方向,抑制无序竞争和盲目重

---

① 王明峰:《中国大刀阔斧改革行政审批制度》,《人民日报》(海外版),2007年9月12日,第4版。

复建设"①。从 2004 年初开始,中央把投资体制改革作为一项从源头上预防腐败的重要措施。

2004 年 7 月,国务院颁布了《关于投资体制改革的决定》,推出了四项重大举措:一是改企业投资项目的审批制为核准制和备案制;二是合理界定政府投资的职能;三是完善投资宏观调控体系,改进调控方式;四是完善对政府投资的监督管理,建立政府投资责任追究制度、政府投资制衡机制、政府投资项目后评估制度和社会监督机制,建立健全协同配合的企业投资监管体系和企业投资诚信制度。此后,又制定了《企业投资项目核准办法》、《外商投资项目核准办法》、《境外投资项目核准办法》等配套文件,对《关于投资体制改革的决定》作了进一步细化和补充。绝大部分省级政府出台了核准和备案管理办法,确立了核准制和备案制的体制框架。各级政府加强和改进政府投资项目管理和监督,积极建立公开、公平、公正和竞争的政府投资项目管理机制,开展了中央政府投资项目公示和中央预算内投资项目代建试点,逐步建立起中央预算内投资管理的制度体系。在咨询评估领域引入竞争机制,出台了中央投资项目招标代理机构资格认定管理办法,绝大多数省级政府已在政府投资项目建设中实施代建制。政府核准企业投资项目的数量大幅减少,企业投资自主决策权逐步扩大,主体地位不断增强,投资主体多元化格局逐渐形成。

4. 深入推进干部人事制度改革

新世纪以来,中央在已有的干部人事制度改革基础上,开拓创新,积极加大改革力度。

(1)制定和完善干部人事法律法规

在充分吸收多年来干部人事制度改革实践的成功做法和经验的基础上,2002 年 7 月,中央制定颁布了《党政领导干部选拔任用工作条例》,对干部选拔任用的基本原则、程序、方法等作出更加规范和严密的规定,形成

---

① 《中共中央关于完善社会主义市场经济体制若干问题的决定》(2003 年 10 月 14 日),《十六大以来重要文献选编》(上),中央文献出版社 2005 年版,第 464—482 页。

了干部选拔任用工作的基本规章,为选准用好干部提供了重要的制度保证。2004年4月8日,中共中央办公厅印发《公开选拔党政领导干部工作暂行规定》、《党政机关竞争上岗工作暂行规定》、《党的地方委员会全体会议对下一级党委、政府领导班子正职拟任人选表决办法》、《党政领导干部辞职暂行规定》、《关于党政领导干部辞职从事经营活动有关问题的意见》等5个法规文件,引入竞争机制,调动各方面的积极性,促使优秀人才脱颖而出,加强了干部的监督管理,规范了党政领导干部人才的正常流动,推进领导干部能上能下、能进能出,扩大党员和群众对干部选拔任用的知情权、参与权、选择权和监督权,在一定程度上防止和克服了用人上的不正之风。2005年4月底,全国人大常委会审议通过了《公务员法》,确立了我国公务员管理的基本原则、基本制度和基本方法。干部人事管理工作进入规范化、制度化发展新阶段。2007年4月22日,国务院公布了《行政机关公务员处分条例》,明确规定了行政机关公务员处分的原则、种类、适用规则、权限、程序和申诉等内容,对进一步严肃行政机关纪律,加强领导干部作风建设,规范公务员的行为,促进行政机关及其公务员依法履行职责,切实做到为民、务实、清廉,起到重要的促进作用。这一系列干部人事规范性文件,紧扣干部人事制度改革和干部管理工作的重点、难点问题,是干部人事工作制度化的重要成果,标志着干部人事工作的科学化、民主化、制度化水平有了新的提高。①

(2)干部选拔任用工作的民主化程度明显提高

民主推荐已成为干部选拔任用的必经程序和基础环节。如十六届中央委员、中央纪委委员人选的考察工作中,数万人参加了民主推荐。省级以下地方党委换届中的"两委"考察人选,省(区、市)党委、人大、政府、政协领导班子换届中,对新班子成员人选普遍进行了民主推荐。进一步规范和完善民主测评制度,全面推行考察预告和任前公示制度,普遍推行地方党

---

① 《公务员法》,《常用法律法规精编(2007版)》,吉林人民出版社2007年版,第327—338页;《行政机关公务员处分条例》,《中华人民共和国新法规汇编》2007年第5辑,中国法制出版社2007年版,第43—52页。

委全委会无记名投票表决下一级党政正职拟任人选制度。公开选拔的干部在同期新提拔干部中所占比例逐步提高,而且选拔职位中重要部门和正职领导职位逐步增加。竞争上岗已成为党政机关干部职务晋升和岗位轮换的重要方式。各级党政机关通过竞争上岗走上领导岗位的干部有64.5万人,其中厅局级干部1000余人,县处级干部7.9万人。

5. 进一步完善政府采购制度

绝大多数省、区、市已在县级以上普遍推行政府采购制度,采购范围由货物类逐渐扩大到工程类和服务类,物品种类明显增加,采购规模不断增长,2006年达到3500亿元,是2002年的3.5倍,采购资金节约率年均在11%左右。完善规章制度,加强政府采购规范化管理。与《政府采购法》相配套,涉及政府采购操作和监管各个环节的采购公告和招标、协议供货、集中采购、专家管理等制度不断完善。政府采购机构不断健全,中央和各省级政府已全部完成了管理机构与采购机构的分离工作,形成了管采分离、职责清晰、运转协调的管理体制。合同管理进一步规范,政府采购专家库的专业分类逐步细化,对评审专家的监督不断加强。

6. 不断促进产权交易进入市场

(1)产权交易制度体系基本建立

围绕企业国有产权转让中的行为决策、审计评估、信息披露、机构选择、规范操作、信息统计、监督检查等重要环节,国务院有关部门相继出台了《企业国有产权转让管理暂行办法》、《企业国有产权向管理层转让暂行规定》等规范性文件,产权交易的制度体系已基本形成,初步建立了国有产权交易有序流动格局和有效监管制度,为国有资产在改革和发展中实现保值增值建立了良好的基础。

(2)搭建产权交易平台

这一时期,从事中央国有企业产权交易的平台达到4家,各省、区、市确定的省级产权交易机构已有65家,形成了覆盖全国的产权交易市场体系。

(3)铺设了动态监测网络

针对各地国资监管机构对产权交易机构日常监管手段不足,以及在产权交易信息披露、产权交易规范操作等方面存在的突出问题,国务院国资委建立了"企业国有产权交易信息监测系统",并与北京、天津、上海三地产权交易机构联网,对三地产权交易行为实现了动态监管,增强了国有资产转让过程的监管,有效防止国有资产的流失。

三、加强权力的制约和监督

十六大以来,各级纪检监察机关按照中央部署,不断加大监督力度,在承继以往监督方式和手段的同时,以权力制约和权力监督为重点,更加突出办事公开和权力透明运行,更加注意在源头预防中加强监督,防患未然,减少反腐成本,降低和消除腐败的负面影响和损失。

1. 改革纪律检查体制,不断加强权力制约

自 2002 年到 2007 年,中央纪委、中组部巡视组已完成对全国 31 个省、区、市和新疆生产建设兵团的第一轮巡视,并对 15 个省、区、市和新疆生产建设兵团进行了第二轮巡视;完成了对 9 家中央管理的银行、4 家国有资产管理公司、4 家国有保险公司、2 家国有证券公司,以及 5 家国有重要骨干企业的巡视。各省、区、市巡视组已基本完成了对所辖市、地、州、盟的第一轮巡视,并对 346 个省直部门、1240 个县市区旗,65 家国有企业和 54 所高校进行了巡视。

同时,自 2002 年开始,中央纪委、监察部开始派驻机构统一管理试点工作,在总结试点经验的基础上,2004 年和 2005 年,对派驻中央国家机关 56 个部门的纪检组和监察局全部实行统一管理,对驻在部门领导班子及其成员的监督进一步加强。巡视制度的完善主要是纵向加强对地方各级党政机关及其领导干部的监督,对派驻纪检监察机构实行统一管理则是横向加强对各个部门及单位的监督。这两项制度的推行使得监督覆盖面更广,监督层度更加深,内容更加丰富,方式更加灵活。二者是上级对下级监督方式的创新和深化,通过权力对权力的制约和监督,在一定程度上可以保证权力运行的方向正确性,使用力度的合理性和科学性。

2. 围绕党的中心工作，认真开展监督检查

十六大以来，各级纪检监察机关更加自觉地遵守和维护政治纪律，认真贯彻落实和检查督促科学发展观及党的重大决策的执行，主动围绕改革发展稳定中的突出问题，加强执法监察和监督检查，保证政令畅通，为中央路线方针政策的贯彻落实"保驾护航"。2003 年，在防治"非典"的专项检查中，严肃处理失职渎职的干部，保证了中央关于防治"非典"各项决策的落实。根据中央部署，各地区和部门积极配合，主动采取措施规范社团、行业组织和社会中介组织，如监察部会同有关部门建立了规范社团、行业组织和社会中介组织协调会议，协调各部门的工作；司法部在律师行业开展了合伙律师所规范建设年活动；财政部联合有关部门对会计师事务所开展了重点检查，建立起日常监控机制；工商总局充分运用经济户口管理、市场巡查、企业信用分类监管等措施，加强对中介机构的监督管理，强化对企业登记代理机构、验资机构的监督；民政部通过完善规章制度，探索建立各类民间组织的评估指标，逐步形成政府指导、社会参与、独立运作的民间组织综合评估机制，发挥社会监督在民间组织管理工作中的作用；上海、广东、湖南、湖北、天津、河南、广西、山西、青海等地开展了对行业协会、学会和社会中介机构的清理整顿工作。从 2003 年起，有关部门深入开展治理整顿土地市场秩序工作，督促有关地方和部门全面清理各类开发区，组织开展查处土地违法违规案件专项行动。2006 年 10 月至 2007 年 7 月，各地共立案 2.2395 万件，结案 1.3059 万件，给予党纪处分 927 人，政纪处分 561 人，其中县处级以上干部 107 人。监察部会同有关部门对国有资产管理，社保资金和赈灾款物使用情况，以及建设工程招标投标、经营性土地使用权出让等，开展执法监察和效能监察，共查出违纪违法金额 88 亿元，挽回经济损失 25 亿元；参加了 77 起特大事故的调查，对 196 名负有领导责任的县（处）级以上干部实行了责任追究，促进了各级行政机关和国家公务员勤政廉政、依法行政。

3. 全面推行办事公开，促进权力透明运行

阳光是最好的防腐剂，透明是最好的反腐药。我国从 20 世纪 90 年代

全面反腐期开始,就把透明公开作为一项重要的反腐举措加以推行。党的十五大曾提出:"城乡基层政权机关和基层群众性自治组织,都要健全民主选举制度,实行政务和财务公开,让群众参与讨论和决定基层公共事务和公益事业,对干部实行民主监督。"①党的十六大又强调,要认真推行政务公开制度,健全基层自治组织和民主管理制度,完善办事公开制度,保证人民群众依法直接行使民主权利,管理基层公共事务和公益事业,对干部实行民主监督。2004年9月19日,十六届四中全会通过的《关于加强党的执政能力建设的决定》更是明确提出要"坚持和完善政务公开、厂务公开、村务公开等办事公开制度,保证基层群众依法行使选举权、知情权、参与权、监督权等民主权利"②。从2003年开始,以政务公开、厂务公开、村务公开为重点的透明公开工作在全国进一步深入推进。

(1)扎实推进政务公开

这一时期,中央采取了许多措施推行政务公开工作。2003年6月,经中央同意,成立了由中央纪委、监察部、国务院办公厅、中组部、全国总工会、民政部、财政部、人事部、国务院信息化工作办公室等9个部门组成的全国政务公开领导小组并召开第一次会议,讨论通过了《全国政务公开领导小组工作规则》和《关于全国政务公开工作情况的汇报及下一步工作建议》。9月25日,召开全国政务公开电视电话会议,要求市(地)行政机关全面推行政务公开工作。2004年4月2日,《全面推进依法行政实施纲要》颁布实施,明确提出除涉及国家秘密和依法受到保护的商业秘密、个人隐私的事项外,行政机关应当公开政府信息。7月1日,《行政许可法》实施,明确规定了需要公开的行政许可事项。2005年3月24日,中共中央办公厅、国务院办公厅颁布《关于进一步推行政务公开的意见》,对政务公开的指导思想、基本原则、工作目标、重点内容、形式、制度建设和组织领导等作

---

① 《高举邓小平理论伟大旗帜,把建设有中国特色社会主义事业全面推向二十一世纪》(1997年9月12日),《十五大以来重要文献选编》(上),人民出版社2000年版,第32页。

② 《十六大以来重要文献选编》(中),中央文献出版社2006年版,第281页。

了规定,提出进一步推行政务公开的主要任务、重点内容和形式,建立健全政务公开评议、责任追究等制度。2008年5月1日,《政府信息公开条例》正式实施。

各地、各部门注重借鉴基层政务公开的做法,不断建立制度,完善机制。一些地方通过公开政府及部门的机构设置、职能、办事程序和方法、办事时限、监督方式、责任人和责任追究办法等,规范了政府公共服务行为。一些地方积极推行"一站式审批"、"一条龙服务",有的发展电子政务、建立政府网站和网页等方式推行政务公开。45个中央国家机关部门和单位,31个省、区、市和新疆生产建设兵团出台了推行政务公开的规范性文件,对公开政府信息作出明确规定。一些地区和部门清理行政权力,制定行政职权运行流程图,编制政务公开目录,依托电子政务系统、行政服务中心等载体,通过政务公开栏、政府公报、政府网站、新闻发布会等方式公开政府信息,推进行政权力公开透明运行工作。到2007年,75个中央国家机关部门和单位,31个省、区、市,96%的地市政府、77%的县级政府都建立了政府网站;大多数政府网开设了公共服务栏目,实行网上办事,其中,仅中央政府门户网站就整合了71个部门1100多项网上服务;74个中央国家机关部门和单位,31个省、区、市设立了新闻发布和新闻发言人制度;19个中央国家机关部门和单位,14个省、区、市已编制了政务公开目录。全国建立综合性行政服务中心2100多个,各级各部门设立公开办事窗口1.8万多个。[①]各级政府和公共企事业单位通过建立办事窗口、建设行政服务中心、实行网上审批、推行全程服务代理制等形式,有效执行公开办事制度,提高了效率,方便了群众。

此外,一些部门和地方结合实际,推行了一些有特色的公开制度。如卫生系统普遍推行了医疗服务信息公布、医疗费用清单等制度,教育系统建立并完善了校务公开目标管理、考核评估等制度,建设系统在全国市政公用事业单位全面推行了社会服务承诺、收费公示、价格听证、首问负责、限

[①] 姜洁:《规范权力的正确行使——十六大以来纪检监察机关切实加强对权力运行的监督和制约》,《人民日报》,2007年9月29日,第1版。

时办结等制度,农业部在农产品质量安全单位制定了无公害农产品认证程序和办事机构网上公开等制度,文化部在公益性文化设施单位建立了新闻发布、信访答复、首问负责、服务工作反馈回应和社会评价等制度。至今,全国已基本构建起信息共享、快捷服务和双向沟通的公开办事平台,初步实现了静态公开与动态公开的结合,提高了政务公开的实效性,保障了群众的知情权和监督权。

(2)深入推进村务公开

村务公开、民主管理是农村基层民主政治建设的基础,是监督、约束和规范基层干部行为的有效方式,也是密切党群、干群关系的重要抓手。在已有工作的基础上,中央把村务公开作为基层民主建设的重要内容,不断加大推进力度。2003年3月,中央召开农村工作会议,对实行村务公开、民主管理制度,完善村民自治机制,做出新的部署。6月13日,成立由民政部牵头负责,由中央纪委、中组部、中央农村工作领导小组办公室、财政部、农业部组成的全国村务公开协调小组。2004年6月22日,中共中央办公厅、国务院办公厅发布《关于建立和完善村务公开和民主管理制度的意见》,各地根据中央的统一部署深入推进村务公开工作。各省(区、市)制定了村委会组织法实施办法,对村务公开制度做出了更为具体的规定,青海、陕西、北京、辽宁等地还专门制定下发了《村务公开民主管理实施办法》或暂行规定,山东、海南、新疆等地也先后颁布了《村务公开条例》、《村务公开办法》等地方法规,湖北、内蒙古、吉林等20余省下发了指导村务公开民主管理工作的政策文件。各地农村紧紧围绕增加农民收入、税费改革等群众最直接、最关心、最现实的事项,健全和完善村务公开民主管理制度。有的地方建立市、区、镇三级农村财务信息网络,实行村级财务电算化管理;有的地方积极探索在村级财务管理中引进社会中介机构,规范村级财务委托代理,在完善村级权力制衡和民主监督机制方面,进行了有益的尝试。到2007年,全国62.4万多个村委会,有95%的村实行了村务公开,比较规范的村约占60%以上,在村民自治组织中基本实现了"给群众一个明白,还干部一个清白"的政治目标。①

（3）稳步推行厂务公开

20世纪90年代中后期，随着社会主义市场经济体制的逐步确立和国有企业改革的全面推进，为了维护职工的民主权益，充分调动职工参与企业管理经营的积极性和创造性，不少地方和企业开始推行厂务公开，取得了明显成效。十六大以来，为了更好地扩大基层民主、保证人民群众直接行使民主权利，厂务公开不断深入推进，相关制度不断完善，机制更加健全，途径不断拓宽，内容更加丰富。经中央同意，2002年6月3日，中共中央办公厅、国务院办公厅发出《关于在国有企业、集体企业及其控股企业深入实行厂务公开制度的通知》，对厂务公开的重要意义、指导原则和总体要求、主要内容、实现形式等做了明确规定。各省市进一步抓紧了厂务公开、民主管理的立法工作，到2007年，已经有18个省市出台了22个法规，对职工民主管理或职代会制度进行立法。

自1999年中央纪委、全国总工会、中组部、监察部、国务院国资委和全国工商联等6个部委组成全国厂务公开协调小组并召开第一次会议后，厂务公开领导体制和工作机制进一步健全，全国31个省（区、市）均成立由副省级领导担任组长的厂务公开协调（领导）小组，市（地）、县（市）都建立了较为完善的领导机构。许多企业进一步完善了职工民主议事会制度，建立了职工代表巡视检查、总经理办公会、领导接待日等制度。作为厂务公开基本载体的职工代表大会制度，不仅在国有、集体及其控股企业得到贯彻落实，在非公有制企业和事业单位也得到推广。1998年推行厂务公开时，建立职代会制度的企事业单位仅27万家，2007年扩张到了108.6万家。其中，公有制企业有14.8万家，非公有制企业有70.9万家。② 到2007年，厂务公开民主管理工作呈现持续深化、健康向上的发展态势。全国实行厂务公开民主管理制度的企事业单位已达53.1万家。其中国有、集体及其控股企业14.1万家，占同类企业总数的95%以上，非公有制企业有30多万

---

① 《人民日报》，2007年9月29日，第1版。
② 罗娟：《1999—2008：厂务公开的实践和发展》，《工人日报》，2008年8月5日。

家、各省、区、市规模以上的非公有制企业推行厂务公开的建制面普遍达到20%以上,多的达到80%以上。①

在不断拓宽厂务公开途径方式的同时,厂务公开的内容也不断丰富。实践中,厂务公开重点包括了重大决策、重大项目招投标、重大合同项目签订、重大技术改造、重要物资采购、大额度资金使用等生产经营重大问题,收入分配、社会保险、劳动保护、福利费开支、集体合同履行、职工培训等涉及职工切身利益的热点问题,薪酬办法、领导干部的民主评议、业务招待费支出等廉政建设关键问题等。

党和国家还采取了其他一些有效的监督措施,如不断加强经济责任审计,对县级以下党政领导干部和国有企业领导人员经济责任的审计工作基本规范,全面展开对地(厅)级党政领导干部经济责任审计,继续扩大了对省(部)级领导干部经济责任审计试点范围,并将经济责任审计纳入《审计法》。在监督保障机制上,抓住责任分解、检查考核和责任追究三个关键环节,不断推动党风廉政建设责任制的落实。全国各省、区、市专门成立了党风廉政建设责任制工作领导小组,绝大多数省、区、市党委"一把手"担任组长,制定考核办法,进行任务分解,明确了领导班子成员和相关职能部门的责任。许多地方和部门坚持由党委(党组)或纪检监察机关主要负责同志带队进行检查考核。重视考核结果的运用,严肃责任追究。检察系统开通行贿犯罪档案查询系统,2006年1月1日开始对外受理查询,有关行业主管(监管)部门通过查询可以了解重大建设项目招投标、大宗物资采购供应、信贷审批过程中有关单位或个人的诚信情况,及时进行监管。

四、进一步纠正部门和行业不正之风

十六大以来,纠风工作以解决损害群众利益的突出问题为重点,把民生问题纳入治理内容,针对损害群众利益、群众反映强烈的新情况新问题,集

---

① 《人民日报》,2007年9月29日,第1版。

中整治,取得阶段性成效。这个阶段纠风的特征是:按照科学发展观的要求,关注民生,务实深入,注重实效,让利于民。

1. 纠正涉农不正之风,减轻农民负担

从1990年中央开始抓减轻农民负担工作算起,到中央决定取消农业税,进行了十多年,主要经历了三个阶段,取得了显著成效。

第一阶段是减轻农民负担。从1990年开始,减负工作成为纠风工作的重点,持续了整整10年。这期间,党中央、国务院连续出台了一系列重要措施,但减负的实际情况并不理想。经过一段时期刹风,农民负担暂时会减轻一些,但过不了多久又会反弹,甚至歪风更甚。根本原因在于,纠风治理未能从根本上铲除加重农民负担的两大症结:一是税费不分,费出多门,费重于税,乱收费、乱罚款、乱摊派未能根除。二是机构臃肿、人员膨胀,基层财政运转困难转嫁给农民。多年的纠风减负实践让党中央、国务院认识到,对农民负担问题光治标还不够,必须从源头上推进财税体制和行政管理体制改革,寻求治本之策。1998年10月,国务院成立由财政部、农业部和中农办三部门主要负责人组成的农村税费改革工作小组,开始着手研究和制订新的改革方案,为减轻农民负担工作由治乱减负适时地转向税费改革做准备。

第二阶段是推进税费改革试点。农村税费改革试点的基本目标是"减轻、规范、稳定",通过"三取消"(专门面向农民的收费、屠宰税、农村义务工和劳动积累工)、两调整(农业税政策、农业特产税政策)、一改革(村提留征收使用办法),建立起以规范化的农业税、农业税附加和"一事一议"的筹资筹劳为基本框架的赋税制度。2000年3月,中共中央、国务院下发了《关于进行农村税费改革试点工作的通知》,按照自愿的原则,在安徽全省进行改革试点,正式启动了农村税费改革。安徽的改革引起了全社会的极大关注:乡镇"五统筹"纳入农业税,村"三提留"成为农业税附加,农民除了缴纳7%的农业税和1.4%的农业税附加之外,不再承担其他任何收费。改革试点当年就见到了成效,基本实现了"减轻负担"和"规范税制"两个目标。2003年,随着各方面条件都已成熟,这一改革开始在全国所有省区市试行。

第三阶段是取消农(牧)业税、特产税。2004年,温家宝在全国人大十届二次会议上宣布中央决定将在5年内取消农业税。从2004年开始清理化解乡村不良债务;取消牧业税和除烟叶外的农业特产税,实行取消农业税试点并逐步扩大试点范围,对种粮农户实行直接补贴、对粮食主产区的农户实行良种补贴和对购买大型农机具的农户给予补贴;推进乡镇机构改革、农村义务教育和县乡财政体制改革。吉林、黑龙江8个省份全部或部分免征了农业税,河北等11个粮食主产区降低农业税税率三个百分点,其他地方降低农业税税率一个百分点。2005年,全国有28个省份全面免征了农业税,河北、山东、云南也按中央要求,将农业税税率降到2%以下。2005年12月29日,十届全国人大常委会第十九次会议高票通过决定,自2006年1月1日起废止《农业税条例》,取消除烟叶以外的农业特产税,全部免征牧业税。自此,从公元前594年在鲁国实行"初税亩"开始征收至今已有2600多年历史的"皇粮国税"彻底取消。2006年2月22日,全国发行"全面取消农业税"纪念邮票,以纪念这个惠及亿万农民,具有重大政治、经济和社会意义的历史事件。据统计,免征农业税、取消烟叶外的农业特产税减轻农民负担500亿元左右,到2005年已有近8亿农民直接受益。2006年全面取消农业税后,与农村税费改革前的1999年相比,中国农民每年减负总额超过1000亿元,人均减负120元左右。

十六大以来,免征农业税、牧业税和取消烟叶外的农业特产税的同时,中央、国务院及有关部委多次下发文件,要求认真解决农民反映强烈的突出问题,实行纠建并举,如认真解决农村征用土地、城镇拆迁和农民工工资中的损害群众利益的突出问题;推进农村水价和电价改革,逐步实行计量收费;解决农业生产资料乱涨价问题;继续治理对农民工的不合法、不合理收费;加强对现行涉农税收、价格和收费公示内容的审核监督;坚决纠正各种伤农、坑农行为,重点查处涉及农民负担的恶性案件和严重群体性事件,克扣粮食直补资金、不落实农业税减免政策的行为,各种巧立名目加重农民负担和假劣农资坑农等行为。通过标本兼治,源头制度改革与纠风办案结合,中央减轻农民负担的惠农政策基本得到落实,减负工作取得十分明显的效果。到 2004 年底,全国共核减各类开发区 4813 个;清理出 1999 年以来拖欠、截留、挪用农民征地补偿费 175.46 亿元,已偿还 99.96%;清理出 2003 年以前拖欠农民工工资 336 亿元,已偿付 98.4%,基本实现预期目标。通过农村税费改革和治理乱收费,减轻农民负担 415.68 亿元,涉农负担恶性案(事)件大幅度下降。①

2.治理党政部门报刊滥发活动

党政部门滥发报刊和利用职权摊派发行,是多年来群众反映强烈的问题之一。据调查,各地区原来都不同程度地存在着党政部门利用职权摊派发行的问题,有的还相当严重。这既助长了部门行业不正之风,又损害了党同人民群众的关系。2003 年 2 月,胡锦涛在中央纪委第二次全会上讲话指出:"对关系群众切身利益、群众反映强烈的一些不正之风问题,如群众就医收费过高、中小学乱收费、硬性摊派报刊等,要重点解决。"中央政治局专题讨论了报刊治理,明确了治理工作的指导思想、治理范围、基本任务和主要目标。成立中央治理党政部门报刊散滥和利用职权发行工作协调领导小组。2003 年 7 月,中共中央办公厅、国务院办公厅发布《关于进一步治理党政部门报刊散滥和利用职权发行,减轻基层和农民负担的通知》。经过初步治理,取得了阶段性成果。2004 年,吴官正在中纪委工作报告中指出:2003 年"共停办报刊 677 种,划转 302 种,实行管办分离 310 种"。②

针对群众反映强烈的内部资料性出版物利用职权摊派,少数报刊记者站管理混乱和违规经营,少数管办分离和划转报刊明分暗不分、明转暗不转等问题,2004 年初,中央有关部门下发 4 个文件,明确规定非国有企业单位、县级和县级以下单位不许办内部资料性出版物,坚决制止违规建记者站以及擅自扩大记者站工作范围,坚决制止报刊社及记者站从事强行或变相摊派发行报刊、拉广告、赞助等与新闻采访业务无关的经营活动等违规

---

① 李至伦 2005 年 2 月 22 日在国务院第三次廉政工作会议上的发言。
② 《党的十四大以来中共中央纪律检查委员会历次全会工作报告汇编》,中国方正出版社 2006 年版,第 328 页。

违纪行为。2005年3月17日,国办转发监察部、国务院纠风办《关于2005年纠风工作实施意见》的通知,要求坚决纠正个别地方和部门存在的假停办、假划转、假分离等错误做法;进一步落实农村订阅报刊费用"限额制",乡镇政府及其有关部门、村级组织以及农村中小学校公费订阅报刊,一律纳入"限额制"范围,严禁报刊摊派向基层干部和教师转移。

到2004年9月,共停办内部资料性出版物1886种,责令整改471种,暂缓登记310种;停办和注销登记记者站642家,暂缓登记176家,取缔非法记者站73家,整顿取得初步成效。为巩固扩大治理成果、健全长效机制,2004年9月6日,中共中央办公厅、国务院办公厅转发《关于治理党政部门报刊散滥和利用职权发行,减轻基层和农民负担工作情况和今后工作意见的报告》的通知。截至2004年9月,全国治理范围的中央和地方党政部门报刊共1452种,其中,已停办709种,划转(即由党政部门主办划转到非党政部门主办)325种,实行管办分离310种,改为免费赠阅62种,保留了46种涉及老年、民族、农林工作的报刊。通过停办和划转,省及省以下的党政部门不再办报刊。① 2004年度,全国减少向基层和农村发行报刊15.3亿份,减少订阅费用18亿元。为了确保治理工作取得实效,全国绝大多数省、市、区普遍建立了乡镇、村级组织、农村中小学校公费订阅报刊限额制度,并通过媒体公布。

3. 治理教育乱收费工作

"看病难、住房难、上学难"是新世纪以来三大民生问题,人们称为新"三座大山"。当时全国教育乱收费情况很普遍、很严重。国家发改委公布的数据显示,教育收费问题已连续3年成为全国价格投诉头号热点,2002年全国共立案查处价格违法案件6.5万件,查处违法金额5亿元,其中教育

---

① 参见2004年9月6日《中共中央办公厅国务院办公厅转发〈关于治理党政部门报刊散滥和利用职权发行,减轻基层和农民负担工作情况和今后工作意见的报告〉的通知》,网址:http://www.cpll.cn/law7997.html

乱收费行为近 2 万件,占立案查处总数的 29.6%。① 根据教育部 2003 年公布的一份抽查结果,过去 5 年共查出全国中小学乱收费 15 亿元。

到 2003 年,全国治理教育乱收费走过 10 年历程。从 2003 年起,中央加大了对教育乱收费的治理力度。2 月,中央纪委把治理教育乱收费确定为全国纠风专项治理的三大重点之一。3 月,国务院廉政工作会议上,温家宝总理强调要解决人民群众反映强烈的突出问题,首先要有效治理教育乱收费。5 月,经国务院和中央纪委同意,由教育部、国务院纠风办牵头,监察部、国家发改委、财政部、审计署和新闻出版总署为成员单位,建立了全国治理教育乱收费部际联席会议制度,统一指导和协调全国治理工作。部际联席会议在每年初召开全国电视电话会议,联合下发年度工作意见,对每年工作做出部署。各省、市、县也均相应地建立了联席会议制度。各成员单位根据任务分工,各司其职、紧密配合,形成齐抓共管的工作格局。6 月 26 日,国务院七部委联合召开全国治理教育乱收费工作电视电话会议,国务委员陈至立在会上要求各地要把治理教育乱收费作为"当前一项十分紧迫的任务"。8 月 14 日,教育部就治理乱收费工作召开视频会议,强调哪个地方出现乱收费,要追究直接主管领导的责任。截至 7 月底,全国就发现教育乱收费问题 2566 个,清理取消违规收费项目累计 361 项,1095 人受到党纪政纪处分。8 月 21 日,国家发改委发布 2003 年上半年价格举报热点问题,教育乱收费仍高居榜首。在这种背景下,中央政治局常委、中央纪委书记吴官正 8 月 28 日到教育部调研,强调对那些仍然违反规定乱收费的行为要严肃查处。在连续不断的努力下,2003 年全国治理教育乱收费工作成效明显,各地共清退教育违规收费 6.3 亿元;国家扶贫开发工作重点县农村小学和初中全部实行了"一费制",共减轻学生负担 17 亿元。

从 2003 开始,每年治理教育乱收费都有重点。2003 年的工作重点是中小学缴费必须全面实行"一费制",公办高中招收择校生实行限分数、限人数、限钱数的"三限"政策。2004 年的工作重点是在全国公办义务教育

---

① 参见徐琳玲:《十年教育乱收费 2000 亿元整顿风暴席卷全国》,人民网 2003 年 09 月 02 日,网址 http://www.people.com.cn/GB/jiaoyu/1054/2067774.htm

阶段学校全面推行"一费制"收费办法。2005年的工作重点是,继续推行公办义务教育阶段学校实行"一费制"和实行高校招生"阳光工程",坚决制止与招生录取挂钩的乱收费。有重点的治理取得了一定的成效。据统计,从2003年到2006年,全国县以上联席会议单位共设立举报电话7300余部。各地共派出检查组5.6万个,检查各类学校87.6万所(次),共查处违规收费案件1.9万件,受党纪政纪处分5931人(其中,撤换校长794人),累计清退违规资金达13.7亿元。

各级政府对教育投资严重不足,是教育乱收费屡禁不止的根源之一。从2006年春季开学起,国务院决定西部地区农村义务教育阶段中小学生全部免除学杂费;中央财政同时对西部地区农村义务教育阶段中小学安排公用经费补助资金,提高公用经费保障水平;启动全国农村义务教育阶段中小学校舍维修改造资金保障新机制;巩固和完善农村中小学教师工资保障机制。督促各地依法保证教育经费的"三个增长",加大对义务教育的投入,确保中央提出的新增教育经费主要用于农村义务教育的政策得到落实;加快对薄弱学校的改造,缩小校际间办学条件和教学水平的差距;进一步降低中小学教材价格,减轻学生经济负担。从2005年底至2007年,国务院及相关部门采取的重大措施,可以看出全国教育经费保障机制改革工作推动力度大和速度快。

2005年12月24日,国务院发出《关于深化农村义务教育经费保障机制改革的通知》,要求按照"明确各级责任、中央地方共担、加大财政投入、提高保障水平、分步组织实施"的基本原则,将农村义务教育全面纳入公共财政保障范围,建立中央和地方分项目、按比例分担的农村义务教育经费保障机制。12月26日,国务院召开全国农村义务教育经费保障机制改革工作会议,部署改革工作。2006年1月7日,财政部下达2006年春季学期西部地区和中部试点地区免除农村义务教育阶段学生学杂费和提高公用经费保障水平资金预算控制数36.9亿元。1月17日,教育部印发《关于做好落实农村义务教育经费保障新机制若干工作的紧急通知》,要求各级教育行政部门紧急动员起来,采取切实措施,从春季开学起将农村义务教育经费保障机制改革有关政策措施落实到位。1月19日,财政部、教育部联合印发《关于确保农村义务教育经费投入 加强财政预算管理的通知》、《关于印发〈全国农村义务教育阶段学生免收学杂费的实施管理办法〉的通知》、《关于印发〈农村中小学公用经费支出管理暂行办法〉的通知》和《关于印发〈农村中小学校舍维修改造专项资金管理暂行办法〉的通知》,对农村义务教育经费预算管理、免收学杂费、公用经费支出管理、校舍维修改造专项资金管理做出了明确规定。2月9日,教育部印发《教育部办公厅关于进一步做好农村义务教育经费保障机制改革实施工作的通知》,在建立责任制、落实专项资金、指导预算编制、规范收费行为、完成相关培训工作、加强宣传等方面对各级教育行政部门提出了明确要求,并对开展专项督查工作做出了安排。3月9日,国务院办公厅印发《关于成立全国农村义务教育经费保障机制改革领导小组的通知》,领导小组正式成立。4月6日,财政部、教育部联合印发《关于印发〈农村义务教育经费保障机制改革中央专项资金支付管理暂行办法〉的通知》,对中央专项资金的支付管理办法作出明确规定。4月25日,财政部、教育部联合印发《关于下达2006年农村中小学校舍维修改造专项资金预算控制数和要求报送维修改造方案的通知》,下达中西部各省、自治区、直辖市2006年中央财政农村中小学校舍维修改造专项资金预算控制数共28.26亿元。5月10日,财政部、教育部联合印发《关于成立全国农村义务教育经费保障机制改革领导小组办公室的通知》,全国农村义务教育经费保障机制改革领导小组办公室(简称"全国保障办")正式成立。5月22日,全国保障办印发《关于开展农村义务教育经费保障机制改革蹲点调研工作的通知》,决定开展农村义务教育经费保障机制改革蹲点调研工作,及时了解和妥善解决各地在新机制实施过程中遇到的新情况、新问题。7月6日,教育部、国务院纠风办、监察部、国家发改委、财政部联合印发《关于在农村义务教育经费保障机制改革中坚决制止学校乱收费的通知》,对进一步规范农村义务教育阶段学校收费行为,坚决制止学校乱收费提出了严格要求。8月4日,财政部、教育部联合印发《关于在中部地区开展农村义务教育经费保障机制改革试点工作的通知》,决定在河北等 7 省各选择一个县开展农村义务教育经费保障机制改革试点工作。8 月 24 日,国务院召开全国农村义务教育经费保障机制改革工作电视电话会议,总结西部地区农村义务教育经费保障机制改革工作经验,动员和部署中东部地区农村义务教育经费保障机制改革工作。9 月 18 日,财政部、教育部、国家民委联合印发《关于下达 2006 年秋季补助人口较少民族农村义务教育阶段寄宿生生活费预算的通知》,下达内蒙古、广西、贵州、云南、西藏、甘肃、青海、新疆等地人口较少民族农村义务教育阶段寄宿制贫困学生生活补助费 1229 万元。9 月 19 日,教育部、财政部联合印发《关于加强农村义务教育经费保障机制改革督导工作的意见》,将农村义务教育经费保障机制改革作为当前和今后一个时期教育督导的主要任务之一,从经费投入、经费使用和改革效益等方面加强督导。10 月 8 日和 11 月 3 日,财政部、教育部分两次下达 2006 年中西部地区农村中小学校舍维修改造中央专项资金预算。第一批涉及中西部 19 个省,下达校舍维修改造中央专项资金预算 25.93 亿元;第二批 5 个省,下达中央资金预算 3.35 亿元。11 月 23 日至 24 日,国务院在广西南宁市召开国家西部地区"两基"攻坚暨农村义务教育经费保障机制改革现场汇报会。11 月 30 日,财政部、教育部联合印发《关于下达东部地区农村中小学校舍维修改造"以奖代补"专项资金预算的通知》和《东部地区农村中小学校舍维修改造"以奖代补"专项资金管理暂行办法》的通知。12 月 7 日,全国保障办印发《关于对农村义务教育经费保障机制改革工作落实情况进行检查的通知》,要求各地组织相关部门对本省新机制的实施情况进行一次全面自查,并将检查结果报全国保障办。2007 年 1 月 23 日,中央财政向全国 27 个省(自治区、直辖市)、3 个计划单列市和新疆生产建设兵团预拨了 2007 年春季学期免除学杂费和提高公用经费保障水平资金 92 亿元,其中,免学杂费补助资金 75 亿元,提高公用经费保障水平资金 17 亿元。2 月 16 日,中央财政预拨了 2007 年春季学期免费教科书专项资金 14.3 亿元,将为 22 省(自治区、直辖市)和新疆生产建设兵团 3000 多万名农村义务教育阶段贫困家庭中小学生免费提供教科书。

  政府教育经费保障机制改革的深入推进,从根本上解决了教育乱收费问题。2007年2月13日,中央纪委副书记、秘书长干以胜在国务院新闻办公室举行的新闻发布会上指出,在治理教育乱收费方面,国务院深化农村义务教育经费保障机制改革的各项政策得到较好落实,全国共有5000多万名农村中小学生享受到免费义务教育,中央财政安排资金为中西部地区3530万名农村贫困家庭学生免费提供教科书,地方财政对其中的680万名寄宿生补助生活费;各地纠正、废止与国家教育收费政策不符合的文件规定382个,清理违规收费项目1448个;查处乱收费问题涉及金额5.72亿元,清退违规资金3.49亿元。① 经过持续不断的努力,治理教育乱收费取得了明显成效,但由于深层次的利益关系和矛盾问题没有得到根本的解决,教育发展的不均衡矛盾十分突出,义务教育阶段择校问题"高烧不退";由于受经济利益驱动,幼儿园收费过高,有偿补课比较普遍,教育资料过多过滥,服务型收费、代收费不够规范等仍然存在,治理教育乱收费任务依然严峻。

五、继续加强对贪污腐败分子的惩处

1. 进一步加强信访工作

多年实践证明,群众信访举报一直是发现腐败案件的主渠道。信访工作是查办腐败案件的一项十分重要的基础性工作。党的十六大以来,各级纪检监察机关全面落实科学发展观,围绕反腐倡廉主要任务,认真履行信访举报工作职责,做了大量工作,取得了明显成效。

第一,信访渠道不断拓宽。各级纪检监察机关普遍实行领导接待群众来访制度,开展了不同形式的下访活动。一些地方还形成制度,使下访活动规范化、经常化,充分运用现代通信、网络技术,开辟信访举报新渠道。2005年7月15日,中央纪委监察部开通网上举报系统(www.jubao.gov.cn)。一些省级纪检监察机关相继开通举报网站,很多地(市)级、县级纪委

---

① 参见宛振宏:《中央纠正医药购销不正之风 让利患者131亿元》,搜狐网2007年2月13日,网址:http://news.sohu.com/20070213/n248216267.shtml

也建立和开通了网上举报，一些地方还开通了手机短信举报。2008年6月26日，全国纪检监察机关正式开通12388统一举报电话，受理群众对党员及领导干部和国家公务员违反党纪政纪行为的检举控告，或对党风廉政建设和反腐败工作方面的意见建议。统一全国举报电话，解决了1988年以来全国各级纪检监察机关各自设立不同的举报电话，分散而不方便举报人记忆和使用，更加方便广大群众直接向中央纪委、监察部以及全国各地纪检监察机关反映有关问题。一些地方还开通手机短信举报，实行绿色免费邮政举报。从中央纪委、监察部到基层纪检监察机关，都实行了领导接待群众来访制度。有的纪检监察机关将信访举报工作向农村和城市社区不断延伸，在农村和城市社区设立信访接待室或接待点，开通流动信访直通车，方便群众就近反映问题。有的开展了不同形式的下访活动，领导干部带头深入基层，直接倾听群众呼声，体察民情民意，及时发现、纠查违纪违法和贪腐问题。

第二，处理信访能力进一步增强。各级纪检监察机关普遍实行首办责任制，按照"分级负责、归口办理"和"谁主管、谁负责"的原则，着力解决初信初访。实行领导包案责任制，包案领导对自己负责的信访问题包调查、包督办、包协调、包处理等，一抓到底。完善督办机制，明确各有关部门的督办职责，规范督办程序，针对不同的信访问题，灵活运用不同的督办方式，形成督办合力，增强督办效果。同时，通过吸收群众代表参与调查组织、信访听证和加强信访协调等方式，解决疑难复杂的信访问题。而且，严格责任追究，对解决信访问题不负责任、扯皮推诿的，给予批评教育；对失职渎职造成恶劣影响和严重后果的，依据党纪政纪和法律法规严肃追究。

第三，信访法制化水平不断提高。2004年11月，中央纪委、监察部召开了依纪依法规范信访举报工作座谈会，会后印发了《关于依纪依法规范纪检监察信访举报工作的若干意见》。2005年初，国务院公布了新修订的《信访条例》，中央纪委信访室及时制定下发了《纪检监察机关贯彻实施〈信访条例〉中有关问题的说明》。信访举报工作法规制度体系初步形成，信访工作迈入规范化、法制化的新阶段。根据法律法规，中央纪委信访室形成了一整套内部制度,严格规范工作程序,加强监督管理。地方各级纪检监察机关相继建立和修订了有关程序类、管理类、职责类、方法类和奖惩类等制度,在规范程序、明确责任、严格管理、强化制约方面加大力度,严格依纪依法处理信访举报。

第四,不断加强基层信访工作。2003年6月,中央纪委办公厅印发《关于加强纪检监察基层信访举报工作的意见》,明确基层信访的指导思想、基本任务和总体要求,提出县一级要多办少转,乡镇及街道社区等基层单位只办不转;狠抓初信初访,就地解决信访问题;解决信访问题实行综合治理。要求切实加强领导,把信访举报工作纳入纪检监察工作总体部署,主要负责人亲自抓,要有一名副书记(常委、副局长)分管;要建立信息报送和情况反馈制度,定期向同级党委、政府和上级纪检监察机关报告信访举报工作情况;要建立和坚持领导接待群众制度,署实名举报受理恢复制度和举报有功奖励制度。要求县一级设立信访室(举报中心),配足配强与工作任务相适应的信访干部,正确对待和妥善处理群众信访举报。

十六大以来,广大人民群众的信访举报在揭露腐败、提供案件线索、查清问题方面发挥了重要作用。2003年初至2007年6月底,各级纪检监察机关信访举报部门通过受理来信、接听举报电话、接待来访以及网上受理举报等形式,共受理信访举报644.8万件(次),为揭露腐败、提供案件线索乃至查清问题方面发挥了重要作用。各级纪检监察机关及其信访举报部门不断加大解决群众反映强烈的信访突出问题的力度,切实维护群众的合法权益;牢固树立为查处大案要案服务的意识,围绕反腐败工作重点,从群众信访举报中精心筛选性质严重、情节恶劣和问题具体的案件线索,查处了一批党员干部严重违纪违法问题,解决了大量群众反映强烈的信访突出问题。经过几年的努力,全国纪检监察机关集体访总量明显降低,2006年比2005年集体上访的批次和人次分别下降了16.9%和14.3%;无序上访和非正常上访大幅度减少,绝大多数来访群众情绪缓和,信访秩序进一步好转。① 5年来,全国法院涉诉信访总量呈下降趋势,其中,最高人民法院办理涉诉信访件71.9万件,同比上升11.69%,地方各级人民法院办理涉诉信访件1876万件,同比下降55.58%。

2. 加大查办案件工作力度

查办违纪违法案件,是纪检监察部门的重要职责,也是反腐败的重要手段。十六大以来,各级纪检监察机关按照"从严治党"的要求,继续保持查办案件的强劲势头,突出查办了一大批有影响的大案要案,取得了良好的政治、经济和社会效果,巩固了党的执政基础。

(1) 坚决查办党政机关领导干部违纪违法案件

十六大以来,各级纪检监察机关继续保持对党政机关领导干部严重违反党纪政纪案件的查处力度,重点查办领导干部滥用职权、贪污贿赂、腐化堕落、失职渎职的案件,重点查办利用人事权、司法权、审批权、行政执法权谋取私利的案件,查办官商勾结、为黑恶势力充当"保护伞"、严重侵害群众利益的案件。2002年12月至2007年6月,全国纪检机关共立案677 924件,结案679 846件(包括十六大前未办结案件),给予党纪处分518 484人。② 据最高人民检察院统计,5年来,共立案侦查贪污贿赂、渎职侵权犯罪案件179 696件,涉案209 487人,比前5年分别下降13.2%和9.9%;除正在侦查、审查起诉和审判尚未终结的以外,已被判决有罪的116 627人,比前5年上升30.7%;2007年有罪判决数与立案数的比率比2003年提高了29.9个百分点。在打黑除恶专项斗争中,严肃查办为黑恶势力充当"保护伞"的国家机关工作人员101人。③ 严肃查办了一批省部级领导干部违纪案件,惩处了一批"大老虎",如国土资源部原部长田凤山,国家食品药品监督管理局原局长郑筱萸,黑龙江省政协原主席韩桂芝,江苏省委原常委、

---

① 参见《中纪委信访举报工作规范有序进行》,新华网2007年07月10日,网址为:http://news.xinhuanet.com/politics/2007—07/10/content_6354568.htm
② 《中共中央纪律检查委员会向党的第十七次全国代表大会的工作报告》,2007年10月21日。
③ 《最高人民检察院在第十一届全国人民代表大会第一次会议上作的工作报告》,2008年3月10日。

组织部长徐国健,河南省人大常委会原副主任王有杰,安徽省原副省长王怀忠,天津市人民检察院原检察长李宝金,均因严重违纪被立案查处。其中,王怀忠、郑筱萸被依法判处死刑。2007年7月26日,中央政治局审议了中央纪委《关于陈良宇严重违纪问题的审查报告》,决定给予中央政治局原委员、上海市委原书记陈良宇开除党籍、开除公职处分,对其涉嫌犯罪问题移送司法机关依法处理。2008年4月11日,天津市第二中级人民法院对陈良宇案进行审理,认定陈良宇犯受贿罪,判处有期徒刑14年,没收个人财产人民币30万元;犯滥用职权罪,判处有期徒刑7年,两罪并罚,决定执行有期徒刑18年,没收个人财产人民币30万元。陈良宇成为党和国家从1993年全面反腐以来第二个受到党纪国法处理的中央政治局委员,充分表明了党和政府反腐败的坚定决心和态度。

(2) 坚决查办一些重点行业和领域的严重违纪违法问题

十六大以来,各级纪检监察机关针对一些部门和行业出现的突出问题,查处了一批大案要案。在交通部门,河南省交通厅原厅长石发亮、江苏省交通厅原厅长章俊元、安徽省交通厅原厅长王兴尧、河北省交通厅原副厅长张全等人因严重违纪违法被立案查办,为国家挽回了巨额经济损失,促进了交通部门的健康发展。在金融系统,中国建设银行原董事长张恩照、中国银行原副董事长刘金宝、国有重点金融机构监事会原主席胡楚寿等因严重违纪违法被查处,为国家和金融业挽回了经济损失,增强了金融业的竞争能力和抗风险能力,促进了金融业的健康发展。在公检法系统,湖南省高级法院原院长吴振汉、江西省人民检察院原检察长丁鑫发、天津市人民检察院原检察长李宝金等因严重违纪违法被查处,纯洁了政法干部队伍,维护了司法公正和社会正义,政法系统风气得到进一步好转。据最高人民法院统计,十六大期间,全国法院系统违纪违法的法官被查处的人数逐年下降,其中,利用审判权和执行权贪赃枉法、徇私舞弊的,从2003年的468人下降到2007年的218人,下降53.42%。①

---

① 《最高人民法院在第十一届全国人民代表大会第一次会议上作的工作报告》,2008年3月10日。

(3)认真查处商业贿赂案件

新世纪以来,商业贿赂在一些领域、行业较为严重,成为阻碍经济发展、破坏社会和谐的一大公害。特别是 2004 年以来发生的"德普事件"①、"朗讯风波"②和"张恩照事件"③等系列重大商业贿赂案件,引起中央的高度重视。这些案件的共同点是外资公司在中国对中国人员行贿,但却受到美国司法部门的起诉和调查,对我国市场经济秩序和国际形象造成了严重影响和破坏。2005 年 7 月,胡锦涛作出重要批示,指出当前在经济社会中存在的商业贿赂的危害性,提出解决这个问题的指导方针和总体要求。此后,中央成立了治理商业贿赂领导小组,中央国家机关 40 多个部门、31 个省(区、市)和新疆生产建设兵团也都成立了治理商业贿赂领导小组,各级党委、政府都把治理商业贿赂专项工作摆上了重要位置,建立健全了《关于禁止商业贿赂行为的暂行规定》等防治商业贿赂方面规章制度,全国掀起了一场治理商业贿赂的风暴。各级纪检监察机关按照中央的部署,围绕工程建设、土地出让、产权交易、政府采购、医药购销、资源开发和经销等重点领域以及房地产、银行信贷、证券期货、商业保险、出版发行、体育、电信、电力、质检、环保等几个方面的重点,着重查处国家公务员利用审批权、执法权和司法权搞官商勾结、索贿受贿的案件,着力查处严重损害群众切身利

---

① 1991 年到 2002 年,全球最大的诊断设备生产企业 DPC 在天津的子公司天津德普诊断产品有限公司,向国有医院医生行贿 162.3 万美元的现金,用来换取这些医疗机构购买 DPC 公司的产品,后美国司法部进行调查。

② 2005 年 4 月初,世界知名的美国朗讯公司突然宣布解雇中国区的四名高管人员,包括朗讯(中国)的最高长官——董事长兼总裁、首席运营官、市场部主管以及一名财务经理。理由是,他们在企业运营中存在内部管理控制不力,违反了美国的《反海外腐败法》。朗讯总部还声称他们已向美国司法部以及证券交易委员会递交了报告,对企业内部控制不力的问题做出了说明。

③ 张恩照原是建设银行董事长。Grace & Digital Information Technology Co. LTD 公司在美国起诉保险及 IT 管理企业 Fidelity National Financial,称该公司通过行贿而获得了建行的 IT 合同,张恩照案浮出水面。后张恩照在美国被起诉,接着中国对他进行调查。张恩照 2005 年 6 月被正式逮捕。张恩照在批准信息技术(IT)合同时收受贿赂,其中 IBM 曾向一位协助行贿张恩照的销售代理支付了 22.5 万美元。张恩照被判处有期徒刑 15 年。

益的案件,严肃查处顶风违纪违法的案件,依法惩治行贿违法犯罪活动的单位和个人,取得重要阶段性成果,遏制了商业贿赂蔓延的势头。据统计,2005年8月至2007年8月,全国共查结商业贿赂案件31 119件,涉案总金额70.79亿元。安徽省财政厅原厅长匡炳文、财政部金融司原司长徐鸣放、广东省政府采购中心原主任李春禄、湖北大学原副校长李金和等,均因涉嫌商业贿赂而被查处。

(4)严厉查处严重损害群众切身利益的案件

十六大以来,各级纪检监察机关把查处"发生在老百姓身边的、严重损害群众切身利益的问题"作为办案工作的重点,集中力量查办那些直接侵犯群众合法权益的违纪违法案件。

①严厉查处教育乱收费行为。针对违反"两免一补"政策、农村义务教育经费保障机制改革不到位,以及义务教育阶段择校收费等问题,查处了一批典型案件,严肃处理了相关责任人员,进一步清理了地方政府及有关部门制定的违背国家规定的教育收费政策,基本解决了西部地区农村义务教育阶段"上学难、上学贵"的问题。

②严厉查处医药购销和医疗服务中的违纪违法行为。各级纪检监察机关加大对违法药品广告的打击力度,严肃处理一些医务人员收受"红包"、部分医疗机构乱收费等行为。

③严肃查处危害食品药品安全的行为。针对农产品源头污染,食品生产加工领域假冒伪劣,食品流通环节不规范,部分农村和贫困地区假劣药品问题突出,药品生产经营秩序不规范,虚假广告、违法广告屡禁不止等问题,各级纪检监察机关会同有关部门,严肃查处了"苏丹红"事件、安徽阜阳劣质奶粉事件、"齐二假药"事件等重大食品药品安全事故,严厉惩处了制假售假的违法犯罪分子,保障了人民群众饮食用药安全。

④严肃查处安全生产事故及其背后隐藏的腐败问题。2002年12月至2007年7月,全国共立案查办安全生产事故案件2.2万件,给予纪律处分3.1万人。山西省纪委对"黑砖窑"事件中涉及的国家公务员违纪问题进行严肃处理。河北省纪委在处理唐山市开平区恒源实业有限公司(原刘官屯

煤矿)"12·7"特别重大瓦斯爆炸事故中,对涉案人员进行了严肃处理。

⑤严肃查处侵害农民土地权益的突出问题。各级纪检监察机关进一步加大工作力度,严肃查处浙江省乐清市政府在征用农村集体土地过程中滥用职权和玩忽职守等一大批土地违法违规案件,对相关责任人员给予党纪政纪处分或组织处理,保证中央支农惠农政策落到实处。

⑥严肃查处环境保护方面的违纪违法行为。各级纪检监察机关协同有关部门先后查办了河南省卢氏县铅中毒、贵州省六盘水市野马寨电厂和发耳电厂违反环保法规等严重违纪违法案件,对因决策失误造成重大环境污染事故、严重干扰正常环境执法的人员,严肃追究责任,并将相关责任人移送司法机关处理。

(5)加强协调合作,共同打击腐败分子

十六大以来,我国政府以《联合国反腐败公约》和其他相关国际公约为基础,与各国政府和有关国际组织积极开展合作,共同打击腐败行为。一方面,我国与有关国际组织和国家初步建立了执法合作、司法协助、人员遣返、涉案资金返还等机制,开展国(境)外缉捕追逃、防逃、涉案资产返还等工作,取得了实质性进展。云南省交通厅原副厅长胡星、中国银行广东开平支行原行长余振东等犯罪分子,被成功遣返回国。通过建立全球反腐败网络,加强反腐败国际合作,有力地震慑了违法犯罪分子,打击了腐败分子妄图逃避法律制裁的幻想。另一方面,各级纪检监察机关积极履行组织协调反腐败工作职能,加强与检察机关、公安机关、海关、人民银行、金融监管机构等的协作配合,加大对腐败分子的经济处罚和赃款赃物追缴力度,加大对携赃款外逃公职人员的追逃力度,取得了明显成效。

第五节
反贪国际交流与合作

进入21世纪后,反贪污腐败工作对外交流与合作不断增多,影响比较大的活动和事项有两件:

一、签署联合国反腐败国际公约

在经济全球化不断发展之时,国际交流愈益频繁,我国出现了不少跨国(境)作案的腐败案件。这些问题的存在,要求中国必须积极参与反腐败的国际合作和交流,提高反腐败的成效。

2000年,联合国主持成立了《联合国反腐败公约》特设委员会,先后举行了七届会议,起草历时两年多。2003年10月1日,在维也纳举行的第七届会议确定并核准了《联合国反腐败公约(草案)》。中国政府积极支持制定这项重要的反腐败国际法律文书,本着真诚合作、实事求是的精神参加了公约谈判全过程,提出了不少反映发展中国家利益和要求的提案,为公约的制定做出了积极贡献。10月31日,第58届联合国大会通过《联合国反腐败公约》(以下简称《公约》),并于12月9日—11日在墨西哥梅里达举行的高级别政治签署会议上开放,供各国签署,120多个国家的代表出席了会议。2005年12月14日,30个签署国批准后,《公约》正式生效。截至2006年1月18日,已有140个联合国成员国签署该公约,其中43个成员国批准了该公约。

2003年12月11日,在墨西哥梅里达出席签署《联合国反腐败公约》高级别政治会议的中国代表团团长、外交部副部长张业遂代表中国政府签署了《联合国反腐败公约》,并提出了4条切实履行公约各项规定的建议:缔约国应在相互尊重主权和平等互利的基础上显示真诚合作的政治意愿;缔约国应在司法协助、引渡、追回与返还腐败资产等方面开展有效的国际合作;缔约国应在预防腐败犯罪、追查和发现腐败资产转移方面积极交流与分享经验、信息和资料;加强发展中国家在预防和打击腐败方面的能力建设,并特别注重向发展中国家和经济转型国家提供技术和财政援助。2005年10月27日,十届全国人大常委会第十八次会议审议并批准了该公约。自此,中国已经正式成为《联合国反腐败公约》的缔约国。①

《联合国反腐败公约》共8章71条,是联合国通过的第一项全球性反腐败法律文书。第1章总则,对《公约》的宗旨、术语、适用范围、保护主权作了规定。第2章预防措施,对预防性反腐败政策和做法、预防性反腐败机构、公共部门、公职人员行为守则、公共采购和公共财政管理、公共报告、与审判和检察机关有关措施、私营部门、社会参与、预防洗钱措施作了规定。第3章定罪和执法,对贿赂本国公职人员、外国公职人员或者国际公共组织官员,公职人员贪污、挪用或者以其他类似方式侵犯财产,影响力交易、滥用职权、资产非法增加,私营部门内的贿赂、侵吞财产,对犯罪所得的洗钱行为,窝赃,妨害司法,法人责任,参与、未遂和中止等作了规定。第4章国际合作,对引渡、司法协管、被判刑人的移管、刑事诉讼的移交、执法合作、联合侦察等作了规定。第5章资产追回,规定了预防和监测犯罪所得的转移,直接追回财产的措施,通过没收等适宜的国际合作追回资产的机制,资产的返还和处分、金融情报机构等。第6章技术援助和信息交流,对培训和技术援助,资料的收集、交流和分析等作了规定。第7章实施机制,对《公约》缔约国会议和秘书处的工作程序、方法、职责作了规定。第8章对《公

---

① 外交部条约法律司编译:《联合国反腐败公约及相关法律文件》,法律出版社2004年版,第3页;中央纪委研究室编:《十一届三中全会以来党的纪律检查工作大事记》,中国方正出版社2008年版,第346、386—387页。

约》实施、争端解决、签署、批准、接受、核准和加入、生效等作了规定。总之,《公约》形成了全球打击跨国腐败的共同准则,确立了被转移他国的腐败资产返还原则,并首次在国际层面上建立了预防和打击腐败并加强国际合作的机制,为国际反腐败事业奠定了坚实的法律基础,对各国加强国内的反腐行动、提高反腐成效、促进反腐国际合作具有重要意义。① 签署和批准《公约》,表明了中国政府反腐败的坚定决心和加强国际合作的明确立场,有利于在反腐败中与其他国家和地区协调开展执法合作、司法协助、人员遣返、涉案资金返还等工作。2004 年,中国银行广东开平支行特大贪污、挪用公款案的主犯之一余振东从美国成功遣返回国,充分显示签署和批准《公约》的优势,对其他腐败分子产生了巨大震慑作用。

二、国际反贪局联合会

国际反贪局联合会是一个独立的、非政府的、非政治的、非赢利的、司法性的国际组织,是当今世界唯一由各国负责侦查、起诉贪污贿赂犯罪的专门机构组成的国际组织。其成员主要包括各国负责侦查、起诉贪污贿赂犯罪的专门机关,如廉政公署、反贪局、反严重欺诈局等。国际反贪局联合会成立的宗旨是推进《联合国反腐败公约》(简称《公约》)的实施,促进国际反贪污贿赂合作。2003 年 12 月,联合国在墨西哥梅里达举行签署《公约》高级别政治会议,出席会议的部分代表,包括联合国、经济合作组织等国际组织,国际检察官联合会、亚洲预防犯罪基金会、反腐败国际等非政府组织以及一些国家反贪局的负责人,探讨了成立国际反贪局联合会的意义、作用和进程。他们认为,成立国际反贪局联合会,联合各国执行《公约》的中央机关和各国负责侦查、起诉贪污贿赂犯罪案件的专门机关,将有利于推动《公约》的实施,并加强各国之间的反贪污合作。国际反贪局联合会设主席 1 人、副主席 5 人、秘书长 1 人,共同负责国际反贪局联合会的决策。经

---

① 外交部条约法律司编译:《联合国反腐败公约及相关法律文件》,法律出版社 2004 年版,第 3—30 页。

发起国协商,主席、副主席人选,由亚、非、拉、欧、美、澳各大洲发起国共同推荐 1 名候选人,并从中产生 1 名主席人选,然后提请国际反贪局联合会首届大会选举产生。国际反贪局联合会总部设在荷兰海牙。

2006 年 4 月 24 日—28 日,联合国第十五届预防犯罪和刑事司法大会期间,国际反贪局联合会发起国在联合国维也纳总部宣布,定于 2006 年 10 月中旬举行国际反贪局联合会第一次年会和会员代表大会。梅里达会后,联合国等国际组织的官员和一些欧美、亚太地区国家反贪污机构的负责人就成立国际反贪局联合会事宜,主动与中国最高人民检察院沟通,邀请中国参与发起成立国际反贪局联合会。2005 年 4 月,在联合国第十一届刑事司法大会上,出席会议的一些反贪污机构的负责人以及联合国有关官员磋商,建议由中国最高人民检察院牵头发起成立国际反贪局联合会。

2006 年 10 月 22 日,国际反贪局联合会第一次年会暨会员代表大会在北京开幕。来自 137 个国家和地区、12 个国际组织的 909 人注册参加国际反贪局联合会大会,其中国外和境外代表 768 名,副部长级以上的高级官员 223 名。胡锦涛在会上讲话指出,反对腐败是各国面临的一项重大任务,也是国际社会面临的共同课题,加强反腐败国际合作,有利于各国更加有效地惩治和预防腐败,也有利于实现各国人民要求政治廉洁的共同期盼。他强调各国应在互相尊重主权的前提下开展互利互惠的国际合作,在尊重各国国情的基础上加强反腐败务实合作。

本次会议的主题为"加强国际合作,有效实施《公约》"。大会对《公约》的地位与执行面临的挑战、预防腐败面临的挑战、反贪机构的多重职能、侦查与起诉贪污犯罪的成功策略、反贪机构之间的国际合作、引渡与司法协助、资产的追回与返还等 20 多个专题进行了深入研讨。30 多个国家和地区的总检察长、司法部长、反贪局长以及国际组织的负责人等在大会上发言。除了全体大会外,会议还设有 14 个小会场,与会代表可分 14 个小组讨论加强打击贪污腐败犯罪的国际合作,并在互相交流经验等方面达成一系列共识,增进了世界各国反贪机构之间的沟通和理解,为今后进一步加强打击贪污贿赂等腐败犯罪的国际合作奠定了坚实基础。

会议宣告国际反贪局联合会成立,标志着第一个以各国反贪机构为成员的国际组织诞生,为今后反贪国际合作搭建了新的平台,拓宽了交流渠道,构建了直接合作机制。会议通过《国际反贪局联合会章程》,这是国际反贪局联合会的"根本大法",来自英国、阿根廷、南非、日本、意大利、斯里兰卡、匈牙利、百慕大和香港等20多个国家和地区的40多名专家直接参加起草,五易其稿。会议选举产生了国际反贪局联合会领导机构。根据《国际反贪局联合会章程》,其领导机构由主席1人、副主席5人、秘书长1人、总顾问1人和执行委员会委员若干名组成,中国最高人民检察院检察长贾春旺当选为国际反贪局联合会首任主席。会议确定了国际反贪局联合会今后五项发展战略,与会代表共同签署了《国际反贪局联合会第一届年会暨会员代表大会决议》,国际合作打击贪污贿赂等腐败犯罪进入一个新阶段。[①]

[①] 中央纪委研究室编:《十一届三中全会以来党的纪律检查工作大事记》,中国方正出版社2008年版,第405页。

第六节
新世纪反贪腐廉政建设的重大发展

一、新世纪反贪腐廉政建设存在问题的思考

在新的世纪里,我国党风廉政建设和反贪污腐败斗争取得了一系列显著的成绩,但社会主义计划经济向市场经济转轨时期,法制仍需健全,各种利益主体、利益关系、利益矛盾仍然复杂,我国反腐倡廉工作仍然存在一些问题和不足。

1. 长期执政的历史条件使干部面临腐蚀的高风险,监督体制有待完善

我国的廉政体制及相应的机构设置,从新中国建立以来一直处于探索和改革之中。从中央纪委和监察部撤销到重设,再到合署办公,从审计系统的设立到信访局、反贪污贿赂局的设置,从1954年县级纪委的取消到恢复,从各部门派驻通讯员到纪委监察派驻机构统一管理等,无处不烙着改革的印迹。根据新的形势对监督体制进行相应的调整和改革,体现了实事求是、与时俱进的精神,同时,监督体制健全完善的程度直接影响廉政建设的效果。目前,在不断加大惩处和预防措施时,仍然严峻的腐败现实提醒我们,我国的监督体制仍然存在运转不协调、成本相当高、效率比较低等弊端,有待进一步深化完善。

(1)现行监督机构繁多,监督效能较低

现在,国家监督力量、监督部门机构很多,除纪委、监察、检察院反贪

局、信访部门、审计部门外,还有部门和行业的监督机构,如财政有监察专员,国家发改委有稽查特派员,金融领域有银监会、保监会、证监会,医药领域有药监局,环保部门有环保局,安全生产领域有国家安全生产监督管理总局,在质量卫生检疫领域有质量监督检验检疫局等。几乎所有行业和部门都设有监督机构,配有专职人员。监督部门人员也多,截至1983年6月,全国县以上都成立人民检察院,当时监察人员11.6万人;到2007年底,全国检察干警共有22万人,人数翻了近一倍。① 截至2002年底,全国共有专职纪检监察干部315 602人。② 监督检查机构多,相互协调配合和信息共享不够,一方面造成重复监督、重复检查,另一方面则是职责不明确,追究监督部门的责任机制尚未建立或完善,存在监督"盲区",谁都能检查,但对一些问题谁都不负责任,监督效率不高。

(2)监督资源配置尚有不合理之处,纪委宏观驾驭功能较弱

在双重领导体制下,基层纪检监察组织监督同级党政领导班子成员的制约干扰因素过多,受到各种关系的钳制,很难开展监督工作。由于监督战线过长,监督资源配置不合理,越往上走,工作任务越繁重,而县区、乡镇和单位内设纪检监察组织监督职能难以发挥,一些单位存在人浮于事的消极不作为现象。基于党的纪律检查机构和国家行政监督机构具有本质区别的考虑,中央实行了监督体制党政分离,但在宏观与微观的驾驭上,党政关系的处理艺术性不强。纪委在宣传教育、查办案件等微观层次的具体事务上耗费较多精力、人力和物力,在绩效测评、责任考核、追究等有效措施运用方面不够充分,专业性和科学性水平有待提升,廉政建设宏观驾驭和调控协调功能需要进一步增强。

2. 现代科学技术手段运用仍不充分,资源整合利用效率低,反腐成本高

科学技术对人类社会、国家发展起重大作用,对于纪检监察干部来说,及时掌握和运用科学技术,是适应现代反腐败斗争的迫切需要。但是由于

---

① 杜萌、殷毅:《法律监督:中国特色检察制度三十年风雨历程》,《法制日报》,2008年7月13日,第7版。
② 《中国监察年鉴(1998—2002年卷)》,中国方正出版社2007年版,第2070页。

各种因素的影响和制约,我国监督机构的技术应用水平有待提高,在制度设计上存在战略缺陷。

科学技术的出现和利用,使腐败分子作案手段更为复杂、隐蔽,调查和侦破腐败案件的难度和成本加大。尽管中央纪委开通了网上举报系统,最高人民检察院开通了行贿案件查询系统,但从全国纪检监察部门、审计部门、信访部门、检察院等反腐败专门机构整体来看,由于人员素质、经费、设备、观念等主客观因素的影响,现在反腐败的手段仍显滞后,网络、数据库、通讯工具等现代科技成果的运用还处于较低的层次,办案手段仍有局限,技术设备落后于时代,技术更新和创新能力较弱,办案效率不高。举报信访系统、干部诚信系统、财产信息系统等与反腐败紧密相关的网络系统,存款、股票、房产、个人重大事项等信息的动态数据库没有建立,信息资源共享平台没有搭建,大额资金和财产变动、流通很难监控和调查,腐败分子洗钱和转移财产很难阻断,监管工作难度很大。

在腐败监管和调查技术水平较低的情况下,我国刑事举证制度给侦破腐败案件又增加了新的难度。现在查办腐败案件的举证责任在调查或侦查部门,也就是说,只有找到充分证据才能给腐败分子以党纪政纪处分,如果找不到证据,即使群众反映强烈也不能惩处。这种举证责任制度设计增加了国家查处腐败的难度和成本,实践中,往往会出现为了查办一个腐败案件,投入的人力、物力成本有时超过腐败分子作案的标的额,不但导致了政府机构人员、行政经费支出增多,给国家财政增加了负担,而且降低了政府的工作效率和服务质量,影响了政府的形象。因此,惩治贪污腐败必须走出这种被动局面。

3. 利益分配机制存在不健全、不合理弊端,利益集团成为反贪腐的拦路虎

过去,公务员享有较高的社会地位和丰厚的薪俸,普遍具有自豪感和优越感,但随着市场经济的发展,收入分配制度不合理,公务员与其他人员相比收入较低而逐渐失去了昔日的光环,心里产生不平衡,自然会诱发盲目攀比的心理和倾向。在这种情况下,一部分公职人员必然产生失落感,内心的道德信念发生动摇,对政务的责任感减弱,抗腐化的免疫力削弱。在新旧体制交替过程中,旧制度被打破到新制度建立完善需要一段时间过程,政治系统调控机制的缺失为少数公职人员浑水摸鱼、滥用职权搞腐败提供了机会。

利益集团已成为反腐败的重大障碍。一些部门和地方打着立法和完善制度的旗号,纷纷为自己谋取更多的权力和利益,导致中央财权被肢解,中央政令得不到有效执行。例如,财政体制改革由于地方和部门保护主义的干扰进展缓慢;预算长时期不统一、不公开、不透明,随意更改缺乏强制性;预算外收入高于预算内收入,私设账户和"小金库"久打不绝;以牺牲和损害国家利益为代价,采用五花八门的途径和方式搞创收,谋取少数人福利的改善和利益的扩大;石油、电信、通讯等行业依靠行政垄断长期维持高工资和高福利,等等。由于利益分配机制不公平、不合理,助长了个人主义、本位主义等不良风气和意识的滋长蔓延,削弱了集体主义、大局意识、全局观念的影响力。窝案、串案的反复出现,表明一些利益群体共同利用国家政治权力牟取私利,成为我国改革发展中的腐败痼疾,仍远未铲除。

4. 反贪腐法制建设的科学性和系统性仍需加强

改革开放后,党中央提出依靠法律和制度来反腐败的战略,不过因种种因素的干扰,法治反腐的进程受到影响。主要表现在:

(1)反腐败的党内条规多,法律和行政法规相对较少

党内条规和政策具有出台快、适应形势变化快的优势,但党内条规和政策与国家法律相比存在种种局限和弱点,如其适用对象只能针对中共党员,对于非中共党员不能适用,等等。

(2)反腐倡廉的制度政策多,权威性和执行力弱

1997年10月到2002年9月,全国省(部)级以上机关共制定党风廉政方面的法律法规及其他规范性文件2000余件。[①] 其中,许多制度对同一内容多次作出规定,如1979年以来,中央对禁止公款吃喝问题有过30多个规

---

① 《中共中央纪律检查委员会向党的第十六次全国代表大会的工作报告》(2002年11月14日),《十六大以来重要文献选编》(上),中央文献出版社2005年版,第53—67页。

定。这说明,同一内容的制度、政策反复出台和频繁改变,会削弱和降低规范性文件的权威性和可信度,造成一些地方和部门"有法不依、执法不严",甚至出现法不责众的后果。

(3) 廉政建设制度规章的系统性、科学性和可操作性尚待加强

改革开放以来,廉政建设各类规定出台,常常缺乏长远规划,变化快,多是临时颁布的应急性措施。往往在出现严重腐败后,才去堵塞缺口,追求短期治理目标,缺乏事先有预见性的科学规划和全面考虑,规定的出台缺乏严密调查和论证,没有充分时间来酝酿和讨论,容易随着领导人的变化而变化,随着领导意志、看法、注意力的转变而改变,缺乏稳定性和规范性。制度、规定之间容易相互冲突和矛盾,系统性、科学性差,最终难以贯彻执行。

(4) 廉政法律法规和党内条规如何将原则性内容与操作程序、配套规范及责任追究规定更好地结合起来,尚需深入探索

许多廉政法规和党内条规的相关规定与实际工作尚有脱节之处,可操作性不强。有的部门和单位制定制度的着眼点并不全在于建立反腐倡廉的长效机制上,而是为应付上级检查或彰显自己政绩,制定后即束之高阁;有的为了方便管理的需要,只规定管理对象的义务和职责,不谈或少谈自己的职责,棒子全部打在别人身上,千方百计地为自己留出弹性空间,生怕捆住自己的手脚。对一些关系到反腐败、实质涉及单位和个人利益的规定,如反洗钱、政务公开、反腐败信息共享等,往往因阻力迟迟不见出台,或只是制订几条操作性不强的原则性规定。

(5) 执法不严、不规范、不公平问题仍然存在,常抓不懈、持之以恒的监督检查有待加强

一个关键问题是,有法律、有规定,但经常"上有政策,下有对策",如果逐渐形成一种潜规则后,迅速蔓延到一定程度时,就形成法不责众的局面。基于反腐倡廉建设中存在的问题和不足,要汲取世界各国各地区反腐败成功与失败的经验教训,加强反腐法治建设,完善反贪腐法律法规,转变搞运动"疾风暴雨式"反腐意识,严格依纪依法实行可持续性反腐败;要积极稳

妥地推进我国监督组织体制改革与建设,建立干部个人廉政档案信息系统,掌握全国干部廉政基本状况,对干部实行诚信和廉洁管理,对有不良廉政信息记录人员要锁住一定时期,被锁期间不能提拔晋升;要加强对纪检监察干部的选拔和培训,造就一支整体素质较高的监察队伍,以适应严峻的反腐斗争需要;要广泛推行会计委派制度,从源头上堵死可能出现的漏洞;要加速公务员工资制度和分配制度改革,消除不合理的公务员分配制度这一滋生腐败的温床,使我国能够经过一段时期,真正建成一套科学、有效的反腐倡廉体系,并能不断臻于完善。

今天,在中国特色社会主义建设取得巨大成就的同时,我国的政治、经济、文化和社会发展也面临着严峻的考验,需要通过进一步改革开放,来解决各种深层次的矛盾和问题,其中一个关键工作就是要及时地回顾、思考和总结中国共产党在革命时期和执政以来的廉政建设传统,并适应时代的发展,建立一套科学、有效的反腐倡廉体系,不断发展完善,以保证我们的各级政府部门及其工作人员的廉洁、务实、勤政、高效,切实提高政府工作效率,兼顾发展和公平、正义,真正建成一个民主、文明、富裕、幸福、美丽的中国。

二、以习近平为总书记的中央领导集体反腐倡廉的思想原则

党的十八大以来,以习近平同志为总书记的新一届中央领导集体把党风廉政建设和反腐败斗争提到新的高度。习近平总书记就党风廉政建设和反腐败斗争发表了一系列重要讲话,提出了反腐倡廉重要的新思想、新理论、新原则和新要求。

1. 坚持党的领导是反腐廉政建设事业取得胜利的根本保证

党的领导是中国特色社会主义事业取得胜利的根本保证,是反腐廉政建设事业取得胜利的根本保证。解决腐败问题,建设廉洁政治,关键在党的领导。习近平指出:"中国共产党的领导是中国特色社会主义最本质的特征","坚持党的领导,是党和国家的根本所在、命脉所在,是全国各族人民的利益所系、幸福所系"。① 没有共产党,就没有新中国,就没有新中国的繁荣富强。坚持中国共产党这一坚强的领导核心,是中华民族的命运所系。王岐山也指出:"党是领导一切的。这是历史和人民作出的决定性选择。""中华民族的独立和解放,是在中国共产党的领导下取得的;解决13亿人民温饱问题和初步建成小康社会,也是在党的领导下实现的。中华民族传统文化决定了,我们国家和民族的发展必须有一个主轴,中华民族走向繁荣、富强和文明,必须有一个坚强的领导核心,这个领导核心无可替代,就是执政的中国共产党!"②

十八届中共中央领导集体在加强党对党风廉政建设和反腐败工作的领

---

① 中共中央宣传部编:《习近平总书记系列重要讲话读本》,学习出版社、人民出版社 2016 年版,第 102 页。
② 王岐山:《在中国共产党第十八届中央纪律检查委员会第四次全体会议上的讲话》,中央纪委办公厅、中央纪委研究室编:《党的十四大以来中共中央纪律检查委员会历次全会工作报告汇编》,中国方正出版社 2017 年版,第 614—615 页。

导方面,一是强化党组织的核心作用。习近平强调,党是我们各项事业的领导核心,"实现中华民族伟大复兴的中国梦,必须把我们党建设好",必须坚持党要管党,从严治党,把我们党建设好;党风廉政建设和反腐败斗争是党的建设的重大任务,必须紧紧抓住不放,加强党委(党组)对党风廉政建设和反腐败斗争的统一领导,必须充分发挥党委对反腐败的领导核心作用。① 习近平强调,党中央对反腐败工作实施坚强有力的领导。"党中央作出的决策部署,党的组织、宣传、统战、政法等部门要贯彻落实,人大、政府、政协、法院、检察院的党组织要贯彻落实,事业单位、人民团体等的党组织也要贯彻落实,党组织要发挥作用。各方面党组织应该对党委负责、报告工作,在党委统一领导下尽心尽力做好自身职责范围内的工作。"② 各级党委要把党要管党、从严治党作为重大政治责任,做党风廉政建设的领导者、执行者、推动者。二是要求各级党组织担负起全面从严治党的主体责任、党风廉政建设和反腐败工作的主体责任。党风廉政建设和反腐败工作是全面从严治党的重要组成部分,党风廉政建设的主体责任和监督责任是《党章》赋予的重要职责,是深入推进党风廉政建设和反腐败斗争的"牛鼻子"。③ 党的力量来自组织,组织能使力量倍增。加强组织纪律性必须增强党性。党性说到底就是立场问题。全党同志要强化党的意识,强化组织意识,牢记自己的第一身份是共产党员,第一职责为党工作,做到忠诚于组织,任何时候都与党同心同德,时刻不忘自己应尽的义务和责任,自觉接受

---

① 中共中央纪律检查委员会、中共中央文献研究室编:《习近平关于党风廉政建设和反腐败斗争论述摘编》,中央文献出版社、中国方正出版社2015年版,第2、57、64页。

② 中央纪委办公厅、中央纪委研究室编著:《聚焦中心任务 创新体制机制 深入推进党风廉政建设和反腐败斗争——中国共产党第十八届中央纪律检查委员会第三次全体会议专辑》,中国方正出版社2014年版,第7页。

③ 本书编写组:《推动党风廉政建设和反腐败斗争深入开展 为全面推进依法治国提供坚强有力保证——中国共产党第十八届中央纪律检查委员会第四次全体会议专辑》,中国方正出版社2014年版,第76页。

组织安排和纪律约束,自觉维护党的团结统一。① 党的十八大以来中央明确了党委(党组)主体责任的五个方面的主要内容,明确了纪委监督执纪问责的职责,强调落实主体责任和监督责任关键看行动、根本在担当。要求党委(党组)主要领导干部负起"第一责任",决不能只重业务不抓党风、只看发展指标不抓惩治腐败。必须紧密结合本地区、本部门、本单位的实际,着力解决好"人"、"纠"、"权"、"查"、"带"等问题,领导班子成员"一岗双责",根据工作分工,对职责范围内的党风廉政建设负领导责任。从党风廉政建设主体责任到全面从严治党主体责任,不只是表述上的变化,更是实践的发展、认识的深化。三是强化监督执纪问责。习近平强调,党风廉政建设责任就是政治责任,不认真落实就是严重失职。无论是党委还是纪委或其他相关职能部门,都要对承担的党风廉政建设责任做到守土有责、守土尽责。要加大问责工作力度,对发生重大腐败案件和不正之风长期滋生蔓延的地方、部门和单位,实行"一案双查",既要追究当事人责任,又要追究相关领导责任。要制定切实可行的责任追究办法,加大问责工作力度,健全责任分解、检查监督、倒查追究的完整链条,有错必究,有责必问。②

2. 全面从严治党是治国理政的战略布局

全面从严治党,是中国共产党在深刻总结治国理政、管党治党的经验教训,在开创中国特色社会主义新局面过程中,摸准了长期执政条件下一些党组织存在治党不严、失之宽松软,组织涣散、纪律松弛的问题,大力恢复和弘扬党的优良传统和作风,贯彻"党要管党,从严治党"的方针,与时俱进,指明了新的历史条件下管党治党的方向和途径。党的十八大以来,以

---

① 中央纪委办公厅、中央纪委研究室编著:《聚焦中心任务 创新体制机制 深入推进党风廉政建设和反腐败斗争——中国共产党第十八届中央纪律检查委员会第三次全体会议专辑》,中国方正出版社2014年版,第6页。

② 中共中央纪律检查委员会、中共中央文献研究室编:《习近平关于党风廉政建设和反腐败斗争论述摘编》,中央文献出版社、中国方正出版社2015年版,第63—64页;中央纪委办公厅、中央纪委研究室编著:《聚焦中心任务 创新体制机制 深入推进党风廉政建设和反腐败斗争——中国共产党第十八届中央纪律检查委员会第三次全体会议专辑》,中国方正出版社2014年版,第18页。

习近平同志为总书记的党中央为实现"两个一百年"奋斗目标,提出"全面建成小康社会、全面深化改革、全面依法治国、全面从严治党"的战略布局,引领中华民族的伟大复兴。

在十八届一中全会上,习近平总书记强调深入抓好反腐倡廉工作,坚决反对一切消极腐败现象,始终保持共产党人清正廉洁的政治本色。2012年11月15日,在新一届(十八届)中央政治局常委与中外记者见面会上,习近平发表讲话,强调全党必须警醒起来,下大气力解决贪污腐败、脱离群众、形式主义、官僚主义等问题。他强调"打铁还需自身硬",在新形势下,"我们的责任,就是同全党同志一道,坚持党要管党、从严治党,切实解决自身存在的突出问题,切实改进工作作风,密切联系群众,使我们党始终成为中国特色社会主义事业的坚强领导核心"。①

党的十八大以来,深刻变化的国内外环境,党和国家的新部署新要求、正风肃纪和强力反腐的实践,不断赋予全面从严治党新的内涵和要求。习近平在十八届中央纪委第六次全会上指出,"全面从严治党,核心是加强党的领导,基础在全面,关键在严,要害在治。"②"全面",就是要管全党、治全党,面向8900多万党员、440多万个党组织,覆盖党的建设各个领域、各个方面、各个部门,从党内政治生活严起,重点是抓住"关键少数"。"从严",就是"严要求、动真格,真实抓、抓真实,真管真严、敢管敢严、长管长严,而不是管一阵放一阵、严一阵松一阵",要求广大党员干部落实"三严三实"。"从严"的标准就是《党章》和党规党纪,对党员的要求要严于普通群众,对领导干部的要求要严于普通党员,对执纪监督的党员干部要严于非执纪监督的党员干部。全面从严治党必须把纪律挺在法律前面,真正把党风廉政建设和反腐败斗争引向深入。2015年3月,中央纪委书记王岐山在河南调

---

① 中共中央文献研究室编:《十八大以来重要文献选编》(上),中央文献出版社2014年版,第70页。
② 本书编写组:《全面从严治党 把纪律挺在前面 忠诚履行党章赋予的神圣职责——中国共产党第十八届中央纪律检查委员会第六次全体会议专辑》,中国方正出版社2016年版,第6页。

研时强调,要站在党和国家事业发展全局的高度,认识全面从严治党的深刻内涵,真正做到"纪"在"法"前,用纪律管住大多数,把从严治党落实到基层,密切党同人民群众的血肉联系。把纪律建设作为治本之策,把纪律管到位、严到份,减少腐败存量,遏制腐败增量,让纪律成为不可触碰的底线。①"治党",就是要落实习近平总书记关于新形势下从严治党的8条要求,从党中央到省、市、县党委,从中央部委、国家机关部门党委(党组)到基层党支部,都要肩负起全面从严治党的主体责任,各级纪委要担负起监督责任,"敢于瞪眼黑脸",勇于执纪问责,站在全面从严治党的战略布局的高度狠抓党风廉政建设和反腐败斗争。② 各级党委(党组)都要自觉承担起从严治党的政治责任,"发现违反政治纪律的苗头性倾向性问题要及时提醒和纠正",发现违纪苗头要马上去管,触犯了纪律就要及时处理,"对违反政治纪律的行为要坚决制止";纪委要依"纪"进行监督执纪问责,使广大党员真正敬畏纪律,遵守纪律,要把全面从严治党要求贯穿到党的建设各个方面。③

3. 以猛药去疴、刮骨疗毒的决心和勇气严厉惩治腐败

坚决反对腐败,防止党在长期执政条件下腐化变质,是我们必须抓好的重大政治任务。在新世纪新的形势下,"滋生腐败的土壤依然存在,反腐败形势依然严峻复杂,一些不正之风和腐败问题影响恶劣、亟待解决",党风廉政建设和反腐败斗争如何获取新成效,这是干部群众普遍关注的重大政治社会问题。习近平强调,"全党同志要深刻认识反腐败斗争的长期性、复杂性、艰巨性,以猛药去疴、重典治乱的决心,以刮骨疗毒、壮士断腕的勇

---

① 中共中央宣传部编:《习近平总书记系列重要讲话读本》,学习出版社、人民出版社2016年版,第105页;孙志勇:《遏制腐败战略——党的十八大以来中国特色反腐败理论十讲》(修订版),中国方正出版社2017年版,第33页。
② 中共中央宣传部编:《习近平总书记系列重要讲话读本》,学习出版社、人民出版社2016年版,第105页;中央纪委办公厅、中央纪委研究室编著:《聚焦中心任务 创新体制机制 深入推进党风廉政建设和反腐败斗争——中国共产党第十八届中央纪律检查委员会第三次全体会议专辑》,中国方正出版社2014年版,第29页。
③ 中共中央纪律检查委员会、中共中央文献研究室编:《习近平关于党风廉政建设和反腐败斗争论述摘编》,中央文献出版社、中国方正出版社2015年版,第55、93页。

气,坚决把党风廉政建设和反腐败斗争进行到底"①,宣示了中国共产党与腐败现象水火不相容的鲜明立场,彰显了共产党人的坚强意志和坚定决心在反腐败斗争中的重要作用。

改革开放以来,我国经济和社会发展之所以取得举世瞩目的成就,一条成功的经验就是始终以坚强意志、坚定决心和巨大勇气全面推进各领域改革。大力加强党风廉政建设和反腐败斗争,坚决遏制腐败蔓延势头,取得人民群众比较满意的进展和成效,同样需要坚强意志、坚定决心和巨大勇气。党的十八大以来,我们党坚持有腐必反,有贪必肃,反腐败斗争力度进一步加大,依纪依法查处了周永康、徐才厚、郭伯雄、令计划、苏荣、周本顺等严重违纪违法案件,在全社会形成了强大的震慑力,充分体现了以习近平同志为总书记的党中央从严治党、惩治腐败的坚强决心和鲜明态度。十八大以来惩治贪腐的成功实践,深化了对新形势下纪律审查、巡视、追逃追赃等工作特点和规律的认识,丰富和发展了中国特色惩治腐败的理论和思想。中央明确了反腐败的目标任务,经过5年的不懈努力,坚决遏制了腐败蔓延势头,取得了人民群众比较满意的进展和成效。中央确立了反腐败的立场和重点,党风廉政建设和反腐败斗争的立场是坚持有腐必反、有贪必肃,"老虎"、"苍蝇"一起打,必须保持反腐败高压态势,以零容忍的态度惩治腐败,要抓早抓小,有病就马上治,发现问题就及时处理,不能养痈遗患。只有这样,才能让每一个干部牢记"手莫伸,伸手必被捉"的道理,领导干部要心存敬畏,不要心存侥幸,才能让人民群众对铲除腐败充满信心。② 十八大以来,2013—2017年初,中央纪委共立案审查中管干部240人,给予纪律处分223人;全国纪检监察机关共立案116.2万件,给予纪律处分119.9万人;全国共处分乡科级及以下党员、干部114.3万人,处分农村党员、干

---

① 中央纪委办公厅、中央纪委研究室编著:《聚焦中心任务 创新体制机制 深入推进党风廉政建设和反腐败斗争——中国共产党第十八届中央纪律检查委员会第三次全体会议专辑》,中国方正出版社2014年版,第4页。
② 中央纪委办公厅、中央纪委研究室编著:《聚焦中心任务 创新体制机制 深入推进党风廉政建设和反腐败斗争——中国共产党第十八届中央纪律检查委员会第三次全体会议专辑》,中国方正出版社2014年版,第5页。

部55.4万人。① 这体现出中央惩治腐败的重点是查处十八大后不收敛、不收手,问题线索反映集中、群众反映强烈,现在重要岗位且可能还要提拔使用的领导干部;纠正"四风",重点查处十八大后、中央"八项规定"出台后和群众路线教育实践活动开展后,仍然顶风违纪的行为,用最坚决的态度减少腐败存量,用最果断的措施遏制腐败增量,体现了以习近平为总书记的新一届党中央在反腐败问题上以猛药去疴、重典治乱的决心,以刮骨疗毒、壮士断腕的勇气,受到了干部群众普遍的好评。

当前,我国正处于进一步深化改革和发展的重要战略机遇期,也是各种矛盾凸显的时期。这一时期,发展机遇与风险挑战前所未有,既可以成就一番事业,也容易毁掉一些意志薄弱的干部。面对复杂严峻的形势,如果没有用重典、施猛药的决心,不能以暴风雷霆之势打击腐败,不以严厉的手段惩治腐败,就不能震慑腐败、遏制腐败。历史和实践证明,只要下定了党风廉政建设和反腐败斗争的决心,坚定不移地反对腐败,就一定能够找到反腐败的良策,就一定能够取得成功;只要我们坚持"老虎"、"苍蝇"一起打,提高对腐败的进攻力和杀伤率,就一定能够打赢反腐败这场歼灭战和持久战;坚持有腐必反、有贪必肃,下最大力气解决腐败问题,不断以反腐倡廉的新成效取信于民,就一定能营造风清气正的党风政风和社会风气。②

三、反贪腐廉政建设的主要工作

中共中央、中央纪委坚决查办违纪违法案件,维护党纪国法的严肃性,把查办案件放在突出位置,重点查办领导机关和领导干部中滥用职权、贪污贿赂、腐化堕落、失职渎职案件,涉案人员职级不高但数额巨大、影响恶劣的案件,以及发生在群众身边的腐败案件。十八大以前,2007年11月至2012年6月,全国纪检监察机关共立案643 759件,结案639 068件,给予

---

① 该数据引自孙志勇:《遏制腐败战略——党的十八大以来中国特色反腐败理论十讲》(修订版),中国方正出版社2017年版,第35页。
② 《人民日报》,2014年9月6日,第1版。

党纪政纪处分668 429人,涉嫌犯罪被移送司法机关处理24 584人。全国共查办商业贿赂案件81 391件,涉案金额222.03亿元。坚决查处了薄熙来、刘志军、许宗衡等一批重大违纪违法案件,表明了我们党反对腐败的坚强决心。党的十八以来,对当前和今后一个时期的党风廉政建设和反腐败工作作出新的部署,从四川省委原副书记李春城因涉嫌严重违纪接受组织调查而成为十八大后首个"落马"的省部级干部开始,刘铁男、倪发科、蒋洁敏、李崇禧、郭永祥、李达球、王素毅、季建业、廖少华、陈柏槐、郭有明、陈安众、童名谦、李东生、杨金山、王永春、齐平景、许杰、戴春宁、万庆良、任润厚、周永康、徐才厚、郭伯雄、令计划、苏荣、周本顺、王珉、孙政才等一批涉嫌违纪违法的领导干部接受组织调查,特别是对周永康、薄熙来、刘志军等依法追究刑事责任,社会反响极大,彰显出反腐倡廉取得了一系列新的重大的成绩。①

1. 严厉惩治腐败,坚持"老虎"、"苍蝇"一起打

党的十八大对形势的判断和战略部署,把惩治腐败放在突出位置,坚持有腐必惩、有贪必肃。

十八大以来,中共中央、中央纪委加大审查违纪违法党员领导干部的力度,严肃审查工作纪律即政治纪律,坚持抓早抓小,中央纪委对反映中管干部问题线索认真核查,对失实的予以澄清,对发现的一般性问题及时教育警示,建立健全早发现、早处置机制,对反映的问题线索该了结的予以了结,严肃查处违纪违法行为。2013年,中央纪委对涉嫌违纪违法的中管干部已结案处理和正在立案检查的31人,其中涉嫌犯罪被移送司法机关处理的8人。全国纪检监察机关共接受信访举报195万件(次),函询1.8万人,谈话4.2万人次,了结处理4.3万人次;立案17.2万件,结案17.3万件,给予党纪政纪处分18.2万人,涉嫌犯罪被移送司法机关处理9600多人。全国检察机关共立案侦查贪污贿赂、渎职侵权等职务犯罪5.1万人。

---

① 中央纪委办公厅、中央纪委研究室编著:《聚焦中心任务 创新体制机制 深入推进党风廉政建设和反腐败斗争——中国共产党第十八届中央纪律检查委员会第三次全体会议专辑》,中国方正出版社2014年版,第170页。

全国法院系统审结一审贪污贿赂案件2.3万件。①

  党的十八届三中、四中全会以来,推动落实党风廉政建设主体责任。中央纪委负责同志多次主持召开专题座谈会,约谈省(区、市)、中央国家机关部委、中央企事业单位和中管金融企业党委(党组)书记,分赴各地督查指导,狠抓主体责任落实。各省(区、市)党委、中央各部委、国家机关各部门党委(党组)切实落实抓党风廉政建设和反腐败工作的责任,认真执行向中央报告履行主体责任情况制度,建立健全落实主体责任工作机制。对一些地方和部门党组织,因领导核心作用弱化、责任缺失,造成严重后果的,实施责任追究。党中央、中央纪委坚决查处山西系统性、塌方式腐败案件,依据《党章》规定,追究相关党组织的责任。对湖南衡阳发生的以贿赂手段破坏选举案件严肃问责,给予党纪政纪处分467人,移送司法机关处理69人。保持惩治腐败的高压态势,加大纪律审查力度,坚决遏制腐败蔓延势头,严肃查办审批环节设租寻租,插手工程建设、项目开发等重点领域、关键环节的腐败,把对抗组织调查、搞非法组织活动行为作为纪律审查重要内容;发挥反腐败协调小组作用,健全协调机制,提高查办大案要案效率。中央纪委汇编十八大以来被查处严重违纪违法中管干部的忏悔录,让高级领导干部清醒认识严峻复杂的形势,把思想和行动统一到中央要求上来。一些省(区、市)和中央部委也汇编了违纪违法领导干部的忏悔录,作为"活"的教材,开展警示教育,发挥惩处一个、教育一片的作用。同时,强化线索处置,改进监督审查方式,加强群众举报线索受理工作,拓宽反映渠道,实行规范处置、动态管理;调整线索分类标准,增加谈话函询类。中央纪委坚持快查快办,查清主要违纪事实,作出党纪政纪处分,对涉嫌犯罪的按程序移送司法机关;对严重违犯党纪、不构成犯罪的,及时作出党纪处分,予以惩戒。中央纪委负责同志坚持抓早抓小,同有关省部级领导干部谈话,纪检监察机关扩大约谈、函询范围,对反映失实问题予以澄清。2014年,各级纪检监察机关共函询1.7万人次,谈话3.2万人次,了结处理3万人次。中央纪委

---

  ① 中央纪委办公厅、中央纪委研究室编:《党的十四大以来中共中央纪律检查委员会历次全会工作报告汇编》,中国方正出版社2017年版,第598—600页。

对涉嫌违纪的中管干部已结案处理和正在立案审查的68人,其中涉嫌犯罪被移送司法机关处理30人。全国纪检监察机关共接受信访举报272万件(次),立案22.6万件,结案21.8万件,给予党纪政纪处分23.2万人,涉嫌犯罪被移送司法机关处理1.2万人。全国检察机关共立案侦查贪污贿赂、渎职侵权等职务犯罪5.5万人。全国法院系统审结一审贪污贿赂案件2.5万件、渎职侵权案件5500件。发挥行政监察监督作用,加大对失职渎职行为问责力度,对2.1万人进行责任追究。① 2015年,以习近平同志为总书记的党中央,协调推进"四个全面"战略布局,以强烈的历史责任感、深沉的使命忧患感,坚定不移地推进全面从严治党,把党风廉政建设和反腐败斗争引向深入,深得党心民心。党中央、中央纪委把严明政治纪律和政治规矩摆在首位,严肃查处周永康、令计划违纪违法案件,消除了党内重大政治隐患,彰显了全面从严治党的坚定决心。纪律检查机关坚决查处政治问题与经济问题相互渗透,拉帮结派、搞利益交换,对抗组织、欺瞒组织等问题。中共中央、中央纪委深刻剖析周永康、徐才厚、郭伯雄、令计划、苏荣、周本顺等严重违背《党章》、违反党内政治生活准则和政治纪律问题,把检查政治纪律和政治规矩、组织纪律执行情况作为巡视和派驻监督的重点,牢牢抓住主体责任这个"牛鼻子",强化责任追究,巩固省(区、市)、中央和国家机关部委落实党风廉政建设主体责任成果,把责任压到地市一级和国有企业党组织。2015年,全国31个省、区、市和新疆生产建设兵团,120个中央单位、中央企业和金融机构党组织,制定落实主体责任和监督责任的办法细则、问责规定,约谈"一把手",开展述职述责,层层传导压力,以问责倒逼责任落实,克服责任虚化空转现象。严肃查处四川南充拉票贿选案,477名涉案人员全部受到处理。实行责任追究报告和通报制度,中央纪委先后4次对部分地方和部门查处的责任追究案例进行公开通报。2015年,共有850余个单位的党委(党组)、纪委(纪检组)和1.5万余名党员领导干部,因落实"两个责任"不力受到责任追究。

---

① 中央纪委办公厅、中央纪委研究室编:《党的十四大以来中共中央纪律检查委员会历次全会工作报告汇编》,中国方正出版社2017年版,第622、625—627页。

中央纪委保持高压态势,强化"不敢腐"的氛围,讲政治、顾大局,执纪审查聚焦纪律,紧紧围绕遏制腐败蔓延势头的目标任务,深入分析地区、部门和单位党风廉政建设和干部队伍整体状况,既见"树木"又见"森林",重点查处党的十八大后不收敛、不收手,问题严重、群众反映强烈,现在重要岗位可能还要提拔使用的党员领导干部。纪检监察机关克服以法代纪的思维定势,纠正以大案要案论英雄的政绩观,在线索处置、执纪审查各个环节,用党纪的尺子衡量,用纪律的语言描述,改进完善审理报告,体现执纪的政治性、严肃性,创新执纪方式,从执纪审查职责定位出发,转变执纪方式和工作作风。中央纪委扩大谈话、函询、诫勉范围,让有群众反映的干部讲清问题,认识错误,及时改正。2015年,全国纪检监察机关共谈话函询5.4万件(次),其中反映失实予以澄清了结的2.8万件(次),对违反纪律的给予党纪轻处分和组织调整20万人,党纪重处分和重大职务调整8.2万人。在执纪审查中,纪检监察机关充分发挥理想信念和政策的感化教育作用,让审查对象学习《党章》,对照入党志愿书,深刻反思、认识错误,从灵魂深处剖析自己。2015年,涉嫌违纪的中管干部已结案处理和正在立案审查90人,其中涉嫌犯罪被移送司法机关处理42人。中央印发严重违纪违法中管干部的忏悔录、部分省市县党委书记违纪违法案件及其教训警示的通报,发挥警示教育作用。主动向纪检监察机关交代违纪问题的党员干部5400余人。2015年,全国纪检监察机关共接受信访举报281.3万件(次),处置问题线索53.4万件,立案33万件,结案31.7万件,给予党纪政纪处分33.6万人,涉嫌犯罪被移送司法机关处理1.4万人。全国检察机关共立案侦查贪污贿赂、渎职侵权等职务犯罪5.4万余人。全国法院系统审结一审贪污贿赂案件1.6万余件、渎职侵权案件4300余件。国务院对不作为、乱作为问题开展专项督查,监察机关会同相关部门问责处理1046人;严肃查处失职渎职行为,对2.6万人进行责任追究。①

2016年,以习近平同志为核心的党中央统筹推进"五位一体"总体布局

---

① 中央纪委办公厅、中央纪委研究室编:《党的十四大以来中共中央纪律检查委员会历次全会工作报告汇编》,中国方正出版社2017年版,第640—644、646—647页。

和协调推进"四个全面"战略布局,牢固树立和贯彻落实新发展理念,党和国家事业取得新成就。党的十八届三中、四中、五中全会把全面建成小康社会、全面深化改革、全面依法治国、全面从严治党具体而深入地展开,完整地体现了党中央贯彻落实党的十八大精神的战略谋划,是对实践经验的总结,是再动员、再部署、再出发。纪检监察机关深入贯彻十八届六中全会精神,落实中央纪委第六次全会部署,自觉执行《关于新形势下党内政治生活的若干准则》和《中国共产党党内监督条例》,纪检监察工作迈出新步伐。党中央、中央纪委颁布《问责条例》,坚持失责必问,把权力和义务、责任和担当统一起来,明确问责的对象、内容和方式方法,为强化问责提供制度利器。中央纪委领导同志约谈省(区、市)、中央部门和中央企业、中央金融机构党委(党组)主要负责人,督促落实管党治党责任。各级党委和纪委贯彻执行《问责条例》,对党的领导核心作用弱化、管党治党不严不实、"四风"和腐败问题频发、巡视整改不落实等进行问责,推动失责必问、问责必严成为常态。中共中央、中央纪委严肃查处辽宁省委换届、省人大常委会换届以及全国人大代表选举中出现的系统性拉票贿选问题,共查处955人,其中中管干部34人,并通报全党。对民政部党组、驻民政部纪检组管党治党不力,发现问题不报告、不处置严肃问责,原民政部党组书记、派驻纪检组组长受到责任追究。2016年,全国共有990个单位党组织和1.7万名党员领导干部被问责。中央纪委分两批通报14起责任追究的典型问题。中央纪委和各级纪检监察机关按5类标准处置反映问题线索,综合分析违纪行为的性质,考虑认错悔错态度,对问题较轻的予以党纪轻处分或组织调整,问题严重的给予党纪重处分、做出重大职务调整。提高思想政治水准和把握政策能力,做好执纪审查对象的思想转化工作,教育引导违纪干部相信组织、忠诚组织。2016年,全国纪检监察机关共处置反映问题线索73.4万件,初步核实53.4万件(次),谈话函询14.1万件(次),澄清了结30.5万件(次)。依规依纪诫勉谈话3.1万人,给予纪律轻处分31万人,给予纪律重处分10.5万人,严重违纪涉嫌违法移送司法机关1.1万人。①

2016—2017年,围绕产生党的十九大代表、中央"两委"委员和地方领导班子换届,中央纪委扎实做好基础工作,严明换届纪律,把好政治关、廉洁关,梳理中管干部和省管干部遵守政治纪律、廉洁纪律情况,摸清底数、动态更新,分析把握"树木"与"森林"的状况,对反映问题线索及时核查。2016年,中央纪委共回复党风廉政意见征求函1381人次。持续保持遏制腐败高压态势,坚决查处政治腐败和经济腐败通过利益输送相互交织问题,严肃、平稳地做好涉及周永康、令计划案件人员处理工作,肃清流毒影响。重点审查不收敛、不收手,问题线索反映集中、群众反映强烈,现在重要岗位且可能还要提拔使用的领导干部,三类情况同时具备的是重中之重。党的十八大以来,立案审查中管干部240人,处分223人,移送司法机关105人。在强有力的震慑下,2016年有5.7万名党员干部主动交代违纪问题。中央纪委和全国各级纪检监察机关加快建设监督执纪问责信息系统,覆盖全国3350个县级以上纪委,为监督插上科技翅膀。2016年,纪检监察机关共接受信访举报253.8万件(次),立案41.3万件,增长25%;处分41.5万人,增长24%,其中处分省部级干部76人、厅局级干部2781人、县处级干部1.8万人、乡科级干部6.1万人。全国检察机关立案侦查贪污贿赂、渎职侵权等职务犯罪4.8万人。全国法院审结一审贪污贿赂案件3.2万件、渎职侵权案件5266件。中央纪委对问题反映集中的21个县(市、旗)、164个扶贫领域腐败问题重点督办,对40起典型案例通报曝光。省、区、市纪委对122个县(市、区)重点督查,限期办结。市、县纪委建立工作台账,开展专项巡察,对违反纪律、失职失责,不作为、乱作为的基层党员干部严肃查处和问责。2016年,全国共处分乡科级及以下干部39.4万人,

---

① 中央纪委办公厅、中央纪委研究室编:《党的十四大以来中共中央纪律检查委员会历次全会工作报告汇编》,中国方正出版社2017年版,第664—665、667—668、670页。

增长24%,其中处分村党支部书记、村委会主任7.4万人,增长12%。①

2.纪检监察机关建设和职能的强化

(1)强化纪委监督领导责任,加强对纪检监察机关自身的监督

党的各级纪律检查机关是党内监督的专门机关,是党风廉政建设的重要组织者、协调者、参与者,是一把永远出鞘的斩腐利剑。过去,在党风廉政建设和反腐败工作中,有的地方没有认识到纪委是由党代会选举产生的委员会,往往将纪委当作党委的一个工作部门。有的纪委承担了很多本该由党委、政府及其职能部门承担的任务,出现了越位、缺位、错位、不到位的现象,出现了主业不突出、疲于奔命的状况。为此,党的十八届三中全会明确提出,落实党风廉政建设责任制,纪委负监督责任。党的十八届三中全会工作报告再次强调,各级纪委要承担监督责任,要明确并落实好纪委的监督责任。纪委是党内监督的专门机关,在党风廉政建设中具体负有监督权。中央纪委是党的全国代表大会选举产生的委员会,不是工作部门,要向党中央全面负责。各级纪检机关要忠实履行《党章》赋予的职责,始终把推进党风廉政建设和反腐败斗争作为中心任务,强化党内监督,严格执纪监督,要把不该管的事情交出去,从大量的具体事务中解脱出来,使工作任务更加突出。要按照《党章》规定,履行协助党委加强党风建设和组织协调反腐败工作,督促检查相关部门落实惩治和预防腐败工作任务,经常对本地区党风廉政建设责任制落实情况进行检查监督,及时发现问题,及时提醒和督促整改,严肃查处腐败问题。

党的十八届三中全会提出,推动党的纪律检查工作双重领导体制具体化、程序化、制度化,强化上级纪委对下级纪委的领导,这是在现有体制内从工作机制上解决长期以来存在的问题的创新做法,既坚持了党对反腐败工作的领导,又保证了纪委监督权的行使,有利于理顺关系,进一步加大党风廉政建设和反腐败工作力度。十八届中央纪委第三次全会工作报告强调,强化上级纪委对下级纪委的领导,主要体现在建立健全"三项制度",落

---

① 中央纪委办公厅、中央纪委研究室编:《党的十四大以来中共中央纪律检查委员会历次全会工作报告汇编》,中国方正出版社2017年版,第672—674页。

实"两个为主"等方面。一是研究制定党的纪律检查工作双重领导体制具体化、程序化、制度化的意见和实施细则,建立健全报告工作、定期述职、约谈汇报等三项制度,探索形成科学有效的工作机制。下级纪委定期向上级纪委报告工作、述职,一年不少于两次。此外,有重大事项和案件发生时,应随时向上级纪委报告,或采取约谈的形式汇报情况。二是查办腐败案件以上级纪委领导为主。线索处置和案件查办必须一式两份,在向同级党委报告的同时必须向上级纪委报告,这将有效防止压案不报和瞒案不查等问题的发生。各级纪委要完善问题线索管理机制,严格按照标准分类处置,对重要干部问题线索、党内审查重点环节、审查安全等情况必须如实上报。三是各级纪委书记、副书记的提名和考察以上级纪委会同组织部门为主。要探索完善各级纪委书记、副书记初始提名程序和办法,加强对纪检监察干部日常管理监督,加大干部交流力度,使干部合理流动起来。这样做,既坚持了党管干部的原则,又为各级纪委协助党委加强党风廉政建设和组织协调反腐败工作、更好地行使党内监督权,提供了有力保障。①

  党中央、中央纪委明确在强化纪委监督领导责任的同时,加强对纪检监察机关自身的监督,建设过硬的队伍。全国纪检监察机关强化责任担当意识,切实履行职责,维护中央纪委作为党的全国代表大会选举产生的委员会的权威性和严肃性,面对新形势新任务,广大纪检监察干部的责任感、使命感进一步增强。中央纪委常委会认真落实中央"八项规定"精神,制定改进工作作风实施办法,带头改进作风,切实纠正"四风"。2013 年,中纪委在全国纪检监察系统开展会员卡专项清退活动。中央纪委要求纪检监察机关强化纪律约束,强调凡是要求别人做到的,纪检监察干部自己必须首先做到。严明政治纪律、组织纪律、审查纪律、财经纪律、保密纪律等各项纪律,严格按规章制度办事,加强日常管理,完善各项制度,提高制度执行力。深入开展调查研究,掌握实际情况,夯实工作基础,做到情况明、数字准、责

---

① 中央纪委办公厅、中央纪委研究室编著:《聚焦中心任务 创新体制机制 深入推进党风廉政建设和反腐败斗争——中国共产党第十八届中央纪律检查委员会第三次全体会议专辑》,中国方正出版社 2014 年版,第 141—142、147—148 页。

任清、作风正、工作实,严肃查处违纪行为。2014年,着力落实中央纪委机关党组织的主体责任,深入开展党性教育,增强纪检监察干部党的观念、担当意识,办好中央纪委监察部网站,增加工作透明度,加强舆情研判、舆论引导。对纪检监察队伍从严管理、从严监督,防止"灯下黑"。发挥纪检监察干部监督机构作用,加强日常教育管理,强化自身监督。中央纪委带头对纪检监察干部配偶子女移居国(境)外情况摸底排查,带头对自建培训中心存在问题自查自纠,严肃查处违反中央"八项规定"精神问题,点名道姓、通报曝光,以零容忍态度清除害群之马,处分违纪违法干部1575人,教育了干部,纯洁了队伍,以铁的纪律建设过硬队伍。中央纪委严明监督执纪纪律,确保审查安全,把依纪依法审查作为铁的纪律,在专案组成立临时党组织,加强教育监督管理,坚决防止跑风漏气、泄露秘密,严格涉案资料和款物管理,对省、区、市审查安全进行督促检查,及时排除事故隐患。严肃查处失职、违纪行为,共追究8人的直接责任、9人的领导责任,通报5起典型案例。①

2015年,为适应全面从严治党的要求,纪检监察机关遵循《党章》,回归本职,不断深化对职责定位的认识,更加突出维护《党章》的权威,检查党的路线、方针、政策执行情况,强化监督执纪问责。巩固省级纪委"三转"成果,推动工作向下延伸,335个地市级纪委内设机构基本调整到位,组织省市两级纪委对议事协调机构清理情况、纪委书记(纪检组组长)兼职情况进行自查,防止反弹。纪检监察机构加强自身建设,发扬优良作风,提高履职能力。中央纪委认真开展"三严三实"专题教育,落实纪检机关党建工作主体责任和监督责任,在巡视组、专案组成立临时党支部,发挥党组织战斗堡垒作用。中央纪委监察部定期听取信访举报、反映问题线索情况汇报,综合研判形势,提高决策部署的科学性。中央纪委领导广泛开展约谈、深入一线调研,组织机关局处级干部参加接访,增强做好群众工作的本领,严明审查、巡视、保密纪律,要求干部净化朋友圈、社交圈。中央纪委召开纪检

---

① 中央纪委办公厅、中央纪委研究室编:《党的十四大以来中共中央纪律检查委员会历次全会工作报告汇编》,中国方正出版社2017年版,第601—602、626—627页。

监察干部监督工作座谈会,从严管理监督,坚决清理门户。2015年,中央纪委机关查处违纪纪检监察干部7人,各级纪检监察机关处分2479人。①

为迎接中国共产党第十九次全国代表大会的胜利召开,中共中央、中央纪委明确要求打铁还需自身硬,建设忠诚、干净、担当的纪检监察队伍。中央纪委着力制定监督执纪工作规则,把纪委的权力关进制度笼子,组织中央纪委机关和部分省(区、市)纪委共同起草《中国共产党纪律检查机关监督执纪工作规则(试行)》,使制定制度和征求意见的过程,成为统一思想认识、加强培训教育的过程。《监督执纪工作规则》规定,查找监督执纪各环节风险点,梳理、归纳、提炼、总结党的十八大以来的创新实践,规范审批程序和内控制度;加强对线索处置、谈话函询、初步核实、审查审理、涉案款物管理等环节的监督,建立审查全程录音录像、打听案情和说情干预登记备案、纪检干部脱密期管理等制度,把篱笆扎紧,确保权力受到严格的约束。十八届中央纪委七次全会审议了《中国共产党纪律检查机关监督执纪工作规则(试行)》,充分表明严格自律的责任担当和坚定决心。中共中央、中央纪委坚持好干部标准,加强纪委班子和队伍建设,牢牢把握党管干部原则,坚持德才兼备、以德为先、五湖四海、任人唯贤,打开选人视野,选拔政治强、敢担当的优秀干部,着眼事业长远发展,多渠道选调干部,增强班子整体功能。落实纪委书记、副书记提名考察办法,改进推荐考察方式,完成14个省区纪委换届工作,强化党性教育,抓好政治和业务培训,把管理和监督、激励和约束结合起来,扩大纪检监察系统内外交流,不断增强干部队伍的生机活力。强化纪检机关党建工作主体责任和监督责任,把全面从严治党体现到每个支部、每名党员,教育引导干部修好共产党人的"心学",做严守纪律、拒腐防变的表率。深入开展谈心谈话和走访调研,掌握纪检监察队伍总体情况,加强日常管理监督,培养严、实、深、细的工作作风。党的十八大以来,中央纪委机关谈话函询218人、组织调整21人、立案查处17人,全国纪检监察系统共谈话函询5800人次、组织处理2500人、处分7900

---

① 中央纪委办公厅、中央纪委研究室编:《党的十四大以来中共中央纪律检查委员会历次全会工作报告汇编》,中国方正出版社2017年版,第648—649页。

人,维护了队伍纯洁。①

（2）改革和完善纪检监察派驻机构

党的十八大明确指出："健全纪检监察体制,完善派驻机构统一管理。"十八大以来,加强党对党风廉政建设和反腐败工作统一领导,严格执行党风廉政建设责任制,纪检监察机关对派驻机构实行统一管理,是党中央为改革和完善党的纪律检查体制作出的重大决策。自中央纪委监察部对派驻机构实行统一管理以来,通过各方共同努力,派驻机构统一管理体制机制逐步完善,监督职能得到加强,在推动驻在部门加强党风廉政建设和反腐败工作方面发挥了重要作用。随着党风廉政建设和反腐败工作的不断深入,派驻机构所担负的责任更加重大,任务更加繁重。党的十八届三中全会通过的《中共中央关于全面深化改革若干重大问题的决定》要求："全面落实中央纪委向中央一级党和国家机关派驻纪检机构,实行统一名称、统一管理。派驻机构对派出机关负责,履行监督职责。"这是中央对派驻机构作出的重大改革。

中央纪委加强反腐败体制机制创新和制度保障,改革和完善纪检监察派驻机构。2014年起,全面落实中央纪委向中央一级党和国家机关派驻纪检机构,实行统一名称、统一管理。制定加强派驻机构建设的指导性意见,明确派驻机构的职责任务、机构设置、人员配备和工作保障。明确派出机关、派驻机构、驻在部门之间的关系。党风廉政建设和反腐败工作不能有真空地带。在当前严峻复杂的反腐败斗争形势下,纪检监察派驻工作只能加强,不能削弱。改革和完善纪检监察派驻机构,要做好以下工作：一是全面落实中央纪委向中央一级党和国家机关派驻纪检机构,实行统一名称、统一管理。加强组织制度创新,改革体制机制,科学布局,整合力量,统筹安排。针对不同部门的规模、性质、特点,分门别类,探索派驻的有效途径和方式方法。根据《党章》和《行政监察法》的适用范围,分别派驻纪检组或纪检监察组。二是制定加强派驻机构建设的指导性意见,明确派驻机构的

---

① 中央纪委办公厅、中央纪委研究室编：《党的十四大以来中共中央纪律检查委员会历次全会工作报告汇编》,中国方正出版社2017年版,第674—675页。

职责任务、机构设置、人员配备和工作保障,为深入推进派驻机构改革提供规范。三是明确派出机关、派驻机构、驻在部门各自的职责和相互之间的关系。派出机关要加强管理,完善考核、激励和责任追究机制。派驻机构要认真履职,加强对驻在部门领导班子及其成员的监督,主要负责人在驻在部门党组(党委)中专门履行监督职责,不分管业务工作。驻在部门要自觉接受监督,支持派驻机构工作,提供各项保障,工作经费在驻在部门预算中单列。在做好上述工作的同时,派驻机构作为纪检监察机关的重要组成部分,也要深化转职能、转方式、转作风,加强干部队伍建设,统一整合调配力量,坚守责任担当,忠实履行职责。① 为落实党的十八届三中全会精神,十八届中央纪委第三次全会进一步明确了派出机关、派驻机构、驻在部门之间的关系以及各自的职责、任务。其一,派出机关是派驻机构的领导机关,对派驻机构承担业务指导和监督管理职责。十八届中央纪委第三次全会工作报告明确指出:"派出机关要加强管理,完善考核、激励和责任追究机制。""考核",就是要开展考核测评,建立健全考评指标体系,对派驻机构履行职责情况进行科学评估。"激励",就是要实施激励惩戒,并把考评结果作为干部选拔使用的重要依据。"责任追究",就是要对派驻机构不认真履行监督职责,对驻在部门存在的党风廉政方面的重大问题未能发现,或者发现问题不及时报告以及其他失职渎职行为,严肃追究责任。其二,派驻机构作为派出机构,受派出机关的直接领导,对派出机关负责,向派出机关报告工作。特别是在存在严重干扰、阻挠派驻机构履职,造成不良影响或后果的情形下,应及时向派出机关报告。其三,派驻机构全面履行监督职责,加强对驻在部门领导班子及其成员的监督。派驻机构要专司监督,纪检组长在党组中不分管其他业务工作。其四,驻在部门要自觉接受派驻机构监督,支持派驻机构工作。驻在部门要为派驻机构开展工作提供各项

---

① 中央纪委办公厅、中央纪委研究室编著:《聚焦中心任务 创新体制机制 深入推进党风廉政建设和反腐败斗争——中国共产党第十八届中央纪律检查委员会第三次全体会议专辑》,中国方正出版社2014年版,第148—149页。

保障,工作经费要在驻在部门预算中单列。①

(3)筹建国家监察委员会

2016年1月,习近平在十八届中央纪委第六次全会上指出:"要完善监督制度,做好监督体系顶层设计,既加强党的自我监督,又加强对国家机器的监督。要整合问责制度,健全问责机制,坚持有责必问、问责必严。要健全国家监察组织架构,形成全面覆盖国家机关及其公务员的国家监察体系。"②此后,设立国家监察委员会提上日程。在十八届中央纪委第七次全会上,中央纪委书记王岐山说明了设立国家监察委员会的背景,党中央把深化国家监察体制改革作为事关全局的重大政治体制改革,构建党统一领导的国家反腐败机构,加强党和国家的自我监督。中央政治局、中央政治局常委会和中央全面深化改革领导小组6次专题研究,确定了国家监察体制改革的框架,审议通过改革和试点方案,决定整合反腐败力量,设立国家监察委员会,实现对所有行使公权力的公职人员监察全覆盖;党的纪律检查机关和监察机关合署办公,构建集中统一、权威高效的监察体系;成立中央深化国家监察体制改革试点工作领导小组,由全国人大常委会作出相关规定,在北京市、山西省、浙江省部署开展改革试点。③

国家监察体制改革和国家监察委员会的设立,是要改变目前各级监察机关都是在政府序列中,是政府的组成部门之一的现状,成立一个与政府平行,独立于政府机构之外的监察机关。改革后,监察委员会主任将由人大选举产生,使现行的"一府两院"调整为"一府一委两院",强化监察机构的独立性,破解同体监督难题。因此,监察体制改革是"事关全局的重大政

---

① 中央纪委办公厅、中央纪委研究室编著:《聚焦中心任务 创新体制机制 深入推进党风廉政建设和反腐败斗争——中国共产党第十八届中央纪律检查委员会第三次全体会议专辑》,中国方正出版社2014年版,第149—150页。

② 本书编写组:《全面从严治党 把纪律挺在前面 忠诚履行党章赋予的神圣职责——中国共产党第十八届中央纪律检查委员会第六次全体会议专辑》,中国方正出版社2016年版,第6—7页。

③ 中央纪委办公厅、中央纪委研究室编:《党的十四大以来中共中央纪律检查委员会历次全会工作报告汇编》,中国方正出版社2017年版,第667页。

治体制改革"。2016年11月公布的《关于在北京市、山西省、浙江省开展国家监察体制改革试点方案》，国家监察体制改革就进入实施、试点阶段。在2017年1月6日—8日召开的十八届中央纪委第七次全会上，确定了今年的七大重点任务，其中一项就是"筹备组建国家监察委员会"。中央纪委书记王岐山在十八届中央纪委第七次全会上的《工作报告》中明确了国家监察委员会的组建时间表："十三届全国人大一次会议审议通过国家监察法、设立国家监察委员会、产生国家监察委员会组成人员"，"中央纪委要发挥牵头抓总作用，协助全国人大常委会完成《国家监察法》一审、二审。抓紧筹备组建国家监察委员会，编制'三定'规定"，"做好组织机构、干部人事、法律法规准备"。[①] 这说明国家监察委员会的前期筹备工作已铺开，到2018年3月十三届全国人大一次会议召开前，中央纪委将配合全国人大常委会，完成监察体制改革的法律法规准备工作，《国家监察法(草案)》在2017年1月—2018年3月之间完成一审、二审，并在2018年3月提交十三届全国人大一次会议三审。与此同时，敲定国家监察委员会的"三定"方案，检察机关相关部门的转隶方案也将基本确定。王岐山在《工作报告》中还明确了国家监察委员会与《国家监察法》的定位：国家监察委员会是国家反腐败机构，制定《国家监察法》实质就是推进反腐败国家立法，"使党的主张成为国家意志，把国家监察体制改革方案付诸实践"[②]。关于监察委员会执纪问责的权限和手段，在2016年11月公布的《关于在北京市、山西省、浙江省开展国家监察体制改革试点方案》中，强调试点地区的监察委员会要"丰富监察手段"；2017年1月，王岐山在十八届中央纪委第七次全会上的《工作报告》中明确指出："监察委员会作为监督执法机关，履行监督、调查、处置职责，赋予谈话、询问、留置等调查权限。"[③]此前，在中央纪委的新

[①] 中央纪委办公厅、中央纪委研究室编：《党的十四大以来中共中央纪律检查委员会历次全会工作报告汇编》，中国方正出版社2017年版，第683页。
[②] 中央纪委办公厅、中央纪委研究室编：《党的十四大以来中共中央纪律检查委员会历次全会工作报告汇编》，中国方正出版社2017年版，第683页。
[③] 中央纪委办公厅、中央纪委研究室编：《党的十四大以来中共中央纪律检查委员会历次全会工作报告汇编》，中国方正出版社2017年版，第667页。

闻发布会上,监察部副部长肖培曾详细列出检查委员会的权限,包括谈话、讯问、询问、查询、冻结、调取、查封、扣押、搜查、勘验检查、鉴定、留置等,共计 12 项。当然,这些监察权限和手段,如"留置"权限,是否能取代纪委"双规"的办案手段,以及监察范围的"留置"是否就是《警察法》中规定的"留置",及其审批程序、期限设置等,有待于在试点地区进一步摸索经验。①

2017 年 1 月 19 日,第一个省级监察委员会——山西省监察委员会在山西省太原市长风西街 51 号正式挂牌办公。另外两个试点地区北京和浙江,均在 2017 年 1 月 20 日,北京市十四届人大五次会议选举产生北京市监察委员会主任、浙江省十二届人大五次会议选举产生浙江省监察委员会主任后,京、浙监察委陆续挂牌办公。按照国家的规定,晋、京、浙三地监察委员会在 2017 年 3 月底,完成省级监察委员会的组建工作,整合行政监察、预防腐败和检察机关查处贪污贿赂、失职渎职以及预防职务犯罪等工作力量。6 月底完成市、县两级监察委员会的组建工作。试点工作先完成检察机关相关部门的转隶,试点工作的重点和难点在于转隶后的融合。中央纪委书记王岐山明确提出要求,"推动检察机关反贪污贿赂等部门的转隶,确保思想不乱、工作不断、队伍不散",推动人员融合和工作流程磨合。② 在 2017 年 1 月 14 日—15 日召开的全国检察长会议上,北京市人民检察院检察长敬大力在谈到北京市检察机关如何转隶时表示,"推进整体转隶",检察机关同时撤销反贪局、反渎职侵权局、侦查指挥中心、举报中心、职务犯罪预防等部门。因此,检察机关查处贪污贿赂、失职渎职及预防职务犯罪等部门的检察人员,将整体转隶到监察委员会。为整体转隶、工作交接做好准备,北京市检察机关全面梳理了机构设置、人员配备,并清理积压的职务犯罪案件线索 996 件。转隶后,检察院对职务犯罪案件保留行使补充侦查等职能。北京市三级院拟统一设立"职务犯罪检察部",专门与监察委员会进行办案衔接,负责对监察委员会调查案件进行立案审查,衔接完善刑事诉

---

① 《新京报》,2017 年 1 月 20 日,第 8 版。
② 中央纪委办公厅、中央纪委研究室编:《党的十四大以来中共中央纪律检查委员会历次全会工作报告汇编》,中国方正出版社 2017 年版,第 683、667 页。

讼程序。① 京、晋、浙三省市进行国家监察体制改革试点,有利于今后国家监察体制改革在全国的推进。作为首都,改革试点首先在北京开展,具有示范作用;山西作为曾发生系统性、塌方式腐败的地区,率先试点,有其独特的价值;而浙江是民营企业发达的东部省份,试点中可能遇到一些问题,也能为监察委员会在全国特别是经济发达省份的实行,积累更多的经验。

3. 落实中央"八项规定"精神,纠正"四风"

2013年1月22日,习近平总书记在十八届中央纪委第二次全会上强调,"工作作风上的问题绝对不是小事,如果不坚决纠正不良风气,任其发展下去,就会像一座无形的墙把我们党和人民群众隔开,我们党就会失去根基、失去血脉、失去力量。"②落实中央"八项规定"精神,纠正"四风",建立反腐纠风长效机制,是十八大以来党风廉政建设坚持开展的一项重点工作。十八大以来,以习近平同志为总书记的党中央狠抓作风建设,开启了党风廉政建设和反腐败斗争的新征程。从中央政治局的"八项规定"到全党开展的群众路线教育实践活动,从中央率先垂范到各地狠抓落实,新一届中央领导集体以作风建设为切入口和突破口,坚持党要管党,从严治党,党风政风出现了可喜的变化,党心民心为之鼓舞振奋。中央纪委作为党内执纪监督机关,将贯彻落实中央"八项规定"、纠正"四风"作为工作重点进行部署。按照中央要求,切实纠正形式主义、官僚主义、享乐主义和奢靡之风。2013年1月,中央纪委第二次全会明确要求各级纪检监察机关把监督中央"八项规定"精神的贯彻落实作为一项经常性的工作,出实招、动真格、见实效。2013年4月,中央纪委、监察部领导班子成员一对一约谈53位派驻中央和国家机关各部委纪检组组长、纪委书记,旨在提醒、警示各部委持之以恒抓好中央"八项规定"精神的贯彻落实。2013年8月,中央纪委建立落实中央"八项规定"精神情况月报制度,要求31个省(区、市)和新疆生产建设兵团纪委每月报送有关数据,目的是督促各地纪委加强对落实中央

---

① 《新京报》,2017年1月20日,第8版。
② 中共中央纪律检查委员会、中共中央文献研究室编:《习近平关于党风廉政建设和反腐败斗争论述摘编》,中央文献出版社、中国方正出版社2015年版,第5—6页。

"八项规定"精神的检查,严肃查处违反中央"八项规定"的行为。同时,中央纪委将落实中央"八项规定"精神的情况纳入巡视监督重点,要求各中央巡视组注意发现被巡视地区和单位"四风"方面存在的突出问题。地方各级纪检监察机关把落实中央"八项规定"精神作为全年工作的重中之重进行部署,研究制定监督检查办法,对监督检查内容、方式以及违规行为处理方式等作出明确规定。自此开始到2017年,中央纪委都要求中央和国家机关各部委、31个省(区、市)和新疆生产建设兵团坚持落实中央"八项规定"精神,纠正"四风"。[①]

2014年,针对少数党员干部理想、信念不坚定,党性意识淡薄,有的党员干部精神"缺钙",不信马列信鬼神,有的党员干部公开发表有悖于党的组织纪律的言论,有的党员干部得了"软骨病",关键时候落实中央"八项规定"精神,纠正"四风",不坚持不足以深化,不深化也无以坚持。2013年至2017年,5年来,中央纪委、监察部盯住重要节点,抓好检查监督,循序渐进,持之以恒,以踏石留印、抓铁有痕的精神,一个目标一个目标地治理,一个阶段一个阶段地狠抓,力求积小胜为大胜,推动落实中央"八项规定"精神的持续深化,纠正"四风",以突出问题的解决带动党风政风的全面好转。从2013年以来,每到重要节日等时间节点,中央纪委都会发出通知、出台禁令,从具体事情抓起,加强执纪监督。2013年"五一"节前,中央纪委、监察部领导班子约谈派驻各中央和国家机关纪检组组长、省(区、市)纪委书记,提醒和督促各部委、各地区、各部门认真落实中央"八项规定"精神;中秋节、国庆节前,中央纪委会同中央党的群众路线教育实践活动领导小组发出通知,狠刹公款送月饼节礼、公款吃喝、公款旅游等问题,并在中央纪委监察部网站发布公告,鼓励群众监督举报。2014年元旦后、春节前,中央纪委又连续印发通知,严禁节日期间用公款购买贺年卡、烟花爆竹等年货节礼,严禁党员领导干部出入私人会所等。各级纪检监察机关坚决贯彻中

---

① 中央纪委办公厅、中央纪委研究室编著:《聚焦中心任务 创新体制机制 深入推进党风廉政建设和反腐败斗争——中国共产党第十八届中央纪律检查委员会第三次全体会议专辑》,中国方正出版社2014年版,第96—97页。

央纪委的部署,采取明查暗访、受理举报、媒体曝光等多种措施进行落实。

十八大以来,在落实中央"八项规定"精神、纠正"四风"的过程中,明确了正风必须肃纪,执纪不严不足以让人警醒、予人震慑的思想,对顶风违纪人员严肃处理并及时通报曝光。2013年以来,中央纪委认真履行执纪监督职责,切实加大监管查处力度。针对一些地方案件查处力度不平衡、通报曝光力度不够的情况,特别是一些部门和地区有意把具有典型意义的案例捂着、藏着、掖着等问题,要求各级纪检监察机关铁面执纪,对顶风违纪者一律依纪依法从严惩处。中央纪委还加大通报曝光的力度,积极回应社会和群众的关切;建立月报制度,及时报送查出违规违纪行为情况和典型案例,做到不瞒报、不漏报、不虚报。2013年一年,中央纪委对违反中央"八项规定"精神的行为严肃查处,指名道姓进行通报,全国共查处违反中央"八项规定"精神的问题24 521起,处理党员干部30 420人,其中给予党纪政纪处分7692人。中央纪委直接查办、督办、转办违反中央"八项规定"精神的问题共252件。其中,直接查办黑龙江省副省级干部付晓光因私公款消费、造成陪酒人员"一死一伤"严重后果等5起案件,督办交通运输部综合规划司司长孙国庆公款旅游等140起案件,转办107起案件。中央纪委先后4次对32起违反中央"八项规定"精神的典型问题进行通报,在官方网站设立"曝光台",专门曝光查处的典型案例。30个省(区、市)纪委、监察厅(局)74次专门通报,共对372起违反中央"八项规定"精神的典型问题予以曝光,向全社会释放执纪必严的强烈信号。① 到2014年9月30日,全国共查处违反中央"八项规定"精神的问题62 404起,处理党员干部82 533人,其中给予党纪政纪处分23 259人(包括省部级干部2人,地厅级干部132人),包括收送节礼受到党纪政纪处分717人,大操大办婚丧喜庆受

---

① 中央纪委办公厅、中央纪委研究室编著:《聚焦中心任务 创新体制机制 深入推进党风廉政建设和反腐败斗争——中国共产党第十八届中央纪律检查委员会第三次全体会议专辑》,中国方正出版社2014年版,第97—98页。

到党纪政纪处分2432人。不少典型案件以点名道姓的方式向社会通报。①2015年,中央纪委锲而不舍地落实中央"八项规定"精神,扭住"四风"不放,抓住重要节点,紧盯享乐奢靡,言出纪随,寸土不让。深挖潜入地下的不正之风,从严查处公款吃喝送礼、借婚丧喜庆敛财、出入私人会所、违规打高尔夫球等突出问题。这一年共查处违反中央"八项规定"精神的问题3.7万起,涉及人员4.9万人,给予党纪政纪处分3.4万人。中央纪委对30起典型问题通报曝光。中央纪委网站开通举报窗、曝光台,点名道姓、公开曝光成为常态。② 2016年,全国共查处违反中央"八项规定"精神问题4.1万起,处理党员干部5.8万人,给予纪律处分4.3万人。③

4. 巡视工作不断加强和改进

党的十八大以来,党中央高度重视巡视工作。2013年不到半年的时间里,中央政治局常委会两次听取巡视工作汇报,习近平总书记两次发表重要讲话,并多次作出重要指示。中共中央政治局常委、中央纪委书记、中央巡视工作领导小组组长王岐山先后6次主持召开中央巡视工作领导小组会议,2次在中央巡视工作动员会上发表讲话。2013年6月,中共中央办公厅转发《中央纪委、中央组织部关于进一步加强巡视工作的意见》和《中央巡视工作规划(2013—2017)》。十八届三中全会也对巡视工作作出新的重要部署,决定改进中央和省、区、市巡视制度,做到对地方、部门、企事业单位全覆盖。这些决策部署为新时期巡视工作的发展指明了方向,也充分体现了中共中央从严治党、反对腐败的坚强决心和对广大巡视干部的关怀与重托。

---

① 本书编写组:《推动党风廉政建设和反腐败斗争深入开展 为全面推进依法治国提供坚强有力保证——中国共产党第十八届中央纪律检查委员会第四次全体会议专辑》,中国方正出版社2014年版,第147、162页。

② 王岐山:《在中国共产党第十八届中央纪律检查委员会第六次全体会议上的工作报告》,本书编写组:《全面从严治党 把纪律挺在前面 忠诚履行党章赋予的神圣职责——中国共产党第十八届中央纪律检查委员会第六次全体会议专辑》,中国方正出版社2016年版,第13页。

③ 中央纪委办公厅、中央纪委研究室编:《党的十四大以来中共中央纪律检查委员会历次全会工作报告汇编》,中国方正出版社2017年版,第669页。

在中共中央的坚强领导下,巡视工作进行了与时俱进的探索,指导思想进一步明确、端正、完善,已成为反腐败的"杀手锏",得到广大群众的衷心拥护。2013年,10个中央巡视组分两轮对20个地方、部门和单位开展巡视,其中第一轮巡视中发现有价值的问题线索比过去增加了5倍。中央纪委已对贵州省委原常委、遵义市委原书记廖少华,湖北省原副省长郭有明、湖北省政协原副主席陈柏槐,江西省人大常委会原副主任陈安众,湖南省政协原副主席童名谦,中国出口信用保险公司原副总经理戴春宁涉嫌严重违纪违法问题进行立案调查。中共中央组织部根据巡视建议,对有的被巡视党组织领导班子成员作出调整。2013年巡视工作的加强和改进,主要体现在以下方面：一是明确巡视重点。针对过去巡视工作面面俱到、着力点多的问题,中央要求巡视工作聚焦党风廉政建设和反腐败斗争,各中央巡视组明确自身定位,认真履行职责,着力发现领导干部是否存在权钱交易、以权谋私、贪污贿赂、腐化堕落等违纪违法问题,着力发现是否存在形式主义、官僚主义、享乐主义和奢靡之风等违反中央"八项规定"精神的问题,着力发现领导干部是否存在对涉及党的理论和路线方针政策等重大政治问题公开发表反对意见、搞"上有政策、下有对策"等违反政治纪律的问题,着力发现是否存在买官卖官、拉票贿选、突击提拔干部等选人用人上的不正之风和腐败行为,当好中央的"千里眼",努力找出"老虎"和"苍蝇",对违纪违法问题早发现、早报告,提高了巡视工作的质量和水平。二是发现问题形成震慑。中央提出"重要问题应该发现而没有发现就是失职,发现问题没有客观汇报就是渎职"的要求,增强了中央巡视组的责任感和使命感。对发现的问题线索,优先研办、认真核查；对重点线索,责任到人、逐一核实,做到件件有着落；对违纪违法的,及时报告、及时移交,形成强大震慑。有关部门也在抓紧办理中央巡视组移交的其他问题线索,确保巡视成果落到实处。三是改进巡视方式和方法。中央纪委组建巡视组组长库,一次一授权,实行巡视组组长不固定、巡视的地区和单位不固定、巡视组与巡视对象的关系不固定,选派有办案经验的人员参加巡视,既提高了巡视质量,又促进从事巡视工作的工作人员客观公正行使职权。中央巡视组做实做细做足巡视前准备,依靠被巡视对象的党组织,密切联系群众,到领导干部担任过"一把手"的地方"下沉一级"了解情况,运用机动灵活的工作方法,发现了一批领导干部违纪违法问题。这些结合实际探索的方式方法,提高了巡视实效性。四是对巡视成果善加运用,分类处置。将巡视发现的问题线索分别移交中央纪委、中央组织部和相关地区、部门处理,对重点线索逐一核实,督促被巡视党组织认真整改,做到件件有着落。各省、区、市认真落实中央要求,加强和改进巡视工作,得到了干部、群众的信任和支持。五是加强统筹指导。中央巡视工作领导小组注重统筹谋划,通过举办全国巡视干部培训班、召开座谈会、深入开展调查研究等多种形式,推广中央巡视工作经验做法。各地各单位党委(党组)进一步加大对巡视工作领导力度,主要负责人亲自部署,结合实际研究制定贯彻中央决策部署的意见和措施;巡视机构坚持转职能、转方式、转作风,突出巡视重点,落实监督责任,在发现问题、形成震慑方面取得了新的进展和成效。①

中央纪委坚决落实中央对巡视工作的新要求,进一步加强和改进巡视工作,做好以下六个方面的工作:一是为落实巡视工作全覆盖的要求,做好中央巡视力量的充实工作。二是加快巡视节奏,中央常规巡视由每年2轮改为3轮。三是创新组织制度和巡视方式,探索开展专项巡视和个案巡视,通过"小队伍、多批次、高频率"的方式,机动灵活地开展巡视。紧紧依靠各级党委,密切联系群众,拓宽发现问题的渠道和途径。关口前移,"下沉一级"了解干部情况,对领导干部报告个人有关事项进行抽查,提高巡视的针对性和有效性。四是加强巡视成果运用,细化分类处置措施,确保整改落实。围绕党风廉政建设和反腐败工作这个中心,着力发现领导干部是否存在贪污腐败、违反中央"八项规定"精神、违反政治纪律、违反组织人事纪律等方面问题,对巡视发现的违纪违法问题线索及时报告中央纪委,选人用人上存在的问题及时移交中央组织部,巡视结果及时向被巡视地区和单位

---

① 中央纪委办公厅、中央纪委研究室编著:《聚焦中心任务 创新体制机制 深入推进党风廉政建设和反腐败斗争——中国共产党第十八届中央纪律检查委员会第三次全体会议专辑》,中国方正出版社2014年版,第102—105页。

的党组织反馈,加强督查督办,真正做到早发现、早报告,促进问题解决,遏制腐败发生,切实发挥巡视监督这把利剑的震慑作用。五是加强对省、区、市巡视工作的领导。六是修订《中国共产党巡视工作条例(试行)》,为加强和改进巡视工作提供法规依据,同时,加强巡视队伍建设,严格落实责任,努力实现新的突破,取得新的成果。①从2013年到2017年,实现巡视全覆盖,中央纪委向党中央、向全国人民交上了一份令人满意的答卷。中央纪委还召开部分省、区、市巡视工作座谈会,开展专项检查,督促落实中央巡视工作方针,建立省、区、市党委常委会研究巡视工作、"五人小组"听取巡视情况汇报、党委书记有关巡视工作讲话向中央巡视工作领导小组报备制度,初步形成上下联动、全国"一盘棋"格局。

截至2013年11月底,各省(区、市)党委巡视组共完成对69个市(地、州、盟)、480个县(市、区、旗)及77个省直部门和98家省属国有企业、高校的巡视,向纪检监察机关移交领导干部涉嫌违纪违法问题线索1879件,其中厅局级和县处级干部线索562件;向组织人事部门移交选人用人方面的问题136件。②2014年,中央增加3个巡视组,开展3轮巡视,对21个省(区、市)和新疆生产建设兵团开展常规巡视,对19个部门和中央企事业单位开展专项巡视。紧扣"四个着力",加强对落实"两个责任"、政治纪律和组织纪律执行情况的监督检查,着力发现矿产资源、土地出让、工程项目、惠民资金和专项经费管理等重点领域的腐败问题,顶风违反中央"八项规定"精神的突出问题,违规用人、拉票贿选、买官卖官、超编制配备干部等问题。转变方式、创新方法,探索专项巡视机动灵活、出其不意,巡视强度、力度全面提升,效果显著,对问题线索分类处置,做到件件有着落。公开发布巡视组反馈意见,督促被巡视党组织切实整改,并向社会发布整改情况,接

---

① 中央纪委办公厅、中央纪委研究室编著:《聚焦中心任务 创新体制机制 深入推进党风廉政建设和反腐败斗争——中国共产党第十八届中央纪律检查委员会第三次全体会议专辑》,中国方正出版社2014年版,第150—153页。
② 中央纪委办公厅、中央纪委研究室编著:《聚焦中心任务 创新体制机制 深入推进党风廉政建设和反腐败斗争——中国共产党第十八届中央纪律检查委员会第三次全体会议专辑》,中国方正出版社2014年版,第105页。

受监督。发现问题更准更多,震慑作用持续增强。① 从 2015 年开始,中央巡视工作领导小组和省(区、市)党委深入贯彻中央巡视工作方针,扎实推进巡视全覆盖。2015 年,中央巡视组开展了 3 轮巡视,共巡视 83 个单位党组织,实现对中管国有重要骨干企业和中管金融单位全覆盖。明确提出巡视是对党组织和党员领导干部的巡视,是政治巡视,不是业务巡视,对巡视定位的认识更加深化,发现问题的指向更加聚焦,震慑遏制作用不断增强。2015 年开始,中央纪委不断创新巡视方式,全面开展专项巡视,把握巡视对象的行业特点和历史文化,紧盯重点、强化震慑。对发现的问题综合提炼、抽丝剥茧,提出治标和治本的建议,向中央全面深化改革领导小组报送 22 份巡视中央企业专题报告,向国务院分管领导和国企改革领导小组通报情况,推动深化改革、强化监管。巡视组的反馈见人见事,直指问题;纪检机关和组织部门对移交的问题分类处置、优先办理。中央纪委立案审查的领导干部案件中,超过一半的线索来自巡视。巡视后督促全面整改,公布巡视整改情况,接受党内和群众监督。中央纪委召开省(区、市)和部分中央单位巡视工作座谈会,示范指导、强化检查,扎实推进省(区、市)、中央和国家机关部委巡视工作。各省(区、市)党委加强领导,突出重点,增加频次,努力实现一届任期内巡视全覆盖;推动部分中央和国家机关部委探索开展巡视工作,地方巡视向县级延伸,形成上下联动、全国一盘棋格局。② 党的十八大以来,习近平总书记 15 次听取巡视工作汇报,点问题,列清单,旗帜鲜明,态度坚决,党中央把坚持党的领导、全面从严治党作为深化政治巡视的核心任务。中央巡视工作领导小组召开 77 次会议落实党中央的部署,研究分析巡视情况。2016 年,中央巡视组分 3 轮巡视 91 个中央部门党组织,完成对中央和国家机关巡视全覆盖。对 12 个省(区、市)开展"回头看",强

---

① 本书编写组:《依法治国 依规治党 坚定不移推进党风廉政建设和反腐败斗争——中国共产党第十八届中央纪律检查委员会第五次全体会议专辑》,中国方正出版社 2015 年版,第 14 页。

② 本书编写组:《全面从严治党 把纪律挺在前面 忠诚履行党章赋予的神圣职责——中国共产党第十八届中央纪律检查委员会第六次全体会议专辑》,中国方正出版社 2016 年版,第 16—17 页。

化政治导向,巡视的政治定位越来越准确,成效越来越显著。巡视与巡察相结合,形成全国一盘棋。中央巡视工作领导小组强化巡视队伍建设,加强对省区市和中央单位巡视工作的领导,省级巡视工作领导小组组长全部由纪委书记担任。各省(区、市)党委贯彻巡视工作条例,16 个省(区、市)已经实现巡视全覆盖;60 个中央单位党组织建立了巡视制度;各省(区、市)和新疆生产建设兵团以及 15 个副省级城市开展市县巡察,巡视和巡察有机衔接的工作格局正在形成。① 2017 年 3 月开始,对 29 所中管高校党委、4 个"回头看"省区、4 家"机动式"巡视单位展开巡视;6 月开始巡视整改工作,实现了本届中央任期内巡视全覆盖。

5. 全面推进依法治国,有序推进司法改革

党的十八大提出了全面建成小康社会的奋斗目标,党的十八届三中全会对全面深化改革作出了顶层设计,实现这个奋斗目标,落实这个顶层设计,需要从法治上提供可靠保障。党的十八大提出,法治是治国理政的基本方式,要加快建设社会主义法治国家,全面推进依法治国。到 2020 年,依法治国基本方略全面落实,法治政府基本建成,司法公信力不断提高,人权得到切实尊重和保障。党的十八届三中全会进一步提出,建设法治中国,必须坚持依法治国、依法执政、依法行政共同推进,坚持法治国家、法治政府、法治社会一体建设。全面贯彻落实这些部署和要求,关系加快建设社会主义法治国家,关系落实全面深化改革顶层设计,关系中国特色社会主义事业长远发展。②

2014 年 10 月 23 日,中国共产党第十八届中央委员会第四次全体会议通过了《中共中央关于全面推进依法治国若干重大问题的决定》(以下简称《决定》),指出法律是治国之重器,法治是国家治理体系和治理能力的重要

---

① 中央纪委办公厅、中央纪委研究室编:《党的十四大以来中共中央纪律检查委员会历次全会工作报告汇编》,中国方正出版社 2017 年版,第 670—671 页。

② 本书编写组:《推动党风廉政建设和反腐败斗争深入开展 为全面推进依法治国提供坚强有力保证——中国共产党第十八届中央纪律检查委员会第四次全体会议专辑》,中国方正出版社 2014 年版,第 44—45 页。

依托。全面推进依法治国,是解决党和国家事业发展面临的一系列重大问题,解放和增强社会活力、促进社会公平正义、维护社会和谐稳定、确保党和国家长治久安的根本要求。要推动我国经济社会持续健康发展,不断开拓中国特色社会主义事业更加开阔的发展前景,就必须全面推进社会主义法治国家建设,从法治上为解决这些问题提供制度化方案。

(1)处理好党的领导和依法治国的关系,全面推进依法治国的总目标

党和法治的关系是法治建设的核心问题。全面推进依法治国这件大事能不能办好,最关键的是方向是不是正确、政治保证是不是坚强有力。具体讲,就是要坚持党的领导,是中国特色社会主义最本质的特征,是社会主义法治最根本的保证;坚持中国特色社会主义制度,是中国特色社会主义法治体系的根本制度基础,是全面推进依法治国的根本制度保障;贯彻中国特色社会主义法治理论,是中国特色社会主义法治体系的理论指导和学理支撑,是全面推进依法治国的行动指南。这三个方面实质上是中国特色社会主义法治道路的核心要义,规定和确保了中国特色社会主义法治体系的制度属性和前进方向。

2014年10月,中国共产党十八届四中全会通过的《中共中央关于全面推进依法治国若干重大问题的决定》明确提出,坚持党的领导,是社会主义法治的根本要求,是党和国家的根本所在、命脉所在,是全国各族人民的利益所系、幸福所系,是全面推进依法治国的题中应有之义;党的领导和社会主义法治是一致的,社会主义法治必须坚持党的领导,党的领导必须依靠社会主义法治。十八届四中全会《决定》围绕加强和改进党对全面推进依法治国的领导,提出"三统一"、"四善于",并作出了系统部署。把坚持党的领导、人民当家作主、依法治国有机统一起来是我国社会主义法治建设的一条基本经验。我国宪法以根本大法的形式反映了党带领人民进行革命、建设、改革取得的成果,确立了在历史和人民选择中形成的中国共产党的领导地位。对这一点,要理直气壮地讲、大张旗鼓地讲。要向干部群众讲清楚我国社会主义法治的本质特征,做到正本清源、以正视听。

十八届四中全会《决定》提出,全面推进依法治国,总目标是建设中国

特色社会主义法治体系,建设社会主义法治国家,并对这个总目标作出了阐释:在中国共产党领导下,坚持中国特色社会主义制度,贯彻中国特色社会主义法治理论,形成完备的法律规范体系、高效的法治实施体系、严密的法治监督体系、有力的法治保障体系,形成完善的党内法规体系,坚持依法治国、依法执政、依法行政共同推进,坚持法治国家、法治政府、法治社会一体建设,实现科学立法、严格执法、公正司法、全民守法,促进国家治理体系和治理能力现代化。

提出全面推进依法治国的总目标,既明确了全面推进依法治国的性质和方向,又突出了全面推进依法治国的工作重点和总抓手。一是向国内外鲜明宣示我们将坚定不移地走中国特色社会主义法治道路,这是建设社会主义法治国家的唯一正确道路,必须向全社会释放正确而明确的信号,指明全面推进依法治国的正确方向,统一全党、全国各族人民的认识和行动。二是全面推进依法治国涉及很多方面,在实际工作中必须有一个总揽全局、牵引各方的总抓手,这个总抓手就是建设中国特色社会主义法治体系。依法治国的各项工作都要围绕这个总抓手来谋划、推进。三是建设中国特色社会主义法治体系、建设社会主义法治国家是实现国家治理体系和治理能力现代化的必然要求,也是全面深化改革的必然要求,有利于在法治轨道上推进国家治理体系和治理能力现代化,有利于在全面深化改革总体框架内全面推进依法治国各项工作,有利于在法治轨道上不断深化改革。①

(2)健全宪法实施和监督制度,完善立法体制

宪法是国家的根本大法。法治权威能不能树立起来,首先要看宪法有没有权威。必须把宣传和树立宪法权威作为全面推进依法治国的重大事项抓紧抓好,切实在宪法实施和监督上下功夫。党的十八届三中全会提出,要进一步健全宪法实施监督机制和程序,把实施宪法要求提高到一个新水平。十八届四中全会《决定》进一步提出,完善全国人大及其常委会宪法监

---

① 本书编写组:《推动党风廉政建设和反腐败斗争深入开展 为全面推进依法治国提供坚强有力保证——中国共产党第十八届中央纪律检查委员会第四次全体会议专辑》,中国方正出版社2014年版,第51—53页。

督制度,健全宪法解释程序机制;加强备案审查制度和能力建设,依法撤销和纠正违宪违法的规范性文件。全会决定将每年12月4日定为国家宪法日,在全社会普遍开展宪法教育,弘扬宪法精神。全会决定提出建立宪法宣誓制度,这是世界上大多数有成文宪法的国家所采取的一种制度。在全世界142个有成文宪法的国家中,规定相关国家公职人员必须宣誓拥护或效忠宪法的有97个国家。十八届四中全会《决定》规定,凡经人大及其常委会选举或者决定任命的国家工作人员正式就职时公开向宪法宣誓。这样做,有利于彰显宪法权威,增强公职人员宪法观念,激励公职人员忠于和维护宪法,也有利于在全社会增强宪法意识、树立宪法权威。

十八届四中全会《决定》提出完善立法体制。新中国成立以来特别是改革开放以来,经过长期努力,我国形成了中国特色社会主义法律体系,国家生活和社会生活各方面总体上实现了有法可依,这是一个了不起的重大成就。同时,完善中国特色社会主义法律体系的任务依然很重。我国在立法领域仍面临着一些突出问题:立法质量需要进一步提高,有的法律法规全面反映客观规律和人民意愿不够,解决实际问题有效性不足,针对性、可操作性不强;同时,立法效率需要进一步提高。还有就是立法工作中部门化倾向、争权诿责现象较为突出,有的立法实际上成了一种利益博弈,不是久拖不决,就是制定的法律法规不大管用,一些地方利用法规实行地方保护主义,对全国形成统一开放、竞争有序的市场秩序造成障碍,损害国家法治统一。因此,推进科学立法、民主立法,是提高立法质量的根本途径。科学立法的核心在于尊重和体现客观规律,民主立法的核心在于为了人民、依靠人民。要完善科学立法、民主立法机制,创新公众参与立法方式,广泛听取各方面意见和建议。十八届四中全会《决定》提出,明确立法权力边界,从体制机制和工作程序上有效防止部门利益和地方保护主义法律化。一是健全有立法权的全国人大主导立法工作的体制机制,发挥全国人大及其常委会在立法工作中的主导作用;建立由全国人大相关专门委员会、全国人大常委会法制工作委员会组织有关部门参与起草综合性、全局性、基础性等重要法律草案制度;增加有法治实践经验的专职常委比例,依法建立健全专门委员会、工作委员会立法专家顾问制度。二是加强和改进政府立法制度建设,完善行政法规、规章制定程序,完善公众参与政府立法机制;重要行政管理法律法规由政府法制机构组织起草;对部门间争议较大的重要立法事项,由决策机关引入第三方评估,不能久拖不决。三是明确地方立法权限和范围,禁止地方制发带有立法性质的文件。

需要明确的是,我国法律是对全体公民的要求,党内法规制度是对全体党员的要求,而且很多地方比法律的要求更严格。中国共产党是先锋队,对党员的要求应该更严。全面推进依法治国,必须努力形成国家法律法规和党内法规制度相辅相成、相互促进、相互保障的格局。①

（3）加快建设法治政府,提高司法公信力

法律的生命力在于实施,法律的权威也在于实施。全面推进依法治国的重点,应该是保证法律严格实施。政府是执法主体,对执法领域存在的有法不依、执法不严、违法不究甚至以权压法、权钱交易、徇私枉法等突出问题,老百姓深恶痛绝,必须下大气力解决。十八届四中全会《决定》指出,各级政府必须坚持在党的领导下、在法治轨道上开展工作,加快建设职能科学、权责法定、执法严明、公开公正、廉洁高效、守法诚信的法治政府。十八届四中全会《决定》提出了一些重要措施。一是推进机构、职能、权限、程序、责任法定化,规定行政机关不得法外设定权力,没有法律法规依据不得作出减损公民、法人和其他组织合法权益或者增加其义务的决定;推行政府权力清单制度,坚决消除权力设租寻租空间。二是建立行政机关内部重大决策合法性审查机制,积极推行政府法律顾问制度,保证法律顾问在制定重大行政决策、推进依法行政中发挥积极作用;建立重大决策终身责任追究制度及责任倒查机制。三是推进综合执法,理顺城管执法体制,完善执法程序,建立执法全过程记录制度,严格执行重大执法决定法制审核制度,全面落实行政执法责任制。四是加强对政府内部权力的制约,对财政

---

① 本书编写组:《推动党风廉政建设和反腐败斗争深入开展 为全面推进依法治国提供坚强有力保证——中国共产党第十八届中央纪律检查委员会第四次全体会议专辑》,中国方正出版社2014年版,第53—55页。

资金分配使用、国有资产监管、政府投资、政府采购、公共资源转让、公共工程建设等权力集中的部门和岗位实行分事行权、分岗设权、分级授权,定期轮岗,强化内部流程控制,防止权力滥用;完善政府内部层级监督和专门监督;保障依法独立行使审计监督权。五是全面推进政务公开,推进决策公开、执行公开、管理公开、服务公开、结果公开,重点推进财政预算、公共资源配置、重大建设项目批准和实施、社会公益事业建设等领域的政府信息公开。这些措施都有很强的针对性,也同党的十八届三中全会精神一脉相承,对法治政府建设十分紧要。

司法是维护社会公平正义的最后一道防线。习近平总书记曾引用英国哲学家培根的一段话:"一次不公正的审判,其恶果甚至超过十次犯罪。因为犯罪虽是无视法律——好比污染了水流,而不公正的审判则毁坏法律——好比污染了水源。"这其中的道理是深刻的。如果司法这道防线缺乏公信力,社会公正就会受到普遍质疑,社会和谐稳定就难以保障。因此,党的十八届四中全会《决定》指出,公正是法治的生命线,司法公正对社会公正具有重要引领作用,司法不公对社会公正具有致命破坏作用。司法不公的深层次原因在于司法体制不完善、司法职权配置和权力运行机制不科学、人权司法保障制度不健全。党的十八届三中全会针对司法领域存在的突出问题提出了一系列改革举措,司法体制和运行机制改革正在有序推进。十八届四中全会《决定》是在十八届三中全会《决定》的基础上对保障司法公正作出了更深入的部署。为了确保依法独立公正行使审判权和检察权,十八届四中全会《决定》规定,建立领导干部干预司法活动、插手具体案件处理的记录、通报和责任追究制度,健全行政机关依法出庭应诉、支持法院受理行政案件、尊重并执行法院生效裁判的制度,建立健全司法人员履行法定职责保护机制,等等。为优化司法职权配置,十八届四中全会《决定》提出,推动实行审判权和执行权相分离的体制改革试点,统一刑罚执行体制,探索实行法院、检察院司法行政事务管理权和审判权、检察权相分离,变立案审查制为立案登记制,等等。为保障人民群众参与司法,十八届四中全会《决定》提出,完善人民陪审员制度,扩大参审范围;推进审判公开、检务公开、警务公开、狱务公开;建立生效法律文书统一上网和公开查询制度,等等。十八届四中全会《决定》还就加强人权司法保障和加强对司法活动的监督提出了重要改革措施。①

(4)最高人民法院设立巡回法庭,探索设立跨行政区划的人民法院和人民检察院

近年来,随着社会矛盾增多,全国法院受理案件数量不断增加,尤其是大量案件涌入最高人民法院,导致审判接访压力增大,息诉罢访难度增加,不利于最高人民法院发挥监督指导全国法院工作职能,不利于维护社会稳定,不利于方便当事人诉讼。十八届四中全会《决定》提出,最高人民法院设立巡回法庭,审理跨行政区域重大行政和民商事案件。这样做,有利于审判机关重心下移,就地解决纠纷,方便当事人诉讼;有利于最高人民法院本部集中精力制定司法政策和司法解释,审理对统一法律适用有重大指导意义的案件。

随着社会主义市场经济的深入发展和行政诉讼的出现,跨行政区划乃至跨境案件越来越多,涉案金额越来越大,导致法院所在地有关部门和领导越来越关注案件处理,甚至有些利用职权和关系插手案件处理,造成相关诉讼出现"主客场"现象,不利于平等保护外地当事人合法权益、保障法院独立审判、监督政府依法行政、维护法律公正实施。十八届四中全会《决定》提出,探索设立跨行政区划的人民法院和人民检察院。这有利于排除对审判工作和检察工作的干扰,保障法院和检察院依法独立公正行使审判权和检察权,有利于构建普通案件在行政区划法院审理、特殊案件在跨行政区划法院审理的诉讼格局。②

---

① 本书编写组:《推动党风廉政建设和反腐败斗争深入开展 为全面推进依法治国提供坚强有力保证——中国共产党第十八届中央纪律检查委员会第四次全体会议专辑》,中国方正出版社2014年版,第56—58页。
② 本书编写组:《推动党风廉政建设和反腐败斗争深入开展 为全面推进依法治国提供坚强有力保证——中国共产党第十八届中央纪律检查委员会第四次全体会议专辑》,中国方正出版社2014年版,第58—59页。

（5）探索建立检察机关提起公益诉讼制度，推进以审判为中心的诉讼制度改革

现在，检察机关对行政违法行为的监督，主要是依法查办行政机关工作人员涉嫌贪污贿赂、渎职侵权等职务犯罪案件，范围相对比较窄。而实际情况是，行政违法行为构成刑事犯罪的毕竟是少数，更多的是乱作为、不作为。如果对这类违法行为置之不理、任其发展，一方面不可能根本扭转一些地方和部门的行政乱象，另一方面可能使一些苗头性问题演变为刑事犯罪。十八届四中全会《决定》提出，检察机关在履行职责中发现行政机关违法行使职权或者不行使职权的行为，应该督促其纠正。十八届四中全会作出这项规定，目的就是要使检察机关对在执法办案中发现的行政机关及其工作人员的违法行为及时提出建议并督促其纠正。这项改革可以从建立督促起诉制度、完善检察建议工作机制等入手。

在现实生活中，对一些行政机关违法行使职权或者不作为，造成对国家和社会公共利益的侵害或者有侵害危险的案件，如国有资产保护、国有土地使用权转让、生态环境和资源保护等，由于与公民、法人和其他社会组织没有直接利害关系，使其没有也无法提起公益诉讼，导致违法行政行为缺乏有效司法监督，不利于促进依法行政、严格执法，加强对公共利益的保护。由检察机关提起公益诉讼，有利于优化司法职权配置、完善行政诉讼制度，也有利于推进法治政府建设。

十八届四中全会《决定》提出，推进以审判为中心的诉讼制度改革。充分发挥审判特别是庭审的作用，是确保案件处理质量和司法公正的重要环节。我国《刑事诉讼法》规定，公、检、法三机关在刑事诉讼活动中各司其职、互相配合、互相制约，这是符合中国国情、具有中国特色的诉讼制度，必须坚持。同时，在司法实践中，存在办案人员对法庭审判重视不够，常常出现一些关键证据没有收集或者没有依法收集，进入庭审的案件没有达到"案件事实清楚、证据确实充分"的法定要求，使审判无法顺利进行。十八届四中全会《决定》提出，推进以审判为中心的诉讼制度改革，目的是促使办案人员树立办案必须经得起法律检验的理念，确保侦查、审查起诉的案件事实证据经得起法律检验,保证庭审在查明事实、认定证据、保护诉权、公正裁判中发挥决定性作用。这项改革有利于促使办案人员增强责任意识,通过法庭审判的程序公正实现案件裁判的实体公正,有效防范冤假错案的产生。①

6. 加强反贪腐国际交流与合作,国际追逃追赃工作取得重要成果

2012年11月14日,中央纪委向党的十八大提交的《工作报告》中,对今后开展反腐败国际交流与合作工作的建议是"加强反腐败国际交流与合作,继续做好《联合国反腐败公约》履约相关工作"。2013年1月21日,在十八届中央纪委第二次全会《工作报告》中,再次强调2013年反腐败国际交流与合作工作的重点是"做好实施《联合国反腐败公约》履约审议工作,加强反腐败国际交流与合作"。2014年1月,在十八届中央纪委第三次全会《工作报告》中,将"做好《联合国反腐败公约》履约审议工作,强化与有关国家、地区的司法协助和执法合作,加大国际追逃追赃力度,决不让腐败分子逍遥法外,给妄图外逃的腐败分子以震慑"作为2014年加强反腐败国际合作的主要任务。②党中央高度重视追逃追赃工作,推动反腐败成为国际合作重要议题,占据道义制高点。习近平在十八届中央政治局常委会第七十八次会议上,就"加强反腐败国际追逃追赃工作"指出:"要搭建追逃追赃国际合作平台。加大交涉力度,突破一批重点个案,使企图外逃分子丢掉幻想、望而却步。要加快与外逃目的地国签署引渡条约、建立执法合作。要继续推动在二十国集团、亚太经合组织、《联合国反腐败公约》等多边框架下加强追逃追赃国际合作平台。"③从2013年以来,中央和地方反腐败协调小组加强组织协调,健全追逃追赃协调机制。2014年,中央加大国际追

---

① 本书编写组:《推动党风廉政建设和反腐败斗争深入开展 为全面推进依法治国提供坚强有力保证——中国共产党第十八届中央纪律检查委员会第四次全体会议专辑》,中国方正出版社2014年版,第59—60页。

② 中央纪委办公厅、中央纪委研究室编:《党的十四大以来中共中央纪律检查委员会历次全会工作报告汇编》,中国方正出版社2017年版,第581、593、608页。

③ 中共中央纪律检查委员会、中共中央文献研究室编:《习近平关于党风廉政建设和反腐败斗争论述摘编》,中央文献出版社、中国方正出版社2015年版,第132页。

逃追赃力度,中央反腐败协调小组设立国际追逃追赃工作办公室,健全协调机构,明确任务分工,建立外逃信息统计报告制度,摸清底数。开展"猎狐2014"行动,开展网上举报,敦促在逃境外经济犯罪人员投案自首。加强《联合国反腐败公约》框架下双边、多边协作,与美国、加拿大、澳大利亚等国建立反腐败执法合作机制。亚太经合组织领导人非正式会议期间,发表《北京反腐败宣言》。强化个案处置,共追逃500多人,追赃30多亿元。①2015年,落实《北京反腐败宣言》,借助《联合国反腐败公约》、亚太经合组织、二十国集团、国际刑警组织等多边平台,发挥双边合作机制的作用,加强与美国、俄国、英国、加拿大、澳大利亚等国的合作,推动追逃追赃工作取得实效。发布百名外逃人员红色通缉令,2015年共有18人归案;开展"天网行动",共追回外逃人员1023名、追赃30亿元,首次实现追回人数超过新增外逃人数。接受《联合国反腐败公约》第一周期履约审议,我国反腐败工作获得国际社会的高度评价。②

2016年,中央政治局常委会听取了追逃追赃工作汇报。习近平总书记等党和国家领导人,无论在国内还是国外、多边还是双边场合,都主动设置反腐败国际合作议题,讲好中国故事,讲好中国共产党的故事,讲好全面从严治党、惩治腐败的故事,占据道义制高点。中央反腐败协调小组加强组织协调,各成员单位密切协作,各地方相互协同、健全机制。发挥二十国集团反腐败工作组主席国作用,推动杭州峰会通过《二十国集团反腐败追逃追赃高级原则》、《二十国集团2017—2018年反腐败行动计划》,确立"零容忍、零障碍、零漏洞"国际合作三原则,在中国设立反腐败追逃追赃研究中心。强化同美国、加拿大、澳大利亚、新西兰等国双边执法合作机制,加强重大个案执法协作,把追逃追赃的"天网"织牢织密。深入开展"天网行

---

① 中央纪委办公厅、中央纪委研究室编:《党的十四大以来中共中央纪律检查委员会历次全会工作报告汇编》,中国方正出版社2017年版,第626页。
② 本书编写组:《全面从严治党 把纪律挺在前面 忠诚履行党章赋予的神圣职责——中国共产党第十八届中央纪律检查委员会第六次全体会议专辑》,中国方正出版社2016年版,第19页。

动",红色通缉令头号嫌犯杨秀珠、5号嫌犯闫永明等重点人员被缉拿归案或投案自首。2014—2016年,共追回外逃人员2566人、追赃金额86.4亿元,到2017年7月,"百名红通人员"已有42人落网。全面加强了防逃工作,新增外逃人数逐年下降。①

在2017年1月召开的十八届中央纪委第七次全会上,明确提出2017年深化反腐败国际合作,坚持追逃防逃两手抓,抓紧构建不敢逃、不能逃的机制,开展"天网2017"行动,深化同联合国、二十国集团、亚太经合组织等国际组织和有关国家的合作,不断取得追逃追赃新成果。②

四、反贪腐制度建设的重大进展

习近平在十八届中央纪委第五次全会上强调指出,反腐倡廉建章立制,要着重做好四个方面的制度建设,即着力健全党内监督制度,着力健全选人用人管人制度,着力深化体制机制改革,着力完善监管制度。③ 这为反贪腐制度建设指明了方向。

1. 修改完善党风廉政建设党规党纪和相关法律

十八大以来,中共中央、中央纪委明确了党纪严于国家法律的原则精神,先后制定和修改完善了《中国共产党党员领导干部廉洁从政若干准则》,作为党员领导干部廉洁从政必须遵循的重要准则;修订《中国共产党纪律处分条例》,是加强纪律建设的重要保障;系统总结十八大以来巡视工作的探索实践,修订《中国共产党巡视工作条例(试行)》,制定实施细则;研究制定《行政监察法》,以及各级纪委普遍建立约谈制度,探索开展领导

---

① 中央纪委办公厅、中央纪委研究室编:《党的十四大以来中共中央纪律检查委员会历次全会工作报告汇编》,中国方正出版社2017年版,第673页。
② 中央纪委办公厅、中央纪委研究室编:《党的十四大以来中共中央纪律检查委员会历次全会工作报告汇编》,中国方正出版社2017年版,第684页。
③ 本书编写组:《依法治国 依规治党 坚定不移推进党风廉政建设和反腐败斗争——中国共产党第十八届中央纪律检查委员会第五次全体会议专辑》,中国方正出版社2015年版,第6—7页。

干部个人有关事项报告抽查核实工作,等等。这一系列制度建设,都是为了把党的十八大以来纪律检查体制改革实践成果制度化,抓紧修订廉政准则、纪律处分条例,把制度篱笆扎得更紧,实现党规党纪和法律法规的有机衔接。

十八届中央纪委第三次全会健全改进作风常态化制度,坚决落实《党政机关厉行节约反对浪费条例》,规范并严格执行党政机关国内公务接待管理规定和领导干部工作保障制度。完善严禁到风景名胜区开会等各项规定,严肃查处党员领导干部到私人会所活动、变相公款旅游问题。重点纠正领导干部利用婚丧喜庆、乔迁履新、就医出国等名义,收受下属以及利害关系单位和个人的礼金行为,严禁用公款互相宴请、赠送节礼、违规消费,整治损害群众切身利益的不正之风。①

2016年1月,在十八届中央纪委第六次全会上,明确提出坚持问题导向,修订三部重要党内法规。根据中共中央的部署,中央纪委负责修订《中国共产党廉洁自律准则》、《中国共产党纪律处分条例》、《中国共产党巡视工作条例》,着重解决纪法不分、政治纪律规定不具体等突出问题。2015年,中央纪委将《中国共产党党员领导干部廉洁从政若干准则》修改为《中国共产党廉洁自律准则》,紧扣廉洁自律主题,坚持正面倡导,化繁为简、突出重点、针对时弊,既面向全体党员,又突出"关键少数",重申"四个必须",即"必须坚定共产主义理想和中国特色社会主义信念,必须坚持全心全意为人民服务根本宗旨,必须继承发扬党的优良传统和作风,必须自觉培养高尚道德情操",提出党员和党员领导干部努力践行的高标准,是我们党发出的道德宣示和向人民群众的庄严承诺。② 修订《中国共产党纪律处分条例》,把《党章》和其他党内法规中的纪律要求,整合为政治纪律、组织

---

① 中央纪委办公厅、中央纪委研究室编著:《聚焦中心任务 创新体制机制 深入推进党风廉政建设和反腐败斗争——中国共产党第十八届中央纪律检查委员会第三次全体会议专辑》,中国方正出版社2014年版,第21页。

② 《中国共产党廉洁自律准则》,中国法制出版社2015年版,第75—76页。

纪律、廉洁纪律、群众纪律、工作纪律和生活纪律①；坚持纪严于法、纪在法前，去除与国家法律重复的内容，实现纪法分开；把政治纪律细化、具体化，把落实中央"八项规定"精神的要求转化为纪律规范，体现作风建设最新成果，使党的纪律成为管党治党的尺子和全体党员遵守的底线。2015年8月，修订《中国共产党巡视工作条例（试行）》，总结巡视工作改革创新的实践经验，综合党的十八大以来制定的30多项制度，为巡视监督提供基本遵循和制度保障。②

中共中央、中央纪委坚持依法治党和依法治国相统一，探索中国共产党长期执政条件下强化党内监督的有效途径，形成发现问题、纠正偏差的机制。2016年1月12日，习近平总书记在十八届中央纪委第六次全会上要求健全党内监督制度，把修订《中国共产党党内监督条例》纳入六中全会重要议题。中央纪委在2016年召开7次专题会议，分20多个专题深入研究，总结党的历史经验，针对突出问题，围绕理论、思想、制度构建体系，围绕权力、责任、担当设计制度，把"重音"放在坚持党的集中统一领导上，加强自上而下的组织监督，修订通过《中国共产党党内监督条例》和《关于新形势下党内政治生活的若干准则》，总结历史经验，特别是党的十八大以来管党治党的新实践，围绕坚持党的领导、全面从严治党，明确监督的主体和责任，完善党内监督制度体系，切实解决管党治党宽、松、软问题。《中国共产党党内监督条例》第一次用专章规定党的中央组织监督职责，强化党委（党组）主体责任、党的工作部门的监督任务，明确纪委是党内监督专责机关，完善党内监督体系，为全面从严治党提供重要的制度保障。③

中共中央、中央纪委坚持依法治党和依法治国相统一，探索中国共产党

---

① 《中国共产党纪律处分条例》，中国法制出版社2015年版，第49、55、60、67、69、73页。

② 本书编写组：《全面从严治党 把纪律挺在前面 忠诚履行党章赋予的神圣职责——中国共产党第十八届中央纪律检查委员会第六次全体会议专辑》，中国方正出版社2016年版，第12页。

③ 中央纪委办公厅、中央纪委研究室编：《党的十四大以来中共中央纪律检查委员会历次全会工作报告汇编》，中国方正出版社2017年版，第655—656、666页。

长期执政条件下强化国家监督的有效途径,形成发现问题、纠正偏差的机制。中央纪委研究修订《中华人民共和国行政监察法》,为建立覆盖国家机关和公务人员的国家监察体系提供制度保障,使党内监督和国家监督相互配套,依法治党和依法治国相互促进、相得益彰。到2018年3月十三届全国人大一次会议召开前,中央纪委将配合全国人大常委会,完成监察体制改革的法律法规准备工作,《国家监察法(草案)》在2017年1月—2018年3月之间完成一审、二审,并在2018年3月提交十三届全国人大一次会议三审。①

2016年1月,在十八届中央纪委第六次全会上,明确提出党的责任重如泰山,有权必有责,失责必追究,"问责一个、警醒一片"。要把问责作为全面从严治党的重要抓手,研究制定《中国共产党党内问责条例》,对执行党的路线方针政策不力,管党治党主体责任缺失、监督责任缺位、给党的事业造成严重损害,"四风"和腐败问题多发频发,选人用人失察、任用干部连续出现问题,巡视整改不落实的,都要严肃追究责任。坚持"一案双查",综合运用批评教育、诫勉谈话、通报批评、组织处理、纪律处分等方式,追究主体责任、监督责任,追究领导责任、党组织的责任。追责情况要定期报告,典型问题要公开曝光,使问责形成制度、成为常态。2016年,《中国共产党党内问责条例》的颁布实施,把权力和义务、责任和担当统一起来,明确问责的对象、内容和方式方法,坚持失责必问,为强化问责提供制度化利器。②

2. 颁布《中国共产党纪律检查机关监督执纪工作规则》

2017年1月20日,十八届中央纪委第七次全会审议通过并正式颁布《中国共产党纪律检查机关监督执纪工作规则(试行)》(以下简称(监督执纪工作规则》),共九章,8000余字的内容,对纪委监督执纪工作的线索处置、谈话函询、初步核实、立案审查、审理等纪检工作的全流程、各环节作出

---

① 中央纪委办公厅、中央纪委研究室编:《党的十四大以来中共中央纪律检查委员会历次全会工作报告汇编》,中国方正出版社2017年版,第656、666、683页。

② 中央纪委办公厅、中央纪委研究室编:《党的十四大以来中共中央纪律检查委员会历次全会工作报告汇编》,中国方正出版社2017年版,第656—657、667页。

明确规定,并划定了纪检监督执纪权的"负面清单",设立"监督管理"专章,对纪检机关和纪检干部进行监督,写进了"竞业限制条款"。在十八届中央纪委第七次全会上,受中央纪委常委会委托,中共中央政治局常委、中纪委书记王岐山就规则起草、重要内容等相关情况,向全会作出说明。

王岐山指出,十八大以来,中央纪委机关及全国纪检系统查处了一批违纪违法的纪检干部,反映出纪检干部并没有天然的免疫力,纪检系统在管理监督方面存在不少薄弱环节。他列举出个别纪检干部有纪律不执行的五个典型表现:有的朋友圈、关系圈不干净,与有问题反映的干部、商人勾肩搭背;不讲规矩、不守纪律,越权接触相关地区、部门党委(党组)负责人;规避审批程序,私自留存、擅自处置问题线索;无视审查纪律和保密纪律,打探消息、跑风漏气;面对"围猎"防线失守、以案谋私,说情抹案,做生意、拿项目,为他人提拔打招呼,甚至充当保护伞,令人触目惊心。王岐山指出,"制度本身不完善,需要与时俱进",《党的纪律检查机关案件审理工作条例》颁布于1987年,《中国共产党纪律检查机关案件检查工作条例》修改于1994年,"不少内容已难以适应当前工作需要,100多个配套制度,规定零散、标准不一,一些关键环节存在制度漏洞"。对于上述问题,王岐山强调指出,"制定规则的根本目的是构建自我监督体系,推进纪检机关治理体系和治理能力现代化",制定规则就是"信任不能代替监督"理念的制度体现。有利于加强党委对纪委的领导和监督,有利于把纪委的自我监督同接受党内监督、民主监督、群众监督、舆论监督等有机结合起来,确保纪委的权力不被滥用。①

《监督执纪工作规则》在禁止性规定方面,对于线索处置、谈话函询、初步核实、立案审查审理、涉案款物管理等纪检工作的流程、环节,加强监督,采用了大量"不得"、"严禁"字样,制定了大量禁止性规定。② 在线索处置方面,要求不得拖延和积压,并限定了处置时限,"处置意见应当在收到问

---

① 《新京报》,2017年1月21日,第4版。
② 中央纪委办公厅、中央纪委研究室编:《党的十四大以来中共中央纪律检查委员会历次全会工作报告汇编》,中国方正出版社2017年版,第675页。

题线索之日起30日内提出,并制定处置方案,履行审批手续"。在立案审查方面,明确规定"审查时间不得超过90日。在特殊情况下,经上一级纪检机关批准,可以延长一次,延长时间不得超过90日"。同时规定,立案审查时,对被审查人以同志相称,"充分听取被审查人陈述,保障其饮食、休息,提供医疗服务。严格禁止使用违反《党章》、党规、党纪和国家法律的手段,严禁侮辱、打骂、虐待、体罚或者变相体罚";"对严重违纪涉嫌犯罪人员采取审查措施,应当在24小时内通知被审查人亲属"。体现了对被审查人的权利的保护。此外,《监督执纪工作规则》对外查、涉案款物管理也制定了禁止性规定。在"外查"方面,"执纪人员不得个人单独接触任何涉案人员及其特定关系人,不得擅自采取调查措施,不得从事与外查事项无关的活动"。涉案款物必须存放在专门场所,由专人保管,还要归入专用账户,"严格履行交接、调取手续,定期对账核实。严禁私自占有、处置涉案款物及其孳息"。

《监督执纪工作规则》在总则中确定了权力制衡、相互制约原则,"创新组织制度,建立执纪监督、执纪审查、案件审理相互协调、相互制约的工作机制"。《监督执纪工作规则》同时提出,"市地级以上纪委可以探索执纪监督和执纪审查部门分设,执纪监督部门负责联系地区和部门的日常监督,执纪审查部门负责对违纪行为进行初步核实和立案审查;案件监督管理部门负责综合协调和监督管理,案件审理部门负责审核把关"。这些条款既是探索纪检内部机构的分设,更是在实质上体现出监督权、审查权分设的改革思路,"让纪律监督权、案件审查权分立"。对于立案审查与审理这两个纪检工作的重要环节,《监督执纪工作规则》体现出权力制衡、相互制约原则,"坚持审查与审理分离,审查人员不得参与审理"。此外,《监督执纪工作规则》还规定,"上级纪检机关有权指定下级纪检机关对其他下级纪检机关管辖的党组织和党员干部违纪问题进行执纪审查,必要时也可直接进行执纪审查",这意味着纪检机关可以跨地区办案,"借鉴了司法机关指定异地管辖、异地审理的成熟经验,有利于打破地方保护局面"。

党的十八大以来,中央纪委反复强调"打铁还需自身硬"、严防"灯下黑"。《监督执纪工作规则》设立"监督管理"专章,制定了10项条款,明确规定如何盯牢、盯好"自己人",建立审查全程录音录像、打听案情和说情干预登记备案、纪检干部脱密期管理等制度,把篱笆扎紧,确保权力受到严格的约束。① 其中,在"竞业限制条款"中,要求"纪检机关涉及监督执纪秘密人员离岗离职后,应当遵守脱密期管理规定,严格履行保密义务,不得泄露相关秘密";"监督执纪人员辞职、退休3年内,不得从事与纪律检查和司法工作相关联、可能发生利益冲突的职业"。同时,要求严格执行回避制度;审查组需要借调人员,应从审查人才库抽选,且一案一借;审查组成员工作期间,应当使用专用手机、电脑、电子设备和存储介质,实行编号管理,审查工作结束后收回检查。这些条款旨在回应社会各界关注的一个焦点,即谁来监督中央纪委的问题。②

3. 巡视制度的重大发展

2009年7月,中共中央公布了《中国共产党巡视工作条例(试行)》。2014年,为贯彻中央对巡视工作的新要求,改进中央和省(区、市)巡视制度,修订了《中国共产党巡视工作条例(试行)》,加强巡视力量,加快巡视节奏,创新巡视方式,做到对地方、部门、企事业单位全覆盖。③ 2015年8月,修订公布《中国共产党巡视工作条例(试行)》。2017年7月14日,在充分吸收近年来巡视工作最新实践、理论和制度创新成果的基础上,正式公布了新修订的《中国共产党巡视工作条例》。

党的十八大以来,巡视制度作为党内监督的重要方式,不断向纵深发展,对推进全面从严治党具有重要的战略意义。山西系统性、塌方式腐败,湖南衡阳破坏选举案,四川南充和辽宁拉票贿选案等重大问题线索都是巡视发现的。中央纪委立案审查的中管干部案件中,超过60%的问题线索来

---

① 中央纪委办公厅、中央纪委研究室编:《党的十四大以来中共中央纪律检查委员会历次全会工作报告汇编》,中国方正出版社2017年版,第675页。
② 《新京报》,2017年1月21日,第4版。
③ 中央纪委办公厅、中央纪委研究室编著:《聚焦中心任务 创新体制机制 深入推进党风廉政建设和反腐败斗争——中国共产党第十八届中央纪律检查委员会第三次全体会议专辑》,中国方正出版社2014年版,第138—139页。

自于巡视。根据巡视移交的问题线索,各地纪检监察机关立案厅局级干部1225人,县处级干部8684人。① 因此,在巡视全覆盖之后,2017年7月新修订的《中国共产党巡视工作条例》的公布实施,具有重要意义。这次修订,对原《条例》进行了"增、补、调",即增加有关新要求,补充有关新内容,调整有关新条款。主要包括五个方面的内容:一是根据习近平总书记系列重要讲话精神,明确政治巡视定位。二是根据中央新要求,明确一届任期内巡视全覆盖任务。三是根据《中国共产党党内监督条例》规定,明确巡视监督内容。四是根据实践发展需要,明确中央和国家机关巡视。五是根据全面从严治党向基层延伸的要求,明确市县巡察制度。

2015年10月召开的中央巡视工作动员部署会议明确提出,巡视是对党组织和党员领导干部的巡视,是政治巡视,不是业务巡视。从2016年开始,"把政治巡视的要求高举起来","坚定不移深化政治巡视",成为本届后几轮中央巡视的鲜明主题。2017年6月,本届任期内最后一轮的中央巡视反馈,中央巡视组在给被巡视的29所中管高校党委、4个"回头看"省区、4家"机动式"巡视单位开出的"问题清单"中,第一条均是"'四个意识'不够强",或"'四个意识'不强"。这充分体现了政治巡视的要求。2017年7月新修订公布的《中国共产党巡视工作条例》明确规定,巡视工作要"深入贯彻习近平总书记系列重要讲话精神和治国理政新理念新思想新战略,牢固树立政治意识、大局意识、核心意识、看齐意识,坚定不移维护以习近平同志为核心的党中央权威和集中统一领导",要"深化政治巡视,聚焦坚持党的领导、加强党的建设、全面从严治党,发现问题、形成震慑,推动改革、促进发展,确保党始终成为中国特色社会主义事业的坚强领导核心"。政治巡视是中国共产党第十八届中央委员会巡视工作重大理论和实践创新成果。把政治巡视要求写入2017年7月新修订的《中国共产党巡视工作条例》,是这次修改工作的重点和亮点。

党的十八届三中全会决定,改进中央和省区市巡视制度,做到对地方、

---

① 《新京报》,2017年7月15日,第4版。

部门、企事业单位全覆盖。巡视全覆盖的目标首次在党的中央全会上提出。党的十八届六中全会审议通过的《中国共产党党内监督条例》明确提出,中央和省、自治区、直辖市党委一届任期内,对所管理的地方、部门、企事业单位党组织全面巡视。首次在党内法规中对巡视全覆盖提出硬要求。从 2013 年 5 月第一轮巡视启动,到 2017 年 6 月最后一轮巡视反馈结束,中国共产党第十八届中央委员会共开展 12 轮巡视,共派出中央巡视组 160 个组次,对 277 个地方、单位党组织进行巡视,如期实现一届任期内中央巡视全覆盖目标。截至 2017 年 4 月底,各省(区、市)党委也已顺利完成 8362 个地方、部门、企事业单位党组织全面巡视任务,实现了一届党委任期内巡视全覆盖。① 按照"实践探索在前,提炼归纳在后"的要求,新修订公布的《中国共产党巡视工作条例》对巡视全覆盖的内涵做出明确规定:"党的中央和省、自治区、直辖市委员会实行巡视制度,建立专职巡视机构,在一届任期内对所管理的地方、部门、企事业单位党组织全面巡视。"从 2013 年 5 月第一轮巡视聚焦作风、贪腐、政治纪律和选人用人等问题的"四个着力",到 2016 年第九轮巡视后坚定不移深化政治巡视,巡视监督的内容不断扩展。2017 年 7 月新修订的《中国共产党巡视工作条例》,对巡视监督内容进行了新的梳理和归纳,修改补充了相关内容:一是将原《条例》中的对"落实党风廉政建设主体责任和监督责任等情况进行监督"修改为对"落实全面从严治党主体责任和监督责任等情况进行监督"。二是明确规定巡视工作要"着力发现党的领导弱化、党的建设缺失、全面从严治党不力,党的观念淡漠、组织涣散、纪律松弛,管党治党宽松软问题"。三是结合巡视实践中发现的突出问题,在"违反政治纪律和政治规矩"问题中,增加"结党营私、团团伙伙、拉帮结派,以及落实意识形态工作责任制不到位";在"违反组织纪律"问题上,增加"任人唯亲、跑官要官"之内容;在"违反群众纪律、工作纪律、生活纪律"问题中,增加"落实中央八项规定精神不力"等内容。这样的修改,既保持了制度的相对稳定,又进一步突出了巡视监督政治作用。

---

① 《新京报》,2017 年 7 月 15 日,第 4 版。

中央和国家机关不仅要接受党中央的巡视监督,同时也要开展部门系统内部的巡视监督。截至 2017 年 6 月,已有 62 个中央单位探索开展了巡视工作。对此,2017 年 7 月新修订公布的《中国共产党巡视工作条例》进一步提出了具体要求,规定"中央有关部委、中央国家机关部门党组(党委)可以实行巡视制度,设立巡视机构,对所管理的党组织进行巡视监督",强调中央巡视工作领导小组应当加强对中央有关部委、中央国家机关部门党组(党委)巡视工作的领导。中央和国家机关党组(党委)要把巡视作为履行全面从严治党主体责任的重要抓手,加强组织领导,健全巡视工作机构,完善巡视工作规则,规范巡视工作流程。党组(党委)书记要认真履行第一责任人职责,及时听取巡视汇报,研究决定巡视成果运用,党组(党委)书记听取巡视汇报时的会议材料要报中央巡视工作领导小组备案。

2017 年 7 月新修订公布的《中国共产党巡视工作条例》明确了在地方的市、县实行巡察制度。建立市、县党委巡察制度,有利于推进全面从严治党向基层延伸,打通党内监督"最后一公里"。2017 年 7 月上旬,中共中央政治局召开会议,审议通过《关于修改〈中国共产党巡视工作条例〉的决定》,对市、县巡察工作作出明确规定,省、自治区、直辖市党委应当推动市(地、州、盟)和县(市、区、旗)委员会建立巡察制度,为探索开展巡察工作提供了制度遵循。截至 2017 年 6 月,全国 31 个省(区、市)、新疆生产建设兵团和 15 个副省级城市已全部建立巡察制度,共有 336 个市(地、州、盟)、2483 个县(市、区、旗)开展巡察。据统计,截至 2017 年 5 月底,各地巡察组共巡察党组织 14.4 万个,其中乡镇党委 2.3 万个,占全国总数的 57.9%,村和居委会党支部 8.2 万个,占全国总数的 12%,巡察监督的利剑作用初显成效。[①] 新修订公布的《中国共产党巡视工作条例》系统总结了巡察工作的实践经验,要求"党的市(地、州、盟)和县(市、区、旗)委员会建立巡察制度,设立巡察机构,对所管理的党组织进行巡察监督",同时规定"开展巡视巡察工作的党组织承担巡视巡察工作的主体责任"。这一制度规

---

① 《新京报》,2017 年 7 月 15 日,第 4 版。

定,就是要坚持政治巡察定位,结合基层特点,着力发现损害群众切身利益、脱离群众以及"雁过拔毛"、"小官巨贪"、"乡匪村霸"等腐败问题和不正之风,推动全面从严治党向基层延伸。

十八大以来,在以习近平为总书记的党中央的坚强领导下,反贪腐、倡廉政工作取得令世人瞩目的成绩,不仅得到国际社会的高度评价,也为营造长治久安、风清气正的政治局面、社会环境,向全国人民交上了一份令人满意的答卷,为党风廉政建设和反腐败斗争的新局面开了一个好头。

第七节
新时代中国反腐的总布局、总规划

2017年10月18日至24日,中国共产党第十九次全国代表大会在北京召开。这是在全面建成小康社会决胜阶段、中国特色社会主义进入新时代的关键时期召开的一次十分重大的会议。在这次大会上,中共中央总书记习近平代表中国共产党第十八届中央委员会向十九大作了题为《决胜全面建成小康社会 夺取新时代中国特色社会主义伟大胜利》的报告,习近平在报告中指出,当前,国内外形势正在发生深刻复杂的变化,我国发展仍处于重要战略机遇期,前景十分光明,挑战也十分严峻。全党同志一定要登高望远、居安思危,勇于变革、勇于创新,永不僵化、永不停滞,团结带领全国各族人民决胜全面建成小康社会,奋力夺取新时代中国特色社会主义的伟大胜利。[①]

一、党的十九大对十八大以来反贪腐成绩的总结

习近平总书记在十九大报告中总结了十八大以来的不平凡的五年中,经济建设、全面深化改革、民主法制建设、思想文化建设、人民生活、生态文明建设、强军兴军、港澳台工作、全方位外交布局等方面取得的新突破、新发展的同时,也着重总结了十八大以来在全面从严治党方面取得的卓著成

---

① 习近平:《决胜全面建成小康社会 夺取新时代中国特色社会主义伟大胜利——在中国共产党第十九次全国代表大会上的报告》,人民出版社2017年版,第2页。

效,反腐败斗争压倒性态势已经形成并巩固发展的情况。五年来,我们勇于面对党面临的重大风险考验和党内存在的突出问题,以顽强意志品质正风肃纪、反腐惩恶,消除了党和国家内部存在的严重隐患,党内政治生活气象更新,党内政治生态明显好转,党的创造力、凝聚力、战斗力显著增强,党的团结统一更加巩固,党群关系明显改善,党在革命性锻造中更加坚强,焕发出新的强大生机活力,为党和国家事业发展提供了坚强政治保证。①

党的十八大以来,以习近平同志为核心的党中央,从党的历史使命出发,以"不惜得罪千百人,决不辜负十三亿"的使命担当,兑现了"打铁还要自身硬"的庄严承诺。党的十八大以来,共立案审查省军级以上党员干部及其他中管干部440人,其中十八届中央委员、候补中央委员43人,中央纪委委员9人;纪律处分厅局级干部8900余人,县处级干部6.3万多人。坚决整治群众身边的腐败,共处分基层党员干部27.8万人。努力推进反腐败国际追逃追赃,共追回外逃人员3453名,"百名红通人员"已有48人落网。处置问题线索267.4万件,立案154.5万件,处分153.7万人,涉嫌犯罪被移送司法机关处理5.8万人。党要团结人民进行伟大斗争,推进伟大事业,实现伟大梦想,必须毫不动摇坚持和完善党的领导,毫不动摇推进党的建设新的伟大工程,把党建设得更加坚强有力。中共中央纪律检查委员会副书记、监察部部长、国家预防腐败局局长杨晓渡表示:在反腐败方面,"我们现在是形成了压倒性的态势,我们还要夺取压倒性的胜利","坚持'老虎'、'苍蝇'一起打,反腐败斗争压倒性态势已经形成并巩固发展"。党的十八大以来,充分发挥巡视利剑作用。中央巡视开展了12轮,共巡视了277个党组织,对16个省区市开展了巡视"回头看",对4个中央单位进行"机动式"巡视,首次实现一届任期全覆盖,并形成了全国巡视巡察"一盘棋"。过去,中央机构和省、部是有巡视的,基层现在又开展了巡察,所以各级组织或者有巡视,或者有巡察,就形成了一个整体,充分发挥了巡视工作

---

① 习近平:《决胜全面建成小康社会 夺取新时代中国特色社会主义伟大胜利——在中国共产党第十九次全国代表大会上的报告》,人民出版社2017年版,第8—9页。

标本兼治的战略作用。①

十八大以来,反腐败斗争已经取得压倒性态势。但是我们也要认识到,反腐败是个世界性的难题,只要有官吏,官吏个人发生腐败行为是不可避免的。中国共产党是为人民利益而执政的党,就是要把制止官吏个人的腐败作为长期的任务,认真对待,坚持党要管党、全面从严治党,把《党章》的要求、党的纪律的要求,落实到党的每一个组织、每一个党员。习近平总书记在十九大报告中指出,"反腐败斗争形势依然严峻,巩固压倒性态势、夺取压倒性胜利的决心必须坚如磐石",就是要保持反腐败的高压态势。②

同时,完善制度体系,"强化不敢腐的震慑","扎牢不能腐的笼子,增强不想腐的自觉",让人不能腐败。还要坚持惩前毖后、治病救人,教育干部提高思想自觉,由不敢腐的被动和不能腐的无奈,最后走向不想腐的自觉。当广大党员干部在不敢腐、不能腐的基础上,逐步走向不想腐的时候,我们就越来越接近反腐败的压倒性胜利。以习近平同志为核心的党中央坚强正确的领导,一定能够把我们带向这个目标,我们有这个信心,也有这个底气。广大党员希望我们党这样做,广大人民群众会支持我们党实现这一目标。所以,通过净化党内政治生态,形成良好的党内政治生活的氛围,依靠人民群众的支持,依靠中国共产党严肃的执纪,一定能够实现这样一个目标,一定能"通过不懈努力换来海晏河清、朗朗乾坤"。③

二、十九大报告对新时代反贪腐工作的总体规划

习近平总书记在十九大报告中指出,新时代中国共产党的历史使命,在坚持全面从严治党方面,"勇于自我革命,从严管党治党,是我们党最鲜明

---

① 《十九大新闻中心举行记者招待会 中央纪委、中组部负责人答记者问》,《央视网》,2017 年 10 月 19 日。
② 习近平:《决胜全面建成小康社会 夺取新时代中国特色社会主义伟大胜利——在中国共产党第十九次全国代表大会上的报告》,人民出版社 2017 年版,第 67 页。
③ 习近平:《决胜全面建成小康社会 夺取新时代中国特色社会主义伟大胜利——在中国共产党第十九次全国代表大会上的报告》,人民出版社 2017 年版,第 67 页。

的品格。必须以《党章》为根本遵循,把党的政治建设摆在首位,思想建党和制度治党同相发力,统筹推进党的各项建设,抓住'关键少数',坚持'三严三实',坚持民主集中制,严肃党内政治生活,严明党的纪律,强化党内监督,发展积极健康的党内政治文化,全面净化党内政治生态,坚决纠正各种不正之风,以零容忍态度惩治腐败,不断增强党自我净化、自我完善、自我革新、自我提高的能力,始终保持党同人民群众的血肉联系"[①]。

中国特色社会主义进入新时代,在把党的政治建设摆在首位,用新时代中国特色社会主义思想武装全党的基础上,夺取反腐败斗争压倒性胜利,应从以下重点方面着手,作出规划和部署:

1. 学习贯彻十九大精神,确保全面从严治党落实到位

十九大对推进党的建设新的伟大工程、全面从严治党,作出了重大部署,这是从党和国家的事业全局出发的。十九大报告明确了党的建设的总布局、总要求,对全面从严治党作出了战略部署,全党都有责任不折不扣地落实到位。全面从严治党,首先是靠全党,全党各级党组织和全体党员都是全面从严治党的主体,大家在这个工作当中都有自己的一份责任,维护好自己的组织,做好一名党员;同时,全体党员也是全面从严治党要教育、管理和监督的对象。

中央纪委及各级纪律检查机关,一是要把学习贯彻十九大精神作为当前和今后一个时期的首要政治任务,把思想统一到党中央对形势的分析判断和决策部署上来,学深悟透、融会贯通,内化于心、外化于行,能够运用自如、执行到位。二是要认真履行《党章》赋予的职责,密切联系纪检工作实际,把自己摆进去。落实十九大报告、《党章》修正案对推进党的建设、全面从严治党提出的新要求。纪检监察机构要查找存在哪些差距,有哪些短板需要补,对符合中央精神的事情,要坚持做下去。三是要严肃党内政治生活,强化党内监督,全面加强党的纪律建设,进一步发挥巡视的利剑作用。中央纪委计划在十九大闭幕后,展开新的巡视,要巩固、拓展落实中央"八

[①] 习近平:《决胜全面建成小康社会 夺取新时代中国特色社会主义伟大胜利——在中国共产党第十九次全国代表大会上的报告》,人民出版社2017年版,第26页。

项规定"精神的成果。我们在整治奢靡浪费方面已经取得了很大成效,要进一步下工夫纠正官僚主义和形式主义。总的来讲,要保持恒心和韧劲,以坚韧不拔的精神,在坚持中深化,在深化中坚持,去夺取反腐败斗争的压倒性胜利。四是要坚持改革创新,深化纪律检查体制改革,全面推进国家监察体制改革,完善党和国家监督体系,推动全面从严治党向纵深发展。五是要加强纪检监察机关自身建设,切实做到打铁先要自身硬,加强对自身执行十九大精神和党章修正案情况的监督检查,提高纪检监察机关的思想政治水准和履行职责能力,严格队伍管理,践行忠诚干净担当。①

中央纪委在十九大召开前夕推出的专题片《打铁还需自身硬》,如实介绍了十八大以来纪委在这方面所做的努力,累计有3亿多观众收看了这个节目,网络媒体阅读量累计突破了3.2亿,受到了广大党员和群众的高度评价。十九大以后,中央纪委在这些方面会做得更加扎实、更加有效,会得到更广大群众的支持。

2.深化监察体制改革,反腐败力量更集中

十九大以后,中央纪委打击腐败高官的重点仍然是十八大以来不收敛不收手,问题线索反映集中、群众反映强烈,现在重要岗位而且可能还要提拔使用的领导干部,三种情况同时具备并且政治腐败和经济腐败相交织的,是重中之重。中国共产党是以全心全意为人民服务作为宗旨的党,维护最广大人民群众的根本利益是党的使命和责任。腐败官吏损害的是人民群众的利益,严重威胁党的执政基础,与中国共产党的性质和宗旨是水火不相容、势不两立的,必须清除。

深化国家监察体制改革,成立国家监察委员会,这是党中央做出的一个重大政治决策,目的是加强党对反腐败工作的集中统一领导,构建集中统一、权威高效的国家监察体系,实现对所有行使公权力的公职人员监察全覆盖,推进国家治理体系和治理能力现代化。在党委的领导下,纪委和监察委合署办公,充分体现了党领导的党内监督和国家监督、党的纪律检查

---

① 《十九大新闻中心举行记者招待会 中央纪委、中组部负责人答记者问》,《央视网》,2017年10月19日。

和国家监察、依规治党和依法治国的有机统一,反腐败的力量会更集中,反腐败覆盖面会更广,纪委和监察委员会的责任更重了,工作也会更加有效。①

3. 在日常工作中最大限度消灭党内监督盲区

管党治党,确实曾出现过一段"宽松软"的时期,让薄熙来、郭伯雄、徐才厚、孙政才、苏荣、王珉、周本顺、张阳这样的腐败分子,这样伪装的"两面人"有了可乘之机,能够得逞于一时。但是,中国共产党从来不讳疾忌医,从来不回避自身存在的问题。党的十八大以来,以习近平同志为核心的党中央,下决心全面从严治党,坚定不移地推进党风廉政建设和反腐败工作,坚决打"老虎"、拍"苍蝇",查盲区、堵漏洞,把这些腐败分子查出来了,把他们一个个抓起来了。

十八大以来,立案查处的省军级以上的党员干部及其他中管干部已经有440人,这是个相当高的比重。这样做,就是为了补既往之过。同时,中央把大量的功夫用在十九大代表的审核把关上,中央组织部做十九大代表的审核,"四凡四必"②当中后两项是交给中央纪委坚决把住关,不让"两面人"漏过去,不让投机的腐败者再蒙混过去。这样做,"两面人"想要再投机、再钻营、再钻空子,再出现过去那样"宽松软"的情况是不可能了。

五年来,推进了巡视全覆盖,派驻纪检组全覆盖,也组建了纪委内部的干部监督机构,就是要在日常工作当中,最大限度地消灭党内监督的盲区,堵塞这个漏洞。十八届六中全会审议通过的《中国共产党党内监督条例》,明确要求抓住"关键少数",把党的领导机关和领导干部特别是主要领导干

---

① 习近平:《决胜全面建成小康社会 夺取新时代中国特色社会主义伟大胜利——在中国共产党第十九次全国代表大会上的报告》,人民出版社2017年版,第68页。

② 2016年12月,中共中央组织部修订印发了《党委(党组)讨论决定干部任免事项守则》,明确了"凡提四必"和"三个不上会"、"两个不得"、"五个不准"的要求,严把干部选拔任用讨论决定关。2017年8月,中共中央办公厅印发《关于防止干部"带病提拔"的意见》,明确提出强化审核措施,实行"四凡四必"。即:干部档案"凡提必审",个人有关事项报告"凡提必核",纪检监察机关意见"凡提必听",反映违规违纪问题线索具体、有可查性的信访举报"凡提必查"。"四凡四必"上升为干部选拔任用的必经程序和基本要求,对根治干部"带病提拔"这一顽症发挥了关键作用。

部作为监督重点,强化自上而下的组织监督,改进自下而上的民主监督,发挥同级相互监督的作用,堵塞监管漏洞。在巡视过程中,要大量接触群众,听群众对干部的反映。派驻监督是不走的巡视组,天天都在接触群众,听群众对监督对象的反映。中纪委自己内部也管住自己,成立了干部监督室,加强了机关纪委的力量,天天接触群众,听群众的反映,管住了自身。

党的十九大报告要求,"坚持党要管党、全面从严治党"的方针,新修改的《党章》在党的组织制度、党的中央组织、党的地方组织、党的基层组织以及党的干部等章节中,都增加了管党治党政治责任的内容,扎紧制度的笼子,强化党内监督,这都体现了我们党敢于直面问题,解决问题,提高自我净化能力,探索跳出"历史周期率"的决心和信心。① 我们深信,坚持以习近平同志为核心的党中央的正确思想和正确方略,必将更加有效地管党治党,正风反腐,打造良好的党内政治生活的氛围,"把党建设成为始终走在时代前列、人民衷心拥护、勇于自我革命、经得起各种风浪考验、朝气蓬勃的马克思主义执政党",使中国共产党变得更加先进、更加纯洁,也使我们党更好地全心全意为人民服务。②

4. 坚持十八大以来全面从严治党和反腐败的一系列成功做法

中国在反腐败工作中已经取得了积极进展,在反腐败方面积累了成功经验,可以提供给世界各个国家和地区参考借鉴。中国共产党对反腐败是一直在探索的。但是中国共产党执政以后,确实来自腐败问题的挑战变得严峻起来了,因为是执政党了,干部手里有权力了。所以,党中央对这个问题一直高度重视,认真对待。十八大以来,以习近平同志为核心的党中央更加重视这个问题,抓得更紧、更深入,努力把握世情、国情、党情的发展变化,积极探索管党治党建设党的新实践,以改革创新精神全面推进党的建设新的伟大工程,形成了全面从严治党和反腐败的一系列成功做法,积累了非常宝贵的经验:

---

① 《中国共产党章程》,人民出版社2017年版,第31—55页。
② 习近平:《决胜全面建成小康社会 夺取新时代中国特色社会主义伟大胜利——在中国共产党第十九次全国代表大会上的报告》,人民出版社2017年版,第62页。

一是必须旗帜鲜明地坚持和加强党的领导，紧紧围绕维护党中央集中统一领导这个关键，维护以习近平同志为核心的党中央的权威，增强"四个意识"，全面从严治党，确保中央的大政方针和决策部署不折不扣地贯彻执行，确保全党在思想上政治上行动上高度统一、步调一致，形成治党反腐的强大力量。中央纪委有关负责人曾经与新加坡、新西兰及中国香港廉政公署的负责人进行过交流和讨论。大家都说，反腐败最关键的一条，是领导人的决心。在中国，这个决心就是党中央的决心，就是总书记这个党中央核心的决心和定力。中国反腐败的经验，这一条是最重要的，正是有了习近平总书记和党中央坚强有力的领导，有了党中央的核心，有了坚强的定力，中央纪委就能做更多的工作、发挥更大的作用。

二是必须紧紧抓住坚定理想信念宗旨这个根本，打牢广大党员尤其是党员领导干部对党和人民忠诚的思想基础，坚定新时代中国特色社会主义道路自信、理论自信、制度自信、文化自信。全面从严治党和反腐败还是要从政治上、思想上来解决问题，这是启发人的自觉。对于中国共产党这样一个先进组织，党员的自觉性始终是党的力量的源泉。所以在这方面，也积累了成功的经验。而党员是愿意接受正面教育、愿意发挥自己正能量的，只要你创造这个环境和条件，党中央走在前面，党员就能跟上来。

三是必须坚持思想建党和制度治党相统一。思想建党是中国共产党的优良传统和政治优势，即坚定理想信念宗旨。而加强党内法规制度建设是全面从严治党、反腐败的长远和根本之策，必须把这两者紧密结合起来，相辅相成，同向发力。

四是必须坚持以上率下，坚持问题导向，夯实管党治党的政治责任。各级党委、党组书记要当好第一责任人，向习近平总书记学习，带领好班子、管好干部，建设忠诚干净担当的队伍，营造风清气正的从政环境，"下级学习的是上级的背影"，"身正则不令而行"。

五是必须坚持惩前毖后、治病救人方针，坚持纪严于法，运用监督执纪"四种形态"，以高压态势的保持作为坚强后盾。依纪依法惩处极少数、教育大多数。多数人有的时候容易随大流，如果形成干错事可以不负责任，干错事可以不受惩罚的风气,那干错事的人就会越来越多,胆子就会越来越大;如果形成做有道德、有修养的人的党风、政风和社会风气,要学习先进、有正能量,那么大家都会向上向善,形成良好的社会氛围。

六是必须在坚持中深化,在深化中坚持。在严和实、深和细上下工夫,巩固"不敢"、强化"不能"、促进"不想"。在"三不"中,最终要实现的是"不想"。十八大以来,"不敢"基本做到了,群众说坏人怕了;"不能",纪检监察机关正在快速推进,违纪违法的空间越来越小;实现"不想"这个自觉,还要有一个相当长的过程,到那个时候,就真正实现了标本兼治。①

5. 全面从严治党是保护最广大人民的根本利益

习近平总书记在十九大报告中指出,将会继续加强反腐态势,并在加强从严治党方面展现出了自信。从世界范围来看,任何一个执政党要实现完全的自我监督都是有较大困难的,需要独立的监督,中国共产党进行反腐败,有信心逐步完善机制,加强反腐败的工作力度,夺取反腐败的压倒性胜利。

党的十九大对于反腐败提出了一系列新的主张和要求,核心仍是加强中国共产党的领导,加强中国共产党自身的建设,这是最关键的。中国共产党的长期执政,首先要求把党自身搞好,要有一个强有力的、正确的、纯洁的党中央,同时要有强有力的、纯洁的各级党组织。党的各级纪检监察机关需要从思想教育上,从政治建设、思想建设、组织建设、纪律建设、作风建设上,全力以赴地推进这些工作。同时,把党内监督同国家机关监督、民主监督、司法监督、群众监督、舆论监督紧密地、有效地结合起来。中国共产党以自我监督为主,但不是只有自我监督,还要依靠其他方面的监督,形成和增强监督合力。巡视,就是把党内监督同人民群众监督结合起来的好做法。②

---

① 《十九大新闻中心举行记者招待会 中央纪委、中组部负责人答记者问》,《央视网》,2017年10月19日。
② 习近平:《决胜全面建成小康社会 夺取新时代中国特色社会主义伟大胜利——在中国共产党第十九次全国代表大会上的报告》,人民出版社2017年版,第62、68页。

全面依法治国，也为全面从严治党创造了环境。十九大决定，要推进、深化国家监察体制改革，组建国家、省、市、县监察委员会，制定国家监察法，《国家监察法》将会强化党内监督和国家监督的有机结合，这个制度创新将使得我们的监督范围更广、监督力量更集中、监督效果更好。全面依法治国、全面从严治党，只会保护中国最广大人民的根本利益。只要我们纪律越来越完善，法律越来越健全，那么违纪的行为、违法的行为就会受到更多的遏制，因为违纪违法而侵犯人民权益的现象，也就会大为减少。①

十八大以来，中国反腐败的巨大成就表明，伟大的事业必须有伟大、坚强的党来领导。只有把中国共产党自身建设好、建设强，确保党始终同人民想在一起、干在一起，就一定能够引领中国人民实现伟大的中国梦，实现中华民族的伟大复兴。党的十九大的召开，为新时代反腐倡廉作出了总布局、总规划，新的航程已经开启。

---

① 《十九大新闻中心举行记者招待会 中央纪委、中组部负责人答记者问》，《央视网》，2017年10月19日。

后 记

本书的写作,注重对中国古代反贪腐的思想传统和制度传统的梳理和总结,以期对于我们今天更深刻地认识反贪腐廉政问题,为我们今天的廉政制度建设和反贪腐实践,提供我国悠久文化传统和制度传统中的优秀内容,为今天的制度建设和实践,为我们的理论自信、制度自信、道路自信、文化自信提供丰厚的历史支持。

本书的研究和写作,在近代部分更加注重于对清朝后期、中华民国各时期贪污腐败现象的归纳提炼,对民国各时期反贪制度建设的梳理更为精炼,也更加注重在捋清相关监察和反贪制度沿革的基础上,对中华民国各时期的反贪制度与运作之间的差距的探讨。希望本书的出版,对中国制度传统尤其是反贪腐廉政监察制度、历史实践的梳理,能对我国正在经受严峻考验、处于关键时期的反腐廉政事业提供历史的镜鉴、智力支持。

本书在深入研究的基础上第一次系统梳理了新中国(包括建国前根据地政权)建立至今党政两条线反贪污腐败、廉政建设的基本史实,希望能有助于了解新中国几十年来反贪污腐败成功的经验与教训。当本书完成的时候,正值中国深化改革开放、全面进行中国特色社会主义建设进入新阶段的重要关头,也是党的纪律检查机关这一保证社会主义现代化建设正确方向、健康秩序的机构正在以前所未有的姿态发挥着重要作用的时刻。新中国建立60多年和改革开放40年以来的廉政建设、防治贪污腐败的历史进程,很值得做一个阶段性的总结,这是我写作此书的一大动力。

感谢王春瑜、陈铁健等学者的支持,感谢他们多年来的鼓励、扶持,使我有勇气坚持研究下去。

北京大学林华国教授、西南大学张步文教授对本书的完成提供了帮助，蒋来用对本书下卷第五、六章部分内容的写作提供了帮助，在此一并致谢。

本书得以完成和出版，与山西人民出版社领导的关心、支持，与蒙莉莉、李鑫等各位编辑同志的辛勤劳动密不可分。在此，谨向他们表示真挚的谢意。

最后，还要感谢我所服务的北京师范大学历史学院为我的研究工作提供了良好的学术环境，使我能静心、勤奋地进行学习、研究、思考，不断做出新的扎实的成果。

邱　涛

2018年1月于北京师范大学乐育五楼